Besonderes Verwaltungsrecht

Besonderes Verwaltungsrecht

Ein Lehrbuch

Herausgegeben von

Prof. Dr. Udo Steiner

Bearbeitet von

Prof. Dr. Hans-Wolfgang Arndt, Mannheim
Dr. Klaus Köpp, Bonn
Prof. Dr. Martin Oldiges, Bielefeld
Prof. Dr. Wolf-Rüdiger Schenke, Mannheim
Prof. Dr. Otfried Seewald, Passau
Prof. Dr. Udo Steiner, Regensburg

2., neubearbeitete und erweiterte Auflage

CFM

C. F. Müller Juristischer Verlag
Heidelberg 1986

© 1986 C. F. Müller Juristischer Verlag GmbH, Heidelberg
Satz: Roman Leipe GmbH, Hagenbach
Druck: Friedrich Pustet, Regensburg

ISBN 3-8114-3386-5

Vorwort

Mit der vorliegenden 2. Auflage präsentiert sich das Lehrbuch „Besonderes Verwaltungsrecht" in stark veränderter Form. Die Darstellung der bisher schon behandelten Rechtsgebiete wurde aktualisiert und zugleich stofflich wesentlich erweitert. Hinzu gekommen ist das „Raumordnungs- und Landesplanungsrecht". Es ist so konzipiert und plaziert, daß es nach der Befassung mit dem Recht der gemeindlichen Bauleitplanung und mit dem Recht der Straßenplanung (als einem Beispiel der Fachplanung) erarbeitet werden kann. Nach wie vor erschien es den Autoren sachlich und didaktisch richtig, die ausbildungswichtigen Fragen des Umweltrechts innerhalb der überkommenen Rechtsgebiete dort anzusprechen, wo sie sich stellen. Dabei setzt vor allem der Beitrag „Wirtschaftsverwaltungsrecht" umweltrechtliche und insbesondere immissionsschutzrechtliche Akzente.

Die Autoren stellen dieses Lehrbuch auch in seiner 2. Auflage bewußt in den Dienst der juristischen Ausbildung. Sie bitten weiterhin um Kritik, Anregungen und Hinweise.

im Oktober 1986

Wolfgang Arndt, Klaus Köpp, Martin Oldiges,
Wolf-Rüdiger Schenke, Otfried Seewald, Udo Steiner

Vorwort zur 1. Auflage

Aus der Fülle des Besonderen Verwaltungsrechts greift das Buch die für den Studenten wichtigsten Rechtsmaterien heraus. Behandelt sind das Kommunalrecht, das Polizei- und Ordnungsrecht, das öffentliche Dienstrecht, das Baurecht, das Straßen- und Wegerecht sowie das Wirtschaftsverwaltungsrecht. Die Art der Darstellung verfolgt das Ziel, dem Benutzer den Weg zu selbständigem Denken und Argumentieren nicht mit Einzelproblemen zu versperren, sondern die Srukturen und Grundlagen der behandelten Rechtsgebiete herauszuarbeiten. Sie soll aber auch die Entfaltung der wichtigsten juristischen Fähigkeit fördern, Entscheidungen anhand des Gesetzes zu treffen und zu begründen. Diese Fähigkeit — und nicht gespeichertes „Schubladen-Wissen" — macht letztlich die juristische Qualifikation aus und ist im übrigen auch für den Examenserfolg maßgebend.

Für Anregungen und Hinweise sind wir jederzeit dankbar.

Bielefeld/Hennef/Konstanz/Mannheim und Regensburg,
im September 1984   Die Verfasser

Inhalt

Abkürzungsverzeichnis

AbfG	Abfallbeseitigungsgesetz
AbfG-Bund	Abfallbeseitigungsgesetz des Bundes
AbgG	Gesetz über die Rechtsverhältnisse der Mitglieder des Deutschen Bundestages (Abgeordnetengesetz)
ABl.	Amtsblatt
AbwAG	Abwasserabgabengesetz
AEPolG	Alternativentwurf zum Polizeigesetz
AFG	Ausbildungsförderungsgesetz
AG	Aktiengesellschaft/Amtsgericht
AGBG	Gesetz zur Regelung des Rechts der Allgemeinen Geschäftsbedingungen
AGGVG	Bayerisches Ausführungsgesetz zum Gerichtsverfassungsgesetz
AK	Alternativkommentar zum Grundgesetz
ALR	Allgemeines Landrecht für die Preußischen Staaten
AO	Abgabenordnung
AöR	Archiv des öffentlichen Rechts
AP	Arbeitsrechtliche Praxis
AS	Amtliche Sammlung
ASOG	Allgemeines Gesetz zum Schutz der öffentlichen Sicherheit und Ordnung in Berlin
AsylVfG	Gesetz über das Asylverfahren
AtG	Gesetz über die friedliche Verwendung der Kernenergie und den Schutz gegen ihre Gefahren (Atomgesetz)
AtVfV	Verordnung über das Verfahren bei der Genehmigung von Anlagen nach § 7 des Atomgesetzes (Atomrechtliche Verfahrensordnung)
AufenthG/ EWG	Gesetz über Einreise und Aufenthalt von Staatsangehörigen der Mitgliedsstaaten der EWG
AWG	Außenwirtschaftsgesetz
BadWürtt	Baden-Württemberg
Bad.-württ. GO	Gemeindeordnung für Baden-Württemberg
BadWürtt JAPrO	Verordnung der Landesregierung über die Ausbildung und Prüfung der Juristen
Bad- WürttVGH	Verwaltungsgerichtshof Baden-Württemberg
BAG	Bundesarbeitsgericht
BAG AP	Bundesarbeitsgericht — Arbeitsgerichtliche Praxis
BAGE	Entscheidungssammlung des Bundesarbeitsgerichts
BAT	Bundes-Angestelltentarifvertrag
BauGB	Baugesetzbuch
BauNVO	Verordnung über die bauliche Nutzung der Grundstücke (Baunutzungsverordnung)
BauO	Bauordnung
BauO Bln.	Bauordnung für Berlin
BauO NW	Bauordnung für das Land Nordrhein-Westfalen
BauO Saarl.	Landesbauordnung für das Saarland

BauO Schl.-H.	Landesbauordnung für das Land Schleswig-Holstein
BauR	Baurecht (Zeitschrift)
Ba-Wü	Baden-Württemberg
bay	bayerisch
BayAbfG	Bayerisches Abfallgesetz
BayBezO	Bayerische Bezirksordnung
BayBestat-tungsG	Bayerisches Bestattungsgesetz
BayBG	Bayerisches Beamtengesetz
BayBO	Bayerische Bauordnung
BayFwG	Bayerisches Feuerwehrgesetz
BayJAPO	Bayerische Ausbildungs- und Prüfungsordnung für Juristen
BayKG	Bayerisches Kostengesetz
BayKomZG	Bayerisches Gesetz über die kommunale Zusammenarbeit
BayKWG	Bayerisches Gesetz über kommunale Wahlbeamte
BayLKrO	Bayerische Landkreisordnung
BayLplG	Bayerisches Landesplanungsgesetz
BayLStVG	Bayerisches Landesstraf- und Verordnungsgesetz
BayNatur-schutzG	Bayerisches Naturschutzgesetz
BayObLG	Bayerisches Oberstes Landesgericht
BayObLGSt	Entscheidungen des Bayerischen Obersten Landesgerichtes in Strafsachen
BayPAG	Gesetz über die Aufgaben und Befugnisse der Bayerischen Staatlichen Polizei (Polizeiaufgabengesetz)
BayPolKV	Bayerische Polizeikostenverordnung
BayStrWG	Bayerisches Straßen- und Wegegesetz
BayVBl.	Bayerische Verwaltungsblätter
BayVerf	Bayerische Verfassung
BayVerfGH	Bayerischer Verfassungsgerichtshof
BayVGemO	Verwaltungsgemeinschaftsordnung für den Freistaat Bayern
BayVGH	Bayerischer Verwaltungsgerichtshof
BayVwVfG	Bayerisches Verwaltungsverfahrensgesetz
BB	Der Betriebs-Berater
BBahnG	Bundesbahngesetz
BBankG	Gesetz über die Deutsche Bundesbank
BBauBl.	Bundesbaublatt
BBauG	Bundesbaugesetz
BBauPl.	Bebauungsplan
BBesG	Bundesbesoldungsgesetz
BBG	Bundesbeamtengesetz
BbPl	Bebauungsplan
BDHE	Entscheidungssammlung des Bundesdisziplinarhofs
BDO	Bundesdisziplinarordnung
BDSG	Gesetz zum Schutz vor Mißbrauch personenbezogener Daten bei der Datenverarbeitung (Bundesdatenschutzgesetz)
BeamtVG	Beamtenversorgungsgesetz
BerlASOG	Berliner Allgemeines Gesetz zum Schutz der öffentlichen Sicherheit und Ordnung
BerlDVO/ASOG	Durchführungsverordnung zur BerlASOG
BerlJAO	Berliner Ausbildungs- und Prüfungsordnung für Juristen

BerlStrG	Berliner Straßengesetz
BerlUZwG	Gesetz über die Anwendung unmittelbaren Zwangs bei der Ausübung öffentlicher Gewalt durch Vollzugsbeamte des Landes Berlin
BesGr.	Besoldungsgruppe
Betr.	Der Betrieb (Zeitschrift)
BGB	Bürgerliches Gesetzbuch
BGBl.	Bundesgesetzblatt
BGG	Bonner Grundgesetz
BGH	Bundesgerichtshof
BGHSt	Amtliche Sammlung der Entscheidungen des Bundesgerichtshofs in Strafsachen
BGHZ	Entscheidungssammlung des Bundesgerichtshofs in Zivilsachen
BGSG	Gesetz über den Bundesgrenzschutz (Bundesgrenzschutzgesetz)
BHO	Bundeshaushaltsordnung
BImSchG	Gesetz zum Schutz vor schädlichen Umwelteinwirkungen durch Luftverunreinigung, Geräusche, Erschütterungen und ähnliche Vorgänge (Bundes-Immissionsschutzgesetz)
BImSchV	Verordnung zur Durchführung des Bundesimmissionsschutzgesetzes
BinSchAufgG	Gesetz über die Bundesaufgaben auf dem Gebiet der Binnenschiffahrt
BK	Bonner Kommentar
BKAG	Gesetz über die Einrichtung eines Bundeskriminalamtes (Bundeskriminalamtsgesetz)
BLV	Bundeslaufbahnverordnung
BMF	Bundesminister der Finanzen
BMinG	Bundesministergesetz
BMT-G	Bundesmanteltarifvertrag für Arbeiter gemeindlicher Verwaltungen und Betriebe
BMV	Bundesminister für Verkehr
BNatSchG	Gesetz über Naturschutz und Landschaftspflege (Bundesnaturschutzgesetz)
BNtVO	Bundesnebentätigkeitsverordnung
BNVO	Baunutzungsverordnung
BPersVG	Bundespersonalvertretungsgesetz
BPolBG	Bundespolizeibeamtengesetz
BRAO	Bundesrechtsanwaltsordnung
BremBauO	Landesbauordnung für Bremen
BremLStrG	Landesstraßengesetz für Bremen
BremPolG	Polizeigesetz für Bremen
BremStGH	Staatsgerichtshof Bremen
BRRG	Beamtenrechtsrahmengesetz
BRS	Baurechtssammlung
BSeuchG	Gesetz zur Verhütung und Bekämpfung übertragbarer Krankheiten bei Menschen (Bundes-Seuchengesetz)
BSG	Bundessozialgericht
BSGE	Entscheidungssammlung des Bundessozialgerichts
BSHG	Bundessozialhilfegesetz
BT-Drucks.	Bundestags-Drucksachen
Buchholz	Sammel- und Nachschlagewerk der Rechtsprechung des BVerwG
BVerfG	Bundesverfassungsgericht
BVerfGE	Entscheidungssammlung des Bundesverfassungsgerichts
BVerfGG	Bundesverfassungsgerichtsgesetz
BVerwG	Bundesverwaltungsgericht

BVerwGE	Entscheidungssammlung des Bundesverwaltungsgerichts
BVwVfG	Verwaltungsverfahrensgesetz des Bundes
BW	Baden-Württemberg
BWaStrG	Bundeswasserstraßengesetz
BWBauO	Landesbauordnung für Baden-Württemberg
BWDSG	Baden-Württembergisches Datenschutzgesetz
BWGO	Gemeindeordnung für Baden-Württemberg
BWKrO	Landkreisordnung für Baden-Württemberg
BWLAbfG	Landesabfallgesetz von Baden-Württemberg
BWLplG	Baden-Württembergisches Landesplanungsgesetz
BWLVwG	Baden-Württembergisches Landesverwaltungsgesetz
BWMeldeG	Meldegesetz von Baden-Württemberg
BWPolG	Polizeigesetz von Baden-Württemberg
BWStGH	Staatsgerichtshof für das Land Baden-Württemberg
BWStrG	Straßengesetz für Baden-Württemberg
BWVGH	Verwaltungsgerichtshof Baden-Württemberg
BWVollstrKO	Baden-Württembergische Vollstreckungskostenordnung
BWVPr	Baden-Württembergische Verwaltungspraxis (Zeitschrift)
BWVwVG	Baden-Württembergisches Verwaltungsvollstreckungsgesetz
DAG	Deutsche Angestelltengewerkschaft
DAR	Deutsches Autorecht
DBG	Deutsches Beamtengesetz
DGO	Deutsche Gemeindeordnung
Difu	Deutsches Institut für Urbanistik
Diss.	Dissertation
DJT	Deutscher Juristentag
DLRG	Deutsche Lebensrettungsgesellschaft
DöD	Der öffentliche Dienst
DöV	Die öffentliche Verwaltung
DRiG	Deutsches Richtergesetz
DRiZ	Deutsche Richterzeitung
DRK	Deutsches Rotes Kreuz
DST	Deutscher Städtetag
DStR	Deutsches Steuerrecht (Zeitschrift)
Düss.	Düsseldorf
DV	Deutsche Verwaltung (Zeitschrift)
DVAuslG	Verordnung zur Durchführung des Ausländergesetzes
DVBayBO	Durchführungsverordnung zur Bayerischen Bauordnung
DVBl	Deutsches Verwaltungsblatt
E	Amtliche Entscheidungssammlung
EBauGB	Regierungsentwurf eines Baugesetzbuches
EBO	Eisenbahn-Bau- und Betriebsgesetz
EG	Europäische Gemeinschaft
EGGVG	Einführungsgesetz zum Gerichtsverfassungsgesetz
EGStPO	Einführungsgesetz zur Strafprozeßordnung
EnerG	Gesetz zur Förderung der Energiewirtschaft
ErstG	Erstattungsgesetz
EStG	Einkommensteuergesetz
ESVGH	Entscheidungssammlung des Hessischen und des Württembergisch-Badischen Verwaltungsgerichtshofs
EuGH	Gerichtshof der Europäischen Gemeinschaft

EuGRZ	Europäische Grundrechtszeitschrift
EWG	Europäische Wirtschaftsgemeinschaft
EWGV	Vertrag zur Gründung der EWG
fdGO	freiheitlich demokratische Grundordnung
FluglärmG	Gesetz zum Schutz gegen Fluglärm
FNPl	Flächennutzungsplan
FS	Festschrift (für)
FStrG	Bundesfernstraßengesetz
G	Gesetz
GABl	Gemeinsames Amtsblatt
GastG	Gaststättengesetz
GATT	General Agrement on Tariffs and Trade
GemFinRefG	Gemeindefinanzreformgesetz
GemHVO	Gemeindehaushaltsverordnung
GMBl	Gemeinsames Ministerialblatt der Bundesministerien des Inneren, für Vertriebene, für Wohnungsbau, für gesamtdeutsche Fragen und für Angelegenheiten des Bundesrates
GeschlKrG	Gesetz zur Bekämpfung der Geschlechtskrankheiten
GewArch	Gewerbearchiv
GewO	Gewerbeordnung
GG	Grundgesetz
GKöD	Gesamtkommentar öffentliches Dienstrecht
GmbH	Gesellschaft mit beschränkter Haftung
GO	Gemeindeordnung
GVBl.	Gesetz- und Verordnungsblatt
GVG	Gerichtsverfassungsgesetz
GVNW	Gesetz- und Verordnungsblatt für Nordrhein-Westfalen
GVOBl.	Gesetz- und Verordnungsblatt
GWB	Gesetz gegen Wettbewerbsbeschränkungen
HbgJAO	Hamburger Juristenausbildungsverordnung
HambWG	Hamburgisches Wegegesetz
HambSOG	Hamburger Gesetz zum Schutz der öffentlichen Sicherheit und Ordnung
HandwO	Gesetz zur Ordnung des Handwerks
Hann.	Hannover
HdbKomm WPr	Handbuch der kommunalen Wissenschaft und Praxis
Hess.	Hessisch
HessBauO	HBO — Hessische Bauordnung
HessGO	Hessische Gemeindeordnung
HessJAG	Hessisches Gesetz über die juristische Ausbildung
HessKrO	Hessische Landkreisordnung
HessLplG	Hessisches Landesplanungsgesetz
HessSOG	Hessisches Gesetz über die öffentliche Sicherheit und Ordnung
HessStrG	Hessisches Straßengesetz
HessUZwG	Gesetz über die Anwendung unmittelbaren Zwangs bei Ausübung öffentlicher Gewalt
Hess.Verf.	Hessische Verfassung
HessVGH	Hessischer Verwaltungsgerichtshof
Hg.	Herausgeber
HGB	Handelsgesetzbuch
HGrG	Gesetz über die Grundsätze des Haushaltsrechts des Bundes und der Länder

HöD	Handwörterbuch des öffentlichen Dienstes
Hmb.	Hamburg
Hmb. BauO	HBauO — Hamburgische Bauordnung
HöV	Handbuch für die öffentliche Verwaltung
HRG	Hochschulrahmengesetz
JA	Juristische Arbeitsblätter
JöR N.F.	Jahrbuch des öffentlichen Rechts der Gegenwart, Neue Folge
jPdöR	juristische Person des öffentlichen Rechts
JSchöG	Gesetz zum Schutz der Jugend in der Öffentlichkeit
JURA	Juristische Ausbildung
JuS	Juristische Schulung
JWG	Jugendwohlfahrtsgesetz
JZ	Juristenzeitung
KAG	Kommunalabgabengesetz
KDZ	Kommunalwissenschaftliches Dokumentationszentrum
KG	Kammergericht; Kirchengesetz; Kommanditgesellschaft
KGSt	Kommunale Gemeinschaftsstelle für Verwaltungsvereinfachung
KJ	Kritische Justiz
KStZ	Kommunale Steuer-Zeitung
KunstUrhG	Gesetz betreffend dem Urheberrecht an Werken der bildenden Künste und der Photographie (Kunsturhebergesetz)
LAbfG	Landesabfallgesetz
LadenschlG	Gesetz über den Ladenschluß
LAG	Landesarbeitsgericht
Landes-BauO	Landesbauordnung
LandschaftsG	Landschaftsgesetz von Nordrhein-Westfalen
LBG	Landesbeamtengesetz
Lbg.	Lüneburg
LG	Landgericht
LHO	Landeshaushaltsordnung
LMBG	Gesetz über den Verkehr mit Lebensmitteln, Tabakerzeugnissen, kosmetischen Mitteln und sonstigen Bedarfsgegenständen
LPlG	Landesplanungsgesetz
LS	Leitsatz
LuftVG	Luftverkehrsgesetz
MBO	Musterbauordnung
MDR	Monatsschrift für Deutsches Recht
MEPolG	Musterentwurf eines einheitlichen Polizeigesetzes des Bundes und der Länder
MinBl	Ministerialblatt
MinBlFin	Ministerialblatt des Bundesministers der Finanzen und des Bundesministers für Wirtschaft
Mstr	Münster
MTB	Manteltarifvertrag für die Arbeiter des Bundes
MTL	Manteltarifvertrag für die Arbeiter der Länder
MuSchG	Verordnung über den Mutterschutz für Beamtinnen
NBauO	Niedersächsische Bauordnung
NBG	Niedersächsisches Beamtengesetz
NdsGO	Niedersächsische Gemeindeordnung
NdsJAO	Niedersächsische Ausbildungsverordnung für Juristen
NdsPolGO	Niedersächsische Polizeigebührenordnung
NdsSOG	Niedersächsisches Gesetz über die öffentliche Sicherheit und Ordnung

NJW	Neue Juristische Wochenschrift
NKrO	Niedersächsische Landkreisordnung (NLO)
NROG	Niedersächsisches Gesetz über Raumordnung und Landesplanung
NRW	Nordrhein-Westfalen
NRW JAG	Nordrhein-Westfälisches Gesetz über die juristische Staatsprüfung und den juristischen Vorbereitungsdienst
NRW StrWG	Straßen- und Wegegesetz für das Land Nordrhein-Westfalen
NStrG	Niedersächsisches Straßengesetz
NuR	Natur und Recht
NVwZ	Neue Zeitschrift für Verwaltungsrecht
NW	Nordrhein-Westfalen
NWGO	Gemeindeordnung für das Land Nordrhein-Westfalen
NWKAG	Kommunalabgabengesetz für das Land Nordrhein-Westfalen
NWKostO	Nordrhein-Westfälische Kostenordnung zum Verwaltungsvollstreckungsgesetz
NWKrO	Kreisordnung für das Land Nordrhein-Westfalen
NWLplG	Landesplanungsgesetz für das Land Nordrhein-Westfalen
NWMeldeG	Meldegesetz für das Land Nordrhein-Westfalen
NWOBG	Ordnungsbehördengesetz für das Land Nordrhein-Westfalen
NWSchulVwG	Schulverwaltungsgesetz für das Land Nordrhein-Westfalen
NWSchVG	Schulverwaltungsgesetz für das Land Nordrhein-Westfalen
NWVerfGH	Verfassungsgerichtshof des Landes Nordrhein-Westfalen
NWVerfGHG	Gesetz über den Verfassungsgerichtshof des Landes Nordrhein-Westfalen
OBG NW	Ordnungsbehördengesetz für das Land Nordrhein-Westfalen
ÖTV	Gewerkschaft öffentliche Dienste, Transport und Verkehr
OHG	Offene Handelsgesellschaft
OLG	Oberlandesgericht
OVG	Oberverwaltungsgericht
OVGE	Amtliche Sammlung der Entscheidungen der Oberverwaltungsgerichte Münster und Lüneburg
OWiG	Gesetz über Ordnungswidrigkeiten
ParlStG	Gesetz über die Rechtsverhältnisse der parlamentarischen Staatssekretäre
PersBefG	Personenbeförderungsgesetz
PersV	Die Personalvertretung (Zeitschrift)
PFB	Planfeststellungsbeschluß
Planzeichen-VO	Planzeichenverordnung
PolG	Polizeigesetz
PostverwG	Gesetz über die Verwaltung der Deutschen Bundespost
PreußOVGE	Entscheidungssammlung des Preußischen Oberverwaltungsgerichts
PrOVG	Preußisches Oberverwaltungsgericht
PrOVGE	Entscheidungen des Preußischen Oberverwaltungsgerichts
PrPVG	Preußisches Polizeiverwaltungsgesetz
PStG	Personenstandsgesetz
RdA	Recht der Arbeit
Rdschr.	Rundschreiben
REBauGB	Regierungsentwurf eines Baugesetzbuches
RG	Reichsgericht
RGBl	Reichsgesetzblatt
Rh-Pf	Rheinland-Pfalz
RhPf	Rheinland-Pfalz

Rhpf. BauO	LBauO — Landesbauordnung für Rheinland-Pfalz
RhPfGO	Rheinland-Pfälzische Gemeindeordnung
RhPfJAPO	Rheinland-Pfälzische Landesverordnung zur Durchführung des Landesgesetzes über die juristische Ausbildung
RhPfLKO	Landkreisordnung für Rheinland-Pfalz
RhPfLplG	Landesgesetz für Raumordnung und Landesplanung des Landes Rheinland-Pfalz
RhPfLStrG	Landesstraßengesetz für Rheinland-Pfalz
RhPfOVG	Oberverwaltungsgericht von Rheinland-Pfalz
RhPfPVG	Polizeiverwaltungsgesetz von Rheinland-Pfalz
RhPfVerf	Rheinland-Pfälzische Verfassung
RiA	Recht im Amt
ROG	Raumordnungsgesetz
Rspr.	Rechtsprechung
RuStG	Reichs- und Staatsangehörigkeitsgesetz
RVO	Reichsversicherungsordnung, Rechtsverordnung
saarl.	saarländisch
SaarKSVG	Saarländisches Kommunalselbstverwaltungsgesetz
SaarlJAO	Saarländische Ausbildungsordnung für Juristen
SaarlLOG	Saarländisches Gesetz über die Organisation der Landesverwaltung
SaarlStrG	Saarländisches Straßengesetz
SaarlVerf.	Verfassung des Saarlandes
Saarl-VerfGHG	Verfassungsgerichtshof des Saarlandes
SaarPVG	Saarländisches Polizeiverwaltungsgesetz
SaarUZwG	Gesetz über den unmittelbaren Zwang bei Ausübung öffentlicher Gewalt durch Vollzugsbeamte des Saarlandes
SchlH	Schleswig-Holstein
Schl-H	Schleswig-Holstein
SchlHGkZ	Gesetz über die kommunale Zusammenarbeit für Schleswig-Holstein
SchlHGO	Gemeindeordnung für Schleswig-Holstein
SchlHJAO	Landesverordnung über die Ausbildung der Juristen von Schleswig-Holstein
schlh. KAG	Kommunalabgabengesetz des Landes Schleswig-Holstein
SchlHLPlG	Gesetz über die Landesplanung des Landes Schleswig-Holstein
SchlHStrWG	Straßen- und Wegegesetz des Landes Schleswig-Holstein
SeeSchAufgG	Gesetz über die Bundesaufgaben auf dem Gebiet der Seeschiffahrt
SGb	Die Sozialgerichtsbarkeit (Zeitschrift)
SHGO	Gemeindeordnung für Schleswig-Holstein
SHLVwG	Landesverwaltungsgesetz von Schleswig-Holstein
SLPG	Saarländisches Landesplanungsgesetz
StabG	Gesetz zur Förderung der Stabilität und des Wachstums der Wirtschaft
StBauFG	Gesetz über städtebauliche Sanierungsmaßnahmen in den Gemeinden (Städtebauförderungsgesetz)
StGB	Strafgesetzbuch
StGH	Staatsgerichtshof
StPO	Strafprozeßordnung
StrWG NW	Straßen- und Wegegesetz des Landes Nordrhein-Westfalen
StT	Städtetag
StVG	Straßenverkehrsgesetz
StVO	Straßenverkehrsordnung
StVollzG	Strafvollzugsgesetz

StVZO	Straßenverkehrszulassungsordnung
SUrlVO	Sonderurlaubsverordnung
TA Lärm	Technische Anleitung zum Schutz gegen Lärm
TA Luft	Technische Anleitung zur Reinhaltung der Luft
ThürLVO	Thüringer Landesverordnung
UPR	Umwelt- und Planungsrecht
UZwG	Gesetz über die Anwendung unmittelbaren Zwanges bei Ausübung öffentlicher Gewalt
VA	Verwaltungsakt
VBlBW	Verwaltungsblätter für Baden-Württemberg
Verf.	Verfassung
VerfSchutzG	Gesetz über die Zusammenarbeit des Bundes und der Länder in Angelegenheiten des Verfassungsschutzes
VersG	Versammlungsgesetz
VerwArch.	Verwaltungsarchiv
VG	Verwaltungsgericht
VGH	Verwaltungsgerichtshof
VGHE	Entscheidungen des Verwaltungsgerichtshofes
vgl.	vergleiche
VKBl.	Verkehrsblatt
VO	Verordnung
VOB	Verdingungsordnung für Bauleistungen
VRS	Verkehrsrecht-Sammlung
VVDStRL	Veröffentlichungen der Vereinigung der Deutschen Staatsrechtslehrer
VwGO	Verwaltungsgerichtsordnung
VwR	Verwaltungsrecht
VwRspr.	Verwaltungsrechtsprechung in Deutschland (Sammlung obergerichtlicher Entscheidungen aus dem Verfassungs- und Verwaltungsrecht)
VwVfG	Verwaltungsverfahrensgesetz des Bundes
WaldG	Waldgesetz
WaStrG	Bundeswasserstraßengesetz
WE	Willenserklärung
WehrpflG	Wehrpflichtgesetz
WHG	Gesetz zur Ordnung des Wasserhaushalts (Wasserhaushaltsgesetz)
WiVerw.	Wirtschaft und Verwaltung (Vierteljahresbeilage zum Gewerbearchiv)
WM	Wertpapiermitteilungen
WOBauG	Wohnungsbaugesetz
WpflG	Wehrpflichtgesetz
WRV	Weimarer Reichsverfassung
WV	Weimarer Verfassung
z. A.	zur Anstellung
ZBR	Zeitschrift für Beamtenrecht
ZfBR	Zeitschrift für deutsches und internationales Baurecht
ZfWasserrecht	Zeitschrift für Wasserrecht
ZPO	Zivilprozeßordnung
ZRP	Zeitschrift für Rechtspolitik
z. T.	zum Teil

I. Kommunalrecht

Von Otfried Seewald

Inhalt

A. Einleitung

I. Begriff und Bedeutung des Kommunalrechts

Zum Kommunalrecht gehören die Rechtssätze, die sich generell mit der Rechtstel- **1**
lung, der Organisation, den Aufgaben sowie den Handlungsformen der kommunalen Körperschaften befassen. Kommunale Körperschaft wiederum ist ein Oberbegriff für die Gemeinden[1], die Landkreise[2], die Kommunalverbände[3] und weitere Verbände, insbesondere die kommunalen Zweckverbände[4]. Die Beschäftigung mit diesem Rechtsgebiet wird von den Studierenden der Rechtswissenschaft zuweilen mit
einer gewissen Zurückhaltung betrieben. Die Gründe hierfür liegen möglicherweise
in folgendem:

Zum einen gibt es **kein einheitliches,** für den Bereich der Bundesrepublik Deutschland geltendes **Kommunalrecht.** Dieses Recht besteht vielmehr aus einer im einzelnen bunten Vielfalt landesrechtlicher Regelungen.

Eine auf den ersten Blick fehlende Faszination des Kommunalrechts liegt außerdem **2**
wohl darin begründet, daß es sich bei dieser Rechtsmaterie überwiegend um **organisationsrechtliche** Bestimmungen handelt. Wenn man davon ausgeht, daß in der juristischen Ausbildung das öffentliche Organisationsrecht eine stiefmütterliche Behandlung erfährt und daß dem Studierenden dementsprechend eine Vorstellung von
der Bedeutung des Organisationsrechts für die Entstehung und Verwirklichung von
Rechten fehlen muß, dann ist die erwähnte Zurückhaltung erklärlich.

Die genannten Schwierigkeiten machen jedoch zugleich auch den Reiz einer Be- **3**
schäftigung mit dem Kommunalrecht aus. Nur in wenigen anderen Rechtsgebieten
läßt sich in gleicher Weise zeigen, wie durch wissenschaftliche Durchdringung komplexer Teilregelungen verallgemeinerungsfähige Erkenntnisse herausgeschält werden, deren Wert vor allem dann ersichtlich wird, wenn es einmal nötig erscheint,
nicht nur die eigene **landesrechtliche Regelung** kennenzulernen, sondern sich darüber hinaus mit den Regelungen in anderen Bundesländern zu befassen. Und wenn
man davon ausgeht, daß ein nicht geringes Verständnis vom Wesen und von der Bedeutung organisationsrechtlicher Regelungen für den Juristen unerläßlich ist, dann
scheint doch die Beschäftigung mit dem Kommunalrecht naheliegend zu sein; denn
jeder Bürger ist Einwohner einer Gemeinde und dementsprechend kommunalrechtlich berechtigt und verpflichtet, am Geschehen in der Gemeinde teilzuhaben und die
Lasten der örtlichen Gemeinschaft zusammen mit seinen Mitbürgern zu tragen.

Außerdem ist die Beschäftigung mit dem Kommunalrecht aus einem weiteren Grund **4**
ertragreich: Man wird sagen können, daß es sich bei dem Kommunalrecht um den
wichtigsten und wohl auch populärsten **Prototyp** des Rechts der sogenannten **mittelbaren Staatsverwaltung** handelt. Betrachtet man einmal die übrigen Bereiche der

---

1 Vgl. unten Rdnr. 58 ff.
2 Vgl. unten Rdnr. 297 ff.
3 Vgl. Rdnr. 343 ff.
4 Vgl. Rdnr. 334 ff.

Verwaltung, denen der Staat eine mehr oder weniger umfassende Selbständigkeit bei der Wahrnehmung von Aufgaben eingeräumt hat, so lassen sich stets eine Reihe von Parallelen feststellen. Das bedeutet, daß bei der Lösung grundsätzlicher Probleme, aber auch spezieller Einzelfragen häufig ein gedanklicher Transfer möglich ist, so daß eine vorangegangene Beschäftigung mit den Problemen des Kommunalrechtes in der Regel zu einer gewissen Kreativität bei der Lösung von Rechtsproblemen in anderen Bereichen der mittelbaren Staatsverwaltung befähigt.

5 Schließlich sollte zur Befassung mit dem Kommunalrecht auch die Tatsache anregen, daß es im Bereich der Kommunalverwaltung sowie in den Bereichen der mittelbaren Staatsverwaltung im übrigen zahlreiche Tätigkeitsfelder gibt, die nach wie vor den Juristen vorbehalten sind und wegen ihrer vielfältigen Anforderungen interessante und reizvolle berufliche Aussichten bieten.

II. Die gesetzlichen Grundlagen der gemeindlichen Tätigkeit

6 Das im wesentlichen nach formalen Gesichtspunkten abgegrenzte Kommunalrecht im oben ausgegebenen Sinn (Rdnr. 1) umfaßt keineswegs allein die Normen, die für die Tätigkeit der kommunalen Körperschaften verbindlich sind. Das Wesen der gemeindlichen Tätigkeiten und insbesondere die **Bedeutung der kommunalen Selbstverwaltung** läßt sich zutreffend nur dann erfassen, wenn man sämtliche gesetzlichen Grundlagen in Betracht zieht, die unmittelbar oder mittelbar für diesen Verwaltungsbereich maßgebend sind. Darunter befinden sich im übrigen auch Regelungen mit organisatorischem Inhalt, ohne daß man insoweit von Kommunalrecht zu sprechen pflegt[5].

7 Die folgende **Übersicht über die gesetzlichen Grundlagen** zeigt, daß die kommunale Selbstverwaltung nicht — wie zu Beginn des vergangenen Jahrhunderts — staatsfreie Verwaltung im gesellschaftlichen Raume ist und ausschließlich auf die örtlichen Angelegenheiten bezogen ist. Vielmehr zeigt bereits Art und Ausmaß der gesetzlichen Regelungen, daß die Kommunalverwaltung zunehmend in die gesamte öffentliche Administration hineingewachsen ist und daß das **Verhältnis zwischen Staatsverwaltung und Kommunalverwaltung** nicht durch die Trennung beider Bereiche, sondern durch einen fortdauernden Prozeß der Integration gekennzeichnet ist. Eine andere Frage ist die, ob man diesen in der Verfassungswirklichkeit sichtbaren Bedeutungswandel in den Beziehungen zwischen Staats- und Kommunalverwaltung in Richtung auf eine stärkere Verzahnung der örtlichen Verwaltung mit überregionalen Entscheidungsträgern sowie auch die stärkere Steuerung der kommunalen Selbstverwaltung durch Bundes- und Landesgesetze und durch **zentrale Planungen** sowie schließlich die zunehmende **finanzielle Abhängigkeit** vom Staat als „**schleichende Aushöhlung**" der kommunalen Selbstverwaltung und damit als verfassungsrechtlich bedenklich kritisiert, oder ob man hierin einen irreversiblen Entwicklungsprozeß sieht, der angesichts der Forderung nach der Herstellung gleichwertiger Lebensver-

---

5 z. B. Bestimmung der Zuständigkeit gemäß § 3 Abs. 2 AbfG, beispielsweise in Art. 2 BayAbfG; oder: Normierung des Verfahrensablaufs eines „besonderen" Verwaltungsverfahrens, beispielsweise in § 2 a BBauG.

hältnisse im gesamten Bundesgebiet und angesichts der gesteigerten Ansprüche der Bürger auf öffentliche Daseinsvorsorge hingenommen werden sollte[6].

1. Bundesrecht

An **bundesrechtlichen Regelungen,** die für die **kommunale Selbstverwaltung** maßge-   **8** bend sind, fällt zunächst der Blick auf Art. 28 GG. Dort wird die kommunale Selbstverwaltung in Abs. 2 wie folgt garantiert: „Den **Gemeinden** muß das Recht gewährleistet sein, alle Angelegenheiten der örtlichen Gemeinschaft im Rahmen der Gesetze in eigener Verantwortung zu regeln. Auch die **Gemeindeverbände** haben im Rahmen ihres gesetzlichen Aufgabenbereiches nach Maßgabe der Gesetze das Recht der Selbstverwaltung". Weiterhin heißt es in Art. 28 Abs. 1 Satz 2 GG: „In den Ländern, Kreisen und Gemeinden muß das Volk eine Vertretung haben, die aus allgemeinen, unmittelbaren, freien, gleichen und geheimen Wahlen hervorgegangen ist. In Gemeinden kann an die Stelle einer gewählten Körperschaft die Gemeindeversammlung treten". Abgesehen von dieser bundesverfassungsrechtlichen Vorgabe enthält das Grundgesetz eine Reihe weiterer Bestimmungen, die das Kommunalrecht prägen; daneben enthält das „einfache" Bundesrecht zahlreiche Bestimmungen, die sich unmittelbar an die Gemeinden wenden oder doch zumindest mittelbar die gemeindliche Tätigkeit prägen.

a) Die Bestimmungen des Grundgesetzes

aa) Art. 28 Abs. 2 GG: Eine unbefangene Lektüre des Art. 28 Abs. 2 GG mag zu der   **9** Annahme führen, daß die kommunale Selbstverwaltung „ihrem Wesen und ihrer Intention nach Aktivierung der Beteiligten für ihre eigenen Angelegenheiten, die die in der örtlichen Gemeinschaft lebenden Kräfte des Volkes zur eigenverantwortlichen Erfüllung öffentlicher Aufgaben der engeren Heimat zusammenschließt mit dem Ziel, das Wohl der Einwohner zu fördern und die geschichtliche und heimatliche Eigenart zu wahren", bedeutet[7]. Dieses Bild von der kommunalen Selbstverwaltung entspricht nicht mehr der heutigen Realität und ist als „eher nostalgisch" *(Stern)* zu bezeichnen. Es berücksichtigt nicht die zahlreichen Veränderungen im Aufgabenbestand der Gemeinden und die tatsächlichen und rechtlichen Verflechtungen zwischen gemeindlicher und staatlicher Verwaltung. Verfassungsrechtlichen Bedenken angesichts derartiger Entwicklungen ist zu entgegnen, daß das Recht der Selbstverwaltung lediglich „im Rahmen der Gesetze" gewährleistet ist. Somit ist der **historischen Entwicklung** bei der Bestimmung dessen Rechnung zu tragen, was unter dem Wesen der Selbstverwaltung zu verstehen ist[8]. Weiterhin muß man bedenken, daß die Bezugnahme der Rechtsprechung auf die historisch begründete Gestaltung des Selbstverwaltungswesens nicht bedeutet, daß alles beim alten bleiben müsse und daß eine

---

6 Vgl. hierzu den Schlußbericht der Enquête-Kommission Verfassungsreform, BT-Drucks. 7/5924, S. 221, sowie unten Rdnr. 10)
7 so noch BVerfGE 11, S. 266 ff., 275 f.).
8 Vgl. BVerfGE 1, 167 ff., 178; NW OVH in OVGE 9, 74 ff., 83 und 11, 149 ff., 150.

neue Einrichtung schon deshalb nicht hingenommen werden könne, weil sie neu und ohne Vorbild sei. Vielmehr ist auch nach der Rechtsprechung des BVerfG eine Fortbildung des überkommenen Systems, besonders im Bereich des ständigen Veränderungen ausgesetzten Finanzausgleichs, sicherlich nicht ausgeschlossen. Allerdings muß es sich bei einer solchen Fortbildung um Änderungen des überkommenen Systems handeln, die „in der Linie einer vernünftigen Fortentwicklung" liegen und „nicht zu einer Aushöhlung der Selbstverwaltung" führen[9].

10   Freilich sind **Beschränkungen der Selbstverwaltung** nicht unbegrenzt mit Art. 28 Abs. 2 GG vereinbar; nach der Rechtsprechung des BVerfG muß vielmehr der „Kernbereich" der Selbstverwaltungsgarantie bei Einschränkungen der kommunalen Selbstverwaltung beachtet sein. Was diesen „Kernbereich" im einzelnen ausmacht, läßt sich allerdings kaum allgemein-abstrakt festlegen. Auch die Rechtsprechung des BVerfG bietet insoweit keine sicheren Aussagen[10]. Der Versuch einer allgemein-abstrakten Festlegung des absolut geschützten Kernbereiches der kommunalen Selbstverwaltungsgarantie findet sich bei *Stern* (BK, Art. 28 Rdnr. 123): Danach wird mit dem Kernbereich der Wesensgehalt bezeichnet und damit das Essentiale, das man aus einer Institution nicht entfernen kann, ohne deren Struktur und Typus zu verändern. Damit sind die typusbestimmenden Bestandteile, die essentiell und nicht akzidentiell die kommunale Selbstverwaltung prägen, geschützt. Mit derartigen Formulierungen ist jedoch lediglich das Problem bezeichnet, das sich bei dem Versuch einer Definition des Kernbereiches der kommunalen Selbstverwaltung ergibt. Man mag bezweifeln, ob eine derartige Formulierung einen praktikablen Maßstab für die Frage abgibt, in welcher Weise man bei gesetzgeberischer „Salamitaktik"[11] zu qualitativen Vorstellungen von einem absolut geschützten Bereich kommunaler Selbstverwaltung gelangt.

11   In neuerer Zeit gibt es Ansätze zu einer **Neubestimmung der kommunalen Selbstverwaltungsgarantie** im Schrifttum; es handelt sich hierbei um Versuche, die zu beobachtende Minderung von letztverantwortlichen Entscheidungszuständigkeiten in der Gemeinde auch verfassungsrechtlich zu legitimieren. Zu nennen wäre hier zunächst die Bemühung um eine Ablösung des herkömmlichen Selbstverwaltungsverständnisses zugunsten eines „modernen", funktionalen Verständnisses der „Angelegenheit der örtlichen Gemeinschaft". Danach bilden kommunale Selbstverwaltung und staatliche Verwaltung keine Gegensätze, sondern sollten sich ergänzen in der gemeinsamen Erfüllung öffentlicher Aufgaben, die lediglich zwischen verschiedenen Gliedern der staatlichen Verwaltung arbeitsteilig organisiert sind *(Roters)*. Eine andere Meinung im Schrifttum betrachtet die Unterscheidung von örtlichen und überörtlichen Angelegenheiten sowie die entsprechende Aufteilung des gemeindlichen Aufgabenkreises in kommunale Eigen- und staatliche Fremdverwaltung als „Relikte einer anders strukturierten Verfassungslage . . ., denen mit der Eingliederung der Kommunen in den staatlichen Verwaltungsapparat und der Überwindung des qualitativen Gegensatzes zwischen staatlichen Funktionen und gemeindlichen (i.S. von nicht-staatlichen) Aufgaben der Boden entzogen wurde" *(Burmeister)*.

---

9 BVerfGE 23, S. 353 ff., 367.
10 Vgl. E 11, S. 266 ff., 274; 17, S. 172 ff., 182; 22, S. 180 ff.; 205; 26, S. 172 ff., 180 f., 38, S. 258 ff., 278 f.
11 *Stern,* Hb. 1, S. 206 Fn. 12

Beide Auffassungen wenden sich scharf von den mehr historisch orientierten Interpretationen (insbesondere auch des BVerfG) ab und lassen sich wohl als auch eine gewisse Resignation angesichts der Verfassungswirklichkeit begreifen.

In einer vielbeachteten Entscheidung hat das **BVerwG**[12] folgendes festgestellt: Art. **12** 28 Abs. 2 S. 1 GG gewährleistet nicht nur einen unantastbaren Kernbereich, eine absolute Grenze, jenseits derer der Gesetzgeber völlig ungebunden den Gemeinden Aufgaben auferlegen oder entziehen darf; vielmehr schützt Art. 28 Abs. 2 S. 1 GG auch vor einem sachlich ungerechtfertigten Aufgabenentzug nach Maßgabe des **Verhältnismäßigkeitsgrundsatzes:** Jede den **Kernbereich** nicht antastende Bestimmung des Aufgabenbestandes muß „verhältnismäßig" sein[13].

Das Gericht weist weiter auf die Anforderungen hin, die an die Art und Weise des Aufgabenvollzuges im Hinblick auf die Notwendigkeit des modernen Sozial- und Leistungsstaates, der ökonomischen Entwicklung und der ökologischen Vorsorge zu stellen seien; die darin liegende Dynamik begünstige „eine **stille Aufgabenwanderung** «von unten nach oben»"[14]. Das BVerwG geht offensichtlich davon aus, daß Aufgabenverlagerungen stets dann verfassungsrechtlich unbedenklich sind, wenn sie den Kernbereich nicht antasten und „zureichende Gründe in dem Sinne haben, daß sie im Hinblick auf die Funktion (Selbstverwaltungs-)Garantie ausreichend legitimiert und damit verhältnismäßig" erscheinen[15].

Somit dürften die neueren Ansätze des Schrifttums (s. o. Rdnr. 11) eine weitgehende Bestätigung gefunden haben.

Literatur:

Brohm: Die Selbstverwaltung der Gemeinden im Verwaltungssystem der Bundesrepublik Deutschland, DVBl. 1984, S. 293 ff.; *Burmeister:* Verfassungstheoretische Neukonzeption der kommunalen Selbstverwaltungsgarantie, 1977; *Maunz:* in: Maunz/Dürig/Herzog/Scholz, Grundgesetz, Kommentar, Art. 28 (1959/1977); *Roters:* Kommunale Mitwirkung an höherstufigen Entscheidungsprozessen, 1975; *Stern:* Die Verfassungsgarantie der kommunalen Selbstverwaltung, Hb. 1, S. 206 ff.

Übungsfälle: *v. Mutius:* Grundfälle zum Kommunalrecht, Jus 1977, S. 455 ff. (Fälle 11—14).

bb) **Kommunale Verfassungsbeschwerde:** Art. 93 Abs. 1 Nr. 4 b GG (i.V.m. § 91 **13** BVerfGG) gibt den Gemeinden und Gemeindeverbänden die Möglichkeit, durch die **kommunale Verfassungsbeschwerde** Verletzungen der kommunalen Selbstverwaltungsgarantie zu rügen. Prüfungsmaßstab ist in diesem Verfahren zunächst lediglich Art. 28 GG. Daneben können die Gemeinden die justitiellen Grundrechte geltend machen, da sie als juristische Personen des öffentlichen Rechts Verfahrensbeteiligte sein können. Ob die Gemeinden sich darüber hinaus auch auf Grundrechte berufen können, war bislang bestritten[16]. Angesichts der jüngsten Rechtsprechung des

---

12 E 67, 321 ff. — *Rastede.*
13 Vgl. *Brodersen,* Jus 1984, S. 479 f. m.w.N.
14 a.a.O., S. 323.
15 a.a.O., S. 323.
16 Zustimmend — für Art. 14 GG — z. B. *Stern,* Hb. 1, S. 226.

BVerfG dürfte diese Auffassung nicht mehr haltbar sein[17]. Nach bayerischem Verfassungsrecht sind Gemeinden vom Grundrechtsschutz nicht schlechthin ausgenommen[18].

14 Im Rahmen einer kommunalen Verfassungsbeschwerde besteht lediglich die Möglichkeit, die Unvereinbarkeit eines Gesetzes mit einer Norm des Grundgesetzes dann zu rügen, wenn diese Norm ihrem Inhalt nach das verfassungsrechtliche Bild der Selbstverwaltung mitzubestimmen geeignet ist[19]. Dies wurde bislang vom BVerfG für Art. 120 Abs. 1 GG bejaht[20]; für Art. 33 Abs. 2 GG wurde diese Möglichkeit verneint[21]. Daneben gelten die Grundsätze des Übermaßverbots (vgl. oben Rdnr. 12) und das verfassungsrechtliche Willkürverbot „als Element des objektiven Gerechtigkeitsprinzips"[22].

Literatur:

Bethge: die Kompetenzabgrenzung zwischen Bundes- und Landesverfassungsgerichtsbarkeit bei der kommunalen Verfassungsbeschwerde, DÖV 1972, S. 336 ff.; *Burmeister:* Die kommunale Verfassungsbeschwerde im System der verfassungsgerichtlichen Verfahrensarten, JA 1980, S. 17 ff.; *Litzenburger:* Die kommunale Verfassungsbeschwerde in Bund und Ländern, 1985 (Diss. Kiel).

Übungsfälle: *v. Mutius:* Grundfälle . . ., Jus 1977, S. 319 ff. (Fall 9).

15 cc) **Weitere verfassungsrechtliche Vorgaben für das Kommunalrecht:** Neben Art. 28 sind im Grundgesetz eine Reihe weiterer Vorschriften enthalten, die über die einschlägige **Bundesgesetzgebung** auch das Kommunalrecht prägen. Dazu gehören Art. 33 GG (staatsbürgerliche Rechte, öffentlicher Dienst), Art. 34 GG (Staatshaftung), Art. 35 Abs. 1 GG (Rechts- und Amtshilfe), Art. 75 Nr. 1 GG (allgemeine beamtenrechtliche Angelegenheiten); auf dem Gebiet der Besoldung und Versorgung haben die Gesetze zur Vereinheitlichung und Neuregelung des Besoldungsrechts in Bund und Ländern (von 1971 und 1975/1979) die konkurrierende Gesetzgebung des Bundes auf diesen Gebieten begründet und durch entsprechende Bundesgesetze zu einer weitgehenden Harmonisierung der Besoldung der insbesondere in einem Beamtenverhältnis stehenden Personen geführt — dazu zählen auch die Beamten der Gemeinden und Gemeindeverbände, für die insoweit ein nennenswerter besoldungsrechtlicher Entscheidungsspielraum nicht mehr besteht.

16 Weiterhin wären Art. 84 Abs. 1 und Art. 85 Abs. 1 GG zu nennen. Diese Bestimmungen geben dem Bundesgesetzgeber die Möglichkeit, (mit Zustimmung des Bundesrates) die Einrichtung der Behörden zu regeln und somit auch in den Bereich der kommunalen Organisation hinein zu regeln. Dies ist z. B. in verschiedenen Bundesgesetzen über die Zivilverteidigung geschehen. Ob und in welchem Umfang ein derartiger Durchgriff des Bundes auf das Kommunalrecht oder die kommunale Organisation zulässig ist, wurde vom BVerfG dahingehend entschieden, daß es sich bei der

---

17 Vgl. BVerfGE 45, S. 63 ff.; 50, S. 50 ff.; 61. S. 82 ff., 103, 105.
18 BayVerfGH Bay VBl. 1976, S. 589 ff.; — dazu *Domcke,* NVwZ 1984, S. 617.
19 BVerfGE 1, S. 167 ff., 181.
20 BVerfGE 1, S. 167 ff., 183.
21 BverfG ebenda, S. 184)
22 BverfGE 23, S. 353 ff., 372; 35, S. 263 ff., 271 f. sowie 23, S. 12 ff., 24 — vgl. auch unten Rdnr. 137 f.

Einschaltung der Gemeinden in den Vollzug der Bundesgesetze durch den Bundesgesetzgeber immer nur um punktuelle Annexregelungen zu einer materiellen Regelung handeln dürfe, die zur Zuständigkeit des Bundesgesetzgebers gehöre. Andernfalls und insbesondere dann, wenn die Annexregelung für den wirksamen Vollzug der materiellen Bestimmungen des Gesetzes nicht notwendig sei, liege ein unzulässiger Eingriff in die Verwaltungskompetenz der Länder vor[23].

Besonders bedeutsam sind die verfassungsrechtlichen Vorgaben für das Kommunal- **17** recht aus dem **Bereich des Finanzwesens;** diese Bestimmungen haben zu einer Reihe von unmittelbaren Rechtsbeziehungen zwischen Bund und Gemeinden (Gemeindeverbände) geführt. Insbesondere ist zu nennen Art. 106 Abs. 5 (i.V.m. Abs. 3 Satz 1) GG; danach erhalten die Gemeinden einen Anteil an dem Aufkommen der Einkommensteuer, der von den Ländern an ihre Gemeinden entsprechend den Einkommensteuerleistungen ihrer Einwohner weiterzuleiten ist. Weiterhin ist Art. 106 Abs. 6 GG zu nennen, der den Gemeinden ein verfassungsrechtlich abgesichertes Recht einräumt, die Hebesätze der Realsteuern festzusetzen. Dies geschieht jährlich in der Haushaltssatzung der Gemeinde.

Während das Gemeindereformgesetz 1969 die in Art. 106 Abs. 5 und 6 GG normierten Garantien noch dahingehend festschrieb, daß der Gemeindeanteil der veranlagten Einkommensteuer und an der Lohnsteuer auf 14 % des Gesamtbetrages festgesetzt wurde, hat das Steueränderungsgesetz 1979 eine Erhöhung des Gemeindeanteils an der Einkommensteuer auf 15 % herbeigeführt.

Durch die Grundgesetzänderung von 1969 wurde den Gemeinden weiterhin das **Auf-** **18** **kommen der örtlichen Verbrauchs- und Aufwandsteuern** zugewiesen, welche nach Art. 105 Abs. 2a GG der ausschließlichen **Landesgesetzgebung** unterliegen (Art. 106 Abs. 6 Satz 1 GG). Die Finanzkraft und der Finanzbedarf der Gemeinden (Gemeindeverbände) ist auch im Rahmen des Finanzausgleichs unter den Ländern zu berücksichtigen (Art. 107 Abs. 2 Satz 1 GG). Weiterhin kann gemäß Art. 108 Abs. 4 Satz 2 GG für die den Gemeinden (Gemeindeverbänden) allein zufließenden Steuern die den Finanzbehörden zustehende Verwaltung durch die Länder ganz oder zum Teil den Gemeinden (Gemeindeverbänden) übertragen werden.

Eine mittelbare Einflußnahme des Bundes auf die Gemeinden wird durch Art. 104a **19** Abs. 4 GG ermöglicht; danach können den Ländern **Finanzhilfen** für besonders bedeutsame Investitionen der Länder und Gemeinden (Gemeindeverbände) gewährt werden, und zwar zur Abwehr einer Störung des gesamtwirtschaftlichen Gleichgewichts oder zum Ausgleich unterschiedlicher Wirtschaftskraft im Bundesgebiet oder zur Förderung des wirtschaftlichen Wachstums. An diesem Finanzhilfeverfahren sind unmittelbar beteiligt jedoch nur „Bund und Länder, nicht Bund und Gemeinden, auch wenn die geförderten Investitionsprojekte von den Gemeinden durchgeführt werden"[24].

Schließlich gibt es noch für den Bereich der **Haushaltswirtschaft** bundes-verfas- **20** sungsrechtliche Vorgaben für die Gemeinden. Durch Art. 109 Abs. 2 GG ist die haushaltswirtschaftliche Selbständigkeit von Bund und Ländern eingeschränkt.

---

23 BverfGE 22, S. 180 ff., 210.
24 BVerfGE 39, S. 96 ff., 122; 41, S. 291 ff., 313.

Außerdem ermächtigen Art. 109 Abs. 3 und Abs. 4 den Bund zum Haushaltsgrundsätzegesetz (HGrG) von 1969 sowie zum Gesetz zur Förderung der Stabilität und des Wachstums der Wirtschaft (StabG von 1969). § 48 Abs. 1 HGrG schreibt vor, daß dieses Gesetz auf landesunmittelbare juristische Personen des öffentlichen Rechts entsprechend anzuwenden ist — und hierzu zählen auch die Gemeinden und Gemeindeverbände. Außerdem haben nach § 16 Abs. 1 StabG die Gemeinden und Gemeindeverbände bei ihrer Haushaltswirtschaft den Zielen des § 1 StabG Rechnung zu tragen. Die Länder müssen darauf hinwirken, daß die Haushaltswirtschaft der Gemeinden den konjunkturpolitischen Erfordernissen entspricht (§ 16 Abs. 2 StabG). Dazu dient u. a. die Möglichkeit, nachträglich die Kreditbeschaffung durch Rechtsverordnung der Bundesregierung (mit Zustimmung des Bundesrates) auch für Gemeinden, Gemeindeverbände und Zweckverbände zu beschränken (vgl. §§ 19—21 StabG).

Literatur:

Geske: Gemeinden und Kreise im Finanzsystem der Bundesrepublik Deutschland, Handbuch der kommunalen Wissenschaft und Praxis, 2. Aufl. Bd. 6, 1985, S. 29 ff.

b) „Einfach-gesetzliches" Bundesrecht

21 Der Bundesgesetzgeber hat **keine Regelungskompetenz für das Kommunalrecht.** Gleichwohl wird die Selbstverwaltung durch eine Vielzahl von „einfachen" Bundesgesetzen betroffen[25]. Neben der beamtenrechtlichen Regelung (z. B. BRRG, BBesG) und den Bundesgesetzen, die das Finanzwesen betreffen, führen die Gemeinden eine Vielzahl weiterer bundesrechtlicher Regelungen aus. Man kann wohl davon ausgehen, daß die Gemeinden und Kreise etwa 70 bis 80 % aller Bundesgesetze ausführen. Eine erste Vorstellung in dieser Hinsicht und damit ein Eindruck von der Vielfältigkeit der auf der Gemeindeebene wahrzunehmenden Aufgaben vermittelt ein Blick in den Aufgabengliederungsplan einer Gemeinde. Beispiele für bundesrechtliche Regelungen, die im wesentlichen von den Gemeinden ausgeführt werden, sind das BBauG sowie das StBFG. *BauGB*

22 In diesem Zusammenhang seien auch diejenigen Bundesgesetze erwähnt, die den Gemeinden nicht nur unmittelbar Aufgaben zur Erledigung übertragen[26], sondern die auf andere Weise eine teils umfassende Einflußnahme auf die kommunale Verwaltungstätigkeit ermöglichen. Für den Bereich der städtebaulichen Entwicklungen sind es in erster Linie die Raumordnungspläne, die nach Maßgabe des **Bundesraumordnungsgesetzes** in Verbindung mit den jeweiligen **Landesplanungsgesetzen** planerische Vorgaben machen, die die Planungshoheit der Gemeinden erheblich einschränken.

23 Daneben gibt es zahlreiche Fachplanungen, von denen insbesondere die sog. **privilegierten Fachplanungen** (vgl. § 38 BBauG) das gemeindliche Selbstverwaltungsrecht im Sinne einer erheblichen Beschränkung konkretisieren. Für die Gemeinden (und Gemeindeverbände) besteht lediglich die Mitwirkung an dem Planungsprozeß, der

---

25 (Beispiel oben, Rdnr. 6).
26 Beispiel: BBauG §§ 1 Abs. 3; 2 Abs. 1; 10; StBauFG §§ 3 ff.

zu derartigen vorrangigen planerischen Festsetzungen führt[27]. Weitere Einschränkungen der gemeindlichen Planungshoheit können z. B. bewirkt werden durch die wasserwirtschaftliche Rahmenplanung gem. § 36 WHG in Verbindung mit den jeweiligen Landeswassergesetzen, die Luftreinhaltepläne gem. § 47 BImSchG, die forstwirtschaftliche Rahmenplanung nach §§ 55, 6 WaldG und den entsprechenden Landeswaldgesetzen sowie die Landschaftsplanung gem. §§ 5—7 BNatSchG in Verbindung mit den Naturschutz- und Landschaftspflegegesetzen der Länder (durch Landschaftsprogramme, Landschaftsrahmenpläne, Landschaftspläne). Dabei ist allerdings zu beachten, daß in den Ländern die Landschaftspläne zuweilen von den Trägern der Bauleitung, also regelmäßig von den Gemeinden aufgestellt werden; etwas anderes gilt z. B. für den Landschaftsplan in Nordrhein-Westfalen (vgl. § 10 Abs. 2 LandschaftsG) sowie für die Landschaftsrahmenpläne in Bayern[28].

2. Landesrecht

a) Landesverfassungsrecht

Die kommunale Selbstverwaltungsgarantie ist auch in den acht Flächenstaaten **(landes-)verfassungsrechtlich** gewährleistet, wobei zuweilen diese Garantien über Art. 28 Abs. 2 hinausgehen. Daneben finden sich in den **Landesverfassungen** teilweise noch zusätzliche Vorschriften über Gemeinden und Gemeindeverbände. Die einschlägigen Vorschriften der Landesverfassungen sind abgedruckt bei *Schmitt-Eichstaedt* u. a.[29]. **24**

In Berlin und in Hamburg werden staatliche und kommunale Angelegenheiten nicht getrennt; das Land Bremen hingegen besteht aus zwei Gemeinden, nämlich den Städten Bremen und Bremerhaven. **25**

In diesem Zusammenhang sei auch hingewiesen auf die landesrechtlichen Normen, in denen eine **kommunale Verfassungsbeschwerde** wegen Verletzung des Rechts auf Selbstverwaltung **beim Landesverfassungsgericht** erhoben werden kann; in diesen Fällen ist die Verfassungsbeschwerde gemäß Art. 93 Abs. 1 Nr. 4b GG, § 91 Satz 2 BVerfGG unzulässig[30]. Diese Möglichkeit einer Verfassungsbeschwerde ist teilweise in der Landesverfassung geregelt (so in Baden-Württemberg, Bayern[31], Bremen und Rheinland-Pfalz); teilweise ist die kommunale Verfassungsbeschwerde lediglich in einem „einfachen" Landesgesetz vorgesehen[32]. **26**

---

27 Z. B. gem. § 16 Abs. 1 FStrG, § 6 LuftVG
28 Vgl. Art. 3 Bay NaturschutzG.
29 Die Gemeindeordnungen ..., s. u. Rdnr. 52.
30 vgl. oben Rdnr. 13 f.
31 Über Art. 98 Abs. 4 BayVerf — Popularklage — i.V.m. Art. 11 BayVerf — subjektives, grundrechtsähnliches Recht.
32 Nordrhein-Westfalen, § 50 NW VerfGHG, und Saarland.

b) „Einfach-gesetzliches" Landesrecht

27 Bei dem Blick auf das „einfach-gesetzliche" Bundesrecht, das die gemeindliche Verwaltungstätigkeit steuert, wurden bereits landesrechtliche Regelungen genannt. Ein Blick in die Vorschriftensammlungen des Landesrechts zeigt die Vielfältigkeit landesrechtlicher Regelungen, deren Ausführung zu einem Großteil den Gemeinden obliegt (z. B. Schulwesen, Feuerwehrangelegenheiten, Bestattungswesen).

28 Im Mittelpunkt der Betrachtung des Landesrechts pflegen allerdings die **Gemeindeordnungen** und (Land-)**Kreisordnungen der Bundesländer** zu stehen. Es handelt sich hierbei nicht — wie die Bezeichnung vielleicht vermuten läßt — um Verordnungen, sondern um Landesgesetze. Alle acht Flächenstaaten haben ihre eigene Gemeindeordnung und eine eigene Kreisordnung (oder Landkreisordnung) — im Saarland sind beide Gesetze im Kommunalselbstverwaltungsgesetz enthalten. Zu diesen Bestimmungen treten Regelungen über „Samtgemeinden", „Verbandsgemeinden" oder „Ämter" hinzu (in Niedersachsen und Rheinland-Pfalz sind diese Regelungen in der Gemeindeordnung, in Schleswig-Holstein in einer gesonderten Amtsordnung enthalten). Weiterhin sind die Bestimmungen für die „höheren Gemeindeverbände" (in Bayern, Nordrhein-Westfalen und Rheinland-Pfalz) und die „Regionalverbände" (in Baden-Württemberg) zu nennen. Außerdem gibt es noch Landesgesetze über kommunale Zusammenarbeit (in Bayern, Baden-Württemberg, Hessen, Nordrhein-Westfalen, Rheinland-Pfalz, Saarland und Schleswig-Holstein), über Zweckverbände (Niedersachsen) und Sonderverbände (Planungsverbände und Stadt-Umland-Verbände). Diese Regelungen werden ergänzt durch die Kommunalwahlgesetze und Kommunalwahlordnungen; außerdem existieren eine Reihe weiterer kommunalrechtlicher Vorschriften[33].

29 Die Erfassung dieser Vielfalt von Regelungen wird allerdings dadurch erleichtert, daß die Gemeindeordnungen und Kreisordnungen weitgehend nach dem **Schema** gegliedert sind, das im Jahre 1935 für die damals in Kraft getretene (reichseinheitlich geltende) **deutsche Gemeindeordnung** (DGO) zugrunde gelegt worden ist. Demnach finden sich in den Gemeindeordnungen jeweils folgende Abschnitte:
Grundlagen der Gemeindeverfassung (oder Wesen und Aufgaben der Gemeinden); Namen, Bezeichnungen und Hoheitszeichen; Gemeindegebiet; Einwohner und Bürger; Verfassung und Verwaltung der Gemeinde; Gemeindewirtschaft (Haushaltswirtschaft; Sondervermögen, Treuhandvermögen; wirtschaftliche Betätigung und privatrechtliche Beteiligung; Prüfungswesen); Aufsicht.

Die größten Unterschiede bestehen unter den verschiedenen Gemeindeordnungen bezüglich des kommunalen Verfassungsrechts; eine weitgehende Vereinheitlichung ist hingegen im Bereich des Gemeindehaushaltsrechts erreicht worden, und zwar im Anschluß an das neue Haushaltsrecht des Bundes und der Länder (vgl. Art. 109 Abs. 3 GG). Eine weitere Vereinheitlichung ist auch im Kommunalrecht dadurch bewirkt worden, daß durch Verweisungen in den Kommunalabgabengesetzen der Länder bestimmte Vorschriften der Abgabenordnung (AO 1977) entsprechend anzuwenden sind.

---

33 Vgl. hierzu die Hinweise bei *Schmitt-Einstaedt*, s. u. Rndr. 52, jeweils 1. E.

Neben den genannten Bestimmungen gelten eine Reihe weiterer landesrechtlicher **30** Vorschriften unmittelbar für die gemeindliche Tätigkeit. Wie noch zu zeigen sein wird[34] bedeutet die mit dem Begriff der „gemeindlichen Selbstverwaltung" angedeutete Allzuständigkeit der Gemeinde für die Angelegenheiten der örtlichen Gemeinschaft nicht, daß die Gemeinde in jeder Hinsicht bei der Erledigung ihrer Tätigkeit ungebunden ist. Vielmehr unterliegt sie insbesondere im Bereich der sog. **Auftragsangelegenheiten** (oder **Pflichtaufgaben zur Erfüllung nach Weisung**) und der sog. pflichtigen Selbstverwaltungsaufgaben einer Reihe normativer Vorgaben. Aber auch die Wahrnehmung einer im Grunde genommen sogenannten freiwilligen Selbstverwaltungsaufgabe kann inhaltlich durch Rechtsnormen in der Weise vorgeprägt sein, daß die Gemeinde für den Fall, daß sie sich zur Übernahme dieser Aufgabe entschließt, dann auch an einschlägige Normen gebunden ist[35].

Zu derartigen inhaltlichen landesrechtlichen Vorgaben gehören auch die Rechtsver- **31** ordnungen aufgrund der einschlägigen Landesgesetze, in denen die kommunale Tätigkeit geregelt wird[36]. — Entsprechendes gilt selbstverständlich auch für Rechtsverordnungen aufgrund von Bundesgesetzen[37], denen Bedeutung für die gemeindliche Tätigkeit zukommt.

3. Satzungsrecht der Gemeinden

Typisch für die gemeindliche Selbstverwaltung ist die Befugnis, in ihren eigenen Ange- **32** legenheiten Recht zu setzen. Dieses autonome Recht heißt bei den Gemeinden allgemein „**Satzung**"; es handelt sich hierbei also um „Rechtsvorschriften, die von einer dem Staat eingeordneten juristischen Person des öffentlichen Rechts im Rahmen der ihr gesetzlich verliehenen Autonomie (**Rechtsetzungsgewalt, Satzungsbefugnis**) mit Wirksamkeit für die ihr angehörigen und unterworfenen Personen erlassen werden"[38].

Ergänzend ist in diesem Zusammenhang zu erwähnen, daß die Gemeinden zuweilen **33** auch zum Erlaß von **Rechtsverordnungen** ermächtigt werden; insoweit handeln sie (bei der Wahrnehmung weisungsgebundener Aufgaben) in gleicher Weise wie sonstige staatliche Stellen, die zum Erlaß von Rechtsverordnungen ermächtigt worden sind; das ist insbesondere im Bereich des Sicherheits- und Ordnungswesens geschehen, in dem der Kreis (oder die Gemeinde) als an staatliche Weisungen gebundene **Ordnungsbehörde** tätig wird.

Literatur:

Blümel: Die Rechtsgrundlagen der Tätigkeit der kommunalen Selbstverwaltungskörperschaften, Handbuch der Kommunalen Wissenschaft und Praxis, 2. Aufl. Bd. 1, 1981, S. 229 ff.; *Blümel/Grawert:* Gemeinden und Kreise vor den öffentlichen Aufgaben der Gegenwart, VVDStRL 36 (1978).

---

34 Vgl. unten B. I.1., 4.1, II
35 Vgl. z. B. § 10 Abs. 1 und 2 NWSchVG — für die Unterhaltung von Gymnasien).
36 Z. B. Bay 2. VO zur Durchführung des Bestattungsgesetzes aufgrund der Art. 15 und 16 Bay BestattungsG.
37 Z. B. BauNVO und PlanzeichenVO aufgrund § 2 Abs. 8 BBauG.
38 (BVerfGE 10, S. 20 ff., 49 f.; 33, S. 125 ff., 156; vgl. zum Satzungsrecht unten B.I.4.5 Rdnr. 82 ff.).

III. Die Kommunalwissenschaften

1. Allgemeines

34 Mit den Gemeinden, ihren Aufgaben und den in einem umfassenden Sinne zu verstehenden Bedingungen ihrer Tätigkeit befaßt sich nicht nur die Rechtswissenschaft, insbesondere das Kommunalrecht als ein Teilbereich des Besonderen Verwaltungsrechts. Die Gemeinde ist vielmehr auch Gegenstand einer Reihe weiterer wissenschaftlicher Disziplinen, die — von ihrem jeweiligen Erkenntnisinteresse ausgehend — zu Erkenntnissen gelangt sind oder Erkenntnisse anstreben, die letztlich auch für den Juristen von Bedeutung sind, der sich umfassend mit dem Geschehen in der Gemeinde auseinandersetzen möchte. Man faßt diese verschiedenen Disziplinen insoweit, als sie sich mit den gemeindlichen Problemen befassen, auch zum Begriff der Kommunalwissenschaften zusammen. Es kann allerdings nicht verkannt werden, daß es sich hierbei um wissenschaftsspezifische Ansätze handelt, die ihre Gemeinsamkeit lediglich von dem beobachteten Gegenstand gewinnen.

35 Ein beträchtliches Interesse an den gemeindlichen Problemen hat die Verwaltungswissenschaft gezeigt; außerdem befassen sich die Finanz- und Wirtschaftswissenschaft zu einem Teil mit diesem Gebiet, wobei das kommunale Finanz- und Steuerwesen sowie die wirtschaftliche Betätigung der Verwaltung erforscht und mit Anregungen versehen wird. Außerdem gibt es eine Reihe von Wissenschaftsbereichen, die in den jeweiligen speziellen Aufgabengebieten der Gemeinde ihre Wirksamkeit entfalten. Zu nennen wäre u. a. die Medizin, die teils städtebaulich, teils ökonomisch orientierten Disziplinen der Stadtforschung und Stadtplanung, die Verkehrs- und Ingenieurswissenschaften, die Geographie in ihrer Teildisziplin Stadtgeographie, die Agrar- und Forstwirtschaft, die Garten- und Landschaftspflege sowie auch die Ökologie. Außerdem befassen sich Politologen und Soziologen mit ihrer Wissenschaftsdisziplin entsprechenden Fragestellungen in der gemeindlichen Ebene.

36 In welcher Weise diese verschiedenen Disziplinen auch in der praktischen Tätigkeit der Gemeinden Gewinn bringen können, zeigt sich in dem Augenblick, in dem es darum geht, für Gemeinden mittel- oder langfristige Entwicklungskonzepte und -strategien zu erarbeiten. Will man sich nicht lediglich auf eine Fortschreibung der bestehenden Zustände beschränken, sondern die rechtlich verbliebenen Gestaltungsmöglichkeiten voll ausschöpfen, dann reichen juristische Kenntnisse und Fertigkeiten nicht aus. Mit diesem Hinweis soll allerdings nicht das Problem verkannt werden, das darin besteht, die Ergebnisse der verschiedenen kommunalwissenschaftlich relevanten Disziplinen in eine integrierte, z. B. planerische Vorstellung einzubinden.

37 Die kommunalwissenschaftlich ausgerichteten Bereiche der hier in Frage kommenden Wissenschaftsgebiete erstrecken ihr Interesse auf die Wahrnehmung bestimmter Aufgaben, auch in dem Sinne, daß nicht nur die rechtlichen, sondern auch die finanziellen Rahmenbedingungen sowie die organisatorischen, personellen und räumlichen Voraussetzungen zur Wahrnehmung der Aufgaben betrachtet werden. Insbesondere dort, wo die Gemeinden einen weiten Ermessensspielraum bei der Wahrnehmung ihrer Aufgaben haben (z. B. bei der Gesundheitspflege, der Sozial- und Jugend-

arbeit, der Wirtschaftsförderung) werden auch die Bedürfnisse und Verhaltensweisen der betroffenen Bevölkerungsgruppen untersucht. Diese Betrachtungsweise ist gerade in neuerer Zeit nützlich geworden angesichts der zunehmenden Neigung zu bürgerschaftlichen Initiativen und zu dem zuweilen geäußerten Bedürfnis, statt der verwaltungsmäßigen Betreuung zur Selbsthilfe greifen zu können. In diesen Bereichen tut die Verwaltung gut daran, Entwicklungen registrieren und bewerten zu können — und zwar auch dort, wo der Gesetzgeber derartigen Bemühungen um Partizipation an Verwaltungsentscheidungen nicht bereits nachgekommen ist (wie beispielsweise in der weitgehenden und zuweilen leerlaufenden Beteiligungsmöglichkeit der Bürger beim Zustandekommen von Bebauungsplänen nach dem BBauG).

Ein gewisser Druck auf die Kommunen, sich wissenschaftliche Beratung zu sichern, **38** wird auch dadurch ausgeübt, daß in den staatlichen Fachbehörden eine zunehmende Spezialisierung und damit Professionalisierung zu beobachten ist; dieser Vorsprung an Sachkunde mag zuweilen die Durchsetzbarkeit von Vorstellungen aus der Gemeindeebene erschweren. Schließlich ist nicht zu übersehen, daß die Wissenschaftlichkeit auch als Argument zu dienen vermag, das Entscheidungen eine zusätzliche Legitimation verleihen kann.

Literatur:

Banner: Kommunale Steuerung zwischen Gemeindeordnung und Parteipolitik — am Beispiel der Haushaltspolitik, DÖV 1984, S. 364 ff.; *Frey* (Hrsg.): Kommunale Demokratie, 1976; *Kühn:* Kommunale Sozialplanung, 1975; *Kevenhörster* (Hrsg.): Kommunalpolitische Praxis und lokale Politikforschung, 1978; *Spiegel:* Die Kommunalwissenschaften und ihre Pflege, Handbuch der kommunalen Wissenschaft und Praxis, 2. Aufl. Bd. 1, 1981, S. 24 ff.

2. Wissenschaftliche Beratung der Gemeinden

Die wissenschaftliche **Beratung der Kommunen** erfolgt derzeit durch eine nicht ge- **39** ringe Anzahl von Forschern, die überwiegend als Hochschullehrer tätig sind. Daneben streben eine wissenschaftliche Beratung auch eine Reihe von Institutionen an, die im folgenden stichwortartig vorgestellt werden sollen:

Neben der Beratung der Kommunalverwaltungen durch die kommunalen Spitzen- **40** verbände (vgl. hierzu unten F.) ist die „Kommunale Gemeinschaftsstelle für Verwaltungsvereinfachung (KGSt)" zu nennen. Die KGSt wird von Gebietskörperschaften aller Größenklassen getragen und entwickelt in Zusammenarbeit mit Praktikern aus ihren Mitgliedergemeinden Gutachten, die insbesondere fundierte Rationalisierungsvorschläge für die tägliche Arbeit der Gemeinden enthalten.

Das „Deutsche Institut für Urbanistik (Difu)" hat es sich zur Aufgabe gemacht, **41** Grundprobleme der Kommunen interdisziplinär zu erforschen, kommunale Forschung anzuregen sowie Forschungsergebnisse zur praktischen Verwertbarkeit aufzuarbeiten und an die Praxis zu vermitteln.

Das „Kommunalwissenschaftliche Dokumentationszentrum (KDZ)" ist eine Dienst- **42** leistungseinrichtung für die österreichischen Gemeinden; fast alle großen, aber auch kleinere österreichische Gemeinden sind Mitglieder dieses Vereins.

43 Aus dem Bereich der wissenschaftlichen Hochschulen ist in erster Linie die „Hochschule für Verwaltungswissenschaften Speyer" zu nennen, derzeit das Zentrum der Verwaltungswissenschaften in Ausbildung, Fortbildung und Forschung in der Bundesrepublik Deutschland. Die Forschungsaktivitäten dieser Hochschule konzentrieren sich auf die Schwerpunkte „Verwaltungsorganisation" und „Öffentliche Planung", ergänzend auf die Bereiche „Verwaltungspersonal" und „Öffentliche Finanzen".

44 An Hochschulinstituten sind zu nennen das „Institut für Kommunalwissenschaften und Umweltschutz in Linz" (Österreich), das „Kommunalwissenschaftliche Institut an der Universität Münster" und das „Kommunalwissenschaftliche Forschungszentrum Würzburg".

Literatur:

Siepmann: Wissenschaftliche Beratung der Kommunen, Handbuch der kommunalen Wissenschaft und Praxis, Bd. 1, 1981, S. 37 ff.

IV. Schrifttum und Gesetzestexte

45 Das Schrifttum der kommunalen Wissenschaften in ihrer Gesamtheit (also unter Einbeziehung auch der Kommunal-Rechtswissenschaft) ist inzwischen nahezu unübersehbar geworden. Die folgenden Hinweise können nur eine erste Orientierung bedeuten; dabei wird der Schwerpunkt auf das rechtswissenschaftliche Schrifttum gelegt.

1. Lehrbücher und kommunalrechtliche Beiträge in Lehrbüchern

46 Einen gelungenen Aufriß des Kommunalrechts und seiner spezifischen Probleme bietet noch immer *Forsthoff*[39], wenngleich seine Ausführungen im einzelnen durch die Rechtsentwicklung überholt sind. Eine komprimierte Kurzdarstellung findet sich auch bei *Wolff/Bachof*[40]. In dem Sammelwerk „Besonderes Verwaltungsrecht" (Herausgeber: v. Münch) hat *Schmidt-Aßmann* den Beitrag über „Gemeinderecht" verfaßt[41].

47 Zu den Lehrbüchern von *Gönnewein, H. Klüber* und *Pagenkopf* ist das „Kommunalrecht" von *Schmidt-Jortzig* getreten (1982). Die Literaturverzeichnisse der genannten Werke vermitteln auch bereits einen Eindruck von der Vielzahl der Monographien aus dem Bereich des Kommunalrechts. Ein Handbuch, das auf systematische und flächendeckende Stoffbehandlung der kommunalen Probleme angelegt ist, ist das von *H. Peters* herausgegebene „Handbuch der kommunalen Wissenschaft

---

39 Lehrbuch des Verwaltungsrechts, 1. Bd., 10. Aufl. 1973 §§ 26—29.
40 Verwaltungsrecht II, 4. Aufl. 1976, §§ 85—92.
41 7. Aufl. 1984, S. 91—180.

und Praxis" (3 Bände, 1956, 1957, 1959). Eine zweite, völlig neu bearbeitete Auflage dieses Handbuches ist — herausgegeben von *G. Püttner* — erschienen (6 Bände, 1981—1985), unter Beteiligung einer Vielzahl von Autoren aus den verschiedensten Bereichen der Kommunalwissenschaften. Eine Fundgrube ist auch die Festgabe für v. *Unruh,* 1983 (Hrsg.: v. Mutius) „Selbstverwaltung im Staat der Industriegesellschaft".

Neben Lehrbüchern, die das Kommunalrecht länderübergreifend darstellen, gibt es **48** eine Reihe von Werken, die sich mit dem Gemeinderecht in einzelnen Bundesländern befassen. Eine Übersicht hierzu bieten *Wolff/Bachof* (Verwaltungsrecht II, vor § 85); zu nennen sind *Knemeyer,* Bayerisches Kommunalrecht, 5. Aufl. 1984; *Meyer,* Kommunalrecht, in: *Meyer/Stolleis,* Hessisches Staats- und Verwaltungsrecht, 1983, S. 134 ff.
Weiterhin ist auf das mehrbändige Werk „Der Kreis. Ein Handbuch" (Hrsg. Verein für die Geschichte der deutschen Landkreise) hinzuweisen.

2. Kommentare

Die verfassungsrechtlichen Aspekte des Gemeinderechts, insbesondere der Proble- **49** me der gemeindlichen Selbstverwaltungsgarantie, behandeln die Kommentierungen zu Art. 28 GG sowie zu den entsprechenden Bestimmungen der Landesverfassungen. Weiterhin existieren für fast alle Bundesländer Kommentare zu den jeweiligen Gemeindeordnungen, die teilweise von hohem Rang sind. Für die Verwendung dieser Kommentierungen ist in diesem Zusammenhang anzumerken, daß gleichlautende Bestimmungen in unterschiedlichen Gemeindeordnungen in der Regel auch inhaltlich gleich zu verstehen sind, so daß diesen Kommentaren durchaus „länderübergreifende" Bedeutung zukommt.

3. Zeitschriften

Für den Bereich der Gemeinde gibt es eine Reihe spezieller Zeitschriften; sie behan- **50** deln nicht nur die Rechtsprobleme der Gemeinden und Kreise, sondern befassen sich darüber hinaus mit grundsätzlich allen kommunalwissenschaftlichen Problemen. Ein Teil dieser Zeitschriften ist parteipolitisch gefärbt; da das gemeindliche Geschehen aber keinesfalls politisch-neutral verläuft, bieten auch diese Zeitschriften aufschlußreiche Informationen.

Im einzelnen sind zu nennen: Archiv für Kommunalwissenschaften (Hrsg.: Deut- **51** sches Institut für Urbanistik; breitgefächerter Abhandlungsteil mit umfangreichen Literaturberichten); Kommunale Jahrbücher (je für die Bundesländer); Der bayerische Bürgermeister (hrsg. von den Bayerischen kommunalen Spitzenverbänden und dem Amt für Datenverarbeitung in Bayern); Die demokratische Gemeinde (SPD); Kommunalpolitische Blätter (CDU/CSU); Das Rathaus (FDP); Der Städtetag (hrsg. vom Deutschen Städtetag); Städte- und Gemeindebund (vom Deutschen Städte- und Gemeindebund); Der Landkreis (hrsg. vom Deutschen Landkreistag). Weiterhin finden sich kommunalwissenschaftlich interessante Beiträge auch in den allgemeinen Zeitschriften für die Verwaltung; hier wären zu nennen „Das deutsche Verwaltungsblatt", „Die öffentliche Verwaltung" sowie die „Verwaltungsrundschau", wobei sich in der letztgenannten Zeitschrift (die aus der seinerzeitigen „Staats- und Kommunalverwaltung" hervorgegangen ist) verhältnismäßig häufig Abhandlungen für die kommunale Praxis finden lassen. Für die Ausbildung ist u. a. zu nennen die „Juristische Schulung" (Jus); sie enthält insbesondere eine Reihe von Übungsfällen von *v. Mutius* (Grundfälle des Kommunalrechts, beginnend Jus 1976, S. 652 ff.).

4. Gesetzessammlungen und -texte

52 Eine Sammlung des gesamten Kommunalrechts der Bundesrepublik Deutschland bieten *Schmitt-Eichstaedt* u. a., „Die Gemeindeordnungen und Kreisordnungen in der Bundesrepublik Deutschland" (Loseblattsammlung); in dieser Sammlung befinden sich auch die Bestimmungen der jeweiligen Landesverfassungen zum Kommunalrecht sowie Hinweise auf weitere kommunalrechtliche Vorschriften. Daneben enthalten die Sammlungen des Landesrechts jeweils auch die kommunalrechtlichen Vorschriften. Eine Möglichkeit, verhältnismäßig schnell über die ständigen Änderungen im Kommunalrecht informiert zu werden, bietet das „Sammelblatt für Rechtsvorschriften des Bundes und der Länder" (das im übrigen auch für sämtliche andere Rechtsbereiche einen umfassenden Überblick über die Entwicklung des Bundes- und Landesrechts bietet).

5. Bibliographien und Literaturdienste

53 Neben den Literaturhinweisen in den Lehrbüchern und Beiträgen in Sammelwerken[42] sind die Bibliographien und Literaturdienste unerläßlich, wenn es um die Erörterung spezieller Fragen geht.

Bibliographische Hinweise bietet u. a. *Schmitt-Eichstaedt* im Anhang zu seiner Gesetzessammlung; Dissertationen, Habilitationsschriften, Diplom-, Magister-, Staatsexamens- und sonstige Prüfungsarbeiten aus allen Gebieten der Kommunalwissenschaften werden vom Difu in seinem Dokumentationsdienst „Kommunalwissenschaftliche Dissertationen" nachgewiesen. Bereits im Jahre 1978 waren dort mehr als 10 000 Titel nachgewiesen. Jährlich erscheinen zwei Bände mit ca. 600 Kurzreferaten. Auf Anfrage teilt das Difu auch mit, über welche kommunalwissenschaftlichen Themen z. Z. gearbeitet wird.

54 Eine sehr detaillierte Übersicht über das neueste kommunalrechtliche Schrifttum wird vom Deutschen Städtetag in seinen „Literatur-Mitteilungen" herausgegeben, die den „Mitteilungen des deutschen Städtetages" beigefügt werden. Als Fundgrube für aktuelle Probleme der Gemeinden können auch die Beitrags-Reihen angesehen werden, die der Deutsche Städtetag veröffentlicht: „A"-DST-Beiträge zur Kommu-

---

42 Vgl. z. B. *Wolff/Bachof,* II., vor § 85.

nalpolitik; „B"-DST-Beiträge zum Kommunalrecht; „C"-DST-Beiträge zur Bildungspolitik; „D"-DST-Beiträge zur Sozialpolitik; „E"-DST-Beiträge zur Stadtentwicklung; „F"-DST-Beiträge zur Wirtschafts- und Personalpolitik; „G"-DST-Beiträge zur Finanzpolitik; „H"-DST-Beiträge zur Statistik und Stadtforschung. In diesem Zusammenhang ist ebenfalls auf die „DST-Bibliographie, Jahresverzeichnis 1946 bis 1978" hinzuweisen.

Eine ständig fortgeschriebene kommunalwissenschaftliche Bibliographie enthält **55** auch die bereits erwähnte „Zeitschrift für Kommunalwissenschaft". Interessante Informationen für die kommunale Praxis finden sich in der Zeitschrift „Der Städtetag"; dort erscheint unter der Rubrik „Schrifttum der Städte" regelmäßig eine ausführliche Zusammenstellung der von den einzelnen Städten herausgegebenen Bücher, Broschüren und Faltblätter.

Aus dem Difu sind noch zwei weitere Informationsmöglichkeiten zu nennen. Die **56** Dokumentation „Graue Literatur zur Orts-, Regional- und Landesplanung" weist unveröffentlichte Schriften aus Stadtverwaltungen, Forschungsinstituten und Planungsgemeinschaften nach. Hierbei handelt es sich zum großen Teil um interne Gutachten, Pläne und Arbeitsberichte, die — in Zusammenarbeit des Institutes mit der Senatsbibliothek Berlin — auch entliehen werden können. Weiterhin ist das Literaturinformationssystem ORLIS zu nennen, das Literaturhinweise zu Fragen der öffentlichen Verwaltung und Planung gibt. Die ORLIS-Datenbank enthält Zielinformationen, die im Institut über Sichtgeräte abgerufen werden können. Dieser Auskunftsdienst ist Bestandteil des von der Bundesregierung geförderten Fachinformationssystems für Raumordnung, Bauwesen und Städtebau.

Schließlich ist bereits auf die Informations- und Dokumentationsstelle (IuD-Stelle) **57** für den Bereich „Staat und Verwaltung" am Forschungsinstitut für öffentliche Verwaltung an der Hochschule für Verwaltungswissenschaften Speyer hinzuweisen. Dieses Projekt wertet repräsentative deutschsprachige Zeitschriften auch mit Bedeutung für die Kommunalwissenschaften und -praxis aus.

B. Die Gemeinden

I. Wesen und Rechtsstellung der Gemeinden

Die **Gemeindeordnungen der Länder** enthalten in ihrem „Ersten Teil" („Wesen und **58** Aufgaben der Gemeinde", „Grundlagen der Gemeindeverfassung", „Grundlagen der Gemeinden" oder schlicht „Grundlagen") im wesentlichen übereinstimmend zunächst eine Vorschrift, in der die **Gemeinden als öffentlich-rechtliche Gebietskörperschaften** mit dem Recht, die örtlichen Angelegenheiten im Rahmen der Gesetze zu regeln, definiert werden. Weiterhin enthält diese entsprechende Bestimmung zumeist auch den Hinweis darauf, daß die Gemeinde ihre Angelegenheiten (im Rahmen der Gesetze) in eigener Verantwortung verwaltet mit dem Ziel, das Wohl ihrer Einwohner zu fördern. Schließlich wird festgestellt, daß die Gemeinden „Grundlage und Glied des demokratischen Staates" sind, also „die Grundlagen des Staates und des demokratischen Lebens" oder „die Grundlage des demokratischen Staates" bilden — um einige Formulierungen in den Gemeindeordnungen wiederzugeben.

59 Diese jeweilige Eingangsbestimmung der Gemeindeordnungen ermöglicht — für sich betrachtet — noch keine abschließende Vorstellung vom Wesen und der Rechtsstellung der Gemeinden; hierfür bedarf es vielmehr einer Gesamtschau der für die Gemeinde maßgeblichen Regelungen. Die Eingangsbestimmung läßt sich demnach lediglich als eine Zielbestimmung des Landesgesetzgebers begreifen insoweit, als den Gemeinden die bereits in Art. 28 Abs. 2 GG (und häufig zusätzlich in den Landesverfassungen, z. B. in Art. 11 BayVerf) garantierte **Selbstverwaltungsgarantie** nochmals (deklaratorisch) zugesprochen wird und insoweit, als den Gemeinden eine Funktion als „Grundlage des demokratischen Staates" zuerkannt wird.

1. Gemeinden als Institutionen freier Selbstverwaltung

60 Wenn man in der Gemeindeordnung liest, daß den Gemeinden „das Recht der **freien Selbstverwaltung in eigenen Angelegenheiten**" gewährleistet wird, „als eines der Grundrechte demokratischer Staatsgestaltung" (so die SchlH. GO), dann kann diese Formulierung zu einem ähnlichen **Mißverständnis** führen wie die Bestimmung des Art. 28 Abs. 2 Satz 1 GG. Wie auch bereits die jeweils folgenden Bestimmungen in den Gemeindeordnungen, insbesondere die Regelungen der verschiedenartigen Aufgaben, die von der Gemeinde zu erfüllen sind, deutlich machen, läßt sich die Tätigkeit der Gemeinde heutzutage nur bedingt als „freie Selbstverwaltung" oder als Regelung aller „Angelegenheiten der örtlichen Gemeinschaft . . . in eigener Verantwortung" begreifen.

61 Andererseits sind die Befugnisse einer **öffentlich-rechtlichen Körperschaft,** die mit dem Recht auf Selbstverwaltung ausgestattet ist, typischerweise andersartig als die Befugnisse einer Organisationseinheit, die ohne ein derartiges Recht in die Staatsverwaltung integriert ist. Letztlich ermöglicht die Einräumung eines solchen Selbstverwaltungsrechtes einen wesentlich größeren **Entscheidungsspielraum** des in dieser Weise befugten Verwaltungsträgers. Das wird deutlich, wenn man sich im einzelnen bewußt macht, welche Aufgaben die Gemeinden völlig freiwillig und in eigener Verantwortung wahrnehmen können, welche Aufgaben ihnen von Gesetzes wegen obliegen, ohne daß die Staatsverwaltung die Erledigung dieser Aufgaben durch fachliche Weisungen (insbesondere im Wege der Fachaufsicht)[43] steuern kann; und weiterhin muß man zugleich ins Auge fassen, in welcher Weise der den Gemeinden durch das Selbstverwaltungsrecht eingeräumte Freiraum mitgestaltet wird durch die Personen, die von den Entscheidungen dieser Gemeinde unmittelbar betroffen werden, nämlich die Einwohner und Bürger der Gemeinde; schließlich ist Voraussetzung für ein zutreffendes Verständnis von gemeindlicher Selbstverwaltung die Vorstellung darüber, in welcher Weise die Gemeinden und die übrigen Bereiche des Staates mit-

---

43 vgl. unten Rdnr. 282.

einander verbunden sind. Daß staatliches Recht in weiten Bereichen der Gemeinde verbindliche Vorgaben für ihre Tätigkeit macht, wurde bereits gesagt; insoweit ist die Einwirkung des Staates — als Bundes- oder Landesgesetzgeber — offensichtlich. Darüber hinaus ist typisch für eine „Selbstverwaltung", daß diese Verwaltungsbereiche zwar auch staatlicher Aufsicht unterliegen; diese Aufsicht erstreckt sich jedoch anders als die Aufsicht vorgeordneter Organisationseinheiten über nachgeordnete Stellen nicht auf die Wahrnehmung der Aufgaben bis in jede Einzelheit, insbesondere auch hinsichtlich der Frage der Zweckmäßigkeit der Aufgabenerledigung; die Aufsicht über Organisationseinheiten, die mit Selbstverwaltungsrecht ausgestattet sind, erstreckt sich typischerweise nur auf die Frage, ob das für die Selbstverwaltungsträger geltende Recht zutreffend angewendet wird **(Rechtsaufsicht)**[44].

Betrachtet man die Tätigkeit der Gemeinden insoweit, als sie lediglich der Rechts-   **62** aufsicht unterliegen, unter organisatorischen Gesichtspunkten und insbesondere unter dem Aspekt der **Zentralisation oder Dezentralisation bei der Erledigung von Verwaltungsaufgaben,** so ergibt sich für die gemeindliche Selbstverwaltung folgendes Bild: Da die Gemeinden in den Bereichen, in denen sie in der Tat eigenverantwortlich tätig werden, nicht hinsichtlich der Zweckmäßigkeit ihrer Kompetenzwahrnehmung gebunden sind, also nicht einer totalen Zweckmäßigkeits-Aufsicht, sondern nur einer Rechts- oder allenfalls einer gesetzlich begrenzten Zweckmäßigkeits-Aufsicht unterliegen (vgl. hierzu unten B. VIII.) handelt es sich bei den Gemeinden um dezentralisierte **Glieder der Staatsverwaltung.** Da im Falle der Gemeinden auf juristische Personen dezentralisiert wird, nämlich auf Körperschaften des öffentlichen Rechts, läßt sich die **Gemeindeverwaltung** auch als „mittelbare Staatsverwaltung" begreifen[45].

2. Gemeinden als Grundlage des demokratischen Staates

Die Landesgesetzgeber verstehen ihre Gemeinden offensichtlich als eine der Grund-   **63** lagen des demokratischen Staates. Im Schrifttum wird demgegenüber zuweilen noch die Auffassung vertreten, daß Demokratie und kommunale Selbstverwaltung „unverwechselbar geschieden" seien, „weil sich die Selbstverwaltung nicht wie die Demokratie in der Ausübung eines Wahl- oder Stimmrechts erschöpft, sondern die aktive Mitarbeit der Gemeindebürger bei der Durchführung der kommunalen Verwaltungsaufgaben mit umfaßt"; die Gemeinden seien „administrative Gebilde. Sie nehmen an der politischen Willensbildung nicht teil. Die Übertragung spezifisch-staatsrechtlicher Begriffe auf die Gemeinden ist deshalb unzulässig"[46].

Die heute wohl überwiegende Meinung geht davon aus, daß sich die kommunale   **64** Selbstverwaltung ihrer Funktion nach als eine Form besonderer integrativer örtlicher Demokratie begreifen läßt[47]. Kommunale Selbstverwaltung ist ein Gliederungs-

---

44 Vgl. unten Rdnr. 281 ff.
45 Z. B. *Wolff/Bachof* II § 77 I b.
46 *Forsthoff,* S. 500, 501.
47 *Scheuner,* Hb. 1, S. 14.

element bei der „stufenweisen Verwirklichung demokratischer Strukturen"[48]. Es wird zu Recht darauf hingewiesen, daß **Kommunalpolitik Bestandteil der Politik im Staate** sei, da sie den Abstand zwischen Bürger und Verwaltung im Bereich der Gemeinde in gleicher Weise überbrückt wie sie es sonst gegenüber den Organen des Staates tut. Die Tatsache, daß sich auf der Gemeindeebene das Engagement und die Sachkunde von Bürgern auch außerhalb der Parteien in wirksamerer Weise artikulieren läßt als dies auf der Staatsebene möglich ist, ändert nichts an dieser Einschätzung der kommunalen Selbstverwaltung als eine wichtige politische Funktionsebene in der modernen Demokratie. Überdies werden auf der Gemeindeebene eine Reihe von Konflikten im Verhältnis von Bürger zu Staat aufgefangen und verarbeitet; dies geschieht in Gremien und Verfahren, die analog den staatlichen Bedingungen konstruiert sind[49].

65 Auch das BVerfG hat unter Berufung auf *v. Unruh,* DVBl. 1975, S. 1, 2 ausgeführt, daß Bestandteil des GG auch das Prinzip der „gegliederten Demokratie" sei, das in den Gebietskörperschaften zu der Forderung nach einer Volksvertretung führe, die von den Mitgliedern dieser Gebietskörperschaft in unmittelbarer Wahl gewählt worden sei[50].

In welcher Weise Willensbildungs- und Entscheidungsprozesse auf der Gemeindeebene nach demokratischen Vorstellungen zugelassen und organisiert sind, ergibt sich zum einen aus den Regelungen der Gemeindeordnungen, insbesondere aus der Konstruktion der **Gemeindeverfassung**[51].

Hinzuweisen ist insbesondere auf die Elemente einer unmittelbaren Demokratie, die sich in der Gemeinde verhältnismäßig vielfältig auffinden lassen; man denke z. B. an die unmittelbare „Volkswahl" des (ersten) **Bürgermeisters** in Baden-Württemberg (§ 45 Abs. 1 GO) und Bayern (Art. 17 GO). Weiterhin ist zu nennen der gemeinderatsinitiierte **Bürgerentscheid,** das bürgerbeantragte **Bürgerbegehren** (§ 21 Abs. 1 u. 3 BW GO), die stimmberechtigte Mitgliedschaft in **Ratsausschüssen** und zwar entweder in beratenden Ausschüssen (§ 41 Abs. 1 Satz 3 BW GO, § 46 Abs. 2 SchlH GO) oder in beschließenden Ausschüssen (§ 42 Abs. 3 NW GO, § 44 Abs. 1 Satz 2 RhPf GO). Ein neuartiges Instrument zur stärkeren Bürgerbeteiligung im kommunalpolitischen Entscheidungsprozeß ist das **„Petitionsrecht auf Gemeindeebene"** *(Schmidt-Jortzig),* der sog. Bürgerantrag (§ 6 c NW GO).

66 Daneben befinden sich in der Gemeinde weitere Möglichkeiten der Partizipation an Verwaltungsentscheidungen auf der Grundlage spezial-gesetzlicher Regelungen; hier wäre z. B. an die „Beteiligung der Bürger an der **Bauleitplanung**" gem. § 2 a BBauG zu denken.

67 Bemerkenswert ist in diesem Zusammenhang auch, daß verschiedene Formen unmittelbarer Demokratie die Möglichkeit bieten, auch ausländische Gemeindeeinwohner an Entscheidungen auf der Gemeindeebene partizipieren zu lassen[52].

Übungsfälle: *v. Mutius:* Grundfälle . . ., Jus 1976, S. 653 ff. (Fälle 1 und 2).

---

48 *Laux,* Gutachten „Thieme-Kommission", S. 9.
49 Vgl. hierzu Gutachten „Thieme-Kommission", S. 9.
50 E 52, S. 95 ff.
51 Vgl. hierzu unten B. V., Rdnr. 183 ff.
52 Vgl. hierzu insgesamt: *Schmidt-Jortzig,* § 6 II sowie unten Rdnr. 174 ff.

3. Gemeinden als Gebietskörperschaften des öffentlichen Rechts

Unter einer „**Körperschaft**" versteht man die „organisatorische Zusammenfassung **68** einer kraft Zurechnung willens- und handlungsfähigen Personenmehrheit, die — **unabhängig vom Wechsel der einzelnen Mitglieder** — eine rechtliche Einheit bildet"[53]. Demnach sind auch die Gemeinden ausweislich der entsprechenden Regelungen in der Gemeindeordnung Organisationseinheiten, die auf einem Zusammenschluß von Personen beruhen und die vom Wechsel ihrer Mitglieder unabhängig sind. „Gebietskörperschaften sind solche Körperschaften des öffentlichen Rechts, bei denen sich die **Mitgliedschaft** aus dem **Wohnsitz** im Gebiet der Körperschaft ergibt und die mit **Gebietshoheit** ausgestattet sind. Sie werden von allen Bewohnern eines abgegrenzten Teils des Staatsgebietes getragen. Die Mitgliedschaft wird durch den Wohnsitz — evtl. in Verbindung mit dessen Dauer und der Staatsangehörigkeit — begründet. Jedermann, der sich auf ihrem Gebiet aufhält, wird der Herrschaftsgewalt der Körperschaft unterworfen. Wesentlich ist mithin das unmittelbare Verhältnis, welches zwischen Personen, Fläche und hoheitlicher Gewalt besteht"[54]. Eine Gebietskörperschaft ist demnach nur unter folgenden Voraussetzungen vorhanden:

Es muß ein Gemeindegebiet vorhanden sein (vgl. hierzu unten B. III.). Außerdem muß für die Gemeinde durch Gesetz vorgesehen sein, daß alle natürlichen Personen mit Wohnsitz in dieser Gemeinde (zusätzliche Erfordernisse sind die deutsche Staatsangehörigkeit und eine gewisse Wohndauer) und daß alle juristischen Personen, deren Sitz im Gemeindegebiet liegt, gleichsam „automatisch", also ohne weiteres Zutun, Mitglieder dieser Gebietskörperschaft werden. Überdies muß die Gemeinde die Befugnis haben, **zumindest subsidiär** alle Angelegenheiten in ihrem örtlichen Bereich in eigener Zuständigkeit und eigener Verantwortung zu regeln (**Allzuständigkeit, Universalität des Wirkungskreises**). Schließlich ist eine Volksvertretung für diese Gebietskörperschaft erforderlich, die von den Bürgern der Gemeinde in allgemeiner, unmittelbarer, freier, gleicher und geheimer Wahl gewählt worden ist. (**Prinzip der „gegliederten Demokratie"**)[55]. Eine Gebietskörperschaft liegt also beispielsweise nicht vor, wenn die Vertretung nicht unmittelbar von den Bürgern gewählt worden ist (Beispiel: Die Ämter in Schleswig-Holstein, — BVerfGG, a.a.O — die Verwaltungsgemeinschaften, Zweckverbände sowie zumeist die höheren Kommunalverbände)[56].

Die Bezeichnung von Gemeinden als „ursprüngliche Gebietskörperschaften" (Art. 1 **69** Bay GO) entfaltet keine zusätzliche rechtliche Bedeutung, sondern soll lediglich die Eigenständigkeit der Gemeinden betonen.

Als **Gebietskörperschaften** sind die Gemeinden auch **juristische Personen des öffent- 70 lichen Rechts.** Das bedeutet zum einen, daß sie Zurechnungssubjekt der einschlägi-

---

53 *Wolff/Bachof* II 84 II a 1 sowie ebenda zum „Begriff und Arten der öffentlichen Körperschaften", § 84.
54 BverfG E 52, S. 95 ff., 117 f.
55 Vgl. BVerfG E 52, S. 95 ff., 118 mit zahlreichen Nachweisen.
56 Vgl. hierzu unten D. I. 1., 2., E. III., sowie *Wolff/Bachof* II § 84 III b 1.

gen öffentlich-rechtlichen Normen sind, also der Bestimmungen, in denen Gemeinden Rechte eingeräumt und Pflichten auferlegt werden. Entsprechend dieser Bestimmungen ergeben sich die öffentlich-rechtlichen Hoheitsrechte der Gemeinde, z. B. die Organisations-, Satzungs-, Personal- oder Finanzhoheit[57]. Andererseits folgt aus dem Status der juristischen Person auch die privat-rechtliche Rechts-, Geschäfts-, Partei- und Prozeßfähigkeit.

71   Wesentlich ist für die Gemeinden als juristische Personen des öffentlichen Rechts weiterhin folgendes: Sie verdanken ihre rechtliche Existenz nicht der Privatautonomie, sondern einem **Hoheitsakt**; in der Regel werden Gemeinden durch ein Gesetz oder durch einen Staatsakt aufgrund eines Gesetzes gegründet. Es handelt sich demnach um **„rechtlich notwendige Gebilde"**[58]. Weiterhin ist zu beachten, daß die Gemeinden als juristische Personen des öffentlichen Rechts einerseits verpflichtet sind, nach Maßgabe der Gesetze die ihnen **zugewiesenen Aufgaben** auszuführen, andererseits aber durch diese gesetzliche Aufgabenzuweisung auch in ihrem **Wirkungsbereich** von Rechts wegen beschränkt sind. Diese Beschränkung der Gemeinden auf den gesetzlich zugewiesenen Tätigkeitsbereich kann auch nicht dadurch überwunden werden, daß die Gemeinde sich bei ihrer Tätigkeit privat-rechtlicher Formen bedient. Auch die der Gemeinde eingeräumte Befugnis zum Erlaß von Ortsrecht (**Satzungsautonomie**), räumt ihr nicht die Möglichkeit ein, die durch Gesetz eingeräumten Kompetenzen zu überschreiten oder zu ändern. Wesentlich ist vor allem auch die Beschränkung der gemeindlichen Tätigkeit auf **Angelegenheiten der örtlichen Gemeinschaft** (so alle GOen); dabei muß es sich um solche Aufgaben handeln, „die in der örtlichen Gemeinschaft wurzeln oder auf die örtliche Gemeinschaft einen spezifischen Bezug haben"[59]. Eine amtliche, örtliche Volksbefragung mit dem Ziel einer Änderung politischer Entscheidungen auf dem Gebiete des Verteidigungswesens fällt nicht in diesen Aufgabenbereich[60].

Literatur:

Süß: Beschlüsse der Gemeinden zu verteidigungspolitischen Fragen, Bay VBl 1983, S. 513 ff.

Übungsfälle: *v. Mutius:* Grundfälle . . ., JuS 1977, S. 99 ff. (Fälle 3—8).

4. Die „klassischen" Elemente der gemeindlichen Selbstverwaltung

72   Der Begriff der Selbstverwaltung ist ein Rechtsbegriff nicht nur des „einfachen" Gesetzesrechts, sondern auch des Landes- und Bundesverfassungsrechts. Mag dieser Begriff auch noch so „elastisch und substanzschwach"[61] sein, so wird doch unter Selbstverwaltung beispielsweise im Sinne des GG sowie auch im rechtswissenschaftlichen Sinne eine gewisse Anzahl typischer hoheitlicher Befugnisse verstanden.

---

57 Vgl. im einzelnen unten, Rdnr. 77 ff.
58 *Wolff/Bachof* II § 84 II b 1.
59 BVerfGE 8, S. 122 ff., 134 LS 3; 50, S. 195 ff., 201; 52, S. 92 ff., 120.
60 BVerfGE 8, S. 122 ff., 135, 137.
61 *Maunz/Dürig* u. a., Art. 28 — 1977 — Rdnr. 42.

Die Gemeindeordnungen folgen in ihrem Aufbau aus verständlichen Gründen nicht **73** diesem von der Rechtswissenschaft und Rechtsprechung entwickelten System von Hoheitsbefugnissen, die in ihrer Gesamtheit die gemeindliche Selbstverwaltung ausmachen; in zahlreichen Vorschriften werden jedoch diese Elemente konkretisiert oder aber zumindest vorausgesetzt.

a) Die Aufgabenallzuständigkeit (Universalität)

Die Gemeinden haben für ihr Gebiet die universale sachliche Kompetenz für alle An- **74** gelegenheiten der örtlichen Gemeinschaft **(Aufgabenallzuständigkeit)**. Das wird dadurch zum Ausdruck gebracht, daß die Gemeinden „in ihrem Gebiet die ausschließlichen Träger der gesamten öffentlichen Aufgaben, soweit die Gesetze nicht ausdrücklich etwas anderes bestimmen", sind (so z. B. § 2 Abs. 1 Satz 1 Nds GO). Dazu gehören nicht nur die „Existenzaufgaben", sondern auch die Schaffung wirtschaftlicher, sozialer und kultureller Einrichtungen. Allzuständigkeit in diesem Sinne bedeutet jedoch nicht die Verpflichtung, alles nur Denkbare für die örtliche Gemeinschaft zu tun, sondern nur das Recht, sich alle diejenigen Aufgaben zu setzen, die sinnvoll für das **Gemeindegebiet** wahrgenommen werden könnten — man könnte insoweit von einem gemeindlichen „Aufgaben-Erfindungsrecht" sprechen[62].

Grenzen sind den Gemeinden in mehrfacher Weise gesetzt: Die Zuständigkeit zur **75** Wahrnehmung selbstgesetzter Aufgaben ist dort eingeschränkt, möglicherweise eingehend geregelt oder gar ausgeschlossen, wo **vorrangiges Recht** besteht. Weiterhin besteht die heute wohl praktisch wichtigste Grenze für die Allzuständigkeit der Gemeinden angesichts der permanenten finanziellen Nöte der Gemeinden in ihrer Finanzkraft; eine „freie Spitze" läßt sich im Haushaltsplan heutzutage nur noch selten ausweisen. Außerdem spielt die Größe einer Gemeinde eine maßgebliche Rolle für die Frage, welche Aufgaben sie zusätzlich zu denen wahrnehmen kann, die ihr bereits durch vorrangige Rechtsnormen übertragen worden sind; denn die Verwaltungs- und Leistungskraft der Gemeinden ist (unabhängig von aktuellen Finanznöten) auch von der Größe der Gemeinde abhängig und bildet — nach allen GOen [63] — auch von Rechts wegen eine (allgemeine) Grenze bei der Frage der Erledigung neuer Aufgaben.

Schließlich sind die Gemeinden bei der „Erfindung" und Durchführung von Aufga- **76** ben an sich nur insoweit zuständig, als sich diese Aufgabenwahrnehmung auf das Gemeindegebiet sowie die **Gemeindeeinwohner** und -bürger auswirkt. Grundsätzlich wird man also davon ausgehen müssen, daß Gemeinden aus eigener Zuständigkeit keine Aufgaben beispielsweise für Nachbargemeinden oder deren Einwohner wahrnehmen dürfen.

---

62 Kritisch *Mohn,* Die Kommunalverfassung in Nordrhein-Westfalen, DVBl. 1978, S. 131 ff.; dazu *Thiele,* Allzuständigkeit im örtlichen Wirkungsbereich — ein politisch hochstilisiertes, praktisch unbrauchbares Dogma?, DVBl. 1980, S. 10 ff.
63 Z. B. „*... in den Grenzen ihrer Leistungsfähigkeit ...*" Art. 57 Abs. 1 S. 1 Bay GO.

Problematisch wird die Beachtung dieses Grundsatzes insoweit, als es eine Reihe von Aufgaben und Einrichtungen der Gemeinde (z. B. Theater- und Opernhäuser) gibt, die über die Gemeindegrenzen hinaus wirken. Gemäß dem landesplanerischen **System** der sogenannten **zentralen Orte** wird in der Regel eine solche gemeindegebietsüberschreitende Wirkung sogar ausdrücklich gefordert.

Dahinter steht der Gedanke, daß auch den Bewohnern kleinerer Gemeinden in angemessener Entfernung Leistungen angeboten werden, für deren Erbringung die eigene Gemeinde überfordert wäre. Auch unter diesem Aspekt wird man die Regelung der kommunalen „Allzuständigkeit" mit Vorbehalten versehen müssen[64].

b) Personalhoheit

77 Unter „**Personalhoheit**" wird das Recht der **Gemeinde** verstanden, ihre **Bediensteten** frei auszubilden, anzustellen, zu befördern und zu entlassen. Hinsichtlich dieser Befugnisse ist die Gemeinde insoweit frei, als sie im konkreten Fall eine Personalentscheidung treffen kann. Sie ist allerdings insoweit gebunden, als bei derartigen Entscheidungen nicht nur die beamtenrechtlichen, sondern teilweise auch besondere kommunalrechtliche Vorschriften beachtet werden müssen (vgl. z. B. für die Bestellung des nds. **Gemeindedirektors** § 61 Nds GO; vgl. auch Art. 42 Bay GO). Auch in der Frage der Besoldung von Kommunalbeamten unterliegt die Gemeinde zahlreichen Bindungen, insbesondere durch das BBesG und den Verordnungen aufgrund dieses Gesetzes[65].

c) Finanzhoheit und Haushaltshoheit

78 Die Eigenverantwortlichkeit der Aufgabenwahrnehmung und somit die Selbstverwaltung im Rahmen einer dezentralisierten Verwaltung wäre von vornherein unmöglich ohne eine ausreichende Versorgung mit eigenen Finanzmitteln; dazu gehören nicht nur eine eigene Haushaltsführung, Rechnungslegung und Vermögensverwaltung, sondern an sich auch die selbständige Erschließung von Einnahmen und die selbständige Entscheidung über die Verwendung der Finanzmittel (**Finanzhoheit**).

79 Auch insoweit ist jedoch die Gemeinde durch zahlreiche gesetzliche, teils sogar verfassungsrechtliche Vorgaben eingebunden in die Belange das Landes und des Bundes[66]. Die Gemeindeordnungen regeln Teilaspekte der Haushalts- und Finanzhoheit in dem Teil „Gemeindewirtschaft"[67].

---

64 Vgl. dazu auch unten, Rdnr. 154.
65 Vgl. *Scheffler,* Der höhere Dienst in kleineren Gemeinden nach den Stellenobergrenzenverordnungen, DÖV 1983, S. 618 ff. sowie BVerfGE 1, S. 175 ff. — Eingriff in Personalhoheit der Gemeinde durch Art. 131 GG.
66 Vgl. oben, Rdnr. 17—20.
67 Vgl. hierzu unten B. VI., Rdnr. 216 ff.

d) Planungshoheit

Unbestritten ist, daß zum Wesen der Selbstverwaltung auch ein Recht auf eigenver- **80** antwortliche Planung der in den **Kompetenzbereich der Gemeinden** fallenden Aufgaben gehört. Das gilt grundsätzlich für alle planungsfähigen Aufgaben. Die Ergebnisse dieser Planung schlagen sich beispielsweise nieder in der (ein- oder zweijährigen) Haushaltsplanung, in der mittelfristigen Finanzplanung oder in längerfristig angelegten Aufgaben- und Finanzplanungen. Auch in diesem Bereich der **kommunalen „Planungshoheit"** ist eine Durchdringung und Überlagerung dieser grundsätzlichen Befugnis der Gemeinde durch vorrangiges Recht festzustellen.

Beispielhaft hierfür sind die Regelungen auf dem Gebiet des **Städtebaus.** Der Bun- **81** desgesetzgeber hat insoweit die Befugnis der Gemeinde im BBauG (und im StBFG) eingehend konkretisiert. Er geht dabei im übrigen davon aus, daß die Gemeinde eine nicht nur für den Städtebau erhebliche „Stadtentwicklungs-Planung" betreibt und sich insoweit selbst Bindungen für die städtebauliche Entwicklung schafft (§ 1 Abs. 5 BBauG). Die bauplanerische Hoheit der Gemeinde wird weiterhin inhaltlich und hinsichtlich der zu berücksichtigenden Planungsverfahren eingehend geregelt. Erhebliche inhaltliche Restriktionen städtebaulicher Vorstellungen und somit **Einschränkungen der Bauplanungshoheit** ergeben sich schließlich aus der Tatsache, daß die Gemeinden in höherstufige Entwicklungsplanungen allgemeiner oder fachspezifischer Art eingebunden sind[68] und daß die Angleichung an derartige Planungen durch bauaufsichtliche Genehmigungen von Bausatzungen (**Bebauungsplänen**) oder einzelnen Baugenehmigungen sehr wirksam durchgesetzt werden kann. Die Gemeinde hat einen aus ihrem Selbstverwaltungsrecht — Planungshoheit — abzuleitenden **Anspruch auf** eine **verfahrensmäßige Beteiligung an überörtlichen Planungen** mit Auswirkungen auf den örtlichen Bereich[69]. Eine gesetzliche Einschränkung der Planungshoheit ist dem Staat nur dann erlaubt, „wenn und soweit sich bei der vorzunehmenden Güterabwägung ergibt, daß schutzwürdige überörtliche Interessen diese Einschränkung erfordern"[70]. Verletzt wird die Planungshoheit der Gemeinde, wenn die einem anderen Rechtsträger (hier: dem Regierungspräsidium) angehörende Widerspruchsbehörde ein Bauvorhaben entgegen den Festsetzungen des Bebauungsplans ohne Rechtfertigung zuläßt[71].

Literatur:

Schmidt-Aßmann: Die Stellung der Gemeinden in der Raumplanung, VerwArch 1980, S. 117 ff.; *Niemeier:* Regionalplanung und Eigentumsordnung, Festschrift für Ernst, 1980, S. 335 ff.

---

68 S. o. Rdnr. 23.
69 BVerwGE 31, S. 263 f, 264 — Zum Rechtsschutz einer Gemeinde gegen eine Planfeststellung nach dem Bundesbahngesetz, die ihre Planungshoheit für die Planung des örtlichen Verkehrsnetzes nachhaltig berühren kann).
70 BVerfGE 56, s. 298 ff. LS 1 — zur Zulässigkeit der Festsetzung von Lärmschutzbereichen gem. § 4 FluglärmG; hierzu *Weyreuther,* DÖV 1982, S. 173 ff. und *Blümel,* VerwArch 1982, S. 329 ff.
71 BVerwG DÖV 1982, S. 283 ff. = ZfBR 1982, S. 43 ff. — Weiterführung der Rechtsprechung BVerwGE 45, S. 207 ff., 211.

e) Satzungsgewalt (Autonomie)

82 Ebenfalls zur gemeindlichen Selbstverwaltung gehört die Befugnis, in eigenen Angelegenheiten Recht zu setzen (Autonomie, Satzungsgewalt)[72].

In den Gemeindeordnungen ist dieses Recht ausdrücklich geregelt. Dort finden sich auch die Bestimmungen, die das Satzungsverfahren bindend regeln.

83 aa) **Rechtsgrundlagen und Voraussetzungen; Rang:** Diese Satzungsgewalt läßt sich in ihrer Allgemeinheit aus Art. 28 Abs. 1 Satz 2 GG herleiten; denn mit dem dort gebrauchten Ausdruck „regeln" wird nicht nur generell zum Erlaß von Verwaltungsakten ermächtigt, sondern auch zum Erlaß genereller und abstrakter Rechtssätze[73]. Die **Einräumung der Satzungshoheit** durch die Gemeinde- und Kreisordnungen der Länder hat angesichts des Art. 28 Abs. 1 Satz 2 GG im Verhältnis zwischen Gemeinden und Staat demnach nur deklaratorische Bedeutung.

84 Da diese Befugnis, **Satzungsrecht** zu setzen, ausdrücklich gesetzlich eingeräumt werden mußte, handelt es sich bei Satzungen — ebenso wie bei Rechtsverordnungen — um sogenannte abgeleitete Rechtsetzung. Ein wesentlicher Unterschied zu den Rechtsverordnungen besteht im folgenden: Die Ermächtigung zu Satzungen bedarf nicht der Bestimmtheit, die durch Art. 80 GG oder durch die entsprechenden Bestimmungen der Landesverfassungen für eine Delegation rechtsetzender Gewalt an die Verwaltung gefordert wird. Demnach wurden die generalklauselartig formulierten **Ermächtigungen der Gemeindeordnungen** zur Regelung „eigener", „örtlicher" oder „weisungsfreier" Angelegenheiten für verfassungsrechtlich unbedenklich erachtet[74]. Legt man die Grundsätze der sog. Wesentlichkeitstheorie des BVerfG[75] für die Frage der Notwendigkeit einer präzisen gesetzlichen Ermächtigung auch im Hinblick auf den kommunalen Normgeber zugrunde, so muß der Gesetzgeber „in grundlegenden normativen Bereichen, zumal im Bereich der Grundrechtsausübung, soweit diese staatlicher Regelung zugänglich ist, alle wesentlichen Entscheidungen selbst ... treffen"[76].

85 Die Einräumung der Satzungsbefugnis als solcher ermächtigt die Gemeinden nicht zu **Grundrechtseingriffen,** also insbesondere nicht zu Eingriffen in Freiheit und Eigentum. Insoweit erfordern der rechtsstaatliche Grundsatz des Vorbehalts des Gesetzes (Art. 20 Abs. 3 GG) und die den einzelnen Grundrechten beigefügten speziellen Gesetzesvorbehalte jeweils besondere **Ermächtigungsgrundlagen** für grundrechtsbeschränkende Regelungen[77]. Bedeutung erlangt dieses Problem z. B. bei der Frage der Benutzungsregelungen für gemeindliche Einrichtungen[78].

Auch der Erlaß von Satzungen im übertragenen (weisungsgebundenen) Wirkungsbereich[79] bedarf einer besonderen Ermächtigungsgrundlage.

---

72 Vgl. oben A. II. 3, Rdnr. 32 f.
73 BVerwGE 6, S. 247 ff., 252.
74 Z. B. BVerwGE 6, S. 247 ff., LS 2.
75 E 33, S. 125 ff., 157 ff..
76 Zuletzt E 61, S. 260 ff., 275.
77 Vgl. auch BVerfGE 32, S. 346 ff., 362; 38, S. 373 ff., 381.
78 Vgl. dazu unten, Rdnr. 145 ff..
79 S. u. Rdnr. 113 ff.

Dem Range nach steht das autonom gesetzte Recht der Gemeinden unter dem staat- **86** lichen Recht. Gemäß dem rechtsstaatlichen Grundsatz vom „Vorrang des Gesetzes" (Art. 20 Abs. 3 GG) darf sich die Gemeinde nicht den Bindungen durch höherrangiges Recht, insbesondere nicht denen durch staatliche Gesetze, entziehen. Darauf wird in den Gemeinde- und (Land-)Kreisordnungen teils ausdrücklich hingewiesen.

So wäre es beispielsweise unzulässig, wenn eine Gemeinde sich durch Satzung von **87** einer zwingenden und ausnahmslos geltenden Haftung freizeichnen wollte. Für hoheitliches Handeln wird die Gemeinde die sie treffende **Staatshaftung** nicht abbedingen können[80]; für verwaltungs-privatrechtliches Handeln sowie für fiskalische Tätigkeiten der Gemeinde ist eine Freizeichnung von der (dann nach schuldrechtlichen Grundsätzen zu beurteilenden) Haftung wohl bei Vorsatz und grober Fahrlässigkeit unwirksam[81].

bb) **Verfahren:** Die **kommunalen Satzungen** zielen in der Regel nicht nur auf verwal- **88** tungsinterne Wirkungen ab, sondern sollen — anders als die „Innenrechtssätze" — Außenwirkung entfalten (im Hinblick auf die Gemeindebürger, -einwohner, ortsansässige Vereinigungen oder Betriebe). Dementsprechend gelten für das Satzungsverfahren besondere Regelungen, die den Regelungen für das Zustandekommen staatlicher Gesetze ähnlich sind: Zuständig für den Satzungsbeschluß ist das **kommunale Repräsentativorgan (Gemeinderat** oder **Kreistag);** eine Übertragung dieser Befugnis auf andere Gemeindeorgane ist unzulässig. Zweifelhaft ist, ob die Satzungsbefugnis im Rahmen der Eilzuständigkeit auf den Gemeinde- oder Kreisvorsteher übergehen kann. Eine derartige **Zuständigkeitsverlagerung** wird man allenfalls in Ausnahmefällen annehmen können[82].

Für ihre Wirksamkeit bedürfen die kommunalen Satzungen der öffentlichen Be- **89** kanntmachung. Der Zeitpunkt des Inkrafttretens kann in der Satzung selbst bestimmt werden; andernfalls tritt die Satzung am Tage (oder in Bayern: eine Woche) nach ihrer Bekanntmachung in Kraft. Kommunalsatzungen gelten grundsätzlich zeitlich unbeschränkt, falls nicht ausdrücklich etwas anderes festgelegt worden ist; eine gesetzliche Ausnahme besteht für **Haushaltssatzungen,** die grundsätzlich nur ein Jahr gelten.

cc) **Aufsicht:** Satzungen unterliegen inhaltlich und verfahrensrechtlich — so wie alle **90** Akte der Gemeinde — der staatlichen **Rechtsaufsicht.** Das bedeutet jedoch nicht, daß sie grundsätzlich genehmigungsbedürftig sind. Vielmehr gilt der „Grundsatz der Genehmigungsfreiheit"; demzufolge bedürfen Satzungen einer aufsichtlichen Genehmigung nur, soweit dies gesetzlich vorgeschrieben ist. Einer derartigen Genehmigung bedarf es beispielsweise bei Satzungen, die sich „rückwirkend" Rechtswirkungen zulegen, bei Satzungen über den Anschluß- und Benutzungszwang[83], bei Haushaltssatzungen für die Gesamthöhe der Kreditaufnahmen, Verpflichtungsermächtigungen und Kassenkredite sowie für die Steuersätze oder bei gewissen Abgabesat-

---

80 Vgl. BGHZ 61, S. 7 ff.; a. A.: Bay VGH Bay VBl. 1985, S. 407 ff..
81 Vgl. z. B. Bay VerfGH DÖV 1970, S. 488.
82 Vgl. hierzu *v. Mutius,* JuS 1978, S. 181, 183 Fn. 28.
83 vgl. unten, Rdnr. 163 ff.

zungen, bei Abweichungen von Mustersatzungen, bei Satzungen über Bebauungspläne nach dem BBauG (§ 11) oder dem StBFG (§ 5 Abs. 2).

91 Eine rechtswidrig nicht erteilte Genehmigung verletzt die Gemeinde in ihrem Selbstverwaltungsrecht und kann erforderlichenfalls mit der verwaltungsgerichtlichen **Verpflichtungsklage** eingeklagt werden[84].

92 dd) **Anwendungsbereiche:** Die von der Gemeinde erlassenen Satzungen lassen sich unterscheiden in solche Satzungen, die obligatorisch sind (**„Pflichtsatzungen"**) und solche Satzungen, deren Erlaß den Gemeinden freigestellt ist.

93 Die folgende Aufzählung soll einen Eindruck davon vermitteln, in welchen Bereichen die Gemeinden typischerweise von ihrer Satzungsautonomie Gebrauch machen müssen. Aus dem Bereich der organisationsrechtlichen Satzung seien genannt die **Hauptsatzung,** mit der die Gemeinde im Rahmen der staatlich vorgegebenen Gemeindeordnung weitere organisatorische Regelungen trifft, die Haushaltssatzung[85], mit der die grundlegenden Entscheidungen über die Einnahmen und Ausgaben des **Haushaltsplanes,** die Kredit- und Verpflichtungsermächtigungen, die Steuersätze und der Höchstbetrag der Kassenkredite getroffen werden, die sog. **Betriebssatzung,** mit der Einzelheiten der gemeindlichen Eigenbetriebe[86] geregelt werden. Weiterhin sind zu nennen die Satzung über Anschluß- und Benutzungszwang[87], die Satzungen über Abgaben und Dienstleistungen (Steuern, Gebühren, Beiträge, insbesondere Erschließungsbeiträge), baurechtliche Satzungen (insbesondere die Bebauungspläne nach § 10 BBauG), Veränderungssperren (§ 16 BBauG), Satzungen zur Festlegung von Sanierungsgebieten (§ 5 Abs. 1 StBFG) sowie Satzungen aufgrund der Landesbauordnungen, straßenrechtliche Satzungen (z. B. betreffend Straßenreinigung oder straßenrechtliche Sondernutzung). Zulässig ist auch eine sog. Bewehrung von Satzungen; dabei handelt es sich um die Möglichkeit, Verwaltungszwangsmittel oder Bußen für den Fall der Nichtbeachtung von Satzungsbestimmungen zu verhängen — und da es sich hierbei um zusätzliche Belastungen der Satzungsadressaten handelt, bedarf es insoweit besonderer Ermächtigungen. Eine derartige zusätzliche Befugnis wird den Gemeinden nur noch vereinzelt eingeräumt[88]. Vielmehr wird heute regelmäßig überwiegend bestimmt, daß Anordnungen der Gemeinden und Gemeindeverbände nach den allgemeinen Vorschriften der Verwaltungsvollstreckung durchgesetzt werden können und/oder daß Zuwiderhandlungen gegen Vorschriften der Satzungen nach dem allgemeinen Recht der Ordnungswidrigkeiten geahndet werden können.

Hinsichtlich des Bereichs, in dem den Gemeinden nicht die Satzung als Handlungsform zwingend vorgeschrieben ist, können die Gemeinden häufig zugleich auch wählen, ob sie überhaupt öffentlich-rechtlich tätig werden wollen; das gilt vor allem für die Regelung der Benutzung ihrer öffentlichen Einrichtungen[89].

---

84 Z. B. NW OVG, OVGE 19, S. 192 ff.; a. A.: BayVGH, VGHE 7 I, S. 139 ff., 141.
85 Vgl. unten Rdnr. 259 ff.
86 Vgl. unten Rdnr. 239
87 Vgl. unten Rdnr. 163 ff.
88 Z. B. in Art. 24 Bay GO.
89 *Knemeyer,* Rdnr. 83 — sowie unten Rdnr. 145 ff.

ee) **Gerichtliche Kontrolle:** Die Adressaten der Satzung (die „Normunterworfenen") **94** können eine Satzung auf verschiedene Weise gerichtlich überprüfen lassen. Zum einen besteht gegen Satzungen nach dem BBauG und dem StBFG die Möglichkeit eines **Normenkontrollverfahrens** beim OVG (oder VGH) — vgl. § 47 Abs. 1 Nr. 1 VwGO. Soweit das betreffende Bundesland allgemein das Normenkontrollverfahren gem. § 47 Abs. 1 Nr. 2 VwGO zuläßt, können in gleicher Weise auch die anderen Kommunalsatzungen einer sog. abstrakten Normenkontrolle unterzogen werden.

Daneben besteht die Möglichkeit, die Rechtmäßigkeit einer Satzung **inzidenter** über- **95** prüfen zu lassen, beispielsweise im Rahmen einer verwaltungsgerichtlichen Anfechtungsklage gegen einen **Verwaltungsakt** auf der Grundlage der betreffenden Satzung. Während die als rechtswidrig erkannte Satzung im Verfahren nach § 47 VwGO allgemein als unwirksam erklärt wird, wirkt die Feststellung der Gesetzwidrigkeit einer Satzung (z. B. im Anfechtungsprozeß) nur hinsichtlich des konkreten Rechtsstreites und seiner Parteien.

Der **Rechtsschutz gegenüber Satzungen** nach dem BBauG und dem StGFB (vgl. § 86 **96** Abs. 1 Satz 2) ist neuerdings formell und inhaltlich erheblich eingeschränkt worden durch die §§ 155a und b BBauG, und zwar als Reaktion des Bundesgesetzgebers auf eine umfassende Überprüfung baurechtlicher Satzungen durch das BVerwG. Die Verfassungsmäßigkeit dieser Beschränkungen des Rechtsschutzes gegenüber dem gemeindlichen Satzungsgeber ist fraglich.

Literatur:

Badura: Rechtsetzung durch Gemeinden, DÖV 1963, S. 561 ff.; *Betghe:* Parlamentsvorbehalt und Rechtssatzvorbehalt für die Kommunalverwaltung, NVwZ 1983, S. 577 ff.; *Schmidt-Aß-mann,* Die kommunale Rechtsetzung im Gefüge der administrativen Handlungsformen und Rechtsquellen, 1981.

Übungsfälle: *v. Mutius:* Grundfälle . . ., Jus 1978, S. 33 f. (Fall 22), S. 181 ff. (Fälle 23—27).

f) Organisationshoheit

Bestandteil des Selbstverwaltungsrechts ist weiterhin die **Organisationshoheit der** **97** **Gemeinden** im Rahmen der Gesetze. Darunter fallen eine große Anzahl einzelner aufbauorganisatorischer Maßnahmen: Die Errichtung von Ausschüssen, die Gestaltung der Verwaltung im einzelnen, insbesondere die Errichtung von Eigenbetrieben, von anderen nicht-rechtsfähigen Anstalten, die Beteiligung an Verwaltungsgemeinschaften und Zweckverbänden; weiterhin fällt hierunter die Entscheidung für eine Bezirksverfassung (soweit die Einrichtung von Stadtbezirken nicht zwingend vorgeschrieben ist) oder für eine Ortschaftsverfassung sowie die Bildung von Samtgemeinden.

Schließlich fallen darunter eine Vielzahl ablauforganisatorischer Festlegungen (ge- **98** nereller Art oder auch für den Einzelfall). Die Gemeindeordnung bestimmt in der Regel selbst, daß sich der Rat eine **Geschäftsordnung** gibt, die insbesondere Bestimmungen über die Aufrechterhaltung der Ordnung, die Ladung und das Abstimmungsverfahren enthalten. Daneben wird es für die Tätigkeit der laufenden Verwaltung eine Vielzahl von Geschäftsanordnungen, Dienstanweisungen, Geschäftsverteilungsplänen, internen Verfügungen u. ä. Anweisungen geben.

99 Selbstverständlich ist die Organisationshoheit der Gemeinden insoweit eingeschränkt, als zwingendes Recht eine Gestaltungsfreiheit nicht mehr zuläßt. Beispiele hierfür sind die Bestimmungen der Gemeindeordnungen über die Gemeindeorgane und deren Kompetenzen einschließlich der ablauforganisatorischen Regelungen für den Willensbildungsprozeß in der gemeindlichen Führungsebene; dazu zählen aber auch die bereits genannten spezialgesetzlichen verfahrensrechtlichen Vorgaben für die Erstellung von **Bauleitplänen** gem. den Regelungen des BBauG (und des StBFG).

Nach der Rechtsprechung des NWVerfGH unterliegt ein Eingriff in die Organisationshoheit der Gemeinden strengeren Legitimationsanforderungen als ein Eingriff in den verfassungsrechtlich nur begrenzt geschützten Bestand[90] einer Gemeinde[91].

Literatur:

Scheuner: Grundbegriffe der Selbstverwaltung, Handbuch der kommunalen Wissenschaft und Praxis, 2. Aufl. Bd. 1, 1981, S. 7 ff.; *Schmidt-Jortzig,* Kommunale Organisationshoheit, 1979; *Thieme:* Bericht der „Niedersächsischen Sachverständigenkommission zur Fortentwicklung des Kommunalrechts" (Gutachten „Thieme-Kommission") 1978.

Übungsfälle: *v. Mutius:* Grundfälle . . ., Jus 1977, S. 460 (Fall 15), Jus 1977, S. 592 ff. (Fälle 16—18).

II. Die Aufgaben der Gemeinden

100 Bei der Betrachtung der Aufgaben, die in der Gemeindeebene, also bürgernah „vor Ort" durchgeführt werden, kann man sich von verschiedenen Betrachtungsweisen leiten lassen. Zunächst sollen die **kommunalen Aufgaben** als Bestandteil eines etwas kompliziert gestalteten **„Aufgaben-Systems"** dargestellt werden. Ein weiterer Aspekt ergibt sich aus der Frage, inwieweit die **unterschiedliche Größe** von Gemeinden zu ganz unterschiedlichen Aufgabenzuweisungen und damit zu unterschiedlichen **Gemeindearten** führt. Schließlich lassen sich die „Wanderungsprozesse" zwischen den verschiedenen Aufgabenträgern beobachten — und das führt zu der Frage, inwieweit die gesetzliche Aufgabenverteilung angesichts der heutigen Bedürfnisse der Gemeindebürger sowie der unterschiedlichen Größenordnungen der Gemeinden noch zweckmäßig erscheint[92].

1. Das System der gemeindlichen Aufgaben

101 Unter dem Gesichtspunkt, ob und inwieweit die Gemeinden hinsichtlich der Festlegung von Aufgaben, die sie erledigen wollen sowie hinsichtlich der Durchführung

---

90 Vgl. unten, Rdnr. 137 f.
91 DÖV 1979, S. 637 ff. m. Anm. *Wagener* = DVBl. 1979, S. 668 ff. m. Anm. *Püttner*.
92 Stichwort: Funktionalreform, vgl. unten, Rdnr. 124.

von (möglicherweise „fremdbestimmten") Aufgaben eigenverantwortlich handeln können, lassen sich vier verschiedene Arten von gemeindlichen Aufgaben feststellen. Sie unterscheiden sich voneinander deutlich hinsichtlich der Frage, inwieweit der Staat auf die gemeindliche Tätigkeit Einfluß nehmen kann.

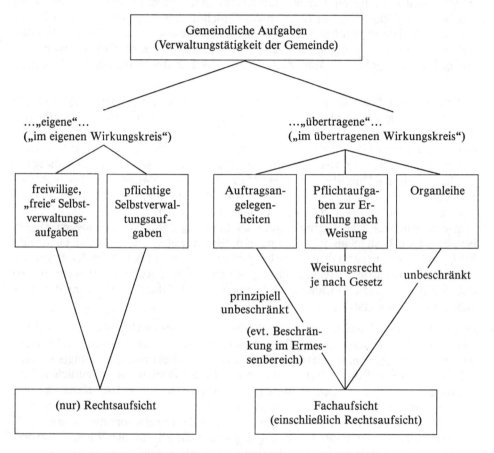

System der Aufgaben von kommunalen Körperschaften

a) Die freiwilligen Selbstverwaltungsaufgaben

Keiner unmittelbaren staatlichen Einflußmöglichkeit unterliegen die Gemeinden im Hinblick auf die sogenannten **freien (freiwilligen) Selbstverwaltungsaufgaben.** Darunter versteht man diejenigen Aufgaben, für die es keinerlei inhaltliche Vorgaben durch staatliche Rechtsvorschriften gibt, für deren Wahrnehmung sich also die Gemeinden völlig freiwillig aufgrund einer eigenverantwortlichen Entscheidung entschlossen haben.

102

Begrenzt ist die Zuständigkeit der Gemeinde in diesem Bereich durch die **allgemein geltenden Grenzen** jeglicher gemeindlicher Tätigkeit: Er muß sich um eine „Angelegenheit der **örtlichen Gemeinschaft**" handeln[93] und die Wahrnehmung dieser Aufgabe darf die **„Leistungsfähigkeit"** der Gemeinde nicht überfordern[94].

Diese „freien" Selbstverwaltungsaufgaben können vom Staat allerding in gewisser Weise mittelbar beeinflußt werden. Ein gleichsam negativer Einfluß ist in der Weise möglich, daß Gemeinden im Rahmen des Genehmigungsverfahrens für den jährlichen Haushaltsplan gehalten werden können, die eine oder andere „freie" Selbstverwaltungsaufgabe zu unterlassen, wenn nämlich ersichtlich ist, daß die Wahrnehmung dieser Aufgaben die finanziellen Möglichkeiten der Gemeinde überschreiten wird.

103 Auf der anderen Seite ist auch eine positive Einflußnahme des Staates möglich: Die Entscheidung für die Durchführung einer neuen Selbstverwaltungsaufgabe kann dadurch initiiert werden, daß der Staat durch **zweckgebundene Finanzzuweisungen** die Gemeinden finanziell zur Durchführung dieser Aufgabe in die Lage versetzt. Je größer der Anteil einer derartigen staatlichen Zuweisung an den tatsächlich entstehenden Kosten für die Durchführung dieser Aufgabe ist, desto weniger wird sich die Gemeinde faktisch einer Übernahme dieser Aufgabe entziehen können, insbesondere dann nicht, wenn ein entsprechender Bedarf in der Gemeinde offenkundig ist. Diese Einflußmöglichkeit, die allgemein auch als Lenkung durch den **„Goldenen Zügel"** bezeichnet wird, steht im Widerspruch zur Eigenverantwortlichkeit der Gemeinde bei ihrer Verwaltungstätigkeit — insbesondere dann, wenn (wie es in der Regel der Fall ist) eine derartige Zweckzuweisung mit zahlreichen **Auflagen** versehen ist, so daß sich die staatliche Einflußnahme letztlich auch auf die Durchführung der Aufgabe im einzelnen erstrecken kann.

104 Beispiele für den Bereich der „freien Selbstverwaltungsangelegenheiten" (und zugleich Beispiele für mögliche Einflußnahmen über Zweckzuweisungen) sind folgende Bereiche: Kommunale **Wirtschaftsförderung**[95], indirekt durch verbilligte Grundstücksverkäufe und direkt durch Subventionen; der Betrieb von **öffentlichen Einrichtungen** im Sportbereich (Unterhaltung von öffentlichen Badeanstalten und Sportplätzen); öffentliche Einrichtungen im kulturellen Bereich (Bibliotheken, Museen, Theater); Betrieb öffentlicher Einrichtungen der Daseinsvorsorge (kommunale Verkehrsbetriebe, kommunale Versorgungsunternehmen für die Wasser-, Strom- oder Gasversorgung); die Einrichtung von kommunalen **Sparkassen** (gem. den Sparkassengesetzen der Länder); Begründung von **Städtepartnerschaften**.

Ausweichlich des Wortlauts der GOen haben die Gemeinden die „erforderlichen" Leistungen zu erbringen[96], insbesondere entsprechende „öffentliche Einrichtungen"[97] zu schaffen und zu unterhalten. Problematisch ist die Ableitung eines dieser Verpflichtung der Gemeinde entsprechenden Anspruchs des Bürgers[98].

---

93 Vgl. oben, Rdnr. 71
94 Vgl. oben, Rdnr. 75
95 Vgl. unten, Rdnr. 242
96 Z. B. Art. 57 Abs. 1 Bay GO; § 18 Abs. 1 NWGO
97 Vgl. dazu unten, Rdnr. 145 ff.
98 vgl. dazu unten, Rdnr. 151 ff.

In diesem Bereich können die Gemeinden ihre Aufgabenwahrnehmung durch Sat- **105** zungen, also durch generelle Regelungen, festschreiben; hierfür genügt als **Ermächtigung** die allgemeine Ermächtigung in den Gemeindeordnungen zum Erlaß von Satzungen. Weiterhin ist der **Erlaß von Verwaltungsakten** und der Abschluß **öffentlich-rechtlicher Verträge** nach den allgemeinen Grundsätzen zulässig. Die notwendige Legitimation wird man aus dem Selbstverwaltungsrecht entnehmen können, und zwar sowohl auf der Grundlage des Art. 28 Abs. 2 GG als auch der entsprechenden Vorschrift der LandesVerf. Diese Ermächtigung ist beispielsweise auch ausreichend in den Fällen, in denen eine Leistung mit Auflagen verbunden wird[99].

b) Pflichtige Selbstverwaltungsaufgaben

Neben den Selbstverwaltungsaufgaben, hinsichtlich derer die Gemeinden an sich völ- **106** lig frei sind, gibt es die sogenannten pflichtigen Selbstverwaltungsaufgaben, die auch **„weisungsfreie Pflichtaufgaben"** genannt werden. Bei diesen Aufgaben ist gesetzlich und damit für die Gemeinde bindend lediglich festgelegt, daß diese Aufgabe von der Gemeinde zu erledigen ist; die Art und Weise der Durchführung bleibt hingegen grundsätzlich in eigener Verantwortung der Gemeinde. Insbesondere können bei der Durchführung dieser Aufgaben **keine fachlichen Weisungen (Fachaufsicht)** erteilt werden.

Allerdings bestehen auch hinsichtlich dieser Aufgaben die gleichen — faktischen — **107** staatlichen Einflußmöglichkeiten wie bei den freien Selbstverwaltungsaufgaben.

Daß die Gemeinden diesen Pflichtaufgaben gleichsam „dem Grunde nach" gerecht **108** werden, wird durch die **Kommunalaufsicht** gewährleistet; denn diese kann als **Rechtsaufsicht** einen Zwang zur Erledigung der pflichtigen Selbstverwaltungsaufgaben ausüben[100].

Die für die Gemeinden „pflichtigen Selbstverwaltungsaufgaben" werden regelmäßig **109** durch **Gesetz oder Rechtsverordnung** begründet. Dieses ist generell zugelassen durch die Gemeindeordnungen, die insoweit einen ausdrücklichen Gesetzesvorbehalt kennen. Grundsätzlich erfolgt die Auferlegung von pflichtigen Selbstverwaltungsaufgaben durch **Landesgesetz.** Der Bund kann jedoch insoweit mittelbar in der gleichen Weise steuern, als er gem. Art. 84 Abs. 1 und 85 Abs. 1 GG für den eigenständigen oder auftragsweisen Landesvollzug von Bundesgesetzen das Verwaltungsverfahren selbst regeln darf und somit den Ländern auch vorschreiben kann, eine bundesrechtlich geregelte Angelegenheit den Gemeinden als pflichtige Selbstverwaltungsaufgabe zuzuweisen. Verfassungsrechtlich ist dieses jedoch nur insoweit zulässig, als eine solche Einschränkung landesrechtlicher Zuständigkeiten — im übrigen ein seltener Fall — „für den wirksamen Vollzug der materiellen Bestimmungen des Gesetzes notwendig" erscheint[101].

---

99 *Wolff/Bachof* III § 154 V b Rdnr. 21
100 Vgl. unten, Rdnr. 285
101 BVerfGE 22, S. 180 ff., 210 u. LS 2 — Organisationsrechtliche Bestimmungen hinsichtlich des JWG und des BSHG.

110 Beispiele für derartige pflichtige Selbstverwaltungsaufgaben (weisungsfreie Pflichtaufgaben) sind heute die Trägerschaft von Grundschulen, die Jugend- und Sozialhilfe, die Straßenbaulast (bezüglich Ortsstraßen, Gemeindeverbindungsstraßen und
sonstiger öffentlicher Straßen sowie Ortsdurchfahrten), Gewässerunterhaltung oder
Feuerschutz.

111 Beispiele für pflichtige Selbstverwaltungsaufgaben aufgrund eines **Bundesgesetzes**
sind: die Bauleitplanung und die Baulanderschließung, die städtebauliche Sanierung, die Abfall- und Abwasserbeseitigung, bestimmte Aufgaben innerhalb des
Wehrpflicht-, Wehrersatz- und Zivilschutzwesens[102], Förderung des Wohnungsbaus
z. B. durch Beschaffung von Bauland, insbesondere für den sozialen Wohnungsbau[103].

112 Zu beachten ist, daß der Gesetzgeber die Möglichkeit hat, bei der Normierung einer
pflichtigen Selbstverwaltungsaufgabe zugleich auch ins einzelne gehende Maßstäbe
für die Durchführung dieser Aufgabe festzulegen; insoweit wird die Eigenverantwortlichkeit der Aufgabendurchführung durch die Gemeinde beträchtlich reduziert;
für die Praxis kann dabei die Grenze zur gemeindlichen **„Fremdverwaltung"** fließend werden. Als bundesrechtliches Beispiel hierfür mag man die eingehenden Regelungen der Sozialhilfe im BSGH i.V.m. den dazu ergangenen Rechtsverordnungen[104] sehen. Als Beispiel aus dem Landesrecht mag das bay Kindergartengesetz[105]
dienen; vgl. auch die detaillierten rechtlichen Bindungen im Hinblick auf Kinderspielplätze[106].

c) Die gemeindliche Auftragsverwaltung

113 Bund und Länder bedienen sich der Gemeinden auch zur Erfüllung staatlicher Angelegenheiten; rechtstechnisch geschieht das dadurch, daß der Staat den Gemeinden
Aufgaben zuweist und sich zugleich das Recht vorbehält, die Erledigung dieser Aufgaben ins einzelne durch fachliche Anordnungen[107] zu steuern, so daß die Gemeinden hinsichtlich dieser Aufgaben fast wie untere staatliche Behörden funktionieren.
Derartige **„Auftragsangelegenheiten"** dienen der Einsparung eigener staatlicher Behörden und konzentrieren staatliche Aufgaben und Selbstverwaltungsaufgaben bei
der Gemeindebehörde. Auftragsangelegenheiten waren früher im ganzen Bundesgebiet bekannt (vgl. § 2 Abs. 3 DGO). In dieser Form gibt es übertragene Angelegenheiten als „Auftragsangelegenheiten" (oder **„Aufgaben des übertragenen Wirkungskreises"**) nur noch in Bayern[108], in Rheinland-Pfalz[109] und im Saarland[110].

---

102 *Schmidt-Jortzig* Rdnr. 533
103 §§ 1, 89 II WoBauG.
104 z. B. die Regelsatzverordnung zu § 22 BSHG.
105 v. 25. 7. 1975
106 z. B. Art. 8 Bay BauO, Art. 1 DVBayBO oder besondere Kinderspielplatzgesetze, vgl. Feldmann,
  Recht und Spiel, 1980, S. 80 ff.
107 Fachaufsicht, vgl. unten, Rdnr. 282
108 Art. 8 Bay GO
109 § 2 Abs. 2 RhPf GO
110 § 6 KommunalselbstverwG

Daneben gibt es in allen Bundesländern noch Auftragsangelegenheiten aufgrund **114** einzelner Gesetze (z. B. die **Wehrerfassung** gem. § 15 Abs. 3 WehrpflG als **Bundesauftragsverwaltung**).

d) Pflichtaufgaben zur Erfüllung nach Weisung (Weisungsaufgaben)

Die meisten Bundesländer haben nach 1945 die Auftragsangelegenheiten in sog. **115** Pflichtaufgaben zur Erfüllung nach Weisung umgewandelt. Das ist auch dort geschehen, wo diese Aufgaben noch unter dem früheren Titel „Aufgaben des übertragenen Wirkungskreises" firmieren[111]. Für diesen Aufgabentypus ist kennzeichnend, daß zwar ebenso wie bei den „Auftragsangelegenheiten" staatliche Aufgaben von den Gemeinden wie von einer unteren staatlichen Verwaltungsbehörde wahrgenommen werden, daß aber die staatlichen Weisungsbefugnisse im Rahmen der Fachaufsicht nicht mehr unbeschränkt sind, sondern mehr oder weniger beschränkt werden. Im einzelnen wird das Maß dieser **Beschränkung der Fachaufsicht in dem jeweiligen Gesetz** festgelegt.

Soweit ein derartiges **Weisungsrecht** gesetzlich nicht beschränkt ist[112] unterscheiden **116** sich diese Pflichtaufgaben zur Erfüllung nach Weisung nicht von den Auftragsangelegenheiten. Ist das Weisungsrecht andererseits beschränkt[113], so handelt es sich gleichwohl nicht um Selbstverwaltung, sondern um **Staatsverwaltung;** denn Selbstverwaltung läge nur dann vor, wenn die Aufgabe zu einer eigenen Angelegenheit der Gemeinde gemacht wäre und wenn sich das Weisungsrecht dementsprechend allein auf die Rechtsaufsicht beschränkte.

„Auftragsverwaltung" und die Wahrnehmung von „Weisungsaufgaben" ist auch insoweit angenähert, als die Fachaufsicht in Auftragsangelegenheiten generell eingeschränkt sein kann[114].

Satzungen (sowie Rechtsverordnungen) können die Gemeinden in allen Angelegen- **117** heiten der „gemeindlichen Fremdverwaltung" (sowohl in Auftragsangelegenheiten als auch in Angelegenheiten, die zur Erfüllung nach Weisung durchgeführt werden) nur aufgrund besonderer Ermächtigung erlassen.

Als Bereiche der **Auftrags-** oder **Weisungsverwaltung** seien beispielhaft genannt: die **118** Aufgaben der **Ordnungsverwaltung** auf den Gebieten des Rettungs-, Gewerbe-, Verkehrs-, Wege- und Wasserwesens; die Lebensmittelüberwachung; das staatliche Gesundheitswesen; Melde-, Paß-, Staatsangehörigkeits-, Personenstands- und Namenssachen; Schulangelegenheiten; Veterinärsachen und Tierkörperverwertung; Rettungswesen, (z. T.) Katastrophenschutz, örtliches Straßenverkehrswesen, Lastenausgleich, Flüchtlingsbetreuung; z. T. stehen derartige Auftragsangelegenheiten im Verbund mit Selbstverwaltungsangelegenheiten — so z. B. im Bereich des Bauwesens angesichts des Nebeneinanders von Bauplanungsrecht (BBauG) und Bauordnungsrecht (Landes-BauO).

---

111 z. B. § 5 Nds. GO.
112 z. B. gem. § 51 PStG und in § 129 Abs. 3 u. 4 BWGO.
113 z. B. im § 9 Abs. 2 NWOBG.
114 z. B. Art. 109 Abs. 2 S. 2 Bay GO.

119 Der Anteil der gemeindlichen Fremdverwaltung an der gesamten Tätigkeit der Gemeinden ist sehr beträchtlich, kann aber quantitativ zutreffend wohl kaum geschätzt werden. Finanziert wird die Fremdverwaltung durch **Verwaltungsgebühren,** die bei der Wahrnehmung dieser Aufgaben entstehen sowie durch pauschale **staatliche Finanzzuweisungen,** durch **Zweckzuweisungen** oder durch eigene **Deckungsmittel der Gemeinde.** Die staatlichen Zuweisungen pflegen nur einen Bruchteil der tatsächlichen Ausgaben zu decken; man bezeichnet deshalb die kommunale Fremdverwaltung als „die billigste Form der Staatsverwaltung"[115].

2. Aufgabenwahrnehmung in der Gemeinde durch ein staatlich geliehenes Organ

120 Der Staat greift bei Tätigkeiten in der Gemeinde zuweilen auf den Bürgermeister oder Gemeindedirektor als sog. geliehenes Organ zurück[116]. Es werden also nicht die Gemeinden als solche, sondern eines ihrer Organe in Anspruch genommen. Dieses Organ (Bürgermeister/Oberbürgermeister oder Stadtdirektor/Oberstadtdirektor) funktioniert dann als untere staatliche Verwaltungsbehörde. Teilweise wird diese Möglichkeit in Landesverfassungen ausdrücklich bestätigt[117]. Soweit der „Hauptverwaltungsbeamte" der Gemeinde im Wege der Organleihe in Anspruch genommen wird, unterliegt er — als Organ des Staates — keinen Vorgaben oder Kontrollen durch den Gemeinderat[118]; er handelt insoweit im Namen des Staates; allerding haftet für seine Amtspflichtverletzungen die **Gemeinde**[119].

Besondere Bedeutung hat die Organleihe bei der Verwaltung in den Landkreisen[120]; in den meisten Bundesländern wird der Hauptverwaltungsbeamte des Landkreises[121] im Wege der Organleihe als untere staatliche Verwaltungsbehörde zur Erledigung der Aufgaben des übertragenen Wirkungskreises tätig[122].

Dementsprechend werden in manchen Ländern in den kreisfreien Städten[123] dem Oberbürgermeister generell als vom Staat geliehenem Organ die Aufgaben der unteren staatlichen Verwaltungsbehörde übertragen[124].

121 Beispiele für die Fälle einer **Organleihe** sind die Inanspruchnahme als **Kreis-** oder **Ortspolizeibehörde** oder die Erledigung von Angelegenheiten der staatlichen Sicherheit, Verteidigung sowie von Geheimhaltungsbelangen sowie die Zuständigkeit als Gemeindewahlleiter bei staatlichen Wahlen.

3. Aufgabenbestand und Gemeinde-Arten

122 Die Gemeindeordnungen kennen verschiedene Gemeinde-Arten; die Unterschiede ergeben sich aus einem unterschiedlichen Umfang von gesetzlich zugewiesenen Auf-

---

115 *Wolff/Bachof* II § 86 X d.
116 Zum Rechtsinstitut der „**Organleihe**" vgl. *Maurer,* Allgemeines Verwaltungsrecht, 4. Aufl. 1985, § 21 Rdnr. 54 ff.
117 Art. 137 Abs. 4 Hess. Verf. u. Art. 49 Abs. 4 RhPfVerf.
118 Vgl. z. B. Art. 37 Abs. 1 Bay GO; §§ 62 Abs. 1 Nr. 4, Abs. 4 i. V. m. 5 Abs. 3 NdsGO
119 Vgl. unten Rdnr. 303
120 Vgl. unten Rdnr. 297 ff.
121 Vgl. unten Rdnr. 323 ff.
122 z. B. Art. 37 Abs. 1 S. 2 Bay LKrO; §§ 48 f. NW KrO
123 Vgl. unten Rdnr. 122.
124 § 13 Abs. 2 BW LVwG; § 8 Abs. 2 S. 2 Saarl LOG.

gaben. Grundsätzlich wird zunächst unterschieden zwischen **kreisangehörigen** und **kreisfreien Gemeinden**: Alle Gemeinden, die nicht die Stellung einer kreisfreien Gemeinde (kreisfreien Stadt) haben, gehören danach einem **Landkreis** an. Die kreisfreien Städte erfüllen neben ihren Aufgaben als Gemeinden in ihrem Gebiet alle Aufgaben, die den Landkreisen obliegen; sie heißen in Baden-Württemberg dementsprechend „Stadtkreise".

Daneben gibt es Abweichungen gleichsam in beiden Richtungen: Einen Sonderstatus **123** haben die sogenannten **großen Kreisstädte** (in Baden-Württemberg und Rheinland-Pfalz), die „selbständigen" und „großen selbständigen" Städte (in Niedersachsen), die Mittelstädte im Saarland, die Gemeinden über zehn-, zwanzig- oder dreißigtausend Einwohner in Hessen oder Schleswig-Holstein sowie die ehemals kreisfreien Städte in Bayern und Nordrhein-Westfalen: Diese nehmen außer ihren Aufgaben als kreisangehörige Gemeinden mehr oder weniger vollständig die Aufgaben der Landkreise und der unteren staatlichen Verwaltungsbehörden wahr.

Auf der anderen Seite nehmen eine Sonderstellung diejenigen Gemeinden ein, die einem „untersten Gemeindeverband" angehören, nämlich einer bay. **Verwaltungsgemeinschaft**, einer nds. **Samtgemeinde**, einer rh.-pf. Verbandsgemeinde oder einem schl.-holst. Amt. Bei diesen Ortsgemeinden sind die Kassen- und Rechnungsgeschäfte, zahlreiche andere Selbstverwaltungsangelegenheiten (z. B. die Aufstellung von Flächennutzungsplänen und der Straßenbau) sowie sämtliche den Gemeinden sonst obliegenden staatlichen Angelegenheiten auf die „Gesamtgemeinde" übertragen[125].

4. Gemeindeaufgaben und „Funktionalreform"

Die Ist-Aufnahme der kommunalen Aufgaben zeigt ein vielfältig differenziertes, **124** gleichwohl aber statisches Bild. Das kann nicht darüber hinwegtäuschen, daß es sich bei dieser Aufgabenverteilung um ein gewachsenes System handelt, das unter dem Gesichtspunkt der Verwaltungseffizienz wie angesichts des Zieles, allen Bürgern gleichwertige Lebensbedingungen zu sichern, einem ständigen Wandlungsprozeß unterliegt. Es handelt sich hierbei auch um „Wanderungsprozesse"[126], bei denen bisher zumeist Aufgaben aus der gemeindlichen Ebene in die überörtliche oder in die staatliche Ebene verlagert worden sind; das Rastede-Urteil des BVerwG dürfte verfassungsrechtliche Bedenken einer solchen Aufgabenverlagerung nicht vertieft haben[127].

Soweit diese Verlagerungsprozesse auf eine unzureichende Leistungsfähigkeit der Gemeinden zurückgeführt werden konnten, hat die **kommunale Gebietsreform** als territoriale Neuordnung der Gemeinden[128] zu neuen Verhältnissen geführt. Daran hat sich der Versuch angeschlossen, die angedeuteten Wanderungsprozesse nicht nur aufzuhalten, sondern möglichst umzukehren. Entsprechende Reformbemühungen, die sich auch bereits in einer Reihe von gesetzlichen Vorschriften niedergeschlagen haben, werden zusammenfassend als **„Funktionalreform"** bezeichnet. Hierzu wird kritisch vermerkt, daß es sich hierbei zum größten Teil um eine autoritative Aufga-

---

125 Vgl. hierzu auch unten E. I., Rdnr. 331 ff., 343 ff.
126 *Schmidt-Jortzig,* Rdnr. 491.
127 Vgl. oben Rdnr. 12.
128 Vgl. hierzu unten B. III. 3.; Rdnr. 134 ff.

benverlagerung „von oben nach unten" handele, die bislang zu keiner spürbaren Belebung der Selbstverwaltung geführt hat, zumal diese (Rück-)Verlagerung sich auf verhältnismäßig unwichtige Dinge beschränkt habe.

Literatur:

Richter: Verfassungsprobleme der kommunalen Gebietsreform, 1977; *Stüer:* Funktionale Gebietsreform und kommunale Selbstverwaltung, 1980.
Übungsfälle: *v. Mutius;* Grundfälle . . ., Jus 1978, S. 28 ff. (Fall 20).

1	2	3	4	5	6	7	8
Allgemeine Verwaltung	Finanzverwaltung	Rechts-, Sicherheits- und Ordnungsverwaltung	Schul- und Kulturverwaltung	Sozial-, Jugend- und Gesundheitsverwaltung	Bauverwaltung	Verwaltung für öffentliche Einrichtungen	Verwaltung für Wirtschaft und Verkehr
10 Hauptamt	20 Kämmerei	30 Rechtsamt	40 Schulverwaltungsamt	50 Sozialamt	60 Bauverwaltungsamt	70 Stadtreinigungsamt	80 Amt für Wirtschafts- und Verkehrsförderung
11 Personalamt	21 Kasse	31	41 Kulturamt[1]	51 Jugendamt	61 Stadtplanungsamt	71 Schlacht- und Viehhof	81
12	22	32 Ordnungsamt	42	52 Sportamt	62	72	82 Forstamt[3]
13	23 Liegenschaftsamt	33	43	53 Gesundheitsamt[2]	63 Bauordnungsamt		
14 Rechnungsprüfungsamt	24 Amt für Verteidigungslasten	34 Standesamt	44	54 Krankenhäuser	64 Wohnungsförderungsamt		
		35 Versicherungsamt	45	55 Ausgleichsamt	65 Hochbauamt		
		36	46		66 Tiefbauamt		
		37 Feuerwehr	47		67 Grünflächenamt		
		38					

1 Soweit Aufgaben übertragen
2 Soweit Aufgaben wahrgenommen werden
3 Je nach örtlichen Verhältnissen

Verwaltungsgliederungsplan für Gemeinden

Musterentwurf der „kommunalen Gemeinschaftsstelle für Verwaltungsvereinfachung" für Gemeinden der Größenklasse 50000—100000 Einwohner (KGSt-Gutachten „Verwaltungsorganisation der Gemeinden", 1979)

III. Das Gemeindegebiet

1. Die Regelung der Gemeindeordnungen

125 Das Gebiet einer Gemeinde besteht aus den Grundstücken, die nach dem geltenden Recht zu ihr gehören. Wenn auch das mitgliedschaftliche Fundament der Gemeinden letztlich die sich selbstverwaltenden Bürger sind, so ist doch auch die Frage nach dem räumlichen Umfang der Gemeinde wesentlich, nämlich für den räumlichen Umfang der **„Gebietshoheit"**. Diese Gebietshoheit ist ein wesentliches Merkmal der kommunalen Körperschaften und qualifiziert sie als „Gebietskörperschaften"[129]; das bedeutet, daß „jedermann, der sich auf ihrem Gebiet aufhält, der Herrschaftsgewalt der Körperschaft unterworfen wird"[130] . Diese Gebietshoheit erfaßt im übrigen nicht nur alle Personen, die sich im Gemeindegebiet aufhalten, sondern auch alle Gegenstände, die sich dort befinden.

In den meisten Gemeindeordnungen ist — teils obligatorisch, teils fakultativ — eine **126** Untergliederung des Gemeindegebietes auf **Gemeindebezirke** vorgesehen; dabei werden für die Verwaltung der Bezirksangelegenheiten entweder **Bezirksausschüsse** von der Gemeindevertretung bestellt, oder es werden (zusammen mit der Wahl des Gemeinderates) **Bezirksvertretungen (Bezirksbeiräte)** gewählt. Außerdem wird teilweise die Möglichkeit eröffnet, sogenannte **Ortschaften** mit direkt gewähltem **Ortschaftsrat** und einem Ortsvorsteher zu bilden, der vom Gemeindevorstand bestellt wird.

Die **Zuständigkeiten** der Organe in den Bezirken oder Ortschaften sind unterschied- **127** lich geregelt; zumeist beschränken sie sich auf Beratungen und Vorschläge. Teilweise ist es jedoch auch möglich, diesen Organen für bestimmte Aufgaben Haushaltsmittel und eine entsprechende Entscheidungszuständigkeit zu übertragen.

Etwas anderes als die soeben beschriebenen Bezirke und Ortschaften sind örtlich **128** ausgelagerte **Verwaltungsstellen („Außenstellen der Gemeindeverwaltung")**; diese können ohne besondere gesetzliche Ermächtigung durch den Gemeindevorsteher oder durch eine Satzung eingerichtet werden[131].

Grundsätzlich soll jedes **Grundstück** zu einer Gemeinde gehören. Aus „Gründen des **129** öffentlichen Wohles" können Grundstücke außerhalb einer Gemeinde verbleiben oder aus ihr ausgegliedert werden. Die Verwaltung dieser **gemeindefreien („ausmärkischen") Grundstücke** durch die Eigentümer wird entweder durch eine besondere „Verordnung über gemeindefreie Grundstücke und Gutsbezirke" oder durch eine allgemein geltende Rechtsverordnung des Innenministers geregelt.

Derartige „Gründe des öffentlichen Wohles" kann man regelmäßig dann annehmen, **130** wenn es sich um unbewohnbare Gebiete handelt (z. B. Wald-, Wasser-, Moor- und Hochgebirgsflächen sowie die Truppenübungsplätze). Die Gemeinden sind in der Regel an einer derartigen Ausgliederung interessiert; denn für diese Gebiete steht den **Lasten** (z. B. Wegebaulasten) keine entsprechende Einnahmequelle gegenüber.

2. Die optimale Größe von Gemeinden

In den Gemeindeordnungen wird nicht selten auch die Frage beantwortet, wie groß **131** eine Gemeinde sein soll: Das Gebiet der Gemeinde soll so bemessen sein, daß die ört-

---

129 So z. B. auch Art. 109 Abs. 4 Nr. 1 GG.
130 BVerfGE 52, S. 95 ff., 117 f.
131 So ausdrücklich § 81 Abs. 4 Hess GO.

liche Verbundenheit der Einwohner gewahrt und die Leistungsfähigkeit der Gemeinde zur Erfüllung ihrer Aufgaben gesichert ist[132]; auch dort, wo eine entsprechende Regelung ausdrücklich fehlt, werden bei der Ermittlung der „Gründe des öffentlichen Wohls", die bei der Bemessung des Gemeindegebiets maßgeblich sein müssen[133], wohl ebenfalls diese Teilmaßstäbe angelegt werden. Damit ist zunächst gesagt, daß die Gemeinden so leistungsfähig sein müssen, daß sie ihre Aufgaben erfüllen können (Grundsatz der **Effektivität der Aufgabenwahrnehmung**). Das wird aber nur dann der Fall sein, wenn eine gewisse Größenordnung erreicht ist, denn eine personelle Ausstattung mit qualifizierten Bediensteten sowie eine finanzielle Ausstattung, die kommunale Investitionen von einem gewissen Umfang und somit eine entsprechende Versorgung der Bürger mit gemeindlichen Leistungen ermöglicht, ist verständlicherweise nur größeren und großen Gemeinden vorbehalten. Würde man nur diesen Gesichtspunkt bei der Bemessung des Gemeindegebietes berücksichtigen sowie weiterhin davon ausgehen, daß die Gemeinden in dem Bereich der „freien Selbstverwaltung" theoretisch unbegrenzt tätig sein können, dann würde eine Gemeinde letztlich nie groß genug sein. Der zweite Maßstab für die Bemessung des Gemeindegebietes **(Wahrung der örtlichen Verbundenheit der Einwohner)** steht der Entwicklung zu kommunalen Zusammenballungen entgegen. Dieser Teilmaßstab erschöpft sich nicht in seiner Funktion als emotionaler Aufruf an einen Bürgersinn, wie er heute möglicherweise in der Realität ohnehin nicht mehr vorhanden ist; er führt vielmehr zu der Forderung, daß gewisse gebietliche Größenordnungen beim Zuschnitt der Gemeinden nicht überschritten werden dürfen; denn andernfalls bestände die Gefahr, daß die Gemeindebürger sich nicht mehr hinreichend mit dem Geschehen „ihrer" Gemeinde identifizieren mögen — und das würde praktisch zu einer Verweigerung der Teilnahme an der kommunalen Verwaltung in den Formen bestehen, die von der Gemeindeverfassung vorgesehen worden sind. Und das heißt weiterhin, daß unter derartigen Umständen die Gemeinde ihre Funktion als Grundlage des demokratischen Staates sicherlich nicht mehr wahrnehmen könnte.

132 Der Ausgleich der Spannungslage zwischen Effektivität (und im übrigen auch Effizienz) der Aufgabenwahrnehmung einerseits und der örtlichen Verbundenheit der Einwohner andererseits führt in der Praxis dazu, daß für bestimmte **Gemeindegrößen** standardisierte Aufgabenkataloge verschiedenen Umfanges entwickelt worden sind. Danach nehmen kleinere Gemeinden eine geringere Anzahl von Aufgaben wahr als größere Gemeinden. Das insoweit entstehende Defizit bei der Versorgung mit kommunalen Leistungen für Bürger kleinerer Gemeinden wird gedeckt durch die Leistungen der benachbarten Gemeinden der nächsten und der übernächsten Größenordnung. Diese Orte sollen also mit den „Mehr-Leistungen" nicht nur ihre eigenen Bürger, sondern auch die Bürger benachbarter Gemeinden in ihrem **Einzugsbereich** versorgen. Im einzelnen ergibt sich hieraus ein System von kommunalen Leistungen, das letztlich zu partiell überlappenden Zuständigkeiten für die Versorgung der Gemeindebürger führt. Rechtlich ist dieses System, das den „Bedeutungsüberschuß" größerer Gemeinden für die Versorgung der kleineren Gemeinden nutzt und

---

132 z. B. § 5 NW GO; § 7 Hess GO; § 16 Nds GO; § 5 Schl GO.
133 z. B. Art. 11 Bay GO § 14 NW GO

somit zu **„zentralen Orten** und deren Verflechtungsbereichen" führt, in den **Landesplanungsgesetzen** und Entwicklungsprogrammen **(Landesentwicklungsplänen)** der Bundesländer festgeschrieben worden.

Abgesehen von dieser Möglichkeit, für alle Einwohner eines Landes eine gleichmä- **133** ßige Versorgung zu erreichen, besteht die Verpflichtung, zunächst für jede einzelne Gemeinde das oben erwähnte Spannungsverhältnis zwischen den Grundsätzen der Effektivität und der Effizienz der Aufgabenerledigung einerseits und der örtlichen Verbundenheit andererseits zu einem Ausgleich zu bringen. Dieses Ziel ist mit der „kommunalen Gebietsreform" angestrebt worden.

3. Die kommunale Gebietsreform

Eine territoriale Neugliederung auf der Gemeindeebene hat in den Jahren zwischen **134** 1968 und 1978 in allen Ländern der Bundesrepublik Deutschland stattgefunden. Ziel dieser Neugliederung war es, die Selbstverwaltung durch einen größeren gebietlichen Zuschnitt der einzelnen Gemeinden zu stärken und damit eine Rationalisierung und Leistungssteigerung der Gemeinden aus eigener Kraft zu ermöglichen. Die Gebietsreform war somit gekennzeichnet durch den Übergang von historisch gewachsenen Einheiten zu **Versorgungs**körperschaften, die möglichst effektiv und effizient arbeiten können. Die Notwendigkeit dieser **kommunalen Gebietsreform** mag man daraus ersehen, daß im Jahre 1966 von rund 24 500 Gemeinden der Bundesrepublik Deutschland fast 95 % weniger als 5 000 Einwohner hatten — und somit sicherlich nicht in der Lage waren, Einrichtungen der Daseinsvorsorge entsprechend den heutigen Anforderungen der Bürger vorzuhalten. Durch die kommunale Gebietsreform sank die Zahl der Gemeinden von 24 282 (im Jahre 1968) um 15 764 auf eine Anzahl von 8 518 (im Jahre 1978).

Die Kritik an dieser Gebietsreform richtete sich im wesentlichen gegen kommunale **135** Zusammenfassungen in den Ballungszentren der Länder. Eine abschließende Bewertung läßt sich wohl erst nach Jahren oder gar Jahrzehnten treffen; dabei sind zugleich die Auswirkungen der parallel zur gebietlichen Neugliederung vorgenommenen „Funktionalreform"[134] ins Auge zu fassen.

Die kommunale Gebietsreform wurde überwiegend durch **Neugliederungsgesetze** **136** vorgenommen; denn nach den Gemeindeordnungen geschieht die Neubildung und Auflösung von Gemeinden (z. B. durch Zusammenlegung mehrerer Gemeinden) durch Gesetz[135]. In einigen Ländern genügt allerdings für bestimmte Maßnahmen (z. B. die Änderung der Grenzen von Gemeinden oder gemeindefreie Gebiete) eine Rechtsverordnung des zuständigen Landesministers[136].

---

134 Vgl. oben Rdnr. 124.
135 z. B. § 16 Abs. 3 NW GO.
136 z. B. Art. 11 Bay GO.

4. Rechtsprobleme bei Gebietsänderungen

137 Die kommunale Gebietsreform hat in großem Umfang auch die Gerichte beschäftigt. Zahlreiche Gemeinden haben sich gegen **Gebietsänderungsgesetze** gewandt, insbesondere gegen solche Gesetze, mit denen diese Gemeinden aufgelöst wurden. Rechtsschutz wurde zumeist auf dem Wege über die **kommunale Verfassungsbeschwerde** gesucht, mit der das jeweilige Landes-VerfG. (StGH) oder (subsidiär) das BVerfG gem. Art. 93 Abs. 1 Nr. 4 bGG angegangen wurde[137]. Für die Durchführung eines derartigen Verfahrens gilt eine — an sich durch das angegriffene Gesetz bereits aufgelöste — Gemeinde als fortbestehend[138]. Inhaltlich konnte Anknüpfungspunkt einer solchen Beschwerde nur die Garantie der kommunalen Selbstverwaltung sein (Art. 28 Abs. 2 GG und entsprechende Vorschriften in den Landesverfassungen). Die verfahrensrechtlichen sowie inhaltlichen Maßstäbe, die von dem Neugliederungs-Gesetzgeber zu beachten sind, ergeben sich jedoch aus den entsprechenden Vorschriften der Gemeindeordnungen. Die Verfassungsgerichte sind teilweise so verfahren, daß sie praktisch die Vorschriften der Gemeindeordnungen in die Gewährleistung der Selbstverwaltungsgarantie „hineingelesen" haben. Das gilt insbesondere für die Regelung der Gemeindeordnung, wonach Gebietsänderungen nur „aus Gründen des öffentlichen Wohles" vorgenommen werden dürfen.

138 Im einzelnen haben die Verfassungsgerichte in sehr unterschiedlicher „Dichte" und z. T. auch mit wechselnder Strenge entschieden. Letztlich wurde dem Gesetz- oder Verordnungsgeber ein weiterer Einschätzungsspielraum zugestanden. Gebietsänderungsmaßnahmen wurden nur selten verworfen, und zwar nur bei formellen oder Verfahrensmängeln (insbesondere Mängel der Anhörung) oder dann, wenn sie erweislich falsch begründet oder völlig ungeeignet zur Erreichung des Zweckes waren. Weiterhin ist klargestellt worden, daß es für die einzelne Gemeinde **keine absolute Bestandsgarantie** gibt. Art. 28 Abs. 2 GG sichert nur das Selbstverwaltungsrecht als solches, nicht jedoch auch den Bestand einer individuellen Gemeinde als solcher und ebenfalls nicht die Belassung einzelner bisher wahrgenommener Aufgaben. Demnach widersprechen **Zwangseingemeindungen** (und Grenzänderungen) nicht „automatisch" dem Art. 28 Abs. 2 GG.

Da jedoch zumindest überwiegende Gründe des öffentlichen Wohles unter Berücksichtigung des Willens der Bevölkerung erforderlich sind, ergibt sich somit eine **„relative Bestandsgarantie"** für die einzelne Gemeinde[139].

Literatur:

Hoppe/Rengeling: Rechtsschutz bei der kommunalen Gebietsreform, 1973; *Seewald:* Juristische und verwaltungswissenschaftliche Maßstäbe in der kommunalen Gebietsreform, Die Verwaltung 1973, S. 389 ff.; *Thieme:* Die magische Zahl 200 000, DÖV 1973, S. 442 ff.

Übungsfälle: Aufg. 7 der 1. jur. Staatsprüfung 1977/I, BayVBl. 1980, S. 223 f., 251 ff.

---

137 Vgl. auch oben, Rdnr. 13 f.
138 NW VerfGH OVGE 14, S. 277; Bay VerfGH DVBl. 1975, S. 28 ff., 29.
139 NW VerfGH E 25, S. 310 ff.; BW StGH DÖV 1975, S. 385 ff.

IV. Die Gemeindeangehörigen

Die Gemeindeordnungen regeln in ihrem Teil **„Einwohner und Bürger"** die **Rechts-** **139**
stellung zwischen der Gemeinde und den Personen, denen die gemeindliche Tätigkeit letztlich zugute kommen soll. Die Regelungsdichte dieser Rechtsbeziehungen ist
sehr unterschiedlich; während das Recht auf Benutzung der **öffentlichen Einrichtun-**
gen nur in einem Halbsatz normiert ist, ist die ehrenamtliche Tätigkeit äußerst liebe-
voll und umfangreich geregelt.

1. Die kommunalrechtlich erfaßten Personengruppen

Das Gemeinderecht unterscheidet zunächst zwischen **„Einwohner"** und **„Bürger"** **140**
einer Gemeinde. Einwohner ist, wer in einer Gemeinde seinen **Wohnsitz** oder ständigen Aufenthalt hat; Bürger sind die zur Wahl des kommunalen Repräsentationsorganes (Rat, Gemeinderat, Gemeindevertretung, Stadtverordnetenversammlung) berechtigten Einwohner[140]. Daß diese Unterscheidung zwischen Bürgern und Einwohnern wohl doch nicht „historisch überholt und heute auch juristisch ohne Eigen-
wert" ist[141] zeigt die Ausländer-Problematik in den Gemeinden.

Die weitestgehenden Rechte und Pflichten haben die „Bürger"; Einwohner erlangen
diesen Status regelmäßig dann, wenn sie volljährig und geschäftsfähig sind, deutsche
Staatsangehörigkeit und die bürgerlichen Ehrenrechte besitzen und seit mindestens
drei (oder sechs) Monaten ihren Haupt-Wohnsitz in der Gemeinde haben. Daneben
erwerben zuweilen hauptamtliche Bürgermeister und Beigeordnete mit ihrem Amts-
antritt oder mit ihrer Ernennung das **Bürgerrecht**[142]. Neben den Pflichten der Einwohner haben die Bürger zusätzlich die Pflicht, eine **ehrenamtliche Tätigkeit** oder
ein Ehrenamt anzunehmen; von dieser Pflicht sind sie nur durch einen wichtigen
Grund befreit.

Weiterhin haben die Bürger das Recht der Teilnahme an den **Gemeindewahlen** und
in manchen Bundesländern zusätzlich ein **Mitberatungsrecht** in Bürgerversammlun-
gen, teils auch ein Recht zu Bürgerinitiativen oder ein Bürgerantragsrecht sowie ein
Recht zur Stimmabgabe bei **Bürgerbegehren** und Bürgerentscheiden.

Schließlich kann Bürgern zuweilen eine Ehrenbezeichnung verliehen werden, wenn
sie eine gewisse Zeit lang im Repräsentationsorgan gewirkt haben oder ehrenamtlich
tätig gewesen sind.

Den Status als „Einwohner" erlangt eine Person dadurch, daß sie im öffentlich- **141**
rechtlichen Sinne in einer Gemeinde wohnt oder sich ständig aufhält. Einwohner —
und nicht Bürger — sind demnach Kinder, Ausländer, Staatenlose und sonstige
Nichtwahlberechtigte (vgl. hierzu die wahlrechtlichen Bestimmungen in den Ge
meindeordnungen oder Kommunalwahlgesetzen). Die Berechtigung zur Benutzung
der öffentlichen Einrichtungen der Gemeinde und die Verpflichtung, die **Gemeinde-**

---

140 Vgl. die einschlägigen Kommunalwahlgesetze.
141 So *Ossenbühl* Handbuch 1, S. 378.
142 § 12 Abs. 1 Satz 2 BW GO; § 13 Abs. 2 Satz 3 RhPf GO.

last zu tragen, gilt sowohl für Bürger und Einwohner. Auch die „Hilfe bei Verwaltungsangelegenheiten" wird allen Einwohnern gegenüber gewährt[143].

142   Die Gemeindeordnung kennt noch eine weitere Gruppe, nämlich diejenigen Personen, die Grundbesitz in der Gemeinde haben oder in der Gemeinde ein Gewerbe betreiben, gleichwohl aber ihren Wohnsitz nicht in der Gemeinde haben; sie sind ebenso wie die Einwohner berechtigt, die öffentlichen Einrichtungen zu benutzen — ausweislich des Wortlautes der Gemeindeordnungen aber nur insoweit, als diese Einrichtungen für die **Grundbesitzer** und **Gewerbebetreibende** (sog. Forensen) bestehen. Dementsprechend begrenzt ist für diese Personenkreise auch ihre Pflicht, zu den Gemeindelasten beizutragen. Nicht zu diesen Gruppen gehören die sogenannten Pendler, also die Arbeitnehmer, die im Gebiet der Gemeinde beschäftigt sind, aber nicht dort wohnen.

143   Für juristische Personen gelten die Vorschriften über die Rechte und Pflichten der Einwohner sowie der Grundbesitzer und Gewerbebetreibenden entsprechend.

144   In eine besondere Beziehung zu der Gemeinde können schließlich noch beliebig andere Personen treten, wenn sie sich um die Gemeinde besonders verdient gemacht haben und ihnen das **Ehrenbürgerrecht** verliehen wird. An Ausländer kann das Ehrenbürgerrecht nur mit Genehmigung der obersten Kommunalaufsichtsbehörde verliehen werden[144].

2. Rechte der Gemeindebewohner

a) Anspruch auf Benutzung der öffentlichen Einrichtungen

145   Die Einwohner der Gemeinde sind — im Rahmen der bestehenden Vorschriften — berechtigt, die öffentlichen Einrichtungen der Gemeinde zu benutzen. Zuweilen wird dieses Recht „jedermann" eingeräumt insoweit, als die Einrichtungen dem Gemeingebrauch dienen[145].

146   aa) **Begriff der öffentlichen Einrichtungen:** Mit dem Begriff der öffentlichen Einrichtungen wird eine Vielzahl im einzelnen recht heterogener Erscheinungen erfaßt: Betriebe, Unternehmen, Anstalten und sonstige Leistungsapparaturen von tatsächlich und rechtlich unterschiedlicher Konstruktion. Gemeinsam ist diesen Einrichtungen lediglich, daß sie dem wirtschaftlichen, sozialen und kulturellen Wohl der Einwohner dienen sollen, also zum Zwecke der **„Daseinsvorsorge** und **Daseinsfürsorge"** errichtet und unterhalten werden. Beispiele hierfür sind: Versorgungs- und Verkehrsbetriebe, Schulen, Bäder, Theaterunternehmen, Museen, Bibliotheken, Märkte, Friedhöfe, Krankenhäuser, Jugend-, Alters- und Pflegeheime, Sportanlagen, Stadt- und Kongreßhallen, Schlachthöfe.

---

143 Vgl. § 22 b Nds GO.
144 § 30 Abs. 1 Satz 2 Nds GO.
145 Art. 21 Abs. 4 Bay GO.

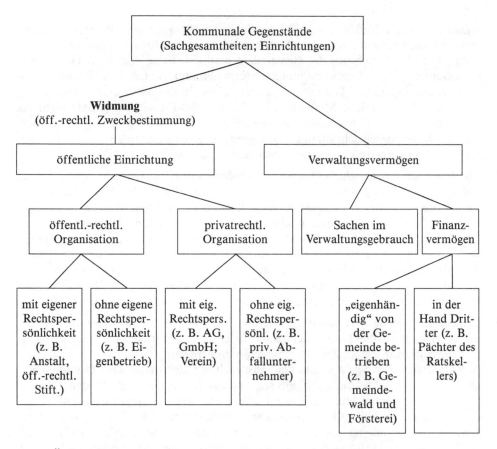

Überblick über die Gegenstände und Einrichtungen der Kommunalverwaltung

In welcher **Rechtsform** eine derartige Einrichtung errichtet und betrieben wird, ist **147** **nicht wesentlich** für ihre Qualifikation als „öffentliche Einrichtung". Das bedeutet, daß zu den öffentlichen Einrichtungen nicht nur die öffentlich-rechtlich verfaßten Einrichtungen der Gemeinde zählen (z. B. die sogenannten Regiebetriebe, Eigenbetriebe oder öffentlich-rechtlichen Anstalten), sondern auch die Einrichtungen, die privat-rechtlicher Natur sind (z. B. Aktiengesellschaft, GmbH oder eingetragener Verein). Nach der wohl überwiegenden Meinung hat die Gemeinde eine **Wahlfreiheit** bei der Frage, ob sie eine öffentliche Einrichtung in den Formen des öffentlichen Rechts oder des Privatrechts betreiben will[146].

Die „Öffentlichkeit" einer **kommunalen Einrichtung** wird durch die **Widmung** be- **148** wirkt; dadurch wird zugleich die **Zweckbestimmung** der Einrichtung (**Widmungs-zweck**) festgelegt. Dies kann in Form einer Gemeindesatzung oder eines Beschlus-ses des Repräsentationsorganes geschehen; es kann sich aber auch aus den Um-

---

146 BGH NJW 1975, S. 106 ff. m. w. N.; *Frotscher,* Die Ausgestaltung kommunaler Benutzungsverhältnisse bei Ausschluß- und Benutzungszwang, 1974, S. 10.

ständen des Einzelfalles ergeben[147]. Schließlich kann auch eine Vermutung dafür sprechen, daß eine der Allgemeinheit tatsächlich zur Verfügung stehende Einrichtung „öffentlich" im Sinne des Gemeinderechts ist[148]. Eine — u. U. auch teilweise — Beseitigung der Zweckbestimmung (**Entwidmung**) ist möglich. Zulässig sind auch Änderungen des Widmungszweckes (**„Umwidmungen"**) einer öffentlichen Einrichtung; eine solche Maßnahme (z. B. eine Teil-Entwidmung) darf nicht als gleichheitswidrige Manipulation funktionieren; insbesondere müssen vor einer derartigen Widmungseinschränkung vorliegende Benutzungsanträge noch nach den bisherigen Benutzungsgrundsätzen entschieden werden[149].

Ein Anspruch des einzelnen Gemeindeangehörigen auf Aufrechterhalten bisheriger (oder auf Schaffung neuer), von ihm für „erforderlich" gehaltenen öffentlichen Einrichtung besteht im Aufgabenbereich der freiwilligen Selbstverwaltungsaufgaben nicht[150]; hinsichtlich der Einrichtungen zur Erfüllung von Pflichtaufgaben soll der Verpflichtung der Gemeinde ein entsprechender Anspruch korrespondieren[151]. Gegenstände, Sachgesamtheiten, Einrichtungen, die nicht durch Widmung der öffentlichen Zweckbestimmung zugeführt worden sind, befinden sich im sog. Verwaltungsvermögen; es handelt sich dabei um **Sachen im Verwaltungsgebrauch** oder **Finanzvermögen**, hinsichtlich derer ein **Anspruch auf Benutzng nicht** besteht.

149   bb) **Die Benutzung öffentlicher Einrichtungen:** Nach heutzutage ganz herrschender Ansicht wird die Inanspruchnahme öffentlicher Einrichtungen der Gemeinde[152] gleichsam in einem Zweistufen-Verfahren geregelt:
Auf der ersten Stufe geht es um den Anspruch auf **Benutzung dem Grunde nach,** nämlich um den Anspruch auf die sog. **Zulassung** zu der betreffenden Einrichtung; auf der zweiten Stufe geht es um eine Reihe weiterer Regelungen, mit denen das Benutzungsverhältnis im einzelnen ausgestaltet wird (z. B. Bemessung des Entgelts für die Benutzung, Ordnungsbefugnisse, insb. „Hausrecht" im Hinblick auf die Einrichtung, Haftung bei Schädigungen infolge der Benutzung) — insoweit handelt es sich also um die Regelung der Benutzung im ursprünglichen Wortsinn, man könnte auch sagen, um die **Benutzung im engeren Sinn.** Die Rechtsprobleme der Benutzung kommunaler öffentlicher Einrichtungen betreffen beide Stufen.

Die Notwendigkeit eines derartigen Zweistufen-Modells beruht letztlich auf der Wahlfreiheit der Gemeinde hinsichtlich der Rechtsformen, in denen sie ihre öffentlichen Einrichtungen — nämlich öffentlich-rechtliche oder privatrechtliche Organisationsformen — betreiben will:

Dort, wo die Gemeinde durchweg eine **öffentlich-rechtliche Organisationsform** ihrer öffentlichen Einrichtungen gewählt hat (Anstalt, Eigenbetrieb, Regelung der Benutzung durch Satzung), wirft die Frage der Qualifizierung der Zulassung und

---

147 Vgl. BW VGH BWVPr 1979, S. 133 ff., 134.
148 Vgl. NW OVG OVGE 24, S. 175 ff.; NJW 1976, S. 820 ff., 821.
149 BVerfGE 31, S. 368 ff., = DÖV 1969, S. 430 ff., 431.
150 BGH DVBl. 1970, S. 145 ff.; BW VGH JZ 1973, S. 165 ff.
151 Bay VGH NJW 1969, S. 1078 f., str., vgl. *Pappermann,* Öffentliche Einrichtungen nach nordrhein-
    westfälischem Gemeinderecht, VwR 1981, S. 84 ff., 85.
152 „Benutzung" i. S. d. einschlägigen Bestimmungen, z. B. § 18 Abs. 2 NW GO; Art. 21 Abs. 1 Bay
    GO.

Benutzung (i.e.S.) **keine grundsätzlichen Probleme** auf; denn in diesem Fall sind beide Aspekte der (u. U. erst begehrten) Inanspruchnahme dem öffentlichen Recht mit allen seinen spezifischen Bindungen zuzuordnen; insbesondere wird der kommunalrechtliche Anspruch auf Benutzung in keiner Weise relativiert.

Etwas anderes könnte dann gelten, wenn die Gemeinde — an sich zulässigerweise — die Benutzung ihrer öffentlichen Einrichtung durchweg in **privatrechtlichen Formen** regelt (z. B. Wasserversorgung oder Theaterveranstaltungen durch eine GmbH, Benutzungsverträge). In diesen Fällen stellt sich die Frage, ob — und inwieweit — die Gemeinde durch die Wahl der Rechtsform für Einrichtung und Betrieb ihrer öffentlichen Einrichtung den (öffentlich-kommunalrechtlichen) Anspruch des Bürgers auf Benutzung relativieren kann. Hier entfaltet die Zweistufen-Lehre ihre Wirkung: Der **Anspruch auf Zulassung** zu der öffentlichen Einrichtung, die Frage des „Ob" der Benutzung, gehört auch dann dem **öffentlichen Recht** an, wenn das Benutzungsverhältnis selbst („i.e.S.") — also die Frage des „Wie" der Benutzung, nicht öffentlich-rechtlich, sondern privatrechtlich geregelt ist[153].

Demnach erfolgt die Zulassung dort, wo eine entsprechende Einzelfall-Regelung seitens der Gemeinde erforderlich ist, durch einen Verwaltungsakt[154].

Die Zweistufen-Lehre besagt demnach weiterhin, daß der Gemeinde letztlich unterschiedliche Rechtsformen (i.e.S.) zur Verfügung stehen; dabei ist allerdings folgende Kombination von Rechtsformen zu wählen: Betreibt die Gemeinde die öffentliche Einrichtung in öffentlich-rechtlicher Organisationsform (z. B. Regiebetrieb oder Eigenbetrieb), dann kann sie entweder auch die „Benutzung", also die **Leistungsgewährung** öffentlich-rechtlich und damit einseitig regeln. Sie kann sich insoweit jedoch auch bürgerlich-rechtlicher Handlungsformen bedienen (z. B. Miet-, Werkvertrag oder gemischter Vertrag).

Betreibt die Gemeinde die öffentliche Einrichtung (im Sinne des Kommunalrechts) hingegen in privatrechtlicher Organisationsform (z. B. GmbH, AG, e.V.), dann muß auch das Benutzungsverhältnis zivilrechtlich abgewickelt werden. Die Zulassung ist bei dieser Konstellation der einzige „rein" öffentlich-rechtliche „Bestandteil" des komplexen Nutzungsverhältnisses.

Dieses Zweistufen-Modell hat vielfach Kritik erfahren[155]. Als Alternative zu der herrschenden dualistischen Doktrin ist die „Theorie" der einheitlichen Deutung der Leistungsabwicklung entwickelt worden. Danach ist die Erbringung von Leistungen durch öffentliche Einrichtungen der Gemeinde durchgehend nach öffentlich-rechtlichen Maßstäben zu beurteilen; eine besondere Rolle spielt hierbei die Möglichkeit, öffentlich-rechtliche Verträge abzuschließen (vgl. hierzu § 57 VwVfG); konstruierbar ist auch ein durch konkludente Zulassung zustande gekommenes verwaltungsrechtliches Schuldverhältnis. Gegen diese Alternative eines

150

---

153 OVG Münster NJW 1969, S. 1077 f. — betr. städtisches Theater; anders die ältere Rechtsprechung, z. B. RGZ 133, S. 388 ff., wo die Versagung der Zulassung eines Theaterkritikers zu einem städtischen Theater rein bürgerlich-rechtlich beurteilt worden ist.

154 „Privatrechtsgestaltender Verwaltungsakt" — Badura, JuS 1966, S. 17 ff., 19, oder: „Verwaltungsakt mit nachfolgendem Kontrahierungszwang" — OVG Münster E 24, S. 175 ff.

155 Vgl. *Ossenbühl* DVBl. 1973, S. 289 ff.

„öffentlich-rechtlichen Einheitsmodells" spricht allerdings die tatsächlich vorzufindende und rechtlich als solche nicht zu beanstandende Typenvielfalt öffentlicher Einrichtungen[156].

151   cc) **Der Anspruch auf Zulassung:** Eine Reihe von gerichtlichen Entscheidungen befaßt sich mit Fragen des Zuganges zu öffentlichen Einrichtungen, insbesondere mit dem **Kreis der Anspruchsberechtigten** sowie den rechtlichen und den natürlichen, tatsächlichen Grenzen dieses Anspruchs.

(1) Ausweislich des Wortlauts der jeweiligen kommunalrechtlichen Anspruchsgrundlage sind zunächst die **Einwohner**[157] sowie — gegenständlich beschränkt — die Nicht-Einwohner, die im Gemeindegebiet ein Grundstück besitzen oder einen Gewerbebetrieb unterhalten („Forensen"); die Nicht-Einwohner haben demnach grundsätzlich kein Nutzungsrecht. Das ist vor allem deshalb bedenklich, weil — wie bereits oben angedeutet[158] — eine Reihe von Einrichtungen von vornherein so konzipiert und auch durch landesrechtliche Finanzzuweisungen gefördert werden, daß sie über das Gebiet ihrer Standort-Gemeinde hinauswirken sollen. Spezialgesetzliche Anspruchsgrundlagen bieten insofern nur einen teilweisen Ersatz[159].

Angesichts des **„zentralörtlichen Gliederungsprinzips"** bedarf es einer Erweiterung des **Zulassungsanspruchs** auf die Personen, die im **Einzugsbereich** einer öffentlichen Einrichtung ihren Wohnsitz haben[160]. Dem kann auch nicht entgegengehalten werden, daß der Anspruch auf Benutzung der öffentlichen Einrichtungen der Gemeinde mit der Verpflichtung zur Tragung der Gemeindelasten korrespondiert; jedenfalls ist dieses Argument insoweit nicht überzeugend, als die Einrichtung nach dem Kostendeckungsprinzip arbeiten kann — wenn also die Leistungen durch die **Benutzungsgebühren** und -entgelte ausgeglichen werden. Soweit dieses faktisch nicht möglich ist (z. B. bei öffentlichen Theatern oder Schwimmbädern), muß dieses Problem im Rahmen des übergemeindlichen **Finanzausgleichs** gelöst werden.

152   (2) Hinsichtlich der öffentlichen Einrichtungen im **Gemeindegebrauch** ist **jedermann** zur Benutzung berechtigt, also auch Nicht-Einwohner[161]; dem Gemeingebrauch unterliegen jedoch nur öffentliche Straßen, und zwar hier Gemeindestraßen und oberirdische Gewässer; er ist seinem Wesen nach unentgeltlich; weiterhin sind subjektive Nutzungsbeschränkungen, die als Zulassungsvoraussetzungen wirken könnten, nicht zu rechtfertigen.

153   (3) Auch **juristischen Personen** und **Personenvereinigungen** sind in der gleichen Weise wie natürliche Personen anspruchsberechtigt.

Probleme ergeben sich für Personenvereinigungen (oder juristische Personen), die ihren Sitz nicht im Gebiet der Gemeinde haben. Das hat praktische Bedeutung beispielsweise für die Frage der Benutzung von Stadthallen durch **Parteien** zum Zwek-

---

156 Vgl. *Schmidt-Aßmann,* S. 164 f.
157 Rechtsanspruch, nicht lediglich Anspruch auf ermessensfehlerfreie Entscheidung: Bay VGH NJW 1969, S. 1078 f.
158 S. o. B. III. 1 a. E.
159 z. B. § 6 EnergWG, § 22 PersBefG, § 9 NW SchulVwG usw.
160 *Pagenkopf,* Bd. 1, S. 145.
161 So ausdrücklich Art. 21 Abs. 4 Bay GO.

ke der Veranstaltung von Parteitagen oder Wahlkampfversammlungen, wenn diese Partei in der Gemeinde keinen Ortsverband hat[162]. In diesen Fällen kann ein Benutzungsanspruch nur aus § 5 Abs. 1 (Bundes-)Parteiengesetz abgeleitet werden[163].

Hierzu sind eine Reihe von Entscheidungen ergangen[164].

(4) Auch die **Bewerber für Standplätze auf Volksfesten** u. ä. sind häufig nicht Gemeindeangehörige oder haben eine gewerbliche **Niederlassung im Gemeindegebiet.** Unter dieser letztgenannten Voraussetzung hätten sie den gleichen Anspruch auf Zulassung wie die Gemeindeeinwohner[165].

Im übrigen hängt der **Anspruch auswärtiger Schausteller** zunächst davon ab, ob es sich um eine **festgesetzte Veranstaltung** i.S.d. § 69 Abs. 2 i.V.m. § 60 b Abs. 2 GewO handelt. Ist diese Voraussetzung gegeben, so ist jedermann, der zum **Teilnehmerkreis** der festgesetzten Veranstaltung — z. B. einem „Volksfest" gem. § 60 b Abs. 1 GewO — gehört, nach Maßgabe der für alle Teilnehmer geltenden Bestimmungen zur Teilnahme berechtigt, § 70 Abs. 1 GewO — Grundsatz der **Marktfreiheit**[166].

Handelt es sich nicht um eine gewerberechtlich „festgesetzte" Veranstaltung (z. B. das Münchener „Oktoberfest"), so bestimmt sich der Anspruch nach den kommunalrechtlichen Vorschriften i. V. m. den allgemeinen öffentlich-rechtlichen Rechtskriterien[167]; in der Sache handelt es sich dabei um dieselben Maßstäbe, die für festgesetzte Veranstaltungen gesetzlich festgelegt sind, insbesondere durch § 70 Abs. 2 und 3 GewO: Die **Auswahl** des Veranstalters unter den Bewerbern hat nach **sachlich gerechtfertigten Gründen** zu erfolgen unter Beachtung des **Gleichheitssatzes.**

dd) Bei der **Ausgestaltung der Benutzung (i. e. S.)** stellt sich angesichts der diesbezüglichen Wahlfreiheit der Gemeinde[168] zunächst die Frage, ob das „**Benutzungsverhältnis**" öffentlich-rechtlich oder privatrechtlich geregelt worden ist. In Zweifelsfällen ist auf gewisse äußere Anzeichen (**Indizien**) zurückzugreifen; so spricht die Erhebung von „Gebühren" (anstelle eines privatrechtlich geschuldeten „Nutzungsentgelts") sowie die Androhung oder der Einsatz öffentlich-rechtlicher Zwangsmittel im Falle der Nichtbefolgung der Verpflichtungen aus dem Nutzungsverhältnis für ein öffentlich-rechtliches Benutzungsverhältnis. Im Falle eines privatrechtlichen Benutzungsverhältnisses stehen der Gemeinde jedoch nur die privaten Rechtsformen, **nicht** sämtliche aus der **Privatautonomie** ableitbaren Gestal-

154

---

162 Vgl. *Pappermann* JZ 1966, S. 485 ff.

163 *Ossenbühl* DVBl. 1973, S. 289 ff., 296.

164 Z. B. BVerwGE 31, S. 368 ff. — Zur Vergabe von Räumen einer Gemeinde an eine politische Partei für eine öffentliche Parteiveranstaltung; BVerwGE 47, S. 280 ff. — Wahlsichtwerbung auf Plakatwänden; BW VGH DÖV 1980, S. 105 — Benutzung öffentlicher Einrichtungen durch nicht im Gemeinderat vertretene politische Parteien außerhalb von Wahlkampfzeiten; — BW VGH NVwZ 1985, S. 679 f. — Zur Neutralitätspflicht der Gemeinde bei der Überlassung von kommunalen Räumen im Wahlkampf.

165 Z. B. gem. § 18 Abs. 3 NW GO, Art. 21 Abs. 2 Bay GO.

166 Vgl. hierzu OVG Lüneburg, NVwZ 1983, S. 49 ff.

167 Bay VGH NVwZ 1982, S. 120 ff., 121 — Oktoberfest.

168 Vgl. oben, Rdnr. 149.

tungsmöglichkeiten offen; es gilt für sie das sog. **Verwaltungsprivatrecht**[169]; so ist beispielsweise eine Straßenbahn-AG, deren Anteile der Gemeinde gehören, unmittelbar an Art. 3 Abs. 1 GG gebunden[170].

Im **Zweifelsfall** soll eine **Vermutung** für eine öffentlich-rechtliche Organisationsform sowie für ein **öffentlich-rechtliches Benutzungsverhältnis** sprechen[171].

Bei der Regelung des Benutzungsverhältnisses im einzelnen wird den — zumeist wohl als kommunale Satzungsgeber tätig werdenden — Gemeinden ein weiterer Gestaltungspielraum zuerkannt; solange der grundsätzliche Zulassungsanspruch erhalten bleibt, soll die Gemeinde die ihr zweckmäßig erscheinenden Regelungen treffen können, solange sie sich im **Rahmen des Einrichtungszweckes** hält und die **Grundrechte** aller Beteiligten beachtet; u. U. auftretende grundrechtliche Spannungslagen müssen sachgerecht gelöst werden[172].

155 ee) **Grenzen** des Anspruchs auf Benutzung können sich aus rechtlichen sowie aus tatsächlichen Gründen ergeben.

(1) Der gleichsam äußere **rechtliche Rahmen** des Benutzungsanspruches ergibt sich aus der **Widmung.** Die darin vorgenommene Zweckbestimmung enthält zugleich **auch** eine **rechtsverbindliche Begrenzung** der zulässigen Inanspruchnahme einer öffentlichen Einrichtung; daraus ergeben sich Grenzen sowohl im Hinblick auf die Benutzung (i. e. S.)[173] als auch hinsichtlich des Anspruchs auf Zulassung. Beispielweise kann die Gemeinde die Benutzung eines Wiesengeländes auf Erholungszwecke oder auf nach Art, Zahl und Größe bestimmte Veranstaltungen beschränken[174].

(2) Häufig ergibt sich eine **tatsächliche Grenze** des Anspruchs auf Benutzung angesichts der **begrenzten Kapazität** einer öffentlichen Einrichtung der Gemeinde. Hier gilt zunächst der — für festgesetzte Veranstaltungen normierte[175] — Grundsatz, daß einzelne Interessenten (z. B. Besucher, Aussteller, Bewerber) von der Benutzung ausgeschlossen werden können, wenn z. B. der zur Verfügung stehende Platz nicht ausreicht; allerdings muß ein derartiger Ausschluß auf **sachlichen Gründen** beruhen[176].

Hierzu hat die Rechtsprechung im Hinblick auf den Anspruch von Volksfest- und Jahrmarktsbeschickern eine Reihe von Gesichtspunkten als zulässige Auswahlkriterien anerkannt: Maßgeblich darf sein die **Zuverlässigkeit** (i.S. „erprobter Eig-

---

169 Vgl. *Wolff/Bachof,* Verwaltungsrecht I 9. Aufl. 1974, § 23 II b, S. 108 ff.
170 Vgl. BGHZ 52, S. 325 ff. — Vergünstigung für Schüler bei der Tarifgestaltung.
171 BW VGH NJW 1979, S. 1900 ff. — Bademützen; OVG Münster OVGE 24, S. 175 ff., 179 f. — städtisches Theater; *Schulze-Osterloh* JuS 1979, S. 826 m. w. N. in Fn. 7.
172 Bay VGH NJW 1985, S. 1663 f. — Benutzungsvorschriften für kommunale Archive; vgl. auch BVerfG B. v. 5. 4. 79 — 1 BvR 1021/76 — EuGRZ 1979, S. 298 — Verbot der Verteilung von Flugblättern in gemeindlichen Marktordnungen.
173 Vgl. oben, Rdnr. 149.
174 OVG Münster E 33, S. 270 ff. — UZ-Pressefest der DKP auf den Rheinwiesen; OVG Münster NJW 1980, S. 901 — Zum Ausschluß politischer Parteien von der Benutzung eines Schulhofs zu außerschulischen Veranstaltungen.
175 S. o. Rdnr. 154 a. E.
176 Vgl. § 70 Abs. 3 GewO.

nung") sowie die **Attraktivität eines Schaustellerbetriebes** (im Hinblick auf die gewünschte Ausgewogenheit eines Volksfestangebotes[177]; vor allem ist der **Bekanntheits- und Bewährungsgrad** als Kriterium anerkannt worden, das das aus dem Gleichheitssatz fließende Gebot einer „Orientierung an materiell-inhaltlicher Gerechtigkeit" wahrt[178]. Auch das **Prioritätsprinzip** kann nicht von vornherein als ein sachwidriges Kriterium bewertet werden.

(3) der **Anspruch auf die Benutzung** einer öffentlichen Einrichtung **kann** — ganz oder teilweise — dann **entfallen,** wenn es sich um eine „gefahren- oder **schadensgeneigte Veranstaltung"** handelt, der Veranstalter keine angemessene Sicherheit (Kaution, Bürgschaft, Versicherung) für die zu erwartenden Schäden an der öffentlichen Einrichtung bieten kann und wenn es der Gemeinde unmöglich ist, diese Schäden auf andere Weise abzuwenden[179]. Beispiele: Popmusikveranstaltungen, bei denen es zur Demolierung von Einrichtungen kommt; Wahlkampfveranstaltungen, bei denen mit tätlichen Auseinandersetzungen durch das Auftreten militanter politischer Gegner zu rechnen ist.

(4) Das Recht auf Benutzung der kommunalen öffentlichen Einrichtungen enthält grundsätzlich **keinen Anspruch auf Fortführung** bisheriger Einrichtungen[180] oder auf die Errichtung neuer Einrichtungen; eine **Ausnahme** ist für die Fälle zu machen, in denen eine solche Einrichtung zum Schutz eines grundrechtlich erfaßten Freiheitsraumes unerläßlich ist[181], m.a.W., wenn die vom Bürger begehrte und der Behörde mögliche Leistung **zum Schutz des grundrechtlich gesicherten Freiheitsraumes unabdingbar** ist[182].

ff) Für die Inanspruchnahme der öffentlichen Einrichtungen, die nicht im Gemeindegebrauch stehen, können die Gemeinden ein (privatrechtliches) **Benutzungsentgelt, Vergütung** oder eine öffentlich-rechtliche **Gebühr**[183] erheben.   **156**

Eine Benutzungsgebühr kann nur von denjenigen Benutzern erhoben werden, die die gemeindliche Einrichtung aufgrund öffentlichen Rechts benutzen[184]; sie kann außerdem nur für eine solche Inanspruchnahme einer öffentlichen Einrichtung erhoben werden, die dem Zweck der Einrichtung entspricht[185].

Bei der Bemessung der Benutzungsgebühr dürfen die Gemeinden nicht zwischen Einwohnern und Nicht-Gemeindeangehörigen differenzieren[186].

gg) Für **mangelhafte Leistungen** ihrer öffentlichen Einrichtungen, insbesondere bei   **157** **Schädigungen** anläßlich der Inanspruchnahme der Einrichtungen, haftet die Gemeinde. Art und Umfang der **Haftung der Gemeinde** richtet sich grundsätzlich

---

177 OVG Lüneburg NVwZ 1983, S. 49 ff., 50.
178 Bay VGH BayVBl. 1980, S. 403 f. — Augsburger Plärrer — sowie NVwZ 1982, S. 120 ff. — Münchener Oktoberfest; BVerwG DÖV 1982, S. 82 f. = NVwZ 1982, S. 194 f. — Augsburger Plärrer.
179 BVerwGE 32, S. 333 f., 337.
180 Hess VGH NJW 1979, S. 886 ff. — Kindertagesstätten mit kollegialer Arbeitsform.
181 Vgl. BVerfGE 35, S. 79 ff., 114 ff.
182 Vgl. BayVGH Bay VBl. 1983, S. 374 m. w. N.
183 Vgl. unten, Rdnr. 162, 217.
184 OVG Münster E 14, S. 81 ff. LS 1.
185 OVG Münster DÖV 1980, S. 843 f.
186 Vgl. OVG Münster NJW 1979, S. 565 ff. — Friedhofsgebühren.

nach der Natur der Rechtsbeziehungen zum geschädigten Benutzer; angesichts der Wahlfreiheit der Gemeinde kommen öffentlich-rechtliche und privatrechtliche Anspruchsgrundlagen in Betracht.

(1) Soweit das Benutzungsverhältnis (einschließlich der Zulassung) nach **öffentlichem Recht** zu beurteilen ist, die Gemeinde als **hoheitlich** tätig wird, haftet sie nach den Grundsätzen der **Amtshaftung** (Art. 34 GG i. V. m. § 836 BGB). Eine **Beschränkung dieser Haftung durch eine entsprechende Regelung in einer kommunalen Satzung** ist **nicht möglich,** da es insoweit an einer ausdrücklichen gesetzlichen Ermächtigung fehlt[187].

Zu bemerken ist weiterhin, daß die Verletzung der **Verkehrssicherungspflicht** nach **Privatrecht** zu beurteilen ist; das gilt auch für die öffentlichen Einrichtungen, die von der Gemeinde in Erfüllung der ihr obliegenden Aufgabe der Daseinsvorsorge geschaffen worden und der Öffentlichkeit zur Verfügung gestellt worden sind[188]. **Denkbar** ist jedoch, daß die Gemeinde die Verkehrssicherungspflicht ausdrücklich **zur hoheitlichen Aufgabe erklärt**[189], so wie es sich der (Landes-)Gesetzgeber hinsichtlich der Verkehrssicherungspflicht auf den Straßen getan hat[190].

(2) Ist das **Nutzungsverhältnis** nach **Privatrecht** zu beurteilen, so bestimmt sich die **gesetzliche Haftung** der Gemeinde nach § 823, und zwar für leitende Bedienstete i. V. m. §§ 31, 89 BGB, für die übrigen Bediensteten nach § 831 BGB. Unterschiede bestehen hinsichtlich der **Eigenhaftung der Bediensteten** insoweit, als Beamte gem. § 839 BGB, Angestellte und Arbeiter gem. § 823 BGB haften; Die Subsidiaritätsklausel des § 839 Abs. 1 S. 2 BGB kommt im privatrechtlichen Bereich dem Beamten selbst zugute[191]; für Arbeiter und Angestellte besteht eine subsidiäre Haftung nicht.

Der **Umfang** dieser Haftung bestimmt sich nach den allgemeinen Grundsätzen: Gemäß § 823 i.V.m. §§ 31, 89 BGB ist die Gemeinde z. B. auch verantwortlich, wenn die Schädigung auf einem **Organisationsmangel** (Organisationsverschulden) beruht[192]. Das **Maß der** von der Gemeinde zu beachtenden **Sorgfalt** im Hinblick auf die Verhütung von Schäden ergibt sich weiterhin auch aus dem **Zweck der Einrichtung**[193].

Bei einer Benutzung der Einrichtung auf der Grundlage eines privatrechtlichen Vertrages kommt eine (privatrechtliche) Vertragshaftung in Frage; dann haftet die Gemeinde auch für das Verhalten ihrer **Erfüllungsgehilfen** (§§ 276, 278 BGB) sowie für Organisationsverschulden nach den Grundsätzen der sog. **positiven** Forderungs-**(Vertragsverletzung)**[194].

---

187 BGHZ 61, S. 7 ff. LS 2 — kommunaler Schlachthof; a. A. *Rüfner,* DÖV 1973, S. 808 ff., der eine Beschränkung der Amtshaftung auch durch Satzung in gewissen Grenzen für zulässig erachtet; ebenso: Bay VGH DVBl. 1985, S. 407 ff.

188 BGH st. Rspr., vgl. BGHZ 60, S. 54 ff.; 66, S. 398 ff.; a. A. die h. M. im Schrifttum, vgl. für alle *Wolff/Bachof,* Verwaltungsrecht I § 57 V.

189 z. B. im Fall BGHZ 61, S. 7 ff.

190 z. B. § 10 Abs. 1 Nds StrG; Art. 72 Bay StrWG.

191 Vgl. BGHZ 89, S. 263 ff., 273 f. — Behandlung von Privatpatienten durch beamteten Arzt.

192 OLG Karlsruhe, NJW 1975, S. 597 ff.

193 Vgl. im einzelnen BGH DVBl. 1978, S. 707 ff., 708 — Zur Verkehrssicherungspflicht von Gemeinden auf einen sog. Abenteuerspielplatz.

194 BGH NJW 1972, S. 2300 ff.

Weiterhin sehen die §§ 276 Abs. 2, 278 S. 2 BGB die Möglichkeit einer **Haftungs-milderung** vor, die sich auch auf die gesetzliche Haftung erstrecken kann[195]. Fraglich ist, ob die Gemeinde von der Möglichkeit eines derartigen Haftungsausschlusses uneingeschränkt Gebrauch machen kann. Zunächst gilt, daß derartige Haftungsmilderungen **(Freizeichnungsklauseln)** im Zweifel eng auszulegen sind[196]; im Zweifel fallen nur solche Schäden in die Haftungsmilderung, die trotz einer ordnungsgemäß eingerichteten und betriebenen Einrichtung aufgetreten sind[197]. Im übrigen sind nach der Rechtsprechung des BGH Haftungsmilderungen an §§ **138, 242 BGB** zu messen[198]. Im Schrifttum wird angesichts der zumeist faktischen **Monopolstellung** der Gemeinde gefordert, daß ein privatrechtlicher Haftungsausschluß nur bei leichter Fahrlässigkeit möglich sein soll[199]. Haftungsmilderungen in **Allgemeinen Geschäftsbedingungen** sind nach §§ 9, 11 Nr. 7 AGBG zu beurteilen; die frühere Rechtsprechung des BGH ist damit kodifiziert worden; die Zulässigkeit von Freizeichnungsklauseln ist weitgehend beschränkt[200].

(3) Das Leistungs- und Nutzungsverhältnis im Hinblick auf eine öffentliche Einrichtung der Gemeinde ist u. U. als sog. **verwaltungsrechtliches Schuldverhältnis** zu bewerten. Es handelt sich dabei um öffentlich-rechtliche **Sonderverbindungen**[201], hinsichtlich derer neben den allgemeinen öffentlich-rechtlichen Regelungen besondere Bestimmungen des **BGB-Schuldrechts entsprechend** angewendet werden, soweit schuldrechtsähnliche Pflichten begründet worden sind und die Eigenart des öffentlichen Rechts nicht entgegensteht[202]. Das betrifft insbesondere auch die Haftung; der BGH hat die Möglichkeit einer **vertragsähnlichen Haftung** anerkannt, die insoweit gebotene sinnvolle Anwendung der §§ 276, 278 BGB rechtfertigt es, auch die im vertraglichen Schuldverhältnis geltenden Grundsätze der Haftungsbeschränkung entsprechend anzuwenden[203].

(4) Angesichts der Wahlmöglichkeit der Gemeinde hinsichtlich der rechtlichen Ausgestaltung der Benutzung ihrer öffentlichen Einrichtungen ist auch die Frage der Rechtsgrundlage für die **Abwehr von Störungen** u. U. schwierig zu bestimmen. So kann z. B. ein **Hausverbot** sowohl auf privatrechtliche Besitz- und Eigentumsrechte (§§ 859 f., 903, 1004 BGB) als auch aus der öffentlichen Sachherrschaft (**Anstaltsgewalt")** ergeben. Die von der **Rechtsprechung** im Hinblick auf Besucher von Verwaltungsgebäuden vorgenommene Unterscheidung nach dem **Zweck des Besuches**[204] wird im Schrifttum ganz überwiegend abgelehnt[205]; die **Literatur** stellt stattdessen auf den **Zweck des Hausverbots** ab, nämlich die Sicherung der Erfüllung

---

195 *Palandt-Heinrichs,* 45. Aufl. 1986, 5 B.
196 St. Rspr., Nachw. bei *Palandt-Heinrichs,* a. a. O.
197 Vgl. BGHZ 54, S. 299 ff., 305.
198 BGHZ 22, S. 90 ff.; NJW 1971, S. 1036 ff.
199 *Schneider,* NJW 1962, S. 706 ff.; Zulegg, JuS 1973, S. 37 ff.; vgl. auch Rüfner, DÖV 1973, S. 811 ff.
200 Vgl. *Palandt-Heinrichs,* a. a. O, AGBG § 9 Anm. 6.
201 Vgl. BGHZ 21, S. 214 ff.; NJW 1963, S. 1828 ff.
202 St. Rspr., vgl. Nachweise bei *Palandt-Heinrichs,* a. a. O., § 276 BGB, Rdnr. 8a.
203 Vgl. im einzelnen BGHZ 61, S. 7 ff., 12 f. — Kommunaler Schlachthof.
204 Privatrechtlich beurteilt wurde die Tätigkeit des Fotografen im Standesamt — BGH Z 33, S. 230 ff. — und die Vergabe von Entwicklungs- und Forschungsaufträgen durch ein Bundesministerium — BVerwGE 35, S. 103 ff.
205 Z. B. *Ronellenfitsch,* Das Hausrecht der Behörden, Verw Arch Bd. 73, 1982, S. 465 ff., 469 ff.

öffentlicher Aufgaben, und beurteilt es durchweg als **öffentlich-rechtliche Angelegenheit**[206].

Die Ansicht des Schrifttums ist auch allgemein für die Frage der Abwehr von Störungen öffentlicher Einrichtungen insgesamt vorzugswürdig; vor allem muß das in den Fällen gelten, in denen ein Hausverbot zugleich die Zulassung zur öffentlichen Einrichtung (faktisch) verhindert; denn eine derartige Maßnahme ist nach öffentlichem Recht zu beurteilen[207].

(5) Für die Frage des **Rechtswegs** gilt zunächst, daß für den Anspruch auf **Zulassung** in jedem Fall — unabhängig von der Rechtsform der gemeindlichen Einrichtung — der Verwaltungsrechtsweg eröffnet ist[208].

Hinsichtlich des **Benutzungsverhältnisses** (i. e. S.) kommt es auf die konkrete Ausgestaltung im einzelnen an; die Frage der zuständigen Gerichtsbarkeit wird kontrovers beurteilt[209]. Umstritten ist insbesondere der Rechtsweg für Schadensersatzansprüche aus verwaltungsrechtlichem Schuldverhältnis[210].

Fraglich ist schließlich auch, welcher Rechtsweg für Klagen gegen Anordnungen von Bediensteten öffentlicher Einrichtungen in Ausübung ihres **Hausrechts** zur Wahrung und zum Schutz der Zweckbestimmung der jeweiligen Einrichtung gegeben ist[211].

Literatur:

Ossenbühl: Rechtliche Probleme der Zulassung zu öffentlichen Stadthallen, DVBl. 1973, S. 289 ff.; *Pappermann:* Prozessuale Fragen im Rechtsstreit politischer Parteien auf Überlassung gemeindlicher Räume, JZ 1969, S. 485 ff.; *Scholz:* Das Wesen und die Einrichtung der gemeindlichen öffentlichen Einrichtungen, 1967; *Knemeyer:* Die öffentlichen Einrichtungen der Gemeinden, 1973, *Hitzler:* Die Vergabe von Standplätzen auf Märkten und Volksfesten durch Gemeinden — Eine Frage des Verwaltungsrechts oder des Kartellrechts? Gew Arch 1981, S. 360 ff.

b) Petitions- und Beschwerderecht; Bürgerantrag

158 Als Elemente unmittelbarer Demokratie haben (nur) die Bürger in manchen Gemeindeordnungen die Möglichkeit, den **Gemeinderat** unmittelbar mit ihren Problemen zu befassen.

Das „jedermann" (also auch Einwohnern) zustehende **Petitionsrecht** gem. Art. 17 GG war auch im gemeindlichen Bereich niemals umstritten. Streitig war lediglich, ob Bürger und Einwohner sich unmittelbar an den Gemeinderat wenden dürften oder ob die Behandlung einer Petition als „Geschäft der laufenden Verwaltung" zu qualifizieren war und demnach dem „Hauptverwaltungsbeamten" (Bürgermeister oder Stadtdirektor) als „zuständige Stelle" i.S. des Art. 17 GG oblag. Die Lösung

---

206 Maurer, VwR, 4. Aufl. 1985, § 3, Rdnr. 24 m. w. N.
207 Vgl. oben, Rdnr. 149.
208 Str., vgl. *Kopp,* VwGO 7. Aufl. 1986, § 40 Rdnr. 16, 18 m. zahlreichen Nachw.
209 Nachweise bei *Kopp,* a. a. O., Rdnr. 17.
210 Vgl. einerseits BGH Z 59, S. 305 ff., andererseits *Kopp,* a. a. O., Rdnr. 72 m. w. N.
211 Nachw. bei *Kopp, a. a. O.,* Rdnr. 22, § 42 Anh. Rdnr. 24.

dieses Problems hängt davon ab, ob der Gemeinderat als „Volksvertretung" i.S. des Art. 17 GG angesehen werden kann[212].

In zahlreichen Gemeindeordnungen hat die Regelung des **„Bürgerantrags"** diese Frage nunmehr positiv-rechtlich beantwortet[213]. Allerdings sind die damit einge-räumten Berechtigungen der Bürger unterschiedlich weit geregelt worden:

Zumeist können die Bürger nur beantragen, daß der Rat bestimmte Angelegenheiten berät — und zwar nur Angelegenheiten für die der Rat zuständig ist; das sind nicht nur die gemeindlichen Selbstverwaltungsangelegenheiten, sondern auch die „Pflicht-aufgaben zur Erfüllung nach Weisung"[214].

Übungsfälle: *v. Mutius:* Grundfälle . . ., JuS 1978, S. 396 ff. (Fälle 28—31); Aufg. 6 der 1. jur. Staatsprüfung 1976/I, Bay VBl. 1979, S. 285, 317 ff.

3. Pflichten der Gemeindebewohner

a) Die Verpflichtung zur Tragung der Gemeindelasten

Die „Lasten", die zu tragen die Gemeindebewohner verpflichtet sind, lassen sich in **159** Dienst-, Sach- und Geldleistungspflichten unterteilen. Diese Verpflichtung wird in den Gemeindeordnungen in einem Atemzug mit ihrem Recht auf Benutzung der öf-fentlichen Einrichtungen der Gemeinde genannt; damit ist allerdings keine Gegen-seitigkeit von Rechten und Pflichten zum Ausdruck gebracht. Die „Lasten" der Ge-meinde umfassen den gesamten Aufwand, der zur Erfüllung der kommunalen Auf-gaben erforderlich ist.

aa) Dienst-, (Werk-) oder Sachleistungen: Zu diesen Pflichten zählen u. a. die (poli-tische) Verpflichtung zur ehrenamtlichen Tätigkeit, Verpflichtungen zum Dienst in der **Feuerwehr**[215] oder in **Nothilfeorganisationen.**

Zuweilen ermächtigen Gemeindeordnungen zu Satzungen, mit denen die Einwohner (oder die ihnen gleichgestellten Personenvereinigungen oder jur. Personen) zu soge-nannten **Hand- und Spanndiensten** herangezogen werden können[216]. Hiermit kann z. B. die Pflicht zur Gestellung von Fahrzeugen, Pferden, Futter, Material sowie zu persönlichen Arbeitsleistungen begründet werden; solche Dienste entsprechen der heutigen Zeit kaum noch und sind wohl nur noch in ländlichen Gebieten anzutref-fen. Als Überbleibsel eines solchen Handdienstes läßt sich die Pflicht des Grundei-gentümers zur Reinigung des Bürgersteiges auffassen[217].

bb) Geldleistungen: Die von der öffentlichen Hand geforderten **Geldleistungen** wer-**160** den meist als „öffentliche Abgaben" bezeichnet. Hierzu gehören die Steuern, die Beiträge und die Gebühren. Steuern sind einmalige oder laufende Geldleistungen,

---

212 Zustimmend OVG Münster DVBl. 1978, S. 895.
213 § 6 c NW GO.
214 Vgl. oben, Rdnr. 115 ff. sowie BVerwG NJW 1981, S. 700.
215 z. B. Art. 23 Abs. 1 Bay FwG.
216 § 10 Abs. 5 BW GO; Art. 24 Abs. 1 Bay GO; § 22 Hess GO.
217 Z. B. Art. 51 Abs. 4 Bay StrWG.

welche ohne bestimmte Gegenleistung von einer öffentlich-rechtlichen Körperschaft kraft eigener oder abgeleiteter Finanzhoheit allen auferlegt werden, bei denen der leistungspflichtbegründende Tatbestand zutrifft; sie dienen (vorzugsweise) der Erzielung von Einkünften[218].

Den Gemeinden fließen die **Grund-** und **Gewerbesteuern** zu, deren Höhe sie durch Festsetzung der Hebesätze beeinflussen können (Art. 106 Abs. 6 Satz 1 u. 2 GG). Praktisch handelt es sich hierbei um eine Art **„Sonderlast"** der Grundeigentümer und Gewerbebetreibenden in der Gemeinde, die damit gerechtfertigt werden kann, daß dieser Personenkreis auch in besonderem Maße durch Infrastruktur, Ausbau und Entwicklung der Gemeinde begünstigt wird.

Außerdem erhält die Gemeinde einen Anteil an dem (örtlichen) Aufkommen der **Einkommensteuer** (Art. 106 Abs. 5 GG). Schließlich werden — von Land zu Land verschieden — örtliche Verbrauchs- und Aufwandssteuern erhoben, z. B. Vergnügungssteuer, Getränkesteuer, Hundesteuer, Schankerlaubnissteuer. Den Gemeinden wird allgemein ein eigenes **„Steuererfindungsrecht"** zugesprochen; damit meint man die Befugnis zur Erhebung selbstentwickelter Steuern. Genau betrachtet bedarf es hierzu jedoch einer gesetzlichen Ermächtigung. Einschlägig sind auch für diese Frage die **Kommunalabgabengesetze der Länder.** Wie weit eine derartige Ermächtigung im konkreten Fall geht, ist unlängst im Hinblick auf die sog. „Zweitwohnungssteuer" diskutiert und entschieden worden[219].

161 **Beiträge** sind Geldleistungen, die zur Deckung des Aufwandes einer öffentlichen Einrichtung erhoben werden, und zwar von denjenigen, denen diese Einrichtung besondere Vorteile gewährt. Dabei ist es nicht erforderlich, daß diese Vorteile auch wirklich wahrgenommen werden; vielmehr genügt die Möglichkeit dazu[220].

Ermächtigungsgrundlagen für die Erhebung von Beiträgen im kommunalen Bereich ergeben sich wiederum aus den Kommunalabgabengesetzen. Daneben gibt es spezialgesetzliche Ermächtigungsgrundlagen.

Beispiele für Beiträge sind die **Erschließungsbeiträge** der Eigentümer von Hausgrundstücken zur Herstellung von Straßen (vgl. §§ 127 ff. BBauG); Wegebau- und Unterhaltungsbeiträge; Beiträge bevorteilter Grundeigentümer zum Ersatz des Aufwandes für die Herstellung, Erweiterung oder auch Verbesserung kommunaler öffentlicher Einrichtungen, wie beispielsweise von Bewässerungs- oder Entwässerungsanlagen; Kurförderungsabgaben der Fremdenverkehrsbetriebe und Kurtaxen der Kurgäste; neuerdings die Abgabe, die Ansiedlungswillige in einer Gemeinde zahlen müssen, um solche Aufwendungen mit abzudecken, die durch eine Neuordnung der Gemeinde- und Schulverhältnisse oder die Schaffung zusätzlicher sozialer Einrichtungen erforderlich werden[221].

162 Bei den **Gebühren** handelt es sich um Geldleistungen, denen eine konkrete (Gegen-) Leistung der Verwaltung gegenübersteht — sei es auf eigene Veranlassung des Geld-

---

218 Vgl. unten B. VI. 3., Rdnr. 219 ff.
219 Vgl. OVG Lüneburg DStR 1977, S. 320 ff.; BVerwG NJW 1980, S. 799 ff.; v. *Arnim,* Zweitwohnungsteuer u. Grundgesetz, 1981.
220 Vgl. BVerwGE 25, S. 149 ff.
221 Zur Rechtmäßigkeit einer sog. *Ansiedlungsgebühr* s. BVerwG E 44, S. 202 ff.

leistungspflichtigen oder sei es nur in dessen Interesse. Die bloße Möglichkeit der Inanspruchnahme der **Verwaltungsleistung** genügt demnach bei Gebühren nicht[222]. Auch insoweit sind die Kommunalabgabengesetze einschlägig. Die Höhe der Gebühr ist nach dem Verwaltungsaufwand zu bemessen, nach dem objektiven Wert der Leistung sowie nach dem wirtschaftlichen oder sonstigen Interesse der Empfänger, bei individueller Bemessung auch unter Berücksichtigung der wirtschaftlichen Verhältnisse des Pflichtigen.

Aus diesen Gesichtspunkten ergibt sich u. a. auch das sog. **Kostendeckungsprinzip,** wonach das Gebührenaufkommen den Verwaltungsaufwand abdecken soll und nicht überschreiten darf[223]. Dort, wo die Inanspruchnahme der kommunalen öffentlichen Einrichtungen privatrechtlich geregelt ist[224], werden anstelle der (öffentlich-rechtlichen) Benutzungsgebühren privatrechtliche Entgelte erhoben.

b) Anschluß- und Benutzungszwang

Die Gemeindeordnungen enthalten im Anschluß an die Normierung des Anspruchs   **163** auf Benutzung der öffentlichen Einrichtungen sowie der Pflicht, die Gemeindelast zu tragen, die Regelung des sog. **Anschluß- und Benutzungszwanges.** Danach können die Gemeinden **bei öffentlichem Bedürfnis** (oder: „dringendem" öffentlichem Bedürfnis) durch Satzung für die Grundstücke ihres Gebietes den Anschluß an Wasserleitung, Abwasserbeseitigung, Straßenreinigung und ähnliche der Volksgesundheit dienende Einrichtungen (Anschlußzwang) und die Benutzung dieser Einrichtungen sowie der Schlachthöfe (Benutzungszwang) vorschreiben[225]. Auch hierbei handelt es sich um gemeindliche Einrichtungen[226], deren Inanspruchnahme jedoch nicht dem Belieben der Gemeindeangehörigen überlassen ist.

Ihren Ursprung hat diese Regelung in gesundheits- und seuchenpolizeilichen Erwägungen; darauf deutet die generalklauselartige Ergänzung der Ermächtigung („. . . und ähnliche der Volksgesundheit dienende Einrichtungen . . .") hin. Hinzu kommt heutzutage die wirtschaftliche Erwägung, derzufolge derartig aufwendige Einrichtungen nur dann kostengünstig genutzt werden können, wenn alle in Frage kommenden Personen an diese Einrichtung angeschlossen werden können. Wie das gesetzliche Beispiel **„Schlachthöfe"** zeigt, ist ein **Benutzungszwang** auch ohne **Anschlußzwang** denkbar.

Wesensmäßig ist für den Anschluß- und Benutzungszwang ist, daß er sich auf die Grundstücke des Gemeindegebietes bezieht und von dort aus die Rechtsstellung von Gemeindeangehörigen regelt[227]. Soweit eine Gemeinde eine „der Volksgesundheit dienende Einrichtung" selbst betreibt und den Anschluß sowie die Benutzung zwangsweise vorschreibt, bedeutet dies zugleich ein Verbot an alle, sich auf diesem Gebiet (weiterhin) zu betätigen. Der Anschluß- und Benutzungszwang begründet in

---

222 Bay. VGH VwRspr. 10, S. 100 ff.
223 Vgl. unten B. VI. 1., Rdnr. 217.
224 Vgl. oben, Rndr. 149 ff.
225 z. B. § 19 NW GO; Art. 24 Abs. 1 Nr. 2 u. 3 Bay GO.
226 S. o. Rdnr. 146.
227 Vgl. RhPf OVG DÖV 1971, S. 278.

dem betreffenden Bereich demnach ein **Monopol** der Gemeinde; so würde beispielsweise die **Wasserversorgung** durch Private unzulässig werden mit der Einrichtung
einer öffentlichen, kommunalen Wasserversorgung und entsprechenden Satzungsbestimmungen über den zwangsweisen Anschluß und die Benutzung dieser Einrichtung.

164   aa) **Die Voraussetzungen für den Anschluß- und Benutzungszwang:** Nur bei (dringendem) öffentlichen Bedürfnis („. . . aus Gründen des **öffentliches Wohles** . . .")[228]. Ist
der Anschluß- und (oder) Benutzungszwang zulässig. Einerseits ist der Schutz besonders wichtiger **Gemeinschaftsgüter** erforderlich; andererseits braucht eine Gefahr im
polizeilichen Sinne nicht vorzuliegen; es reicht die Abwehr erheblicher Nachteile aus.
Fraglich ist, ob wirtschaftliche Gesichtspunkte, insbesondere die bessere Auslastung
einer gemeindlichen Einrichtung für einen solchen Zwangs ausreichen[229].

Streitig ist, ob „das (dringende) öffentliche Bedürfnis" als ein unbestimmter Rechtsbegriff zu qualifizieren ist — mit der Folge, daß insoweit eine uneingeschränkte gerichtliche Überprüfung zulässig ist[230], oder ob hiermit dem Satzungsgeber ein Entscheidungsspielraum eingeräumt werden sollte. Der letzteren Meinung neigt das
OVG Münster zu[231]; im Schrifttum wird für diesen Fall ebenfalls ein „Einschät-
zungs-Spielraum"[232] angenommen, oder es wird der Gemeinde ein Beurteilungsspielraum eingeräumt[233]; schließlich wird auch darauf hingewiesen, daß die Kommunal-
vertretung in jedem Fall das Vorliegen eines **„öffentlichen Bedürfnisses"** feststellen
muß und damit einer rechtlichen Nachprüfung inhaltliche Vorgaben macht[234].

165   Für gemeindliche Einrichtungen zur Versorgung mit **Fernwärme** und für die Benutzung dieser Einrichtungen enthalten die Gemeindeordnungen eine gesonderte Ermächtigungsgrundlage[235]. Voraussetzung ist, daß zumindest „Nachteile durch Luftverunreinigungen" durch private Heizungsanlagen vermieden werden sollen; damit
wird deutlich, daß insoweit der gesundheitspolizeiliche Aspekt der öffentlichen Einrichtung mit Anschluß- und Benutzungszwang nicht mehr durchschlägt.

166   Nicht nur die Einführung, sondern auch die Aufhebung eines Anschluß- und Benutzungszwanges sowie der Wegfall der entsprechenden gemeindlichen Einrichtungen
werfen verfassungs- und verwaltungsrechtliche Probleme auf[236].

167   bb) **Ausnahmen vom Anschluß- und Benutzungszwang:** Abgesehen davon, daß sich
eine **Beschränkung** des Anschluß- und Benutzungszwanges dadurch ergeben kann,
daß die entsprechende gemeindliche Einrichtung (noch) nicht leistungsfähig genug
ist, um das gesamte Gemeindegebiet zu versorgen[237] oder daß diese Einrichtung

---

228 Art. 24 Abs. 1 Nr. 2 Bay Go.
229 Vgl. NW OVGE 24, S. 219 ff., 223 — Maßstab ist allein die „ *Volksgesundheit";* Bay VGHE 7, S. 13:
    Interesse der Gemeinde, eine bessere *Rentabilität* einer öffentlichen Einrichtung zu sichern, reicht
    für sich allein zur Begründung des Anschluß- und Benutzungszwanges nicht aus.
230 So Bay VGHE 7, S. 139 ff.; BWVGHE 8, S. 168 ff.
231 OVGE 18, S. 71 ff., 72.
232 *Wolff/Bachof* VwR I § 31 I c 4.
233 *Ossenbühl* Handbuch 1, S. 393.
234 *Schmidt-Jortzig* Rdnr. 654.
235 Z. B. § 19 NW GO; Art. 24 Abs. 1 Nr. 3 Bay GO — nur für Neubau- und Sanierungsgebiete.
236 Vgl. BGH DVBl 1970, S. 145 f.; *Hess.* VGH NJW 1979, S. 886, 1979, S. 886 ff. m. w. N.
237 Bay. VGHE 8, S. 15 ff., 20; Bay VerfGHE 20, S. 183 ff., 189.

schrittweise auf das ganze Gemeindegebiet erstreckt werden soll[238], gibt es die Möglichkeit der „**Ausnahme**" von entsprechenden Satzungsvorschriften der Gemeinde.

Die Gemeindeordnungen (Ausnahme: Bay GO) ermächtigen die Gemeinden ausdrücklich zu derartigen Ausnahmeregelungen. Die Voraussetzungen einer solchen Ausnahme dürfen allerdings **nicht** in das **Ermessen der Verwaltung** gestellt sein, sondern müssen in der Satzung selbst festgelegt sein[239]. Als wirksam angesehen wurde beispielsweise eine Satzungsbestimmung, derzufolge die Ausnahme „aus schwerwiegenden Gründen, auch unter Berücksichtigung des Gemeinwohles nicht zugemutet werden kann"[240]. Ein derartiger „schwerwiegender Grund" liegt z. B. nicht bereits dann vor, wenn mit dem Bezug des Wassers aus einer öffentlichen Wasserleitung Kosten verbunden sind, die höher sind als die bisherigen Kosten; denn diese Belastung treffe alle Benutzer gleichmäßig[241]. Ein Beispiel für das Vorliegen eines schwerwiegenden Grundes, der zu einem Anspruch auf Ausnahme führt, ist das Interesse einer Brauerei an der Nutzung eigener Brunnen, um ein qualitativ hochwertiges Wasser für die Herstellung von Bier zu gewährleisten[242].

cc) Rechtsbeziehungen aufgrund des Anschluß- und Benutzungszwanges 168
(1) Der Anschluß- und Benutzungszwang wird durch gemeindliche **Satzung**, also durch öffentliches Recht vorgeschrieben; demnach ist das dadurch begründete Rechtsverhältnis zwischen Gemeinde und dem Verpflichteten dem Grunde nach ein öffentlich-rechtliches[243]. Das schließt nicht aus, daß für die Benutzung (i.e.S.) gleichwohl ein privatrechtliches Entgelt erhoben wird[244]. Streitig ist, ob ein öffentlich-rechtliches Rechtsverhältnis auch dann vorliegt, wenn sich die Gemeinde eines privaten Unternehmers als Erfüllungsgehilfen bedient[245].

(2) Die Qualifikation des Rechtsverhältnisses zwischen Gemeinde und dem durch den Anschluß- und Benutzungszwang Verpflichteten ist entscheidend auch für die Frage der **Haftung**, insbesondere auch dann, wenn die Gemeinde die mit Benutzungszwang belegte Einrichtung durch einen (beliehenen) Unternehmer betreiben läßt. Grundsätzlich wird man sagen müssen, daß die organisatorische Abwicklung einer derartigen gemeindlichen Aufgabe nicht dazu führen darf, daß der Betroffene durch die Einschaltung eines Unternehmers schlechter gestellt wird als in dem Fall, in dem die Gemeinde diese Aufgabe „eigenhändig" durchführt[246].

dd) Insbesondere: Die Friedhofsbenutzung: Rechtsprechung und Schrifttum haben 169
sich in nicht unerheblichem Umfang insbesondere auch mit der Friedhofsbenutzung befaßt. Dabei war die Frage streitig, ob auch Einrichtungen des Bestattungswesens „. .

---

238 BVerwG VRspr. 15, S. 860 ff., 862.
239 Bay VerfGHE 20, S. 183 ff., 190.
240 OVG Münster E 14, S. 170 ff.
241 Bay VGHE 7, S. 12 ff.; 8, S. 21 ff.
242 Bay VGH BayVBl. 1966, S. 248 ff.; NW OVG E 24, S. 226 ff.
243 Und nicht nur ein sog. verwaltungs-privatrechtliches, vgl. *Wolff/Bachof* VwR I § 23 II b.
244 Vgl. z. B. § 6 Abs. 1 Nr. 1 NW KAG.
245 Bejahend OVG Lüneburg E 25, S. 345 ff.; a. A.: BGHZ 52, S. 325 ff.; Hess. VGH VwRspr. 27, S. 64 ff.
246 Vgl. BGH DVBl. 1983 S. 1062 — Zur Haftung der Gemeinde für Nässeschäden, die ein fehlerhaftes Kanalanschlußrohr auf dem Nachbargrundstück verursacht hat.

ähnliche der Volksgesundheit dienende Einrichtungen" i. S. der Gemeindeordnungen sind. In einigen Gemeindeordnungen ist die Ermächtigung zum Anschluß- und Benutzungszwang entsprechend erweitert worden (Baden-Württemberg, Bayern, Niedersachsen). Auch im übrigen ist diese Frage heute durch die Rechtsprechung beantwortet[247]. Neben den Fragen der Friedhofsbenutzung allgemein[248] ist vor allem das Problem der Gestaltung von Grabmälern wiederholt in der Rechtsprechung erörtert worden[249].

170 Heutzutage stellt sich die Frage, ob alle Teilakte des Bestattungswesens wie Leichentransport, Einsargung und Bestattung dem Anschluß- und Benutzungszwang unterworfen werden können — oder ob auch insofern der **kommunalen Daseinsvorsorge** eine Grenze gesetzt ist, hinter der sich private Initiative ohne Schaden für die Gemeinschaft entfalten kann. Ersichtlicherweise geht es auch bei dieser auf den ersten Blick sehr speziellen Fragestellung um das grundsätzliche Problem, inwieweit sich die Gemeinde eine Monopolstellung einräumen und damit auf ihrem Gebiet einen **wirtschaftlichen Wettbewerb** insoweit ausschließen darf.

Literatur:

Gaedke: Handbuch des Friedhofs- und Bestattungsrechts, 4. Aufl. 1977; *ders.,* Benutzungszwang für kommunale Bestattungseinrichtungen, BayVBl. 1972, S. 290.

171 ee) **Verfassungsrechtliche Probleme des Anschluß- und Benutzungszwanges:** Der Anschluß- und Benutzungszwangs kann die Betroffenen empfindlich in ihren **Grundrechten** berühren. Daß die Gemeinde ihre **Satzungsgewalt** unter Beachtung des **„Willkürverbotes"** (vgl. Art. 3 Abs. 1 GG) ausüben muß, bedeutet u.a., daß sie die Beschränkung des Anschluß- und Benutzungszwanges auf bestimmte Gemeindegebiete (so wie es in den Gemeindeordnungen ausdrücklich vorgesehen wird) nicht unter jedwedem beliebigen Gesichtspunkt vornehmen darf.

Daneben ist Art. 12 Abs. 1 GG zu beachten, wenn die Gemeinde privat-wirtschaftliche Betätigung auf ihrem Gebiet dadurch unterbindet, daß sie selbst monopolisierend eine Aufgabe an sich zieht.

Vor allem stellt sich das Problem, inwieweit durch die Einführung eines Benutzungszwanges **Entschädigungsansprüche** begründet werden, die letztlich aus Art. 14 Abs. 3 GG hergeleitet werden. Das betrifft zum einen die Fälle, in denen ein „Selbstversorger" (z. B. von Trinkwasser aus einem eigenen Brunnen) zu entschädigen ist, wenn er an die öffentliche Wasserversorgung angeschlossen wird. Ein weiteres Beispiel, in dem Rechtspositionen, insbesondere Eigentümerpositionen (Art. 14 GG), des Bürgers entwertet werden: Besitzt ein Hauseigentümer eine den geltenden Vorschriften entsprechende Heizungsanlage oder Kläranlage, so kann die Anordnung des Anschlusses und der Benutzung der entsprechenden öffentlichen Einrichtungen als **„enteignender Eingriff"** bewertet werden[250]. Denkbar ist es auch, daß den verfassungsrechtlichen Anforderungen (insbesondere Grundrechte und „Übermaßver-

---

247 Vgl. BW VGH ESVGH 8, S. 164 ff., 167.
248 Vg. BVerwGE 45, S. 224 ff.
249 Vgl. BVerwGE 17, S. 119 ff.
250 Vgl. Schmidt-Aßmann, aaO, S. 167.

bot") dadurch Rechnung getragen wird, daß eine Ausnahme oder **„Befreiung"**[251] in der Satzung vorgesehen wird[252].

Ein Eingriff in einer Eigentümerposition — und in die Berufsfreiheit — kann weiterhin in den Fällen vorliegen, in denen ein **privater Unternehmer** die Bürger der Gemeinde versorgt hat und dessen Leistungen nunmehr durch die Leistungen der öffentlichen Einrichtung ersetzt werden[253]. **172**

Denkbar ist schließlich, daß ein **Privater** mit Einführung des Anschluß- und Benutzungszwanges auch zur Zahlung entsprechender Gebühren verpflichtet wird und damit die Vorteile verliert, die **bisher** aufgrund einer **vertraglichen Vereinbarung** mit der Gemeinde bestanden hatten[254].

Die gesetzlichen Ermächtigungen zur Einführung des Benutzungszwanges in den Gemeindeverordnungen sehen eine **Entschädigung** (i.S. von Art. 14 Abs. 3 GG) nicht vor; demnach wäre eine Satzung, durch die Gewerbetreibende voraussehbar ihren Betrieb aufgeben müßten (oder die wesentlich beeinträchtigt würden), verfassungswidrig. Eine Entschädigungsregelung in der Satzung selbst würde den Anforderungen des Art. 14 Abs. 3 Satz 2 GG nicht genügen. Unvorhersehbare Beeinträchtigungen wären nach den Grundsätzen des **„enteignungsgleichen"** oder **„enteignenden Eingriffs"** entschädigungsfähig.

Literatur:
Frotscher: Die Ausgestaltung kommunaler Nutzungsverhältnisse bei Anschluß- und Benutzungszwang, 1974; *Börner:* Einführung eines Anschluß- und Benutzungszwanges durch kommunale Satzung, 1978.

c) Übernahme und Ausübung ehrenamtlicher Tätigkeit

Zu den Pflichten der Gemeindeangehörigen zählt schließlich die Pflicht zur Übernahme von **ehrenamtlichen Tätigkeiten.** Hierzu enthalten die Gemeindeordnungen ausführliche, im einzelnen unterschiedliche Regelungen. Zumeist sind zur Übernahme einer ehrenamtlichen Tätigkeit oder eines Ehrenamtes nur die Bürger verpflichtet. Eine Ausnahme macht Nordrhein-Westfalen; dort besteht diese Pflicht für die „Einwohner". Daneben lassen einige Gemeindeordnungen Einwohner für ganz spezielle ehrenamtliche Tätigkeit[255] zu. Grundsätzlich ist den Regelungen über die ehrenamtliche Tätigkeit gemeinsam, daß die Übernahme nur aus wichtigem Grunde abgelehnt werden kann, daß die ehrenamtlich Tätigen einer Schweige- und Treuepflicht unterliegen und daß sie einen Anspruch auf eine angemessene Entschädigung besitzen. **173**

Übungsfälle: *v. Mutius:* Grundfälle . . ., Jus 1978, S. 402 (Fälle 32 u. 33); Aufg. 6 a der 1. jur. Staatsprüfung 1980/I BayVBl. 1983, S 668 f., 700 ff.

251 Vgl. hierzu *Maurer,* aaO, § 9 Rndr. 55.
252 Vgl. BayObLG Bay VBl. 1985, S. 285 — Kachelofen.
253 Vgl. *Scholler/Broß,* Grundzüge des Kommunalrechts in der Bundesrepublik Deutschland, 1976, S. 49 ff.; BVerwG NJW 1982, S. 63 — Übertragung der Abfallbeseitigung vom privaten „Altunternehmer" auf öffentlich-rechtliche Körperschaft.
254 Vgl. BGH DÖV 1980, S. 879 ff. sowie BVerwG BayVBl. 1972, S. 669 f. — Verlust von unentgeltlichen Brunnenrechten.
255 Z. B. in der *Jugendpflege,* § 23 Abs. 3 Nds GO; vgl. auch § 18 Abs. 2 RhPf GO.

4. Ausländer in den Gemeinden

174 Insbesondere in den industriellen Ballungsgebieten werden die Gemeinden durch die derzeit etwa 4 Mio. **Ausländer** (überwiegend **Gastarbeiter** mit ihren Familien) vor neue Probleme gestellt. Kommunalrechtlich handelt es sich bei diesen Ausländern um „Einwohner" und nicht um „Bürger". Sie können demnach alle kommunalen Einrichtungen der Daseinsvorsorge in Anspruch nehmen; lediglich das **Kommunalwahlrecht** und die bürgerlichen Ehrenämter sind ihnen vorenthalten.

Problematisch ist z. B. die schulische Versorgung der Kinder der Ausländer; diese unterliegen in allen Bundesländern der landesrechtlichen **Schulpflicht,** die (einschließlich der **Berufsschulpflicht**) bis zur Vollendung des 18. Lebensjahres reicht. Die mangelhaften Sprachkenntnisse mancher Gastarbeiter-Kinder und die Tatsache, daß diese Kinder teilweise in zwei Kulturkreisen aufwachsen, führt zu teilweise kaum überwindbaren Schwierigkeiten insbesondere in den **Grund-** und **Hauptschulen** mancher Großstädte.

Ein weiteres Problemfeld sind die Wohnverhältnisse der Ausländer. Sowohl die Wohnungsstatistik als auch Untersuchungen auf lokaler Ebene zeigen, daß die Ausländerbevölkerung in den schlechtesten der verfügbaren Wohnungen lebt. Bessere Wohnverhältnisse werden auch häufig nach längerer Aufenthaltsdauer nicht begründet; hierfür gibt es eine Reihe von Erklärungen, die u. a. auch in der aufenthaltsrechtlichen Ungewißheit liegen sowie in dem Wunsch vieler Ausländer, dereinst in ihre Heimat zurückzukehren. Die Gemeinden stehen hier auch vor der grundsätzlichen Frage, ob sie in ihrer städtebaulichen Planung grundsätzlich von einer Mischung zwischen ausländischer und deutscher Bevölkerung ausgehen wollen oder ob sie — beispielsweise nach dem Vorbild der USA (einem typischen Einwandererland) — ausgesprochene **Ausländerbezirke** zulassen wollen.

175 Einen erheblichen Raum in der öffentlichen sowie in der rechtswissenschaftlichen Diskussion nimmt die Frage ein, ob den Ausländern ein **Wahlrecht zur Gemeindeversammlung** zustehen sollte. Die Verfassungsmäßigkeit derartiger Reformvorstellungen hängt davon ab, ob „Volk" i.S. von Art. 28 Abs. 1 Satz 2 GG für die Gebiete der Länder, Kreise und Gemeinden dasselbe bedeutet wie i.S. von Art. 20 Abs. 2 Satz 1 GG im Hinblick auf den Bund: Denn im Sinn dieser Vorschrift bedeutet „Volk" unzweifelhaft „Staatsvolk" — und das ist die Gesamtheit der deutschen **Staatsangehörigen.** Die derzeit herrschende Meinung geht wohl von der Verfassungswidrigkeit eines kommunalen Wahlrechts für Ausländer aus.

176 Eine politische Beteiligung von Ausländern am kommunalen Geschehen ohne entsprechende rechtliche Fundierung ist — soweit ersichtlich — bislang ohne Erfolg geblieben. Auch die „soziale und ökonomische Beteiligung" (*Zapf* Hb. 1, S. 375) ist bisher praktisch ohne spürbaren Erfolg geblieben.

Literatur:

Zapf: Ausländer in den Kommunen, Handbuch der kommunalen Wissenschaft und Praxis, 2. Aufl., Bd. 1, 1981, S. 366 ff.

5. Bevölkerungsentwicklung in den Gemeinden (Wanderungen)

Um sowohl die konkreten Aufgaben als auch die Leistungen der Gemeinden richtig **177**
würdigen zu können, bedarf es auch eines Blickes auf die **Bevölkerungsentwicklung**
in den Gemeinden. Damit soll insbesondere das Problem ins Auge gefaßt werden,
das sich nicht aus einer konstanten Bevölkerungszahl — mag sie groß oder klein sein
— ergibt, sondern daraus resultiert, daß die Bevölkerungszahl mehr oder weniger
rasch steigt, daß sie sich vermindert (z. B. durch Abwanderung in Gebiete außerhalb
der Gemarkung der bisherigen Gemeinde) oder aber auch dadurch, daß innerhalb
einer Gemeinde **Wanderungsbewegungen** stattfinden.

a) Bevölkerungsentwicklung seit 1870

Faßt man einmal die Entwicklung der vergangenen 100 Jahre ins Auge, so ergibt sich **178**
nicht nur eine Verdreifachung des **Bevölkerungsstandes** für das Gebiet der heutigen
Bundesrepublik, sondern auch eine starke Wanderung vom Land in die Städte. Dieser Verstädterungsprozeß soll durch die folgenden Zahlen belegt werden.

Im Jahre 1871 verteilte sich die Bevölkerung wie folgt: Etwa 62 % der Bevölkerung
lebte in Gemeinden mit weniger als 2 000 Einwohnern, 19 % lebte in Gemeinden der
Größenordnung 2 000 bis 10 000 Einwohner; weitere 14 % lebten in Gemeinden der
Größenordnung 10 000 bis 100 000 Einwohner; nur 4,9 % lebten in Großstädten mit
100 000 und mehr Einwohnern. Bis in das Jahr 1970 hat sich die Zahl von Gemeinden mit weniger als 2 000 Einwohnern nahezu nicht verändert; der Anteil der **Ge-
samtbevölkerung** an Bewohnern von Gemeinden dieser Größe hat sich jedoch auf
weniger als 20 % vermindert. Außerdem wohnten im Jahr 1972 ca. 28 % der Einwohner in Gemeinden von einer Größe zwischen 10 000 und 100 000 Einwohnern;
knapp 33 % lebten in Großstädten mit 100 000 und mehr Einwohnern.

Vor besondere Probleme wurden die Gemeinden auch in der Zeit nach dem Zweiten **179**
Weltkrieg gestellt, als es nicht nur darum ging, zerstörte Städte wieder wohnbar zu
machen, sondern zusätzlich auch eine große Anzahl von Flüchtlingen aus den deutschen Ostgebieten mit den nötigsten Einrichtungen zu versorgen.

b) Bevölkerungsrückgang seit 1960

Die derzeitigen Probleme der Gemeinden unter dem Gesichtspunkt der Bevölkerungs- **180**
entwicklung ergeben sich durch den starken Geburtenrückgang in fast allen Teilen des
Bundesgebietes, der etwa 1960 begann und möglicherweise erst derzeit allmählich
zum Stillstand kommt. Der Überschuß der Sterbefälle über die Geburten, der übrigens durchschnittlich mit der Größe der Gemeinde wächst, stellt die Gemeinden bereits jetzt vor die Frage, inwieweit ihre **Einrichtungen** und der Einsatz von **Personal**
geringer als bisher dimensioniert sein müssen — insbesondere angesichts der seit Jahren zu beobachtenden Finanznot der Kommunen. Diese Frage stellt sich bereits seit
einigen Jahren z. B. hinsichtlich der Versorgung mit schulischen Einrichtungen. Dieses Problem muß planerisch weitsichtig in Angriff genommen und mit der notwendi-

gen Klarheit entschieden werden; ein Wettbewerb öffentlicher Einrichtungen untereinander um die Gunst der Benutzer, wie er in Großstädten derzeit im Schulbereich zu beobachten ist, kann nur bedingt als sinnvoll bewertet werden.

181 Der Überschuß der Sterbefälle wird z. T. wettgemacht durch **ausländische Gemeindeeinwohner.** Für den Geburtenüberschuß der Ausländer gibt es zwei Gründe: Zum einen findet sich dort ein geringerer Anteil älterer Leute; außerdem findet sich bei den ausländischen Frauen eine hohe Geburtenhäufigkeit, die um 50 % über derjenigen der deutschen Bevölkerung liegt. Für das gesamte Bundesgebiet wird eine Erhöhung der 4,5 Mio. Ausländer (im Jahre 1980) auf 5,5 Mio. (in den nächsten 25 Jahren) geschätzt.

c) Wanderungsbewegungen

182 Neben der soeben angedeuteten „natürlichen Bevölkerungsentwicklung" sind die **Wanderungsbewegungen** ein Problem für die Städte. Für die Entwicklung der letzten 100 Jahre wurden bereits einige Zahlen genannt. Hinzuzufügen ist, daß 10 Mio. Vertriebene und 3 Mio. „Zugewanderte" aus der DDR sowie ca. 4,5 Mio. Ausländer, die sich vor allem in den Großstädten und Ballungsgebieten niederließen, die Gemeinden bislang zu einer ständigen Ausweitung ihrer Leistung gezwungen haben.

Daneben ist aber seit den 60er Jahren eine teilweise starke Abwanderung aus den innerstädtischen Bereichen in die **Randgebiete** sowie in die Umlandgemeinden zu beobachten. Da diese Abwanderung in die „Stadtregion" zumeist nicht mit einem Wechsel des Arbeitsplatzes verbunden ist, bedeutet dies für die Gemeinde die Notwendigkeit, für die Pendler die erforderlichen **Verkehrseinrichtungen** vorzuhalten, um die Gemeinde zumindest als Arbeitsplatz sowie als Einkaufsstadt zu erhalten.

Die daraus resultierenden Probleme können hier ebenfalls nur stichwortartig angedeutet werden. Es läßt sich jedenfalls mit wenig Phantasie vorstellen, daß aus derartigen Wanderungsbewegungen eine teilweise veränderte Aufgabenstellung für die Gemeinde folgt. Weiterhin ist ersichtlich, daß die Lösung dieser Probleme durch die kommunale Gebietsreform sowie die Funktionalreform nur z. T. gelingen konnte; man wird generell die Notwendigkeit einer Bewältigung der Probleme aus überörtlicher Sicht und mit den entsprechenden Durchsetzungsmöglichkeiten nicht verneinen können. Hinzuweisen ist an dieser Stelle auch auf die finanziellen Folgen der Begründung eines Wohnsitzes außerhalb der Gemeinde, in der man arbeitet und deren Einrichtungen man weiterhin für sich in Anspruch nimmt.

Literatur:

Heuer/Schaefer: Stadtflucht, 1978; *Buse* (Hrsg.): Bevölkerungsentwicklung und Kommunalpolitik, 1979; *Schwarz:* Die Bevölkerungsentwicklung in den Kommunen, Handbuch der kommunalen Wissenschaft und Praxis, 2. Aufl., Bd. 1 (1981), S. 355 ff.

V. Die Verfassung der Gemeinde

183 Das Verständnis für das **kommunale Verfassungsrecht ist** vor allem deshalb ein wenig erschwert, weil sich insoweit zwischen den Gemeindeordnungen der Länder die meisten Unterschiede ergeben. Maßstab der rechtlichen Beurteilung eines speziellen

Problems kann nur die jeweilige Gemeindeordnung mit ihren Bestimmungen sein; insoweit wird in der Regel auch nur spezielle Literatur und einschlägige Rechtsprechung (jeweils zum Landesrecht) weiterhelfen können.

Auf der anderen Seite ist jedoch die Erkenntnis aufschlußreich, daß trotz der Vielzahl von **Gemeindeverfassungen** mit ihren manchmal idealisierten (oder gar fiktiven) Gemeinde-Typen doch in der Praxis gewisse Gemeinsamkeiten in der gemeindlichen Verfassungswirklichkeit vorgefunden werden können. Diese Gemeinsamkeiten werden teilweise durch eine gewisse Flexibilität innerhalb der einzelnen Gemeindeverfassungen ermöglicht; teilweise resultieren sie aus organisatorischen Prozessen, die in dieser Art in den Gemeindeordnungen nicht vorgesehen sind. **184**

Die Betrachtung der Gemeindeordnungen unter diesem Gesichtspunkt der Gemeinsamkeiten ist nicht nur aus pädagogisch-methodischen Erwägungen sinnvoll. Sie führt überdies zu einer Art **Rechtsvergleichung** zwischen den verschiedenen Gemeindeordnungen und ist — wie jede Rechtsvergleichung — hilfreich bei der Beantwortung der Frage, welches die überlegene Lösung für ein Problem ist, das kommunalverfassungsrechtlich relevant ist und in der jeweils beobachteten Art und Weise sich in jeder Gemeinde stellen kann. **185**

Weiterhin ist vorweg zu bemerken, daß die Unterschiede in der kommunalen **Verfassungswirklichkeit** teilweise eher auf eine unterschiedliche **Gemeindegröße** als auf ein in Einzelheiten abweichendes Kommunalverfassungsrecht zurückzuführen sind: In der Verwaltung einer Großstadt mit 400 000 Einwohnern wird sich eine andere Verfassungsstruktur herausbilden als in einer Gemeinde mit 20 000 Einwohnern — selbst wenn die gleiche Gemeindeordnung zugrunde gelegt wird. Und in einer solchen **Großstadtverwaltung** wird sich in der Regel ein kollegiales Leitungsorgan bilden, das in der einschlägigen Gemeindeordnung nicht vorgesehen ist, möglicherweise aber der Gemeindeverfassung in einem anderen Bundesland nahezu gleichkommt. **186**

Bei allen Unterschieden im Detail ergeben sich folgende Gemeinsamkeiten, die teilweise bereits durch Art. 28 Abs. 1 Satz 2 und Satz 3 gefordert werden: Das „Gemeindevolk" bedarf eines „bürgerrepräsentativen Kollegialorgans" für die „maßgebende Regierung des Gemeinwesens"[256], die **Gemeindevertretung** (Gemeinderat, Rat); daneben besteht meist ein **kollektives Lenkungsorgan**, ein „Gemeindevorstand"; schließlich muß ein hauptamtlicher „**Gemeindevorsteher**" (sog. Hauptverwaltungsbeamter) die Beschlüsse der kollegialen Organe vorbereiten, insbesondere auch anregen und später durchführen sowie die laufenden Geschäfte führen, meist auch die Vertretung der Gemeinde nach außen hin übernehmen. Die Verteilung der in der Gemeinde anfallenden Aufgaben auf diese verschiedenen Organe, die Zusammensetzung dieser Organe selbst sowie die Regelung der Beziehungen der kommunalen Organe untereinander — das macht im einzelnen die Unterschiede der Gemeindeordnungen aus. **187**

Im folgenden soll das Gemeinderecht systematisch dargestellt werden. Dabei ergibt sich auch ein terminologisches Problem; denn einerseits werden unterschiedliche Bezeichnungen für wesensmäßig gleiche Erscheinungen verwendet, andererseits wer- **188**

---

256 *Wolff/Bachof* II § 87 vor I.

den gleichlautende Begriffe für Organe mit völlig unterschiedlichen Zuständigkeiten benutzt. Die Rechtswissenschaft sucht in diesen Fällen nach neuen, neutralen Begriffen — das erleichtert allerdings zunächst die Beschäftigung mit der Vielfalt der Erscheinungen des kommunalen Verfassungsrechts nicht.

1. Die Gemeindevertretung (die Bürgerschaft)

189 Die **Gemeindevertretung**, das „Repräsentativorgan" der Gemeinde, wird von den Bürgern gewählt. Sie heißt „Gemeinderat" (oder „Stadtrat"), „Gemeindevertretung" (oder „Stadtvertretung"), „Rat" oder „Stadtverordnetenversammlung". Die Mitglieder der Gemeindevertretung werden in allgemeiner, unmittelbarer, freier, gleicher und geheimer Wahl gewählt; das Nähere bestimmt im allgemeinen das jeweilige „Kommunalwahlgesetz"; daneben enthalten teilweise auch die Gemeindeordnungen selbst wahlrechtliche Bestimmungen.

Die zahlenmäßige Größe der Gemeindevertretung ist entsprechend der Einwohnerzahl abgestuft; sie schwankt zwischen fünf und sechzig **Ratsmitgliedern.**

a) Die Rechtsstellung der Mitglieder der Gemeindevertretung

190 Bei der **Regelung der Rechtsstellung** der Mitglieder der Gemeindevertretung gehen die Gemeindeordnungen — ähnlich wie das GG für die Abgeordneten des Deutschen Bundestages in Art. 38 Abs. 1 Satz 2 GG — davon aus, daß diese Tätigkeit im Rahmen der Gesetze nach der freien, nur durch die Rücksicht auf das Gemeinwohl geleiteten Überzeugung ausgeübt wird und an Verpflichtungen, durch welche die Freiheit ihrer Entschließungen als Mitglieder der Gemeindevertretungen beschränkt wird, nicht gebunden ist (vgl. z. B. § 39 Abs. 1 Nds GO); oder anders ausgedrückt: Die Ratsmitglieder üben ihr Amt unentgeltlich nach freier, nur durch die Rücksicht auf das Gemeinwohl bestimmter Gewissensüberzeugung aus; sie sind an Weisungen oder Aufträge ihrer Wähler nicht gebunden (so z. B. § 30 Abs. 1 RhPf GO).

Zu den wichtigsten Rechten der Ratsmitglieder gehören das **Rede-, Antrags-** und **Abstimmungsrecht.** Außerdem sehen auch die Gemeindeordnungen die Möglichkeit der Bildung von Fraktionen oder Gruppen vor; näheres ist den Regelungen in der jeweiligen Geschäftsordnung des Repräsentationsorganes vorbehalten.

191 Die Mitglieder der Gemeindevertretung sind verpflichtet, ihre Aufgaben nach bestem Wissen und Gewissen unparteiisch zu erfüllen und die Gesetze zu beachten; sie werden entsprechend vom Vorsitzenden der Gemeindevertretung verpflichtet. Um Interessenkollisionen weitgehend zu vermeiden, enthalten die Gemeindeordnungen ausführliche **Unvereinbarkeitsregelungen**[257].

---

257 Vgl. z.B. § 35 a Nds GO; Art. 31 Abs. 4 Bay GO; § 53 Abs. 2 RhPf GO — dazu: VerfGH Rh.-Pf. DVBl. 1982, S. 782 ff. — Kein Verstoß gegen das verfassungsrechtlich gewährleistete Selbstverwaltungsrecht, daß ehrenamtlicher Bürgermeister oder Beigeordneter einer Ortsgemeinde nicht sein darf, wer gegen Entgelt im Dienst der zuständigen Verbandsgemeinde steht.

Daneben gelten für diese Personengruppe die „**Mitwirkungsverbote**" („Ausschlie-
ßungsgründe" wegen Befangenheit), die für jeden ehrenamtlich tätigen Bürger in
den Gemeindeordnungen normiert sind. Eine Reihe von Streitfragen, die in diesem
Zusammenhang aufgetreten sind, sind teils durch Novellierungen der entsprechenden Vorschriften der Gemeindeordnungen, teils durch die Rechtsprechung beantwortet worden[258].

Die Gemeindeordnungen enthalten Regelungen über Ansprüche der Mitglieder der   **192**
Gemeindevertretung auf **Auslagenersatz**, **Verdienstausfall** und **Aufwandsentschädi-
gung**.

Haftungsrechtlich sind Rechtsverstöße **der Mitglieder der Gemeindevertretung** wie   **193**
folgt zu beurteilen: Im Außenverhältnis, d. h. gegenüber Dritten, haftet die Gemeinde für rechtswidrige Entscheidungen der Gemeindevertretung im Bereich hoheitlicher Tätigkeit nach Art. 34 Satz 1 GG i.V.m. § 839 BGB, im Rahmen fiskalischer
Betätigung nach §§ 89, 31 BGB. Unberührt bleibt daneben die persönliche Haftung
von Mitgliedern der Gemeindevertretung gem. §§ 823, 826 BGB, z. B. bei einer Verletzung der Pflicht zur **Amtsverschwiegenheit** oder bei einem Verstoß gegen ein Mit-
wirkungsverbot[259].

Teilweise haften die Ratsmitglieder für einen Schaden, den die Gemeinde infolge
eines Beschlusses der Gemeindevertretung erlitten hat, wenn sie ihre Pflicht vorsätzlich oder grob fahrlässig verletzt haben, bei der Beschlußfassung mitgewirkt haben,
obwohl sie nach dem Gesetz hiervon ausgeschlossen waren und ihnen der Ausschlie-
ßungsgrund auch bekannt war oder wenn sie der Bewilligung von Ausgaben zugestimmt haben, für die das Gesetz oder die Haushaltssatzung eine Ermächtigung
nicht vorgesehen hat und wenn nicht gleichzeitig die erforderlichen Deckungsmittel
bereitgestellt wurden[260].

b) Die Zuständigkeiten der Gemeindevertretung

Auch hinsichtlich der Regelung der **Zuständigkeiten** der Gemeindevertretung finden   **194**
sich im einzelnen unterschiedliche Regelungen in den entsprechenden Bestimmungen
der Gemeindeordnungen. Grundsätzlich läßt sich aber folgendes sagen: Die Gemeindevertretung ist das oberste Organ der Gemeinde und zuständig für die Erledigung sämtlicher Angelegenheiten der Selbstverwaltung; sie ist also insbesondere

---

258 Vgl. BVerfGE 48, S. 64 ff. — zur Begrenzung des Kreises der Personen, die wegen möglicher Befangenheit ausgeschlossen sind; BVerfGE 41, S. 231 ff., 241 f.; 52, S. 42 ff., 53 f.; 56, S. 99 ff., 101;
NJW 1982, S. 2177 f. — Kein kommunales Vertretungsverbot für einen Rechtsanwalt, der mit einem
Ratsmitglied in einer Sozietät verbunden ist; BVerwG NJW 1984, 377 f. — Geltung des kommunalrechtlichen Vertretungsverbotes für Kreisausschußmitglieder im Bereich der Aufgaben, die dem
Kreis zur Erfüllung nach Weisung übertragen sind oder in denen der Landrat als untere Landesbehörde handelt; vgl. außerdem *Borchmann*, Interessenkollision im Gemeinderecht, NVwZ 1982, S. 17
ff. — zu Hess VGH NVwZ 1982, S. 44 und OVG Lüneburg NVwZ 1982, S. 44.
259 Vgl. hierzu Art. 20 Abs. 3 Bay Go.
260 § 30 Abs. 3 NW GO; vgl. § 39 Abs. 4 Nds GO.

nicht nur **Rechtsetzungsorgan.** Zu dieser Zuständigkeit gehören auch — soweit vorhanden — die **Pflichtaufgaben zur Erfüllung nach Weisung.**

Zur Wahrnehmung dieser Zuständigkeit hat die Gemeindevertretung die Möglichkeit, sich umfassend über alle Verwaltungsangelegenheiten zu informieren. Die Gemeindevertretung nimmt ihre Aufgaben durch **Beratungen, Beschlußfassungen** und **Wahlen** wahr. Angesichts ihrer Funktion als letztverantwortliches Repräsentationsorgan überwacht die Gemeindevertretung die Ausführungen ihrer Beschlüsse und sorgt beim Auftreten von Mißständen in der Gemeindeverwaltung für die Beseitigung dieser Unzulänglichkeiten. Diese Aufgabe darf die Gemeindevertretung allerdings nicht durch eigene Aktivitäten wahrnehmen; sie muß sich insoweit stets des „Gemeindevorstehers" (des sog. **Hauptverwaltungsbeamten**) bedienen. Käme ein Gemeindevorsteher einer entsprechenden Weisung nicht nach, so könnte die Gemeindevertretung ihn letztlich disziplinarisch zur Verantwortung ziehen.

195   Die Gemeindevertretung ist allerdings nicht allein zuständig für die Verwaltung der Gemeinde. Vielmehr räumen die Gemeindeordnungen daneben auch dem „Gemeindevorsteher" und/oder anderen Gremien Zuständigkeiten ein. In dieser Frage bestehen unter den verschiedenen Gemeindeordnungen verhältnismäßig starke Unterschiede; sie sind ebenfalls kennzeichnend für die verschiedenen Typen der Gemeindeverfassung[261].

Auch rechtstechnisch gehen die Gemeindeordnungen bei der Abgrenzung der Zuständigkeiten zwischen den Gemeindeorganen verschiedene Wege. Teils wird der Gemeindevertretung die Wahrnehmung sämtlicher Angelegenheiten der Gemeinde zugewiesen, soweit nicht der Gemeindevorsteher kraft Gesetzes zuständig ist; teilweise wird für die Gemeindevertretung ein Katalog von Zuständigkeiten aufgestellt, deren Wahrnehmung unabdingbar bei der Gemeindevertretung verbleiben muß[262].

196   Neben derartigen obligatorischen, unbedingt fixierten Zuständigkeitsregelungen eröffnen die Gemeindeordnungen die Möglichkeit, Zuständigkeiten zwischen den Gemeindeorganen flexibel zu gestalten. Das bedeutet, daß in der Wirklichkeit letztlich eine Vielzahl von unterschiedlichen Zuständigkeitsregelungen angetroffen werden können. Solche flexiblen Zuständigkeitsregelungen müssen im übrigen nicht in generellen Festlegungen bestehen; es ist vielmehr auch denkbar, daß die Gemeindevertretung sich für Einzelfälle die Beschlußfassung vorbehält oder daß sie sich (durch eine entsprechende Regelung in der Hauptsatzung) für bestimmte Gruppen von Angelegenheiten die Beschlußfassung vorbehält.

Weiterhin ist denkbar, daß der Gemeinderat zur Beschlußfassung dadurch zuständig wird, daß ihm ein anderes Organ eine Angelegenheit zur Beschlußfassung vorlegt[263].

Schließlich kann die Gemeindevertretung innerhalb des gemeindeverfassungsrechtlichen Freiraumes **Zuständigkeiten** an andere Organe **delegieren**[264].

---

261 Vgl. hierzu unten B V. 2.
262 Vgl. z. B. § 40 Abs. 1 Nds GO; § 28 Abs. 1 NW GO.
263 Z. B. § 40 Abs. 2 Satz 3 Nds GO.
264 Vgl. § 40 Abs. 4 Nds GO; § 24 Abs. 2 S. 3, 1. Hs. BW GO; § 32 Abs. 3 RhPf GO.

c) Die Ausschüsse

Eine wesentliche Rolle im Bereich der „programmierenden" Verwaltungstätigkeit in **197** der Gemeinde spielen die **Ausschüsse,** die im wesentlichen aus Mitgliedern der Gemeindevertretung bestehen und von dieser gewählt werden. Nach ihrer Rechtsstellung kann man zwischen „beratenden" und „beschließenden" **Ausschüssen** unterscheiden. Alle Gemeindeordnungen sehen die Möglichkeit vor, daß die Gemeindevertretung ihre eigenen Entscheidungen durch beratende Ausschüsse vorbereiten läßt. Für die Arbeit der Ausschüsse kann der Rat allgemeine Richtlinien aufstellen. Soweit Ausschüssen **Entscheidungsbefugnis** eingeräumt worden ist, sind entsprechende Beschlüsse erst durchzuführen, wenn innerhalb einer in der Geschäftsordnung zu bestimmenden Frist kein Einspruch (und keine Beanstandung) eingelegt worden ist.

Teilweise wird in den Gemeindeordnungen die Bildung von Ausschüssen mit bestimmten Aufgaben zwingend vorgeschrieben, z. B. die Bildung eines **Hauptausschusses** (vgl. § 43 Abs. 1 NW GO: Abstimmung der Arbeiten aller Ausschüsse untereinander; Dringlichkeitsentscheidungen; Planung der Verwaltungsaufgaben von besonderer Bedeutung), der **Finanzausschuß** (vgl. § 43 Abs. 2 NW GO: Vorbereitung der Haushaltssatzung und Ausführung des Haushaltsplanes), der **Rechnungsprüfungsausschuß** (vgl. § 43 Abs. 3 NW GO: Prüfung der Jahresrechnung der Gemeinde, ggf. mit Hilfe eines Rechnungsprüfungsamtes und unten B. VII. 4.). Außer den Ausschüssen, die durch die Gemeindeordnung obligatorisch vorgesehen sind, gibt es Pflicht-Ausschüsse aufgrund sondergesetzlicher Regelungen (z. B. Schulausschuß gem. § 12 NWSchulverwG; Werksausschuß gem. § 5 EigenbetriebsVO). Daneben sind kreisfreie Städte (und Landkreise) zur Bildung eines **Jugendwohlfahrtsausschusses** verpflichtet (§ 13 Abs. 2 JWG), der übrigens besonders zusammengesetzt ist und spezielle Aufgaben in Angelegenheiten der **Jugendhilfe** hat; man wird ihn deshalb nur bedingt als einen Ausschuß der Gemeindevertretung ansehen können.

Eine Verstärkung bürgerschaftlicher Mitwirkung kann dadurch eingeführt werden, **198** daß der Rat nicht nur **Ratsherren,** sondern auch andere Personen („**sachkundige Bürger**") in seine Ausschüsse berufen kann. Einige Bundesländer kennen eine derartige Möglichkeit nicht. Im übrigen bestehen unterschiedliche Regelungen hinsichtlich des Verhältnisses der Anzahl dieser Personen zu der Zahl der Ratsmitglieder im Ausschuß und hinsichtlich der Frage der Stimmberechtigung der „sachkundigen Bürger". Überwiegend besitzen diese sachkundigen Bürger in den Ausschüssen das gleiche **Stimmrecht** wie die Ausschußmitglieder, die der Gemeindevertretung angehören.

d) Der Vorsitz in der Gemeindevertretung

Unterschiedlich ist in den Gemeindeordnungen auch der **Vorsitz** in der Gemeinde- **199** vertretung geregelt. Seine Aufgabe ist die Einberufung, Leitung und Ordnungswahrung in den Sitzungen der Gemeindevertretung. Darüber hinaus hat er Repräsentationsfunktion; teilweise kommt ihm die rechtliche Außenvertretung sowie die Vertretung der Gemeindevertretung in einem Rechtsstreit zu.

Die Bezeichnung dieser Funktion ist unterschiedlich. In Niedersachsen und Nord-rhein-Westfalen führt er die Amtsbezeichnung „Bürgermeister" (oder „Oberbürger-meister"). In Bremerhaven und in Hessen (in Städten) heißt er „Stadtverordneten-vorsteher", in Schleswig-Holstein „Bürgervorsteher" oder — in kreisfreien Städten — „Stadtpräsident".

In Baden-Württemberg, Bayern, Rheinland-Pfalz, im Saarland (in der Regel) sowie in den Gemeinden mit ehrenamtlichen Bürgermeistern werden die Aufgaben des Vorsitzenden der Gemeindevertretung zugleich wahrgenommen von dem „Gemein-devorsteher", also dem Hauptverwaltungsbeamten; teilweise (im Saarland) ist er in der Gemeindevertretung jedoch ohne Stimmrecht.

Literatur:

Beiträge zur kommunalen Volksvertretung, ihren Aufgaben und Zuständigkeiten, Ausschüs-sen, Fraktionen u. a. von *Bethge, Foerstemann, Frowein, Körner, Lehmann-Grube, Scholler* und *Zuleeg* in Handbuch der kommunalen Wissenschaft und Praxis, 2. Aufl., Bd. 2, 1982, S. 81 ff.

2. Der „Gemeindevorstand"

200   Zur Durchführung der Entscheidungen der Gemeindevertretung und insbesondere auch zur Erledigung der Verwaltungsangelegenheiten, für die generelle Vorgaben vorhanden sind, bedarf es eines **Verwaltungskörpers,** dem ausschließlich Exekutiv-Funktion zukommt; das bedeutet freilich nicht, daß nicht auch die anderen Organe der Gemeinde wesensmäßig ebenfalls Verwaltungstätigkeit (i.S. der Gewaltentei-lungs-Lehre) ausüben. An der Spitze dieses Verwaltungskörpers wird das Organ „Gemeindevorstand" eingerichtet. Die Funktionen dieses Organs können von einer Person wahrgenommen werden (sog. **monokratischer Gemeindevorstand; Gemein-devorsteher)** oder von einem **kollegialen Gemeindevorstand.**

In den Gemeindeordnungen werden beide Organisationsmodelle verwirklicht. Trotz formal starker Unterschiede dieser Organisationsmodelle, und zwar sowohl im Grundsatz als auch in den Einzelregelungen, läßt sich eine Gemeinsamkeit vorab feststellen: Nach jedem Modell ist gewährleistet, daß eine auch formell-organisatori-sche Verbindung zwischen der Leitung des Verwaltungskörpers und der Gemeinde-vertretung besteht. Dieser Gedanke wird in den Gemeindeordnungen mit monokra-tischem Gemeindevorstand (Gemeindevorsteher) dadurch verwirklicht, daß diese Funktion verbunden wird mit der Funktion des Vorsitzenden der Gemeindevertre-tung; in Gemeindeordnungen mit kollegialem Gemeindevorstand wird diese Verbin-dung dadurch hergestellt, daß dieses **Kollegium** zusammengesetzt wird aus **Mitglie-dern der Gemeindevertretung,** insbesondere dem Vorsitzenden der Gemeindevertre-tung, sowie Mitgliedern der „hauptamtlichen" Verwaltungsführung, insbesondere also dem Leiter des Verwaltungskörpers **(Hauptverwaltungsbeamten).**

Weiterhin ist angesichts der tatsächlichen Verhältnisse — man könnte auch sagen: der **Gemeindeverfassungswirklichkeit** — insbesondere in den größeren Städten fol-gendes festzustellen: Trotz der Vielzahl der kommunalen Verfassungsmodelle hat

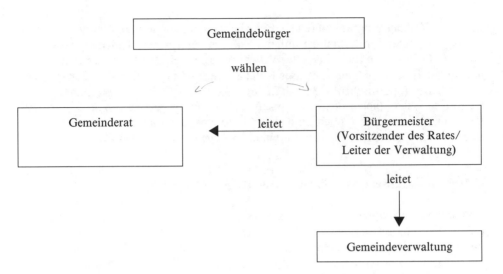

Gemeindeverfassung entsprechend der Süddeutschen Ratsverfassung

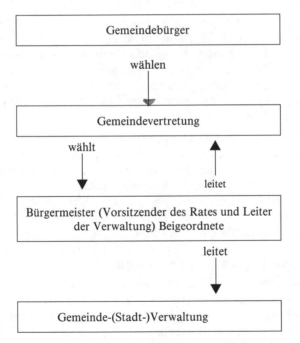

Gemeindeverfassung entsprechend der (Rheinischen) Bürgermeisterverfassung

sich in der Praxis eine gewisse Homogenität der Organisation in der Führungsebene der Gemeinden herausgestellt; das hauptamtliche Beamtentum mit seinem sachverständigen Verwaltungsunterbau trägt faktisch eine bedeutende Verantwortung nicht nur beim Vollzug programmierender Entscheidungen, sondern auch unter dem Gesichtspunkt einer Einflußnahme auf die Entscheidungen der Gemeindevertretung; der Rat bestimmt die Richtlinien des Verwaltungsgeschehens (durch Satzungen oder allgemeine Beschlüsse); eine wichtige Rolle als Verbindungsstellen zwischen dem ehrenamtlichen („politischen") Bereich in der Gemeinde und dem hauptamtlichen Verwaltungsbereich spielen die Fachausschüsse als Verbindungsstellen und Informationsträger sowie die Gremien, in denen die Vorstellungen aus dem hauptamtlichen und dem ehrenamtlichen Bereich miteinander abgeglichen werden.

a) Der monokratische Gemeindevorstand (Gemeindevorsteher)

201 Von **„monokratischem"** Gemeindevorstand kann man dort reden, wo die Aufgaben dieses „Konkretionsorganes" — dazu zählen: Anregung und Vorbereitung der Planungen und sonstiger Beschlüsse der Gemeindevertretung, ihre Durchführung und die Besorgung der laufenden Verwaltung — von einer Person verantwortlich wahrgenommen werden. In der Wissenschaft hat sich für dieses Organ die Bezeichnung **„Gemeindevorsteher"** eingebürgert[265]. Das heißt allerdings nicht, daß die rechtliche Ausgestaltung dieses Organes in allen Gemeindeordnungen identisch ist.

Herkömmlicherweise wird dieses Organ kommunalrechtlich als „(Ober-)**Bürgermeister**"[266] bezeichnet. Abweichend davon ist lediglich in Niedersachsen und Nordrhein-Westfalen die Bezeichnung **„Gemeindedirektor"** oder „(Ober-)Stadtdirektor" eingeführt worden. Der Bürgermeister (Gemeindedirektor) wird durch eine Wahl bestellt; in Baden-Württemberg und Bayern handelt es sich hierbei um eine unmittelbare Volkswahl, während in den anderen Bundesländern die Wahl durch die Gemeindevertretung erfolgt.

202 aa) **Rechtsstellung:** Der **Bürgermeister** (Gemeindedirektor) ist hauptamtlich tätig; er wird als **Beamter auf Zeit** bestellt; die Wahlzeit beträgt zwischen sechs und zwölf Jahren. In kleineren Gemeinden kann ein ehrenamtlicher Bürgermeister gewählt werden; er amtiert dann in der Regel zeitlich übereinstimmend mit der Gemeindevertretung. Der von der Gemeindevertretung gewählte Bürgermeister (Gemeindedirektor) soll zumeist eine für sein Amt „erforderliche Eignung, Befähigung (fachliche Voraussetzungen) und Sachkunde" aufweisen (scheinbar abweichend die Verfassung von Bremerhaven und die RhPf GO). Diese Qualifikationsmerkmale werden als unbestimmte Rechtsbegriffe gerichtlich nachgeprüft[267].

Überwiegend räumen die Gemeindeordnungen die Möglichkeit einer **Abwahl** des Bürgermeisters (Gemeindedirektors) ein. Die Zulässigkeit solcher Abwahl- oder Abberufungsmöglichkeiten ist streitig gewesen; die Position des Gemeindevorstehers „im Schnittpunkt politischer Willensbildung und fachlicher Verwaltung"[268] eröffnen jedoch den Weg zu §§ 31 Abs. 1, 21 Abs. 2 BRRG (und nicht zu 95 Abs. 2, 59, 21 BRRG); das erforderliche Maß an Gleichgestimmtheit des Gemeindevorstehers mit

---

265 Im Anschluß an *Wolff/Bachof* VerwR II § 87 I f.
266 § 42 BW GO; Art. 34 Bay GO; § 39 Hess GO; § 47 RhPf GO; § 54 Saarl KSVG; § 48 SchlH GO.
267 Vgl. z. B. OVG Lüneburg OVGE 13, S. 453 ff., 460 ff.
268 BVerwGE 56, S. 163 ff., 170.

den politischen Ansichten und Zielen der Gemeindevertretung erscheint als status-immanent und rückt den Gemeindevorsteher in den Bereich eines „politischen Beamten"[269]. Das bedeutet, daß für die Gemeindevertretung immer dann die Möglichkeit besteht, einen Wahlbeamten von seinem Amt abzuberufen, wenn sie schlicht das Vertrauen zu ihm verliert, ohne daß es anderer Gründe als eben dieses Verlustes des Vertrauens bedarf. „Das Vertrauen ist schon dann gestört, wenn die Gemeindevertretung Zweifel daran hegt, daß ein höchstmöglicher Grad an der zielstrebigen, wirkungsvollen Zusammenarbeit im Sinne der von ihr verfolgten Politik gewährleistet ist"[270]. Neben diesen materiellen Voraussetzungen müssen strenge verfahrensmäßige Voraussetzungen für eine Abwahl oder Abberufung eingehalten werden.

bb) **Zuständigkeiten:** Neben der Befugnis zur gesetzlichen Vertretung der Gemeinde in Rechts- und Verwaltungsgeschäften obliegen dem Gemeindevorsteher vor allem die **„Angelegenheiten der laufenden Verwaltung".** Darunter versteht man alle Geschäfte, die mehr oder weniger regelmäßig vorkommen und außerdem nach Umfang der Verwaltungstätigkeit und Finanzkraft der jeweiligen Gemeinde eine sachlich verhältnismäßig geringe Bedeutung haben[271]. **203**

Zu den laufenden Angelegenheiten zählen manche Gemeindeordnungen auch die Tätigkeiten im Rahmen der **Fremdverwaltung** (Auftragsverwaltung, Weisungsverwaltung).

Der Bürgermeister (Gemeindedirektor) ist weiterhin zuständig für die Beschlüsse des Rates sowie der Tätigkeit der Ausschüsse. Weiterhin hat er unter der Kontrolle der Gemeindevertretung die Entscheidungen dieser Gremien (insbesondere der Gemeindevertretung) auszuführen.

Außer in Niedersachsen und Nordrhein-Westfalen hat der Gemeindevorsteher außerdem das Recht zur Eilentscheidung; die an sich zuständigen Organe sind hierüber im einzelnen und unverzüglich zu unterrichten. Teilweise können derartige **Eilentscheidungen** wieder aufgehoben werden, sofern nicht schon Rechte Dritter begründet worden sind.

Aufgabe des Bürgermeisters (Gemeindedirektors) ist es weiterhin, **rechtswidrige Beschlüsse der Gemeindevertretung** zu rügen (oder zu **„beanstanden"** oder „auszusetzen"). Teilweise setzt eine solche Rüge den betreffenden Beschluß der Gemeindevertretung zunächst lediglich aus („aufschiebende Wirkung"); die Gemeindevertretung hat erneut über die Angelegenheit zu beschließen; wird die alte Entscheidung aufrechterhalten, dann wird die Kommunalaufsichtsbehörde benachrichtigt, die dann zu entscheiden hat, ob der Beschluß der Gemeindevertretung zu beanstanden ist.

Diese **Rügepflicht** des Gemeindevorstehers gilt entsprechend für gesetzwidrige Beschlüsse von Ausschüssen.

Fraglich ist, ob die Gemeindevertretung gegen eine ihrer Ansicht nach unrichtige Rüge des Gemeindevorstehers gerichtlich vorgehen kann. Als Klageart kommt wohl

---

269 BVerwGE 56, S. 163 ff., 168 ff.; im Schrifttum str.
270 OVG Münster StT 1981, S. 550 ff., 551.
271 OVG Münster OVGE 25, S. 186 ff., 193; BGHZ 14, S. 89 ff., 92 ff.; 21, S. 59 ff., 63; 32, S. 375 ff., 378; NJW 1980, S. 117.

nur die **Feststellungsklage** (§ 43 VwGO) in Betracht. Die Frage des streitigen Rechtsverhältnisses sowie des Feststellungsinteresses ergibt sich aus den Überlegungen zur Rechtsqualität der Befugnisse der beteiligten Organe. Es dürfte jedoch an einem Rechtsschutzbedürfnis fehlen angesichts der Zuständigkeit der Aufsichtsbehörde zur Klärung eines solchen Streites: Hält die **Kommunalaufsicht** die Rüge für unzulässig (und den betreffenden Beschluß der Gemeindevertretung für rechtmäßig), so kann der Gemeindevorsteher seine abweichende Rechtsauffassung nicht weiterverfolgen, da kein verletztes eigenes **Organinteresse** vorhanden ist. Bestätigt die Aufsichtsbehörde hingegen die Auffassung des Gemeindevorstehers, dann ist diese Entscheidung wie jede **Aufsichtsmaßnahme** zu behandeln, also vor dem **Verwaltungsgericht** anfechtbar.

204 Weitere Aufgaben können dem Bürgermeister (Gemeindedirektor) von der Gemeindevertretung übertragen werden, soweit diese nicht zwingend zuständig bleiben muß.

205 Von ganz wesentlicher Bedeutung ist die Aufgabe des Gemeindevorstehers als „**Leiter der Verwaltung**". Darin ist enthalten die Leitung und Beaufsichtigung des Geschäftsganges, die Regelung der Geschäftsverteilung im Rahmen der Richtlinien des Rates. Er ist Dienststellenleiter i.S. der Geheimhaltungsvorschriften und wird i.S. dieser Vorschriften durch die Kommunalaufsichtsbehörde ermächtigt. Weiterhin ist der Gemeindevorsteher Dienstvorgesetzter aller Beamten, Angestellten und Arbeiter der Gemeinde und führt die Ernennungen, Beförderungen und Entlassungen durch.

206 Schließlich wird der Bürgermeister (Gemeindedirektor) als „**geliehenes Organ**"[272] in Anspruch genommen. Hierbei handelt es sich nicht um eine gemeindeverfassungsrechtliche Zuständigkeit, sondern um die Betrauung eines Organes der mittelbaren Staatsverwaltung in der Art und Weise, als ob dieses Organ als **untere staatliche Verwaltungsbehörde** in die staatliche Verwaltungshierarchie eingegliedert wäre.

207 Besonderheiten gelten für die Zuständigkeit des Gemeindevorstehers in den Bundesländern, in denen neben einem an sich monokratisch organisierten Gemeindevorstand noch ein weiteres Gremium in der Leitungsebene vorhanden ist, das Aufgaben wahrnimmt, die an sich — bei einem „rein" monokratisch organisierten Gemeindevorstand — dem Gemeindevorsteher zuständen. Insoweit ist der Aufgabenbestand des Gemeindevorstehers zugunsten eines weiteren Organes (der nds. „Verwaltungsausschuß"; der rh.-pf. „Stadtvorstand") reduziert.

208 cc) **Die Beigeordneten:** Ergänzend ist in diesem Zusammenhang hinzuzufügen, daß die Verwaltungsleitung in der Regel nicht auf den Schultern allein des Gemeindevorstehers ruht, sondern daß zusätzlich „**Beigeordnete**" (in Niedersachsen: „Stadt- oder Gemeinderäte") angestellt werden können. Die Gemeinden können innerhalb gewisser Grenzen entscheiden, ob und wieviele „Beigeordnete" sie bestellen wollen. Insbesondere für größere Städte werden die Aufgaben verschiedenen „**Dezernaten**" zuge-

---

272 Vgl. oben, Rdnr. 120.

ordnet und jeweils einem Beigeordneten unterstellt. Der beamtenrechtliche Status der Beigeordneten entspricht dem des Gemeindevorstehers. Regelmäßig ist aus dem Kreis der Beigeordneten ein allgemeiner verfassungsmäßiger Vertreter des Bürgermeisters (Gemeindedirektors) zu bestellen.

b) Der kollegiale Gemeindevorstand

Ein **kollegiales Direktionsorgan** (Gemeindevorstand, **Magistrat**) findet sich in den **209** Gemeindeordnungen mit der sog. **Magistratsverfassung**[273]. Dieses Kollegium setzt sich zusammen aus dem Bürgermeister als Vorsitzenden und den Beigeordneten; dabei kann es sich sowohl um hauptamtliche als auch um ehrenamtliche Beigeordnete (Stadträte) handeln, die aber alle nicht gleichzeitig Gemeindevertreter sein dürfen.

Diesem Gemeindevorstand (Magistrat) kommen grundsätzlich die gleichen Wahrnehmungszuständigkeiten zu wie dem (monokratischen) Gemeindevorsteher.

Lediglich die Eilzuständigkeit in dringenden Fällen, wenn die vorherige Entscheidung des Gemeindevorstandes nicht eingeholt werden kann, liegt beim Bürgermeister; dieser kann dann die erforderlichen Maßnahmen von sich aus anordnen, hat jedoch unverzüglich dem Gemeindevorstand hierüber zu berichten.

Die Stellung des Bürgermeisters ist nach diesem Kommunalverfassungssystem eingeschränkt; denn hiernach ist der Gemeindevorstand die **Verwaltungsbehörde** der Gemeinde und besorgt — nach den Beschlüssen der Gemeindevertretung und im Rahmen der bereitgestellten Mittel — „die laufende Verwaltung der Gemeinde".

Demgegenüber ist es die Aufgabe des Bürgermeisters, den Geschäftsgang der gesamten Verwaltung zu leiten und zu beaufsichtigen und für den geregelten Ablauf der Verwaltungsgeschäfte zu sorgen. Er verteilt die Geschäfte unter die Mitglieder des Gemeindevorstandes; davon sind allerdings ausgenommen die Arbeitsgebiete, für welche hauptamtliche Beigeordnete von der Gemeindevertretung besonders gewählt sind. Daneben bereitet der Bürgermeister die Beschlüsse des Gemeindevorstandes vor und führt sie aus, soweit nicht Beigeordnete mit der Ausführung beauftragt sind.

Andererseits werden die laufenden Verwaltungsangelegenheiten von dem Bürgermeister oder den zuständigen Beigeordneten gleichwohl selbständig erledigt, soweit nicht aufgrund gesetzlicher Vorschriften oder auf Weisung des Bürgermeisters oder wegen der Bedeutung der Sache der Gemeindevorstand im ganzen zur Entscheidung berufen ist.

---

273 §§ 38—47 Verf. d. Stadt Bremerhaven; § 65—77 Hess Go; §§ 62—71 SchlH GO.

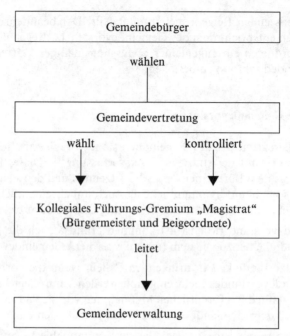

**Gemeindeverfassung entsprechend der (unechten, die „echte" Magistratsverfassung verwirk-
licht ein Zwei-Kammer-System, demzufolge Beschlüsse der Gemeindevertretung an die Zustimmung des Führungsgremiums („Magistrat", Gemeindevorstand) gebunden ist) Magistratsverfassung**

210 **Kollegiale Gremien** im Bereich der Leitung der Gemeinde finden sich auch nach der
niedersächsischen Gemeindeordnung in dem **„Verwaltungsausschuß"** (§§ 56 ff. GO)
und im rheinland-pfälzischen **„Stadtvorstand"** (§§ 57 ff. GO). Der nds. „Verwaltungsausschuß" hat zwar geringere Kompetenzen als ein Magistrat; er ist aber ähnlich konstruiert. Der Stadtvorstand in Rheinland-Pfalz hat demgegenüber geringere
Kompetenzen.

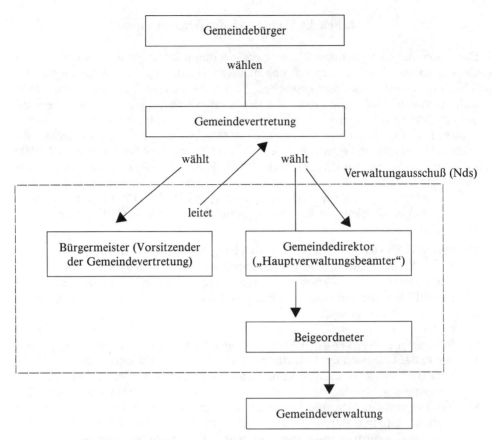

Gemeindeverfassung entsprechend der Norddeutschen Ratsverfassung

3. Typen der Gemeindeverfassungen

Es fehlt nicht an Versuchen, die verschiedenen kommunalverfassungsrechtlichen Systeme zu ordnen und verschiedenen Typen zuzuweisen. Inwieweit diese Versuche letztlich für die Lösung praktischer Rechtsprobleme fruchtbar sind, mag hier dahingestellt bleiben. Aufschlußreich sind diese Bemühungen insoweit, als sie einen Vergleich unterschiedlicher kommunalverfassungsrechtlicher Systeme erst ermöglichen. Weiterhin sind sie Voraussetzung für die Frage, ob eines der Regelungskomplexe unter diesen oder jenen tatsächlichen Bedingungen als vorzugswürdig erscheint. Schließlich erlauben solche Vergleiche zusammen mit empirischen Untersuchungen eine Antwort auf die Frage, in welchem Umfang das gesetzte Recht angesichts von Notwendigkeiten der Praxis ergänzt wird durch (teilweise ungeschriebene) Regelungsbestandteile, die in der Wirklichkeit nicht nur die kommunalrechtlichen Verfassungssysteme einander näherbringen, sondern darüber hinaus eine **Zuständigkeitsverschiebung** im Spannungsfeld der kommunalverfassungsrechtlich legitimierten Organe bewirkt. **211**

4. Bezirks- und Ortschaftsverfassungen

212 Das kommunale Verfassungsrecht wird ergänzt durch Regelungen, die weitere (Teil-) Organe entsprechend der verwaltungsmäßigen Gliederung des Gemeindegebietes (obligatorisch oder fakultativ) vorsehen. Es handelt sich hierbei um die **Bezirksverwaltungen** von Großstädten sowie die **Ortsschaftsverwaltungen** in kleinen Gemeinden. Bezirksverwaltungen sind erforderlich, um die Verwaltung bürgernäher zu gestalten; man wird ihren Sinn einsehen, wenn man bedenkt, daß z. B. die sechs obligatorischen **Stadtbezirke** gem. § 55 Abs. 3 Nds GO bei einer Großstadt von 240 000 Einwohnern immerhin noch (durchschnittlich) 40 000 Einwohner aufweisen. Für die Ortschaftsverwaltung dürfte in erster Linie der Wunsch im Vordergrund gestanden haben, den Verlust an bürgerschaftlicher Betätigungs- und Einflußmöglichkeit infolge der Kommunalgebietsreform (Verminderung der Anzahl der Gemeindevertretungen!) auszugleichen.

Die **Bezirks-** und **Ortsverwaltung** kann sich lediglich auf Tätigkeiten der Verwaltung im engeren Sinne befassen; sie kann darüber hinaus aber auch die Ebene der Vertretung einbeziehen, indem — analog der Gemeindevertretung — ehrenamtliche Gremien gebildet werden, die zur Mitwirkung an der Verwaltungstätigkeit in dem jeweiligen Teilbereich befugt sind.

213 Die Bildung von Bezirken ist teilweise zwingend vorgeschrieben; teilweise ist ihre Bildung in das Ermessen der Gemeindevertretung gestellt. Die ehrenamtliche Ebene kann dabei entweder durch **Bezirksausschüsse** ausgestaltet werden, die von der Gemeindevertretung bestellt werden; oder aber es werden Bezirksvertretungen **(Bezirksbeiräte)** von der Gemeindevertretung aus dem Kreise der im Gemeindebezirk wohnenden wählbaren Bürger nach jeder regelmäßigen Wahl der Gemeinderäte bestellt, und zwar aufgrund von Partei-Listen und Wählergruppen nach ihrem Stärkeverhältnis bei der vorangegangenen Wahl zur Gemeindevertretung.

214 Die Gliederung der Gemeinde in Ortschaften mit **Ortschaftsverfassung** kann durch entsprechende Regelungen der Hauptsatzung bewirkt werden. Hierbei ist vorgesehen, daß die Mitglieder des Ortschaftsrates (Ortschaftsräte) von den in der Ortschaft wohnenden Bürgern nach den **Vorschriften** gewählt werden, die für die Wahl der Gemeindevertretung gelten.

215 Die **Zuständigkeit** der ehrenamtlichen Organe in der Bezirks- und Ortschaftsebene erschöpft sich in der Regel in Beratungen und Vorschlägen; es können aber auch in engen Grenzen **Haushaltsmittel** und Entscheidungen übertragen werden. Das Problem einer solchen Verfassung liegt darin, daß die dort tätigen **Bediensteten** u. U. einer doppelten Weisung unterliegen, nämlich sowohl durch die Zentrale der Verwaltung als auch durch dezentrale Beschlußgremien[274].

Die Aufgaben der Bezirksvertretungen sind teilweise genau geregelt[275].

---

274 *Thieme* Hb. 1, S. 147.
275 Vgl. z. B. § 13 b NW GO.

Literatur:

Beiträge zu den verschiedenen Kommunalverfassungs-Systemen von *Becker/Schneider, Berg, Dreibus, Heise, Machalet, Seele, Schleberger, Schneider, Wehling* und *Wiese,* in: Handbuch der kommunalen Wissenschaft und Praxis, 2. Aufl., Bd. 2, 1982, S. 197 ff.; *Seewald,* Probleme der Optimierung des kommunalen Verfassungsrechts, 1978.

Übungsfälle: *v. Mutius:* Grundfälle . . ., Jus 1978, S. 537 ff., Jus 1979, S. 37 ff. (Fälle 34—38), S. 180 ff. (Fälle 39—43); *Erbel:* öffentlich-rechtliche Klausurenlehre mit Fallrepetitorium, Bd. II, 1981, S. 485 ff. (Fall 19); Aufg. 7 der 1. jur. Staatsprüfung 1973/I, BayVBl. 1975 S. 280, 313 ff.; Aufg. 7 der 1. jur. Staatsprüfung 1974/I, BayVBl. 1976, S. 733, 765 f.

VI. Die Finanzierung der gemeindlichen Aufgaben; die wirtschaftliche Betätigung der Gemeinden

In ihrem Teil „Gemeindewirtschaft" regeln die Gemeindeordnungen weitgehend **216** übereinstimmend die „**Haushaltswirtschaft**", die Gegenstände „Sondervermögen, Treuhandvermögen", die „wirtschaftliche Betätigung und privatrechtliche Beteiligung" der Gemeinden sowie das „Rechnungs- und Prüfungswesen". In ihrer Gesamtheit betreffen diese Bestimmungen den dem Begriff der „Finanzhoheit" zuzuordnenden Teil der Selbstverwaltung, bei dem es um die eigenverantwortliche Haushaltsführung, Rechnungslegung und Vermögensverwaltung einschließlich der selbständigen Erschließung von **Einnahmen** geht sowie um die Entscheidungen über die Verwendung der zur Verfügung stehenden **Finanzmittel**. Einerseits gehört diese Finanzhoheit wesensmäßig zur gemeindlichen Selbstverwaltung; andererseits ist die Gemeinde auch insoweit eingebunden in vordringliche Belange des Landes und des Bundes, die seit jeher dadurch gewahrt werden konnten, daß wesentliche finanzielle Maßnahmen einer staatlichen **Genehmigung** unterlagen. Zu den herkömmlich bestehenden finanziellen Restriktionen sind in jüngerer Zeit insbesondere die Instrumente der „Globalsteuerung" hinzugekommen; so sind durch § 16 StabG auch die Gemeinden ausdrücklich an die Erfordernisse des gesamtwirtschaftlichen Gleichgewichts gebunden; ist dieses Gleichgewicht gestört, so können **Kreditbeschränkungen** („Schuldendeckel-VOen") angeordnet werden[276].

Der **Finanzbedarf** der Gemeinde ergibt sich aus den durch **Gesetz** auferlegten Aufgaben sowie den freiwillig übernommenen Aufgaben zur Verbesserung der **Daseinsvorsorge**. Die Gemeinde hat die zur Erfüllung ihrer Aufgaben erforderlichen Einnahmen zu beschaffen und hat hierfür eine Vielzahl von Einnahmemöglichkeiten: Erträgnisse ihres (Grund- und Kapital-)Vermögens; Betriebsüberschüsse, Beiträge für gemeindliche Einrichtungen; Verwaltungsgebühren, Gebühren oder privatrechtliche Entgelte für die Benutzung von öffentlichen Einrichtungen; Konzessionsabgaben; eigene Steuereinnahmen; staatliche Finanzzuweisungen; Aufnahme von Krediten.

Dieses Finanzierungs-„System" soll u. a. den Gemeindeangehörigen die Befriedigung ihrer Ansprüche unabhängig von der Finanzkraft ihrer Wohnsitzgemeinde ermöglichen, ohne daß dafür wesentlich unterschiedlich hohe **Abgaben** gezahlt wer-

---

276 §§ 19 ff. StabG.

Aufgabenbereich	Flächen-länder insgesamt	Schleswig-Holstein	Nieder-sachsen	Nordrhein-Westfalen	Hessen	Rheinland-Pfalz	Baden-Württem-berg	Bayern	Saarland
					DM/Einwohner				
Politische Führung und zentrale Verwaltung	203	199	205	220	214	210	214	160	217
Öffentliche Sicherheit und Ordnung	50	55	55	51	59	40	47	43	52
Schulen	225	203	236	215	230	201	255	223	158
Sonst. Bildungswesen, wiss. Forschung	49	37	57	57	50	48	25	54	24
Kulturelle Angelegenheiten	42	33	26	50	49	33	47	38	16
Soziale Sicherung	373	257	418	479	400	252	353	262	256
Gesundheitswesen (einschl. Krankenhäuser)	31	55	24	27	31	12	22	51	25
Sport und Erholung	89	81	74	90	87	79	119	77	94
Straßen	131	121	115	139	102	111	113	169	108
Sonstige	71	36	28	63	8	59	100	132	26
Insgesamt	1 262	1 079	1 237	1 392	1 228	1 045	1 296	1 210	977

– Differenzen in den Summen sind rundungsbedingt.

Eigene Zusammenstellung und Berechnungen nach Angaben des Statistischen Bundesamtes.

Kommunale Finanzbedarfe nach Aufgabenbereichen in den Flächenländern 1983
(Quelle: Der Städtetag 1986, S. 110)

den müssen. Dieser Notwendigkeit einer Angleichung der Belastung für die Bürger dient in erster Linie der **staatliche Finanzausgleich** durch Zuweisung allgemeiner und zweckgebundener Mittel; das führt allerdings dazu, daß die Eigenverantwortlichkeit der Gemeinden insoweit erheblich eingeschränkt wird. Vertragliche Regelungen zwischen der Gemeinde und ihren in privater Rechtsform geführten Stadtwerken, die lediglich zur Umgehung von Zuwendungsbestimmungen geschlossen werden, sind zuwendungsrechtlich unbeachtlich[277].

Ob es richtig ist, daß insbesondere die staatliche Steuergesetzgebung letztlich auf eine finanzielle „Austrocknung" der Gemeinden hinzielt, mag hier dahingestellt bleiben; der chronische Geldmangel der Gemeinden (erhebliche **Pro-Kopf-Verschuldung**; Mangel an frei verfügbaren Geldmitteln) trifft die Selbstverwaltung jedenfalls in ihrem Kern. Dabei darf nicht übersehen werden, daß manche Gemeinde in der Vergangenheit **Investitionen** getätigt hat, deren personelle und sächliche **Folgekosten** ihre finanziellen Möglichkeiten letztlich offenbar überschreiten; insoweit haben Gemeinden wohl auch selbst zur Reduzierung ihres Gestaltungsspielraumes beigetragen.

1. Gebühren und Beiträge (spezielle Entgelte)

Gebühren und **Beiträgen** ist gemeinsam, daß sie die Einwohner (oder Benutzer) von **217** Einrichtungen zu Entgelten zwingen, denen besondere Vorteile erwachsen (**Vorteilsausgleich,** „spezielle Entgeltlichkeit"[278]). Nach den entsprechenden Bestimmungen der Kommunalabgabengesetze der Länder sind Gebühren „Geldleistungen, die als Gegenleistung für eine besondere Leistung — **Amtshandlung** oder sonstige Tätigkeit — der Verwaltung (**Verwaltungsgebühren**) oder für die Inanspruchnahme öffentlicher Einrichtungen und Anlagen (**Benutzungsgebühren**) erhoben werden"; Beiträge sind Geldleistungen, „die dem Ersatz des Aufwandes für die Herstellung, Anschaffung und Erweiterung öffentlicher Anlagen und Einrichtungen . . ., jedoch ohne die laufende Unterhaltung und Instandsetzung, dienen". Der Vorteil besteht also bei Gebühren in der tatsächlichen Inanspruchnahme, bei Beiträgen in der bloßen Möglichkeit der Inanspruchnahme (abstrakter Vorteil).

Für die Bemessung von Gebühren gilt das „**Äquivalenz-Prinzip**"; danach müssen Gebühr und tatsächlicher Wert der in Anspruch genommenen Sonderleistung einander entsprechen[279]. Die **Einnahmen** aus Gebühren und Beiträgen machten im Jahre 1979 für die Gemeinden 26,1 Mrd. DM (19,74 % der Gesamtaktiva) aus[280]. Es erscheint fraglich, ob in allen Aufgabenbereichen der Gemeinde die uneingeschränkte Verwirklichung des „Äquivalenz-Prinzips" insbesondere aus sozialpolitischen Erwägungen praktisch vertretbar ist[281].

---

277 BW VGH StT 1981, S. 29 f.
278 Vgl. oben B.3.1.2.
279 Vgl. BVerfGE 20, S. 257 ff., 270; BVerwGE 13, S. 214 ff., 222 f.; 26, 305 ff., 308 ff.
280 *Schmidt-Jortzig,* Rdnr. 800.
281 Vgl. oben Rdnr. 162.

2. Privatrechtliche Erträge und Entgelte

218 Zu dieser Einnahmen-Gruppe gehören die sogenannten **Vermögenserträge,** nämlich die Erträge aus dem „Anlagevermögen" (**Nutzungseinnahmen wie** Mieten, Pachten, Gewinne der wirtschaftlichen Unternehmen[282] und aus dem Finanzvermögen (Rücklageentnahmen). Weiterhin ergeben sich privatrechtliche Erträge aus Vermögensveräußerungen, die unter bestimmten Voraussetzungen zulässig sind. Schließlich zählen hierzu die **Entgelte** aus weiteren zivilrechtlichen Geschäften (z. B. aus Konzessions-Verträgen).

3. Steuern

219 Zur Erfüllung ihrer Aufgaben haben die Gemeinden insbesondere auch das Recht auf Erschließung eigener Steuerquellen (**Steuerhoheit**). Strittig ist, ob damit gesagt ist, daß die Gemeinden aus eigenem Recht Steuern erfinden und erheben können oder ob es ihnen lediglich freisteht, in welchem Umfang sie von den ihnen durch Landesgesetz eingeräumten Steuerquellen Gebrauch machen[283].

a) Realsteuern (Grundsteuer und Gewerbesteuer)

220 Die **Grundsteuer** wird für bebaute Grundstücke und für die nicht befreiten land- und forstwirtschaftlichen Betriebe erhoben, die im Gemeindegebiet gelegen sind (§§ 2—8 GrStG). Besteuerungsgrundlage ist der sog. „Einheitswert".

Früher war die **Grundsteuer** die Haupteinnahmequelle der Gemeinden; ihre Bedeutung ist jedoch stark zurückgegangen; insbesondere würde ihre Erhöhung insoweit als unsozial empfunden werden, als sie abgewälzt werden kann (z. B. auf Lebensmittel- oder Mietpreise).

221 Der **Gewerbesteuer** unterliegen die stehenden Gewerbebetriebe, wobei der Gewerbeertrag und das Gewerbekapital (sowie mit Zustimmung der Landesregierung die Lohnsumme) besteuert werden.

Die Gewerbesteuer hat sich als die **ertragsreichste Gemeindesteuer** erwiesen; sie führt im Hinblick auf die Steuerkraft von Gemeinden zu erheblichen Unterschieden zwischen Wohn- und Landgemeinden einerseits und gewerbereichen Gemeinden andererseits. Die Erzielung eines hohen Gewerbesteueraufkommens hat zuweilen die gemeindlichen Planungen unangemessen stark bestimmt. Gewerbesteuerausgleichsbeträge, die von den „Betriebsgemeinden" an die Wohngemeinden (aus denen die sog. Pendler stammen) gezahlt worden sind, haben die aufgetretenen Mißstände nicht beseitigen können.

---

282 Vgl. hierzu unten B. VI. 5.
283 Vgl. oben Rdnr. 159.

Gem. Art. 106 Abs. 6 Satz 4 u. 5 GG, § 6 Abs. 2 GemFinRefG werden Bund und Länder an dem Aufkommen der Gewerbesteuer durch die sog. **Gewerbesteuerumlage** beteiligt.

Die **Realsteuern** werden von den (staatlichen) **Finanzämtern** und den Gemeinden arbeitsteilig festgelegt: Die Finanzämter stellen die sog. Steuermeßbeträge fest; die Gemeinden bestimmen in ihrer Haushaltssatzung jeweils für ein Rechnungsjahr die sog. Hebesätze, ermitteln die Jahresbeträge der Steuerpflichtigen und ziehen diese ein. **222**

b) Örtliche Verbrauchs- und Aufwandssteuern

Gem. Art. 106 Abs. 6 GG steht das Aufkommen der „**örtlichen Verbrauchs- und Aufwandssteuern**" den Gemeinden oder nach Maßgabe der Landesgesetzgebung den Gemeindeverbänden zu. Begrifflich handelt es sich hierbei um Steuern, deren Steuertatbestand nicht nur im Gebiet der Gemeinde (des Steuerhoheitsträgers) verwirklicht wird, sondern deren unmittelbare Wirkungen sich auch in dem Gebiet dieser Gemeinde erschöpfen[284]. Sie dürfen im übrigen bundesrechtlich geregelten Steuern nicht gleichartig sein[285]. **223**

Nach Art. 105 Abs. 2a GG haben die Länder die Befugnis zur Gesetzgebung über die örtlichen Verbrauchs- und Aufwandssteuern. Die Länder haben den Gemeinden z. B. folgende Steuern zur Ausschöpfung durch eine entsprechende Ortssatzung überlassen: Die **Vergnügungssteuer**, deren Gegenstand Vergnügungen im Gemeindegebiet sind (z. B. Tanzveranstaltungen gewerblicher Art, sportliche Veranstaltungen, an denen Berufssportler mitwirken, Spielclubs, die Vorführung nicht als „wertvoll" anerkannter Filme, das Halten von Musik- und Geschicklichkeitsautomaten); die **Hundesteuer**; die **Getränkesteuer** (Schankverkehrssteuer), durch die die entgeltliche Abgabe bestimmter Getränke in Gast- und Schankwirtschaften zum Verzehr an Ort und Stelle besteuert wird; kreisfreie Gemeinden und Landkreise können zusätzlich die Schankerlaubnissteuer, die Jagdsteuer sowie Zuschläge zur Grunderwerbsteuer erheben.

Als einzige Gemeinde der Bundesrepublik Deutschland kann **Helgoland** auch **Zölle** erheben[286].

c) Einkommensteuer (Anteil)

Die ertragreichste Finanzquelle der Gemeinden ist ihr Anteil an der **Einkommensteuer**, die gem. Art. 106 Abs. 3 Satz 1 dem Bund und den Ländern gemeinsam zusteht **(Gemeinschaftssteuer)** und nach Art. 106 Abs. 5 GG zu einem bestimmten Anteil von den Ländern an ihre Gemeinden auf der Grundlage der Einkommensteuer- **224**

---

284 Vgl. BVerfGE 16, S. 306 ff., 317 ff.
285 Art. 105 Abs. 2 a GG.
286 BundesG vom 17. 11. 1959.

Jahr	Bund[2]	Länder[2]	Gemeinden (Gv)[3]		EG	Insgesamt
			insgesamt	darunter: Kreisfreie Städte[3]		
			Mrd. DM			
1977	144,00	104,13	42,29	21,24	7,86	298,29
1978	154,08	111,58	43,67	21,71	8,84	318,17
1979	166,15	121,28	45,21	22,05	10,14	342,78
1980	176,14	126,88	51,30	23,95	10,62	364,93
1981	180,47	127,66	50,01	22,96	12,20	370,34
1982	183,11	131,86	51,04	23,03	12,59	378,59
1983	190,28	138,61	53,80	24,31	13,83	396,51
1984	197,21	145,53	57,10	26,21	14,74	414,57
1985	207,40	154,80	61,45	28,10	15,35	439,00
1986	211,80	162,30	64,05	29,20	19,15	457,30
			+/−%			
1978	+ 7,0	+ 7,2	+ 3,3	+ 2,2	+ 12,5	+ 6,7
1979	+ 7,8	+ 8,7	+ 3,5	+ 1,6	+ 14,7	+ 7,7
1980	+ 6,0	+ 4,6	+13,5	+ 8,6	+ 4,7	+ 6,5
1981	+ 2,5	+ 0,6	− 2,5	− 4,1	+ 14,9	+ 1,5
1982	+ 1,5	+ 3,3	+ 2,1	+ 0,3	+ 3,2	+ 2,2
1983	+ 3,9	+ 5,1	+ 5,4	+ 5,6	+ 9,8	+ 4,7
1984	+ 3,6	+ 5,0	+ 6,1	+ 7,8	+ 6,6	+ 4,6
1985	+ 5,2	+ 6,4	+ 7,6	+ 7,2	+ 4,1	+ 5,9
1986	+ 2,1	+ 4,8	+ 4,2	+ 3,9	+ 24,8	+ 4,2
1977 bis 1986	+47,1	+55,9	+51,5	+37,5	+143,6	+53,3
			Anteil an den Steuereinnahmen insgesamt in v. H.			
1977	48,3	34,9	14,2	7,1	2,6	100
1978	48,4	35,1	13,7	6,8	2,8	100
1979	48,5	35,4	13,2	6,4	3,0	100
1980	48,3	34,8	14,1	6,6	2,9	100
1981	48,7	34,5	13,5	6,2	3,3	100
1982	48,4	34,8	13,5	6,1	3,3	100
1983	48,0	35,0	13,6	6,1	3,5	100
1984	47,6	35,1	13,8	6,3	3,6	100
1985	47,2	35,3	14,0	6,4	3,5	100
1986	46,3	35,5	14,0	6,4	4,2	100

[1] Für 1985 und 1986 Schätzung des Arbeitskreises „Steuerschätzungen" vom 11./12. 11. 1985; für Kreisfreie Städte Schätzung des Deutschen Städtetages. – [2] Ergänzungszuweisungen beim Bund ab- bzw. bei den Ländern zugesetzt. – [3] Einschl. Gemeindesteuern der Stadtstaaten. – Differenzen in den Summen sind rundungsbedingt.

Eigene Berechnungen und Schätzungen nach Angaben des Statistischen Bundesamtes und des BMF.

Entwicklung der Steuereinnahmen von Bund, Ländern, Gemeinden (GV) und EG 1977 bis 1986[1]

(Quelle: Der Städtetag 1986, S. 94)

leistungen ihrer Einwohner weiterzuleiten ist. Das Nähere bestimmt das GemFin-RefG; danach stehen den Gemeinden 15 % (bis 31. 12. 1979: 14 %) des Gesamtaufkommens an **Lohnsteuer** und Einkommensteuer zu. Im Jahre 1978 betrug der Aufkommensanteil insgesamt 17,57 Mrd. DM (13,9 % der Gesamteinnahmen)[287].

d) Finanzzuweisungen

Gem. Art. 106 Abs. 7 GG fließt den Gemeinden und den Gemeindeverbänden insge-   **225**
samt ein von der Landesgesetzgebung zu bestimmender Hundertsatz von dem Länderanteil am Gesamtaufkommen der Gemeinschaftssteuern (Einkommensteuer, Körperschaftssteuer und Umsatzsteuer) zu. Im übrigen bestimmt die Landesgesetzgebung, ob und inwieweit das Aufkommen der Landessteuer den Gemeinden (Gemeindeverbänden) zufließt. Diese „Steuerverbundmasse" und ggf. noch weitere Landesmittel werden durch die **Finanzausgleichsgesetze** der Länder auf die einzelnen Gemeinden (und Gemeindeverbände) verteilt, und zwar in Form allgemeiner Finanzzuweisungen und zweckgebundener Finanzzuweisungen. Durch diesen Steuerverbund wird die Aufgabengemeinschaft von Staat und Gemeinden durch eine „finanzielle Schicksalsgemeinschaft"[288] ergänzt.

Die Verwendung der **„allgemeinen Finanzzuweisungen"** (**„Dotationen"**) steht im Be-   **226**
lieben der Gemeinde. Im einzelnen handelt es sich hierbei um die **„Schlüsselzuweisungen"**, deren Höhe sich an der eigenen Steuerkraft der Gemeinde sowie der durchschnittlichen Ausgabenbelastung orientiert; weiterhin gibt es die **Bedarfszuweisungen**, die bei „spezieller Finanznot"[289] und auf Antrag gewährt werden, z. B. zur Abdeckung von Rechnungsfehlbeträgen. Weiterhin werden Kopfbeträge für die Wahrnehmung der Auftrags- und Weisungsangelegenheiten („Zuweisungen zu den Aufgaben der Fremdverwaltung") zugeteilt, die allerdings nicht die tatsächlich entstandenen Kosten für diese Verwaltungstätigkeit abdecken.

Dieser (vertikale) Finanzausgleich jeweils zwischen einem Bundesland und seinen   **227**
Gemeinden ist so bemessen, daß zusätzlich ein finanzieller Lastenausgleich innerhalb der Landkreise erforderlich ist[290].

Für bestimmte Vorhaben werden den Gemeinden von ihrem Land „zweckgebundene   **228**
Finanzzuweisungen" (**Zweckzuweisungen**, **„Subsidien"**) gewährt, z. B. für Schul- und Straßenbau, für Einrichtungen des Feuerschutzes, zur Krankenhausfinanzierung, für den Rettungsdienst.

Damit sollen ganz bestimmte Aufgaben in meist näher bestimmter Weise erfüllt werden, und es ist offensichtlich, daß damit die Gemeinde in ihrer Investitionstätigkeit gesteuert werden soll. Die damit verbundenen Gefahr für die eigenverantwortliche Tätigkeit der Gemeinden wird in der Regel dadurch erhöht, daß die zur Verfügung stehenden Mittel häufig nach dem **Prioritätsprinzip** vergeben werden („**Windhund-**

---

287 *Schmidt-Jortzig*, Rdnr. 770.
288 *Wolff-Bachof* II § 86 VII d 5.
289 *Schmidt-Jortzig*, Rdnr. 785.
290 BVerwG DVBl. 1958, S. 619.

verfahren"). Darüber hinaus decken die Zweckzuweisungen meist nicht die gesamten Kosten des betreffenden Projektes ab; vielmehr müssen auch Eigenmittel bereitgestellt werden (sog. Interessenquote). Weiterhin werden diese Zuweisungen mit einer Reihe von **Auflagen** verbunden, die dem Staat eine im übrigen nicht gegebene Einwirkungsmöglichkeit verschaffen. Schließlich ist nicht gewährleistet, daß die Gemeinden in der Lage sind, auch die Folgekosten (die zumeist von der Gemeinde selbst zu tragen sind) aufzubringen.

229 Gem. Art. 104a Abs. 3 und 106 Abs. 7 GG ist auch der **Bund** von Verfassungs wegen zu eigenen Finanzzuweisungen an die Kommunen befugt[291]. Der Bund tritt hierbei allerdings nur als Geldgeber, nicht auch als unmittelbarer Verteiler der Gelder auf; er darf Bedingungen und Auflagen nur festlegen, als das zur verfassungsmäßigen Zweckerreichung erforderlich ist (sog. **Bezüglichkeitsgebot**[292]).

230 Insgesamt erbrachten die staatlichen Finanzzuweisungen an die Gemeinden im Jahre 1979 37,8 Mrd. DM an Einnahmen; sie waren damit nach den Steuern mit knapp 30 % die zweitgrößte Einnahmequelle[293]. Es ist verständlich, wenn angesichts der damit faktisch eröffneten Einwirkungsmöglichkeiten auf die Tätigkeit der Gemeinden verfassungsrechtliche Bedenken an der Zulässigkeit zweckgebundener Finanzzuweisungen erhoben werden[294].

4. Kreditaufnahmen

231 Die Gemeinde darf **Kredite** nur aufnehmen, wenn eine andere Finanzierung nicht möglich ist oder wirtschaftlich unzweckmäßig wäre, wenn sie für **Investitionen,** Investitionsförderungsmaßnahmen oder zur Umschuldung aufgenommen werden, und wenn die Verpflichtungen aus dem Kredit mit der dauernden **Leistungsfähigkeit** der Gemeinde in Einklang stehen. Der Gesamtbetrag der vorgesehenen Kreditaufnahmen bedarf im Rahmen der Haushaltssatzung der Genehmigung der Aufsichtsbehörde (Gesamtgenehmigung). Da die Gemeinde zur Sicherung des Kredits keine Sicherheiten bestellen darf, und insbesondere bei zurückgehender Wirtschaftstätigkeit die Gemeinden nach den Grundsätzen der „antizyklischen Haushaltspolitik" trotz zurückgehender Einnahmen weiterhin (oder gar zusätzlich) investieren sollen, ist diese kommunalrechtliche Hemmschwelle verhältnismäßig schwach.

Literatur:

Wolff/Bachof: Verwaltungsrecht II, 4. Aufl. 1976, § 86 VII d; *Ganser:* Kommunales Finanzsystem im Widerspruch zu Stadtentwicklung und Raumordnung, DÖV 1979, S. 8 ff.; *Kirchhof:* Der Finanzausgleich als Grundlage kommunaler Selbstverwaltung, DVBl. 1980, S. 711 ff.; *Elsner:* Gemeindehaushalte, Konjunktur und Finanzreform, 1978; *Patzig:* Der kommunale Finanzausgleich im Zeichen der Konsolidierung der Länderhaushalte, DVBl. 1985, S. 137 ff.

---

291 Vgl. hierzu BVerfGE 26, S. 172 ff., 181; 39, S. 96 ff., 107 ff.; 41, S. 271 ff., 304 ff.
292 Vgl. BVerfGE 39, S. 96 ff., 111, 114 f., 120 f.
293 *Schmidt-Jortzig* Rdnr. 781.
294 Nachweise bei *Schmidt-Jortzig,* Rdnr. 795 Fn. 41.

5. Sonstige Einnahmen der Gemeinden aus „nichtwirtschaftlicher" und „wirtschaftlicher" Betätigung

Von den „öffentlichen Einrichtungen der Gemeinde", auf deren Benutzung die Ge- **232** meindeeinwohner einen Anspruch haben, war bereits die Rede[295]. Aus den Bestimmungen der Gemeindeordnung über die „wirtschaftliche Betätigung der Gemeinden" folgt, daß das Gemeinderecht offensichtlich zwei Kategorien öffentlicher Einrichtungen kennt, nämlich die **„nichtwirtschaftlichen"** und die **„wirtschaftlichen Einrichtungen"** („wirtschaftliche Unternehmen"). Die Betrachtung dieser öffentlichen Einrichtungen im Zusammenhang mit Fragen der Finanzierung der gemeindlichen Aufgaben erscheint deshalb angebracht, weil die damit zusammenhängenden Tätigkeiten der Gemeinden nicht nur Kosten verursachen, sondern auch Einnahmen ermöglichen; für die „wirtschaftlichen Unternehmen" sehen die Gemeindeordnungen sogar ausdrücklich vor, daß diese Einrichtungen „einen Ertrag für den Haushalt der Gemeinden abwerfen" sollen, „soweit das mit ihrer Aufgabe der Erfüllung öffentlicher Bedürfnisse in Einklang zu bringen ist"[296].

Da die Gemeindeordnungen diese Differenzierung zwischen nichtwirtschaftlichen und wirtschaftlichen Einrichtungen vornehmen und unterschiedliche **Zulässigkeitsvoraussetzungen** für diese verschiedenen Typen gemeindlicher Einrichtungen normieren, ist zunächst eine begriffliche Klärung erforderlich.

Gemeinsam ist beiden Formen kommunaler Verwaltungstätigkeit, daß es sich um organisatorisch erkennbar verselbständigte Teile der Gemeindeverwaltung handelt; es muß also ersichtlicherweise eine auf Dauer angelegte organisatorisch verfestigte Einheit, ein **Verwaltungsbereich** vorhanden sein, den man auch als **„Betrieb"** bezeichnen kann. Unerheblich ist, ob dieser Teil der Verwaltung rechtlich verselbständigt ist oder rechtlich (auch organisations-rechtlich) völlig in die Verwaltung integriert ist. Gemeinsam ist beiden Erscheinungen weiterhin, daß es auf eine nähere, auch faktisch-organisatorische Ausgestaltung nicht ankommt. Eine weitere Gemeinsamkeit besteht in der „Öffentlichkeit" der Einrichtungen. Das gilt auch für die „wirtschaftlichen" Unternehmen; denn die Gemeinden dürfen diese nur errichten, übernehmen oder wesentlich erweitern, wenn — neben anderen Voraussetzungen — der **„öffentliche Zweck"** das Unternehmen rechtfertigt[297].

Für beide Typen gemeindlicher Einrichtungen (Betriebe, Unternehmen) gilt neben **233** der Freiheit hinsichtlich der Wahl der Organisations- und Handlungsform der Grundsatz, daß die Gemeindeverwaltung auch insoweit „wirtschaftlich und sparsam" arbeiten muß. Dieser Grundsatz, der ebenso für das Bundes- und Landesrecht gilt (vgl. §§ 6 Abs. 1 HGrG, 7 Abs. 1 BHO sowie die betreffenden Bestimmungen in den Landeshaushaltsordnungen), wird in allen Gemeindeordnungen bei den haushaltsrechtlichen Bestimmungen normiert; in manchen Gesetzen wird er zusätzlich als grundlegendes Prinzip der Gemeinde-(Kreis-)verfassung festgelegt. Die Einhaltung dieses Rechtsgrundsatzes unterliegt der **Kommunalaufsicht**[298]. Angesichts des

---

295 S. o. Rdnr. 145 ff.
296 So z. B. § 114 Abs. 1 Nds GO; Art. 94 Abs. 1 Bay GO.
297 Vgl. z. B. § 108 Abs. 1 Nr. 1 Nds GO; Art. 89 Abs. 1 Nr. 1 Bay GO.
298 RhPf OVG AS 13, S. 412 ff., 413; DVBl. 1980, S. 767 ff., 768.

Selbstverwaltungsrechts der Gemeinde und des damit wesensmäßig eingeräumten Gestaltungsspielraumes kann die Rechtsaufsicht nur dann eingreifen, wenn gemeindliche Maßnahmen „mit den Grundsätzen vernünftiger Wirtschaft schlechterdings unvereinbar" sind[299].

234 Was das Wesentliche der „wirtschaftlichen" Unternehmen ist, wurde bereits in der Ausführungsanweisung zu § 67 DGO wie folgt ausgeführt: „Einrichtungen und Anlagen, die auch von einem Privatunternehmen mit der Absicht der **Gewinnerzielung** betrieben werden können." Das ist wohl regelmäßig der Fall bei der **Produktion oder Veräußerung von Gütern** sowie der Erbringung von **Dienstleistungen** gegen Entgelt. Dieses Abgrenzungskriterium ist nach wie vor maßgebend; im einzelnen ist manches umstritten[300]. Danach gehört also zum Begriff des „wirtschaftlichen" Unternehmens lediglich die Möglichkeit einer Gewinnerzielung für den Fall, daß ein derartiges Unternehmen von einem Privatmann betrieben würde; nicht begriffswesentlich ist die tatsächliche **Entgeltlichkeit** von Lieferungen und Leistungen oder gar die tatsächliche Erzielung von Gewinnen.

Die Problematik einer derartigen Tätigkeit von Gemeinden wird bereits angesichts dieser Definition ersichtlich. Es ist ja offensichtlich so, daß die Gemeinden grundsätzlich wie Privatunternehmer tätig werden können; und grundsätzlich muß sich dabei die Gefahr ergeben, daß die Gemeinde mit privaten Unternehmern der gleichen Branche konkurriert und aus verschiedenen Gründen **Wettbewerbsvorteile** erlangen kann. Problematisch muß es überdies erscheinen, wenn ein privater Unternehmer die gleiche Gemeinde mit Steuerzahlungen finanziert, die ihm gegenüber als Konkurrent auftritt. Gemeindliche Wirtschaftsunternehmen dürfen „keine wesentliche Schädigung und keine Aufsaugung selbständiger Betriebe in Landwirtschaft, Handel, Gewerbe und Industrie bewirken"[301]. Der private Unternehmer kann gegen die Gemeinde eine „Konkurrentenklage" (allgemeine Leistungsklage) auf Unterlassung der wirtschaftlichen Betätigung erheben, und zwar unabhängig von der Rechtsform, in der die Gemeinde das betreffende Unternehmen betreibt[302]. Unter diesem Gesichtspunkt muß man die Bestimmungen der Gemeindeordnungen über die „wirtschaftliche Betätigung der Gemeinden" würdigen.

a) Die nichtwirtschaftliche Betätigung der Gemeinden

235 Nach dem bisherigen Gesagten ist für die nichtwirtschaftlichen Einrichtungen der Gemeinden wesentlich, daß sie von einem Privatunternehmen nicht betrieben werden könnten, weil sie grundsätzlich **keine Aussicht auf eine Gewinnerzielung** versprechen. Daraus folgt u. a., daß die gelegentlich zu hörende Kritik an öffentlichen Einrichtungen mit dem Hinweis darauf, daß diese (anders als „die Privatwirtschaft") nicht kostendeckend arbeite, einer vernünftigen Grundlage entbehrt; entsprechend müssen insoweit auch Bemühungen sein, Tätigkeiten der öffentlichen Verwaltung zu

---

299 RhPf OVG AS 13., S. 412 ff., 414.
300 Nachweise bei *Schmidt-Jortzig,* Rdnr. 665 Fn. 27.
301 So Art. 89 Abs. 2 Bay GO.
302 Bay VGH Bay VBl. 1976, S. 628 ff.

privatisieren[303]. Damit ist selbstverständlich nicht gesagt, daß die Verwaltung ihre Aufgaben nicht effektiv (der angestrebte Zweck muß erreicht werden) und effizient (unter möglichst geringem Mitteleinsatz im Verhältnis von Aufwand und Mittel) erledigen muß.

Spezielle Zulässigkeitsvoraussetzungen für öffentliche Einrichtungen enthalten die Gemeindeordnungen nicht. Allerdings werden einige vom Gesetzgeber offenbar als ihrem Wesen nach an sich als „wirtschaftliche" Unternehmen zu bewertende Einrichtungen als **nichtwirtschaftliche Unternehmen** fingiert, nämlich alle Unternehmen, zu denen die Gemeinde gesetzlich verpflichtet ist sowie Einrichtungen des Unterrichts-, Erziehungs- und Bildungswesens, der körperlichen Ertüchtigung, der Kranken-, Gesundheits- und Wohlfahrtspflege[304]. Eine gewisse Sonderstellung haben diese als nichtwirtschaftlich geltenden Unternehmen insoweit, als ihre Führung **Verordnungsregelungen** unterworfen werden kann, denen zufolge die Unternehmen dann ganz oder teilweise nach kaufmännischen Gesichtspunkten geführt werden können oder geführt werden müssen[305].

b) Betätigung der Gemeinden durch „wirtschaftliche Unternehmen"

aa) **Die Zulässigkeitsvoraussetzungen für „wirtschaftliche Unternehmen":** Wie bereits gesagt, muß „der öffentliche Zweck das Unternehmen rechtfertigen"; weiterhin muß ein Unternehmen nach Art und Umfang in einem angemessenen Verhältnis zur **Leistungsfähigkeit** der Gemeinde und zum **voraussichtlichen Bedarf** stehen; schließlich darf der öffentliche Zweck des Unternehmens nicht besser und wirtschaftlicher durch einen anderen (privaten Unternehmer) bereits erfüllt werden oder zumindest erfüllt werden können[306]. Insbesondere die Frage, wann ein **„öffentlicher Zweck"** gegeben ist, läßt sich im einzelnen schwierig beantworten. Sicher dürfte nur sein, daß die Erzielung von Gewinnen — auch wenn sie den **Gemeindehaushalt** entlasten oder andere (dringende) Gemeindeaufgaben finanzieren — allein kein öffentlicher Zweck im Sinne dieser Vorschrift ist[307]. Daß das Erwerbsstreben nicht in dem Begriff der öffentlichen Zweckbindung enthalten ist, ergibt sich im übrigen auch aus der besonderen Vorschrift der Gemeindeordnung, derzufolge die wirtschaftlichen Unternehmen einen Ertrag für den Gemeindehaushalt abwerfen sollen, soweit dadurch die Erfüllung des öffentlichen Zweckes nicht beeinträchtigt wird[308].

236

In der Rechtsprechung ist darauf hingewiesen worden, daß die Gemeinden im sozialen Rechtsstaat des Grundgesetzes durch ihre wirtschaftlichen Unternehmen im öffentlichen Interesse zahlreiche und vielgestaltige Aufgaben übernehmen. Mit Hin-

237

---

303 Vgl. *Brede,* Einige Aspekte der Privatisierung öffentlicher Betriebe, ZögU 1980, S. 181 ff.; *Bischoff,* Privatisierung öffentlicher Aufgaben — Ausweg aus Bürokratisierung und Finanzkrise des Staates?, VerwR 1980, S. 380 ff.
304 Vgl. z. B. § 108 Abs. 2 Satz 1 Nds GO.
305 Vgl. z. B. § 108 Abs. 3 Satz 3 Nds GO.
306 Z. B. § 108 Abs. 1 Nds GO; Art. 89 Abs. 1 Bay GO.
307 BVerwGE 39, S. 329 ff., 334; kritisch dazu *Rathjen,* DVBl. 1975, S. 649 ff.
308 So bereits schon § 72 Abs. 1 DGO; z. B. Art. 94 Bay GO.

weis auf die Vorschrift der Gemeindeordnung, das **Wohl der Gemeindeeinwohner** zu fördern, wird festgestellt, daß diese Aufgabe auch durch wirtschaftliche Betätigung erfüllt werden kann; es sei hauptsächlich den Anschauungen und Entscheidungen der maßgeblichen Organe der Gemeinde überlassen, worin sie eine Förderung des allgemeinen Wohles erblicken. Die Beurteilung des öffentlichen Zweckes sei daher der Beurteilung durch den Richter weitgehend entzogen. Im Grunde handele es sich um eine Frage sachgerechter Kommunalpolitik, die — wie jedes sinnvolle wirtschaftliche Handeln — in starkem Maße von Zweckmäßigkeitsüberlegungen bestimmt sei[309]. Weitere Beispiele aus der Rechtsprechung: Anzeigengeschäft[310], Blockeisvertrieb[311], Autokennzeichenverkauf[312], Wohnungsvermittlung[313].

238   Die weitere Voraussetzung, daß ein wirtschaftliches Unternehmen nach Art und Umfang in einem angemessenen Verhältnis zu der Leistungsfähigkeit — insoweit wiederholen die GOen die Begrenzung, die allgemein für öffentliche Einrichtungen gelten[314] — der Gemeinden und zum voraussichtlichen Bedarf stehen muß, hat ihre Wurzel in der allgemeinen **Kompetenzbegrenzung** der Gemeinden. Insbesondere muß es sich stets um eine Angelegenheit der örtlichen Gemeinschaft handeln.

Auch die Voraussetzung, daß die Bedarfsdeckung nicht besser und wirtschaftlicher durch andere Unternehmen erbracht wird oder erbracht werden könnte, ist gerichtlich ebenfalls nur begrenzt überprüfbar.

Soweit in den Gemeindeordnungen ein „dringender" öffentlicher Zweck des Unternehmens „erfordert" wird, wird man davon ausgehen müssen, daß ein wirtschaftliches Unternehmen als unerläßlich für das Leben der Bürger in der Gemeinde bewertet werden muß; eine Unterlassung oder Vernachlässigung eines derartigen wirtschaftlichen Unternehmens müßte unter diesen verschärften Voraussetzungen als gemeinwohlschädlich betrachtet werden.

239   bb) **Organisationsformen wirtschaftlicher Unternehmen.** Öffentlich-rechtlich können wirtschaftliche Unternehmen als sog. **Eigenbetriebe** organisiert sein. Dabei handelt es sich um nichtrechtsfähige Einrichtungen, die — als verwaltungsrechtlich unselbständige **öffentliche Anstalt** der Gemeinde — gegenüber der Gemeinde eine gewisse Unabhängigkeit besitzen müssen; insbesondere ist eine getrennte Beurteilung ihrer Verwaltungs- und Wirtschaftätigkeit erforderlich. Im einzelnen regeln die **Eigenbetriebsgesetze** oder -verordnungen die organisationsrechtlichen Voraussetzungen der Eigenbetriebe: Eine **„Betriebssatzung"** der Gemeinde regelt die Einzelheiten des Betriebes; eine **„Werksleitung"** wird von der Gemeinde bestellt; ein **„Werksausschuß"**, ein Ausschuß der Gemeindevertretung mit speziellen Führungs- und Kontrollzuständigkeiten im Hinblick auf den Eigenbetrieb, wird berufen; die **Haushaltsführung** ist gegenüber dem Gemeindehaushalt verselbständigt; eine kaufmännische

---

309 BVerwGE 39, S. 329 ff., 332 ff. — in diesem Falle hatte die Gemeinde einen städtischen „Bestattungsordner" mit Aufgaben betraut, die sonst von privaten Bestattungsunternehmen erfüllt werden; der öffentliche Zweck wurde bejaht.
310 BGH GRUR 1973, 530.
311 BGH DVBl. 1962, 102; 1965, 362.
312 BGH DÖV 1974, 785.
313 BVerwG NJW 1978, 1539 f.
314 Vgl. z. B. Art. 57 Abs. 1 S. 1 Bay GO.

Buchführung ermöglicht (gegenüber der kameralistischen Buchführung der Gemeinde) ein angemessenes Rechnungswesen.

An rechtsfähigen Organisationsformen stehen der Gemeinde die rechtsfähige öf- **240** fentliche Anstalt sowie die Körperschaft zur Verfügung. In der Form der rechtsfähigen öffentlichen Anstalt werden vor allem kommunale **Sparkassen** geführt — entsprechend den jeweiligen Landes-Sparkassengesetzen und den auf diesen gesetzlichen Bestimmungen beruhenden Sparkassen-Satzungen der Gemeinden. Als Körperschaft des öffentlichen Rechts kommen in der Gemeindeebene insbesondere die sog. **wirtschaftlichen Zweckverbände** vor. Hierfür bestehen besondere Regelungen außerhalb der Gemeindeordnungen[315]. In der Wirklichkeit kommen derartige „wirtschaftliche Zweckverbände" wohl nur vereinzelt vor.

Die Gemeinden können ihre wirtschaftliche **Unternehmenstätigkeit** auch **privat-** **241** **rechtlich** organisieren, müssen dabei aber besondere Voraussetzungen beachten. Vorrang soll grundsätzlich die Form des kommunalen Eigenbetriebes haben; dementsprechend wird eine besondere Rechtfertigung für die Wahl selbständiger privatrechtlicher Organisationsformen verlangt. Weiterhin muß eine Begrenzung der **Haftung der Gemeinde** auf einen bestimmten Betrag gewährleistet sein, um das Risiko der Gemeinde exakt einzugrenzen; die GOen sprechen insoweit von den Voraussetzungen der **Beteiligung an wirtschaftlichen Unternehmen**[316]. Überdies muß die Gemeinde einen hinreichenden Einfluß auf die Unternehmensführung erhalten und zur Wahrung des öffentlichen Zweckes auch tatsächlich ausüben[317]. Im einzelnen bestehen insofern unterschiedliche Regelungen, die diese „Ingerenz" — oder **Einwirkungspflicht** verwirklichen sollen.

Trotz dieser Vorbehalte werden die selbständigen privatrechtlichen Unternehmensformen bei der kommunalen Wirtschaftstätigkeit zunehmend bevorzugt[318]. Insbesondere bieten sich die Formen der Aktiengesellschaft und der GmbH an. Je nachdem, ob die Gemeinde sämtliche Anteile einer Gesellschaft in ihrer Hand vereinigt oder nur an **privatrechtlichen Gesellschaften** beteiligt ist, spricht man von „**Eigengesellschaft**" und „**Beteiligungsgesellschaft**".

Kommunale Verwaltungstätigkeit durch privatrechtlich organisierte wirtschaftliche Unternehmen der Gemeinde ist nicht zu verwechseln mit der „Privatisierung" von kommunalen Aufgaben. Wesentlich für die **Privatisierung öffentlicher Aufgaben**, insbesondere öffentlicher Dienstleistungen ist die Aufgabe unmittelbarer Einwirkungsmöglichkeiten auf diese Tätigkeiten, wenn sie erst einmal durch private Unternehmer ausgeführt werden[319].

---

315 Vgl. unten D. I. 2.
316 Z. B. Art. 91 Bay GO.
317 Vgl. hierzu BW VGH DVBl. 1981, S. 220 ff., 222.
318 *Schmidt-Jortzig*, Rdnr. 714.
319 Vgl. hierzu auch *Schmidt-Jortzig*, Rdnr. 731 ff. sowie oben, Rdnr. 234.

Art der Einnahmen und Ausgaben	1975	1976	1977	1978	1979	1980	1981	1982	1983	1984	1985*	1986*
	Mrd. DM											
I. Verwaltungshaushalt												
Einnahmen												
Steuern (netto)²	30,29	33,94	38,13	39,75	41,18	47,34	46,07	46,96	49,42*	52,66*	56,50*	59,00*
darunter:												
Gewerbesteuer/n (netto)	12,39	13,95	15,77	16,60	16,88	20,22	18,06	18,22	19,94	22,18	23,83	25,41
Gemeindeanteil a. d. Einkommensteuer	12,95	14,18	16,29	16,71	17,51	20,66	20,86	21,27	21,74	22,53	24,53	25,29
Zahlungen v. Bund, LAF, ERP, Land	18,00	18,30	20,47	23,25	26,61	28,39	29,64	29,94	28,99*	30,74*	32,30*	33,00*
Gebühren³	17,04	18,98	20,33	22,40	23,54	25,31	27,25	29,36	31,39	32,60	33,80	35,00
Erwerbseinnahmen	4,32	4,82	5,26	5,27	5,63	5,95	6,14	6,78	7,17	} 18,77	20,05	21,00
Sonstige Einnahmen⁴	5,69	5,91	6,27	7,23	7,01	9,31	10,33	10,44	10,90			
Einnahmen des Verwaltungshaushalts	75,33	81,93	90,46	97,91	103,98	116,31	119,44	123,48	127,87	134,77	142,65	148,00
Ausgaben												
Personalausgaben	30,47	31,96	34,28	36,78	39,49	42,89	45,63	47,01	48,23	49,55	51,75	54,00
Laufender Sachaufwand	16,16	17,30	18,84	21,08	23,90	26,41	28,14	28,84	29,33	30,94	33,00	34,70
Soziale Leistungen	10,54	11,68	12,49	13,29	13,99	15,36	17,03	18,56	19,43	20,33	22,35	24,10
Zinsausgaben	5,27	5,55	5,61	5,30	5,66	6,58	7,60	8,84	8,35	8,08	8,10	8,10
Zahlungen a. öffentl. Bereich	3,21	3,08	2,97	3,41	4,08	4,53	4,43	5,10	5,24	5,55	5,85	6,10
Sonstige Ausgaben⁴	3,88	4,03	4,38	4,58	4,48	4,83	5,06	4,77	4,75	5,32	4,95	5,00
Ausgaben des Verwaltungshaushalts	69,51	73,60	78,57	84,44	91,60	100,59	107,89	113,13	115,34	119,77	126,00	132,00
II. Vermögenshaushalt												
Einnahmen												
(Netto-)Zuführung v. Verwaltungshaushalt	5,82	8,33	11,89	13,47	12,39	15,71	11,54	10,35	12,54	15,00	16,65	16,00
Inv.-Zahlungen v. Bund, LAF, ERP, Land	10,46	10,43	9,06	10,48	11,98	13,24	12,19	11,78	11,10	11,14	11,40	11,70
Schuldenaufnahmen a. Kreditmarkt⁵	10,99	9,72	8,85	9,45	9,67	10,18	12,59	14,28	12,76	10,99	12,00	12,00
Entnahmen aus Rücklagen	3,46	2,84	2,77	2,81	3,47	3,78	4,33	3,49	2,96	2,55	2,30	3,00
Veräußerungserlöse	2,38	2,62	2,79	3,34	3,79	4,16	4,18	4,27	5,25	4,46	4,35	4,10
Beiträge⁶	3,05	3,34	3,21	3,31	3,59	4,08	4,27	4,29	4,26	} 5,53	5,20	4,80
Sonstige Einnahmen⁴	4,26	2,36	1,58	1,71	1,77	2,15	2,02	2,08	1,88			

	1975	1976	1977	1978	1979	1980	1981	1982	1983	1984	1985	1986
Einnahmen des Vermögenshaushalts	40,42	39,63	40,15	44,56	46,64	53,30	51,12	50,54	50,75	49,67	51,90	51,60
Ausgaben Sachinvestitionen	29,64	28,51	27,62	31,16	35,99	41,23	39,69	35,12	31,51	30,58	31,80	33,50
davon: Baumaßnahmen	24,18	23,47	21,78	24,44	27,93	32,45	31,38	27,92	24,69	23,59	24,10	25,70
Erwerb v. Sachvermögen	5,46	5,04	5,85	6,71	8,06	8,79	8,31	7,20	6,82	8,99	7,70	7,80
Tilgung a. Kreditmarkt[5]	4,23	4,69	6,28	8,47	5,75	5,82	6,45	7,84	10,08	9,72	11,00	10,00
Zuführungen a. Rücklagen	2,90	3,52	3,72	3,75	3,57	3,55	3,04	3,28	3,60	2,83	3,10	3,00
Sonstige Ausgaben[4],[7]	4,80	4,73	4,64	5,07	4,87	5,64	6,42	6,51	6,47	5,80	6,30	6,35
Ausgaben des Vermögenshaushalts	41,57	41,43	42,26	46,44	50,18	56,25	55,60	52,74	51,66	48,93	52,20	52,85
III. Zusammenfassung												
Bereinigte Einnahmen[8]	109,93	113,23	118,72	129,00	138,23	153,90	159,01	163,67	166,08	169,43	177,90	183,60
Bereinigte Ausgaben[8]	111,08	115,03	120,83	130,88	141,77	156,85	163,49	165,87	166,99	168,70	178,20	184,85
Einnahmen ohne besondere Finanzierungsvorgänge[9]	92,21	100,39	107,05	116,59	125,08	139,92	142,01	145,78	150,32	155,85	163,60	168,60
Ausgaben ohne besondere Finanzierungsvorgänge[9]	101,40	104,32	108,41	118,20	130,36	145,58	152,12	153,05	151,65	154,39	163,10	171,10
Finanzierungssaldo[10]	−9,14	−3,93	−1,36	−1,61	−5,28	−5,66	−10,11	−7,16	−1,34	+1,48	+0,50	−2,50
Nachrichtlich: Nettokreditaufnahmen	6,76	5,03	2,57	2,98	3,93	4,35	6,14	6,45	2,68	1,27	1,00	2,00
Nettorücklagenentnahmen[11]	+0,56	−0,68	−0,95	−0,93	−0,10	+0,23	+1,29	+0,21	−0,64	−0,29	−0,80	–

s Schätzung. – ⁴ Seit 1983 wird in einem Teil der Länder der Gemeindeanteil am Grunderwerbsteueraufkommen nicht mehr als unmittelbare gemeindliche Steuereinnahme, sondern als Zuweisung des Landes behandelt. Dadurch werden formal die gemeindlichen Steuereinnahmen vermindert und die Zuweisungen vom Land entsprechend erhöht ausgewiesen. – ¹ 1975 bis 1983 Rechnungsergebnisse, 1984 Jahresergebnis der Vierteljahresstatistik, 1985 und 1986 Schätzung unter Berücksichtigung einer Repräsentativerhebung der Bundesvereinigung der kommunalen Spitzenverbände (jeweils einschl. des Finanzvolumens der von 1976 bis 1978 nicht mehr und ab 1979 statistisch gesondert erfaßten kaufmännisch buchenden Krankenhäuser; für 1976 bis 1978 und für 1984 sind die Daten z. T. geschätzt worden); die Zahlungen von Gemeinden (Gv) sind jeweils abgesetzt. – ² Einschl. Steuerähnliche Einnahmen. – ³ Einschl. Zweckgebundene Abgaben und Pflegesatzeinnahmen der Krankenhäuser. – ⁴ Einschl. Abwicklung von Überschüssen aus Vorjahren (1975 und 1976) auf der Einnahmenseite/von Fehlbeträgen aus Vorjahren auf der Ausgabenseite. – ⁵ Einschl. beim Sonstigen öffentlichen Bereich; ohne Eigenbetriebe. – ⁶ Und ähnliche Entgelte. – ⁷ Insbesondere Finanzinvestitionen. – ⁸ Neue Bezeichnung seitens der amtlichen Statistik, aber inhaltlich identisch mit den bis „Gemeindefinanzbericht 1985" verwandten Begriffen „Gesamteinnahmen" und „-ausgaben". – ⁹ Einnahmenseite: Schuldenaufnahmen am Kreditmarkt, Innere Darlehen, Entnahmen aus Rücklagen und (1975 und 1976) Abwicklung von Überschüssen aus Vorjahren; Ausgabenseite: Tilgung am Kreditmarkt, Rückzahlung Innerer Darlehen, Abwicklung von Fehlbeträgen aus Vorjahren, Zuführungen an Rücklagen. – ¹⁰ Bis 1984 einschl. des Saldos der Haushaltstechnischen Verrechnungen. – ¹¹ Entnahmen aus Rücklagen abzüglich Zuführungen an Rücklagen (Minuszeichen bedeutet per Saldo Zuführungen). – Differenzen in den Summen sind rundungsbedingt.

Eigene Schätzung und Berechnungen nach Angaben des Statistischen Bundesamtes.

Einnahmen und Ausgaben der Gemeinden (Gv) 1975 bis 1986[1]
(Quelle: Der Städtetag 1986, S. 117)

Literatur:

Eichhorn: Struktur und Systematik öffentlicher Betriebe, 1969; *Nicklisch:* Das Recht der kommunalen Wirtschaftsbetriebe (Losebl.); *Oettle:* Grundfragen öffentlicher Betriebe, 2 Bde., 1975; *Siedentopf:* Grenzungen und Bindungen der Kommunalwirtschaft, 1963; Beiträge zu praktisch allen Fragen der kommunalen Wirtschaft finden sich im Handbuch der kommunalen Wissenschaft und Praxis, 2. Aufl., Bd. 5, 1984.

Übungsfälle: *v. Mutius:* Grundfälle . . ., JuS 1977, S. 327 f. (Fall 10); JuS 1977, S. 596 ff. (Fall 19); JuS 1979, S. 342 ff. (Fälle 44—47); Aufg. 7 der 1. jur. Staatsprüfung 1976/II, BayVBl. 1979, S. 733 f., 762 ff.

c) Exkurs: Kommunale Wirtschaftsförderung

242 Im Zusammenhang mit der wirtschaftlichen Betätigung der Gemeinde sind auch die Maßnahmen zu erwähnen, die unter dem Stichwort **„Kommunale Wirtschaftsförderung"** zusammengefaßt werden. Aus vielerlei Gründen versuchen die Gemeinden in jüngerer Zeit zunehmend, Erwerbsbetriebe im Gemeindegebiet anzusiedeln oder im Gemeindegebiet zu halten, insbesondere durch Umsiedlungen bei Betriebserneuerungen und/oder -vergrößerungen. Die Gemeinden stehen hier vor teilweise neuen Aufgaben und Problemen, die häufig nur mit externem know-how gelöst werden können (z. B. bei der Entwicklung von Marketing-Konzeptionen zur Steigerung der Attraktivität einer Gemeinde als Unternehmensstandort für private Unternehmer). Im einzelnen kommen hierbei eine Reihe von Maßnahmen in Betracht, z. B. **Gewährung von Darlehen** oder verlorenen Zuschüssen, Übernahme von **Bürgschaften, Steuerstundung** oder **-erlaß,** Sondertarife für öffentliche Versorgungs- und Entsorgungsleistungen, Grunderwerbssteuerbefreiungen, Veräußerung gemeindeeigener Gewerbeflächen, teilweise unter Verkehrswert, Beratung und Werbung außerhalb der Gemeindegrenzen. Nicht alle diese Maßnahmen sind von vornherein als rechtlich unbedenklich zu qualifizieren.

Literatur:

Knemeyer/Rost-Haigis: Kommunale Wirtschaftsförderung, DVBl. 1981, S. 241 ff.; *Lange:* Möglichkeiten und Grenzen kommunaler Wirtschaftsförderung, 1981; *Stahl:* Aufgaben und Probleme kommunaler Wirtschaftsförderung, 1975.

VII. Kommunales Haushaltsrecht; Prüfungswesen

243 Die Regelungen des **kommunalen Haushaltsrechts** legen den Gemeinden zahlreiche formelle und materielle Bindungen auf; insgesamt betrachtet führen diese umfassenden und strengen Bindungen dazu, daß die Gemeinden ihre hauswirtschaftlichen Aktivitäten nach einheitlichen Gesichtspunkten ordnen müssen. Damit wird zweierlei erreicht: Die Gemeinden sind genötigt, die Erledigung ihrer Aufgaben unter finanziellem und insbesondere unter „finanziell-technischem" Gesichtspunkt stets nach den gleichen Entscheidungsmustern zu überdenken; damit soll letztlich die Finanzierbarkeit der kommunalen Aufgaben gesichert und eine hoffnungslose Überschuldung der Gemeinden vermieden werden. Ebenso wichtig ist der weitere Aspekt dieser **Formalisierung** des Finanz- und Haushaltswesens der Gemeinde: Nur eine nach stets einheitlichen Gesichtspunkten geordnete Haushaltsführung ermöglicht eine **wirksame Finanzkontrolle** der Gemeinden, und zwar sowohl durch das Repräsentativorgan der Gemeinde als auch durch die staatliche Aufsicht. Weiterhin sind derartige einheitliche inhaltliche Vorgaben sowie verfahrensrechtliche Regelungen die Voraussetzungen für einen Vergleich von Gemeinden untereinander hinsichtlich ihrer finanziellen Leistungsfähigkeit.

Das **Haushaltsrecht der Gemeinden** ist in den Gemeindeordnungen der Länder weit- **244** gehend übereinstimmend geregelt worden; diese Bestimmungen beruhen auf einem **gemeinsamen Entwurf.** Damit sind die Landesgesetzgeber der Bitte des Bundestages nachgekommen, auch das kommunale Haushaltsrecht in die Regelungen des Haushaltsrechts von Bund und Ländern einzupassen, die durch das HGrG angeordnet worden waren. Die Regelungen der Haushaltswirtschaft, des Sonder- und Treuhandvermögens sowie der Kassen- und Rechnungsprüfung sind neu gefaßt worden durch entsprechende Novellierungen der Gemeindeordnungen sowie durch den Erlaß von **Gemeindehaushaltsverordnungen** (GemHVO); weiterhin sind die bisherigen Verordnungen über das Kassen- und Rechnungswesen der Gemeinden — ebenfalls auf der Grundlage eines Musterentwurfes — durch **Gemeindekassenverordnungen** (GemKVO) ersetzt worden. Die Bedeutung des kommunalen Haushaltsrechts wird angesichts der Finanzmittel und Werte deutlich, die von den Gemeinden (und Gemeindeverbänden) bewirtschaftet werden: Im Jahre 1979 vereinnahmte die öffentliche Hand insgesamt 492,5 Mrd. DM; hiervon haben die Gemeinden 132,3 Mrd. DM (26,84 %) verwaltet; darüber hinaus verfügen die Gemeinden über immense Werte des Anlage-, Finanz- und Sondervermögens[320].

1. Haushaltswirtschaft

Als „**allgemeine Haushaltsgrundsätze**" fordern die Gemeindeordnungen, daß die **245** Gemeinde ihre Haushaltswirtschaft so zu planen und zu führen hat, daß die **stetige Erfüllung ihrer Aufgaben** gesichert ist; die Haushaltswirtschaft ist **sparsam und wirtschaftlich** zu führen; der Haushalt soll (oder „muß")[321] in jedem Haushaltsjahr ausgeglichen sein. Daneben gelten auch die übrigen haushaltsrechtlichen Maximen für die Gemeinden[322].

Weiterhin muß die Gemeinde bei ihrer Haushaltswirtschaft den Erfordernissen des gesamtwirtschaftlichen Gleichgewichts Rechnung tragen; hiermit wird dem in Art. 109 Abs. 2 GG sowie § 2 i.V.m. § 48 HGrG Rechnung getragen. Zweifelhaft ist, ob die §§ 16, 19 ff. StabG daneben unmittelbar auch für die Gemeinden gelten. Abgesehen von der Frage der rechtlichen Bindungen der Gemeinde im Hinblick auf die Erfordernisse der Wirtschaftspolitik (vgl. § 1 StabG) und der rechtlichen Einwirkungsmöglichkeiten auf ein konjunkturgerechtes Verhalten der Gemeinden, haben die Er-

---

320 *Schmidt-Jortzig,* Rdnr. 827.
321 Art. 64 Abs. 3 Satz 1 Bay GO.
322 Vgl. unten B. VII. 1.4.

fahrungen mit dem seit 1970 geltenden haushaltsrechtlichen Instrumentarium gezeigt, daß der Verwirklichung der sog. **antizyklischen Haushaltspolitik** (auch) in der Gemeindeebene erhebliche (kommunal-)politische Schwierigkeiten entgegenstehen; insbesondere ist es auch in der Gemeindeebene offensichtlich kaum möglich gewesen, in Zeiten der „Hochkonjunktur" Rücklagen zu bilden oder zumindest **Entschuldungsmaßnahmen** herbeizuführen, die den Gemeinden beim Nachlassen der Konjunktur ein effektives „Gegensteuern" ermöglichen.

Überdies ist ersichtlich, daß auch auf der Gemeindeebene Spannungslagen zwischen konjunktur- und wirtschaftspolitisch erwünschten Zielsetzungen bestehen. Ähnlich wie die in § 1 Satz 2 StabG normierten Ziele des sog. magischen Vierecks der Wirtschaftspolitik von Bund und Ländern sind auch die haushaltswirtschaftlichen Ziele der Gemeinde „stetige Erfüllung ihrer Aufgaben" und Beachtung der „Erfordernisse des gesamtwirtschaftlichen Gleichgewichts" nicht jeweils maximal, sondern nur relativ — unter gegenseitiger Beachtung und „Abgleichung" — zu erreichen.

a) Der Haushaltsplan

246   Kernstück der kommunalen Haushaltswirtschaft ist nach wie vor, trotz zusätzlicher Planungsinstrumente, der **„Haushaltsplan"**. Seine Funktion als „Grundlage für die Haushaltswirtschaft der Gemeinde" sowie seine Mindestinhalte sind gesetzlich vorgeschrieben: Er enthält alle im Haushaltsjahr voraussichtlich eingehenden **Einnahmen,** die zu leistenden **Ausgaben** und die notwendigen **Verpflichtungsermächtigungen.** Er ist nach Maßgabe der jeweiligen Gemeindeordnung und der aufgrund dieser Gemeindeordnung erlassenen Vorschriften, insbesondere der GemHVO für die Haushaltsführung verbindlich. Die Gemeindeordnungen stellen ausdrücklich klar, daß diese **Rechtswirkungen** nur intern im Innenbereich der Verwaltung gelten sollen, daß also **Ansprüche und Verbindlichkeiten Dritter** durch den Haushaltsplan **weder begründet noch aufgehoben** werden.

247   aa) **„Vermögenshaushalt"** und **„Verwaltungshaushalt":** Die Grobgliederung des Haushaltsplanes ist in der Gemeindeordnung vorgeschrieben; danach gliedert sich der Haushaltsplan in einen „Verwaltungshaushalt" und einen „Vermögenshaushalt". Obligatorisch ist weiterhin der **„Stellenplan** für die Beamten, Angestellten und Arbeiter" als Anlage des Haushaltsplanes.

In dem Vermögenshaushalt sind die vermögenswirksamen **Ausgaben** und **Einnahmen** enthalten. Zu diesen Ausgaben zählen in erster Linie die „Investitionen" (= Veränderungen des Anlagevermögens) sowie Zuschüsse für Investitionen Dritter, Verpflichtungsermächtigungen, Tilgung von Krediten, Rückzahlung innerer Darlehen, Kreditbeschaffungskosten sowie Ablösung von Dauerlasten, Zuführungen zu Rücklagen, die Deckung von Fehlbeträgen aus Vorjahren, Zuführungen zum Verwaltungshaushalt. Vermögenswirksame Einnahmen ergeben sich aus Veränderungen des Anlagevermögens (z. B. Verkäufen von Grundstücken und beweglichen Sachen), aus Zuweisungen und Zuschüssen, aus Entnahmen aus Rücklagen, Zuführungen vom Verwaltungshaushalt und Einnahmen aus Krediten und sog. inneren Darlehen.

Der Verwaltungshaushalt enthält alle anderen Einnahmen und Ausgaben, die für die **248** laufende Aufgabenerfüllung notwendig sind und dafür „verbraucht" werden (**konsumtive Kosten** und ihre Deckung).

bb) **Weitere Gliederung des Haushaltsplanes:** Die weiteren Anforderungen an die **249** Gestaltung des Haushaltsplanes ergeben sich aus den GemHVOen sowie aus Mustern, die vom jeweiligen Innenminister — insbesondere aus Gründen der Vergleichbarkeit der Haushalte — für verbindlich erklärt worden sind[323].

Den größten Teil des Haushaltsplanes nehmen die sog. **Einzelpläne** des Verwaltungs- **250** und des Vermögenshaushaltes ein. Diese Einzelpläne sind nach Aufgabenbereichen zu gliedern und abzuschließen (z. B.: allgemeine Verwaltung, öffentliche Sicherheit und Ordnung, Schulen, soziale Sicherheit, Bau- und Wohnungswesen, Verkehr usw.).

Die Einzelpläne sind ihrerseits wieder in Abschnitte und Unterabschnitte aufgeteilt, und innerhalb dieser Unterteilungen sind die Einnahmen und Ausgaben nach ihren Arten in Hauptgruppen, Gruppen und Untergruppen geordnet.

Dieser Untergliederung entspricht ein Dezimalsystem, das aus einer Kombination von Gliederungs- und Gruppierungsziffern besteht und eine Kennzahl ergibt, mit der sich jede einzelne „**Haushaltsstelle**" kenntlich machen läßt. Auf diese Art und Weise wird jeder Finanzierungsvorgang von einer gewissen Bedeutung an nachgewiesen.

Bei jeder Haushaltsstelle werden neben dem Ansatz für das (laufende, geplante) Haushaltsjahr folgende Informationen gegeben: Die Einnahme- und Ausgabeansätze für das Vorjahr, das Ergebnis der Jahresrechnung des diesem Vorjahr vorangegangenen Jahres, der gesamte Ausgabenbedarf für Investitionen und Investitionsförderungsmaßnahmen (sowie sonstige Maßnahmen) sowie die dafür vorgesehenen Haushaltsansätze in den folgenden drei Jahren; die bisher bereitgestellten Ausgabenmittel für Investitionen (und Investitionsförderungsmaßnahmen).

Für den Verwaltungshaushalt sowie für den Vermögenshaushalt besteht die Mög- **251** lichkeit, Einnahmen und Ausgaben in sog. **Sammelnachweisen** zu veranschlagen und zusammenzufassen, wenn diese zu derselben Gruppe gehören oder sachlich eng zusammenhängen.

Dem Haushaltsplan wird als Anlage der sog. **Vorbericht** vorangestellt, in dem die **252** Grundzüge des nachfolgenden Planes, die Entwicklung in der Vergangenheit sowie die Prognosen für die nächste Zeit kurz dargestellt werden. Dieser Vorbericht muß die wichtigsten Einnahme- und Ausgabearten enthalten; er muß Auskunft geben über die Entwicklung des Vermögens und der Schulden in den vorangegangenen Haushaltsjahren und die entsprechende Prognose, er soll zeigen, wie die Zuführungen vom Verwaltungshaushalt zum Vermögenshaushalt und die Rücklagen in den nächsten drei Jahren gestaltet werden sollen und in welchem Verhältnis sie zum Dekkungsbedarf entsprechend dem Finanzplan stehen; weiterhin werden die geplanten Investitionen und Investitionsförderungsmaßnahmen im Haushaltsjahr und ihre finanziellen Auswirkungen für die darauffolgenden Jahre dargestellt.

---

323 Vgl. hierzu z. B. Art. 123 Bay GO; § 119 Abs. 3 NW GO.

253 Der Haushaltsplan enthält weiterhin den **Gesamtplan,** der wiederum aus einzelnen „Zusammenfassungen" und „Übersichten" besteht, mit denen ein strukturell orientierter Einblick in das Finanzgeschehen, insbesondere auch eine an grundsätzlichen Überlegungen ausgerichtete Kontrolle, ermöglicht werden soll. Zunächst enthält der Gesamtplan die „Zusammenfassung" der Einnahmen, Ausgaben und Verpflichtungsermächtigungen; „zusammengefaßt" werden hier die Einzelpläne des Verwaltungshaushaltes und des Vermögenshaushaltes. Hierbei wird ein Überblick über die Einnahmen und Ausgaben jeweils für verschiedene Aufgabenblöcke ermöglicht.

Einen detaillierten Einblick ergibt der sog. **Haushaltsquerschnitt,** der nach Aufgabenbereichen und Arten geordnet ist. Mit der sog. Gruppierungsübersicht werden Einnahmen und Ausgaben über die Einzelpläne hinaus nach ihrer Entstehungsart oder nach ihrem Verwendungszweck dargestellt. Hieraus läßt sich erkennen, welche Kosten in bestimmten Tätigkeitsfeldern entstanden sind; daraus lassen sich Schlußfolgerungen über die Finanzkraft der Gemeinden ableiten.

In der sog. **Finanzierungsübersicht** werden aus allen Einnahmen und Ausgaben die „besonderen Finanzierungsvorgänge" zusammengetragen, um den zusätzlichen Finanzbedarf (oder einen erzielbaren Überschuß) der laufenden Einnahmen gegenüber den veranschlagten Gesamtausgaben deutlich zu machen.

254 Außerdem werden in einer **Übersicht** die in den nächsten Jahren voraussichtlich fällig werdenden Ausgaben aufgeführt, die sich aus **Verpflichtungsermächtigungen** ergeben. Derartige Verpflichtungsermächtigungen dürfen zwar in der Regel zu Lasten der dem Haushaltsjahr folgenden drei Jahre veranschlagt werden; sie sind jedoch nur zulässig, wenn die Finanzierung der entsprechenden Projekte in den folgenden Jahren auch gesichert erscheint. Diese Verpflichtungsermächtigungen werden bei den einzelnen Haushaltsstellen aufgeführt. In ihrer Gesamtheit bedürfen sie der Genehmigung durch die Kommunalaufsicht.

255 Weiterhin muß eine Übersicht über den voraussichtlichen Stand der Schulden und der **Rücklagen** zu Beginn des Haushaltsjahres einschließlich bereitstehender Zahlungsverpflichtungen angefertigt werden.

256 Der sog. **Stellenplan** (mit Stellenübersicht) enthält die im Haushaltsjahr erforderlichen Stellen für die öffentlichen Bediensteten. Rechtswirkungen entfaltet er nur im Innenverhältnis in der Weise, daß Beamte, Angestellte und Arbeiter nur unter der Voraussetzung eingestellt werden dürfen, daß eine entsprechende Ausweisung im Stellenplan vorhanden ist.

257 Schließlich sind Anlagen des Haushaltsplanes der sog. **Finanzplan** nebst dem zugehörigen **Investitionsprogramm**[324] und die **Wirtschaftspläne** (und Jahresabschlüsse) der rechtlich unselbständigen wirtschaftlichen Unternehmen und Einrichtungen, die mit Sonderrechnung geführt werden, sowie Unternehmen und Einrichtungen mit eigener Rechtspersönlichkeit, an denen die Gemeinde mit mehr als 50 % beteiligt ist.

---

324 S. hierzu u. VII. 1.2.

b) Die „mittelfristige" Finanzplanung

Die Gemeinde hat ihren Haushaltsplan auf der Grundlage einer fünfjährigen Fi- **258**
nanzplanung zu entwickeln; dabei ist das erste Planungsjahr der Finanzplanung das
laufende Haushaltsjahr. Diese sog. **mittelfristige Finanzplanung** („Mifrifi") wird in
einem **Finanzplan** festgelegt, in dem Umfang und Zuammensetzung der voraussichtlichen Aufgaben sowie die Deckungsmöglichkeiten darzustellen sind; aus diesem Finanzplan ist das **Investitionsprogramm** zu entwickeln. Finanzplan und Investitionsprogramm sind jährlich der Entwicklung anzupassen und fortzuschreiben. Der Finanzplan ist der Gemeindevertretung jährlich — spätestens mit dem Entwurf der
Haushaltssatzung — vorzulegen. Das Investitionsprogramm muß von der Gemeindevertretung beschlossen werden. Dieser mittelfristige Finanzplan ist für die Jahre
des Planungszeitraumes und weiterhin nach der für den Haushaltsplan geltenden
Gruppierungsübersicht zu ordnen; auch der Finanzplan soll ausgeglichen sein.

Mit diesen Bestimmungen der Gemeindeordnung wird § 50 HGrG entsprochen (vgl.
für den Bund § 9 StabG). Damit besteht für **Bund, Länder und Gemeinden** ein **einheitliches Instrumentarium der mittelfristigen Finanzplanung,** das Voraussetzung ist
für eine wirksame Koordinierung der Haushalte mit dem Ziel eines konjunkturge-
rechten Verhaltens entsprechend den Vorstellungen, die in Art. 109 Abs. 2—4 GG
sowie im StabG normiert worden sind. In diesem Zusammenhang ist der **Finanzplanungsrat** gem. § 51 HGrG zu erwähnen, der Empfehlungen für eine Koordinierung
der Finanzplanungen des Bundes, der Länder und auch der Gemeinden und Gemeindeverbände abgibt. Die Umsetzung derartiger Empfehlungen kann auch durch
Orientierungsdaten der Bundesländer für die Gemeinden geschehen, die bei der Aufstellung und Fortschreibung des Finanzplanes zu berücksichtigen sind.

c) Die Haushaltssatzung

Der Haushaltsplan erlangt Rechtsqualität dadurch, daß er als Teil der **Haushaltssat-** **259**
zung durch die Gemeinde festgesetzt wird. Eine derartige Haushaltssatzung hat die
Gemeinde für jedes Haushaltsjahr zu erlassen. Neben dem Haushaltsplan enthält
diese Satzung die Festsetzung des Höchstbetrages der Kredite und der Steuersätze,
die für jedes Haushaltsjahr neu festzusetzen sind (z. B. die Realsteuersätze). Die
Haushaltssatzung kann weitere Vorschriften enthalten, die sich auf die Einnahmen
und Ausgaben und auf den Stellenplan des Haushaltsjahres beziehen.

Die Haushaltssatzung bedarf der **Genehmigung** der Aufsichtsbehörde hinsichtlich **260**
des Gesamtbetrages der Kredite und der Verpflichtungsermächtigungen sowie hinsichtlich des Höchstbetrages der Kassenkredite, wenn er einen bestimmten Anteil
der im Verwaltungshaushalt veranschlagten Einnahmen übersteigt. Diese Genehmigung kann unter Bedingungen oder **Auflagen** erteilt werden. Sie muß wohl dann versagt werden, wenn beispielsweise die Kreditverpflichtungen die finanzielle Leistungsfähigkeit der Gemeinde dauernd übersteigen würde.

Haushaltssatzung

Aufgrund der §§ 64 ff. der Gemeindordnung für das Land Nordrhein-Westfalen in der Fassung der Bekanntmachung vom 1. 10. 1979 (GV NW 1979 S. 594/SGV NW 2023) hat der Rat der Stadt Hennef (Sieg) folgende Haushaltssatzung am 17. 1. 1983 beschlossen:

§ 1

Der Haushaltsplan für das Haushaltsjahr 1983 wird

im Verwaltungshaushalt	in der Einnahme auf	45.580.000,— DM
	in der Ausgabe auf	47.553.000,— DM
im Vermögenshaushalt	in der Einnahme auf	42.675.000,— DM
	in der Ausgabe auf	42.675.000,— DM

festgesetzt.

§ 2

Der Gesamtbetrag der Kredite, deren Annahme im Haushaltsjahr 1983 zur Finanzierung von Ausgaben im Vermögenshaushalt erforderlich ist, wird festgesetzt auf 30.252.550,— DM.

§ 3

Der Gesamtbetrag der Verpflichtungsermächtigungen wird festgesetzt auf 16.886.000,— DM.

§ 4

Der Höchsbetrag der Kassenkredite, die zur rechtzeitigen Leistung von Ausgaben in Anspruch genommen werden dürfen, wird festgesetzt auf 7.500.000,— DM.

§ 5

Die Steuersätze für die Gemeindesteuern werden für das Haushaltsjahr wie folgt festgesetzt:

1. GRUNDSTEUER
   a) für land- und forstwirtschaftliche Betriebe (Grundsteuer A)   200 v. H.
   b) für die Grundstücke (Grundsteuer B)   275 v. H.
2. GEWERBESTEUER
   nach dem Gewerbeertrag und dem Gewerbekapital   330 v. H.

§ 6

1. Stellenplan und Stellenübersicht enthalten ku.- und kw.-Vermerke.
   Der ku.-Vermerk hat die Rechtsfolge, daß die Stelle nach Ausscheiden des derzeitigen Stelleninhabers umzuwandeln ist in eine Stelle der Besoldungs-, Vergütungs- oder Lohngruppe, die im Stellenplan und in der Stellenübersicht angegeben ist.

   Der kw.-Vermerk hat die Rechtsfolge, daß die Stelle nach Ausscheiden des derzeitigen Stelleninhabers nicht mehr erforderlich ist und somit entfällt.

Hennef (Sieg), den 17. 1. 1983

Bürgermeister

Beispiel einer Haushaltssatzung

Ist die Haushaltssatzung bei Beginn des Haushaltsjahres noch nicht bekanntge- **261** macht, so darf die Gemeinde Ausgaben leisten, zu deren Leistung sie rechtlich verpflichtet ist oder die für die Weiterführung notwendiger Aufgaben unaufschiebbar sind; sie darf insbesondere Bauten, Beschaffungen und sonstige Leistungen des Vermögenshaushaltes fortsetzen, für die im Haushaltsplan eines Vorjahres Beträge vorgesehen waren. Außerdem darf sie Abgaben nach den Sätzen des Jahres erheben. Kredite bedürfen im Rahmen einer derartigen **„vorläufigen Haushaltsführung"** der Genehmigung der Aufsichtsbehörde; sie dürfen allerdings insgesamt nur bis zur Höhe von einem Viertel der vorjährigen Kreditermächtigung aufgenommen werden. Das Verfahren beim Erlaß der Haushaltssatzung ist in seinen wesentlichen Teilen in den Gemeindeordnungen festgelegt.

d) Haushaltsgrundsätze

Für das Haushaltsrecht der gesamten **öffentlichen Hand** sind eine Anzahl von **262** Grundsätzen (**„Haushaltsmaximen"**) entwickelt worden, die im Grundgesetz, den Landesverfassungen sowie in den haushaltsrechtlichen Gesetzen (auch den Gemeindeordnungen) und Verordnungen (auch in der Gemeindehaushaltsverordnung) konkretisiert worden sind. Diese Grundsätze gelten teilweise nicht ausnahmslos.

Im einzelnen handelt es sich um die Grundsätze der **Haushaltseinheit, Öffentlichkeit, Vollständigkeit, Brutto-Veranschlagung, Gesamtdeckung, Jährlichkeit, Vorherigkeit, Spezialität, Haushaltswahrheit, Haushaltsklarheit, Ausgeglichenheit und Sparsamkeit**[325].

Im Gemeinderecht gelten diese Haushaltsmaximen und ihre Ausnahmen ähnlich wie für die Staatshaushalte. Hingewiesen sei an dieser Stelle lediglich auf einige Modifizierungen von Haushaltsgrundsätzen.

Die **Jährlichkeit des Haushaltsplanes** bedeutet, daß der Haushaltsplan nur für ein **263** Haushaltsjahr veranschlagt wird mit der Folge, daß im Haushaltsplan veranschlagte Beträge nur innerhalb des Haushaltsjahres verwendet werden dürfen, für das sie bewilligt sind. Nicht ausgegebene Beträge dürfen infolgedessen nicht in das folgende Jahr übernommen werden.

Keine Ausnahme vom Prinzip der Jährlichkeit ist die Möglichkeit, mit der Haushaltssatzung Festsetzungen für zwei Haushaltsjahre zu beschließen; denn derartige Festsetzungen müssen „nach Jahren getrennt" vorgenommen werden — das heißt also, daß es sich in Wahrheit um zwei getrennte Haushaltspläne für aufeinanderfolgende Jahre handelt, die lediglich rechtstechnisch in einem Satzungsverfahren beschlossen werden. Soweit ersichtlich, hat diese Möglichkeit (vgl. hierzu auch § 9 Abs. 1 HGrG) keine praktische Bedeutung erlangt.

Eine Ausnahme von der Jährlichkeit ergibt sich aber durch die Zulässigkeit der Übertragung sog. **Haushaltsreste** sowie angesichts der Möglichkeit von Kreditermächtigungen, die bis zum Ende des dem Haushaltsjahr folgenden Jahres gelten.

---

325 *Wolff/Bachof* III § 162 III m. w. N.

264 Der Haushaltsgrundsatz der **Vorherigkeit** besagt, daß über Mittel erst nach gesetzlicher Feststellung des Haushaltsplanes verfügt werden darf. Dieser Grundsatz wird durch die Möglichkeit überplanmäßiger oder außerplanmäßiger Ausgaben durchbrochen; diese sind allerdings nur zulässig, wenn sie unabweisbar sind und die Deckung gewährleistet ist. Sind derartige Ausgaben erheblich, so bedürfen sie der vorherigen Zustimmung des Rates. Mit dieser Möglichkeit darf nicht die Verpflichtung zur Einbringung eines **Nachtragshaushaltes** umgangen werden.

e) Bewirtschaftung des Haushaltes

265 Die Verpflichtung der Gemeinde, die Haushaltswirtschaft **sparsam** und **wirtschaftlich** (zu planen und) zu führen, gilt nicht nur für die **Aufstellung,** sondern auch für die **Durchführung des Haushaltsplanes**, die „Bewirtschaftung des Haushaltes".

Daraus ergeben sich einige konkrete Schlußfolgerungen: Die Gemeinde muß dafür Sorge tragen, daß die veranschlagten Einnahmen zeitgemäß eingezogen werden; sie dürfen nur dann gestundet werden, wenn andernfalls eine erhebliche Härte für den Schuldner entstehen würde; im übrigen sind gestundete Beträge in der Regel angemessen zu verzinsen.

Weiterhin dürfen veranschlagte Ausgaben und Verpflichtungsermächtigungen erst dann in Anspruch genommen werden, wenn die entsprechenden Geldmittel auch tatsächlich benötigt werden. Die Ausgaben müssen außerdem so überwacht werden, daß für jede Haushaltsstelle jederzeit erkennbar ist, ob ihr noch Mittel zur Verfügung stehen. Diese Überwachung erfolgt zumeist durch sog. **Haushaltsüberwachungslisten.** Die Mittel, die für Ausgaben des Vermögenshaushaltes angesetzt sind, dürfen nur in Anspruch genommen werden, wenn die rechtzeitige Bereitstellung der Deckungsmittel gesichert ist und die Finanzierung anderer Maßnahmen, mit denen bereits begonnen worden ist, nicht beeinträchtigt wird.

266 Schließlich ist das Instrument der sog. **haushaltswirtschaftlichen Sperre** zu erwähnen, mit der die Inanspruchnahme von planmäßig vorgesehenen Mitteln aufgeschoben, untersagt oder von einer zusätzlichen Einwilligung abhängig gemacht wird. Im einzelnen bestehen landesrechtlich unterschiedliche Regelungen, auch hinsichtlich der Zuständigkeit für solche Maßnahmen.

f) Das Kreditwesen

267 Besondere Regelungen enthalten die Gemeindeordnungen auch für das **Kreditwesen.** Hierbei ist zwischen (schlichten) „Krediten" und sog. „Kassenkrediten" zu unterscheiden. Nach der GemHVO bedeutet Kredit das aufgenommene Kapital, das unter der Verpflichtung zur Rückzahlung von Dritten (oder von Sondervermögen mit Sonderrechnung) aufgenommen worden ist — mit Ausnahme der Kassenkredite.

268 Nach den Gemeindeordnungen dürfen die **Kredite nur** zur Finanzierung vermögenswirksamer Aufgaben verwendet werden, dürfen also nur **für Investitionen,** Investitionsförderungsmaßnahmen oder zur Umschuldung (wenn eine andere Finanzierung nicht möglich ist oder wirtschaftlich unzweckmäßig wäre) aufgenommen werden. Die Summe der einzelnen Kredite muß sich im Rahmen der **Kreditermächtigung** halten; dieser Rahmen wird durch die Haushaltssatzung gezogen und bedarf der Genehmigung durch die Kommunalaufsicht.

Darüber hinaus ist die Aufnahme eines bestimmten Kredits mit Genehmigung der Aufsichtsbehörde möglich, wenn zuvor Kreditaufnahmen gem. § 19 StabG beschränkt worden sind oder wenn — bei Gefährdung des Kreditmarktes — die Aufnahme von Krediten generell von der Genehmigung der Aufsichtsbehörde abhängig gemacht worden ist; hierfür ist eine Rechtsverordnung der Landesregierung erforderlich. Zur Sicherung eines Kredits dürfen keine Sicherheiten bestellt werden; die Aufsichtsbehörde kann Ausnahmen zulassen, wenn die Bestellung von Sicherheiten verkehrsüblich ist.

Unter **Kassenkredit** versteht man ein **(bürgerlich-rechtliches) Darlehen**, das die Ge-   **269**
meinde z. B. bei einem Geldinstitut aufnimmt, um einen (vorübergehenden) Liquiditätsengpaß zu überbrücken. Dieser Kassenkredit fällt nicht unter den haushaltsrechtlichen Begriff des Kredits, obwohl die Gemeinde damit Schulden macht; denn dieser Kredit stellt kein vermögenswirksames Deckungsmittel dar. Übersteigt der in der Haushaltssatzung festgelegte Höchstbetrag für Kassenkredite einen gewissen Anteil der im Verwaltungshaushalt veranschlagten Einnahmen (z. B. ein Sechstel — Nds. — oder ein Fünftel — Bad.-Württ.), ist eine entsprechende Genehmigung der Aufsichtsbehörde erforderlich.

2. Das Gemeindevermögen

Die Gemeindeordnungen enthalten für den Erwerb, die Verwaltung und die Veräu-   **270**
ßerung von Vermögensgegenständen besondere Vorschriften. Zum **Gemeindevermögen** in diesem Sinne zählen dabei nur diejenigen Sachen und Rechte, über die die Gemeinde unbeschränkt verfügen kann; nicht hierzu zählt also das sog. Gemeindesondervermögen (das bestimmten Bindungen unterliegt) und das sog. Treuhandvermögen. Überdies zählen zum Gemeindevermögen nur die Aktivwerte; das Schuldenwesen wird durch die Regelungen vom „Kreditwesen" erfaßt. Die Bestimmungen über das Anlage- und Finanzvermögen (als Teile des freien Vermögens) sind im Rahmen der kommunalen Haushaltswirtschaft geregelt, während für die Gegenstände Sondervermögen und Treuhandvermögen Regelungen in einem besonderen Abschnitt der „Gemeindewirtschaft" vorgesehen sind.

3. Das Kassenwesen

Für die kassenmäßige Abwicklung der Haushaltswirtschaft ist die „**Gemeindekas-**   **271**
se" zuständig, für die in den Gemeindeordnungen besondere Regelungen bestehen.

Wenn die Gemeinde ihre Kassengeschäfte nicht durch eine Stelle außerhalb der Gemeindeverwaltung besorgen läßt, z. B. durch eine mit anderen Gemeinden gemeinsam betriebene Datenverarbeitungseinrichtung, dann müssen ein Kassenverwalter und ein Stellvertreter bestellt werden; diese Personen dürfen nicht Angehörige des Hauptverwaltungsbeamten, des Kämmerers oder des sonst für das Finanzwesen zuständigen Beamten sowie des Leiters oder des Prüfers des Rechnungsprüfungsamtes sein.

272 Die Gemeindekasse befaßt sich ausschließlich mit der Wahrnehmung von Kassengeschäften. Sie muß rechtzeitig die Einnahmen der Gemeinde einziehen und deren Ausgaben leisten; sie muß die Kassenmittel verwalten, Wertgegenstände verwahren und die Buchführung einschließlich der Sammlung der Belege vornehmen. Darüber hinaus ist sie zuständig für die Mahnung, Beitreibung und die Einleitung der Zwangsvollstreckung.

Wesentlich für den Kassenbetrieb ist, daß Einzahlungen nicht ohne eine „Annahmeanordnung" eingenommen und Auszahlungen nicht ohne eine „Auszahlungsanordnung" geleistet werden können; solche **Kassenanordnungen** müssen schriftlich ergehen.

273 Neben dieser Gemeindekasse gibt es für die Sondervermögen und Treuhandvermögen, für die Sonderrechnungen geführt werden, **Sonderkassen;** diese sollen jedoch mit der Gemeindekasse verbunden werden. Für alle Kassen besteht die Möglichkeit der Übertragung auf Stellen außerhalb der Gemeindeverwaltung, wenn die ordnungsgemäße Erledigung dieser Geschäfte gewährleistet ist.

4. Finanzkontrollen

274 Die Beachtung der zahlreichen haushaltsrechtlichen Bestimmungen wird durch **Finanzkontrollen** gesichert, die aus der „Rechnungslegung" und daran anschließenden „Rechnungsprüfungen" bestehen. Auch hierbei handelt es sich um Institute, die in ähnlicher Weise im gesamten staatlichen Bereich vorgesehen sind (vgl. §§ 32 ff., 42 ff. HGrG).

a) Jahresrechnung (Rechnungslegung)

275 In der Jahresrechnung ist das Ergebnis der Haushaltswirtschaft einschließlich des Standes des Vermögens und der Schulden zu Beginn und am Ende des Haushaltsjahres nachzuweisen; sie wird durch einen **Rechenschaftsbericht** erläutert, in der Regel vom Kämmerer aufgestellt, vom Gemeindedirektor festgestellt und von diesem der Gemeindevertretung innerhalb von drei Monaten nach Ablauf des Haushaltsjahres zugeleitet.

Es handelt sich dabei um den kassenmäßigen Abschluß und die Haushaltsrechnung. Näheres ergibt sich aus den GemHVO und Mustern.

b) Rechnungsprüfung

Die Jahresrechnung wird in zwei Verfahren der Rechnungsprüfung, einer örtlichen **276** und einer überörtlichen Rechnungsprüfung überprüft.

aa) Örtliche Rechnungsprüfung: Zumeist obliegt die „örtliche" (oder „eigene", „in- **277** terne") Rechnungsprüfung dem Rechnungsausschuß der Gemeindevertretung, die sich dazu eines **Rechnungsprüfungsamtes** bedient. Ein solches Rechnungsprüfungsamt ist obligatorisch in der Regel in kreisfreien Städten, großen Gemeinden und in Landkreisen. Diese Behörde ist bei der Erfüllung der ihr zugewiesenen Prüfungsaufgaben weitgehend unabhängig, insbesondere an Weisungen nicht gebunden und unmittelbar der Gemeindevertretung (oder dem Gemeindevorsteher) unterstellt.

Das Rechnungsprüfungsamt faßt das Ergebnis seiner Prüfung jeweils in einem Schlußbericht zusammen, der der Gemeindevertretung zur Beschlußfassung vorgelegt wird. Auf der Grundlage dieses Berichtes prüft der Rechnungsprüfungsausschuß die Einhaltung des Haushaltsplanes und die sachliche und rechnerische Richtigkeit der einzelnen Rechnungsbeträge sowie die Einhaltung der einschlägigen Vorschriften.

bb) Überörtliche Rechnungsprüfung: Neben der internen Rechnungsprüfung der **278** Gemeinden wird die Jahresrechnung einer überörtlichen Prüfung unterzogen. Zuständig hierfür sind **Prüfungsämter,** besondere öffentlich-rechtliche Gemeindeprüfungsanstalten oder der **Rechnungshof.**

Die überörtliche Prüfung ist als Maßnahme **staatlicher Aufsicht** über Einrichtungen der Selbstverwaltung grundsätzlich auf die Gesetz- und Weisungsmäßigkeit der kommunalen Hauswirtschaft beschränkt (sog. „Ordnungsprüfung"). Darüber hinaus kann (oder muß) sie sich auch auf die Wirtschaftlichkeit erstrecken (sog. „Wirtschaftlichkeits- und Organisationsprüfung"). Sie erstreckt sich demnach also auch auf die Frage der Zweckmäßigkeit der Gemeindeverwaltung; es ist streitig, ob dadurch das Selbstverwaltungsrecht verletzt wird[326]. Problematisch ist weiterhin, daß u. U. durch die Wirtschaftlichkeitsprüfung im Bereich der Selbstverwaltungsangelegenheiten eine **Kontrolldichte** der gemeindlichen Verwaltungstätigkeit erzielt wird, die mit den Restriktionen der Rechtsaufsicht nicht vereinbar ist[327].

c) Entlastung

Die Gemeindevertretung stellt die geprüfte Jahresrechnung abschließend fest und **279** beschließt über die Entlastung des Gemeindevorstehers und seiner Verwaltung. Dies geschieht zumeist gleichzeitig und unabhängig von der überörtlichen Rechnungsprüfung, zuweilen aber auch erst nach Durchführung der externen Prüfung. Diese Entlastung bedeutet die Übernahme der politischen und rechtlichen Verantwortung für

---

326 So *Vogel* DVBl. 1970, S. 193 ff., 198; anderer Ansicht die wohl h. M.: *Schmidt-Jortzig,* Rdnr. 890 m. w. N. in Fn. 48.

327 Vgl. hierzu *Seewald,* Wirtschaftlichkeit und Sparsamkeit — aus der Sicht des Bundessozialgerichts SGb 1985, S. 51 ff.

die finanzielle Verwaltungsführung des Gemeindevorstehers und seiner Verwaltung. Sie bedeutet freilich keinen Verzicht auf Schadensersatzansprüche oder disziplinarische Maßnahmen. Streitig ist, ob der **Entlastungsbeschluß** als Verwaltungsakt zu bewerten ist[328].

280   Der **Beschluß** über die **Jahresrechnung** und die Entlastung ist der Aufsichtsbehörde unverzüglich mitzuteilen und öffentlich bekanntzumachen; die Jahresrechnung ist mit dem Rechenschaftsbericht in der Regel öffentlich auszulegen.

Literatur:

Depiereux: Das neue Haushaltsrecht der Gemeinden, 5. Aufl., 1975; *ders.:* Grundriß des Gemeindehaushaltsrechts, 2. Aufl., 1975; *Meichsner/Seeger/Steenbock:* Kommunale Finanzplanung (Losebl.); weitere Beiträge im Handbuch für die kommunale Wissenschaft und Praxis, 2. Aufl., Bd. 6 (1985) — „Kommunale Finanzen" — in Kap. 26: „Kommunales Haushalts- und Rechnungswesen", S. 399 ff.

VIII. Kommunale Selbstverwaltung und Aufsicht

1. Rechtsgrundlagen und Begriff der Aufsicht

281   Die bundes- und landesverfassungsrechtlich eingeräumte Selbstverwaltungsgarantie der Gemeinden besteht „im Rahmen der Gesetze" (vgl. Art. 28 Abs. 2 Satz 1 GG). Die Selbständigkeit, die Eigenverantwortlichkeit der Gemeinden wird organisatorisch dadurch bewerkstelligt, daß sie dezentralisiert, als **„mittelbare"** Teile der **Staatsverwaltung** nicht administrativ-hierarchisch in den staatlichen Behördenaufbau eingegliedert sind. Die Verbindung zwischen Gemeinden und Staat wird durch die staatliche „Aufsicht" über die Gemeinden hergestellt; die **„Staatsaufsicht"** kann also als ein selbstverständliches Gegenstück zu jeder Dezentralisation gesehen werden[329].

Die Verfassungen der Länder stellen dementsprechend fest: „Die Gemeinden unterstehen der Aufsicht der Staatsbehörden"[330], oder: „Das Land überwacht die **Gesetzmäßigkeit der Verwaltung** der Gemeinden und Gemeindeverbände"[331]. Der „Sinn der staatlichen Aufsicht" wird teilweise darin gesehen, daß die Aufsichtsbehörden „die Gemeinden bei der Erfüllung ihrer Aufgaben verständnisvoll beraten, fördern und schützen sowie die Entschlußkraft und die Selbstverantwortung der Gemeindeorgane stärken" sollen[332]. Wie oben gezeigt wurde[333], kennen die Gemeindeordnungen unterschiedliche Typen von Aufgaben. Dieser Differenzierung entsprechend sind die Aufsichtsbefugnisse der staatlichen Behörden unterschiedlich weitgehend. Das Landesrecht trifft eine Unterscheidung teilweise bereits in der Verfassung. So

---

328 Bejahend *Bonse,* Die Entlastung der leitenden Gemeindebeamten, 1972, S. 180 ff.; a. A.: *Gönnenwein,* Gemeinderecht 1963, S. 473 m. w. N.
329 BVerfGE 6, S. 104 ff., 118.
330 Art. 83 Abs. 4 Satz 1 BayVerf.
331 Art. 78 Abs. 4 Satz 1 NWVerf.
332 Art. 108 Bay GO.
333 Vgl. B. II. 1., Rdnr. 100 ff.

wird z. B. in Art. 83 Abs. 4 S. 2 und 3 BayVerf. folgendes geregelt: „In den Angelegenheiten des **eigenen Wirkungskreises der Gemeinden** wacht der Staat nur über die Erfüllung der **gesetzlichen Pflichten** und die Einhaltung der gesetzlichen Vorschriften durch die Gemeinden. In den Angelegenheiten des **übertragenen Wirkungskreises** sind die Gemeinden überdies an die **Weisungen der übergeordneten Staatsbehörden** gebunden." Etwas geheimnisvoller formuliert Art. 78 Abs. 4 S. 2 NW Verf.: „Das Land kann sich bei Pflichtaufgaben ein Weisungs- und Aufsichtsrecht nach näherer gesetzlicher Vorschrift vorbehalten."

In den Gemeindeordnungen wird diese Unterscheidung zwischen unterschiedlichen **282** Aufsichtsrechten aufgenommen und konkretisiert: „In den **Angelegenheiten des eigenen Wirkungskreises** . . . beschränkt sich die staatliche Aufsicht darauf, die Erfüllung der gesetzlich festgelegten und übernommenen öffentlich-rechtlichen Aufgaben und Verpflichtungen der Gemeinden und die Gesetzmäßigkeit ihrer Verwaltungstätigkeit zu überwachen **(Rechtsaufsicht).**

In den **Angelegenheiten des übertragenen Wirkungskreises** . . . erstreckt sich die staatliche Aufsicht auch auf die Handhabung des gemeindlichen Verwaltungsermessens **(Fachaufsicht)** . . ."[334].

Die in der Sache gleiche Zweiteilung zwischen Aufsichtsbefugnissen verschiedener Intensität kann auch folgendermaßen zum Ausdruck gebracht werden: „Die Aufsicht des Landes . . . erstreckt sich darauf, daß die Gemeinden im Einklang mit den Gesetzen verwaltet werden **(allgemeine Aufsicht).**

Soweit die Gemeinden ihre Aufgaben nach Weisung erfüllen . . ., richtet sich die Aufsicht nach den hierüber erlassenen Gesetzen **(Sonderaufsicht).**"[335].

Diese beiden Beispiele zeigen — auch stellvertretend für die übrigen Gemeindeord- **283** nungen — die Möglichkeit einer Differenzierung der Aufsichtsbefugnisse: Die (bloße) Rechtsaufsicht (gleichbedeutend mit „allgemeiner Aufsicht") betrifft die freiwilligen und gesetzlich gebundenen Selbstverwaltungsaufgaben der Gemeinden; die Fachaufsicht ist das Gegenstück zu den Aufgaben, die von der Gemeinde als Auftragsangelegenheiten wahrgenommen werden (vgl. hierzu auch § 116 NW GO); die Sonderaufsicht läßt sich als eine eingeschränkte Fachaufsicht verstehen, wobei sich die Einschränkung der Weisungsbefugnisse der Aufsichtsbehörden jeweils aus dem besonderen Gesetz ergibt, das für die Wahrnehmung dieser „Sonder"-Aufgabe maßgebend ist.

In den Gemeindeordnungen ist an sich nur die Rechtsaufsicht (allgemeine Aufsicht) **284** geregelt, und zwar hinsichtlich der Aufsichtsbehörden und ihrer Rechte und Pflichten. Hinsichtlich der Fachaufsicht und Sonderaufsicht wird auf die speziellen Regelungen in den jeweils einschlägigen Gesetzen verwiesen.

---

334 Art. 109 Bay GO.
335 § 106 NW GO.

2. Rechtsaufsicht (allgemeine Aufsicht)

a) Aufsichtsbehörden

285 Die Rechtsaufsicht (allgemeine Aufsicht) über die kreisangehörigen Gemeinden führt in der Regel die **untere staatliche Verwaltungsbehörde** (Landrat; Landratsamt; Oberkreisdirektor). Die Rechtsaufsicht über kreisfreie Gemeinden (und teilweise über größere kreisangehörige Gemeinden) wird von der **staatlichen Mittelbehörde** geführt (Regierungspräsident; Regierungspräsidium; Bezirks-Regierung); diese Instanz ist für die Gemeinden, die der unteren Aufsichtsbehörde unterstehen, zugleich obere Aufsichtsbehörde. Die Aufgaben der **obersten Aufsichtsbehörde** fallen überall dem Innenminister zu.

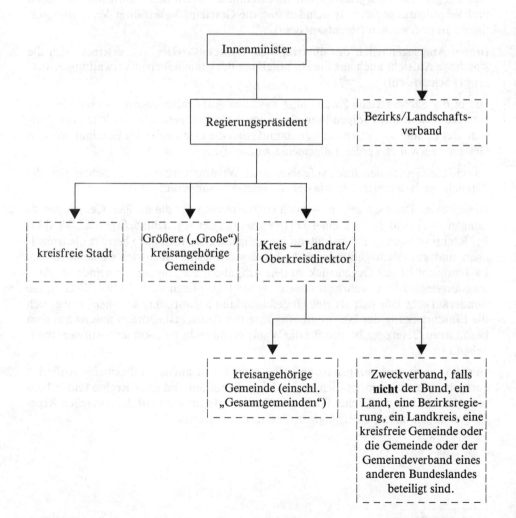

Organisation der Rechtsaufsicht (Kommunalaufsicht) über die kommunalen Verwaltungsträger

Im Saarland und in Schleswig-Holstein besteht keine staatliche Mittelbehörde; dort fallen die Befugnisse der oberen und obersten Aufsichtsbehörde zusammen. Für Bremerhaven, Wiesbaden und Frankfurt/M. ist einzige kommunale Aufsichtsbehörde der Innensenator (Innenminister).

b) Informationsrecht der Aufsichtsbehörden

Soweit es zur Erfüllung ihrer Aufgaben erforderlich ist, kann sich die Rechtsauf-   **286**
sichtsbehörde über einzelne Angelegenheiten der Gemeinde in geeigneter Weise unterrichten (§ 120 bad.-württ. GO). Teilweise ist dieses **Informationsrecht** durch Beispiele konkretisiert; danach kann die Rechtsaufsichtsbehörde insbesondere Anstalten und Einrichtungen der Gemeinde besichtigen, die Geschäfts- und Kassenführung prüfen, Berichte, Akten und sonstige Unterlagen einfordern und einsehen, mündliche und schriftliche Berichte anfordern sowie an Sitzungen teilnehmen[336].

c) Aufsichtsmaßnahmen

Den Aufsichtsbehörden steht ein Katalog von Maßnahmen zu, mit denen auf ein   **287**
rechtmäßiges Verhalten der Gemeinde hingewirkt werden kann. Auch insoweit besteht weitgehend Übereinstimmung in den Gemeindeordnungen der Länder.

Das „Beanstandungsrecht" besteht darin, daß die Aufsichtsbehörde Beschlüsse der Gemeindevertretung oder ihrer Ausschüsse sowie Maßnahmen der Gemeindeverwaltung (insbesondere Verfügungen), die das bestehende Recht verletzen, beanstanden und verlangen kann, daß diese Entscheidungen innerhalb einer bestimmten Frist aufgehoben oder geändert werden. Dieses Beanstandungsrecht ist teilweise als „Beanstandungspflicht" ausgestaltet[337], so daß der Rechtsaufsichtsbehörde insoweit kein Ermessen zusteht.

Teilweise in der **Beanstandungspflicht** enthalten, teilweise als ein besonderes „Anordnungsrecht" normiert[338], hat die Rechtsaufsichtsbehörde die Möglichkeit (oder Pflicht), bei Nichterfüllung öffentlich-rechtlicher Aufgaben oder Verpflichtungen die Gemeinde aufzufordern (der Gemeinde gegenüber anzuordnen), daß sie innerhalb einer bestimmten Frist das Erforderliche veranlaßt.

Daran schließt sich das Recht auf „Ersatzvornahme" an: Kommt nämlich die Ge-   **288**
meinde der Anordnung der Aufsichtsbehörde nicht innerhalb der bestimmten Frist nach, so kann die Aufsichtsbehörde die Anordnung anstelle und auf Kosten der Gemeinde selbst durchführen oder die Durchführung einem anderen übertragen[339].

Falls die bisher genannten Befugnisse der Aufsichtsbehörde nicht ausreichen, kann   **289**
ein „Beauftragter" (staatlicher „Kommissar") bestellt werden, der alle oder einzelne

---

336 Vgl. z. B. Art. 111 Bay GO, § 120 RhPf GO.
337 Art. 112 Bay GO.
338 § 122 RhPf GO.
339 Vgl. *Schnapp,* Die Ersatzvornahme in der Kommunalaufsicht, 1969.

Aufgaben der Gemeinde auf deren Kosten wahrnimmt. Der Beauftragte hat die Stellung eines Organs der Gemeinde[340].

Teilweise wird bei der Bestellung des Beauftragten noch differenziert zwischen der Beschlußunfähigkeit des Gemeinderats oder seiner Weigerung, gesetzmäßige Anordnungen der Rechtsaufsichtsbehörde auszuführen — dann Ermächtigung des Bürgermeisters durch die Rechtsaufsichtsbehörde — und einer darüber hinausgehenden Weigerung des Bürgermeisters — dann letztlich Handeln der Rechtsaufsichtsbehörde für die Gemeinde[341].

Schließlich kann die „Auflösung der Gemeindevertretung" bewirkt werden, wenn der gesetzwidrige Zustand nicht anders zu beheben ist oder wenn eine Gemeindevertretung dauernd beschlußunfähig ist oder eine ordnungsgemäße Erledigung der Gemeindeaufgaben aus anderen Gründen nicht gesichert ist; hierzu bedarf es einer Entscheidung der Landesregierung[342].

3. Fachaufsicht

290 Die für die Angelegenheiten des übertragenen Wirkungskreises vorgesehene **Fachaufsicht** (vgl. oben, Rdnr. 282 ff.) geht über die Beaufsichtigung der **Rechtmäßigkeit** hinaus und erstreckt sich generell auch auf den Bereich der kommunalen Entscheidungen, hinsichtlich dessen der Gemeinde ein **Ermessen** eingeräumt ist[343]. Denkbar ist, daß die Zulässigkeit von Eingriffen der Fachaufsichtsbehörde in das Verwaltungsermessen der Gemeinde an **zusätzliche Voraussetzungen** geknüpft wird (z. B. „wenn das Gemeinwohl oder öffentlich-rechtliche Ansprüche einzelner eine Weisung oder Entscheidung erfordern")[344]; die Position der Gemeinde wird dadurch gestärkt[345].

Die Fachaufsicht wird von den fachlich zuständigen staatlichen Behörden wahrgenommen; zuweilen wird der Rechtsaufsichtsbehörde auch die Führung der Fachaufsicht für den Fall übertragen, daß eine ausdrückliche Zuweisung fehlt[346]. Oberste Fachaufsichtsbehörde ist das jeweilige Fachministerium (**Beispiel:** bay. Staatsministerium des Innern als oberste Bauaufsichtsbehörde[347] und oberste Straßenaufsichtsbehörde[348],

291 Die **Befugnisse** der Fachaufsichtsbehörden sind lediglich hinsichtlich des **Unterrichtungsrechts** (Informationsrecht[349]) identisch mit denen der Rechtsaufsicht. Bedeutungsvoll ist vor allem ihre Befugnis, den Gemeinden **Weisungen** zu erteilen[350]; dar-

---

340 Z. B. § 110 NW GO.
341 Art. 114 Abs. 1 u. 2 Bay GO.
342 Vgl. Art. 114 Abs. 3 Bay GO; § 111 NW GO.
343 Z. B. Art. 109 Abs. 2 S. 1 Bay GO.
344 Art. 109 Abs. 2 S. 2 Nr. 1 Bay GO.
345 *Knemeyer,* a. a. O., Rdnr. 319 m. H. auf Bay VGH BayVBl. 1955, S. 25 f.
346 Z. B. Art. 115 Abs. 1 S. 2 Bay GO.
347 Art. 62 Abs. 1 Bay BauO.
348 Art. 61 Abs. 1 Bay StrWG.
349 Vgl. oben, Rdnr. 286.
350 Z. B. Art. 116 Abs. 1 S. 2 Bay GO.

unter fällt auch die Befugnis, die Aufhebung oder Änderung bereits getroffener Entscheidungen im übertragenen Wirkungskreis zu verlangen. Weisungen können z. B. auch die Anordnung enthalten, einen Rechtsstreit zu führen und Rechtsmittel einzulegen[351].

Im Hinblick auf den **Vollzug** fachaufsichtlicher Weisungen stehen der Fachaufsichtsbehörde keine eigenständigen Befugnisse zu; erforderlichenfalls muß sie sich an die zuständige **Rechtsaufsichtsbehörde,** die mit ihren (Zwangs-)Mitteln (z. B. Ersatzvornahme) für die Durchsetzung der Weisung sorgen muß, wenden.

4. Einzel-Aufsichtsbefugnisse; Mitwirkungsrechte

Ein wirklichkeitsnäheres Bild von dem Zusammenwirken von Staat und Gemeinde **292** ergibt sich aus einer Betrachtung der einzelgesetzlich normierten **Aufsichtsbefugnisse** der Fachaufsicht, Sonderaufsicht, insbesondere aber auch der staatlichen **Genehmigungen** und (Wahl-)**Bestätigungen.**

Diese Befugnisse ergeben sich z. T. aus den Gemeindeordnungen, wo sie an verschiedener Stelle enthalten sind; weiterhin enthalten sondergesetzliche Regelungen Genehmigungsvorbehalte. Dabei wird auch im einzelnen festgelegt, welchen Umfang die im Rahmen dieses Genehmigungsverfahrens vorgenommene Kontrolle haben darf. Das sei an einem Beispiel erläutert:

Die **Bauleitpläne** (Flächennutzungsplan und Bebauungsplan) bedürfen der Genehmigung der höheren Verwaltungsbehörde. Die Genehmigung darf nur versagt werden, wenn ein Bauleitplan nicht ordnungsgemäß zustande gekommen ist oder dem BBauG, den aufgrund des BBauG erlassenen oder sonstigen Rechtsvorschriften widerspricht (§ 6 Abs. 2, § 11 BBauG). Zuständig für die Genehmigung ist die **„höhere Verwaltungsbehörde"** (§ 6 Abs. 1, § 11 Satz 1, §§ 147 Abs. 3, 148 Abs. 2 BBauG). Ersichtlicherweise beschränkt sich die Aufsicht in diesem Fall auf eine Rechtsaufsicht, die im übrigen auch nicht dadurch eingeschränkt wird, daß die Rechtswidrigkeit von Bauleitplänen nicht unbeschränkt gerichtlich kontrolliert werden kann (vgl. §§ 155 a, b u. c BBauG).

Im Einzelfall kann durchaus fraglich sein, wie die staatliche Mitwirkung an ge- **293** meindlichen Entscheidungen unter dem Gesichtspunkt der „Aufsicht" zu qualifizieren ist; das betrifft insbesondere die Frage, ob und in welchem Umfang der Aufsichtsbehörde ein Entscheidungspielraum (**Ermessen**) eingeräumt ist mit der Folge, daß sie Zweckmäßigkeitserwägungen in ihre Entscheidungen einbringen darf. Ein derartiger Problemfall ist z. B. die Genehmigung von Veräußerungen gemeindlichen Vermögens[352]. Die Frage nach der Rechtsnatur und dem Umfang der Einflußnahme des Staates bei der Genehmigung kommunaler Entscheidungen läßt sich nicht einheitlich beantworten. Hinsichtlich aufsichtsbehördlicher Genehmigungen wird man im Regelfall ein Ermessen verneinen müssen; denn andernfalls wäre eine zu weitge-

---

351 Vgl. BayVGHBayVBl. 1977, S. 152 ff.
352 Z. B. Art. 75 Abs. 5 Bay GO — vgl. hierzu Bay VGH VBl. 1969, S. 268 ff. — Zeughaus —: weder Rechts- noch Fachaufsicht, sondern Mitwirkungsrecht und Mitwirkungspflicht des Staates.

hende Einschränkung des Gestaltungsspielraumes der Gemeinde möglich[353]. Andererseits kann der Aufsichtsbehörde ausnahmsweise ein Ermessen zustehen. Das ist dann der Fall, wenn sich aus der entsprechenden Vorschrift ergibt, daß die Aufsichtsbehörde bei einer Genehmigung auch **übergemeindliche und -örtliche Interessen** berücksichtigen darf. Neben dem Beispiel der Veräußerung von Sachen von bedeutendem geschichtlichem, künstlerischem oder wissenschaftlichem Wert[354] ist an eine Reihe weiterer mitwirkungsbedürftiger Entscheidungen zu denken, z. B.: Zustimmung zur Änderung bestehender und Annahme neuer Wappen und Fahnen der Gemeinde, Genehmigung der Kreditaufnahmen für Investitionen und Investitionsförderungsmaßnahmen, Genehmigung der Bestellung von Sicherheiten zugunsten Dritter oder der Gründung (oder Beteiligung) von (an)wirtschaftlichen Unternehmen.

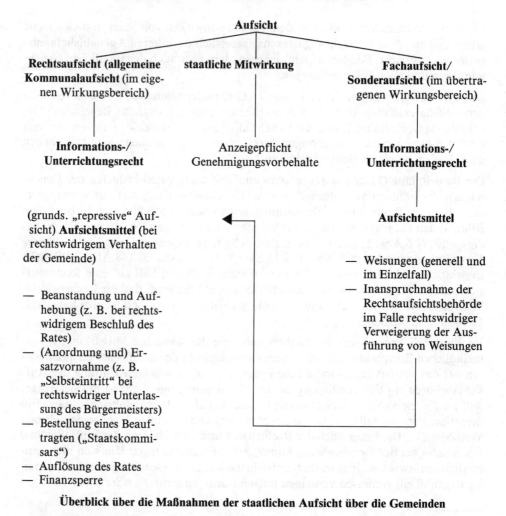

Überblick über die Maßnahmen der staatlichen Aufsicht über die Gemeinden

---

353 Vgl. OVG Münster OVGE 19, S. 192 ff., 197.
354 Vgl. hierzu auch § 77 Abs. 3 Ziff. 3 NW GO sowie BVerwG DVBl. 1971, S. 213.

5. Rechtsschutz der Gemeinde gegen Aufsichtsmaßnahmen

Die Gemeinde kann eine gerichtliche Überprüfung in den Fällen herbeiführen, in de- **294** nen ihrer Ansicht nach das gesetzliche **Aufsichtsrecht überschritten** oder eine Genehmigung (oder Bestätigung) zu Unrecht versagt worden ist. Richtige Klageart ist die Anfechtungs- oder Verpflichtungsklage; denn den Gemeinden gegenüber sind diese Entscheidungen als **Verwaltungsakte** zu bewerten, da die Aufsichtsbehörden insoweit das Selbstverwaltungsrecht der Gemeinden (durch ein Tun oder Unterlassen) verletzen.

Im einzelnen ist manches streitig[355]; grundsätzlich wird man davon ausgehen können, daß Maßnahmen der Aufsicht in eigenen **Selbstverwaltungs-)Angelegenheiten** der Gemeinde als **Verwaltungsakte** zu qualifizieren sind[356] und daß für eine dagegen gerichtete Klage eine Klagebefugnis (§ 42 Abs. 2 VwGO) insoweit nicht problematisch ist, als der Gemeinde eigene Rechte zustehen, die möglicherweise verletzt sind[357], das soll allerdings grundsätzlich nicht im Hinblick auf die Ausübung des Informationsrechts der Aufsichtsbehörde gelten, da reine Informationsmaßnahmen keine Verwaltungsakte seien[358].

Problematisch ist demnach in erster Linie die Beurteilung von Aufsichtsmaßnahmen im übertragenen Wirkungsbereich. Ein **Teil des Schrifttums** vertritt die Meinung, daß Aufsichtsmaßnahmen im **übertragenen Wirkungskreis** stets als **Verwaltungsakte** zu qualifizieren sind[359], die Zulässigkeit einer Klage bleibt gleichwohl fraglich, ist nach dieser Ansicht jedoch ein Problem der Klagebefugnis[360].

Die **Rechtsprechung** geht davon aus, daß fachaufsichtliche Weisungen in Angelegenheiten des übertragenen Wirkungsbereichs **in der Regel keine Verwaltungsakte** sind[361]; sie sind jedoch dann als Verwaltungsakt zu bewerten, wenn die Gemeinde in einer geschützten Rechtsstellung berührt wird[362]. Eine solche **geschützte Rechtsstellung** erwächst der Gemeinde im übertragenen Wirkungsbereich insoweit, als das **Weisungsrecht** der Fachaufsichtsbehörde generell[363] **eingeschränkt** oder die Weisungsbefugnis der sog. **Sonderaufsicht** gemäß den jeweils einschlägigen Regelungen **begrenzt** ist.

---

355 Vgl. hierzu den Überblick bei *Erichsen/Martens,* Allgem. VerwR 7. Aufl. 1986, § 11 II 5, S. 177 ff., 182 f.

356 BVerwGE 19, S. 121 ff.

357 Nachw. *Schmidt-Jortzig,* Rdnr. 101 f. u. bei *L. Schulze-Osterloh,* Jus 1978, S. 639.

358 *Knemeyer,* a.a.O., S. 323.

359 So für fachaufsichtliche Weisungen nach Art. 116 Abs. 1 S. 2 Bay GO, *Masson/Samper,* Bay Kommunalgesetze (Stand: Okt. 1985) Art. 116 Rdnr. 2; ebenso *Knemeyer,* a. a. O., Rdnr. 327.

360 *Knemeyer,* a. a. O., S. 215 m.w.H. in Fn. 25.

361 BVerwG JZ 1978, S. 395 ff. = BVBl. 1978, S. 374 ff. = Verw. Rspr. 1979, S. 85 ff. — dazu *Schmidt-Jortzig,* Rechtsstellung der Gemeinden gegenüber fachaufsichtlichen Weisungen bei der Fremdenverwaltung, Jus 1979, S. 488 ff.

362 Bay VGH BVBl. 1977, S. 152 ff. und 1979, S. 305 ff.; ebenso die h.M., vgl. *L. Schulze-Osterloh,* a. a. O., S. 640 m. w. N. in Fn.8 — kritisch *Knemeyer,* a. a. O., m. H. auf *Widtmann,* BVBl. 1978, S. 723 ff.

363 Z. B. in Ermessensangelegenheiten gem. Art. 109 Abs. 2 Bay GO.

Hinsichtlich der übrigen Aufsichtsbefugnisse, insbesondere der Mitwirkungsrechte[364] gilt folgendes[365]: Die Entscheidung über den Antrag der Gemeinde auf Genehmigung z. B. eines Beschlusses, mit dem die Gründung eines wirtschaftlichen Unternehmens vorgenommen wird, ist ein Verwaltungsakt. Umstritten ist, ob der Gemeinde für den Fall ein **Anspruch auf Erteilung einer Genehmigung** zusteht, daß die Genehmigungsbehörde untätig bleibt. Soweit der Behörde ein Ermessen eingeräumt ist — das kann im Einzelfall schwierig zu beurteilen sein[366] — wird man einen Anspruch auf ermessensfehlerfreie Entscheidung bejahen müssen. Dort, wo die Genehmigung lediglich eine (präventive) Rechtmäßigkeitskontrolle ermöglichen soll, besteht ein Anspruch der Gemeinde, der mit der Verpflichtungsklage („Untätigkeitsklage") geltend gemacht werden kann.

Voraussetzung für die Zulässigkeit einer verwaltungsgerichtlichen Klage der Gemeinde gegen ihre Aufsichtsbehörde ist in der Regel ein erfolglos durchgeführtes, von der Gemeinde initiiertes Widerspruchsverfahren[367], teilweise können Maßnahmen der Aufsichtsbehörde unmittelbar im Verwaltungsstreitverfahren angefochten werden[368]; teilweise ist die Entbehrlichkeit eines Widerspruchsverfahrens auch lediglich hinsichtlich der Genehmigungen der Aufsichtsbehörde vorgesehen[369].

6. Rechtsbeziehungen zwischen Bürger und Aufsichtsbehörde

295   Der einzelne **Bürger,** der sich durch eine gemeindliche Maßnahme in seinen Rechten verletzt fühlt, kann ein Tätigwerden der Kommunalaufsichtsbehörde gegenüber der Gemeinde nicht erzwingen. Einen Anspruch auf Einschreiten der Aufsichtsbehörde (oder zumindest ein Recht auf ermessensfehlerfreie Entscheidung über das Tätigwerden) steht ihm nicht zu. Der Bürger muß sich vielmehr direkt gegen die Gemeinde wenden, zunächst im Wege eines Widerspruchverfahrens[370], u. U. im nachfolgenden Verwaltungsstreitverfahren, um im Rahmen eines solchen Verfahrens **inzidenter** die Rechtmäßigkeit des Verhaltens der Aufsichtsbehörde überprüfen zu lassen.

296   Privatrechtliche Ansprüche von Dritten gegenüber der Gemeinde lassen sich ebenfalls nicht dadurch durchsetzen, daß der (private) Gläubiger eines solchen Anspruchs die Kommunalaufsicht bemüht; denn die Aufsicht erstreckt sich — abgesehen von gesetzlich erforderlichen Genehmigungen — nicht auf den **Privatrechtsverkehr der Gemeinde** („bürgerlich-rechtliche Verpflichtungen der Gemeinde, die im

---

364   Vgl. oben, Rdnr. 292.
365   Hierzu *Knemeyer,* a.a.O., Rdnr. 311 m.w.N.
366   Vgl. auch oben, Rdnr. 293 sowie Bay VGH BVBl. 1959, S. 125 ff.
367   Vgl. z.B. § 125 BW GO; Art. 120 Bay GO; § 126 RhPf GO.
368   Z.B. § 112 NW GO.
369   Z. B. § 133 Abs. 2 N GO.
370   § 68 ff. VwGO i.V.m. — z. B. — Art. 119 Bay GO.

ordentlichen Rechtswege zu verfolgen sind, unterliegen nicht der Staatsaufsicht . . ."[371]; zumal diese Privatperson ihr Recht selbst gerichtlich geltend machen kann[372].

Literatur:
Glass: Die Realität der Kommunalaufsicht, 1967; *W. Weber:* Die Kommunalaufsicht als Verfassungsproblem; *ders.,* Staats- und Selbstverwaltung in der Gegenwart, 2. Aufl. 1967, S. 123 ff.; *Keller:* Die staatliche Genehmigung von Rechtsakten der Selbstverwaltungsträger, 1976; *Prandl:* Rechtsbehelfe der Gebietskörperschaften (und Dritter) gegen Aufsichtsmaßnahmen, Kommunalpraxis 1983, S. 112 f., 202 f., 229 f.

Übungsfälle: *v. Mutius:* Grundfälle . . ., Jus 1979, S. 345 ff. (Fälle 48—50); *Schünemann/ Theisen:* VerwR 1979, S. 244.

C. Die Landkreise (Kreise)

Bei den **Landkreisen** (Kreisen) handelt es sich ebenfalls um historisch gewachsene **297** Verwaltungseinheiten, die für das Gebiet einer größeren Anzahl von Gemeinden nach kommunalen Grundsätzen solche Leistungen erbringen, die von einer einzelnen Gemeinde nicht — oder zumindest nicht wirtschaftlich — erbracht werden könnten. Mit diesen Leistungen wenden sich die Landkreise unmittelbar an ihre Einwohner; so verstanden sind die Landkreise also **örtliche Träger der Verwaltung** (so ausdrücklich für den Bereich der Sozialhilfe: § 96 BSHG).

Neben dieser **Ergänzungsfunktion** haben die Landkreise eine **Ausgleichsfunktion.** **298** Sie sollen die kreisangehörigen Gemeinden, die ihre Aufgaben nicht ausreichend erfüllen können, im Rahmen ihrer Leistungsfähigkeit unterstützen sowie zu einem wirtschaftlichen Ausgleich unter den kreisangehörigen Gemeinden beitragen. Insoweit sind unmittelbare Adressaten der Tätigkeit der Landkreise die Gemeinden. Schließlich bilden die Landkreise seit jeher auch die **untere staatliche Verwaltungsbehörde;** soweit das auch heute noch der Fall ist, besteht ein wesentlicher Unterschied zu dem Aufgabenbereich der Gemeinden.

In den **Kreisordnungen** ist ebenfalls festgelegt, daß das **Gebiet** des **Landkreises** zu- **299** gleich den Bezirk der unteren Behörde der allgemeinen Landesverwaltung bildet.

Die Kreise werden in Art. 28 Abs. 1 Satz 2 GG ausdrücklich und in Art. 28 Abs. 2 **300** Satz 2 GG der Sache nach sowie in den Landesverfassungen (als „**Gemeindeverbände**") erwähnt. Die konkreten Regelungen befinden sich in den Landkreis-(Kreis-) ordnungen der Länder (und im saarländischen KommunalselbstverwaltungsG).

---

371 So z.B. § 127 Abs. 2 RhPf GO.
372 NW OVG DÖV 1964, S. 353.

I. „Wesen" und Rechtsstellung der Landkreise

301 Die Landkreisordnungen definieren die Landkreise überwiegend als **„Gebietskörperschaften und Gemeindeverbände"** (Ausnahme § 1 Abs. 2 BW KrO: Der Landkreis ist Körperschaft des öffentlichen Rechts).

Die Rechtsnatur der Kreise als Gebietskörperschaften ergibt sich aus der rechtlichen Konstruktion der Selbstverwaltung im einzelnen, derzufolge die Bewohner des Kreises (und nicht die kreisangehörigen Gemeinden) die Mitglieder des Kreises sind, die die Kreisorgane wählen und in dieser Weise die kreis-kommunale Selbstverwaltung praktizieren.

Als Gemeindeverband läßt sich der Landkreis nur insoweit verstehen, als er die angehörigen Gemeinden (und „Gesamtgemeinden") bei der Erledigung ihrer örtlichen Angelegenheiten unterstützt und diese den Kreis durch die „Kreisumlage"[373] (mit-)finanzieren.

II. Aufgaben

302 Die Zuweisung von **Aufgaben** an die **Landkreise** erfolgt grundsätzlich nach dem gleichen System, das für die Gemeinden zugrunde gelegt worden ist. Eine Besonderheit ergibt sich daraus, daß (überwiegend) der Hauptverwaltungsbeamte des Kreises mit seiner Verwaltung zugleich auch die **untere staatliche Verwaltungsbehörde** bildet. Es handelt sich hierbei jedoch nicht — im Gegensatz zur Verwaltung von Auftragsangelegenheiten — um staatliche Verwaltung **des** Landkreises, sondern **im** Landkreis.

303 Eine weitere Besonderheit der **Aufgabenzuweisung** für die Landkreise ergibt sich aus folgendem: Den Gemeinden ist bereits durch Art. 28 Abs. 2 Satz 1 GG das Recht gewährleistet, „alle Angelegenheiten der örtlichen Gemeinschaft" zu regeln; diese Garantie gilt auch im Verhältnis zwischen Gemeinden und Kreisen; ihr lassen sich jedoch für die Aufgabenverteilung im einzelnen keine Vorgaben im Sinne eines Subsidiaritätsprinzips entnehmen[374]. Eine derartige **Allzuständigkeit** kann verständlicherweise für das Kreisgebiet, das ja nahezu ausschließlich auch stets Gemeindegebiet ist, nur einmal eingeräumt werden.

Die Landkreisordnungen beschränken generell den **Zuständigkeitsbereich** der Landkreise dementsprechend auf die Aufgaben, die von überörtlicher Bedeutung sind und deren zweckmäßige Erfüllung die Verwaltungs- oder Finanzkraft der kreisangehörigen Gemeinden übersteigt. Die Landkreise sollen sich auf diejenigen Aufgaben beschränken, die der einheitlichen Versorgung und Betreuung der Bevölkerung des ganzen Landkreises oder eines größeren Teils des Landkreises dienen[375]. Es ist ersichtlich, daß damit die Zuständigkeit des Kreises vom Ansatz her bereits grundsätz-

---

373 S.u. VII, Rdnr. 327.
374 BVerwGE 67, S. 321 ff. LS 2 — *Rastede,* s. o. Rdnr. 12; a. A. die Vorinstanz: OVG Lüneburg DÖV 1980, S. 417 ff. = DVBl. 1980, S. 81 ff.
375 z. B. § 2 Abs. 1 Hess KrO.

lich flexibel ist; denn die — finanzielle — Leistungsfähigkeit einer Gemeinde ist u. a. auch von den allgemeinen wirtschaftlichen Rahmenbedingungen (Konjunktur) sowie von den **finanziellen Zuweisungen** des Landes abhängig, so daß sich dementsprechend der Aufgabenbereich der Kreise erweitern oder auch verengen kann. Im übrigen ist ersichtlich, daß die Verknappung der finanziellen Ausstattung der Gemeinden die Einflußmöglichkeiten des Staates auch in der Richtung einer Aufgabenverlagerung von den kreisangehörigen Gemeinden auf die Landkreise ermöglicht.

Der **Übergang von gemeindlichen Aufgaben** auf den Kreis wird teilweise von der Zustimmung der betroffenen Gemeinden abhängig gemacht. Eine derartige fehlende Zustimmung kann allerdings überwunden werden, wenn die Übernahme „notwendig ist, um einem Bedürfnis der Kreiseinwohner in einer dem öffentlichen Wohl entsprechenden Weise zu genügen. Die Bedingungen der Übernahme werden von den Beteiligten vereinbart. Kommt eine Vereinbarung nicht zustande, so werden die Bedingungen der Übernahme von der Kommunalaufsichtsbehörde des Landkreises festgesetzt"[376] In den vergangenen Jahrzehnten ist die Wahrnehmung zahlreicher Aufgaben von den Gemeinden auf die Landkreise übergegangen. Dieser Wanderungsprozeß ist aus der Sicht der Gemeinde bedenklich, da er zum Verlust einer Reihe traditionell typischer Gemeindeaufgaben geführt hat. Das rechtliche Problem dieser Aufgabenverlagerung liegt in der Frage, inwieweit die kommunale Selbstverwaltungsgarantie einem solchen, gesetzlich angeordneten Wanderungsprozeß entgegensteht; in der Rastede-Entscheidung hat das BVerwG[377] dem Gesetzgeber letztlich einen weitgehenden Gestaltungsspielraum eingeräumt: Dieser brauche nämlich nicht auf die individuelle Interessenlage der einzelnen Gemeinde abzustellen und sei lediglich an den Grundsatz der Verhältnismäßigkeit gebunden[378] bei der Entscheidung der Frage, ob der Kreis — und nicht die kreisangehörige Gemeinde — angesichts seiner größeren Verwaltungskraft und der ihm aufgetragenen Ausgleichsfunktion insgesamt besser in der Lage sei, eine Aufgabe bestmöglich zu erfüllen[379]. **304**

Teilweise sehen die Landkreisordnungen die — an bestimmte Voraussetzungen geknüpfte — **Rückübertragung von Aufgaben** auf Gemeinden vor, die zuvor wegen der finanziellen Leistungsunfähigkeit der Gemeinden auf den Landkreis übergegangen waren[380]. **305**

Ebenso wie die Gemeindeordnungen kennen auch die Landkreisordnungen die freiwilligen Aufgaben des eigenen Wirkungskreises **(freiwillige Selbstverwaltungsaufgaben)**, die Aufgaben, die den Landkreisen als eigene zugewiesen sind **(pflichtige Selbstverwaltungsaufgaben)** sowie die Aufgaben des übertragenen Wirkungskreises, also die den Landkreisen zugewiesenen staatlichen Aufgaben. **306**

Ebenso wie für die Gemeinden haben die Länder die uneingeschränkt weisungsgebundenen Auftragsangelegenheiten überwiegend in sog. **Aufgaben zur Erfüllung nach Weisung** (mit gesetzlich beschränktem Weisungsrecht) umgewandelt (Ausnah- **307**

---

376 So z. B. § 3 Abs. 2 N KrO.
377 So Rdnr. 303 und 12.
378 BVerwGE 67, S. 329.
379 Vgl. BVerwG, a. a. O., S. 328.
380 § 2 Abs. 3 RhPf LKO.

me: Bayern[381], Rheinland-Pfalz und Saarland). Daneben gibt es aber noch Landes- und Bundes-Auftragsangelegenheiten der Landkreise und der kreisfreien Gemeinden (z. B. die Lastenausgleichsverwaltung).

308 Zuständig für die Aufgaben im „übertragenen Wirkungsbereich" ist teils der Hauptverwaltungsbeamte des Kreises (**„Kreisvorsteher"**)[382]; teils sind gewichtigere Entscheidungen aber auch dem **Kreistag**[383] oder einem kollegialen Führungsorgan **(Kreisausschuß)**[384] vorbehalten.

III. Die staatliche Verwaltung im Landkreis

309 Die Tatsache, daß das **Gebiet des Landkreises** zugleich den Bezirk der unteren Verwaltungsbehörde bildet[385], besagt noch nichts über eine organisatorische Verbindung zwischen Staat und Landkreis. Erst der Hinweis darauf, daß das Gebiet des Landkreises zugleich Gebiet der „Kreisverwaltung als untere Behörde der allgemeinen Landesverwaltung" ist[386], spricht für eine **Doppelfunktion der Kreisverwaltung,** nämlich einmal als kreis-kommunale Verwaltung des Landkreises und zum anderen als Teil der staatlichen Verwaltung, die insoweit — aus diesem Gesichtspunkt — wie jeder andere Teil der staatlichen Verwaltung in den Behördenaufbau administrativ-hierarchisch eingegliedert ist[387]. Die Inanspruchnahme der **kreis-kommunalen Verwaltung** als **untere staatliche Verwaltungsbehörde** ist keinesfalls die einzige denkbare Organisationsform, mit der der Staat in dieser Ebene seine Aufgaben erledigen könnte. Denkbar ist vielmehr auch, daß in der Gemeindeebene eigene staatliche Behörden errichtet werden; dies ist beispielsweise der Fall für die Postämter der Bundespostverwaltung, die Hauptzollämter der Bundesfinanzverwaltung, die Kreiswehrersatzämter der Bundeswehrverwaltung; auch die Landesverwaltung könnte in ähnlicher Weise ihre Aufgaben in der Kreisebene durch **staatliche Sonderbehörden der unteren Stufe** („Kreisstufe") erledigen — dies war beispielsweise früher der Fall für die Kataster-, Gesundheits- und Straßenverkehrsämter sowie die Regierungskassen in Nordrhein-Westfalen (bis zum Gesetz über die Eingliederung staatlicher Sonderbehörden der Kreisstufe von 1948).

310 Der Grundsatz der **„Einheit der Verwaltung"** auf der Kreisstufe spricht für eine organisatorische Zusammenfassung der kreiskommunalen Verwaltung mit den übrigen unteren Verwaltungsbehörden sowie den unteren Sonderbehörden im Landkreis. Teilweise wird die Verwirklichung dieses Grundsatzes in den Kreisordnungen ausdrücklich gefordert; so sind gem. § 2 Abs. 2 Hess KrO die vorhandenen Sonder-

---

381 Art. 6 Bay LKrO.
382 Vgl. unten, Rdnr. 323 ff.
383 Vgl. unten, Rdnr. 319 ff.
384 Vgl. unten, Rdnr. 322.
385 So z. B. Art. 1 S. 2 Bay LKrO
386 § 1 Abs. 2 RhPf GO.
387 Vgl. auch Art. 37 Abs. 1 Bay LKrO oder § 4 Abs. 1 Nds GO; zu den in den Bundesländern verwirklichten unterschiedlichen Modellen der Koppelung von krei-kommunalen und staatlichen Aufgaben s. *Schmidt-Jortzig,* a. a. O., Rdnr. 328 ff.

verwaltungen möglichst aufzulösen und — wenn sie nicht auf die Gemeindeverwaltung überführt werden können — auf die Kreisverwaltungen zu überführen. Neue Sonderverwaltungen sollen danach grundsätzlich nicht mehr errichtet werden.

Die Betrauung der Landkreise mit zahlreichen staatlichen Aufgaben ist historisch bedingt und bringt eine Reihe von Vorteilen mit sich; die **Zusammenfassung** möglichst vieler **Kompetenzen** in einer Behörde oder zumindest in einer Gruppe von Behörden, die einem gemeinsamen Chef zugeordnet sind (Territorialsystem, „Einheit der Verwaltung"), vermeidet Reibungen, Zeit und Geld. Diese „horizontale (sachliche) Konzentration" einer Vielzahl von Aufgaben in allgemeinen Behörden bietet gegenüber den Sonderverwaltungen überdies die Vorteile der Elastizität im Einsatz des Personals und der sachlichen Mittel, die Möglichkeit vielseitiger Ausnutzung allgemeiner **Verwaltungsabteilungen** („Querschnittsabteilungen" wie Personal-, Kassen-, Finanz- und Organisationswesen) sowie die Berücksichtigung übergreifender Sachzusammenhänge (z. B. Städtebau) ohne unvermeidliche Koordinierungsverluste aufgrund ressort-egoistischer Interessenverfolgung.

Die weitestgehende Eingliederung der staatlichen Aufgabe in die Kreisverwaltung **311** wäre die Überführung bisher staatlicher Angelegenheiten nicht nur in „Auftragsangelegenheiten" der Landkreise, sondern darüber hinausgehend in Angelegenheiten „zur Erfüllung nach Weisung", bei denen die kreiskommunalen Selbstverwaltungsorgane ein gewisses Mitspracherecht hätten. Dieses Modell einer vollständigen **„Kommunalisierung" staatlicher Aufgaben** ist in den Landkreisordnungen überwiegend nicht verwirklicht. Selbst nach der niedersächsischen KrO, die keine unteren allgemeinen staatlichen Verwaltungsbehörden kennt, ist der Hauptverwaltungsbeamte (Oberkreisdirektor) allein zuständig für Maßnahmen auf dem Gebiet der Gefahrenabwehr, der Bundesauftragsangelegenheiten und in der Regel auch zur Kommunal- und Fachaufsicht gegenüber den kreisangehörigen Gemeinden[388].

Nach dem in den Kreisordnungen überwiegend verwirklichten Modell der Verbindung von kreis-kommunaler und staatlicher Verwaltung wird der organisatorische **312** Zusammenhang beider Bereiche in der Leitungsebene hergestellt, indem der Hauptverwaltungsbeamte des Landkreises („Kreisvorsteher") zugleich als Leiter einer monokratisch geführten unteren Verwaltungsbehörde eingesetzt wird.

Diese Realunion von unterer staatlicher Verwaltungsbehörde und Kreisvorsteher[389] wird rechtstechnisch auf unterschiedliche Weise bei der **Besetzung des Amtes** des Kreisvorstehers erzielt: In Rheinland-Pfalz und im Saarland ist der Kreisvorsteher (Landrat) **Landesbeamter auf Zeit;** er wird nach Anhörung des Kreisausschusses durch den Ministerpräsidenten kommissarisch bestellt; seine endgültige Ernennung bedarf der Zustimmung der Mehrheit der gesetzlichen Zahl der Mitglieder des Kreistages[390]. Man spricht insoweit von einer **Entleihung** des staatlichen **Organs,** nämlich des Landrates, an die Kreiskommunalverwaltung.

Gleichsam umgekehrt ist auch denkbar die Leihe der Institution und Person des Kreisvorstehers durch den Staat; danach wird der Kreisvorsteher (entsprechend der

---

388 § 57 Abs. 1 Nr. 3—6 — ein Fall der „Organleihe", vgl. oben, Rdnr. 120 f.
389 *Wolff/Bachof* II § 89 IX b.
390 § 42 RhPf LKO; § 174 Saarl KommunalselbstverwG.

Wahl des Gemeindevorstehers durch die Gemeindevertretung) durch die Kreisvertretung (Kreistag) gewählt und („zu einem Teil") dem Land als Behörde zur Verfügung gestellt.

313 Dieses Nebeneinander von kreis-kommunalen und staatlichen Aufgaben führt auch im übrigen Personalbereich zu teilweise komplizierten Regelungen: So werden gem. § 52 Abs. 1 BW KrO die für die Aufgaben der unteren Verwaltungsbehörde erforderlichen Beamten vom Land, die Angestellten und Arbeiter vom Landkreis gestellt. Die **Dienstaufsicht** über die Landesbeamten führt der Regierungspräsident. Auch der Kreisvorsteher selbst unterliegt ebenfalls in seiner Funktion als Leiter der unteren Verwaltungsbehörde — und nur insoweit — nicht nur den Weisungen der Fachaufsichtsbehörden, sondern auch der Dienstaufsicht des Regierungspräsidiums[391].

314 Die **Aufgaben des Kreisvorstehers** als untere staatliche Verwaltungsbehörde, die demnach nicht „dezentralisiert" wahrgenommen werden, ergeben sich insbesondere aus den **Kommunal-** und **Polizeigesetzen.** Insoweit steht dem Kreisvorsteher die Kommunal- und Fachaufsicht über die kreisangehörigen Gemeinden sowie über die Körperschaften, Anstalten und Stiftungen des öffentlichen Rechts zu, soweit es hierfür keine Sondervorschriften gibt. Überwiegend ist der Kreisvorsteher mit den Aufgaben der **Kreispolizeibehörde** betraut. Ihm obliegt überdies die **Mitteilungspflicht** über alle Vorgänge, die für die Landesregierung von Bedeutung sind[392]; weiterhin ist

1	2	3	4	5	6	7	8
Allgemeine Verwaltung	Finanzverwaltung	Rechts-, Sicherheits- und Ordnungsverwaltung	Schul- und Kulturverwaltung	Sozial-, und Gesundheitsverwaltung	Bauverwaltung	Verwaltung für öffentliche Einrichtung	Verwaltung für Wirtschaft und Verkehr
10 Hauptamt	20 Kämmerei	32 Ordnungsamt	40 Schulverwaltungsamt	50 Sozialamt	60 Planungsamt		80 Amt für Wirtschaftsförderung
11 Personalamt		36 Straßenverkehrsamt		51 Jugendamt	62 Vermessungs- u. Katasteramt		
14 Rechnungs- u. Gemeindeprüfungsamt		39 Veterinäramt		53 Gesundheitsamt			81 Eigenbetriebe
				54 Amt für Krankenanstalten	63 Bauordnungsamt		
				55 Ausgleichsamt	64 Amt für Wohnungswesen		
			66 Tiefbauamt				

Verwaltungsgliederungsplan für Kreise

Musterentwurf der „kommunalen Gemeinschaftsstelle für Verwaltungsvereinfachung" für (Land-)Kreise der Größenklasse über 250 000 Einwohner (KGSt-Gutachten Verwaltungsorganisation der Kreise, Teil I: Institutionelle Organisation, 1972)

---

391 § 53 BW KrO.

er verpflichtet zur Koordinierung der Verwaltungsbehörden im Landkreis[393]. Diese doppelte Funktion des Kreisvorstehers führt auch zur Frage, wer für eine Pflichtverletzung des Amtsinhabers haftet. Nach der sog. Anstellungstheorie haftet die Körperschaft, die den Landrat (oder — in Nds und NW — Oberkreisdirektor) angestellt hat; nach der sog. Funktionstheorie kommt es auf die jeweilige Aufgabe an, bei deren Wahrnehmung dem Amtsinhaber eine Pflichtverletzung unterlaufen ist. Der BGH hat in std. Rspr. entschieden, daß regelmäßig die Anstellungskörperschaft haftet, da diese dem Amtsinhaber die Möglichkeit zur Amtsausübung eröffnet habe. Nur für den Fall, daß kein Dienstherr oder mehrere Dienstherren vorhanden sind, ist darauf abzustellen, wer dem Amtsträger die konkrete Aufgabe übertragen hat[394]; somit haftet bei Kreisbediensteten das Land nicht, selbst wenn sie in einem Tätigkeitsbereich eingesetzt worden sind, den die Kreisverwaltung als untere staatliche Verwaltungsbehörde wahrnimmt[395].

IV. Das Kreisgebiet

Das **Kreisgebiet** besteht aus den zum Landkreis gehörenden Gemeinden und gemein- **315** defreien Gebieten. Die Frage der „richtigen" Größe eines Kreises ist ähnlich wie für die Gemeinden geregelt: Das Gebiet des Landkreises soll so bemessen sein, daß die Verbundenheit mit den Kreiseinwohnern und den kreisangehörigen Gemeinden gewahrt und die Leistungsfähigkeit der Landkreise gesichert ist[396].

Die Auflösung von Landkreisen oder Änderungen ihres Gebietsbestandes können **316** „aus Gründen des öffentlichen Wohles" vorgenommen werden[397]. Derartige **Gebietsänderungen** werden entweder durch Rechtsverordnung der Landesregierung (mit Zustimmung des Landtages) oder durch Landesgesetz vorgenommen.

Der günstigste Zuschnitt eines Landkreises läßt sich allerdings nicht allein aus Einwohnerzahlen, Flächengröße und Verhältnis dieser Zahlen zueinander ermitteln. Eine nicht unwesentliche Rolle spielen darüber hinaus die Gemeinden, die schlicht kreisangehörig sind, kreisangehörig mit einem Sonderstatus sind (der ihnen zum Teil Aufgaben eines Landkreises zuweist) oder auch die Gemeinden, die als kreisfreie Städte **(Stadt-Kreise)** vom Kreisgebiet umgeben sein können. Während in früheren Zeiten die Gebietsreform häufig in der Weise verstanden wurde, daß größere Städte „ausgekreist" wurden, also ihren Status als kreisangehörige Städte verloren und mit den Aufgaben von Landkreisen betraut wurden, ist die jüngste Gebietsreform von einer entgegengesetzten Denkweise bestimmt: Zahlreiche **Mittelstädte** wurden wieder eingekreist; in manchen Bundesländern wurde praktisch ein Richtwert von 200000 Einwohnern als Mindestgröße für eine kreisfreie Stadt festgelegt[398].

---

392 Z. B. § 57 Abs. 4 Satz 2 N KrO.
393 Z. B. § 55 Abs. 1 Hess KrO.
394 BGH Z 87, S. 202 ff., 204, sog. „vermittelnde Anvertrauenstheorie", vgl. Maurer a. a. O., § 25 Rdnr. 42.
395 BGH Z 91, S. 243 ff., 251 — für die unteren Jagdbehörden in Rheinland-Pfalz.
396 Z. B. § 13 Abs. 1 N KrO; § 144 Abs. 2 Saarl KSVG.
397 Z. B. Art. 8 Abs. 1 Bay GO; § 14 Abs. 1 N KrO.
398 So z.B. in Nordrhein-Westfalen; anders in Bayern, wo diese Mindestgröße bei ca. 50000 Einwohnern liegt.

In ihrem Gebiet haben die **Landkreise „Gebietshoheit"**; das ergibt sich aus ihrem Status als „Gebietskörperschaft".

V. Kreiseinwohner (Kreisangehörige)

317 Mitglieder des Kreises sind — wie bereits gesagt — nicht die Gemeinden, sondern die **Kreiseinwohner;** das sind diejenigen Personen, die im Kreisgebiet ihren Wohnsitz haben. Der Status der Kreiseinwohner, ihre Rechte und Pflichten, sind entsprechend den Bestimmungen der Gemeindeordnungen nachgebildet. Dabei ist es letztlich unerheblich, ob auch terminologisch eine Unterscheidung zwischen „Kreiseinwohner" und „Kreisbürger"[399] vorgenommen wird oder ob sich diese Unterscheidung daraus ergibt, daß nicht alle Kreiseinwohner wahlberechtigt sind — und daß nur die zur Wahl des Kreistages berechtigten Kreiseinwohner verpflichtet sind, **Ehrenämter** und sonstige ehrenamtliche Tätigkeiten **für den Landkreis** zu übernehmen und auszuüben.

VI. Die Kreisverfassung

318 Obgleich die Landkreisordnungen der Bundesländer im einzelnen sehr unterschiedliche Regelungen getroffen haben, läßt sich eine gemeinsame Struktur feststellen: Nahezu überall sind die drei **Hauptorgane des Landkreises Kreistag, Kreisausschuß** (mit Ausnahme von Baden-Württemberg) und **„Kreisvorsteher"** vorgesehen.

1. Der Kreistag

319 Der bereits in Art. 28 Abs. 1 Satz 2 GG erwähnte obligatorische **Kreistag** wird in jeweils gleichen, angemessenen Zeitabständen (4, 5 oder 6 Jahren) nach den demokratischen Wahlrechtsgrundsätzen gewählt. Als zulässig erachtet wird allerdings eine Beschränkung der „Wahlrechtsgleichheit", und zwar nicht nur zur Vermeidung von Splitterparteien, sondern auch zur Verhinderung einer Majorisierung des Kreistages durch die Vertreter einer großen kreisangehörigen Gemeinde; dies geschieht wahlrechts-technisch durch eine differenzierte Bildung der **Wahlkreise**[400].

320 Der Kreistag besteht überall aus den **„Kreisvertretern"**, den gewählten Repräsentanten der Kreisbürger; hinzu kommt teilweise der „Kreisvorsteher", der zuweilen stimmberechtigtes Mitglied des Kreistages ist. Soweit jedoch landesverfassungsrechtlich das Prinzip des „staatlichen Landrats"[401] festgeschrieben ist, widerspricht das Stimmrecht des Landrates im Kreistag der den Landkreisen gewährleisteten Eigenverantwortlichkeit[402].

---

399 So Art. 11 Bay LKO.
400 Vgl. z. B. § 22 Abs. 4 BW KrO sowie BVerwG DVBl. 1958, S. 617.
401 RhPf Verf. Art. 49, 50.
402 RhPf VerfGH DÖV 1983, S. 113 ff. m. Anm. *Merten.*

Die Rechtsstellung der Kreisvertreter entspricht im wesentlichen der Rechtsstellung der Gemeindevertreter, sie heißen: „Kreisräte", „Kreistagsabgeordneter" oder „Kreistagsmitglieder".

Die Kreise können beratende — teilweise auch entscheidungsbefugte, „beschließen- **321** de" — **Ausschüsse** einsetzen, die nach dem Stärkeverhältnis der im Kreistag vertretenen Parteien besetzt werden. In der Regel können auch **„sachverständige Bürger"** in die Ausschüsse berufen werden.

2. Der Kreisausschuß

In allen Bundesländern wird ein **Kreisausschuß** als kollegiales Lenkungsorgan des **322** Landkreises vorgesehen. Dieses **Kreisorgan** besteht ausschließlich aus Kreistagsmitgliedern (Ausnahme: Hessen); hinzu kommt in der Regel der Kreisvorsteher als Vorsitzender dieses Ausschusses (Ausnahme: Niedersachsen, Nordrhein-Westfalen).

Die Aufgaben des Kreisausschusses sind in den einzelnen Ländern unterschiedlich geregelt; überall bereitet er die Beschlüsse des Kreistages vor und erledigt Angelegenheiten, die ihm allgemein oder einzeln vom Kreistag übertragen worden sind.

3. Der Kreisvorsteher (Landrat, Oberkreisdirektor)

Nach allen Landkreis-Verfassungen hat der Kreis einen sog. Hauptverwaltungsbe- **323** amten (organschaftliche Bezeichnung: Kreisvorsteher); dieser führt herkömmlicherweise die Bezeichnung **„Landrat"** — nur Niedersachsen und Nordrhein-Westfalen haben die neuartige Bezeichnung **„Oberkreisdirektor"** für dieses Organ eingeführt.

Er ist Wahlbeamter des Kreises (Ausnahme: Rheinland-Pfalz und Saarland — dort ist er staatlicher Landesbeamter). Seine **Amtszeit** beträgt in Bayern und Hessen sechs, in Niedersachsen und Schleswig-Holstein sechs bis zwölf, in Baden-Württemberg acht und in Nordrhein-Westfalen zwölf Jahre; in Rheinland-Pfalz ist für den staatlichen Landrat eine Amtszeit von zehn Jahren vorgesehen (im Saarland: keine feste Amtszeit).

Die Kompetenzen des Landrats (Oberkreisdirektors) sind in den verschiedenen **324** Landkreisordnungen sehr ähnlich ausgestaltet. Ein wesentlicher Unterschied zu der Stellung des Hauptverwaltungsbeamten in der Gemeinde besteht darin, daß der Kreisvorsteher als **untere staatliche Verwaltungsbehörde** eine Reihe zusätzlicher Wahrnehmungszuständigkeiten hat, die ihm auch faktisch im Verhältnis zu den anderen Kreisorganen eine vergleichsweise stärkere Stellung einräumt als es im Verhältnis von gemeindlichem Hauptverwaltungsbeamten zu den übrigen Gemeindeorganen der Fall ist.

Aus der unterschiedlichen Aufteilung von „Erstzuständigkeiten" und „abhängigen **325** Kompetenzen" zwischen Kreistag, Gemeindevorsteher und Kreisausschuß ergeben sich die unterschiedlichen kreis-kommunalen Verfassungstypen (Kreisausschußverfassung, Süddeutsche Kreistagsverfassung, Direktorialverfassung).

4. Konferenz der Gemeindevorsteher

326 Die Aufgaben des Kreises machen u. a. auch eine **Abstimmung** der Tätigkeiten des **Landkreises** und der Gemeinden sowie der Tätigkeiten der **Gemeinden** untereinander erforderlich. Dazu werden wohl in allen Landkreisen der Bundesländer mit einer gewissen Regelmäßigkeit gemeinsame Besprechungen auch zwischen Landrat (Oberkreisdirektor) und den kommunalen Hauptverwaltungsbeamten stattfinden. Ausdrücklich wird ein derartiges „föderatives Organ" in der Landkreisebene nicht genannt; lediglich in Rheinland-Pfalz werden Besprechungen des Landrats bei Bedarf, mit den Ortsbürgermeistern mindestens einmal jährlich, mit den Bürgermeistern der verbandsfreien Gemeinden und Verbandsgemeinden mindestens vierteljährlich angeordnet, um wichtige Fragen, die den Landkreis und die Gemeinden gemeinsam berühren, sowie Angelegenheiten der Staatsaufsicht und der staatlichen Verwaltung zu erörtern[403].

VII. Finanzierung der Kreisaufgaben

327 Ähnlich wie die Gemeinden deckt der Landkreis seinen finanziellen Bedarf durch die **Erhebung von Gebühren** (für die Beanspruchung von Einrichtungen des Kreises) und von Beiträgen, durch eigene **Steuern** (z. B. Schankerlaubnis- und Jagdsteuer, Zuschläge zur Grunderwerbssteuer); weiterhin erhält auch der Landkreis **allgemeine Finanzzuweisungen** (Schlüsselzuweisungen und „Kopfbeträge" für die Wahrnehmung von Auftrags- und Weisungsangelegenheiten) und zweckgebundene Zuweisungen.

Wichtiges Finanzierungsinstrument ist überdies die sog. **Kreisumlage,** die den noch verbleibenden Fehlbetrag decken soll. Sie ergibt sich aus dem Recht des Kreises, Zuschläge zu den **gemeindlichen Realsteuern** zu erheben, wird jährlich neu festgesetzt und beträgt 20 bis 30 % des gemeindlichen Realsteueraufkommens. Schuldner dieser Kreisumlage sind nicht die Mitglieder des Landkreises, die Einwohner, sondern die Gemeinden.

In der Kreisumlage kommt die frühere Funktion der Landkreise als „Lastenverband" ebenso zum Ausdruck wie ihre heutige „Ausgleichsfunktion"[404]. Daneben kann die Kreisumlage in der heutigen finanziellen Situation der Gemeinden auch einen Wegfall der „freien Spitze" bei den Gemeinden bedeuten. Teilweise können die Gemeinden aus diesem Gesichtspunkt Einwendungen gegen die **Kreishaushaltssatzung** erheben[405].

328 Für die **„Kreiswirtschaft"** mit den Bereichen Haushaltswirtschaft, Vermögenswirtschaft (Kreisvermögen, Sondervermögen), Kreditwesen, wirtschaftliche Betätigung der Landkreise Kassen- und Rechnungswesen sowie Prüfungswesen, werden die Regelungen der Gemeindeordnungen teils ausdrücklich für entsprechend anwendbar

---

403 § 41 Abs. 3 RhPf LKO.
404 *Wolff/Bachof* II § 89 VII d mit Hinweis auf BVerwGE 10, S. 227 u. m.w.N.
405 § 43 NW KrO.

erklärt; teilweise enthalten die Landkreisordnungen eigenständige Regelungen, die aber inhaltlich den Bestimmungen in den Gemeindeordnungen weitgehend entsprechen.

VIII. Aufsicht über den Kreis

In Angelegenheiten der kreis-kommunalen Selbstverwaltung liegt die Staatsaufsicht bei den **Bezirksregierungen** (Regierungspräsidenten; im Saarland und in Schleswig-Holstein: beim Minister des Innern); sie ist auf die Rechtsaufsicht beschränkt. **329**

In staatlichen Auftragsangelegenheiten besteht für die Landkreise eine — die Rechtsaufsicht einschließende — Fachaufsicht; in Weisungsangelegenheiten unterliegen sie einer durch das jeweilige Gesetz im einzelnen begrenzten „Sonderaufsicht" der staatlichen Mittelbehörden (Regierungspräsident).

Als unmittelbares Staatsorgan unterliegt der Landrat (Oberkreisdirektor) sowie auch die übrigen Bediensteten insoweit, als sie Funktionen der unteren staatlichen Verwaltungsbehörde wahrnehmen, der uneingeschränkten Organ- und Fachaufsicht sowie jede andere Behörde auch, die unmittelbar in den staatlichen Behördenaufbau administrativ-hierarchisch eingegliedert ist. In Rheinland-Pfalz und im Saarland besteht zusätzlich auch die Dienstaufsicht über die Bediensteten, die unmittelbar Staatsaufgaben wahrnehmen. **330**

In dieser Funktion als **unmittelbares Staatsorgan** unterliegt der Kreisvorsteher (sowie die übrigen Angehörigen der unteren staatlichen Verwaltungsbehörde) nicht dem Weisungs- und Kontrollrecht der übrigen kreiskommunalen Organe.

Literatur:

Staats- und Selbstverwaltung in der Kreisinstanz, DVBl. 1952, S. 5 ff. *Reinicke W. Weber:* Der Landkreis und seine Funktionen, 1960; *Wagener:* Gemeindeverwaltung und Kreisverwaltung, AfK 1964, S. 237 ff.; *ders.* (Hrgs.) Kreisfinanzen, Landeskreise — Gemeinden — Staat — Verbesserung — Entwicklung (mit Beiträgen von Wagener, Droste, Wandhoff, Gunther, Maas) 1982; zur „Bilanz der Kreisrefom in den Bundesländern": Der Landkreis, 1981, S. 1—76; *Conrad/Dehn:* Einrichtungen und Strukturdaten der Kreise, 1985; informativ und materialreich: Der Kreis — Ein Handbuch — 2. Band 1976 — mit Beiträgen zu den organisatorischen und kommunalpolitischen Grundlagen, dem Grundgefüge der Kreisverwaltung, dem Finanzwesen der Kreise sowie dem System der Steuerungsmittel innerhalb der Kreisverwaltung sowie gegenüber anderen Aufgabenträgern (Raum- und Entwicklungsplanung, Strukturpolitik und Wirtschaftsförderung, Lösung von Kreisaufgaben durch öffentliche oder private Einrichtungen oder Gesellschaften, Aufsichtsfunktionen);

D. Kooperation im kommunalen Bereich

331 Es gibt eine Reihe von Aufgaben, deren Erledigung die Finanzkraft oder auch die Verwaltungskraft einer einzelnen Gemeinde überschreitet, gleichwohl aber zum Wohle der Einwohner wahrgenommen werden sollten; daneben gibt es **Aufgaben, die der Sache nach** (zumindest auch) **gemeindeübergreifend** erledigt werden sollten (z. B. städtebauliche Entwicklungsplanung). Denkbar ist, daß in diesen Fällen der Kreis die Aufgaben an sich zieht, und zwar auch dann, wenn ihre Wahrnehmung sich nur auf Teile des Kreisgebietes erstreckt. Denkbar ist jedoch auch, daß die Gemeinden derartige Aufgaben (z. B. Wasserversorgung, Schulen) in Zusammenarbeit miteinander erledigen. Sie bewahren sich dadurch eine größere Gestaltungs- und Einflußmöglichkeit auf die Wahrnehmung dieser Aufgaben. Weiterhin besteht die Möglichkeit, daß im Rahmen einer solchen Zusammenarbeit ein Zusammenwirken auch von Gemeinden mit Gemeindeverbänden und sogar mit sonstigen juristischen Personen des öffentlichen und privaten Rechts sowie natürlichen Personen ermöglicht wird.

In der Rechtsordnung sowie in der kommunalen Praxis haben sich verschiedene anerkannte Formen interkommunaler Zusammenarbeit entwickelt. Bei diesem Zusammenwirken lassen sich öffentlich-rechtlich organisierte Zusammenarbeit auf der einen sowie privat-rechtlich organisierte Zusammenarbeit auf der anderen Seite unterscheiden.

I. Öffentlich-rechtliche Zusammenarbeit

332 Die öffentlich-rechtlichen Formen interkommunaler Zusammenarbeit sind landesrechtlich geregelt, und zwar durch die „Gesetze über **kommunale Zusammenarbeit** (oder: Gemeinschaftsarbeit)" sowie über die Landesgesetze die „Zweckverbände" betreffend.

Mit diesen Regelungen werden verschiedene Formen des öffentlich-rechtlich organisierten Zusammenwirkens von Gemeinden ermöglicht. Es besteht allerdings insoweit ein Typenzwang von Formen der Zusammenarbeit; die Beteiligten können jedoch durch entsprechende Abmachungen Art und Intensität ihres Zusammenwirkens in gewisser Weise modifizieren.

1. Die kommunale Arbeitsgemeinschaft

333 Die „**kommunale Arbeitsgemeinschaft**" findet sich in den meisten Bundesländern (mit Ausnahme von Niedersachsen, Baden-Württemberg und Schleswig-Holstein). Rechtsgrundlage für eine derartige Arbeitsgemeinschaft ist ein öffentlich-rechtlicher Vertrag (ein sog. **koordinationsrechtlicher Verwaltungsvertrag**). Ziel eines solchen Vertrages ist eine Koordinierung von bestimmten Aufgaben; dabei können grundsätzlich alle Aufgaben in eine solche Vereinbarung einbezogen werden.

Diese kommunale Arbeitsgemeinschaft hat allerdings keine eigene Rechtspersönlichkeit; ihre Tätigkeit ist ohne rechtsverbindliche Auswirkung, insbesondere auch nicht gegenüber den Beteiligten dieser Arbeitsgemeinschaft. Inhalt der Tätigkeit ist die **Erörterung, Planung** und Beschlußfassung von Fragen, die die Beteiligten gemeinsam berühren. Bei diesen Beschlüssen handelt es sich jedoch lediglich um **Anregungen** und Empfehlungen, die von den Beteiligten in eigener Zuständigkeit rechtswirksam umgesetzt werden müssen. Es kann sich dabei z. B. um die Abstimmung von Planungen, die Terminregelung von Veranstaltungen oder die Fahrplangestaltung benachbarter Verkehrsbetriebe handeln. Der Betrieb einer ständigen (gemeinsamen) Einrichtung würde allerdings über den Wirkungskreis einer kommunalen Arbeitsgemeinschaft bereits hinausgehen. Beteiligte einer solche kommunalen Arbeitsgemeinschaft können Gemeinden, Landkreise und Bezirke[406], aber auch sonstige Körperschaften, Anstalten und Stiftungen des öffentlichen Rechts, ferner natürliche Personen und juristische Personen des Privatrechts[407] sein.

Eine solche Arbeitsgemeinschaft kann als Organ die Mitgliederversammlung und den Vorstand, den Arbeitsausschuß sowie einen Geschäftsführer und eine Geschäftsstelle haben. Sie untersteht der staatlichen **Aufsicht** (Ausnahme: Bayern hinsichtlich der „einfachen Arbeitsgemeinschaft"); diese aufsichtsrechtlichen Beziehungen beschränken sich allerdings auf eine Anzeige- und Unterrichtspflicht der Arbeitsgemeinschaft gegenüber der Aufsichtsbehörde.

Besonderheiten bestehen für Bayern; dort wird zwischen „einfachen" und „besonderen Arbeitsgemeinschaften" unterschieden; letztere zeichnen sich dadurch aus, daß sie durch ihre Beschlüsse ihre Mitglieder binden können, wenn die Beteiligten selbst oder die Organe der Beteiligten zugestimmt haben[408]. Eine ähnliche Regelung besteht der Sache nach auch für Hessen.

Hinzuweisen ist in diesem Zusammenhang auch auf den sog. **kommunalen Nachbarschaftsbereich** gem. § 8 Rhpf GO, der zur Beratung gemeinsamer Angelegenheiten gebildet werden kann und dessen Aufgaben denen des schl.-holst. **Nachbarausschusses**[409] entsprechen.

2. Der Zweckverband

Bei dem sog. **Zweckverband** handelt es sich um einen (öffentlich-rechtlichen) Zusammenschluß von Gemeinden und Gemeindeverbänden. Die frühere Rechtsgrundlage, das „Reichszweckverbandsgesetz" gilt nur noch in Niedersachsen und — in modifizierter Form — in Rheinland-Pfalz. Die neueren Gesetze enthalten gegenüber der früheren Rechtslage wesentliche eingehendere Regelungen. **334**

Mit dem Zweckverband wird eine **öffentlich-rechtliche Körperschaft** gebildet, die nach h. M. jedoch mangels der erforderlichen Gebietshoheit **keine Gebietskörper-** **335**

---

406 Vgl. unten, Rdnr. 347 ff.
407 Z. B. Art. 4 Abs. 1 Bay KommZG.
408 Art. 5 Bay KommZG.
409 §§ 20—23 SchlH GkZ.

schaft darstellt[410]. Es werden verschiedene Arten von Zweckverbänden unterschieden: Zumeist handelt es sich um sog. **Freiverbände,** also um Zweckverbände, die auf einem freiwilligen Beschluß der Beteiligten[411] sowie einem öffentlich-rechtlichen Vertrag beruhen. Weiterhin besteht die Möglichkeit, Beteiligte aus Gründen des öffentlichen Wohles zu sog. **Pflichtverbänden** zusammenzuschließen, und zwar zur gemeinschaftlichen Durchführung von Auftragsangelegenheiten, Pflichtaufgaben oder Pflichtaufgaben zur Erfüllung nach Weisung.

Darüber hinaus können Gemeinden und Kreise (gegen ihren Willen) auch zur gemeinsamen Erfüllung freiwilliger Selbstverwaltungsaufgaben zu einem sog. **gesetzlichen Zweckverband** zusammengeschlossen werden (§ 22 NW GO; G über kommunale Gemeinschaftsarbeit).

Außerdem ermöglichen die neueren Gesetze Sonderformen eines Zweckverbandes (Gemeindeaufgabenverband, Gemeindeverwaltungsverband).

336   Die Beteiligung an einem Zweckverband (Mitgliedschaft) ist in den Bundesländern unterschiedlich geregelt. Übereinstimmung besteht jedoch insoweit, als zwischen sog. **Primär-** oder Gründungs**mitgliedern** und sog. **Sekundärmitgliedern** unterschieden wird[412]. Primärmitglieder können sein: Gemeinden und Gemeindeverbände, Kreise, Bezirke und Ämter sowie bereits bestehende Zweckverbände. Voraussetzung für die Entstehung eines Zweckverbandes ist, daß zumindest ein Primärmitglied an der Gründung beteiligt ist; dadurch wird gewährleistet, daß es sich bei der vom Zweckverband wahrzunehmenden Aufgabe um eine kommunale Angelegenheit handelt.

Sekundärmitglieder können nicht nur natürliche und juristische Personen des Privatrechts sein, sondern auch Hoheitsträger wie z. B. der Bund und die Länder; damit wird die Möglichkeit von Zweckverbänden über Ländergrenzen hinaus eröffnet.

337   Der Zweckverband kann nur solche Aufgaben wahrnehmen, zu denen die beteiligten Körperschaften selbst berechtigt und verpflichtet sind. Dabei ist gleichgültig, ob es sich um Aufgaben des eigenen oder übertragenen Wirkungskreises handelt. Typisch für den Zweckverband ist, daß er für die Wahrnehmung einer einzelnen Aufgabe — oder mehrerer Aufgaben, die jedoch miteinander zusammenhängen müssen[413] — gebildet werden kann; die Gesetze sehen wieder einen Mehrzweckverband noch einen Zweckverband mit — sei es auch nur subsidiärer — Allzuständigkeit vor; deshalb fällt er auch nicht in die Kategorie des Gemeindeverbandes[414]. Der Zweckverband nimmt seine Aufgabe anstelle der beteiligten kommunalen Körperschaften wahr. Es handelt sich demnach um eine **Kompetenzverlagerung** aufgrund eines Gesetzes. Die auch rechtlich gleiche Effektivität der Aufgabenwahrnehmung durch den Zweckverband wird u. a. dadurch gewährleistet, daß dem Verband **Hoheitsbefugnisse** sowie das gesetzlich ausdrücklich zugestandene **Satzungs-** und **Verordnungsrecht** zukommen[415].

---

410 So z. B. § 4 SchlH GkZ.
411 Vgl. z. B. § 5 Abs. 1 SchlH GkZ.
412 *Rengeling,* Handbuch Bd. 2 S. 407.
413 So z. B. Art. 18 Abs. 1 Bay KommZG, § 2 Abs. 1 SchlH GkZ.
414 Vgl. unten Rdnr. 343 ff.
415 Vg. z. B. Art. 19, 20, 21, 23, 42 Bay KommZG; §§ 5 Abs. 3—5, 7; 16 SchlH GkZ.

Für die Tätigkeit des Zweckverbandes sind ergänzend die Vorschriften der **Gemeindeordnung** heranzuziehen; das gilt insbesondere auch für die Wirtschafts- und Haushaltsführung. Der Zweckverband verschafft sich die notwendigen Mittel durch Gebühren, Beiträge sowie durch Umlagen auf die Verbandsmitglieder, die — wie die Kreisumlage — jedes Jahr erneut festzusetzen sind. Der dabei zugrunde zu legende Umlageschlüssel wird durch die **Verbandssatzung** festgelegt; dabei werden die unterschiedlichen Vorteile der Mitglieder aus der Verbandstätigkeit berücksichtigt.

Organe des Zweckverbandes sind zumindest die Zweckverbandsversammlung als **338** Repräsentativorgan der Verbandsmitglieder sowie ein Verbandsvorsteher, der die laufenden Geschäfte des Zweckverbandes führt. Daneben tritt ein Zweckverbandsausschuß, wenn das Repräsentativorgan als Lenkungsorgan zu groß ist (Verwaltungsrat, Vorstand).

Die Zweckverbände unterliegen der allgemeinen **Staatsaufsicht** sowie ggf. der Fach- und Sonderaufsicht insoweit, als sie entsprechende Aufgaben wahrnehmen.

3. Die öffentlich-rechtliche Vereinbarung

Mit der sog. **öffentlich-rechtlichen Vereinbarung** schließen die Beteiligten ebenso wie **339** bei der Bildung einer kommunalen Arbeitsgemeinschaft oder einem Zweckverband einen öffentlich-rechtlichen Vertrag. Ziel dieser Vereinbarung ist, daß die beteiligten Gebietskörperschaften einer von ihnen (eine oder mehrere) Aufgaben übertragen; denkbar ist auch, daß die beteiligten Gebietskörperschaften solche Aufgaben gemeinschaftlich wahrnehmen, insbesondere für einen derartigen Zweck gemeinschaftliche Einrichtungen schaffen und betreiben[416].

Eine derartige öffentlich-rechtliche Vereinbarung kann von den Beteiligten freiwillig **340** geschlossen werden; daneben gibt es auch das Institut der **Pflichtvereinbarung,** die auf Pflichtaufgaben beschränkt ist und aus Gründen des öffentlichen Wohles von der Aufsichtsbehörde bewirkt werden kann.

Wesentlich für die öffentlich-rechtliche Vereinbarung ist ihr **Satzungsrecht** (teilweise auch ein übertragenes Verordnungsrecht). Sie ist also z. B. in der Lage, Benutzungssatzungen und Anstaltsordnungen sowie die Satzungen zur Begründung eines Anschluß- und Benutzungszwanges zu erlassen.

Die öffentlich-rechtliche Vereinbarung ist rechtlich ein Zwischending zwischen kom- **341** munaler Arbeitsgemeinschaft und Zweckverband. Von der Arbeitsgemeinschaft unterscheidet sie sich dadurch, daß sie öffentlich-rechtlich verbindliche Außenwirkung entfaltet; im Gegensatz zum Zweckverband bildet die Vereinbarung jedoch keinen neuen Rechtsträger, sondern überträgt einem Beteiligten einzelne oder mehrere zusammenhängende Aufgaben der übrigen Beteiligten. Sie hat gegenüber dem Zweckverband weiterhin den Vorteil, daß **keine** vergleichbar **strenge organisatorische Bindungen** bestehen, so daß die Vertragsbeteiligten einen Gestaltungsspielraum ihrer

---

416 Vgl. z. B. Art. 8 ff. Bay KommZG, §§ 23 ff. NW G über komm. Gemeinschaftsarbeit, §§ 18 ff. Schl.H GkZ.

Zusammenarbeit haben, der Möglichkeiten eröffnet, die sonst nur bei privatrechtlichen Formen der kommunalen Zusammenarbeit bestehen.

Übungsfälle: *v. Mutius:* Grundfälle . . ., Jus 1978, S. 32 f. (Fall 21).

II. Privatrechtliche Formen kommunaler Zusammenarbeit

342 Die **Gesetze über** die (öffentlich-rechtliche) **kommunale Zusammenarbeit** werden — gleichsam im „Umkehrschluß-Verfahren" — nicht dahingehend ausgelegt, daß sie ein Zusammenwirken von Gemeinden, Gemeindeverbänden und Dritten auf privatrechtlicher Grundlage ausschließen. Vielmehr besteht auch diese Möglichkeit des Zusammenwirkens in der kommunalen Ebene — allerdings nicht in dem Falle, in dem die Erledigung einer Aufgabe hoheitlich vorgenommen werden muß.

An sich stehen den Gemeinden und den Gemeindeverbänden zur gemeinsamen Erledigung von Aufgaben alle privatrechtlichen Gestaltungsmöglichkeiten zur Verfügung; praktisch werden diese Möglichkeiten eingeschränkt durch die Regelungen der Gemeindeordnungen, denen zufolge den Gemeinden die Beteiligung nur an solchen Unternehmensformen gestattet ist, bei denen die **Haftung** auf einen **Höchstbetrag** begrenzt ist, beispielsweise bei der GmbH und der AG, nicht jedoch bei der OHG und KG.

Als Vorteil privater Rechtsformen der kommunalen Zusammenarbeit wird allgemein die größere Beweglichkeit und schnellere Anpassungsfähigkeit genannt, die insbesondere bei der gemeinsamen Lösung wirtschaftlicher Aufgaben zum Tragen kommt.

Ein wesentlicher Gesichtspunkt für die Wahl privatrechtlicher Formen des Zusammenwirkens dürfte die Tatsache sein, daß die Beteiligten bei ihrer Tätigkeit in diesen Unternehmensformen nicht ständig und unmittelbar der staatlichen **Aufsicht** unterliegen, sondern nur den für die jeweilige Gesellschaftsform gültigen Vorschriften.

Denkbar und grundsätzlich zulässig ist auch die **Kombination von Rechtsformen** des öffentlichen und privaten Rechts zur gemeinsamen Erledigung einer Aufgabe. So könnte beispielsweise die Energie- oder Wasserversorgung einem „öffentlich-rechtlichen Träger- oder Anlagenverband" (Zweckverband) übertragen werden, der dann diese Aufgabe von einer privatrechtlichen Betriebsgesellschaft durchführen läßt.

Literatur:

Rengeling: Formen interkommunaler Zusammenarbeit, Handbuch der kommunalen Wissenschaft und Praxis, 2. Aufl., Bd. 2 (1982) S. 385 ff.; *Oebbecke:* Zweckverbandsbildung und Selbstverwaltungsgarantie, 1983; *Schmidt-Jortzig:* Kooperationshoheit der Gemeinden und Gemeindeverbände, in: Selbstverwaltung im Staat der Industriegesellschaft, Festgabe für v. Unruh (Hrsg. *v. Mutius*) 1983, S. 525 ff.

E. Die Kommunalverbände

I. Die „Gesamtgemeinden"

Für einzelne Aufgaben können Gemeinden ihre Leistungskraft durch öffentlich-rechtlich oder privat-rechtlich organisierte Kooperation vergrößern[417]. Eine andere Möglichkeit der Zusammenfassung der Kräfte von Gemeinden besteht in der Bildung eines **Gemeindeverbandes,** also einer Körperschaft des öffentlichen Rechts mit Gebietshoheit sowie einer nicht nur singulären Aufgabenzuständigkeit[418]. An diesen Verband werden Aufgaben der verbandsangehörigen Gemeinden generell durch Gesetz oder zusätzlich durch ergänzende Vereinbarung übertragen. Der Verband unterhält den **Verwaltungsapparat,** mit dem er diese Aufgaben erledigt; zugleich erleichtert er damit die Verwaltungstätigkeit des Landkreises. **343**

Es gibt verschiedene Anlässe für die Bildung eines solchen Gemeindeverbandes: Am häufigsten wird es sich um Kleinstgemeinden handeln, deren Einwohner ein erhaltenswertes Zusammengehörigkeitsgefühl bewahrt haben, die aber jede für sich die sonst den Gemeinden auferlegten Pflicht- und Auftragsaufgaben nicht in befriedigender Weise erfüllen könnten; weiterhin werden durch Gemeindeverbände Streusiedlungen ohne Ortsmittelpunkte zusammengefaßt; schließlich werden auch großflächige Gemeinden — insbesondere im Stadtumland — zu einem derartigen Verband zusammengeschlossen, um der benachbarten Großstadt vergleichbare Leistungen für ihre Einwohner erbringen zu können. **344**

Für die wissenschaftliche Bezeichnung solcher Gemeindeverbände beginnt sich der Begriff der „**Gesamtgemeinde**" einzubürgern; (so die „akzeptable Generalbezeichnung" *(Schmidt-Jortzig)* von *H. J. Wolff)*[419] im Sprachgebrauch der Gemeindeordnungen handelt es sich um **„Samtgemeinden"** (Niedersachsen), **„Verwaltungsgemeinschaften"** (Baden-Würtemberg, Bayern) oder **„Ämter"** (Schleswig-Holstein). In den übrigen Bundesländern sind Gesamtgemeinden nicht vorgesehen.

Träger der Gesamtgemeinden sind die Mitgliedsgemeinden, sie bleiben als rechtlich selbständige **Verwaltungsträger** bestehen; ihr Aufgabenbestand wird jedoch — wenn die Bildung von Gesamtgemeinden einen Sinn haben soll — wesentlich reduziert. Die gegen ihren Willen erfolgte Beteiligung einer Gemeinde an einer „Gesamtgemeinde" verletzt als solche nicht generell die Garantie der kommunalen Selbstverwaltung; der Grundsatz der Eigenverantwortlichkeit der Gemeinde sowie das kommunale Demokratiegebot[420] werden aber dann verletzt, wenn die Gemeinde, deren Aufgabenbereich reduziert worden ist, im Hauptorgan der Gesamtgemeinde nicht vertreten ist und insbesondere nicht durch gewählte Vertreter unmittelbar und kon- **345**

---

417 Vgl. oben, Rdnr. 331 ff.
418 Vgl. z. B. Art. 1, 2 Bay VGemO; §§ 71 f. Nds GO.
419 *Wolff/Bachof,* VwR II, 4. Aufl. 1976, § 88 I a.
420 Z. B. gem. Art. 71 Abs. 1 S. 2 und Art. 72 Abs. 1 RhPf Verf.

stitutiv an der Willensbildung der sie betreffenden Angelegenheiten mitwirken kann, die zum Teil den Kern des Selbstverwaltungsrechts berühren[421].

Diese Gesamtgemeinden erhalten ihre Aufgaben teilweise durch Gesetz, und zwar hinsichtlich der Auftrags- und Weisungsangelegenheiten, die ihnen selbst sowie den Ortsgemeinden zugewiesen sind. Teilweise werden ihnen auch bestimmte Selbstverwaltungsangelegenheiten zur Erledigung in eigener Zuständigkeit übertragen, so z. B. die Aufstellung des Flächennutzungsplanes, die Trägerschaft von Schulen, Sport- und Sozialeinrichtungen sowie Einrichtungen der Wasserversorgung und Abwasserbeseitigung. Darüber hinaus können ihnen Aufgaben von den angehörigen Gemeinden oder vom Landkreis übertragen werden.

II. Stadt-Umland-Verbände

346 Besondere Probleme ergeben sich für die Kommunalverwaltung für die Gebiete von **Großstädten** und ihrem Umland. Diese Probleme ergeben sich daraus, daß für manche Aufgaben (z. B. Flächennutzungsplan, Nahverkehr, Müll- und Abwasserbeseitigung) für dieses gesamte Stadt-Umland-Gebiet ein einziger Entscheidungsträger fehlt. Diese Probleme können durch **Eingemeindung** der Umlandgemeinden in die Großstadt, durch die Bildung von (gesetzlichen oder freiwilligen) Zweckverbänden („Gemeindeaufgabenverband") oder durch andere Formen der interkommunalen Zusammenarbeit gelöst werden. Eine andere Alternative besteht in der Bildung von sog. **Stadt-Umland-Verbänden.** Es handelt sich hierbei um kreisähnliche Gebietskörperschaften mit Gebietshoheit. Bislang sind gebildet worden der „Stadtverband Saarbrücken", der „Umlandverband Frankfurt" sowie die Gemeindeverbände „Großraum Hannover" und „Großraum Braunschweig".

Eine ähnliche Organisationsform sind die „Nachbarschaftsverbände" in Baden-Württemberg.

Während sich die „Nachbarschaftsverbände" inzwischen wohl bewährt haben, werden die übrigen Stadt-Umland-Verbände nicht einheitlich positiv beurteilt; der Verband „Großraum Braunschweig" wurde aufgehoben, ohne recht wirksam geworden zu sein; der Verband „Großraum Hannover" wurde in einen „Zweckverband Großraum Hannover" umgewandelt.

III. Die höheren Gemeindeverbände

347 Zuweilen reicht selbst die Verwaltungskraft von Landkreisen oder kreisfreien Städten zur Erledigung bestimmter Aufgaben nicht aus, die gleichwohl nach Prinzipien der kommunalen Selbstverwaltung ausgeführt werden sollen. Hierfür besteht die Möglichkeit einer verbandsmäßigen Zusammenfassung dieser kommunalen Körperschaften zu sog. **höheren Gemeindeverbänden.** Zumeist sind diese Verbände historisch bedingt und erledigen Aufgaben, die sich in erster Linie aus der Besonderheit

---

421 Vgl. BW StGH, DÖV 1976, S. 599 ff.

einer Landschaft ergeben und die landschaftlich orientierte Anteilnahme der Einwohner an ihren Angelegenheiten lebendig erhalten soll.

Träger derartiger höherer Gemeindeverbände („**Landschaften**", „Landschafts- oder **348** Kommunalverband", „Landesverband" oder „**Bezirk**") sind entweder die Bürger der angehörigen kreisfreien Städte und „Landkreise" — so die bay. und rh.-pf. Bezirke[422] — oder die angehörigen kreisfreien Städte und Landkreise selbst (so in den übrigen Bundesländern). Überwiegend ist diesen höheren Gemeindeverbänden Gebietshoheit eingeräumt (Ausnahme: die Oldenburgische sowie die ostfriesische Landschaft).

Organe dieser Gemeindeverbände sind die Verbandsvertretung als das Repräsentativ- **349** organ mit dem aus ihrer Mitte gewählten Vorsitzenden (Verbandspräsident), der (kollegiale) Verbandsausschuß („Bezirksausschuß", „Verwaltungsausschuß", „Landschaftsausschuß"), der aus dem Vorsitzenden und den Mitgliedern der Verbandsvertretung besteht, sowie der Verbandsvorsteher; hierbei handelt es sich in der Regel um einen auf Zeit gewählten Berufsbeamten (Ausnahmen: In Bayern und Rheinland-Pfalz nehmen die Regierungspräsidenten die Geschäfte des Verbandsvorstehers wahr)[423].

Die höheren Gemeindeverbände verfügen über das Recht der **Selbstverwaltung**, je- **350** doch nur hinsichtlich bestimmter Verwaltungsbereiche.

Zumeist erledigen sie als „**pflichtige Selbstverwaltungsaufgaben**" die überörtliche Sozialhilfe, Jugendpflege, Kriegsopfer- und Schwerbeschädigtenfürsorge, und zwar hierbei vor allem die Errichtung und den Betrieb der dafür erforderlichen Anstalten. Überdies sollen sie die Bewahrung landschaftlicher Überlieferung und Kultur pflegen und fördern.

Darüber hinaus können die höheren Gemeindeverbände auch **freiwillige Selbstverwaltungsaufgaben** wahrnehmen, z. B. weitere fürsorgerische, erzieherische, pflegerische, wirtschaftliche und kulturelle Einrichtungen, die nur für ein großes Einzugsgebiet effizient betrieben werden können (z. B. Sonderkrankenhäuser, Heilstätten, Museen).

Ferner können die höheren Gemeindeverbände — ähnlich wie die Landkreise — **351** Selbstverwaltungs**aufgaben von anderen Trägern** öffentlicher Verwaltung **übernehmen,** wenn deren Leistungsfähigkeit zu gering ist; weiterhin können sie die verbandsangehörigen Körperschaten ausgleichend unterstützen (z. B. Zuschüsse an Fachschulen, Förderung des Gemeindewegebaus, der Wasser- und Forstwirtschaft).

Schließlich können den höheren Gemeindeverbänden auch Auftragsangelegenheiten oder Aufgaben zur Erfüllung nach Weisung übertragen werden.

Die höheren Gemeindeverbände finanzieren ihre Aufgaben durch **Gebühren** und **352** **Beiträge,** durch staatliche allgemeine und zweckgebundene **Finanzzuweisungen** so-

---

422 Z. B. Art. 11 ff. Bay BezO.
423 Zum Verwaltungsverbund von Bezirk und Regierung in Bayern vgl. Art. 35 ff. Bay BezO.

wie durch eine Verbandsumlage von den angehörigen Körperschaften, mit der der verbleibende Fehlbetrag ausgeglichen wird.

Die höheren Gemeindeverbände unterstehen der staatlichen **Aufsicht,** und zwar in Selbstverwaltungsangelegenheiten der Rechtsaufsicht des Innenministers, in den übrigen Angelegenheiten der Fachaufsicht des jeweiligen zuständigen Ministers.

Literatur:

F. Wagener: Stadt-Umland-Verbände, Handbuch der kommunalen Wissenschaft und Praxis, 2. Aufl., Bd. 2 (1982), S. 413 ff.; *Meyer-Schwickerath:* Die höheren Gemeindeverbände in Norddeutschland, Handbuch der kommunalen Wissenschaft und Praxis, 2. Aufl., Bd. 2, S. 454 ff.; *ders.:* Selbstverwaltung in höheren Kommunalverbänden, in: Festgabe für v. Unruh, (Hrsg. *v. Mutius*) 1983, S. 439 ff.; *Witti:* Die höheren Gemeindeverbände in Süddeutschland, Handbuch der kommunalen Wissenschaft und Praxis, 2. Aufl. Bd. 2, S. 432 ff.

F. Die kommunalen Spitzenverbände

353   Bei den sog. *kommunalen Spitzenverbänden* handelt es sich um freiwillige Vereinigungen der kommunalen Gebietskörperschaften auf Bundesebene oder auf Landesebene mit dem Ziel, die kommunalen Interessen bei den Regierungen und den gesetzgebenden Körperschaften zu vertreten. Es handelt sich um **privatrechtlich organisierte Zusammenschlüsse** (Ausnahme: Der als Körperschaft des öffentlichen Rechts verfaßte bay. Gemeindetag), auf die jedoch in zahlreichen öffentlich-rechtlichen Normen als legitime Interessenvertreter Bezug genommen wird[424].

354   Auf Bundesebene haben sich die kreisfreien Städte im „Deutschen Städtetag", die kreisangehörigen Städte im „Deutschen Städtebund", die übrigen Gemeinden im „Deutschen Gemeindetag" sowie die Landkreise im „Deutschen Landkreistag" zusammengeschlossen. Die höheren Gemeindeverbände haben eine „Bundesarbeitsgemeinschaft . . ." gebildet.

Auf Landesebene bestehen entsprechende Landesverbände (z. B. der Landkreistag Nordrhein-Westfalen, der rheinland-pfälzische Landkreistag; der Bayerische Städteverband und der Bayerische Gemeindetag usw.).

Literatur:

Beiträge zu den kommunalen Spitzenverbänden von *Mombaur, Tiedeken* und *Weinberger,* Handbuch der kommunalen Wissenschaft und Praxis, 2. Aufl. Bd. 2 (1982) S. 474 ff.

---

424 Z. B. §§ 5 Abs. 2, Abs. 3; 9 Abs. 1 Satz 3 ROG; § 89 Abs. 1 Satz 3 StBFG; § 51 HGrG; §§ 3, 18 StabG.

G. Geschichte des Kommunalrechts

Die Wurzeln der kommunalen Selbstverwaltung und der damit typischerweise ver- **355**
bundenen Vorstellung von einem eigenen, nicht fremdbestimmten Gestaltungsspielraum der Gemeindeeinwohner, lassen sich bis in das Mittelalter zurückverfolgen.
Der Begriff der „Selbstverwaltung" findet sich allerdings erst im späten 18. Jahrhundert. Als in einem gewissen Sinne zu verstehender Gegenpol zur staatlichen Verwaltung wurde die kommunale Selbstverwaltung durch die **Preußische Städteordnung**
(von 1808) als ein Teil des großen Reformplanes des Frh. vom Stein konstituiert. Ziel
dieser Neugestaltung der unteren staatlichen Ebene war es, den „Gemeinsinn" zu
wecken und die Bürger zur Erledigung der öffentlichen Aufgaben in eigener Verantwortung heranzuziehen.

Die gemeindliche Selbstverwaltung wurde im 19. Jahrhundert auch in den süddeut- **356**
schen Staaten eingeführt. Im einzelnen wurde dabei allerdings unterschiedliche Modelle der bürgerschaftlichen Selbstverwaltung verwirklicht; das führte zu unterschiedlichen Regelungen insbesondere der Kommunalverfassungen in den Ländern,
die bis in die heutige Zeit nachwirken.

Eine wichtige Station der Entwicklung des Kommunalrechts ist die **Deutsche Ge-** **357**
meindeordnung (DGO von 1935). Damit trat erstmals ein für das gesamte deutsche
Staatsgebiet einheitlich geltendes Gemeinderecht in Kraft, das nicht nur das Kommunalverfassungsrecht einhielt, sondern auch Bestimmungen zum Finanz-, Haus-
halts- und Wirtschaftsrecht der Gemeinden.

Ein Selbstverwaltungsrecht war in der DGO nicht mehr enthalten; die Gemeinderäte
hatten keine Beschlußfunktion mehr, sondern lediglich Beratungsfunktionen; die
Stellung des Gemeindevorstehers wurde i. S. des „Führerprinzips" ausgebaut. In
den folgenden Jahren wurde die Zuständigkeit der gemeindlichen Verwaltung mehr
und mehr ausgehöhlt dadurch, daß Aufgaben zunehmend auf staatliche Sonderbehörden in der Gemeindeebene übertragen wurden.

Nach dem Kriege wurden die — teilweise stark zerstörten — Gemeinden vor eine un- **358**
erhörte Bewährungsprobe gestellt; sie haben diese Anforderungen des Wiederaufbaus sowie der Eingliederung von Millionen von Flüchtlingen mit bewundernswer-
tem Geschick erfüllt. In der Zeit nach 1945 wurden die zunächst provisorisch handelnden Gemeindeverwaltungen bald wieder auf gesetzliche Grundlagen gestellt.
Das Gemeinderecht entwickelte sich dann maßgeblich unter dem Einfluß der jeweiligen Besatzungsmächte weiter; diese Uneinheitlichkeit ist dann später — nach der
Konstituierung der Bundesrepublik und der deutschen Länder — bewahrt worden.
Die Fortentwicklung des Kommunalrechts hat in der Folgezeit überwiegend innerhalb der länderspezifischen Rahmenbedingungen stattgefunden; es ist nur teilweise
zu Vereinheitlichungen gekommen.

Literatur:

Engeli/Haus: Quellen zum modernen Gemeindeverfassungsrecht in Deutschland, 1975; *Enge-
li, Hofmann, Matzerath, Rebentisch, v. Unruh:* in Handbuch der kommunalen Wissenschaft

und Praxis, 2. Aufl. Bd. 1 (1981), S. 57 ff., 71 ff., 86 ff., 101 ff., 14 ff. (Geschichte der Selbstverwaltung im 19. und 20. Jahrhundert) ; *v. Unruh:* Preußens Beitrag zur Entwicklung der kommunalen Selbstverwaltung in Deutschland, DVBl. 1981, S. 719 ff.; *Pohl:* Wurzeln und Anfänge der Selbstverwaltung, dargestellt am Beispiel der Städte, und Menger, Entwicklung und Selbstverwaltung im Verfassungsstaat der Neuzeit, in: Festgabe für v. Unrug (Hrsg. *v. Mutius*) 1982, S. 3 ff. und 25 ff.; *v. Mutius:* Kommunalverwaltung und Kommunalpolitik, in: Deutsche Verwaltungsgeschichte (Hrsg. *Jeserich/Pohl, v. Unruh*) 1983, S. 1055 ff.

Literatur (Auswahl)

W. Blümel: Gemeinden und Kreise vor den öffentlichen Aufgaben der Gegenwart, VVDStRL 36 (1978), S. 171 ff.

H. Borchert: Kommunalaufsicht und kommunaler Haushalt, 1976

D. Bröring: Die Verwaltungsgemeinschaft, 1973

W. Brückner: Die Organisationsgewalt des Staates im kommunalen Bereich, 1974

J. Burmeister: Verfassungstheoretische Neukonzeption der kommunalen Selbstverwaltungsgarantie, 1977

Derlien/v. Queis: Kommunalpolitik im geplanten Wandel, 1986

Ehlers: Verwaltung in Privatrechtsform, 1984

Eichhorn/Schneider: Unternehmen und Beteiligungen der Landkreise, 1986

F. Erlenkämper: Die Stadt-Umland-Problematik der Flächenstaaten der Bundesrepublik Deutschland, 1980

W. Frotscher: Die Ausgestaltung kommunaler Nutzungsverhältnisse bei Anschluß- und Benutzungszwang, 1974

R. Gröb/E. Laux/J. Salzwedel/R. Breuer: Kreisentwicklungsplan, 1974

R. Grawert: Gemeinden und Kreise vor den öffentlichen Aufgaben der Gegenwart, VVDStRL 36 (1978), S. 277 ff.

H. H. Gröttrup: Die kommunale Leistungsverwaltung, 1973

W. Hoppe/H. W. Rengeling: Rechtsschutz bei der kommunalen Gebietsreform, 1973

F. L. Knemeyer: Bayerisches Kommunalrecht, 5. Aufl. 1984

F. L. Knemeyer: Die öffentlichen Einrichtungen der Gemeinden, 1973

A. Köttgen: Der heutige Spielraum kommunaler Wirtschaftsförderung, 1963

H. Meyer: Kommunalrecht, in: H. Mayer/M. Stolleis, Hessisches Staats- und Verwaltungsrecht, 1983, S. 134 ff.

A. v. Mutius: Sind weitere rechtliche Maßnahmen zu empfehlen, um den notwendigen Handlungs- und Entfaltungsspielraum der kommunalen Selbstverwaltung zu gewährleisten? (Gutachten E zum 53. Deutschen Juristentag, 1980)

G. Nesselmüller: Rechtliche Einwirkungsmöglichkeiten der Gemeinden auf ihre Eigengesellschaften, 1977

J. Oebbecke: Zweckverbandsbildung und Selbstverwaltungsgarantie, 1982

H. Pagenkopf: Kommunalrecht, 2. Aufl. Bd. 1, 1975, Bd. 2, 1976

W. Roters: Kommunale Mitwirkung an höherstufigen Entscheidungsprozessen, 1975

J. Salzwedel: Staatsaufsicht in der Verwaltung, VVDStRL 22 (1965), S. 206 ff.

E. Schmidt-Aßmann: Die kommunale Rechtsetzung im Gefüge administrativer Handlungsformen und Rechtsquellen, 1981

G. Schmidt-Eichstaedt: Bundesgesetze und Gemeinden, 1981

E. Schmidt-Jortzig: Kommunalrecht, 1982

E. Schmidt-Jortzig: Kommunale Organisationshoheit, 1979

E. Schmidt-Jortzig: Zur Verfassungsmäßigkeit von Kreisumlagesätzen, 1977

E. Schnapp: Die Ersatzvornahme in der Kommunalaufsicht, 1972

E. Scholler/S. Broß: Grundzüge des Kommunalrechts in der Bundesrepublik Deutschland, 2. Aufl. 1979

R. Scholz: Wesen und Entwicklung der gemeindlichen öffentlichen Einrichtungen, 1966

R. Scholz/R. Pitschas: Gemeindewirtschaft zwischen Verwaltungs- und Unternehmensstruktur, 1982

G. Seibert: Selbstverwaltung und kommunale Gebietsreform, 1971

H. Siedentopf: Grenzen und Bindungen der Kommunalwirtschaft, 1963

K. Stern: Die Verfassungsgarantie der kommunalen Selbstverwaltung, Art. 28 I 2 u. 3, II GG, Bonner Kommentar, Zweitbearbeitung, 1964

B. Stüer: Funktionalreform und kommunale Selbstverwaltung, 1980

G. Ch. von Unruh: Der Kreis, 1964

F. Wagener: Gemeindeverbandsrecht, 1962

W. Weber: Staats- und Selbstverwaltung in der Gegenwart, 2. Aufl. 1967
vgl. weiterhin die Hinweise in Rdnr. 45 ff. („Schrifttum und Gesetzestexte").

II. Polizei- und Ordnungsrecht

Von Wolf-Rüdiger Schenke

Inhalt

143

144

1. Abschnitt:

Einführung in das Polizei- und Ordnungsrecht

A. Die einzelnen Polizeibegriffe

I. Die verschiedenen Ansätze zur Bestimmung des Polizeibegriffs

Der Begriff der Polizei kann in **unterschiedlicher Bedeutung** gebraucht werden, **1** nämlich **im materiellen, im institutionellen (organisatorischen) und im formellen Sinn.** Maßgebliches Kriterium für den Begriff der Polizei im materiellen Sinn ist die inhaltliche Qualifikation einer staatlichen Tätigkeit, genau gesagt deren Zielsetzung. Ohne Relevanz ist es dabei, welche staatliche Behörde diese Tätigkeit wahrnimmt. Anders hingegen verhält es sich beim Polizeibegriff im institutionellen (organisatorischen) Sinn; entscheidend ist hiernach ausschließlich, ob die handelnde Behörde den Polizeibehörden zuzuordnen ist. Der dritte Polizeibegriff, der sog. formelle Polizeibegriff, bezeichnet schließlich all jene Tätigkeiten, die von der Polizei im institutionellen (organisatorischen) Sinn wahrgenommen werden, unabhängig davon, wie dieses Handeln materiell zu qualifizieren ist.

II. Der Begriff der Polizei im materiellen Sinn

1. Die geschichtliche Entwicklung des materiellen Polizeibegriffs

Der Begriff der Polizei im materiellen Sinn umfaßt nach heute h. M. jene Tätigkeit, **2** die inhaltlich dadurch gekennzeichnet ist, daß sie der Abwehr von Gefahren für die öffentliche Sicherheit oder Ordnung dient. Dieser **materielle Polizeibegriff** stellt sich als das **Ergebnis eines langen historischen Entwicklungsprozesses** dar[1]. Der Begriff der Polizei umschrieb in seiner ursprünglichen Bedeutung einen Zustand guter Ordnung des Gemeinwesens. Von diesem Begriff gingen die Reichspolizeiordnungen von 1530, 1548 und 1577 sowie die Landespolizeiordnungen aus, die zur Verwirklichung und Erhaltung eines Zustandes „guter Polizey" für nahezu alle Lebensbereiche der Untertanen umfassende Reglementierungen vorsahen (z. B. Vorschriften über Handel und Gewerbe, Erb-, Vertrags- und Liegenschaftsrecht, über die Religionsausübung, die allgemeine Sittlichkeit, Kleiderordnungen usw.). Hierauf basierend wurde in den absolutistischen deutschen Territorialstaaten die **Polizeigewalt zum Inbegriff der dem Fürsten zustehenden absoluten Staatsgewalt,** des ius politiae, von dem allerdings im Laufe der Zeit einzelne Bereiche abgesondert wurden, nämlich die auswärtigen Angelegenheiten, das Heer- und Finanzwesen sowie die Justiz. Diese sich in Akten der Gesetzgebung wie der vollziehenden Gewalt artikulierende **Polizeige-**

---

1 Näher hierzu *Knemeyer* AöR Bd. 92 (1967), 153 ff.; *H. Maier* Die ältere deutsche Staats- und Verwaltungslehre (Polizeiwissenschaft), 2. Aufl. 1980; *Harnischmacher/Semerak* Deutsche Polizeigeschichte 1986; *Preu,* Polizeibegriff und Staatszwecklehre, 1983.

walt des Monarchen unterlag keinen rechtlichen Beschränkungen, sondern gab diesem die Möglichkeit, in alle Lebensbereiche der Untertanen zur „Beförderung der allgemeinen Wohlfahrt" reglementierend einzugreifen. Man bezeichnete die absolutistischen Staaten des 18. Jahrhunderts deshalb auch als Polizeistaaten und die Tätigkeit, welche durch die Polizeigewalt ausgeübt wurde, als Polizei. Sie umfaßte sowohl die Gewährleistung der öffentlichen Sicherheit als auch die Förderung der umfassend verstandenen, durch den Monarchen zu definierenden allgemeinen Wohlfahrt.

3   Gegen diesen weiten materiellen Polizeibegriff und die ihm korrespondierende umfassende Polizeigewalt des Monarchen wandte sich die liberal und individualistisch gesonnene Aufklärungsphilosophie. Bereits 1770 forderte der Göttinger Staatsrechtslehrer **Johann Stephan Pütter** in seinem Werk „Institutiones Iuris Publici Germanici": „Politiae est cura avertendi mala futura; promovendae salutis cura non est proprie politiae" (Aufgabe der Polizei ist die **Sorge für die Abwendung bevorstehender Gefahren; die Wohlfahrt zu fördern ist nicht eigentlich Aufgabe der Polizei).** Von dieser Einschränkung des Polizeibegriffs ging auch das Allgemeine Landrecht für die Preußischen Staaten vom 1. 6. 1794 (ALR) aus, das in § **10 Teil II Titel 17** (§ **10 II 17) bestimmte: „Die nöthigen Anstalten zur Erhaltung der öffentlichen Ruhe, Sicherheit und Ordnung, und zur Abwendung der dem Publiko, oder einzelnen Mitgliedern desselben bevorstehenden Gefahr zu treffen, ist das Amt der Polizey".** **Mit dieser Regelung war bezweckt sicherzustellen, daß staatliche Zwangsbefugnisse zur Förderung der Wohlfahrtspflege nicht mehr ohne eine besondere gesetzliche Grundlage ausgeübt werden konnten.**

4   Die im ALR vorgesehene Einschränkung der Polizeibefugnisse geriet freilich in der Folgezeit wieder weitgehend in Vergessenheit. Ohne daß die Vorschrift des § 10 II 17 ALR formell aufgehoben wurde, war in der Praxis — begünstigt durch verschiedene königliche Verordnungen — aufgrund der restaurativen Bestrebungen konservativer Kreise eine erneute Ausweitung der Kompetenzen der Polizei und hiermit einhergehend der staatlichen Zwangsbefugnisse feststellbar.

5   Einen grundlegenden Wandel, der zu einer tatsächlichen Einschränkung der polizeilichen Befugnisse — und damit des materiellen Polizeibegriffs — führte, bewirkte die Entscheidung des **Preußischen Oberverwaltungsgerichts vom 14. 6. 1882,** das berühmte **Kreuzberg-Urteil**[2]. Bei ihm ging es um die Gültigkeit einer Polizeiverordnung, die aus ästhetischen Gründen die Höhe der Bebauung für bestimmte Grundstücke in Kreuzberg beschränkte. Das *PrOVG* hielt diese Verordnung für ungültig. Es stützte sich dabei auf § 10 II 17 ALR als die seiner Auffassung nach allein in Betracht kommende Ermächtigungsgrundlage. Da die Verordnung nicht der Gefahrenabwehr diente, sie vielmehr eine Maßnahme der Wohlfahrtspflege darstellte, sei sie von der genannten Vorschrift nicht gedeckt und damit unwirksam. **Das Gericht setzte damit die Begrenzung der Polizeibefugnisse auf die Gefahrenabwehr durch.** In den folgenden Jahrzehnten hielt das *PrOVG* im Einklang mit der h. M. an dieser Judikatur fest und entwickelte auf der Grundlage des § 10 II 17 ALR eine detaillierte Systematik des Polizeirechts.

---

2 *PrOVGE* 9, 353 ff.; vgl. hierzu *Rott* NVwZ 1982, 363 f.

Im Gegensatz zu Preußen **vollzog in Süddeutschland der Gesetzgeber den Schritt zu** 6
einem rechtsstaatlichen Polizeibegriff. Die von den Ländern Baden (1863 und 1871),
Bayern (1861 und 1871), Hessen (1847) und Württemberg (1839 und 1871) erlassenen Polizeistrafgesetzbücher enthielten sowohl für einzelne Fälle der Gefahrenver-
ursachung Übertretungstatbestände als auch Ermächtigungsnormen zum Erlaß von
Polizeiverordnungen. Wenn auch in diesen Ländern die Rechtslage hinsichtlich der
subsidiären Geltung einer Generalermächtigung zur Gefahrenabwehr für die nicht
ausdrücklich geregelten Fälle unterschiedlich und umstritten war, bestand doch eine
Übereinstimmung in der Beschränkung der polizeilichen Zwangsbefugnisse auf den
Bereich der Gefahrenabwehr.

Auch unter der Geltung der Weimarer Reichsverfassung wurde an der liberalen 7
rechtsstaatlichen Begrenzung des materiellen Polizeibegriffs festgehalten. Während
einige Länder die Ergebnisse der polizeirechtlichen Rechtsprechung kodifizierten,
ging man in anderen Ländern weiterhin mangels positivrechtlicher Normierungen
von einer gewohnheitsrechtlich anzuerkennenden Ermächtigungsgrundlage zur Gefahrenabwehr aus. Von den gesetzgeberischen Kodifikationen seien insbesondere die
ThürLVO vom 10. 6. 1926 sowie das PrPVG vom 1. 6. 1931, das in § 14 eine polizeiliche Generalermächtigung enthielt, erwähnt. In der Zeit des Nationalsozialismus
wurde zwar der materielle Polizeibegriff nicht formell beseitigt, in Gestalt der Gestapo besaß das nationalsozialistische Regime jedoch ein Instrument, um seine politischen Ordnungsvorstellungen ohne gesetzliche Bindung durchzusetzen. Nur auf jenen Sektoren, die keine politischen Beziehungen aufwiesen, hielten sich noch Reste
eines rechtsstaatlichen, auf die Gefahrenabwehr beschränkten Polizeirechts.

2. Polizei im materiellen Sinn als die der Gefahrenabwehr dienende staatliche Tätigkeit

Von einem **materiellen Polizeibegriff, der die gesamte der Gefahrenabwehr dienende** 8
staatliche Tätigkeit umfaßt, wird auch heute noch in der Polizeirechtswissenschaft
überwiegend ausgegangen[3]. An ihn knüpfen die polizeirechtlichen Regelungen in
Baden-Württemberg, Bremen, Rheinland-Pfalz und Saarland an. In den anderen
Ländern führt die dort feststellbare Verengung der Polizei im institutionellen (organisatorischen) Sinn (vgl. hierzu unter III) in der Rechtswissenschaft mitunter dazu,
als polizeiliche Tätigkeit nur die durch Polizeibehörden vorgenommene Gefahrenabwehr anzusehen und davon die der Gefahrenabwehr dienenden Handlungen anderer Verwaltungsbehörden zu scheiden, die man als Ordnungsverwaltung bezeichnet.
Damit wird der Begriff der Polizei hier sowohl durch ein materielles wie auch durch
ein organisatorisches Moment gekennzeichnet. Die Bedeutung des materiellen Polizeibegriffs wird dadurch jedoch nicht in Frage gestellt, ist doch je nach der Zielsetzung staatlichen Handelns der Staat in unterschiedlichem Umfang zu Eingriffen in
die Rechtssphäre des Bürgers berufen. So ist es dem Gesetzgeber auf dem Sektor der
Gefahrenabwehr prinzipiell in größerem Umfang erlaubt, Eingriffe in die Rechtssphäre von Bürgern vorzusehen als dort, wo es nur um Wohlfahrtspflege geht.

---

3 Für ihn z. B. *Martens* DÖV 1982, 89, 92 f. m.w.N.

Dabei soll nicht geleugnet werden, daß in praxi die Grenzen zwischen „wohlfahrts-pflegender Gefahrenvorsorge" und der Gefahrenabwehr[4] häufig nur schwer auszu-machen sind und z. T. fließend verlaufen. In der modernen hochindustrialisierten Gesellschaft sieht sich der Gesetzgeber in immer stärkerem Maße genötigt, durch eine Flut von Gesetzen reglementierend in den gesellschaftlichen Bereich einzugrei-fen. Dies ist nicht nur eine Konsequenz des insbesondere durch das Sozialstaatsprin-zip veränderten verfassungsrechtlichen Koordinatensystems, sondern erklärt sich auch zu einem wesentlichen Teil aus der zunehmenden Interdependenz von Vorgän-gen in hochkomplexen Steuerungssystemen, wie sie für den modernen Staat typisch ist. Die Gefahrenabwehr setzt — will sie effizient sein — häufig bereits eine staatli-che Aktivität im Vorfeld der Gefahrenentstehung voraus. Die wachsende Bedeutung der staatlichen Planung, der man nicht gerecht werden würde, wollte man sie aus-schließlich mit dem Sozialstaatsprinzip assoziieren, legt Zeugnis davon ab, daß sich der Staat hier bestehender Zusammenhänge zunehmend bewußt wird.

III. Der Begriff der Polizei im institutionellen (organisatorischen) Sinn

9 **Der Polizeibegriff im institutionellen oder organisatorischen Sinn knüpft an die Zu-gehörigkeit zu einer bestimmten Gruppe von Behörden (den Polizeibehörden) an.** Polizei im institutionellen (organisatorischen) Sinn bezeichnet demgemäß diejenigen Stellen, die dem Organisationsbereich der Polizei zuzurechnen sind. Der Umfang der Polizei in diesem Sinn ist in den einzelnen Bundesländern verschieden. Dabei las-sen sich **zwei Gruppen von Ländern** unterscheiden. Die eine Gruppe, bestehend aus Bayern, Berlin, Hamburg, Hessen, Niedersachsen, Nordrhein-Westfalen und Schleswig-Holstein, hat das sog. **Trennungs- oder Ordnungsbehördensystem** einge-führt, in dem die Gefahrenabwehr überwiegend von den Behörden der allgemeinen Verwaltung wahrgenommen wird[5]. Diese Verwaltungsbehörden der Gefahrenab-wehr (so die Bezeichnung in Hamburg, Hessen und Niedersachsen; in Berlin, Nord-rhein-Westfalen und Schleswig-Holstein werden sie Ordnungsbehörden, in Bayern Sicherheitsbehörden genannt), durch deren Einrichtung sich die Zuständigkeit der Polizei grundsätzlich auf die Gefahrenabwehr in Eilfällen, die Mitwirkung bei der Verfolgung von Straftaten und Ordnungswidrigkeiten, die Vollzugshilfe sowie die sonstigen gesetzlich genannten Aufgaben beschränkt, sind als Folge der in der frühe-ren Britischen und Amerikanischen Besatzungszone nach dem Zweiten Weltkrieg vorgenommenen **Entpolizeilichung**[6] gebildet worden. Man meinte, hierdurch einen Mißbrauch der Polizeigewalt, wie er im Dritten Reich insbesondere für die Gestapo typisch war, verhindern zu können. Ob in dieser Verengung des Polizeibegriffs — wie z. T. behauptet — ein bedeutsamer rechtsstaatlicher Fortschritt zu sehen ist, er-scheint einigermaßen zweifelhaft. Auch für das Handeln der Ordnungsbehörden gelten, selbst wenn sich dies nunmehr nach eigenständigen rechtlichen Regelungen richtet, im wesentlichen ebenfalls die allgemeinen polizeirechtlichen Grundsätze.

---

4 S. hierzu *Erichsen* VVDStRL Bd. 35 (1977), 171, 177 ff.
5 Vgl. Art. 6 BayLStVG; § 2 BerlASOG; § 3 HambSOG; § 1 HessSOG; § 1 NdsSOG; § 1 NWOBG; § 164 SHLVwG.
6 Vgl. *BVerfGE* 3, 407, 431.

Zudem kommt heute angesichts der verfassungsrechtlichen, insbesondere der grundrechtlichen Bindungen der staatlichen Gewalt ohnehin dem Polizeibegriff nicht
mehr jene rechtsstaatliche Bedeutung zu, die er in der Vergangenheit besaß. Für eine
Beschränkung der Polizei im institutionellen Sinn läßt sich allenfalls anführen, daß
insbesondere im Zeichen des sozialen Rechtsstaats die Aufgaben der Ordnungsbehörden vielfach durch andere staatliche Zielsetzungen überlagert werden, was dazu
geführt hat, daß einzelne Materien, die früher dem Polizeirecht zugeordnet wurden,
nunmehr auch Normierungen mit anderen, über die Gefahrenabwehr hinausreichenden Zwecken enthalten (so z. B. die Landesbauordnungen und das Bundesimmissionsschutzgesetz).

Keine Entpolizeilichung fand in den Ländern Baden-Württemberg, Bremen, Rheinland-Pfalz und im Saarland statt, die damit auch heute noch von **einem Einheitssystem ausgehen.** Hier umfaßt die Polizei im institutionellen (organisatorischen) Sinn,
da die Gefahrenabwehr grundsätzlich der Polizei übertragen ist, nach wie vor sämtliche Behörden, die polizeiliche Aufgaben im Sinne des materiellen Polizeibegriffs
wahrnehmen[7]. In diesen vier Ländern ist unter der Polizei im institutionellen (organisatorischen) Sinn daher eine weitaus größere Anzahl von Behörden zusammengefaßt als in den entpolizeilichten Ländern. Der Unterschied zwischen diesen beiden
Gruppen von Bundesländern verringert sich allerdings dadurch, daß auch die Länder des Einheitssystems eine gewisse Aufteilung der Polizeiorganisation vorgenommen haben, indem sie, anknüpfend an eine schon dem preußischen Polizeirecht ge-
läufige Unterscheidung, zwischen Verwaltungspolizei[8] und Vollzugspolizei[9] trennen.

10

IV. Der Begriff der Polizei im formellen Sinn

Der Begriff der Polizei im formellen Sinn umschreibt **all jene Aufgaben, die die Polizei im institutionellen (organisatorischen) Sinn wahrnimmt,** unabhängig von ihrer
materiellen Qualifikation. Darunter fallen demgemäß nicht nur Aufgaben der Gefahrenabwehr, sondern auch andere Verwaltungstätigkeiten (wie z. B. die Wohlfahrtspflege), ferner z. B. auch die Mitwirkung bei der Strafverfolgung und der Verfolgung von Ordnungswidrigkeiten (vgl. hierzu unter G.).

11

---

7 Vgl. § 1 BWPolG; §§ 1, 2 Nr. 1 BremPolG; § 1 RhPfPVG; § 14 SaarPVG.
8 So noch heute die Bezeichnung im Saarland; Baden-Württemberg, Bremen und Rheinland-Pfalz sprechen hier von Polizeibehörden.
9 Diese Terminologie findet sich heute noch in Rheinland-Pfalz und im Saarland; in Baden-Württemberg
und Bremen lautet die Bezeichnung Polizeivollzugsdienst.

B. Das Polizei- und Ordnungsrecht

I. Der Begriff des Polizei- und Ordnungsrechts

12 Versteht man den Begriff der Polizei als die der Gefahrenabwehr dienende staatliche Tätigkeit, so ist konsequenterweise das **Polizeirecht das Recht der Gefahrenabwehr.** Von diesem Verständnis des Polizeirechts wird unbestrittenermaßen in den Ländern Baden-Württemberg, Bremen, Rheinland-Pfalz und Saarland ausgegangen. In den anderen Bundesländern wird vielfach als Folge der Restriktion der Polizei im institutionellen (organisatorischen) Sinn nur die durch die Polizeibehörden vorzunehmende, der Gefahrenabwehr dienende Tätigkeit als Gegenstand des Polizeirechts angesehen. Von ihr getrennt wird dann die auf Gefahrenabwehr gerichtete Tätigkeit anderer Behörden (meist Ordnungsbehörden bezeichnet), die den Gegenstand des **Ordnungsrechts** bildet.

II. Die Gliederung des Polizei- und Ordnungsrechts

13 Innerhalb des Polizei- und Ordnungsrechts ist zwischen allgemeinen und speziellen Normierungen zu unterscheiden. Wichtige Zweige des Polizei- und Ordnungsrechts sind heute spezialgesetzlichen Regelungen zugeführt. Man denke etwa an das in den Landesbauordnungen statuierte Bauordnungsrecht oder an die gewerbepolizeilichen Regelungen im Bundesimmissionsschutzgesetz und der Gewerbeordnung sowie die versammlungspolizeilichen Vorschriften im Versammlungsgesetz. Sofern diese speziellen Regelungen Lücken aufweisen, kann zu deren Schließung vielfach auf allgemeine polizeirechtliche Grundsätze zurückgegriffen werden.

Innerhalb des Polizei- und Ordnungsrechts läßt sich zwischen dem **materiellen Polizei- und Ordnungsrecht** (Rdnrn. 16 ff.), das die staatliche Aufgabe der Gefahrenabwehr und die den Behörden hierzu eingeräumten Befugnisse zum Gegenstand hat, und dem **formellen Polizei- und Ordnungsrecht** (Rdnrn. 141 ff.) differenzieren. Letzteres umfaßt neben dem Polizei- und Ordnungsbehördenorganisationsrecht, das die Zuständigkeiten und den Aufbau der Polizei- und Ordnungsbehörden betrifft, die Formen polizeilichen Handelns.

III. Polizei- und Ordnungsrecht im Bundesstaat

1. Die Gesetzgebungskompetenz der Länder zur Regelung des Polizei- und Ordnungsrechts

14 Das allgemeine Polizei- und Ordnungsrecht gehört, da es in dem Zuständigkeitskatalog der Art. 73 ff. GG nicht aufgeführt ist, in die ausschließliche Gesetzgebungskompetenz der Länder (Art. 70 GG). Alle Länder haben dementsprechend polizei- und ordnungsrechtliche Normen erlassen. Enthalten sind diese Normierungen in:

Baden-Württemberg im Polizeigesetz (BWPolG);

Bayern im Polizeiaufgabengesetz (BayPAG), im Polizeiorganisationsgesetz (BayPOG) und im Landesstraf- und Verordnungsgesetz (BayLStVG);

Berlin im Allgemeinen Gesetz zum Schutz der öffentlichen Sicherheit und Ordnung (Berl-ASOG) und im Gesetz über die Anwendung unmittelbaren Zwangs bei der Ausübung öffentlicher Gewalt durch Vollzugsbeamte des Landes Berlin (BerlUZwG);

Bremen im Polizeigesetz (BremPolG);

Hamburg im Gesetz zum Schutz der öffentlichen Sicherheit und Ordnung (HambSOG);

Hessen im Gesetz über die öffentliche Sicherheit und Ordnung (HessSOG) und im Gesetz über die Anwendung unmittelbaren Zwangs bei Ausübung öffentlicher Gewalt (HessUZwG);

Niedersachsen im Gesetz über die öffentliche Sicherheit und Ordnung (NdsSOG);

Nordrhein-Westfalen im Polizeigesetz (NWPolG), im Polizeiorganisationsgesetz (NWPOG) und im Ordnungsbehördengesetz (NWOBG);

Rheinland-Pfalz im Polizeiverwaltungsgesetz (RhPfPVG);

Saarland im Polizeiverwaltungsgesetz (SaarPVG), im Polizeiorganisationsgesetz (SaarPOG) und im Gesetz über den unmittelbaren Zwang bei Ausübung öffentlicher Gewalt durch Vollzugsbedienstete des Saarlandes (SaarUZwG);

Schleswig-Holstein im Landesverwaltungsgesetz (SHLVwG) und im Polizeiorganisationsgesetz (SHPOG).

Im übrigen hat die Innenministerkonferenz am 25. 11 1977 einen Musterentwurf eines einheitlichen Polizeigesetzes des Bundes und der Länder (MEPolG) beschlossen, der insbesondere mit den neuen Polizei- und Ordnungsgesetzen in Bayern, Bremen, Niedersachsen, Nordrhein-Westfalen und Rheinland-Pfalz inhaltlich weitgehend übereinstimmt. Der Text des MEPolG ist daher im Anhang abgedruckt.

2. Die Gesetzgebungskompetenzen des Bundes für Teilbereiche des Polizei- und Ordnungsrechts

Der Bund besitzt für eine Reihe spezialpolizeilicher Materien Gesetzgebungskompe- **15** tenzen. Sie resultieren teilweise aus ausdrücklichen Zuweisungen (so z. B. Art. 73 Nr. 10b GG und Art. 74 Nr. 4a, 24 GG), häufig aber auch aus dem **Gesichtspunkt des Sachzusammenhangs (sog. Annexkompetenz).** Eine (ungeschriebene) Gesetzgebungszuständigkeit kraft Sachzusammenhangs wird durch das BVerfG dann anerkannt, „wenn eine dem Bund zugewiesene Materie verständigerweise nicht geregelt werden kann, ohne daß zugleich eine nicht ausdrücklich zugewiesene Materie mitgeregelt wird"[10]. Aus dieser durch die Rechtsprechung extensiv verstandenen Annexkompetenz ergibt sich grundsätzlich, daß dort, wo dem Bund ein Sachgebiet zur Regelung zugewiesen ist, er auch Vorschriften normieren darf, welche die Gefahrenabwehr auf diesem Sektor zum Gegenstand haben (z. B. luftverkehrspolizeiliche Regelungen wie § 29 LuftVG im Hinblick auf Art. 73 Nr. 6 GG oder gewerbepolizeiliche wie § 35 GewO wegen Art. 74 Nr. 11 GG).

Der Bundesgesetzgeber hat im Bereich der ausschließlichen Gesetzgebungskompetenz (Art. 73 GG) u. a. erlassen:

Zu Nr. 3: Gesetz über das Paßwesen (PaßG);

---

10 *BVerfGE* 3, 407, 421.

zu Nr. 5: Gesetz über den Bundesgrenzschutz (BGSG); Zollgesetz (ZG); Finanzverwaltungsgesetz (FVG);

zu Nr. 6: Eisenbahn-Bau- und Betriebsordnung (EBO); Luftverkehrsgesetz (LuftVG); Luftverkehrs-Ordnung (LuftVO); Luftverkehrs-Zulassungs-Ordnung (LuftVZO);

zu Nr. 8: Gesetz über den unmittelbaren Zwang bei Ausübung öffentlicher Gewalt durch Vollzugsbeamte des Bundes (UZwG);

zu Nr. 10: Gesetz über die Einrichtung eines Bundeskriminalpolizeiamtes (BKAG); Gesetz über die Zusammenarbeit des Bundes und der Länder in Angelegenheiten des Verfassungsschutzes (VerfSchutzG).

Im Bereich der konkurrierenden Gesetzgebungskompetenz (Art. 74 GG) sind vom Bund u. a. erlassen worden:

Zu Nr. 2: Personenstandsgesetz (PStG);

zu Nr. 3: Gesetz über Versammlungen und Aufzüge (VersG); Gesetz zur Regelung des öffentlichen Vereinsrechts (VereinsG);

zu Nr. 4: Ausländergesetz (AuslG);

zu Nr. 4a: Waffengesetz (WaffG); Gesetz über explosionsgefährliche Stoffe (SprengG);

zu Nr. 7: Gesetz über die Verbreitung jugendgefährdender Schriften (GjS); Gesetz zum Schutze der Jugend in der Öffentlichkeit (JSchÖG);

zu Nr. 11: Gewerbeordnung (GewO); Gesetz zum Schutz vor schädlichen Umwelteinwirkungen durch Luftverunreinigungen, Geräusche, Erschütterungen und ähnliche Vorgänge (BImSchG); Gaststättengesetz (GastG); Gesetz zur Ordnung des Handwerks (HandwO); Gesetz über den Ladenschluß (LSchlG); Personenbeförderungsgesetz (PBefG); Güterkraftverkehrsgesetz (GüKG);

zu Nr. 11a: Gesetz über die friedliche Verwendung der Kernenergie und den Schutz gegen ihre Gefahren (AtG);

zu Nr. 19: Gesetz zur Verhütung und Bekämpfung übertragbarer Krankheiten beim Menschen (BSeuchG); Gesetz zur Bekämpfung der Geschlechtskrankheiten (GeschlKrG); Gesetz über den Verkehr mit Arzneimitteln (AMG); Tierseuchengesetz (TierSG); Fleischbeschaugesetz (FlBG); Gesetz über den Verkehr mit Betäubungsmitteln (BtMG);

zu Nr. 20: Gesetz über den Verkehr mit Lebensmitteln, Tabakerzeugnissen, kosmetischen Mitteln und sonstigen Bedarfsgegenständen (LMBG);

zu Nr. 21: Bundeswasserstraßengesetz (WaStrG); Gesetz über die Aufgaben des Bundes auf dem Gebiet der Seeschiffahrt (SeeschAufgG); Gesetz über die Aufgaben des Bundes auf dem Gebiet der Binnenschiffahrt (BinSchAufgG);

zu Nr. 22: Personenbeförderungsgesetz (PBefG); Straßenverkehrsgesetz (StVG); Straßenverkehrs-Ordnung (StVO); Straßenverkehrs-Zulassungs-Ordnung (StVZO); Güterkraftverkehrsgesetz (GüKG);

zu Nr. 24: Gesetz über die Beseitigung von Abfällen (AbfG).

Von der Kompetenz, Rahmenvorschriften zu erlassen, hat der Bund gemäß Art. 75 Nr. 4 GG mit dem Erlaß des Gesetzes zur Ordnung des Wasserhaushaltes (WHG) und gemäß Art. 75 Nr. 5 GG mit dem Erlaß des Melderechtsrahmengesetzes (MRRG) und des Gesetzes über Personalausweise Gebrauch gemacht.

Neben der präventiven Aufgabenwahrnehmung bei der Gefahrenabwehr wird die Polizei repressiv bei der Verfolgung von Straftaten und Ordnungswidrigkeiten tätig. Hierzu enthalten u. a. die vom Bund im Bereich der konkurrierenden Gesetzgebung (Art. 74 Nr. 1 GG) erlassene Strafprozeßordnung (StPO) mit dem Einführungsgesetz zur Strafprozeßordnung (EGStPO) und das Gesetz über Ordnungswidrigkeiten (OWiG) Rechtsgrundlagen.

2. Abschnitt:
Materielles Polizei- und Ordnungsrecht (Rechtsgrundlagen und Rechtsgrundsätze des polizeilichen Handelns)

C. Die Polizeibefugnisse im Rahmen der Gefahrenabwehr

I. Allgemeines

Aus der **Zuweisung von Aufgaben** der Gefahrenabwehr an die Polizei- und Ord- **16** nungsbehörden folgt gemäß einem heute allgemein anerkannten rechtsstaatlichen Grundsatz noch **nicht die Befugnis dieser Behörden zum Einsatz von Mitteln, die zu einer rechtlichen Belastung des Bürgers führen** (zu entsprechenden, sich in Verbindung mit der Strafverfolgung bei § 163 StPO stellenden Problemen s. unten Rdnr. 131). Lediglich dann, wenn eine Aufgabe ohne solche belastende Eingriffe überhaupt nicht realisiert werden könnte, wäre es möglich, aus einer Aufgabenzuweisung — da sie nur dann sinnvoll wäre — konkludent auch die Einräumung der Ermächtigung zur Vornahme von rechtsbeeinträchtigenden Maßnahmen abzuleiten. Für die Erfüllung der Aufgabe der Gefahrenabwehr trifft dies aber deshalb nicht zu, weil sie nicht notwendigerweise polizeiliche Maßnahmen mit Eingriffscharakter voraussetzt (so liegt z. B. kein Eingriff bei einer polizeilichen Warnung vor Glatteis vor). Allein auf die Aufgabennorm lassen sich daher nur solche — ohnehin nicht dem Gesetzesvorbehalt (Art. 20 III GG) unterfallende — Maßnahmen stützen, die keinen Eingriff in die Rechtssphäre von Personen darstellen.

Für belastende Maßnahmen bedarf es daher einer neben die Aufgabenzuweisung tretenden Ermächtigungsgrundlage, die gemäß dem in Art. 20 III GG angesiedelten Prinzip des Gesetzesvorbehalts die möglichen Eingriffe nach Inhalt, Zweck und Ausmaß hinreichend bestimmen muß. Eine derartige Ermächtigungsgrundlage kann allerdings gesetzestechnisch zugleich mit der polizeilichen Aufgabenzuweisung in einer Vorschrift zusammengefaßt sein. Dieser Weg wird bei den polizei- und ordnungsbehördlichen Generalklauseln häufig beschritten[11]. Dies liegt insofern nahe, als sich die den polizeilichen Aufgabenbereich umschreibenden Tatbestandsmerkmale (Abwehr von Gefahren für die öffentliche Sicherheit und Ordnung) mit den Tatbestandsvoraussetzungen der polizei- und ordnungsbehördlichen Generalermächtigungen zur Gefahrenabwehr weitgehend decken (zu dem **Unterschied hinsichtlich des Erfordernisses der konkreten Gefahr** s. unten Rdnr. 29). Aus diesem Grund wird im folgenden die nähere Umschreibung des Aufgabenbereichs der Polizei- und Ordnungsbehörden im Rahmen der Tatbestandsvoraussetzungen der polizeilichen Generalklausel dargelegt werden (dazu II).

Neben der Generalklausel kennt das allgemeine Polizei- und Ordnungsrecht eine **17** Reihe von Spezialermächtigungen (dazu III) zur Erfüllung von Aufgaben der Gefahrenabwehr (sog. Standardmaßnahmen). Diese **Spezialermächtigungen gehen in ihrem Anwendungsbereich der Generalermächtigung vor**. Sie schließen wegen ihres

---

11 So schon bei § 14 PrPVG; ebenso § 3 HambSOG; § 1 I HessSOG; § 14 I SaarPVG; § 171 SHLVwG.

abschließenden Charakters den Rückgriff auf die Generalermächtigung **selbst dort aus, wo in concreto ihr Tatbestand nicht erfüllt ist** (demnach ist z. B. eine der Gefahrenabwehr dienende polizeiliche Durchsuchung einer Wohnung nur bei Vorliegen der in den Polizeigesetzen spezialgesetzlich normierten Erfordernisse zulässig). Voraussetzung für ein auf solche Spezialermächtigungen gestütztes polizeiliches Handeln ist freilich auch hier grundsätzlich, daß das polizeiliche Handeln der Abwehr von Gefahren für die öffentliche Sicherheit oder Ordnung dient.

Weitere Befugnisse der Polizei- und Ordnungsbehörden auf dem Gebiet der Gefahrenabwehr sind schließlich außerhalb der allgemeinen Polizei- und Ordnungsgesetze spezialgesetzlich normiert (dazu unter IV). Sie verbieten, soweit sie abschließende Normierungen beinhalten und nicht ein Fall einer Notzuständigkeit[12] gegeben ist, einen Rückgriff auf die Ermächtigungen des allgemeinen Polizei- und Ordnungsrechts. Statuieren sie allerdings keine abschließende Regelung der polizei- und ordnungsrechtlichen Befugnisse (was insbesondere dann der Fall ist, wenn Spezialgesetze im wesentlichen nur Aufgaben der Polizei vorsehen), stehen den Polizei- und Ordnungsbehörden die ihnen nach dem allgemeinen Polizei- und Ordnungsrecht eingeräumten Befugnisse zu[13]. Das gilt selbst dort, wo es an ausdrücklichen Regelungen wie in § 8 II 2 MEPolG[14] fehlt, der bezüglich der der Polizei durch andere Rechtsvorschriften zugewiesenen Aufgaben vorsieht: „Soweit solche Rechtsvorschriften Befugnisse der Polizei nicht regeln, hat sie die Befugnisse, die ihr nach diesem Gesetz zustehen". Auf den Sektoren der Strafverfolgung und der Verfolgung von Ordnungswidrigkeiten (bei denen es ohnehin nicht unmittelbar um Gefahrenabwehr geht) scheidet im Hinblick auf die abschließende bundesrechtliche Regelung der polizeilichen Befugnisse allerdings eine Begründung von Befugnissen über § 8 II 2 MEPolG aus (s. unten Rdnrn. 134, 138).

Keine Rechtsgrundlage für belastende polizeiliche Eingriffe bilden die allgemeinen Rechtfertigungsgründe (s. auch unten Rdnr. 199). Sie genügen nicht den Erfordernissen des in Art. 20 III GG verankerten Prinzips des Gesetzesvorbehalts, das eine nach Inhalt, Zweck und Ausmaß hinreichend bestimmte gesetzliche Ermächtigung verlangt. Zudem tragen diese allgemeinen Rechtfertigungsgründe, da auf das Bürger-Bürger-Verhältnis zugeschnitten, nicht den verfassungsrechtlichen Erfordernissen des Übermaßverbots sowie den sonstigen grundrechtlichen Begrenzungen staatlichen Handelns Rechnung. Deshalb war es z. B. unzulässig, wenn im „Fall Traube" die Sicherheitsbehörden unter Stützung auf Nothilfevorschriften einen in den Schutzbereich des Art. 13 GG eingreifenden sog. „Lauschangriff" vornahmen (Abhören von Wohnungen mittels „Wanzen"); ebensowenig ließ sich eine Kontaktsperre für inhaftierte Terroristen entgegen der Auffassung des BGH[15] auf einer solchen Basis rechtfertigen.

---

12 § 2 I BWPolG; Art. 3 BayPAG; § 4 I BerlASOG; § 3 II HambSOG; § 1 II 1 HessSOG; § 1 II NdsSOG; § 1 I 2 NWPolG; § 168 I Nr. 2 SHLVwG; bei einem derartigen Einschreiten werden i.d.R. nur die unmittelbar notwendigen — d. h.: vorläufige — Maßnahmen in Betracht kommen.

13 Zur Anwendung des allgem. Polizeirechts neben dem BImSchG s. z. B. *BVerwGE* 55, 118, 120 ff.; zum Verhältnis von VersG und allgem. Polizeirecht s. unten Rdnr. 72.

14 § 14 II 2 BerlASOG; § 10 II 2 BremPolG; § 8 II 2 NWPolG; § 9 II 2 RhPfPVG; § 164 II 2 SHLVwG.

15 *BGH* NJW 1977, 2173 f.; zur Unzulässigkeit einer Stützung polizeilichen Handelns auf die allgemeinen Rechtfertigungsgründe s. *Amelung* JuS 1986, 329 ff.

Gleichfalls ausgeschlossen ist die Rechtfertigung eines in die Freiheitssphäre des Bürgers eingreifenden polizei- bzw. ordnungsbehördlichen Handelns unter Rückgriff auf ein ungeschriebenes Notrecht des Staates[16]. Der Gesetzgeber hat — wie sich auch aus den Gesetzgebungsmaterialien eindeutig belegen läßt[17] — mit der Schaffung einer **Notstandsverfassung eine abschließende verfassungsgesetzliche Vorsorge für Not- und Ausnahmesituationen geschaffen.** Deshalb verbietet es sich hier, von einer Lücke auszugehen, die unter Rückgriff auf ein ungeschriebenes Notrecht ausgefüllt werden kann.

II. Die polizei- und ordnungsbehördlichen Generalklauseln

Die **klassische Formulierung der polizeilichen Generalklausel findet sich in § 14 I**   **18** **PrPVG** von 1931. Dieser bestimmte: „Die Polizeibehörden haben im Rahmen der geltenden Gesetze die nach pflichtmäßigen Ermessen notwendigen Maßnahmen zu treffen, um von der Allgemeinheit oder dem einzelnen Gefahren abzuwehren, durch die die öffentliche Sicherheit oder Ordnung bedroht wird." An diese Normierung knüpfen auch die heutigen Polizei- und Ordnungsgesetze an. Einige Gesetze differenzieren dabei allerdings — anders als § 14 PrPVG — zwischen der Umschreibung des polizeirechtlichen Aufgabenbereichs und der Generalermächtigung zum Erlaß von polizeilichen, in die Rechtssphäre des Bürgers eingreifenden Maßnahmen[18]. Obschon sich in der neueren Gesetzgebung zunehmend die Tendenz abzeichnet, zur Bekämpfung einzelner polizeilicher Gefahren Spezialgesetze zu schaffen, kann auch im Hinblick auf die durch das Voranschreiten der Technik sich ständig neu ergebenden, durch den Gesetzgeber häufig nicht voraussehbaren polizeilichen Gefahrenlagen sowie in Anbetracht des Wandels der sozialen Verhältnisse und Anschauungen auf das Instrument einer polizeirechtlichen Generalermächtigung nicht gänzlich verzichtet werden. Verfassungsrechtliche Bedenken, wie sie gegenüber der Generalklausel immer wieder — insbesondere unter dem Aspekt des Rechtsstaatsprinzips — geäußert wurden, dürften sich als nicht durchschlagend erweisen. Die Generalklauseln sind heute jedenfalls durch Judikatur und Literatur so präzisiert worden, daß die in ihnen enthaltenen Ermächtigungen nach Inhalt, Zweck und Ausmaß hinreichend bestimmt sind. Allerdings können sich aus den Grundrechten wie aus der Kompetenzaufteilung zwischen Bund und Ländern Einschränkungen der Anwendbarkeit der Generalklauseln ergeben. Dem kann jedoch im Rahmen der verfassungskonformen Auslegung der Generalklauseln Rechnung getragen werden.

Die Generalklauseln bieten eine Rechtsgrundlage sowohl für Verwaltungsakte wie   **19** auch für schlichtes Verwaltungshandeln der Polizei. Für den Erlaß von Rechtsverordnungen zur Gefahrenabwehr beinhalten die Polizei- und Ordnungsgesetze meist eigene gesetzliche Ermächtigungen.

---

16 A. A. *Stern* in: Verfassungsschutz und Rechtsstaat, 1981, 171 ff.
17 Schriftl. Bericht des Rechtsausschusses, BT-Drucks. V/2873.
18 S. z. B. §§ 1, 3 BWPolG; Art. 2 I, 11 I BayPAG; §§ 1 I, 14 I BerlASOG; §§ 1, 10 I 1 BremPolG: nur
öffentliche Sicherheit; §§ 1 I, 11 NdsSOG; §§ 1 I 1, 8 I NWPolG; §§ 1 I, 14 I NWOBG; §§ 1 I, 9 I 1
RhPfPVG; §§ 1 I, 8 MEPolG.

Inhaltlich stimmen die Polizei- und Ordnungsgesetze in ihren Generalklauseln im wesentlichen überein. **Sie ermächtigen die Polizei- und Ordnungsbehörden zu einem Einschreiten dort, wo für die öffentliche Sicherheit (1) oder öffentliche Ordnung (2) eine Gefahr (3) besteht oder bereits eine Störung (4) eingetreten ist.** Bei den Tatbestandsvoraussetzungen öffentliche Sicherheit, öffentliche Ordnung, Gefahr und Störung handelt es sich dabei um **unbestimmte Rechtsbegriffe,** bezüglich deren Vorliegen im Einzelfall die Polizei- und Ordnungsbehörden **weder einen Beurteilungsnoch einen Ermessensspielraum** besitzen[19]. Ein Beurteilungsspielraum läßt sich insbesondere nicht aus dem Umstand ableiten, daß bei der Prüfung des Vorliegens dieser unbestimmten Rechtsbegriffe (z. B. dem der Gefahr) z. T. prognostische Urteile zu fällen sind. Die Einräumung solcher prognostischer Urteile bedeutet nämlich noch nicht — was mit Art. 19 IV GG prinzipiell unvereinbar wäre — daß, wie es für den Beurteilungsspielraum wesensnotwendig ist, die richterliche Kontrolle hinter den rechtlichen Bindungen der Verwaltung zurückbleibt. Soweit die Tatbestandsvoraussetzungen der polizeilichen Generalklausel gegeben sind, ist es allerdings prinzipiell in das Ermessen der Behörden gestellt, ob und in welcher Weise sie tätig werden (dazu unten 5).

Für ein Einschreiten gemäß der polizeilichen Generalklausel genügt es, wenn entweder eine Gefahr für die öffentliche Sicherheit oder die öffentliche Ordnung gegeben ist. Selbst dort, wo diese Begriffe kumulativ aufgeführt sind (vgl. Art. 6 BayLStVG; s. ferner auch Art. 13 Abs. 3 GG), ist es ausreichend, wenn unter einem der genannten Aspekte eine Gefahrenlage gegeben ist.

1. Der Begriff der öffentlichen Sicherheit

20   Unter öffentlicher Sicherheit ist in Anlehnung an die amtliche Begründung zu § 14 PrPVG die **Unversehrtheit von Leben, Gesundheit, Freiheit, Ehre und Vermögen des einzelnen sowie der Bestand und das Funktionieren des Staates und seiner Einrichtungen** zu verstehen[20]. Geschützt werden demnach sowohl Individual- wie Gemeinschaftsrechtsgüter.

21   Der Schutz von Individualrechtsgütern erfährt dabei allerdings **unter zweierlei Gesichtspunkten eine Einschränkung:** Soweit diese Individualrechtsgüter in subjektiven Privatrechten ihren Ausdruck gefunden haben, sind für die Verfolgung dieser Rechte in erster Linie die ordentlichen Gerichte zuständig. Wird z. B. eine privatrechtliche Geldforderung nicht beglichen, besteht die Kompetenz der ordentlichen Gerichte für die Entscheidung über das Bestehen und die zwangsweise Durchsetzung dieser Forderung. Insofern wird aufgrund der staatlichen Kompetenzordnung die Zuständigkeit der Polizei- und Ordnungsbehörden prinzipiell durch jene der Gerichte verdrängt. Diese **Subsidiarität des polizeilichen und ordnungsbehördlichen Handelns** beansprucht dabei nicht nur in jenen Ländern, in denen sie im Gesetz expressis verbis vorgesehen ist[21], Beachtung. Sie kann jedoch dann nicht zum Tragen kom-

---

19 Vgl. für viele *Drews/Wacke/Vogel/Martens* § 17; *Friauf* 196; a. A. *Rasch* § 1 MEPolG Rdnr. 49; *Ossenbühl* DÖV 1976, 463 ff.; zur verfassungsrechtlichen Problematik von Beurteilungsspielräumen *Schenke* BK (Zweitbearbeitung), Dez. 1982, Art. 19 IV, Rdnrn. 334 ff.

20 Vgl. *Drews/Wacke/Vogel/Martens* § 15 2.

21 Vgl. § 2 II BWPolG; Art. 2 II BayPAG; § 4 II BerlASOG; § 1 II BremPolG; § 3 HessSOG; § 1 III NdsSOG; § 1 II NWPolG; § 1 II RhPfPVG; § 175 SHLVwG; § 1 II MEPolG.

men, wenn durch die Gerichte im Einzelfall (auch unter Berücksichtigung der Möglichkeit eines vorläufigen gerichtlichen Rechtsschutzes) kein wirksamer Schutz von Individualrechten möglich ist[22]. Hier ist die Polizei- bzw. Ordnungsbehörde zum Einschreiten befugt, wobei allerdings **grundsätzlich nur vorläufige, die Sicherung des Rechts ermöglichende Maßnahmen** in Betracht kommen. Begegnet demgemäß etwa der Gläubiger einer privatrechtlichen Forderung auf der Straße unverhoffterweise dem flüchtigen Schuldner, so ist der zur Stelle befindliche Polizist auf Verlangen des Gläubigers befugt, von dem Schuldner dessen sonst nicht in Erfahrung zu bringende Adresse ausfindig zu machen[23]. Ausnahmsweise können freilich auch endgültige Maßnahmen getroffen werden. So ist die Polizei z. B. bei Hausbesetzern angesichts des hier häufig wechselnden Personenkreises nicht darauf beschränkt, die Personalien der jeweiligen anwesenden Hausbesetzer festzuhalten, damit der Eigentümer diesen gegenüber einen zivilgerichtlichen Titel zu erwirken vermag (vgl. § 253 II Nr. 1 ZPO). Hier ist ein wirksamer Schutz vielmehr nur durch eine polizeiliche Zwangsräumung möglich. Außerhalb des polizeilichen und ordnungsbehördlichen Kompetenzbereichs liegt aber auf jeden Fall die Sicherung von Beweismitteln für die Geltendmachung eines privatrechtlichen Anspruchs. Sie obliegt ausschließlich dem Anspruchsinhaber[24].

Zu beachten ist im übrigen, daß ein Handeln der Polizei unter dem Gesichtspunkt der Subsidiarität dann nicht ausscheidet, wenn die Gefährdung privatrechtlich geschützter Individualgüter zugleich mit der Nichtrespektierung öffentlichrechtlicher Normen (s. hierzu näher unten), insbesondere Strafrechtsnormen, einhergeht[25]. Das trifft z. B. bei der Verletzung der Unterhaltspflicht gem. § 170 b StGB oder bei einem in Verbindung mit einer Hausbesetzung erfolgten Hausfriedensbruch zu[26]. Hier ist die Polizei grundsätzlich handlungsbefugt. Ohne Relevanz ist es angesichts der durch die Mißachtung solcher (wie auch anderer nicht strafbewehrter) öffentlichrechtlicher Normen stets verletzten öffentlichen Interessen, ob die verletzte Strafrechtsnorm ein Antragsdelikt zum Gegenstand hat; denn dies ist nur für das Strafverfolgungsinteresse bedeutsam.

Eine zweite Einschränkung des Individualrechtsgüterschutzes resultiert daraus, daß **22** Individualgüter nur insofern polizeirechtlich geschützt sind, **als hieran ein öffentliches Interesse besteht**[27]. Dies wird im Polizeigesetz Baden-Württembergs ausdrücklich hervorgehoben (§ 1 I 1 BWPolG), folgt aber unabhängig hiervon schon aus dem Begriff der öffentlichen Sicherheit. Ein öffentliches Interesse ist dabei immer dann gegeben, wenn die Individualgüter einer unbestimmten Vielzahl von Personen bedroht werden, liegt aber auch dann vor, wenn der einzelne unabhängig von seiner Individualität, quasi als Repräsentant der Allgemeinheit, gefährdet ist[28]. Dies wird in aller Regel zu bejahen sein. Kein öffentliches Interesse ist jedoch dann begründet,

---

22 *PrOVGE* 77, 333, 337.
23 § 20 I Nr. 1 BWPolG; Art. 12 I Nr. 6 BayPAG; § 15 I Nr. 1 BerlASOG; § 11 I 1 BremPolG; § 16 II HessSOG; § 12 I Nr. 1 NdsSOG; § 9 I Nr. 1 NWPolG; § 10 I Nr. 1 RhPfPVG; § 176 I SHLVwG; § 9 I Nr. 1 MEPolG.
24 Vgl. *Götz* Rdnr. 91.
25 Ebenso z. B. *Frotscher* DVBl. 1976, 695, 699; *Götz* Rdnr. 77; a. A. m.w.N. *Rasch* § 1 MEPolG Rdnr. 58.
26 Nicht beachtet wird dies von *Degenhart* JuS 1982, 330 ff.; zur Problematik von Hausbesetzungen s. auch *Schlink* NVwZ 1982, 529 ff.
27 Vgl. hierzu *Rasch* § 1 MEPolG Rdnr. 50.
28 *Wolff/Bachof* III § 125 Rdnr. 16.

wenn ein Bürger durch sein Handeln lediglich eigene Rechtsgüter, seien sie vermö-
genswerter Art (z. B. durch Verschwendung), seien sie immaterieller Art wie die Gesundheit (z. B. durch übermäßigen Alkoholgenuß) gefährdet[29]. Den inneren Grund
für die Annahme bildet dabei die Überlegung, daß die Befugnis zur Gefährdung eigener Rechtsgüter sich in gewissem Umfang aus der insbesondere durch Art. 2 I GG
grundrechtlich geschützten Freiheit ergibt. Grenzen bestehen freilich konsequenterweise dann, wenn sich der Selbstgefährdende in einem die freie Willensbestimmung
ausschließenden Geisteszustand[30] oder in hilfloser Lage befindet. Dies muß jedenfalls dann gelten, wenn es sich um den Schutz hochwertiger Rechtsgüter handelt, insbesondere wenn Leib- und Lebensgefahr drohen. So sehen hier die Polizei- und Ordnungsgesetze eine Ingewahrsamnahme vor[31]. Ein öffentliches Interesse am Rechtsgüterschutz wird stets bei drohendem Selbstmord bejaht[32]. Dies rechtfertigt sich nicht
nur daraus, daß sich der Suizidgefährdete meist in einem psychischen Ausnahmezu-
stand befindet, sondern auch aus der hier zum Tragen kommenden, dem § 323 c StGB
zugrundeliegenden Hilfeleistungspflicht[33]. Dem Selbstmord gleichzusetzen ist der
Fall, bei dem mit einer an Sicherheit grenzenden oder jedenfalls hohen Wahrscheinlichkeit die Selbstgefährdung zum Tode führen würde. So hat die Polizei einem Ama-
teurforscher zu Recht den Verzehr einer „Knollenblätterpilzmahlzeit" untersagt, mit
welcher dieser die Tauglichkeit eines von ihm behaupteten Mittels gegen Pilzvergif-
tungen nachweisen wollte, obwohl nach medizinischen Erkenntnissen dieser „Genuß" tödliche Folgen gehabt hätte. Ein öffentliches Interesse ist ferner dann zu bejahen, wenn mit der Gefährdung eigener Rechte jene Dritter einhergeht[34].

23   Aus dem Gesichtspunkt des Schutzes von Gemeinschaftsgütern ergibt sich als eine
überaus wichtige Konsequenz der **Schutz der gesamten Rechtsordnung**[35]. Ohne deren prinzipielle Beachtung könnten nämlich Bestand und Funktionsfähigkeit des
Staates und seiner Einrichtungen nicht gewährleistet werden. Da der Schutz von Privatrechtsnormen sich ohnehin schon aus dem Aspekt des Individualrechtsgüterschutzes ergibt und hinsichtlich Privatrechtsnormen die oben angesprochenen polizeilichen Beschränkungen insbesondere unter dem Gesichtspunkt des Subsidiaritätsprinzips gleichfalls zum Tragen kommen, liegt die Hauptbedeutung in der Sicherung
öffentlichrechtlicher Normen. Ein Verstoß gegen diese Normen beeinträchtigt stets
die öffentliche Sicherheit. Die Relevanz der polizeirechtlichen Generalklausel zeigt
sich in diesem Zusammenhang insbesondere darin, daß sie dort, wo in öffentlich-
rechtlichen Gebots- oder Verbotsnormen eine Ermächtigung zur Durchsetzung in ihren statuierter gesetzlicher Verpflichtungen mittels Verwaltungsakt nicht enthalten
ist (enthalten ist eine solche Vorschrift z. B. in § 44 I 2 StVO), den Polizei- und Ord-

---

29 Z. B. *PrOVGE* 39, 390 ff.; *Martens* DÖV 1976, 457, 459 f. Etwas anderes gilt selbstverständlich z. B.
   bei einem gegen Rechtsnormen verstoßenden Drogenmißbrauch.
30 Beispiel: Der Geisteskranke verteilt Hundertmarkscheine an vorbeigehende Passanten.
31 Vgl. im einzelnen § 22 I Nr. 2 BWPolG; Art. 16 I Nr. 1 BayPAG; § 18 Nr. 2 BerlASOG; 15 I Nr. 1
   BremPolG; § 13 I lit. b HambSOG; § 46 I Nr. 1 HessSOG; § 16 I Nr. 1 NdsSOG; § 13 I Nr. 1
   NWPolG, § 24 NWOBG; § 14 I Nr. 1 RhPfPVG; § 15 I lit. a SaarPVG; § 180 I Nr. 2 lit. c SHLVwG;
   § 13 I Nr. 1 MEPolG.
32 Vgl. für viele *Rasch* § 1 MEPolG Rdnr. 52.
33 S. *BGHSt* 6, 147 ff.
34 *BGH* VerwRspr. 5, 319 ff.: Blindgänger in einem Garten.
35 Vgl. für viele *Drews/Wacke/Vogel/Martens* § 15 2c.

nungsbehörden eine **Rechtsgrundlage zur Durchsetzung der gesetzlichen Verpflichtung mittels vollstreckungsfähigen Verwaltungsakts** zur Verfügung stellt. Das gesetzliche Gebot oder Verbot bildet für sich gesehen nämlich noch keine Basis für den Erlaß eines die gesetzliche Verpflichtung konkretisierenden Verwaltungsakts. So kann beispielsweise in § 4 I AbfG, nach dem Abfall nur in den dafür zugelassenen Anlagen oder Einrichtungen behandelt, gelagert oder abgelagert werden darf, noch keine Ermächtigung zum Erlaß eines diese Pflicht aussprechenden Verwaltungsakts gesehen werden. Ein Verstoß gegen die Verpflichtung des § 4 I AbfG verwirklicht zwar nach § 18 I Nr. 1 AbfG einen Ordnungswidrigkeitentatbestand. An einer Eingriffsgrundlage zur Beseitigung einer solchen Störung fehlt es — da sich § 4 I AbfG anders als der oben erwähnte § 44 I 2 StVO zu Maßnahmen ausschweigt — im AbfG jedoch. Das nicht abschließende Instrumentarium dieses Spezialgesetzes zur Gefahrenabwehr wird daher, sofern sich nicht in den LAbfG Spezialermächtigungen finden (so z.B. § 10 II BWLAbfG), durch das allgemeine Polizeirecht ergänzt. Die polizeilichen Generalklauseln ermächtigen hier die Polizei, gegen den störenden Zustand mittels Verwaltungsakts einzuschreiten[36]. Eine besondere Bedeutung für die Durchsetzung gesetzlicher Verpflichtungen kommt der polizeilichen Generalklausel in Verbindung mit der Verhütung und Unterbindung von Straftaten zu.

Der durch die öffentliche Sicherheit miterfaßte Schutz des Staates und seiner Einrichtungen reicht aber über den Schutz der Rechtsordnung noch hinaus. **Staatliche Organe und Einrichtungen** sind unabhängig davon, welcher staatlichen Gewalt sie zuzuordnen sind und ob sie der Ausübung unmittelbarer oder mittelbarer staatlicher Gewalt dienen, **auch dort geschützt, wo Normverstöße nicht in Betracht kommen.** Dabei ist allerdings nicht zu verkennen, daß der Schutz staatlicher Organe und Einrichtungen heute schon in weitem Umfang durch Rechtsvorschriften bewerkstelligt wird, insbesondere durch allgemeine Strafrechtsnormen, z. T. aber auch durch spezielle, zum Schutz staatlicher Organe erlassene Gesetze. So ist etwa die Blockade des Zugangs zu Kasernen oder das widerrechtliche Eindringen und Verweilen in Verwaltungsgebäuden als Nötigung bzw. Hausfriedensbruch anzusehen und rechtfertigt schon von daher ein polizeiliches Einschreiten zum Schutz der öffentlichen Sicherheit[37]. Gleiches gilt z. B. für die Nötigung von Verfassungsorganen (§§ 105 ff. StGB) oder den Widerstand gegen Vollstreckungsbeamte (§ 113 StGB). Angesichts dieses hier im einzelnen nicht aufzählbaren umfassenden Netzes von Normen fällt es schwer Fälle zu finden, bei denen die Bedrohung staatlicher Einrichtungen und Organe nicht zugleich mit einer Gefährdung des Geltungsanspruchs von Rechtsnormen einhergeht. Der Lehrbuchfall, bei dem jemand am Straßenrand ein Schild mit der

24

---

36 Zu einem ähnlichen Fall i.V.m. dem GastG *BadWürttVGH* VBlBW 1982, 405 ff.
37 Für Abwehr von Störungen des Dienstbetriebes in Form eines Hausverbots ist allerdings der Inhaber des Hausrechts an Verwaltungsgebäuden zuständig. Diese Kompetenz stellt sich als ein (meist ungeschriebener) Annex jener Tätigkeit dar, zu deren Schutz sie ausgeübt wird. Soweit es um den Schutz einer öffentlichrechtlichen Tätigkeit geht, ist daher die Ausübung des Hausrechts ebenso wie eine darüberhinausreichende dem störungsfreien Ablauf des Dienstbetriebs dienende Ordnungsgewalt (dazu *Wolff/Bachof* Verwaltungsrecht II, 4. Aufl. 1976, § 99 II) wegen des inneren Zusammenhangs mit dieser Tätigkeit gleichfalls als öffentlichrechtlich anzusehen (s. auch *Bethge* Verw. 1977, 313, 329; *Ehlers* DÖV 1977, 739, 740; *Knemeyer* VBlBW 1982, 249, 252; *Ronellenfitsch* VerwArch. Bd. 73 (1982), 465 ff.; *BayVGH* BayVBl. 1980, 723, 724). Nicht entscheidend kann es demgegenüber entgegen der Auffassung des *BGH* (*BGHZ* 33, 230 ff.) und des *BVerwG* (*BVerwGE* 35, 103 ff.) sein, ob der Adres-

Aufschrift „Vorsicht Radarfalle!" zeigt und damit auf eine Geschwindigkeitskontrolle der Polizei aufmerksam macht, dürfte entgegen der ganz h. M.[38] jedenfalls gerade nicht hierher zu rechnen sein, da diese (nicht gegen Normen verstoßende) Warnung genauso wie die polizeiliche Aktivität dazu beiträgt, Rechtsverstöße zu vermeiden. Bezeichnenderweise geht im übrigen selbst die Polizei zunehmend dazu über, die Radarüberwachung bestimmter Straßen vorher anzuzeigen. Ein „echter" Fall der Funktionsbeeinträchtigung staatlicher Organe ist aber dann gegeben, wenn eine Person, ohne daß dies durch hinreichende tatsächliche Anhaltspunkte gerechtfertigt ist, einen Fehlalarm auslöst, u. U. auch dann, wenn das polizeiliche Einsatzverhalten ausgespäht wird[39]. Im übrigen sollte man — soweit nicht Normverstöße in Betracht kommen — bei der Bejahung eines Verstoßes gegen die öffentliche Sicherheit wegen Beeinträchtigung staatlicher Organe und Einrichtungen restriktiv verfahren; anderenfalls erwiese sich das Polizei- und Ordnungsrecht als eine gefährliche Einbruchstelle obrigkeitsstaatlicher Vorstellungen in unserem Rechtssystem. Ganz sicher liegt deshalb etwa in einer öffentlich geäußerten scharfen Kritik[40] am Verhalten staatlicher Organe und Einrichtungen niemals ein Fall der Beeinträchtigung der öffentlichen Sicherheit. Das ergibt sich schon aus Art. 5 I und Art. 8 GG; selbstverständlich wird hierdurch aber eine Gewaltanwendung gegenüber staatlichen Organen und Einrichtungen nicht gerechtfertigt. Nicht zulässig ist es m. E. auch, wenn die Polizei von Reportern, die gewalttätige Auseinandersetzungen zwischen Polizeibeamten und Demonstranten fotografieren, die Herausgabe der Bilder verlangt, da sie durch diese Aufnahmen in ihrer Tätigkeit beeinträchtigt werde[41]. Hierbei wird verkannt, daß die Öffentlichkeit ein unter dem Aspekt des Art. 5 I GG (Pressefreiheit) wie auch des Demokratie- und Rechtsstaatsprinzips rechtlich geschütztes Interesse an der Information über solche Vorgänge besitzt. Ein solches polizeiliches Herausgabeverlangen läßt sich angesichts dieses berechtigten, durch § 23 I Nr. 1 KunstUrhG anerkannten Interesses der Öffentlichkeit im Regelfall auch nicht auf den durch § 22 KunstUrhG begründeten Schutz des Rechts am eigenen Bild des Polizeibeamten stützen. Sofern ein berechtigtes Interesse an der Aufnahme von Polizeibeamten nicht besteht, liegt hingegen hierin sowohl eine Beeinträchtigung des „Rechts am eigenen Bild" wie auch der Funktionsfähigkeit staatlicher Einrichtungen.

2. Der Begriff der öffentlichen Ordnung

25 Alle Polizei- und Ordnungsgesetze mit Ausnahme von Bremen (s. § 1 I BremPolG) nennen als Schutzgut neben der öffentlichen Sicherheit die öffentliche Ordnung. Unter öffentlicher Ordnung ist im Anschluß an die amtliche Begründung zu § 14

---

sat des Hausverbots das Gebäude zur Wahrnehmung privatrechtlicher oder öffentlichrechtlicher Angelegenheiten betreten will. Deshalb ist z. B. das Hausverbot gegenüber einem die öffentlichrechtliche Trauungszeremonie störenden Photographen nicht als privatrechtlich, sondern als öffentlichrechtlich anzusehen (a. A. *BGHZ* 33, 230 ff.). Für ein polizeiliches Hausverbot dürfte neben dieser spezielleren durch die Annexkompetenz begründeten Kompetenz in der Regel kein Raum mehr sein; dadurch wird selbstverständlich nicht ausgeschlossen, daß der Inhaber des Hausrechts zur zwangsweisen Durchsetzung des Hausverbots die Polizei im Wege der Vollzugshilfe (vgl. unten G. I.) in Anspruch nimmt.

38 Vgl. z. B. *Drews/Wacke/Vogel/Martens* § 15 2a; *OLG Düsseldorf JZ* 1960, 258, 259.

39 Vgl. hierzu *OVG Münster* DVBl. 1979, 733 ff.

40 Vgl. auch *Götz* Rdnr. 84.

41 S. hierzu näher *Jarass JZ* 1983, 280 ff. S. auch *Hans* Jura 1986, 159 ff.

PrPVG der **Inbegriff der Regeln zu verstehen, „deren Befolgung nach den jeweils herrschenden sozialen und ethischen Anschauungen als unentbehrliche Voraussetzung für ein gedeihliches Miteinanderleben der innerhalb eines Polizeibezirks wohnenden Menschen angesehen wird"**[42]. Bei den hier angesprochenen Regeln handelt es sich nicht um Rechtsnormen — deren Einhaltung wäre ja ohnehin schon unter dem Aspekt der öffentlichen Sicherheit gewährleistet —, sondern um **solche der Sitte und der Moral**, in denen die Wertvorstellungen einer Gemeinschaft ihren Niederschlag gefunden haben. Sie können mit der Verletzung durch die öffentliche Sicherheit geschützter Rechtsgüter einhergehen (z. B. kann gegen unfreiwillige Obdachlosigkeit meist sowohl zum Schutz der öffentlichen Sicherheit — Gesundheit — wie auch dem der öffentlichen Ordnung eingeschritten werden). Keineswegs jeder Verstoß gegen öffentlichrechtliche Normen stellt jedoch zugleich eine Beeinträchtigung der öffentlichen Ordnung dar.

Naturgemäß unterliegen die die öffentliche Ordnung konstituierenden Regeln damit **26** sowohl in zeitlicher wie in örtlicher Hinsicht starken Veränderungen. In einem pluralistischen Staatswesen werden sich solche herrschenden sozialen und ethischen Anschauungen angesichts der Vielfalt der hier anzutreffenden Wertvorstellungen zwangsläufig im Rückgang befinden. Sofern solche Regeln dem Staat bedeutsam erscheinen, wird er sie überdies häufig gesetzlich positivieren, womit sie dann unter dem Aspekt der öffentlichen Sicherheit bereits ausreichend geschützt werden.

Zu weitgehend dürfte es aber sein, wenn man in der Literatur z. T. heute ein Vorge- **27** hen der Polizei- und Ordnungsbehörden unter dem Gesichtspunkt der öffentlichen Ordnung überhaupt nicht mehr für zulässig ansieht[43]. Die hierfür gegebene Begründung, solche Wertvorstellungen könnten nur durch ihre gesetzliche Normierung verbindlich gemacht werden, übersieht, daß der Gesetzgeber vielfach (s. z. B. §§ 138, 242 BGB) bei von ihm getroffenen Regelungen an gesellschaftliche Anschauungen anknüpft, ohne daß hiergegen bisher rechtliche Bedenken angemeldet wurden. Inkonsequent ist es insbesondere, wenn gegen Spezialregelungen (wie z. B. § 33 a II Nr. 2 GewO), die ebenfalls eine Einschränkung gewerblicher Betätigungen wegen eines Verstoßes gegen gesellschaftliche Wertvorstellungen zulassen, keine Einwände erhoben werden. Auch erscheint die durch die Generalklausel vorgenommene Verweisung auf ungeschriebene Verhaltensregeln gerade unter dem Gesichtspunkt der Friedensfunktion des Polizeirechts gerechtfertigt. Daß solche herrschenden Wertvorstellungen oft nur schwer feststellbar sind, bildet keinen Einwand gegen eine Einbeziehung der öffentlichen Ordnung in den Schutzbereich der Generalklausel. Dies sollte lediglich Anlaß zu einer vorsichtigen, **restriktiven Praxis bei der Feststellung von Wertvorstellungen** sein. Im übrigen dürfen sich diese Wertvorstellungen ohnehin nicht in Widerspruch zu den staatlichen Gesetzen, insbesondere zu der Verfassung setzen. Zu beachten ist auch, daß vorbehaltlos gewährte Grundrechte (s. z. B. Art. 5 III GG) unter dem Aspekt der öffentlichen Ordnung überhaupt nicht einschränkbar sind[44].

---

42 Vgl. *Drews/Wacke/Vogel/Martens* § 16 1.
43 So z. B. *Götz* Rdnr. 98; ähnl. krit. *Denninger* JZ 1970, 145, 148; *Peine* Verw. 1979, 25 ff.; wie hier dagegen *Erbel* DVBl. 1972. 475 ff. u. *H. H. Klein* DVBl. 1971, 233 ff.; *Martens* DÖV 1982, 89, 91 f.
44 *BVerwGE* 1, 303 ff. u. *Martens* DÖV 1982, 89, 91.

Verstöße gegen die die öffentliche Ordnung konstituierenden Regeln liegen etwa in der Verletzung und Herabwürdigung des religiösen Gefühls anderer oder in der schwindelhaften Ausnutzung der Dummheit und des Aberglaubens, ferner in Geräuscheinwirkungen, selbst wenn sie noch nicht die Gesundheit gefährden, gleichwohl aber nach allgemeiner Anschauung das zumutbare Maß überschreiten[45]. Auch die Obdachlosigkeit und der Selbstmord sollen die öffentliche Ordnung beeinträchtigen. Allerdings dürften diese Fälle in der Regel schon unter dem sicherheitspolizeilichen Aspekt faßbar sein. Damenboxkämpfe, die früher (anders als Damenringkämpfe) als ein Verstoß gegen die öffentliche Ordnung bewertet wurden[46], sollen nach der neueren Rechtsprechung — sofern nur Erwachsenen zugänglich — selbst „oben ohne" zulässig sein[47].

Auf dem Gebiete der Sexualität wird heute angesichts der geänderten Wertvorstellungen ein Einschreiten unter dem Gesichtspunkt einer Beeinträchtigung der öffentlichen Ordnung nur noch selten in Betracht kommen. Diese veränderten Wertvorstellungen haben insbesondere in der Liberalisierung des Sexualstrafrechts ihren Ausdruck gefunden. Zwar schließt der Umstand, daß der Gesetzgeber eine strafrechtliche Sanktionierung bestimmter sexueller Verhaltensweisen (wie z. B. der Prostitution oder der Homosexualität) ausgeschlossen hat, keineswegs notwendigerweise ein Einschreiten unter dem Gesichtspunkt der öffentlichen Ordnung aus. Bedenkt man jedoch, daß der Ausschluß von Strafen durch den Gesetzgeber sich als Konsequenz eines veränderten Wertbewußtseins der Gesellschaft ergeben hat, so dürfte sich ein Einschreiten gegenüber der Prostitution bzw. der Homosexualität grundsätzlich verbieten. Das schließt nicht aus, daß gegenüber einzelnen Modalitäten der Ausübung der Prostitution unter ordnungsrechtlichen Gesichtspunkten eingeschritten werden kann (z. B. Verbot des Betriebs eines Bordells neben einer Schule)[48]. Das sog. Konkubinat begründet heute sicher keinen Verstoß mehr gegen die öffentliche Ordnung, da das außereheliche Zusammenleben nunmehr durch die Gesellschaft ganz überwiegend toleriert wird.

Auch in Spezialnormen, die der Gefahrenabwehr dienen, wie z. B. § 33a GewO (Schaustellung von Personen), wird ein Verstoß gegen Wertvorstellungen (gute Sitten) polizeirechtlich sanktioniert. Bedenklich ist es hier allerdings, wenn das BVerwG[49] allein aus dem Gesichtspunkt der grundrechtlich geschützten Menschenwürde generell die Versagung einer Erlaubnis für eine „Peep-Show" rechtfertigt. Zu Recht ist in der Literatur demgegenüber eingewandt worden, daß diese Argumentation grundrechtlich zu hoch greift, da die sich zur Schau stellende weibliche Person hierin eingewilligt hat und ein solcher Schutz vor sich selbst angesichts des in der menschlichen Würde eingeschlossenen Rechts zur Selbstbestimmung sich schwerlich rechtfertigen läßt.

---

45 *BVerwG* NJW 1980, 1640, 1641.
46 *PrOVGE* 91, 139 ff.
47 *VG Karlsruhe* GewArch. 1978, 163 f. u. *VG Gelsenkirchen* GewArch. 1978, 164; anders für einen „Damen-Schlamm-Catch oben ohne" *BayVGH* NVwZ 1984, 254.
48 *BadWürttVGH* VBlBW 1984, 178; s. auch *HessVGH* DÖV 1984, 521 f.
49 *BVerwG* NJW 1982, 664 f.; treffend hiergegen *v. Olshausen* NJW 1982, 2221 ff.

3. Der Begriff der Gefahr

Ein polizeiliches bzw. ordnungsbehördliches Handeln ist nach der Generalklausel **28** erst dann zulässig, wenn eine konkrete Gefahr für die öffentliche Sicherheit oder Ordnung besteht[50]. Unter einer **konkreten Gefahr ist dabei eine Sachlage zu verstehen, die im Einzelfall erkennbar die objektive Möglichkeit eines Schadens in sich birgt**[51]. Dabei meint **Schaden die objektive Minderung eines tatsächlich vorhandenen normalen Bestands von durch die Generalklausel geschützten Gütern (Individual- wie Gemeinschaftsgütern bei der öffentlichen Sicherheit) durch von außen kommende Einflüsse oder von Werten (in Verbindung mit der öffentlichen Ordnung).**

Das Erfordernis einer konkreten, d. h. im Einzelfall bestehenden Gefahr als Voraus- **29** setzung für auf die polizei- bzw. ordnungsbehördliche Generalklausel gestützte belastende Maßnahmen ist in Anlehnung an § 8 I MEPolG[52] z. T. ausdrücklich vorgeschrieben, kommt aber, wie sich im Wege der verfassungskonformen Auslegung, insbesondere unter Berücksichtigung des Verhältnismäßigkeitsprinzips ergibt, auch dort zum Tragen, wo es an einer ausdrücklichen gesetzlichen Regelung fehlt. Die **konkrete Gefahr** ist **zu unterscheiden von der** (für den Erlaß einer Polizeiverordnung genügenden) **abstrakten Gefahr,** welche die Gefährlichkeit eines allgemeinen abstrakten Sachverhalts meint[53]. Meist werden abstrakte und konkrete Gefahr zusammentreffen. Ist ein im allgemeinen gefährlicher Sachverhalt aufgrund der erkennbaren Umstände des Einzelfalls nicht geeignet, einen Schaden herbeizuführen, so scheidet mangels Konkretheit der Gefahr die polizeiliche Generalklausel als Rechtsgrundlage für polizeiliche Einzelmaßnahmen aus. Zu beachten ist dabei allerdings, daß der Verstoß gegen Normen schon für sich wegen der Nichtbeachtung der Rechtsordnung eine konkrete Gefahr begründet, selbst wenn die Rechtsgüter, zu deren Schutz die Norm geschaffen wurde, durch den Normverstoß im Einzelfall nicht gefährdet sind. So ist eine konkrete Gefahr beispielsweise selbst dann gegeben, wenn ein Verkehrsteilnehmer nachts auf einer völlig menschenleeren Straße ein Ampelzeichen nicht beachtet oder ein Parkverbotsschild nicht beachtet wird, ohne daß sich daraus in concreto irgendeine Verkehrsbeeinträchtigung ergibt.

Während **für Eingriffe in die Freiheitssphäre des Bürgers nach der Generalklausel das Vorliegen einer konkreten Gefahr erforderlich ist,** bedarf es für die der Gefahrenabwehr dienende polizeiliche Tätigkeit, die **nicht in subjektive Rechte des Bürgers eingreift** und auf die Aufgabenzuweisung an die Polizei- und Ordnungsbehörden gestützt wird (vgl. oben Rdnr. 16), **keines Vorliegens einer konkreten Gefahr.** Es genügt vielmehr, daß diese Tätigkeit allgemein der Gefahrenabwehr dient. Darunter fällt auch die Gefahrenvorsorge, die sich noch im Vorfeld der Abwehr konkreter Gefahren bewegt. Das ergibt sich aus dem engen und untrennbaren Zusammenhang

---

50 Zur Gefahr s. aus neuerer Zeit *Darnstädt* Gefahrenabwehr und Gefahrenvorsorge, 1983; *Hansen-Dix* Die Gefahr im Polizeirecht, im Ordnungsrecht und im Technischen Sicherheitsrecht, 1982; *Martens* DÖV 1982, 89 ff.; *O. Schneider* DVBl. 1980, 406 ff.

51 Vgl. § 2 Nr. 1 lit. a NdsSOG: „Im Sinne dieses Gesetzes ist Gefahr eine konkrete Gefahr, d. h. eine Sachlage, bei der im einzelnen Fall die hinreichende Wahrscheinlichkeit besteht, daß in absehbarer Zeit ein Schaden für die öffentliche Sicherheit oder Ordnung eintreten wird."

52 Art. 2 I BayPAG; § 14 I BerlASOG; § 10 I BremPolG; § 3 I HambSOG; § 8 I NWPolG; § 14 I NWOBG; § 9 I RhPfPVG; § 11 i. V. mit § 2 Nr. 1 lit. a NdsSOG.

53 Vgl. *Götz* Rdnr. 120.

mit der Gefahrenabwehr, die schon aus praktischen Gründen ohne eine solche Vorverlegung der Gefahrenabwehr nicht in effizienter Weise betrieben werden könnte[54]. So wird denn auch schon von jeher davon ausgegangen, daß die Gefahrenvorsorge noch unter die Zielsetzung der Gefahrenabwehr subsumiert werden kann. An der Zulässigkeit polizeilicher Tätigkeiten wie Streifengängen, Entgegennahme von Informationen oder polizeilicher Beobachtungen bestand deshalb nie ein Zweifel. Einschränkungen können sich allerdings dann ergeben, wenn man berücksichtigt, daß unter Zugrundelegung der neueren, insbesondere in der Rechtsprechung des BVerfG[55] im Volkszählungsurteil entwickelten Grundsätze sich bei einem Teil der Maßnahmen, wie z. B. der planmäßigen **Observation**[56] von Personen, ergibt, daß diese **bereits in subjektive Rechte des Bürgers eingreifen.** Hier läßt sich dann aus einer polizei- und ordnungsbehördlichen Aufgabenzuweisung in der Zukunft die Berechtigung zu einem solchen Handeln nicht mehr begründen. Denkbar wäre es allenfalls, für eine eng begrenzte Übergangszeit — bis der Gesetzgeber der neuen verfassungsrechtlichen Situation Rechnung getragen hat — ein polizei- und ordnungsbehördliches Handeln auf die Aufgabennorm zu stützen. Auch dies dürfte m. E. aber abzulehnen sein[57], da dem Gesetzgeber das Problem einer solchen subjektivrechtlich relevanten Vorfeldtätigkeit schon seit längerer Zeit geläufig ist und er im übrigen dem Wandel in der rechtlichen Beurteilung der polizeilichen Tätigkeit in Verbindung mit einzelnen Standardmaßnahmen bereits Rechnung getragen hat, indem er deren Zulässigkeit (so insbesondere die von Razzien an verdächtigen bzw. gefährdeten Orten) auch unabhängig vom Vorliegen einer konkreten Gefahr zugelassen hat. Solange der Gesetzgeber nicht hierüber hinaus (unter Beachtung des Verhältnismäßigkeitsgrundsatzes) Ermächtigungsgrundlagen für das polizei- und ordnungsbehördliche Handeln geschaffen hat, sind Maßnahmen wie z. B. eine Rasterfahndung oder auch das Aufbewahren von Akten[58], sofern sie nicht der Abwehr einer konkreten Gefahr dienen, unzulässig (s. hierzu näher Rdnr. 70). Freilich ist dabei zu berücksichtigen, daß dort, wo es um den Schutz besonders hochwertiger Rechtsgüter geht, für die Annahme einer konkreten Gefahr bereits eine geringere Wahrscheinlichkeit genügt als dort, wo es sich um den Schutz vor möglichen geringfügigen Schäden handelt.

30   Die für den Schadens- und damit auch für den Gefahrenbegriff essentielle Minderung von Rechtsgütern und -werten bringt es mit sich, daß die Polizei- und Ordnungsbehörden **zur Mehrung von Gütern und Werten** — also insbesondere zu Maßnahmen der Wohlfahrtspflege — **nicht ermächtigt** sind. Die Minderung von Schutzgütern muß an dem vorhandenen Bestand eintreten[59]. Entgangener Gewinn fällt nicht hierunter[60].

31   **Keine Minderung ist in bloßen Nachteilen, Belästigungen oder Unbequemlichkeiten zu sehen**[61]. Deren Abgrenzung von einer Gefahr bereitet allerdings — zumal dies von Zeit und Ort abhängig ist — häufig Schwierigkeiten. So kann etwa ein gewisser

---

54 Krit. hierzu *Staats* DÖV 1979, 155 ff.
55 *BVerfGE* 65, 1, 43.
56 Dazu *Vahle* Aufklärungs- und Observationsmaßnahmen, Diss. Bielefeld 1983.
57 Bedenken insoweit auch bei *Simitis/Wellbrok* NJW 1984, 1591, 1592 f.
58 S. hierzu z. B. *BayVGH* NJW 1984, 2235 ff.
59 Vgl. *Wolff/Bachof* III § 125, Rdnr. 19.
60 Vgl. *Drews/Wacke/Vogel/Martens* § 13 2a.
61 *BVerwG* DVBl. 1969, 586 f.

Lärm, der sich zur Tageszeit nur als Belästigung darstellt, nachts schon eine Minderung des Rechtsgutes Gesundheit darstellen bzw. wegen seiner Unzumutbarkeit mit der öffentlichen Ordnung unvereinbar sein und damit eine Gefahr bzw. Störung begründen. Diese kann auch aus einer Summierung von Nachteilen und Belästigungen resultieren. Z. T. hat der Gesetzgeber im übrigen in Spezialgesetzen (s. z. B. § 5 I Nr. 1 BImSchG) vorgesehen, daß die zuständigen Behörden schon bei erheblichen Belästigungen einschreiten dürfen.

Aus dem Umstand, daß von einem Schaden nur bei einer Minderung eines normalen **32** Bestands von Rechtsgütern gesprochen werden kann, ergibt sich, daß Nachteile und Belästigungen, wenn sie im Einzelfall aufgrund der **besonderen Empfindlichkeit einer Person** zu einer Rechtsgüterminderung führen, **kein Einschreiten der Polizei** nach der Generalklausel rechtfertigen[62].

Dem Begriff des Schadens und damit auch dem an ihn anknüpfenden Begriff der **33** Gefahr ist es immanent, daß die Minderung des Rechtsguts **durch von außen kommende Einflüsse herbeigeführt wird**[63]. Soweit die Minderung eines Rechtsgutes auf dessen eigener Beschaffenheit beruht oder durch den regelmäßigen Ablauf eines Naturgeschehens hervorgerufen wird, begründet dies keine Gefahr bezüglich dieses Rechtsgutes (Beispiel: verdorbene Ware). Dies schließt nicht aus, daß hierdurch andere Rechtsgüter beeinträchtigt werden können und insofern eine Gefahr besteht (die verdorbenen Waren werden etwa verkauft und drohen damit, Gesundheitsschäden bei anderen Personen herbeizuführen).

Für den Eintritt der Gefahr bedarf es der **Möglichkeit des Schadens.** Von einer sol- **34** chen Möglichkeit kann dabei nur dann gesprochen werden, wenn bei **objektiver, auf den Zeitpunkt des Handelns der Polizei- bzw. Ordnungsbehörden abstellender Betrachtungsweise**[64] **eine gewisse Wahrscheinlichkeit für einen Schadenseintritt spricht.** Nicht gefordert wird hingegen Gewißheit. Andererseits kann aber auch nicht eine nur ganz entfernte und unwahrscheinliche Möglichkeit eines Schadenseintritts ausreichen. Bei dem von der Polizei zu fällenden prognostischen Urteil, das in vollem Umfang gerichtlich überprüft werden kann (vgl. Rdnr. 19), ist im übrigen von wesentlicher Bedeutung, welchem Rechtsgut ein Schaden droht. Je **bedeutsamer und höherrangiger dies ist, um so geringere Anforderungen sind an die Wahrscheinlichkeit eines Schadenseintritts zu stellen**[65]. So braucht z. B. bei drohendem Schaden für Leib und Leben nicht ein gleich hoher Wahrscheinlichkeitsgrad für den Eintritt eines Schadens zu bestehen, wie dort, wo es sich (nur) um die Gefährdung unbedeutender Vermögenswerte handelt. Von Relevanz für das Urteil über das Vorliegen einer Gefahr ist ferner der Zeitraum, der der Polizei bei der Einschätzung der Möglichkeit eines Schadenseintritts zur Verfügung steht. Drohen durch einen möglicherweise unmittelbar bevorstehenden Eintritt eines Schadens vollendete Tatsachen (irreparable Schäden) hervorgerufen zu werden, so genügt auch hier bereits eine geringere Wahrscheinlichkeit des Schadenseintritts für die Bejahung einer Gefahr[66].

---

62 Vgl. *Wolff/Bachof* III § 125, Rdnr. 21; *BadWürttVGH* ESVGH 24, 213, 215.
63 Vgl. *Drews/Wacke/Vogel/Martens* § 13 2b.
64 Vgl. *BVerwGE* 49, 36, 43.
65 Vgl. *BVerwGE* 45, 51, 61; 47, 31, 40.
66 Deshalb liegt z. B. bereits bei einem Verdacht der Verseuchung des Bodens durch eine Chemikalie eine Gefahr vor.

In Spezialnormen wird zum Teil für die Vornahme bestimmter Maßnahmen eine **qualifizierte Gefahr** gefordert. So spricht etwa Art. 13 III GG von **„dringenden Gefahren"** und bezeichnet damit eine erhöhte Wahrscheinlichkeit des Schadenseintritts[67]. Die in § 15 I VersG geforderte „unmittelbare" Gefährdung markiert ebenso wie der Terminus **„gegenwärtiger Gefahr"** (vgl. hierzu die Legaldefinition in § 2 Nr. 1 b NdsSOG) eine besondere zeitliche Nähe der Gefahrenverwirklichung. Die als Voraussetzung für ein polizeiliches Einschreiten gegen den Nichtstörer vielfach postulierte **„erhebliche Gefahr"** knüpft an die Schwere der Rechtsgutsverletzung an; notwendig ist damit eine Gefahr für ein bedeutsames Rechtsgut (s. auch § 2 Nr. 1 c NdsSOG). Eine **„gemeine Gefahr"** (s. z. B. Art. 13 III GG) liegt vor, wenn ein Schaden für eine unbestimmte Vielzahl von Personen oder erhebliche Sachwerte droht. Von **„Gefahr im Verzug"** (vgl. z. B. § 20 I 1 MEPolG, § 2 IV BerlASOG) wird dort gesprochen, wo zur Verhinderung eines Schadens sofort eingegriffen werden muß und ein Abwarten (etwa auf das Handeln der sonst prinzipiell zuständigen Behörde) die Effektivität der Gefahrenbekämpfung in Frage stellte oder jedenfalls einschränkte.

35 Für das Vorliegen einer Gefahr im Sinne der Generalklausel ist es weiter erforderlich, daß die **Möglichkeit eines Schadenseintritts in naher Zukunft** besteht, nicht hingegen erst zu irgendeinem noch in der Ferne liegenden späteren Zeitpunkt. Keine konkrete Gefahr liegt deshalb vor, wenn z. B. eine Schweinemästerei oder ein sonstiger Emissionen verursachender Betrieb erst dann zukünftig Schaden hervorrufen könnte, wenn auf den benachbarten Grundstücken bauliche Veränderungen vorgenommen werden, indem dort z.B. eine Wohnbebauung zugelassen wird[68]. Der zur Charakterisierung solcher Fallgestaltungen von der h. M. verwandte **Terminus einer sog. „latenten Störung" verdunkelt deshalb die Rechtslage** nur, denn hier liegt in Wahrheit — was im Ergebnis unumstritten ist — weder eine Gefahr noch eine Störung vor[69].

36 Lebhaft umstritten ist, inwieweit dort, wo nur der Anschein einer Gefahr besteht, ein Handeln gemäß der Generalklausel (entsprechendes gilt aber auch für polizeiliche Spezialbefugnisse) zulässig ist. Von dieser Problematik auszunehmen sind dabei allerdings von vornherein jene Fälle, in denen die Polizei- und Ordnungsbehörden nur subjektiv — ohne daß dies durch ausreichende sachliche Anhaltspunkte gerechtfertigt ist — vom Vorliegen einer Gefahrensituation ausgehen (**sogenannte Scheingefahr**)[70]. Hier kann ein Handeln nach unbestrittener Auffassung **nicht auf die polizeiliche Generalklausel gestützt werden**[71].

37 Anderes wird aber dort anzunehmen sein, wo bei verständiger Würdigung der Sachlage, wie sie sich der Behörde im Zeitpunkt ihres Handelns darstellt, vom Vorhan-

---

67 Vgl. hierzu *Götz* Rdnr. 391, hingegen soll nach *BVerwGE* 47, 31, 40 eine dringende Gefahr i. S. von Art. 13 III GG vorliegen, wenn eine Sachlage oder ein Verhalten bei ungehindertem Ablauf des objektiv zu erwartenden Geschehens mit hinreichender Wahrscheinlichkeit ein wichtiges Rechtsgut schädigen wird.
68 Vgl. hierzu *Schenke* JuS 1977, 789 ff.
69 Vgl. auch *Sendler* WiVerw. 1977, 94 ff.
70 Statt Scheingefahr wird zuweilen auch von Putativgefahr gesprochen, vgl. *Drews/Wacke/Vogel/Martens* § 13 2 b.
71 Vgl. für viele *BGH* DVBl. 1954, 813 f.

densein einer Gefahr ausgegangen werden kann und sich erst nachträglich herausstellt, daß die Möglichkeit des Schadenseintritts nicht bestand. Da der handelnde
Beamte bezüglich des Vorliegens einer Gefahr immer ein hypothetisches Urteil zu
fällen hat, kann es nicht von ausschlaggebender Bedeutung sein, ob sich das von ihm
abzugebende Wahrscheinlichkeitsurteil deshalb nicht als zutreffend erweist, weil
sich eine an und für sich bestehende Gefahrenlage im Einzelfall aufgrund späterer,
für ihn im Zeitpunkt des Handelns nicht erkennbarer Umstände nicht realisiert hat,
oder ob entgegen dem objektiven Anschein bereits von Anfang an Umstände vorlagen, welche einen Schadenseintritt ausschlossen[72]. Maßgeblich kann im Interesse
einer effektiven Gefahrenbekämpfung für das Vorliegen einer polizeilichen Gefahr
nur sein, **ob bei verständiger Würdigung aus der Sicht des handelnden Polizeibeamten im Zeitpunkt seiner Entscheidung eine Gefahrenlage vorhanden war**[73]. Die sog.
„Anscheinsgefahr" stellt damit in Wahrheit eine Gefahr dar. Man sollte den irrefüh-
renden Terminus der „Anscheinsgefahr" daher am besten vermeiden.

Die gleichen terminologischen Bedenken provoziert es im übrigen auch, wenn man
in der Literatur z. T. empfiehlt[74], den Begriff der „Anscheinsgefahr" durch den des
„Gefahrenverdachts" zu ersetzen. Sinnvollerweise kann dieser Begriff nämlich nur
so verstanden werden, daß er ein minus im Verhältnis zur Gefahr darstellt, der „Ge-
fahrverdacht" soll nun aber gerade einen Unterfall der Gefahr bezeichnen. Bei kor-
rektem Gebrauch müßte er hingegen jene Fälle umfassen, bei denen es sich um Gefahrenvorsorge, unabhängig vom Vorliegen einer konkreten Gefahr handelt (vgl.
oben Rdnr. 29). Würde man hier jedoch bereits belastende staatliche Maßnahmen
zulassen, so bedeutete dies eine mit dem Wortlaut der Generalermächtigungen nicht
mehr vereinbare, auch unter dem Aspekt des Übermaßverbots höchst bedenkliche
Ausweitung der Polizeibefugnisse. Schaut man die unter dem Gesichtspunkt des
„Gefahrverdachts" erörterten Fälle an, bei denen belastende polizeiliche Eingriffe
für zulässig erachtet werden, so zeigt sich denn bezeichnenderweise, daß hier in
Wahrheit zur Begründung einer polizeilichen Handlungsbefugnis meist auf die für
das Vorliegen einer konkreten Gefahr erforderlichen Kriterien abgestellt wird[75]. Für
die Annahme einer solchen Gefahr bedarf es ja keiner Gewißheit über den Eintritt
des Schadenfalls.

Daß in den von der h. M. mit dem Begriff der „Anscheinsgefahr" bzw. des „Gefahrverdachts" charakterisierten Fallgestaltungen eine echte Gefahr gegeben ist, kommen der Sache nach bezeichnenderweise im übrigen selbst jene (so z. B. *Götz*) nicht
umhin anzuerkennen, die ausdrücklich den Fall der „Anscheinsgefahr" nicht als eine
polizeiliche Gefahr bewerten. Wenn diese Autoren nämlich hier zumindest vorläufige, mit Eingriffen in die Rechtssphäre von Personen verbundene Maßnahmen zulassen wollen, die der Feststellung dienen sollen, ob tatsächlich eine Gefahr gegeben ist,

---

72 Vgl. *O. Schneider* DVBl. 1980, 406 ff.
73 So auch *Drews/Wacke/Vogel/Martens* § 13 2b; *Hoffmann-Riem* FS Wacke 1972, 327 ff.; *Riegel* 33;
   Schumann 32; *BGHZ* 5, 144 ff.; *BVerwG* DVBl. 1960, 725 ff.; *OVG Lüneburg* DVBl. 1983, 464, 465;
   a. A. *Götz* Rdnr. 127; *Schwabe* DVBl. 1982, 655 ff.; *Ule/Rasch* § 14 PrPVG Rdnr. 5; widersprüchlich
   und unklar *Scholler/Broß* 126.
74 So *Schumann* 32.
75 Deutlich z. B. bei *BVerwG* DÖV 1982, 552, 553; *OVG Münster* DÖV 1982, 551, 552.

so ist dies auf der Basis des insoweit eindeutigen Wortlauts der Generalklausel eben nur dann zulässig und verständlich, wenn eine Gefahr i. S. der Generalklausel besteht. Der Hinweis auf eine in der Generalermächtigung stillschweigend mitgeschriebene Gefahrenerforschungsbefugnis erscheint demgegenüber gekünstelt und nicht überzeugend. Sicher nicht haltbar ist es auch, wenn man solche Eingriffe als gewohnheitsrechtlich gerechtfertigt ansieht[76]. Eine gewohnheitsrechtliche Ermächtigung ist weder mit dem in Art. 20 III GG statuierten Gesetzesvorbehalt noch mit den grundrechtlichen Gesetzesvorbehalten in Einklang zu bringen.

38   Auch nach der hier vertretenen Ansicht läßt sich — unter Zugrundelegung des Übermaßverbotes — in einer dogmatisch befriedigenden Weise erklären, weshalb dort, wo dies zeitlich möglich ist, die Behörde, ehe sie endgültige Maßnahmen ergreift, zunächst gehalten ist aufzuklären, ob hier wirklich eine Gefahr vorliegt (**sog. Gefahrerforschungseingriff**). Soweit zur Gefahrenbekämpfung ein unverzügliches Handeln geboten ist, muß der Polizei- bzw. Ordnungsbehörde aber auch die Vornahme endgültiger Handlungen gestattet sein, da sonst die Aufgabe der Gefahrenabwehr nur unvollkommen wahrgenommen werden könnte. Sieht etwa ein Polizeibeamter auf einem Streifengang einen Mann, der sich mit gezücktem Messer und wutverzerrtem Gesichtsausdruck auf eine andere Person stürzt, und bieten sich keine Anhaltspunkte dafür, daß es sich hier nur um eine gestellte Szene handelt, so kann (ja, muß unter Umständen im Hinblick auf die Wertigkeit des bedrohten Rechtsguts Leben und Gesundheit, s. u. 5.) der Polizist einschreiten und den „Messerhelden" überwältigen, um ihn an der Ausführung seines vermeintlichen Angriffs zu hindern. Zeit für eine Aufklärung, ob hier tatsächlich ein Überfall droht, bleibt nicht mehr (vgl. auch oben Rdnr. 34). An der Rechtmäßigkeit des polizeilichen Einschreitens ändert sich hier auch dann nichts, wenn sich später herausstellt, daß der „Überfall" nur im Rahmen von Filmdreharbeiten stattfand. Etwas anderes wäre nur dann anzunehmen, wenn für den Polizisten bei verständiger Betrachtungsweise einsichtig gewesen wäre, daß es sich hier nur um eine Filmszene handelte, so etwa wenn ein Schild angebracht gewesen wäre „Dreharbeiten, bitte nicht stören" oder die Filmkameras deutlich sichtbar postiert gewesen wären. Dann läge ein Fall der Scheingefahr vor (vgl. oben Rdnr. 36). Fehlt es aber hieran, so scheint es im übrigen auch durchaus billig, wenn die Polizei- bzw. Ordnungsbehörden gegenüber demjenigen vorgehen, der den „Anschein" der Gefahr verursacht hat und deshalb — wie später noch zu zeigen sein wird — Störer ist. Besteht der „Anschein" einer Gefahr, ohne daß die Person, gegenüber welcher die Behörde eingeschritten ist, den „Anschein" der Gefahr verursacht hat, so läßt sich deren Interessen dadurch Rechnung tragen, daß ihr, sofern ihr durch das polizeiliche Handeln ein Schaden entsteht, gemäß den Grundsätzen des polizeilichen Notstands ein Entschädigungsanspruch zuerkannt wird (Rdnr. 232), der auch unter dem allgemeinen Gesichtspunkt der Enteignung (bei Eingriffen in vermögenswerte Rechte) und der Aufopferung (bei Eingriffen in nichtvermögenswerte Rechte) als geboten erscheint.

---

76 So aber *Kickartz* Ermittlungsmaßnahmen zur Gefahrenerforschung und einstweilige polizeiliche Anordnungen, 1984, 253 ff.

4. Der Begriff der Störung

Ein polizeiliches Handeln ist nicht nur dann zulässig, wenn eine Gefahr besteht, son- **39** dern erst recht, wenn diese sich verwirklicht hat, d. h. **die unmittelbare objektive Minderung eines tatsächlich vorhandenen normalen Bestands von Gütern oder Werten eingetreten ist und fortdauert, also eine Störung vorliegt**[77]. Wie sich im Wege eines argumentum a minore ad maius ergibt, ist der Fall der Störung auch dort, wo er nicht ausdrücklich erwähnt wird[78], ebenfalls durch die Generalklausel erfaßt[79]. Die zur Unterbindung der Störung eingesetzten Maßnahmen sind, **anders als die präventiven, zur Gefahrenabwehr im engeren Sinne eingeleiteten, repressiv.** Soweit solche Störungen aus dem Verstoß gegen Strafgesetze resultieren, kann die Polizei nicht nur sicherheitspolizeilich, sondern auch zur Strafverfolgung tätig werden. Während das sicherheitspolizeiliche Handeln eine Unterbindung des strafbaren Handelns bezweckt, dient die Strafverfolgungsmaßnahme der Ermöglichung und Vorbereitung eines gerichtlichen Strafverfahrens. Ist eine Straftat jedoch beendet und erwächst aus ihr auch sonst keine fortdauernde rechtswidrige Minderung von Rechtsgütern, kommt nur noch eine Strafverfolgung in Betracht (beispielsweise bei einem abgeschlossenen Verstoß gegen Geschwindigkeitsvorschriften; anders dagegen nach einem beendeten Diebstahl, sofern die Diebesbeute für den Eigentümer sichergestellt werden soll).

5. Das Ermessen der Polizei

Auch wenn die Tatbestandsvoraussetzungen der polizei- und ordnungsrechtlichen **40** Generalklauseln gegeben sind, bedeutet dies noch nicht, die Polizei- und Ordnungsbehörden seien damit stets zum Handeln verpflichtet. Für das der Gefahrenabwehr dienende Handeln dieser Behörden ist vielmehr im Rahmen der Generalklausel das **Opportunitätsprinzip**[80] **maßgebend**[81], welches in der Regel auch polizeirechtlichen Spezialermächtigungen zugrundeliegt. Es gilt insoweit anderes als für das polizeiliche Handeln im Bereich der Strafverfolgung, in dem die Polizei gem. § 163 I StPO zur Erforschung und Aufklärung von Straftaten verpflichtet ist (sog. Legalitätsprinzip).

---

77 S. dazu *Drews/Wacke/Vogel/Martens* § 13 1.
78 Erwähnt wird er in § 1 I BWPolG; Art. 6 BayLStVG; § 3 I HambSOG; § 173 I Nr. 1 SHLVwG; s. auch Art. 11 II Nr. 3 BayPAG; § 1 II HessSOG; § 15 I lit. b SaarPVG: Verwahrung zwecks Störungsbeseitigung.
79 Die Begründung zu § 8 I MEPolG, der allgemeinen Befugnisklausel, führt dazu aus: „Zur Abwehr einer Gefahr in diesem Sinne gehört auch . . . die Beseitigung einer bereits eingetretenen Störung. . . Eine Störung ist nämlich unter dem Gesichtspunkt präventiven Handelns der Polizei nur dann relevant, wenn von ihr eine in die Zukunft wirkende Gefährdung ausgeht. Dann aber liegt eine Gefahr . . . vor, so daß die ‚Beseitigung einer bereits eingetretenen Störung' nicht besonders erwähnt zu werden braucht."
80 S. z. B. § 3 BWPolG; Art. 5 I BayPAG, Art. 7 II BayLStVG; § 9 I BerlASOG; § 4 I BremPolG; § 3 I HambSOG; § 1 I HessSOG; § 5 I NdsSOG; § 3 I NWPolG; § 16 NWOBG; § 3 I RhPfPVG; § 14 I SaarPVG; § 171 SHLVwG; § 3 I MEPolG; § 10 I BGSG.
81 Vgl. hierzu näher *Ossenbühl* DÖV 1976, 463 ff.; *Schmatz* Die Grenzen des Opportunitätsprinzips im heutigen deutschen Polizeirecht, 1966.

41   Das den Polizei- und Ordnungsbehörden im Rahmen der Gefahrenabwehr eingeräumte **Ermessen ist zweistufig.** Es bezieht sich dabei grundsätzlich sowohl auf die **Frage des „Ob" des Handelns (Entschließungsermessen)** als auch auf jene nach dem **„Wie" des Handelns (Auswahlermessen).** Ein Verhalten der Polizei- und Ordnungsbehörden, das sich innerhalb des ihnen eingeräumten Ermessensspielraums bewegt, ist rechtmäßig und als solches durch die Gerichte zu respektieren. Insbesondere ist es der Judikative verwehrt, über die Zweckmäßigkeit des polizeilichen Verhaltens zu befinden. Es fehlt bei einem sich innerhalb des Ermessensspielraums der Behörde bewegenden, aber unzweckmäßigen Handeln nicht erst am Vorliegen einer subjektiven Rechtsverletzung, sondern bereits an der objektiven Rechtswidrigkeit. Die gegenteilige von *Vogel*[82] vertretene Auffassung ist schon damit unvereinbar, daß ein unter Verstoß gegen objektives Recht erfolgender Eingriff in die Freiheitsgrundrechte grundsätzlich eine Verletzung des subjektiven Freiheitsrechts impliziert.

Nicht zu überzeugen vermag auch die in der Literatur zum Teil vertretene Ansicht, selbst Ermessensentscheidungen der Verwaltung müßten in vollem Umfang justitiabel sein[83]. Sie trägt der durch das Gewaltenteilungsprinzip (Art. 20 II GG) garantierten Eigenständigkeit der Verwaltung und der ihr korrespondierenden wesensmäßigen Begrenzung der Judikative zu wenig Rechnung[84]. Die Gerichte sind demnach gemäß den allgemein für die Kontrolle von Ermessensentscheidungen geltenden Grundsätzen (s. § 114 VwGO) lediglich kompetent zu kontrollieren, ob die Polizei- und Ordnungsbehörden bei der Ausübung ihres Ermessens die ihnen rechtlich gesetzten Bindungen respektiert haben. Damit kann lediglich überprüft werden, ob sie das ihnen gesetzlich eingeräumte Ermessen überhaupt ausgeübt haben **(Verbot des Ermessensnichtgebrauchs),** ob sie es überschritten **(Ermessensüberschreitung)** oder ob sie von ihrem Ermessen in einer dem Zweck der Ermächtigung nicht entsprechender Weise Gebrauch gemacht haben[85] **(Ermessensfehlgebrauch).**

a) Das Entschließungsermessen

42   Wenn eine Gefahr für die öffentliche Sicherheit oder Ordnung gegeben ist, haben die Polizei- und Ordnungsbehörden eine Ermessensentscheidung zu treffen, ob und gegebenenfalls wie sie handeln wollen. Der in der Literatur unter anderem von *Knemeyer*[86] vertretenen Ansicht, nach der kein Entschließungsermessen bestehen soll, kann nicht gefolgt werden. Aus der Zuweisung von Aufgaben an die Polizei läßt sich nicht ableiten, daß diese hierdurch zu einem Handeln verpflichtet wird. Vielmehr resultiert hieraus lediglich die Verpflichtung, beim Vorliegen von Gefahren in ermessensfehlerfreier Weise zu überprüfen, ob eingeschritten werden soll. Nicht haltbar ist es insbesondere, wenn *Knemeyer*[87] aus dem Umstand, daß die Polizei bei Vorliegen der Tatbestandsvoraussetzungen polizeilicher Ermächtigungsnormen verpflichtet ist, zu überprüfen, ob sie einschreitet, ableiten will, die Polizei besäße kein Er-

---

82 *Drews/Wacke/Vogel/Martens* § 24 2.
83 So z. B. *H. H. Rupp* NJW 1969, 1273 ff.
84 Vgl. hierzu näher *Schenke* BK (Zweitbearbeitung), Dez. 1982, Art. 19 IV Rdnrn. 316 ff.
85 Vgl. hierzu ausführlich *Schenke* BK (Zweitbearbeitung), Dez. 1982, Art. 19 IV Rdnr. 331.
86 VVDStRL Bd. 35 (1977), 221, 236 ff.; krit. hierzu *Martens* DÖV 1982, 89, 97, der darauf hinweist, daß sich auf der Basis dieser Auffassung ein permanentes Vollzugsdefizit ergeben müßte.
87 *Knemeyer* Rdnr. 92.

messen. Hierbei wird verkannt, daß die Behörde bei jeder Ermessensermächtigung verpflichtet ist, eine solche Prüfung vorzunehmen, da anderenfalls ein rechtswidriger Ermessensnichtgebrauch vorläge. Es ist deshalb festzuhalten, daß auch bei Vorliegen einer Gefahr oder Störung für die öffentliche Sicherheit oder Ordnung ein Nichthandeln der Polizei rechtmäßig sein kann. Allerdings vermag sich im Einzelfall der Ermessensspielraum der Polizei- und Ordnungsbehörden so zu reduzieren, daß nur noch ein Einschreiten rechtmäßig ist.

Eine solche **Ermessensschrumpfung auf Null** wird im Anschluß an *W. Jellinek* in der **43** Rechtsprechung wie auch in der Literatur[88] jedenfalls dann angenommen, wenn eine Gefahr oder Störung für die öffentliche Sicherheit oder Ordnung sich als besonders schädlich erweist und die Grenzen der von der Polizei noch tolerierbaren Schädlichkeit überschreitet **(sog. Schädlichkeitsgrenze).** Fraglich ist allerdings, wann diese Schädlichkeitsgrenze überschritten ist. Nach *Jellinek*[89] soll dies zutreffen, „wenn die Polizei nach gesellschaftlichen Anschauungen einschreiten muß". Diese Formel mag einen Gesichtspunkt bei der Entscheidung über das Bestehen einer Handlungsverpflichtung liefern, kann aber für sich gesehen schon deshalb kein taugliches Abgrenzungskriterium bieten, weil den gesellschaftlichen Anschauungen allein keine normative Kraft zukommt. Ob die Schädlichkeitsgrenze überschritten ist, dürfte in erster Linie von der **Wertigkeit des bedrohten Rechtsguts, aber auch von der Intensität der Gefahr**[90] **und den mit dem polizeilichen Handeln verbundenen Risiken**[91] **abhängen.** Falls besonders hochwertige Rechtsgüter, wie Leben und Gesundheit, bedroht werden, wird regelmäßig eine Handlungsverpflichtung der Polizei- und Ordnungsbehörden bestehen. So hat die Rechtsprechung es zurecht als rechtswidrig angesehen, daß die Polizei es unterließ, vor einer 5 km langen Ölspur zu warnen[92], oder es versäumte, Minen in einem Garten zu beseitigen[93]. Ähnliches gilt bei der Beeinträchtigung bedeutender Vermögenswerte. Soweit sich darüber hinaus in der neueren Literatur eine Tendenz abzeichnet, den Kreis der Fälle, bei denen die Polizei- und Ordnungsbehörden zu einer Aktivität verpflichtet sein sollen, noch weiter auszudehnen, wird man dem jedoch widersprechen müssen. So überzeugt es nicht, wenn nach *Götz*[94] die Behörden nur dann nicht zum Handeln verpflichtet sein sollen, wenn im Hinblick auf die Begrenzung der polizeilichen personellen und sachlichen Mittel die Gefahrenbekämpfung im Einzelfall zeitlich und räumlich mit der Behebung gravierender Gefahren kollidiert, wenn es sich um Bagatellen handelt oder wenn der Schutz der Sicherheit und Ordnung auf andere Weise als durch ihr Einschreiten gewährleistet ist. Dies liefe in praxi auf eine im Regelfall bestehende Verpflichtung zum Handeln hinaus, zumal die dritte Fallgruppe, bei der keine Verpflichtung zum Handeln bestehen soll, nicht die Anerkennung eines Ermessensspielraums der Poli-

---

88 *Wolff/Bachof* III § 125, Rdnr. 36.
89 *Jellinek* Verwaltungsrecht, 3. Aufl. 1931, § 20 III 2 b.
90 Je intensiver die Gefährdung ist, umso mehr verengt sich der behördliche Ermessensspielraum, vgl. *OVG Münster* NVwZ 1983, 101, 102.
91 Zu diesem Gesichtspunkt i.V.m. Hausbesetzungen *Schlink* NVwZ 1982, 529, 532 ff.; *VG Berlin* NJW 1981, 1748 f.; krit. hierzu *Martens* DÖV 1982, 89, 97 im Hinblick darauf, daß hier die Durchsetzung des Rechts zur Disposition der Rechtsunterworfenen gestellt werde. Rechtswidrig ist es aber jedenfalls, wenn aus Gründen politischer Opportunität permanent Rechtsbrüche zugelassen werden.
92 *BGH* VRS 7, 87 ff.
93 *BGH* VerwRspr. 5, 319 ff.
94 *Götz* Rdnr. 267.

zei- und Ordungsbehören impliziert, sondern diesen hier aufgrund des Subsidiaritätsprinzips ohnehin meist untersagt wäre zu handeln. Hätte der Gesetzgeber aber deren
grundsätzliche Verpflichtungen zum Handeln begründen wollen, so hätte er eine
Sollvorschrift statuieren müssen. Überdies wird bei dieser Ausdehnung der polizeilichen Handlungsverpflichtung zuwenig beachtet, daß hier auch die Interessen jener
tangiert werden, in deren Rechtssphäre zur Bekämpfung einer Gefahr eingegriffen
wird; deren Interessen sind aber auch jenseits des Prinzips der Verhältnismäßigkeit
nicht gänzlich irrelevant. Zu weit gehen dürfte es im übrigen auch, wenn *Riegel*[95] annimmt, dort, wo die Polizei ausnahmsweise zum Schutz privater Rechte handlungsbefugt sei, müsse sie auch zum Handeln verpflichtet sein. Für eine solche Privilegierung des privaten Rechtsgüterschutzes fehlt es an einer sachlichen Rechtfertigung.

Eine Ermessensreduzierung der Verwaltung kann sich überdies aus allgemeinen Gesichtspunkten wie dem der aus Art. 3 GG folgenden Selbstbindung der Verwaltung
(es darf nicht von einer bestehenden Verwaltungspraxis im Einzelfall abgewichen
werden) wie auch aus dem Gesichtspunkt der Folgenbeseitigung (dazu unten Rdnr.
112) ergeben.

b) Das Auswahlermessen

44 Auch wenn sich die Polizei- und Ordnungsbehörden zu einem Einschreiten entschlossen haben, bedeutet dies in der Regel noch nicht die Festlegung auf eine ganz bestimmte polizeiliche Maßnahme. **Meist kommen vielmehr verschiedene Mittel für die Gefahrenbekämpfung in Betracht**[96]. Rechtliche Begrenzungen ergeben sich hierbei allerdings z. T. aus dem Übermaßverbot (vgl. näher F. I.). Überschätzt wird die Tragweite
dieses — für alles Verwaltungshandeln geltenden — Grundsatzes freilich, wenn *Knemeyer*[97] hieraus ableitet, die Polizei- und Ordnungsbehörden besäßen kein Auswahlermessen. Umstritten ist, inwieweit dort, wo mehrere Störer eine Gefahr verursacht
haben, bestimmte für die Polizei- und Ordnungsbehörden bindende Rechtsgrundsätze bei der Entscheidung darüber gelten, welchen Störer sie hier in Anspruch zu nehmen
haben (s. hierzu Rdnrn. 100 f.). Einen allgemeinen Grundsatz, nach dem der Verhaltensstörer prinzipiell vor dem Zustandsstörer in Anspruch zu nehmen ist, wird man
dabei, entgegen einer verschiedentlich vertretenen Auffassung, nicht bejahen können.

c) Der Anspruch auf ermessensfehlerfreie Entscheidung

45 Aus der den Polizei- und Ordnungsbehörden obliegenden Pflicht zur ermessensfehlerfreien Entscheidung über das Ob und Wie des polizeilichen Handelns folgt, daß
Eingriffe in die Rechtssphäre eines Bürgers dessen Rechte verletzen, wenn sie unter
Nichtbeachtung der für die Ausübung des Ermessens geltenden Rechtsgrundsätze
vorgenommen werden[98].

---

95 *Riegel* 110.
96 Vgl. hierzu z. B. *Rasch* § 3 MEPolG, Rdnrn. 13 ff.
97 *Knemeyer* Rdnrn. 92 u. 260.
98 Es ist dies eine Konsequenz aus der durch *BVerfGE* 6, 32, 40 ff. eingeleiteten Rspr., nach der jeder
   Eingriff in ein Freiheitsgrundrecht, der nicht formell und materiell mit der Verfassung in Einklang
   steht, eine Freiheitsgrundrechtsverletzung impliziert.

Von dieser Frage ist jene zu unterscheiden, ob und inwieweit ein Dritter einen An- **46** spruch auf ein polizeiliches Handeln besitzt. Aus der Pflicht zu einer ermessensfehlerfreien Entscheidung läßt sich noch nicht ableiten, daß bezüglich dieser auch subjektive Rechte eines durch ein polizeiliches Handeln Begünstigten bestehen. Die früher ganz h. M. ging davon aus, daß das Handeln der Polizei- und Ordnungsbehörden nur im öffentlichen Interesse liege und damit subjektive Rechte auf ein solches Handeln ausschieden. In Konsequenz der veränderten Stellung des Bürgers zum Staat, wie sie insbesondere im Grundrechtskatalog des GG ihren Ausdruck gefunden hat, bejaht jedoch heute die überwiegende Meinung[99] **dort subjektive Rechte, wo die Gefahr für die öffentliche Sicherheit oder Ordnung aus der Beeinträchtigung von Rechtsgütern einzelner Bürger resultiert.** Diese haben demnach einen im Wege der Verbescheidungsklage gem. § 113 IV 2 VwGO verfolgbaren Anspruch auf ermessensfehlerfreie Entscheidung über ein polizeiliches Einschreiten (formelles subjektives öffentliches Recht). Bei einer Ermessensschrumpfung auf Null kann der einzelne sogar einen Rechtsanspruch auf ein polizeiliches Einschreiten besitzen (materielles subjektives öffentliches Recht). So wird man etwa den Teilnehmern einer Parteiversammlung einen Anspruch auf polizeilichen Schutz vor tätlichen Angriffen durch Gegendemonstranten zubilligen müssen[100]. Auch dem durch eine Hausbesetzung in seinem Eigentumsrecht verletzten Eigentümer wird man, jedenfalls sofern diese strafbar ist (§ 123 StGB), im Regelfall einen Rechtsanspruch auf polizeiliche Räumung des Hauses zuerkennen müssen[101]; dies schließt nicht aus, den Behörden — aus polizeitaktischen Gründen — eine Dispositionsbefugnis hinsichtlich des Zeitpunkts des Einschreitens einzuräumen.

III. Spezialermächtigungen in allgemeinen Polizei- und Ordnungsgesetzen (Standardmaßnahmen)

In den allgemeinen Polizei- und Ordnungsgesetzen finden sich eine Reihe von Spe- **47** zialermächtigungen zu polizeilichen Einzelmaßnahmen, die man als polizeiliche Standardmaßnahmen bezeichnet. Einige dieser Eingriffe der Polizei in Freiheit und Eigentum des Bürgers waren bereits im Preußischen Polizeirecht ausdrücklich geregelt. In den neueren Polizei- und Ordnungsgesetzen hat sich in Anlehnung an den MEPolG der Trend zur Normierung von detaillierten Einzelermächtigungen noch verstärkt. Soweit die Polizei- und Ordnungsgesetze bestimmte polizeiliche Maßnahmen spezialgesetzlich normiert haben, sind die hierfür getroffenen Regelungen abschließend, so daß insoweit nicht mehr auf die Generalklausel zurückgegriffen werden kann (vgl. hierzu oben Rdnr. 17).
Bei den Standardmaßnahmen handelt es sich um Verwaltungsakte. Dabei liegt die Regelung in der Anordnung derartiger Maßnahmen gegenüber dem Betroffenen, der hierdurch zu einem Handeln oder Dulden verpflichtet wird. Sie ist zu unterscheiden von der tatsächlichen Vollziehung der Maßnahme, bei der es sich um einen Real-

---

99 Vgl. hierzu *Martens* JuS 1962, 245 ff.; *Pietzcker* JuS 1982, 106 ff.; *Wilke* FS Scupin 1983, 831 ff.; BVerwGE 11, 95 ff.; 37, 112, 113; *OVG Münster* NVwZ 1983, 101 f.
100 Vgl. *Scholler/Broß* 180; *Broß* DVBl. 1981, 208, 213.
101 Vgl. hierzu *Martens* DÖV 1982, 89, 97 u. *Schlink* NVwZ 1982, 529, 532 ff.

akt handelt. So stellt die Anordnung einer Durchsuchung, mit welcher der Betroffene zur Duldung der Durchsuchungshandlung verpflichtet wird, einen Verwaltungsakt dar, die Vollziehung der Durchsuchung hingegen einen Realakt. Die Auffassung[102], es handle sich bei Standardmaßnahmen wie der Beschlagnahme einer Sache oder einer Durchsuchung um Realakte, vermag nicht zu überzeugen, da sie auf einer ungenügenden Trennung der Standardmaßnahme und des bei den Standardbefugnissen zum Teil mitgeregelten Vollzugs beruht. Diese mangelnde Differenzierung wirkte sich insoweit zu Lasten des Bürgers aus, als danach z. B. die Beschlagnahme einer Sache oder ihre Durchsuchung ohne Kenntnis des Gewahrsaminhabers unabhängig von den Voraussetzungen des Sofortvollzugs bzw. der unmittelbaren Ausführung möglich wäre (vgl. hierzu unten J. III.3), obwohl es sich bei den dort vorgesehenen Restriktionen um Konkretisierungen des Übermaßverbotes handelt. Daß die Qualifikation der Standardmaßnahmen als Realakte nicht zu befriedigen vermag, wird auch daran deutlich, daß bei ihrer Zugrundelegung (da sich die Vollzugsakte weder als unmittelbare Ausführung noch als Anwendung von Zwangsmitteln darstellten) Kostenersatzansprüche, wie sie sonst bei der unmittelbaren Ausführung wie auch bei der Anwendung von Zwangsmitteln nach den verwaltungsvollstreckungsrechtlichen Regeln gegeben wären, ausschieden. Die Ansicht, die Standardmaßnahmen schlössen einen Rückgriff auf die verwaltungsvollstreckungsrechtlichen Regelungen aus, vermag im übrigen ohnehin nicht konsequent durchgeführt zu werden. Wird dem Vollzug von Standardmaßnahmen nämlich Gewalt entgegengesetzt und ist deshalb zur Brechung des entgegenstehenden Willens auf die Anwendung unmittelbaren Zwangs zurückzugreifen, so handelt es sich um die zwangsweise Durchsetzung von Verwaltungsakten. Eine derartige (Zwangs-)Vollstreckung von Realakten ist de lege lata nicht vorgesehen und wäre somit bei Qualifikation von Standardmaßnahmen als Realakte mangels Rechtsgrundlage unzulässig. Nicht einzusehen ist überdies auch, weshalb dort, wo einer mit einer Standardmaßnahme getroffenen Regelung keine Folge geleistet wird, generell die Verhängung von Zwangsgeld ausgeschlossen sein sollte. Schließlich erklärt sich der Umstand, daß eine Ersatzvornahme in Verbindung mit Standardmaßnahmen meist nicht zum Tragen kommt, nicht daraus, daß die die Standardmaßnahmen regelnden Vorschriften einen Rückgriff auf vollstreckungsrechtliche Normen ausschlössen, sondern daraus, daß es sich hier in der Regel um unvertretbare Verpflichtungen handelt, bei denen eine Ersatzvornahme naturgemäß ausscheidet (vgl. unten Rdnr. 194).

Soweit sich aus dem Vollzug einer Maßnahme (so z. B. bei einer Beschlagnahme; anders bei einer abgeschlossenen Durchsuchung) fortdauernde Beeinträchtigungen für den Betroffenen ergeben, steht diesem bei Rechtswidrigkeit der vollzogenen Maßnahme neben dem durch die Anfechtungsklage durchsetzbaren Recht auf Aufhebung der Standardmaßnahme ein über § 113 I 2 VwGO auf vereinfachte Weise durchsetzbarer Folgenbeseitigungsanspruch zu. § 113 I 2 VwGO stellt dabei keine Rechtsgrundlage für den Folgenbeseitigungsanspruch dar, sondern setzt diesen voraus. Die Basis für den Folgenbeseitigungsanspruch (der nicht nur beim rechtswidrigen Vollzug eines Verwaltungsakts, sondern nach heute h. M. allgemein bei rechtswidrigen fortdauernden Beeinträchtigungen durch Verwaltungshandeln zum Zuge

---

102 *Drews/Wacke/Vogel/Martens* § 12 12 c.

kommen soll) wird z. T. im Prinzip der Gesetzmäßigkeit der Verwaltung (Art. 20 III GG), in Art. 19 IV GG, in einer Analogie zu den §§ 12, 862, 1004 BGB oder — was am überzeugendsten erscheint — in der subjektiven Rechtsqualität der Freiheitsgrundrechte gesehen. Eine Ableitung des Folgenbeseitigungsanspruchs aus dem Prinzip der Gesetzmäßigkeit der Verwaltung dürfte daran scheitern, daß dieses Prinzip nur objektivrechtliche Bedeutung besitzt, zudem der Verwaltung nur ein rechtswidriges Handeln verbietet, jedoch nichts über die Folgen eines solchen Verhaltens aussagt. Art. 19 IV GG kommt als Grundlage für einen Folgenbeseitigungsanspruch deshalb nicht in Betracht, weil er anderwärts begründete subjektive Rechte voraussetzt und nur deren prozessuale Durchsetzung regelt. Der Analogie zu den §§ 12, 862, 1004 BGB bedarf es nicht, weil sich aus dem Wesen absoluter Rechte ergibt, daß bei einer aus dem Verwaltungshandeln resultierenden fortdauernden rechtswidrigen Beeinträchtigung solcher Rechte Ansprüche auf Beseitigung entstehen. Da die Freiheitsgrundrechte absolute, vor aller öffentlichen Gewalt schützende Grundrechte darstellen, muß deshalb auch hier von einem aus ihnen ableitbaren, verfassungsrechtlich garantierten Anspruch auf Folgenbeseitigung ausgegangen werden[103].

Wenn Folgenbeseitigungsansprüche nicht über § 113 I 2 VwGO gerichtlich durchgesetzt werden, ist für die Art und Weise des gerichtlichen Rechtsschutzes die Rechtsnatur der begehrten Rückgängigmachung der Vollziehung von ausschlaggebender Bedeutung. Da die Vollziehung von Standardmaßnahmen (z. B. die Inbesitznahme einer beschlagnahmten Sache) und damit auch deren Rückgängigmachung (z. B. die Herausgabe der Sache) einen Realakt darstellen, ist der Rechtsschutz hier über eine allgemeine Leistungsklage zu bewerkstelligen. Nicht überzeugend ist demgegenüber die häufig vertretene Ansicht, im Hinblick auf eine dem Ergehen des Realakts vorgelagerte, seine Vornahme betreffende Behördenentscheidung, die eine Regelung beinhalte, müsse der Rechtsschutz über die Verpflichtungsklage gewährt werden[104]. Die Verfehltheit einer solchen Auffassung ergibt sich schon daraus, daß es dem Kläger bei seiner Klage nicht um eine Entscheidung über die Rückgängigmachung der Vollziehung, sondern um die Rückgängigmachung als solche geht. Würde man der hier abgelehnten Auffassung folgen, so bliebe praktisch kaum noch ein Anwendungsbereich für die allgemeine Leistungsklage. Im Ergebnis gelangte man dann doch zu der vom BVerwG[105] zu Recht abgelehnten Auffassung, derzufolge eine Verpflichtungsklage auch auf den Erlaß des Realakts gerichtet werden könnte.

1. Die Identitätsfeststellung und die Prüfung von Berechtigungsscheinen

Nach § 9 I MEPolG[106] kann die Polizei die Identität einer Person feststellen[107], zur **48** Abwehr einer Gefahr (Nr. 1), wenn sich die Person an einem Ort aufhält, von dem

---

103 Zum Folgenbeseitigungsanspruch s. näher *v. Mangoldt* DVBl. 1974, 825 ff.; *Schenke* BK (Zweitbearbeitung), Dez. 1982, Art. 19 IV Rdnrn. 300 f.; *BVerwG* DVBl. 1971, 858 ff.

104 *BVerwGE* 11, 181 ff.; *BVerfGE* 16, 89, 94; s. auch *BayVGH* BayVBl. 1984, 272, 273.

105 *BVerwG* DVBl. 1969, 700 ff. m. Anm. von *Bettermann*.

106 Gleiche oder ähnliche Regelungen in § 20 BWPolG; Art. 12 BayPAG; § 15 BerlASOG; § 11 BremPolG; § 12 HambSOG; § 16 HessSOG; § 12 NdsSOG; § 9 NWPolG, § 24 NWOBG; § 10 RhPfPVG; § 176 SHLVwG; § 17 BGSG.

107 Vgl. hierzu näher *Kurth* NJW 1979, 1377 ff.; *Schwan* AöR Bd. 102 (1977), 243 ff.; *Sigrist* JR 1976, 397 ff.

aufgrund tatsächlicher Anhaltspunkte erfahrungsgemäß anzunehmen ist, daß dort Personen Straftaten verabreden, vorbereiten oder verüben, sich Personen dort ohne erforderliche Aufenthaltserlaubnis aufhalten oder an dem Ort Personen der Prostitution nachgehen (Nr. 2 — sog. Razzia). Weiterhin ist eine Identitätsfeststellung bei Personen zulässig, die sich in oder in unmittelbarer Nähe bestimmter, in § 9 I Nr. 3 MEPolG aufgezählter gefährdeter Objekte aufhalten, wenn „Tatsachen die Annahme rechtfertigen, daß in oder an Objekten dieser Art Straftaten begangen werden sollen, durch die in oder an diesen Objekten befindliche Personen oder diese Objekte selbst unmittelbar gefährdet sind". Ferner ist eine Feststellung der Identität rechtmäßig an von der Polizei zum Zwecke der Verhinderung von Straftaten im Sinne des § 100 a StPO oder § 27 VersG eingerichteten Kontrollstellen (§ 9 I Nr. 4 MEPolG). Bemerkenswert bei den in § 9 I Nr. 2—4 MEPolG getroffenen Regelungen ist, daß sie nicht das Vorliegen einer konkreten Gefahr verlangen, sondern bereits vor einer solchen Identitätsfeststellungen zulassen. Damit zusammenhängend setzt hier die Identitätsfeststellung nicht voraus, daß es sich bei dem in § 9 I Nr. 2—4 MEPolG bezeichneten Adressatenkreis um polizeiliche Störer handelt (s. dazu unten D.). Diese im Vorfeld der konkreten Gefahrenabwehr getätigten Maßnahmen sind, da für diese Vorverlegung sachliche Gründe sprechen, unter dem Gesichtspunkt des Übermaßverbots prinzipiell nicht zu beanstanden. Allerdings können sich im Einzelfall hinsichtlich der Identitätsfeststellung aus dem Übermaßverbot Einschränkungen ergeben. So wäre es etwa als unzulässig anzusehen, wenn eine Person, obschon sie offenbar als Störer ausscheidet, zu einer Identitätsfeststellung angehalten wird. Soweit sich aus einer Identitätsfeststellung für eine als Nichtstörer zu qualifizierende Person ein Sonderopfer ergeben würde (z. B. finanzieller Schaden durch Versäumung eines Termins), folgt im übrigen aus Art. 14 III 2 GG die Unzulässigkeit einer solchen Maßnahme. In Verbindung mit Eingriffen nach § 9 I Nr. 2—4 MEPolG sind nämlich in den Polizei- und Ordnungsgesetzen keine Entschädigungsregelungen vorgesehen. Im Hinblick auf die Junktimklausel des Art. 14 III 2 GG scheidet auch die von *Riegel*[108] hier befürwortete analoge Heranziehung der (nicht unmittelbar einschlägigen) Entschädigungsvorschriften bei Inanspruchnahme eines Nichtstörers aus.

Zur Feststellung der Identität kann der Betroffene u. a. angehalten, nach seinen Personalien befragt und von ihm verlangt werden, daß er mitgeführte Ausweispapiere zur Prüfung aushändigt. Wenn die Identität auf andere Weise nicht oder nur unter erheblichen Schwierigkeiten festgestellt werden kann, kann der Betroffene auch festgehalten und er sowie von ihm mitgeführte Sachen können durchsucht werden (§ 9 II MEPolG).

Für die Prüfung von Berechtigungsscheinen regelt § 9 III MEPolG lediglich die Zuständigkeit der Polizei. Die jeweilige Ermächtigungsgrundlage muß sich hingegen aus Spezialgesetzen ergeben (s. etwa §§ 4 II 2, 24 S. 2 StVZO, ferner § 36 V StVO).

49 Den vorher genannten Normierungen des MEPolG entsprechen heute, von Einzelheiten abgesehen (so ist z. B. nicht überall die Razzia geregelt), die Landespolizeigesetze. Lediglich im Saarland muß zur Identitätsfeststellung auf die Generalklausel zurückgegriffen werden. Soweit landesrechtliche Vorschriften (wie § 20 I Nr. 2

---

108 *Riegel* 202.

BWPolG oder § 15 I Nr. 2 BerlASOG) im übrigen eine Identitätsfeststellung auch zur Aufklärung einer Straftat oder Ordnungswidrigkeit vorsehen, sind diese Regelungen, soweit man sie nicht ohnehin schon als einen Verstoß gegen das in § 6 EGStPO normierte Kodifikationsprinzip bewertet und deshalb von Anfang an für nichtig hält[109], jedenfalls spätestens durch den mit der Gesetzesnovelle vom 14. 4. 1978 eingeführten § 163 b StPO aufgehoben.

2. Erkennungsdienstliche Maßnahmen

Nach § 10 MEPolG[110] sind erkennungsdienstliche Maßnahmen[111] (insbesondere die **50** Abnahme von Finger- und Handflächenabdrücken, die Aufnahme von Lichtbildern, die Feststellung äußerer körperlicher Merkmale sowie Messungen) in zwei Fällen möglich.

Der erste Fall ist gegeben, wenn eine nach § 9 MEPolG zulässige Identitätsfeststellung (s. Rdnrn. 48 f.) auf andere Weise nicht oder nur unter erheblichen Schwierigkeiten möglich ist. Zum zweiten sind die Maßnahmen zulässig, soweit sie zur vorbeugenden Bekämpfung von Straftaten erforderlich sind. Voraussetzung in diesem Fall ist allerdings, daß der Betroffene verdächtig ist, eine Straftat begangen zu haben, und daß außerdem wegen der Art und Ausführung der Tat Wiederholungsgefahr besteht.

Unberührt von § 10 MEPolG und den entsprechenden landesrechtlichen Regelungen bleibt § 81 b StPO. Danach dürfen, soweit es für die Zwecke der Durchführung des Strafverfahrens oder für die Zwecke des Erkennungsdienstes notwenig ist, Lichtbilder und Fingerabdrücke des Beschuldigten (d. h. desjenigen, gegen den die Strafverfolgungsbehörden — Staatsanwaltschaft oder Polizei — ein Ermittlungsverfahren eingeleitet haben) auch gegen seinen Willen aufgenommen und Messungen und ähnliche Maßnahmen an ihm vorgenommen werden[112]. Gegen diese Regelung, die, soweit sie die Aufbewahrung erkennungsdienstlicher Maßnahmen zum Gegenstand hat, eine der Gefahrenabwehr dienende Normierung beinhaltet, bestehen entgegen einer in der Literatur verschiedentlich vertretenen Auffassung unter kompetenzrechtlichen Gesichtspunkten keine Bedenken. Die Zuständigkeit des Bundesgesetzgebers ergibt sich hier im Hinblick auf den engen Zusammenhang der in § 81 b StPO angesprochenen erkennungsdienstlichen Maßnahmen mit dem Strafverfahren **aus dem Gesichtspunkt des Sachzusammenhangs** (vgl. auch oben unter Rdnr. 15). Nicht haltbar ist es auf jeden Fall, wenn *Knemeyer*[113] die Aufbewahrung erkennungs-

---

109 Vgl. hierzu *Schenke* JR 1970, 48 ff.
110 Ebenso Art. 13 BayPAG; § 13 NdsSOG; § 10 NWPolG; § 11 RhPfPVG; s. im übrigen § 30 BWPolG; § 16 BerlASOG; § 31 BremPolG; § 45 a HessSOG; § 178 SHLVwG; § 19 BGSG.
111 Vgl. hierzu näher *Fugmann* NJW 1981, 2227 ff.; *Fuss* FS Wacke 1972, 305 ff.; *Riegel* DÖV 1978, 17 ff.
112 Der Abschluß des Strafverfahrens allein macht die Aufbewahrung der Unterlagen nicht rechtswidrig (vgl. *BVerwG* NJW 1983, 772 ff. u. NJW 1983, 1338 f.); liegen allerdings keine Anhaltspunkte mehr dafür vor, daß die erkennungsdienstlich behandelte Person zukünftig strafrechtlich in Erscheinung treten wird und daß die angefertigten Unterlagen hierbei die Ermittlungen der Polizei fördern können (vgl. *BVerwGE* 26, 169, 171), ist ihre Aufbewahrung nicht mehr gerechtfertigt.
113 *Knemeyer* Rdnr. 131.

dienstlicher Unterlagen gem. § 81 b StPO wegen des Spezialitätscharakters der in den PolG vorgesehenen erkennungsdienstlichen Maßnahmen für ausgeschlossen ansieht, denn die Anwendung dieses Grundsatzes scheitert im Verhältnis von Landesrecht zu Bundesrecht ersichtlich bereits an Art. 31 GG.

Die Bedeutung der neben § 81 b StPO tretenden polizeilichen Ermächtigungsgrundlagen liegt im wesentlichen darin begründet, daß nach ihnen erkennungsdienstliche Maßnahmen auch gegenüber einem Nichtbeschuldigten getroffen werden können. Da § 81 b StPO insoweit keine Normierung trifft und dem Bund dafür mangels eines Zusammenhangs mit dem Strafverfahren auch gar keine Gesetzgebungskompetenz zustehen würde, lassen sich die landesrechtlichen, den Erkennungsdienst betreffenden Vorschriften insoweit auch nicht unter Hinweis auf eine angeblich abschließende bundesrechtliche Regelung des § 81 b StPO in Frage stellen[114]. Während die Normierungen über erkennungsdienstliche Maßnahmen in Baden-Württemberg, Berlin, Bremen, Hessen und Schleswig-Holstein mehr oder minder von den Regelungen des MEPolG abweichen, fehlt es im Saarland und in Hamburg überhaupt an einer ausdrücklichen Normierung erkennungsdienstlicher Maßnahmen. Soweit hier nicht § 81 b StPO bereits eine Grundlage für erkennungsdienstliche Maßnahmen liefert, ist auf die polizeiliche Generalklausel zurückzugreifen. Voraussetzung ist dann freilich stets, daß es hierbei um die Bekämpfung einer konkreten Gefahr geht.

51 Nach § 10 II MEPolG[115] sind die erkennungsdienstlichen Unterlagen auf Verlangen des Betroffenen zu vernichten, sobald die Voraussetzungen für die Vornahme erkennungsdienstlicher Maßnahmen entfallen sind. Diese Pflicht der Polizeibehörden ergibt sich auch dort, wo entsprechende Normierungen nicht eingreifen, bereits **aus Art. 1, 2 I GG in Verbindung mit dem Gesichtspunkt der Folgenbeseitigung**[116]. Der Anspruch auf Folgenbeseitigung besteht nicht nur dann, wenn eine in die grundrechtlich geschützte Freiheitssphäre eingreifende Verwaltungsmaßnahme von Anfang an rechtswidrig war, er muß auch dort zum Zuge kommen, wo erst später die Aufrechterhaltung einer Maßnahme rechtswidrig wird.

Für die Durchsetzung des Folgenbeseitigungsanspruchs ist, selbst wenn die erkennungsdienstlichen Unterlagen wie im Fall des § 81 b 2. Alt. StPO ursprünglich der Durchführung eines Strafverfahrens dienten, der Verwaltungsrechtsweg einschlägig. Da es sich bei der Vernichtung erkennungsdienstlicher Unterlagen um einen Realakt handelt, ist, entgegen der Auffassung des BVerwG, eine auf Vernichtung gerichtete Klage als **allgemeine Leistungsklage** zu qualifizieren (vgl. auch oben Rdnr. 47).

3. Vorladung

52 Nach § 11 I MEPolG[117] kann die Polizei eine Person mündlich oder schriftlich vorladen, wenn entweder Tatsachen die Annahme rechtfertigen, daß die Person sachdien-

---

114 So aber *Götz* Rdnr. 402; *Fugmann* NJW 1981, 2227, 2228 f.
115 Ebenso oder ähnlich Art. 13 II BayPAG; § 16 II BerlASOG; § 35 I u. II BremPolG; § 13 II NdsSOG; § 10 II NWPolG; § 11 II RhPfPVG.
116 Vgl. auch *OVG Münster* NJW 1983, 1340.
117 Ebenso Art. 14 BayPAG; § 17 BerlASOG; § 12 BremPolG; § 14 NdsSOG; § 11 NWPolG, § 24 NWOBG; § 12 RhPfPVG; der Sache nach ebenso § 21 BWPolG; § 18 BGSG; s. ferner § 11 Hamb-SOG; § 17 HessSOG; § 17 SaarPVG; § 177 SHLVwG.

liche Angaben machen kann, die für die Erfüllung einer bestimmten polizeilichen Aufgabe erforderlich sind, oder die Vorladung zur Durchführung erkennungsdienstlicher Maßnahmen erforderlich ist (§ 11 II MEPolG). Bei der Vorladung[118] soll deren Grund angegeben werden. Diese Vorschrift entspricht weitgehend dem geltenden Recht und stellt insbesondere klar, daß eine Vorladung zum Zwecke der Ausforschung unzulässig ist.

Gem. § 11 III MEPolG[119] kann die Vorladung nur zwangsweise durchgesetzt werden **53** (sog. Vorführung), wenn die zu erwartenden Angaben zur Abwehr einer Gefahr für Leib, Leben oder Freiheit einer Person erforderlich sind oder die Vorladung der Durchführung erkennungsdienstlicher Maßnahmen dient[120]. § 11 II HambSOG stellt Zulässigkeitsvoraussetzungen für die Vorführung auf. Demgegenüber schließen § 177 SHLVwG und § 18 BGSG eine zwangsweise Vorladung aus. Keine besondere Regelung findet sich im HessSOG. § 21 III BWPolG bestimmt, daß die Polizei eine Ladung nicht mit Zwangsmitteln durchsetzen kann, es sei denn, daß ein Gesetz die Vorführung einer Person oder ähnliche Maßnahmen vorsieht. Nach § 17 SaarPVG soll die Vorladung nur zur Ermittlung oder Aufklärung einer Straftat zulässig sein. Diese Regelung dürfte aber sowohl gegen § 6 EGStPO wie auch gegen § 163 a III 1 StPO verstoßen, nach dem der Beschuldigte nur verpflichtet ist, auf Ladung vor der Staatsanwaltschaft zu erscheinen.

Aus der Möglichkeit der Vorladung ergibt sich für den betroffenen Bürger jedoch **54** noch keine Pflicht zur Aussage. Als Rechtsgrundlage zur Begründung einer solchen Aussagepflicht bietet sich, sofern Spezialregelungen wie § 55 I Nr. 2 GüKG, § 41 III Nr. 4 LMBG, § 33 I WaStrG nicht einschlägig sind, nur die polizeiliche Generalklausel an[121]. Einer darauf gestützten Auskunftsverpflichtung kann angesichts der unterschiedlichen Zielsetzung von Polizei- und Strafverfahrensrecht nicht entgegengehalten werden, daß im Rahmen der Strafverfolgung keine Pflicht zur Aussage vor der Polizei besteht. Die Aussage kann auch — sofern nicht, wie in § 29 I BWPolG geschehen, die Anwendung von Zwang ausgeschlossen ist — durch die Verhängung eines Zwangsgeldes erzwungen werden[122]. Unmittelbarer Zwang zur Herbeiführung einer Aussage ist allerdings durch § 33 II MEPolG[123] untersagt. Soweit sich aus der Auskunftserteilung für den Betroffenen die Gefahr einer Verfolgung wegen einer Straftat oder Ordnungswidrigkeit ergibt, muß, wenn man ihm nicht bereits analog §§ 136 I 2, 163 a III, IV StPO und §§ 46 I, 53 I 2, 55 I OWiG ein Recht zur Aus-

---

118 Sie stellt keine Freiheitsentziehung i. S. des Art. 104 II GG dar (vgl. *OVG Münster* DVBl. 1982, 658 f.).

119 Ebenso Art. 14 III BayPAG; § 17 III BerlASOG; § 14 III NdsSOG; § 11 III NWPolG, § 24 NWOBG; § 12 III RhPfPVG; ähnlich § 12 III BremPolG.

120 Dazu, daß die zwangsweise Vorführung zu erkennungsdienstlichen Maßnahmen im Regelfall nur eine Freiheitsbeschränkung und nicht eine Freiheitsentziehung darstellt, für die nach Art. 104 II GG der Richtervorbehalt gelten würde, s. *BayObLG* DVBl. 1983, 1069 f.; ebenso zur zwangsweisen Abschiebung *BVerwGE* 62, 325, 327 und zur Vorführung gem. § 18 GeschlKrG *BGHZ* 82, 261, 269 f.; zur Problematik s. im übrigen auch *Franz* NJW 1966, 240 f.; *W. Hoffmann* DVBl. 1967, 751 ff.; *Koschwitz* Die kurzfristige polizeiliche Freiheitsentziehung, 1969.

121 Vgl. *Riegel* DÖV 1978, 501, 504 m.w.N; eine ausdrückliche Regelung trifft § 25 a III 1 RhPfPVG.

122 *Riegel* DÖV 1978, 501, 507.

123 Ebenso oder ähnlich Art. 37 II BayPAG; § 47 VII NdsSOG; § 33 II NWPolG; § 55 II RhPfPVG. Keine Aussage zu dieser Problematik wird in den übrigen Ländern gemacht, jedoch ist die Anwendung unmittelbaren Zwangs hier gem. Art. 1 GG bzw. aus der Natur der Sache heraus ausgeschlossen.

kunftsverweigerung gibt[124], jedoch davon ausgegangen werden, daß die Aussage nicht im Strafverfahren bzw. in einem Ordnungswidrigkeitenverfahren gegen den Betroffenen ohne dessen Einwilligung verwertet werden darf[125]. Die Aussagepflicht des Betroffenen entfällt nicht deshalb, weil mit der Aussage der Aussagende belastende Gefahrenabwehrmaßnahmen gegen sich selbst veranlaßt.

4. Platzverweisung

55 Zum Zweck der Gefahrenabwehr kann die Polizei nach § 12 MEPolG[126] vorübergehend eine Person von einem Ort verweisen oder ihr das Betreten eines Ortes verbieten. Die gleiche Maßnahme kann gegen eine Person ergriffen werden, die den Einsatz der Feuerwehr oder von Hilfs- oder Rettungsdiensten behindert.

Eine entsprechende Regelung kennen bisher nur Bayern, Bremen, Niedersachsen, Nordrhein-Westfalen und Rheinland-Pfalz; in den übrigen Ländern kann diese Maßnahme daher nur auf die Generalklausel gestützt werden. Im Bundesrecht finden sich einige spezialgesetzliche Ermächtigungen zur Platzverweisung, so etwa in den §§ 11, 13, 18, 19 VersG und in § 1 S. 2 Nr. 1 JSchÖG.

Gegen eine auf landesrechtliche polizeirechtliche Normen gestützte Platzverweisung dürften unter dem Gesichtspunkt des Art. 73 Nr. 3 GG (ausschließliche Gesetzgebungskompetenz des Bundes für die Regelung der Freizügigkeit) keine Bedenken bestehen. Eine Platzverweisung stellt nämlich **in der Regel keinen Eingriff in das Grundrecht der Freizügigkeit** dar, da dieses nur vor einer Verweilensbeschränkung von gewisser Dauer schützt[127]. Eine Platzverweisung für eine längere Dauer (z. B. gegenüber einem Stadtstreicher) dürfte hingegen in der Tat im Hinblick auf Art. 73 Nr. 3 GG normaliter nicht auf landesrechtliche polizeiliche Vorschriften gestützt werden können (vgl. unten Rdnr. 120). Die Auffassung, Art. 73 Nr. 3 GG schließe der Gefahrenabwehr dienende Einschränkungen der Freizügigkeit durch den Landesgesetzgeber nicht aus, liefe auf eine weitgehende Aushöhlung des Art. 73 Nr. 3 GG hinaus. Dieser käme dann nur noch in den praktisch kaum bedeutsamen Fällen zum Zuge, bei denen die Freizügigkeit im Hinblick auf das Fehlen einer ausreichenden Lebensgrundlage (s. Art. 11 II GG) beschränkt würde[128].

Die zwangsweise Durchsetzung der Platzverweisung im Wege des Verbringungsgewahrsams (z. B. Abtransport von Demonstranten durch Pkw) dürfte sich wegen ihrer Kurzfristigkeit nicht als eine dem Art. 104 II GG unterfallende Ingewahrsamnahme (vgl. unten C. III. 5) darstellen[129]. Unzulässig, da durch die durchzusetzende

---

124 So *Drews/Wacke/Vogel/Martens* § 12 4 b; eine ausdrückliche Regelung trifft § 25 a III 2 RhPfPVG.
125 Vgl. zu einer ähnlichen Problematik *BVerfGE* 56, 37 ff.
126 Entsprechende Regelungen in Art. 15 BayPAG; § 14 BremPolG; § 15 NdsSOG; § 12 NWPolG, § 24 NWOBG; § 13 RhPfPVG.
127 AK-GG-*Rittstieg*, 1984, Art. 11 Rdnr. 32; *Merten* Der Inhalt des Freizügigkeitsrechts, 1970, 52.
128 Ähnlich *Maunz* in: Maunz/Dürig/Herzog/Scholz, GG, Bd. II, Stand Januar 1985, Art. 73 Rdnr. 56; a. A. *Kunig* in: v. Münch, GG Bd. 1, 3. Aufl. 1985, Art. 11 Rdnr. 21.
129 S. hierzu — soweit ein solcher Verbringungsgewahrsam in Baden-Württemberg für generell ausgeschlossen angesehen wird, allerdings nicht überzeugend — *Maaß* NVwZ 1985, 151 ff.

Platzverweisung nicht mehr gedeckt, ist es, wenn der des Platzes Verwiesene in einer größeren Entfernung (z. B. in einer anderen Gemeinde) von dem Ort, von dem er verwiesen wird, abgesetzt wird[130].

5. Ingewahrsamnahme von Personen

Nach § 13 I MEPolG kann eine Person nur dann in Gewahrsam genommen wer- **56** den[131], wenn dies zum Schutz von Leib und Leben dieser Person selbst (Nr. 1) oder zur Verhinderung der unmittelbar bevorstehenden Begehung oder Fortsetzung einer Straftat oder Ordnungswidrigkeit von erheblicher Gefahr notwendig ist (Nr. 2). Der sog. Schutzgewahrsam ist auch schon bisher in allen Polizeigesetzen vorgesehen. Teilweise ist auch ausdrücklich geregelt, daß er auch bei Selbstmordgefahr oder auf eigenes Verlangen der Person zulässig ist[132].

Kein Fall der Ingewahrsamnahme ist der zur zwangsweisen Durchsetzung von Verwaltungsakten vorgenommene sog. Verbringungsgewahrsam, soweit dieser nur für eine ganz kurze Zeit erfolgt und auf das begrenzt wird, was zur zwangsweisen Durchsetzung eines Verwaltungsakts erforderlich ist. So ist beispielsweise die zwangsweise Verbringung in einem Auto zum Flughafen mit dem Zweck der Durchsetzung einer Abschiebungsanordnung in der Regel nicht als Ingewahrsamnahme und Freiheitsentziehung i. S. des Art. 104 II 1 GG anzusehen[133]; gleiches gilt für die Verbringung von „Stadtstreichern" zur Durchsetzung eines Platzverweises[134] oder die Mitnahme zur Dienststelle zum Zwecke der Identitätsfeststellung (s. z. B. § 20 II 3 BWPolG; anders allerdings, wenn zur Identitätsfeststellung ein längerer Aufenthalt auf der Dienststelle erforderlich ist, vgl. § 22 I Nr. 3 BWPolG).

Dem § 13 I Nr. 2 MEPolG entsprechende bzw. ähnliche Regelungen finden sich heu- **57** te in den meisten Polizei- und Ordnungsgesetzen der Länder. Aus ihnen ist im Wege eines Umkehrschlusses abzuleiten, daß nicht jede Gefahr oder Störung für die öffentliche Sicherheit berechtigt, Personen in Gewahrsam zu nehmen. Angesichts der mit einer Ingewahrsamnahme verbundenen Einschränkung des hohen Schutzguts der persönlichen Freiheit wäre die Normierung einer Ingewahrsamnahme nur wegen einer Störung oder Gefährdung der öffentlichen Ordnung dem Gesetzgeber schon im Hinblick auf den verfassungsrechtlichen Grundsatz der Verhältnismäßigkeit in der Regel verwehrt. Die Norm des § 13 I MEPolG, die auch dem Art. 5 I MRK genügt, ist verfassungsrechtlich unbedenklich. Die Verfassungsmäßigkeit der entsprechenden hessischen Regelung hat das *BVerwG*[135] bestätigt.

---

130 Dazu *Hans* Jura 1985, 431 ff.
131 Regelungen über die Ingewahrsamnahme finden sich neben §§ 13—16 MEPolG in § 22 BWPolG; Art. 16—19 BayPAG; §§ 18—21 BerlASOG; §§ 15—18 BremPolG; § 13 HambSOG; §§ 46—49 HessSOG; §§ 16—19 NdsSOG; §§ 13—16 NWPolG, § 24 NWOBG; §§ 14—17 RhPfPVG; § 15 SaarPVG; §§ 180, 212 SHLVwG; §§ 20—22 BGSG.
132 § 22 I Nr. 2 BWPolG; § 15 I Nr. 1 BremPolG; § 180 I Nr. 2 lit. a, c SHLVwG; §§ 20 I Nr. 2 lit. b, 22 BGSG.
133 S. auch *BVerwGE* 62, 325, 327 u. oben Fn. 120. Bewertet man eine solche Verbringung als Freiheitsentziehung, so muß sie (entgegen *Maaß* NVwz 1985, 151, 156) jedenfalls auf die Vorschriften über die Ingewahrsamnahme gestützt werden können.
134 *Roscher* BWVPr 1981, 61 ff.
135 *BVerwGE* 45, 51 ff.

58 Nach § 13 II MEPolG kann die Polizei Minderjährige, die sich der Obhut der Sorge-berechtigten entzogen haben, in Gewahrsam nehmen, um sie diesen oder dem Ju-gendamt zuzuführen. § 13 III MEPolG regelt die Ingewahrsamnahme von Perso-nen, die aus dem Vollzug von Untersuchungshaft, Freiheitsstrafen oder freiheitsent-ziehenden Maßregeln der Besserung und Sicherung entwichen sind oder sich sonst ohne Erlaubnis außerhalb der Justizvollzugsanstalt aufhalten. Die Zulässigkeit der in § 13 III MEPolG getroffenen Regelung ist in der Literatur z. T. angezweifelt wor-den, weil in den bundesrechtlichen Normierungen des § 457 I 2 StPO und des § 87 StVollzG die Befugnisse und Voraussetzungen zur Wiederergreifung Entwichener abschließend geregelt seien[136]. Diese Bedenken schlagen m. E. aber schon deshalb nicht durch, weil es sich bei der Wiederergreifung Entwichener (jedenfalls auch) um eine Aufgabe der Gefahrenabwehr handelt, für welche der Bundesgesetzgeber zu-mindest keine abschließende Regelung bezüglich der Polizeibefugnisse treffen durf-te[137].

59 Da sich die Ingewahrsamnahme als eine Freiheitsentziehung i.S.d. Art. 104 GG dar-stellt, ist in den §§ 14—16 MEPolG das insoweit erforderliche Verfahren geregelt. Es bezieht sich — obschon dies verfassungsrechtlich nicht gefordert ist (vgl. Rdnr. 53 m. Fn. 59) — auch auf die Verbringung zur Dienststelle zum Zweck der Identitäts-feststellung und die zwangsweise Durchsetzung einer Vorladung (vgl. § 14 I 1 ME-PolG). Bei den Art. 104 II GG unterfallenden Freiheitsentziehungen hat über die Zulässigkeit und Fortdauer einer Freiheitsentziehung ausschließlich der Richter zu entscheiden. Daß eine polizeiliche Freiheitsentziehung gleichwohl zulässig ist, ergibt sich aus Art. 104 II 2 GG, wonach bei nichtrichterlicher Freiheitsentziehung die rich-terliche Entscheidung unverzüglich herbeizuführen ist. Unverzüglich bedeutet frei-lich nur, daß die richterliche Entscheidung ohne sachlich begründete Verzögerung herbeizuführen ist[138]. Aus dieser Vorschrift ist jedoch nicht abzuleiten, daß die rich-terliche Entscheidung in jedem Fall ergehen muß[139]. Insbesondere würde es nicht dem Sinn dieser Regelung entsprechen, wenn durch die Herbeiführung der richterli-chen Entscheidung der Polizeigewahrsam verlängert würde[140]. Dementsprechend ist in § 14 I 2 MEPolG formuliert, daß es einer richterlichen Entscheidung nicht bedarf, wenn anzunehmen ist, daß diese erst nach Wegfall des Grundes für die Freiheitsent-ziehung ergehen würde. Der Umstand, daß die Polizei den in Gewahrsam Genom-menen ohnehin nach Ablauf der Frist des Art. 104 II 3 GG freilassen muß, kann freilich allein noch nicht die Nichteinschaltung des Richters rechtfertigen. Der Rich-ter kontrolliert bei seiner Entscheidung im übrigen nicht die Rechtmäßigkeit des po-lizeilichen Handelns[141], sondern befindet darüber, ob im Zeitpunkt der Entschei-dung die Voraussetzungen für eine richterliche Ingewahrsamnahme gegeben sind. Deshalb schließt eine Einschaltung des Richters nach einer zunächst verfügten poli-

---

136 So *Seebode* FS H. J. Bruns 1978, 487 ff. und AEPolG Anm. 6 zu § 20.
137 S. hierzu aber auch *Riegel* DÖV 1979, 201 ff.
138 *BVerwGE* 45, 51, 63.
139 Vgl. *BVerwGE* 45, 51, 62; *KG* DVBl. 1968, 470 ff.
140 Die Möglichkeit einer gerichtlichen Kontrolle des erledigten polizeilichen Freiheitsentzugs besteht ohnehin über § 113 I 4 VwGO (vgl. *Schenke* Jura 1980, 133 ff. u. unten Rdnr. 172).
141 So richtig *Rasch* § 15 MEPolG Rdnr 3; a. A. *Samper/Honnacker* BayPAG, Art. 17 Rdnr. 6.

zeilichen Ingewahrsamnahme nicht eine verwaltungsgerichtliche Feststellung der Rechtswidrigkeit des polizeilichen Handelns analog § 113 I 4 VwGO aus[142] (s. zu einem ähnlichen Problem auch unten Rdnr. 136).

In § 14 II MEPolG ist die Zuständigkeit des Amtsgerichts für die Entscheidung nach **60** § 14 I MEPolG bestimmt. Dies gilt bereits de lege lata für alle Bundesländer[143], ausgenommen das Saarland, in dem die Zuständigkeit des Verwaltungsgerichts Saarlouis besteht[144], soweit der Gewahrsam auf § 15 SaarPVG beruht. Mit Ausnahme Hamburgs, Hessens und des Saarlandes[145] enthalten die Polizeigesetze der Länder Hinweise auf das bei der gerichtlichen Entscheidung über die Ingewahrsamnahme anzuwendende Verfahren[146]. Nach § 15 MEPolG[147] ist der festgehaltenen Person unverzüglich der Grund für das Festhalten bekanntzugeben. Ferner ist ihr die Möglichkeit einzuräumen, einen Angehörigen oder eine Vertrauensperson zu benachrichtigen, sofern dadurch nicht der Zweck der Freiheitsentziehung gefährdet wird. Bei Minderjährigen, Entmündigten oder unter vorläufige Vormundschaft gestellten Personen ist stets unverzüglich der Personensorgeberechtigte zu benachrichtigen. Ohne ihre Einwilligung soll die Person nicht mit Straf- oder Untersuchungsgefangenen untergebracht werden. In § 16 MEPolG[148] wird schließlich die Dauer der Freiheitsentziehung geregelt. Danach ist die festgehaltene Person zu entlassen, wenn der Grund für die Maßnahme entfallen ist oder die Fortdauer der Freiheitsentziehung durch richterliche Entscheidung für unzulässig erklärt wird, in jedem Fall spätestens am Ende des folgenden Tages, wenn nicht der Richter die Fortdauer aufgrund eines anderen Gesetzes anordnet (s. auch Art. 104 II 3 GG).

6. Durchsuchung von Personen

Nach § 17 I Nr. 1 MEPolG[149] ist eine Durchsuchung einer Person außer in den Fällen **61** des § 9 II 4 MEPolG in allen Fällen zulässig, in denen „sie nach diesem Gesetz oder anderen Rechtsvorschriften festgehalten werden kann". Nicht gerechtfertigt ist hierdurch im Hinblick auf die abschließende bundesrechtliche Regelung (vgl. auch unten Rdnr. 134) eine der Verfolgung von Straftaten und Ordnungswidrigkeiten dienende Durchsuchung. Die gegenteilige Ansicht[150] führte dazu, daß entgegen § 105 I

---

142 Nicht überzeugend deshalb *HessVGH* DÖV 1984, 522 f.
143 § 22 IV 1 BWPolG; Art. 17 II 1 BayPAG; § 19 II 1 BerlASOG; § 16 III BremPolG; § 47 S. 1 Hess-SOG; § 17 II 1 NdsSOG; § 14 II 1 NWPolG; § 15 II RhPfPVG; § 176 IV 2 SHLVwG.
144 *OVG Saarlouis* Beschluß v. 14. 7. 1971 — I W 19/69.
145 Vgl. § 13 V HambSOG; § 47 HessSOG und § 15 II SaarPVG.
146 S. hierzu § 22 IV 2 BWPolG; Art. 17 II 2 BayPAG; § 19 II 3 BerlASOG; § 16 III 2 BremPolG; § 17 III NdsSOG; § 14 II 2 NWPolG; § 15 II 2 RhPfPVG; § 180 IV i.V.m. § 176 IV 3 SHLVwG.
147 Ebenso oder ähnlich § 22 II BWPolG; Art. 18 BayPAG; § 20 BerlASOG; § 17 I 1 BremPolG; § 13 III HambSOG; § 49 I HessSOG; § 18 NdsSOG; § 15 NWPolG; § 16 RhPfPVG; § 212 SHLVwG; § 20 II BGSG.
148 Entsprechend § 22 III BWPolG; Art. 19 BayPAG; § 21 BerlASOG; § 18 BremPolG; § 13 V HambSOG; § 48 HessSOG; § 19 NdsSOG; § 16 NWPolG; § 17 RhPfPVG; § 180 III SHLVwG; § 20 III BGSG.
149 Ebenso oder ähnlich § 23 BWPolG; Art. 20 BayPAG; § 22 BerlASOG; § 19 BremPolG; § 15 HambSOG; §§ 50, 51 HessSOG; § 20 NdsSOG; § 17 NWPolG; § 18 RhPfPVG; §§ 179, 211 SHLVwG; § 23 BGSG.
150 *So Habermehl* Rdnr. 647.

StPO auch Polizeibeamte, die keine Hilfsbeamten der Staatsanwaltschaft sind, der Strafverfolgung dienende Durchsuchungen vornehmen könnten. Gem. § 17 I Nr. 4, 5 MEPolG ist eine Durchsuchung weiterhin bei solchen Personen zulässig, die sich an einem Ort, an dem gem. § 9 I Nr. 2 MEPolG auch Razzien durchgeführt werden dürfen, oder an einem besonders gefährdeten Objekt i.S.d. § 9 I Nr. 3 MEPolG aufhalten, wobei im letzten Fall Tatsachen die Annahme rechtfertigen müssen, daß in oder an Objekten dieser Art Straftaten begangen werden sollen (zur Problematik solcher vom Vorliegen einer konkreten Gefahr gelösten Maßnahme s. oben Rdnr. 48). Sonst darf eine Personendurchsuchung gem. § 17 I Nr. 2 u. 3 MEPolG nur durchgeführt werden, wenn Tatsachen die Annahme rechtfertigen, daß die Person Sachen mit sich führt, die sichergestellt werden dürfen, oder die Person sich in einem die freie Willensbestimmung ausschließenden Zustand oder sonst in hilfloser Lage befindet.

Gem. § 17 II MEPolG kann die Polizei schließlich eine Person, deren Identität festgestellt werden soll, nach Waffen, anderen gefährlichen Werkzeugen sowie Explosivmittel durchsuchen, wenn dies nach den Umständen zum Schutz des Polizeibeamten oder eines Dritten gegen eine Gefahr für Leib oder Leben erfoderlich ist.

Ausdrückliche Regelungen, betreffend die Durchsuchung bei Razzien und beim Objektschutz sowie die Durchsuchung bewußtloser und hilfloser Personen, finden sich nicht in allen Bundesländern. Im übrigen entspricht der MEPolG weitgehend geltendem Recht. Im Saarland muß die polizeiliche Durchsuchung allerdings auf die Generalermächtigung (§ 14 SaarPVG) gestützt werden.

Die Durchsuchung ist von der Untersuchung abzugrenzen. Anders als die letztere, die nur auf die polizeilichen Generalklauseln gestützt werden kann, bezieht sie sich lediglich auf die Kleidung, die Körperoberfläche und die ohne weiteres zugänglichen Körperhöhlen.

7. Durchsuchung von Sachen

62 Eine Durchsuchung einer Sache[151] ist nach § 18 I MEPolG außer in den Fällen des § 9 II 4 MEPolG (Durchsuchung einer Sache, die von einer Person mitgeführt wird, die zur Identitätsfeststellung festgehalten werden darf) zulässig, wenn sie von einer Person mitgeführt wird, die nach § 17 MEPolG durchsucht werden darf (Nr. 1), wenn Tatsachen die Annahme rechtfertigen, daß sich in ihr eine Person befindet, die in Gewahrsam genommen werden darf, widerrechtlich festgehalten wird oder hilflos ist (Nr. 2), oder wenn Tatsachen die Annahme rechtfertigen, daß sich in ihr eine andere Sache befindet, die sichergestellt werden darf (Nr. 3). Insoweit entsprechen diese Vorschriften weitgehend geltendem Recht; im Saarland muß allerdings auch hier wieder auf die Generalklausel (§ 14 SaarPVG) zurückgegriffen werden. Nach § 18 I Nr. 4—6 MEPolG (ebenso oder ähnlich die Regelungen in Baden-Württemberg, Bayern, Niedersachsen, Nordrhein-Westfalen und Rheinland-Pfalz, einschränkend die Vorschriften in Berlin und Bremen) ist eine Durchsuchung einer Sache unter den

---

151 Dazu § 24 BWPolG; Art. 21 BayPAG; § 23 BerlASOG; § 20 BremPolG; § 15 HambSOG; § 50 Hess-SOG; § 21 NdsSOG; § 18 NWPolG, § 24 NWOBG; § 19 RhPfPVG; §§ 181, 209 SHLVwG; § 24 BGSG.

dort bezeichneten Voraussetzungen, ferner ausdrücklich noch im Rahmen einer Razzia, beim Objektschutz oder an einer Kontrollstelle möglich (dazu oben Rdnr. 48).

8. Betreten und Durchsuchung von Wohnungen

Das Betreten und Durchsuchen von Wohnungen ist in allen geltenden Polizei- und Ordnungsgesetzen, wenn auch uneinheitlich, geregelt[152]. Im Saarland ist allerdings in § 16 SaarPVG nur das Eindringen in eine Wohnung zur Nachtzeit angesprochen; im übrigen findet auch hier die polizeiliche Generalklausel des § 14 SaarPVG Anwendung[153]. Sowohl beim Betreten wie beim Durchsuchen einer Wohnung liegt ein Eingriff in das durch Art. 13 GG geschützte Grundrecht auf Unverletzlichkeit der Wohnung vor[154]. Dabei ist unter Betreten das Eintreten, Verweilen und Besichtigen der Wohnung zu verstehen; die Durchsuchung meint hingegen die ziel- und zweckgerichtete Suche nach Personen und Sachen in der Wohnung. Eine Durchsuchung ist dabei nur unter den Voraussetzungen des Art. 13 II GG zulässig, sonstige Eingriffe, worunter auch das Betreten fällt[155], sind unter den Voraussetzungen des Art. 13 III GG gestattet. **63**

Art. 13 III 1. Alt. GG enthält im übrigen nach h. M. **eine unmittelbare Ermächtigung der zuständigen Polizeibehörde** zu Eingriffen und Beschränkungen des Wohnungsrechts, soweit diese der Abwehr einer gemeinen Gefahr oder einer Lebensgefahr für einzelne Personen dienen. Da durch Art. 13 GG die verräumlichte Privatsphäre vor staatlichem Zugriff geschützt werden soll, setzt ein Eingriff in das hier geschützte Wohnungsrecht nicht notwendigerweise ein Betreten der Wohnung voraus. Der Schutzbereich des Art. 13 GG wird vielmehr auch durch die akustische Überwachung von Wohnräumen von außerhalb (z. B. durch Richtmikrophone oder sonstige auch außerhalb der Wohnung anbringbare Abhörgeräte) tangiert (sog. „Lauschangriff")[156]. Wegen des hierin liegenden besonders gravierenden totalen Zugriffs auf die Privatsphäre der Betroffenen begegnet allerdings ein solcher auf Art. 13 III 1. Alt. GG gestützter Eingriff schweren verfassungsrechtlichen Bedenken. Will man nicht bereits so weit gehen, einen solchen Eingriff wegen seines den Wesensgehalt des Grundrechts des Art. 13 GG tangierenden Charakters als generell unzulässig anzusehen, so muß man jedenfalls in Konsequenz der Abhörentscheidung des BVerfG[157] den „Lauschangriff" auf engbegrenzte Ausnahmesituationen beschränken, bei denen dieser sich als ultima ratio zur Abwehr einer gemeinen Gefahr oder Lebensgefahr für einzelne Personen darstellt. Eine solche Restriktion des Art. 13 III 1. Alt. GG ergibt sich als zwingende Konsequenz aus dem Übermaßverbot. Aus diesem in Verbindung mit der Rechtsschutzgarantie des Art. 19 IV GG folgt im übrigen auch, daß dann, wenn die Voraussetzungen des Art. 13 III 1. Alt. GG entfallen sind,

---

152 Vgl. § 25 BWPolG; Art. 22, 23 BayPAG; §§ 24, 25 BerlASOG; §§ 21, 22 BremPolG; § 16 Hamb-SOG; §§ 52, 53 HessSOG; §§ 22, 23 NdsSOG; §§ 19, 20 NWPolG, § 24 NWOBG; §§ 20, 21 RhPfPVG; §§ 14, 16 SaarPVG; §§ 182, 210 SHLVwG; §§ 19, 20 MEPolG; §§ 25, 26 BGSG.
153 Ebenso wohl auch *BVerwGE* 47, 31, 38 f.
154 Vgl. hierzu näher *Schwan* DÖV 1975, 661 ff.
155 *BVerwGE* 47, 31 ff.
156 S. hierzu näher *de Lazzer/Rohlf* JZ 1977, 207 ff., die einen solchen Lauschangriff als prinzipiell unzulässig ansehen.
157 *BVerfGE* 30, 1 ff.

der Betroffene, sofern hierdurch nicht der Zweck der polizeilichen Maßnahmen gefährdet wird, nachträglich über den ihm gegenüber vorgenommenen Eingriff zu informieren ist. Unzulässig ist es auf jeden Fall, einen solchen behördlichen „Lauschangriff" auf die allgemeinen Rechtfertigungsgründe zu stützen (vgl. oben Rdnr. 17).

64 Nach § 19 I MEPolG kann die Polizei eine Wohnung ohne Einwilligung des Inhabers betreten und durchsuchen, wenn Tatsachen die Annahme rechtfertigen, daß sich in der Wohnung eine Person, die vorgeführt oder in Gewahrsam genommen werden darf, oder eine Sache, die sichergestellt werden darf, befindet. Das gleiche ist zulässig zur Abwehr gegenwärtiger Gefahren für Leib, Leben oder Freiheit einer Person oder Sachen von bedeutendem Wert. Der Begriff der Wohnung wird dabei im Einklang mit der Rechtsprechung des *BVerfG*[158] in § 19 I Nr. 3 S. 2 MEPolG weit definiert. Er umfaßt die Wohn- und Nebenräume, Arbeits-, Betriebs- und Geschäftsräume sowie anderes befriedetes Besitztum (hierunter fallen z. B. auch Campingwagen, Zelt, Hausboot). § 19 II MEPolG enthält Sondervorschriften für das Betreten und Durchsuchen von Wohnungen während der Nachtzeit. § 19 III MEPolG sieht vor, daß bestimmte, in besonderer Weise als Gefahrenherde in Betracht kommende „verrufene" Wohnungen jederzeit zur Abwehr dringender Gefahren betreten, allerdings nicht durchsucht werden können. In § 19 IV MEPolG ist geregelt, daß Arbeits-, Betriebs- und Geschäftsräume sowie andere Räume und Grundstücke, die der Öffentlichkeit zugänglich sind oder zugänglich waren und den Anwesenden zum weiteren Aufenthalt zur Verfügung stehen, zum Zwecke der Gefahrenabwehr während der Arbeits-, Geschäfts- oder Aufenthaltszeit betreten werden können. Damit wird der Rechtsprechung des *BVerfG* Rechnung getragen, nach der bei den in § 19 IV MEPolG genannten Räumen wegen ihres stärkeren Öffentlichkeitsbezugs unter den in dieser Vorschrift benannten Voraussetzungen Betretungs- und Besichtigungsrechte auch ohne die einschränkenden Voraussetzungen des Art. 13 III GG zulässig sein sollen[159].

65 § 20 MEPolG regelt das Verfahren bei der Durchsuchung von Wohnungen. Nach der Rechtsprechung[160] unterfallen Durchsuchungen von Wohnungen auch dann, wenn sie zum Zwecke der Gefahrenabwehr vorgenommen werden, dem Art. 13 II GG und können daher, außer bei Gefahr im Verzug, nur durch den Richter[161] (gem. § 20 I 2 MEPolG durch das Amtsgericht) angeordnet werden. Soweit in einzelnen Polizei- und Ordnungsgesetzen (Hamburg, Hessen, Saarland und Schleswig-Holstein) die Anordnung der Durchsuchung durch den Richter nicht vorgesehen ist, **müssen die einschlägigen Vorschriften unter unmittelbarem Rückgriff auf Art. 13 II GG ergänzt werden**[162]. Zuständig gem. § 40 VwGO dürfte hier das Verwaltungsgericht sein. § 20 II MEPolG sieht für die Durchsuchung das Recht des Wohnungsinhabers vor, bei der Durchsuchung anwesend zu sein. Bei seiner Abwesenheit ist möglichst sein Vertreter oder ein erwachsener Angehöriger, Hausgenosse oder Nachbar hinzuzuziehen.

---

158 *BVerfGE* 32, 54, 68 ff.
159 *BVerfGE* 32, 54, 75 ff.
160 Vgl. *BVerwGE* 28, 285 ff.; *BVerfGE* 51, 97, 106.
161 Art. 13 II GG dürfte allerdings von seiner ratio her dann keine Anwendung finden, wenn es sich um rechtswidrig besetzte Wohnungen handelt, welche durch die Polizei auch geräumt werden könnten (so auch *Jaeschke* NJW 1983, 434; a. A. *Werwigk* NJW 1983, 2366 ff.).
162 *BVerwGE* 28, 285, 291.

Dem Wohnungsinhaber bzw. seinem Vertreter ist der Grund der Durchsuchung gem. § 20 III MEPolG unverzüglich bekanntzugeben, sofern nicht dadurch ihr Zweck vereitelt wird. Außerdem regeln § 20 IV und V MEPolG die Fertigung einer Niederschrift über die Durchsuchung.

9. Sicherstellung und Beschlagnahme

Die Terminologie der einzelnen Polizei- und Ordnungsgesetze, welche die Sicherstel- **66** lung und Beschlagnahme regeln[163], ist nicht einheitlich. Die Mehrzahl der Polizei- und Ordnungsgesetze (und auch der MEPolG) verwenden für die Beendigung des Gewahrsams des Berechtigten und die Begründung neuen Gewahrsams der Behörde den Begriff der Sicherstellung (teilweise anders die Terminologie in § 26 und § 27 BWPolG sowie in § 27 und § 28 BGSG, wo zwischen der dem Interesse des Eigentü- mers oder rechtmäßigen Inhabers der tatsächlichen Gewalt dienenden Sicherstellung einerseits und der Beschlagnahme andererseits unterschieden wird). Im Saarland fehlt es an einer ausdrücklichen Rechtsgrundlage für die Sicherstellung; hier muß auf die Generalklausel (§ 14 SaarPVG) zurückgegriffen werden. Spezialvorschriften für die Sicherstellung, die wegen ihres abschließenden Charakters einen Rückgriff auf das allgemeine Polizei- und Ordnungsrecht ausschließen, finden sich in den Lan- despressegesetzen [164].

Nach § 21 MEPolG kann eine Sache sichergestellt werden, um eine gegenwärtige Ge- **67** fahr abzuwenden und um den Eigentümer oder rechtmäßigen Besitzer vor Verlust oder Beschädigung zu schützen. Weiter darf eine Sache dann sichergestellt werden, wenn sie von einer Person mitgeführt wird, die rechtmäßig festgehalten wird, und die Sache verwendet werden kann, um sich zu töten oder zu verletzen, Leben oder Gesundheit anderer zu schädigen, fremde Sachen zu beschädigen oder die Flucht zu ermöglichen oder zu erleichtern. Dies entspricht — von kleineren Abweichungen ab- gesehen — dem geltenden Recht. Nach Wegfall des Grundes für die Sicherstellung ist — als Konsequenz des Folgenbeseitigungsanspruchs — die Sache dem Berechtig- ten herauszugeben (§ 24 MEPolG). Die Durchführung der Sicherstellung erfolgt grundsätzlich durch amtliches Verwahren (§ 22 MEPolG). Dadurch wird ein öffent- lichrechtliches Verwahrungsverhältnis begründet, auf das die Vorschriften für den zivilrechtlichen Verwahrungsvertrag analoge Anwendung finden (Ausnahme: § 690 BGB). Bei Verletzung der sich aus diesem Verwahrungsverhältnis ergebenden quasi- vertraglichen öffentlichrechtlichen Verpflichtungen haftet die öffentliche Hand bei schuldhaftem Verhalten analog den zivilrechtlichen Vorschriften über Leistungsstö- rungen, wobei insoweit auch die Verschuldensvermutung des § 282 BGB analog zum Tragen kommt. Dadurch wird ein daneben bestehender Amtshaftungsanspruch trotz § 839 I 2 BGB nicht ausgeschlossen (s. Rdnr. 230).

---

163 Vgl. §§ 26, 27 BWPolG; Art. 24, 25, 27 BayPAG; §§ 26, 27, 29 BerlASOG; §§ 23, 24, 26 BremPolG; § 14 HambSOG; §§ 18—20 HessSOG; §§ 24, 25, 27 NdsSOG; §§ 21, 22, 24 NWPolG, § 24 NWOBG; §§ 22, 23, 25 RhPfPVG; §§ 183, 217 SHLVwG; §§ 21, 22, 24 MEPolG; §§ 27—29 BGSG.
164 Vgl. hierzu *BayVGH* NJW 1983, 1339 f.

Sehr umstritten ist es, ob in dem polizeilichen Abschleppen eines Kfz eine Sicherstellung zu sehen ist[165]. Die Frage bedarf einer **differenzierenden Antwort**. Wird der Pkw nur wenige Meter von seinem Standort (z. B. wenn er eine Grundstücksausfahrt versperrt) entfernt, so fehlt es regelmäßig an der für die Sicherstellung erforderlichen Willensbegründung eines polizeilichen Gewahrsams. Hier liegt in einer solchen Entfernung des Fahrzeugs meist **nur ein Sofortvollzug bzw. eine unmittelbare Ausführung**, bei welcher der hypothetische Grundverwaltungsakt (vgl. hierzu unten J. III. 3) auf die polizeiliche Generalermächtigung gestützt worden wäre (anders nur bei Nichtbefolgung eines analog § 80 II 2 VwGO sofort vollziehbaren durch ein Verkehrszeichen[166] statuierten Befehls, wie z. B. einem Halteverbot, das ein Entfernungsgebot beinhaltet und bei dem das zwangsweise Entfernen dann als Ersatzvornahme zu qualifizieren ist[167]). Wird das Kfz hingegen mangels anderer Abstellmöglichkeiten an einen entfernteren Ort verbracht (zu den beim Abschleppen zu beachtenden Einschränkungen aus dem Übermaßverbot s. unten Rdnr. 117), so stellt dies in der Tat eine (nicht zuletzt dem Schutz des Kfz-Halters dienende) **Sicherstellung dar, durch die ein öffentlichrechtliches Verwahrungsverhältnis begründet wird**. Die Kosten für die Sicherstellung können vom Träger der zuständigen Polizeibehörde gemäß der Regelung des § 24 III MEPolG[168] geltend gemacht werden, die in ihrem Anwendungsbereich den hier sonst heranziehbaren Vorschriften über den Kostenersatz bei der unmittelbaren Ausführung bzw. dem Sofortvollzug oder der Ersatzvornahme vorgeht.

Die Ausübung des in § 24 III 3 MEPolG[169] normierten Zurückbehaltungsrechts wegen Nichtbegleichens der Kosten ist als **eine öffentlichrechtliche Willenserklärung**[170] **und nicht als ein Verwaltungsakt zu qualifizieren**. Der Träger der Gefahrenabwehrbehörde kann auch ein privates Unternehmen, das mit dem Abschleppen betraut wurde und bei dem das Kfz für die Polizei verwahrt wird, ermächtigen, das polizeiliche Zurückbehaltungsrecht gegenüber dem Pkw-Inhaber oder einem sonstigen polizeirechtlich Verantwortlichen geltend zu machen. Der Unternehmer handelt dann **nicht** — was mangels einer gesetzlichen Ermächtigung unzulässig wäre — **als Beliehener, sondern als Bote der Polizei**. Der Ausübung des Zurückbehaltungsrechts steht auch unter dem Aspekt des Übermaßverbots nicht der Umstand entgegen, daß der zurückbehaltene Pkw in der Regel einen erheblich größeren Wert verkörpert als die Kostenforderung der öffentlichen Hand. Das gilt um so mehr, als die Ausübung

---

165 So z. B. *Schwabe* NJW 1983, 369 ff.; a. A. *Knemeyer* Rdnr. 175; differenzierend wie im folgenden *BayVGH* NJW 1984, 2962 ff.; ausf. zu dieser Problematik *Kottmann* DÖV 1983, 493 ff. Zur Bedeutung des Verhältnismäßigkeitsgrundsatzes beim Abschleppen s. unten Rdnr. 117.

166 *BVerwG* NJW 1978, 656 f.

167 Hier ist teilweise, wie z. B. nach § 21 BWVwVG für die Vollstreckung bei Gefahr im Verzug, die Entbehrlichkeit der Androhung des Zwangsmittels normiert. Aber auch bei Fehlen einer solchen Regelung ergibt sich im Wege argumentum a maiore ad minus, daß unter den Voraussetzungen eines Sofortvollzugs, bei dem sogar der Grundverwaltungsakt verzichtbar ist, erst recht ein vollziehbarer Verwaltungsakt durch die Anwendung eines Zwangsmittels ohne Androhung vollstreckt werden kann.

168 Art. 27 III BayPAG; § 29 III BerlASOG; § 27 III NdsSOG; § 24 III NWPolG; § 25 III RhPfPVG; § 32 I BGSG.

169 Art. 27 III 3 BayPAG; § 29 III 3 BerlASOG; § 27 III 3 NdsSOG; § 24 III 3 NWPolG; § 25 III 3 RhPfPVG; § 32 III BGSG.

170 *OVG Münster* DVBl. 1983, 1074 f.

des Zurückbehaltungsrechts vom Fahrzeughalter durch eine der Kostenforderung entsprechende Sicherheitsleistung verhindert werden kann. Zur Begründung dieses Ergebnisses bedarf es nicht der analogen Anwendung des § 273 III BGB, vielmehr läßt sich dieses Resultat bereits aus dem Übermaßverbot rechtfertigen.

Soweit die einschlägigen Polizei- und Ordnungsgesetze nicht wie der MEPolG ein Zurückbehaltungsrecht im Hinblick auf die Kosten der Sicherstellung vorsehen, wird man entgegen der h. M.[171] der Polizeibehörde ein Recht auf eine (durch sie oder einen privaten Unternehmer geltend gemachte) **Zurückbehaltung nicht zubilligen können**[172]. Die Begründung eines Zurückbehaltungsrechts analog § 273 BGB ist mit dem Prinzip des Gesetzesvorbehalts (Art. 20 III GG) unvereinbar; gerade aus diesem Grund regeln ja § 24 III MEPolG und die ihm folgenden Polizei- und Ordnungsgesetze das Zurückbehaltungsrecht. Überdies wäre die Ausübung eines nicht gesetzlich geregelten Zurückbehaltungsrechts nicht mit dem abschließenden Charakter der verwaltungsvollstreckungsrechtlichen Regelungen in Einklang zu bringen. Da der Träger der Polizei, anders als der Bürger, die Möglichkeit besitzt, seine Kostenforderung selbst zwangsweise durchzusetzen, bestünde, von den eben angesprochenen Bedenken ganz abgesehen, auch kein Bedürfnis für eine analoge Anwendung des § 273 BGB.

10. Verwertung, Einziehung, Vernichtung

Auch diese Materie ist in den geltenden Polizei- und Ordnungsgesetzen in Einzelheiten etwas unterschiedlich geregelt[173]. § 23 MEPolG stellt jedoch in etwa eine Zusammenfassung des Rechtszustandes dar. Danach ist eine Verwertung der sichergestellten Sache in fünf Fällen zulässig, nämlich dann, wenn ihr Verderb oder eine wesentliche Wertminderung droht, ihre ordnungsgemäße Verwahrung unverhältnismäßig teuer oder schwierig ist, durch die Verwahrung weitere Gefahren für die öffentliche Sicherheit oder Ordnung nicht ausgeschlossen werden können, die Sache nach einer Frist von einem Jahr nicht an einen Berechtigten herausgegeben werden kann, ohne daß die Voraussetzungen für eine Sicherstellung erneut eintreten würden, oder die Sache trotz Mitteilung nicht nach einer ausreichend bemessenen Frist abgeholt wurde. **68**

Die Verwertung erfolgt in der Regel durch öffentliche Versteigerung (vgl. § 25 III MEPolG). Der Erlös steht im Falle des § 24 MEPolG nach Abzug der Kosten dem Betroffenen zu.

Nach § 23 IV MEPolG können sichergestellte Sachen unbrauchbar gemacht oder vernichtet werden, wenn sie entweder nach der Verwertung erneut oder immer noch **69**

---

171 Vgl. *Reiff/Wöhrle/Wolf* § 8 Rdnr. 30; *Stober* DVBl. 1973, 351 ff.; ähnlich wie hier dagegen *Würtenberger* DAR 1983, 155 ff.

172 Dies gilt ebenso beim Fehlen einer gesetzlichen Regelung des Zurückbehaltungsrechts in Verbindung mit der unmittelbaren Ausführung und mit dem Sofortvollzug.

173 Vgl. § 28 BWPolG; Art. 26 BayPAG; § 28 BerlASOG; § 25 BremPolG; § 14 HambSOG; § 21 HessSOG; § 26 NdsSOG; § 23 NWPolG, § 24 NWOBG; § 24 RhPfPVG; § 218 SHLVwG; § 23 MEPolG; §§ 30, 31 BGSG.

sichergestellt werden könnten oder die Verwertung aus anderen Gründen nicht möglich ist. Auch diese Regelung entspricht dem geltenden Recht. Teilweise regeln die Polizei- und Ordnungsgesetze auch die Einziehung, also den Eigentumsübergang auf den Staat. In Baden-Württemberg[174] ist die Einziehung Voraussetzung für Vernichtung oder Unbrauchbarmachung, in Bremen, Hamburg und Schleswig-Holstein ist sie neben diesen zulässig[175]. Unbrauchbarmachung, Vernichtung und Einziehung sind nicht als Enteignung, sondern als Sozialbindung anzusehen[176]. Wegen der Eigentumsgarantie sind diese Maßnahmen aber stets nur als ultima ratio zulässig.

11. Informationsverarbeitung

70   Von den Polizeigesetzen der Länder enthalten derzeit lediglich das Bremische Polizeigesetz und das Rheinland-Pfälzische Polizeiverwaltungsgesetz detaillierte Regelungen über die polizeilichen Befugnisse zur Informationsverarbeitung (§§ 27 ff. BremPolG, §§ 25 a ff. RhPfPVG). Sie tragen damit den nunmehr auch in der bundesverfassungsgerichtlichen Rechtsprechung[177] anerkannten, aus Art. 2 I GG i.V.m. Art. 1 I GG abgeleiteten Recht auf „informationelle Selbstbestimmung", dem im Zeichen des Ausbaus der Datenverarbeitung zunehmend Bedeutung zukommt, in besonderer Weise Rechnung. Gemäß § 27 I BremPolG, § 25 a I RhPfPVG ist eine personenbezogene Informationsverarbeitung durch die Polizei (Erheben, Speichern, Übermitteln, Verändern oder Löschen von Informationen) nur zur Erfüllung polizeilicher Aufgaben zulässig. Der Polizeivollzugsdienst darf personenbezogene Informationen gemäß § 28 I BremPolG grundsätzlich nur zur Abwehr einer Gefahr sowie zur vorbeugenden Bekämpfung der in § 28 I Nr. 2 BremPolG im einzelnen bezeichneten schweren Straftaten erheben. Eine generelle Auskunftpflicht des Bürgers gegenüber der Polizei besteht nicht. Gemäß § 25 a III 1 RhPfPVG besteht jedoch eine Auskunftpflicht für jedermann, wenn die Informationserhebung dem Schutz wichtiger Rechtsgüter, insbesondere dem Schutz von Leib, Leben oder Freiheit einer Person oder von Sachen von bedeutendem Wert dient. In diesem Falle kann der Auskunftpflichtige jedoch gemäß § 25 a III 2 RhPfPVG die Auskunft auf solche Fragen verweigern, deren Beantwortung ihm selbst oder einem der in § 52 Abs. 1 der StPO bezeichneten Angehörigen die Gefahr zuziehen würde, wegen einer Straftat oder einer Ordnungswidrigkeit verfolgt zu werden. Über das Recht zur Auskunftsverweigerung ist der Auskunftpflichtige gemäß § 25 a III 3 RhPfPVG zu belehren. Das BremPolG enthält keine Normierung einer Auskunftpflicht. Eine Auskunftpflicht des Bürgers gegenüber der Polizei kann sich hier nur aus der polizeilichen Generalklausel ergeben (vgl. hierzu oben Rdnr. 54). Gemäß § 28 II 1 BremPolG hat die Polizei, soweit eine Aussage- oder Mitwirkungspflicht besteht, auf diese, sonst auf die Freiwilligkeit der Aussage hinzuweisen. Diese Hinweise können nach § 28 II 2 BremPolG unterbleiben, wenn sie die Erfüllung der polizeilichen Aufgaben gefährden oder erheblich erschweren würden. Die Informationserhebung durch den Poli-

---

174 § 28 BWPolG; s. auch § 30 BGSG.
175 Vgl. § 25 IV BremPolG; § 14 VI HambSOG; § 218 IV SHLVwG.
176 *BVerfGE* 20, 351 ff.
177 *BVerfGE* 65, 1, 43.

zeivollzugsdienst bei öffentlichen Versammlungen unterliegt nach Maßgabe des § 30 BremPolG Einschränkungen. § 29 BremPolG und § 25 d RhPfPVG enthalten Regelungen über die nur bei einer gegenwärtigen erheblichen Gefahr zulässige polizeiliche Beschaffung von Daten von öffentlichen und nichtöffentlichen Stellen (sog. Datenabgleich). § 33 BremPolG und § 25 c RhPfPVG regeln die Weitergabe von Informationen an andere als Polizeibehörden und sonstige öffentliche Stellen durch die Polizei. Eine derartige Informationsübermittlung ist nur zulässig, wenn sie zur Erfüllung polizeilicher Aufgaben unerläßlich ist (§ 33 I 1 BremPolG), bzw. wenn dies zur Abwehr einer gegenwärtigen Gefahr für Leib oder Leben oder zur vorbeugenden Bekämpfung bestimmter Straftaten erforderlich ist (§ 25 c I, II RhPfPVG). Unter den Voraussetzungen des § 25 c I, II RhPfPVG bzw. des § 33 II BremPolG ist auch eine Weitergabe von Daten an nichtöffentliche Stellen zulässig. § 34 BremPolG und § 25 f RhPfPVG räumen dem Betroffenen ein Recht ein, auf Antrag Auskunft über die zu seiner Person gespeicherten Informationen zu erhalten. Gemäß § 34 II BremPolG und § 25 f II RhPfPVG ist dieser Anspruch unter bestimmten Umständen ausgeschlossen, so beispielsweise dann, wenn durch die Auskunft die Erfüllung polizeilicher Aufgaben erschwert oder gefährdet würde. § 35 BremPolG und § 25 e II RhPfPVG statuieren Regelungen über die Löschung personenbezogener Informationen, § 36 BremPolG und § 25 g RhPfPVG solche über die Anlage personenbezogener Sammlungen.

Trotz gewisser Lücken, die im Hinblick auf die datenschutzrechtliche Pionierrolle dieser Normen entschuldbar sind, sollten das BremPolG und das RhPfPVG insoweit auch für die anderen Bundesländer Modellcharakter haben.

Eine personenbezogene Informationsverarbeitung ist auch dort wegen des hierin liegenden **Eingriffs in das Grundrecht auf „informationelle Selbstbestimmung" nur auf der Basis einer gesetzlichen Ermächtigung zulässig.** Auch Observationen, worunter die planmäßige und im allgemeinen unauffällige Beobachtung von Personen, Objekten oder Vorgängen zu verstehen ist, bedürfen bei Personenbezogenheit einer gesetzlichen Grundlage[178]. Das gilt unabhängig davon, ob diese Observationsergebnisse in Dateien verarbeitet oder aktenkundig gemacht werden sollen. Für das Erfordernis einer gesetzlichen Grundlage ist es auch nicht von entscheidender Bedeutung, auf welche Weise diese personenbezogenen Informationen beschafft werden. Auch solche Vorgänge, die von Dritten erfragt werden können oder sich für jedermann zugänglich vor den Augen der Öffentlichkeit abspielen, dürfen bei ihrem Personenbezug nicht informationell verarbeitet werden. Durch die Teilnahme am öffentlichen Leben wird der Bürger nicht vogelfrei.

Da es für informationelle Eingriffe in den Bundesländern außer Bremen und Rheinland-Pfalz an näheren gesetzlichen Normierungen (neben den allgemeinen datenschutzrechtlichen Bestimmungen[179]) mangelt, bietet sich als Rechtsgrundlage für

---

178 Vgl. hierzu näher *Vahle* Aufklärungs- und Observationsmaßnahmen, Diss. Bielefeld 1983.
179 Diese scheiden als Ermächtigungsgrundlagen jedenfalls insoweit aus, als sich polizeiliche Maßnahmen nicht in Dateien i. S. der Datenschutzgesetze niederschlagen (vgl. §§ 1 II 2 BDSG, 1 II 2 i.V.m. 4 III 3 BW LDSG). Im übrigen erscheint es fraglich, ob die Datenschutzgesetze überhaupt dem Erfordernis der hinreichenden Bestimmtheit des Erhebungs- und Verarbeitungsanlasses (sog. bereichsspezifischer Datenschutz) genügen, s. dazu *Simitis/Wellbrock* NJW 1984, 1591, 1595.

solche der Gefahrenabwehr dienende Eingriffe meist nur die polizei- bzw. ordnungsbehördliche Generalermächtigung an. Die Auffassung[180], daß dieser Weg wegen deren mangelnder Bestimmtheit den grundrechtlichen Erfordernissen, wie sie für einen Eingriff in das Grundrecht auf „informationelle Selbstbestimmung" bestehen, nicht genüge, erscheint mir — obwohl detaillierte polizeigesetzliche Regelungen sicher rechtspolitisch wünschenswert sind — angesichts der Konkretisierung der Generalermächtigung (vgl. oben Rdnr. 18) nicht überzeugend und geeignet zu sein, deren Tauglichkeit als Ermächtigungsgrundlage prinzipiell in Frage zu stellen.

Das eigentliche Problem bei einem auf die polizei- und ordnungsbehördlichen Generalermächtigungen gestützten Handeln besteht darin, daß diese das **Vorliegen einer konkreten Gefahr verlangen,** es an einer solchen bei den sich vielfach im Vorfeld der konkreten Gefahrenbekämpfung bewegenden Observationen jedoch häufig mangelt. So ist es z. B. höchst fraglich, ob man, wie dies der BayVGH[181] befürwortet hat, die Aufbewahrung polizeilicher, in Verbindung mit einem Ermittlungsverfahren angelegter Akten allein aus dem Umstand zu rechtfertigen vermag, daß von einer in strafrechtlichen Verdacht geratenen oder verurteilten Person möglicherweise in Zukunft Gefahren ausgehen können. Eine solche Annahme dürfte, sofern sie nicht durch besondere zusätzliche Anhaltspunkte im Einzelfall gestützt wird, zur Begründung einer konkreten Gefahr noch nicht ausreichen. Damit fehlt es hier — sofern nicht einzelne Observationsmaßnahmen, wie dies z. B. hinsichtlich verschiedener Standardmaßnahmen (z. B. einer Razzia an verdächtigen Orten) geschehen ist, bereits im Vorfeld einer konkreten Gefahr gesetzlich für zulässig erklärt werden — mangels Anwendbarkeit der Generalklausel an einer gesetzlichen Ermächtigungsgrundlage. Auf die den polizeilichen Aufgabenbereich umschreibenden, nicht an das Vorliegen einer konkreten Gefahr gebundenen Normen können diese Eingriffe m. E. **selbst für eine Übergangszeit nicht mehr gestützt werden** (vgl. oben Rdnr. 29). Selbst wenn man dem Gesetzgeber eine Frist zur Schaffung neuer Regelungen zubilligte, könnten im übrigen in der Übergangszeit[182] ohne gesetzliche Grundlage nur in engbegrenzten Fällen zum Schutz überragend wichtiger Rechtsgüter polizeiliche Eingriffe im Vorfeld einer konkreten Gefahr zugelassen werden. Nicht zu überzeugen vermag jedenfalls die u. a. von *Götz*[183] vertretene Auffassung, aus einer anderen rechtlichen Qualifikation von Observationsmaßnahmen könne nicht abgeleitet werden, daß sie nunmehr nicht mehr auf die polizeirechtliche (wie auch die strafprozessuale, s. § 163 StPO) Aufgabennorm gestützt werden könnten. Hierbei wird verkannt, daß die Anerkennung eines Grundrechts auf „informationelle Selbstbestimmung", soll es nicht zu einem reinen Lippenbekenntnis geraten, notwendigerweise gesteigerte verfassungsrechtliche Anforderungen an solche staatliche Maßnahmen nach sich ziehen muß, die in ein solches Grundrecht eingreifen. Es erscheint damit aber nicht vereinbar, solche Eingriffe grundsätzlich generell unabhängig vom Vorliegen einer konkreten Gefahr für zulässig anzusehen[184].

---

180 So *BayVerfGH* DÖV 1986, 69 ff.
181 *BayVGH* NJW 1984, 2235 ff.
182 Für eine solche Übergangszeit *BayVerfGH* DÖV 1986, 69, 70; *Drews/Wacke/Vogel/Martens* § 12 5; *Merten* DÖV 1985, 518, 519 f.
183 *Götz* Rdnr. 145.
184 A. A. wohl *Götz* Rdnrn. 145, 142, 135.

Auch der Datenabgleich ist entgegen einer früher vorherrschenden Meinung nur unter den in der polizeirechtlichen Generalklausel normierten Voraussetzungen statthaft[185]. Von daher begegnet die polizeiliche Rasterfahndung, bei welcher die Polizei eine Vielzahl personenbezogener Daten von öffentlichen oder nichtöffentlichen Stellen erhebt, um aus diesen Personen mit bestimmten Eigenschaften oder Verhaltensmustern herauszufiltern, erheblichen Zweifeln im Hinblick auf das Vorliegen des Erfordernisses einer konkreten Gefahr. Zu bedenken ist dabei allerdings, daß dort, wo es um die Abwehr von Gefahren für besonders hochwertige Rechtsgüter wie Leib und Leben geht (z. B. bei einer Terroristenfahndung, bei der Anhaltspunkte dafür bestehen, daß sich die Terroristen in einer bestimmten Stadt aufhalten), keine übertriebenen Anforderungen an das Vorliegen einer konkreten Gefahr gestellt werden dürfen (vgl. oben Rdnr. 34). **Die Vorschriften über die Amtshilfe** (Art. 35 GG und die §§ 4 ff. VwVfG entsprechenden landesrechtlichen verwaltungsverfahrensrechtlichen Vorschriften) sowie §§ 10 f. BDSG und die diesen korrespondierenden landesrechtlichen Bestimmungen über Datenübermittlung **liefern keine Rechtsgrundlage für den in einem Datenabgleich zwischen öffentlichen Stellen liegenden Eingriff** (der auch gegeben ist, wenn polizeiliche Daten an andere Stellen übermittelt werden) in das Recht auf „informationelle Selbstbestimmung". Durch einen solchen Datenabgleich bzw. eine Datenübermittlung werden die personenbezogenen Informationen über ihren ursprünglichen Erhebungsanlaß hinaus zu weiteren Zwecken dienstbar gemacht und dadurch der Eingriff zusätzlich verschärft. Demgegenüber hilft die Berufung auf die Einheit der öffentlichen Gewalt nicht weiter. Sogar ein innerhalb einer Behörde erfolgender Datenabgleich bzw. eine Datenübermittlung erscheint verfassungsrechtlich höchst problematisch, sofern hierdurch Daten zwischen Behördenbediensteten übermittelt werden, die mit polizeilichen Aufgaben betraut sind und anderen, die andere Aufgaben wahrzunehmen haben[186]. Die unter organisationsrechtlichen Gesichtspunkten erfolgte Bildung von Behörden kann für den Datenschutz nicht von ausschlaggebender Bedeutung sein.

Dem Betroffenen ist im übrigen aus dem Rechtsstaatsprinzip heraus auch dort, wo es an spezialgesetzlichen Vorschriften (wie z. B. § 4 Nr. 1 BDSG, § 6 Nr. 1 BWDSG) fehlt, ein Anspruch auf Auskunftserteilung über die zu seiner Person gespeicherten Informationen eingeräumt, soweit hierdurch nicht die Erfüllung polizeilicher Aufgaben erschwert oder gefährdet werden. Aus dem allgemeinen **Gesichtspunkt der Folgenbeseitigung** ergibt sich überdies, daß grundsätzlich dann, wenn der Anlaß zur Informationsverarbeitung entfallen ist, ein im Wege der allgemeinen Leistungsklage[187] verfolgbarer **Anspruch auf Löschung der Informationen besteht**[188].

---

185 Vgl. hierzu grundlegend *Schlink* Die Amtshilfe, 1982, 169 ff.; ferner *Lisken* NJW 1982, 1481, 1482.
186 S. hierzu *Riegel* 190.
187 A. A. *BayVGH* NJW 1984, 2235, 2236 (dazu oben Rdnr. 47).
188 Auch eine Pflicht zur Benachrichtigung der von der polizeilichen Beobachtung Betroffenen nach Wegfall der Zweckgefährdung dürfte zu bejahen sein, vgl. *Riegel* JZ 1980, 224, 226.

IV. Befugnisse der Polizei- und Ordnungsbehörden auf dem Gebiet der Gefahrenabwehr außerhalb der allgemeinen Polizei- und Ordnungsgesetze

71 Eine Fülle von Rechtsvorschriften, die der Zielsetzung der Gefahrenabwehr dienen, ist heute spezialgesetzlich geregelt. In diesen Bereichen ist für die Anwendung der Generalklausel immer dann kein Raum, wenn die spezielle Normierung selbst eine abschließende Regelung enthält (es gilt der Grundsatz lex specialis derogat legi generali). Gegenstände dieser Spezialgesetze sind z. B. das Gewerberecht, das Bauordnungsrecht, das Immissionsschutzrecht, das Gesundheitswesen, das Verkehrswesen, das Versammlungswesen und die Ausländerüberwachung[189]. Im folgenden wird, da ein Teil dieser polizeirechtlich relevanten Materien in den Beiträgen zum Wirtschaftsverwaltungsrecht, Baurecht und Straßenrecht näher erörtert wird, nur auf das Versammlungsrecht und Ausländerrecht eingegangen.

1. Versammlungswesen

72 **Die Veranstaltung öffentlicher Versammlungen und Aufzüge ist im Versammlungsgesetz (VersG) näheren Bestimmungen unterworfen.** Dabei ist unter Versammlung die Zusammenkunft mehrerer Menschen zu dem gemeinsamen Zweck, öffentliche Angelegenheiten zu erörtern oder eine Kundgebung zu veranstalten, zu verstehen. Der Aufzug als eine sich fortbewegende Versammlung unter freiem Himmel bildet einen Sonderfall der Versammlung unter freiem Himmel. Die Versammlung ist **durch das Merkmal der gemeinsamen Zweckverfolgung von der Ansammlung zu unterscheiden.** Die Öffentlichkeit der Versammlung bemißt sich danach, ob zu ihr jedermann Zutritt hat. **Auf nichtöffentliche Versammlungen findet das VersG grundsätzlich keine Anwendung.** Allerdings enthält es einzelne Vorschriften, die von ihrem Regelungsgehalt her auch für nichtöffentliche Versammlungen gelten[190]. Von diesen Sondervorschriften abgesehen ist das allgemeine Polizei- und Ordnungsrecht für nichtöffentliche Versammlungen einschlägig (vgl. unter F. II.)[191].

Das VersG unterscheidet zwei Arten von öffentlichen Versammlungen: Versammlungen in geschlossenen Räumen (§§ 5 ff.) und Versammlungen unter freiem Himmel (§§ 14 ff.). Versammlungen in geschlossenen Räumen sind nicht anmeldepflichtig. Sie können bei Vorliegen der in § 5 VersG aufgeführten Voraussetzungen verboten werden. Eine bereits stattfindende Versammlung kann durch die Polizei nach Maßgabe des § 13 VersG aufgelöst werden. Versammlungen unter freiem Himmel und Aufzüge sind gem. § 14 VersG anzumelden. Nach § 15 VersG kann die zuständige Behörde solche Versammlungen oder Aufzüge verbieten oder von bestimmten

---

189 Vgl. hierzu den Überblick bei *Drews/Wacke/Vogel/Martens* § 11 2.
190 So das Uniformverbot der §§ 3 I, 28 VersG und die die Versammlungsstörung betreffende Strafvorschrift des § 21 VersG (vgl. *Ott* Gesetz über Versammlungen und Aufzüge, 4. Aufl. 1983, vor § 1 Rdnr. 3).
191 Vgl. auch unten Rdnr. 120.

Auflagen abhängig machen, die nach den zur Zeit des Erlasses der Verfügung erkennbaren Umständen die öffentliche Sicherheit oder Ordnung bei Durchführung der Versammlung oder des Aufzugs unmittelbar gefährden. Eine Versammlung oder ein Aufzug kann nach § 15 II VersG aufgelöst werden, wenn sie nicht angemeldet sind, wenn von den Angaben der Anmeldung abgewichen oder den Auflagen zuwidergehandelt wird oder wenn die Voraussetzungen zu einem Verbot nach § 15 I VersG gegeben sind. § 15 III VersG enthält die Verpflichtung zur Auflösung verbotener Veranstaltungen. **Die Auflösung, bei der es sich um einen gestaltenden Verwaltungsakt handelt, führt zur Beendigung der Rechmäßigkeit der Versammlung**[192]. Zerstreuen sich die Versammlungsteilnehmer nicht, so kann ihnen gegenüber **eine Platzverweisung** (vgl. oben Rdnr. 55) ausgesprochen werden.

Besondere Probleme ergeben sich im Zusammenhang mit den sog. Spontanver-   **73**
sammlungen[193]. Unter einer solchen Versammlung sind aus aktuellem Anlaß durchgeführte Eilversammlungen zu verstehen. Bei ihnen wirft das in § 14 I VersG aufgestellte Erfordernis, die geplante Versammlung unter freiem Himmel oder einen Aufzug spätestens 48 Stunden vor der Bekanntgabe der zuständigen Behörde anzumelden, **erhebliche verfassungsrechtliche Probleme** auf. Die Einhaltung dieser Bestimmung machte nämlich die Realisierung des mit einer Versammlung verfolgten Zwecks u. U. unmöglich bzw. schränkte diese erheblich ein. Man denke hier etwa an die geplante Versammlung anläßlich der Abschiebung eines Ausländers in ein diktatorisch regiertes Land, die mit Lebensgefahr für den Betroffenen verbunden ist. Das Problem läßt sich dabei allerdings z. T. dadurch entschärfen, daß **bestimmte Spontanversammlungen schon vom Wortlaut des § 14 I VersG her der Anmeldepflicht nicht unterfallen.** Dies trifft dann zu, wenn eine Spontanversammlung sich ohne vorherige Einladung, Bekanntmachung oder sonstige Absprache, also unorganisiert, bildet und es daher an einer Person fehlt, die i.S. des § 14 I VersG die Absicht hat, eine Versammlung oder einen Aufzug „zu veranstalten"[194]. Andere Fälle, in denen ein Veranstalter vorhanden ist, versucht man überwiegend dadurch einer verfassungsrechtlich haltbaren Lösung zuzuführen, daß man bei ihnen zwar von der Gültigkeit des Fristerfordernisses des § 14 I VersG ausgeht, bei einer unter Nichteinhaltung der 48-Stunden-Frist angemeldeten Versammlung jedoch annimmt, daß sie — da ja hier eine (wenn auch nicht fristgemäße) Anmeldung vorliege — nach § 15 II VersG nicht verboten werden könne[195] und hier außerdem auch eine Strafbarkeit gem. § 26 Nr. 2 VersG nicht begründet werde[196]. Dieser Lösungsansatz vermag freilich nicht zu überzeugen. Denn auch die Vertreter dieser Konzeption kommen nicht daran vorbei anzuerkennen, daß bei einer veranstalteten, nicht fristgemäß angemeldeten Spontanversammlung bei der von ihnen unterstellten Gültigkeit des § 14 I VersG von einem Verstoß gegen § 14 I VersG auszugehen wäre, auch wenn dieser

---

192 Unrichtig *Dietl/Gintzel* Demonstrations- und Versammlungsfreiheit, 7. Aufl. 1982, § 13 Rdnr. 36, wonach durch die Auflösung aus der Versammlung eine Ansammlung werde.

193 S. hierzu z. B. *Frowein* NJW 1969, 1081 ff. u. *ders.* NJW 1985, 2376 ff.; *Götz* Rdnrn. 176 f.; *Ossenbühl* Der Staat Bd. 10 (1971), 53 ff. und *BVerfG* JZ 1986, 27 ff. m. Anm. *Schenke*.

194 Z. T. beschränkt man den Begriff der Spontanversammlung auf solche Versammlungen (vgl. *Ott* Gesetz über Versammlungen und Aufzüge, 4. Aufl. 1983, § 14 Rdnr. 2).

195 So *Götz* Rdnr. 177; *Ott* Gesetz über Versammlungen und Aufzüge, 4. Aufl. 1983, § 14 Rdnr. 2.

196 BGHSt 23, 46, 60.

Rechtsverstoß ohne eine Sanktion bliebe. Bereits die gesetzliche Begründung eines solchen Rechtsverstoßes ist aber mit Art. 8 II GG i. V. mit Art. 19 II GG dort nicht zu vereinbaren, wo der Zweck der Versammlung unter Einhaltung des Fristerfordernisses des § 14 I VersG nicht oder nur unvollkommen erreicht werden kann. Zudem erscheint es bei dem systematischen Zusammenhang des § 15 II VersG und des § 26 I Nr. 2 VersG mit § 14 I VersG nicht vertretbar anzunehmen, auch die unter Verstoß gegen die Regelung des § 14 I VersG erfolgte Anmeldung sei als eine Anmeldung i. S. des § 15 II VersG und des § 26 I Nr. 2 VersG anzusehen. Dies gilt um so mehr, als § 26 I Nr. 2 VersG sogar expressis verbis auf § 14 VersG Bezug nimmt. Da der Wortlaut der §§ 14 ff. VersG keinerlei Anhaltspunkte dafür bietet, daß hier Spontanversammlungen mit Veranstalter von der Anwendung dieser Vorschrift ausgeschlossen sein sollen, wird man davon auszugehen haben, daß die **§§ 14 ff. VersG jedenfalls insoweit verfassungswidrig und nichtig**[197] **sind, als sie dort, wo der Zweck einer Versammlung bei Einhaltung des Erfordernisses des § 14 I VersG nicht oder nur unvollkommen erreicht wird, eine Anmeldung vorschreiben.** Der Sache nach gehen im übrigen hiervon auch jene Autoren aus, die die §§ 14 ff. VersG verfassungskonform so auslegen[198], daß sie die gerade genannten Fallgestaltungen durch die §§ 14 ff. VersG als nicht erfaßt ansehen. Eine solche „verfassungskonforme Auslegung", wie sie nunmehr auch durch das BVerfG[199] befürwortet wurde, bedeutet bei Lichte gesehen nichts anderes als die Bejahung einer Teilnichtigkeit des § 14 I VersG.

Nicht haltbar ist die verschiedentlich vertretene Ansicht, die §§ 14 ff. VersG seien auf Großdemonstrationen nicht anwendbar. Das BVerfG[200] hat demgegenüber mit Recht eingewandt, daß gerade hier dem Anmeldeerfordernis eine ganz besondere Bedeutung zukommt. Ohne eine solche Anmeldung könne die Polizei nicht die erforderlichen organisatorischen Vorkehrungen in Verbindung mit der Versammlung treffen. Eine möglichst frühzeitige Kooperation zwischen Veranstalter und Polizei liegt hier nicht zuletzt im Interesse der Veranstalter und Versammlungsteilnehmer, da hierdurch die Eingriffsschwellen gem. § 15 VersG heraufgesetzt werden können. Der Umstand, daß bei solchen Großdemonstrationen häufig durch einzelne Demonstranten gewalttätige Aktionen unternommen werden, rechtfertigt grundsätzlich nur ein Vorgehen gegenüber diesen störenden Personen, nicht hingegen ein Verbot oder eine Auflösung der im übrigen friedlichen Versammlung (vgl. hierzu auch unten Rdnr. 82).

Was das Verhältnis des VersG zu den Normen des Straßenrechts und des Straßenverkehrsrechts angeht, stellt das **VersG insoweit eine lex specialis** dar, als es für die Durchführung von öffentlichen Versammlungen und Aufzügen **weder nach § 29 II StVO noch nach den Straßengesetzen** (unter dem Gesichtspunkt einer straßenrechtlichen Sondernutzung) **einer Erlaubnis bedarf.** Der Grund hierfür liegt darin, daß die Durchführung einer öffentlichen Versammlung unter freiem Himmel, insbesondere

---

197 So auch *Frowein* NJW 1969, 1081, 1086; dazu, daß in den Regelfällen, bei denen eine fristgemäße Anmeldung möglich ist, die Regelung des § 14 I VersG nicht gegen Art. 8 II GG verstößt, *BVerwG* NJW 1967, 1191 f.
198 So wohl Herzog in: *Maunz/Dürig/Herzog/Scholz* GG, Bd. I, Stand Januar 1985, Art. 8 Rdnr. 82.
199 *BVerfG* JZ 1986, 27, 30.
200 *BVerfG* JZ 1986, 27, 30 ff.

eines Aufzuges, zwar typischerweise mit einer über den Gemeingebrauch hinaus- reichenden Benutzung der Straße verbunden ist[201], der Gesetzgeber aber — wie durch Art. 8 I GG indiziert — keine über das Anzeigeerfordernis hinausreichenden Beschränkungen von Versammlungen vornehmen wollte. Die Untersagung von Ver- sammlungen aus verkehrspolizeilichen Gründen ist, von engbegrenzten Ausnahme- fällen abgesehen, grundsätzlich als unzulässig zu bewerten[202].

Die Vorschriften des allgemeinen Polizei- und Ordnungsrechts wie auch spezial-poli- zeilicher Normen (z. B. feuerpolizeilicher, baupolizeilicher oder gesundheitspolizeili- cher Art) werden durch das VersG im übrigen insoweit **nicht ausgeschlossen, als sie sich nicht gegen die Versammlung als solche richten,** auch wenn die Abhaltung der Versammlung dadurch mittelbar beeinträchtigt wird. Das Ergreifen von polizeili- chen Standardmaßnahmen gegenüber den zu einer Demonstration anreisenden Per- sonen ist durch die Rechtsprechung[203] zu Recht jedenfalls dann für zulässig erachtet worden, wenn hierdurch die Versammlung weder zeitlich beschränkt noch unmög- lich gemacht wurde. Unter diesen Voraussetzungen wird auch während einer öffent- lichen Versammlung unter freiem Himmel die Vornahme polizeilicher Standardmaß- nahmen (wie z. B. eine Identitätsfeststellung gegenüber Gewalttätern) ebenso wenig wie auf die Generalermächtigung gestützte polizeiliche Maßnahmen ausgeschlossen sein, da § 15 VersG bei öffentlichen Versammlungen unter freiem Himmel nur das Verbot einer Versammlung, die Erteilung von Auflagen und die Auflösung einer Versammlung normiert. Es kann nicht angenommen werden, daß hiermit andere, häufig weniger einschneidende, der Gefahrenabwehr dienende polizeiliche Maßnah- men generell ausgeschlossen werden sollen. Das zwänge die Polizei im übrigen dazu, auf die sich anläßlich einer Versammlung ergebenden Gefahren mit den häufig gra- vierenden Maßnahmen des § 15 VersG zu reagieren und wirkte sich damit letztlich zu Lasten des Grundrechts der Versammlungsfreiheit aus. Daß § 15 VersG keine ab- schließende Regelung beinhaltet, wird auch daran deutlich, daß in ihm z. B. keine Normierung über die sich an die Auflösung einer Versammlung anschließende Platz- verweisung getroffen wird, obschon ohne eine solche die Auflösung einer Versamm- lung meist wirkungslos bliebe. **Keine Vorschriften beinhaltet das VersG bezüglich der zwangsweisen Durchsetzung polizei- und ordnungsbehördlicher Verfügungen.** Deshalb ist es offensichtlich unhaltbar, wenn etwa *v. Brünneck*[204] annimmt, die Auf- erlegung von Gebühren für die Anwendung unmittelbaren Zwangs nach den Voll- streckungskostenordnungen der Länder (vgl. dazu unten Rdnr. 236) gegenüber den polizeiliche Anordnungen nicht beachtenden Versammlungsteilnehmern sei mit der abschließenden Normierung des VersG nicht vereinbar. Das gilt um so mehr, als die Verhängung einer Gebühr keinen spezifischen Bezug zum Grundrecht der Versamm- lungsfreiheit aufweist und es überdies durchaus zweifelhaft ist, ob der Bund über- haupt die Gesetzgebungskompetenz für die Vollstreckung von Verwaltungsakten der Landesbehörden besitzt.

---

201 Zu unzulässigen Sitzblockaden s. *Brohm* JZ 1985, 501 ff.; s. ferner auch *Ott* NJW 1985, 2384 ff.
202 S. *BayVGH* NJW 1984, 2116 f.
203 *OVG Münster* DÖV 1982, 551 f.; vgl. auch *BVerwG* NJW 1982, 1008 ff.
204 *v. Brünneck* NVwZ 1984, 273, 277.

2. Ausländerrecht

74 Zu den spezialgesetzlich geregelten Materien des Rechts der Gefahrenabwehr gehört das Ausländerrecht[205]. Dieses reicht allerdings in seiner **Zielsetzung weit über die Gefahrenabwehr, das sog. Ausländerpolizeirecht, hinaus.** Das zeigt sich schon daran, daß hier nicht nur zur Abwehr von Gefahren für die öffentliche Sicherheit oder Ordnung (s. §§ 6 II, 11 II, 13 I AuslG) behördliche Maßnahmen gegenüber Ausländern getroffen werden können; es wird auch daran deutlich, daß zum Ausländerrecht ebenso das in diesem Zusammenhang nicht näher dazustellende Asylrecht zählt (vgl. hierzu das AsylVfG).

Rechtsgrundlage des geltenden Ausländerrechts ist das vom Bundesgesetzgeber auf der Basis des Art. 74 Nr. 4 GG erlassene Ausländergesetz (AuslG). Erhebliche praktische Bedeutung kommt ferner der Verordnung zur Durchführung des Ausländergesetzes (DVAuslG) zu. Im folgenden soll ein kurzer Überblick über das den Ausländerbehörden eingeräumte überwachungsrechtliche Instrumentarium gegeben werden.

75 Grundlegend ist insoweit zunächst die Vorschrift des § 2 I AuslG, wonach Ausländer, die in den Geltungsbereich des AuslG einreisen und sich darin aufhalten wollen, **einer Aufenthaltserlaubnis bedürfen** (§ 2 I AuslG). Gem § 2 I 2 AuslG darf die Aufenthaltserlaubnis nur erteilt werden, wenn die Anwesenheit des Ausländers Belange der Bundesrepublik Deutschland nicht beeinträchtigt. Voraussetzung ist allerdings zunächst, daß der Ausländer überhaupt der Aufenthaltserlaubnispflicht unterliegt. Ausnahmen ergeben sich insoweit nämlich aus den §§ 2 II, 49 II AuslG sowie aus § 1 DVAuslG i. V. mit § 2 III AuslG; darüber hinaus bedürfen Ausländer, sofern es sich um Staatsangehörige eines Mitgliedsstaats der EG handelt, für die Einreise in das Bundesgebiet keiner Aufenthaltserlaubnis, vorausgesetzt sie fallen unter die Freizügigkeitsregelung des § 1 I AufenthG/EWG. Liegt eine der genannten Ausnahmen nicht vor, so bedarf der Ausländer einer Aufenthaltserlaubnis. Diese darf gem. § 2 I 2 AuslG nicht erteilt werden, wenn die Anwesenheit des Ausländers Belange der Bundesrepublik Deutschland beeinträchtigt (sog. Negativschranke). Lediglich dann, wenn eine solche Beeinträchtigung der Belange der Bundesrepublik Deutschland nicht gegeben ist, hat die zuständige Behörde über die Erteilung einer Aufenthaltserlaubnis nach ihrem pflichtgemäßen Ermessen zu entscheiden. Der Begriff der Belange der Bundesrepublik Deutschland reicht dabei über den Begriff der öffentlichen Sicherheit und Ordnung hinaus und **umfaßt öffentliche Interessen unterschiedlichster Art,** zu denen nicht nur wirtschafts-, konjunktur- und arbeitsmarktpolitische Gesichtspunkte zählen, sondern auch Erwägungen bevölkerungs-, sozial- und außenpolitischer Art[206]. Bedenken gegen die Norm des § 2 I AuslG unter dem Gesichts-

---

205 Aus der allgemeinen Literatur zum Ausländerrecht s. z. B. *Doehring* VVDStRL 32 (1974), 7 ff.; *Ehlers* Jura 1984, 427 ff.; *Fastenrath* Jura 1984, 262 ff.; *Gusy* DVBl. 1979, 575 ff.; *Hailbronner* NJW 1983, 2105 ff.; *ders.* Ausländerrecht, 1984; *Huber* Ausländer- und Asylrecht, 1983; *Isensee* VVDStRL Bd. 32 (1974), 49 ff.; *Kanein* Ausländergesetz, 3. Aufl. 1980; *Kloesel/Christ* Deutsches Ausländerrecht, Stand November 1985; *Mengele* Ausländerrecht, 1983; *Neufert* JA 1982, 118 ff.; *Schiedermair/Wollenschläger* Handbuch des Ausländerrechts der Bundesrepublik Deutschland, 2. Aufl. 1985; *Schnapp* NJW 1983, 973 ff.; *ders.* Jura 1986, 28 ff.; *ders.* Jura 1986, 91 ff.; *Zuleeg* JuS 1980, 621 ff.
206 *Schnapp* Jura 1986, 28, 30 m. w. Nachw.

punkt des rechtsstaatlichen Bestimmtheitsgebots[207] hat das BVerfG[208] als nicht durchschlagend angesehen. Aus dem Sinn und Zweck des Aufenthaltsrechts unter gleichzeitiger Heranziehung des Katalogs der Ausweisungstatbestände des § 10 I AuslG sowie der bindenen Wirkung vorrangigen Völker- und Verfassungsrechts ergäben sich sowohl für die zu prüfende Frage der Beeinträchtigung der Belange der Bundesrepublik Deutschland wie auch für die bei Vorliegen dieser Voraussetzung durch die Behörde gem. § 2 I 2 AuslG anzustellende Ermessensentscheidung ausreichende Anhaltspunkte, um rechtsstaatlichen Erfordernissen zu genügen.

Regelungen über den Umfang der Aufenthaltserlaubnis, d. h. ihren Geltungsbereich **76** und ihre Geltungsdauer, enthält die Vorschrift des § 7 AuslG. So kann nach § 7 I 2 AuslG die Aufenthaltserlaubnis räumlich beschränkt, nach § 7 II AuslG zeitlich befristet sowie gem. § 7 III AuslG mit Bedingungen und Auflagen versehen werden. Nach § 7 V AuslG kann ferner grundsätzlich auch der erlaubnisfreie Aufenthalt eines Ausländers nach diesen Bestimmungen beschränkt werden. Da die Erteilung einer Aufenthaltserlaubnis gem. § 2 I 2 AuslG in das pflichtgemäße Ermessen der Ausländerbehörde gestellt ist, steht die Beifügung einer Nebenbestimmung nach § 7 AuslG ebenfalls im pflichtgemäßen Ermessen der zuständigen Behörde (vgl. § 36 II VwVfG). § 7 IV AuslG bestimmt schließlich, daß auch eine zunächst uneingeschränkt erteilte Aufenthaltserlaubnis nachträglich noch räumlich und zeitlich beschränkt sowie mit Bedingungen und Auflagen versehen werden kann. Besonders zu beachten ist insoweit, daß § 7 IV AuslG auch in den Fällen des § 21 III 1 AuslG Anwendung findet, also dort, wo keine Aufenthaltserlaubnis erteilt wurde, diese vielmehr gem. § 21 III 1 AuslG als vorläufig erteilt gilt, d. h. fingiert wird[209].

Von der Aufenthaltserlaubnis des § 2 AuslG ist die in § 8 AuslG geregelte **Aufent-** **77** **haltsberechtigung**, bei der es sich um eine besondere Form der Aufenthaltserlaubnis handelt, zu unterscheiden. Gem. § 8 I AuslG kann einem Ausländer die Erlaubnis zum Aufenthalt als Aufenthaltsberechtigung erteilt werden, sofern dieser sich seit mindestens fünf Jahren rechtmäßig im Geltungsbereich des AuslG aufhält und sich in das wirtschaftliche und soziale Leben in der Bundesrepublik Deutschland eingefügt hat. Liegen die tatbestandlichen Voraussetzungen dieser Vorschrift vor, so steht die Entscheidung über die Erteilung der Aufenthaltserlaubnis demnach im pflichtgemäßen Ermessen der zuständigen Behörde. Nach § 8 II AuslG ist die Aufenthaltsberechtigung räumlich und zeitlich unbeschränkt und kann nicht mit Bedingungen versehen werden; Auflagen sind demgegenüber zulässig und können ggf. auch nachträglich gemacht werden. Zu den wesentlichen Wirkungen der Aufenthaltsberechtigung gehört, daß gem. § 11 I AuslG ein Ausländer, der eine Aufenthaltsberechtigung besitzt, nur ausgewiesen werden kann, wenn die Voraussetzungen des § 10 I Nr. 1 oder Nr. 2 AuslG vorliegen oder die übrigen in § 10 I AuslG aufgeführten Gründe besonders schwerwiegend sind.

---

207 Vgl. *Schnapp* NJW 1983, 973, 974; *Tomuschat* NJW 1980, 1073 ff.; *Zuleeg* JZ 1980, 425, 427.
208 *BVerfGE* 49, 168, 180 ff.
209 *BVerwGE,* 64, 285, 287; *Hailbronner* Ausländerrecht, 1984, B II Rdnr. 189; allgemein zur praktisch wichtigen Fiktion des erlaubten Aufenthalts gem. § 21 III 1 AuslG sowie zu den damit zusammenhängenden problematischen Fragen des Rechtsschutzes s. z. B. *Mengele* Ausländerrecht, 1983, Rdnrn. D. 176 ff., 197 ff.; *Hailbronner* Ausländerrecht, B.V. Rdnrn. 394 ff., 402 ff.; *Zuleeg* JuS 1980, 621, 624; *Ehlers* Jura 1984, 427, 434 ff.

Zu den wichtigen Bestimmungen des Ausländerrechts gehört ferner die Bestimmung des § 6 AuslG, welche die politische Betätigung der Ausländer zum Gegenstand hat. Diese Normierung ist vor dem Hintergrund zu verstehen, daß die politische Betätigung von Ausländern in der Bundesrepublik Deutschland sowohl die außenpolitischen Beziehungen der Bundesrepublik Deutschland zu anderen Staaten gefährden als auch den innenpolitischen Frieden innerhalb der Bundesrepublik Deutschland beeinträchtigen kann. Dabei stellt § 6 I AuslG zunächst lediglich klar, daß auch Ausländer den Schutz der Grundrechte genießen, soweit diese nicht Deutschen vorbehalten sind. § 6 III AuslG normiert sodann verschiedene Fälle, in denen die politische Betätigung von Ausländern bereits kraft Gesetzes verboten ist. Darüber hinaus bestimmt § 6 II AuslG, daß die politische Betätigung von Ausländern eingeschränkt oder untersagt werden kann, wenn die Abwehr von Störungen der öffentlichen Sicherheit oder Ordnung oder von Beeinträchtigungen der politischen Willensbildung in der Bundesrepublik Deutschland oder sonstige erhebliche Belange der Bundesrepublik Deutschland dies erfordern. Bei einer vollständigen Untersagung der politischen Betätigung eines Ausländers ist daher z. B. jeweils zu überprüfen, ob nicht ein milderes Mittel zur Abwendung der in § 6 II AuslG genannten Gefahren ausgereicht hätte.

Verstößt ein Ausländer gegen ein gesetzliches (§ 6 III AuslG) oder ein behördliches (§ 6 II AuslG) politisches Betätigungsverbot, so kommt seine Ausweisung gem. § 10 I Nr. 1, Nr. 2, Nr. 6 oder Nr. 11 AuslG (vgl. auch § 47 I Nr. 4 AuslG) in Betracht.

Nicht unproblematisch ist mitunter das Verhältnis von § 6 II AuslG zu anderen gesetzlichen Vorschriften. So geht z. B. nach der Rechtsprechung des BVerwG[210] § 6 II AuslG als die insoweit jüngere und auch speziellere Regelung der Anwendung des (auch für Ausländer geltenden) § 1 VersG vor, soweit es um eine Maßnahme zur Reglementierung der politischen Betätigung eines Ausländers geht; handelt es sich hingegen um eine Maßnahme gegenüber einer Veranstaltung als solcher, so soll sich nach einer in der Literatur[211] vorgenommenen Differenzierung deren Rechtmäßigkeit ausschließlich nach den Vorschriften des VersG beurteilen.

78 Einen erheblichen Eingriff in die Rechtsstellung des Ausländers stellt die vor allem in § 10 AuslG normierte **Ausweisung** dar, zu deren wichtigsten Folgen es gehört, daß **sie zu einer Beendigung des Aufenthaltsrechts des Ausländers führt** (vgl. § 9 I Nr. 4, II AuslG) und diesen nach § 12 I 2 AuslG dazu verpflichtet, den Geltungsbereich des AuslG unverzüglich zu verlassen (s. ferner §§ 15, 18 I AuslG). § 10 I AuslG enthält einen abschließenden Katalog jener Fälle, die die Ausländerbehörde zu einer Ausweisung ermächtigen. Ist einer der Ausweisungstatbestände des § 10 I AuslG gegeben, so steht die Entscheidung über die Ausweisung im pflichtgemäßen Ermessen der zuständigen Behörde. Bei dieser Entscheidung sind die für eine Ausweisung des Ausländers sprechenden öffentlichen Interessen mit denjenigen (öffentlichen oder privaten) Interessen abzuwägen, welche für ein weiteres Verbleiben des Ausländers im Bundesgebiet streiten. Besonders zu beachten ist dabei, daß nach der h. M.[212] in

---

210 *BVerwGE* 49, 36, 40.
211 *Drews/Wacke/Vogel/Martens* § 11 2h; *Knemeyer* Rdnr. 401.
212 Vgl. z. B. *BVerwGE* 35, 291, 294; 60, 75 ff.; *Schnapp* Jura 1986, 28, 36.

Rechtsprechung und Literatur zu den für eine Ausweisung des Ausländers sprechenden öffentlichen Interessen nicht nur spezialpräventive Überlegungen, sondern auch Erwägungen generalpräventiver Art gehören können, um so auf andere Ausländer eine abschreckende Wirkung auszuüben. Andererseits ist jedoch stets zu berücksichtigen, daß eine ermessensbegrenzende Wirkung im Hinblick auf eine Ausweisung insbesondere den Grundrechten, dem Grundsatz des Vertrauensschutzes sowie dem Verhältnismäßigkeitsprinzip zukommen kann (zu beachten ist ferner die ermessensbegrenzende Funktion der §§ 11, 55 III AuslG sowie des § 12 I AufenthG/EWG).

Bei der in erster Linie in § 13 AuslG geregelten **Abschiebung** handelt es sich um eine **79** **Maßnahme unmittelbaren Zwangs** zur Durchsetzung einer bestehenden Ausreisepflicht (vgl. § 13 I AuslG), d. h. um eine Sondervorschrift des Verwaltungsvollstreckungsrechts. Gem. § 13 I AuslG ist ein Ausländer, der den Geltungsbereich des AuslG zu verlassen hat, abzuschieben, wenn seine freiwillige Ausreise nicht gesichert ist oder aus Gründen der öffentlichen Sicherheit oder Ordnung eine Überwachung der Ausreise erforderlich scheint. Voraussetzung für eine Abschiebung ist demnach zunächst das Bestehen einer — bereits kraft Gesetzes bestehenden oder aber auf eine behördliche Anordnung zurückzuführenden — Ausreisepflicht. § 12 I 1 AuslG bestimmt insoweit, daß ein Ausländer, der weder eine Aufenthaltserlaubnis (§ 5 AuslG) oder eine Aufenthaltsberechtigung (§ 8 AuslG) besitzt, noch von dem Erfordernis der Aufenthaltserlaubnis befreit ist (§§ 2 II—IV, 49 II AuslG), den Aufenthaltsbereich des AuslG unverzüglich zu verlassen hat. Das gleiche gilt nach § 12 I 2 AuslG für einen Ausländer, der gem. § 10 AuslG ausgewiesen worden ist.

Beruht die Ausreisepflicht auf einer behördlichen Verfügung, so muß diese — da es sich bei der Abschiebung um eine Maßnahme des unmittelbaren Zwangs im Rahmen des Verwaltungsvollstreckungsrechts handelt — grundsätzlich entweder unanfechtbar, d. h. bestandskräftig sein, oder es muß gem. § 80 II Nr. 4 VwGO ihre sofortige Vollziehung angeordnet worden sein. Besonders zu beachten ist allerdings, daß in den Sonderfällen des § 21 III AuslG die Versagung der Aufenthaltserlaubnis bzw. deren Verlängerung bereits kraft Gesetzes vollziehbar ist, da nach § 21 III 2 AuslG Widerspruch und Anfechtungsklage dort keine aufschiebende Wirkung haben.

Hat ein Ausländer demnach den Geltungsbereich des AuslG zu verlassen, so ist er gem. § 13 I AuslG abzuschieben, wenn seine freiwillige Ausreise nicht gesichert ist oder aus Gründen der öffentlichen Sicherheit oder Ordnung eine Überwachung der Ausreise erforderlich erscheint. Liegen diese Voraussetzungen vor, so besteht bei der Entscheidung über die Abschiebung kein Ermessensspielraum der Ausländerbehörde (in Betracht kommt lediglich eine Duldung gem. § 17 AuslG). Gewisse Einschränkungen der Abschiebung ergeben sich allerdings aus § 14 AuslG.

Nach § 13 II 1 u. 2 AuslG soll die Abschiebung unter Bestimmung einer Frist, innerhalb der der Ausländer auszureisen hat, schriftlich angedroht werden (s. aber auch § 13 II 3 u. 4 AuslG sowie § 14 II AuslG). Bei dieser Abschiebungsandrohung und der Fristsetzung zur Ausreise handelt es sich um Verwaltungsakte im Rahmen der Verwaltungsvollstreckung.

D. Die polizeirechtlich Verantwortlichen (Störer)

I. Die Bedeutung des Störerbegriffs und die Arten der Störer

80   Soweit die Polizei- und Ordnungsbehörden zur Bekämpfung von Gefahren für die öffentliche Sicherheit und Ordnung in die Rechtssphäre von Personen eingreifen, müssen sie sich **in erster Linie an die hierfür polizeirechtlich Verantwortlichen, die Störer (Polizeipflichtigen) halten**[213]. Dies gilt prinzipiell nicht nur im Anwendungsbereich des allgemeinen Polizei- und Ordnungsrechts[214], sondern auch für spezialgesetzlich geregelte polizeiliche Materien, wie z. B. das Versammlungsrecht, das Luftverkehrsrecht[215] oder das Baupolizeirecht[216]. Zu beachten ist hierbei freilich, daß z. B. bei spezialgesetzlich geregelten polizei- und ordnungsbehördlichen Befugnissen der Kreis der Adressaten mitunter unmittelbar im Gesetz geregelt ist und es deshalb auf die Frage, ob die betroffene Person Störer ist, nicht mehr entscheidend ankommt. Das gilt z. B. für einen Teil der polizeirechtlichen Standardmaßnahmen (vgl. oben Rdnr. 48); so kann z. B. eine Identitätsfeststellung gem. § 9 I Nr. 2—4 MEPolG grundsätzlich gegenüber allen Personen vorgenommen werden, die sich an bestimmten (insbesondere gefährlichen oder gefährdeten) Orten aufhalten. Wenn es in diesen Fällen auch für die Vornahme polizeilicher belastender Maßnahmen nicht entscheidend auf die Störereigenschaft ankommt, so unterliegen diese Maßnahmen doch dem letztlich der Abgrenzung von Störern und Nichtstörern (mit) zugrunde liegenden Übermaßverbot[217], so daß sich von hierher in concreto (z. B. dort, wo bei einer Person offensichtlich auch der Verdacht, Störer zu sein, ausscheidet) Einschränkungen des polizeilichen Handelns ergeben können. Allerdings reichen diese nicht so weit, wie es bei einer unmittelbaren Anwendung der für die Inanspruchnahme von Störern und Nichtstörern geltenden Grundsätze zuträfe.

81   Störer sind zum einen diejenigen, die durch ihr Verhalten oder durch das Verhalten von Personen, für die sie einzustehen haben, eine Gefahr für die öffentliche Sicherheit oder Ordnung im polizeirechtlichen Sinn verursacht haben **(Verhaltensstörer)**. Zum anderen kann die Störereigenschaft auch dadurch begründet werden, daß eine Person Eigentümer, sonstiger Berechtigter oder Inhaber der tatsächlichen Gewalt bezüglich einer Sache ist, durch die Gefahren oder Störungen verursacht werden **(Zustandsstörer)**. Beide Störereigenschaften können auch nebeneinander (selbst bei einer Person) begründet sein, so beispielsweise, wenn der Eigentümer eines Pkws mit diesem einen Unfall verursacht hat und das schrottreif gefahrene Fahrzeug nunmehr ein Verkehrshindernis bildet (vgl. hierzu unten Rdnr. 99).

82   Die Qualifikation als Störer ist nicht nur insofern relevant, als die Polizei- und Ordnungsbehörden sich bei der Bekämpfung von Gefahren im Fall der Inanspruchnahme von Personen in erster Linie an die Störer zu halten haben. Die Vorschriften über

---

213 Vgl. hierzu *v. Mutius* Jura 1983, 298 ff.; *Schnur* DVBl. 1962, 1 ff.; *Vollmuth* VerwArch. Bd. 68 (1977), 45 ff.; *Vieth* Rechtsgrundlagen der Polizei- und Ordnungspflicht, 1974.

214 Vgl. §§ 6, 7 BWPolG; Art. 7, 8 BayPAG, Art. 9 BayLStVG; §§ 10, 11 Berl-ASOG; §§ 5, 6 Brem-PolG; §§ 8, 9 HambSOG; §§ 11—14 HessSOG; §§ 6, 7 NdsSOG; §§ 4, 5 NWPolG, §§ 17, 18 NWOBG; §§ 4, 5 RhPfPVG; §§ 18—20 SaarPVG; §§ 184—186 SHLVwG; §§ 13, 14 BGSG; §§ 4, 5 MEPolG.

215 *BVerwG* DVBl. 1986, 360 ff. m. Anm. *Schenke*.

den Störerbegriff stellen dabei keine selbständige Rechtsgrundlage für ein Vorgehen gegenüber den Störern dar, sondern umschreiben die Richtung (die Adressaten) der auf eine anderweitige Rechtsgrundlage gestützten polizei- und ordnungsbehördlichen Maßnahmen. Dem Störerbegriff kommt auch deshalb Bedeutsamkeit zu, weil dem in Anspruch genommenen Störer für die ihm hieraus erwachsenen Aufwendungen und Schäden prinzipiell kein Ausgleich zu gewähren ist (vgl. L. I.). Ferner ist die Störereigenschaft insofern beachtlich, als nach einigen Polizei- und Ordnungsgesetzen der Behördenträger Ersatzansprüche gegen den Störer besitzt (vgl. hierzu unten M. I.).

II. Die polizeipflichtigen Personen

Als Störer kommen zum einen **natürliche Personen** in Betracht. Dabei ist es, da für 83 das Polizeirecht seiner Zielsetzung entsprechend das Verschulden einer Person ohne Bedeutung ist, gleichgültig, ob diese Person geschäfts- oder deliktsfähig ist. Zu beachten ist allerdings, daß bei nicht geschäftsfähigen Personen, da ihnen die verwaltungsverfahrensrechtliche Handlungsfähigkeit (§ 12 VwVfG) fehlt, Verwaltungsakte grundsätzlich dem gesetzlichen Vertreter zuzustellen sind (vgl. unten Rdnr. 179). Polizeipflichtig sind auch **juristische Personen des Privatrechts. Auch hinsichtlich nichtrechtsfähiger privatrechtlicher Vereinigungen,** wie einem nichteingetragenen Verein[218], einer OHG oder KG, wird die Möglichkeit einer **Störereigenschaft befürwortet.** Juristische Personen des öffentlichen Rechts sollten nach früher herrschender Auffassung keine Störer sein. Inzwischen setzt sich aber zunehmend die Auffassung durch, daß **auch juristische Personen des öffentlichen Rechts sehr wohl als Polizeipflichtige bzw. Störer in Betracht kommen**[219]. Besonderheiten gelten für diese allerdings insofern, als sich aus der Wahrnehmung hoheitlicher Befugnisse durch sie **Modifikationen bezüglich ihrer Pflichten** ergeben können. Dementsprechend kann ein bestimmtes Verhalten, das Privatpersonen verboten ist, dennoch kraft gesetzlicher Regelung hoheitlich handelnden juristischen Personen des öffentlichen Rechts gestattet sein (vgl. z. B. § 35 StVO, wonach u. a. die Polizei von den Vorschriften der Straßenverkehrsordnung befreit ist, soweit das zur Erfüllung hoheitlicher Aufgaben dringend geboten ist). Auch dort, wo es an ausdrücklichen gesetzlichen Regelungen fehlt, können sich aus dem Gesichtspunkt der durch die öffentliche Sicherheit mitumfaßten Funktionsfähigkeit staatlicher Einrichtungen Einschränkungen materiellrechtlicher Polizeipflichtigkeiten ergeben[220]. Zur Bestimmung der materiellrechtlichen Polizeipflicht bedarf es dann einer Abwägung zwischen dem Ziel der Gefahrenabwehr auf der einen Seite und den Zielen der Aufgabenerledigung des Hoheitsträgers andererseits[221]. An der grundsätzlichen materiellen Polizeipflichtigkeit von Hoheitsträgern ändert sich durch eine solche Einschränkung ihrer Pflichten jedoch nichts.

Von der Frage nach der materiellen Polizeipflichtigkeit von Hoheitsträgern ist jene 84 **nach der formellen Polizeipflichtigkeit scharf zu trennen.** Dort geht es um das Pro-

---

216 Vgl. z. B. *BadWürttVGH* VBlBW 1984, 380.
217 So auch *Götz* NVwZ 1984, 211, 214.
218 *OVG Lüneburg* NJW 1979, 735.
219 Vgl. *Folz* JuS 1965, 41 ff.; *Götz* Rdnr. 222; *Scholz* DVBl. 1968, 732 ff.; *BVerwGE* 29, 52, 56 ff.; 44, 351 ff.
220 Vgl. *Drews/Wacke/Vogel/Martens* § 19 4b.
221 *v. Mutius* Jura 1983, 298, 301.

blem, ob die Polizei- und Ordnungsbehörden gegenüber einem Hoheitsträger, der eine Gefahr für die öffentliche Sicherheit oder Ordnung verursacht hat, einzuschreiten befugt sind. Dies ist grundsätzlich abzulehnen. Aus der staatlichen Kompetenzordnung ergibt sich, daß die hoheitlich handelnden juristischen Personen des öffentlichen Rechts, so wie sie zur Abwehr von Störungen ihrer Tätigkeit durch Dritte berufen sind (vgl. oben Rdnr. 24 Fn. 37), auch selbst zur Bekämpfung derjenigen Gefahren ermächtigt sind, die sich in Verbindung mit ihren Tätigkeiten in ihrem Zuständigkeitsbereich ergeben. Anderenfalls gelangte man zu einer (partiellen) Überordnung der Polizei- und Ordnungsbehörden gegenüber anderen Hoheitsträgern bzw. deren Organen. **Die Polizei- und Ordnungsbehörden besitzen damit grundsätzlich keine Eingriffsbefugnisse gegenüber juristischen Personen des öffentlichen Rechts,** soweit letztere hierdurch bei der Wahrnehmung hoheitlicher Aufgaben tangiert werden[222]. Das gilt nicht nur dann, wenn ein polizeiliches Einschreiten das „Ob" der hoheitlichen Tätigkeit der juristischen Person des öffentlichen Rechts, sondern auch das „Wie" dieser Tätigkeit beeinflussen würde (sehr umstritten)[223]. Wegen des prinzipiellen Fehlens einer formellen Polizeipflicht von Hoheitsträgern kann beispielsweise der neben einer Paketumladestelle der Bundespost wohnende Nachbar nicht von den Polizei- und Ordnungsbehörden verlangen, daß sie gegenüber dem gesundheitsschädlichen, durch die Bundespost bei der Paketumladung verursachten nächtlichen Lärm einschreiten[224]. Falls sich die Bundespost tatsächlich materiell polizeiwidrig verhält und durch ihr Verhalten eine Gefahr für die öffentliche Sicherheit verursacht, besitzt der Nachbar nur gegenüber der Bundespost einen aus den Grundrechten (hier aus Art. 2 II GG, evtl. auch aus Art. 14 GG) ableitbaren Anspruch auf Unterlassung rechtswidriger fortdauernder Beeinträchtigungen.

85 Ausgeschlossen sein dürfte eine formelle Polizeipflichtigkeit juristischer Personen des öffentlichen Rechts nicht nur bei einem hoheitlichen Handeln, sondern auch bei verwaltungsprivatrechtlicher Tätigkeit[225]. Dies rechtfertigt sich trotz des Einsatzes privatrechtlicher Mittel aus der besonderen öffentlichrechtlichen, insbesondere durch das Sozialstaatsprinzip gesteuerten Zielsetzung des Handelns juristischer Personen des öffentlichen Rechts. Demgemäß können die Polizei- und Ordnungsbehörden gegenüber einer Gemeinde auch dann nicht vorgehen, wenn diese Aufgaben der Daseinsvorsorge (wie etwa die Wasserversorgung oder die Müllbeseitigung) mit Mitteln des Privatrechts bewältigt und sich hierbei materiell polizeiwidrig verhält. Bedient sich eine juristische Person des öffentlichen Rechts zur Erfüllung von Verwaltungsaufgaben privatrechtlicher Organisationsformen (z. B. die Wasserversorgung wird durch eine von der Gemeinde beherrschende Aktiengesellschaft durchgeführt),

---

222 Vgl. *BVerwGE* 29, 52, 59; eine polizeiliche Zuständigkeit kann sich freilich auch hier unter dem Gesichtspunkt der Notzuständigkeit ergeben, vgl. Rdnrn. 17, 153, 156 f. Ein Einschreiten der Polizei- und Ordnungsbehörden gegenüber dem nach der Rechtsprechung im Hinblick auf Art. 140 GG i. V. m. Art. 137 V WRV als öffentlichrechtlich (vgl. BVerwGE 68, 62, 64 ff.) zu qualifizierenden Kirchengeläute der Kirchengemeinde als juristische Person des öffentlichen Rechts scheitert aus den gleichen Gründen; der Nachbar hat hier, soweit das Kirchengeläute sich nicht mehr innerhalb der durch § 22 BImSchG gesetzten Grenzen hält, nur einen Unterlassungsanspruch (BVerwGE 68, 67 ff.). Allerdings ist das herkömmliche tägliche Glockengeläute in der Regel als zumutbar anzusehen.
223 A. A. *Scholler/Broß* 215 m. w. Nachw.
224 Vgl. *OVG Lüneburg* OVGE 12, 340 ff.
225 Vgl. *Wolff/Bachof* III § 127 Rdnr. 29.

so ist jedoch eine auch formelle Polizeipflicht der juristischen Person des Privatrechts zu befürworten.

Soweit juristische Personen des öffentlichen Rechts hingegen nur im Rahmen einer **86** **rein fiskalischen Tätigkeit Gefahren verursachen, vermögen sie genauso wie Private durch die Polizei- und Ordnungsbehörden in Anspruch genommen zu werden**[226]. Bezüglich der erwerbswirtschaftlichen staatlichen Tätigkeit wie auch der Hilfsgeschäfte der Verwaltung fehlt es an einem sachlichen Grund für eine Differenzierung bezüglich der formellen Polizeipflichtigkeit von Privatpersonen und juristischen Personen des öffentlichen Rechts. Deshalb hat der Nachbar einer staatlichen Bierbrauerei, der durch die ruhestörende nächtliche Verladung von Bierkästen in seiner Gesundheit beeinträchtigt wird, gegenüber dem Träger der zuständigen Polizei- und Ordnungsbehörde einen Anspruch auf ermessensfehlerfreie Entscheidung über ein Einschreiten.

III. Der Verhaltensstörer

1. Das Verhalten

Die Verhaltensstörung[227] knüpft an das eine Gefahr oder Störung verursachende **87** Verhalten einer Person an. Die **Verhaltensstörung kann nicht nur durch ein Handeln, sondern auch durch ein Unterlassen begründet werden,** sofern für den Betroffenen eine Rechtspflicht[228] zur Gefahrenabwehr besteht (z. B. öffentlichrechtliche Wegereinigungspflicht). Eine solche Handlungsverpflichtung vermag dabei entgegen der ganz h. M.[229] nicht nur durch öffentlichrechtliche, sondern auch durch privatrechtliche Normen begründet zu werden (soweit allerdings die Gefahr lediglich aus der Verletzung zivilrechtlicher Verhaltenspflichten resultiert, ist der Subsidiaritätsgrundsatz zu beachten, vgl. oben Rdnr. 21). Deshalb ist die Polizei, z. B. wenn Leib und Leben von Personen durch Verletzung der zivilrechtlichen Verkehrssicherungspflichten gefährdet werden, sehr wohl in der Lage, den Verkehrssicherungspflichtigen als Verhaltensstörer in Anspruch zu nehmen. Das ist um so unabweisbarer, als die Verletzung der zivilrechtlichen Verkehrssicherungspflicht, soweit hierdurch die Rechtsgüter anderer Personen gefährdet werden, eine strafrechtliche Verantwortlichkeit des Verkehrssicherungspflichtigen begründen kann (vgl. z. B. §§ 222, 230 StGB).

Eine die Verhaltensverantworlichkeit konstituierende Rechtspflicht zum Handeln läßt sich dabei allerdings nicht aus Art. 14 II GG ableiten, da anderenfalls die Vorschriften über die Zustandsverantwortlichkeit des Eigentümers überflüssig wären. Deshalb überzeugt es nicht, wenn das *OVG Münster*[230] den Eigentümer eines verwahrlosten Bauwerks, durch welches eine gesundheitsgefährdende Rattenplage hervorgerufen wurde, wegen einer sich aus Art. 14 II GG ergebenden Verpflichtung des Eigentümers zum Handeln im Hinblick auf sein Unterlassen als Verhaltensverant-

---

226 *BVerwG* DÖV 1962, 142; *Friauf* 233.
227 § 6 BWPolG; Art. 7 BayPAG, Art. 9 I BayLStVG; § 10 BerlASOG; § 5 BremPolG; § 8 HambSOG; §§ 12, 13 HessSOG; § 6 NdsSOG; § 4 NWPolG, § 17 NWOBG; § 4 RhPfPVG; § 19 SaarPVG; § 185 SHLVwG; § 4 MEPolG; § 13 BGSG.
228 *PrOVGE* 55, 267, 270.
229 Z. B. *Drews/Wacke/Vogel/Martens* § 20 1.
230 *OVG Münster* DVBl. 1971, 828 ff.

wortlichen ansah; richtigerweise war hier nur eine Zustandsverantwortlichkeit zu bejahen. Eine Handlungsverpflichtung ergibt sich auch noch nicht daraus, daß eine Person Inhaber eines zur Gefahrenbekämpfung geeigneten Gegenmittels ist. So ist der Besitzer einer leerstehenden Wohnung nicht verpflichtet, einen Obdachlosen aufzunehmen; eine Einweisung des Obdachlosen kann daher allenfalls gegen Entschädigung im Wege des polizeilichen Notstands (vgl. unter E.) erreicht werden. Keine Handlungsverpflichtung besteht auch für den Gestörten. Deshalb ist der Hauseigentümer, der durch einen von einem höher gelegenen Grundstück aus drohenden Felsabsturz gefährdet ist, nicht gehalten, sein Haus zu räumen[231].

2. Der polizeirechtliche Verursacherbegriff

88   Für die Verhaltensverantwortlichkeit kommt es entsprechend der Zwecksetzung des Polizeirechts **nicht auf ein Verschulden oder auch nur eine Verschuldensfähigkeit des Störers an.** Maßgeblich ist vielmehr ausschließlich die Verursachung der Gefahr. Bei der Bestimmung des polizeirechtlichen Verursacherbegriffs kann dabei **nicht auf die Kausalität im naturwissenschaftlichen Sinn abgestellt** werden, da hierdurch die polizeirechtliche Verantwortlichkeit über Gebühr ausgedehnt würde. Andernfalls wäre z. B. ein PKW-Hersteller für alle durch den PKW später hervorgerufenen Gefahren verantwortlich, selbst wenn die Fertigung des PKWs nicht zu beanstanden war. Wegen einer Überdehnung der Haftung scheidet auch eine Übertragung der sich weitgehend an den naturwissenschaftlichen Kausalitätsbegriff anlehnenden, im Strafrecht herrschenden Äquivalenztheorie auf das Polizeirecht aus. Anders als im Strafrecht, bei dem in Gestalt des Verschuldenserfordernisses ein Korrektiv zur Verfügung steht, welches einer Überdehnung der strafrechtlichen Verantwortlichkeit entgegenzuwirken vermag, fehlt es im Polizeirecht gemäß seiner anders gearteten Zielsetzung an einer solchen Eingrenzungsmöglichkeit. Deshalb kann nicht jedes Verhalten, das nicht hinweggedacht werden kann, ohne daß die Gefahr oder Störung entfiele, als Ursache im Sinn des Polizeirechts angesehen werden. Auch die im Zivilrecht überwiegend befürwortete Adäquanztheorie, dergemäß nur solche Folgen einer Handlung als verursacht angesehen werden, mit deren Eintritt nach allgemein menschlicher Lebenserfahrung vom Standpunkt eines kundigen, nachträglich urteilenden Beobachters gerechnet werden kann (sog. objektiv-nachträgliche Prognose), wird der Zwecksetzung des Polizeirechts nicht gerecht. Sie bestimmte die polizeirechtliche Verantwortlichkeit im Regelfall noch zu weit. Ertappt z. B. die heimkehrende Ehefrau ihren Ehemann beim Seitensprung mit der Hausangestellten und verläßt sie daraufhin mit ihren Kindern die gemeinsame Wohnung und wird obdachlos, so war das Verhalten des Ehemanns zwar sicher adäquat kausal, dennoch ist der Ehemann in Bezug auf die Obdachlosigkeit nicht Störer[232].

89   Zur Abgrenzung der polizeirechtlichen Verantwortlichkeit hat man deshalb versucht, einen **eigenen polizeirechtlichen Verursacherbegriff zu entwickeln.** Dieser wird mitunter dahingehend bestimmt, daß **nur eine rechtswidrige Verursachung** im

---

231 Vgl. auch *Drews/Wacke/Vogel/Martens* § 20 1.

232 Vgl. *Drews/Wacke/Vogel/Martens* § 20 3; unrichtig *Scholler/Broß* 203, der den Ehemann wegen der Verletzung seiner Pflichten aus § 1353 BGB auch für die Obdachlosigkeit verantwortlich ansieht, damit aber zwei verschiedene Störungen miteinander vermengt.

polizeirechtlichen Sinn kausal ist[233]. Teils nimmt man an, nur eine **sozialinadäquate Verursachung**[234] sei ursächlich im Sinne der Polizeigesetze. Die h. M.[235] geht heute im Einklang mit der Rechtsprechung des *PrOVG*[236] von der **Theorie der unmittelbaren Verursachung** aus, die in dem — inzwischen allerdings aufgehobenen — § 22 RhPfPVG i.d.F. v. 29. 6. 1973 (GVBl. 180) durch den Gesetzgeber eine ausdrückliche Anerkennung gefunden hatte. Ein Verhalten ist demnach dann **ursächlich, wenn es für sich gesehen die polizeirechtliche Gefahrenschwelle überschreitet** oder, anders formuliert, eine Gefahr unmittelbar verursacht.

Die drei polizeirechtlichen Kausalitätstheorien unterscheiden sich im Ergebnis **90** kaum[237]. Alle drei Theorien stimmen darin überein, daß es sich bei der Bestimmung der polizeirechtlichen Verursachung um ein **Wertungsproblem** handelt. Dies gilt — was z. T. verkannt wird — auch für die Theorie der unmittelbaren Verursachung, die nicht so verstanden werden darf, daß sie die Ursächlichkeit an die zeitliche Reihenfolge der im naturwissenschaftlichen Sinn kausalen Ursachen anknüpft. Ein Gleichklang zwischen den Theorien besteht ferner insofern, als **immer dann, wenn ein Verhalten in Ausübung eines Rechts erfolgt** (z. B. Kündigung des Vermieters, die zur Obdachlosigkeit des Mieters führt; durch eine Behörde förmlich genehmigtes Verhalten, soweit die Erteilung von Auflagen ausgeschlossen ist), von einer die Störereigenschaft begründenden **Verursachung nicht ausgegangen werden kann**. Dies besonders deutlich ausgesprochen zu haben, ist das Verdienst der Theorie der rechtswidrigen Verursachung. Andererseits liefert diese allein kein Kriterium dafür, wann ein Verhalten rechtswidrig ist, da eine Verhaltensstörung nicht nur dann gegeben sein kann, wenn gegen ein ausdrückliches normatives Gebot oder Verbot verstoßen wird. Für den Fall, bei dem ein Verhalten nicht gegen eine Norm verstößt, kann die Theorie der sozialinadäquaten Verursachung Gesichtspunkte beisteuern, die bei der Bestimmung des polizeirechtlichen Verursacherbegriffs Relevanz besitzen. Freilich ist das Kriterium der sozialen Inadäquanz häufig zu vage, um allein hieraus eine trennscharfe Konturierung der polizeirechtlichen Verursachung gewinnen zu können; im übrigen läuft die Theorie der sozialinadäquaten Verursachung im Resultat auf nichts anderes hinaus als auf eine andere Formulierung der Theorie der unmittelbaren Verursachung. Soweit ein Verhalten bereits die polizeiliche Gefahrenschwelle überschreitet, ist es eben sozialinadäquat. Fehlt es hingegen an einer unmittelbaren Verursachung, wie dies etwa bei dem Veranstalter einer Versammlung zutrifft, die durch politische Gegner gewaltsam gestört wird, so begründet diese mittelbare Verursachung keine Gefahr im polizeirechtlichen Sinn. Die Gefahrenschwelle wird hier erst durch das Verhalten derjenigen überschritten, die die Versammlung gewalttätig sprengen wollen. Diese sind Störer, nicht hingegen jene, deren Verhalten nur Anlaß für die Störung bildet (die sog. Veranlasser).

---

233 So z. B. *Erichsen* VVDStRL Bd. 35 (1977), 171, 205 f.; *Schnur* DVBl. 1962, 1, 3 ff.; *Vollmuth* VerwArch. Bd. 68 (1977), 45, 52 f.; wohl auch *Scholler/Broß* 199; eingehend zu den verschiedenen Kausalitätstheorien neuestens *Pietzcker* DVBl. 1984, 457 ff.

234 So z. B. *Hurst* AöR Bd. 83 (1958), 43, 75 ff.

235 *Drews/Wacke/Vogel/Martens* § 20 3; *Friauf* 212; *Götz* Rdnr. 192; *Rasch* § 4 MEPolG Rdnrn. 15 ff.; *Riegel* 97; *Schumann* 43; *Wolff/Bachof* III § 127 Rdnr. 10; *BadWürttVGH* VBlBW 1982, 371 f.; *HessVGH* MDR 1970, 791; *OVG Münster* DVBl. 1973, 924 ff.

236 *PrOVGE* 31, 409 ff.; 103, 139 ff.

237 So auch *Götz* Rdnr. 193.

91 Eine nur scheinbare Ausnahme von dem Grundsatz, daß der Veranlasser einer Gefahr mangels unmittelbarer Verursachung selbst kein Störer ist, bilden die unter dem Etikett des „**Zweckveranlassers**" diskutierten Fälle[238], bei denen ganz überwiegend von der Störereigenschaft des „Zweckveranlassers" ausgegangen wird. Typisch hierfür ist, daß **zwischen der Veranlassung und dem die Gefahr herbeiführenden Verhalten ein durch objektive Umstände vermittelter so enger innerer Zusammenhang besteht,** daß sich der Veranlasser die Gefahr selbst zurechnen lassen muß. Dies gilt z. B. bei einer besonders marktschreierischen Schaufensterreklame, die einen Massenauflauf vor dem Schaufenster zur Folge hat und damit zu Verkehrsbehinderungen führt[239]. Störer sind hier nicht nur die Passanten, sondern auch der Geschäftsinhaber, der zu Werbezwecken diesen Auflauf veranlaßt hat. Entsprechendes dürfte anzunehmen sein, wenn eine Kapelle ein Lied intoniert, dem ein Text mit völkerverhetzendem Inhalt zugrunde liegt[240]. Störer sind dann neben den Sängern des Liedes auch die Mitglieder der Kapelle. Als sehr zweifelhaft erscheint es, ob man auch den Organisator einer Sportgroßveranstaltung oder eines Pop-Konzerts im Hinblick auf die mit solchen Veranstaltungen typischerweise verbundenen Ausschreitungen durch Randalierer als Zweckveranlasser ansehen kann[241]. M. E. ist dies unter Berücksichtigung der grundrechtlichen Ausstrahlungen der Art. 12 und 14 GG grundsätzlich abzulehnen. Anderenfalls müßte nämlich die Durchführung solcher Veranstaltungen regelmäßig als Störung angesehen werden. Es hat hier aber ähnliches zu gelten wie bei einer sich im Anwendungsbereich des Art. 8 GG bewegenden politischen Großdemonstration, deren Veranstalter wegen der hiermit einhergehenden Störungen durch eine kleine Gruppe von Teilnehmern ebenfalls nicht als Störer qualifiziert werden können. An diesen Beispielen wird deutlich, daß es sich auch bei der Entscheidung über das Vorliegen einer **Zweckveranlassung in erster Linie um ein Wertungsproblem handelt,** bei dem dem Grundsatz der Verhältnismäßigkeit schon in Verbindung mit der Abgrenzung der Störereigenschaft Bedeutung beikommt. Variierte man etwa den oben angesprochenen Fall eines den Verkehr störenden Massenauflaufs vor einem Geschäft so, daß der Massenauflauf dadurch hervorgerufen wurde, daß der Geschäftsinhaber ein seltenes oder besonders preisgünstiges Gut verkauft und sich hier eine bis auf die Straße hinausreichende Schlange bildet, so würde der Gewerbetreibende bei einer Verkaufsbeschränkung oder gar -untersagung in seinen Grundrechten ungleich schwer betroffen als dort, wo ihm nur eine Modalität der Werbung untersagt wird und damit eine sich nur an der Peripherie des Grundrechtsschutzes der Art. 12 und 14 GG bewegende Tätigkeit. Deshalb dürfte bei der genannten Fallvariante die Störereigenschaft des Geschäftsinhabers anders als bei dem vom PrOVG entschiedenen Fall abzulehnen sein.

Keine Störereigenschaft unter dem Aspekt der Zweckveranlassung ist m. E. auch dort anzunehmen, wo die Gefahr besteht, daß die von einer Person betriebene Anlage in rechtswidriger Weise durch Dritte benutzt wird und dadurch Gefahren entste-

---

238 Vgl. hierzu *Drews/Wacke/Vogel/Martens* § 20 3; *Scholler/Broß* 204 f.
239 Vgl. *PrOVGE* 85, 270 ff.
240 Im Sachverhalt anders lag hier der berühmte Fall des Borkumliedes, vgl. *PrOVGE* 80, 176 ff.
241 Dafür *Broß* DVBl. 1983, 377, 380; *Götz* DVBl. 1984, 14, 17; a. A. *Schenke* NJW 1983, 1882, 1883.
242 *BVerwG* DVBl. 1986, 360 ff. m. Anm. *Schenke;* a. A. *BadWürttVGH* JZ 1983, 102 ff. m. Anm. *Karpen;* vgl. dazu auch *Götz* NVwZ 1984, 211, 214.

hen. Eine Begründung der Störereigenschaft im Hinblick auf die Risikobelastung durch das Verhalten Dritter dürfte insbesondere dann ausscheiden, wenn in einem Spezialgesetz bereits nähere Regelungen über die Pflichten eines Anlagenbetreibers normiert sind; hier würde eine Ergänzung dieser spezialgesetzlichen Pflichten unter Rückgriff auf eine allgemeine Pflicht zur Minderung des durch Dritte verursachbaren Risikos dem abschließenden Charakter der Spezialregelungen nicht gerecht. Deshalb hat das BVerwG[242] es m. E. zu Recht abgelehnt, vor Schaffung solcher Sicherungspflichten durch die §§ 19 b und 29 c LuftVG die Störereigenschaft eines Flughafenunternehmers im Hinblick auf die Gefahr terroristischer Anschläge im Flughafengelände zu befürworten. Etwas anderes gilt selbstverständlich dort, wo der Gesetzgeber vorsieht, daß dem risikogefährdeten Unternehmen Sicherungspflichten zur Ausschaltung bzw. Minderung eines solchen Risikos auferlegt werden[243], welche dieses nicht beachtet. Der Bemühung der Rechtsfigur des Zweckveranlassers bedarf es dann freilich nicht mehr. Deshalb ist es auch nicht haltbar, wenn man — wie in der Vorauflage noch vertreten — den Gastwirt unter dem Gesichtspunkt der Zweckveranlassung für den vor seiner Gaststätte durch Gäste verursachten Lärm verantwortlich macht, obschon § 5 I Nr. 3 GastG ausdrücklich regelt, daß dem Gastwirt insoweit Auflagen erteilt werden können.

Nichts mit der Figur des Zweckveranlassers haben auch jene Fälle zu tun, bei denen eine Person Teilnehmer (Mittäter, Anstifter oder Gehilfe) einer durch eine andere Person begangenen rechtswidrigen, insbesondere strafbaren Handlung ist (beispielsweise wenn ein Unternehmer seinen Abfall zur Beseitigung an ein Abfallbeseitigungsunternehmen weitergibt, bei dem er weiß, daß dieses den Abfall in verbotener Weise ablagern wird). Hier ergibt sich die Störereigenschaft des Abfallproduzenten bereits daraus, daß sein Verhalten unbestreitbar rechtswidrig ist und eine Gefahr beinhaltet. Folglich läßt sich eine solche Fallkonstellation nicht als Beleg für die häufig vertretene Ansicht anführen, für die Annahme der Zweckveranlassung spielten, abweichend von dem oben vertretenen objektiven Ansatz zur Bestimmung des Zweckveranlassers, auch subjektive Momente eine Rolle (von *Erbel*[244] als sog. subjektive (psychokausale) Theorie der Zweckveranlassung bezeichnet).

Schwierige Abgrenzungsprobleme ergeben sich unter dem Aspekt der polizeirechtlichen Verantwortlichkeit in den Fällen der sog. „latenten Störung" (vgl. oben Rdnr. 35). Bei ihnen hat ein Verhalten, das zunächst noch keine Gefahren verursacht hat, in Verbindung mit dem späteren Hinzutreten weiterer, außerhalb des Einflusses des „latenten Störers" liegender Umstände eine Gefahr herbeigeführt. Das Paradebeispiel hierfür liefert der berühmte, Rechtsprechung und Literatur gleichermaßen beschäftigende Schweinemästerfall[245]. Ein Schweinemäster hatte hier eine Schweinemästerei mit den dazugehörigen baurechtlich genehmigten Stallungen errichtet, die mangels einer Wohnbebauung in der Nachbarschaft niemanden beeinträchtigte und

92

---

243 S. hierzu im Zusammenhang mit der Gefährdung von Industrieanlagen *Roßnagel* ZRP 1983, 59 ff.

244 *Erbel* JuS 1985, 257, 259 m. w. Nachw. Bei der hier vertretenen restriktiven Handhabung des Zweckveranlasserbegriffs dürften sich im übrigen die von *Erbel* gegen die Rechtsfigur des „Zweckveranlassers" erhobenen Einwände weitgehend erledigen.

245 Vgl. hierzu *Drews/Wacke/Vogel/Martens* § 211 b β; *Friauf* 204; *Götz* Rdnr. 262; *Schenke* JuS 1977, 789 ff.; *OVG Münster* OVGE 11, 250 ff.; *HessVGH* BRS 20, 284, 285 f.

keine Gefahr verursachte. Im Zuge einer Ausdehnung der Wohnbebauung[246] wurden später in der Nachbarschaft der Schweinemästerei Wohnhäuser errichtet, deren Bewohner durch die von der Schweinemästerei ausgehende Geruchs- und Ungezieferplage in ihrer Gesundheit beeinträchtigt wurden. In diesen Fällen soll sich nach der h. M. der zunächst nur latent bestehende Gefahrenzustand durch das Heranrücken der Wohnbebauung aktualisiert haben, so daß nunmehr dem Schweinemäster — soweit es sich nicht um eine nach § 4 BImSchG i.V. mit § 2 Nr. 45 4. BImSchV genehmigungspflichtige Anlage handelt[247] — der weitere Betrieb der Schweinemästerei gem. § 25 II BImSchG entschädigungslos untersagt werden könne. Eine entschädigungspflichtige Enteignung gem. Art. 14 III GG liege deshalb nicht vor, weil der Schweinemäster hier nur in die ohnehin gemäß der Sozialbindung des Eigentums bestehende Grenze seines Rechtes verwiesen werde. Würde man dieser Argumentation in dieser Allgemeinheit folgen, **so ergäbe sich hieraus eine offene Flanke des Eigentumsschutzes des Schweinemästers.** Zwar dürfte es zu weit gehen, wenn man die Untersagung des Schweinemästereibetriebs bei der geschilderten Fallkonstellation stets als eine Enteignung ansieht[248]. Soweit bei dem Schweinemäster durch Zusagen oder auf andere Weise ein besonderes Vertrauen darauf begründet wurde, daß in seiner Nachbarschaft in absehbarer Zeit keine Wohnbebauung zugelassen werde, diese nunmehr aber dennoch erfolgt, ist **aus der grundrechtlichen Bestimmung des Art. 14 GG jedoch abzuleiten,** daß hier die mit der Annahme einer Störereigenschaft notwendig gekoppelte **Möglichkeit der entschädigungslosen Untersagung des Betriebs nicht bestehen kann.** Dies bedeutet, daß der Schweinemäster in diesen Fällen nicht als Störer qualifiziert werden kann. Soweit — wie dies meist zutreffen wird — der Schweinemäster nicht auf Dauer mit der Freihaltung der benachbarten Grundstücke von einer Bebauung rechnen durfte, steht allerdings im Hinblick auf das dem Betrieb von vornherein anhaftende Risiko und dessen Situationsgebundenheit der Bejahung einer Störereigenschaft des Schweinemästers nichts im Wege. Jedoch wird hier **häufig in analoger Anwendung des § 21 IV BImSchG**[249] **ein auf den Ersatz eines Vertrauensschadens gerichteter (nicht aus Art. 14 III GG ableitbarer) Anspruch bestehen**[250]. Der Schweinemäster durfte zwar nicht auf den Fortbestand seines Betriebes vertrauen, wohl aber darauf, nicht entschädigungslos der Wohnbebauung weichen zu müssen. Ähnlich dürfte auch der Fall zu lösen sein, bei dem eine ursprünglich rechtmäßig errichtete und betriebene Tankstelle infolge einer sich im Laufe der Jahre ergebenden Steigerung des Verkehrsaufkommens auf der Zufahrtsstraße zu Verkehrsbehinderungen durch zur Tankstelle abbiegende Fahrzeuge führ-

---

246 Dazu, daß über eine Nachbarklage (vgl. *BVerwG* DVBl. 1969, 263 ff. u. DVBl. 1971, 746 ff.) die Bebauung nicht immer vermeidbar ist, s. *Schenke* DVBl. 1976, 740, 744 f.; *Lutz* Eigentumsschutz bei „störender" Nutzung gewerblicher Anlagen 1983, 21 ff.; a. A. *Fröhler/Kormann* WiVerw. 1978, 245 ff.

247 Hier ist § 21 IV BImSchG einschlägig, der allerdings bei einem ausnahmsweise enteignenden Widerruf wegen der dort vorgesehenen Begrenzung des Entschädigungsanspruchs auf den Vertrauensschaden im Hinblick auf Art. 14 III GG Bedenken hervorruft, vgl. *Schenke* JuS 1977, 789, 793 f.

248 So aber wohl *Scholler/Broß* 200.

249 Nicht aber über den hier tatbestandlich nicht einschlägigen § 44 BBauG (vgl. hierzu krit. *Schenke* DVBl. 1976, 740, 751 u. *Lutz* (o. Fn. 246), 194). § 44 BBauG hat nämlich nur die aus einer Nutzungsaufhebung oder -änderung eines Grundstücks resultierende Nutzungsminderung dieses Grundstücks zum Gegenstand, nicht hingegen die Wertminderung eines Nachbargrundstücks.

250 S. näher *Schenke* JuS 1977, 789, 794; dem folgend *Lutz* (o. Fn. 246), 211. A. A. *Drews/Wacke/Vogel/Martens* § 33 3 a δ.

te. Entgegen der Ansicht des *OVG Lüneburg*[251] war auch hier — wie sich unter Heranziehung der Grundsätze über den Zweckveranlasser ergibt — der **Tankstelleninhaber zum Störer geworden**[252], so daß ihm der weitere Betrieb der Tankstelle untersagt werden konnte. Allerdings dürfte ihm bei Betriebsuntersagung **ein Entschädigungsanspruch — hier in analoger Anwendung der Vorschriften über die Entschädigung beim Widerruf von Baugenehmigungen — zustehen.**

Sehr umstritten ist, ob auch „Anscheinsstörer" als Störer anzusehen sind[253]. Eine **93** Stellungnahme zu dieser Problematik verlangt freilich, daß man sich zunächst darüber Klarheit verschafft, was man unter einem „Anscheinsstörer" versteht. Verwendet man den Begriff des „Anscheinsstörers" analog dem der „Anscheinsstörung" so, daß es hierfür maßgeblich ist, ob aus der Sicht der handelnden Polizei- und Ordnungsbehörde bei verständiger Würdigung der Sachlage der Eindruck besteht, eine Person sei Störer[254], so wird man mit dieser Begründung **eine generelle Störereigenschaft eines sog. „Anscheinstörers" nicht befürworten können.** Die in ihrem Wortlaut eindeutigen Vorschriften über die Verhaltensstörung verlangen, daß der Störer durch sein Verhalten eine Gefahr verursacht. Daran fehlt es jedoch, wenn die Gefahr sich etwa daraus ergibt, daß durch Dritte in einer für die Polizei bei verständiger Würdigung glaubhaften Weise vorgetragen wird, eine Person plane eine Straftat oder sei mit deren Durchführung beschäftigt (z. B. Behauptung des angeblichen Abtransports von Diebesgut). Ergreift hier die Polizei Maßnahmen gegenüber dem Betroffenen, ohne daß dieser für die Polizei oder Dritte durch sein Verhalten Anlaß für die Vermutung einer Straftat gegeben hat, so kann er nicht als Störer in Anspruch genommen werden. Das wird auch durch Art. 14 GG indiziert. Erwächst dem Betroffenen aus einer solchen Maßnahme ein ein Sonderopfer begründender finanzieller Schaden, so bedarf es bei einem polizeilichen Eingriff in ein subjektives vermögenswertes Privatrecht einer Entschädigung (Art. 14 III GG). Die Notwendigkeit einer solchen Entschädigung wird hier zwar auch von den Befürwortern der Gegenauffassung überwiegend anerkannt, die von ihnen befürwortete Analogie[255] zu den Entschädigungsvorschriften bei Inanspruchnahme eines Nichtstörers ist jedoch mit Art. 14 III 2 GG unvereinbar. Die Unterhaltbarkeit der Gegenansicht wird auch daran deutlich, daß, wenn man ihr folgt, die Träger der Polizei bei unmittelbarer Ausführung polizeilicher Maßnahmen oder einer Ersatzvornahme Kostenersatz von einem solchen „Anscheinsstörer" verlangen können. Richtiger Ansicht nach ist, falls der Dritte nicht durch sein Verhalten (oder durch den Zustand einer ihm gehörenden Sache; s. unten D. IV) Anlaß für die polizeiliche Maßnahme gab, seine Inanspruchnahme nur als Nichtstörer (und damit nur unter den hier normierten gesteigerten Anforderung sowie mit der Folge einer Entschädigungspflicht der öffentlichen Hand) zu befürworten. Anderes gilt dann, wenn der Betroffene durch sein Verhalten (etwa indem er sich wie ein Betrunkener aufführt und sich nun anschickt, in seinen Pkw einzusteigen) Anlaß für eine polizeiliche Maßnahme bietet. Hier liegt eine Störung zumindest darin begründet, daß durch ein solches einen polizeilichen Einsatz auslösendes Verhalten die Funktionsfähigkeit der Polizei beeinträchtigt wird. Für

---

251 *OVG Lüneburg* OVGE 14, 396 ff.
252 So auch *Götz* Rdnr. 201.
253 Vgl. hierzu eingehend *Hoffmann-Riem* FS Wacke 1972, S. 327 ff.
254 *Habermehl* Rdnr. 284.
255 So *Scholler/Broß* DÖV 1976, 472 ff. und dem wohl folgend *Drews/Wacke/Vogel/Martens* § 33 3a δ.

die hier zu bejahende Störereigenschaft kann es dabei — entgegen dem BGH[256] — nach den allgemeinen polizeirechtlichen Grundsätzen auch **nicht entscheidend darauf ankommen, ob die Störung bzw. Gefahr durch den Betroffenen schuldhaft hervorgerufen wurde.** Aus analogen Erwägungen ist auch derjenige als Störer anzusehen, der, ohne daß dies durch ausreichende tatsächliche Anhaltspunkte gerechtfertigt war, einen Fehlalarm verursacht[257].

Kein Störer ist derjenige, bei dem, ohne daß die Polizei- und Ordnungsbehörden zur Verfügung stehenden Anhaltspunkte bereits für die Befürwortung einer durch diesen verursachten konkreten Gefahr ausreichen, lediglich der Verdacht besteht, er könne Störer sein[258]. Deshalb wird die Behörde eine solche Person nur unter den Voraussetzungen für die Inanspruchnahme von Nichtstörern in Anspruch nehmen; ergibt sich später allerdings in der Tat, daß der Betroffene Störer ist, so scheiden, wie sich bei einer an Sinn und Zweck der Entschädigungsvorschriften orientierenden Auslegung ergibt, Entschädigungsansprüche des Betroffenen aus. Dieser ist dann auch für die Kosten einer Ersatzvornahme oder einer unmittelbaren Ausführung heranzuziehen.

3. Haftung für eigenes Verhalten und für das Verhalten anderer Personen (Zusatzverantwortlichkeit)

94 Neben der Verantwortlichkeit für eigenes Verhalten[259] sehen die Polizei- und Ordnungsgesetze eine **zusätzliche Verantwortlichkeit für das Verhalten anderer Personen** vor[260]. Für Minderjährige bis zu einem bestimmten Lebensalter[261] sowie für Personen, die wegen Geisteskrankheit oder Geistesschwäche entmündigt oder unter vorläufige Vormundschaft gestellt sind, tritt neben deren Verantwortlichkeit diejenige des Personensorgeberechtigten[262] bzw. Aufsichtspflichtigen[263]. Ferner wird durch das Verhalten des Verrichtungsgehilfen, sofern dieser **in Ausführung einer Verrichtung** (und nicht nur bei deren Gelegenheit, d. h. ohne inneren Zusammenhang mit dieser) eine Gefahr verursacht, eine Verantwortlichkeit des Geschäftsherrn begründet. Voraussetzung für das Vorliegen der Verrichtungsgehilfeneigenschaft ist die Abhängigkeit vom weisungsbefugten Geschäftsherrn. Anders als im Zivilrecht scheidet bei der verschuldungsunabhängigen polizeirechtlichen Verantwortlichkeit ein Entlastungsbeweis des Geschäftsherrn naturgemäß aus.

---

256 *BGHZ* 5, 144, 152; treffend demgegenüber *Götz* NVwZ 1984, 211, 214.
257 Übersehen wird dies durch *OVG Lüneburg* DVBl. 1983, 464. Im konkreten Fall, bei dem der Alarm durch eine fehlerhafte Alarmanlage ausgelöst wurde, war der Eigentümer der Anlage jedenfalls Zustandsstörer.
258 Unrichtig deshalb *OVG Saarlouis* DÖV 1984, 471, 472.
259 § 6 I BWPolG; Art. 7 I BayPAG, Art. 9 I 1 BayLStVG; § 10 I BerlASOG; § 5 I BremPolG; § 8 I HambSOG; § 12 HessSOG; § 6 I NdsSOG; § 4 I NWPolG; § 17 I NWOBG; § 4 I RhPfPVG; § 19 I SaarPVG; § 185 I SHLVwG; § 4 I MEPolG; § 13 I 1 BGSG.
260 § 6 II, III BWPolG; Art. 7 II, III BayPAG, Art. 9 I 2, 3 BayLStVG; § 10 II, III BerlASOG; § 5 II, III BremPolG; § 8 II, III HambSOG; § 13 HessSOG; § 6 II, III NdsSOG; § 4 II, III NWPolG; § 17 II, III NWOBG; § 4 II, III RhPfPVG; § 19 II, III SaarPVG; § 185 II, III SHLVwG; § 4 II, III MEPolG; § 13 I 2, II BGSG.
261 Das in den einzelnen Polizei- und Ordnungsgesetzen differiert: Meist erlischt die Zusatzverantwortlichkeit mit der Vollendung des 14. Lebensjahres, vgl. z. B. § 10 II BerlASOG; § 5 II BremPolG; § 4 II NWPolG, § 17 II NWOBG; § 4 II RhPfPVG; § 4 II MEPolG.
262 So in Baden-Württemberg, Hamburg, Hessen, Saarland und Schleswig-Holstein.
263 So in den übrigen Bundesländern und den Regelungen im MEPolG und BGSG.

IV. Der Zustandsstörer

Die Zustandsverantwortlichkeit[264], die häufig (z. B. bei einem Gewerbetreibenden, **95** der einen störenden Gewerbebetrieb unterhält) mit der Verhaltensverantwortlichkeit einhergeht, knüpft bei den dem § 5 MEPolG folgenden Polizei- und Ordnungsgesetzen nunmehr primär an die bezüglich einer störenden Sache bestehende **Sachherrschaft, daneben aber auch noch an die des Eigentümers und mitunter auch an die eines anderen Berechtigten**[265] **an**. Unter Zustand der Sache ist dabei sowohl die Beschaffenheit der Sache wie auch deren Lage im Raum (z. B. Verkehrshindernis auf der Straße) zu verstehen. Voraussetzung für die Verantwortlichkeit ist auch hier, daß durch die Sache die Gefahr verursacht wird. Damit stellt sich in diesem Zusammenhang gleichfalls die Frage nach dem polizei- und ordnungsrechtlichen Kausalitätsbegriff, die hier ebenso wie bei der Verhaltensverantwortlichkeit **durch die Theorie der unmittelbaren Verursachung zu beantworten** ist. Soweit sich durch die Sache hervorgerufene Gefahren aus einer durch das Eigentum gewährten Nutzung der Sache ergeben, fehlt es am Vorliegen einer unmittelbaren Verursachung, da die Nutzung noch nicht die Gefahrengrenze überschreitet. So wird etwa durch einen auf einem Grundstück stehenden Baum dann keine Gefahr verursacht, wenn durch eine spätere Verlegung einer Kreuzung an das Grundstück der Baum die Übersichtlichkeit der Kreuzung beeinträchtigt und dadurch Verkehrsgefährdungen erzeugt[266]. Die Bepflanzung des Grundstücks stellt sich jedenfalls dann als eine aus dem Eigentum am Grundstück abzuleitende Befugnis dar, wenn bezüglich der Bepflanzung von Grundstücken gesetzliche Regelungen existieren und diese eingehalten wurden.

Die unter dem wenig glücklichen Etikett des „latenten Störers" diskutierte Problematik, wie sie oben in Verbindung mit der Verhaltensstörung erörtert wurde, ergibt **96** sich gleichermaßen in Bezug auf die Zustandsstörung. Demgemäß vermag z. B. der Schweinemäster, soweit er nicht aufgrund besonderer behördlicher Zusicherungen auf das Freihalten der Nachbargrundstücke von einer Wohnbebauung vertrauen durfte, nach einer Wohnbebauung nicht nur als Verhaltens-, sondern auch als Zustandsstörer (u. U. allerdings nur gegen Entschädigung analog § 21 IV BImSchG) in Anspruch genommen zu werden. Ebensowenig kann bei einem Friedhof, in dessen Nähe später ein Wasserwerk errichtet wird, dessen Wasser durch Verwesungsgifte verseucht wird („Ahnenbrühe") — entgegen dem *OVG Münster*[267] — eine Zustandsverantwortlichkeit des Friedhofseigentümers mit der Begründung ausgeschlossen

---

264 § 7 BWPolG; Art. 8 I, II 1 BayPAG, Art. 9 II 1, 2 BayLStVG; § 11 I, II 1 BerlASOG; § 6 I, II 1 BremPolG; § 9 I HambSOG; § 14 I, II 1 HessSOG; § 7 I, II 1 NdsSOG; § 5 I, II 1 NWPolG, § 18 I, II 1 NWOBG; § 5 I, II 1 MEPolG; § 14 I, II BGSG.

265 So Art. 8 II 1 BayPAG; § 11 II 1 BerlASOG; § 6 II 1 BremPolG; § 7 II 1 NdsSOG; § 5 II 1 NWPolG; § 5 II 1 RhPfPVG; § 5 II 1 MEPolG; § 14 II 1 BGSG. Unter sonstigen Berechtigten sind dabei nicht nur dingliche Berechtigte (z. B. Nießbraucher) zu verstehen, auch eine schuldrechtlich begründete Befugnis kann hierunter fallen, wenn nach Art der Gefahr eine Einwirkungsmöglichkeit besteht (vgl. *Heise/Riegel* Begr. zu § 5 II MEPolG). Der Unterschied zu den Ländern, die eine Verantwortlichkeit sonstiger Berechtigter nicht regeln (s. z. B. § 7 BWPolG), ist im übrigen nicht groß, da die sonstigen Berechtigten ohnehin meist Inhaber der tatsächlichen Gewalt sein werden.

266 Vgl. zu einem solchen Fall *OVG Lüneburg* OVGE 17, 447 ff.; zust. *Götz* Rdnr. 201; *v. Mutius* Jura 1983, 298, 306.

267 *OVG Münster* v. 30. 5. 1952, abgedruckt bei *Th. Vogel* Gerichtsentscheidungen zum Polizeirecht, 1971, 123 ff.; a. A. zutr. *Götz* Rdnr. 220 und *Drews/Wacke/Vogel/Martens* § 21 1 b ß.

werden, daß die ursprünglich polizeigemäß errichtete Friedhofsanlage „nicht dadurch polizeiwidrig werden (könne), daß in der Nachbarschaft eine andere Anlage errichtet wird und diese von jener irgendwelche der Abwehr bedürftigen Gefahren zu erwarten hat".

97 Für das Bestehen einer Zustandsverantwortlichkeit ist es zwar grundsätzlich ohne Bedeutung, auf welche Weise die Sache in einen die Gefahr verursachenden Zustand versetzt wurde. Deshalb ist entgegen der — im übrigen inkonsequenten — Rechtsprechung des *BayVGH* und einer in der Literatur verschiedentlich vertretenen Ansicht[268] der Eigentümer eines Pkw auch für die Gefahren verantwortlich, die durch die rechtswidrige Benutzung seines Pkw durch Dritte entstanden. Eine Zustandsverantwortlichkeit scheidet jedoch dann aus, wenn es sich **um außergewöhnliche, außerhalb der Risikosphäre des Eigentümers liegende Ereignisse handelt,** die die Sache in einen gefährlichen Zustand versetzt haben[269]. Dies trifft etwa beim Umsturz eines Tankwagens zu, bei dem das auslaufende Öl das Erdreich eines Grundstücks verschmutzt und die Wasserversorgung gefährdet[270]. Gleiches gilt z. B. für durch Naturkatastrophen hervorgerufene Schäden oder z. B. für durch Kriegseinwirkung entstandene Ruinengrundstücke[271]. Das Entfallen einer Verantwortlichkeit ergibt sich bei diesen außerhalb der Risikosphäre des Eigentümers liegenden Schadensfällen aus einer am Sinn und Zweck der Zustandsverantwortlichkeit ausgerichteten Interpretation der einschlägigen gesetzlichen Vorschriften, zumindest aber aus ihrer verfassungskonformen, an Art. 14 GG orientierten Auslegung[272]. Der Versuch, dem Eigentümer trotz Bejahung seiner Zustandsverantwortlichkeit dadurch zu helfen, daß man seine Heranziehung zur Störungsbeseitigung im Hinblick auf die hiermit verbundene wirtschaftliche Bedeutung als unzumutbar ansieht[273], vermag demgegenüber nicht zu überzeugen. Die mangelnde wirtschaftliche Leistungsfähigkeit des Polizeipflichtigen würde es allein nicht rechtfertigen, ihn stets von der Behebung der polizeilichen Gefahr zu befreien[274]. Nicht zu überzeugen vermag es hier auch, wenn man den Eigentümer zwar für verantwortlich ansieht, den Kostenersatzanspruch bei einer durch die Polizei- und Ordnungsbehörde vorgenommenen Ersatzvornahme (oder unmittelbaren Ausführung) jedoch höhenmäßig begrenzt[275]. Eine solche Minderung steht im Widerspruch zu den die Kostenersatzpflicht regelnden Normen und trägt der Konnexität von primärer (materieller) Polizeipflicht und sekundärer Haftung (Kostenersatzpflicht) nicht ausreichend Rechnung. Sie würde

---

268 *BayVGH* NJW 1984, 1196 f. (krit. hierzu *Wegmann* BayVBl. 1984, 685 f.). Inkonsequent ist es, wenn der *BayVGH* für den Bereich der „aktuellen Gefahrenabwehr" hier dann doch wieder eine Zustandsverantwortlichkeit befürwortet.

269 Vgl. hierzu grundlegend *Friauf* FS Wacke 1972, 293 ff.; ebenso *Baur* JZ 1964, 354, 356; *Rasch* § 5 MEPolG Rdnr. 12; *BadVGH* DVBl. 1953, 145 ff.; a. A. *Drews/Wacke/Vogel/Martens* § 21 1 b α; *Götz* Rdnr. 213; *Schumann* 46 f.; *BVerwGE* 10, 282, 283.

270 Zu diesem Fall s. *OVG Münster* DVBl. 1964, 683 und *Scholler/Broß* 210 f.

271 So auch *BadVGH* DVBl. 1953, 145 ff.; a. A. *BVerwGE* 10, 282, 283.

272 Möglicherweise ergibt sich hier auch in einem Teil der sog. „Altlastfälle" (Schadstoffansammlungen im Erdreich z. B. auf einem früheren Industriegelände) eine Einschränkung der Verantwortlichkeit (a. A. *BadWürttVGH* NVWZ 1986, 325 ff.); zu weitgehend allerdings wohl *Papier* DVBl. 1985, 873, 877 u. *ders.* NVwZ 1986, 256 ff. Zum Problem auch *Breuer* JuS 1986, 359 ff.

273 So *Drews/Wacke/Vogel/Martens* § 21 1 b α; *BadWürttVGH* VBlBW 1982, 371 ff.

274 *Rasch* § 5 MEPolG Rdnr. 13; *OVG Berlin* AS 4, 176 ff.; a. A. *VG Freiburg* DVBl. 1967, 787, 788.

275 So z. B. *Hohmann* DVBl. 1984, 997 ff.

überdies zu einer unhaltbaren Benachteiligung desjenigen führen, der seiner materiellen Polizeipflicht Folge leisten würde und selbst die entsprechenden kostenaufwendigen Maßnahmen träfe. Ebenso untauglich ist der Versuch, die materielle Polizeipflicht so aufzuspalten, daß im Tanklastwagenfall der Eigentümer zwar zur Duldung der Arbeit auf seinem Grundstück als Störer verpflichtet ist, nicht aber die Bodenverunreinigungen zu beseitigen hat[276]. Zur Ablehnung eines auf die Duldung von Maßnahmen durch den Grundstückseigentümer gestützten Entschädigungsanspruchs gelangt man in der Regel auch dann, wenn der Grundstückseigentümer als Nichtstörer in Anspruch genommen wird, da hier diese Arbeiten in seinem eigenen Interesse und zu seinem Vorteil vorgenommen werden (vgl. unten Rdnr. 229).

Die Zustandsverantwortlichkeit des Eigentümers oder ggf. eines anderen Berechtigten erlischt nach Maßgabe der hier z. T. unterschiedlichen Regelungen meist, wenn der Inhaber der tatsächlichen Gewalt diese ohne den Willen des Eigentümers oder Berechtigten ausübt (vgl. § 5 II 2 MEPolG). Die **Zustandsverantwortlichkeit des Eigentümers wird ferner mit der Übereignung und der Dereliktion beendigt**[277]. Dies gilt grundsätzlich auch dann, wenn vor der Übereignung bzw. Dereliktion dem früheren Eigentümer bzw. Berechtigten gegenüber schon ein polizeilicher Verwaltungsakt erlassen wurde. Daher besteht in diesem Fall ein Rechtsanspruch des Adressaten dieses Verwaltungsakts auf dessen Aufhebung. Eine im Vordringen befindliche Auffassung[278] bejaht allerdings auch nach Dereliktion generell die Fortgeltung der Verantwortlichkeit des früheren Eigentümers. Ihr kann de lege lata in dieser Generalität nicht gefolgt werden. Allein aus dem Gesichtspunkt, daß es dem gesetzgeberischen Zweck der Zustandshaftung nicht entspricht[279], dem Eigentümer — der bisher den Nutzen der Sache gehabt hatte — zu gestatten, nun entstehende Nachteile (Kosten der Gefahrenbekämpfung) durch Dereliktion auf die Allgemeinheit abzuwälzen, läßt sich der eindeutige Wortlaut der an die Eigentümerstellung anknüpfenden polizeirechtlichen Vorschriften nicht beiseite schieben. Diese rechtspolitisch zu billigende Erwägung kann für den Gesetzgeber nur den Anlaß bieten, die Zustandsverantwortlichkeit nicht mit der Dereliktion enden zu lassen, wie dies in Anlehnung an § 5 III MEPolG nunmehr in der Tat in einigen Ländern normiert ist[280]. Auch der Hinweis[281], die Sachherrschaft des früheren Eigentümers bestehe nach der Dereliktion fort und rechtfertige damit weiter dessen Verantwortlichkeit, überzeugt nicht, da eine solche Sachherrschaft keineswegs andauern muß. Allein die (im übrigen für jedermann bestehende) Möglichkeit, sich die herrenlose Sache wieder anzueignen, begründet (ebenso wie für andere Personen) auch für den früheren Eigentümer keine Sachherrschaft. Der neuestens von *Schmidt-Jortzig* empfohlene Weg[282], die Dereliktion wegen Verstoßes gegen § 134 BGB als nichtig anzusehen, ist gleichfalls nicht

98

---

276 So aber *Seibert* DVBl. 1985, 328, 329.
277 So auch *Drews/Wacke/Vogel/Martens* § 21 2 c; *Götz* Rdnr. 213; *Rasch* § 5 MEPolG Rdnr. 20; *Schumann* 46.
278 *Friauf* 217; *Riegel* 99; *Schmidt-Jortzig* FS Scupin 1983, 819, 828 f.; *Wolff/Bachof* III § 127 Rdnr. 24; *VG Freiburg* DVBl. 1967, 787, 788.
279 So *Friauf* 217 f.
280 Art. 8 III BayPAG; § 6 III BremPolG; § 7 III NdsSOG; § 5 III NWPolG, § 18 III NWOBG; § 5 III RhPfPVG.
281 So *Scholler/Broß* 207.
282 Vgl. *Schmidt-Jortzig* FS Scupin, 1983, 819, 828 f.

gangbar. Das von ihm bemühte Verbot, die Sache in polizeiwidrigen Zustand geraten oder darin verharren zu lassen, läßt sich aus den die Zustandsverantwortlichkeit des Eigentümers regelnden Normen nur insoweit ableiten, als der Pflichtige noch Eigentümer ist. Gegen ein solches Verbot wird aber durch eine Dereliktion nicht verstoßen. Für eine darüber hinausgehende Verpflichtung, aus der sich die Unzulässigkeit einer zur Aufgabe der polizeirechtlichen Verantwortlichkeit führenden Dereliktion ergeben soll, fehlt es aber — auch aus systematischen Gründen — an einer normativen Verankerung. Der Annahme einer solchen Pflicht widerspricht im übrigen auch, daß sonst bei einer Eigentumsaufgabe durch Eigentumsübertragung unbestrittenermaßen die Verpflichtung des früheren Eigentümers erlischt. Allenfalls in besonders gelagerten Fällen wird man die Dereliktion im Hinblick auf § 138 BGB als nichtig ansehen können. Ein solcher Fall kann z. B. dann vorliegen, wenn nach Erlaß eines polizeilichen Verwaltungsakts eine Dereliktion nur aus dem Grund erfolgt, sich der Verantwortlichkeit zu entziehen und Gefahren für besonders hochwertige Rechtsgüter bestehen. Selbstverständlich wird im übrigen eine **Verhaltensverantwortlichkeit des früheren Eigentümers durch die Aufgabe des Eigentums nicht berührt.** Wird beispielsweise ein Auto durch seinen Eigentümer bei einem Unfall zu Schrott gefahren und bildet es nunmehr ein Verkehrshindernis auf der Straße, so kann sich der Eigentümer seiner Verhaltensverantwortlichkeit nicht dadurch entziehen, daß er das Eigentum an dem Auto aufgibt.

99 **Für die Haftung des Inhabers der tatsächlichen Gewalt ist es ohne Bedeutung, worauf diese beruht.** Auch der unrechtmäßige Inhaber der tatsächlichen Gewalt ist verantwortlich. Die tatsächliche Gewalt kann im übrigen nicht nur durch den Besitzer (auch hier sind freilich Ausnahmen denkbar, so braucht der Erbenbesitzer gem. § 857 BGB nicht Inhaber der tatsächlichen Gewalt zu sein) ausgeübt werden, sondern auch durch den Besitzdiener[283]. Einschränkungen der Verantwortlichkeit des Inhabers der tatsächlichen Sachherrschaft resultieren daraus, daß dieser nur zu solchen Handlungen verpflichtet werden kann, zu denen er tatsächlich in der Lage und rechtlich befugt ist. Zweifelsfragen ergeben sich in diesem Zusammenhang dort, wo der Störer durch einen Verwaltungsakt zu einem Handeln verpflichtet wird, bei dessen Vornahme er aus zivilrechtlichen Gründen auf die Mitwirkung Dritter angewiesen ist. Man denke etwa an die allein dem Miteigentümer eines Grundstücks gegen über erlassene Anordnung, ein Bauwerk abzubrechen, oder die nur dem Pächter eines Gewerbebetriebs gegenüber getroffene Auflage, an dem Betriebsgebäude bauliche Veränderungen vorzunehmen. Während man früher vielfach annahm, hier sei der dem Miteigentümer bzw. dem Pächter gegenüber erlassene Verwaltungsakt rechtswidrig, da von dem Adressaten etwas rechtlich Unmögliches verlangt werde, wird dieser Standpunkt heute von der h. M. aufgegeben[284]. Dem ist zuzustimmen, da die Erfüllung der auferlegten Verpflichtung jedenfalls dann möglich ist, wenn sich der zivilrechtlich Berechtigte (also z. B. ein anderer Miteigentümer) mit der Durchführung der polizeilichen Anordnung einverstanden erklärt oder ihm gegenüber nachträglich eine ihn zur Duldung des Eingriffs verpflichtende Verfügung er-

---

283 Vgl. *Drews/Wacke/Vogel/Martens* § 21 3 a.
284 Vgl. *BVerwG* BauR 1972, 298 f.; *OVG Münster* BRS 24 Nr. 194; *HessVGH* NJW 1983, 2282; *Bad-WürttVGH* VBlBW 1982, 405, 406; *Kühling* BauR 1972, 264 ff.

geht. Es ist daher vorbehaltlich abweichender landesrechtlicher Regelungen **nicht erforderlich, daß mit der Inanspruchnahme des zivilrechtlich Nichtberechtigten zugleich eine Duldungsverfügung gegenüber dem Berechtigten erfolgt.** Für diese Ansicht — die auch auf Parallelen im Zivilprozeßrecht verweisen kann[285] — sprechen Gründe der Verfahrensökonomie. Sie führt auch zu keiner Verkürzung des Rechtsschutzes des zivilrechtlich berechtigten Dritten, da ohne dessen Zustimmung bzw. ohne eine diesem gegenüber ergangene Duldungsverfügung eine **Vollstreckung des polizeilichen Verwaltungsakts** (in den Beispielen also gegenüber dem Miteigentümer bzw. dem Pächter) **nicht zulässig ist.** Die Rechte Dritter bilden insoweit ein Vollstreckungshindernis.

V. Die Auswahl zwischen mehreren Störern

Häufig haben mehrere Störer eine Gefahr verursacht. In diesen Fällen fragt sich, ob   **100**
die Behörde gegen alle Störer vorzugehen vermag oder ob sich für sie möglicherweise Einschränkungen hinsichtlich des ihr sonst prinzipiell zustehenden Auswahlermessens ergeben. Diskutiert wird dies insbesondere, wenn eine Gefahr sowohl durch einen Verhaltensstörer als auch durch einen Zustandsstörer verursacht wurde[286]. Soweit sich hier nicht bereits aus dem Grundsatz des geringsten Eingriffs ergibt, daß eine Person deshalb nicht in Anspruch genommen werden kann, weil der andere Störer den Gefahrenzustand mit einem geringeren Aufwand zu beseitigen vermag, regelt das Gesetz nicht, gegen welchen Störer einzuschreiten ist. **Grundsätzlich wird dies derjenige sein, welcher in der Lage ist, die Gefahr oder Störung am schnellsten und wirksamsten zu beseitigen.** Soweit die Formel, prinzipiell sei derjenige heranzuziehen, der zeitlich und örtlich der Gefahr am nächsten stehe, in diesem Sinne interpretiert wird, ist dies nicht zu beanstanden. Inwieweit sich darüber hinaus — wie heute vielfach angenommen wird[287] — eine das Ermessen einschränkende Regel dergestalt aufstellen läßt, daß **prinzipiell der Verhaltensstörer vor dem Zustandsstörer in Anspruch zu nehmen ist, erscheint hingegen zweifelhaft**[288]. Dies kann im Einzelfall zwar ein Gebot der Gerechtigkeit sein; so z. B., wenn durch einen Autofahrer ein Unfall mit einem ihm nicht gehörenden Auto verursacht wird und dadurch eine Gefahrenlage besteht. Zu beachten ist jedoch, daß für die ermessensfehlerfreie Auswahl zwischen Störern **noch eine Reihe anderer Gesichtspunkte relevant werden, so** z. B. die durch den Störer zur Gefahrenbekämpfung zu erbringenden Aufwendungen sowie seine persönliche und sachliche Leistungsfähigkeit und die Wirksamkeit der Gefahrenbekämpfung. Ist beispielsweise der Verhaltensstörer den Polizei- bzw. Ordnungsbehörden nicht bekannt (etwa der Fahrer des Unfallautos) oder können sie diesen aus sonstigen tatsächlichen Gründen zur Gefahrenbeseitigung nicht heranziehen, so können sie sehr wohl den Zustandsstörer in Anspruch nehmen. Soweit verschiedene Personen als Störer für eine Inanspruchnahme in Betracht kommen und hierbei eine Person sowohl Zustandsstörer wie Verhaltensstörer ist, kann auch dieser

---

285 Vgl. *RGZ* 68, 221.
286 Vgl. hierzu z. B. *Drews/Wacke/Vogel/Martens* § 19 6c; *Rasch* § 5 MEPolG Rdnr. 21.
287 So *Rasch* § 5 MEPolG Rdnr. 21; *OVG Hamburg* DVBl. 1953, 542 f.; *OVG Münster* OVGE 19, 101, 104; *BayVGH* BayVBl. 1979, 307, 309.
288 So auch *Friauf* 218 f.

Gesichtspunkt zur Verengung des Ermessensspielraums beitragen und damit nur die Inanspruchnahme des Doppelstörers ermessensfehlerfrei sein.

101 Umstritten ist es, inwieweit der durch die Polizei- und Ordnungsbehörden in Anspruch genommene Störer einen Ausgleichsanspruch gegenüber einem nicht in Anspruch genommenen anderen Störer analog § 426 II BGB besitzt. Der *BGH*[289] hat dies verneint. Dem wird man dann zuzustimmen haben, wenn trotz des Vorhandenseins mehrerer Störer nur die polizeiliche Inanspruchnahme eines Störers wegen dessen ganz überwiegender Verantwortlichkeit zur Gefahrenabwehr ermessensfehlerfrei ist. Hier fehlt es an einer dem § 426 BGB vergleichbaren Interessenlage. Anderes dürfte jedoch dort anzunehmen sein, wo es im Belieben der Behörde steht, welchen der Störer sie in Anspruch nimmt (bzw. dieses Belieben nur unter dem Gesichtspunkt der Gefahreneffizienz eingeschränkt ist) und die dem Störer auferlegbaren Pflichten sich decken. Hier bietet sich in der Tat die **Bejahung eines Ausgleichsanspruchs analog § 426 II BGB an.** Andernfalls würde es nämlich — was unter dem Aspekt des Art. 3 GG schwerlich haltbar wäre — vom reinen Zufall abhängen, wer die aus der Gefahrenabwehr erwachsenden Kosten wirtschaftlich zu tragen hätte[290]. Der, um Bedenken aus Art. 3 I GG zu begegnen, in Betracht zu ziehende Ausweg, nur eine anteilige Heranziehung von Polizeipflichtigen zur Gefahrenbekämpfung zu befürworten, verbietet sich (von einer häufig fehlenden Teilbarkeit der Polizeipflicht abgesehen) schon deshalb, weil er auf Kosten der Effizienz der polizeilichen Gefahrenbekämpfung ginge. Für eine Rückgriffsmöglichkeit entsprechend den Grundsätzen des Gesamtschuldverhältnisses sprechen schließlich auch die Vorschriften[291], die bei Ersatzvornahme und unmittelbarer Ausführung eine gesamtschuldnerische Haftung der Polizeipflichtigen vorsehen. Ist nämlich hier unbestreitbar ein Rückgriffsanspruch zu bejahen, so wäre es widersinnig, den Polizeipflichtigen dort, wo er einen polizeilichen Verwaltungsakt befolgt und es daher nicht zu einer Verwaltungsvollstreckung kommt, hierfür mit dem Ausschluß von Rückgriffsansprüchen zu bestrafen.

VI. Rechtsnachfolge in polizeiliche Pflichten

102 Sowohl durch die Verhaltensverantwortlichkeit als auch durch die polizeiliche Zustandsverantwortung wurden nach früher ganz h. M. **höchstpersönliche Pflichten des Störers** begründet. Der gegenüber einem Störer erlassene Verwaltungsakt wirkte damit weder gegenüber seinem Einzel- noch seinem Gesamtrechtsnachfolger (also auch nicht gegenüber dem Erben). In der neueren Rechtsprechung[292], aber auch in der neueren Literatur[293] zeichnet sich nunmehr aber insbesondere bezüglich der Zu-

---

289 *BGH* DÖV 1981, 843 f.
290 S. auch *Seibert* DÖV 1983, 964 ff. u. *Schwabe* UPR 1984, 9 ff., die allerdings zu weit gehen, wenn sie den § 426 II BGB immer dann anwenden wollen, wenn eine Mehrzahl von Störern gegeben ist.
291 Vgl. z. B. hinsichtlich der unmittelbaren Ausführung einer Maßnahme § 12 II 2 BerlASOG; s. im übrigen *Seibert* DÖV 1983, 964, 966 f.
292 Vgl. z. B. *BVerwG* NJW 1971, 1624 ff.; *OVG Münster* NJW 1980, 415; *BadWürttVGH* NJW 1979, 1564 f.; *OVG Koblenz* DÖV 1980, 654 f.; a. A. *HessVGH* DVBl. 1977, 255.
293 Vgl. z. B. *Drews/Wacke/Vogel/Martens* § 19 5a; *Wolff/Bachof* III § 127 Rdnr. 28; krit. hierzu *Schenke* GewArch. 1976, 1 ff.; *Oldiges* JA 1978, 541 ff. u. 616 ff.; *Peine* DVBl. 1980, 941 ff.; s. auch *v. Mutius* VerwArch. Bd. 71 (1980), 93 ff.; *Stober* NJW 1977, 123 f; differenzierend seit neuestem *Götz* Rdnr. 232, der die Rechtsnachfolge auf grundstücksbezogene Verwaltungsakte beschränkt.

standsverantwortlichkeit eine Tendenzwende ab. Demnach soll der gegenüber einem Zustandsstörer erlassene Verwaltungsakt auch gegenüber dem Einzel- wie dem Gesamtrechtsnachfolger des Störers wirken. Diesem gegenüber bedarf es nach dieser Auffassung also nicht des erneuten, die Polizeipflicht aktualisierenden Erlasses eines Verwaltungsaktes, vielmehr kann aus dem seinem Rechtsvorgänger gegenüber ergangenen Verwaltungsakt auch ihm gegenüber vollstreckt werden. So wirkte demnach z. B. die gegenüber einem Grundstückseigentümer ergangene Abrißverfügung auch gegenüber demjenigen, der später das Grundstück erworben hat, auf dem sich das Bauwerk befindet, dessen Abriß verlangt wird; gleiches soll z. B. im Erbfall gelten.

Begründet wird diese Lösung insbesondere damit, daß es sich bei dem die Zustands- **103** haftung aktualisierenden Verwaltungsakt um einen dinglichen Verwaltungsakt handele; ferner werden hierfür Gesichtspunkte der Verfahrensökonomie aufgeführt. Keines dieser Argumente vermag indes zu überzeugen. Die Verantwortlichkeit des Rechtsnachfolgers des Zustandsstörers wird nicht etwa dadurch begründet, daß dieser die Verpflichtung seines Vorgängers übernimmt, sondern dadurch, daß er mit dem Rechtserwerb nun selbst den Tatbestand erfüllt, an den die Zustandsverantwortlichkeit anknüpft. Diese Verantwortlichkeit entsteht bei ihm also originär. Der Hinweis auf das Vorliegen eines dinglichen Verwaltungsakts ist eine reine petitio principii. Die Unrichtigkeit der neueren Auffassung wird im übrigen daraus ersichtlich, daß die Rechtmäßigkeit eines polizeilichen Verwaltungsakts nicht nur von in der Sache begründeten Umständen, sondern auch von solchen in der Person des Pflichtigen abhängt. Damit kann aber — was letztlich die Gegner der hier vertretenen Auffassung konzedieren müssen — ein Verwaltungsakt, der gegenüber dem Eigentumsvorgänger rechtmäßig war, seinem Nachfolger gegenüber rechtswidrig sein. Da die Polizei- und Ordnungsbehörden sohin verpflichtet sind zu prüfen, ob in der Person des neuen Polizeipflichtigen nicht Umstände vorliegen, die seiner Heranziehung durch den vorher erlassenen Verwaltungsakt entgegenstehen, streitet auch der Gesichtspunkt der Verfahrensökonomie nicht für die Erstreckung der Verfügung auf den Rechtsnachfolger. Den Fällen des kollusiven Zusammenwirkens zwischen früherem und neuem Eigentümer, wie sie bei der Einzelrechtsnachfolge in Betracht kommen, läßt sich unter dem Gesichtspunkt des Rechtsmißbrauchs ausreichend Rechnung tragen, ohne daß dies eine allgemeine Nachfolge in die durch den Verwaltungsakt begründeten Pflichten rechtfertigen würde. Scheidet bereits eine **Nachfolge bezüglich der Zustandshaftung aus, so gilt dies erst recht** — das entspricht auch heute noch der h. M.[294] — **für die Verhaltensverantwortlichkeit,** bei der sich die Problematik einer Nachfolge ohnehin nur im Zusammenhang mit der Gesamtrechtsnachfolge stellen kann. Gesichtspunkte, aus denen heraus die hier bestehende, seit jeher als höchstpersönlich angesehene Verpflichtung nunmehr auf den Gesamtrechtsnachfolger übergehen soll, sind nicht vorgetragen worden[295]; insbesondere kann aus dem Umstand, daß das einem Verhaltensstörer abverlangte Verhalten vertretbar ist, noch nicht gefolgert werden, dieses Verhalten sei dann nicht höchstpersönlich[296].

---

294 Vgl. *Rasch* § 5 MEPolG Rdnr. 25.
295 Für Gesamtrechtsnachfolge bezüglich vertretbarer Handlungen *Drews/Wacke/Vogel/Martens* § 19 5b; *Götz* Rdnr. 229; *BadWürttVGH* BRS 32 Nr. 180; a. A. *Oldiges* JA 1978, 541, 542 f.; *Peine* DVBl. 1980, 941, 946 ff.; *Schenke* GewArch. 1976, 1 ff.
296 Ausführlicher zur Problematik der Rechtsnachfolge s. *Schenke* GewArch. 1976, 1 ff.

E. Der polizeiliche Notstand

104 Die allgemeinen Polizei- und Ordnungsgesetze[297] sehen übereinstimmend vor, daß zur Bekämpfung von Gefahren für die öffentliche Sicherheit oder Ordnung ausnahmsweise auch solche Personen herangezogen werden können, die keine Störer im polizeirechtlichen Sinne sind. Man spricht bei einer derartigen Heranziehung Unbeteiligter von einem „polizeilichen Notstand". Im Vergleich zu der Inanspruchnahme von Störern ist **die Inanspruchnahme des Nichtstörers an weitaus strengere Voraussetzungen gebunden** und auch hinsichtlich ihrer **sachlichen Reichweite eingeschränkt;** ferner ist dem Nichtstörer für den ihm durch die Heranziehung entstandenen Schaden eine **angemessene Entschädigung zu leisten** (vgl. unten L. II.).

I. Die Tatbestandsvoraussetzungen des polizeilichen Notstands

105 Nach den insoweit im wesentlichen übereinstimmenden Polizei- und Ordnungsgesetzen setzen Maßnahmen gegenüber Nichtstörern voraus:

106 (1) Es muß bereits eine Störung eingetreten sein oder eine Gefahr unmittelbar bzw. gegenwärtig bevorstehen, d. h. in besondere zeitliche Nähe gerückt sein. Aus dem Verhältnismäßigkeitsgrundsatz ist ferner abzuleiten, daß die zu bekämpfenden **Gefahren erheblich sein müssen.**

107 (2) Die Abwehr der Gefahr bzw. Störung darf **nicht durch Maßnahmen gegenüber dem Störer möglich sein.** Abzustellen ist bei dieser Beurteilung auf die Sachlage, wie sie sich im Zeitpunkt des polizeilichen Handelns bei vernünftiger Betrachtungsweise aus der Sicht der Behörde darstellt[298]. An der Rechtmäßigkeit des polizeilichen Verhaltens ändert sich daher auch dann nichts, wenn sich nachträglich herausstellt, daß es — zunächst nicht erkennbar — durchaus möglich gewesen wäre, durch ein Vorgehen gegen einen Störer die Gefahr zu bekämpfen. Nicht entgegengehalten werden kann den Polizei- und Ordnungsbehörden auch, daß, wenn sie rechtzeitig Vorsorge getroffen hätten, die Notstandssituation nicht eingetreten wäre[299]. Deshalb läßt sich die Rechtmäßigkeit der Einweisung eines Obdachlosen bei Privaten auch nicht mit dem Argument in Frage stellen, daß früher versäumt wurde, eine öffentliche Obdachlosenunterkunft zu schaffen[300]. An der Möglichkeit einer Abwehr von Gefahren durch ein Vorgehen gegenüber dem Störer fehlt es dann, wenn keine Verantwortlichen vorhanden sind oder diese nicht greifbar sind, ferner wenn die Maßnahme diesen gegenüber zu spät kommen würde oder aus rechtlichen Gründen ausgeschlossen wäre, z. B. gegen das Übermaßverbot verstoßen würde. Als zulässig wird man ein Vorgehen im Wege des polizeilichen Notstands auch dann noch ansehen müssen,

---

297 § 9 BWPolG; Art. 10 BayPAG, Art. 9 III BayLStVG; § 13 BerlASOG; § 7 BremPolG; § 10 Hamb-SOG; § 15 HessSOG; § 8 NdsSOG; § 6 NWPolG, § 19 NWOBG; § 7 RhPfPVG; § 21 SaarPVG; § 187 SHLVwG; § 6 MEPolG; § 16 BGSG.

298 Vgl. auch *OVG Saarlouis* DÖV 1973, 863, 864.

299 S. *Schmidt-Jortzig* JuS 1970, 507, 509.

300 Zur Unwürdigkeit der Unterbringung in einer Obdachlosenunterkunft s. *VGH Kassel* NJW 1984, 2305 ff.

wenn die Nachteile, welche dem Nichtstörer durch ein gegen ihn gerichtetes polizeiliches Vorgehen erwachsen, so gering sind, daß sie in krassem Mißverhältnis zu jenen Nachteilen stehen, die durch ein Einschreiten der Polizei gegenüber dem Polizeipflichtigen hervorgerufen würden[301]. Bei einer solchen Fallkonstellation, die man z. T. wenig glücklich als sog. „unechten polizeilichen Notstand"[302] bezeichnet, ist zwar faktisch gesehen eine Gefahrenbekämpfung durch ein Vorgehen gegen den Störer möglich, rechtlich dürfte sie aber auch hier durch das Übermaßverbot ausgeschlossen sein (insoweit fehlt es dann auch hier objektiv an der Möglichkeit einer anderweitigen Gefahrenbekämpfung). Ist daher z. B. eine polizeiliche Brandbekämpfung vom Grundstück des Nachbarn aus möglich und wird diesem durch das Betreten des Grundstücks kein Schaden zugefügt, so kann sich dieser nicht darauf berufen, daß die Gefahrenbekämpfung auch von dem Brandgrundstück aus gleichermaßen möglich wäre, wenn hierzu eine Einfriedungsmauer abgerissen werden müßte.

(3) Die Polizei- und Ordnungsbehörden dürfen **nicht in der Lage sein, selbst oder durch Beauftragte die Gefahr rechtzeitig abzuwenden.** Der Kostenaufwand einer Maßnahme rechtfertigt dabei nicht die Inanspruchnahme von Nichtstörern zur Ersparung finanzieller Aufwendungen[303]. **108**

(4) Die Inanspruchnahme muß **ohne erhebliche eigene Gefährdung und ohne Verletzung höherwertiger Pflichten erfolgen können.** Drohen aus der Inanspruchnahme z. B. Gesundheitsschäden (etwa bei der Inanspruchnahme eines Herzkranken für eine körperlich anstrengende Tätigkeit), so ist die Inanspruchnahme unzumutbar und rechtswidrig. **109**

Die vorher genannten, im wesentlichen durch die Verfassung bereits vorgegebenen Regelungen, nach denen nur unter sehr eingeschränkten Voraussetzungen eine Inanspruchnahme von Nichtstörern in Betracht kommt, **finden auch auf nicht im allgemeinen Polizei- und Ordnungsrecht normierte Maßnahmen entsprechende Anwendung.** Hieraus ergibt sich beispielsweise, wie die Rechtsprechung wiederholt entschieden hat, daß grundsätzlich die Durchführung von öffentlichen Versammlungen[304] nicht im Hinblick auf zu befürchtende Gewalttätigkeiten durch Gegendemonstranten verboten werden kann. Nur soweit Maßnahmen gegen solche Gegendemonstranten unter Einsatz aller der Polizei zur Verfügung stehenden Kräfte zur Gefahrenabwehr nicht ausreichend sind, darf im äußersten Fall im Wege des polizeilichen Notstands ein Verbot der Versammlung ausgesprochen werden[305]. Unzulässig ist auf jeden Fall ein Verbot der Versammlung unter Hinweis auf den erheblichen Kostenaufwand, der der Polizei durch den Schutz der Versammlung erwächst[306]. **110**

---

301 S. hierzu *PrOVGE* 78, 279, 282; *Schmidt-Jortzig* JuS 1970, 507, 509.
302 So z. B. *Schmidt-Jortzig* JuS 1970, 507, 509.
303 *Rasch* § 6 MEPolG Rdnr. 5; *OVG Münster* OVGE 14, 265, 270; *Götz* Rdnr. 244.
304 Auf nichtöffentliche Versammlungen findet das allgemeine Polizei- und Ordnungsrecht unmittelbar Anwendung, s. *OVG Saarlouis* DÖV 1973, 863 f.
305 S. *VG Köln* NJW 1971, 210 ff. mit Anm. von *Pappermann; VG Gelsenkirchen* NJW 1971, 213; *Schmidt-Jortzig* JuS 1970, 507 ff.; nicht überzeugend — da der Polizei zu weitreichende Befugnisse einräumend — *OVG Saarlouis* JZ 1970, 283 ff. mit krit. Anm. von *Pappermann*.
306 *Scholler/Broß* 181.

II. Der Umfang der Inanspruchnahme

111 Soweit die obengenannten Voraussetzungen gegeben sind, ist eine Inanspruchnahme, dem exzeptionellen Charakter des polizeilichen Notstands entsprechend, grundsätzlich nur durch einen Verwaltungsakt möglich. Der Erlaß von an Nichtstörer adressierten Polizeiverordnungen ist aber in besonderen Krisensituationen nicht gänzlich ausgeschlossen[307]. Inhaltlich gesehen ist die Inanspruchnahme des Unbeteiligten im Hinblick auf das Übermaßverbot **auf das sachlich und zeitlich unbedingt Erforderliche zu beschränken;** letzteres bedeutet, daß die Inanspruchnahme grundsätzlich von vornherein **zeitlich eng befristet sein muß**[308]. So wäre etwa eine unbefristete Einweisung eines Obdachlosen in eine Wohnung unzulässig[309]. Bei einer Wiederholung der Maßnahme ist diese zeitlich noch kürzer zu befristen[310]. Die Befristung ändert im übrigen nichts an der Verpflichtung der Polizei- und Ordnungsbehörde, sich um eine anderweitige Behebung der Gefahr zu bemühen.

112 Nach Ablauf der Frist bzw. bei einem vorhergehenden Wegfall der für die Inanspruchnahme des Nichtstörers erforderlichen Voraussetzungen ist die Behörde **rechtlich verpflichtet, die Inanspruchnahme aufzuheben.** Unter dem Aspekt der **Folgenbeseitigung** ist die Behörde darüber hinaus gehalten, die **unmittelbaren tatsächlichen Folgen der Inanspruchnahme zu beseitigen** (beispielsweise den bei einem Nichtstörer eingewiesenen Obdachlosen zur Räumung zu verpflichten). Dabei ist freilich zu beachten, daß der Folgenbeseitigungsanspruch, der in erster Linie auf ein einseitig belastendes Verwaltungshandeln zugeschnitten ist, nach heute vielfach vertretener Auffassung[311] der Behörde allein noch keine Rechtsgrundlage dafür bieten soll, den durch einen Verwaltungsakt mit Drittwirkung Begünstigten zur Beseitigung des rechtswidrigen Vollzugs des Verwaltungsakts zu verpflichten. Demnach könnte im oben genannten Beispielsfall der Folgenbeseitigungsanspruch isoliert keine Rechtsgrundlage für eine Räumungsverfügung gegenüber dem vorher eingewiesenen Obdachlosen begründen. Soweit die Behörde jedoch eine anderweitige Ermächtigung zur Rückgängigmachung des Vollzugs eines Verwaltungsakts besitzt (etwa in Gestalt der polizeilichen Generalklausel oder einer Spezialermächtigung), wäre sie aber auch nach dieser Ansicht auf jeden Fall unter dem Gesichtspunkt der Folgenbeseitigung rechtlich **verpflichtet,** von dieser Ermächtigung Gebrauch zu machen.

---

307 Vgl. *Drews/Wacke/Vogel/Martens* § 22 3 a; a. A. *Götz* Rdnr. 243.

308 *Wolff/Bachof* III § 128 Rdnr. 36; *PrOVGE* 43, 387; 106, 37.

309 Als rechtswidrig, da ermessensfehlerhaft, ist es im Regelfall anzusehen, wenn ein Obdachloser trotz anderwärts freistehender Räume bei einem Wohnungsinhaber (wieder) eingewiesen wird, der vorher ein zivilgerichtliches Räumungsurteil gegen ihn erstritten hat. Ganz sicher ist ein solcher Ermessensfehler jedenfalls dann anzunehmen, wenn der Obdachlose den Wohnungsinhaber vorher beleidigt hatte und dies den Anlaß für die Räumungsklage bot.

310 *OVG Münster* OVGE 35, 303 ff.

311 Vgl. hierzu *Drews/Wacke/Vogel/Martens* § 22 3 c; a. A. *OVG Koblenz* AS 9, 88.

F. Verfassungsrechtliche Begrenzungen der Polizeibefugnisse

I. Rechtliche Bindungen durch das Übermaßverbot

Eine wichtige rechtliche **Schranke für das polizeiliche Handeln ergibt sich aus dem** 113
Übermaßverbot (Grundsatz der Verhältnismäßigkeit im weiteren Sinne). Es begrenzt
sowohl das polizeiliche Entschließungs- wie auch das Auswahlermessen. Das Übermaßverbot hat in allen Polizei- und Ordnungsgesetzen seinen (deklaratorischen)
Niederschlag gefunden, gilt aber unabhängig hiervon als **ein Bestandteil des Rechtsstaatsprinzips** schon kraft Verfassungsrechts[312]. Soweit es sich um Eingriffe in Freiheitsgrundrechte handelt, dürfte es bereits in diesen verankert sein, wobei es bei
Grundrechten mit Gesetzesvorbehalt speziell in Art. 19 II GG zu verorten ist.

Das Übermaßverbot umfaßt den **Grundsatz der Geeignetheit des Mittels, den des ge-** 114
ringsten Eingriffs sowie den Grundsatz der Verhältnismäßigkeit im engeren Sinn.
Die Beachtung dieser Grundsätze ist trotz der bei ihrer Anwendung zu fällenden
Prognoseentscheidungen (vgl. oben Rdnr.19) in vollem Umfang justitiabel.

1. Der Grundsatz der Geeignetheit des Mittels

Gemäß dem Grundsatz der Geeignetheit des Mittels ist nur der Einsatz solcher Mit- 115
tel zulässig, **die zur Gefahrenbekämpfung geeignet sind.** Das Erfordernis der Geeignetheit des Mittels ergibt sich, sofern es nicht ausdrücklich erwähnt ist[313], aus dem
Begriff der durch die Polizei- und Ordnungsgesetze verlangten „erforderlichen"
bzw. „notwendigen" Maßnahmen[314]. Die Tauglichkeit bzw. Geeignetheit bemißt
sich dabei aus der Sicht der handelnden Behörde, wobei bei der dieser hier abver-
langten verständigen Würdigung der Sachlage zu berücksichtigen ist, daß ihr im
Hinblick auf die Effizienz der Gefahrenbekämpfung oft nur wenig Zeit zur Prüfung
bleibt (vgl. oben Rdnr. 34). Stellt sich im Einzelfall später die Untauglichkeit eines
Mittels heraus, so berührt dies die Rechtmäßigkeit der polizeilichen Maßnahme so
lange nicht, als die Polizei- oder Ordnungsbehörde im Zeitpunkt ihres Handelns bei
verständiger Würdigung der Sachlage von der Tauglichkeit des gewählten Mittels
ausgehen durfte. Als untauglich sind dabei solche Mittel anzusehen, die auf etwas
tatsächlich oder rechtlich Unmögliches gerichtet sind, so z. B. die Aufforderung an
einen Obdachlosen, sich innerhalb einer bestimmten Frist eine Wohnung zu beschaffen oder die Auflage für die Teilnehmer einer Demonstration in der Innenstadt,
„jede Beeinträchtigung des Fußgänger- und Fahrzeugverkehrs zu vermeiden"[315].

---

312 Vgl. hierzu grundlegend *Lerche* Übermaß und Verfassungsrecht 1961; ferner *Wittig* DÖV 1968, 817
 ff.; *Lücke* DÖV 1974, 769 ff.
313 S. Art. 4 I BayPAG, Art. 8 I BayLStVG; § 8 I BerlASOG; § 3 I BremPolG; § 5 S. 1 HessSOG; § 4 I
 NdsSOG; § 2 I NWPolG, § 15 I NWOBG; § 2 RhPfPVG; § 2 I MEPolG; § 11 I BGSG.
314 S. § 3 BWPolG; § 3 I HambSOG; §§ 14 I, 41 SaarPVG; §§ 171, 173 I SHLVwG.
315 *BayVGH* NJW 1984, 2116 f.

Soweit sich im nachhinein die Untauglichkeit des gewählten Mittels erweist, besteht jedoch, sofern sich aus dem Mittel eine fortdauernde Beeinträchtigung der Rechtssphäre von Personen ergibt, unter dem Aspekt des in den Grundrechten verankerten Folgenbeseitigungsanspruchs eine polizeiliche Verpflichtung, nunmehr den Eingriff (soweit dies noch möglich ist) zu beseitigen bzw. aufzuheben. Für die Geeignetheit eines Mittels ist im übrigen nicht erforderlich, daß es zu einer völligen Beseitigung der Gefahrenlage führt. Es reicht vielmehr deren Minderung aus.

2. Der Grundsatz des geringsten Eingriffs

116 Der Grundsatz des geringsten Eingriffs verlangt, daß die Behörde zur Bekämpfung einer Gefahr oder Störung unter mehreren geeigneten Mitteln **dasjenige aussucht, das zu der voraussichtlich geringsten Beeinträchtigung der Allgemeinheit und der zur Bekämpfung der Gefahr in Anspruch genommenen Person führt**[316]. Lassen sich beispielsweise die aus einer gewerblichen Betätigung resultierenden Gefahren bereits durch eine Auflage beseitigen, so kann nicht die Untersagung der Betätigung verlangt werden. Als Konsequenz des Grundsatzes des geringsten Eingriffs[317] ergibt sich auch, daß polizeiliche Maßnahmen auf das zeitlich Unumgängliche zu beschränken sind.

Bei der Beurteilung, ob sich eine Maßnahme als weniger beeinträchtigend darstellt, ist zwar grundsätzlich eine objektive Betrachtungsweise zugrunde zu legen; soweit die in Anspruch genommene Person aber auf dem Einsatz eines bestimmten (gleichermaßen geeigneten) Mittels besteht (Angebot eines Austauschmittels), ist nur dessen Anwendung rechtmäßig, selbst wenn es objektiv gesehen einen gravierenderen Eingriff in die Rechtssphäre des Betroffenen beinhaltet. So kann der Bürger, dem aufgegeben ist, sein Haus instand zu setzen, statt dessen den Abbruch des Hauses anbieten. Besteht die Polizei- oder Ordnungsbehörde hier auch nach diesem Angebot des Austauschmittels auf der Vollziehung der Instandsetzung, so ist dies rechtswidrig. Das Angebot des Austauschmittels ist in den einzelnen Polizei- und Ordnungsgesetzen ausdrücklich geregelt[318], gilt aber als Ausfluß des Grundsatzes des geringsten Eingriffs auch im Geltungsbereich solcher Polizei- und Ordnungsgesetze, die das Angebot des Austauschmittels nicht expressis verbis vorsehen, wie im

---

316 Vgl. § 5 I BWPolG; Art. 4 I BayPAG, Art. 8 I BayLStVG; § 8 I BerlASOG; § 3 I BremPolG; § 4 II HambSOG; § 5 S. 1 HessSOG; § 4 I NdsSOG; § 2 I NWPolG; § 15 I NWOBG, § 2 I RhPfPVG; § 41 II 2 SaarPVG; § 73 III SHLVwG; § 2 I MEPolG; § 11 I BGSG.

317 A. A. *Knemeyer* Rdnr. 233, der hier auf den Grundsatz der Verhältnismäßigkeit im engeren Sinn abstellen will.

318 Art. 5 II 2 BayPAG; § 9 II 2 BerlASOG; § 4 II 2 BremPolG; § 4 III 1 HambSOG; § 8 S. 2 HessSOG; § 5 II 2 NdsSOG; § 3 II 2 NWPolG; § 21 S. 2 NWOBG; § 3 II 2 RhPfPVG; § 41 II 3 SaarPVG; § 3 II MEPolG; § 12 II 2 BGSG. Nach § 9 II 3 BerlASOG, § 8 S. 3 HessSOG, 21 S. 3 NWOBG, 12 II 3 BGSG kann der Antrag auf Zulassung eines Austauschmittels nur bis zum Ablauf einer zuvor gesetzten Frist gestellt werden. Gemäß § 21 S. 3 NWOBG ist der Antrag anderenfalls bis zum Ablauf der Klagefrist zulässig. Nach § 4 III 2 HambSOG kann die Zulassung des Austauschmittels bis zum Vorliegen der Voraussetzungen für die Anwendung des Verwaltungszwanges, längstens bis zur Unanfechtbarkeit der Aufforderung, beantragt werden. Im Saarland ist die Frist für die Erhebung der Klage im Verwaltungsstreitverfahren maßgeblich, § 41 II 4 SaarPVG.

BWPolG[319]. Umstritten ist, welche Konsequenzen ein behördlich verfügter ausdrücklicher oder konkludenter Ausschluß des Austauschmittels für das festgesetzte Mittel hat[320]. Dies bemißt sich in analoger Anwendung des § 44 IV VwVfG. Da die Polizei bei Erlaß eines der Gefahrenabwehr dienenden Verwaltungsakts i. d. R. ein Ermessen besitzt, infiziert der rechtswidrige Ausschluß des Austauschmittels i. d. R. auch den Restverwaltungsakt und begründet damit auch dessen Rechtswidrigkeit.

Das Austauschmittel vermag — vorbehaltlich abweichender gesetzlicher Regelungen — nur bis zur Unanfechtbarkeit des Verwaltungsakts (anders nur bei Verwaltungsakten mit Dauerwirkung) bzw. bis zum Ablauf einer behördlich gesetzten (angemessenen) Frist zur Erfüllung des Verwaltungsakts angeboten zu werden. Andernfalls würde die Effektivität der Gefahrenabwehr durch ihre zeitliche Hinausschiebung tangiert. Selbstverständlich ist es dem Betroffenen im übrigen auch nach Ablauf der Frist für das Angebot des Austauschmittels stets unbenommen, die Gefahr durch **Anwendung** eines anderen Mittels als im Verwaltungsakt vorgesehen zu beseitigen. Nach Beseitigung der Gefahr hat er dann einen (nach Eintritt der formellen Bestandskraft des zu vollstreckenden Verwaltungsakts) im Wege der Verpflichtungsklage durchsetzbaren Anspruch auf Aufhebung des Verwaltungsakts.

3. Der Grundsatz der Verhältnismäßigkeit im engeren Sinn

Der Grundsatz der Verhältnismäßigkeit im engeren Sinn fordert, daß die sich aus **117** dem Einsatz des anzuwendenden Mittels ergebenden **Beeinträchtigungen nicht außer Verhältnis zu dem bezweckten Erfolg stehen**[321]. Maßgeblich für die Beurteilung ist dabei auch hier die Lage im Zeitpunkt der Entscheidung der Polizei- bzw. Ordnungsbehörde[322]. Eine Verletzung des Grundsatzes der Verhältnismäßigkeit begründete es z. B., wenn bei einem nicht behebbaren geringfügigen Verstoß gegen baurechtliche Vorschriften, durch den das öffentliche Interesse nicht oder nicht nennenswert beeinträchtigt wird, der Abbruch des Hauses verfügt würde. Als unverhältnismäßig wurde es durch das *OVG Münster*[323] angesehen, daß allein wegen des verbotswidrigen Parkens eines PKWs auf einem Bürgersteig (das zu keiner Verkehrsbeeinträchtigung führte) das sofortige Abschleppen des PKWs angeordnet wurde[324].

---

319 S. hierzu näher *Grupp* VerwArch. Bd. 69 (1978), 125, 142 ff.
320 Für die Rechtswidrigkeit nur des Ausschlusses *PrOVGE* 106, 74; a. A. *Grupp* VerwArch. Bd. 69 (1978), 125, 129 f.
321 Vgl. § 5 II BWPolG; Art. 4 II BayPAG, Art. 8 II BayLStVG; § 8 II BerlASOG; § 3 II BremPolG; § 4 I HambSOG; § 5 S. 2 HessSOG; § 4 II NdsSOG; § 2 II NWPolG, § 15 II NWOBG; § 2 II RhPfPVG; § 73 II SHLVwG; § 2 II MEPolG; § 11 II BGSG.
322 *Drews/Wacke/Vogel/Martens* § 24 6.
323 *OVG Münster* MDR 1980, 874.
324 Anders aber nunmehr wohl *OVG Münster* MDR 1982, 1048 f.; neuestens hat das *BVerwG* (DVBl. 1983, 1066 f.) entschieden, daß das Abschleppen eines an einer abgelaufenen Parkuhr abgestellten PKW, wenn die Parkzeit um mehr als 3 Stunden überschritten wird, regelmäßig keine unverhältnismäßige Maßnahme darstelle.

II. Sonstige Begrenzungen durch die Grundrechte

118 Über das Übermaßverbot hinaus ergeben sich aus den Grundrechten noch weitere Bindungen des polizeilichen Handelns. Von diesen vermag heute — anders als dies zur Zeit der WRV nach h. M. noch zutraf — **selbst der (einfache) Gesetzgeber nicht zu dispensieren** (vgl. Art. 1 III GG). Bezüglich der hier nicht im einzelnen behandelbaren Grundrechtsbindungen empfiehlt es sich, zwischen Freiheitsgrundrechten mit Eingriffsvorbehalt (1), Freiheitsgrundrechten, die nicht ausdrücklich einschränkbar sind (2) und sonstigen Grundrechten (3) zu differenzieren.

1. Begrenzungen durch Freiheitsgrundrechte mit Eingriffsvorbehalt

119 Bei Grundrechten mit Eingriffsvorbehalt (d. h. solchen, die nach ihrem Wortlaut durch Gesetz oder aufgrund eines Gesetzes eingeschränkt werden können, vgl. z. B. Art. 2 II, 8 II, 10, 11 GG) ist — neben z. T. qualifizierten Voraussetzungen für einen Eingriff (s. z. B. Art. 11 II GG) — eine **Einschränkung durch die Polizei- und Ordnungsgesetze an Art. 19 I und II GG zu messen.** Das in Art. 19 I 2 GG enthaltene Zitiergebot erstreckt sich allerdings naturgemäß nur auf nachkonstitutionelle Gesetze. Auch bei diesen soll es nach der bedenklichen Rechtsprechung des *BVerfG*[325] — wie sich aus dem Zweck des Art. 19 I 2 GG ergebe — insofern eingeschränkt sein, als es nicht für solche Eingriffe gelte, die auch schon vor Schaffung des Grundgesetzes bekannt waren. Die nach Inkrafttreten des Grundgesetzes erlassenen Polizei- und Ordnungsgesetze zitieren allerdings ohnehin[326] weitgehend die Grundrechte mit Gesetzesvorbehalt, die durch sie eingeschränkt werden, z. T. sogar solche Grundrechte, die Art. 19 I GG gar nicht unterfallen[327].

120 Nicht genannt unter den einschränkbaren Grundrechten sind Art. 8 GG, Art. 10 GG und (anders aber § 4 Nr. 3 BWPolG; § 9 BremPolG u. § 10 NdsSOG) Art. 11 GG. Dies ist bezüglich Art. 10 GG unproblematisch, da insoweit das G 10 eine bundesrechtliche Spezialermächtigung enthält[328]; auch die Nichtaufführung des Art. 11 GG erklärt sich aus der dem Bund durch Art. 73 Nr. 3 GG ausschließlich reservierten Gesetzgebungskompetenz[329]. Schwierigkeiten ergeben sich aber in Verbindung mit Art. 8 GG, da das VersG grundsätzlich (mit Ausnahme der §§ 3, 21, 28 VersG) nur auf öffentliche Versammlungen Anwendung findet. Der Versuch, bei nichtöffentlichen Versammlungen durch analoge Heranziehung von Vorschriften des VersG wie insbesondere von § 13 VersG eine Ermächtigungsgrundlage für polizei- und ordnungsbe-

---

325 *BVerfGE* 16, 194, 199 f.; 15, 288, 293; vgl. auch *BVerwG* NJW 1970, 908, 909 f.
326 Vgl. § 4 BWPolG; Art. 53 BayPAG, Art. 58 BayLStVG; § 47 BerlASOG; § 9 BremPolG; § 31 HambSOG; § 4 HessSOG; § 10 NdsSOG; § 7 NWPolG, § 44 NWOBG; § 8 RhPfPVG; § 193 SHLVwG; § 7 MEPolG; § 73 BGSG.
327 S. z. B. § 4 Nr. 5 BWPolG sowie § 4 Nr. 4 HessSOG und § 193 SHLVwG bezüglich Art. 14 GG.
328 Dazu *BVerfGE* 30, 1 ff.
329 Die in § 4 Nr. 3 BWPolG, § 9 BremPolG und § 10 NdsSOG vorgesehene Möglichkeit zur Einschränkung des Grundrechts der Freizügigkeit läuft weitgehend leer, da Art. 71 GG i. V. mit § 3 I FreizügG (BGBl. III 2181-1) landesgesetzliche Regelungen nur insoweit zuläßt, als „bestrafte Personen . . . Aufenthaltsbeschränkungen durch die Polizeibehörde unterworfen werden können".

hördliches Handeln zu begründen[330], vermag schon im Hinblick darauf nicht zu
überzeugen, daß sich eine solche Analogie (wenn man die landesrechtlichen Polizei-
und Ordnungsgesetze für nicht anwendbar hält) zu Lasten des Betroffenen auswirken würde. Ihr stehen ferner wegen der hiermit verbundenen Übergriffe in die
grundsätzliche Gesetzgebungskompetenz der Länder für das Polizei- und Ordnungsrecht Bedenken entgegen. Vor allem fehlt es aber an einer die Analogie rechtfertigenden Lücke. **Die polizei- und ordnungsrechtlichen Generalklauseln sind nämlich sehr
wohl auf nichtöffentliche Versammlungen anwendbar.** Freilich ergeben sich dabei
insofern Einschränkungen der Generalklauseln, als sie[331] Eingriffe in nichtöffentliche Versammlungen nur zum Schutz in der Verfassung anerkannter Rechtsgüter zulassen. Das folgt bezüglich einer nichtöffentlichen Versammlung in geschlossenen
Räumen schon aus Art. 8 I GG, der als vorbehaltlos gewährtes Grundrecht nur immanente Schranken aufweist (vgl. hierzu Rdnr. 122). Es muß auf der Basis der geltenden Polizei- und Ordnungsgesetze aber auch für die nach Art. 8 II GG unter Gesetzesvorbehalt stehenden nichtöffentlichen Versammlungen unter freiem Himmel
gelten. Da Art. 8 I GG die Versammlung in geschlossenen Räumen in weiterem Umfang schützt als jene unter freiem Himmel, müssen nämlich Versammlungen unter
freiem Himmel zumindest unter den gleichen Voraussetzungen einschränkbar sein
wie jene in geschlossenen Räumen. Soweit es um Eingriffe zur Realisierung von ver-
fassungsimmanenten Schranken geht, kann daher Art. 19 I 2 GG — wie weit man
auch den Umfang des Zitiergebots im übrigen ziehen will — von seiner ratio her in
diesem Umfang auf Versammlungen unter freiem Himmel genausowenig anwendbar
sein wie auf Versammlungen in geschlossenen Räumen. Darüber hinausgehende Eingriffe in nichtöffentliche Versammlungen sind freilich in den Polizei- und Ordnungsgesetzen generell ausgeschlossen. Das folgt hinsichtlich der dem Gesetzesvorbehalt
unterliegenden Versammlungen unter freiem Himmel (Art. 8 II GG) daraus, daß
Art. 8 GG in den Polizei- und Ordnungsgesetzen im bewußten Gegensatz zu anderen
Grundrechten mit Gesetzesvorbehalt nicht unter den einschränkbaren Grundrechten
aufgezählt ist.
Diese Nichterwähnung des Art. 8 GG in den Polizei- und Ordnungsgesetzen kann
sinnvollerweise nur daraus erklärt werden, daß **nichtöffentliche Versammlungen generell nur unter sehr engen Voraussetzungen (nämlich zum Schutz anderer in der
Verfassung anerkannter, immanente Schranken der Grundrechte bildender Rechtsgüter) einschränkbar sein sollten.** Damit wird zugleich ein ähnlich weitreichender
Schutz nichtöffentlicher Versammlungen erreicht, wie man ihn z. T. über die dogmatisch verfehlte Analogie zu Vorschriften des VersG zu erreichen sucht.

Die Grundrechte mit Gesetzesvorbehalt dürfen im übrigen durch die Polizei- und   **121**
Ordnungsgesetze gemäß Art. 19 II GG **nicht in ihrem Wesensgehalt eingeschränkt
werden.** Dabei ist allerdings umstritten, was unter diesem Wesensgehalt zu verstehen
ist. Nach der **relativen Theorie**[332] soll es keinen Kernbereich eines Grundrechts ge-

---

330 So z. B. *Drews/Wacke/Vogel/Martens* § 11 2g β; *Scholler/Broß* 177; § 21 VersG bildet keine
Rechtsgrundlage für das Verbot einer Versammlung, sondern regelt ausschließlich einen Straftatbe-
stand.
331 Übersehen werden diese Einschränkungen von *Rasch* § 7 MEPolG Rdnr. 22 u. *Schmidt-Jortzig* JuS
1970, 507, 508, die sich ebenfalls für die Anwendung der Generalklausel aussprechen.
332 *BVerwGE* 47, 331, 357 f.

ben, der von vornherein für den Gesetzgeber unantastbar ist; über die Zulässigkeit eines Eingriffs gemäß Art. 19 II GG ist demnach vielmehr ausschließlich mittels einer Abwägung zwischen dem durch den Eingriff zu schützenden Rechtsgut und dem durch das Grundrecht verkörperten Rechtsgut zu entscheiden. Anders ist die **Theorie vom absoluten Wesensgehalt**[333], **dergemäß Art. 19 II GG einen Kernbereich des Grundrechts vor jedem staatlichen Eingriff schützen soll.** Für diese Ansicht spricht nicht nur der Wortlaut des Art. 19 II GG, sondern auch der Umstand, daß unter Zugrundelegung der relativen Theorie, welche die Wesensgehaltsgarantie auf das Übermaßverbot reduziert, Art. 19 II GG leer läuft, weil sich das Übermaßverbot ohnehin bereits zumindest aus dem Rechtsstaatsprinzip ableitet. Was den absoluten Wesensgehaltskern anbetrifft, wird man diesen Garantieanspruch allerdings **nicht so interpretieren** können, daß für jeden **einzelnen Grundrechtsträger noch ein Mindestbestand an Grundrechtsschutz übrigbleiben muß** (wäre man dieser Auffassung, so müßte die lebenslängliche Freiheitsstrafe oder Sicherungsverwahrung konsequenterweise als verfassungswidrig angesehen werden). Der absoluten Wesensgehaltsgarantie genügt vielmehr eine objektivierende Sicht, dergemäß für die Grundrechtsträger insgesamt noch ein ausreichender Mindestgrundrechtsschutz gewährleistet sein muß[334].

2. Begrenzungen durch nicht ausdrücklich einschränkbare Freiheitsgrundrechte

122 Für Grundrechte ohne Gesetzesvorbehalt (wie z. B. Art. 4 I, 5 III GG oder die durch Art. 8 I GG geschützte Versammlungsfreiheit in geschlossenen Räumen) gelten zwar weder Art. 19 I noch 19 II GG[335]. Dies bedeutet jedoch nicht, daß bei der Ausübung dieser Grundrechte keinerlei Schranken bestünden[336]. Vielmehr ergibt sich aus dem Prinzip der Einheit der Verfassung und der praktischen Konkordanz die Notwendigkeit von auch diese Grundrechte begrenzenden immanenten Schranken. Deren Bestimmung ist allerdings umstritten. Das *BVerwG*[337] sah sie früher durch die für den Bestand der Gemeinschaft notwendigen Rechtsgüter begrenzt, das *BVerfG*[338] stellt statt dessen zutreffend auf den **Schutz anderer in der Verfassung anerkannter Rechtsgüter ab.** Diese müssen unabhängig davon, ob es sich um Individual- oder Gemeinschaftsgüter handelt, jedenfalls dann, wenn sie dem durch das uneingeschränkte Grundrecht geschützten Rechtsgut normaliter gleichwertig sind, auch der Ausübung von scheinbar schrankenlos gewährten Grundrechten Grenzen setzen können. Deshalb ist es unter grundrechtlichen Aspekten nicht zu beanstanden, wenn die Polizei- und Ordnungsgesetze der Polizei das Verbot einer Prozession in einem Seuchengebiet gestatten, die Untersagung einer Versammlung in einem einsturzgefährdeten Haus zulassen oder es dem Künstler verboten werden kann, fremdes Sacheigentum als „Spray-Kunst-Arbeitsfläche" zu benutzen[339]. Nicht zulässig ist es aber

---

333 *BVerfGE* 6, 32, 41; 35, 35, 39; 34, 238, 245.
334 Vgl. zu Art. 19 II GG eingehend *Maunz* in: Maunz/Dürig/Herzog/Scholz, GG Bd. II, Stand Januar 1985, Art. 19 II Rdnrn. 1 ff.
335 A. A. in bezug auf letzteres ist allerdings *BVerwGE* 47, 330, 357.
336 Vgl. hierzu *v. Pollern* JuS 1977, 644 ff.
337 *BVerwGE* 2, 85, 87; 6, 13, 17.
338 *BVerfGE* 30, 173, 193; 49, 24, 55 ff.
339 Vgl. *BVerfG* NJW 1984, 1293, 1294 f.

anzunehmen, die Polizei- und Ordnungsgesetze bildeten allgemein — auch wenn sie in concreto nicht dem Schutz verfassungsrechtlich anerkannter Rechtsgüter dienen — Schranken der hier angesprochenen Gruppe von Grundrechten. Diese können daher **nicht zum Schutz der öffentlichen Ordnung eingeschränkt werden**[340]. Zurecht hat deshalb das *BVerwG*[341] ein aus Gründen der öffentlichen Ordnung erfolgtes Filmverbot wegen Art. 5 III GG als unzulässig angesehen.

3. Begrenzungen durch sonstige Grundrechte

Selbst die Freiheitsgrundrechte werden nicht alle durch die oben unter 1. und 2. genannten Fallgruppen erfaßt. Nicht unter diese zu subsumieren sind einmal **Freiheitsgrundrechte mit Schrankenvorbehalt** (z. B. Art. 2 I GG, 5 I u. II GG), **mit Ausgestaltungsvorbehalt** (z. B. das Eigentumsgrundrecht nach Art. 14 I GG) und solche (z. B. Art. 12 I GG u. Art. 4 III 2 GG) **mit Regelungsvorbehalt**[342]. Für diese Grundrechte gilt Art. 19 I GG nicht. Umstritten ist, ob das gleiche bezüglich des Art. 19 II GG anzunehmen ist[343]. Die systematische Stellung des Art. 19 II GG scheint zwar für eine Anwendbarkeit der Wesensgehaltsgarantie nur auf Grundrechte mit Eingriffsvorbehalt zu sprechen, sachlich ist eine solche Beschränkung aber schwerlich zu rechtfertigen. Der Streit besitzt im übrigen dann keine Bedeutung, wenn man den Art. 19 II GG mit der relativen Theorie nur als eine Statuierung des Übermaßverbots interpretiert. **123**

Unumstritten ist, daß die durch Art. 2 I GG geschützte allgemeine Handlungsfreiheit grundsätzlich durch Polizei- und Ordnungsgesetze einschränkbar ist. Diese gehören zur verfassungsmäßigen Ordnung i. S. des Art. 2 I GG, d. h. zu jenen Normen, die formell und materiell mit der Verfassung im Einklang stehen. Auch bestehen keine prinzipiellen Bedenken bezüglich der Einschränkung des dem Art. 2 I i. V. mit Art. 1 I GG zu entnehmenden Grundrechts auf informationelle Selbstbestimmung (vgl. oben Rdnr. 70). Ebenso können Art. 5 I GG[344] (hier enthält allerdings Art. 5 I 3 GG **bezüglich der Vorzensur eine absolute Sperre für polizeiliche Maßnahmen**), Art. 14 GG und Art. 12 GG (jedenfalls soweit es die Berufsausübung anbetrifft) durch die Polizei- und Ordnungsgesetze[345] eingeschränkt werden. Zu beachten ist jedoch trotz der prinzipiellen Einschränkbarkeit der hier genannten sonstigen Freiheitsgrundrechte, daß sich auch bei ihnen unter dem Gesichtspunkt der durch den Verhältnismäßigkeitsgrundsatz geforderten Güterabwägung im Einzelfall Begrenzungen für polizeiliche Eingriffe ergeben können, denen durch verfassungskonforme Auslegung der Polizei- und Ordnungsgesetze Rechnung zu tragen ist. So ist z. B. **124**

---

340 Vgl. auch *Martens* DÖV 1982, 89, 91.
341 *BVerwGE* 1, 303 ff.
342 S. zu dieser Unterscheidung *Schwerdtfeger* Öffentliches Recht in der Fallbearbeitung, 7. Aufl. 1983, Rdnr. 550.
343 S. dazu *Hendrichs* in: v. Münch, GG Bd. 1, 3. Aufl. 1985, Art. 19 Rdnr. 21.
344 Zum Verhältnis von PolG und LPressG s. *BayVGH* NJW 1983, 1339 f.
345 Die Anwendung der allgemeinen Polizei- und Ordnungsgesetze wird freilich z. T. durch Spezialgesetze ausgeschlossen (s. z. B. *BayVGH* NJW 1983, 1339 bezüglich der in den landesrechtlichen Pressegesetzen abschließend geregelten präventivpolizeilichen Beschlagnahme von Presseerzeugnissen).

dort, wo der Inhaber eines Immissionen aussendenden Betriebs aufgrund besonderer Zusagen darauf vertrauen konnte, daß in seiner Nachbarschaft — jedenfalls für eine bestimmte Zeit — keine Wohnbebauung vorgenommen werde, wenn dieses Vertrauen später enttäuscht wird, in der Untersagung des Betriebs u. U. bereits eine Enteignung und nicht mehr lediglich eine innerhalb der Sozialbindung liegende Belastung zu erblicken. Ähnlich dürfte Art. 14 GG es dem Gesetzgeber verwehren, den Eigentümer einer Sache für außergewöhnliche, außerhalb seiner Risikosphäre liegenden Gefährdungen, die von seinem Eigentum ausgehen, unter dem Gesichtspunkt der Zustandsverantwortlichkeit einstehen zu lassen (s. oben D. III., IV.). Anderenfalls gelangte man zu einer völligen Relativierung des Eigentumsgrundrechts durch den einfachen Gesetzgeber.

125 Auf die Begrenzung des polizeilichen Handelns durch andere Grundrechte als Freiheitsgrundrechte kann hier nicht eingegangen werden. Größere Bedeutsamkeit kommt in diesem Zusammenhang nur dem **Gleichheitsgrundrecht** zu, aus dem sich **in Verbindung mit Ermessensentscheidungen** der Polizei- und Ordnungsbehörden (s. oben C. II. 5.) deren **Selbstbindung ergeben kann.** Sie verbietet es den Polizei- und Ordnungsbehörden, im Einzelfall von einer bisher geübten rechtmäßigen Verwaltungspraxis abzuweichen.

G. Polizeiliche Befugnisse außerhalb des Bereichs der Gefahrenabwehr

126 Den Polizeibehörden sind außer den Befugnissen im Rahmen der Gefahrenabwehr noch weitere Befugnisse eingeräumt. Zu nennen sind hier u. a. neben der Vollzugshilfe (dazu I.), die sich nicht nur auf die Gefahrenabwehr beschränkt, die der Polizei bei der Verfolgung von Straftaten (dazu II.) und Ordnungswidrigkeiten (dazu III.) eingeräumten Befugnisse. Daneben besitzt die Polizei noch eine Reihe anderer hier nicht im einzelnen aufführbaren Aufgaben, so z. B. auf dem Gebiet des Paß- und Meldewesens (vgl. § 1 NWMeldeG; §§ 1, 3 BWMeldeG).

I. Die Vollzugshilfe

127 Als eine Aufgabe der Polizei wird in den meisten Polizeigesetzen der Länder ausdrücklich die **Vollzugshilfe** genannt[346]. Der Begriff der Vollzugshilfe wird in den Polizeigesetzen der Länder **allerdings nicht einheitlich verwandt.** In Übereinstimmung mit den §§ 25 ff. MEPolG verstehen die Polizei- und Ordnungsgesetze von Bayern, Berlin, Bremen, Niedersachsen, Nordrhein-Westfalen und Rheinland-Pfalz unter

---

346 Regelungen zur Vollzugshilfe finden sich in: § 46 II Nr. 1 BWPolG; Art. 29—31 BayPAG; §§ 30—32 BerlASOG; §§ 37—39 BremPolG; § 44 III HessSOG; §§ 29—31 NdsSOG; §§ 25—27 NWPolG, § 2 NWOBG; §§ 99—101 RhPfPVG; § 6 I lit. c SaarPOG; § 168 Nr. 4 u. 5 SHLVwG; §§ 25—27 MEPolG; vgl hierzu näher *Martens* JR 1981, 353 ff.

Vollzugshilfe die durch die Polizei erfolgende Anwendung unmittelbaren Zwangs auf Ersuchen anderer Behörden zur Durchsetzung der von diesen getroffenen Maßnahmen. Inhaltlich weiterreichend umfaßt die Vollzugshilfe nach § 6 I lit. c Saar-POG die **Vollzugshandlungen von Polizeivollzugsbehörden** zur Vorbereitung und Durchführung von Anordungen der Polizeiverwaltungsbehörden; ähnlich ist die Rechtslage auch in § 168 I Nr. 4 u. 5 SHLVwG, der in diesem Zusammenhang von Vollzugs- und Ermittlungshilfe spricht. Dem korrespondiert der Sache nach im wesentlichen auch — ohne den Begriff der Vollzugshilfe zu erwähnen — § 46 II Nr. 1 BWPolG, wonach der Polizeivollzugsdienst u. a. zur Vorbereitung und Durchführung von Anordnungen der Polizeibehörden oder anderer Verwaltungsbehörden Vollzugshandlungen vornimmt; Ähnlichkeit hiermit weist ferner die den Begriff der Vollzugshilfe expressis verbis ebenfalls nicht verwendende Regelung des § 44 III HessSOG auf. Im HambSOG hat eine Regelung über die Vollzugshilfe keinen Eingang gefunden. Insoweit wird dort auf die allgemeinen Grundsätze zur Amtshilfe zurückzugreifen sein.

Bei der auf Ersuchen einer anderen Behörde gewährten Vollzugshilfe handelt es sich um einen **Unterfall der Amtshilfe**[347]. Die Vollzugshilfe ist zu trennen (teilweise anders hier nur § 44 III 2 HessSOG) von der polizeilichen Schutzgewährleistung für Vollstreckungshandlungen anderer Behörden (z. B. Schutz des Gerichtsvollziehers bei der Vornahme eines Vollstreckungsaktes) und polizeilichen Maßnahmen des ersten Zugriffs, bei denen die Polizei im Eilfall für andere — eigentlich zuständige — Behörden handelt[348]. Gleichfalls unterfallen dem Begriff der Vollzugshilfe nicht reine Hilfstätigkeiten für andere Verwaltungsbehörden, wie z. B. Botendienste, Einzug von Gebühren. **128**

Die Vollzugshilfe auf Ersuchen einer anderen Behörde kommt in der Regel nur dort zum Zuge, wo die ersuchende Behörde unmittelbaren Zwang bzw. eine Vollzugshandlung nicht selbst vorzunehmen in der Lage ist. Sofern für die Zulässigkeit des Ersuchens um Vollzugshilfe keine Sonderregelungen bestehen[349], bemißt sich diese nach den allgemeinen Voraussetzungen des Amtshilfeersuchens[350]. **129**

Für die Rechtmäßigkeit der Maßnahme, die durch die Vollzugshilfe verwirklicht werden soll, ist **das für die ersuchende Behörde geltende Recht, für die Art und Weise der Durchführung der Vollzugshilfe hingegen das Recht der ersuchten Behörde maßgeblich.** Dieser Differenzierung folgend obliegt der ersuchenden Behörde ausschließlich die Verantwortung für die Rechtmäßigkeit der zu vollziehenden Maßnahme. Die ersuchte Behörde hat lediglich die Art und Weise der Durchführung unmittelbaren Zwangs bzw. der Vollzugsmaßnahme zu verantworten (s. z. B. § 25 II 1 MEPolG und § 7 VwVfG)[351]. Soweit der Betroffene sich gegen die zu vollziehende **130**

---

347 So auch *Rasch* § 1 MEPolG Rdnr. 59; a. A. *Martens* JR 1981, 353, 354.
348 Vgl. *Wolff/Bachof* II § 77 VI a 4.
349 Vgl. Art. 30, 31 BayPAG; §§ 31, 32 I BerlASOG; §§ 38, 39 I BremPolG; §§ 30, 31 I NdsSOG; §§ 26, 27 I NWPolG; §§ 100, 101 I RhPfPVG; §§ 26, 27 I MEPolG.
350 Vgl. hierzu § 5 VwVfG bzw. die entsprechenden Vorschriften der Landesverwaltungsverfahrensgesetze.
351 Der ersuchten Behörde ist es im Hinblick auf die Tatbestandswirkung des zu vollziehenden Verwaltungsakts (anders nur bei Nichtigkeit) untersagt, die Rechtmäßigkeit oder gar Zweckmäßigkeit des zu vollziehenden Akt zu überprüfen (teilw. a. A. *Habermehl* Rdnr. 763 m. w. Nachw.).

Maßnahme wendet, hat er daher gegen den Träger der ersuchenden Behörde vorzugehen; beanstandet er dagegen die Art und Weise der Durchführung der Maßnahme, haben sich seine Rechtsbehelfe gegen den Träger der Polizei zu richten[352]. Deshalb kann z. B. bei der polizeilichen Anwendung unmittelbaren Zwangs zur Durchsetzung eines öffentlichrechtlichen Hausverbots oder eines Einberufungsbescheids (§ 44 III WPflG) gegenüber dem Träger der Polizei eingewendet werden, die Art und Weise der Anwendung unmittelbaren Zwangs sei übermäßig gewesen, nicht hingegen können gegen den Polizeiträger gerichtete Rechtsbehelfe darauf gestützt werden, daß das Hausverbot bzw. des Einberufungsbescheids rechtswidrig war. Dies muß im Wege der Anfechtung des Hausverbots bzw. des Einberufungsbescheids geltend gemacht werden.

II. Polizeiliche Befugnisse bei der Verfolgung von Straftaten

131 Wichtige Aufgaben sind der Polizei im Rahmen der Strafverfolgung zugewiesen. Gemäß § 163 I StPO haben die Behörden und Beamten des Polizeidienstes Straftaten zu erforschen und alle keinen Auschub gestattenden Anordnungen zu treffen, um die Verdunkelung der Sache zu verhüten. **Maßgeblich für die polizeiliche Strafverfolgung** ist demnach (anders als bei der Tätigkeit im Bereich der Gefahrenabwehr) das **Legalitätsprinzip**. Im Gegensatz zu den polizei- und ordnungsrechtlichen Generalklauseln stellt § 163 I StPO auch keine Rechtgrundlage für polizeiliche Eingriffe dar. Deshalb können polizeiliche, der Strafverfolgung dienende Eingriffe in das Grundrecht auf informationelle Selbstbestimmung wie z. B. eine Observation oder eine polizeiliche Rasterfahndung nicht auf diese Norm gestützt werden (vgl. dazu auch oben Rdnr. 70), ein Umstand, dem der Gesetzgeber im übrigen nunmehr mit § 163 d StPO Rechnung getragen hat.

Die Behörden und Beamten des Polizeidienstes sind im Rahmen der Strafverfolgung gem. § 161 S. 2 StPO im übrigen verpflichtet, dem Ersuchen oder Auftrag der Staatsanwaltschaft zu genügen. Die in der Literatur z. T. vertretene Auffassung[353], die Weisungsbefugnis der Staatsanwaltschaft beziehe sich nur auf das „Ob" des polizeilichen Handelns, nicht hingegen auf das „Wie", findet im Wortlaut des § 161 S. 2 StPO ebensowenig eine Stütze wie jene Meinung, die davon ausgeht, die Staatsanwaltschaft habe — anders als im Falle des § 152 GVG — grundsätzlich keine Weisungsbefugnis gegenüber dem Polizeibeamten, sondern müsse sich an die Polizeibehörde wenden. Die Weisungsbefugnis der Staatsanwaltschaft im Rahmen der Strafverfolgung wird auch dann nicht eingeschränkt, wenn die Polizei nicht nur zum Zwecke der Strafverfolgung, sondern auch zur Gefahrenabwehr tätig werden kann. Begrenzungen der Staatsanwaltschaft bestehen allerdings entgegen einer vielfach vertretenen Auffassung[354] dann, wenn sich deren Weisungen auf die nicht in der StPO

---

352 *Drews/Wacke/Vogel/Martens* § 10 2 c.

353 So z. B. *Kaiser* NJW 1972, 14, 15.

354 So z. B. *Götz* Rdnr. 324 und Gemeinsame Richtlinien der Justizminister/-senatoren und der Innenminister/-senatoren des Bundes und der Länder über die Anordnung unmittelbaren Zwanges durch Polizeibeamte auf Anordnung des Staatsanwalts (abgedruckt u. a. im BAnz. 1973 Nr. 240); zutreffend demgegenüber *Krey* ZRP 1971, 224, 226, der allerdings die sich aus dem Aspekt der Vollzugshilfe ergebenden Weisungsbefugnisse übersieht.

geregelte Vollstreckung von Strafverfolgungsmaßnahmen der Polizei beziehen, insbesondere wenn es um die in § 10 I Nr. 2 UZwG und die ihm entsprechenden landesrechtlichen Regelungen normierte Anwendung des Schußwaffengebrauchs durch die Polizei geht. Bei ihm handelt es sich — wie auch aus der Systematik dieser Vorschriften hervorgeht (s. näher unter Rdnr. 134) — nicht um eine Ermittlungstätigkeit der Polizei i. S. des § 161 StPO, sondern um einen Vollstreckungsakt. Die Staatsanwaltschaft kann demgemäß nur entsprechend den Grundsätzen über die polizeiliche Vollzugshilfe die Polizei um die Anwendung unmittelbaren Zwangs ersuchen; hierbei bleibt aber die Entscheidung über das „Wie" der Anwendung unmittelbaren Zwangs — genauso wie sonst bei der Vollzugshilfe — der Polizei überlassen. Daraus ergeben sich Einschränkungen für die Erteilung eines Schießbefehls der Staatsanwaltschaft gegenüber der Polizei[355], da häufig verschiedene Möglichkeiten hinsichtlich der Anwendung unmittelbaren Zwangs bestehen dürften. Eine Weisungsbefugnis der Staatsanwaltschaft kann im übrigen nie auf die Abgabe eines Todesschusses gerichtet sein, da eine solche Maßnahme naturgemäß nicht eine Strafverfolgungsmaßnahme, sondern nur eine Gefahrenabwehrmaßnahme darstellen kann.

An polizeilichen Befugnissen im Rahmen der der Polizei zugewiesenen Aufgabe der Strafverfolgung sieht die StPO vor: Die körperliche Untersuchung sowie die Entnahme von Blut des Beschuldigten und andere körperliche Eingriffe (§ 81a StPO), die Durchführung erkennungsdienstlicher Maßnahmen[356], insbesondere die Aufnahme von Lichtbildern und Fingerabdrücken (§ 81 b StPO), die Untersuchung anderer Personen (§ 81 c StPO), die Beschlagnahme (§§ 94 ff. StPO), die Durchsuchung (§§ 102 ff. StPO), die vorläufige Festnahme (§ 127 I u. II StPO), der Erlaß eines Steckbriefs (§ 131 II StPO), die Vernehmung des Beschuldigten (§ 163 a StPO), die Feststellung der Identität (§ 163 b StPO) sowie die Freiheitsentziehung zur Feststellung der Identität (§ 163 c StPO); ferner die sog. Schleppnetzfahndung (§ 163 d StPO). Weitere polizeiliche Befugnisse enthalten §§ 110 II, 111, 111 b, 111 c I, 111 e I, 111 f I, 111 l II, 132, 164 StPO. **132**

Die oben genannten polizeilichen Befugnisse stehen z. T. generell dem Polizeibeamten zu (z. B. 81 b, 127 II StPO). Mitunter sind sie aber auch daran gebunden, daß der betreffende Polizeibeamte Hilfsbeamter der Staatsanwaltschaft ist (so z. B. §§ 81 a, 81 c V, 98 I 1, 105 StPO). Diese sind gem. § 152 I 2 GVG verpflichtet, den Anordnungen der Staatsanwaltschaft ihres Bezirks und der dieser vorgesetzten Beamten Folge zu leisten. Welche Gruppen von Beamten oder Angestellten Hilfsbeamte der Staatsanwaltschaft sind, wird gem. § 152 II 1 GVG durch Rechtsverordnungen der Landesregierungen bestimmt. **133**

Eine Erweiterung der Polizeibefugnisse zur Strafverfolgung über den in der StPO vorgesehenen Umfang hinaus durch den Landesgesetzgeber scheidet aus. Entsprechende Regelungen in den Polizeigesetzen scheitern daran, daß die Normierungen der StPO, wie sich aus dem **in § 6 EGStPO enthaltenen Kodifikationsprinzip ergibt,** **134**

---

355 Diese Probleme stellten sich in Verbindung mit dem spektakulären Münchner Geiselnahmefall, s. die Dokumentation von *F.-C. Schroeder* Polizei und Geiseln. Der Münchner Bankraub, 1972.

356 Soweit sie nicht zum Zwecke der Durchführung eines Strafverfahrens, sondern für die Zwecke des Erkennungsdienstes erfolgen, liegen freilich Maßnahmen der Gefahrenabwehr vor, die im Verwaltungsrechtsweg angreifbar sind, vgl. *BVerwG* NJW 1983, 772.

abschließend sind[357]. Es wäre im übrigen auch systemwidrig, wenn der Landesgesetzgeber durch Erweiterung der polizeilichen Befugnisse im Rahmen der Strafverfolgung der Polizei umfassendere Eingriffsbefugnisse einräumen könnte, als sie aufgrund Bundesrechts der Staatsanwaltschaft zustehen. Für einen solchen Ausbau der polizeilichen Befugnisse besteht auch kein praktisches Bedürfnis. Dies gilt um so mehr, als der Bundesgesetzgeber in den letzten Jahren das Eingriffsinstrumentarium der Polizei noch durch § 163 b StPO (Feststellung der Identität) und § 163 c StPO (Freiheitsentziehung zur Feststellung der Identität) ausgeweitet hat. Von daher gesehen kann es nunmehr keinem Zweifel unterliegen, daß entsprechende Befugnisse, wie sie etwa in § 20 I Nr. 2 BWPolG vorgesehen sind (Identitätsfeststellung zur Aufklärung einer Straftat oder Ordnungswidrigkeit), jedenfalls heute keine Gültigkeit mehr besitzen. Zur hier getroffenen Feststellung, daß die StPO eine abschließende Regelung polizeilicher Befugnisse im Rahmen der Strafverfolgung beinhaltet, steht es nicht in Widerspruch, wenn zugleich davon ausgegangen wird, daß der **Landesgesetzgeber befugt ist, Vorschriften über die Anwendung unmittelbaren Zwangs zur Durchführung von Strafverfolgungsmaßnahmen der Polizei zu erlassen** (vgl. z. B. § 40 I Nr. 2 BWPolG). Bezüglich der zwangsweisen Durchsetzung von polizeilichen Strafverfolgungsmaßnahmen enthält die StPO überwiegend keine Regelungen; es handelt sich hier vielmehr — wie auch sonst — um eine eigenständige Rechtsmaterie, nämlich das Vollstreckungsrecht. Daß auch der Bundesgesetzgeber davon ausgeht, daß die StPO hier keine abschließende Normierung trifft, wird an Vorschriften wie § 8 Nr. 2 UZwG (Fesselung von Personen) oder § 10 UZwG (Schußwaffengebrauch gegenüber Flüchtigen) deutlich, die zumindest auch der Durchsetzung von Strafverfolgungsmaßnahmen dienen.

135   Die zu **Zwecken der Strafverfolgung ergriffenen polizeilichen Maßnahmen sind im übrigen scharf von jenen der Gefahrenabwehr zu trennen.** Daran ändert auch nichts, daß Maßnahmen, wie z. B. die polizeiliche Beschlagnahme oder die Durchsuchung, im Einzelfall sowohl unter dem Aspekt der Strafverfolgung (gem. den Vorschriften der StPO) wie auch unter dem Aspekt der Gefahrenabwehr (nach den Polizeigesetzen) zulässig sein können. Die Unterscheidung ist aber nicht nur deshalb von Bedeutung, weil **je nachdem, welche Zielsetzung mit der Maßnahme verfolgt wird, andere Rechtsgrundlagen** mit unterschiedlichen Tatbestandsvoraussetzungen zur Anwendung kommen. Sie ist auch für die Frage des Rechtsschutzes von großer Relevanz. Während sich der **Rechtsschutz gegen Gefahrenabwehrmaßnahmen der Polizei nach den §§ 40 ff. VwGO richtet, sind für den Rechtsschutz gegen Strafverfolgungsmaßnahmen der Polizei die §§ 23 ff. EGGVG maßgeblich**[358]. Bei der mit den Aufgaben der Strafverfolgung betrauten Polizei (Kriminalpolizei) handelt es sich nämlich — obschon sie organisatorisch den Innenministerien zugeordnet ist — um

---

357 Vgl. hierzu näher *Schenke* JR 1970, 48 ff.; ebenso *Roxin* Strafverfahrensrecht, 19. Aufl. 1985, § 31 C II 1 a; *Schwan* VerwArch. Bd. 70 (1979), 109, 115 ff. *BGH* NJW 1962, 1020 f. *Drews/Wacke/Vogel/ Martens* § 9 1 b und *Götz* Rdnr. 408 stellen zur Bejahung der abschließenden Regelung allein auf die §§ 163 b, 163 c StPO ab.

358 Vgl. hierzu ausführlich *Schenke* VerwArch. Bd. 60 (1969), 332 ff. u. *ders.* NJW 1976, 1816 ff.; ebenso *Amelung* JZ 1975, 526 ff.; *Drews/Wacke/Vogel/Martens* § 30 1; *Rasch* vor § 35 MEPolG Rdnrn. 5 ff.; *Roxin* Strafverfahrensrecht 19. Aufl. 1985, § 29 I D 3; *BVerwGE* 47, 255 ff.; a. A. *Götz* Rdnrn. 423 f.; *Markworth* DVBl. 1975, 575 ff.

eine **Justizbehörde i. S. des § 23 EGGVG, da sie funktionell Justizaufgaben (Strafrechtspflege) wahrnimmt** und der Begriff der Justizbehörde hier funktionell zu verstehen ist. Anderenfalls würde der Rechtsweg differieren, je nachdem, ob eine Strafverfolgungsmaßnahme durch die Staatsanwaltschaft[359] oder durch die Polizei getroffen wird, womit häufig der Zufall über den zu beschreitenden Rechtsweg entschiede. Zudem wäre ein solches Ergebnis auch schwerlich mit dem in Art. 95 GG enthaltenen Rechtsgedanken vereinbar, nach dem sachlich zusammenhängende Rechtsstreitigkeiten (die Rechtsgrundlagen für staatsanwaltschaftliche und polizeiliche Strafverfolgungsmaßnahmen sind im Regelfall die gleichen) möglichst durch eine Gerichtsbarkeit zu entscheiden sind.

Schwierigkeiten, die sich daraus ergeben können, daß im Einzelfall für den Betroffenen schwer feststellbar sein kann, ob eine ihm gegenüber vorgenommene polizeiliche Maßnahme der Gefahrenabwehr oder der Strafverfolgung dient, lassen sich dadurch beheben, daß man ihm einen aus dem Rechtsstaatsprinzip abzuleitenden Anspruch darauf einräumt zu erfahren, welchem Zweck eine polizeiliche Maßnahme gedient hat. Nicht haltbar ist dagegen die Auffassung[360], für die Beurteilung der Rechtsnatur einer polizeilichen Maßnahme komme es entscheidend darauf an, wo ihr Schwerpunkt liege. Wie dieser Schwerpunkt dort, wo ein Handeln der Polizei unter zweierlei Gesichtspunkten möglich ist, feststellbar sein soll, bleibt unerfindlich. Die unterschiedlichen Auffassungen[361] in Literatur und Rechtsprechung bezüglich des Schwerpunkts bestimmter polizeilicher Tätigkeiten machen das Dilemma einer solchen Schwerpunktbildung deutlich. Gegen sie spricht zusätzlich, daß häufig ohnehin eine Beurteilung der Rechtmäßigkeit polizeilicher Akte ohne eine Feststellung der mit ihr verfolgten Absicht (z. B. bei Ermessensakten) gar nicht möglich ist. Zudem scheitert die Schwerpunkttheorie schon daran, daß es der Polizei nicht verwehrt sein kann, bestimmte polizeiliche Akte sowohl auf die Rechtsgrundlage für eine Maßnahme der Gefahrenabwehr wie auch der Strafverfolgung zu stützen[362]. Ist hier der Betroffene der Meinung, eine solche Maßnahme sei nur unter einem der ihr zugrunde gelegten Aspekte als rechtswidrig zu betrachten, so scheidet zwar eine Aufhebung des Verwaltungsakts aus, der Betroffene kann dann aber analog § 113 I 4 VwGO bzw. analog § 28 I 4 EGGVG feststellen lassen, daß die Maßnahme, soweit sie auf den Gesichtspunkt der Gefahrenabwehr oder der Strafverfolgung gestützt wird, rechtswidrig ist.

Untauglich, da mit der Rechtsschutzgarantie des Art. 19 IV GG unvereinbar[363], ist **136** schließlich die verschiedentlich vertretene Auffassung[364], Strafverfolgungsmaßnahmen der Polizei seien als Prozeßhandlungen nicht angreifbar. Maßgeblich für den

---

359 Hier kommt, da die Staatsanwaltschaft dem Justizministerium untersteht und somit auch organisatorisch Justizbehörde ist, unbestreitbar § 23 EGGVG zum Zuge.
360 Nicht überzeugend deshalb *Knemeyer* Rdnr. 88.
361 Vgl. z. B. einerseits *BayVGH* NJW 1984, 2235, andererseits *Schoreit* NJW 1985, 169 ff.; s. auch *BVerwG* NJW 1984, 2233, 2234.
362 S. auch *Götz* NVwZ 1984, 211, 215 und schon früher *Schenke* VerwArch. Bd. 60 (1969), 332, 345.
363 Vgl. dazu *Schenke* BK (Zweitbearbeitung), Dez. 1982, Art. 19 IV Rdnrn. 213 ff.
364 So z. B. *OLG Karlsruhe* NJW 1976, 1417 ff. m.w.N.; krit. hierzu *Schenke* NJW 1976, 1816 ff.; *Rasch* vor § 35 MEPolG Rdnr. 6; *Roxin* Strafverfahrensrecht, 19. Aufl. 1985, § 29 D I 4.

Rechtsschutz kann nicht eine von der Rechtswissenschaft vorgenommene begriffliche Einordnung einer Maßnahme der öffentlichen Gewalt sein, sondern lediglich, ob durch sie in die Rechtsstellung des Betroffenen eingegriffen wird. Als ebenso verfehlt erweist sich der Versuch, den Rechtsschutz gem. § 23 I EGGVG mit der Begründung zu verneinen, daß gegen polizeiliche Maßnahmen, wie eine strafprozessuale Beschlagnahme oder Durchsuchung, in direkter oder analoger Anwendung des § 98 II 2 StPO ein Rechtsweg bestehe[365], der gem. § 23 III EGGVG den Rechtsweg zu den ordentlichen Gerichten ausschließe. Hierbei wird übersehen, daß der nach § 98 II 2 StPO entscheidende Richter nicht (wie für einen Rechtsschutz erforderlich) die Rechtmäßigkeit des polizeilichen Handelns kontrolliert, sondern völlig unabhängig hiervon eine eigene Entscheidung über die Beschlagnahme trifft. Deutlich wird dies daran, daß er trotz Rechtswidrigkeit der polizeilichen Beschlagnahme diese aufrechterhalten kann, sofern nur bei seiner Entscheidung die Voraussetzungen für eine Beschlagnahme gegeben sind. Davon abgesehen scheidet bei erledigten Strafverfolgungsmaßnahmen (gegen die nach § 28 I 4 EGGVG ein Rechtsschutz möglich ist) eine Anrufung des Richters in direkter oder analoger Anwendung des § 98 II 2 StPO aus[366]. Soweit der Weg zum Richter in direkter oder analoger Anwendung des § 98 II 2 StPO offensteht, kann dies **allerdings das Rechtsschutzbedürfnis für einen Rechtsschutz** gegen die Strafverfolgungsmaßnahme **nach den §§ 23 ff. EGGVG ausschließen**[367].

III. Polizeiliche Befugnisse bei der Verfolgung von Ordnungswidrigkeiten

137 Zu den weiteren Aufgaben der Polizei gehört es nach § 53 I 1 OWiG, Ordnungswidrigkeiten zu erforschen und dabei alle unaufschiebbaren Anordnungen zu treffen, um die Verdunkelung der Sache zu verhüten. Anders als im Bereich der Strafverfolgung gilt dabei das **Opportunitätsprinzip**; im übrigen enthält § 53 I 1 OWiG ebenso wie § 163 I StPO keine Eingriffsgrundlage für die Polizei.

138 Die Polizei hat bei der Erforschung von Ordnungswidrigkeiten, soweit das OWiG nichts anderes bestimmt, dieselben Rechte und Pflichten wie bei der Verfolgung von Straftaten (§ 53 I 2 OWiG); Beamte des Polizeidienstes, die zu Hilfsbeamten der Staatsanwaltschaft bestellt sind, können nach den für sie geltenden Vorschriften der StPO Beschlagnahmen, Durchsuchungen, Untersuchungen und sonstige Maßnahmen anordnen (§ 53 II OWiG). Eine Ergänzung des Befugniskatalogs der Polizei durch den Landesgesetzgeber scheidet auch hier aus. Der gerichtliche Rechtsschutz gegen Eingriffe der Polizei bei der Verfolgung von Ordnungswidrigkeiten soll nach h. M. — soweit nicht die in der StPO geregelten Rechtsbehelfe (§§ 98 II 2, 132 III 2 StPO) zum Zuge kommen — nicht gegeben sein, statt dessen verweist man auf Gegenvorstellung und Dienstaufsichtsbeschwerde[368]. Diese Ansicht steht in eklatantem

---

365 So *Amelung* NJW 1978, 1013 f.; *Roxin* Strafverfahrensrecht, 19. Aufl. 1985, § 29 D I 3; *BGH* DÖV 1978, 730 f.; krit. hierzu *Schenke* NJW 1976, 1816, 1820 f. u. *ders.* DÖV 1978, 731 ff.
366 *Schenke* DÖV 1978, 731 ff.; *Dörr* NJW 1984, 2258, 2260 ff.; *KG* JR 1983, 304 f.; a. A. *Amelung* NJW 1978, 1013 f.; *Götz* JuS 1985, 869, 871; *BGH* DÖV 1978, 730 f.
367 Vgl. hierzu näher *Schenke* NJW 1976, 1816, 1822 f.; ebenso *Riegel* 199 und *Dörr* NJW 1984, 2258 ff.
368 So z. B. *Göhler* OWiG, 7. Aufl. 1984, § 53 Rdnr. 29; *Rebmann/Roth/Herrmann* OWiG Bd. 1, Stand April 1985, § 53 Rdnr. 16.

Widerspruch zu Art. 19 IV GG[369]. Daran ändert sich auch nichts, wenn man[370] gegenüber der aufgrund einer solchen Beschwerde ergehenden fachaufsichtlichen Entscheidung einen Rechtsschutz gem. § 62 OWiG befürwortet. Da in bezug auf eine solche fachaufsichtliche Entscheidung kein Recht auf Überprüfung des polizeilichen Handelns besteht und deshalb die Rechtswidrigkeit der polizeilichen Verfolgungsmaßnahme nicht die der aufsichtsbehördlichen Maßnahme nach sich zieht, läßt sich durch deren Anfechtung schon aus diesem Grund der verfassungsrechtlich gebotene Rechtsschutz gegen das polizeiliche Handeln nicht sicherstellen. Richtiger Ansicht nach dürfte hier **Rechtsschutz analog § 62 OWiG** gegeben sein[371].

Die Polizeibehörden können ferner gem. §§ 35, 36 OWiG selbst die zur Verfolgung **139** und Ahndung von Ordnungswidrigkeiten berufene Verwaltungsbehörde sein[372], soweit dies durch Gesetz und Rechtsverordnung vorgesehen ist. Eine solche gesetzliche Regelung findet sich z. B. in § 26 StVG, demgemäß die Behörden oder Dienststellen der Polizei, die von der Landesregierung durch Rechtsverordnung näher bestimmt sind, für die Verfolgung und Ahndung von Ordnungswidrigkeiten nach §§ 24, 24a StVG zuständig sind. Der **Rechtsschutz** gegen solche im Bußgeldverfahren getroffenen Maßnahmen richtet sich **nach § 62 OWiG**.

Eine weitere Befugnis der Polizei ergibt sich bei der Bekämpfung von Ordnungswid- **140** rigkeiten daraus, daß gem. § 57 II OWiG i.V. mit § 56 I 1 OWiG die hierzu ermächtigten Beamten des Polizeidienstes bei geringfügigen Ordnungswidrigkeiten eine Verwarnung mit Verwarnungsgeld aussprechen können, das mindestens zwei und, wenn das Gesetz nichts anderes bestimmt[373], höchstens 20,— DM beträgt. Voraussetzungen für die Wirksamkeit einer Verwarnung mit Verwarnungsgeld sind nach § 56 II OWiG das nach erfolgter Belehrung über das Weigerungsrecht erklärte Einverständnis und die Zahlung des Verwarnungsgeldes seitens des Betroffenen. Macht der Betroffene von seinem Weigerungsrecht Gebrauch, so wird die Ordnungswidrigkeit möglicherweise mit einem Bußgeldbescheid geahndet (vgl. § 65 OWiG). Andererseits schließt eine wirksame Verwarnung mit Verwarnungsgeld die weitere Verfolgung unter den tatsächlichen und rechtlichen Gesichtspunkten aus, unter denen die Verwarnung erteilt worden ist (vgl. § 56 IV OWiG). Eine gerichtliche Überprüfung der Ordnungswidrigkeit, wie sie etwa nach erfolgtem Einspruch gegen einen Bußgeldbescheid vorgesehen ist (§§ 67 ff. OWiG), findet daher nicht mehr statt. **Gerichtlicher Rechtsschutz** gegen die Verwarnung mit Verwarnungsgeld **gem. § 62 OWiG** kommt nur noch insofern in Betracht, als der Betroffene rügt, er sei bei der Erteilung der gebührenpflichtigen Verwarnung **nicht über sein Weigerungsrecht belehrt worden, sein Einverständnis habe nicht vorgelegen oder sei infolge Täuschung, Drohung oder Zwang abgegeben worden.** Andere Einwendungen (wie jene, es habe keine Ordnungswidrigkeit vorgelegen oder die Entscheidung sei ermessensfehlerhaft ergangen) hat er durch sein Einverständnis mit der Verwarnung mit Verwarnungsgeld hingegen verwirkt[374].

---

369 Vgl. *Schenke* BK (Zweitbearbeitung), Dez. 1982, Art. 19 IV, Rdnrn. 213 ff.

370 So *Knemeyer* Rdnr. 313.

371 Dem folgend nunmehr auch *Götz* JuS 1985, 869, 872.

372 Dazu, daß der Bürger keinen Anspruch darauf hat, daß die Polizei Ordnungswidrigkeiten durch die Einleitung von Bußgeldverfahren oder die Erteilung von Verwarnungen ahndet s. *OVG Münster* NVwZ 1983, 101.

373 § 27 I StVG sieht Verwarnungen mit einem Verwarnungsgeld bis zu 40,— DM vor.

374 Vgl. *Drews/Wacke/Vogel/Martens* § 29 3c; *Göhler* OWiG, 7. Aufl. 1984, § 56 Rdnrn. 31 ff.

3. Abschnitt:

Formelles Polizei- und Ordnungsrecht (Organisationsrecht und das polizeiliche Handlungsinstrumentarium)

H. Die Polizei- und Ordnungsbehörden

I. Die verschiedenen mit der Gefahrenabwehr betrauten Polizei- und Ordnungsbehörden

141 Aufgaben der Gefahrenabwehr (Polizei im materiellen Sinn) können nach Maßgabe der Gesetze nicht nur die Polizei im organisatorischen (institutionellen) Sinn, sondern auch durch andere Verwaltungsbehörden wahrgenommen werden. Der Kreis von **Behörden, die der Polizei im organisatorischen Sinn**[375] **zugerechnet werden, ist in den einzelnen Bundesländern unterschiedlich weit gezogen.** Dies ist zwar nicht ausschließlich, aber doch wesentlich darauf zurückzuführen, daß **Baden-Württemberg, Bremen, Rheinland-Pfalz und das Saarland** als diejenigen Bundesländer, die das **Einheitssystem beibehalten haben,** der Polizei die Gesamtheit der Aufgaben der Gefahrenabwehr zugewiesen haben, während die **übrigen Bundesländer,** in denen durch die Einführung des Trennungssystems die sog. **„Entpolizeilichung"** stattgefunden hat, die Aufgaben der **Gefahrenabwehr auf grundsätzlich zwei Behördenzweige verteilt haben.**

142 Im übrigen läßt sich neben der an die Trägerschaft der Polizei anknüpfenden Unterscheidung zwischen Bundes- und Landespolizeibehörden im Bereich des Polizeiorganisationsrechts zwischen allgemeinen und besonderen Polizeibehörden differenzieren. **Allgemeine Polizeibehörden** sind dabei die Behörden, **die für alle Aufgaben der Gefahrenabwehr zuständig sind, soweit diese nicht** durch Rechtsvorschrift einer **besonderen Polizeibehörde übertragen sind. Besondere Polizeibehörden** sind demgegenüber solche Behörden, **deren Zuständigkeitsbereich sich auf einen Teilbereich der Gefahrenabwehr beschränkt.** Anders als die allgemeinen Polizeibehörden (die stets Landesbehörden sind) können besondere Polizeibehörden sowohl Landes- wie Bundesbehörden sein. Besondere Polizeibehörden sind beispielsweise die Berg-, Forst- und Gesundheitsämter, die Gewerbeaufsichtsämter, die Baurechtsbehörden, die Wasser- und Schiffahrtsämter sowie das Luftfahrtbundesamt und die Bundesan-

---

375 Keine Polizei im organisatorischen Sinn stellen private Sicherungskräfte dar. Ihre Tätigkeit kann sich, sofern in Rechte Dritter eingegriffen wird, nicht auf das Polizei- und Ordnungsrecht stützen, vielmehr stehen ihnen nur die Rechtfertigungsgründe, insbesondere die Notwehr, zur Seite. Zu verkennen ist allerdings nicht, daß durch den organisierten Einsatz solcher Sicherungskräfte dieses Handeln eine andere Qualität erlangt als die punktuelle unorganisierte Inanspruchnahme von Rechtfertigungsgründen durch den Bürger, womit das staatliche Gewaltmonopol ernsthaft tangiert wird. Auch wenn man nicht soweit gehen will wie *Hoffmann-Riem* (ZRP 1977, 277 ff.; krit. hierzu *Schwabe* ZRP 1978, 165 ff.), der den Einsatz einer solchen „Privatpolizei" bereits für verfassungswidrig ansieht, empfiehlt sich dringend eine gesetzliche Regelung betreffend den Einsatz solcher Sicherungskräfte (s. in diesem Zusammenhang auch *Roßnagel* ZRP 1983, 59 ff.).

stalt für Flugsicherung. Manche dieser Behörden nehmen dabei auch über den engeren Bereich der Gefahrenabwehr hinausreichende Aufgaben wahr. In den einzelnen Bundesländern werden die besonderen Polizeibehörden unterschiedlich bezeichnet. Während sich in Baden-Württemberg der Ausdruck „besondere Polizeibehörden" findet (§ 47 II BWPolG), verwenden die anderen Länder mit Einheitssystem den Ausdruck „Sonderpolizeibehörden" (vgl. § 66 BremPolG; § 77 II RhPfPVG; § 2 III SaarPOG). Von den Ländern mit Trennungssystem unterscheidet z. B. Niedersachsen zwischen „besonderen Verwaltungsbehörden" und „besonderen Polizeibehörden" (vgl. §§ 75, 69 NdsSOG), während beispielsweise Hessen „Sonderpolizeibehörden" (vgl. § 63 HessSOG) und Nordrhein-Westfalen sowie Schleswig-Holstein „Sonderordnungsbehörden" aufweisen (s. § 12 NWOBG; § 165 I Nr. 4 SHLVwG). Keine besonderen Polizei- und Ordnungsbehörden sind solche Behörden, die schwerpunktmäßig keine Aufgaben der Gefahrenabwehr wahrnehmen, sondern nur in Einzelfällen mit der Gefahrenabwehr betraut sind. § 2 I 1 BWPolG bezeichnet sie als „eine andere Stelle" (bedeutsam ist diese Qualifikation u. a. für die Anwendung des § 46 II BWPolG).

II. Die Bundespolizeibehörden

Nach der grundgesetzlichen Kompetenzverteilung ist die Ausübung der staatlichen Befugnisse und die Erfüllung der staatlichen Aufgaben Sache der Länder, soweit das Grundgesetz keine andere Regelung trifft oder zuläßt (vgl. Art. 30 GG). Die Verwaltungskompetenzen des Bundes reichen dabei weniger weit als seine Gesetzgebungskompetenzen. Bedenkt man, daß dem Bund im Bereich des Polizeirechts ohnehin nur gewisse punktuelle Gesetzgebungszuständigkeiten zustehen, so wird auch von hierher deutlich, daß die **Wahrnehmung von Aufgaben der Gefahrenabwehr durch Bundesbehörden exzeptionellen Charakter besitzt.** Die Kompetenz zur Einrichtung von Bundespolizeibehörden ergibt sich im wesentlichen aus Art. 87 GG. An wichtigen Bundespolizeibehörden sind dabei insbesondere zu nennen: Das Bundeskriminalamt, die Bundesgrenzschutzbehörden und das Bundesamt für Verfassungsschutz. Polizeiliche Aufgaben werden ferner durch die Bundesbahnpolizei wahrgenommen. **143**

Keine Polizeibehörden sind der unmittelbar dem Staatssekretär im Bundeskanzleramt unterstehende Bundesnachrichtendienst und der militärische Abschirmdienst (MAD), bei dem es sich um eine Einrichtung der Bundeswehr handelt. Ersterem obliegt die Auslandsaufklärung, letzterer sammelt Auskünfte und Nachrichten über Vorgänge, die die Sicherheit der Bundeswehr betreffen.

1. Das Bundeskriminalamt

Gestützt auf die ihm in **Art. 73 Nr. 10 und Art. 87 I 2 GG eingeräumten Kompetenzen hat der Bund ein Bundeskriminalamt (BKA) errichtet**[376]. Das BKA dient gem. **144**

---

376 Vgl. hierzu näher *Riegel* DÖV 1982, 849 ff.; *ders.* DVBl. 1982, 720 ff.; *ders.* BayVBl. 1983, 649 ff.; *Dietel* DVBl. 1982, 939 f.

§ 1 I BKAG der Zusammenarbeit des Bundes und der Länder in der Kriminalpolizei. Seine Aufgabe besteht in der Bekämpfung des Straftäters, soweit er sich international oder über das Gebiet eines Landes hinaus betätigt oder voraussichtlich betätigen wird (§ 1 I 2 BKAG). Gem. § 2 BKAG hat das BKA u. a. alle Nachrichten und Unterlagen für die polizeiliche Verbrechensbekämpfung zu sammeln und auszuwerten. Es ist insoweit auch Zentralstelle für den elektronischen Datenverbund zwischen Bund und Ländern. Ihm obliegen Informationspflichten gegenüber den Strafverfolgungsbehörden des Bundes und der Länder, ferner sind ihm Aufgaben des Erkennungsdienstes, der Kriminaltechnik und Kriminalstatistik einschließlich des Erstellens kriminalpolizeilicher Analysen, der kriminalpolizeilichen Forschung, der Unterstützung der Polizei der Länder in der vorbeugenden Verbrechensverhütung und der Fortbildung auf kriminalpolizeilichen Spezialgebieten zugewiesen. Zudem erstattet das BKA auf Anforderung von Polizeidienststellen, Staatsanwaltschaften und Gerichten erkennungsdienstliche und kriminaltechnische Gutachten für Strafverfahren. § 3 BKAG regelt die Verpflichtung der Länder, zur Sicherung der Zusammenarbeit des Bundes und der Länder für ihren Bereich zentrale Dienststellen der Kriminalpolizei (Landeskriminalämter) zu unterhalten. Diese haben dem BKA die zur Erfüllung seiner Aufgaben erforderlichen Nachrichten und Unterlagen zu übermitteln. Für bestimmte in § 5 II BKAG näher bezeichnete Straftaten nimmt das BKA die polizeilichen Aufgaben auf dem Gebiet der Strafverfolgung selbst wahr. Bezüglich anderer Straftaten ist das BKA auf Ersuchen der zuständigen Landesbehörde zuständig, ebenso wenn der Generalbundesanwalt darum ersucht oder einen Auftrag erteilt, ferner dann, wenn der Bundesminister des Innern es aus schwerwiegenden Gründen anordnet (s. § 5 III BKAG). In den Fällen des § 5 II und III BKAG kann das BKA gem. § 5 V BKAG den zuständigen Landeskriminalämtern Weisungen für die Zusammenarbeit erteilen.

145 Neben dieser kriminalpolizeilichen Tätigkeit obliegt dem BKA gem. § 9 BKAG (die Gesetzgebungs- und Verwaltungskompetenz des Bundes für diese Regelung ergibt sich aus der Natur der Sache) der persönliche Schutz der Mitglieder der Verfassungsorgane des Bundes sowie in besonderen Fällen der Gäste dieser Verfassungsorgane aus anderen Staaten, ferner der innere Schutz der Dienst- und Wohnsitze sowie der jeweiligen Aufenthaltsräume des Bundespräsidenten, der Mitglieder der Bundesregierung und in besonderen Fällen ihrer Gäste aus anderen Staaten. Gem. § 9 III 1 BKAG stehen dem BKA zur Erfüllung dieser Aufgaben die **Befugnisse der §§ 10—32 BGSG entsprechend zu.**

2. Der Bundesgrenzschutz

146 **Gem. Art. 73 Nr. 5 GG besitzt der Bund die ausschließliche Gesetzgebungskompetenz für den Grenzschutz; nach Art. 87 I 2 GG kann der Bund durch Bundesgesetz Bundesgrenzschutzbehörden einrichten.** Erstmals Gebrauch machte der Bund von diesen Kompetenzen mit dem BGSG vom 16. 3. 1951 (BGBl. I 201), dessen § 2 den Bundesgrenzschutzbehörden als einzige Aufgabe den Grenzschutz (Sicherung des Bundesgebietes gegen verbotene Grenzübertritte und sonstige die Sicherheit der Grenze gefährdende Störungen der öffentlichen Ordnung im Grenzgebiet bis zu

einer Tiefe von 30 Kilometern) zuwies. Durch die Notstandsverfassung und den Erlaß des BGSG v. 18. 8. 1972 wurden die Zuständigkeiten des Bundesgrenzschutzes später erheblich erweitert. Dem Bundesgrenzschutz obliegen nunmehr neben dem Grenzschutz (§§ 1 Nr. 1, 2 BGSG) u. a. als weitere Aufgaben: Schutz von Bundesorganen (§ 4 BGSG), Aufgaben auf hoher See (§ 6 BGSG), Unterstützung der Polizei eines Landes in Fällen von besonderer Bedeutung (Art. 35 II 1 GG i.V. mit § 9 I Nr. 1 BGSG), Hilfe bei Naturkatastrophen und besonders schweren Unglücksfällen (Art. 35 II 2 u. III GG i.V. mit § 9 I Nr. 2 BGSG), sowie die Abwehr einer drohenden Gefahr für den Bestand oder die freiheitliche demokratische Grundordnung des Bundes oder eines Landes (Art. 91 I GG i.V. mit § 9 I Nr. 3 BGSG); ferner der Einsatz auf Anordnung der Bundesregierung im Notstands- und Verteidigungsfall (Art. 91 II, 115 f I Nr. 1 GG i.V. mit §§ 1 Nr. 2, 3 BGSG). Weitere Aufgaben des Bundesgrenzschutzes sind in § 1 Nr. 3 u. 4 und in § 67 I BGSG aufgeführt. **Der nach § 43 BGSG mit Mittel- und Unterbehörden aufgebaute Bundesgrenzschutz untersteht gem. § 42 I 2 BGSG dem Bundesminister des Innern.** Die polizeilichen Befugnisse regeln die §§ 10 ff. BGSG in weitgehender Übereinstimmung mit den herkömmlichen Grundsätzen des allgemeinen Polizeirechts.

3. Das Bundesamt für Verfassungsschutz

Bei dem in Ausführung zu **Art. 73 Nr. 10, 87 I 2 GG durch das VerfSchutzG errichteten Bundesamt für Verfassungsschutz** handelt es sich — obschon es nach § 3 III 1 VerfSchutzG keine polizeilichen Befugnisse besitzt — nach zutreffender Ansicht um eine polizeiliche Dienststelle[377]. Nach § 3 I VerfSchutzG wird es tätig zur Sammlung und Auswertung von Auskünften, Nachrichten und sonstigen Unterlagen über verfassungsfeindliche oder nachrichtendienstliche Tätigkeiten. Ferner wirkt es mit bei der Überprüfung von Personen, denen im öffentlichen Interesse geheimhaltungsbedürftige Tatsachen, Gegenstände oder Erkenntnisse anvertraut werden, die Zugang dazu erhalten sollen oder ihn sich verschaffen können (§ 3 II Nr. 1 VerfSchutzG), bei der Überprüfung von Personen, die an sicherheitsempfindlichen Stellen von lebens- und verteidigungswichtigen Einrichtungen beschäftigt sind oder werden sollen (§ 3 II Nr. 2 VerfSchutzG), sowie bei technischen Sicherheitsmaßnahmen zum Schutz von im öffentlichen Interesse geheimhaltungsbedürftigen Tatsachen, Gegenständen oder Erkenntnissen gegen die Kenntnisnahme durch Unbefugte (§ 3 II Nr. 3 VerfSchutzG).

Zur Wahrnehmung der ihm gem. § 3 I u. II VerfSchutzG zugewiesenen Aufgaben ist das Bundesamt für Verfassungschutz befugt, nachrichtendienstliche Mittel anzuwenden (§ 3 III 2 VerfSchutzG). Diese Vorschrift kann sinnvoll nur dahingehend interpretiert werden, daß dem Bundesamt für Verfassungsschutz mit ihr eine Eingriffsgrundlage zur Erfüllung der ihm zugewiesenen Aufgaben bereitgestellt werden soll. Was aber unter diesen nachrichtendienstlichen Mitteln (auf die in der Praxis des Verfassungsschutzes in erster Linie Observationsmaßnahmen gestützt werden) zu

147

---

377 Vgl. *Drews/Wacke/Vogel/Martens* § 5 3 a; a. A. *Götz* Rdnr. 356.

verstehen ist, bleibt unklar[378]. Der Gesetzgeber hat diese Frage denn auch, wie aus der Entstehungsgeschichte des VerfSchutzG belegbar ist[379], bewußt offengelassen. Das aber ist mit rechtsstaatlichen Gesichtspunkten, insbesondere angesichts des durch das BVerfG anerkannten Grundrechts auf informationelle Selbstbestimmung[380], unvereinbar. Die Unklarheit steigert sich noch dadurch, daß § 3 III 1 VerfSchutzG festlegt, daß dem Bundesamt für Verfassungsschutz polizeiliche Befugnisse oder Kontrollbefugnisse nicht zustehen sollen, zu den polizeilichen Befugnissen jedoch, die mit Eingriffen in die Freiheitssphäre des Bürgers verbunden sind — wie nach der neuen Rechtsprechung des BVerfG keinem Zweifel mehr unterliegen kann — gerade auch die Observation gehört. Um diese Unbestimmtheit des § 3 III VerfSchutzG und die in ihm angelegten Widersprüche zu vermeiden, ist es aus rechtsstaatlichen Gründen unabdingbar, eine präzise gesetzliche Ermächtigungsgrundlage zu schaffen[381]. Nicht haltbar ist es auf jeden Fall, wenn § 3 III 2 VerfSchutzG dazu benutzt wird, allgemein Observationen, unabhängig von tatsächlichen Anhaltspunkten für die Gefährdung der in § 3 VerfSchutzG angesprochenen Rechtsgüter, vorzunehmen. Eine auf § 3 III 2 VerfSchutzG gestützte umfassende Überwachung und Beobachtung ist mit dem Übermaßverbot nicht in Einklang zu bringen. Zusätzliche Bedenken muß es hervorrufen, wenn auf diese Weise gewonnene Erkenntnisse, etwa unter Stützung auf den Grundsatz der Amtshilfe, allgemein den Polizei- und Ordnungsbehörden zugänglich gemacht würden[382] (vgl. hierzu oben Rdnr. 70), obschon diese unbestreitbar solche weitreichenden Überwachungsrechte nicht besitzen. Über einen Austausch von Informationen zwischen dem Bundesamt für Verfassungsschutz und den Landesverfassungsschutzbehörden enthält § 4 VerfSchutzG eine Regelung.

4. Die Bundesbahnpolizei

148   **Die Bundesbahnpolizei stellt einen Teil der bundeseigenen Verwaltung der Bundeseisenbahnen dar (vgl. Art. 87 I 1 GG).** Sie gliedert sich organisatorisch in die Hauptverwaltung der Deutschen Bundesbahn, die Bundesbahndirektionen und die Ämter des Betriebsdienstes. Die Basis für die Tätigkeit der Bundesbahnpolizei liefern die Regelungen der §§ 55 ff. EBO, die sich auf § 3 I lit. c des AEG[383] stützen. Nach § 55 EBO obliegt der Bahnpolizei die Abwehr von Gefahren für Anlagen, Betrieb und Benutzer der Bahn sowie die Abwehr von Gefahren, die beim Betrieb der Bahn entstehen oder von den Bahnanlagen ausgehen. Zur Gefahrenabwehr kann die Bahnpolizei gem. §§ 57 ff. EBO bahnpolizeiliche Verfügungen erlassen. Ihre Zuständigkeit ist dabei allerdings grundsätzlich auf Bahnanlagen beschränkt. Selbst insoweit wird

---

378   Vgl. zu diesem Begriff *Schlink* NJW 1980, 552 ff. und *ders.* NJW 1981, 565 f. sowie die hieran geübte (überzeugende) Kritik von *Schwabe* NJW 1980, 2396 f. und *ders.* NJW 1981, 566 f.

379   Vgl. Bericht des Innenausschusses, BT-Drucks. VI/3533, S. 5.

380   *BVerfGE* 65, 1 ff.

381   S. auch *Riegel* DVBl. 1985, 765 ff. Das *BVerwG* (vgl. *BVerwG* NJW 1984, 1636 ff.) will den derzeitigen Rechtszustand noch für eine Übergangszeit hinnehmen.

382   Zur Problematik einer solchen Zusammenarbeit s. auch *Riegel* NJW 1979, 952 ff.; *Lisken* NJW 1982, 1481 ff.; *Rott* NVwZ 1982, 23 f.; vgl. auch *Baumler* DÖV 1984, 513 ff.

383   AEG vom 29. 3. 1951 (BGBl. I 225), z.g.d.G.v. 9. 7. 1979 (BGBl. I 989).

die Zuständigkeit anderer Polizeibehörden zur Gefahrenbekämpfung nicht ausgeschlossen[384].

5. Sonstige Bundesbehörden mit polizeilichen Aufgaben

Nach Art. 40 II GG übt der Präsident des Deutschen Bundestages die Polizeigewalt **149** im Gebäude des Bundestages aus. Eine polizeiliche Zuständigkeit der Bundesregierung besteht unter den in Art. 35 III, 91 II und 115 f I GG bezeichneten Voraussetzungen. Bundesbehörden, die polizeiliche Aufgaben wahrnehmen, sind auch die Behörden der Wasser- und Schiffahrtsverwaltung (s. Art. 89 II 1, 87 I 1 GG), denen u. a. die Aufgaben der Strom- und Schiffahrtspolizei obliegen. Dabei umfaßt der Begriff der Strompolizei die Aufgabe, die Bundeswasserstraßen in einem für die Schiffahrt erforderlichen Zustand zu erhalten (vgl. §§ 24 ff. WaStrG). Demgegenüber wird die Aufgabe der Abwehr von Gefahren, die die Sicherheit und Leichtigkeit der Schiffahrt bedrohen oder von der Schiffahrt ausgehen, vom Begriff der Schiffahrtspolizei umfaßt. Geregelt ist sie für den Bereich der Seeschiffahrt in § 1 Nr. 2 SeeSchAufgG, für den Bereich der Binnenschiffahrt in § 1 I Nr. 2 BinSchAufgG. Polizeiliche Aufgaben nehmen ferner das gem. Art. 87 d GG errichtete Luftfahrt-Bundesamt[385] sowie die Bundesanstalt für Flugsicherung[386] wahr[387]. Weitere Bundesbehörden mit z. T. polizeilichen Aufgaben sind z. B. das Kraftfahrt-Bundesamt[388], die Bundesanstalt für den Güterfernverkehr[389], die Anstalt Deutscher Wetterdienst[390] und das Bundesgesundheitsamt[391].

III. Die Polizei- und Ordnungsbehörden der Länder

1. Überblick über die Verteilung der allgemeinen Aufgaben der Gefahrenabwehr in den einzelnen Bundesländern

Die allgemeinen Aufgaben der Gefahrenabwehr sind in den elf Bundesländern in un- **150** terschiedlicher Weise auf die jeweils zuständigen Behörden bzw. Stellen verteilt worden. Dabei zeigen sich prinzipielle Unterschiede zwischen den Ländern, die nach wie vor von einem Einheitssystem ausgehen, und solchen, die zwischen Polizei- und Ordnungsbehörden unterscheiden.

---

384 Ebenso *Drews/Wacke/Vogel/Martens* § 5 2a unter Hinweis auf § 56 I 2 EBO; teilw. a. A. *Götz* Rdnr. 353.
385 S. G.v. 30. 11. 1954 (BGBl. I 354), z.g.d.G.v. 18. 9. 1980 (BGBl. I 1729).
386 S. G.v. 23. 3. 1953 (BGBl. I 70), z.g.d.G.v. 18. 9. 1980 (BGBl. I 1729).
387 Vgl. §§ 29 ff. LuftVG.
388 S. G.v. 4. 8. 1951 (BGBl. I 488), z.g.d.G.v. 22. 12. 1971 (BGBl. I 2086).
389 Vgl. §§ 53 ff. GÜKG.
390 S. G.v. 11. 11. 1952 (BGBl. I 738), z.g.d.G.v. 23. 12. 1959 (BGBl. I 796).
391 S. G.v. 27. 2. 1952 (BGBl. I 121), z.g.d.G.v. 23. 6. 1970 (BGBl. I 805).

a) Länder mit Einheitssystem

151 In Baden-Württemberg, Bremen, Rheinland-Pfalz und im Saarland als denjenigen Bundesländern, die das Einheitssystem beibehalten haben, obliegt der Polizei (im organisatorischen Sinn) die Aufgabe der Gefahrenabwehr sowie die Wahrnehmung der ihr durch andere Rechtsvorschriften übertragenen Aufgaben[392], wozu insbesondere die Mitwirkung bei der Erforschung und Verfolgung von Straftaten und Ordnungswidrigkeiten nach den Bestimmungen der StPO und des OWiG und die Überwachung des Straßenverkehrs zählt. **Dabei gliedert sich die Polizei in Polizeibehörden** (im Saarland: „Polizeiverwaltungsbehörden"; in Preußen früher Verwaltungspolizei) **und Vollzugspolizei bzw. Polizeivollzugsdienst**[393]. Die Vollzugspolizei wird mit kleinen Abweichungen im einzelnen meist in Schutzpolizei, Kriminalpolizei, Bereitschaftspolizei und Wasserschutzpolizei[394] unterteilt.

152 Sofern gesetzlich nichts anderes bestimmt ist, erfüllen die Polizeibehörden alle polizeilichen Aufgaben, soweit sie nicht der Vollzugspolizei bzw. dem Polizeivollzugsdienst übertragen sind[395]. Damit beschränkt sich die Aufgabe der Vollzugspolizei bzw. des Polizeivollzugsdienstes — vorbehaltlich abweichender gesetzlicher Regelungen — darauf, die polizeilichen Aufgaben wahrzunehmen, wenn bei Gefahr im Verzug ein rechtzeitiges Tätigwerden der zuständigen Behörde nicht erreichbar erscheint bzw. unaufschiebbare Maßnahmen zu treffen sind, sowie tätig zu werden, wenn Vollzugshilfe bzw. Vollzugshandlungen erforderlich sind[396]. Ferner wirkt sie bei der Verfolgung von Straftaten und Ordnungswidrigkeiten mit. Innerhalb der Vollzugspolizei bzw. der Polizeivollzugsdienste **obliegt der Schutzpolizei der allgemeine, mit der Gefahrenabwehr befaßte Polizeivollzugsdienst. Die Kriminalpolizei ist mit der Aufklärung und Verfolgung strafbarer Handlungen beschäftigt. Die Bereitschaftspolizei stellt einen Polizeiverband dar,** der insbesondere in geschlossenen Einheiten zur Unterstützung anderer Teile der Polizei (als Polizeireserve) herangezogen werden kann. Ferner ist durch sie aus besonderem Anlaß der Schutz oberster Staatsorgane und Behörden sowie lebenswichtiger Einrichtungen und Anlagen zu besorgen, außerdem die Katastrophenhilfe. Im übrigen dient sie auch der Ausbildung und Fortbildung von Polizeibeamten. **Die Wasserschutzpolizei ist eine besondere Polizeiexekutive auf den Wasserstraßen.**

153 Neben dieser grundsätzlichen Aufgabenverteilung ist noch eine **außerordentliche sachliche Zuständigkeit für Not- bzw. Eilfälle** geregelt. So können in Baden-Württemberg bei Gefahr im Verzug die Aufgaben der zuständigen Polizeibehörde von den zur Fachaufsicht zuständigen Behörden wahrgenommen werden, während umgekehrt bei Gefahr im Verzug aber auch jede untergeordnete Polizeibehörde in ihrem Dienstbezirk die Aufgaben einer übergeordneten Polizeibehörde wahrnehmen darf, wobei diese Bestimmungen nicht für den Erlaß von Polizeiverordnungen gel-

---

392 Vgl. § 1 BWPolG; § 1 BremPolG; § 1 RhPfPVG; § 14 SaarPVG.

393 Vgl. § 45 BWPolG; §§ 65 I, 70 I BremPolG; §§ 76 I, 77 ff., 85 ff. RhPfPVG; § 1 S. 2 SaarPOG.

394 So oder ähnlich §§ 56 ff. BWPolG; §§ 70 ff. BremPolG u. §§ 85 ff. RhPfPVG; §§ 1 S. 2, 6 ff. Saar-POG.

395 Vgl. § 46 I BWPolG; § 64 I BremPolG; § 76 I RhPfPVG; § 3 IV SaarPOG.

396 § 46 II BWPolG; §§ 64 I 2, 37 BremPolG; §§ 76, 1 RhPhPVG mit kleinen Abweichungen; § 6 I Saar-POG.

ten (§ 53 BWPolG); darüber hinaus hat die Polizei bei Gefahr im Verzug die notwendigen vorläufigen Maßnahmen auch dann zu treffen, wenn an sich nach gesetzlicher Vorschrift eine andere Stelle zuständig ist, deren rechtzeitiges Tätigwerden aber nicht möglich erscheint (§ 2 I BWPolG). In Bremen können sachlich nicht zuständige Polizeibehörden bei Gefahr im Verzug einzelne Maßnahmen zur Abwehr einer gegenwärtigen erheblichen Gefahr anstelle der zuständigen Polizeibehörde treffen (§ 80 I BremPolG), während in Rheinland-Pfalz bei Gefahr im Verzug jede allgemeine Polizeibehörde die Befugnisse der sachlich zuständigen allgemeinen Polizeibehörde mit Ausnahme des Erlasses von Polizeiverordnungen vorläufig ausüben kann (§ 80 III RhPfPVG). Im Saarland können bei Gefahr im Verzug oder aufgrund besonderer gesetzlicher Ermächtigung die nächsthöheren Behörden die Befugnisse der ihrer Fachaufsicht unterstehenden Polizeiverwaltungsbehörden selbst ausüben (§ 5 II SaarPOG). Soweit in diesen Fällen eine Polizeibehörde die Befugnisse einer über- bzw. untergeordneten Polizeibehörde wahrnehmen darf, handelt es sich (auch) um eine Durchbrechung der instanziellen Zuständigkeitsgrenze.

b) Länder mit Trennungssystem

In den übrigen sieben Bundesländern sind mit der sog. „Entpolizeilichung" die Aufgaben der Gefahrenabwehr in unterschiedlicher Weise und bei unterschiedlicher Terminologie auf jeweils zwei Behördengruppen verteilt worden, wobei z. T. expressis verbis klargestellt wird, daß beiden gemeinsam die Aufgaben der Gefahrenabwehr obliegen (vgl. z. B. § 1 I NdsSOG). Trotz aller terminologischer und sachlicher Unterschiede zwischen den Regelungen dieser Länder kann man jedoch sagen, daß es sich bei diesen beiden Behördengruppen **auf der einen Seite um die „entpolizeilichten Ordnungsbehörden" und auf der anderen Seite um die Polizei im organisatorischen Sinn handelt.** Dieser Trennung haben Bayern und Nordrhein-Westfalen auch gesetzestechnisch dadurch Ausdruck gegeben, daß sie für beide Bereiche je eine eigene Rechtsgrundlage geschaffen haben. **154**

Die folgende Übersicht zeigt auf, wie die jeweiligen Behördengruppen in den einzelnen Bundesländern tatsächlich bezeichnet werden: Bayern trennt zwischen Sicherheitsbehörden (Art. 6 BayLStVG) und der Polizei (Art. 1 BayPAG), wobei Art. 1 BayPAG die Polizei als die im Vollzugsdienst tätigen Dienstkräfte der Polizei definiert; Berlin unterscheidet zwischen Ordnungsbehörden und Polizei, wobei die Polizei der Polizeipräsident ist (§ 1 I u. IV BerlASOG); Hamburg differenziert zwischen Verwaltungsbehörden und Vollzugspolizei (§ 3 HambSOG); in Hessen gehören zur Polizei im organisatorischen Sinn die Polizeibehörden (§§ 57 ff. HessSOG) und die Vollzugspolizei (§§ 64 ff. HessSOG), nicht dagegen die Behörden der allgemeinen Verwaltung, die ebenfalls Aufgaben der Gefahrenabwehr wahrnehmen (§§ 55, 56 HessSOG, vgl. § 1 I HessSOG); Niedersachsen unterscheidet zwischen Verwaltungsbehörden und Polizei (§ 1 I NdsSOG), wobei die Begriffe der Polizei, des Polizeibeamten und der Verwaltungsbehörde in § 2 Nr. 5—7 NdsSOG definiert werden. Nordrhein-Westfalen trennt zwischen Ordnungsbehörden (§§ 1, 3 NWOBG) und Polizei (§ 1 NWPolG, § 2 NWPOG); Schleswig-Holstein differenziert ebenfalls zwischen Ordnungsbehörden und Polizei, wobei unter Polizei die Polizeivollzugskräfte **155** verstanden werden (§§ 164, 165 SHLVwG). Auch im Trennungssystem findet sich im übrigen die schon oben in Verbindung mit dem Einheitssystem angesprochene **Untergliederung der Polizei in Schutzpolizei, Kriminalpolizei, Bereitschaftspolizei und Wasserschutzpolizei**[397].

156 Was die Kompetenzverteilung zwischen Ordnungsbehörden und Polizei in diesen Ländern betrifft, so läßt sich als wesentliche Gemeinsamkeit feststellen, daß die **Aufgaben der Polizei grundsätzlich auf Einzelfälle beschränkt** sind. Ist der Polizei eine Angelegenheit nicht ausdrücklich zugewiesen, so sind die Ordnungsbehörden zuständig. In all diesen Bundesländern besteht zunächst eine Not- bzw. Eilzuständigkeit der Polizei, die allerdings nur solange aufrechterhalten bleibt, bis die Ordnungsbehörde selbst eingreifen kann. Die Polizei hat danach zwar ebenso wie die Ordnungsbehörden die Aufgabe der Gefahrenabwehr wahrzunehmen, sie darf jedoch nur dann tätig werden, wenn die Gefahrenabwehr durch die zuständige Behörde nicht oder nicht rechtzeitig möglich erscheint bzw. unaufschiebbare Maßnahmen zu treffen sind. Daneben leistet die Polizei Vollzugshilfe (in Schleswig-Holstein wird gesondert noch von der Ermittlungshilfe gesprochen; in Hamburg fehlt es dagegen an einer entsprechenden speziellen Regelung) und erfüllt die Aufgaben, die ihr durch andere Rechtsvorschriften übertragen sind, wozu insbesondere die Mitwirkung bei der Ermittlung von Straftaten und Ordnungswidrigkeiten und die Überwachung des Straßenverkehrs zählt, bei denen es sich je nachdem aber auch um Ordnungsaufgaben handeln kann[398]. Im übrigen obliegt die Aufgabe der Gefahrenabwehr den Ordnungsbehörden[399], denen z. T. aber auch noch andere Aufgaben zugewiesen sind[400].

157 Auf folgende Besonderheiten sei noch am Rande hingewiesen: In Bayern schließen Maßnahmen der Sicherheitsbehörden nach dem BayLStVG widersprechende Maßnahmen der Polizei aus; im übrigen haben die Sicherheitsbehörden das Recht, der Polizei Weisungen zu erteilen (Art. 10 BayLStVG, Art. 9 II BayPOG). In Berlin besteht bei der Gefahrenabwehr eine Hilfszuständigkeit für die Feuerwehr, die auch Vollzugshilfe leistet (§ 3 BerlASOG). Niedersachsen weist neben dem Polizeivollzugsdienst sog. Verwaltungsvollzugsbeamte für den Vollzug von Aufgaben der Gefahrenabwehr auf (§ 2 Nr. 8 NdsSOG). In Nordrhein-Westfalen führen die Ordnungsbehörden die ihnen obliegenden Aufgaben mit eigenen Dienstkräften durch, die im Rahmen ihres Auftrages im wesentlichen die der Polizei zustehenden Befugnisse haben (vgl. §§ 24, 13 NWOBG). In Schleswig-Holstein haben Ordnungsbehörden und Polizei nach dem SHLVwG zu einem großen Teil dieselben Befugnisse, wobei allerdings häufig ihr Vollzug der Polizei vorbehalten ist (vgl. §§ 170, 171 ff. SHLVwG). Einige Länder haben schließlich unter unterschiedlichen Voraussetzungen, vor allem aber bei Gefahr im Verzug, eine **besondere sachliche Zuständigkeit**

---

397 S. z. B. § 64 HessSOG; der Sache nach findet sich eine solche Differenzierung auch in solchen Ländern, die sie — wie Berlin und Hamburg — nicht gesetzlich geregelt haben; Bayern kennt ferner eine Grenzpolizei, die gem. Art. 5 I BayPOG zum grenzpolizeilichen Schutz des Staatsgebietes im Einzeldienst eingesetzt ist.

398 Zu den Aufgaben der Polizei s. Art. 2, 3 BayPAG; §§ 4, 1 I, 2 II 2 BerlASOG; § 3 II lit. a HambSOG; § 1 NdsSOG; § 1 NWPolG; §§ 164, 168 SHLVwG; §§ 1, 1a MEPolG.

399 Art. 6 BayLStVG; §§ 2, 1 I—III BerlASOG; § 3 I HambSOG; § 1 NdsSOG; § 1 NWOBG; §§ 163, 164 ff. SHLVwG.

400 Zu der in Hessen insoweit etwas abweichenden Rechtslage vgl. §§ 1, 55, 62, 44 HessSOG.

von Ordnungsbehörden bzw. Polizei normiert. So können in Berlin bei Gefahr im Verzug die Befugnisse einer nachgeordneten Ordnungsbehörde von der Fachaufsichtsbehörde wahrgenommen werden (§ 2 IV BerlASOG). In Hessen können die Polizeiaufsichtsbehörden die Befugnisse der ihnen nachgeordneten oder ihrer Aufsicht unterstehenden allgemeinen Polizeibehörden bereits dann ausüben, wenn es den Umständen nach erforderlich ist; diese können bei unmittelbar bevorstehender Gefahr die Befugnisse der übergeordneten allgemeinen Polizeibehörden wahrnehmen und haben außerdem in eigener Zuständigkeit die notwendigen unaufschiebbaren Maßnahmen zu treffen, wenn die anderen zur Gefahrenabwehr zuständigen Behörden nicht rechtzeitig tätig werden können (§ 61 HessSOG). In Niedersachsen können die Fachaufsichtsbehörden in ihrem Bezirk einzelne Maßnahmen zur Gefahrenabwehr anstelle der sachlich zuständigen Polizei- oder Verwaltungsbehörde treffen, wenn dies zur sachgerechten Erfüllung der Aufgabe erforderlich ist; im übrigen können sachlich nicht zuständige Polizei- oder Verwaltungsbehörden oder die Fachminister bei Gefahr im Verzug einzelne Maßnahmen zur Abwehr einer gegenwärtigen erheblichen Gefahr anstelle der zuständigen Polizei- oder Verwaltungsbehörde treffen; außerdem kann der Minister des Innern unter besonderen Voraussetzungen Aufgaben der Polizei vorübergehend übernehmen oder einer anderen Polizeibehörde übertragen (vgl. § 80 NdsSOG). In Nordrhein-Westfalen kann jede Ordnungsbehörde in ihrem Bezirk bei Gefahr im Verzug oder in den gesetzlich vorgesehenen Fällen die Befugnisse einer anderen Ordnungsbehörde mit Ausnahme des Erlasses ordnungsbehördlicher Verordnungen ausüben (§ 6 I NWOBG); auch jede Polizeibehörde kann dort bei Gefahr im Verzug die Aufgaben einer anderen, an sich zuständigen Polizeibehörde übernehmen (§ 14 NWPOG). In Schleswig-Holstein schließlich ist bei Gefahr im Verzug jede örtlich zuständige (allgemeine) Ordnungsbehörde auch sachlich zuständig (§ 166 III SHLVwG). Soweit in diesen Fällen allerdings eine Behörde die Befugnisse einer über- bzw. untergeordneten Behörde ausüben darf, handelt es sich hier (auch) um eine Durchbrechung der instanziellen Zuständigkeitsgrenzen.

2. Die Abgrenzung der Zuständigkeit der Polizei- und Ordnungsbehörden

Die Zuständigkeitsabgrenzung zwischen den einzelnen Polizei- und Ordnungsbehörden erfolgt — wie allgemein im Organisationsrecht — unter dem Gesichtspunkt der **sachlichen, örtlichen und instanziellen Zuständigkeit.** **158**

a) Die sachliche Zuständigkeit

Unter **sachlicher Zuständigkeit ist die Berechtigung zur Wahrnehmung eines bestimmten Aufgabenbereichs zu verstehen.** Ein Verstoß gegen Bestimmungen, welche die sachliche Zuständigkeit regeln, führt zur Rechtswidrigkeit des polizei- und ordnungsbehördlichen Handelns. Verwaltungsakte, die im Widerspruch zu sachlichen Zuständigkeitsvorschriften erlassen wurden, sind zumindest aufhebbar, u. U. aber schon gem. den **§ 44 VwVfG korrespondierenden Regelungen der Landesverwal-** **159** tungsverfahrensgesetze nichtig. **Rechtsverordnungen,** die unter **Verstoß gegen sachliche Zuständigkeitsvorschriften** zustande gekommen sind, sind stets **nichtig.** Die Verteilung der Aufgaben der Gefahrenabwehr zwischen den allgemeinen Polizei- und Ordnungsbehörden ist dabei überwiegend in den allgemeinen Polizei- und Ordnungsgesetzen der Länder geregelt (s. dazu oben III. 1). Die Abgrenzung zu den Zuständigkeiten der besonderen Behörden der Gefahrenabwehr ergibt sich aus den Spezialgesetzen, welche die Aufgaben dieser Behörden umschreiben. Nach dem Rechtsgrundsatz, daß das speziellere Gesetz dem allgemeineren vorgeht, schließen die Befugnisse der besonderen Behörden grundsätzlich jene der allgemeinen aus. Eine Doppelzuständigkeit wäre auch aus rechtsstaatlichen Gründen, sofern sie nicht auf eng begrenzte Ausnahmefälle beschränkt wird[401], etwa wenn Gefahr im Verzug gegeben ist, nicht begründbar. Der Polizei sind im übrigen auch außerhalb des Sektors der Gefahrenabwehr weitere Aufgaben übertragen worden, so insbesondere auf dem Gebiet der Strafverfolgung und im Bereich des Ordnungswidrigkeitenrechts sowie der Vollzugshilfe (vgl. oben G. II., III.).

b) Die örtliche Zuständigkeit

160 **Die örtliche Zuständigkeit bezeichnet den räumlichen Bereich, innerhalb dessen eine sachlich und instanziell zuständige Behörde zu handeln befugt ist.** Abgesehen von den Fällen, in denen die örtliche Unzuständigkeit auf der Belegenheit einer Sache oder eines Rechts im Bezirk einer anderen Behörde beruht, ist ein **Verwaltungsakt nicht schon deshalb nichtig, weil Vorschriften über die örtliche Zuständigkeit nicht eingehalten worden sind;** darüber hinaus kann die Aufhebung eines Verwaltungsakts, der nicht nichtig ist, nicht allein deshalb beansprucht werden, weil er unter Verletzung von Vorschriften über die örtliche Zuständigkeit zustande gekommen ist, wenn keine andere Entscheidung in der Sache hätte getroffen werden können (vgl. die den §§ 44 II Nr. 3 u. III Nr. 1, 46 VwVfG entsprechenden landesgesetzlichen Vorschriften). **Polizei- und ordnungsbehördliche Verordnungen einer örtlich unzuständigen Behörde sind stets nichtig.**

161 In den Ländern mit Einheitssystem bemißt sich die örtliche Zuständigkeit der Polizeibehörden grundsätzlich nach den sog. Polizeibezirken. Örtlich zuständig ist dort die Polizeibehörde, in deren Bezirk eine polizeiliche Aufgabe wahrzunehmen ist[402] bzw. die polizeilich zu schützenden Interessen verletzt oder gefährdet werden[403]. Ohne Bedeutung ist demgegenüber der Wohnsitz oder Aufenthaltsort des Störers. Erscheint bei Gefahr im Verzug ein rechtzeitiges Tätigwerden der örtlich zuständigen Polizeibehörde nicht erreichbar, so kann auch die für einen benachbarten Bezirk zuständige Polizeibehörde die vorläufigen bzw. erforderlichen Maßnahmen treffen[404]. Dies bezeichnet man als polizeiliche Nachbarhilfe. Schließlich kann in Einzelfällen, in denen eine polizeiliche Aufgabe in mehreren Dienstbezirken zweckmäßig nur einheitlich wahrgenommen werden kann, die örtliche Zuständigkeit grundsätz-

---

401 S. hierzu *Schenke* VerwArch. Bd. 68 (1977), 118, 142 ff.
402 § 54 I BWPolG; §§ 78 I, 65 II BremPolG.
403 § 81 I RhPfPVG; § 22 I SaarPVG.
404 Vgl. § 54 II BWPolG; § 81 II RhPfPVG; § 23 I SaarPVG; noch weiter gefaßt § 78 II BremPolG.

lich durch die übergeordnete Polizeibehörde geregelt bzw. innerhalb des Landes ausgeweitet werden[405]. Besonderheiten gelten für die Vollzugspolizei. Sie ist entweder grundsätzlich[406] oder unter bestimmten Voraussetzungen[407] im ganzen Land örtlich zuständig. Von diesen Fällen sind jene zu unterscheiden, bei denen es den Polizeivollzugskräften bzw. Polizeidienststellen anderer Länder oder auch des Bundes gestattet ist, auf dem Hoheitsgebiet eines Landes tätig zu werden. Bundesrechtliche Regelungen finden sich zunächst für die Fälle des Art. 35 II u. III sowie Art. 91 I GG. Auf dem Gebiet der Strafverfolgung hat die Polizei schließlich gem. § 167 GVG die Befugnis, die Verfolgung eines Flüchtigen auf dem Gebiet eines anderen Bundeslandes fortzusetzen und den Flüchtigen dort zu ergreifen („Nacheile"). Im übrigen bestimmen die Landesgesetze, in welchen Fällen auswärtigen Polizeikräften anderer Länder bzw. des Bundes ein Tätigwerden gestattet ist. Geregelt ist dies insbesondere für die Fälle, in denen Gefahr im Verzug ist, Gefangenentransporte durchzuführen sind oder Amtshandlungen auf Anforderung oder mit Zustimmung der zuständigen Behörde vorgenommen werden; zudem können Verwaltungsabkommen ein Tätigwerden gestatten[408]. Darüber hinaus dürfen Polizeivollzugsbeamte außerhalb ihres Landes nur im Falle des Art. 91 II GG sowie dann tätig werden, wenn das jeweilige Landesrecht oder das Bundesrecht dies vorsieht (vgl. z. B. § 53 I MEPolG).

Was die Länder mit Trennungssystem betrifft, so beschränkt sich in den Ländern **162** Hessen, Niedersachsen, Nordrhein-Westfalen und Schleswig-Holstein die Tätigkeit der Ordnungsbehörden gleichfalls grundsätzlich auf ihren Bezirk bzw. Amtsbereich. Örtlich zuständig ist dort die Behörde, in deren Bezirk bzw. Amtsbereich eine Aufgabe der Gefahrenabwehr wahrzunehmen ist[409] bzw. die zu schützenden Interessen verletzt oder gefährdet werden[410]. Kann jedoch eine Aufgabe der Gefahrenabwehr zweckmäßig nur einheitlich wahrgenommen werden, so bestimmt grundsätzlich die übergeordnete Behörde die zuständige Behörde[411]. Darüber hinaus haben diese Länder meist geregelt, daß auch die Ordnungsbehörde eines anderen, in der Regel eines benachbarten Bezirks vor allem bei Gefahr im Verzug tätig werden darf, wenn ein rechtzeitiges Tätigwerden der örtlich zuständigen Ordnungsbehörde nicht erreichbar erscheint[412]. In den übrigen Ländern mit Trennungssystem gilt hinsichtlich der örtlichen Zuständigkeit der Ordnungsbehörden folgendes: In Bayern beurteilt sich die örtliche Zuständigkeit der Sicherheitsbehörden mangels spezieller Regelungen nach allgemeinen Grundsätzen; in Berlin sind die zentralen Ordnungsbehörden für das gesamte Gebiet des Landes Berlin zuständig (für die dezentralen Ordnungsbehörden gilt die allgemeine Regelung des Verwaltungsverfahrensgesetzes); in Hamburg sind Senat und Fachbehörden für das gesamte Gebiet des Landes zuständig.

---

405 Vgl. § 55 BWPolG; § 78 III BremPolG; § 81 III RhPfPVG; § 23 IV SaarPVG.
406 § 63 I BWPolG; § 94 I RhPfPVG; § 6 II SaarPOG.
407 § 78 IV BremPolG.
408 Vgl. im einzelnen § 65 BWPolG; § 81 BremPolG; § 95 RhPfPVG; § 14 SaarPOG.
409 § 75 I HessSOG.
410 § 78 I NdsSOG; § 4 I NWOBG; § 167 I SHLVwG.
411 Vgl. § 75 II HessSOG; § 78 III NdsSOG; § 4 II NWOBG; § 167 II SHLVwG.
412 Vgl. § 6 II NWOBG; § 167 III SHLVwG; noch weiter gefaßt § 78 I 3, II NdsSOG.

163 Demgegenüber ist in den Ländern Bayern, Berlin, Hamburg und Schleswig-Holstein die örtliche Zuständigkeit der Polizei grundsätzlich auf das ganze Land ausgedehnt worden[413], während die übrigen Länder Hessen, Niedersachsen und Nordrhein-Westfalen insoweit zwischen den Polizeibehörden und der Vollzugspolizei unterscheiden. Grundsätzlich ist dort die örtliche Zuständigkeit der Polizeibehörden auf ihren Bezirk bzw. Amtsbereich beschränkt; örtlich zuständig ist die Polizeibehörde, in deren Amtsbereich eine Aufgabe der Gefahrenabwehr wahrzunehmen ist (§ 75 I HessSOG) bzw. die zu schützenden Interessen verletzt oder gefährdet werden (§ 78 I NdsSOG; § 7 I NWPOG). Ausnahmeregelungen hierzu finden sich in § 75 II Hess-SOG, § 7 II und III NWPOG und § 78 I 3, II und III NdsSOG. Dagegen ist die Vollzugspolizei in diesen Ländern entweder grundsätzlich (§ 76 HessSOG) oder unter bestimmten enumerierten Voraussetzungen (§ 7 IV NWPOG; § 78 IV NdsSOG) im ganzen Land befugt, Amtshandlungen vorzunehmen.

164 Was den länderübergreifenden Einsatz der Polizei in den Ländern mit Trennungssystem betrifft, so ist bundesrechtlich zunächst für den Bereich der Strafverfolgung § 167 GVG einschlägig (s. oben Rdnr. 161). Aber auch durch Verträge bzw. Verwaltungsabkommen wurden auswärtigen Polizeikräften Zuständigkeiten eingeräumt. Im übrigen haben alle Länder mit Trennungssystem mit Ausnahme Berlins (ebenso wie die Länder mit Einheitssystem) in ihren Polizei- und Ordnungsgesetzen geregelt, in welchen Fällen Polizeivollzugsbeamte anderer Länder und des Bundes im eigenen Land Amtshandlungen vornehmen dürfen. Zulässig ist dies im allgemeinen auf Anforderung oder mit Zustimmung der zuständigen Behörde, in den Fällen des Art. 35 II u. III u. des Art. 91 I GG, zur Abwehr einer gegenwärtigen erheblichen Gefahr, zur Verfolgung von Straftaten auf frischer Tat sowie zur Verfolgung und Wiederaufgreifung Entwichener, wenn die zuständige Behörde die erforderlichen Maßnahmen nicht rechtzeitig treffen kann, zur Erfüllung polizeilicher Aufgaben bei Gefangenentransporten, zur Verfolgung von Straftaten und Ordnungswidrigkeiten und zur Gefahrenabwehr in den durch Verwaltungsabkommen mit anderen Ländern geregelten Fällen[414]. Darüber hinaus dürfen Polizeivollzugsbeamte außerhalb des Zuständigkeitsbereiches ihres Landes nur im Falle des Art. 91 II GG sowie dann tätig werden, wenn das jeweilige Landes- oder Bundesrecht es vorsieht[415].Einige Länder haben schließlich in Anlehnung an § 53 II MEPolG Voraussetzungen festgelegt, unter denen eine Entsendepflicht besteht[416].

c) Die instanzielle Zuständigkeit

165 **Die instanzielle (funktionelle) Zuständigkeit regelt die Verteilung der Polizei- und Ordnungsaufgaben zwischen den sachlich zuständigen Polizei- und Ordnungsbehörden.** Dieser Instanzenzug ist überwiegend in den Polizei- und Ordnungsgesetzen der

---

413 Vgl. etwa Art. 3 I BayPOG; § 13 I SHPOG.
414 Vgl. im einzelnen Art. 11 III—V BayPOG; §§ 77, 76 II HessSOG; § 81 NdsSOG; § 9 NWPOG; § 13 II SHPOG; § 52 MEPolG; enger § 30 HambSOG.
415 Vgl. Art. 10 II BayPOG; § 82 I NdsSOG; § 8 I NWPOG; § 13 III SHPOG; § 53 I MEPolG; vgl. auch § 9 BGSG.
416 Art. 10 III BayPOG; § 82 II NdsSOG; § 8 II NWPOG; vgl. auch § 9 III BGSG.

Länder geregelt. Eine Nichtbeachtung der instanziellen Zuständigkeit führt zur Rechtswidrigkeit polizeilichen bzw. ordnungsbehördlichen Handelns. Anders als beim Handeln einer sachlich unzuständigen Behörde ist ein **durch eine instanziell unzuständige Behörde erlassener Verwaltungsakt jedoch in der Regel nur aufhebbar,** nicht hingegen nichtig. Die durch **instanziell unzuständige Behörden erlassenen Polizei- und ordnungsbehördlichen Verordnungen sind nichtig.**

Während unter den Ländern mit Einheitssystem Baden-Württemberg beim Aufbau **166** der allgemeinen Polizeibehörden von einem viergliedrigen Instanzenzug ausgeht (§§ 47 ff. BWPolG), beschränkt sich in Rheinland-Pfalz und im Saarland die Gliederung (in allerdings unterschiedlicher Weise) auf drei Instanzen (§§ 77 ff. RhPfPVG; §§ 2 II, 3 I—III SaarPOG). Bremen dagegen weist lediglich zwei Instanzen auf, indem dort die allgemeinen Polizeibehörden in Landespolizeibehörden und Ortspolizeibehörden gegliedert sind (vgl. § 65 I BremPolG). Der Aufbau der besonderen Polizeibehörden bemißt sich nach den hierfür geltenden Spezialbestimmungen. Bei den allgemeinen Polizeibehörden ist die instanzielle Zuständigkeitsverteilung in diesen Ländern in der Regel derart erfolgt, daß alle Angelegenheiten, die nicht einer höheren Polizeibehörde zugewiesen sind, in den sachlichen Zuständigkeitsbereich der unteren Behörde, d. h. der Ortspolizeibehörde fallen[417]. Die höheren Polizeibehörden sind dagegen nur dann unmittelbar zuständig, wenn besondere gesetzliche Bestimmungen dies anordnen; bedeutsam ist dies insbesondere für den Erlaß von Polizeiverordnungen. Darüber hinaus haben sie Aufsichtsfunktionen gegenüber den nachgeordneten Behörden zu erfüllen. Letzte Instanz sind insoweit die zuständigen Ministerien und zwar auch dann, wenn sie nach den organisationsrechtlichen Bestimmungen selbst nicht die Stellung einer Polizeibehörde haben.

Bei den Aufsichtsfunktionen ist zwischen Dienst- und Fachaufsicht zu unterscheiden[418]. Während die allgemeine **Dienstaufsicht** sich auf die **innere Ordnung, die allgemeine Geschäftsführung und die Personalangelegenheiten**[419] erstreckt, beschränkt sich die **Fachaufsicht** auf die **Überprüfung der Rechtmäßigkeit und Zweckmäßigkeit der Wahrnehmung der einzelnen polizeilichen Aufgaben**[420]. Neben den ihnen eingeräumten Informationsrechten steht den Aufsichtsbehörden die Befugnis zu Weisungen zu, die allgemein oder (ggf. unter bestimmten Voraussetzungen) im Einzelfall ergehen können, während für die weisungsunterworfenen Behörden gegenüber den weisungsbefugten eine Unterrichtungspflicht besteht[421]. Aus der Existenz eines Weisungsrechts kann allerdings noch nicht gefolgert werden, daß die höhere Behörde anstelle einer unteren Behörde selbst zu handeln befugt ist. Ein sog. **Selbsteintrittsrecht ist vielmehr nur dann gegeben, wenn dies gesetzlich besonders bestimmt ist**[422]. In Baden-Württemberg und Bremen beschränkt es sich zunächst auf die Fälle,

---

417 Vgl. §§ 52 II, 47 I Nr. 4, 48 IV BWPolG; § 79 II BremPolG; § 80 I RhPfPVG i.V.m. § 1 RhPfLVO-ZuSt allgPolBeh; §§ 2, 3 SaarPOG.

418 Vgl. §§ 49, 50 BWPolG; § 68 BremPolG; § 83 RhPfPVG; § 4 SaarPOG.

419 So die Legaldefinition des § 72 II 2 NdsSOG, die im wesentlichen auch dem Rechtszustand in den Ländern mit Einheitssystem entspricht.

420 S. zu den Begriffen der Dienst- und Fachaufsicht auch *Götz* Rdnrn. 349—351; *Rasch* § 49 BWPolG Anm. 1 u. § 50 BWPolG Anm. 1; *Wolff/Bachof* II § 77 II b 4 u. II c 2.

421 Vgl. § 51 BWPolG; § 69 III BremPolG; §§ 82, 84 I RhPfPVG; § 5 SaarPOG.

422 Vgl. *OVG Berlin* NJW 1977, 1166, 1167.

in denen Weisungen der Aufsichtsbehörde nicht beachtet werden (vgl. § 51 II BWPolG; § 69 II BremPolG), während in Rheinland-Pfalz ein Selbsteintritt der Aufsichtsbehörden bereits dann zulässig ist, wenn diese es nach pflichtgemäßem Ermessen für erforderlich halten (§ 84 II RhPfPVG), was auch beim Erlaß von Polizeiverordnungen der Fall sein kann (§ 34 I RhPfPVG). Im Saarland wird auf besondere gesetzliche Bestimmungen verwiesen (§ 5 II SaarPOG). Darüber hinaus können die instanziellen Zuständigkeitsgrenzen vor allem bei Gefahr im Verzug von oben nach unten und teilweise auch umgekehrt durchbrochen werden, was aber überwiegend als sog. besondere oder außerordentliche sachliche Zuständigkeit ausgestaltet ist (s. dazu oben unter 1.).

168 Für die Vollzugspolizei bzw. den Polizeivollzugsdienst stellt sich in diesen Ländern dagegen die Frage der instanziellen Zuständigkeit nicht. Soweit es sich überhaupt um selbständige Behörden handelt, findet sich jedenfalls nur eine einstufige Gliederung[423], die in der Regel (vgl. oben 1. a) anknüpfend an die wahrgenommenen Funktionen die Schutzpolizei, Kriminalpolizei, Bereitschaftspolizei und die Wasserschutzpolizei umfaßt. Auch die Vollzugspolizei bzw. der Polizeivollzugsdienst unterliegt der Dienst- und Fachaufsicht, Weisungsrechten und Unterrichtungspflichten[424].

169 Was die Länder mit Trennungssystem betrifft, so gehen diese beim Aufbau der allgemeinen Ordnungsbehörden überwiegend ebenfalls von einem drei- bzw. viergliedrigen Instanzenzug aus[425]. In Berlin beschränkt sich dagegen die Gliederung auf zwei Instanzen[426]. Hamburg wiederum weist mit dem Senat als oberster Verwaltungsbehörde, den Fachbehörden als Mittelinstanz und der Bezirksverwaltung als unterer Instanz grundsätzlich einen dreistufigen Verwaltungsaufbau auf[427]. Auch in diesen Ländern ist die instanzielle Zuständigkeitsverteilung in der Regel derart erfolgt, daß alle Angelegenheiten, die nicht einer höheren Ordnungsbehörde zugewiesen sind, in den sachlichen Zuständigkeitsbereich der unteren Behörde fallen[428]. Anders ist die Rechtslage allerdings insoweit in Bayern, Berlin und Hamburg. Auch in Bayern sind zwar die Gemeinden die untersten Glieder im Verwaltungsaufbau. Neben ihnen obliegen aber auch den Landratsämtern, Regierungen und dem Staatsministerium des Innern als Sicherheitsbehörden die Aufgaben der Gefahrenabwehr (vgl. Art. 6 BayLStVG), welche damit gleichzeitig mehreren Behörden verschiedener Stufen zugewiesen sind; aus dem Subsidiaritätsgrundsatz (s. auch Art. 44 BayLStVG) ist jedoch zu entnehmen, daß die jeweils höhere Behörde von ihrer Befugnis nur dann Gebrauch machen soll, wenn die untere Behörde die ihr zugewiesene Aufgabe nicht erfüllen kann oder pflichtwidrig nicht erfüllt[429]. In Berlin wird die Zuständigkeit der Ordnungsbehörden untereinander durch die nach § 2 II BerlASOG erlassene DVO-

---

423 Vgl. §§ 56 ff. BWPolG; §§ 70 ff. BremPolG; §§ 85 ff. RhPfPVG; §§ 1 S. 2, 6 ff. SaarPOG.

424 Vgl. z. B. §§ 58 ff. BWPolG; § 77 BremPolG; §§ 12, 13 SaarPOG.

425 Vgl. §§ 1 III, 55 HessSOG; § 74 NdsSOG; § 3 NWOBG; § 165 Nr. 1—3 SHLVwG.

426 Vgl. § 1 II u. III BerlASOG.

427 Vgl. §§ 4 ff. HambVerwBehG und §§ 2 ff. HambBezVG.

428 Vgl. §§ 1 III, 55 HessSOG; § 79 II NdsSOG, s. aber auch NdsZustVOSOG; §§ 5 I, 3 I NWOBG; § 166 II SHLVwG.

429 Vgl. *BayVGH* BayVBl. 1964, 228, 229; 1974, 471, 472.

ASOG[430] abgegrenzt. In Hamburg sind die Verwaltungsbehörden im Rahmen ihres Geschäftsbereichs zur Gefahrenabwehr zuständig (§ 3 I HambSOG). Auch in den Ländern mit Trennungssystem haben die höheren Ordnungsbehörden Aufsichtsfunktionen zu erfüllen. Auch hier ist grundsätzlich zwischen Dienst- und Fachaufsicht zu unterscheiden (s. dazu Rdnr. 167). Soweit Kommunen Träger von Ordnungsbehörden sind, können hier nicht darzustellende spezialgesetzliche Vorschriften bzw. allgemeine Grundsätze für die staatliche Aufsicht gegenüber Trägern kommunaler Verwaltung eingreifen[431]. Gleiches gilt für die den Aufsichtsbehörden eingeräumten Informationsrechte, die ihnen zustehenden Weisungsbefugnisse, etwaige Selbsteintrittsrechte sowie die den nachgeordneten Behörden obliegenden Informationspflichten[432].

Hinsichtlich der Polizei stellt sich in den Ländern mit Trennungssystem die Frage **170** nach ihrer instanziellen Zuständigkeit dort nicht, wo ein mehrgliedriger Instanzenzug nicht vorhanden ist. Dies ist der Fall in Bayern (vgl. Art. 1, 4 ff. BayPOG), Berlin (vgl. § 1 IV BerlASOG), Hamburg (eine besondere gesetzliche organisatorische Regelung besteht nicht) und Schleswig-Holstein (vgl. §§ 1, 2, 3 ff. SHPOG). Dagegen sind in den übrigen Ländern Hessen, Niedersachsen und Nordrhein-Westfalen die allgemeinen Polizeibehörden in mehrere Instanzen gegliedert[433]. Während dabei in Hessen die Ortspolizeibehörden sachlich zuständig sind, soweit keine andere Polizeibehörde bestimmt ist (vgl. § 62 II 2 HessSOG), nehmen in Niedersachsen grundsätzlich die Bezirksregierungen die polizeilichen Aufgaben wahr (vgl. § 67 NdsSOG; s. aber auch § 68 II NdsSOG). In Nordrhein-Westfalen ist die Aufgabenverteilung zwischen den Instanzen in §§ 10 ff. NWPOG geregelt.

Wiederum für alle Bundesländer mit Trennungssystem gilt, auch soweit dies gesetz- **171** lich nicht besonders geregelt sein sollte, daß auch die Polizei der Dienst- und Fachaufsicht unterliegt und ihr gegenüber den Aufsichtsbehörden Unterrichtungspflichten obliegen, während den Aufsichtsbehörden Informationsrechte und Weisungsbefugnisse zustehen[434]. Auch hier ist ein sog. Selbsteintrittsrecht nur dann gegeben, wenn dies gesetzlich besonders bestimmt ist[435].

J. Der polizeiliche Verwaltungsakt

Ein wichtiges Instrument der Polizei- und Ordnungsbehörden bei der Erfüllung der **172** Aufgaben der Gefahrenabwehr stellt der **polizeiliche Verwaltungsakt** dar. Der Ver-

---

430 BerlDVO-ASOG.
431 Zu den Aufsichtsfunktionen im übrigen §§ 6, 7 BerlASOG; § 1 HambVerwBehG, § 5 HambBezVG; § 56 HessSOG; § 76 NdsSOG; §§ 7, 11 NWOBG; § 17 SHLVwG.
432 Vgl. hierzu im übrigen §§ 6, 7, 2 IV BerlASOG; § 1 IV HambVerwBehG, § 5 HambBezVG; § 56 HessSOG; §§ 76, 80 I NdsSOG; § 8—11 NWOBG; § 18 SHLVwG.
433 S. §§ 57 ff. HessSOG; §§ 65 ff. NdsSOG; §§ 2, 3 NWPOG.
434 Vgl. §§ 6 I u. III, 7 BerlASOG; §§ 58 ff. HessSOG, § 3 HessPolOrgVO; § 72 NdsSOG; §§ 5, 6 NWPOG; § 8 SHPOG.
435 Vgl. z. B. § 7 II Nr. 3 BerlASOG; § 61 HessSOG.

waltungsakt wird allerdings in den Polizei- und Ordnungsgesetzen expressis verbis gar nicht genannt. So sprechen §§ 2, 3 MEPolG in Übereinstimmung mit dem Sprachgebrauch der meisten Polizei- und Ordnungsgesetze hier ganz neutral von Maßnahmen, worunter aber nicht nur Verwaltungsakte, sondern auch schlichtes Verwaltungshandeln (Realakte)[436] zu verstehen sind. Der früher im Anschluß an § 40 PrPVG verwandte und näher definierte Begriff der Polizeiverfügung[437] findet sich heute nur noch in §§ 6 ff. HessSOG, §§ 45 ff. RhPfPVG und § 40 SaarPVG (vgl. auch § 173 SHLVwG). Er hat die ihm ursprünglich zugedachte prozessuale Funktion[438] ohnehin eingebüßt, da nunmehr im Zeichen der Rechtsschutzgarantie des Art. 19 IV GG i. V. mit § 40 VwGO gegenüber allem Verwaltungshandeln Rechtsschutz garantiert ist. Im übrigen werden durch den Terminus der Polizeiverfügungen — verstanden im Sinne von § 40 PrPVG als „Anordnungen der Polizeibehörden, die an bestimmte Personen oder an einen bestimmten Personenkreis ergehen und ein Gebot oder Verbot oder die Versagung, Einschränkung oder Zurücknahme einer rechtlich vorgesehenen polizeilichen Erlaubnis oder Bescheinigung enthalten" — keineswegs alle polizeilichen Verwaltungsakte erfaßt. So können z. B. polizeiliche Verwaltungsakte wie die Ablehnung eines Antrags auf polizeiliches Einschreiten oder die Erteilung einer polizeilichen Erlaubnis nicht den Polizeiverfügungen zugerechnet werden.

Gegen polizeiliche, der Gefahrenabwehr dienende Verwaltungsakte ist Rechtsschutz gemäß § 42 VwGO zu gewähren[439]. Bei inzwischen erfolgtem Vollzug eines rechtswidrigen Verwaltungsakts kann ein Folgenbeseitigungsanspruch (s. dazu oben Rdnr. 47) gemäß § 113 I 2 VwGO auf vereinfachte Weise prozessual geltend gemacht werden. Soweit sich der polizeiliche Verwaltungsakt erledigt hat, weil er zurückgenommen wurde oder seine Aufhebung sinnlos geworden ist[440], ist hiergegen bei einer nach

---

436 Die Begriffe des schlichten Verwaltungshandelns und des Realakts werden hier synonym gebraucht (ebenso *Drews/Wacke/Vogel/Martens* § 23 1), z. T. wird (so bei *Riegel* 106) der Begriff des schlichten Verwaltungshandelns auf die Tätigkeit beschränkt, die keinen Eingriffscharakter hat.

437 Innerhalb der Polizeiverfügungen wird häufig zwischen selbständigen Verfügungen (sie haben ihre Rechtsgrundlage in der Generalklausel) und unselbständigen Verfügungen (sie beruhen auf einer anderen Norm, z. B. einer Polizeiverordnung) differenziert (vgl. *Friauf* 242 f.). Die praktische Bedeutung der Unterscheidung soll darin bestehen, daß es zum Erlaß einer unselbständigen Verfügung — anders als bei einer selbständigen — nicht des Vorliegens einer konkreten Gefahr bedarf, sondern hier die (gesetzliche) Anknüpfung an die abstrakte Gefährlichkeit eines Sachverhalts genügt. Bei Lichte besehen wird dieser Unterschied in praxi jedoch insofern relativiert, als die für eine selbständige Verfügung erforderliche konkrete Gefahr aus der Nichtbeachtung einer Rechtsnorm resultieren kann, die auf der abstrakten Gefährlichkeit eines Tatbestands aufbaut. Von daher gesehen wird auch die Verfehltheit jener gelegentlich vertretenen Auffassung (vgl. *Köhler* DÖV 1956, 744, 747 f.) deutlich, die davon ausgeht, aus dem Rechtsstaatsprinzip ergebe sich, daß auch unselbständige Verfügungen nur bei Vorliegen einer konkreten Gefahr ergehen dürften (vgl. hierzu im übrigen treffend *Friauf* 243).

438 Eine verwaltungsgerichtliche Kontrolle des polizeilichen Handelns war in Preußen nur bei Polizeiverfügungen möglich.

439 Zum maßgeblichen Zeitpunkt für die gerichtliche Beurteilung von Verwaltungsakten im Rahmen der Anfechtungsklage s. *Schenke* NVwZ 1986, 522 ff. (maßgeblich ist demnach, — abweichend von der h. M., vgl. z. B. *Kopp* VwGO, 7. Aufl. 1986, § 113 Rdnrn. 23 ff. — stets der Zeitpunkt der letzten mündlichen Verhandlung vor dem Verwaltungsgericht).

440 Zu beachten ist dabei, daß die Vollziehung eines Verwaltungsakts (beispielsweise bei einer polizeilichen Beschlagnahme), wie sich auch durch § 113 I 2 VwGO belegen läßt, allein noch nicht zur Erledigung des Verwaltungsakts führt. Zu den im folgenden angesprochenen Problemen der Fortsetzungsfeststellungsklage s. im übrigen m. eingeh. w. Nachw. *Schenke* Jura 1980, 133 ff.

Klageerhebung eingetretenen Erledigung Rechtsschutz über die Fortsetzungsfeststellungsklage des § 113 I 4 VwGO zu gewähren. Falls die Erledigung (so z. B. bei einer polizeilichen Durchsuchung) bereits **vor Erhebung der Klage** eintrat, ist der **Rechtsschutz in analoger Anwendung des § 113 I 4 VwGO** gesichert. Eine unmittelbare Anwendung des § 113 I 4 VwGO scheidet hier aus, weil diese Vorschrift — wie sich aus ihrem systematischen Zusammenhang ergibt — ersichtlich auf den Fall der Erledigung nach Klageerhebung zugeschnitten ist. Für die Fortsetzungsfeststellungsklage bedarf es des gesonderten **Nachweises eines „berechtigten Interesses"** (Rechtsschutzbedürfnisses). Dieses ist dann zu bejahen, wenn der erledigte Verwaltungsakt — was bei vollzugspolizeilichen Verwaltungsakten häufig zutrifft — diskriminierenden Charakter hat oder Wiederholungsgefahr besteht oder es sich um einen sich typischerweise kurzfristig erledigenden Verwaltungsakt handelt. Nach der bedenklichen Auffassung des BVerwG und der h. M. soll ein Rechtsschutzbedürfnis überdies dann zu bejahen sein, wenn der verwaltungsgerichtlichen Feststellung präjudizierende Wirkung für einen vor den ordentlichen Gerichten zu führenden Amtshaftungsprozeß zukommt. Das erweckt freilich schon insoweit Zweifel, als § 839 BGB i. V. mit Art. 34 GG den Amtshaftungsanspruch nicht an die (das Außenverhältnis Staat —Bürger betreffende) Rechtswidrigkeit der Amtshandlung, sondern an die auf das Innenverhältnis (Staat—Amtsträger) bezogene Amtspflichtverletzung anknüpft. Bedeutsam ist diese Differenzierung insbesondere bei einer rechtswidrigen dienstlichen Weisung. Der ihr folgende Amtsträger handelt amtspflichtgemäß, im Außenverhältnis Staat—Bürger liegt dennoch ein rechtswidriges Verhalten vor; ebenso ist es umgekehrt (bei Ermessensentscheidungen) denkbar, daß der einer Weisung nicht folgende Amtsträger amtspflichtwidrig, dennoch aber rechtmäßig handelt. Auch für die in analoger Anwendung des § 113 I 4 VwGO erhobene Fortsetzungsfeststellungsklage bedarf es im übrigen entgegen der bundesverwaltungsgerichtlichen Rechtsprechung im Hinblick auf die Rechtsnatur der Fortsetzungsfeststellungsklage als „amputierte Anfechtungsklage" *(Geiger)* eines Vorverfahrens, das auch insoweit sehr wohl seine Entlastungsfunktion erfüllt.

I. Die Abgrenzung polizeilicher Verwaltungsakte von anderen der Gefahrenabwehr dienenden Handlungen

Der polizeiliche Verwaltungsakt erfordert eine Abgrenzung zum schlichten Verwaltungshandeln, zu innerdienstlichen Rechtsakten und zur polizei- und ordnungsbehördlichen Verordnung. Die Abgrenzung ist anhand der dem § 35 VwVfG inhaltlich entsprechenden landesgesetzlichen Vorschriften vorzunehmen; für die Grenzziehung gegenüber der polizei- und ordnungsbehördlichen Verordnung ist ferner deren in einzelnen Polizei- und Ordnungsgesetzen enthaltene Legaldefinition von Relevanz. **173**

Vom schlichten Verwaltungshandeln unterscheidet sich der polizeiliche Verwaltungsakt durch den von ihm **intendierten Regelungseffekt**. Keine polizeilichen Verwaltungsakte, sondern **Realakte sind demnach z. B. polizeiliche Streifengänge, Beobachtungen, Auskunftserteilungen, Berichte**[441], **Verwarnungen, Belehrungen, Er-** **174**

---

441 Zum Verfassungsschutzbericht s. *Gusy* NVwZ 1986, 6 ff.

mahnungen oder die Androhung des polizeilichen Verwaltungsakts, z. B. einer Abrißverfügung[442]. Anderes gilt allerdings für die Androhung der Zwangsmittel der Ersatzvornahme, des Zwangsgelds oder des unmittelbaren Zwangs (s. dazu unten III.
2.). Eine rechtliche Regelung beinhaltet auch eine Verwarnung mit Verwarnungsgeld. Jedoch unterliegt sie heute nicht mehr der Anfechtung vor dem Verwaltungsgericht (s. oben G. III.), sondern ist nach § 62 OWiG überprüfbar.

175   Von innerdienstlichen Rechtsakten unterscheidet sich der der Gefahrenabwehr dienende polizeiliche Verwaltungsakt dadurch, daß die getroffene Regelung **auf unmittelbare Rechtswirkung nach außen gerichtet ist.** Keinen polizeilichen Verwaltungsakt
bildet deshalb die von einer Polizeiaufsichtsbehörde an die nachgeordnete Polizeibehörde gerichtete Weisung, gegenüber dem Störer eine bestimmte Maßnahme zu treffen. Hier kann der Störer grundsätzlich nur gegen die aufgrund der Weisung erlassene Maßnahme gerichtlich vorgehen, da in der Regel erst durch sie in seine Rechtssphäre eingegriffen wird. Ausnahmsweise kann freilich bereits eine innerdienstliche
Maßnahme faktische Außenwirkung hervorrufen. Dies traf z. B. in dem berühmten,
vom damaligen *WürttBadVGH* entschiedenen Baustoffall[443] zu. Die Anweisung der
obersten Bauaufsichtsbehörde an die für die Erteilung der Baugenehmigungen zuständigen unteren Bauaufsichtsbehörden, keine Baugenehmigungen für solche Bauvorhaben zu erteilen, die mit einem bestimmten Baustoff hergestellt werden sollten
und die, als sie bekannt wurde, die Konsequenz hatte, daß niemand mehr mit diesem
Baustoff bauen wollte, enthielt bereits — zumal es zu Vollzugsakten gar nicht zu
kommen brauchte — einen Eingriff in das durch Art. 14 GG geschützte Recht des
Baustoffproduzenten am eingerichteten und ausgeübten Gewerbebetrieb. Hier mußte es für den Gewerbetreibenden folglich bereits im Hinblick auf die verfassungsrechtliche Rechtsschutzgarantie des Art. 19 IV GG einen Rechtsschutz geben; da der
Eingriff in die Rechtssphäre des Baustoffproduzenten durch die oberste Bauaufsichtsbehörde nicht beabsichtigt war, kam freilich mangels Vorliegens eines Verwaltungsakts entgegen der Aufassung des *WürttBadVGH* nicht eine Anfechtungsklage,
sondern eine allgemeine, auf Rücknahme der Weisung gerichtete Leistungsklage in
Betracht[444]. Eine Außenwirkung, allerdings ohne Regelungseffekt, ist ebenfalls bei
einem Informationsaustausch personenbezogener Daten zwischen Behörden gegeben, wenn diese Daten hierbei für Zwecke benutzt werden, für die sie nicht erhoben
wurden (vgl. oben Rdnr. 70).

176   Mit der Polizei- und ordnungsbehördlichen Verordnung hat der polizeiliche Verwaltungsakt zwar gemeinsam, daß er auf eine Regelung mit Außenwirkung gerichtet ist.
Er unterscheidet sich von dieser jedoch dadurch, daß er nicht eine unbestimmte Vielzahl von Fällen, sondern einen Einzelfall regelt (s. hierzu unter K. II.). Der durch
den Verwaltungsakt betroffene Personenkreis soll nach der insoweit nicht unproble-
matischen Regelung des § 35 VwVfG ohne Relevanz sein[445]. Selbst bei einem nach

---

442 S. auch *BadWürttVGH* ESVGH 22, 114 ff.
443 *WürttBadVGH* DRZ 1950, 500 f.
444 Vgl. hierzu näher *Schenke* DÖV 1979, 622, 627 ff.
445 Nicht mit der Regelung des § 35 VwVfG ist es vereinbar, wenn *Drews/Wacke/Vogel/Martens* § 23 6
     annehmen, für das Vorliegen eines Einzelfalls komme es allein auf die Bestimmbarkeit des Adressa-
     tenkreises an.

allgemeinen Merkmalen bestimmten oder bestimmbaren Personenkreis liegt gem. § 35 S. 2 VwVfG ein Verwaltungsakt in Gestalt einer Allgemeinverfügung vor. Schwierigkeiten bereitet die rechtliche Einordnung von Gebote und Verbote enthaltenden **Verkehrszeichen.** Sie werden heute **im Hinblick auf ihre Funktionsgleichheit mit den durch einen Polizisten vorgenommenen Verkehrsregelungen, wegen ihres konkreten örtlichen Bezugs sowie im Hinblick auf § 35 S. 2 VwVfG als Verwaltungsakte angesehen**[446]. Keine Verwaltungsakte sondern Realakte stellen wegen mangelndem Regelungscharakter Gefahr- und Hinweiszeichen dar.

II. Die Rechtmäßigkeit eines der Gefahrenabwehr dienenden Verwaltungsakts (Prüfungsschema)

Zur Rechtmäßigkeit eines polizeilichen Verwaltungsaktes bedarf es seiner **formellen und materiellen Rechtmäßigkeit.** Nach Vorklärung[447] der Frage, ob als Rechtsgrundlage für die im Verwaltungsakt getroffene Regelung eine Spezialermächtigung oder die polizeiliche bzw. ordnungsbehördliche Generalklausel in Betracht kommt, empfiehlt sich im Regelfall die Überprüfung anhand folgenden Schemas[448]: **177**

1. Die formelle Rechtmäßigkeit

(a) Es muß die **örtlich, sachlich und instanziell zuständige Polizei- bzw. Ordnungsbehörde gehandelt haben** (s. hierzu oben unter H.); **178**

(b) der Verwaltungsakt muß unter **Beachtung der einschlägigen Form- und Verfahrensvorschriften erlassen worden sein.** Soweit die Polizei- und Ordnungsgesetze keine besonderen Form- und Verfahrensvorschriften enthalten (anders aber etwa § 20 NWOBG, der für Ordnungsverfügungen grundsätzlich Schriftform verlangt), ist auf die für den Erlaß von Verwaltungsakten geltenden Form- und Verfahrensvorschriften der Landesverwaltungsverfahrensgesetze zurückzugreifen, die Regelungen über die Beteiligten- und Handlungsfähigkeit, die Gewährung rechtlichen Gehörs, die Bestimmtheit, die Bekanntgabe und die Begründung von Verwaltungsakten enthalten (so die Verwaltungsverfahrensgesetze der Länder in ihren §§ 11 f., 28, 37 ff.). Zu beachten ist dabei bezüglich der verwaltungsrechtlichen Handlungsfähigkeit (§ 11 VwVfGe), daß diese nicht nur für die aktive Handlungsfähigkeit, sondern auch für die Entgegennahme von Verwaltungsakten gilt. Deshalb sind trotz der materiellen Polizeipflicht nichtgeschäftsfähiger Personen hier polizeiliche Verwaltungsakte zu ihrer Wirksamkeit grundsätzlich dem gesetzlichen Vertreter bekanntzugeben. Im Interesse der effizienten Gefahrenbekämpfung wird man aber davon ausgehen müs- **179**

---

446 Vgl. *BVerfG* NJW 1965, 2395; *BVerwGE* 27, 181 ff. u. 59, 221 ff.

447 Eine solche Vorklärung ist deshalb unentbehrlich, weil ohne Klarheit über die in Betracht kommende Rechtsgrundlage die örtliche, sachliche und instanzielle Zuständigkeit für den Erlaß des Verwaltungsakts nicht festgestellt werden kann (insoweit daher zumindest mißverständlich, wenn *Vogel* Der Verwaltungsrechtsfall, 8. Aufl. 1980, 81 empfiehlt, zunächst die Zuständigkeit für den Erlaß des Verwaltungsakts zu überprüfen).

448 Ebenso *Schwerdtfeger* Öffentliches Recht in der Fallbearbeitung, 7. Aufl. 1983, Rdnrn. 125 ff.

sen, daß dort, wo der gesetzliche Vertreter nicht rechtzeitig herangezogen werden kann, eine Verfügung auch gegenüber einem Nichtgeschäftsfähigen ergehen kann (z. B. Beschlagnahme bzw. Sicherstellung von Führerschein und Kfz gegenüber einem Geisteskranken[449]). Eine fehlende Anhörung des Betroffenen oder eine unterlassene Begründung kann gem. § 45 II VwVfG geheilt werden, aber nur bis zum Abschluß des Vorverfahrens. Die Bestimmung des § 45 II VwVfG wird man entgegen der h. M. analog auch auf den Fall des Nachschiebens von Gründen anwenden können[450], so daß hier entgegen der h. M. ein Nachschieben von Gründen während des gerichtlichen Verfahrens generell ausscheidet. Da es sich bei polizeilichen Maßnahmen meist um Ermessensverwaltungsakte handelt und auch nach der h. M. ein Nachschieben von Gründen während des gerichtlichen Verfahrens dann ausscheiden soll, wenn hierdurch der Verwaltungsakt in seinem Wesen geändert und der Betroffene in seiner Rechtsverteidigung beeinträchtigt wird, verbietet sich allerdings auch auf der Basis dieser Auffassung bei polizeilichen Verwaltungsakten meist ein Nachschieben von Gründen. Die Vorschrift des § 46 VwVfG, nach der die Aufhebung eines rechtswirksamen Verwaltungsakts nicht deshalb verlangt werden kann, weil er unter Verletzung von Vorschriften über das Verfahren, die Form oder die örtliche Zuständigkeit zustande gekommen ist, wenn keine andere Entscheidung in der Sache hätte getroffen werden können, wird im Polizeirecht nur in den seltenen Fällen Bedeutung erlangen, in denen sowohl das Auswahl- wie das Entschließungsermessen der Polizei- bzw. Ordnungsbehörde auf Null reduziert sind[451].

180 Von Bedeutung ist insbesondere das in § 37 I VwVfG und den entsprechenden Regelungen der Länder ausgesprochene rechtsstaatliche **Gebot der Bestimmtheit von Verwaltungsakten.** Ein Verwaltungsakt muß danach erkennen lassen, **welche Behörde ihn erlassen hat, an wen er gerichtet ist und welchen Inhalt er besitzt.** Eine ausreichende inhaltliche Bestimmtheit ist nur dann gegeben, wenn der Verwaltungsakt als Grundlage einer Verwaltungsvollstreckung dienen kann, ohne daß es noch weiterer Konkretisierungen bedarf[452]. Unzulässig sind demnach etwa Verwaltungsakte, die den Adressaten verpflichten, „den polizeigemäßen Zustand einer Sache herzustellen", „die erforderlichen Instandsetzungsarbeiten vorzunehmen[453]" oder „den Nachbarn nicht in seiner Ruhe zu stören". Für die inhaltliche Bestimmtheit **genügt es dagegen, wenn das von der Behörde verfolgte Ziel in dem Verwaltungsakt genannt ist** (z. B. Herabsetzung des Geräuschepegels an einer bestimmten Stelle auf eine genau bezeichnete Lautstärke). Die Angabe des Mittels zur Erreichung des Ziels ist nicht erforderlich[454]. Ein unbestimmter Verwaltungsakt kann auch nicht in einen zulässigen Rahmenbefehl umgedeutet werden[455].

---

449 Vgl. *BayVGH* DÖV 1984, 433 ff. (Fahrerlaubnisentziehungsbescheid).
450 Vgl. *Schenke* VBlBW 1982, 313, 324.
451 Dazu eingeh. m. w. Nachw. *Schenke* DÖV 1986, 305, 317 ff.
452 So z. B. *Drews/Wacke/Vogel/Martens* § 25 6c.
453 *PrOVGE* 79, 140, 142.
454 Vgl. *BVerwGE* 31, 15, 18; *BadWürttVGH* VBlBW 1982, 97 ff.; a. A. *BayVGH* BayVBl. 1967, 171 f.
455 Von der Zulässigkeit eines solchen Rahmenbefehls geht aber *OVG Hamburg* MDR 1958, 61 f. aus.

2. Die materielle Rechtmäßigkeit

(a) Der polizeiliche Verwaltungsakt muß eine **Rechtsgrundlage in einer Spezialer-** 181
mächtigung oder in der Generalklausel haben. Soweit die Generalklausel einschlägig
ist, muß geprüft werden,

aa) ob die **öffentliche Sicherheit oder Ordnung** möglicherweise betroffen ist;

bb) ob sich diese mögliche Betroffenheit bereits zu einer **konkreten Gefahr oder sogar zu einer Störung verdichtet hat;**

(b) das **Entschließungsermessen muß fehlerfrei ausgeübt worden sein;** 182

(c) der polizeiliche Verwaltungsakt muß **an den richtigen Adressaten gerichtet sein.** 183
Dabei ist zu beachten, daß sich der Verwaltungsakt in erster Linie an den Störer
(Verhaltens- oder Zustandstörer) zu richten hat. Eine Inanspruchnahme eines
Nichtstörers ist nur ausnahmsweise unter sehr eingeschränkten Voraussetzungen zu-
lässig;

(d) die **Entscheidung über das Wie des Handelns muß** (von Bedeutung vornehmlich, 184
wenn mehrere Störer gegeben sind) **ermessensfehlerfrei erfolgen;**

(e) der Verwaltungsakt darf **nicht gegen sonstiges Recht verstoßen.** Zu beachten sind 185
dabei insbesondere die rechtlichen Begrenzungen, die sich aus dem Übermaßverbot
(Grundsatz der Geeigentheit des Eingriffs, Grundsatz des geringsten Eingriffs und
dem Grundsatz der Verhältnismäßigkeit im engeren Sinn) sowie den Grundrechten
ergeben.

III. Die Zwangsmittel zur Durchsetzung polizeilicher Verwaltungsakte

1. Allgemeines

Die in einem Verwaltungsakt enthaltenen, der Gefahrenabwehr dienenden Gebote 186
und Verbote könne bei ihrer Nichtbeachtung durch die Polizei- bzw. Ordnungsbehörde **zwangsweise durchgesetzt werden.** Die Vollstreckung solcher Verwaltungsakte
richtet sich z. T. nach den allgemeinen für die Verwaltungsvollstreckung des Bundes[456] und der Länder geltenden Regelungen; z. T. finden sich aber auch in den Lan-
despolizei- und Ordnungsgesetzen Spezialvorschriften für die zwangsweise Durchsetzung von der Gefahrenabwehr dienenden Verwaltungsakten durch die Polizei-
und Ordnungsbehörden[457]. Diese Gesetze sehen für die Vollstreckung von Verwaltungsakten, die auf ein Handeln, Dulden oder Unterlassen gerichtet sind (abweichend von der Vollstreckung wegen Geldforderungen, die in diesem Zusammenhang
in der Regel nicht relevant wird) als **Zwangsmittel die Ersatzvornahme, das Zwangsgeld und die Anwendung unmittelbaren Zwangs vor.**

---

456 VwVG und UZwG, soweit es sich um die Akte von Bundespolizeibehörden handelt.
457 So in den §§ 32 f. BWPolG; Art. 32 ff. BayPAG; §§ 40 ff., 86 BremPolG; §§ 17 ff. HambSOG;
§§ 24 ff. HessSOG; §§ 42 ff. NdsSOG; §§ 28 ff. NWPolG, § 13 II NWOBG; §§ 50 ff. RhPfPVG;
§§ 55 ff. SaarPVG; §§ 28 ff. MEPolG; § 15 BGSG; s. auch §§ 194 ff. SHLVwG.

2. Die Rechtmäßigkeitsvoraussetzungen für die Anwendung der Zwangsmittel

187 Voraussetzungen für die Anwendung der erwähnten Verwaltungszwangsmittel durch die zuständigen Polizei- und Ordnungsbehörden sind grundsätzlich:

188 (a) Es muß ein **Verwaltungsakt ergangen sein**[458], der auf die Vornahme einer Handlung, Duldung oder Unterlassung gerichtet ist[459].

189 (b) Der Verwaltungsakt muß **unanfechtbar oder kraft Gesetzes (vgl. § 80 II Nr. 1—3 VwGO) oder kraft behördlicher Anordnung (§ 80 II Nr. 4 VwGO) sofort vollziehbar sein**[460]. Von besonderer Bedeutung ist in diesem Zusammenhang, daß gem. § 80 II Nr. 2 VwGO bei unaufschiebbaren Anordnungen und Maßnahmen von Polizeivollzugsbeamten die aufschiebende Wirkung entfällt. Wegen der Funktionsgleichheit von Verkehrszeichen mit unaufschiebbaren Anordnungen der Polizeivollzugsbeamten ist **§ 80 II Nr. 2 VwGO analog auf Verkehrszeichen** anwendbar[461].

190 (c) Das von der Behörde angestrebte konkrete Zwangsmittel muß **grundsätzlich vorher angedroht**[462] und dem Vollstreckungsschuldner dabei eine **angemessene**[463] Frist für die Erfüllung seiner Verpflichtung **eingeräumt werden**[464]. Die Anordnung kann mit dem zu vollstreckenden Verwaltungsakt verbunden werden. Nach § 34 II 2 ME-PolG soll sie mit ihm verbunden werden, wenn ein Rechtsmittel keine aufschiebende Wirkung hat. Soweit es um die Androhung von Zwangsgeld geht, ist dies in einer bestimmten Höhe anzudrohen[465]; bei Androhung der Ersatzvornahme sollen die voraussichtlichen Kosten angegeben werden[466]. Da die Androhung grundsätzlich eine

---

458 Zur unmittelbaren Ausführung und zum Sofortvollzug, bei denen dieses Erfordernis entfällt, s. unter 3.

459 § 18 BWVwVG; Art. 32 I BayPAG; § 6 I BerlVwVG; § 11 BremVwVG; § 14 HambVwVG; § 42 I NdsSOG; § 28 I NWPolG; § 50 RhPfPVG; § 194 SHLVwG; § 28 I MEPolG; § 6 I VwVG; § 24 Hess-SOG und § 55 SaarPVG sprechen nur von polizeilichen Verfügungen.

460 § 2 BWVwVG; Art. 32 I 2. HS BayPAG; § 6 I BerlVwVG; § 11 I 2 BremVwVG; § 18 I HambVwVG; § 24 Hess SOG; § 42 I NdsSOG; § 28 I NWPolG; § 50 I RhPfPVG; § 55 I SaarPVG; § 195 SHLVwG; § 28 I MEPolG; § 6 I VwVG.

461 Vgl. *BVerwG* NJW 1978, 656 f.

462 § 20 I BWVwVG und § 35 II BWPolG; Art. 33 II BayPAG; § 13 I BerlVwVG; § 17 BremVwVG; § 20 HambSOG, § 15 II HambVwVG; §§ 27 I, 29 II HessSOG; § 43 II NdsSOG; § 29 II NWPolG; § 51 II RhPfPVG; § 55 II 1 SaarPVG; § 202 SHLVwG; § 29 II MEPolG; § 13 I VwVG. Z. T. wird dabei Schriftlichkeit verlangt, vgl. z. B. § 20 I BWVwVG; schwächer § 34 I 1 MEPolG: „möglichst schriftlich anzudrohen". Soweit durch eine Androhung eines Zwangsmittels dessen Zweck unmöglich gemacht wird (z. B. gewaltsame Befreiung von Geiseln) wird man, sofern hier der Gesetzgeber wegen besonderer Umstände (vgl. § 35 II BWPolG) nicht von der Androhung befreit, die entsprechenden Vorschriften teleologisch zu reduzieren haben (vgl. *Krey/Meyer* ZRP 1973, 1, 4).

463 Vgl. hierzu in Verbindung mit einer zu kurz bemessenen Frist für den Abbruch eines Gebäudes *BVerwGE* 16, 289 ff.; 17, 83 ff.

464 Nach § 34 I 2 MEPolG bedarf es aber keiner Fristsetzung, wenn eine Duldung oder Unterlassung erzwungen werden soll.

465 § 20 IV BWVwVG; Art. 38 V BayPAG; § 13 V BerlVwVG; § 17 IV BremVwVG; § 29 II HessSOG; § 48 V NdsSOG; § 34 V NWPolG; § 56 V RhPfPVG; § 55 II 3 SaarPVG; § 202 V SHLVwG; § 34 V MEPolG; § 13 V VwVG; dies dürfte entsprechend auch in Hamburg gelten.

466 § 20 V BWVwVG; Art. 38 IV BayPAG; § 13 IV BerlVwVG; § 17 V BremVwVG; § 28 II HessSOG; § 48 IV NdsSOG; § 34 IV NWPolG; § 56 IV RhPfPVG; § 55 II 4 SaarPVG; § 202 VI SHLVwG; § 34 IV MEPolG; § 13 IV VwVG; dies dürfte entsprechend auch in Hamburg gelten. Hinsichtlich der Anwendung unmittelbaren Zwangs genügt nach *BGH* MDR 1975, 1006 f. der allgemeine Hinweis der Vollstreckungsbehörde, sie werde nach Ablauf der Frist zur Durchsetzung der Verpflichtung unmittelbaren Zwang gegen Sachen und Personen anwenden; die Art und Weise der Durchsetzung unmittelbaren Zwangs braucht nicht angekündigt zu werden.

Voraussetzung für die weitere Durchführung des Vollstreckungsverfahrens darstellt, beinhaltet sie eine **rechtsverbindliche Regelung und ist sohin als Verwaltungsakt zu qualifizieren**[467]. Rechtswidrig (ja nichtig) ist eine Androhung, welche nicht die gesetzlich geforderte Fristsetzung enthält[468] oder eine zu kurze Frist einräumt; ferner ist es rechtswidrig, wenn ein unzulässiges Zwangsmittel angedroht wird[469]. Soweit der Vollstreckung eines Verwaltungsakts Rechte Dritter im Wege stehen, ist die Androhung als erster Akt der Vollstreckung (anders als der zu vollstreckende Verwaltungsakt[470]) rechtswidrig. Ebenso ist von einer Rechtswidrigkeit der Androhung auszugehen, wenn die voraussichtlichen Kosten einer Ersatzvornahme durch die Polizei- bzw. Ordnungsbehörde in vorwerfbarer Weise unrichtig angegeben werden[471]. Der Umstand, daß sich im nachhinein die Kosten der Ersatzvornahme als höher erweisen als zunächst veranschlagt wurde, macht die Androhung aber allein noch nicht rechtswidrig. Stellt die Behörde nach einer in nicht vorwerfbarer Weise zu niedrig erfolgten Kostenveranschlagung im nachhinein fest, daß die Ersatzvornahme höhere Kosten verursachte, so trifft sie — soweit dies die Effektivität der Gefahrenbekämpfung nicht einschränkt — grundsätzlich die Pflicht, den Vollstreckungsschuldner auf die höheren Kosten hinzuweisen[472].

Als Verwaltungsakt kann die Androhung eines Vollstreckungsmittels — anders als etwa die Androhung des Erlasses des zu vollstreckenden Verwaltungsakts, die nur einen unverbindlichen Hinweis darstellt — selbständig angefochten werden. Ob im Rahmen der Anfechtung der Androhung Einwendungen gegen den zu vollstreckenden Verwaltungsakt geltend gemacht werden können, richtet sich nach den einschlägigen verwaltungsvollstreckungsrechtlichen Regelungen. Soweit diese entsprechend § 18 I 3 VwVG vorsehen, daß Einwendungen gegen den zu vollstreckenden Verwaltungsakt im Rahmen der Anfechtung gegen den zu vollstreckenden Verwaltungsakt nach dessen Unanfechtbarkeit nicht mehr geltend gemacht werden können, ist dem im Wege eines Umkehrschlusses zu entnehmen, daß die Anfechtung der Androhung vor Bestandskraft des zu vollstreckenden Verwaltungsakts offenbar auch auf dessen Rechtswidrigkeit gestützt werden kann. Bedeutsam ist dies bei polizeilichen Verwaltungsakten deshalb, weil hier häufig der Erlaß des zu vollstreckenden Verwaltungsakts und die Androhung nicht (oder nur unwesentlich) zeitlich auseinanderfallen[473]. Auch dort, wo es an ausdrücklichen gesetzlichen Regelungen fehlt, wird man — wie in § 18 I 3 VwVG — annehmen müssen, daß der Vollstreckungsschuldner Einwendungen, die sich gegen die Rechtmäßigkeit des unanfechtbaren zu vollstreckenden Verwaltungsakts richten, nicht mehr im Rahmen der Anfechtung der Androhung geltend machen kann. Ohne eine solche Präklusion würde nämlich die formelle Bestandskraft des zu vollstreckenden Verwaltungsakts ausgehöhlt[474].

---

467 *BadWürttVGH* ESVGH 24, 105, 107.
468 *HessVGH* NVwZ 1982, 514 ff.
469 *Hans* Jura 1985, 431, 435.
470 Vgl. oben Rdnr. 99 u. *Rasch* DVBl. 1980, 1017, 1019 m. w. Nachw.
471 *OVG Berlin* DVBl. 1981, 788.
472 *BVerwG* DVBl. 1984, 1172, 1173.
473 Zu weitgehend jedoch *Knemeyer* Rdnrn. 277 u. 279, demzufolge stets die Rechtmäßigkeit vollzugspolizeilicher Maßnahmen Voraussetzung für die Rechtmäßigkeit der Androhung sein soll.
474 Zum Rechtsschutz bei nach formeller Bestandskraft des Verwaltungsakts entstandenen Einwendungen gegen den zu vollstreckenden Anspruch s. *Schenke* VerwArch. Bd. 61 (1970), 260 ff., 342 ff. Er

Von einer Androhung kann nach § 34 I 3 MEPolG und den insoweit im wesentlichen übereinstimmenden anderen vollsteckungsrechtlichen Regelungen dann abgesehen werden, wenn die Umstände sie nicht zulassen[475], insbesondere die sofortige Anwendung des Zwangsmittels zur Abwendung einer Gefahr notwendig ist.

191 (d) Soweit in der Androhung eine Frist gesetzt wurde, muß die **Frist inzwischen abgelaufen sein.**

192 (e) Die Anwendung des Zwangsmittels ist nur insoweit rechtmäßig, als sie zur zwangsweisen Durchsetzung des zu vollstreckenden Verwaltungsakts erforderlich ist[476]. Auch im übrigen muß sie mit den Grundsätzen des Übermaßverbots vereinbar sein. Dies bedeutet insbesondere, daß jenes Zwangsmittel anzuwenden ist, das den einzelnen am wenigsten beeinträchtigt, sowie daß der dem Vollstreckungsschuldner durch die Anwendung des Zangsmittels entstehende Nachteil nicht außer Verhältnis zum Zweck der Vollstreckung stehen darf (s. z. B. § 19 II u. III BWVwVG und § 9 II VwVG).

193 (f) Es müssen die jeweiligen Voraussetzungen für die Anwendung des ins Auge gefaßten Zwangsmittels gegeben sein (s. dazu unter a—c).

a) Die Ersatzvornahme

194 Die Ersatzvornahme[477] kommt **nur bei einer Verpflichtung zur Vornahme einer vertretbaren Handlung** in Betracht; sie scheidet naturgemäß bezüglich Duldungen oder Unterlassungen aus. Eine vertretbare Handlung ist im übrigen dann anzunehmen, wenn die zuständige Behörde oder ein Dritter zu ihrer Vornahme befugt ist und es für den Berechtigten rechtlich und tatsächlich gleich bleibt, ob der Pflichtige oder ein anderer die Handlung vornimmt[478]; die Ersatzvornahme kann nach den einschlägigen Vorschriften meist sowohl **durch die Behörde selbst (Selbstvornahme)** als auch durch einen von **dieser beauftragten Dritten (Fremdvornahme)** vorgenommen werden[479]. Teilweise wird der Begriff der Ersatzvornahme jedoch auf die Fremdvornah-

---

ist entgegen einer in der oberverwaltungsgerichtlichen Rspr. früher vielfach vertretenen Auffassung nicht im Wege einer Vollstreckungsgegenklage gem. § 167 I VwGO i.V.m. § 767 ZPO, sondern — da es hier an einer Rechtsschutzlücke in der VwGO fehlt — über eine verwaltungsgerichtliche Feststellungsklage (soweit der im Verwaltungsakt festgesetzte Anspruch erloschen ist) oder über eine auf Rücknahme des Verwaltungsakts gerichtete Verpflichtungsklage geltend zu machen, soweit die Aufrechterhaltung des Verwaltungsakts — wegen nach Bestandskraft entstandener Einwendungen — rechtswidrig wurde (s. nunmehr auch *OVG Münster* DÖV 1976, 673 ff.).

475 § 21 BWVwVG; Art. 38 I 2 BayPAG; § 17 I 1 BremVwVG; § 27 I 1 HessSOG; § 48 I 2 NdsSOG; § 34 I 2 NWPolG; § 56 I 2 RhPfPVG; § 202 I 2 SHLVwVG; § 34 I 2 MEPolG; ähnlich § 13 I 1 BerlVwVG; § 55 II 1 SaarPVG; § 13 I 1 VwVG.

476 Unzulässig ist deshalb die Verbringung in eine andere Gemeinde zur Durchsetzung eines Platzverweises; s. *Hans* Jura 1985, 431, 436.

477 § 25 BWVwVG; Art. 34 BayPAG; § 10 BerlVwVG; § 15 BremVwVG; § 14 lit. a HambVwVG; § 26 HessSOG; § 44 NdsSOG; § 30 NWPolG; § 52 RhPfPVG; § 55 I SaarPVG; § 204 SHLVwG; § 30 MEPolG; § 10 VwVG.

478 Ähnlich *Rasch* § 30 MEPolG, Rdnr. 1.

479 So z. B. § 25 BWVwVG; Art. 34 I 1 BayPAG; § 30 I MEPolG. Die Abgrenzung zwischen der Ersatzvornahme in der Form der Selbstvornahme und der Anwendung unmittelbaren Zwangs kann dabei Schwierigkeiten bereiten. Eine Selbstvornahme ist dann gegeben, wenn die Behörde eine dem Pflich-

me beschränkt[480]. Mitunter ist in den Vollstreckungsgesetzen (so etwa in § 14 VwVG; § 64 NWVwVG) vorgesehen, daß der Ausführung der Ersatzvornahme grundsätzlich eine Festsetzung voranzugehen hat. Hier ist in dieser Festsetzung, die eine Voraussetzung für die Rechtmäßigkeit der Ersatzvornahme darstellt, ein Verwaltungsakt zu sehen. In den meisten Bundesländern (so z. B. in Baden-Württemberg) ist eine Festsetzung der Ersatzvornahme vor ihrer Ausführung nicht vorgeschrieben. Wird sie dennoch vorgenommen, so fehlt es, selbst wenn sie dem Vollstreckungsschuldner mitgeteilt wird, an dem für die Annahme eines Verwaltungsaktes erforderlichen Regelungseffekt[481]. **Keinen Verwaltungsakt dürfte, entgegen der h. M., auch die Ersatzvornahme selbst darstellen**[482]. Auch bei ihr mangelt es an dem für das Vorliegen eines Verwaltungsaktes essentiellen Regelungseffekt; sie stellt vielmehr grundsätzlich nur einen Realakt dar. Da heute Rechtsschutz nicht nur gegenüber Verwaltungsakten, sondern auch gegenüber Realakten verfassungsrechtlich gewährleistet ist, besteht kein Bedürfnis mehr, die Ersatzvornahme als einen auf Duldung gerichteten Verwaltungsakt zu konstruieren. Der Rechtsschutz gegenüber der rechtswidrigen Ersatzvornahme ist vielmehr über die allgemeine Leistungsklage bzw. — soweit die Ersatzvornahme nicht mehr rückgängig gemacht werden kann — durch eine auf Feststellung der Nichtberechtigung der Polizei zur Ersatzvornahme gerichtete Feststellungsklage gem. § 43 VwGO zu realisieren[483]. **Um einen Verwaltungsakt handelt es sich allerdings bei der Anforderung der Kosten der Ersatzvornahme.** Die Berechtigung zum Erlaß eines solchen Verwaltungsakts ergibt sich konkludent aus den Vorschriften, die die Betreibung der Kosten im Verwaltungszwangsverfahren vorsehen. Der Umstand, daß die Kosten der Ersatzvornahme höher als veranschlagt ausfallen, führt jedenfalls dann nicht zur Rechtswidrigkeit der Kostenfestsetzung, wenn diese Erhöhung nicht voraussehbar war.

b) Das Zwangsgeld

Im Gegensatz zur Ersatzvornahme kommt das **Zwangsgeld**[484] **zur Durchsetzung unvertretbarer Verpflichtungen des Vollstreckungsschuldners** zur Anwendung. Es ist   **195**

---

tigen obliegende vertretbare Handlung an dessen Stelle vornimmt (z. B. Abbruch eines Gebäudes), unmittelbarer Zwang liegt hingegen vor, wenn die Behörde durch ihre Tätigkeit den Vollstreckungsschuldner zu einem weiteren Verhalten, insbesondere zu einer unvertretbaren Handlung, einer Unterlassung oder Duldung zwingen will (z. B. Einsatz von Wasserwerfern zur Auflösung einer Versammlung), vgl. *Maurer* Allgemeines Verwaltungsrecht, 4. Aufl. 1985, § 20, Rdnr.18.

480 So etwa § 10 VwVG; die Selbstvornahme wird dann als ein Fall der Anwendung unmittelbaren Zwangs bewertet.

481 A. A. *BadWürttVGH* VBlBW 1980, 325; wie hier dagegen *Werner Schneider* VwVG für Bad-Württ, 1974, § 25 Rdnr. 3. Erfolgt sie allerdings in Form eines Verwaltungsakts mit Rechtsmittelbelehrung, so liegt ein (wenn auch rechtswidriger) Verwaltungsakt vor (vgl. *Schenke* VerwArch. Bd. 72 (1981), 185, 194; s. zu einer ähnlichen Problematik auch *OVG Koblenz* DVBl. 1984, 1185 f.).

482 So wohl auch *Wöhrle/Belz/Lang* § 8 Rdnr. 2; *Stern* Verwaltungsprozessuale Probleme in der öffentlich-rechtlichen Arbeit, 5. Aufl. 1981, 60 f.; a. A. *Drews/Wacke/Vogel/Martens* § 28 3 b γ und *BVerwG* DÖV 1964, 171.

483 Vgl. hierzu *Schenke* Jura 1980, 133, 145. Die verschiedentlich erwogene analoge Anwendung des § 113 I 4 VwGO scheitert dagegen daran, daß die in § 113 I 4 VwGO geregelte Fortsetzungsfeststellungsklage als „amputierte Anfechtungsklage" — wie auch der systematische Zusammenhang indiziert — ersichtlich auf den Rechtsschutz gegen Verwaltungsakte zugeschnitten ist.

484 § 23 BWVwVG; Art. 35 BayPAG; § 11 BerlVwVG; § 14 BremVwVG; § 20 HambVwVG; § 29 HessSOG; § 45 NdsSOG; § 31 NWPolG; § 53 RhPfPVG; § 55 I—III SaarPVG; § 203 SHLVwG; § 31 MEPolG; § 11 VwVG.

daneben aber auch zur Erzwingung vertretbarer Verpflichtungen grundsätzlich zulässig; allerdings wird hier seine Anwendung in einigen Verwaltungsvollstreckungsgesetzen eingeschränkt (s. z. B. § 11 I 2 VwVG: Zwangsgeld darf nur festgesetzt werden, wenn die Ersatzvornahme untunlich ist, insbesondere wenn der Pflichtige außerstande ist, die Kosten zu tragen, die aus der Ausführung durch einen anderen entstehen). Die Höhe des zulässigerweise festsetzbaren Zwangsgelds ist in den einzelnen Vollstreckungsgesetzen unterschiedlich normiert. Das Zwangsgeld stellt **keine Geldstrafe, sondern ein Beugemittel** dar. Deshalb kann es bei Nichtbefolgung eines Verwaltungsakts mehrfach festgesetzt werden. Vorbehaltlich abweichender gesetzlicher Regelungen wie § 13 VI 2 VwVG kann auch ohne vorherige Beitreibung einer vorangegangenen Zwangsgeldfestsetzung ein Zwangsgeld erneut festgesetzt werden[485]. Sobald der Vollstreckungsschuldner seine Verpflichtung erfüllt, ist eine Beitreibung des Zwangsgelds (auch hier zeigt sich der Unterschied zur Strafe) ausgeschlossen (vgl. z. B. § 31 III 2 MEPolG).

Die Festsetzung des Zwangsgelds ist, soweit sie neben der Androhung des Zwangsgelds gesetzlich vorgesehen ist[486], als Verwaltungsakt zu qualifizieren. Einwendungen gegen den zu vollstreckenden Verwaltungsakt wie auch gegen die Androhung können, sofern diese vorangegangenen Akte bestandskräftig sind, nicht im Rahmen der Anfechtung des Zwangsgelds geltend gemacht werden. Die Zwangsgeldfestsetzung ist nach den Grundsätzen, welche für die Vollstreckung von Geldforderungen gelten (s. z. B. §§ 1 ff. VwVG), vollstreckbar. **Bei Uneinbringlichkeit der Geldforderung** kann auf Antrag der Vollstreckungsbehörde nach näherer Maßgabe der gesetzlichen Regelungen **Ersatzzwangshaft angeordnet werden.** Der zulässige Rahmen ist im einzelnen unterschiedlich gesetzlich geregelt. Für die Anordnung der Ersatzzwangshaft sind z. T. die Verwaltungsgerichte[487], mitunter aber auch die Amtsgerichte[488] zuständig.

c) Die Anwendung unmittelbaren Zwangs

196 Unter unmittelbarem Zwang[489] versteht man die **Einwirkung auf Personen oder Sachen durch einfache körperliche Gewalt, Hilfsmittel körperlicher Gewalt oder Waffengebrauch**[490]. Unmittelbarer Zwang[491] kommt dabei durch die Polizei nicht

485 A. A. *Rasch* § 34 MEPolG Rdnr. 11
486 Anders in Rheinland-Pfalz vgl. *OVG Koblenz* DVBl. 1984, 1185 f.
487 So z. B. § 24 I BWVwVG; Art. 35 I BayPAG; § 25 I HambVwVG.
488 § 24 BWVwVG; Art. 36 BayPAG; § 16 BerlVwVG; § 20 BremVwVG; § 46 NdsSOG; § 32 NWPolG; § 54 RhPfPVG; § 56 I SaarPVG; § 206 SHLVwG; § 43 MEPolG; § 16 VwVG; keine Regelung in Hessen.
489 S. hierzu §§ 32 II, 33—40 BWPolG; Art. 37, 39—48 BayPAG; BerlUZwG; §§ 40—47 BremPolG; §§ 17—28 HambSOG; HessUZwG; §§ 47, 49—57 NdsSOG; §§ 33, 35—44 NWPolG; §§ 55, 57—66 RhPfPVG; § 55 I SaarPVG, SaarUZwG; § 205 SHLVwG; § 33 MEPolG; § 12 VwVG, UZwG.
490 Vgl. § 33 I BWPolG; Art. 40 I BayPAG; § 2 I BerlUZwG; § 41 I BremPolG; § 18 I HambSOG; § 25 Nr. 3 HessSOG i.V. mit § 2 I HessUZwG; § 47 I NdsSOG; § 36 I NWPolG; § 2 I UZwG.
491 Auch bei ihm dürfte es sich entgegen der h.M. nicht um einen Verwaltungsakt (so aber z. B. *BVerwGE* 26, 161, 164) handeln (wie hier z.B. *Maurer* Allgemeines Verwaltungsrecht, 4. Aufl. 1985, § 20 Rdnr. 24; *Rasch* DVBl. 1980, 1017, 1022; *Renck* JuS 1970, 113 ff.; *Stern* Verwaltungsprozessuale Probleme in der öffentlichrechtlichen Arbeit 60 ff.; *Wolff/Bachof* III § 160 Rdnr. 31). Den Knüp-

nur zur Durchsetzung polizeilicher, der Gefahrenabwehr dienender Verwaltungsakte in Betracht; die Polizei kann vielmehr **im Rahmen der Vollzugshilfe (s. oben G. I.) auch auf Ersuchen anderer Behörden** zur Durchsetzung der von diesen getroffenen Maßnahmen unmittelbaren Zwangs anwenden, wenn die anderen Behörden nicht über die hierzu erforderlichen Dienstkräfte verfügen oder ihre Maßnahmen nicht auf andere Weise selbst durchsetzen können (§ 25 I MEPolG).

Nähere Regelungen über die Anwendung unmittelbaren Zwangs finden sich in den **197** Polizei- und Ordnungsgesetzen[492], in den Gesetzen über die Anwendung unmittelbaren Zwangs[493] und in den Verwaltungsvollstreckungsgesetzen (vgl. z. B. § 12 VwVG). Die Anwendung unmittelbaren Zwangs, die **sowohl zur Durchsetzung vertretbarer wie auch unvertretbarer Verpflichtungen in Betracht** kommt, ist — wie bereits durch das Übermaßverbot verfassungsrechtlich vorgegeben — **ultima ratio** und daher gegenüber den anderen Zwangsmitteln der Ersatzvornahme und des Zwangsgelds **subsidiär.** Das wird in den einschlägigen gesetzlichen Bestimmungen mit Unterschieden im Detail festgelegt (vgl. z. B. § 12 VwVG und § 33 I 1 MEPolG). Soweit unmittelbarer Zwang gegen Personen oder Sachen in Betracht kommt, ist der in der Regel zu einer schwerwiegenderen Rechtsbeeinträchtigung führende unmittelbare Zwang gegen Personen nur dann zulässig, wenn der polizeiliche Zweck durch unmittelbaren Zwang gegen Sachen nicht erreichbar erscheint (so z. B. ausdrücklich § 35 I 2 BWPolG). Bezüglich der Formen des unmittelbaren Zwangs (z. B. Fesselung, Schußwaffengebrauch) finden sich detaillierte Regelungen in den §§ 36 ff. MEPolG und den entsprechenden anderen gesetzlichen Regelungen. Die Bestimmung der Mittel des unmittelbaren Zwanges, insbesondere die der zulässigen Waffe in Verwaltungsvorschriften (so z. B. § 33 II BWPolG i. V. mit dem Erlaß des Innenministeriums über erkennungsdienstliche Maßnahmen und über die Anwendung unmittelbaren Zwangs — UZwErl. — v. 13. 05. 1969 — GABl. 350 —, z. g. d. Erl. v. 28. 11. 1977 — GABl. 1978, 25) begegnet demgegenüber im Hinblick auf den grundrechtlichen Gesetzesvorbehalt (Art. 2 II 3 GG) erheblichen verfassungsrechtlichen Zweifeln[494].

---

peleinsatz der Polizei als Verwaltungsakt auf Duldung (so *BVerwGE* 26, 161, 164) anzusehen, erscheint reichlich gekünstelt; für eine solche Konstruktion besteht heute im Zeichen der Rechtsschutzgarantie und der verwaltungsgerichtlichen Generalklausel — anders als unter der Geltung des verwaltungsgerichtlichen Enumerationsprinzips — auch gar keine Notwendigkeit mehr. Da sich der unmittelbare Zwang vor Klageerhebung regelmäßig erledigt hat, ist hier ein Rechtsschutz durch eine verwaltungsgerichtliche Feststellungsklage gem. § 43 VwGO sicherzustellen, mit der die Nichtberechtigung des Polizeiträgers zur Anwendung unmittelbaren Zwangs gegenüber dem Vollstreckungsschuldner festgestellt wird. (Da durch ein Recht stets ein Rechtsverhältnis begründet wird, handelt es sich hier um eine auf ein Nichtbestehen eines Rechtsverhältnisses gerichtete Klage). Daß das strittige Rechtsverhältnis ein vergangenes darstellt, steht § 43 VwGO nicht im Wege, da nach sonst unbestrittener Auffassung auch vergangene Rechtsverhältnisse feststellungsfähig sind (nicht überzeugend *Götz* JuS 1985, 869 ff., der überdies übersieht, daß bei anderen polizeilichen Maßnahmen, die sich unbestreitbar als Realakt darstellen, bei deren subjektiv rechtlicher Relevanz ohnehin wegen Art. 19 IV GG ein verwaltungsgerichtlicher Rechtsschutz unumgänglich wäre). Bezüglich des Rechtsschutzbedürfnisses gelten die gleichen Grundsätze wie beim Rechtsschutz gegen erledigte Verwaltungsakte (vgl. oben Rdnr. 172).

492 §§ 32 II, 33 ff. BWPolG; Art. 32, 37, 39 ff. BayPAG; §§ 40 ff. BremPolG; §§ 17 ff. HambSOG; §§ 42, 47, 49 ff. NdsSOG; §§ 28, 33, 35 ff. NWPolG; §§ 50, 55, 57 ff. RhPfPVG; §§ 194, 225 ff. SHLVwG; §§ 28, 33, 35 ff. MEPolG.

493 Vgl. BerlUZwG; HessUZwG; SaarUZwG; UZwG.

494 Vgl. hierzu m. w. Nachw. *Rasch* § 36 MEPolG Rdnr. 5.

198 Sehr umstritten ist die Zulässigkeit des sog. finalen Todesschußes. Seine Problematik stellt sich inbesondere im Zusammenhang mit Geiselnahmen. § 41 II 2 MEPolG trifft nunmehr eine ausdrückliche Regelung. Danach ist ein Schuß, der mit an Sicherheit grenzender Wahrscheinlichkeit tödlich wirkt, **nur zulässig, wenn er das einzige Mittel zur Abwehr einer gegenwärtigen Lebensgefahr oder der gegenwärtigen Gefahr einer schwerwiegenden Verletzung der körperlichen Unversehrtheit ist** (ebenso Art. 45 II 2 BayPAG; § 54 II 2 NdsSOG; § 63 II 2 RhPfPVG).

199 In anderen Polizeigesetzen ist der Todesschuß nicht expressis verbis geregelt, vielmehr nur vorgesehen, daß Schußwaffen gegen Personen nur gebraucht werden dürfen, um sie angriffs- oder fluchtunfähig zu machen[495]. Diese Vorschriften schließen von ihrem eindeutigen Wortlaut her den Todesschuß aus. Von einer Angriffs- oder Fluchtunfähigkeit kann nur in bezug auf einen Lebenden gesprochen werden. Zudem gewinnt die Formulierung „nur angriffs- oder fluchtunfähig" nur dadurch einen Sinn, daß hierdurch eine Einschränkung des Schußwaffengebrauchs bewirkt werden und somit der Todesschuß ausgeschlossen werden soll. Deshalb ist, entgegen der in der Vorauflage vertretenen Ansicht[496], ein Todesschuß hier selbst dann unzulässig, wenn er die einzige Möglichkeit darstellt, um eine Person „angriffsunfähig" zu machen. Keine ausdrückliche Regelung des Todesschusses enthalten §§ 39, 40 BWPolG. Hier wird man, obschon das Recht auf Leben nicht zu den in § 4 BWPolG genannten einschränkbaren Grundrechten zählt, davon auszugehen haben, daß dort, wo es um die Sicherung immanenter Grundrechtsschranken geht (vgl. hierzu auch i. V. mit dem Grundrecht der Versammlungsfreiheit oben Rdnr. 120), ein Todesschuß zulässig ist, dieser aber, wie sich auch aus dem Übermaßverbot ableiten läßt, an die gleichen einschränkenden Voraussetzungen gebunden ist wie in § 41 II 2 MEPolG.

Keine Einigkeit besteht in der Bewertung der Frage, inwieweit die Anwendung unmittelbaren Zwangs, insbesondere des Schußwaffengebrauchs, ggf. unter Rückgriff auf die allgemeinen Rechtfertigungsgründe, insbesondere die Notwehr- und Notstandsregelungen, legitimiert werden kann. Einzelne Polizeigesetze[497] bestimmen insoweit: „Das Recht zum Gebrauch von Schußwaffen aufgrund anderer gesetzlicher Vorschriften bleibt unberührt". Eine unbesehene **Übernahme der Rechtfertigungsgründe über Notwehr und Notstand**[498] als Rechtsgrundlage für das polizeiliche Handeln kann m. E. auf diese Weise nicht begründet werden[499]. Bei ihr würden nämlich nicht nur die einschränkenden Voraussetzungen, an welche die Anwendung unmit-

---

495 S. § 9 II 1 BerlUZwG; § 46 II BremPolG; § 24 II 1 HambSOG; § 6 II HessUZwG; § 41 II NWPolG; § 11 II 1 SaarUZwG; § 233 II 1 SHLVwG; § 12 II 1 UZwG; etwas abweichend §§ 39, 40 BWPolG.

496 Wie in der Vorauflage *Drews/Wacke/Vogel/Martens* § 28 8b; *Götz* Rdnr. 320; *Lerche* FS v. d. Heydte 1977, 1033 ff.; *Riegel* ZRP 1978, 73 ff.; *Wolff/Bachof* III § 160 Rdnr. 22; a. A. *R. Krüger* NJW 1973, 1, 2; *Rasch* § 41 MEPolG Rdnr. 4.

497 § 40 III BWPolG; § 8 IV BerlUZwG; § 10 III SaarUZwG; § 10 III UZwG.

498 Auf sie verweisen ausdrücklich Art. 39 II BayPAG; § 40 IV BremPolG; § 25 II HambSOG; § 3 II HessUZwG; § 49 II NdsSOG; § 35 II NWPolG; § 57 II RhPfPVG; § 225 II SHLVwG; § 35 II MEPolG.

499 Ebenso *Amelung* NJW 1977, 833 ff. u. *ders.* JuS 1986, 329 ff.; *Götz* Rdnr. 324; *Heise/Riegel* Allg. Begr., Rdnr. 3.44 m.w.N.; *Kirchhof* in: Merten, Aktuelle Probleme des Polizeirechts, Schriftenreihe der Hochschule Speyer Bd. 64, 1977, 67, 77; a. A. *Schwabe* Die Notrechtsvorbehalte des Polizeirechts 1979, 37 ff.

telbaren Zwangs bzw. der Schußwaffengebrauch in den vollstreckungsrechtlichen Regelungen geknüpft ist, weitgehend obsolet gemacht, auf diese Weise müßte auch der verfassungsrechtliche Grundsatz des Übermaßverbots, vornehmlich das Prinzip der Verhältnismäßigkeit, ausgehöhlt werden, dessen Beachtung insbesondere durch § 32 StGB nicht in dem durch die Verfassung für das Verhältnis Staat-Bürger vorgeschriebenen Maß gewährleistet ist. Die Verweisung auf das Recht zum Gebrauch von Schußwaffen aufgrund anderer gesetzlicher Bestimmungen kann daher verfassungskonform nur so interpretiert werden, daß durch diese Regelung klargestellt werden soll, daß die zivilrechtliche und die strafrechtliche (anders aber eine disziplinarrechtliche) **Verantwortung** des z. B. unter den Voraussetzungen der Notwehr oder des Notstands **handelnden Polizeibeamten ausgeschlossen** ist. Die insoweit einschlägigen Regelungen aus dem BGB und dem StGB außer Kraft zu setzen, besäßen die Länder im übrigen ohnehin keine Kompetenz.

Keine Rechtsgrundlage für einen polizeilichen Todesschuß läßt sich aus einem ungeschriebenen Notrecht des Staates ableiten (vgl. oben Rdnr. 17).

3. Unmittelbare Ausführung und Sofortvollzug

Ersatzvornahme und unmittelbarer Zwang können **ausnahmsweise auch ohne den** 200 **vorhergehenden Erlaß eines vollstreckbaren Verwaltungsaktes und ohne Einhaltung der oben unter 2 (a) — (d) genannten Voraussetzungen im Wege der unmittelbaren Ausführung bzw. des Sofortvollzugs angewandt werden.** Gem. § 5a MEPolG[500] ist die Polizei befugt, eine Maßnahme selbst oder durch einen Beauftragten unmittelbar auszuführen, wenn der Zweck der Maßnahme durch Inanspruchnahme des Störers nicht oder nicht rechtzeitig erreicht werden kann. Der von der Maßnahme Betroffene ist dann unverzüglich zu unterrichten. Daneben regelt § 28 II MEPolG[501] noch den sog. Sofortvollzug, nach dem Verwaltungszwang ohne vorhergehenden Verwaltungsakt angewandt werden kann, wenn das zur Abwehr einer Gefahr notwendig ist, insbesondere Maßnahmen gegen Personen nach den §§ 4—6 MEPolG nicht oder nicht rechtzeitig möglich sind oder keinen Erfolg versprechen, und die Polizei hierbei innerhalb ihrer Befugnisse handelt. Da unmittelbare Ausführung und Sofortvollzug richtigerweise gleichzusetzen sind[502], bedürfte es Vorschriften über die unmittelbare Ausführung neben denen über den Sofortvollzug nicht. § 5a MEPolG verdankt seine Entstehung ausschließlich der Vorstellung, von einem Sofortvollzug könne nur dann gesprochen werden, wenn hierbei angewandte Zwangsmittel entgegen dem Willen des Betroffenen angewandt werden, nicht aber dort, wo der Betroffene mit einer Maßnahme einverstanden ist (Rettung eines Ertrinkenden) oder nicht gegenwärtig ist und daher ein entgegenstehender Wille zumindest nicht festgestellt werden kann[503], so z. B. bei der ohne Kenntnis des Eigentümers erfolgten polizeili-

---

500 Ebenso § 8 I BWPolG; Art. 9 I BayPAG; § 12 I BerlASOG; § 7 I HambSOG; § 6 I RhPfPVG; § 44 I 2 SaarPVG; § 174 I SHLVwG.
501 Ebenso oder ähnlich § 6 II VwVG; Art. 32 II BayPAG; § 6 II BerlVwVG; § 42 II 1 NdsSOG; § 28 II 1 NWPolG; § 196 SHLVwG.
502 S. *Rasch* § 28 MEPolG, Rdnr. 8 u. ausführl. *Leinius* Anwendung von Zwangsmitteln ohne vorausgehenden Verwaltungsakt (sofortiger Vollzug und unmittelbare Ausführung) Diss. Berlin 1976, 91 ff.
503 S. *Heise/Riegel* Begr. zu § 5a, 38.

chen Beseitigung eines Baums, der infolge eines Sturms von dessen Grundstück auf die Straße gefallen ist. Diese Annahme erscheint aber schon allein deshalb inkonsequent, weil bei ihrer Zugrundelegung folgerichtigerweise auch — entgegen der allgemeinen Auffassung — die Bestimmungen über die Art und Weise der Zwangsanwendung auf die unmittelbare Ausführung generell nicht anwendbar sein könnten. Auf der Basis des MEPolG und der diesem folgenden gesetzlichen Regelungen (wie Art. 9 I BayPAG und Art. 32 II BayPAG) ist der Anwendungsbereich von unmittelbarer Ausführung und Sofortvollzug, sollen diese Regelungen sinnvoll sein, so abzugrenzen, daß dort, wo es um die Brechung eines (auch mutmaßlichen) entgegenstehenden Willens des Betroffenen geht, Sofortvollzug vorliegt, im übrigen aber eine unmittelbare Ausführung gegeben ist (so z. B. bei der polizeilichen Rettung eines um sein Leben kämpfenden Ertrinkenden). Soweit die landesrechtlichen Regelungen (wie etwa § 8 I BWPolG) keine Unterscheidung zwischen unmittelbarer Ausführung und Sofortvollzug kennen, sind hier die Begriffe der unmittelbaren Ausführung bzw. des Sofortvollzugs in einem umfassenden Sinn zu verstehen, der das durch § 5a MEPolG und § 28 II MEPolG umfaßte Spektrum voll abdeckt[504].

201 Sofortiger Vollzug wie unmittelbare Ausführung dürfen im übrigen **nicht mit der Anwendung unmittelbaren Zwangs gleichgesetzt werden**; dies zum einen deshalb, weil die Anwendung unmittelbaren Zwangs, anders als der Sofortvollzug bzw. die unmittelbare Ausführung, den realen Erlaß eines zu vollstreckenden Verwaltungsakts voraussetzt, zum anderen aber auch, weil Sofortvollzug und unmittelbare Ausführung nicht nur in der Form des unmittelbaren Zwangs, sondern auch in der der Ersatzvornahme erfolgen können. (Beispiel: Die Polizei läßt durch einen von ihr herangezogenen Sprengstoffexperten eine von Terroristen deponierte Bombe entschärfen). **Nicht verwechselt werden dürfen Sofortvollzug bzw. unmittelbare Ausführung ferner mit der Anordnung der sofortigen Vollziehung eines Verwaltungsakts** gem. § 80 II Nr. 4 VwGO, die eine Voraussetzung für die zwangsweise Durchsetzung eines (noch nicht bestandskräftigen und nicht dem § 80 II Nr. 1—3 VwGO unterfallenden) Verwaltungsakts darstellt (vgl. oben Rdnr. 189).

202 Bezüglich der unmittelbaren Ausführung wie auch des Sofortvollzugs wird im übrigen vielfach angenommen[505], daß hier der zu vollstreckende Verwaltungsakt, die Androhung des Zwangsmittels, die Fristsetzung sowie die Festsetzung und Anwendung des Zwangsmittels in einem Akt zusammenfallen. Diese Annahme beruht auf einer Fiktion, die heute — anders als dies für die frühere Regelung des § 44 I 2 PrPVG zutraf — im Wortlaut der neueren Vorschriften über die unmittelbare Ausführung (vgl. z. B. § 5a MEPolG) und den Sofortvollzug (§ 28 II MEPolG) keinerlei Stütze findet, ja diesem sogar zuwiderläuft. Überdies nötigt sie zur Anerkennung adressatsloser Verwaltungsakte. Die Einwände gegen eine solche Konstruktion werden auch nicht erheblich gemindert, indem man die in § 5a I 2 MEPolG und in den entsprechenden Regelungen der Länder aufgestellte Pflicht, den von der Maßnahme Betroffenen nach der unmittelbaren Ausführung unverzüglich zu unterrichten, als

---

504 Übersehen wird das von *Stephan* VBlBW 1985, 121, 123, wenn er meint, die Rettung eines Ertrinkenden stelle sich nicht als unmittelbare Ausführung i.S. des § 8 BWPolG dar.
505 So z. B. *Rasch* § 5a MEPolG Rdnr. 4 m.w.N.; *OVG Münster* DVBl. 1973, 924, 925; a. A. *Götz* Rdnrn. 299 ff.; *Drews/Wacke/Vogel/Martens* § 25 7b.

Bekanntgabe des angeblich mit der unmittelbaren Ausführung gleichzeitig erlassenen Verwaltungsakts ansieht[506], damit aber zugleich immerhin konzediert, daß vor dieser Bekanntgabe von einem Verwaltungsakt noch gar keine Rede sein kann, da es an einem für dessen Vorliegen essentiellen Merkmal fehlt.

Entscheidend gegen die Fiktion, mit der unmittelbaren Ausführung sei zugleich der zu vollstreckende Verwaltungsakt verbunden worden, spricht aber vor allem, daß es dieser Konstruktion — die ursprünglich dazu diente, einen sonst nicht gegebenen Rechtsschutz gegen die unmittelbare Ausführung sicherzustellen — im Zeichen der Rechtsschutzgarantie des Art. 19 IV GG und der verwaltungsgerichtlichen Generalklausel nicht mehr bedarf. Sie ist damit sinnlos geworden, ja kompliziert den Rechtsschutz, indem sie die Beseitigung der sich aus der unmittelbaren Ausführung ergebenden Beeinträchtigung des Bürgers von der gleichzeitigen Anfechtung des fiktiven bzw. nachträglich konstruierten vollstreckten Verwaltungsakts abhängig macht. Da für die unmittelbare Ausführung einer Maßnahme u. a. all jene Voraussetzungen gegeben sein müssen, die für den rechtmäßigen Erlaß des zu vollstreckenden Verwaltungsakts erforderlich sind, kann hingegen nach der hier vertretenen Konzeption das Fehlen solcher Rechtmäßigkeitsvoraussetzungen unmittelbar im Rahmen eines gerichtlichen Vorgehens gegen die unmittelbare Ausführung bzw. den Sofortvollzug geltend gemacht werden. Die Gefahr der Aushöhlung der Bestandskraft vorausgehender Verwaltungsakte besteht, wenn man vom Fehlen eines zu vollstreckenden Verwaltungsakts ausgeht, nicht.

Nach dem Wortlaut der Bestimmungen über die unmittelbare Ausführung (vgl. z. B. **203** § 5a MEPolG) scheinen diese nur die unmittelbare Ausführung gegenüber Störern vorzusehen. Diese Vorschriften wird man aber mit der ganz h. M.[507] nicht so verstehen können, daß hiermit zugleich eine unmittelbare Ausführung gegenüber Nichtstörern ausgeschlossen ist. Zumindest aus den nicht auf Störer beschränkten Vorschriften über den Sofortvollzug, sei es in den Polizei- und Ordnungsgesetzen, sei es in den allgemeinen Verwaltungsvollstreckungsgesetzen (s. z. B. § 61 RhPfVwVG), ergibt sich, daß selbstverständlich die **unmittelbare Ausführung bzw. der Sofortvollzug auch gegenüber Nichtstörern möglich ist.** In Hessen ist zwar gesetzlich weder eine unmittelbare Ausführung polizeilicher Maßnahmen noch ein Sofortvollzug vorgesehen. Trotzdem wird man auch hier von ihrer Zulässigkeit ausgehen müssen. Sie ergibt sich aus allgemeinen polizeirechtlichen Grundsätzen[508], da ohne eine unmittelbare Ausführung eine wirksame Gefahrenbekämpfung häufig nicht möglich wäre[509].

Die Vorschriften über die unmittelbare Ausführung bzw. den Sofortvollzug spielen **204** in der polizeilichen Praxis eine erhebliche Rolle, insbesondere **in Verbindung mit dem Abschleppen von verkehrswidrig geparkten Kraftfahrzeugen**[510]. Wird z. B. ein

---

506 So aber *OVG Münster* DVBl. 1973, 924 ff. (Entfernung giftiger Substanzen aus einem Grundwassersee).

507 Vgl. z. B. *Drews/Wacke/Vogel/Martens* § 25 7 b; *Rasch* § 5a MEPolG Rdnr. 7.

508 Vgl. *VG Frankfurt* DVBl. 1965, 779 f.; a. A. *Schild* NVwZ 1985, 170 ff. und *VG Kassel* NVwZ 1985, 212 ff.

509 *Drews/Wacke/Vogel/Martens* § 25 7 a Fn. 203 verweisen auf § 72 HessVwVG als einschlägige Rechtsgrundlage. Dabei wird zuwenig gewürdigt, daß die Vorschrift das Vorliegen eines zu vollstreckenden Verwaltungsakts voraussetzt.

510 Vgl. hierzu *Kottmann* DÖV 1983, 493 ff.; *Steckert* DVBl. 1971, 243 ff.

Kraftfahrzeug an einer zu engen Straßenstelle abgestellt und dadurch der Straßenverkehr behindert oder gar blockiert, so kann die Polizei nicht warten, bis der Fahrer, dessen Aufenthaltsort ihr unbekannt ist, zu seinem Kraftfahrzeug zurückkehrt, um ihn dann erst aufzufordern, sein Kraftfahrzeug wegzufahren. Sie muß hier vielmehr zu einer effektiven Gefahrenbekämpfung die Möglichkeit besitzen, das Fahrzeug im Wege der unmittelbaren Ausführung bzw. des Sofortvollzugs abschleppen zu lassen (vgl. oben Rdnr. 67).

IV. Die Bewehrung polizeilicher Verwaltungsakte

205   Die Nichtbeachtung polizeilicher Pflichten ist in den entsprechenden spezialgesetzlichen Normierungen überwiegend mit Strafe[511] oder Geldbuße[512] bedroht. Zur Effektuierung polizeilicher Verwaltungsakte ist darüber hinaus verschiedentlich vorgesehen, daß auch die Nichtbeachtung sofort vollziehbarer Verwaltungsakte mit Strafe[513] oder Geldbuße[514] geahndet werden kann[515]. Diese Bewehrung polizeilicher Verwaltungsakte knüpft in der Regel nicht an die Rechtmäßigkeit der polizeilichen Verwaltungsakte an, sondern nur an deren (ausgenommen bei Nichtigkeit) Tatbestandswirkung entfaltende Existenz[516]. Umstritten ist hierbei, ob mit der verwaltungsgerichtlichen Aufhebung des rechtswidrigen straf- bzw. bußgeldbewehrten Verwaltungsakts auch die Strafe bzw. Geldbuße entfällt. **Im Hinblick auf die Rückwirkung der verwaltungsgerichtlichen Aufhebung wird man dies entgegen der in der Rechtsprechung herrschenden Auffassung[517] anzunehmen haben.** Es scheint wenig überzeugend, wenn man hinsichtlich der Vollzugsfolgen eines rechtswidrigen Verwaltungsakts einen verfassungsrechtlich (durch die Grundrechte) garantierten Vollzugsfolgenbeseitigungsanspruch annimmt[518], zugleich aber die für den einzelnen weit gravierenderen strafrechtlichen Folgen durch die Aufhebung des Verwaltungsakts als nicht berührt ansieht[519]. Der von *Eyermann/Fröhler*[520] gegenüber der hier vertretenen Auffassung erhobene Vorwurf, sie habe die unmögliche Konsequenz, daß ihr zufolge ein Widerstand gegen die Staatsgewalt zur Durchsetzung des sofort vollziehbaren Verwaltungsakts ebenfalls straffrei bleiben müßte, wenn nachträglich der Verwaltungsakt als rechtswidrig aufgehoben wird, überzeugt nicht. Nichtbefolgung eines Verwaltungsakts und aktives Widerstandsleisten können nicht gleichgesetzt

---

511 Vgl. z. B. §§ 63, 64, 67, 70 BSeuchG; §§ 148, 148a GewO; §§ 51, 52 LMBG.
512 Vgl. z. B. § 18 AbfG; § 62 BImSchG; § 69 BSeuchG; §§ 143—147 GewO; §§ 53, 54 LMBG.
513 Vgl. z. B. §§ 64 II Nr. 5, 65, 70 i.V.m. § 69 I Nr. 4 BSeuchG.
514 Vgl. z. B. § 18 I Nr. 4, 9, 10 AbfG; § 62 I Nr. 3, 5—8 BImSchG; § 69 I Nr. 4 BSeuchG; §§ 143 I Nr. 3, 144 II Nr. 3, 145 I Nr. 2 und 3, 145 II Nr. 11, 146 I Nr. 1—3, 146 II Nr. 8, 147 I Nr. 1 und 2, 147 II Nr. 3 GewO.
515 Vgl. hierzu ausführlich aus neuester Zeit *Berg* WiVerw. 1982, 169 ff.; *Arnhold* Die Strafbewehrung rechtswidriger Verwaltungsakte 1978.
516 A. A. *Berg* WiVerw. 1982, 169 ff.; *Arnhold* Die Strafbewehrung rechtswidriger Verwaltungsakte 1978, passim.
517 Vgl. z. B. *BGH* NJW 1969, 2023 ff.; *OLG Karlsruhe* NJW 1978, 116 f.; *OLG Hamburg* NJW 1980, 1007 f.; *BayObLG* VRS 35, 195 ff.; a. A. *OLG Frankfurt* NJW 1967, 262.
518 Vgl. hierzu auch *Schenke* BK (Zweitbearbeitung), Dez. 1982, Art. 19 IV Rdnrn. 300 f.
519 Vgl. hierzu ausführlich *Schenke* JR 1970, 449 ff.
520 *Eyermann/Fröhler* VwGO, 8. Aufl. 1980, § 80 Rdnr. 53 b.

werden. Deshalb wird z. B. in § 113 StGB nicht etwa die Nichtbefolgung einer Anordnung des Vollstreckungsbeamten, sondern nur die Leistung[521] von Widerstand unter Strafe gestellt.

V. Erlaubnis und Dispens

Wichtige polizeiliche Verwaltungsakte stellen Erlaubnis- und Dispenserteilungen **206** **dar**[522]. Insbesondere in polizeirechtlichen Sondergesetzen wie der GewO, dem BImSchG, dem GastG und den Landesbauordnungen sind Verbote mit Erlaubnisvorbehalt und Verbote mit Dispensmöglichkeiten vorgesehen. Beim Verbot mit Erlaubnisvorbehalt wie beim Verbot mit Dispensmöglichkeit wird die **Rechtmäßigkeit eines bestimmten Verhaltens von einer vorherigen behördlichen Zustimmung abhängig gemacht,** deren Erteilung z. T. an persönlichkeitsbezogene Voraussetzungen (wie Zuverlässigkeit, Sachkunde und ähnliches, so z. B. §§ 34 c, 57 GewO), z. T. an sachbezogene (so z. B. bei einer Baugenehmigung), mitunter aber auch an eine Kombination beider (so etwa bei der Konzession einer Privatkrankenanstalt gem. § 30 GewO) gebunden ist. Sowohl das Verbot mit Erlaubnisvorbehalt wie auch das Verbot mit Dispensmöglichkeit beinhalten damit eine **weitergehende Beschränkung als eine gesetzlich eingeräumte Erlaubnis mit Verbotsvorbehalt oder eine Anzeigepflicht mit Verbotsvorbehalt** (s. z. B. § 14 VersG). Während aber bei dem (präventiven) Verbot mit Erlaubnisvorbehalt ein prinzipiell zulässiges Verhalten nur zu Kontrollzwecken einer vorherigen Prüfung unterzogen wird, um die Unbedenklichkeit des Verhaltens festzustellen, kann bei dem (repressiven) Verbot mit Dispensmöglichkeit ein Verhalten, das grundsätzlich sozialschädlich ist, im Hinblick auf die Besonderheiten des Einzelfalls ausnahmsweise für zulässig erklärt werden. **Anders als der Dispens aktualisiert die Erlaubnis nur eine vorher schon latent vorhandene Berechtigung,** deren Ausübung lediglich aus Gründen der Prävention bis zur Erlaubniserteilung aufgeschoben wird. Dieser Umstand ist u. a. insofern bedeutsam, als bei einem Verbot mit Erlaubnisvorbehalt die Beseitigung der Folgen eines erlaubnisfähigen, aber formell nicht erlaubten Verhaltens grundsätzlich nicht verlangt werden kann. So dürfen beispielsweise die Baupolizeibehörden bei einem lediglich ohne Bauerlaubnis (Baugenehmigung) errichteten, aber erlaubnisfähigen Bau nicht den Abbruch des Baus anordnen[523]. Zulässig ist bei einer solchen formellen Illegalität hingegen die Untersagung einer genehmigungspflichtigen Nutzung.

Mit dem divergierenden Charakter von Verboten mit Erlaubnisvorbehalt und solchen mit Dispensmöglichkeit hängt die in beiden Fällen unterschiedliche Rechtsstellung des Betroffenen aufs engste zusammen. Soweit die Tatbestandsvoraussetzungen für die Erlaubniserteilung gegeben sind, besteht **in der Regel ein Rechtsanspruch auf die Erteilung der Erlaubnis.** Dies muß jedenfalls bei rein polizeirechtlichen Erlaubnissen gelten, die lediglich dem Schutz der öffentlichen Sicherheit oder Ordnung dienen[524]. Stellt sich hier das erlaubnispflichtige Verhalten nicht als polizeiwidrig **207**

---

521 Vgl. *BGHSt* 18, 133 ff.; *Lackner* StGB, 16. Aufl. 1985, Anm. 4. a) zu § 113.
522 Vgl. hierzu eingehender *Friauf* JuS 1962, 422 ff.; *Gusy* JA 1981, 80 ff.; *Mußgnug* Der Dispens von gesetzlichen Vorschriften 1964; *Schwabe* JuS 1973, 133 ff.
523 Vgl. z. B. *Drews/Wacke/Vogel/Martens* § 26 2; *BVerwGE* 3, 351 ff.; 19, 162 ff.
524 Vgl. hierzu *BVerwG* DVBl. 1965, 768 ff.; *BVerwGE* 2, 295, 299.

dar, so hat, wie schon durch die Grundrechte vorgegeben, die zuständige Behörde die Erlaubnis grundsätzlich zu erteilen[525]. Anders als bei dem präventiven Verbot mit Erlaubnisvorbehalt hat bei dem repressiven Verbot mit Dispensmöglichkeit der Betroffene selbst bei Vorliegen der Tatbestandsvoraussetzungen für die Dispenserteilung normalerweise **nur einen Anspruch auf ermessensfehlerfreie Entscheidung über die Erteilung des Dispenses.** Mit der Dispenserteilung soll dabei den Besonderheiten des Einzelfalls Rechnung getragen werden[526]. Damit weist das Institut des Verbots mit Dispensmöglichkeit gedanklich eine enge Verbindung zum Übermaßverbot auf, ja wird durch dieses vielfach gefordert. Dispenserteilungen können im Polizeirecht einmal dadurch begründet sein, daß ein bestimmtes, typischerweise gefährliches Verhalten sich in atypischen, nicht generalisierungsfähigen Fällen als ungefährlich (oder weniger gefährlich) erweist, zudem können auch andere rechtliche Schutzgüter es rechtfertigen, ein Verhalten trotz seiner Gefährlichkeit ausnahmsweise zuzulassen. Für eine Dispenserteilung vermögen dabei sowohl die Interessen des einzelnen Betroffenen wie auch öffentliche Interessen zu streiten. Auch die Nichtberücksichtigung öffentlicher Interessen begründet in Konsequenz der bundesverfassungsgerichtlichen Judikatur[527] eine Verletzung des Rechts auf ermessensfehlerfreie Entscheidung über die Dispenserteilung[528]. Im Einzelfall kann das der Behörde bei der Entscheidung über die Dispenserteilung zustehende Ermessen auf Null reduziert sein. Ein bei Vorliegen der Tatbestandsvoraussetzungen des Dispenses gesetzlich generell begründeter Anspruch auf Dispenserteilung ist hingegen nicht denkbar. Bei einem solchen „Verbot mit Dispensmöglichkeit" handelt es sich in Wahrheit um ein Verbot mit Erlaubnisvorbehalt.

208 Sowohl beim Verbot mit Erlaubnisvorbehalt wie beim Verbot mit Dispensmöglichkeit ist in den spezialpolizeilichen Vorschriften im übrigen vielfach vorgesehen, daß über die Erlaubnis- bzw. Dispensfähigkeit eines Verhaltens (meist beschränkt auf einzelne Aspekte) im vorhinein **mittels eines Vorbescheids entschieden werden kann** (s. z. B. § 9 BImSchG, § 7a AtG). Steigender Beliebtheit erfreut sich zudem — insbesondere bei technischen Großvorhaben — **eine Aufteilung der Erlaubnis bzw. Zustimmung in mehrere Teilverwaltungsakte** (s. z. B. § 8 BImSchG, § 7 IV AtG i.V.m. § 18 I AtVfV). Eine solche Abschichtung des Verfahrens weist sowohl unter dem Aspekt des Rechtsschutzes wie unter jenem der Verwaltungseffizienz eine Reihe von Vorteilen gegenüber der einheitlichen Erteilung der Erlaubnis bzw. des Dispenses auf[529]. Einwendungen, die gegenüber einem früheren Teilverwaltungsakt zu erheben versäumt wurden, können grundsätzlich auch nicht mehr gegenüber folgenden Teilverwaltungsakten prozessual geltend gemacht werden. Ohne eine solche Präklusion würde die formelle Bestandskraft von Verwaltungsakten ausgehöhlt. Erlaubnis- und Dispenserteilungen, die mitwirkungsbedürftige Verwaltungsakte darstellen, können

---

525 Die prinzipielle verfassungsrechtliche Zulässigkeit des Verbots mit Erlaubnisvorbehalt in polizeirechtlich relevanten Materien steht heute außer Frage; das Prüfungsverfahren muß allerdings der Gefahr angepaßt sein, der es begegnen soll (vgl. *BVerfGE* 20, 150, 155).
526 Beispiele für Dispense finden sich etwa in den Landesbauordnungen, die eine Befreiung von nachbarschützenden Abstandsvorschriften vorsehen, oder in § 18 GastG bezüglich der Verlängerung der Polizeistunde.
527 Vgl. *BVerfGE* 6, 32, 41.
528 A. A. *Gusy* JA 1981, 80, 84.
529 Vgl. hierzu *Schenke* VBlBW 1982, 313, 323.

im übrigen **nach Maßgabe der gesetzlichen Vorschriften mit Nebenbestimmungen** (Befristungen, Bedingungen, Widerrufsvorbehalt, Auflagen, Auflagenvorbehalt) **versehen werden**[530]. Keine Nebenbestimmung stellen sogenannte „modifizierende Auflagen"[531] dar. Beantragt der Bauherr die Genehmigung für ein Bauvorhaben mit 24 cm Wandstärke, wird ihm aber nur ein solches mit 30 cm Wandstärke genehmigt, so stellt eine solche Baugenehmigung ein aliud gegenüber der beantragten dar. Rechtswidrige (echte) Nebenbestimmungen eines Verwaltungsakts (auch Bedingungen und Befristungen) können als Teile eines Verwaltungsakts grundsätzlich nach § 113 I 1 VwGO im Wege einer (Teil-)Anfechtungsklage aufgehoben werden. Etwas anderes gilt nur dann, wenn der nach Teilaufhebung der Nebenbestimmung verbleibende Restverwaltungsakt (die angestrebte Erlaubnis bzw. der Dispens) rechtswidrig wäre oder der Erlaß des Restverwaltungsakts in das (noch nicht ausgeübte) Ermessen der Behörde gestellt ist. Die Unaufhebbarkeit der rechtswidrigen Nebenbestimmung ergibt sich bei der ersten Fallgruppe aus dem Prinzip der Gesetzmäßigkeit der Verwaltung (Art. 20 III GG), bei der zweiten aus dem Gewaltenteilungsgrundsatz (Art. 20 II GG), der es den Gerichten verbietet, das Ermessen der Verwaltungsbehörden zu beschneiden[532]. Wird bei den beiden genannten Fallkonstellationen dennoch auf Teilaufhebung geklagt, so ist eine solche Klage allerdings nicht in vollem Umfang abzuweisen. Sie ist vielmehr — was von der h. M. zu wenig beachtet wird — teilweise begründet, da sie zur Feststellung der Rechtswidrigkeit der Nebenbestimmung führen muß. In dem Antrag auf Aufhebung eines (Teil-)Verwaltungsakts ist als minus der Antrag auf Feststellung seiner Rechtswidrigkeit enthalten. Soweit der Erlaß des begünstigenden Verwaltungsakts in das Ermessen der Behörde gestellt ist, bleibt es dem Betroffenen im übrigen unbenommen, sein formelles subjektives öffentliches Recht durch eine auf Verbescheidung gerichtete Verpflichtungsklage zu verfolgen (§ 113 IV 2 VwGO). Sowohl die Erteilung einer Erlaubnis als auch die eines Dispenses unterliegen im Hinblick auf die durch sie begründete subjektive Rechts- und Vertrauensstellung des Begünstigten grundsätzlich nur einer beschränkten Aufhebbarkeit nach Maßgabe der gesetzlichen Vorschriften. Diese finden sich z. T. in Spezialgesetzen (s. z. B. § 21 BImSchG und § 15 GastG); im übrigen ist auf die Normierungen in den allgemeinen Polizei- und Ordnungsgesetzen (vgl. § 10 II, III HessSOG; § 47 RhPfPVG) oder, wenn es hieran fehlt, auf die Vorschriften in den Verwaltungsverfahrensgesetzen (s. §§ 48, 49, 50 VwVfG) zurückzugreifen, die einen Widerruf (z. T. auch eine Rücknahme) bei bestimmten Fallgruppen nur gegen Entschädigung zulassen. **Ohne formelle Aufhebung des Dispenses bzw. der Erlaubnis vermag die Verwaltung das formell genehmigte Verhalten nicht zu verbieten.**

---

530 Vgl. hierzu *Laubinger* WiVerw. 1982, 117 ff.; *Schachel* Nebenbestimmungen zu Verwaltungsakten, 1979; speziell zur Frage des Rechtsschutzes *Schenke* WiVerw. 1982, 142 ff. u. ders. JuS 1983, 182 ff.; *Hans-Josef Schneider* Nebenbestimmungen und Verwaltungsprozeß, 1981; *BVerwGE* 60, 269 ff. u. *BVerwG* NJW 1982, 2269 f.
531 Vgl. hierzu *Schenke* WiVerw. 1982, 142, 144; a.A. *Weyreuther* DVBl. 1984, 365 ff.
532 A.A. *BVerwG* NJW 1982, 2269 f.; krit. hierzu näher *Schenke* JuS 1983, 182 ff.

K. Polizei- und ordnungsbehördliche Verordnungen

I. Allgemeines

209   Die **Aufgabe der Gefahrenabwehr** kann u. a. außer mit dem Instrument des Verwaltungsakts mit dem der **Rechtsverordnung wahrgenommen werden, die § 24 PrPVG als Polizeiverordnung bezeichnete.** Die heutige Terminologie weicht in einigen Bundesländern von dieser Bezeichnung ab. Beibehalten wurde sie in Baden-Württemberg (§ 10 I BWPolG), Bremen (§ 48 BremPolG), Hessen (§ 34 HessSOG), Rheinland-Pfalz (§ 26 RhPfPVG) und im Saarland (§ 24 SaarPVG). In Berlin (§ 34 I 1 BerlASOG) und Hamburg (§ 1 II HambSOG) wird die Bezeichnung „Verordnung zur Gefahrenabwehr" verwendet, in Schleswig-Holstein (§ 172 I SHLVwG) „Verordnungen über die öffentliche Sicherheit und Ordnung", in Nordrhein-Westfalen (§ 25 S. 1 NWOBG) „Ordnungsbehördliche Verordnung" und in Bayern (vgl. z. B. Art. 12 ff. BayLStVG) und Niedersachsen (§ 32 NdsSOG) schlicht „Verordnungen".

Den Regelungsgegenstand von Polizei- und ordnungsbehördlichen Verordnungen bilden im Anschluß an § 24 PrPVG „polizeiliche Gebote oder Verbote, die für eine unbestimmte Anzahl von Fällen an eine unbestimmte Anzahl von Personen gerichtet sind"[533].

210   Die Polizei- und Ordnungsgesetze enthalten **meist eine Generalermächtigung zum Erlaß von der Gefahrenabwehr dienenden Verordnungen**[534]. Anderes gilt für Bayern. Hier können die Sicherheitsbehörden Verordnungen nur erlassen, wenn sich für diese im LStVG oder in anderen Rechtsvorschriften eine Spezialermächtigung findet (Art. 42 BayLStVG). Keine Ermächtigung zum Erlaß von Polizeiverordnungen enthalten das BGSG und der MEPolG. Soweit in Landes- oder Bundesgesetzen Spezialermächtigungen zum Erlaß von Polizei- und ordnungsbehördlichen Verordnungen vorhanden sind, gehen diese als leges speciales der Generalermächtigung vor. Verdrängt wird die Generalermächtigung zum Erlaß von Verordnungen auch dort, wo Spezialvorschriften für bestimmte Bereiche eine abschließende Regelung treffen. In Teilbereichen finden sich auch in solchen Gesetzen, die nicht spezifisch auf die Gefahrenabwehr zugeschnitten sind, Regelungen, die daneben für den Erlaß von Polizei- und ordnungsbehördlichen Verordnungen keinen Raum mehr lassen. Dies gilt insbesondere bezüglich der Festsetzung eines Anschluß- und Benutzungszwangs für gemeindliche Einrichtungen (Wasserversorgung, Müllabfuhr), die nach den insoweit übereinstimmenden Gemeindeordnungen der Länder durch Satzung zu erfolgen hat, und für die der Erlaß von Polizeiverordnungen ausscheidet.

211   Die Bedeutung von Polizei- und ordnungsbehördlichen Verordnungen ist in den letzten Jahrzehnten zunehmend zurückgegangen. Dies hängt wesentlich damit zusam-

---

533 S. jetzt § 10 I BWPolG; § 48 BremPolG; § 34 1. HS HessSOG; § 25 NWOBG; § 26 RhPfPVG; § 24 SaarPVG; eine sinngleiche Regelung enthält § 172 i.V.m. § 53 SHLVwG; Bayern, Berlin, Hamburg und Niedersachsen haben auf eine Begriffsbestimmung verzichtet.
534 Vgl. § 10 I BWPolG; § 33 BerlASOG; § 49 BremPolG; § 1 I HambSOG; §§ 35, 36 S. 1, 37 S. 1 Hess-SOG; § 33 I NdsSOG; §§ 26, I, 27 I NWOBG; §§ 27, 28, 29 I, 30 I, 31 I RhPfPVG; §§ 27 I 1, 28 I SaarPVG, § 36 SaarLVG; § 172 I SHLVwG.

men, daß der Gesetzgeber viele Materien, die früher durch Polizei- und ordnungsbehördliche Verordnungen geregelt wurden, nunmehr selbst normiert hat. So sind etwa heute baupolizeiliche Vorschriften vorwiegend in den Landesbauordnungen niedergelegt; anstelle gewerbepolizeilicher Rechtsverordnungen ist die GewO und nunmehr insbesondere das BImSchG getreten; lebensmittelpolizeiliche Vorschriften finden sich im LMBG usw. Trotzdem bleibt in Teilbereichen nach wie vor Raum für den Erlaß von Polizei- und ordnungsbehördlichen Verordnungen, man denke etwa an Zeltplatzverordnungen, Tierhalterverordnungen, Ski- und Rodelverordnungen u. ä.

Polizei- und ordnungsbehördliche Verordnungen können sowohl zur Abwehr von **212** Gefahren für die öffentliche Sicherheit als auch solchen für die öffentliche Ordnung erlassen werden. Soweit in der Literatur[535] allgemein verfassungsrechtliche Einwände gegen den Erlaß von Polizei- und ordnungsbehördlichen Verordnungen, die dem Schutz der öffentlichen Ordnung dienen, erhoben werden, schlagen diese nicht durch (s. auch oben Rdnr. 27), zumal solche Polizei- und ordnungsbehördlichen Verordnungen ja gerade eine rechtsstaatlich zu begrüßende Konkretisierungsfunktion besitzen.

II. Die Abgrenzung von Polizei- und ordnungsbehördlichen Verordnungen

Von großer Bedeutung sowohl bezüglich der Voraussetzungen des Handelns wie **213** auch hinsichtlich der zu beachtenden Formerfordernisse, der Konsequenzen der Rechtswidrigkeit (Rechtsverordnungen sind bei Rechtswidrigkeit stets nichtig) und der Art und Weise des Rechtsschutzes[536] ist die Abgrenzung zwischen Polizei- und ordnungsbehördlichen Verordnungen und polizeilichen Verwaltungsakten[537]. Soweit sich in den Polizei- und Ordnungsgesetzen Legaldefinitionen der Polizei- und ordnungsbehördlichen Verordnungen finden, ist die Entscheidung über das Vorliegen einer Polizei- und ordnungsbehördlichen Verordnung anhand dieser Regelungen vorzunehmen. Die sonst für die Abgrenzung von Verwaltungsakt und Rechtsnormen bedeutsamen Normierungen in § 35 VwVfG und den entsprechenden Vorschriften der Landesverwaltungsverfahrensgesetze treten insoweit zurück. Erforderlich für das Vorliegen einer Polizei- und ordnungsbehördlichen Verordnung sind nach den polizei- und ordnungsgesetzlichen Bestimmungen zwei Kriterien, nämlich zum einen, daß hier eine **unbestimmte Anzahl von Fällen geregelt wird und zum anderen,**

---

535 So etwa *Götz* Rdnr. 466.
536 Der Rechtsschutz gegen landesrechtliche Polizei- und ordnungsbehördliche Verordnungen ist in den Bundesländern, die von der Ermächtigung des § 47 I Nr. 2 VwGO Gebrauch gemacht haben, durch die oberverwaltungsgerichtliche Normenkontrolle sichergestellt, der gegenüber die Verfassungsbeschwerde gem. § 90 II 1 BVerfGG nur subsidiär ist. In den Ländern, die eine oberverwaltungsgerichtliche Normenkontrolle gem. § 47 I Nr. 2 VwGO nicht vorgesehen haben, läßt sich ein Rechtsschutz gegen Polizei- und ordnungsbehördliche Verordnungen meist durch inzidente Normenkontrolle, wie insbesondere verwaltungsgerichtliche Feststellungsklagen, sowie durch die Verfassungsbeschwerde sicherstellen (s. hierzu *Schenke* JuS 1981, 81 ff. und *ders.* Rechtsschutz bei normativem Unrecht, passim).
537 Vgl. zur Abgrenzung von Verwaltungsakt und Rechtssatz allgemein *v. Mutius* FS H. J. Wolff 1983, 167 ff.; *Volkmar* Allgemeiner Rechtssatz und Einzelakt, 1962.

daß eine unbestimmte Vielzahl von Personen betroffen wird. Dies bedeutet zunächst, daß es für die Abgrenzung nur **auf inhaltliche, materielle Kriterien** ankommt. Die äußere Bezeichnung einer Maßnahme, auch deren rechtliche Qualifikation durch die Behörde, ist für die Rechtsnatur ohne Bedeutung. Allerdings kann eine von der Polizei gewählte Form zugleich auf den Inhalt ausstrahlen und damit dessen Rechtsnatur beeinflussen. Deshalb hat das *BVerwG*[538] im Ergebnis zu Recht angenommen, daß die Festsetzung eines Wasserschutzgebietes (die bei ordnungsgemäßer Bekanntgabe als Rechtsverordnung zu qualifizieren gewesen wäre), falls sie nur in der Form eines Verwaltungsakts erfolgt, prozessual wie ein Verwaltungsakt zu behandeln ist[539].

214 Versucht man den Begriff der unbestimmten Vielzahl von Fällen (abstrakte Regelung) und seinen Gegenbegriff, den des Einzelfalls (konkrete Regelung), näher zu erfassen, so zeigt sich, daß immer dann, wenn ein ganz bestimmter oder mehrere von vornherein bestimmte Sachverhalte gegeben sind, an deren Vorliegen eine Rechtsfolge geknüpft wird, eine Einzelfallregelung (konkrete Regelung) gegeben ist. Dabei kann es für deren Vorliegen, da sonst das zweite, an den Adressatenkreis der Polizei- und ordnungsbehördlichen Verordnung anknüpfende Kriterium sinnlos wäre, **nicht maßgeblich sein, ob der Kreis der Betroffenen von vornherein bestimmt ist.** Letzteres hat vielmehr in diesem Zusammenhang außer Acht zu bleiben. Demgemäß ist z. B. das Verbot einer für einen bestimmten Tag an einem bestimmten Ort vorgesehenen Versammlung stets als eine Regelung eines Einzelfalls zu bewerten (unabhängig davon, ob die Zahl der hiervon betroffenen Personen von vornherein bestimmt ist). Umgekehrt liegt z. B. dann, wenn eine Regelung Versammlungen generell untersagt, falls bei ihnen Fahnen gezeigt werden sollen, eine Normierung einer unbestimmten Vielzahl von Fällen vor, da die hierdurch erfaßten Sachverhalte im vorhinein weder zeitlich noch räumlich konkretisierbar sind. Nicht entscheidend für die Abgrenzung von abstrakter und konkreter Regelung kann dabei, was vielfach übersehen wird[540], die Frage sein, ob eine polizeiliche Regelung aus Anlaß einer konkreten Gefahr getroffen wurde. Maßgeblich ist vielmehr ausschließlich, inwieweit die Beschränkung auf diesen konkreten Fall in der Regelung ihren Ausdruck gefunden hat, so daß diese auf entsprechende andere Sachverhalte nicht übertragbar ist. Bei bestimmten Fallgestaltungen bereitet die Feststellung, ob eine Regelung einen Einzelfall betrifft, erhebliche Schwierigkeiten, da je nach der Perspektive, die man hier zugrunde legt, entweder von der Regelung eines Einzelfalls oder der einer unbestimmten Vielzahl von Fällen ausgegangen werden kann. Wird beispielsweise einer bestimmten Person aufgegeben, immer dann, wenn Glatteisgefahr besteht, auf dem Straßenabschnitt vor dem Haus zu streuen, so stellt sich dies unter dem zeitlichen Aspekt (immer, wenn Glatteis besteht) als die Regelung einer unbestimmten Vielzahl von Fällen dar, hebt man hingegen auf den räumlichen Aspekt[541] ab (den Ort, an

---

538 Vgl. *BVerwGE* 18, 1 ff.

539 Vgl. zu dem Problem des Rechtsschutzes bei Formenmißbrauch allg. *Schenke* VerwArch. Bd. 72 (1981), 185 ff.

540 Z. B. von *Götz* Rdnr. 481 und *BVerwGE* 12, 87, 89; krit. hierzu auch *Drews/Wacke/Vogel/Martens* § 23 4.

541 Eine Schutzbereichsanordnung ist nunmehr durch das *BVerwG* (NVwZ 1985, 39 f.) u. a. wegen ihres räumlichen Bezugpunkts unter Änderung seiner Rechtsprechung als Verwaltungsakt qualifiziert worden.

dem die Verpflichtung zu erfüllen ist), so liegt eine Einzelfallregelung vor. Auf welchen Gesichtspunkt hier abzustellen ist, kann dabei nur aus der jeweiligen Zwecksetzung der Norm abgeleitet werden. Bei einer der Gefahrenabwehr dienenden Regelung muß im genannten Beispiel, da die Gefahrensituation durch die jeweilige Glatteisbildung hervorgerufen wird, von der Regelung einer Vielzahl von Fällen ausgegangen werden.

Das zweite für das Vorliegen einer Polizei- und ordnungsbehördlichen Verordnung 215 essentielle Kriterium, das auf den Adressatenkreis einer Norm abstellt, bereitet hinsichtlich seiner praktischen Anwendbarkeit geringere Schwierigkeiten. Maßgeblich ist hiernach, ob im Zeitpunkt des Erlasses einer Regelung die hierdurch betroffenen Personen zumindest bestimmbar sind. Fehlt es hieran, so betrifft das Gebot oder Verbot eine unbestimmte Vielzahl von Personen und stellt damit eine Polizei- und ordnungsbehördliche Verordnung dar. Soweit ein bestimmter Einzelfall für eine unbestimmte Vielzahl von Personen geregelt wird, ist allerdings mangels des Vorliegens eines für eine Polizei- und ordnungsbehördliche Verordnung unentbehrlichen Elements ein Verwaltungsakt anzunehmen. Dem korrespondiert auch der Umstand, daß der Begriff des Verwaltungsakts dadurch gekennzeichnet ist, daß dieser die Regelung eines Einzelfalls betrifft[542] und insoweit nicht auf den Adressatenkreis abgehoben wird. Nicht zuletzt harmoniert diese Qualifikation mit der Regelung des § 35 VwVfG und den entsprechenden landesverwaltungsverfahrensrechtlichen Vorschriften, die ebenfalls davon ausgehen, daß eine Regelung, die sich an einen unbestimmten Personenkreis wendet, dann keine Rechtsnorm darstellt, wenn sie einen Einzelfall zum Gegenstand hat. Aus dem Verfassungsrecht ergeben sich bei solchen im Grenzbereich von Verwaltungsakt und Rechtsnorm gelegenen Regelungen gegen eine (nicht zuletzt der Rechtssicherheit dienende) gesetzliche Qualifikation von Maßnahmen als Rechtsverordnungen oder Verwaltungsakte keine Einwände, soweit nur auf ihrer Basis dem rechtsstaatlichen Publizitätsgebot Rechnung getragen werden kann (s. hierzu § 41 III und IV VwVfG)[543].

III. Die Rechtmäßigkeit einer Polizei- und ordnungsbehördlichen Verordnung (Prüfungsschema)

Nach **Vorklärung der für den Erlaß der Polizeiverordnung in Betracht kommenden** 216 **Ermächtigungsgrundlage** (Spezialermächtigung oder Generalermächtigung) empfiehlt sich auch hier in der Regel die Überprüfung anhand folgenden Schemas:

1. Die formelle Rechtmäßigkeit

(a) Es muß die **örtlich, sachlich und instanziell zuständige Polizei- bzw. Ordnungs-** 217 **behörde gehandelt haben** (vgl. hierzu oben H.). Bezüglich der sachlichen Zuständig-

---

542 S. auch Art. 7 II BayLStVG; § 3 I HambSOG; § 14 I NWOBG; vgl. auch § 2 Nr. 1 lit. a NdsSOG; § 173 I Nr. 2 SHLVwG.

543 Zu der Rechtsnatur von Verkehrszeichen, die heute überwiegend als Verwaltungsakt qualifiziert werden, s. *Drews/Wacke/Vogel/Martens* § 23 7; *BVerfG* NJW 1965, 2395 u. *BVerwG* NJW 1980, 1640 sowie oben J. I.

keit für den Erlaß von Polizei- bzw. ordnungsbehördlichen Verordnungen differieren die Regelungen der einzelnen Länder nicht unbeträchlich. Grundsätzlich sind hier meist Kompetenzen für alle Polizei- und Ordnungsbehörden von der Ministerialebene bis zur unteren Polizei- bzw. Ordnungsbehörde vorgesehen[544]. Aus den Zuständigkeitsregelungen können sich im übrigen konkurrierende Zuständigkeiten höherer und unterer Polizei- bzw. Ordnungsbehörden für den Erlaß von Verordnungen in einem bestimmten Gebiet ergeben. Die Rangordnung der Verordnungen bestimmt sich dann nach der Stellung der sie erlassenden Behörde innerhalb der staatlichen Verwaltungshierarchie.

218   (b) Die Polizei- bzw. ordnungsbehördliche Verordnung muß unter Beachtung der für sie einschlägigen Form- und Verfahrensvorschriften erlassen sein.

219   (aa) Was die Formerfordernisse beim Erlaß von Polizei- und ordnungsbehördlichen Verordnungen angeht, stimmen die Polizei- und Ordnungsgesetze weitgehend überein. Allerdings wird hierbei z. T. zwischen **Muß- und Sollvorschriften differenziert**[545]; **anders als der Verstoß gegen Mußvorschriften führt der gegen Sollvorschriften in der Regel nicht zur Nichtigkeit einer Polizei- bzw. ordnungsbehördlichen Verordnung.** Als Formerfordernisse (sei es in Form einer Muß- oder Sollvorschrift) werden dabei statuiert: Angabe der Rechtsgrundlage (verfassungsrechtlich dürfte dieses Erfordernis — sofern es nicht entsprechend Art. 80 I 3 GG in den Landesverfassungen statuiert ist — nicht gefordert sein; umstritten), die Bezeichnung der erlassenden Behörde sowie ein Hinweis auf das Vorhandensein einer evtl. erforderlichen Zustimmung, die Bezeichnung als „Polizeiverordnung" bzw. „ordnungsbehördliche Verordnung" etc., ferner eine den Inhalt kennzeichnende Überschrift, schließlich die Bestimmung des örtlichen Geltungsbereichs, z. T. auch die Angabe des Datums ihres Erlasses, ihres Inkrafttretens und ihrer Geltungsdauer. Gemäß allgemeinen rechtsstaatlichen Erfordernissen müssen die Polizei- und ordnungsbehördlichen Verordnungen **hinreichend bestimmt sein**[546] und bedürfen einer meist in den Landesverfassungen näher vorgeschriebenen Publikation. Eine Verweisung auf Texte außerhalb der staatlichen Publikationsorgane[547] ist nur unter der Voraussetzung zulässig, daß die Verordnung erkennbar zum Ausdruck bringt, daß sie die außenstehende Anordnung zu ihrem Bestandteil macht, letztere hinreichend bestimmt ist, ihre Verlautbarung für den Betroffenen zugänglich und der Art und Weise nach für amtliche Anordnungen geeignet ist[548]. Eine Verweisung auf die jeweilige Fassung technischer Bekanntmachungen privater Sachverständigengremien (wie etwa des Verbands Deutscher Elektriker), **eine sog. dynamische Verweisung, ist verfassungsrechtlich unzulässig**[549].

---

544 § 13 BWPolG; § 49 BremPolG; §§ 35—37 HessSOG; § 33 I NdsSOG; §§ 26, 27 NWOBG; §§ 27—32 RhPfPVG; §§ 25—28 SaarPVG; § 172 I SHLVwG; in Berlin und Hamburg ist der Senat zuständig (§ 33 BerlASOG u. § 1 I HambSOG); zu Bayern s. Art. 42 BayLStVG.

545 S. z. B. § 12 BWPolG; § 53 BremPolG; § 56 SHLVwG.

546 Als inhaltlich zu unbestimmt und damit rechtsstaatswidrig hat z. B. der *BadWürttVGH* (VBlBW 1983, 302 ff.) eine Polizeiverordnung angesehen, die es verbot, sich auf öffentlichen Straßen „nach Art eines Land- oder Stadtstreichers herumzutreiben".

547 Z. B. auf technische Bekanntmachungen, wie sie in § 34 II 3 BerlASOG, § 39 III 1 HessSOG, § 29 II 2 NWOBG, § 35 III RhPfPVG, § 31 III 1 SaarPVG u. § 58 III 1 SHLVwG vorgesehen sind.

548 S. *BVerwG* NJW 1962, 506.

549 S. hierzu näher *Schenke* NJW 1980, 743 ff.

(bb) Häufig sind Polizei- und ordnungsbehördliche Verordnungen **genehmigungs-** **220** **bzw. vorlagepflichtig.** So ist bei den durch die Repräsentativorgane der Gemeinde oder des Landkreises erlassenen Polizei- und ordnungsbehördlichen Verordnungen z. T. eine Genehmigung durch die Kommunalaufsichtsbehörde erforderlich[550]. Da es sich bei der Gefahrenabwehr nicht um eine Selbstverwaltungsaufgabe handelt, beschränkt sich die aufsichtsbehördliche Kontrolle meist nicht nur auf eine Überprüfung der Rechtmäßigkeit des Erlasses von Polizei- und ordnungsbehördlichen Verordnungen[551]. Bei den nicht durch kommunale Repräsentativorgane ergehenden Polizei- und ordnungsbehördlichen Verordnungen ist mitunter vorgesehen[552], daß sie der Zustimmung des Gemeinderats oder Kreistags bedürfen. Auf der Ministerialebene erlassene Polizei- und ordnungsbehördliche Verordnungen sind in einigen Bundesländern dem Landtag vorzulegen und auf dessen Verlangen aufzuheben[553].

2. Die materielle Rechtmäßigkeit

(a) Die Polizei- und ordnungsbehördliche Verordnung muß ihre **Rechtsgrundlage in** **221** **einer gesetzlichen Spezialermächtigung oder der gesetzlichen Generalermächtigung haben.** Bei den polizei- bzw. ordnungsgesetzlichen Generalermächtigungen sind dabei die gleichen Prüfungen anzustellen wie beim Erlaß polizeilicher Verwaltungsakte (s. oben unter J. II. 2.). Ein Unterschied besteht allerdings insoweit, als für den Erlaß von Polizei- und ordnungsbehördlichen Verordnungen — anders als bei polizeilichen Verwaltungsakten — das **Vorliegen einer abstrakten Gefahr ausreicht.** Es genügt demnach, daß die Sachverhalte, an welche die Regelung anknüpft, nach der Lebenserfahrung geeignet sind, im Regelfall Gefahren zu verursachen. Daß im Einzelfall — etwa aufgrund besonderer Umstände — mit dem Vorliegen eines Sachverhalts keine Gefahrenlage verknüpft ist, steht der Anwendbarkeit bzw. der Rechtmäßigkeit einer Polizei- und ordnungsbehördlichen Verordnung auch insoweit nicht im Wege (s. oben Rdnr. 29)[554]. Der Unterschied zwischen abstrakter und konkreter Gefahr markiert dabei keinen Steigerungsgrad der Gefahr[555], sondern beruht lediglich darauf, daß das eine Mal eine typisierende, das andere Mal hingegen eine auf den konkreten Einzelfall abstellende Betrachtungsweise der Gefahrenprognose zugrunde gelegt wird.

---

550 S. § 37 HessSOG; in abgeschwächter Form auch in § 40 NdsSOG; § 36 NWOBG und § 33 RhPfPVG; vgl. auch Art. 47 BayLStVG.

551 Anders aber § 36 I 2 NWOBG; vgl. hierzu *Rasch* § 36 NWOBG Anm. 2. Ob und in welchem Umfang ein Rechtsschutz der Kommunen gegen die Ablehnung der aufsichtsbehördlichen Genehmigung möglich ist, bestimmt sich nach der Rechtsstellung, die den Kommunen im Bereich der staatlich übertragenen Angelegenheiten zukommt. In den Ländern, in welchen der staatlichen Kommunalaufsicht auch auf dem Sektor der übertragenen Angelegenheiten Einschränkungen unterliegt (so z. B. in Bayern), wird man davon ausgehen können, daß die Genehmigung sich hier als ein Verwaltungsakt darstellt und folglich gegen ihre Ablehnung im Wege der Verpflichtungsklage, insbesondere über eine Verbescheidungsklage vorgegangen werden kann (so auch *Kääb/Rösch* BayLStVG, 2. Aufl. 1967, Art. 54 Erl. 11).

552 S. z. B. § 15 BWPolG; § 50 II BremPolG; § 31 I RhPfPVG.

553 § 26 III NWOBG; § 50 I BremPolG (der zusätzlich noch ein Abänderungsrecht statuiert).

554 S. z. B. *Friauf* 249.

555 S. auch *Götz* Rdnr. 120.

222 (b) Die Entscheidung über den Erlaß der Polizei- und ordnungsbehördlichen Verordnung muß ermessensfehlerfrei erfolgen[556]. Als **unzulässig**, da nicht mehr durch den Zweck der Gefahrenabwehr gedeckt, sind solche Polizei- und ordnungsbehördlichen Verordnungen anzusehen, **die lediglich der Erleichterung der polizeilichen Aufsicht dienen sollen.** Dies ist vielfach ausdrücklich normiert[557], ergibt sich aber unabhängig hiervon schon aus den allgemeinen Grundsätzen über den Ermessensfehlgebrauch. Diese sind z. B. auch dann verletzt, wenn durch eine Polizei- und ordnungsbehördliche Verordnung das Zelten verboten wird, um auf diese Weise das Geschäft der einheimischen Hotelbesitzer zu „beleben".

223 (c) Die **Grundsätze über die polizeiliche Verantwortlichkeit sind auch hier entsprechend heranzuziehen.** Adressaten der Polizei- bzw. ordnungsbehördlichen Verordnung dürfen daher grundsätzlich nur die für die (abstrakte) Gefahr Verantwortlichen sein. Eine Inanspruchnahme Unbeteiligter dürfte nur in ganz seltenen Ausnahmefällen in Betracht kommen (z. B. wenn für den Fall einer Katastrophensituation die Verpflichtung zur Aufnahme Obdachloser unter bestimmten Voraussetzungen normiert wird). Sie müßte dann gemäß den allgemein für die Inanspruchnahme von Nichtstörern geltenden Grundsätzen jedenfalls von vornherein auf das unumgänglich Notwendige beschränkt werden.

224 (d) Die Polizei- und ordnungsbehördliche Verordnung muß **auch hinsichtlich des „Wie" der getroffenen Regelung ermessensfehlerfrei sein.**

225 (e) Die Polizei- und ordnungsbehördliche Verordnung darf **nicht gegen höherrangiges Recht, insbesondere das Übermaßverbot und die Grundrechte verstoßen.** Zu beachten ist ferner, daß die meisten Polizei- und Ordnungsgesetze verbindliche Regelungen über den zulässigen Umfang der Geltungsdauer von Polizei- und ordnungsbehördlichen Verordnungen beinhalten[558].

4. Abschnitt:

Entschädigungs- und Ersatzansprüche bei polizeilichem Handeln

226 Für das Vorliegen von Entschädigungsansprüchen des Bürgers gegenüber dem Polizeiträger (dazu unter L.) wie auch für das Bestehen von Ersatzansprüchen des Polizeiträgers gegenüber dem Bürger (dazu unter M.) ist — wie schon durch die Verfassung vorgezeichnet — von grundlegender Bedeutung, ob es sich bei dem Bürger um einen Störer oder um einen Nichtstörer handelt.

---

556 Bezüglich der Kontrolle des Ermessens des Verordnungsgebers bestehen daher allerdings gewisse — hier nicht näher ausführbare — Besonderheiten, vgl. hierzu *Schenke* BK (Zweitbearbeitung), Dez. 1982, Art. 19 IV Rdnrn. 377 ff.

557 Vgl. schon § 31 I PrPVG; ferner § 34 I 1 BerlASOG; § 52 I BremPolG; § 39 I HessSOG: Aufgabenerleichterung; § 29 I 2 NWOBG; § 35 I RhPfPVG; § 31 I SaarPVG; § 58 IV SHLVwG.

558 Bis zu 20 Jahren gem. § 18 BWPolG; Art. 50 II BayLStVG; § 55 BremPolG; § 39 NdsSOG; § 32 NWOBG; § 40 RhPfPVG; § 62 SHLVwG; bis zu 10 Jahre gem. § 36 BerlASOG; bis zu 30 Jahre gem. § 42 HessSOG; § 34 SaarPVG; keine Regelung in Hamburg.

L. Entschädigungsansprüche des Bürgers

I. Entschädigungsansprüche des Störers

Für den einem Störer durch die polizeiliche Heranziehung erwachsenen Schaden ist **227** nach den insoweit übereinstimmenden Polizei- und Ordnungsgesetzen **grundsätzlich keine Entschädigung zu gewähren**[559]. Dies ist auch unter dem Aspekt des Art. 14 GG unbedenklich, da hier der Störer nur in die von vornherein bestehenden Grenzen seines Eigentums zurückverwiesen bzw. dessen Sozialpflichtigkeit geltend gemacht wird[560]. Eine analoge Anwendung der Entschädigungsansprüche bei polizeilichem Notstand normierenden Vorschriften auf den Fall der Inanspruchnahme des Störers, wie sie in bestimmten Fällen erwogen wird[561], verbietet sich. Sie würde — das Vorliegen einer Enteignung unterstellt — im übrigen ohnehin nicht dem Art. 14 III 2 GG genügen, der eine ausdrückliche gesetzliche Regelung der Entschädigung verlangt[562]. Hielte man eine enteignend wirkende Inanspruchnahme eines Störers für denkbar, so müßte man diese auf der Basis der geltenden Polizei- und Ordnungsgesetze daher als rechtswidrig ansehen. Um diesem Dilemma auszuweichen, bietet sich keine andere Möglichkeit an als eine verfassungskonforme Auslegung der Polizei- und Ordnungsgesetze dahingehend, daß sie eine solche enteignend wirkende Inanspruchnahme eines „Störers" als einen Unterfall der Inanspruchnahme Unbeteiligter ansehen und damit den Weg für eine unmittelbare gesetzliche Begründung von Entschädigungsansprüchen freimachen. Selbstverständlich ist der Gesetzgeber im übrigen nicht gehindert, bei bestimmten Fallgestaltungen auch dem Störer Entschädigungsansprüche einzuräumen. Geschehen ist dies z. B. in § 49 I BSeuchG sowie in §§ 66 ff. TierSG. Es handelt sich hierbei aber um keine Entschädigungsansprüche i. S. des Art. 14 III GG, für deren Durchsetzung durch Art. 14 III 4 GG kraft Verfassungsrechts der Rechtsweg zu den ordentlichen Gerichten eröffnet wäre. **Solche nicht in Art. 14 III GG zu verankernden Entschädigungsansprüche kommen im übrigen auch dann infrage, wenn für den Störer ein besonderer Vertrauenstatbestand geschaffen wurde (s. z. B. § 21 IV BImSchG)**; entsprechende gesetzliche Regelungen sind, da insoweit die enteignungsrechtliche Junktimsklausel nicht zum Zuge kommt, in der Tat einer analogen Anwendung zugänglich[563].

Entschädigungsansprüche des Störers kommen jedoch dann in Betracht, wenn die- **228** sem gegenüber rechtswidrige Maßnahmen ergriffen wurden und ihm dadurch ein

---

559 Das gilt — da auch hier der Betroffene Störer ist (vgl. oben D. III. 2.) — auch für den mißverständlich oft als Anscheinsstörer Bezeichneten, der durch die Polizei- bzw. Ordnungsbehörde in Anspruch genommen wurde, da er durch sein Verhalten bzw. den Zustand einer ihm polizeirechtlich zuzuordnenden Sache bei einem objektiven Betrachter den Eindruck der Verursachung einer Gefahr erweckte, auch wenn sich diese im nachhinein als nicht bestehend erweist (so auch *Drews/Wacke/Vogel/ Martens* § 13 2c; *Rasch* § 45 MEPolG Rdnr. 8; *Schumann* 33; a. A. *Hoffmann-Riem* FS Wacke 1972, 336 ff. u. *Schwan* AöR Bd. 102 (1977), 243 ff.).
560 Vgl. auch *BGHZ* 45, 23 ff.; *BVerwGE* 38, 209 ff.
561 Vgl. *Menger* VerwArch. Bd. 50 (1959), 77, 83, 86; s. auch *Scholler/Broß* DÖV 1976, 472 ff.
562 Übersehen wird dies von *Friauf* 210 Fn. 135.
563 Vgl. hierzu oben und unten unter II.; *Schenke* JuS 1977, 789 ff.

Schaden entsteht. Dies ist z. T. ausdrücklich normiert[564], dürfte aber auch in den Ländern, in denen es an solchen speziellen Regelungen fehlt, aus dem Gesichtspunkt des enteignungsgleichen Eingriffs bzw. der Aufopferung abzuleiten sein, wobei freilich hier der Betroffene, soweit er es in vertretbarer Weise versäumte, den Schaden durch Gebrauch eines Rechtsmittels abzuwenden, sich dies analog § 254 BGB[565]entgegenhalten lassen muß. Soweit der Eingriff schuldhaft erfolgt, ist überdies noch ein Schadensersatzanspruch gem. § 839 BGB i.V. mit Art. 34 GG gegeben.

II. Der Entschädigungsanspruch des Nichtstörers

229 Der im Wege des polizeilichen Notstands in Anspruch Genommene kann nach den insoweit übereinstimmenden Polizei- und Ordnungsgesetzen[566] — soweit dies nicht bereits anderweitig gesetzlich vorgesehen ist — **grundsätzlich eine angemessene Entschädigung für den ihm durch die Inanspruchnahme entstandenen Schaden verlangen.** Damit tragen die Gesetze für die Fälle der Inanspruchnahme des Nichtstörers, die mit einem Eingriff in vermögenswerte Rechte verbunden sind, dem Art. 14 III GG Rechnung bzw. positivieren bezüglich des Eingriffs in nichtvermögenswerte Rechte den heute verfassungsgewohnheitsrechtlich anerkannten Aufopferungsanspruch. Eingeschränkt wird dieser Anspruch nach den meisten Polizei- und Ordnungsgesetzen nur insofern, als er dann ausscheidet bzw. gemindert ist, wenn die Inanspruchnahme des Nichtstörers dem Schutz seiner eigenen Person oder seines eigenen Vermögens dient[567]. Diese Limitierung ist unter dem Aspekt des Art. 14 GG bzw. der Aufopferung nicht zu beanstanden, weil in diesen Fällen dem Nichtstörer kein Sonderopfer auferlegt wird. Eine sinngemäße Restriktion der Regelung über die Entschädigung ist ferner dann anzunehmen, wenn eine Person, bei der zunächst nur der Verdacht der Störereigenschaft bestand, gemäß den Vorschriften über die Inanspruchnahme eines Nichtstörers zur Gefahrenbekämpfung herangezogen wurde, sich aber später herausstellt, daß sie (von Anfang an) Störer war (vgl. oben Rdnr. 93).

230 Aus dem Charakter des Entschädigungsanspruchs ergibt sich, daß dieser — wie auch sonst der Entschädigungsanspruch des Art. 14 III GG — nicht auf vollen Schadensersatz gerichtet ist. Mittelbarer Schaden, insbesondere entgangener Gewinn, wird grundsätzlich nicht ersetzt. Die gesetzlichen Regelungen enthalten allerdings z. T. Härteklauseln[568]. Ebenfalls scheidet, vorbehaltlich abweichender gesetzlicher Re-

---

564 Vgl. § 37 II BerlASOG; § 56 I 2 BremPolG; § 58 I 2 NdsSOG; § 39 I b NWOBG u. § 45 NWPolG; § 68 I 2 RhPfPVG.
565 Vgl. *BGHZ* 90, 17, 31 ff.
566 §§ 41—44 BWPolG; Art. 49—52 BayPAG, Art. 11 BayLStVG; §§ 37—43 BerlASOG; §§ 56—62 BremPolG; § 10 III—V HambSOG; §§ 30—33 HessSOG; §§ 58—64 NdsSOG; § 45 NWPolG i.V.m. §§ 39—43 NWOBG; §§ 68—74 RhPfPVG; §§ 70—73 SaarPVG; §§ 188—192 SHLVwG; §§ 45—51 MEPolG; §§ 34—41 BGSG.
567 Vgl. § 41 I 2 BWPolG; Art. 49 IV BayPAG, Art. 11 I 1 BayLStVG; § 38 V BerlASOG; § 57 IV BremPolG; § 10 III 2 HambSOG; § 30 II HessSOG; § 59 V NdsSOG; § 45 NWPolG i.V.m. § 39 II lit. b NWOBG, § 39 II lit. b NWOBG, § 69 V 1 RhPfPVG; § 70 I 2 SaarPVG; § 188 II Nr. 2 SHLVwG; § 46 V 1 MEPolG.
568 § 38 I 2 BerlASOG; § 57 I 1 BremPolG; § 59 I 2 NdsSOG; § 45 NWPolG i.V.m. § 40 I 2 NWOBG, § 40 I 2 NWOBG; § 69 I 2 RhPfPVG; § 190 I 2 SHLVwG; § 46 I 2 MEPolG.

gelungen[569], ein Ersatz des immateriellen Schadens aus. Der Anspruch geht auf Entschädigung in Geld. Ein Amtshaftungsanspruch wird durch einen Entschädigungsanspruch, wie sich aus einer teleologischen Reduktion des § 839 I 2 BGB ergibt[570], nicht ausgeschlossen. Ersatzpflichtig ist grundsätzlich entweder die Körperschaft, bei welcher der handelnde Beamte angestellt ist[571] oder aber der Träger der Polizeikosten[572]. Der Anspruch ist in Konsequenz des Art. 14 III 4 GG bzw. des § 40 II VwGO vor den ordentlichen Gerichten geltend zu machen[573].

Der Entschädigungsanspruch des Nichtstörers ist, vorbehaltlich abweichender gesetzlicher Regelungen wie § 45 I 2 MEPolG[574], die ihn auch für den Fall einer rechtswidrigen Inanspruchnahme des Nichtstörers statuieren, grundsätzlich nur bei rechtmäßigen Maßnahmen gegenüber dem Nichtstörer gegeben. Wenn demgegenüber behauptet wird[575], der Entschädigungsanspruch müsse auch ohne eine solche ausdrückliche gesetzliche Gleichstellung von rechtmäßiger und rechtswidriger Inanspruchnahme erst recht bei rechtswidrigen Maßnahmen gegenüber dem Nichtstörer zum Tragen kommen, vermag dies freilich nicht zu überzeugen, da insoweit eine unterschiedliche Interessenlage besteht, als sich der Nichtstörer gegenüber seiner rechtswidrigen Inanspruchnahme häufig im Klagewege zu wehren vermag und daher der der Entschädigungsregelung zugrunde liegende Grundsatz „dulde und liquidiere" hier nicht paßt. In einem solchen Fall können sich aber aus dem inzwischen gewohnheitsrechtlich[576] anerkannten Rechtsinstitut des enteignungsgleichen Eingriffs (bei Eingriffen in vermögenswerte Rechte) und des Aufopferungsanspruchs (bei Eingriffen in nichtvermögenswerte Rechte) Entschädigungsansprüche ergeben, wobei freilich hier § 254 BGB analog zu beachten ist.

Soweit die Entschädigungsregelungen eine Entschädigung nicht auch in dem Fall vorsehen[577], bei dem ein Unbeteiligter ohne den Willen der Polizei durch eine poli-

231

---

569 Vgl. § 38 II BerlASOG; § 57 I 2 BremPolG; § 59 II NdsSOG; § 69 II RhPfPVG; § 46 II MEPolG.
570 *BGHZ* 13, 88, 105; 49, 267, 275.
571 S. § 42 BWPolG; Art. 49 VI BayPAG; § 41 BerlASOG; § 60 I BremPolG; § 10 III HambSOG; § 62 I NdsSOG; § 72 I RhPfPVG; § 191 I SHLVwG; § 49 I MEPolG; § 40 I BGSG.
572 Vgl. § 31 I HessSOG; § 45 NWPolG i.V.m. § 42 I NWOBG, § 42 I NWOBG; § 71 SaarPVG.
573 Entsprechende Aussagen enthalten § 44 BWPolG; Art. 52 I BayPAG, Art. 11 I 1 BayLStVG; § 43 BerlASOG; modifizierend § 62 BremPolG; § 33 HessSOG; § 64 NdsSOG; § 45 NWPolG i.V.m. § 43 I NWOBG, § 43 I NWOBG; § 74 RhPfPVG; § 73 SaarPVG; § 192 SHLVwG; § 51 MEPolG; § 41 BGSG.
574 Art. 49 II BayPAG; § 37 II BerlASOG; § 56 I 2 BremPolG; § 30 I 2 HessSOG; § 58 I 2 NdsSOG; § 39 I lit. b NWOBG; § 68 I 2 RhPfPVG; vgl. auch § 189 SHLVwG.
575 Vgl. für viele *Götz* Rdnr. 280; *Riegel* 202; *Drews/Wacke/Vogel/Martens* § 33 3 a α.
576 Vgl. hierzu eingehend *Ossenbühl* Staatshaftungsrecht, 3. Aufl. 1983, 144 ff. m.w.N.; dort wird dargelegt, daß das Rechtsinstitut des enteignungsgleichen Eingriffs durch die neuere Rechtsprechung des *BVerfG* (*BVerfGE* 58, 300, 324) nicht obsolet geworden ist (so auch *BGHZ* 90, 17 ff.). Sieht man in dem enteignungsgleichen Eingriff ein richterrechtliches Institut, das sich von Art. 14 GG schon längst gelöst hat und nicht verfassungsrechtlich fundiert ist (s. *BGHZ* 76, 375, 384), so wird man dem in der Tat zu folgen haben (anders aber z. B. *Battis* NVwZ 1982, 585, 587 und *R. Scholz* NVwZ 1982, 337, 346 f.). Ein Anspruch aus enteignungsgleichem Eingriff erscheint mir im übrigen auch aus verfassungsrechtlichen Gründen insofern unabweisbar, als er sich auf jene Fälle beschränkt, bei denen der Eingriff auch im Falle seiner Rechtmäßigkeit als Enteignung zu qualifizieren wäre und der Betroffene (etwa wegen der Schaffung vollendeter Tatsachen) keine Möglichkeit besaß, sich gegen den Eingriff gerichtlich wirksam zur Wehr zu setzen.
577 Eine ausdrückliche Bestimmung enthalten Art. 49 II BayPAG; § 37 I Nr. 2, II BerlASOG; § 189 SHLVwG; § 34 II BGSG.

zeiliche Maßnahme betroffen wird und ihm ein Schaden erwächst (beispielsweise ein zufällig vorbeikommender Passant bei einem Feuergefecht der Polizei mit Verbrechern verletzt wird), können sich hier Entschädigungsansprüche ebenfalls unter dem Gesichtspunkt des enteignungsgleichen Eingriffs (bei Rechtmäßigkeit des enteignenden Eingriffs) bzw. der Aufopferung ergeben[578].

232 Auch derjenige, bei dem die Polizei- bzw. Ordnungsbehörde aus der Sicht ex ante bei objektiver Betrachtungsweise davon ausgehen konnte, er sei Störer, obschon sich dies im nachhinein als unzutreffend erweist, ist **Nichtstörer, sofern er den Anschein, Störer zu sein, nicht selbst verursacht hat.** Man denke etwa an das Beispiel einer bei der Polizei eingegangenen unrichtigen Information, nach der ein Bürger in seinem PKW Diebesgut abtransportieren soll. Es bedarf deshalb hier zur Begründung des Entschädigungsanspruchs keiner mit Art. 14 III 2 GG unvereinbaren analogen Anwendung[579] der Vorschriften über die Inanspruchnahme von Nichtstörern (vgl. oben Rdnr. 93).

233 In der Literatur[580] wird vielfach eine Ausdehnung des beim polizeilichen Notstand zum Zuge kommenden Entschädigungsanspruchs auch auf jene Fälle befürwortet, bei denen zur Behebung einer gegenwärtigen Gefahr oder Störung ein Unbeteiligter freiwillig (d. h. ohne hierzu durch einen polizeilichen Verwaltungsakt herangezogen worden zu sein) Hilfe leistet und diesem hierdurch ein Schaden entsteht. Es sei insbesondere bei Vorliegen der Tatbestandsvoraussetzungen der unterlassenen Hilfeleistung des § 323 c StGB[581] nicht einzusehen, warum hier derjenige, der ohne polizeiliche Aufforderung Hilfe leiste (und damit der schon kraft Gesetzes bestehenden Verpflichtung zur Hilfeleistung genüge), entschädigungsrechtlich schlechter zu stellen sei als jener, bei dem es erst des Erlasses eines polizeilichen Verwaltungsakts bedürfe, um ihn zur Hilfeleistung zu bewegen und der deshalb nunmehr wegen seiner Inanspruchnahme als Nichtstörer einen Entschädigungsanspruch besitze. Diese Argumentation überzeugt schon deshalb nicht, weil sie von falschen Prämissen ausgeht. Auch der erst nach seiner Heranziehung durch einen Verwaltungsakt Hilfeleistende besitzt nämlich nach den polizei- und ordnungsrechtlichen Vorschriften **keinen Entschädigungsanspruch**[582]. Bei seiner Inanspruchnahme handelt es sich nämlich nicht um die eines Nichtstörers, sondern um die eines Störers. Seine Störereigenschaft ergibt sich dabei aus der Nichtbeachtung des strafrechtlichen Handlungsgebots des

---

578 Bei schuldhaft amtspflichtwidrigem Verhalten kommen daneben Ansprüche aus § 839 BGB i.V.m. Art. 34 GG in Betracht. Solche Ansprüche sind auch bei normativem Unrecht — also auch in bezug auf polizei- und ordnungsbehördliche Verordnungen — möglich. Die Auffassung des *BGH* (vgl. z. B. *BGHZ* 56, 40, 46), den normgebenden Amtsträgern oblägen grundsätzlich keine Amtspflichten gegenüber den Normadressaten, ist angesichts des umfassenden Grundrechtsschutzes des Bürgers wie auch in Anbetracht der sonst sehr weiten Interpretation des Dritten bei § 839 BGB i.V.m. Art. 34 GG unhaltbar (vgl. näher *Schenke* DVBl. 1975, 121 ff.; krit. auch *Haverkate* NJW 1973, 441 ff. und *Oldiges* Der Staat Bd. 15 (1976), 381 ff.).

579 Vgl. aber z. B. *Scholler/Broß* DÖV 1976, 472, 474; *Drews/Wacke/Vogel/Martens* § 33 3a δ.

580 So z. B. *Habermehl* Rdnr. 283; *Samper/Honnacker* Art. 10 Rdnr. 17.

581 Ausdrücklich wird auch in diesem Fall durch § 37 I Nr. 3 BerlASOG eine Entschädigung gewährt. Diese Vorschrift wird man dabei — da hier ein Entschädigungsanspruch gem. § 37 I Nr. 1 u. 2 BerlA-SOG (vgl. hierzu das Folgende im Text) ausscheidet — auch auf jene Fallgestaltung zu erstrecken haben, bei der erst nach Erlaß eines polizeilichen Verwaltungsakts der Hilfeleistungspflicht des § 323 c StGB genügt wurde.

582 S. auch *Götz* Rdnr. 240 u. Rdnr. 293.

§ 323 c StGB. Da bei dem durch die Polizei im Falle des § 323 c StGB Inanspruchgenommenen folglich ein polizei- und ordnungsrechtlicher Entschädigungsanspruch unter dem Aspekt des polizeilichen Notstands nicht zu begründen ist, kann es **auch nicht beanstandet werden, daß der im Falle des § 323 c StGB ohne die Aufforderung der Polizei Helfende ebenfalls keinen polizei- und ordnungsrechtlichen Entschädigungsanspruch besitzt**[583]. Keine Entschädigungsansprüche unter dem Aspekt des polizei- und ordnungsrechtlichen Notstands sind auch dann gegeben, wenn jemand außerhalb der durch § 323 c StGB erfaßten Fälle freiwillig Hilfe zur Beseitigung polizeilicher Gefahren leistet; allerdings sehen einzelne Polizei- und Ordnungsgesetze hier nunmehr vor[584], daß auch demjenigen ein Schadensausgleich zu gewähren ist, der mit Zustimmung[585] der Polizei- bzw. Ordnungsbehörde bei der Erfüllung polizeilicher Aufgaben freiwillig mitgewirkt hat oder Sachen zur Verfügung gestellt und dabei einen Schaden erlitten hat. Im übrigen kann der freiwillig Helfende u. U. einen Anspruch auf Ersatz seiner Aufwendungen aus Geschäftsführung ohne Auftrag oder aus einem Auftragsverhältnis besitzen.

M. Ersatzansprüche des Polizeiträgers

I. Ersatzansprüche gegen den Störer

Ersatzansprüche für die den Polizei- und Ordnungsbehörden entstandenen Kosten **234** gegenüber dem Störer[586] sind in allen Bundesländern **bei der Ersatzvornahme** — und zwar sowohl für die Selbstvornahme der Handlung durch die Behörde als auch die Fremdvornahme durch einen Beauftragten der Polizei — **vorgesehen**. Dies ist in § 30 MEPolG und den entsprechenden Vorschriften der Länder geregelt[587]. Eine Minderung des Kostenersatzanspruchs kommt nur insoweit zum Tragen, als die Kosten

---

583 Im übrigen ergeben sich in beiden Fällen der Hilfe aus Vorschriften außerhalb des Polizei- und Ordnungsrechts Entschädigungsansprüche (bei Hilfe nach Erlaß des polizeilichen Verwaltungsakts gem. den §§ 539 I Nr. 9b, 547, 765a RVO; sonst gem. den §§ 539 I Nr. 9a, 547, 765a RVO).

584 Vgl. im einzelnen § 37 III BerlASOG; § 56 II BremPolG; § 10 V HambSOG; § 58 II NdsSOG; § 68 II RhPfPVG; § 45 II MEPolG; § 34 III Nr. 1 BGSG.

585 Das Wort Zustimmung umfaßt im juristischen Sprachgebrauch (s. §§ 183 f. BGB) auch die (nachträgliche) Genehmigung. Freilich bedeutete dies dann, daß es vom Willen der Polizei abhängig würde, ob ein Anspruch gegen sie gegeben ist. Um dieses befremdliche Ergebnis zu vermeiden, ist entweder der Begriff der Zustimmung so zu reduzieren, daß er nur die (vorherige) Einwilligung erfaßt oder man wird — was mir überzeugender erscheint —, wenn die Hilfe sachlich gerechtfertigt war, einen Anspruch auf Genehmigung befürworten müssen (zum Problem auch AEPolG § 65 Rdnr. 9).

586 Ersatzansprüche sind auch dort gegeben, wo jemand, weil er lediglich im Verdacht stand, Störer zu sein, zunächst nur als Nichtstörer in Anspruch genommen wurde, sich später aber zeigte, daß er tatsächlich Störer gewesen ist (vgl. oben Rdnr. 93).

587 So in Art. 34 BayPAG; § 28 i.V.m. § 26 HessSOG; § 44 NdsSOG; § 30 NWPolG; § 52 RhPfPVG; § 55 V SaarPVG; § 204 SHLVwG; zum anderen in §§ 25, 31 BWVwVG; § 10 BerlVwVG; § 15 BremVwVG; § 19 I HambVwVG und § 10 VwVG. Spezialregelungen finden sich hinsichtlich der Kosten über die Sicherstellung von Sachen (z. B. § 24 III 1 MEPolG).

auch bei einem rechtmäßigen Verhalten des ersatzpflichtigen Störers entstanden wären[588] (vgl. auch Fn. 590). Die Abweichung von den dem Vollstreckungsschuldner mitgeteilten voraussichtlichen Kosten führt hier noch nicht zur Rechtswidrigkeit einer höheren Kostenforderung (vgl. oben Rdnr. 194). Soweit mehrere Personen in gleichem Maße für eine Gefahr verantwortlich sind, kommen Rückgriffsansprüche des in Anspruch Genommenen gegenüber den anderen Polizeipflichtigen in Betracht (vgl. oben Rdnrn. 100 f.).

235 Der Ersatzanspruch soll nach ganz h. M.[589] nur dann gegeben sein, wenn die Ersatzvornahme rechtmäßig ist[590]; ohne Bedeutung ist, ob die der Ersatzvornahme vorausgegangenen polizeilichen Akte rechtmäßig waren. In den Fällen, in denen ein Kostenersatzanspruch wegen der Rechtswidrigkeit der Ersatzvornahme nach den vollstreckungsrechtlichen Regelungen ausgeschlossen ist, läßt sich ein Kostenersatzanspruch auch **nicht durch den Rückgriff auf die allgemeinen Grundsätze der öffentlichrechtlichen Geschäftsführung ohne Auftrag**[591] **oder das Institut der öffentlichrechtlichen Erstattung**[592] begründen. Diese Ansätze zur Konstituierung einer Kostentragungspflicht erwecken nicht nur deshalb Bedenken, weil es fraglich erscheint, ob überhaupt die Tatbestandsvoraussetzungen dieser Institute gegeben sind; sie vermögen vor allem aber deshalb nicht zu befriedigen, weil hierbei übersehen wird, daß die gesetzlichen Kostenersatzregelungen als leges speciales einen Rückgriff auf diese allgemeinen Institute ausschließen.

236 Für die Erhebung von **Kosten bei der Anwendung unmittelbaren Zwangs** zur Durchsetzung polizeilicher Verwaltungsakte bestehen hingegen **in den Ländern nur verein-**

---

588 Vgl. *OVG Hamburg* DÖV 1983, 1016, 1018.
589 Vgl. für viele *Mertens* Die Kostentragung bei der Ersatzvornahme im Verwaltungsrecht 1976, 52 m.e.N.; *Rasch* § 30 MEPolG, Rdnr. 9.
590 Eine Einschränkung dieses Grundsatzes muß allerdings in den — seltenen — Fällen angenommen werden (vgl. zu solchen Fallgestaltungen *Hurst* DVBl. 1965, 757 ff.), in denen ein Zusammenhang zwischen der Rechtswidrigkeit der Ersatzvornahme und dem Entstehen der Kosten ausgeschlossen werden kann, d. h. es auch bei rechtmäßigem Verhalten der Polizei- bzw. Ordnungsbehörden durch diese zu der kostenaufwendigen Ersatzvornahme gekommen wäre (s. schon *Schenke* NJW 1983, 1882, 1883). Hier ist der (positivgesetzlich ohnehin meist nicht ausdrücklich normierte) Ausschluß einer Kostenerstattung bei rechtswidriger Ersatzvornahme sachlich wegen fehlenden Rechtswidrigkeitszusammenhangs nicht gerechtfertigt. Für diese Lösung spricht auch ein Seitenblick auf vergleichbare Fallgestaltungen in anderen Rechtsgebieten (s. zum sog. Alternativverhalten im Zivilrecht *Larenz* Schuldrecht I, 13. Aufl. 1982, 484 f.) sowie der dem § 46 VwVfG zugrunde liegende Rechtsgedanke. Z. T. hat die hier vertretene Lösung sogar eine ausdrückliche positivgesetzliche Normierung erfahren (s. Art. 34 I 3 BayPAG i.V.m. Art. 18 BayKG; verfehlt ist es deshalb, wenn *Geiger* BayVBl. 1983, 10, 11 aus dieser Vorschrift ableiten will, bei Rechtswidrigkeit der Ersatzvornahme sei ein Kostenersatzanspruch stets ausgeschlossen). Damit wird hier auch der (untaugliche) Versuch entbehrlich, Unbilligkeiten des von der h. M. angenommenen Ausschlusses des Kostenersatzanspruchs durch den Rückgriff auf die allgemeinen Rechtsinstitute der öffentlichrechtlichen Geschäftsführung ohne Auftrag und des Erstattungsanspruchs zu korrigieren.
591 S. z. B. *Baur* JZ 1964, 354, 357 f.; krit. hierzu *Götz* Rdnr. 333 a. E.; *Maurer* JuS 1970, 561 ff. Aufwendungsersatz gerichtete Ansprüche aus öffentlichrechtlicher Geschäftsführung ohne Auftrag sind aber dort zu bejahen, wo die Polizei anstelle der an sich zuständigen, einem anderen Rechtsträger zuzuordnenden Behörde im Wege der Eilentscheidung tätig wird. Hier fehlt es an Spezialregelungen, die einen Rückgriff auf das Institut der öffentlichrechtlichen Geschäftsführung ohne Auftrag ausschließen (so auch *BVerwG* DÖV 1986, 285 f.).
592 So *Mertens* Die Kostentragungspflicht bei der Ersatzvornahme im Verwaltungsrecht, 78 ff. und *Chr. Wollschläger* Geschäftsführung ohne Auftrag im öffentlichen Recht und Erstattungsanspruch, 1977, 82 ff.

zelt Rechtsgrundlagen. So sehen z. B. §§ 7 f. BWVollstrKO[593] für die Anwendung unmittelbaren Zwangs[594] die Erhebung von Gebühren und Auslagen vor. Solche Regelungen sind, sofern sie sich auf die Erhebung von Kosten für die Anwendung unmittelbaren Zwangs gegenüber dem jeweiligen Vollstreckungsschuldner beschränken[595], entgegen in der Literatur verschiedentlich geäußerter Kritik[596], weder im Hinblick auf die — ganz anders motivierten — bundesrechtlichen Kostenregelungen in der StPO noch unter dem Aspekt des Art. 3 GG bzw. anderer Grundrechte bedenklich[597]. Sie verstoßen auch nicht gegen die insoweit angeblich abschließenden Regelungen des VersG (vgl. oben Rdnrn. 72. f) und stellen sich nicht als eine unzulässige Zeitgebühr[598] dar.

Fast alle Polizei- und Ordnungsgesetze regeln im übrigen die **Kostenerstattung für** **237** **die ohne vorhergehenden Verwaltungsakt erfolgende unmittelbare Ausführung einer polizeilichen Maßnahme.** Die dabei entstandenen Kosten sind ebenfalls vom Polizeipflichtigen zu tragen, wie in § 5a II MEPolG ausdrücklich vorgesehen ist[599]. Auch hier ist nach ganz h. M. das Entstehen eines Kostenersatzanspruchs an die Rechtmä-

---

593 S. auch § 11 II Nr. 7 u. 8 NWKostO v. 30. 11. 1971 (GVBl. 394) z.g.d. VO. v. 19. 1. 1981 (GVBl. 40); § 17 I Nr. 8 SHVollzugs- u. Vollstreckungskostenordnung v. 2. 1. 1968 (GVOBl. 4) z.g.d. VO v. 26. 8. 1980 (GVOBl. 284); einen Kostenersatz sieht nunmehr auch Art. 37 III BayPAG i.V.m. § 1 Nr. 6 u. 7 BayPolKV vor; nach der (durch *OVG Lüneburg* DVBl. 1984, 57 ff. aufgegebenen) Auffassung des *OVG Lüneburg* DVBl. 1977, 832 ff. auch § 17 II 1 NdsVerwaltungskostenG v. 8. 5. 1962 (GVBl. 43) i.d.F. v. 2. 12. 1974 (GVBl. 531); s. nunmehr auch § 1 NdsPolGO und die hierzu unter dem Aspekt des Bestimmtheitserfordernisses geäußerten verfassungsrechtlichen Bedenken von *Götz* Rdnr. 331 a E. u. *Kühling* DVBl. 1981, 315 ff.; für unbedenklich hält diese Regelung *OVG Lüneburg* DVBl. 1983, 464, 465.

594 Das Fehlen von Regelungen über den Kostenersatz bei Anwendung unmittelbaren Zwangs ist jedenfalls in den Ländern nicht unproblematisch, die zugleich bei der im Rahmen der unmittelbaren Ausführung erfolgenden Anwendung unmittelbaren Zwangs einen Kostenersatzanspruch vorsehen. Es erscheint unter dem Aspekt des Art. 3 GG verfassungsrechtlich höchst problematisch, wenn derjenige, der einem Verwaltungsakt nicht folgt und demgegenüber deshalb unmittelbarer Zwang angewendet wird, finanziell besser gestellt ist als derjenige, demgegenüber sofort — wie bei der unmittelbaren Ausführung — unmittelbarer Zwang angewandt wurde, ohne daß er noch die Möglichkeit besaß, den unmittelbaren Zwang durch Befolgung eines polizeilichen Verwaltungsakts abzuwenden. Der Versuch, diese Ungereimtheit durch analoge Anwendung der Vorschriften über den Kostenersatz bei unmittelbarer Ausführung auf den unmittelbaren Zwang Rechnung zu tragen, provoziert wegen der hierin liegenden Analogie zuungunsten des Bürgers Bedenken.

595 Einem Hausbesetzer oder Demonstranten können nur die Kosten für die Anwendung unmittelbaren Zwangs ihm gegenüber, nicht aber gegenüber anderen Personen auferlegt werden (vgl. *Schenke* NJW 1983, 1882, 1890 und *Seibert* DÖV 1983, 964, 970; a. A. *OVG Lüneburg* DVBl. 1977, 832 ff.; *Broß* DVBl. 1983, 377, 383; offengelassen von *OVG Lüneburg* DVBl. 1984, 57, 59). Dies ergibt sich schon daraus, daß er jeweils nur selbst und für seine eigene Person einer Räumungs- oder Auflösungsverfügung Folge leisten kann.

596 Vgl. z. B. *Kühling* DVBl. 1981, 315, 317; s. auch *Kilian* VBlBW 1984, 52 ff.

597 Vgl. hierzu m.w.N. ausführlich *Schenke* NJW 1983, 1882, 1888 ff.; ferner *Broß* DVBl. 1983, 377, 383 und *Würtenberger* NVwZ 1983, 192, 199; *v. Brünneck* NVwZ 1984, 273 ff.; *BadWürttVGH* DÖV 1984, 517 ff. u. VBlBW 1986, 299 ff.

598 Insoweit zutreffend *BadWürttVGH* VBlBW 1985, 385; a. A. *Würtenberger/Rommelfanger* VBlBW 1986, 41 ff.

599 Ebenso § 8 II BWPolG; Art. 9 II BayPAG; § 12 II, III BerlASOG; § 7 III HambSOG; § 6 II RhPfPVG; § 55 V i.V.m. § 44 I 2 SaarPVG; § 204 i.V.m. § 174 I SHLVwG; § 40 II Nr. 2 BGSG. In den Fällen, in denen in den Polizei- und Ordnungsgesetzen sowohl unmittelbare Ausführung wie Sofortvollzug nebeneinander vorgesehen sind (vgl. im Anschluß an die §§ 5a, 28 II MEPolG z. B. die Vorschriften der Art. 9 II, 32 II BayPAG), wird die Polizei- und Ordnungsbehörde ihr Einschreiten in der Regel auf die Vorschriften über die unmittelbare Ausführung stützen, da sie sich hierbei kostenrechtlich besser stellt als bei einer Heranziehung der Regeln über den Sofortvollzug.

ßigkeit der unmittelbaren Ausführung gebunden[600]; bei rechtswidriger unmittelbarer Ausführung lassen sich Kostenersatzansprüche des Polizeiträgers weder aus öffentlichrechtlicher Geschäftsführung ohne Auftrag noch aus dem Institut der Erstattung begründen[601]. In den Bundesländern Bremen, Hessen, Niedersachsen und Nordrhein-Westfalen bestehen keine speziellen Vorschriften für die Kostenerstattung bei unmittelbarer Ausführung bzw. Sofortvollzug. Hier finden auf die Ersatzvornahme bzw. den unmittelbaren Zwang im Rahmen des Sofortvollzugs die jeweiligen allgemeinen Regelungen über den Kostenersatz bei Ersatzvornahme bzw. unmittelbarem Zwang Anwendung.

238 Neben diesen Ersatzansprüchen gibt es entsprechend der Regelung des § 50 MEPolG die Möglichkeit des Rückgriffs auf den Verantwortlichen. Ein **Rückgriff** der ausgleichspflichten Körperschaft auf den Verantwortlichen ist nach § 50 I i. V. mit § 45 I 1 MEPolG dann **möglich, wenn für die rechtmäßige Inanspruchnahme eines Nichtstörers diesem ein Schadensausgleich gewährt wurde;** diese Ausgleichszahlung kann vom Störer zurückgefordert werden[602].

239 Darüber hinaus kommt ein Rückgriff in den meisten Bundesländern in weiteren Fällen in Betracht, zumeist in Anlehnung an § 50 I i. V. mit § 45 II MEPolG dort, wo solchen Personen ein Ausgleich gewährt wurde, die mit Zustimmung der Polizei bei der Erfüllung polizeilicher Aufgaben freiwillig mitgewirkt oder Sachen zur Verfügung gestellt haben und dadurch einen Schaden erlitten haben[603]. Soweit ein Rückgriff zum Zuge kommt, ist z. T. ausdrücklich normiert, daß dann, wenn mehrere Personen nebeneinander verantwortlich sind, diese als Gesamtschuldner haften[604]. Zu beachten ist, daß bei Streitigkeiten über diese Ansprüche in manchen Bundesländern der Rechtsweg zu den Zivilgerichten[605], in anderen Bundesländern der zu den Verwaltungsgerichten[606] gegeben ist.

II. Ersatzansprüche gegen den Nichtstörer

240 **Der Nichtstörer kann grundsätzlich nicht zu den Kosten eines polizeilichen Einsatzes herangezogen werden,** auch wenn dieser u. a. seinen Interessen dient. Vereinzelt fin-

---

600 *Rasch* § 5 a MEPolG Rdnr. 8 m.w.N.; zu Einschränkungen dieses Grundsatzes s. oben Fn. 590; zu weitgehend allerdings *Götz* Rdnr. 327, der allgemein dort, wo eine unzuständige Behörde gehandelt hat, Kostenersatzansprüche befürwortet.
601 S. auch oben Fn. 591, 592.
602 Vgl. auch § 43 i.V. m. §§ 42, 41, 9 I BWPolG; Art. 51 i.V. m. Art. 49 I BayPAG; § 42 i.V. m. § 37 I Nr. 1 BerlASOG; § 61 I i.V. m. § 56 I BremPolG; § 10 IV HambSOG; §§ 32, 31, 30 HessSOG; § 63 I i.V. m. § 58 I 1 NdsSOG; § 45 NWPolG i.V. m. §§ 42 II, 39 I lit. a NWOBG; § 72 i.V. m. § 68 I 1 RhPfPVG; § 72 i.V. m. § 70 I SaarPVG; § 191 II i.V. m. § 188 SHLVwG; § 40 II Nr. 1 i.V. m. § 34 I Nr. 1 BGSG.
603 Vgl. § 61 I i.V.m. § 56 II BremPolG; § 10 V HambSOG; § 63 I i.V.m. § 58 II NdsSOG; § 73 I i.V.m. § 68 II RhPfPVG; anders bzw. weiter Art. 51, 50, 49 VI, 49 II BayPAG; § 42 I i.V.m. § 37 I Nr. 2 u. 3, III BerlASOG; § 40 II Nr. 1 i.V.m. § 34 II BGSG.
604 Vgl. § 42 II BerlASOG; § 61 II BremPolG; § 63 II NdsSOG; § 73 II RhPfPVG; § 50 II MEPolG; zur Frage der analogen Anwendung des § 426 BGB s. oben Rdnrn. 100 f.
605 So § 44 BWPolG; § 33 HessSOG; § 73 SaarPVG; § 192 SHLVwG.
606 So Art. 52 II BayPAG; § 43 2. Alt. BerlASOG; § 64 2. Alt. NdsSOG; § 45 NWPolG i.V.m. § 43 II NWOBG; § 74 2. Alt. RhPfPVG; § 51 2. Alt. MEPolG; § 41 2. HS BGSG; gleiches gilt mangels anderweitiger Bestimmung für Hamburg.

den sich aber in den Ländern abweichende Regelungen[607]. Zu nennen ist hier insbesondere § 81 II BWPolG[608]. Danach kann für die Kosten polizeilicher Maßnahmen bei privaten Veranstaltungen von dem Veranstalter Ersatz verlangt werden, soweit die Kosten dadurch entstehen, daß weitere als die im üblichen örtlichen Dienst eingesetzten Polizeibeamten herangezogen werden müssen. Diese Vorschrift ist verfassungsrechtlich gesehen nicht unproblematisch, da der Veranstalter einer Versammlung, einer Sportveranstaltung oder eines Konzerts nicht als Störer angesehen werden kann und durch eine solche Kostenpflicht in Grundrechte (Art. 8, 14, 12, zumindest aber Art. 2 I GG) eingegriffen wird. Haltbar ist diese Regelung nur dann, wenn man ihren Anwendungsbereich so reduziert, daß sie nur auf kommerzielle Veranstaltungen anwendbar ist. In einem solchen Fall würde der Veranstalter die Kosten ohnehin in der Regel auf den Besucher abwälzen können. Die Praxis beschränkt die Anwendung dieser Vorschrift[609] ohnehin auf diese Fälle. Freilich dürfte diese Auslegung durch den Wortlaut des § 81 II BWPolG nicht mehr gedeckt sein[610]. Anders verhält es sich in Bremen: Gem. § 1 I BremkostO werden Gebühren nach dem anliegenden Kostenverzeichnis erhoben. Dieses sieht in Nr. 020.01 Ziffer 6 eine Kostenerhebung für die Gestellung von Beamten und Fahrzeugen für Veranstaltungen, soweit deren Überwachung durch eine schriftliche Verfügung bestimmt worden ist oder der Berechtigte sie beantragt hat, vor. Ausgenommen hiervon sind nach Nr. 020.01.05 Veranstaltungen im Sinne des Versammlungsrechts und Veranstaltungen, die gemeinnützigen oder mildtätigen Zwecken dienen, einschließlich sportlicher Veranstaltungen nichtgewerblicher Art; diese sind gebührenfrei. Rechtsstaatlich zu unbestimmt, um eine Kostentragungspflicht zu begründen, dürfte demgegenüber die NdsPolGO sein, nach deren § 1 Gebühren u. a. von demjenigen erhoben werden können, dessen Antrag den Anlaß für die Amtshandlung gegeben hat (s. auch Fn. 593).

---

607 S. hierzu *Albrecht* FS Samper 1982, 165, 168 ff.; *Broß* VerwArch. Bd. 74 (1983), 388 ff.; *Götz* DVBl. 1984, 14 ff.; *Majer* VerwArch. Bd. 73 (1982), 167 ff.; *Schenke* NJW 1983, 1882 ff.; *Würtenberger* NVwZ 1983, 192 ff.; *BadWürttVGH* DVBl. 1981, 778 f.

608 Eine ähnliche früher in § 82 II HessSOG getroffene Normierung wurde u. a. aus verfassungsrechtlichen Bedenken 1979 aufgehoben; sie gilt auch nicht — wie z. T. fälschlich angenommen — über § 1 HessPolKVO fort, s. dazu *Schenke* NJW 1983, 1882, 1885 ff.; ebenso nunmehr auch *VG Frankfurt* NVwZ 1985 214 f. u. *VG Kassel* NVwZ 1985 212 ff.; offengelassen wird dies vom *HessVGH* NJW 1984, 73 f.

609 Vgl. Erlaß des Baden-Württembergischen Innenministeriums zur Durchführung des § 81 II BWPolG vom 11. 6. 1976, GABl. 1013.

610 A. A. *Götz* DVBl. 1984, 14, 17; wie hier auch BadWürtt HVGH, NVwZ 1986, 657.

Anhang

Musterentwurf
eines einheitlichen Polizeigesetzes
des Bundes und der Länder

— Text gemäß
Beschluß der Innenministerkonferenz
vom 25. November 1977 —

Inhaltsübersicht

Erster Abschnitt

Zweiter Abschnitt

Dritter Abschnitt

Erster Abschnitt

Aufgaben und allgemeine Vorschriften

§ 1 *Aufgaben der Polizei*

(1) Die Polizei hat die Aufgabe, Gefahren für die öffentliche Sicherheit oder Ordnung abzuwehren.

(2) Der Schutz privater Rechte obliegt der Polizei nach diesem Gesetz nur dann, wenn gerichtlicher Schutz nicht rechtzeitig zu erlangen ist und wenn ohne polizeiliche Hilfe die Verwirklichung des Rechts vereitelt oder wesentlich erschwert werden.

(3) Die Polizei leistet anderen Behörden Vollzugshilfe (§§ 25 bis 27).

(4) Die Polizei hat ferner die Aufgaben zu erfüllen, die ihr durch andere Rechtsvorschriften übertragen sind.

§ 1a *Verhältnis zu anderen Behörden*

Die Polizei wird tätig, soweit die Abwehr der Gefahr durch eine andere Behörde nicht oder nicht rechtzeitig möglich erscheint.

§ 2 *Grundsatz der Verhältnismäßigkeit*

(1) Von mehreren möglichen und geeigneten Maßnahmen hat die Polizei diejenige zu treffen, die den Einzelnen und die Allgemeinheit voraussichtlich am wenigsten beeinträchtigt.

(2) Eine Maßnahme darf nicht zu einem Nachteil führen, der zu dem erstrebten Erfolg erkennbar außer Verhältnis steht.

(3) Eine Maßnahme ist nur solange zulässig, bis ihr Zweck erreicht ist oder sich zeigt, daß er nicht erreicht werden kann.

§ 3 *Ermessen, Wahl der Mittel*

(1) Die Polizei trifft ihre Maßnahmen nach pflichtgemäßem Ermessen.

(2) Kommen zur Abwehr einer Gefahr mehrere Mittel in Betracht, so genügt es, wenn eines davon bestimmt wird. Dem Betroffenen ist auf Antrag zu gestatten, ein anderes ebenso wirksames Mittel anzuwenden, sofern die Allgemeinheit dadurch nicht stärker beeinträchtigt wird.

§ 4 *Verantwortlichkeit für das Verhalten von Personen*

(1) Verursacht eine Person eine Gefahr, so sind die Maßnahmen gegen sie zu richten.

(2) Ist die Person noch nicht 14 Jahre alt, entmündigt oder unter vorläufige Vormundschaft gestellt, können Maßnahmen auch gegen die Person gerichtet werden, die zur Aufsicht über sie verpflichtet ist.

(3) Verursacht eine Person, die zu einer Verrichtung bestellt ist, die Gefahr in Ausführung der Verrichtung, so können Maßnahmen auch gegen die Person gerichtet werden, die die andere zu der Verrichtung bestellt hat.

§ 5 *Verantwortlichkeit für den Zustand von Sachen*

(1) Geht von einer Sache eine Gefahr aus, so sind die Maßnahmen gegen den Inhaber der tatsächlichen Gewalt zu richten.

(2) Maßnahmen können auch gegen den Eigentümer oder einen anderen Berechtigten gerichtet werden. Das gilt nicht, wenn der Inhaber der tatsächlichen Gewalt diese ohne den Willen des Eigentümers oder Berechtigten ausübt.

(3) Geht die Gefahr von einer herrenlosen Sache aus, so können die Maßnahmen gegen denjenigen gerichtet werden, der das Eigentum an der Sache aufgegeben hat.

§ 5a *Unmittelbare Ausführung einer Maßnahme*

(1) Die Polizei kann eine Maßnahme selbst oder durch einen Beauftragten unmittelbar ausführen, wenn der Zweck der Maßnahme durch Inanspruchnahme der nach den §§ 4 oder 5 Verantwortlichen nicht oder nicht rechtzeitig erreicht werden kann. Der von der Maßnahme Betroffene ist unverzüglich zu unterrichten.

(2) Entstehen der Polizei durch die unmittelbare Ausführung einer Maßnahme Kosten, so sind die nach den §§ 4 oder 5 Verantwortlichen zum Ersatz verpflichtet. Die Kosten können im Verwaltungszwangsverfahren beigetrieben werden.

§ 6 *Inanspruchnahme nicht verantwortlicher Personen*

(1) Die Polizei kann Maßnahmen gegen andere Personen als die nach den §§ 4 oder 5 Verantwortlichen richten, wenn
1. eine gegenwärtige erhebliche Gefahr abzuwehren ist,
2. Maßnahmen gegen die nach §§ 4 oder 5 Verantwortlichen nicht oder nicht rechtzeitig möglich sind oder keinen Erfolg versprechen,
3. die Polizei die Gefahr nicht oder nicht rechtzeitig selbst oder durch Beauftragte abwehren kann und
4. die Personen ohne erhebliche eigene Gefährdung und ohne Verletzung höherwertiger Pflichten in Anspruch genommen werden können.
(2) Die Maßnahmen nach Absatz 1 dürfen nur aufrechterhalten werden, solange die Abwehr der Gefahr nicht auf andere Weise möglich ist.

§ 7 *Einschränkung von Grundrechten*

Aufgrund dieses Gesetzes können die Grundrechte auf
Leben und körperliche Unversehrtheit (Art. 2 Abs. 2 Satz 1 des Grundgesetzes),
Freiheit der Person (Art. 2 Abs. 2 Satz 2 des Grundgesetzes) und auf
Unverletzlichkeit der Wohnung (Art. 13 des Grundgesetzes)
eingeschränkt werden.

Zweiter Abschnitt

Befugnisse der Polizei

§ 8 *Allgemeine Befugnisse*

(1) Die Polizei kann die notwendigen Maßnahmen treffen, um eine im einzelnen Falle bestehende Gefahr für die öffentliche Sicherheit oder Ordnung (Gefahr) abzuwehren, soweit nicht die §§ 9 bis 24 die Befugnisse der Polizei besonders regeln.
(2) Zur Erfüllung der Aufgaben, die der Polizei durch andere Rechtsvorschriften zugewiesen sind (§ 1 Absatz 4), hat sie die dort vorgesehenen Befugnisse. Soweit solche Rechtsvorschriften Befugnisse der Polizei nicht regeln, hat sie die Befugnisse, die ihr nach diesem Gesetz zustehen.

§ 9 *Identitätsfeststellung und Prüfung von Berechtigungsscheinen*

(1) Die Polizei kann die Identität einer Person feststellen,
1. zur Abwehr einer Gefahr,
2. wenn sie sich an einem Ort aufhält,
   a) von dem aufgrund tatsächlicher Anhaltspunkte erfahrungsgemäß anzunehmen ist, daß dort
     aa) Personen Straftaten verabreden, vorbereiten oder verüben,
     bb) sich Personen ohne erforderliche Aufenthaltserlaubnis treffen oder
     cc) sich Straftäter verbergen, oder
   b) an dem Personen der Prostitution nachgehen,
3. wenn sie sich in einer Verkehrs- oder Versorgungsanlage oder -einrichtung, einem öffentlichen Verkehrsmittel, Amtsgebäude oder einem anderen besonders gefährdeten Objekt oder in unmittelbarer Nähe hiervon aufhält und Tatsachen die Annahme rechtfertigen, daß in oder an Objekten dieser Art Straftaten begangen werden sollen, durch die in oder an diesen Objekten befindliche Personen oder diese Objekte selbst unmittelbar gefährdet sind, oder

4. an einer Kontrollstelle, die von der Polizei eingerichtet worden ist, um Straftaten im Sinne von § 100 a der Strafprozeßordnung oder § 27 des Versammlungsgesetzes zu verhindern.

(2) Die Polizeit kann zur Feststellung der Identität die erforderlichen Maßnahmen treffen. Sie kann den Betroffenen insbesondere anhalten, ihn nach seinen Personalien befragen und verlangen, daß er mitgeführte Ausweispapiere zur Prüfung aushändigt. Der Betroffene kann festgehalten werden, wenn die Identität auf andere Weise nicht oder nur unter erheblichen Schwierigkeiten festgestellt werden kann. Unter den Voraussetzungen von Satz 3 können der Betroffene sowie die von ihm mitgeführten Sachen durchsucht werden.

(3) Die Polizei kann verlangen, daß ein Berechtigungsschein zur Prüfung ausgehändigt wird, wenn der Betroffene aufgrund einer Rechtsvorschrift verpflichtet ist, diesen Berechtigungsschein mitzuführen.

§ 10 *Erkennungsdienstliche Maßnahmen*

(1) Die Polizei kann erkennungsdienstliche Maßnahmen vornehmen, wenn

1. eine nach § 9 zulässige Identitätsfeststellung auf andere Weise nicht oder nur unter erheblichen Schwierigkeiten möglich ist oder
2. dies zur vorbeugenden Bekämpfung von Straftaten erforderlich ist, weil der Betroffene verdächtig ist, eine Tat begangen zu haben, die mit Strafe bedroht ist und wegen der Art und Ausführung der Tat die Gefahr der Wiederholung besteht.

(2) Sind die Voraussetzungen nach Absatz 1 entfallen, kann der Betroffene die Vernichtung der erkennungsdienstlichen Unterlagen verlangen.

(3) Erkennungsdienstliche Maßnahmen sind insbesondere

1. die Abnahme von Finger- und Handflächenabdrücken,
2. die Aufnahme von Lichtbildern,
3. die Feststellung äußerer körperlicher Merkmale,
4. Messungen.

§ 11 *Vorladung*

(1) Die Polizei kann eine Person schriftlich oder mündlich vorladen, wenn

1. Tatsachen die Annahme rechtfertigen, daß die Person sachdienliche Angaben machen kann, die für die Erfüllung einer bestimmten polizeilichen Aufgabe erforderlich sind, oder
2. das zur Durchführung erkennungsdienstlicher Maßnahmen erforderlich ist.

(2) Bei der Vorladung soll deren Grund angegeben werden. Bei der Festsetzung des Zeitpunkts soll auf den Beruf und die sonstigen Lebensverhältnisse des Betroffenen Rücksicht genommen werden.

(3) Leistet ein Betroffener der Vorladung ohne hinreichenden Grund keine Folge, so kann sie zwangsweise durchgesetzt werden,

1. wenn die Angaben zur Abwehr einer Gefahr für Leib, Leben oder Freiheit der Person erforderlich sind, oder
2. zur Durchführung erkennungsdienstlicher Maßnahmen.

(4) § 136a der Strafprozeßordnung gilt entsprechend.

(5) Für die Entschädigung von Personen, die auf Vorladung als Zeugen erscheinen oder die als Sachverständige herangezogen werden, gilt das Gesetz über die Entschädigung von Zeugen und Sachverständigen entsprechend.

§ 12 *Platzverweisung*

Die Polizei kann zur Abwehr einer Gefahr eine Person vorübergehend von einem Ort verweisen oder ihr vorübergehend das Betreten eines Ortes verbieten. Die Platzverweisung kann ferner gegen Personen angeordnet werden, die den Einsatz der Feuerwehr oder von Hilfs- oder Rettungsdiensten behindern.

§ 13 *Gewahrsam*

(1) Die Polizei kann eine Person in Gewahrsam nehmen wenn

1. das zum Schutz der Person gegen eine Gefahr für Leib oder Leben erforderlich ist, insbesondere weil die Person sich erkennbar in einem die freie Willensbestimmung ausschließenden Zustand oder sonst in hilfloser Lage befindet oder

2. das unerläßlich ist, um die unmittelbar bevorstehende Begehung oder Fortsetzung einer Straftat oder einer Ordnungswidrigkeit von erheblicher Gefahr zu verhindern.

(2) Die Polizei kann Minderjährige, die sich der Obhut der Sorgeberechtigten entzogen haben, in Gewahrsam nehmen, um sie den Sorgeberechtigten oder dem Jugendamt zuzuführen.

(3) Die Polizei kann eine Person, die aus dem Vollzug von Untersuchungshaft, Freiheitsstrafen oder freiheitsentziehenden Maßregeln der Besserung und Sicherung entwichen ist oder sich sonst ohne Erlaubnis außerhalb der Justizvollzugsanstalt aufhält, in Gewahrsam nehmen und in die Anstalt zurückbringen.

§ 14 *Richterliche Entscheidung*

(1) Wird eine Person aufgrund von § 9 Abs. 2 Satz 3, § 11 Abs. 3 oder § 13 festgehalten, hat die Polizei unverzüglich eine richterliche Entscheidung über Zulässigkeit und Fortdauer der Freiheitsentziehung herbeizuführen. Der Herbeiführung der richterlichen Entscheidung bedarf es nicht, wenn anzunehmen ist, daß die Entscheidung des Richters erst nach Wegfall des Grundes der polizeilichen Maßnahmen ergehen würde.

(2) Für die Entscheidung nach Absatz 1 ist das Amtsgericht zuständig, in dessen Bezirk die Person festgehalten wird. Das Verfahren richtet sich nach den Vorschriften des Gesetzes über das gerichtliche Verfahren bei Freiheitsentziehungen.

§ 15 *Behandlung festgehaltener Personen*

(1) Wird eine Person auf Grund von § 9 Abs. 2 Satz 3, § 11 Abs. 3 oder § 13 festgehalten, ist ihr unverzüglich der Grund bekanntzugeben.

(2) Der festgehaltenen Person ist unverzüglich Gelegenheit zu geben, einen Angehörigen oder eine Person ihres Vertrauens zu benachrichtigen, soweit dadurch der Zweck der Freiheitsentziehung nicht gefährdet wird. Unberührt bleibt die Benachrichtigungspflicht bei einer richterlichen Freiheitsentziehung. Die Polizei soll die Benachrichtigung übernehmen, wenn die festgehaltene Person nicht dazu in der Lage ist, von dem Recht nach Satz 1 Gebrauch zu machen und die Benachrichtigung ihrem mutmaßlichen Willen nicht widerspricht. Ist die festgehaltene Person minderjährig, entmündigt oder unter vorläufige Vormundschaft gestellt, so ist in jedem Falle unverzüglich derjenige zu benachrichtigen, dem die Sorge für die Person obliegt.

(3) Die festgehaltene Person soll gesondert, insbesondere ohne ihre Einwilligung nicht in demselben Raum mit Straf- oder Untersuchungsgefangenen untergebracht werden. Männer und Frauen sollen getrennt untergebracht werden. Der festgehaltenen Person dürfen nur solche Beschränkungen auferlegt werden, die der Zweck der Freiheitsentziehung oder die Ordnung im Gewahrsam erfordert.

§ 16 *Dauer der Freiheitsentziehung*

Die festgehaltene Person ist zu entlassen,

1. sobald der Grund für die Maßnahme der Polizei weggefallen ist,

2. wenn die Fortdauer der Freiheitsentziehung durch richterliche Entscheidung für unzulässig erklärt wird,

3. in jedem Falle spätestens bis zum Ende des Tages nach dem Ergreifen, wenn nicht vorher die Fortdauer der Freiheitsentziehung aufgrund eines anderen Gesetzes durch richterliche Entscheidung angeordnet ist.

§ 17 *Durchsuchung von Personen*

(1) Die Polizei kann außer in den Fällen des § 9 Abs. 2 Satz 4 eine Person durchsuchen, wenn
1. sie nach diesem Gesetz oder anderen Rechtsvorschriften festgehalten werden kann,
2. Tatsachen die Annahme rechtfertigen, daß sie Sachen mit sich führt, die sichergestellt werden dürfen,
3. sie sich erkennbar in einem die freie Willensbestimmung ausschließenden Zustand oder sonst in hilfloser Lage befindet,
4. sie sich an einem der in § 9 Abs. 1 Nr. 2 genannten Ort aufhält oder
5. sie sich in einem Objekt im Sinne des § 9 Abs. 1 Nr. 3 oder in dessen unmittelbarer Nähe aufhält und Tatsachen die Annahme rechtfertigen, daß in oder an Objekten dieser Art Straftaten begangen werden sollen.

(2) Die Polizei kann eine Person, deren Identität nach diesem Gesetz oder anderen Rechtsvorschriften festgestellt werden soll, nach Waffen, anderen gefährlichen Werkzeugen und Explosivmitteln durchsuchen, wenn dies nach den Umständen zum Schutz des Polizeibeamten oder eines Dritten gegen eine Gefahr für Leib und Leben erforderlich ist.

(3) Personen dürfen nur von Personen gleichen Geschlechts oder Ärzten durchsucht werden; dies gilt nicht, wenn die sofortige Durchsuchung zum Schutz gegen eine Gefahr für Leib oder Leben erforderlich ist.

§ 18 *Durchsuchung von Sachen*

(1) Die Polizei kann außer in den Fällen des § 9 Abs. 2 Satz 4 eine Sache durchsuchen, wenn
1. sie von einer Person mitgeführt wird, die nach § 17 durchsucht werden darf,
2. Tatsachen die Annahme rechtfertigen, daß sich in ihr eine Person befindet, die
   a) in Gewahrsam genommen werden darf,
   b) widerrechtlich festgehalten wird oder
   c) hilflos ist,
3. Tatsachen die Annahme rechtfertigen, daß sich in ihr eine andere Sache befindet, die sichergestellt werden darf,
4. sie sich an einem der in § 9 Abs. 1 Nr. 3 genannten Orte befindet oder
5. sie sich in einem Objekt im Sinne des § 9 Abs. 1 Nr. 3 oder in dessen unmittelbarer Nähe befindet und Tatsachen die Annahme rechtfertigen, daß Straftaten in oder an Objekten dieser Art begangen werden sollen,
6. es sich um ein Land-, Wasser- oder Luftfahrzeug handelt, in dem sich eine Person befindet, deren Identität nach § 9 Abs. 1 Nr. 4 festgestellt werden darf; die Durchsuchung kann sich auch auf die in dem Fahrzeug enthaltenen Sachen erstrecken.

(2) Bei der Durchsuchung von Sachen hat der Inhaber der tatsächlichen Gewalt das Recht, anwesend zu sein. Ist er abwesend, so sollen sein Vertreter oder ein anderer Zeuge hinzugezogen werden. Dem Inhaber der tatsächlichen Gewalt ist auf Verlangen eine Bescheinigung über die Durchsuchung und ihren Grund zu erteilen.

§ 19 *Betreten und Durchsuchen von Wohnungen*

(1) Die Polizei kann eine Wohnung ohne Einwilligung des Inhabers betreten und durchsuchen, wenn
1. Tatsachen die Annahme rechtfertigen, daß sich in ihr eine Person befindet, die nach § 11 Abs. 3 vorgeführt oder nach § 13 in Gewahrsam genommen werden darf,
2. Tatsachen die Annahme rechtfertigen, daß sich in ihr eine Sache befindet, die nach § 21 Nr. 1 sichergestellt werden darf, oder
3. das zur Abwehr einer gegenwärtigen Gefahr für Leib, Leben oder Freiheit einer Person oder für Sachen von bedeutendem Wert erforderlich ist. Die Wohnung umfaßt die Wohn- und Nebenräume, Arbeits-, Betriebs- und Geschäftsräume sowie anderes befriedetes Besitztum.

(2) Während der Nachtzeit (§ 104 Abs. 3 der Strafprozeßordnung) ist das Betreten und Durchsuchen einer Wohnung in den Fällen des Absatzes 1 nur zur Abwehr einer gegenwärtigen Gefahr für Leib, Leben oder Freiheit einer Person oder für Sachen von bedeutendem Wert zulässig.
(3) Wohnungen dürfen jedoch zur Abwehr dringender Gefahren jederzeit betreten werden, wenn
1. aufgrund tatsächlicher Anhaltspunkte erfahrungsgemäß anzunehmen ist, daß dort
   a) Personen Straftaten verabreden, vorbereiten oder verüben,
   b) sich Personen ohne erforderliche Aufenthaltserlaubnis treffen oder
   c) sich Straftäter verbergen, oder
2. sie der Prostitution dienen.
(4) Arbeits-, Betriebs- und Geschäftsräume sowie andere Räume und Grundstücke, die der Öffentlichkeit zugänglich sind oder zugänglich waren und den Anwesenden zum weiteren Aufenthalt zur Verfügung stehen, dürfen zum Zwecke der Gefahrenabwehr (§ 1 Abs. 1) während der Arbeits-, Geschäfts- oder Aufenthaltszeit betreten werden.

§ 20 *Verfahren bei der Durchsuchung von Wohnungen*

(1) Durchsuchungen dürfen, außer bei Gefahr im Verzug, nur durch den Richter angeordnet werden. Zuständig ist das Amtsgericht, in dessen Bezirk die Wohnung liegt. Für das Verfahren gelten die Vorschriften des Gesetzes über die Angelegenheiten der freiwilligen Gerichtsbarkeit entsprechend.
(2) Bei der Durchsuchung einer Wohnung hat der Wohnungsinhaber das Recht, anwesend zu sein. Ist er abwesend, so ist, wenn möglich, sein Vertreter oder ein erwachsener Angehöriger, Hausgenosse oder Nachbar zuzuziehen.
(3) Dem Wohnungsinhaber oder seinem Vertreter ist der Grund der Durchsuchung unverzüglich bekanntzugeben, soweit dadurch der Zweck der Maßnahmen nicht gefährdet wird.
(4) Über die Durchsuchung ist eine Niederschrift zu fertigen. Sie muß die verantwortliche Dienststelle, Grund, Zeit und Ort der Durchsuchung und das Ergebnis der Durchsuchung enthalten. Die Niederschrift ist von einem durchsuchenden Beamten und dem Wohnungsinhaber oder der zugezogenen Person zu unterzeichnen. Wird die Unterschrift verweigert, so ist hierüber ein Vermerk aufzunehmen. Dem Wohnungsinhaber oder seinem Vertreter ist auf Verlangen eine Abschrift der Niederschrift auszuhändigen.
(5) Ist die Anfertigung der Niederschrift oder die Aushändigung einer Abschrift nach den besonderen Umständen des Falles nicht möglich oder würde sie den Zweck der Durchsuchung gefährden, so sind dem Betroffenen lediglich die Durchsuchung unter Angabe der verantwortlichen Dienststelle sowie Zeit und Ort der Durchsuchung schriftlich zu bestätigen.

§ 21 *Sicherstellung*

Die Polizei kann eine Sache sicherstellen,
1. um eine gegenwärtige Gefahr abzuwehren,
2. um den Eigentümer oder den rechtmäßigen Inhaber der tatsächlichen Gewalt vor Verlust oder Beschädigung einer Sache zu schützen, oder
3. wenn sie von einer Person mitgeführt wird, die nach diesem Gesetz oder anderen Rechtsvorschriften festgehalten wird, und die Sache verwendet werden kann, um
   a) sich zu töten oder zu verletzen,
   b) Leben oder Gesundheit anderer zu schädigen,
   c) fremde Sachen zu beschädigen oder
   d) die Flucht zu ermöglichen oder zu erleichtern.

§ 22 *Verwahrung*

(1) Sichergestellte Sachen sind in Verwahrung zu nehmen. Läßt die Beschaffenheit der Sachen das nicht zu oder erscheint die Verwahrung bei der Polizei unzweckmäßig, sind die Sachen auf

andere geeignete Weise aufzubewahren oder zu sichern. In diesem Falle kann die Verwahrung auch einem Dritten übertragen werden.

(2) Dem Betroffenen ist eine Bescheinigung auszustellen, die den Grund der Sicherstellung erkennen läßt und die sichergestellten Sachen bezeichnet. Kann nach den Umständen des Falles eine Bescheinigung nicht ausgestellt werden, so ist über die Sicherstellung eine Niederschrift aufzunehmen, die auch erkennen läßt, warum eine Bescheinigung nicht ausgestellt worden ist. Der Eigentümer oder der rechtmäßige Inhaber der tatsächlichen Gewalt ist unverzüglich zu unterrichten.

(3) Wird eine sichergestellte Sache verwahrt, so hat die Polizei nach Möglichkeit Wertminderungen vorzubeugen. Das gilt nicht, wenn die Sache durch den Dritten auf Verlangen eines Berechtigten verwahrt wird.

(4) Die verwahrten Sachen sind zu verzeichnen und so zu kennzeichnen, daß Verwechslungen vermieden werden.

§ 23 *Verwertung, Vernichtung*

(1) Die Verwertung einer sichergestellten Sache ist zulässig, wenn
1. ihr Verderb oder eine wesentliche Wertminderung droht,
2. ihre Verwahrung, Pflege oder Erhaltung mit unverhältnismäßig hohen Kosten oder Schwierigkeiten verbunden ist,
3. sie infolge ihrer Beschaffenheit nicht so verwahrt werden kann, daß weitere Gefahren für die öffentliche Sicherheit oder Ordnung ausgeschlossen sind,
4. sie nach einer Frist von einem Jahr nicht an einen Berechtigten herausgegeben werden kann, ohne daß die Voraussetzungen der Sicherstellung erneut eintreten würden, oder
5. der Berechtigte sie nicht innerhalb einer ausreichend bemessenen Frist abholt, obwohl ihm eine Mitteilung über die Frist mit dem Hinweis zugestellt worden ist, daß die Sache verwertet wird, wenn sie nicht innerhalb der Frist abgeholt wird.

(2) Der Betroffene, der Eigentümer und andere Personen, denen ein Recht an der Sache zusteht, sollen vor der Verwertung gehört werden. Die Anordnung sowie Zeit und Ort der Verwertung sind ihnen mitzuteilen, soweit die Umstände und der Zweck der Maßnahmen es erlauben.

(3) Die Sache wird durch öffentliche Versteigerung verwertet; § 979 Abs. 1 des Bürgerlichen Gesetzbuches gilt entsprechend. Bleibt die Versteigerung erfolglos, erscheint sie von vornherein aussichtslos oder würden die Kosten der Versteigerung voraussichtlich den zu erwartenden Erlös übersteigen, so kann die Sache freihändig verkauft werden. Der Erlös tritt an die Stelle der verwerteten Sache. Läßt sich innerhalb angemessener Frist kein Käufer finden, so kann die Sache einem gemeinnützigen Zweck zugeführt werden.

(4) Sichergestellte Sachen können unbrauchbar gemacht oder vernichtet werden, wenn
1. im Falle einer Verwertung die Gründe, die zu ihrer Sicherstellung berechtigten, fortbestehen oder Sicherstellungsgründe erneut entstehen würden, oder
2. die Verwertung aus anderen Gründen nicht möglich ist.
   Absatz 2 gilt sinngemäß.

§ 24 *Herausgabe sichergestellter Sachen oder des Erlöses, Kosten*

(1) Sobald die Voraussetzungen für die Sicherstellung weggefallen sind, sind die Sachen an denjenigen herauszugeben, bei dem sie sichergestellt worden sind. Ist die Herausgabe an ihn nicht möglich, können sie an einen anderen herausgegeben werden, der seine Berechtigung glaubhaft macht. Die Herausgabe ist ausgeschlossen, wenn dadurch erneut die Voraussetzungen für eine Sicherstellung eintreten würden.

(2) Sind die Sachen verwertet worden, ist der Erlös herauszugeben. Ist ein Berechtigter nicht vorhanden oder nicht zu ermitteln, ist der Erlös nach den Vorschriften des Bürgerlichen Gesetzbuches zu hinterlegen. Der Anspruch auf Herausgabe des Erlöses erlischt drei Jahre nach Ablauf des Jahres, in dem die Sache verwertet worden ist.

(3) Die Kosten der Sicherstellung und Verwahrung fallen den nach den §§ 4 oder 5 Verantwortlichen zur Last. Mehrere Verantwortliche haften als Gesamtschuldner. Die Herausgabe der Sache kann von der Zahlung der Kosten abhängig gemacht werden. Ist eine Sache verwertet worden, können die Kosten aus dem Erlös gedeckt werden. Die Kosten können im Verwaltungszwangsverfahren beigetrieben werden.

(4) § 983 des Bürgerlichen Gesetzbuches bleibt unberührt.

Dritter Abschnitt

Vollzugshilfe

§ 25 *Vollzugshilfe*

(1) Die Polizei leistet anderen Behörden auf Ersuchen Vollzugshilfe, wenn unmittelbarer Zwang anzuwenden ist und die anderen Behörden nicht über die hierzu erforderlichen Dienstkräfte verfügen oder ihre Maßnahmen nicht auf andere Weise selbst durchsetzen können.

(2) Die Polizei ist nur für die Art und Weise der Durchführung verantwortlich. Im übrigen gelten die Grundsätze der Amtshilfe entsprechend.

(3) Die Verpflichtung zur Amtshilfe bleibt unberührt.

§ 26 *Verfahren*

(1) Vollzugshilfeersuchen sind schriftlich zu stellen; sie haben den Grund und die Rechtsgrundlage der Maßnahme anzugeben.

(2) In Eilfällen kann das Ersuchen formlos gestellt werden. Es ist jedoch auf Verlangen unverzüglich schriftlich zu bestätigen.

(3) Die ersuchende Behörde ist von der Ausführung des Ersuchens zu verständigen.

§ 27 *Vollzugshilfe bei Freiheitsentziehung*

(1) Hat das Vollzugshilfeersuchen eine Freiheitsentziehung zum Inhalt, ist auch die richterliche Entscheidung über die Zulässigkeit der Freiheitsentziehung vorzulegen oder in dem Ersuchen zu bezeichnen.

(2) Ist eine vorherige richterliche Entscheidung nicht ergangen, hat die Polizei die festgehaltene Person zu entlassen, wenn die ersuchende Behörde diese nicht übernimmt oder die richterliche Entscheidung nicht unverzüglich nachträglich beantragt.

(3) Die §§ 15 und 16 gelten entsprechend.

Vierter Abschnitt

Zwang

Erster Unterabschnitt
Erzwingung von Handlungen, Duldungen und Unterlassungen

§ 28 *Zulässigkeit des Verwaltungszwanges*

(1) Der Verwaltungsakt, der auf die Vornahme einer Handlung oder auf Duldung oder Unterlassung gerichtet ist, kann mit Zwangsmitteln durchgesetzt werden, wenn er unanfechtbar ist oder wenn ein Rechtsmittel keine aufschiebende Wirkung hat.

(2) Der Verwaltungszwang kann ohne vorausgehenden Verwaltungsakt angewendet werden, wenn das zur Abwehr einer Gefahr notwendig ist, insbesondere weil Maßnahmen gegen Per-

sonen nach den §§ 4 bis 6 nicht oder nicht rechtzeitig möglich sind oder keinen Erfolg versprechen, und die Polizei hierbei innerhalb ihrer Befugnisse handelt.

§ 29 *Zwangsmittel*

(1) Zwangsmittel sind:
1. Ersatzvornahme (§ 30),
2. Zwangsgeld (§ 31),
3. unmittelbarer Zwang (§ 33).
(2) Sie sind nach Maßgabe der §§ 34 und 39 anzudrohen.
(3) Die Zwangsmittel können auch neben einer Strafe oder Geldbuße angewandt und solange wiederholt und gewechselt werden, bis der Verwaltungsakt befolgt worden ist oder sich auf andere Weise erledigt hat.

§ 30 *Ersatzvornahme*

(1) Wird die Verpflichtung, eine Handlung vorzunehmen, deren Vornahme durch einen anderen möglich ist (vertretbare Handlung), nicht erfüllt, so kann die Polizei auf Kosten des Betroffenen die Handlung selbst ausführen oder einen anderen mit der Ausführung beauftragen.
(2) Es kann bestimmt werden, daß der Betroffene die voraussichtlichen Kosten der Ersatzvornahme im voraus zu zahlen hat. Zahlt der Betroffene die Kosten der Ersatzvornahme oder die voraussichtlich entstehenden Kosten der Ersatzvornahme nicht fristgerecht, so können sie im Verwaltungszwangsverfahren beigetrieben werden. Die Beitreibung der voraussichtlichen Kosten unterbleibt, sobald der Betroffene die gebotene Handlung ausführt.

§ 31 *Zwangsgeld*

(1) Das Zwangsgeld wird auf mindestens zehn und höchstens fünftausend Deutsche Mark schriftlich festgesetzt.
(2) Mit der Festsetzung des Zwangsgeldes ist dem Betroffenen eine angemessene Frist zur Zahlung einzuräumen.
(3) Zahlt der Betroffene das Zwangsgeld nicht fristgerecht, so wird es im Verwaltungszwangsverfahren beigetrieben. Die Beitreibung unterbleibt, sobald der Betroffene die gebotene Handlung ausführt oder die zu duldende Maßnahme gestattet.

§ 32 *Ersatzzwangshaft*

(1) Ist das Zwangsgeld uneinbringlich, so kann das Verwaltungsgericht auf Antrag der Polizei die Ersatzzwangshaft anordnen, wenn bei Androhung des Zwangsgeldes hierauf hingewiesen worden ist. Die Ersatzzwangshaft beträgt mindestens einen Tag, höchstens zwei Wochen.
(2) Die Ersatzzwangshaft ist auf Antrag der Polizei von der Justizverwaltung nach den Bestimmungen der §§ 904 bis 910 der Zivilprozeßordnung zu vollstrecken.

Zweiter Unterabschnitt

Ausübung unmittelbaren Zwanges

§ 33 *Unmittelbarer Zwang*

(1) Die Polizei kann unmittelbaren Zwang anwenden, wenn andere Zwangsmittel nicht in Betracht kommen oder keinen Erfolg versprechen oder unzweckmäßig sind. Für die Art und Weise der Anwendung unmittelbaren Zwanges gelten die §§ 35 ff.
(2) Unmittelbarer Zwang zur Abgabe einer Erklärung ist ausgeschlossen.

§ 34 *Androhung der Zwangsmittel*

(1) Zwangsmittel sind möglichst schriftlich anzudrohen. Dem Betroffenen ist in der Androhung zur Erfüllung der Verpflichtung eine angemessene Frist zu bestimmen; eine Frist braucht nicht bestimmt zu werden, wenn eine Duldung oder Unterlassung erzwungen werden soll. Von der Androhung kann abgesehen werden, wenn die Umstände sie nicht zulassen, insbesondere wenn die sofortige Anwendung des Zwangsmittels zur Abwehr einer Gefahr notwendig ist.
(2) Die Androhung kann mit dem Verwaltungsakt verbunden werden, durch den die Handlung, Duldung oder Unterlassung aufgegeben wird. Sie soll mit ihm verbunden werden, wenn ein Rechsmittel keine aufschiebende Wirkung hat.
(3) Die Androhung muß sich auf bestimmte Zwangsmittel beziehen. Werden mehrere Zwangsmittel angedroht, ist anzugeben, in welcher Reihenfolge sie angewandt werden sollen.
(4) Wird Ersatzvornahme angedroht, so sollen in der Androhung die voraussichtlichen Kosten angegeben werden.
(5) Das Zwangsgeld ist in bestimmter Höhe anzudrohen.
(6) Die Androhung ist zuzustellen. Das gilt auch dann, wenn sie mit dem zugrunde liegenden Verwaltungsakt verbunden ist und für ihn keine Zustellung vorgeschrieben ist.

§ 35 *Rechtliche Grundlagen*

(1) Ist die Polizei nach diesem Gesetz oder anderen Rechtsvorschriften zur Anwendung unmittelbaren Zwanges befugt, gelten für die Art und Weise der Anwendung die §§ 36 bis 44 und, soweit sich aus diesen nichts Abweichendes ergibt, die übrigen Vorschriften dieses Gesetzes.
(2) Die zivil- und strafrechtlichen Wirkungen nach den Vorschriften über Notwehr und Notstand bleiben unberührt.

§ 36 *Begriffsbestimmung*

(1) Unmittelbarer Zwang ist die Einwirkung auf Personen oder Sachen durch körperliche Gewalt, ihre Hilfsmittel und durch Waffen.
(2) Körperliche Gewalt ist jede unmittelbare körperliche Einwirkung auf Personen oder Sachen.
(3) Hilfsmittel der körperlichen Gewalt sind insbesondere Fesseln, Wasserwerfer, technische Sperren, Diensthunde, Dienstpferde, Dienstfahrzeuge, Reiz- und Betäubungsstoffe sowie zum Sprengen bestimmte explosionsfähige Stoffe (Sprengmittel).
(4) Als Waffen sind Schlagstock, Pistole, Revolver, Gewehr, Maschinenpistole, Maschinengewehr und Handgranate zugelassen.

§ 37 *Handeln auf Anordnung*

(1) Die Polizeibeamten sind verpflichtet, unmittelbaren Zwang anzuwenden, der von einem Weisungsberechtigten angeordnet wird. Dies gilt nicht, wenn die Anordnung die Menschenwürde verletzt oder nicht zu dienstlichen Zwecken erteilt worden ist.
(2) Eine Anordnung darf nicht befolgt werden, wenn dadurch eine Straftat begangen würde. Befolgt der Polizeibeamte die Anordnung trotzdem, so trifft ihn eine Schuld nur, wenn er erkennt oder wenn es nach den ihm bekannten Umständen offensichtlich ist, daß dadurch eine Straftat begangen wird.
(3) Bedenken gegen die Rechtmäßigkeit der Anordnung hat der Polizeibeamte dem Anordnenden gegenüber vorzubringen, soweit das nach den Umständen möglich ist.
(4) § (Angabe der Vorschrift über das Remonstrationsrecht im jeweiligen Beamtengesetz) ist nicht anzuwenden.

§ 38 *Hilfeleistung für Verletzte*

Wird unmittelbarer Zwang angewendet, ist Verletzten, soweit es nötig ist und die Lage es zuläßt, Beistand zu leisten und ärztliche Hilfe zu verschaffen.

§ 39 *Androhung unmittelbaren Zwanges*

(1) Unmittelbarer Zwang ist vor seiner Anwendung anzudrohen. Von der Androhung kann abgesehen werden, wenn die Umstände sie nicht zulassen, insbesondere wenn die sofortige Anwendung des Zwangsmittels zur Abwehr einer Gefahr notwendig ist. Als Androhung des Schußwaffengebrauchs gilt auch die Abgabe eines Warnschusses.

(2) Schußwaffen und Handgranaten dürfen nur dann ohne Androhung gebraucht werden, wenn das zur Abwehr einer gegenwärtigen Gefahr für Leib oder Leben erforderlich ist.

(3) Gegenüber einer Menschenmenge ist die Anwendung unmittelbaren Zwanges möglichst so rechtzeitig anzudrohen, daß sich Unbeteiligte noch entfernen können. Der Gebrauch von Schußwaffen gegen Personen in einer Menschenmenge ist stets anzudrohen; die Androhung ist vor dem Gebrauch zu wiederholen. Bei Gebrauch von technischen Sperren und Dienstpferden kann von der Androhung abgesehen werden.

§ 40 *Fesselung von Personen*

Eine Person, die nach diesem Gesetz oder anderen Rechtsvorschriften festgehalten wird, darf gefesselt werden, wenn Tatsachen die Annahme rechtfertigen, daß sie
1. Polizeibeamte oder Dritte angreifen, Widerstand leisten oder Sachen beschädigen wird,
2. fliehen wird oder befreit werden soll oder
3. sich töten oder verletzen wird.

§ 41 *Allgemeine Vorschriften für den Schußwaffengebrauch*

(1) Schußwaffen dürfen nur gebraucht werden, wenn andere Maßnahmen des unmittelbaren Zwanges erfolglos angewendet sind oder offensichtlich keinen Erfolg versprechen. Gegen Personen ist ihr Gebrauch nur zulässig, wenn der Zweck nicht durch Schußwaffengebrauch gegen Sachen erreicht werden kann.

(2) Schußwaffen dürfen gegen Personen nur gebraucht werden, um angriffs- oder fluchtunfähig zu machen. Ein Schuß, der mit an Sicherheit grenzender Wahrscheinlichkeit tötdlich wirken wird, ist nur zulässig, wenn er das einzige Mittel zur Abwehr einer gegenwärtigen Lebensgefahr oder der gegenwärtigen Gefahr einer schwerwiegenden Verletzung der körperlichen Unversehrtheit ist.

(3) Gegen Personen, die dem äußeren Eindruck nach noch nicht 14 Jahre alt sind, dürfen Schußwaffen nicht gebraucht werden. Das gilt nicht, wenn der Schußwaffengebrauch das einzige Mittel zur Abwehr einer gegenwärtigen Gefahr für Leib oder Leben ist.

(4) Der Schußwaffengebrauch ist unzulässig, wenn für den Polizeibeamten erkennbar Unbeteiligte mit hoher Wahrscheinlichkeit gefährdet werden. Das gilt nicht, wenn der Schußwaffengebrauch das einzige Mittel zur Abwehr einer gegenwärtigen Lebensgefahr ist.

§ 42 *Schußwaffengebrauch gegen Personen*

(1) Schußwaffen dürfen gegen Personen nur gebraucht werden
1. um eine gegenwärtige Gefahr für Leib oder Leben abzuwehren,
2. um die unmittelbar bevorstehende Begehung oder Fortsetzung eines Verbrechens oder eines Vergehens unter Anwendung oder Mitführung von Schußwaffen oder Explosivmitteln zu verhindern,
3. um eine Person anzuhalten, die sich der Festnahme oder Identitätsfeststellung durch Flucht zu entziehen versucht, wenn sie
   a) eines Verbrechens dringend verdächtig ist oder
   b) eines Vergehens dringend verdächtig ist und Tatsachen die Annahme rechtfertigen, daß sie Schußwaffen oder Explosivmittel mit sich führt,
4. zur Vereitelung der Flucht oder zur Ergreifung einer Person, die in amtlichem Gewahrsam zu halten oder ihm zuzuführen ist
   a) aufgrund richterlicher Entscheidung wegen eines Verbrechens oder aufgrund des dringenden Verdachts eines Verbrechens oder

b) aufgrund richterlicher Entscheidung wegen eines Vergehens oder aufgrund des dringenden Verdachts eines Vergehens, sofern Tatsachen die Annahme rechtfertigen, daß sie Schußwaffen oder Explosivmittel mit sich führt,

5. um die gewaltsame Befreiung einer Person aus amtlichem Gewahrsam zu verhindern.

(2) Schußwaffen dürfen nach Absatz 1 Nr. 4 nicht gebraucht werden, wenn es sich um den Vollzug eines Jugendarrestes oder eines Strafarrestes handelt oder wenn die Flucht aus einer offenen Anstalt verhindert werden soll.

§ 43 *Schußwaffengebrauch gegen Personen in einer Menschenmenge*

(1) Der Schußwaffengebrauch gegen Personen in einer Menschenmenge ist unzulässig, wenn für den Polizeibeamten erkennbar Unbeteiligte mit hoher Wahrscheinlichkeit gefährdet werden. Dies gilt nicht, wenn der Schußwaffengebrauch das einzige Mittel zur Abwehr einer gegenwärtigen Lebensgefahr ist.

(2) Unbeteiligte sind nicht Personen in einer Menschenmenge, die Gewalttaten begeht oder durch Handlungen erkennbar billigt oder unterstützt, wenn diese Personen sich aus der Menschenmenge trotz wiederholter Androhung nach § 39 Abs. 3 nicht entfernen.

§ 44 *Besondere Waffen, Sprengmittel*

(1) Maschinengewehre und Handgranaten dürfen gegen Personen nur in den Fällen des § 42 Abs. 1 Nrn. 1, 2 und 5 und nur mit Zustimmung des Innenministers (-senators) oder eines von ihm im Einzelfall Beauftragten angewendet werden, wenn

1. diese Personen von Schußwaffen oder Handgranaten oder ähnlichen Explosivmitteln Gebrauch gemacht haben und
2. der vorherige Gebrauch anderer Schußwaffen erfolglos geblieben ist.

(2) Maschinengewehre und Handgranaten dürfen nur gebraucht werden, um angriffsunfähig zu machen. Handgranaten dürfen gegen Personen in einer Menschenmenge nicht gebraucht werden.

(3) Im übrigen bleiben die Vorschriften über den Schußwaffengebrauch unberührt.

(4) Sprengmittel dürfen gegen Personen nicht angewendet werden.

Fünfter Abschnitt

Schadensausgleich, Erstattungs- und Ersatzansprüche

§ 45 *Zum Schadensausgleich verpflichtende Tatbestände*

(1) Erleidet jemand infolge einer rechtmäßigen Inanspruchnahme nach § 6 einen Schaden, ist ihm ein angemessener Ausgleich zu gewähren. Das gleiche gilt, wenn jemand durch eine rechtswidrige Maßnahme der Polizei einen Schaden erleidet.

(2) Der Ausgleich ist auch Personen zu gewähren, die mit Zustimmung der Polizei bei der Erfüllung polizeilicher Aufgaben freiwillig mitgewirkt oder Sachen zur Verfügung gestellt haben und dadurch einen Schaden erlitten haben.

(3) Weitergehende Ersatzansprüche, insbesondere aus Amtspflichtverletzung, bleiben unberührt.

§ 46 *Inhalt, Art und Umfang des Schadensausgleichs*

(1) Der Ausgleich nach § 45 wird grundsätzlich nur für Vermögensschaden gewährt. Für entgangenen Gewinn, der über den Ausfall des gewöhnlichen Verdienstes oder Nutzungsentgeltes hinausgeht, und für Nachteile, die nicht in unmittelbarem Zusammenhang mit der polizeilichen Maßnahme stehen, ist ein Ausgleich nur zu gewähren, wenn und soweit dies zur Abwendung unbilliger Härten geboten erscheint.

(2) Bei einer Verletzung des Körpers oder der Gesundheit oder bei einer Freiheitsentziehung ist auch der Schaden, der nicht Vermögensschaden ist, angemessen auszugleichen; dieser Anspruch ist nicht übertragbar und nicht vererblich, es sei denn, daß er rechtshängig geworden oder durch Vertrag anerkannt worden ist.

(3) Der Ausgleich wird in Geld gewährt. Hat die zum Ausgleich verpflichtende Maßnahme die Aufhebung oder Minderung der Erwerbsfähigkeit oder eine Vermehrung der Bedürfnisse oder den Verlust oder die Beeinträchtigung eines Rechtes auf Unterhalt zur Folge, so ist der Ausgleich durch Entrichtung einer Rente zu gewähren. § 760 des Bürgerlichen Gesetzbuches ist anzuwenden. Statt der Rente kann eine Abfindung in Kapital verlangt werden, wenn ein wichtiger Grund vorliegt. Der Anspruch wird nicht dadurch ausgeschlossen, daß ein anderer dem Geschädigten Unterhalt zu gewähren hat.

(4) Stehen dem Geschädigten Ansprüche gegen Dritte zu, so ist, soweit diese Ansprüche nach Inhalt und Umfang dem Ausgleichsanspruch entsprechen, der Ausgleich nur gegen Abtretung dieser Ansprüche zu gewähren.

(5) Bei der Bemessung des Ausgleichs sind alle Umstände zu berücksichtigen, insbesondere Art und Vorhersehbarkeit des Schadens und ob der Geschädigte oder sein Vermögen durch die Maßnahme der Polizei geschützt worden ist. Haben Umstände, die der Geschädigte zu vertreten hat, auf die Entstehung oder Verschlimmerung des Schadens eingewirkt, so hängt die Verpflichtung zum Ausgleich sowie der Umfang des Ausgleichs insbesondere davon ab, inwieweit der Schaden vorwiegend von dem Geschädigten oder durch die Polizei verursacht worden ist.

§ 47 *Ansprüche mittelbar Geschädigter*

(1) Im Falle der Tötung sind im Rahmen des § 46 Absatz 5 die Kosten der Bestattung demjenigen auszugleichen, dem die Verpflichtung obliegt, diese Kosten zu tragen.

(2) Stand der Getötete zur Zeit der Verletzung zu einem Dritten in einem Verhältnis, aufgrund dessen er diesem gegenüber kraft Gesetzes unterhaltspflichtig war oder unterhaltspflichtig werden konnte, und ist dem Dritten infolge der Tötung das Recht auf den Unterhalt entzogen, so kann der Dritte im Rahmen des § 46 Absatz 5 insoweit einen angemessenen Ausgleich verlangen, als der Getötete während der mutmaßlichen Dauer seines Lebens zur Gewährung des Unterhalts verpflichtet gewesen wäre. § 46 Absatz 3 Satz 3 bis 5 ist entsprechend anzuwenden. Der Ausgleich kann auch dann verlangt werden, wenn der Dritte zur Zeit der Verletzung gezeugt, aber noch nicht geboren war.

§ 48 *Verjährung des Ausgleichsanspruches*

Der Anspruch auf den Ausgleich verjährt in drei Jahren von dem Zeitpunkt an, in welchem der Geschädigte, im Falle des § 47 der Anspruchsberechtigte, von dem Schaden und dem zum Ausgleich verpflichteten Kenntnis erlangt, ohne Rücksicht auf diese Kenntnis in dreißig Jahren von dem Eintritt des schädigenden Ereignisses an.

§ 49 *Ausgleichspflichtiger, Erstattungsansprüche*

(1) Ausgleichspflichtig ist die Körperschaft, in deren Dienst der Polizeibeamte steht, der die Maßnahme getroffen hat.

(2) Hat der Polizeibeamte für die Behörde einer anderen Körperschaft gehandelt, so ist die andere Körperschaft ausgleichspflichtig.

(3) Ist in den Fällen des Absatzes 2 ein Ausgleich nur wegen der Art und Weise der Durchführung der Maßnahme zu gewähren, so kann die ausgleichspflichtige Körperschaft von der Körperschaft, in deren Dienst der Polizeibeamte steht, Erstattung ihrer Aufwendungen verlangen, es sei denn, daß sie selbst die Verantwortung für die Art und Weise der Durchführung trägt.

§ 50 *Rückgriff gegen den Verantwortlichen*

(1) Die nach § 49 ausgleichspflichtige Körperschaft kann von den nach den §§ 4 oder 5 Verantwortlichen Ersatz ihrer Aufwendungen verlangen, wenn sie aufgrund des § 45 Abs. 1 Satz 1 oder Abs. 2 einen Ausgleich gewährt hat.

(2) Sind mehrere Personen nebeneinander verantwortlich, so haften sie als Gesamtschuldner.

§ 51 *Rechtsweg*

Für Ansprüche auf Schadensausgleich ist der ordentliche Rechtsweg, für die Ansprüche auf Erstattung und Ersatz von Aufwendungen nach den §§ 49 Abs. 3 oder 50 der Verwaltungsrechtsweg gegeben.

Sechster Abschnitt

Schlußbestimmungen

§ 52 *Amtshandlungen von Polizeivollzugsbeamten anderer Länder und des Bundes*

(1) Polizeivollzugsbeamte eines anderen Landes können im Lande . . . Amtshandlungen vornehmen
1. auf Anforderung oder mit Zustimmung der zuständigen Behörde,
2. in den Fällen der Artikel 35 Abs. 2 und 3 und Artikel 91 Abs. 1 des Grundgesetzes,
3. zur Abwehr einer gegenwärtigen erheblichen Gefahr, zur Verfolgung von Straftaten auf frischer Tat sowie zur Verfolgung und Wiederergreifung Entwichener, wenn die zuständige Behörde die erforderlichen Maßnahmen nicht rechtzeitig treffen kann,
4. zur Erfüllung polizeilicher Aufgaben bei Gefangenentransporten,
5. zur Verfolgung von Straftaten und Ordnungswidrigkeiten und zur Gefahrenabwehr in den durch Verwaltungsabkommen mit anderen Ländern geregelten Fällen.

In den Fällen der Nummern 3 bis 5 ist die zuständige Polizeibehörde unverzüglich zu unterrichten.

(2) Werden Polizeivollzugsbeamte eines anderen Landes nach Absatz 1 tätig, haben sie die gleichen Befugnisse wie die des Landes . . . Ihre Maßnahmen gelten als Maßnahmen derjenigen Polizeibehörde, in deren örtlichem und sachlichem Zuständigkeitsbereich sie tätig geworden sind; sie unterliegen insoweit deren Weisungen.

(3) Die Absätze 1 und 2 gelten für Polizeivollzugsbeamte des Bundes entsprechend.

§ 53 *Amtshandlungen von Polizeivollzugsbeamten außerhalb des Zuständigkeitsbereiches des Landes . . .*

(1) Die Polizeivollzugsbeamten des Landes . . . dürfen im Zuständigkeitsbereich eines anderen Landes oder des Bundes nur in den Fällen des § 52 Abs. 1 Satz 1 und des Artikels 91 Abs. 2 des Grundgesetzes und nur dann tätig werden, wenn das jeweilige Landesrecht oder das Bundesrecht es vorsieht.

(2) Einer Anforderung von Polizeivollzugsbeamten durch ein anderes Land ist zu entsprechen, soweit nicht die Verwendung der Polizei im eigenen Land dringender ist als die Untersützung der Polizei des anderen Landes. Die Anforderung soll alle für die Entscheidung wesentlichen Merkmale des Einsatzauftrages enthalten.

Literatur

I. Allgemeine Literatur und Gesamtdarstellungen zum Polizeirecht:

Drews/Wacke: Allgemeines Polizeirecht — Ordnungsrecht — der Länder und des Bundes, 7. Aufl. 1961. *Drews/Wacke/Vogel/Martens:* Gefahrenabwehr. Allgemeines Polizeirecht (Ordnungsrecht) des Bundes und der Länder, 9. Aufl. 1986. *Friauf:* Polizei- und Ordnungsrecht, in: v. Münch (Hrsg.), Besonderes Verwaltungsrecht, 7. Aufl. 1985, 191 ff. *Götz:* Allgemeines Polizei- und Ordnungsrecht, 8. Aufl. 1985. *Habermehl:* Allgemeines Polizei- und Ordnungsrecht, November 1984. *Hans:* Polizei- und Ordnungsrecht, 1970. *Heise/Riegel:* Musterentwurf eines einheitlichen Polizeigesetzes, 2. Aufl. 1978. *Hillmann/Fritz:* Polizei- und Ordnungsrecht in: Handbuch für die öffentliche Verwaltung Bd. 2, Besonderes Verwaltungsrecht (Hrsg. Friauf), 1984. *Knemeyer:* Polizei- und Ordnungsrecht, 2. Aufl. 1985. *Ksoll/Küchenhoff/Schöndorf:* Polizei- und Ordnungsrecht, Teil 1: Allgemeine Lehren, 3. Aufl. 1973. *Rasch:* Allgemeines Polizei- und Ordnungsrecht, 2. Aufl. 1982 (zit.: *Rasch*). *Ders.:* Polizei und Polizeiorganisation, 2. Aufl. 1980. *Riegel:* Polizei- und Ordnungsrecht in der Bundesrepublik Deutschland, 1981 (zit.: *Riegel*). *Ders.:* Polizei- und Ordnungsrecht des Bundes und der Länder (Loseblattgesamtausgabe und in Einzelausgaben). *Schipper:* Gefahrenabwehr und Zwangsmittel der Polizei. Ein Grundriß des allgemeinen Verwaltungs- und Polizeirechts, 1981. *Scholler/Broß:* Grundzüge des Polizei- und Ordnungsrechts in der Bundesrepublik Deutschland, 3. Aufl. 1982. *Scupin:* Das Polizeirecht in der Bundesrepublik Deutschland, in: Komm-Hdb. 2, 1957, 606 ff. *Ule/Rasch:* Allgemeines Polizei- und Ordnungsrecht, 1965. *Wolff/Bachof:* Verwaltungsrecht III, 4. Aufl. 1978, §§ 121 ff.

II. Literatur zum Landesrecht:

Baden-Württemberg
Barth: Polizeirecht in Baden-Württemberg, 1981. *Mußmann:* Allgemeines Polizeirecht in Baden-Württemberg, 1984. *Reichert/Röber:* Polizeirecht, 2. Aufl. 1983. *Reiff/Wöhrle/Wolf:* Polizeigesetz für Baden-Württemberg, 3. Aufl. 1984. *Rheinwald/Kloesel:* Polizeigesetz für das Land Baden-Württemberg und Landesverwaltungsvollstreckungsgesetz, 5. Aufl. 1975. *Wöhrle/Belz/Lang:* Polizeigesetz für Baden-Württemberg, 4. Aufl. 1985.

Bayern
Bengl/Berner/Emmerig: Bayerisches Landesstraf- und Verordnungsgesetz, 4. Aufl. (Loseblattsammlung). *Berner:* Polizeiaufgabengesetz, 9. Aufl. 1985. *Emmerig:* Bayerisches Polizei-Organisationsrecht, 2. Aufl. 1979 (Loseblattsammlung). *König:* Bayerisches Sicherheitsrecht, 1981. *ders.:* Bayerisches Polizeirecht, 2. Aufl. 1985. *F. Mayer:* Die Eigenständigkeit des Bayerischen Verwaltungsrechts, dargestellt an Bayerns Polizeirecht, 1958. *G. Mayer/Martin/Bettinger:* Landesstraf- und Verordnungsgesetz, 3. Aufl. 1968 (Loseblattsammlung). *Nitsche/Schmutterer:* Polizeiaufgabengesetz, 1978. *Samper/Honnacker:* Polizeiaufgabengesetz, 13. Aufl. 1984. *Samper:* Polizeiorganisationsgesetz, 3. Aufl. 1982. *Schiedermair:* Einführung in das Bayerische Polizeirecht, 1961. *Schiedermair/König:* Gesetz über das Landesstrafrecht und das Verordnungsrecht auf dem Gebiet der öffentlichen Sicherheit und Ordnung, in: Praxis der Gemeindeverwaltung, Landesausgabe Bayern, 134. Lfg. 1983. *G. Scholz:* Bayerisches Sicherheits- und Polizeirecht, 4. Aufl. 1984.

Berlin
Berg/Hein: Allgemeines Polizei- und Ordnungsrecht für Berlin, 3. Aufl. 1984. *Gobrecht:* Polizeirecht (Ordnungsrecht) des Landes Berlin, 6. Aufl. 1974. *Sadler:* Ordnungs- und Polizeieingriffsrecht (ASOG, Bundes- und Länderrecht), 1980. *Schumann:* Grundriß des Polizei- und Ordnungsrechts, 1978. *Wagner:* Polizeirecht, 2. Aufl. 1985.

Hessen

Bernet/Groß: Polizeirecht in Hessen, 1965 (Loseblattsammlung). *Denninger:* Polizeirecht, in: Meyer/Stolleis, Hessisches Staats- und Verwaltungsrecht, 2. Aufl. 1986, 210 ff. *Groß:* Hessisches Gesetz über die öffentliche Sicherheit und Ordnung, 1979. *Meixner:* Hessisches Gesetz über die öffentliche Sicherheit und Ordnung (HSOG), Gesetz über die Anwendung unmittelbaren Zwanges bei Ausübung öffentlicher Gewalt (UZwG), 1981. *Rasch:* Hessisches Gesetz über die öffentliche Sicherheit und Ordnung, 3. Aufl. 1979 (Loseblattsammlung). *Scheer:* Allgemeines Polizeirecht und Ordnungsrecht im Lande Hessen, 1967. *E. E. Schneider:* Hessisches Polizeigesetz, 2. Aufl. 1963.

Niedersachsen

Böhrenz: Das Niedersächsische Gesetz über die öffentliche Sicherheit und Ordnung, 2. Aufl. 1982. *Müller-Heidelberg/Clauss:* Das niedersächsische Gesetz über die öffentliche Sicherheit und Ordnung, 2. Aufl. 1956. *Saipa:* Niedersächsisches Gesetz über die öffentliche Sicherheit und Ordnung, in: Praxis der Gemeindeverwaltung, Landesausgabe Niedersachsen, 127. Lfg. 1982, K 30 Nds, 1 ff. *Steinberg:* Gefahrenabwehr, öffentliche Sicherheit und Ordnung in Niedersachsen, 6. Aufl. 1978. *Suckow:* Allgemeines Niedersächsisches Recht der Gefahrenabwehr, 5. Aufl. 1983.

Nordrhein-Westfalen

Dietel/Gintzel: Allgemeines Verwaltungs- und Polizeirecht für Nordrhein-Westfalen, 11. Aufl. 1984. *Heise:* Polizeigesetz Nordrhein-Westfalen, 5. Aufl. 1983. *Heise/Böckenförde/Strehlau:* Handbuch des Ordnungs- und Polizeirechts Nordrhein-Westfalen, 7. Aufl. 1981. *v. Hippel/Rehborn:* Das Recht der Ordnungsbehörden und der Polizei in Nordrhein-Westfalen, 13. Aufl. 1983. *Klapper:* Polizeigesetz Nordrhein-Westfalen, 2. Aufl. 1980. *Krämer/K. Müller:* Ordnungsbehördengesetz NW, 2. Aufl. 1971. *Lange/Wilhelm:* Recht der Gefahrenabwehr unter schwerpunktmäßiger Berücksichtigung des nordrhein-westfälischen Rechts, 1982. *Riegel:* Polizeigesetz Nordrhein-Westfalen mit Polizeiorganisationsgesetz und Erläuterungen, 1980. *Rietdorf/Heise/Böckenförde/Strehlau:* Ordnungs- und Polizeirecht in Nordrhein-Westfalen, 2. Aufl. 1972. *Rietdorf (u. a.):* Handbuch des Ordnungs- und Polizeirechts Nordrhein-Westfalen, 5. Aufl. 1975. *Scheer:* Allgemeines Polizeirecht und Ordnungsrecht im Lande Nordrhein-Westfalen, 1962/1970. *Schleberger:* Das Ordnungs- und Polizeirecht des Landes Nordrhein-Westfalen, 5. Aufl. 1981.

Rheinland-Pfalz

de Clerck/Schmidt: Polizeiverwaltungsgesetz von Rheinland-Pfalz, 5. Aufl. 1982 (Loseblattsammlung). *Laux/Kaesehagen:* Polizeiverwaltungsgesetz Rheinland-Pfalz, 5. Auflage 1982.

Saarland

Lohse/Krause: Polizeirecht im Saarland, 1973.

Schleswig-Holstein

v. d. Groeben/Knack: Allgemeines Verwaltungsgesetz für das Land Schleswig-Holstein, 1968 (Loseblattsammlung).

III. Sonstiges

BGSG

Einwag/Schoen: Bundesgrenzschutzgesetz, 2. Aufl. 1981 (Loseblattsammlung). *Heesen/Hönle/Semerak:* Gesetz über den Bundesgrenzschutz — BGSG —, 1983. *Walter:* BGS, Polizei des Bundes, 1983.

Preußen

Friedrichs: Polizeiverwaltungsgesetz vom 1. 6. 1931, 1932. *Scheer/Trubel:* Preußisches Polizeiverwaltungsgesetz, 6. Aufl. 1961.

AEPolG

Arbeitskreis Polizei *Denninger* u. a.: Alternativentwurf einheitlicher Polizeigesetze des Bundes und der Länder, 1979.

MEPolG

Heise/Riegel: Musterentwurf eines einheitlichen Polizeigesetzes, 2.Aufl. 1978.

Gesetze

I. Bund

AbfG — Abfallbeseitigungsgesetz i.d.F. d. B. v. 5. 1. 1977 (BGBl. I, 41), z.g.d.G. v. 18. 2. 1986 (BGBl. I, 265, 266).

AMG — Arzneimittelgesetz v. 24. 8. 1976 (BGBl. I, 2445), z.g.d.G. v. 24. 2. 1983 (BGBl. I, 169).

AsylVfG — Gesetz über das Asylverfahren v. 16. 7. 1982 (BGBl. I, 946), z.g.d.G. v. 11. 7. 1984 (BGBl. I, 874).

AtG — Atomgesetz i.d.F.d.B. v. 15. 7. 1985 (BGBl. I, 1565), g.d.G. v. 18. 2. 1986 (BGBl. I, 265, 266).

AtVfV — Atomrechtliche Verfahrensverordnung i.d.F.d.B. v. 31. 3. 1982 (BGBl. I, 411).

AufenthG/EWG — Gesetz über Einreise und Aufenthalt von Staatsangehörigen der Mitgliedstaaten der Europäischen Wirtschaftsgemeinschaft i.d.F.d.B. v. 31. 1. 1980 (BGBl. I, 116), g.d.G. v. 11. 9. 1981 (BGBl. I, 949).

AuslG — Ausländergesetz v. 28. 4. 1965 (BGBl. I, 353), z.g.d.G. v. 11. 7. 1984 (BGBl. I, 874).

BDSG — Bundesdatenschutzgesetz v. 27. 1. 1977 (BGBl. I, 201), z.g.d.G. v. 18. 2. 1986 (BGBl. I, 265).

BGB — Bürgerliches Gesetzbuch v. 18. 8. 1896 (RGBl. 195), z.g.d.G. v. 20. 2. 1986 (BGBl. I, 301).

BGSG — Bundesgrenzschutzgesetz v. 18. 8. 1972 (BGBl. I, 1834), z.g.d.G. v. 14. 7. 1976 (BGBl. I, 1801).

BImSchG —Bundesimmisionsschutzgesetz v. 15. 3. 1974 (BGBl. I, 721), z.g.d.G. v. 4. 10. 1985 (BGBl. I, 1950).

BinSchAufgG — Gesetz über die Bundesaufgaben auf dem Gebiet der Binnenschiffahrt v. 15. 2. 1956 (BGBl. II, 317), z.g.d.G. v. 6. 8. 1975 (BGBl. I, 2121).

BKAG — Gesetz über das Bundeskriminalamt v. 29. 6. 1973 (BGBl. I, 704), z.g.d.G. v. 9. 12. 1974 (BGBl. I, 3393).

BSeuchG — Bundes-Seuchengesetz i.d.F.d.B. v. 18. 12. 1979 (BGBl. I, 2262) z.g.d.G.v. 17. 6. 1985 (BGBl. I, 1254).

BtMG — Betäubungsmittelgesetz v. 28. 7. 1981 (BGBl. I, 681), g.d.VO. v. 6. 8. 1984 (BGBl. I, 1081).

DVAuslG — Verordnung zur Durchführung des Ausländergesetzes i.d.F.d.B. v. 29. 6. 1976 (BGBl. I, 1717), z.g.d.VO. v. 13. 12. 1982 (BGBl. I, 1681).

EBO — Eisenbahn-Bau- und Betriebsordnung v. 8. 5. 1967 (BGBl. II, 1563), z.g.d.VO. v. 18. 12. 1981 (BGBl. I, 1490).

EGGVG — Einführungsgesetz zum Gerichtsverfassungsgesetz v. 27. 1. 1877 (RGBl. 77), z.g.d.G. v. 4. 12. 1985 (BGBl. I, 2141).

EGStPO — Einführungsgesetz zur Strafprozeßordnung v. 1. 2. 1877 (RGBl. 346), z.g.d.G. v. 14. 12. 1976 (BGBl. I, 3341).

FlBG — Fleischbeschaugesetz i.d.F.d.B. v. 28. 9. 1981 (BGBl. I, 1045), g.d.G. v. 24. 2. 1983 (BGBl. I, 169).

FVG — Gesetz über die Finanzverwaltung i.d.F. v. 30. 8. 1971 (BGBl. I, 1426), z.g.d.G. v. 19. 12. 1985 (BGBl. I, 2436).

G 10 — Gesetz zur Beschränkung des Brief-, Post- und Fernmeldegeheimnisses (Gesetz zu Artikel 10 Grundgesetz) v. 13. 8. 1968 (BGBl. I, 949), g.d.G. v. 13. 9. 1978 (BGBl. I, 1546).

GastG — Gaststättengesetz v. 5. 5. 1970 (BGBl. I, 465), z.g.d.G. v. 5. 7. 1976 (BGBl. I, 1773).

GeschlKrG — Gesetz zur Bekämpfung der Geschlechtskrankheiten v. 23. 7. 1953 (BGBl. I, 700), z.g.d.G. v. 2. 3. 1974 (BGBl. I, 469), vgl. auch Art. 9 d. VO. v. 14. 9. 1984 (BGBl. I, 1247).

GewO — Gewerbeordnung i.d.F.d.B. v. 1. 1. 1978 (BGBl. I, 97), z.g.d.G. v. 18. 2. 1986 (BGBl. I, 265, 269).

GG — Grundgesetz für die Bundesrepublik Deutschland v. 23. 5. 1949 (BGBl. 1), z.g.d.G. v. 21. 12. 1983 (BGBl. I, 1481).

GjS — Gesetz über die Verbreitung jugendgefährdender Schriften i.d.F.d.B. v. 12. 7. 1985 (BGBl. I, 1502).

GüKG — Güterkraftverkehrsgesetz i.d.F.d.B. v. 10. 3. 1983 (BGBl. I, 256), g.d.G. v. 26. 8. 1985 (BGBl. I, 1753).

GVG — Gerichtverfassungsgesetz i.d.F.d.B. v. 9. 5. 1975 (BGBl. I, 1077), z.g.d.G. v. 20. 2. 1986 (BGBl. I, 301, 302).

HandwO — Handwerksordnung i.d.F.d.B. v. 28. 12. 1965 (BGBl. 1966 I, 1), z.g.d.G. v. 18. 2. 1986 (BGBl. I, 265, 270).

JSchÖG — Gesetz zum Schutze der Jugend in der Öffentlichkeit i.d.F.v. 25. 2. 1985 (BGBl. I, 425).

KunstUrhG — Gesetz betreffend das Urheberrecht an Werken der bildenden Künste und der Photographie v. 9. 1. 1907 (RGBl. 7), z.g.d.G. v. 2. 3. 1974 (BGBl. I, 469).

LSchlG — Ladenschlußgesetz v. 28. 11. 1956 (BGBl. I, 875), z.g.d.G. v. 5. 7. 1976 (BGBl. I, 1773).

LMBG — Lebensmittel- und Bedarfsgegenständegesetz v. 15. 8. 1974 (BGBl. I, 1945, 1946), z.g.d.G. v. 24. 8. 1976 (BGBl. I, 2445).

LuftVG — Luftverkehrsgesetz i.d.F.d.B. v. 14. 1. 1981 (BGBl. I, 61) z.g.d.G v. 2. 2. 1984 BGBl. II, 69).

LuftVO — Luftverkehrsordnung i.d.F.d.B. v. 14. 11. 1969 (BGBl. I, 2117), z.g.d.VO. v. 1. 7. 1985 (BGBl. I, 1312).

LuftVZO — Luftverkehrszulassungsordnung i.d.F.d.B. v. 13. 3. 1979 (BGBl. I, 308).

MRK — Europäische Menschenrechtskonvention v. 4. 11. 1950 (G. v. 7. 8. 1952) — BGBl. II, 685), z.g.d.Prot.Nr. 5 v. 20. 1. 1966 (BGBl. 1968 II, 1120), s.G. v. 10. 12. 1968 (BGBl. II, 1111).

MRRG — Melderechtsrahmengesetz v. 16. 8. 1980 (BGBl. I, 1429), g.d.G. v. 24. 2. 1983 (BGBl. I, 179).

OWiG — Gesetz über Ordnungswidrigkeiten i.d.F.d.B. v. 2. 1. 1975 (BGBl. I, 80), z.g.d.G. v. 13. 6. 1985 (BGBl. I, 965).

PaßG — Gesetz über das Paßwesen v. 4. 3. 1952 (BGBl. I, 290), z.g.d.G. v. 26. 3. 1975 (BGBl. I, 774).

PBefG — Personenbeförderungsgesetz v. 21. 3. 1961 (BGBl. I, 241), z.g.d.G. v. 25. 2. 1983 (BGBl. I, 196).

PersonalausweisG — Gesetz über Personalausweise v. 19. 12. 1950 (BGBl. I, 807), z.g.d.G. v. 6. 3. 1980 (BGBl. I, 270); zum Inkrafttreten der Neufassung v. 15. 3. 1983 (BGBl. I, 289) siehe G. v. 26. 10. 1984 (BGBl. I, 1305) i.V.m.G. v. 25. 2. 1983 (BGBl. I, 194).

RVO — Reichsversicherungsordnung i.d.F.d.B. v. 15. 12. 1924 (RGBl. I, 779), z.g.d.G. v. 20. 12. 1985 (BGBl. I, 2484).

SeeSchaufgG — Gesetz über die Bundesaufgaben auf dem Gebiet der Seeschiffahrt i.d.F. v. 30. 6. 1977 (BGBl. I, 1314), z.g.d.G. v. 6. 12. 1985 (BGBl. I, 2146).

SprengG — Sprengstoffgesetz v. 15. 9. 1976 (BGBl. I, 2737), g.d.G. v. 18. 2. 1986 (BGBl. I, 275).

StGB — Strafgesetzbuch i.d.F.d.B. v. 2. 1. 1975 (BGBl. I, 1) z.g.d.G. v. 18. 7. 1985 (BGBl. I, 1511).

StPO — Strafprozeßordnung i.d.F.d.B. v. 7. 1. 1975 (BGBl. I, 129, ber. 650), z.g.d.G. v. 20. 12. 1984 (BGBl. I, 1654).

StVG — Straßenverkehrsgesetz v. 19. 12. 1952 (BGBl. I, 837), z.g.d.G. v. 28. 12. 1982 (BGBl. I, 2090).

StVO — Straßenverkehrsordnung v. 16. 11. 1970 (BGBl. I, 1565), z.g.d.VO. v. 28. 2. 1985 (BGBl. I, 499).

StVollzG — Strafvollzugsgesetz v. 16. 3. 1976 (BGBl. I, 581), z.g.d.G. v. 27. 2. 1985 (BGBl. I, 461).

StVZO — Straßenverkehrszulassungsordnung i.d.F.d.B. v. 15. 11. 1974 (BGBl. I, 3193), z.g.d.VO. v. 13. 12. 1985 (BGBl. I, 2276).

TierSG — Tierseuchengesetz i.d.F.d.B. v. 28. 3. 1980 (BGBl. I, 386).

UZwG — Gesetz über den unmittelbaren Zwang bei Ausübung öffentlicher Gewalt durch Vollzugsbeamte des Bundes v. 10. 3. 1961 (BGBl. I, 165), z.g.d.G. v. 20. 12. 1984 (BGBl. I, 1654).

VereinsG — Vereinsgesetz v. 5. 8. 1964 (BGBl. I, 593), z.g.d.G. v. 2. 3. 1974 (BGBl. I, 469).

VerfSchG — Verfassungsschutzgesetz v. 27. 9. 1950 (BGBl. I, 682), g.d.G. v. 7. 8. 1972 (BGBl. I, 1382).

VersG — Versammlungsgesetz i.d.F.d.B. v. 15. 11. 1978 (BGBl. I, 1790), g.d.G. v. 18. 7. 1985 (BGBl. I, 1511).

VwGO — Verwaltungsgerichtsordnung v. 21. 1. 1960 (BGBl. I, 17), z.g.d.G. v. 6. 12. 1985 (BGBl. I, 2146).

VwVfG — Verwaltungsverfahrensgesetz v. 25. 5. 1976 (BGBl. I, 1253), g.d.G. v. 2. 7. 1976 (BGBl. I, 1749).

VwVG — Verwaltungsvollstreckungsgesetz v. 27. 4. 1953 (BGBl. I, 157), z.g.d.G. v. 14. 12. 1976 (BGBl. I, 3341).

WaffG — Waffengesetz i.d.F.d.B. v. 8. 3. 1976 (BGBl.I, 432), z.g.d.G. v. 18. 2. 1986 (BGBl. I, 265).

WaStrG — Bundeswasserstraßengesetz v. 2. 4. 1968 (BGBl. I, 173), z.g.d.G. v. 1. 6. 1980 (BGBl. I, 649).

WHG — Wasserhaushaltsgesetz i.d.F.d.B. v. 16. 10. 1976 (BGBl. I, 3017), z.g.d.G. v. 28. 3. 1980 (BGBl. I, 373).

ZG — Zollgesetz i.d.F.d.B. v. 18. 5. 1970 (BGBl. I, 529), z.g.d.G. v. 12. 9. 1980 (BGBl. I, 1695).

ZPO — Zivilprozeßordnung i.d.F. v. 12. 9. 1950 (BGBl. 533), z.g.d.G. v. 20. 2. 1986 (BGBl. I, 301, 303).

II. Länder

Baden-Württemberg

BWLDSG — Landesdatenschutzgesetz v. 4. 12. 1979 (GBl. 534), g.d.G. v. 30. 6. 1982 (GBl. 265).

BWPolG — Polizeigesetz i.d.F.d.B. v. 16. 1. 1968 (GBl. 61), z.g.d.G. v. 18. 7. 1983 (GBl. 369).

BWVwVG — Verwaltungsvollstreckungsgesetz v. 12. 3. 1974 (GBl. 93), z.g.d.G. v. 18. 7. 1983 (GBl. 369).

BWVwVfG — Verwaltungsverfahrensgesetz v. 21. 6. 1977 (GBl. 227), g.d.G. v. 18. 7. 1983 (GBl. 369).

BWLBO — Landesbauordnung i.d.F. v. 28. 11. 1983 (GBl. 770, ber. GBl. 1984, 519).

BWVollstrKO — Vollstreckungskostenordnung v. 2. 7. 1974 (GBl. 229), z.g.d.VO. v. 27. 7. 1984 (GBl. 537).

Bayern

BayPAG — Polizeiaufgabengesetz v. 24. 8. 1978 (GVBl. 561), g.d.G. v. 21. 7. 1983 (GVBl. 507).

BayPOG — Polizeiorganisationsgesetz v. 10. 8. 1976 (GVBl. 303), g.d.G. v. 24. 8. 1978 (GVBl. 561).

BayLStVG — Landesstraf- und Verordnungsgesetz i.d.F.d.B. v. 13. 12. 1982 (GVBl. 1098).

BayVwVfG — Verwaltungsverfahrensgesetz v. 23. 12. 1976 (GVBl. 544), z.g.d.G. v. 23. 7. 1985 (GVBl. 269).

BayBO — Bauordnung i.d.F.d.B. v. 2. 7. 1982 (GVBl. 419, ber. 1032).

BayKG — Kostengesetz i.d.F.d.B. v. 25. 6. 1969 (GVBl. 165).

BayPolKV — Polizeikostenverordnung v. 2. 8. 1983 (GVBl. 555).

Berlin

BerlASOG — Allgemeines Gesetz zum Schutz der öffentlichen Sicherheit und Ordnung v. 11. 2. 1975 (GVBl. 688), z.g.d.G. v. 11. 2. 1985 (GVBl. 2415).

BerlDVOASOG — Durchführungsverordnung zum ASOG v. 4. 12. 1984 (GVBl. 1732), g.d.VO. v. 20. 1. 1986 (GVBl. 202).

BerlUZwG — Gesetz über die Anwendung unmittelbaren Zwangs bei der Ausübung öffentlicher Gewalt durch Vollzugsbeamte des Landes Berlin v. 22. 6. 1970 (GVBl. 921), z.g.d.G. v. 26. 11. 1974 (GVBl. 2746).

BerlVwVG — gem. § 5 II des Gesetzes v. 8. 12. 1976 (GVBl. 2735) gilt das Verwaltungsvollstreckungsgesetz des Bundes (VwVG) in der jeweils gültigen Fassung.

BerlVwVfG — Gesetz über das Verfahren der Berliner Verwaltung v. 8. 12. 1976 (GVBl. 2735, ber. 2898).

BerlBauO — Bauordnung i.d.F. v. 28. 2. 1985 (GVBl. 522).

Bremen

BremPolG — Polizeigesetz v. 21. 3. 1983 (GBl. 141, ber. 301), g.d.G. v. 5. 12. 1984 (GVBl. 271).

BremVwVG — Verwaltungsvollstreckungsgesetz v. 1. 4. 1960 (GBl. 37), z.g.d.G. v. 15. 11. 1976 (GBl. 243).

BremVwVfG — Verwaltungsverfahrensgesetz v. 15. 11. 1976 (GBl. 243), g.d.G. v. 9. 4. 1979 (GBl. 123).

BremKostG — Bremische Kostenordnung v. 28. 3. 1983 (GBl. 161), g.d.G. v. 5. 2. 1985 (GBl. 15).

BremLBO — Landesbauordnung i.d.F. v. 23. 3. 1983 (GBl. 89).

Hamburg

HambSOG — Gesetz zum Schutz der öffentlichen Sicherheit und Ordnung v. 14. 3. 1966 (GVBl. 77), z.g.d.G. v. 9. 11. 1977 (GVBl. 333).

HambVwVG — Verwaltungsvollstreckungsgesetz v. 13. 3. 1961 (GVBl. 79), z.g.d.G. v. 8. 3. 1982 (GVBl. 47).

HambVerwBehG — Verwaltungsbehördengesetz i.d.F. v. 30. 7. 1952 (BL I 2000a), z.g.d.G. v. 21. 12. 1984 (GVBl. 290).

HambBezVG — Bezirksverwaltungsgesetz v. 22. 5. 1978 (GVBl. 178), g.d.G. v. 27. 6. 1984 (GVBl. 135).

HambVwVfG — Verwaltungsverfahrensgesetz v. 9. 11. 1977 (GVBl. 333, ber. 402), g.d.G. v. 12. 3. 1984 (GVBl. 61, 64).

HambBauO — Bauordnung v. 10. 12. 1969 (GVBl. 249, ber. 1970, 52), z.g.d.G. v. 2. 7. 1981 (GVBl. 165).

Hessen

HessSOG — Gesetz über die öffentliche Sicherheit und Ordnung i.d.F. v. 26. 1. 1972 (GVBl. I, 24), z.g.d.G. v. 20. 12. 1979 (GVBl. 1980 I, 12).

HessPolOrgVO — Polizeiorganisationsverordnung v. 31. 1. 1974 (GVBl. I, 87), z.g.d.VO. v. 4. 12. 1980 (GVBl. I, 430).

HessVwVG — Verwaltungsvollstreckungsgesetz v. 4. 7. 1966 (GVBl. I, 151), z.g.d.G. v. 4. 9. 1974 (GVBl. I, 361).

HessUZwG — Gesetz über die Anwendung unmittelbaren Zwangs bei Ausübung öffentlicher Gewalt v. 11. 11. 1950 (GVBl. 247), z.g.d.G. v. 4. 9. 1974 (GVBl. I, 361).

HessPolKVO — Polizeikostenverordnung v. 13. 7. 1973 (GVBl. I, 267).

HessVwVfG — Verwaltungsverfahrensgesetz v. 1. 12. 1976 (GVBl. I, 454, ber. 1977 I, 95).

HessBauO — Bauordnung i.d.F.d.B. v. 16. 12. 1977 (GVBl. 1978 I, 1), z.g.d.G. v. 10. 7. 1979 (GVBl. I, 179).

Niedersachsen

NdsSOG — Gesetz über die öffentliche Sicherheit und Ordnung v. 17. 11. 1981 (GVBl. 347),
z.g.d.G. v. 2. 6. 1982 (GVBl. 139).
NdsZustVOSOG — Zuständigkeitsverordnung zum SOG v. 8. 10. 1985 (GVBl. 339).
NdsPolGO — Polizeigebührenordnung v. 13. 7. 1982 (GVBl. 285).
NdsVwVfG — Vorläufiges Verwaltungsverfahrensgesetz v. 3. 12. 1976 (GVBl. 311), z.g.d.G.
v. 2. 6. 1982 (GVBl. 139).
NdsBauO — Bauordnung v. 23. 7. 1973 (GVBl. 259), z.g.d.G. v. 16. 2. 1983 (GVBl. 64).

Nordrhein-Westfalen

NWPolG — Polizeigesetz v. 25. 3. 1980 (GVBl. 234).
NWPOG — Polizeiorganisationsgesetz v. 13. 7. 1982 (GVBl. 339).
NWOBG — Ordnungsbehördengesetz i.d.F.d.B. v. 13. 5. 1980 (GVBl. 528).
NWVwVG — Verwaltungsvollstreckungsgesetz v. 13. 5. 1980 (GVBl. 510).
NWVwVfG — Verwaltungsverfahrensgesetz v. 21. 12. 1976 (GVBl. 438).
NWBauO — Bauordnung i.d.F.d.B. v. 27. 1. 1970 (GVBl. 96, ber. 1971, 331), z.g.d.G. v.
18. 5. 1982 (GVBl. 248).

Rheinland-Pfalz

RhPfPVG — Polizeiverwaltungsgesetz i.d.F. v. 1. 8. 1981 (GVBl. 179, ber. 232), z.g.d.G. v.
31. 1. 1986 (GVBl. 37).
RhPfVwVG — Verwaltungsvollstreckungsgesetz v. 8. 7. 1957 (GVBl. 101), z.g.d.G. v. 5. 11.
1974 (GVBl. 469).
RhPfLVOZuSt allgPolBeh — Landesverordnung über die Zuständigkeit der allgemeinen Polizeibehörden v. 6. 11. 1974 (GVBl. 518), z.g.d. G. v. 31. 1. 1986 (GVBl. 37).
RhPfVwVfG — Verwaltungsverfahrensgesetz v. 23. 12..1976 (GVBl. 308).
RhPfLBO — Landesbauordnung v. 27. 2. 1974 (GVBl. 53), z.g.d.G. v. 20. 7. 1982 (GVBl.
264).

Saarland

SaarLVG — Landesverwaltungsgesetz i.d.F.d.G. v. 27. 3. 1974 (ABl. 430).
SaarPVG — Polizeiverwaltungsgesetz i.d.F.d.G. v. 13. 11. 1974 (ABl. 1011).
SaarPOG — Polizeiorganisationsgesetz v. 17. 12. 1969 (ABl. 1970, 33), i.d.F.d.G. v. 12. 7.
1978 (ABl. 690).
SaarVwVG — Verwaltungsvollstreckungsgesetz v. 27. 3. 1974 (ABl. 430).
SaarUZwG — Gesetz über den unmittelbaren Zwang bei Ausübung öffentlicher Gewalt
durch Vollzugsbedienstete des Saarlandes v. 22. 1. 1969 (ABl. 125), i.d.F.d.G. v. 13. 11.
1974 (ABl. 1011).
SaarVwVfG — Verwaltungsverfahrensgesetz v. 15. 12. 1976 (ABl. 1151).
SaarLBO — Landesbauordnung i.d.F. v. 27. 12. 1974 (ABl. 1975, 85), g.d.G. v. 19. 3. 1980
(ABl. 514).

Schleswig-Holstein

SHLVwG — Landesverwaltungsgesetz i.d.F. v. 19. 3. 1979 (GVOBl. 182).
SHPOG — Polizeiorganisationsgesetz i.d.F. v. 9. 12. 1974 (GVOBl. 453).
SHLBO — Landesbauordnung v. 24. 2. 1983 (GVOBl. 86).

III. Sonstiges

AEPolG — Alternativentwurf einheitlicher Polizeigesetze des Bundes und der Länder, vorgelegt vom Arbeitskreis Polizeirecht, 1979.

MEPolG — Musterentwurf eines einheitlichen Polizeigesetzes (Fassung 1977) in: *Rasch* Allgemeines Polizei- und Ordnungsrecht, 2. Aufl. 1982.

Musterbauordnung v. 30. 10. 1959 (Schriftenreihe des Bundesministers für Wohnungsbau Bd. 16/17).

ALR — Allgemeines Preußisches Landrecht v. 1. 6. 1794.

PrPVG — Preußisches Polizeiverwaltungsgesetz v. 1. 6. 1931 (PreußGS 77).

Thür.LVO — Landesverwaltungsordnung für Thüringen v. 10. 6. 1926 (ThürGS 177).

III. Öffentliches Dienstrecht

Von Klaus Köpp

Inhalt

A. Verfassungsrechtliche Grundlagen

I. Öffentlicher Dienst und Staatsorganisation

1. Öffentliches Amt und öffentlicher Dienst

1.1 Der Staat handelt durch natürliche Personen. Die **Staatsleitung** liegt im demokratischen Verfassungsstaat in der Hand der Mitglieder der verfassungsrechtlich konstituierten Staatsorgane, während die **Ausführung** der staatsleitenden Beschlüsse und die Wahrnehmung der regelmäßig anfallenden Aufgaben des Staates das Arbeitsgebiet der Angehörigen des öffentlichen Dienstes darstellt. Dementsprechend unterschiedlich sind die grundlegenden Rechtsverhältnisse, in denen die für den Staat handelnden Personen stehen. **1**

Die Abgeordneten haben lediglich ein Mandat. Ihre Rechte und Pflichten ergeben sich aus den Aufgaben eines Mitglieds der Legislative. Der Bundespräsident, der Bundeskanzler, die Bundesminister und die Parlamentarischen Staatssekretäre stehen **in besonderen** öffentlich-rechtlichen **Amtsverhältnissen,** die z. T. spezialgesetzlich näher geregelt sind (BMinG, ParlStG). Ihr Status und ihre „amtliche" Tätigkeit wird ebenso wie die einiger anderer, aus verschiedenen Gründen in unabhängige „Ämter" berufenen Personen (Wehrbeauftragter und Datenschutzbeauftragter des Bundestages, Mitglieder des Präsidiums der Bundesbank) nicht vom Recht des öffentlichen Dienstes umfaßt, wie es im GG zwar nicht definiert, wohl aber begrifflich mehrfach verwendet wird, und zwar in Art. 33 IV und V sowie in den Gesetzgebungszuständigkeiten der Art. 74a, 75 und 131 GG. **2**

1.2 Der öffentliche Dienst, von dem diese Artikel des GG handeln, meint die **berufsmäßige Dienstleistung im Rahmen der staatlichen Organisation.** Dabei betrifft nach h. L. und Rspr.[1] Absatz V des Art. 33 nur die Beamten. Die unterschiedliche Wortwahl in den Abs. IV und V zeigt aber, daß es auch Angehörige des öffentlichen Dienstes gibt, die nicht im öffentlich-rechtlichen Dienst- und Treueverhältnis eines Beamten stehen. Im weiteren Sinne gehören daher zu den Angehörigen des öffentlichen Dienstes auch die Angestellten und Arbeiter von Bund, Ländern, Gemeinden und anderen juristischen Personen des öffentlichen Rechts (jPdöR). Richter und Soldaten (sofern diese nicht lediglich Wehrdienst leisten) stehen zwar in einem öffentlich-rechtlichen Dienst- und Treueverhältnis zum Staat; ihre Rechtsverhältnisse sind aber aus Gründen ihrer verfassungsrechtlichen bzw. sachlogischen Sonderstellung in besonderen Gesetzen geregelt (DRichterG, SoldatenG). Zum öffentlichen Dienst **im engeren Sinne** werden daher nur Beamte, Angestellte und Arbeiter gerechnet. Allgemein ausgedrückt: „Angehöriger des öffentlichen Dienstes" ist, **wer im Dienst einer juristischen Person des öffentlichen Rechts** oder der Verbände von solchen **steht.** Diese Umschreibung wird vom Gesetzgeber z. T. direkt verwendet (z. B. im AbgG, ArbeitsplatzschutzG); jedenfalls liegt sie regelmäßig den Vorschriften des öffentlichen Dienstes, z. T. auch anderen Normen (z. B. § 47 BRAO), zugrunde[2]. **3**

---

1 H. L. seit BVerfGE 3, 162 (186); vgl. aber die Gegenargumente unten Rdnr. 13.
2 Vgl. BVerwGE 30, 81, 83 ff.; zur BRAO vgl. BGH JZ 68, 272.

4 Nicht jede jPdöR kann aber Beamte und andere Dienstnehmer einstellen. Sie bedarf dazu einer speziellen **Dienstherrenfähigkeit.** Bund, Länder, Gemeinden und Gemeindeverbände (nicht: Zusammenschlüsse von Kommunen, wie Zweckverbände, Verwaltungsgemeinschaften) haben stets Dienstherrenfähigkeit, andere jPdöR dagegen nach § 121 Nr. 2 BRRG nur, wenn sie sie bei Inkrafttreten des Beamtenrechtsrahmengesetzes (1957) durch frühere Verleihung besaßen oder wenn sie ihnen seitdem ausdrücklich verliehen worden ist. Deshalb fehlt sie in der Regel z. B. den Universitäten.

5 Außerdem: Einen allgemein gültigen Begriff des öffentlichen Dienstes gibt es nicht. Vor allem ist weiterhin umstritten, ob die in manchen Gesetzen ausdrücklich ausgenommenen Bediensteten der öffentlich-rechtlichen **Religionsgemeinschaften** Angehörige des öffentlichen Dienstes sind[3].

Sicher ist, daß zum gewachsenen Besitzstand der Kirchen die Anerkennung als Körperschaften des öffentlichen Rechts gehört (Art. 140 GG, 137 WV). Nach § 135 BRRG regeln sie aber die „Rechtsverhältnisse ihrer Beamten und Seelsorger" selbständig. Sie gehen auch sonst vom Staat getrennte Wege, z. B. mit dem sog. Dritten Weg bei der Mitbestimmung in ihren Einrichtungen[4]. Andererseits verweisen sie häufig auf staatliche Regelungen. Da kirchliche Bedienstete aber auch bei ihren wohlfahrtspflegerischen Tätigkeiten (Krankenhäuser, Heime, Schulen) nicht in die staatliche Organisation als solche eingegliedert sind, handelt es sich nicht um Angehörige des öffentlichen Dienstes. Ihre Rechtsverhältnisse sind gesondert zu beurteilen[5]. Inwieweit dies durch staatliche Gerichte erfolgen darf, ist lebhaft umstritten[6]. — Zur Verdeutlichung: **Nicht** zum öffentlichen Dienst gehören die Beschäftigten einer juristischen Person des Privatrechts, selbst wenn diese mehr oder weniger im Eigentum von Bund, Land oder Gemeinde steht, z. B. die Gesellschaft für Nebenbetriebe der Bundesautobahnen GmbH (100 % Bundeseigentum), die Lufthansa (ca. 75 % Bundeseigentum), Verkehrs- und Versorgungsbetriebe der Gemeinden (meistens sog. Eigengesellschaften; anders aber die sog. Eigenbetriebe, die von einer jPdöR geführt werden).

2. Dienstrecht und Amt

6 2.1 Der Staat soll Aufgaben erfüllen. Dazu werden Sachregelungen getroffen. Sachregelungen richten sich — aus der Sicht des staatlichen Verwaltungsträgers — nach außen, auf Organisationen oder den Bürger selbst (z. B. durch die Steuerzahlungspflicht, aber auch durch Regelungen über die Berufung eines Bürgers in das Beamtenverhältnis). Sie sind sog. **Außenrecht.** Zur Umsetzung von Sachregelungen in Aktionen „nach außen" (z. B. Erlaß von Steuerbescheiden) bedarf es der Organisation und des Personals. Faktisch bedingen beide einander: Eine Aufgabe wird durch Organisation so gut erfüllt, wie es das Personal vermag. Umgekehrt wird der Einsatz-

---

3 Verneinend BVerwGE 10, 355, 357; aber: BVerfGE 55, 207, 230—232; wegen der Gleichartigkeit kirchlicher mit weltlichen Beamtenverhältnissen bejahend (mit Einschränkung) *Stern,* Staatsrecht I, S. 337.
4 Näher *Schlaich,* JZ 80, 209; zusammenfassend im Vergleich mit Beamten- und Arbeitsrecht *Thieme,* DÖV 86, 62.
5 Vgl. BVerwGE 66, 241 (Grundsätze); BVerfGE 70, 138, 160 (zu den vertraglichen Loyalitätsobliegenheiten kirchlich angestellter Laien).
6 Zusammenfassend am Beispiel des Entzugs der Priesterpension wegen Eheschließung *Winands,* DÖV 86, 98.

wille des Personals für die Erledigung der Aufgabe wesentlich durch die Art der Organisation gefördert oder gehemmt. Das Recht, das beides steuert, ist sog. **Innenrecht.**

Die Kompetenz zur Schaffung von Innenrecht wächst den Verwaltungsträgern durch ihren verfassungsrechtlichen Auftrag zu, die Staatsaufgaben zu erfüllen. Wurde früher insoweit nur von der Organisationsgewalt gesprochen, so ist heute mit Recht auch von der Personalgewalt die Rede[7]. Beide „Gewalten" sind im GG zwar in einzelnen Materien erkennbar (Gesetzgebungskompetenzen, Verwaltungskompetenzabgrenzungen, Aufsichtsbefugnisse usw.); letztlich sind sie aber in der Verfassung nur vorausgesetzt, ohne daß zugleich eine Gesamtkonzeption vorläge (vgl. nur Art. 108 II, Art. 60 I).

Die **Personalgewalt** umfaßt alle Maßnahmen, die die Rekrutierung und den Einsatz von Verwaltungspersonal betreffen (insofern wird nach Innenrecht und Außenrecht nicht unterschieden):   **7**

1. die Personal**planung** (Bedarf, Beschaffung, Verteilung, Förderung, Freisetzung),

2. die Personal**verwaltung** (Informationssicherung durch Fragebögen, Statistiken, Personalakten sowie Erlaß von Verwaltungsvorschriften zu Auswahl, Beförderung, Beurteilung, Führung, Kontrolle),

3. die Personal**lenkung** (Einzelentscheidungen von Einstellungsverfahren und Arbeitseinführung über Weisung, Aufsicht, Kontrolle, Disziplinierung bis zu Versetzung, Beförderung, Pensionierung sowie die generelle Personalführung und -betreuung).

Die **Organisationsgewalt** umfaßt demgegenüber:

— die Einrichtung von Behörden (und die Festlegung ihrer Stellung im Rahmen der Gesamtorganisation),

— die Bestimmung ihres sachlichen Aufgabenkreises und ihres örtlichen Wirkungsbereichs,

— die Zuweisung von Zuständigkeiten zur Aufgabenwahrnehmung,

— die innere Organisation, zu der die Gliederung in Abteilungen, Gruppen, Referate etc., die Regelung des Geschäftsbetriebs, die Festlegung interner Verfahren und insbes. die Regelung der Vertretung gehört,

— die Bereitstellung der räumlichen, sachlichen und personellen Mittel, damit die Behörde tätig werden kann.

2.2 Die Rechtsmaterie der Personalgewalt ist das öffentliche **Dienstrecht.** Es ist —   **8** allgemein gesprochen — das **Berufsrecht** der Bediensteten, ohne daß damit festgestellt wäre, inwieweit es zum Außenrecht oder zum Innenrecht gehört. Zu unterscheiden ist es aber vom Recht des konkreten, von der staatlichen Aufgabenerfüllung bestimmten (insofern: funktionellen) „Amts". Dieses **Recht des „Amts"** beruht auf der Organisationsgewalt und setzt sich aus Normen des Organisationsrechts und des jeweiligen fachlichen Rechtsgebiets zusammen: Aufgrund von Organisations-

---

7 Grundlegend dazu *Lecheler*, Die Personalgewalt öffentlicher Dienstherren, 1977.

recht wird festgelegt, welcher (nach fachlichen Gesichtspunkten bestimmte) Ausschnitt aus der Gesamtheit der einer bestimmten Behörde zugewiesenen Sachaufgaben von einer einzelnen Person in welcher Weise zu erfüllen ist (Zusammenordnung konkreter Zuständigkeiten zu sog. **Dienstposten**). So ergibt sich ein Arbeitsprogramm, das — unabhängig von bestimmten Personen — den Inhalt des konkreten „Amts" (Dienstposten) ausmacht. **Beispiel:** Im Finanzamt wird das Arbeitsprogramm „Prüfung von Einkommensteuererklärungen der einkommensteuerpflichtigen Personen des Ortes A mit den Anfangsbuchstaben A—D" festgelegt aufgrund von Verwaltungsorganisationsrecht (z. T. bundesrechtlich: Art. 108 II GG) und materiellem Steuerrecht. Das Arbeitsprogramm als solches ist also amtsrechtlicher Natur. Die Pflicht eines Bediensteten, dieses Arbeitsprogramm durchzuführen, wenn ihm das konkrete „Amt" (Dienstposten) zugewiesen worden ist, wird als **Amtswahrnehmungspflicht** bezeichnet.

Streitig ist, ob die Amtswahrnehmungspflicht eine zum Innenrecht gehörige, organisationsrechtliche Pflicht darstellt (so *Erichsen*) oder ob sie eine dienstrechtliche Pflicht ist und zum Außenrecht gehört (so *Schnapp*). Für Entscheidungen in der Praxis ergeben sich daraus selten Unterschiede, weil nach der Rspr. für die Frage des Rechtsschutzes stets im Einzelfall zu prüfen ist, ob eine Weisung an den das „Amt" wahrnehmenden Bediensteten diesen selbst in seiner „individuellen Rechtssphäre" berührt oder nicht (näher dazu unten Rdnr. 147 ff.). Der Bedienstete erfüllt die Amtswahrnehmungspflicht ohnehin stets in personam; aber er erfüllt sie in seiner konkreten Funktion als sog. Amtswalter. Letzteres schließt m. E. nicht aus, mit *Schnapp* eine allgemeine Dienstleistungspflicht festzustellen, die als solche zum Außenrecht gehört und um die ein Außenrechtsstreit geführt werden kann. Daneben kann eine — im Organisationsrecht wurzelnde und an das konkrete „Amt" gebundene — Amtswahrnehmungspflicht angenommen werden, deren Inhalt nach den Regeln des Innenrechts zu bestimmen ist. Jedenfalls läßt sich so zwanglos eine unabhängig von der Amtswahrnehmungspflicht bestehende (allgemeine) **Gehorsamspflicht** des Beamten erklären, der dieser höchstpersönlich — und ohne sich auf die Grenzen der Amtswahrnehmungspflicht (Zuständigkeiten des Dienstpostens) berufen zu können — nachkommen muß (näher Rdnr. 115). Bedeutsam wird dies beispielsweise in Fällen der sog. Organleihe, etwa wenn eine Bundesbehörde (z. B. Bundesanstalt für Arbeit) einzelne Aufgaben für ein Land durchführt.

9 2.3 In den gesetzlichen Regelungen werden die Bezeichnungen „Dienst" und „Amt" nicht immer klar oder auch nur folgerichtig gebraucht. Dies gilt vor allem für den **Begriff „Amt"**. Wie schwierig es ist, jeweils zu bestimmen, welches „Amt" eine Vorschrift meint, zeigt z. B. eine der grundlegenden Regelungen des Beamtenrechts (§ 36 BRRG = § 54 BBG), in der „Amt" von der überwiegenden Meinung als Dienstposten verstanden wird:

> Der Beamte hat sich mit voller Hingabe seinem Beruf zu widmen. Er hat sein Amt uneigennützig nach bestem Gewissen zu verwalten. Sein Verhalten innerhalb und außerhalb des Dienstes muß der Achtung und dem Vertrauen gerecht werden, die sein Beruf erfordert.

In Rspr. und Lit. üblich geworden sind im Anschluß an *Hans J. Wolff* folgende Unterscheidungen: Der oben beschriebene Dienstposten im Finanzamt ist ein **„Amt im konkret-funktionellen Sinne"**. Von diesen konkreten Ämtern (Dienstposten) gibt es in jeder Behörde sehr viele. Sie sind zwar im Konkreten fast immer verschieden. Wird von ihnen aber abstrahiert, d. h. danach gefragt, welche allgemeinen Kenntnisse und Erfahrungen für ihre Wahrnehmung erforderlich sind, so ist i. d. R. jedes dieser konkreten Ämter auch ein Anwendungsfall eines **„Amts im abstrakt-funktionellen Sinne"**. — Ein solches abstrakt-funktionelles Amt wird einem Bediensteten übertragen, wenn er einer Behörde zur Erfüllung einer bestimmten, generell umschriebenen, dort wahrzunehmenden Funktion zugewiesen wird (z. B. Sachbearbeiter im Finanzamt A); die Behörde kann ihn daraufhin in einen der (im Rahmen der generellen Funktion liegenden) Dienstposten einweisen (z. B. bestimmte Sachbearbeitung im Bereich Lohnsteuer oder Umsatzsteuer oder auch Personal). Beide von der Funktion her bestimmten Ämter können auch einem Angestellten im öffentlichen Dienst übertragen bzw. von ihm wahrgenommen werden. Nicht so dagegen das „**Amt im statusrechtlichen Sinne**": Seine Verleihung ist Teil der Begründung des spezifischen Beamtenverhältnisses auf Lebenszeit (oder auf Zeit); es wird definiert durch einen typisierten Aufgabenkreis (eines öffentlich-rechtlichen Dienstherrn), der durch eine Laufbahn, das Endgrundgehalt einer Besoldungsgruppe und eine Amtsbezeichnung gekennzeichnet ist (z. B. Studienrat).

Ausnahmsweise (z. B. Leitung großer Behörden) ist das statusrechtliche Amt nach der damit verbundenen Funktion umschrieben; bei derartigen **funktionsgebundenen** Ämtern fallen alle drei Amtsbegriffe zusammen (z. B. Präsident des Bundesumweltamts).

Der regelmäßige **Zusammenhang der drei Amtsbegriffe** wird vom BVerwG so umschrieben: **10**

> Die im Zuge der Eingliederung des Beamten in die Behördenorganisation und seiner tatsächlichen Verwendung erforderliche Übertragung eines abstrakt funktionellen und konkret funktionellen Amtes folgt dem statusrechtlichen Amt. Der Beamte hat deshalb grundsätzlich Anspruch auf Übertragung eines seinem statusrechtlichen Amt entsprechenden funktionellen Amtes, eines „amtsgemäßen" Aufgabenbereichs (BVerwGE 49, 64 ‹67 f.› ; 60, 144 ‹150›). Ohne sein Einverständnis darf ihm grundsätzlich keine Tätigkeit zugewiesen werden, die — gemessen an seinem statusrechtlichen Amt, seiner Laufbahn und seinem Ausbildungsstand, d. h. dem abstrakten Aufgabenbereich seines statusrechtlichen Amtes — „unterwertig" ist (vgl. BVerwGE 60, 144 ‹151›). Jedoch hat der Beamte kein Recht auf unveränderte und ungeschmälerte Ausübung des ihm einmal übertragenen konkreten Amtes im funktionellen Sinne (Dienstpostens), sondern muß vielmehr Änderungen seines dienstlichen Aufgabenbereichs durch Umsetzung oder andere organisatorische Maßnahmen nach Maßgabe seines Amts im statusrechtlichen Sinne hinnehmen (vgl. BVerfGE 8, 332 ‹344 ff.› ; 52, 303 ‹354› ; BVerwGE 60, 144 ‹150› .

Diese Amtsbegriffe sind jedoch eher technischer Natur. Sie reichen in der Regel aus, um Veränderungen im Beamtenverhältnis wie bei der Dienstleistung eines Beamten zu erfassen, insbesondere um den notwendigen Rechtsschutz zu sichern. Sobald es jedoch um Fragen des Inhalts der Rechte und Pflichten geht, die dem Amt im statusrechtlichen Sinne immanent sind und deshalb Bedeutung für die Ausübung des funktionellen Amts haben, bedarf es einen vertieften Ansatzes. So lassen sich Fragen der Loyalität im und außer Dienst, der persönlichen Unabhängigkeit, der willkürfreien, gesetzestreuen, rationalen Amtswahrnehmung nur durch eine Besinnung auf den **Zweck des „Amts"** als einer Funktionseinheit der staatlichen Gesamtordnung der Gegenwart lösen. Die Entstehung und der Fortbestand des Berufsbeamtentums deutscher Prägung ist insofern untrennbar mit dem liberalen Verfassungsverständnis (Stichwort: starker, aber begrenzter und gesetzesunterworfener Staat), untrennbar auch mit Rechtsstaatlichkeit und Sozial-Staatlichkeit verbunden. Der Parlamentarische Rat hat seinerzeit dem Gesetzgeber unserer demokratisch verfaßten Republik aufgegeben, das Recht des öffentlichen Dienstes unter Berücksichtigung der hergebrachten Grundsätze des Berufsbeamtentums zu regeln, weil er diese spezifisch staatlichen Grundlagen deutschen Republikverständnisses wiederherstellen wollte. Daher bleibt der öffentliche Dienst verfassungsverpflichtet, auch wenn der Wandel der Verfassung (als das rechtlich-politische Verfaßtsein eines demokratischen Gemeinwesens) ihn mit verändert.

3. Beamte und Berufsbeamtentum

11 3.1 Es sind derzeit (1983) zwar insgesamt mehr Angestellte (1,62 Mio) und Arbeiter (1,07 Mio) im öffentlichen Dienst beschäftigt als Beamte (1,81 Mio, einschließlich der Richter [17 000] und Staatsanwälte [3689])[8]. Doch das Recht des öffentlichen Dienstes ist nur vom Beamtenrecht her vollständig zu erfassen. Mit dem Beamtenrecht gleichlautende oder von ihm abweichende Festlegungen im Recht der Angestellten und Arbeiter haben jeweils erhebliche rechtliche Konsequenzen. Allerdings hat das Beamtenrecht der Gegenwart mit der Vorstellung vom Beamten als privilegiertem Staatsdiener fast nichts mehr gemein. Durch die **Verrechtlichung** des Beamtenverhältnisses — vom Diener des Königs über den „Diener des Staates" zum republikanischen Beamten, dem die Weimarer Verfassung noch seine „wohlerworbenen Rechte" garantierte[9] — ist im Laufe des 20. Jahrhunderts das zentrale historische Element, die Bindung der ganzen Person an den Staat, verloren gegangen. Unter der Herrschaft des GG und getragen von den Entwicklungen der Industriegesellschaft, die sowohl zur Befreiung des Einzelnen aus standesgesellschaftlichen Zwängen als auch zu neuen Abhängigkeiten durch die Einrichtungen des Sozialstaats geführt haben, hat sich auch das Bild des Beamten geändert. Er ist heute (nur noch, aber eben doch) ein in spezifischer Weise „Dienst-Leistender". Er übt zwar in den Augen des Bürgers wie eh und je die staatlichen Befugnisse aus. Aber er „repräsentiert" nur noch insoweit den Staat durch seine Person, als er die Rechte und Pflichten seines funktionellen Amtes wahrnimmt[10]. **Außerhalb** des Dienstes ist er **im Grundsatz** Privatperson und **Staatsbürger.**

Gleichwohl hat der Beamte gerade im Vergleich mit den Angestellten des öffentlichen Dienstes seine besondere Stellung behalten. Sie resultiert aus seinem verfassungsrechtlichen Auftrag, die „hoheitsrechtlichen Befugnisse" des Staates als ständige Aufgabe auszuüben (Art. 33 IV GG, sog. **Funktionsvorbehalt**). Wegen dieses Auftrags steht er in einem Dienst- und Treueverhältnis zum Staat, das öffentlichrechtlich geregelt und (entsprechend dem Verfassungsauftrag von 1949) „unter Berücksichtigung der hergebrachten Grundsätze des Berufsbeamtentums" (Art. 33 V GG) ausgestaltet worden ist.

12 Da nach Art. 33 IV die Ausübung „hoheitsrechtlicher" Befugnisse als „ständige" Aufgabe nur „in der Regel" Beamten zu übertragen ist, war es möglich, in erheblichem Umfang auch Angestellte mit Aufgaben zu betrauen, die zuvor allein Beamte erfüllten. In der rechtswissenschaftlichen Lit. wird dies mehrheitlich kritisch gesehen; auch das BVerfG hat festgestellt, daß es sich nur um Ausnahmefälle handeln darf. Andererseits lassen sich fast immer sachliche Grün-

---

8 Vgl. Statistisches Jahrbuch 1985, S. 439, 333.
9 Vgl. zur Geschichte die knappe, instruktive Darstellung bei *Lecheler,* HÖV, S. 491—494.
10 Vgl. dazu *Studienkommission* für die Reform des öffentlichen Dienstrechts, Bericht, 1973, S. 21 ff., bes. S. 32, 34—36.

de für Ausnahmen finden (auch z. B. für die Einstellung von Lehrern zunächst als Angestellte[11]). Zudem ist der Begriff der „hoheitsrechtlichen Befugnisse" bislang ungeklärt. Sicher ist insofern nur, daß er nicht auf die klassische Eingriffsverwaltung beschränkt ist, weil auch in der Leistungsverwaltung häufig hoheitsrechtlich gehandelt wird (z. B. in der Schule).

Indessen spielt wegen des erheblichen Entscheidungsspielraums im Gesamtrahmen des Art. 33 IV der Streit[12] um eine „dynamisch" weite (*Maunz;* ähnlich *Stern, Leisner, Lecheler*) oder eine an Funktion und Entstehungsgeschichte orientierte enge Auslegung des Merkmals „hoheitsrechtliche Befugnisse" (etwa *Thieme, Isensee, Schuppert*) in der Praxis bislang kaum eine Rolle. Ein **Rechtsanspruch auf Verbeamtung** im Einzelfall läßt sich aus Art. 33 IV **nicht** herleiten[13]. Die Vorschrift verpflichtet andererseits den Staat, zur Ausübung der hoheitsrechtlichen Befugnisse Beamte in ausreichender Anzahl im Dienst zu halten. Diesem Zweck der Verfassungsnorm entspricht es, wenn das Beamtenrechtsrahmengesetz (BRRG) die Gründe für die Anstellung von Beamten erweitert auf die Wahrnehmung „solcher Aufgaben, die aus Gründen der Sicherheit des Staates oder des öffentlichen Lebens nicht ausschließlich Personen übertragen werden dürfen, die in einem privatrechtlichen Arbeitsverhältnis stehen" (§ 2 II BRRG). Gleichwohl führt gerade diese Vorschrift dazu, daß **nicht** zur Erfüllung **aller** Staatsaufgaben ausschließlich Beamtenverhältnisse begründet werden dürfen. Das Problem einer Über-Verbeamtung zur Verbesserung der Arbeitskampfposition des Staates dürfte auch hiernach zu beurteilen sein[14].

3.2 Vor dem Hintergrund der Weimarer Republik und der nationalsozialistischen Parteiherrschaft sowie aufgrund erster Erfahrungen der Nachkriegszeit hat der Parlamentarische Rat für das Dienst- und Treueverhältnis der deutschen Beamten in Art. 33 IV und V GG zwei grundsätzliche Regelungen getroffen: **13**

1. Gemeinsam gehen beide Absätze davon aus, daß für die hoheitliche Staatsverwaltung Dienstverhältnisse nach öffentlichem Recht begründet werden müssen; sie gewährleisten damit das Berufsbeamtentum als solches (sog. **institutionelle Garantie** gegenüber dem Gesetzgeber[15], die vergleichbar ist mit der Selbstverwaltungsgarantie für die Gemeinden in Art. 28 II GG).

2. Darüber hinaus enthält Abs. V einen spezifischen **Auftrag** zu inhaltlicher Ausgestaltung der Rechtsverhältnisse (jedenfalls) der Berufsbeamten, d. h. der Beamten auf Lebenszeit[16].

Obwohl er nur vom Berufsbeamtentum spricht, ist Art. 33 V nach Auffassung des BVerfG auch anwendbar auf Richter, nicht dagegen auf Berufssoldaten[17]. Sonderregelungen führen zudem zu Modifizierungen: Art. 97, 98 für Richter, Art. 5 III für Hochschullehrer, Art. 7 III für Religionslehrer. Für Angestellte und Arbeiter gilt Art. 33 V nach **h. M.** aber nicht. **Arg.:** Der Parlamentarische Rat hätte nicht gewollt, daß auch das Recht der Angestellten und Arbeiter „unter Berücksichtigung der hergebrachten Grundsätze des Berufsbeamtentums zu regeln" sei; einem einheitlichen Dienstrecht stehe im übrigen die Hervorhebung des Berufsbe-

---

11 Vgl. z. B. OVG NW DÖD 82, 67; ferner Rdnr. 97.
12 Vgl. zusammenfassend *Schuppert,* AK, Art. 33 Abs. 4, 5, Rdnr. 25—38; fragwürdig, wenn praktisch nur Fiskalverwaltung als nicht-hoheitlich übrig bleibt; siehe jetzt aber *Isensee,* Öff. Dienst, S. 1172 ff.
13 Vgl. VGH BW NJW 80, 1868, mit Anm. *Skouris,* NJW 81, 2727.
14 Vgl. *Gerhard Müller,* Betr. 85, 867, 870 (Verstoß gegen Art. 33 V bei Verbeamtung im Übermaß; Mißbrauch bei innerem Zusammenhang mit Tarifverhandlungen im öffentlichen Dienst).
15 Vgl. dazu grundlegend BVerfGE 3, 58, 137 sowie E 7, 155, 162—164, insbes. zur Entstehungsgeschichte; aber E 9, 268, 285—287; m. E. entscheidend: JÖR N.F. 1, 317, 320—324.
16 So BVerfGE 8, 1, 11—13; vgl. dazu aber E 44, 249, 262—264.
17 Vgl. BVerfGE 12, 81, 87 (Richter); E 3, 288, 334; E 16, 94, 110 f. (Berufssoldaten).

amtentums in Abs. IV entgegen[18]. **Demgegenüber** wird mit dem Hinweis auf Wortlaut („Recht des öffentlichen Dienstes", nicht „Beamtenrecht"), Entstehungsgeschichte (bewußter Begriffsaustausch) und Systematik (Vergleich mit dem Wortlaut des Abs. IV) vertreten, daß Art. 33 Abs. V das Recht *aller* Angehörigen des öffentlichen Dienstes umfaßt, wobei mit den „hergebrachten Grundsätzen des Berufsbeamtentums" nur elementare Strukturprinzipien gemeint seien, die es — umgangssprachlich wortgetreu — zu „berücksichtigen" gelte; allerdings sei ein unterschiedsloses Einheits-Dienstrecht nicht verlangt[19].

14 Folgt man letzterer Auffassung, so besteht ein Verfassungsauftrag zur Regelung des öffentlichen Dienstrechts weiter, es sei denn, er ist angesichts der Beamtengesetze und Tarifverträge obsolet. **M. E.** besteht der **Auftrag** des Jahres 1949 heute nicht mehr, allerdings nicht, weil er obsolet wäre, sondern weil er inzwischen **erfüllt** worden ist. Spätestens mit der umfassenden beamtenrechtlichen Gesetzgebung der Jahre 1957—1963 aufgrund des BRRG und der Jahre 1971—1976 aufgrund des Art. 74a GG (Besoldung und Versorgung) ist der Gesetzgeber dem Verfassungsauftrag abschließend nachgekommen. Daher sollte **heute** im Streitfall nur noch ermittelt werden, ob dabei die geforderte „Berücksichtigung der hergebrachten Grundsätze" stattgefunden hat. Die **Folge** dieses Verständnisses von Art. 33 V GG (Beschränkung auf den Verfassungsauftrag) ist: Heutige gesetzliche Neuregelungen des Beamtenrechts können nicht mehr an den hergebrachten Grundsätzen gemessen werden. Vielmehr steht die Weiterentwicklung des Beamtenrechts der politischen Gestaltung offen. Rechtlich ist diese nur noch nach den übrigen verfassungsrechtlichen Normen und Prinzipien zu beurteilen. Dabei kommt allerdings neben Gleichheitssatz, Rechtsstaatsprinzip (mit den Grundsätzen des Vertrauensschutzes und der Verhältnismäßigkeit) und Sozialstaatsauftrag dem Art. 33 IV GG mit der ihm immanenten Garantie des Berufsbeamtentums aufgrund seiner verfassungsrechtlichen Funktion die entscheidende Bedeutung zu. Dies würde die rechtspolitische Diskussion um ein zeitgemäßes Beamtenrecht von mancher Hypothek befreien und es ermöglichen, verstärkt den Gedanken der individuellen Leistung und der persönlichen Verantwortung zum Tragen zu bringen, etwa bei der Diskussion über eine Vergabe von Spitzenpositionen auf Zeit, über den Umfang von Nebentätigkeit, über Teilzeit-Beamte, ihre Einbeziehung in die Rentenversicherung, aber auch eine Arbeitsmarktabgabe von Beamten[20].

15 Die **h. L.** teilt dieses, die historische Lage des Parlamentarischen Rats entscheidend berücksichtigende Verständnis des **Art. 33 V** GG allerdings nicht. Für sie ist der Verfassungsauftrag ein ständiges **Gebot und** damit rechtlicher **Prüfungsmaßstab.** Bei der Anpassung des Dienstrechts durch den demokratischen Gesetzgeber an die (z. T. nur vermeintlichen) Notwendigkeiten der Industriegesellschaft und das (auch ständig im Wandel befindliche) Selbstverständnis der Staatsbürger gerät sie deshalb nicht selten in Schwierigkeiten. So ist Teilzeitarbeit eines Beamten an sich mit dem hergebrachten Grundsatz des lebenslangen, haupt- und vollberuflichen Dienstes nicht zu vereinbaren[21], ebensowenig eine ausgedehnte private Nebentätigkeit, selbst wenn sie die tatsächlich geforderte Dienstleistung des Beamten nicht beeinträchtigt. Selbst die Erweiterung von Möglichkeiten des Aufstiegs von einer Laufbahngruppe in die nächsthöhere gerät in den Verdacht, verfassungswidrig zu sein, während andererseits der parteipolitisch motivierte Seiteneinstieg in höchste Beförderungsstel-

---

18 Vgl. die Synopse bei *Mayer* in: *Studienkommission,* Bd. 5, S. 717.
19 Vgl. (in Anlehnung an *Thieme* und *Wacke) Schuppert,* AK, Art. 33 Abs. 4, 5, Rdnr. 41—51.
20 Zum Diskussionsstand vgl. die jährlichen Berichte über die Entwicklung des Beamtenrechts durch *Battis,* NJW 81, 957, NJW 82, 973, NJW 83, 1768, NJW 84, 1332, NJW 85, 714, NJW 86, 1151.
21 Erst eine (zweifelhafte) Uminterpretation der „Hauptberuflichkeit" in „Abwehr von entgeltlichen Zweitberufen" ermöglicht es z. B., den Verfassungsverstoß zu verneinen; zum Umfang vgl. BT-Drucks. 10/5564.

len mit den hergebrachten Grundsätzen auch nicht zu verhindern ist[22]. Die h. L. löst derartige Probleme, indem sie darauf abstellt, daß die hergebrachten Grundsätze lediglich zu „berücksichtigen" sind. Dies lasse eine Weiterentwicklung grundsätzlich zu. Neue Vorschläge werden dann daraufhin überprüft, ob ihnen hergebrachte Grundsätze entgegenstehen und, falls dies so ist, ob aus anderen, in der Verfassung anerkannten Gründen ein Verfassungsverstoß nicht doch verneint werden muß.

Die Rechtsprechung des **BVerfG,** der ein Teil der Lehre gefolgt ist, steht auf einem (jedenfalls in der Methode) abweichenden Standpunkt. Das Gericht versteht Art. 33 V GG nicht nur als einen Verfassungsauftrag und als eine Entscheidung gegen die Abschaffung öffentlich-rechtlicher Dienstverhältnisse (institutionelle Garantie), sondern behandelt die Vorschrift als verfassungsrechtliche Festlegung einer **Institution** (ähnlich dem zivilrechtlichen Institut der Ehe in Art. 6 I GG). **Folge:** Das Gericht kann schon aus der Institution als solcher Befugnisse des Staates gegenüber dem Beamten entnehmen. Umgekehrt kann es aus ihr aber auch gesetzlich nicht geregelte Ansprüche des Beamten gegen den Staat herleiten. Damit ist es letztlich möglich, nicht nur den Gesetzgeber zu korrigieren (Verstoß gegen hergebrachte Grundsätze), sondern ihn auch zu ersetzen[23].

16

Zur Auffassung der Mehrheit des BVerfG haben seinerzeit (1976) zwei Verfassungsrichter folgende **Gegenposition** bezogen, vor der die (hier nachfolgenden) Ausführungen des BVerfG erst voll verständlich werden: Art. 33 Abs. V richte sich primär an den Gesetz- und Verordnungsgeber; deshalb könne er als Maßstab zur Überprüfung einer behördlichen Einzelfallentscheidung nur in folgendem Umfang dienen: (1) als Maßstab für die Verfassungsmäßigkeit einer Norm, (2) als unmittelbarer Maßstab, wenn die Norm sich als verfassungswidrig erwiesen hat, (3) als unmittelbarer Maßstab, wenn eine Regelungslücke vorliegt, (4) als unmittelbarer Maßstab, wenn eine Regelung überhaupt fehlt.

Der Standpunkt des **BVerfG** in BVerfGE 43, 154 [166—168], ist dagegen:
Art. 33 Abs. 5 GG enthält mehr als nur eine institutionelle Garantie des Berufsbeamtentums. Er enthält auch mehr als einen Regelungsauftrag an den Gesetzgeber einschließlich eines Regelungsprogramms. Über diesen dem Wortlaut zu entnehmenden Gehalt des Art. 33 Abs. 5 GG sind Lehre und Rechtsprechung längst hinausgegangen, — nicht zuletzt aus der allgemeinen Tendenz heraus, den die Rechtspositionen des Bürgers schützenden Verfassungsvorschriften, insbesondere den Grundrechten und ihnen gleichkommenden Bestimmungen eine möglichst große Wirkungskraft zu verleihen. Seit der Entscheidung vom 17. Januar 1957 (BVerfGE 6, 55 [72]) steht fest, daß das Gericht davon ausgeht: „Aufgabe der Verfassungsrechtsprechung ist es, die verschiedenen Funktionen einer Verfassungsnorm, insbesondere eines Grundrechts zu erschließen. Dabei ist derjenigen Auslegung der Vorzug zu geben, ‚die die juristische Wirkungskraft der betreffenden Norm am stärksten entfaltet (Thoma)'" (in Bezug genommen z. B. in BVerfGE 32, 54 [71]) und: „Die Grundrechte bilden einen untrennbaren Teil der Verfassung; sie sind der eigentliche Kern der freiheitlichen demokratischen Ordnung des staatlichen Lebens im Grundgesetz. Ihre Reichweite kann daher nicht davon abhängen, in welcher Weise eine bestimmte Materie durch das einfache Recht geregelt ist; sie ist vielmehr unmittelbar aus den Verfassungsnormen selbst zu erschließen" (BVerfGE 31, 58 [73]).

---

22 Sehr anschaulich zu diesen Fragen *Lindgen,* DÖD 81, 148, bes. 170 ff.; zum Aufstiegsproblem im Laufbahngruppensystem *Lecheler,* ZBR 81, 265.

23 Die Problematik, insbes. die Zeitgebundenheit und Ideologieanfälligkeit, juristischer Argumentation aus derartigen „Einrichtungen des rechtlichen und sozialen Lebens" zeigt, bislang unübertroffen, *Rüthers,* „Institutionelles Rechtsdenken" im Wandel der Verfassungsepochen, 1970.

In dieser Linie liegt es, daß das Bundesverfassungsgericht dem Art. 33 Abs. 5 GG grundrechtsgleiche (mit Verfassungsbeschwerde verfolgbare) subjektive Ansprüche des Beamten entnommen hat: z. B. den Anspruch auf ein amtsangemessenes Gehalt (BVerfGE 8, 1 [16 ff.]; ständige Rechtsprechung), den Anspruch auf eine amtsangemessene Amtsbezeichung (z. B. BVerfGE 38, 1 [12]), den Anspruch auf einen besonderen Status (BVerfGE 35, 79 [146]). Für den Anspruch gegen den Dienstherrn auf Fürsorge gilt nichts anderes, wenn er auch bisher nur selten Gegenstand einer Entscheidung des Gerichts war (immerhin BVerfGE 8, 332 [356]; 9, 268 [286 f.]). . .

Es ist die Eigentümlichkeit von in der Verfassung gewährten Ansprüchen, mögen sie in Grundrechten, grundrechtsähnlichen Vorschriften oder Grundsätzen der Verfassung enthalten sein, daß sie in summarischer Kürze formuliert sind, daß man ihnen durch eine Vielzahl von Varianten des Sichverhaltens gerecht werden kann, daß sie also nicht auf *eine bestimmte, konkrete* Leistung gehen, daß sie der Ausfaltung im einfachen Gesetz zugänglich und regelmäßig bedürftig sind, daß sie aber unbeschadet dieser Regelung im einfachen Gesetz *unmittelbar* anwendbar sind, und zwar nicht nur als (auslegungsbedürftiger) Maßstab für die Kontrolle der Verfassungsmäßigkeit des einfachen Gesetzes, sondern — weil und insoweit sie eben dem Bürger gewährte verfassungsrechtliche Ansprüche enthalten — auch in der Weise, daß ihnen unmittelbar im Wege der Auslegung Rechtsfolgen entnommen werden, die ihrerseits generellen Charakter haben, also auf eine Vielzahl von Fällen anwendbar sind und das einfache Gesetz ergänzen mit der Folge, daß der durch Auslegung der Verfassungsvorschrift gewonnene konkretere Verfassungssatz auf jeden konkreten Sachverhalt, der jenem explizierten Verfassungssatz unterfällt, angewendet werden kann und angewendet werden muß. In dieser Eigentümlichkeit liegt auch begründet, daß zwar der in Art. 33 Abs. 5 GG enthaltene *„hergebrachte Grundsatz"* (z. B. angemessene Alimentierung, Treuepflicht, Fürsorgepflicht des Dienstherrn usw.) als „hergebracht" nachgewiesen werden muß, daß aber die durch Auslegung gewonnenen Konkretisierungen des Inhalts jenes hergebrachten Grundsatzes keineswegs als hergebracht erwiesen werden müssen. Im Gegenteil: Gerade die Auslegung eines hergebrachten Grundsatzes gestattet es, den Grundsatz in gewissem Umfang elastisch zu halten und veränderten Verhältnissen in beschränktem Umfang anzupassen.

17 Daß mit der Anerkennung eines „subjektiven grundrechtlichen Anspruchs" der Wortlaut der Norm überschritten wird, gesteht das BVerfG also selbst ein. Die Rechtfertigungen dafür überzeugen nicht[24]. Allenfalls dürfte ein grundrechtsähnliches Individual**recht**, das (als berufsspezifisches Abwehrrecht) gleichrangig neben der institutionellen Garantie steht, anzuerkennen sein, wenn und weil dem Beamten die Möglichkeit fehlt, auf der Ebene der Gleichordnung seine grundlegenden Rechte und Pflichten — und sei es kollektiv — wirksam mitzugestalten[25].

Fraglich ist, welche weiteren **Folgen** sich aus der Anerkennung des Art. 33 V als verfassungsrechtliche Basis für grundrechtsgleiche Rechte ergeben. So könnte die Vorschrift zu einer lex specialis im Gefüge der Grundrechte für Beamte und Richter werden. Für vermögensrechtliche Ansprüche hat das BVerfG diesen (systematisch möglichen) Schritt auch getan: Art. 33 V geht Art. 14 vor[26]. Die Frage stellt sich aber grundsätzlich für alle Grundrechte, auch z. B. für die Meinungsfreiheit und die Religionsfreiheit, sogar für die den materiellen Grundrechten immanente Gewährleistung effektiven Rechtsschutzes. Allerdings ist das BVerfG mit Recht

---

24 Vgl. *Lecheler,* AöR 1978, 349, 361—363.
25 So die Ratio in BVerfGE 8, 1, 17.
26 So BVerfG zuerst in E 3, 58, 153; wörtlich E 17, 337, 355 (Anrechnung von Renten aus früheren Arbeitsverhältnissen auf Versorgungsbezüge von Beamten); näher E 53, 257, 306 f. (Versorgungsausgleich nach Ehescheidung). Unklarheiten sieht *Stern,* Staatsrecht I, S. 352 Fn. 107, auch beim Umfang des Vertrauensschutzes.

dort, wo einschlägige, für alle geltende Grundrechte bestehen (z. B. Art. 5, 9 III), nicht vom Berufsrecht des Beamten in Art. 33 V, sondern von den speziellen Freiheitsrechten ausgegangen (dazu Rdnr. 32).

3.3 Das BVerfG hat **die hergebrachten Grundsätze** von Anfang an so definiert: Art. **18** 33 V „schützt nur den Kernbestand von Strukturprinzipien der Institution des Berufsbeamtentums, die allgemein oder doch überwiegend und während eines längeren, Tradition bildenden Zeitraums, mindestens unter der Reichsverfassung von Weimar, als verbindlich anerkannt und gewahrt worden sind"[27]. Im Laufe der Jahre hat das BVerfG aber so viele Einzelregelungen, bes. aus dem Besoldungs- und Versorgungsbereich, als „hergebrachte Grundsätze" anerkannt, daß m. E. von einer Konzentration auf grundlegende Strukturprinzipien nicht mehr gesprochen werden kann. Diese ,Inflation' der Grundsätze mag das BVerfG im Jahre 1958 veranlaßt haben zu unterscheiden zwischen Grundsätzen, die zu berücksichtigen, und Grundsätzen, die als „besonders wesentliche" anzusehen sind. Zur „Beachtung" letzterer sei der Gesetzgeber „verpflichtet"[28].

Eine solche Differenzierung läßt sich mit Art. 33 V GG nicht vereinbaren. Sie wird in der Rechtswissenschaft deshalb zu Recht fast einhellig abgelehnt[29]. Einzelne Autoren interpretieren das Berücksichtigen insgesamt als Beachten (Zwischenschritt: Garantie der „Institution" Berufsbeamtentum)[30]. Das BVerfG folgt dem nicht, sondern formuliert weiterhin: Jeder einzelne hergebrachte Grundsatz ist in seiner Bedeutung für die Institution des Berufsbeamtentums und des Richteramtsrechts in der freiheitlichen, rechts- und sozialstaatlichen Demokratie zu würdigen. Von dieser Würdigung hängt es ab, in welcher Weise und in welchem Ausmaß der Gesetzgeber dem einzelnen Grundsatz bei seiner Regelung Rechnung tragen, insbesondere inwieweit er ihn „beachten" muß[31]. Aber: Durch die Unterscheidung hat das Gericht seine eigene ausufernde Rechtsprechung einleuchtend korrigiert und sich ein Instrument für zukünftige Änderungen der Rechtsprechung im Wege der Einzelfalldifferenzierung geschaffen. Wie oben (Rdnr. 16) nachgewiesen, geht das BVerfG schon heute davon aus, daß die hergebrachten Grundsätze so „elastisch" sind, daß eine zeitgemäße Konkretisierung ihrer Inhalte (d. h. auch eine gesetzliche Neuregelung) sich nicht mehr selbst als hergebracht erweisen muß (BVerfGE 43, 154, 168). **Neuestens** formuliert das **BVerfG** bereits so (Anlaß: Herabsetzung des Emeritierungsalters der Professoren, BVerfGE 67, 10, 14):

Art. 33 Abs. 5 GG, der heute im Zusammenhang mit dem Sozialstaatsprinzip und anderen Wertentscheidungen des Grundgesetzes gesehen werden muß (BVerfGE 44, 249 [267]; 49, 260 [273]; 52, 303 [341], verlangt vom Gesetzgeber . . . eine sorgfältige Abwägung (vgl. BVerfGE 43, 242 [286 ff.]; 52, 303 [341]. Er fordert hierbei die ausreichende Berücksichtigung der konkreten Belange des öffentlichen Dienstes unter Einbeziehung derjenigen des betroffenen Beamten und der Bedeutung der Neuregelung für das Wohl der Allgemeinheit (vgl. BVerfGE 43, 242 [286]; 52, 303 [341]).

Folgende, zu berücksichtigende (hergebrachte) Grundsätze des geltenden Beamten- **19** rechts[32] kann man unter dem Gesichtspunkt der Funktionssicherung, wie sie dem traditionellen deutschen Staatsverständnis entspricht, als **Strukturprinzipien** ansehen:

---

27 Vgl. etwa BVerfGE 58, 68, 76 f.; anfangs hieß es sogar noch: „ganz" überwiegend (BVerfGE 8, 332, 343).
28 BVerfGE 8, 1, 16/17: Sicherung eines angemessenen Lebensunterhalts.
29 Insofern nicht repräsentativ *Stern*, Staatsrecht I, S. 354 mit Fn. 121.
30 Vgl. *Lecheler*, AöR 103 (1978), 349, 363 f.
31 So 1981 BVerfGE 56, 146, 162.
32 Eine aktuelle Zusammenstellung aller Aussagen des BVerfG findet sich bei *Stern*, Staatsrecht I, S. 355—358.

1. die Ausgestaltung des Beamtenverhältnisses als Dienst- und Treueverhältnis des öffentlichen Rechts mit Anstellung auf Lebenszeit (und hauptberuflicher Bindung),

2. das Streikverbot (näher unten Rdnr. 42 ff.),

3. die Pflicht zur Verfassungstreue, wenigstens bei aktiven Beamten (näher unten Rdnr. 37 ff.),

4. die Pflicht zu parteipolitischer Neutralität im Dienst,

5. das Prinzip des Aufstiegs durch Leistung,

6. die Alleinentscheidung der vorgesetzten Dienstbehörde in Personalangelegenheiten,

7. der Anspruch auf gesetzlich geregelte, angemessene Besoldung und Versorgung (sog. Alimentationsprinzip; näher unten Rdnr. 102 f.),

8. der grundsätzliche Anspruch auf Fürsorge von seiten des Dienstherrn (näher unten Rdnr. 98 ff.).

20 Neben diesen Prinzipien hat das BVerfG als „hergebrachte Grundsätze" bezeichnet: das Bestehen einer „amtsangemessenen" Amtsbezeichnung, ferner die Pflicht zur Amtsverschwiegenheit, das Verbot einer Schädigung der Interessen des öffentlichen Dienstherrn, das sog. Haftungsprivileg (dazu unten Rdnr. 137), die Höhe der Besoldung nach dem Ernennungsamt (nicht der tatsächlichen Tätigkeit), die Berechnung der Versorgungsbezüge nach den Dienstbezügen des letzten Amtes, die gleiche Besoldung für gleichartige Dienstposten derselben Laufbahn, die Unzulässigkeit einer Verminderung der Bezüge bei einer Beförderung, die Garantie des Rechtswegs für vermögensrechtliche Ansprüche, schließlich (zwecks Sicherung vor parteipolitischen Eingriffen) die Regelung einer Beendigung des Beamtenverhältnisses nur unmittelbar durch Gesetz.

Ob auch diese „hergebrachten Grundsätze" sämtlich zum (unantastbaren) „Kernbestand von Strukturprinzipien" des Berufsbeamtentums zu zählen sind, ist zu bezweifeln[33]. Fragwürdig ist z. B. der Grundsatz der „amtsangemessenen Amtsbezeichnung". Es dürfte ausschlaggebend sein, welche Bedeutung dem statusrechtlichen Amt als Teilelement des Berufsbeamtentums tatsächlich zukommt. Der Beamte ist „Treuhänder des Volkes" (Isensee). Von ihm wird wegen seiner verfassungsrechtlichen Funktion ein Amtsethos verlangt, das gemeinwohl-orientiert in Dienstbereitschaft, Disziplin, Unbestechlichkeit, Sachlichkeit[34] zum Ausdruck kommt. Nach diesem Ethos zu wirken, erfordert keineswegs unbedingt eine nach Laufbahn und Besoldungsgruppe differenzierte Amtsbezeichnung, die auch außerhalb des Dienstes „geführt" werden darf. Selbst wenn mit der Amtsbezeichnung dem Bürger gegenüber erkennbar werden sollte, welche allgemeine Qualifikation und Kompetenz der handelnde Amtsträger besitzt, so scheint die vom BVerfG festgestellte **Doppelfunktion der Amtsbezeichnung**[35] doch eher am Standesinteresse von Beamten orientiert zu sein: „Sie verdeutlicht nach außen die Bedeutung des Amtes unter Berücksichtigung des Amtsinhalts zur Unterscheidung von anderen Ämtern; gleichzeitig kennzeichnet sie den Inhaber dieses Amtes dahin, daß dieser auch nach Eignung und Leistung befähigt ist, ein Amt dieses Inhalts wahrzunehmen." M. E. dürfte dem

---

33 Vgl. dazu *Stern,* Staatsrecht I, S. 354 ff., der, vom „Wesensgehalt der institutionellen Garantie" ausgehend, etwa beim Haftungsprivileg in der bestehenden Form Zweifel anmeldet.

34 Ähnlich *Isensee,* Öff. Dienst, S. 1153.

35 BVerfGE 62, 374, 385 (Lehrer); 64, 323, 325 (Professoren).

Interesse der Öffentlichkeit an der „Durchschaubarkeit des Verwaltungsbereichs" mit einer (differenzierten) Funktionsbezeichnung besser gedient sein. Sie entspräche sowohl der tatsächlichen Leistung des Beamten als auch seiner Stellung als Amtswalter und käme damit der vom BVerfG verlangten Wirklichkeitsgerechtigkeit solcher Bezeichnungen am nächsten. Auch ohne hergebrachte Grundsätze bemühen zu müssen, ließe sich die Gleichbehandlung von **Professoren** an Fachhochschulen und wissenschaftlichen Hochschulen in ihrer Amtsbezeichnung („Professor") als Verstoß gegen Art. 3 I GG erkennen (wesentlich Ungleiches wird gleich behandelt), wohl kaum jedoch eine — vom BVerfG allerdings auch nicht verlangte — Unterscheidung zwischen Ordinarien und Nichtordinarien. Als zu undifferenziert ließe sich ebenso die Bezeichnung „Lehrer für das Lehramt an öffentlichen Schulen" erkennen, wenngleich damit ein Anspruch, die Amtsbezeichnung „Studienrat" zu erhalten, nicht zu begründen wäre (das BVerfG hebt auf das „Amt im Ämtergefüge" ab, dessen Nivellierung mit Art. 33 V nicht vereinbar wäre).

Nicht zu den hergebrachten Grundsätzen gehören insbes. das Recht der Beihilfen, da es erst nach 1945 entwickelt worden ist (BVerfGE 58, 68, 77), sowie Struktur und Einzelheiten der Besoldung; auch z. B. nicht die Beibehaltung der besoldungsrechtlichen Einstufung eines statusrechtlichen Amtes im Verhältnis zu anderen Ämtern[36].

Die weite **Gestaltungsfreiheit** des Gestzgebers hat jedoch **Grenzen:** So wäre ein ersatzloser Wegfall der gegenwärtigen Beihilferegelungen mit der Treuepflicht des Dienstherrn und dem korrespondierenden Fürsorgeanspruch des Beamten nicht vereinbar (möglich aber: Verminderung der Beihilfehöhe, Überführung in gesetzliche Kassen, gänzlicher Wegfall der Beihilfe unter Erhöhung der Besoldung). Ebenso dürfen durch Leistung (Beförderung) bereits erlangte statusrechtliche Positionen nicht ohne angemessenen Ausgleich abgeschafft werden[37]. **21**

Eine Reihe von Fragen sind vom BVerfG nicht abschließend behandelt worden. So ist ungeklärt, ob es den hergebrachten Grundsätzen widerspricht[38],

— wenn Besoldungsänderungen (z. B. durch sog.Sockelbeträge) zu einer weitgehenden Nivellierung (Grenze?) zwischen Beamten mit unterschiedlichen (statusrechtlichen) Ämtern führt,

— wenn ein Beamter laufend „unterwertig" (gemessen an seinem statusrechtlichen Amt) beschäftigt wird,

— wenn eine schriftliche Zusage bei der Einstellung, in bestimmter Weise verwendet zu werden oder bestimmte Rechte ausüben zu dürfen (Berufungszusagen), nicht eingehalten werden soll.

Die **Bestellung der Schulleiter,** ihrer Stellvertreter und der Abteilungsleiter nur jeweils **auf Zeit** (acht Jahre) hat das BVerfG mit Recht für mit Bundesrecht (§ 18 BBesG) nicht vereinbar erklärt[39]. Diese einfache Feststellung verbindet das Gericht jedoch mit einer Reihe von allgemeinen verfassungs- und beamtenrechtlichen Erwägungen, die über den entschiedenen Fall hinausweisen und deshalb **Bedenken** auslösen[40]. So soll die Verknüpfung von Status und Funktion auf hergebrachten Grundsätzen beruhen (lebenslange Amtsübertragung, Leistungsprin-

---

36 So grundsätzlich für das Besoldungsgefüge der Richterämter BVerfGE 56, 146, 162 f.; insgesamt näher *H. J. Becker,* ZBR 82, 258—260; zusammenfassend *Schwandt,* ZBR 83, 92.

37 Vgl. dazu BVerfGE 56, 175, 182 (Abschaffung des Beförderungsamts „Erster Landesanwalt" mit der BesGr. A 14a).

38 Einschlägig zuletzt BVerfGE 47, 327, 411 (obiter dictum: „etwaiges Verbot unterwertiger Beschäftigung"); 52, 303, 335 (Zusicherung begründet keinen absoluten Bestandsschutz gegenüber gesetzlicher Regelung).

39 BVerfG DÖV 85, 1055, DVBl. 86, 33.

40 So mit Recht *Siedentopf,* Anm., DÖV 85, 1060.

zip, amtsangemessene Alimentation), obwohl mit § 18 BBesG die vorher gerade so nicht vorhandene Verknüpfung erst herbeigeführt werden sollte. Auch sonst kann von einer „Kongruenz" von Amt im statusrechtlichen und Amt im funktionellen Sinne, jedenfalls nach der Rspr. des **BVerwG** zum Anspruch des Beamten auf Verleihung eines funktionsgebundenen Amtes[41], kaum die Rede sein. Mag die allgemeine Aussage, daß eine amtsgemäße Besoldung die Unabhängigkeit des Beamten sichern soll, die Folgerung tragen, daß eine **dauernde** Trennung von Status und Funktion grundsätzlich hergebrachten Grundsätzen widerspricht, so ist doch damit für die Frage der befristeten Übertragung von Führungsfunktionen (Dienstposten) in der Verwaltung wenig gewonnen[42]. Außerdem besteht die Gefahr, daß statt befristeter Funktionsausübung der Kreis der politischen Beamten (siehe unten Rdnr. 67) noch weiter ausgedehnt wird, die (gerade auch aus parteipolitischen Gründen) nicht immer leicht auszuwechseln sind.

4. Recht der Angestellten und Arbeiter

22   4.1 Vor dem Hintergrund dieser beamtenspezifischen Grundsätze wird der Kern des abweichenden Rechts der **Angestellten und Arbeiter** im öffentlichen Dienst besonders deutlich: Sie stehen in einem privatrechtlichen Dienstverhältnis zu einer juristischen Person des öffentlichen Rechts (Arbeitgeber), und ihre Rechte und Pflichten als Dienstleistende sind im wesentlichen in Tarifverträgen niedergelegt. Dabei verläuft die Trennungslinie zwischen Angestellten und Arbeitern im Grundsatz danach, ob überwiegend körperliche oder geistige Tätigkeit geleistet wird[43]. Indiz dafür ist die unterschiedliche Formulierung der allgemeinen Pflichten in den jeweiligen Tarifverträgen: Der Angestellte hat „dienstlichen Anordnungen nachzukommen" (§ 8 II BAT), der Arbeiter „die ihm übertragenen Aufgaben gewissenhaft und ordnungsgemäß auszuführen" (§ 9 MTB/MTL).

Neben Angestellten und Arbeitern gibt es im Bereich der öffentlich-rechtlich organisierten Sozialversicherungsträger (Krankenkassen, Unfallversicherung etc.) die sog. **Dienstordnungsangestellten**[44]. Ihr Dienstverhältnis ist ebenfalls privatrechtlich vereinbart. Für ihre Rechtsstellung im einzelnen sind aber die Reichsversicherungsordnung bzw. das Reichsknappschaftsgesetz und die auf (dort geregeltem) Satzungsrecht beruhenden Dienstordnungen der Sozialversicherungsträger maßgebend. Zusätzliche Tarifverträge betreffen im wesentlichen Vergütungen und Zulagen (z. B. Ersatzkassentarifvertrag).

23   In folgenden Punkten unterscheidet sich das Dienstrecht der Angestellten vor allem von dem der Beamten:

1. Die **Begründung** des Angestelltenverhältnisses erfolgt durch Vertrag, nicht durch Verwaltungsakt (formgebundene Ernennung).

2. Der **Inhalt** des Angestelltenverhältnisses ist zumeist durch Tarifvertrag direkt oder durch Bezugnahme darauf im Einzelarbeitsvertrag festgelegt, nicht durch Gesetz geregelt.

---

41 Vgl. BVerwG ZBR 85, 195, DÖV 85, 875: Trotz 8jähriger Leitung einer Abteilung (Funktion nach B 2 BBesG) hatte der Beamte (A 16 BBesG) solange keinen Anspruch auf Übertragung des entsprechenden statusrechtlichen (hier zugleich funktionsgebundenen) Amts „Abteilungsdirektor" (B 2), wie der Haushaltsgesetzgeber nicht eine Planstelle nach B 2 bereitgestellt hatte.

42 Vgl. umfassend zur Diskussion der aktuellen Konzepte *Siedentopf*, DÖV 85, 1033, bes. 1038 ff.

43 Daraus lassen sich allerdings nur selten Folgerungen ziehen (abgelehnt z. B. als sachgerechtes Differenzierungsmerkmal für eine unterschiedliche Länge der Kündigungsfristen in BVerfGE 62, 256, 276 f.).

44 Die Besonderheiten zeigen sich deutlich in der Rspr.; dazu knapp und informativ *Brill*, RiA 85, 62.

3. Angestellte werden für **bestimmte Tätigkeiten** (auch befristet) und ohne vorgesehene Aufstiegsmöglichkeiten eingestellt und eingesetzt, nicht in einer auf die gesamte Lebensarbeitszeit ausgerichteten Laufbahn ausgebildet, gefördert und befördert.

4. Auf **Dienstverfehlungen** eines Angestellten folgen Abmahnung und (nach Beteiligung des Personalrats) Kündigung, nicht aber gesetzlich geregelte Disziplinarmaßnahmen und gerichtsförmliche Disziplinarverfahren.

5. Angestellte erhalten **Vergütungen als Gegenleistung** für die erbrachte Arbeitsleistung, nicht eine nach Laufbahn und „Amt" als „angemessen" gesetzlich beurteilte Besoldung.

6. Angestellte sorgen dem Grundsatz nach selbst für ihre Versorgung durch **Versicherungsleistungen**; sie werden nicht nach dem zuletzt erreichten „Amt" (und unter Teilnahme an den an das „Amt" gebundenen Besoldungserhöhungen) durch Ruhestandsbezüge versorgt.

7. Angestellte dürfen zur Verbesserung oder Erhaltung ihrer Arbeits- und Wirtschaftslage **streiken**.

8. **Rechtsstreitigkeiten** aus dem Angestelltenverhältnis werden **vor den Arbeitsgerichten** ausgetragen, nicht vor den Verwaltungsgerichten.

4.2 Obgleich die Unterschiede im Grundsatz und formell erheblich sind, ergeben **24** sich doch faktisch und rechtlich große Ähnlichkeiten zwischen Beamtenrecht und übrigem Dienstrecht. Im Laufe der letzten Jahrzehnte sind viele Elemente des Arbeitsrechts in das Dienstrecht der Beamten eingeflossen, z. B. in der Arbeitszeitverordnung für Beamte und bei den Zulagen für besondere Tätigkeiten. Andererseits sind im Tarifvertrag Annäherungen selbst an Kernelemente des Beamtentums erfolgt, z. B. durch die sog. Unkündbarkeit von Angestellten nach 15 Dienstjahren (genauer: Ausschluß der ordentlichen Kündigung). Vor allem sind viele gesetzliche Nebenregelungen des Beamtenverhältnisses auf Angestellte anwendbar gemacht worden. **Rechtstechnisch** wird dies erreicht durch unmittelbare **Verweisung** im Tarifvertrag auf einzelne beamtenrechtliche Vorschriftenkomplexe (so im BAT z. B. bei Nebentätigkeit, Schadenshaftung, bestimmten Zulagen, Zuschlägen, Reise- und Umzugskosten) oder durch die Form einer Verweisung auf „die bei dem Arbeitgeber geltenden Bestimmungen". **Mittelbar** wird auf beamtenrechtliche Grundsätze verwiesen, wenn dieselben Sachkomplexe im Tarifvertrag geregelt werden. Das ist etwa der Fall bei Amtsverschwiegenheit, Geschenkannahme, Versetzung, Abordnung und Personalakten. Beamtenrechtliche Grundsätze gelten dann aber nur, soweit sie in den Tarifvertrag aufgenommen wurden. Die zentrale Vorschrift für den täglichen Dienstbetrieb, die beamtenrechtliche Pflichten und Rechte mittelbar auf Angestellte überträgt, ist § 8 Bundesangestelltentarifvertrag (BAT):

(1) Der Angestellte hat sich so zu verhalten, wie es von Angehörigen des öffentlichen Dienstes erwartet wird. Er muß sich durch sein gesamtes Verhalten zur freiheitlichen demokratischen Grundordnung im Sinne des Grundgesetzes bekennen.

(2) Der Angestellte ist verpflichtet, den dienstlichen Anordnungen nachzukommen. Beim Vollzug einer dienstlichen Anordnung trifft die Verantwortung denjenigen, der die Anord-

nung gegeben hat. Der Angestellte hat Anordnungen, deren Ausführung — ihm erkennbar — den Strafgesetzen zuwiderlaufen würde, nicht zu befolgen. (Vgl. dazu im BBG §§ 52 II und 54—56.)

25 Diese Regelung zeigt deutlich das Ausmaß der Besonderheit eines Dienstverhältnisses bei einem öffentlich-rechtlichen Arbeitgeber. Auch der **Angestellte** übt ein „öffentliches Amt" i. S. d. Art. 33 II GG aus (BAG AP Nr. 1 zu § 33). Mit der Generalklausel in § 8 I S. 1 BAT wird eine **Interpretation** der Verhaltenspflichten möglich, die den Pflichten entspricht, die für die Beamten durch Rechtsprechung und Praxis aufgrund der Beamtengesetze und der Disziplinarordnungen entwickelt worden sind[45]. Ob dies mit dem privatrechtlichen Status der Angestellten vereinbar ist, muß bei den **außer**dienstlichen Pflichten in Frage gestellt, jedenfalls stets sorgfältig in seinen Auswirkungen auf das konkrete Tätigkeitsfeld des Angestellten untersucht werden, z. B. bei der in § 53 BBG normierten Pflicht zu politischer Mäßigung und Zurückhaltung oder der aus § 54 S. 3 BBG gewonnenen Pflicht zur Beachtung der Gebote des Anstands und der guten Sitten (Trunkenheit, strafbar unsittliches Verhalten). Bei den **inner**dienstlichen Pflichten ist die — auch automatische — Angleichung des Dienstrechts der Angestellten an das der Beamten weniger problematisch: kollegiale Zusammenarbeit, das Verbot von Beleidigungen, die unparteiische, gerechte, dem Bürger gegenüber höfliche und hilfsbereite Erledigung der Dienstaufgaben sowie das Verbot des Mißbrauchs der Vorgesetztenstellung sind Allgemeingut des öffentlichen Dienstes. Bemerkenswert bleibt aber die (gegenüber dem Beamten) eingeschränkte Pflicht des Angestellten, sich durch sein gesamtes Verhalten zur freiheitlichen demokratischen Grundordnung zu bekennen (nicht auch: „für deren Erhaltung einzutreten", § 52 II BBG[46]).

26 Anders als der Beamte aus § 56 II S. 1 BBG (sog. Remonstrationspflicht; näher Rdnr. 115) hat der Angestellte nicht die (sanktionsbewehrte) Pflicht, Bedenken gegen die Durchführung einer Anordnung geltend zu machen. Er darf die Anordnung ausführen, es sei denn, dies würde gegen strafrechtliche Normen verstoßen. Berechtigt zur Anmeldung von Bedenken bleibt allerdings auch der Angestellte. In der Frage, ob die Ausführung einer als offensichtlich rechtswidrig erkannten Weisung seine eigene Menschenwürde (blinder Gehorsam) oder die von Betroffenen verletzt, besteht gar kein Unterschied zum Beamtenrecht. Im übrigen gelten im gesamten Dienstrecht die allgemeinen **Rechtsgrundsätze der Unzumutbarkeit, der Unmöglichkeit** einer Leistung und **des subjektiven Unvermögens.** Sie können die Dienstausübungspflicht und die Gehorsamspflicht im Einzelfall begrenzen, z. B. bei grobem Mißverhältnis zwischen Aufwand und Zweck bzw. beim Verlangen nach Problembearbeitung unter gleichzeitigem Vorenthalten notwendiger Aktenstücke bzw. bei einer Anordnung zur Gerätenutzung ohne vorherige Einweisung.

27 Die Tarifverträge der **Arbeiter** tragen ihrer in aller Regel mehr körperlichen und weisungsunterworfenen Arbeitsleistung durch dementsprechend formulierte Pflichten

---

45 Vgl. z. B. BAG NJW 82, 2888 f.
46 Vgl. die differenzierende Rspr. des BAG, zuletzt NJW 83, 779 und 782, NJW 85, 507; anders dagegen BVerwGE, NJW 85, 503; wie das BAG auch das BSG, zuletzt in ZBR 86, 121: Treuepflicht nach Maß der „in politischer Hinsicht zu stellenden Anforderungen aus dem jeweiligen Amt" (bei Fernmeldehandwerker als Funktionär der den gewaltsamen Umsturz des Staatsapparates befürwortenden KBW erlauben die Sicherheitsbedürfnisse der Bundespost eine ordentliche Kündigung).

Rechnung. Gelegentlich enthalten diese Tarifverträge allerdings Klauseln, die nur in verfassungskonformer Auslegung mit den Grundrechten vereinbar sind, z. B. § 13 MTB II: „Nebentätigkeiten gegen Entgelt darf der Arbeiter nur ausüben, wenn der Arbeitgeber seine Zustimmung erteilt hat."

II. Grundrechte und Beamtenpflichten

1. Grundfragen

Aufgrund der öffentlich-rechtlichen Grundlage seines Dienstverhältnisses befindet **28** sich der Beamte — verglichen mit dem Unterworfensein aller Bürger unter die für alle geltenden Gesetze — in einem rechtlichen **Sonderverhältnis** zum Staat. Insofern ist sein Status vergleichbar dem des Schülers (im staatlichen Schulsystem), des wehrpflichtigen Soldaten oder (so das drastische Beispiel in der Literatur) des Strafgefangenen. Diesen Sonderstatus meint die juristische Kurzformel „Besonderes Gewaltverhältnis" auch heute noch. Damit ist jedoch nicht gemeint, daß im Rahmen des besonderen Gewaltverhältnisses/Sonderstatus, des Sonderrechtsverhältnisses oder der Sonderrechtsbindung — die Begriffe variieren nach der Schwerpunktsetzung des jeweiligen Autors — die **Grundrechte** nicht ausgeübt werden könnten. Sie gelten vielmehr nach heute fast allg. Ansicht grundsätzlich auch im Beamtenverhältnis[47], und zwar stets dann, wenn — wie es die Staatsgerichtetheit der Grundrechte voraussetzt — der Beamte als Person (und nicht nur in seiner Eigenschaft als sog. Amtswalter) berührt ist[48]. Die Frage ist lediglich, ob, warum und inwieweit Grundrechte über ihre aus dem jeweiligen Grundrechtsartikel selbst erkennbaren Einschränkungsmöglichkeiten hinaus **zusätzlich** begrenzt werden dürfen.

1.2 Nach **früher** überwiegender Ansicht sind die Grundrechte im Rahmen und durch **29** die Inhalte der hergebrachten Grundsätze des Berufsbeamtentums einschränkbar. Gründe: Diese Grundsätze hätten selbst Verfassungsrang und stellten spezielle Vorbehaltsregeln gegenüber allen Grundrechten dar. Oft wird dabei stillschweigend davon ausgegangen, daß die hergebrachten Grundsätze in gesetzlichen Regelungen ihren Niederschlag gefunden und nur in dieser Ausgestaltung einschränkend wirken. Die **heute** wohl **herrschende Meinung** in der Lehre bezieht sich nicht auf die hergebrachten Grundsätze im einzelnen, sondern hält generell Begrenzungen der Grundrechte **aus der Funktion** des Beamtenverhältnisses für möglich: Das Beamtenverhältnis sei als Sonderstatusverhältnis in der Verfassung anerkannt (Art. 33 IV, V). Es gehöre zur verfassungsmäßigen Ordnung und konstituiere damit ebenso wie die Grundrechte selbst das Ganze der Ordnung des Grundgesetzes. Infolgedessen könne

---

47 Trotz unterschiedlicher Ansätze besteht insoweit Einigkeit; zusammenfassend *Stern*, Staatsrecht I, S. 378 f.; grundsätzlich anders noch *Wiese*, Beamtenrecht, S. 24—26, 39/40: Mit der freiwilligen Übernahme eines öffentlichen Amts habe der Beamte seine Ausgangsgrundrechte der Berufswahl „verbraucht" und sei nun auf die Möglichkeiten beschränkt, die ihm das Recht des Amtes eröffnen. Über den Stand der derzeitigen Diskussion berichtet knapp und präzise *Achterberg*, DÖV 86, 302—304; umfassend kritisch jetzt *Luthe*, DVBl 86, 440.

48 Zu dieser, prozessual entscheidenden Abgrenzung siehe Rdnr. 147—150.

es, soweit es seine Eigenart überhaupt erfordere, die Grundrechte begrenzen. Inwieweit dies geschehe, sei eine Frage der **praktischen Konkordanz**, d. h. der verhältnismäßigen Zuordnung, die beiden (Grundrecht und Sonderstatusverhältnis) zu optimaler Wirksamkeit verhilft. Allerdings seien schon die begrenzenden Sonderstatusverhältnisse „im Lichte der Grundrechte" zu sehen und die Berücksichtigung der Grundrechte im Rahmen des Möglichen geboten[49].

30 Im Rahmen dieser Grundauffassung wird mit Hilfe weiterer **Maßstäbe** versucht, die Reichweite möglicher Grundrechtseinschränkungen allgemein festzulegen. Dabei sind zwei unterschiedliche Ansätze erkennbar: Entweder wird der Maßstab benutzt, um zu Grundrechtseinschränkungen zu ermächtigen (Sicht des Staates, Formulierung: „soweit erforderlich"), oder der Maßstab wird benutzt, um die Grenze der Grundrechtsausübung zu bestimmen (Sicht des Bürgers, Formulierung: „nur, wenn unvereinbar mit"). Als Maßstäbe sind vorgeschlagen worden:

1. das Prinzip der **Funktionsfähigkeit** des öffentlichen Dienstes, das je nach Formulierung (a) eine potentiell weite Einschränkung der Grundrechte ermöglicht (Einschränkung, soweit es die Funktionsfähigkeit erfordert) oder (b) nur eine äußere Grenze der Grundrechtsausübung im Sonderstatus markiert (Einschränkung nur, wenn sonst die Funktionsfähigkeit nicht mehr gewährleistet ist),

2. das Prinzip der **Erforderlichkeit,** das (a) in seiner allgemeinen Form Einschränkungen bis zur äußersten Grenze des Wesensgehalts eines Grundrechts (Art. 19 II) ermöglicht, das (b) in seiner qualifizierten Form aber Einschränkungen nur soweit für erforderlich erklärt, als durch die Geltendmachung der Grundrechte die Funktion des Sonderstatusverhältnisses unmöglich gemacht wird (erforderlich nur, wenn Aufgabenerfüllung nicht mehr möglich).

31 Abweichend von diesen Grundpositionen, welche Grundrechtseinschränkungen durch andere, in der Verfassung anerkannte Institute oder Grundsätze für möglich halten, ist eine gewichtige **Mindermeinung** der Auffassung, daß seit der Rechtsprechung des BVerfG zur Geltung der Grundrechte in Strafvollzug und Schulverhältnis und der dementsprechenden Notwendigkeit gesetzlicher Regelungen für jegliche Grundrechtseinschränkung heute davon auszugehen ist, daß die Ausübung von Grundrechten im Beamtenverhältnis **allein aufgrund gesetzlicher Regelungen** beschränkt werden darf[50]. Gesetzliche Regelungen bestehen gerade im Beamtenverhältnis in weitem Umfang. Daher ist nach dieser Auffassung jeweils nur zu fragen, ob das Ausmaß der vorhandenen gesetzlichen Einschränkungen als solche und das Ausmaß der konkreten Einschränkung aufgrund einer gesetzlichen Regelung im Einzelfall mit den Wertungen des GG und insbesondere des betroffenen Einzelgrundrechts vereinbar ist.

Diese Prüfung des verfassungsrechtlich zulässigen Ausmaßes eröffnet allerdings die Möglichkeit, die bekannten allgemeinen Maßstäbe als Wertungen des GG anzusehen, d. h. die Funk-

---

49 Vgl. grundlegend *Hesse,* Verfassungsrecht, § 10 III 2 i. V. m. II 2.
50 Repräsentativ hierfür *Battis* BBG § 2 2d; vgl. auch *Schenke,* Fälle zum Beamtenrecht, 1986, Fall 14, S. 78 f., mit Hinweis auf das durch Art. 1 I GG wesentlich mitgeprägte Menschenbild des GG.

tionsfähigkeit des öffentlichen Dienstes und die Erforderlichkeit von Einschränkungen als begrenzende Grundlage der gesetzlichen Ermächtigung zu verstehen[51].

Das **BVerfG** kommt mit einer dogmatisch weit ausholenden Begründung zu einer **32** mittleren Position: Der Beamte steht zwar „im Staat" und ist deshalb mit besonderen Pflichten dem Staat gegenüber belastet. Zugleich ist er Bürger, der seine Grundrechte gegen den Staat geltend machen kann. Daher treffen sich in seiner Person zwei Grundentscheidungen des GG: die Garantie der individuellen Freiheit und die Garantie eines für die Erhaltung dieser Freiheit unentbehrlichen Staatsapparats mit Berufsbeamten. Die **Lösung** liegt für das BVerfG in einer auf den Einzelfall abgestellten Konkretisierung nach der Formel: Es sind **nur solche Grundrechtsbeschränkungen zulässig, die durch Sinn und Zweck des konkreten Dienst- und Treueverhältnisses des Beamten gefordert werden**[52].

Damit wird zu Recht auf die **konkrete Beeinträchtigung des** jeweiligen **Grundrechtsträgers** abgehoben. Das BVerfG hat bisher jedoch nicht erkennen lassen, ob stets eine gesetzliche Ermächtigung vorliegen muß. Sein Ansatz erlaubt es, dies nicht zu fordern; denn anders als bei Strafgefangenen oder Schülern zwingt der Staat dem Beamten die Sonderrechtsstellung als solche nicht auf (kein genereller „Eingriff" in die Freiheit). Dennoch kommt es entscheidend auf eine funktionsgerechte Konkretisierung im Einzelfall an. In aller Regel stehen dafür gesetzliche Normierungen des Beamtenrechts zur Verfügung. Sie müssen allerdings „aus der Erkenntnis der wertsetzenden Bedeutung" des jeweiligen Grundrechts „für den freiheitlichen demokratischen Staat ausgelegt werden"[53]. Zuletzt ist ein Vorprüfungsausschuß des BVerfG methodisch so vorgegangen[54]:

> Wie jeder Staatsbürger genießt auch der Richter den Schutz der Meinungsäußerungsfreiheit. Er kann sich insbesondere politisch betätigen und hierzu seine Auffassung in Wort und Schrift äußern und vertreten. Das Grundrecht der freien Meinungsäußerung ist aber bei Beamten und Richtern nur insoweit gewährleistet, als es nicht unvereinbar ist mit dem in Art. 33 V GG verankerten, für die Erhaltung eines funktionsfähigen Berufsbeamtentums und einer intakten Rechtspflege unerläßlichen Pflichtenkreis (vgl. *BVerfGE* 39, 334 [367] = NJW 1975, 1641). Zu diesen Pflichten zählt vor allem, daß der Richter sein Amt politisch neutral als Diener des Rechts wahrzunehmen hat . . . Meinungsäußerungen eines Richters in der Öffentlichkeit sind danach verfassungsrechtlich nur dann durch Art. 5 I GG geschützt, wenn sie nicht mit dieser aus der besonderen Stellung des Richters folgenden, durch Art. 33 V GG gebotenen Pflicht zur Zurückhaltung, wie sie in § 39 DRiG Ausdruck findet, unvereinbar sind. Dabei ist jeweils im konkreten Fall die Vereinbarkeit oder Unvereinbarkeit einer Äußerung des Richters mit seinen Dienstpflichten nach dem Grundsatz, daß rechtlich begründete Grenzen des Art. 5 GG im Lichte des durch sie begrenzten Grundrechts auszulegen sind, zu entscheiden. In diesem Sinne sind die mit Art. 33 V GG in Einklang stehenden Regelungen des Beamten- und Disziplinarrechts allgemeine Gesetze nach Art. 5 II GG (vgl. *BVerfGE* 39, 334 [366 f.]).

---

51 Vgl. dazu näher *Schnapp,* ZBR 77, 208 ff., und *Merten,* in: FS Carstens, 1984, S. 721 ff. (bes. anschaulich S. 736 f., 741 f.).
52 Vgl. grundlegend BVerfGE 19, 303, 322, und E 39, 334, 366 f.
53 Insofern grundlegend BVerfGE 28, 191, 202, zu Art. 5 I.
54 BVerfG (Vorprüfungsausschuß) NJW 83, 2691.

2. Meinungsfreiheit, Verfassungstreue, Streikverbot

33 2.1 Grundrechtliche Bezugspunkte ergeben sich beispielsweise:

— zu Art. 2 I i. V. m. Art. 1 I in der Personalverwaltung durch Fragebogenaktionen[55],

— zu Art. 2 I bei besonderem Haarschnitt oder Tragen von Schmuck zur Dienstkleidung[56];

— zu Art. 2 I und Art. 12 bei der Einschränkung von Nebentätigkeiten[57];

— zu Art. 2 II durch den beruflich geforderten Einsatz von Leben und Gesundheit (z. B. Polizeibeamte, Ärzte), der auf § 54 BBG bzw. § 36 BRRG beruht;

— zu Art. 4 bei bestimmten Dienstpflichten (z. B. Waffenpflicht für Kripobeamtin)[58];

— zu Art. 6 I und Art. 11 bei „dienstlichem Bedürfnis", das zur Beeinträchtigung von Ehe- und Familienleben führt (§§ 26, 27, 74, 75 BBG: Versetzung, Abordnung, Pflicht zum Wohnen in Gemeinschaftsunterkunft oder nahe der Dienststelle, spezielle Aufenthaltspflicht[59];

34 Die Freiheit zur **Meinungsäußerung** (Art. 5) steht dem Beamten **auch im Dienst** zu. Die Beamtengesetze sind aber allgemeine Gesetze i. S. d. Art. 5 II, so daß schon die allgemeinen Pflichten des § 52 BBG (unparteiische Aufgabenerfüllung, Bedachtnahme auf das Wohl der Allgemeinheit, Eintreten für die fdGO) und die Verhaltenspflicht des § 54 BBG („der Achtung und dem Vertrauen gerecht werden, die sein Beruf erfordert") die Freiheit des Beamten, seine private Meinung auch im Dienst zu äußern, begrenzen. Allerdings müssen diese gesetzlichen Pflichten ihrerseits „im Lichte des sie begrenzenden Grundrechts", also des Art. 5, ausgelegt (d. h. abstrakt konkretisiert) worden sein, bevor sie die Grundlage bilden, für eine konkrete Beschränkung der Meinungsäußerungsfreiheit des Beamten im Einzelfall. Als problematisch hat sich insofern weniger die argumentative Auseinandersetzung als das Bekennen politischer Überzeugungen durch **Plakettentragen** im Dienst erwiesen. Eine Anti-Atomkraft-Plakette am Jackett eines Lehrers (pädagogische Amtsautorität) ist dabei anders zu werten als am Jackett eines Professors oder eines (nicht-uniformierten) Postbeamten[60]. Trotz des religiösen Einschlags gilt dasselbe für das Tragen bhagwan-typischer Kleidung oder Abzeichen[61].

Diese, gelegentlich als „Wechselwirkung" bezeichnete Konkretisierung einer gesetzlichen Norm im grundrechtsrelevanten Bereich ist besonders zu beachten bei Vorschriften, die das Verhalten des Beamten **außerhalb des Dienstes** regeln; so bei § 54

---

55 Vgl. BVerwG DVBl 78, 1001 m. Anm. *Wiese,* BVerfGE 36, 53.
56 Vgl. VG Berlin ZBR 84, 142 (Halskette bei Polizeibeamten); aber VG Freiburg ZBR 85, 340 (kein Ohrschmuck bei Zollbeamten).
57 Vgl. BVerwGE 35, 201, 205 ff.; näher Rdnr. 126.
58 Vgl. BVerwGE 56, 227 = RiA 79, 78 m. Anm. *Lisken;* kein Sonderurlaub für „Kirchentag" einer nicht öffentlich-rechtlichen Religionsgemeinschaft: BVerwG ZBR 85, 108 (Johannische Kirche).
59 Vgl. dazu *Forsthoff,* DÖV 65, 619 f.; DÖV 66, 87.
60 Vgl. dazu *Lisken,* NJW 80, 1503 f.; *Suhr,* NJW 82, 1065 ff; anders das Plakettentragen von Schülern; zur pol. Mäßigung von Lehrern in der Schule VGH BW NJW 85, 1661.
61 Vgl. VG München und OVG Hamburg ZBR 85, 82 bzw. 92; BayVGH ZBR 86, 82.

und § 53 BBG. Politische (parteipolitische, gewerkschaftliche, sozialpolitische, wirtschaftspolitische etc.). Kritik an der Regierung oder dem politischen Gesamtsystem durch einen Staatsbürger, der zugleich Beamter ist, kann angesichts der überragenden Bedeutung der Meinungsäußerungsfreiheit für den freiheitlichen demokratischen Staat erst dann als nicht mehr zulässig angesehen werden, wenn bei objektiver Betrachtungsweise für einen durchschnittlichen Mitbürger der Eindruck entstehen muß, daß der außerdienstlich kritisierende Beamte seine Aufgaben im Dienst nicht mehr pflichtgemäß ausüben wird [62]. Dies wird nur in seltenen Fällen zutreffen. Eine weitergehende außerdienstliche Pflicht zur Zurückhaltung, allein weil der Beamte in einem Sonderrechtsverhältnis zum Staat steht, wäre mit Art. 5 nicht vereinbar (vgl. § 77 I S. 2 BBG). Übt der Beamte allerdings sein Recht zur Führung seiner Amtsbezeichnung im Meinungsstreit außerhalb des Dienstes so aus, daß dadurch die Wirkung seiner (privaten) Meinungsäußerung gesteigert wird — sog. **Amtsbonus** —, muß er sich strengeren Maßstäben unterwerfen, als wenn er lediglich seinen bürgerlichen Namen verwendet (Maßstab: Mäßigungspflicht in §§ 53 BBG, 39 DRiG)[63].

Problematisch ist es, wenn der Beamte außerhalb des Dienstes Kritik äußert, die auf speziellen **35** Kenntnissen beruht, die er im Dienst erworben hat. Hier ist § 61 I BBG (**Amtsverschwiegenheit**) als Sondernorm zu beachten. Danach dürfen zwar offenkundige oder ihrer Bedeutung nach keiner Geheimhaltung bedürftige Tatsachen[64], auch wenn sie dem Beamten erst bei seiner dienstlichen Tätigkeit bekannt geworden sind, durchaus außerdienstlich verbreitet werden. Ob es aber erlaubt ist, Tatsachen, die danach der Verschwiegenheitspflicht zu unterliegen scheinen, dennoch bekannt zu machen, ist durch verfassungsrechtliche Konkretisierung unter Beachtung auch von Abs. IV des § 61 (Tätigwerden bei Gefährdung der fdGO) zu ermitteln[65]. Um eine dizplinarisch bedeutsame sog. **Flucht in die (nichtdienstliche) Öffentlichkeit** handelt es sich dabei nur, wenn dies mit dem Ziel geschieht, von außen her auf den Dienstherrn Einfluß zu nehmen („Druckerzeugung")[66]. Unterliegt nun eine Tatsache der (verfassungskonform konkretisierten) Verschwiegenheitspflicht, so darf sie selbst dann nicht bekanntgegeben oder in Behauptungsform verbreitet werden, wenn sie geeignet ist, einer Meinungsäußerung Substanz zu verleihen[67]. Diese Verschwiegenheitspflicht, die dem Schutz dienstlicher Belange dient, ist von den *Geheimhaltungspflichten* zu unterscheiden, die die privaten und geschäftlichen Daten des Bürgers schützen (§§ 30 VwVfG, 35 SGB-AT, 30 AO).

Bei Betätigungen nach Art. 9 III besteht eine besondere Rechtslage: Das Grundrecht **36** der **Koalitionsfreiheit** (lex specialis zu Art. 5) umfaßt nach h. M. auch das sog. Koa-

---

62 Vgl. dazu Protest gegen Kernkraftwerke: Beschwerdebescheid, DVBl 81, 505 f.; Beteiligung an Demonstrationen: BVerwG JZ 74, 25 ff. m. Anm. *Kröger;* Übergabe einer Petition der Friedensbewegung durch Offizier in Zivil: BVerwG NJW 85, 160; Leserbrief: BVerwG NJW 85, 1658.

63 Vgl. BVerfG — Vorprüfungsausschuß — NJW 83, 2691 (Richter am AG, der in Zeitungsanzeige das LAG um bestimmte Entscheidung ersucht), und dagegen die folgenreich differenzierend auf die Dienstbezogenheit abstellende Analyse in VG SchlH ZBR 85, 149 (Anzeige eines Richters am LG gegen Raketenstationierung); anders wiederum OVG Lbg NJW 86, 1126. Neuestens: BVerwG JZ 86, 537 m. Anm. *Plander* (Berufsoffizier bei Friedensdemonstration — unbedenklich — und als Redner — Verstoß gegen Mäßigungspflicht, weil Rede plakativ, einseitig, ehrverletzend war).

64 Vgl. dazu *Battis* BBG § 61 3.

65 Vgl. BVerfGE 28, 191, 202; HessVGH ZBR 78, 378 m. Anm. *Windscheid;* fragwürdig BVerwG DVBl 83, 505.

66 Dazu umfassend *H.-D. Weiß*, ZBR 84, 129 (vgl. methodisch aber unten Rdnr. 133). Soweit hier wie in GKÖD, Bd. II (Disziplinarrecht), J 630, allerdings auf eine „Güterabwägung" zwischen Art. 5 und den „den Beamten nach Art. 33 V verfassungsfest bindenden Pflichten" abgestellt wird, kann dem nicht gefolgt werden (vgl. Rdnr. 32: Meinungsfreiheit, soweit nicht unvereinbar mit . . .).

67 So mit Recht BVerwGE 37, 265, 267—269.

litionswirken (gewerkschaftliche Betätigung, insbes. Werbung). Es geschieht zur Förderung und Wahrung der Arbeits- und Wirtschaftsbedingungen und ist grundsätzlich während des Dienstbetriebs zulässig, und zwar nicht nur vor Personalratswahlen. Inwieweit das Grundrecht dennoch durch Gesetz begrenzt werden kann, ist mit Hilfe der oben aufgezeigten, im Verfassungsrecht gründenden Methoden zu ermitteln[68]. In Anwendung gesetzlicher Normen ist nach der konkreten Betrachtungsweise des BVerfG das Koalitionswirken solange zu gewährleisten, wie es nicht unvereinbar ist mit den dienstlichen Pflichten des Beamten bzw. wie nicht die Funktionsfähigkeit der konkreten Dienststelle beeinträchtigt wird. **Beispiele:** Beschränkungen als Mitglied der Personalvertretung, als Leiter der Dienststelle, als Ausbildungsleiter für Beamtenanwärter.

37 2.2. Umstritten ist die rechtliche Behandlung des Erfordernisses der **Verfassungstreue** bei den Angehörigen des öffentlichen Dienstes. Das BVerfG hat in seiner Entscheidung zum sog. Radikalen-Erlaß dazu mit Recht erklärt, daß dem Beamten eine besondere Treuepflicht gegenüber Staat und Verfassung obliegt, die sich aus Art. 33 IV, V GG ergibt und zusätzlich in Art. 5 III (Treue zur Verfassung trotz Freiheit der Lehre) niedergelegt ist. Wörtlich führt es aus:

> Gemeint ist damit nicht eine Verpflichtung, sich mit den Zielen oder einer bestimmten Politik der jeweiligen Regierung zu identifizieren. Gemeint ist vielmehr, sich mit der Idee des Staates, dem der Beamte dienen soll, mit der freiheitlichen demokratischen, rechts- und sozialstaatlichen Ordnung dieses Staates zu identifizieren. Die politische Treuepflicht — Staats- und Verfassungstreue — fordert mehr als nur eine formal korrekte, im übrigen uninteressierte, kühle, innerlich distanzierte Haltung gegenüber Staat und Verfassung; sie fordert vom Beamten insbesondere, daß er sich eindeutig von Gruppen und Bestrebungen distanziert, die diesen Staat, seine verfassungsmäßigen Organe und die geltende Verfassungsordnung angreifen, bekämpfen und diffamieren (BVerfGE 39, 334, 347 f.).

38 Diese politische Treuepflicht, die eine Distanzierung von jeglichem, also auch verbalem Angriff auf die verfassungsmäßige Ordnung (als solche) verlangt, läßt sich allerdings **nicht** als hergebrachter Grundsatz des Berufsbeamtentums begründen, da sie so während der Weimarer Republik gerade nicht bestand[69]. Sie folgt auch **nicht** zwingend aus der Grundentscheidung des GG für eine wehrhafte (streitbare, wertgebundene) Demokratie, weil die diese Grundentscheidung begründenden Normen des GG nur das aktiv die Verfassung stürzende, ihr Funktionieren beeinträchtigende Verhalten betreffen[70]. Eine besondere **Treuepflicht** des Beamten ergibt sich **jedoch aus der Funktion des Berufsbeamtentums,** die in Art. 33 IV zum Ausdruck kommt: Sicherung der Erfüllung der hoheitlichen Aufgaben des Staates, die im Kern Schutz der Gesellschaft und des einzelnen Bürgers vor unrechtmäßigen Übergriffen bedeuten, sowie Erhaltung der demokratisch organisierten Gemeinschaft. Diese Aufgaben können nur Personen erfüllen, die durch ihr gesamtes Verhalten die grundlegende Ordnung des GG anerkennen und aktiv für deren Erhaltung eintreten. Dies formuliert § 52 II BBG. Es gilt, jedenfalls bei hoheitlichem Aufgabenbereich, auch für die Angestellten. Darüber hinaus verlangt das Treueverhältnis von allen Beamten, daß

---

68 Vgl. grundlegend BVerfGE 28, 295 (303—310), und E 19, 303 (320—323).
69 Vgl. *Battis* BBG § 7 3a.
70 Vgl. Art. 18, 9 II, 98 II, 91 I, 21 II GG; ferner das sog. KPD-Urteil BVerfGE 5, 85, 137—142.

sie ihren Dienst **parteipolitisch neutral** verrichten, d. h. unter jeder verfassungsmäßig zustande gekommenen Regierung loyal ihre Pflichten erfüllen. Insofern hat das Berufsbeamtentum durchaus die „Aufgabe, im politischen Kräftespiel eine stabile und gesetzestreue Verwaltung zu sichern"[71]. **Dagegen** vermag die anfangs auch vom BVerfG zusätzlich genannte[72], aber eher politikwissenschaftliche Zweckbestimmung, daß das Berufsbeamtentum durch eine auf Sachwissen, fachlicher Leistung und loyaler Pflichterfüllung gegründete stabile Verwaltung „einen ausgleichenden Faktor gegenüber den das Staatsleben gestaltenden politischen Kräften" darstellen soll[73], die Treuepflicht als Rechtspflicht nicht näher zu bestimmen.

Während die beamtenrechtliche Treuepflicht als solche unbestritten ist, bestehen **39** über ihre Struktur durchaus unterschiedliche Auffassungen. Rspr. und h. M. interpretieren die Treuepflicht — wie aufgezeigt — statusrechtlich („identifikatorisch"), während die Mindermeinung einen amtsbezogen-funktionalen Ansatz („Dienst- und Gesetzlichkeits-Modell") vertritt[74]. Infolgedessen kann die rechtliche Behandlung der „Radikalen" im einzelnen noch keineswegs als ausdiskutiert gelten[75]. Fraglich ist insbesondere, welche politischen Aktivitäten eines Beamten außerhalb seiner Dienstzeit die dienstliche Treuepflicht beeinträchtigen. Die **Rspr.** ist der Auffassung, daß jedenfalls aktives Tätigsein in einer sog. verfassungsfeindlichen Partei (z. B. DKP) einen **Mangel an persönlicher Eignung** für den Dienst als Beamter begründet. Deshalb führe ein bereits als Beamter tätiger Staatsbürger durch Aktivitäten in einer Kaderpartei seine mangelnde Eignung pflichtwidrig herbei (grundlegend das sog. Peter-Urteil[76] des Disziplinarsenats des BVerwG). Ein Bewerber für den Beamtendienst zeige durch derartige Aktivitäten, daß er nicht die Gewähr dafür bietet, daß er jederzeit für die freiheitliche demokratische Grundordnung eintritt (§ 7 Nr. 2 BBG), allerdings sei dieser (auf die Persönlichkeit des Bewerbers bezogenen) Eignungsprognose eine Beurteilungsermächtigung des Dienstherrn immanent[77].

Damit ist aber lediglich die Grundposition festgelegt. Diskutiert wird, ob die Treue- **40** pflicht für Beamte in verschiedenen Funktionen unterschiedlich bestimmt werden kann. Das **BVerfG** hat eine **Differenzierung** der grundlegenden Verfassungstreue „je nach Art der dienstlichen Obliegenheiten" mit Recht **verneint** (BVerfGE 39, 334, 355). **Dennoch** erscheint es möglich, bei der **Feststellung der Verfassungstreue** und bei der **Behandlung von Verstößen gegen Verhaltenspflichten**, aus denen auf einen Mangel an Verfassungstreue als Merkmal persönlicher Diensteignung geschlossen werden könnte, differenziert zu verfahren, sofern am Erfordernis der Verfassungstreue des Beamten als solcher (keine „Verfassungsfeindschaft") nicht gerüttelt wird. So ist bei der Anwendung der vom BVerfG gebrauchten Begriffe sehr sorgfältig zu untersuchen, wogegen sich der Betroffene ausgesprochen hat: ob er tatsächlich die

---

71 St. Rspr., zuletzt BVerfG DÖV 85, 1059 („Schulleiter auf Zeit").
72 So z. B. BVerfGE 7, 155 (162); 8, 1 (16); 11, 203 (216 f.); aber E 39, 196 (201); 44, 249 (265).
73 So in st. Rspr. BVerwG, zuletzt DVBl 83, 508.
74 Deutlich akzentuierend dazu *Rottmann*, ZRP 84, 97.
75 So mit Recht *Battis*, NJW 84, 1334.
76 BVerwGE 73, 263; näher dazu *Battis*, NJW 82, 975 f.; umfassend krit. *Meier/Wollenteit*, KJ 83, 22; in Fortführung der Rspr. das sog. Meister-Urteil, BVerwG NJW 85, 503.
77 Vgl. zuletzt BVerwG NJW 85, 506; zur Frage der Grundrechte und der Abgrenzung der Auszubildungsverhältnisse grundlegend BVerwGE 47, 330.

verfassungsmäßige Ordnung als solche „bekämpft", ob er „diffamiert", wann und warum er „Angriffen" oder „Diffamierungen" nicht entgegentritt, ob er (gerade wegen bestimmter objektiv feststellbarer „verfassungsfeindlicher" Ziele, z. B. von DKP und NPD) sich der „Verfassungsfeindlichkeit" seiner eigenen Aktivitäten bewußt ist[78].

Der Gesetzentwurf des Bundesinnenministers vom 26. 3. 1982, der für die **Feststellung eines Dienstvergehens** „Gewicht und Evidenz der Pflichtverletzung" verlangte und außerdienstlich nach „Art und Ausmaß des Verhaltens sowie die dem Beamten übertragenen Aufgaben" differenzierte, wäre verfassungswidrig, stellte er die Verfassungstreue als Gesinnungs(Eignungs-)merkmal in Frage. **Zulässig** ist aber **auch** bei Zugrundelegung des „identifikatorischen" Treueverständnisses der Rspr. die Regelung disziplinarischer Ahndung einzelner pflichtwidriger Verhaltensweise[79]. Schon nach geltendem Recht ist das Verhalten außerhalb des Dienstes (bei gleicher grundsätzlicher Bejahung der verfassungsmäßigen Ordnung) **differenziert zu beurteilen:** Je nach seinem persönlichen Status (Regierungsrat/Sekretär) und seinem Tätigkeitsbereich (Polizei/Sozialamt) hat der Beamte unterschiedlich aktiv in Form und Ausmaß für die freiheitliche demokratische Grundordnung einzutreten, um seine außerdienstlichen Verhaltenspflichten zu erfüllen (§ 77 I S. 2 BBG). Auch eine differenzierte Verfahrensweise bei der Feststellung der Verfassungstreue von Einstellungsbewerbern ist zulässig: Eine automatische Überprüfung (Regelanfrage bei den Behörden des Verfassungsschutzes) kann auf bestimmte Hoheitsbereiche oder nur die Sicherheitsprüfung beschränkt werden, sofern stets angefragt wird, wenn Aktivitäten während der Referendarzeit oder der Probezeit Anlaß zur Einzelfallprüfung geben[80].

41 Um die Einzelfragen bei der **Feststellung der Verfassungstreue** wird noch immer heftig gestritten. Hauptstreitpunkte sind:

1. Liegt eine Pflichtverletzung schon in der (bloßen) Mitgliedschaft in einer von den Behörden als verfassungsfeindlich bezeichneten Partei oder Vereinigung?

2. Wann verfolgt eine Organisation verfassungsfeindliche Ziele?

3. Identifiziert sich ein Parteimitglied automatisch mit den offiziellen Zielen seiner Partei? Begründet Mitgliedschaft also Zweifel an seiner Verfassungstreue? Muß er nachweisen, daß er im Rahmen der Partei andere Ziele verfolgt?

4. Gelten dieselben Regeln für: Mandatsträger einer Partei, Vorstandsmitglieder einer Organisation, örtliche Vorstandsmitglieder?

5. Sind geringere Anforderungen an Bewerber für den Vorbereitungsdienst (Referendare) zu stellen? Ist die Bewertung ihrer vorangegangenen Handlungen (als Schüler, Student) anders vorzunehmen als spätere Handlungen?

Antworten hierauf bedürfen des genauen Studiums der Rechtsprechung[81] und eigener Überlegungen zu den Grundbedingungen unserer verfassungsmäßigen Ordnung[82]. Dabei können Schlüsse auch aus der Entscheidung des BVerfG zur Prüfung

---

78 Vgl. BVerwGE 61, 176 u. 200; 62, 267 (274 f.); BVerwG NJW 84, 813.

79 Dies wird im Streit um die Grundpositionen zumeist übersehen; vgl. nur *Rottmann* (Anm. 74) mit *Scholz,* ZBR 82, 129.

80 Vgl. dazu *Battis* BBG § 7 2 d zu ee.

81 Neben den Entscheidungen zu Rdnr. 39, 40 siehe die Nachweise bei *Battis,* NJW 83, 1770; 84, 1334; *H.J. Becker,* RiA 83, 223 f.

82 Vgl. dazu BVerfGE 2, 1, und E 5, 85, 133 ff.; zusammenfassend *Battis* BBG § 7 3 d zu dd und ff.; ferner *Peschau, H.-H.,* Die Beweislast im Verwaltungsrecht, 1983, S. 135 ff.; zuletzt *H.-D. Weiß,* ZBR 85, 70, 76—79.

der Verfassungstreue vor Zulassung zur Rechtsanwaltschaft (Art. 12 GG i. V. m. der BRAO) gezogen werden[83].

2.3 Es ist ein hergebrachter Grundsatz des Berufsbeamtentums, daß der Beamte nicht streiken darf[84]. Das **Verbot des Beamtenstreiks** findet sich ausdrücklich aber weder im GG noch in einem anderen Gesetz. Über seine Zulässigkeit besteht daher weiterhin Streit. Die Mehrheit der Autoren hält ihn für unzulässig. Im wesentlichen sind folgende, hier nach pro und contra (con) einander zugeordnete **Argumente** ausgetauscht worden:

42

(pro) Der Beamte verzichtet durch seinen Eintritt in das Beamtenverhältnis auf die Ausübung des Streikrechts.

(con) Ein Verzicht kann Grundrechte nicht außer Kraft setzen.

(pro) Der Beamte ist selbst Teil des Staatsorganismus; er kann nicht gegen sich selbst streiken.

(con) Er macht als Privatperson von den Grundrechten Gebrauch; sonst könnte er gar keine Grundrechte wahrnehmen (Staatsgerichtetheit der Grundrechte).

(pro) Ein Beamtenstreik ist als politischer Streik unzulässig, weil er sich gegen ein Gesetz (über Besoldung) richtet.

(con) Der Staat wird als Arbeitgeber tätig, nicht in Erfüllung der (politischen) Staatsaufgaben. Er bedient sich insoweit nur der Form des Gesetzes.

(pro) Ein Beamtenstreik verstößt gegen das Gemeinwohl, denn staatliche Tätigkeit ist nicht ersetzbar durch Produkttausch oder Import.

(con) Der Gemeinwohlbegriff ist zu unbestimmt für eine so weitgehende und gesetzlich nicht geregelte Grundrechtseinschränkung. Eine Bestreikung lebenswichtiger Privatbetriebe oder gar ein Generalstreik beeinträchtigen das Gemeinwohl mindestens ebenso stark.

(pro) Arbeitsrechtliche Kampfparität fehlt, weil Beamte kein Arbeitsplatzrisiko haben und der Staat die Erfüllung seiner Aufgaben nicht aussetzen darf.

(con) Kampfparität ist gegeben, weil zwar keine Lösung des Beamtenverhältnisses, wohl aber eine Suspendierung des Beamten — allerdings nur im Disziplinarverfahren — möglich ist und dies der Aussperrung im Arbeitskampf entspricht. Der Staat kann einzelne Beamte zu notwendigen Dienstleistungen öffentlich-rechtlich verpflichten.

(pro) Ein Streik ist mit dem Wesen eines Dienst- und Treueverhältnisses unvereinbar.

(con) Die Pflichtbegriffe des Beamtenrechts sind nicht mehr „zeitgemäß". Die beamtenrechtliche Treuepflicht ist materiell keine andere als die der Angestellten im öffentlichen Dienst.

---

83 BVerfGE 63, 266, und Sondervotum *Simon,* S. 298 ff. (u. a. zu Art. 3 III mit der Folge, daß wegen des Verhältnismäßigkeitsprinzips eine Treuepflichtdifferenzierung auch für Beamte geboten sei).
84 Vgl. erneut die Argumentation in BVerfGE 8, 1, 16 f.

43 Beim Studium der Literatur[85] ist darauf zu achten, ob der Beamtenstreik als verfassungs- oder nur als gesetzesrechtlich unzulässig behandelt wird. Verfassungsrechtlich läßt er sich m. E. zwingend nicht begründen, denn ein Blick über die deutschen Grenzen zeigt, daß jedenfalls ein **alle** Beamten umfassendes Streikverbot weder zum „Wesen des Staatsdienstes" gehört noch den (in den westlichen Demokratien inhaltlich übereinstimmenden) Grundprinzipien der Verfassung immanent ist. Das Dienst- und Treueverhältnis des Beamten könnte (als „öffentlich-rechtliches") auch ein gesetzliches, allerdings zwecks Aufrechterhaltung der notwendigen Staatsfunktionen sicherlich nur eingeschränktes Streikrecht für Beamte vorsehen (Grenze nach der Rspr.: zeitgemäß konkretisierter hergebrachter Grundsatz). Bis dahin sprechen allerdings die Diskussionen bei der Schaffung[86] des Art. 33 IV GG und die Entstehungsgeschichte der Beamtengesetze eindeutig für ein **gesetzlich impliziertes Verbot** des Beamtenstreiks:

1. Dem Parlamentarischen Rat stand die Rechtslage der Weimarer Republik vor Augen (Streikverbot, vorübergehend amtlich festgelegt durch Notverordnung des Reichspräsidenten als Reaktion auf den Eisenbahnerstreik von 1922, danach in allg. Form höchstrichterlich festgestellt)[87].

2. Der Beamtenrechtsausschuß und die Mehrheit des Bundestages hielten 1953 die von der Regierung vorgeschlagene Festlegung des Streikverbots im Beamtengesetz für „nicht notwendig", weil es „mit den Pflichten eines deutschen Beamten . . . klar gegeben und in den Rechtsvorstellungen der Beamten wie der Staatsbürger" festgelegt sei[88].

44 Die kollektive Arbeitsniederlegung als Arbeitskampfmaßnahme ist also im BBG nicht ausdrücklich geregelt, und zwar entgegen der Auffassung des BVerwG auch nicht in § 54. Dagegen sind **streikähnliche Maßnahmen** direkt an den §§ 54 S. 1, 55 S. 2 und 52 I S. 2 meßbar. „Bummelstreik", „Dienst nach Vorschrift", „go slow", „sick out" usw. stellen dann einen Verstoß gegen die Amtswahrnehmungspflicht i. V. m. § 54 S. 1 BBG dar, wenn eine derartige Dienstausübung zu Nicht- oder Mindererfüllung einer zumutbaren Leistung führt (so z. B. die langsamer als übliche und mögliche Startfreigabe beim sog. Fluglotsenstreik[89]). Dasselbe gilt — anders als beim offenen Streik — auch für Angestellte und Arbeiter im öffentlichen Dienst.

45 Umstritten ist, ob sich ein Beamter weigern darf, Aufgaben streikender Angestellter wahrzunehmen (sog. **Streikarbeit**). **Beispiel:** Postinspektor soll im Postamt zusammen mit Postsekretär und nichtstreikenden, halbtagsbeschäftigten Schreibkräften Briefpost einsortieren, bis der Streik beendet ist. Ausgangspunkt rechtlicher Beurteilung ist § 55 S. 2 BBG. Danach muß der Beamte jede Weisung ausführen, soweit sie nicht gegen seine eigenen Rechte verstößt oder sonst rechtswidrig ist. Eigene Rechte betreffen die Zumutbarkeit der Tätigkeit (gemessen am statusmäßigen Amt, am denkbaren Recht auf Solidarität mit anderen Arbeitnehmern, am Grundsatz der Verhältnismäßigkeit). Die Rechtmäßigkeit ist im übrigen an Art. 9 III GG zu

85 Noch heute dazu *Schinkel,* ZBR 74, 282. Literaturauswahl bei *Stern,* Staatsrecht I, S. 373.
86 Vgl. JÖR N.F. 1, 314—324.
87 Vgl. zusammenfassend PreußOVGE 78, 448; die Notverordnung v. 1. 2. 1922, die nur 8 Tage in Kraft war, stellte über die Feststellung eines Streikverbots hinaus Anstiftung zum Streik von Eisenbahnbeamten und Behinderung von Notstandsarbeiten unter Strafe; vgl. RGBl. 1922, S. 187 u. 205.
88 So BT-Verhandlungen, Bd. 16, S. 13038 f., 13088.
89 Vgl. BVerwGE 63, 158, 159 f., sowie E 73, 97, 102.

messen[90], insbes. dem Grundsatz der Kampfparität (gleichwertige Handlungschancen, kein strukturelles Übergewicht[91]), der Neutralitätspflicht des Staates in Arbeitskämpfen[92] und dem Verhältnismäßigkeitsgrundsatz mit der möglichen arbeitskampfrechtlichen Verpflichtung zum Abschluß von Notdienstvereinbarungen mit den streikführenden Gewerkschaften[93]. — Selbst für den Fall rechtswidriger Anordnung gilt für den Beamten aber § 56 II BBG.

Ein Streikverbot schließt andere Formen der Einflußnahme auf die Arbeitgeber, die **46** die Arbeits- und Wirtschaftsbedingungen der Beamten öffentlich-rechtlich festlegen, nicht aus. So kann — nach erfolgloser Remonstration und nicht rechtzeitig möglichem oder erst durch das Verhalten erreichbarem Rechtsschutz — eine individualrechtliche **Dienstverweigerung** auch von mehreren und sogar gleichzeitig erfolgen: „Fluglotsenstreik" und „Hitzestreik" wegen Gesundheitsgefährdung, „Professorenstreik" wegen Störung von Lehrveranstaltungen, „Waffenstreik" von unzulänglich bewaffneten Polizeibeamten usw. sind zwar nicht aus finanziellen Gründen zulässig (mangelndes Synallagma zwischen Besoldung und Dienstpflicht). Sie können aber im Einzelfall bei Unmöglichkeit bzw. Unvermögen oder bei Unzumutbarkeit **aus Individualrecht** gerechtfertigt sein, z. B. bei möglichen, aber verweigerten Schutzvorkehrungen gegen Lebens- oder Gesundheitsgefahren, bei länger dauernder Überbeanspruchung aufgrund mangelnder sachlicher und personeller Ausstattung u. ä. Voraussetzung ist, daß die Dienstverweigerung nicht außer Verhältnis zum beanspruchten Recht steht. Dann dient derartiges Verhalten (im Unterschied zum Streik) der Wahrung bestehender und selbst gesetzlich nicht entziehbarer Rechte des Einzelnen. Daher bleibt sein Besoldungsanspruch unberührt, und ein Fernbleiben vom Dienst liegt nicht vor[94]. Beim „Fluglotsenstreik" im Jahre 1973 waren diese Voraussetzungen nicht erfüllt[95].

Angestellten und Arbeitern des öffentlichen Dienstes steht (mangels öffentlich-rechtlichen **47** Verbots) das Streikrecht zu[96] (vgl. § 66 II BPersVG), jedenfalls sofern Notdienste zur Daseinsvorsorge eingerichtet worden sind (Wasser, Energie, Gesundheit, Rentenauszahlung u. ä.). Dieses Recht ist aber gefährdet, wenn das Verbot eines Streiks der Beamten generell aus staatsrechtlichen Prinzipien hergeleitet wird, z. B. aus der Gemeinwohlverpflichtung oder aus dem Sozialstaatsprinzip mit der Begründung, ein Beamtenstreik treffe die sozial schwachen Schichten des Volkes besonders hart[97]. Denn diese Prinzipien liegen den Dienstverhältnissen aller Angehörigen des öffentlichen Dienstes zugrunde. **De lege ferenda** erlaubt dagegen die Tatsache, daß den Beamten das Streikrecht nur versagt wurde, weil sie hoheitliche Aufgaben erfüllen sollen, eine differenzierte Neugestaltung, die nicht auf den Status, sondern auf die ausgeübte Funktion eines Angehörigen des öffentlichen Dienstes abstellt. Dies gilt dann auch für Beamte.

---

90 So entgegen BVerwGE 69, 208 (214), die Auffassung des BAG, NJW 86, 210 (212 f.), bzw. ZBR 85, 304 (307 f.); zur Bewertung *Battis,* PersV 86, 149, 152 ff., *Udo Mayer,* RiA 84, 241, 244 ff., und die vom BAG in ihrer Argumentation verworfene Vorentscheidung LAG Köln, NJW 85, 399 f.; zur Stützung der Position des BVerwG vgl. *Seiler,* ZBR 85, 213.
91 Zuletzt umfassend und weiterführend *Plander,* JZ 86, 570.
92 Umstritten ist, ob die Neutralitätspflicht nur in Arbeitskämpfen besteht, an denen der Staat *nicht* selbst beteiligt ist; vgl. *v. Münch,* DÖV 82, 337 (342), gegenüber *H. P. Schneider,* RdA 82, 104 (108).
93 Vgl. die einleuchtenden Erwägungen von *Battis,* PersV 86, S. 153 f., und *Gerhard Müller,* Betr. 85, 867, 870.
94 Näher dazu *Brohm,* HÖD, Stichwort: Dienstverweigerung.
95 Vgl. BVerwGE 73, 97, 102 ff.
96 Davon geht auch die Rspr. aus; vgl. BVerwGE 69, 208, 213 f.
97 So z. B. *v. Münch,* Öff. Dienst, III 4d.

B. Strukturen des öffentlichen Dienstrechts

I. Strukturen der rechtlichen Regelungen

1. Außenrechtsnormen und Innenrechtsnormen

48 1.1 Grundsätzlich können Bund und Länder die Rechtsverhältnisse ihrer Beamten nach eigenen Vorstellungen gestalten. Gleichwohl haben Beamtentradition und bundesweite Gewerkschaftsorganisation dazu geführt, daß das Beamtenrecht in Bund und Ländern einander sehr ähnlich und das Recht der übrigen Dienstnehmer sogar bundeseinheitlich ausgestaltet worden ist. Die Verfassungsänderungen von 1969 und 1971 (Art. 74a, 75 Nr. 1) haben diese Entwicklung nur festgeschrieben — und damit grundlegende Experimente dem föderalen Konsens unterworfen. Heute gelten das Bundesbesoldungsgesetz (BBesG), das Beamtenversorgungsgesetz (BeamtVG) und die Gesetze über Urlaubsgeld, jährliche Sonderzuwendung und vermögenswirksame Leistungen für alle Beamten in der Bundesrepublik, während ihre Rechte und Pflichten im übrigen durch Rahmengesetze vereinheitlicht worden sind. Im Beamtenrechtsrahmengesetz (BRRG), im Bundespersonalvertretungsgesetz (BPersVG) und im Hochschulrahmengesetz (HRG) finden sich einige **unmittelbar** geltende Vorschriften. Sie sind ausdrücklich als solche bezeichnet. Die Ländergesetze enthalten für den Einzelfall gelegentlich entscheidende Abweichungen von den gleichfalls den Rahmen ausgestaltenden Bundesgesetzen (BBG, BPersVG). Daher ist zur Lösung einer Rechtsfrage unbedingt die jeweils einschlägige Rechtsgrundlage heranzuziehen. (Im Folgenden wird das Recht des Bundes zugrunde gelegt. §§ ohne nähere Bezeichnung sind solche des BBG.)

49 Das aktive Dienstverhältnis der Beamten des Bundes wird vornehmlich bestimmt durch das BBG, ergänzt durch das BPersVG und die Bundesdisziplinarordnung (BDO). Spezialregelungen finden sich in Sondergesetzen (BBahnG, PostverwG, ArbeitsförderungsG für die Bundesanstalt für Arbeit etc.). Darüber hinaus gelten im gesamten öffentlichen Dienst eine Reihe bundesrechtlicher Sondergesetze und Vorschriften, z. B. das SchwerbehindertenG, das JugendarbeitsschutzG (aber: § 80a II BBG), das ArbeitsplatzschutzG, das Gesetz über Arbeitnehmererfindungen, unfall- und sozialversicherungsrechtliche Vorschriften usw. Diese grundlegenden gesetzlichen Regelungen werden ergänzt durch einige Spezialgesetze (z. B. BundesreisekostenG, BUmzugskostenG), vor allem aber durch nähere Regelungen in Rechtsverordnungen, so etwa zu Trenngeld, Auslandsreisen, Arbeitszeit, Urlaub, Mutterschutz, Nebentätigkeit, Beihilfen und Laufbahnen.

50 1.2 Zu den Rechtsnormen in Gesetzen und Verordnungen treten im Innenbereich der Verwaltung die Verwaltungsvorschriften. Sie lassen sich nach ihrer inhaltlichen Funktion (Verhaltenslenkung) im Verhältnis zum Außenrecht einteilen in: norminterpretierende Verwaltungsvorschriften, Ermessensrichtlinien, Beurteilungsrichtlinien, Verwaltungsvorschriften zur Sachverhaltsermittlung und gesetzeskonkretisierende (gesetzesausfüllende, gesetzesergänzende) Verwaltungsvorschriften[98]. Im Beamtenrecht wird regelmäßig formal unterschieden zwischen allgemeinen Verwal-

---

98 Vgl. näher *Ossenbühl,* Verwaltungsvorschriften und Grundgesetz, 1968, S. 282 ff.

tungsvorschriften, Richtlinien und allgemeinen Anordnungen. Daneben steht der Formalbegriff „Erlaß". Er hat keine inhaltliche Bedeutung, sondern erweist nur, daß eine Regelung (im Einzelfall oder generell) vom Ministerium getroffen worden ist (z. B. mit Erlaß wird eine neue Richtlinie in Kraft gesetzt). In **allgemeinen Verwaltungsvorschriften** wird dem Beamten vom zuständigen Minister — der Ministerialbeamte zeichnet „Im Auftrag" — verbindlich vorgeschrieben, wie er Gesetze und Rechtsverordnungen auszuführen hat (vgl. § 200 BBG). Damit soll u. a. die gleichmäßige Handhabung von Ermessensnormen gewährleistet werden. Als Willensäußerungen der Exekutive sind allgemeine Verwaltungsvorschriften nicht wie Gesetzesnormen, sondern wie Willenserklärungen des Vorschriftengebers auszulegen[99]. Dasselbe gilt für **Richtlinien** (etwa zur Fürsorgepflicht). Sie räumen dem rechtsanwendenden Beamten aufgrund ihrer allgemeineren Fassung lediglich einen größeren Entscheidungsspielraum ein. **Allgemeine Anordnungen** können dagegen von jedem Vorgesetzten gegeben werden. Sie haben zumeist informatorischen Charakter. Rechtlich sind sie abstrakt-generelle Weisungen für das Verhalten der Beamten in einer unbestimmten Anzahl von Fällen. Sie können aber — ebenso wie zentrale **Rundschreiben** (zu Zweifelsfragen) — die bestehenden Verwaltungsvorschriften nicht inhaltlich ändern, ergänzen oder auch nur authentisch interpretieren[100].

1.3 Die Rangordnung der Verwaltungsvorschriften entspricht der Behördenhierar- **51** chie. Dies ist für die Recht**serkenntnis** des Beamten wichtig: Die höherrangige Vorschrift geht vor; auf gleicher Ebene verdrängt die speziellere die allgemeine. Für die Recht**sanwendung** sind dennoch die **Entscheidungsregeln** des BBG allein ausschlaggebend: Ein Widerspruch zwischen rangverschiedenen Normen oder eine aus der Sicht des Beamten normverletzende Einzelweisung lösen die sog. Remonstration des Beamten aus. Im **Remonstrationsverfahren** — § 56 II: Geltendmachen von Bedenken, Ausführen der Weisung erst nach Aufrechterhaltung durch nächsthöheren Vorgesetzten (näher Rdnr. 115) — wird der Konflikt gelöst, ggf. zu Lasten der Auffassung des weisungsunterworfenen Beamten. Er muß aber den Konflikt aufdecken und zur Lösung bringen. Denn erst mit erfolgloser Remonstration wird er von seiner persönlichen Verantwortung (§ 56 I) befreit. Die dann ergehende bzw. bestätigte Einzelweisung ist für ihn verbindlich[101]. Vorausgesetzt ist dabei, daß sich der Beamte in der Sache selbst ein Urteil gebildet hat. Dies ist seine zentrale Amtswahrnehmungspflicht. Sie wird durch den engen Zusammenhang von § 56 I und II zu der Pflicht, in jeder Angelegenheit die potentielle Remonstrationssituation herbeizuführen. D. h.: Der Beamte darf sich nicht mit dem Lesen und der „Anwendung" der — oft die Gesetzestexte selbst mit einbeziehenden — Verwaltungsvorschriften zufriedengeben. Er muß sie vielmehr stets an den zugrundeliegenden Außenrechtsnormen (G, RVO) messen.

---

99 Siehe zum Vergleich BVerwGE 58, 45, 51/52.
100 Vgl. BVerwGE 21, 264, 267 f.
101 Vgl. dazu näher *Schnapp*, Amtsrecht, S. 197—203.

2. Struktur des Bundesbeamtengesetzes

52   Die Gliederung des BBG erweist, daß die — neben den Definitionen in Abschnitt I und Sondernormen in Abschnitt IX (vgl. §§ 183, 200) — grundlegenden Regelungen des Beamtenrechts in Abschnitt II (Beamtenverhältnis) und III (Rechtliche Stellung des Beamten) zu finden sind. Der Rechtsschutzabschnitt VI weist den Beamten auf seine Klagemöglichkeiten hin, gesteht ihm aber auch weiterhin die von alters her üblichen innerbehördlichen Mittel der Rechtsverfolgung in persönlichen Angelegenheiten zu: Beschwerde, Antrag und Eingabe (vgl. § 171).

53   Die **Besonderheit des Abschnitts II** über das Beamtenverhältnis besteht darin, daß — abgesehen von den Laufbahnvorschriften, die durch eine RVO ergänzt werden — jeder seiner **Titel** einen besonderen Sachkomplex des Beamtenrechts **abschließend** regelt. Darin zeigt sich der **Schutzzweck** der Beamtengesetze, die die Personal- und Organisationsgewalt des Staates im Interesse des dienstleistenden Staatsbürgers rechtsstaatlich binden. Die abschließende Regelung, die hier selbst für den Titel Allgemeines gilt (§§ 4, 5), hat zur Folge, daß Maßnahmen, die sachlich einem der geregelten Komplexe zuzuordnen sind, nur in den dort vorgesehenen Fällen und allein in den danach zulässigen Formen durchgeführt werden dürfen (Bestimmtheit, Formstrenge).

Anders bei den Vorschriften in **Abschnitt III:** Hier stehen abschließende Regelungen neben anderen Normenkomplexen, in denen zwar das Grundsätzliche eines Sachgebiets normiert, aber die nähere Ausgestaltung einem weiteren Gesetz, einer RVO oder nur allgemeinen Verwaltungsvorschriften überlassen worden ist (z. B. § 79). Ob und inwieweit in diesem Abschnitt also eine Regelung abschließend ist, muß in jedem Einzelfall durch umfassende Auslegung ermittelt werden. Dies ist immer dann schwierig, wenn es um Rechtsfragen in Bereichen geht, für die eine Ermächtigung zu weiterer Rechtsnormsetzung im BBG fehlt (abschließend z. B. §§ 60, 63 — Verbot der Führung der Dienstgeschäfte bzw. Presseauskunftsrecht —, nicht aber §§ 73 I, 90).

3. Struktur der Tarifverträge

54   Die grundlegenden Tarifverträge für die Dienstnehmer im öffentlichen Dienst sind: der Bundesangestelltentarifvertrag (BAT) für alle Angestellten, die einander im Wortlaut gleichen Manteltarifverträge (2. Fassung) für die Arbeiter des Bundes und der Länder (MTB II bzw. MTL II) sowie der Bundesmanteltarifvertrag für die Arbeiter gemeindlicher Verwaltungen und Betriebe (BMT-G II). Sie alle sind den Beamtengesetzen vergleichbare Normenwerke, die lediglich nicht im Wege der Gesetzgebung nach „Beteiligung" der Gewerkschaften (§ 94), sondern durch direktes Aushandeln von Vertretern der Betroffenen geschaffen wurden. Auch sie regeln die dienstlichen Tätigkeiten und die Stellung des Einzelnen zu seinem Dienstgeber. Infolgedessen ist ihre **Struktur dem der Beamtengesetze** sehr **ähnlich:** Zwischen den Abschnitten Geltungsbereich und den Schlußvorschriften werden die Entstehung des Dienstverhältnisses (durch Arbeitsvertrag) und seine Beendigung (durch Kündigung), die Pflichten und die Rechte als Dienstnehmer geregelt. Da sie sämtlich im Tarifvertrag selbst und in seinen Anlagen für besondere Gruppen niedergelegt sind, ist es nicht schwierig, die Normen über Rechte und Pflichten eines Dienstnehmers aufzufinden. Dadurch wird die Beurteilung der Rechtmäßigkeit von Maßnahmen, die Art und Umfang der Dienstleistung im öffentlichen Dienst betreffen, erheblich erleichtert. Nicht schwierig ist es auch, den **Umfang des Grundentgelts** festzustellen, auf den der Dienstnehmer für seine geleisteten Dienste einen Anspruch hat. Denn der rechtlichen Struktur nach sind Beamtenbesoldung, Angestelltenvergütung und Lohn der Arbeiter weitgehend parallel geregelt. Zu Grundlohn oder Vergütung treten **aber** oft **Zulagen, Zuwendungen** und **besondere Leistungen** hinzu. Diese sind jeweils in weiteren Tarifverträgen festgelegt. Da die Tarifverträge häufig durch Protokollnotizen, Bemerkungen und Protokollerklärungen ergänzt und präzisiert worden sind, ist nicht nur das Heranziehen der neuesten Fassung des einschlägigen Tarifvertrags absolut erforderlich. Hier bedarf es auch besonder sorgfältiger ‚Detektivarbeit‘ beim Auffinden der einschlägigen Spezialklausel.

Ähnlich kompliziert ist die Feststellung, ob ein Angestellter seiner tatsächlichen Tätigkeit und 55 Vorbildung entsprechend in die dafür bereitstehende Vergütungsgruppe des BAT eingeordnet worden ist **(Eingruppierung)**: Im BAT ist die Eingruppierung nur in den wenigen §§ des Abschnitts VI grundsätzlich festgelegt (vgl. § 22 BAT mit Protokollnotiz zu Absatz 2). Die für die Vergütungsgruppe maßgebende Eingruppierung richtet sich nach den Regelungsmerkmalen in der Vergütungsordnung, die als Anlage 1 a und 1 b zum BAT tarifvertraglich festgelegt ist. Eine richtige Eingruppierung läßt sich nur durch genauestes Studium der Tarifvertragsklauseln nach der allgemeinen Regel lösen: lex specialis derogat legi generali.

II. Grundsätze des Beamtenrechts

1. Bestimmtheitsgrundsatz

1.1 Als rechtliches Grundprinzip durchzieht der Bestimmtheitsgrundsatz das gesam- 56 te Beamtenrecht. Der Bestimmtheitsgrundsatz dient der Rechtssicherheit; er hat aber im Beamtenrecht eine besondere Bedeutung: Er diszipliniert den Staat und bindet ihn an rechtliche Regeln auch in seinem inneren Gefüge (Rechtsstaatlichkeit). Daher sind die Normen des Beamtenrechts **Schutznormen für den Beamten.** Selbst die Beamtenpflichten sind rechtlich primär als Grenzen der dienstlichen Inpflichtnahme des Beamten zu verstehen. So begrenzt der Bestimmtheitsgrundsatz die soziale (Über-)Macht der Staatsorganisation gegenüber dem einzelnen Bediensteten. Er definiert die Eingriffsmöglichkeiten des Staates in die Privatsphäre des Beamten abschließend und gewährleistet, daß die Gleichordnung von Staat und Bürger im grundlegenden Beamtenverhältnis („Grundverhältnis") rechtlich durchsetzbar bleibt. Folgen des Bestimmtheitsgrundsatzes sind:

— **Abweichungen** vom Gesetzeswortlaut sind weder zum Nachteil noch zugunsten des Beamten zulässig[102].

— Allgemeine Rechtsgrundsätze (z. B. Treu und Glauben, Verbot des widersprüchlichen Verhaltens, Übermaßverbot, rechtliches Gehör, Verwirkung) dürfen nur zur **Lückenfüllung,** ungeschriebenes Verwaltungsrecht und allgemeine Vorschrif-

---

102 Für Rücknahme und Nichtigkeit von Ernennungen a. A. *v. Münch,* Öff. Dienst, III 3c, d: Abweichung zu seinen Gunsten sei aufgrund der Schutzfunktion zulässig.

ten zur **Ergänzung** des Beamtenrechts nur herangezogen werden, wenn ihnen der Zweck der ergänzungsbedürftigen Beamtenrechtsregelung nicht entgegensteht.

57 1.2 Da die Beamtengesetze häufig keine oder nur wenig detaillierte **Verfahrensregelungen** enthalten, bedürfen sie regelmäßig der Ergänzung durch die Verwaltungsverfahrensgesetze. Die Ergänzung muß aber mit dem Bestimmtheitsgrundsatz vereinbar sein (Beispiel: Beauftragte Beamte sind trotz § 12 I Nr. 4 VwVfG keineswegs fähig, Verfahrenshandlungen rechtswirksam vorzunehmen).

In der Regel führt die Anwendung des VwVfG zur Verfestigung der bisherigen, gesetzlich nicht geregelten Rechtslage. So darf auch im Beamtenverhältnis wegen § 28 VwVfG kein VA ohne vorherige Anhörung ergehen, wird aus der Sollvorschrift des § 25 VwVfG (Beratung und Auskunft) aufgrund der Fürsorgpflicht des Dienstherrn eine Mußvorschrift gegenüber dem Beamten und ist bei Fristversäumung nicht mehr nur im Ausnahmefall aus Fürsorgegründen, sondern stets ein Recht auf Wiedereinsetzung, § 32 VwVfG, gegeben[103].

58 1.3 Der Bestimmtheitsgrundsatz hat besondere Bedeutung bei der **Begründung und Veränderung des grundlegendes Status** des Beamten. Entlassen werden kann z.B. ein Beamter auf Widerruf jederzeit, ein Beamter auf Probe nur unter bestimmten Voraussetzungen und ein Beamter auf Lebenszeit nur in Sonderfällen (§§ 28, 29) oder auf eigenen Antrag hin. Für die Festlegung des einzelnen Beamtenverhältnisses enthält das Beamtenrecht deshalb **strenge Formvorschriften** (vgl. § 5 BRRG). Dabei ist zu unterscheiden zwischen dem *Beamtenverhältnis* als solchem und dem statusrechtlichen *Amt*, das nur auf der Grundlage bestimmter Beamtenverhältnisse verliehen wird. Zusammengefaßt sind die statusrechtlichen Ämter in Laufbahnen, die auch die Vorbereitungszeit dafür und die Probezeit umfassen.

2. Laufbahn Beamtenverhältnis und Amt

59 2.1 Anders als der Angestellte, der zur Wahrnehmung einer bestimmten Funktion eingestellt wird (Funktionsbindung), tritt der Beamte i. d. R. in eine **Laufbahn** ein, in der er zunächst für die Übernahme verschiedener Funktionen ausgebildet (Vorbereitungsdienst) und dann durch Einweisung in Dienstposten verwendet wird. Mit der Laufbahn soll erreicht werden, daß die berufliche Entwicklung des Beamten sich nach objektiven, einheitlichen, durch menschliche Unzulänglichkeiten nicht negativ beeinflußten und insofern allein eignungs- und leistungsbezogenen Maßstäben vollzieht, die kontrollierbar und nachvollziehbar sind[104]. Zu einer Laufbahn gehören alle statusrechtlichen **Ämter** einer Fachrichtung. In reiner Form ist das Laufbahnprinzip selten (aber z. B. im Polizeivollzugsdienst). In den meisten Fachrichtungen sind bestimmte Ämter zu vier **Laufbahngruppen** zusammengefaßt: einfacher, mittlerer, gehobener und höherer Dienst. Die Einordnung in eine Laufbahngruppe richtet sich praktisch nach dem Schulbildungsabschluß des Bewerbers. Ein **Aufstieg** in die

---

103 Ausnahme: BVerwGE 65, 197, 199, weil der Wortlaut der auszulegenden Norm von einer „Ausschlußfrist" spricht und für den Antrag auf Umzugskostenvergütung die Frist von einem Jahr ausreicht.
104 Näher dazu *Scheerbarth/Höffken* § 13 I 2, *Lecheler,* ZBR 81, 265.

nächsthöhere Laufbahngruppe ist möglich. Dabei muß im sog. Regelaufstieg grundsätzlich die Gesamtausbildung der Laufbahngruppe nachgeholt werden; beim Aufstieg in den höheren Dienst bedarf es allerdings nur einer besonderen Einführung mit anschließender Befähigungsfeststellung durch den Bundespersonalausschuß. Daneben — aber bislang nicht zum höheren Dienst — gibt es den „Aufstieg für besondere Verwendung" für bewährte dienstältere Beamte im Einzelfall, der begrenzte, an der vorgesehenen Verwendung (Dienstposten) orientierte Anforderungen stellt[105]. **Sonderlaufbahnen** bestehen z. B. für Lehrer der verschiedenen Schularten, Gerichtsvollzieher, Amtsanwälte. — Neben Laufbahnbewerbern können auch **„andere Bewerber"** eingestellt werden (§ 7 I Nr. 3 b, sog. Außenseiter). Sie treten aber ebenfalls in eine bestimmte Laufbahn ein. Anstelle der laufbahnrechtlichen Vorbildung ist bei ihnen die für die Laufbahn „erforderliche Befähigung" Voraussetzung ihrer Einstellung.

Die den Laufbahnen und Ämtern zugrunde liegenden **Beamtenverhältnisse** unterscheiden sich nach ihrem Zweck. Das Beamtenverhältnis **auf Widerruf** wird i. d. R. nach Schul- oder Hochschulabschluß begründet zur Ableistung eines Vorbereitungsdienstes für einen sog. Monopolberuf (Lehrer, Jurist, Förster) oder für eine Laufbahn bei einem öffentlich-rechtlichen Dienstherrn. In Ausnahmefällen wird es auch begründet für eine nur vorübergehende Verwendung (§ 5 II). Der Beamte auf Widerruf hat kein statusrechtliches „Amt" inne; er führt nur eine Dienstbezeichnung, und zwar „Referendar" (höherer Dienst) oder „Anwärter". Am Tage des Bestehens oder des endgültigen Nichtbestehens der Abschlußprüfung (Zweites Staatsexamen, Laufbahnprüfung) endet das Beamtenverhältnis auf Widerruf — auch bei bestehendem Mutterschutz; aber: § 10a MuSchV —, wenn die Ausbildungs- und Prüfungsordnung dies so bestimmt (vgl. § 32 II; so regelmäßig bei Referendaren und Lehramtsanwärter). Andernfalls bleibt das Beamtenverhältnis bestehen bis zur Entlassung (nötig: VA) oder Umwandlung in ein Beamtenverhältnis auf Probe. **60**

Das **Beamtenverhältnis auf Probe** dient der Feststellung, ob der Beamte zum Beamten auf Lebenszeit geeignet ist. Deshalb kann die Zeit im Beamtenverhältnis auf Probe **(Statuszeit)** länger dauern als die — zunächst regelmäßig parallel laufende — Probezeit **(Bewährungszeit)**, die lediglich laufbahnrechtlich begründet ist und in der sich der Beamte auf mehreren Dienstposten bewähren soll (§§ 7, 8 BLV), bevor ihm ein statusrechtliches Amt verliehen wird. Diese **Probezeit** (Bewährungszeit) dauert im höheren Dienst regelmäßig drei Jahre (gehobener Dienst: 2,5 J.), kann aber aufgrund von Vordienstzeiten bis auf die Mindestprobezeit von einem Jahr, bei gutem Examen und besonderen Leistungen während der Probezeit auf zwei Drittel abgekürzt werden. Spätestens unverzüglich nach Ablauf der Probezeit (Bundesdienst: *vor* Ablauf, § 7 III BLV) ist die Bewährung positiv festzustellen[106]. Danach kann der Beamte auf Probe nicht mehr wegen mangelnder Bewährung entlassen werden (allg. M., vgl. § 31 I Nr. 2). Sein Beamtenverhältnis auf Probe (Statuszeit) dauert aber an, **61**

---

105 Mit recht kritischem Unterton wegen der Aufweichung des Laufbahngruppengefüges dazu näher *Lecheler,* ebendort, S. 269 f.; im einzelnen vgl. *Dürr,* DVBl 85, 1207.

106 OVG Lbg ZBR 66, 212; ähnlich VGH BW DÖD 82, 61, 63 f.: Dienstherr müsse nach Ablauf der Probezeit „alsbald" entscheiden, ob der Beamte zu entlassen oder seine Probezeit zu verlängern ist (anschauliche Urteile mit genauen Unterscheidungen).

bis es in ein Beamtenverhältnis auf Lebenszeit umgewandelt wird (näher Rdnr. 107 f.). Der Beamte auf Probe führt während der Probezeit ebenfalls nur eine Dienstbezeichnung, und zwar die des (ihm bei Bewährung zu übertragenden) Eingangsamts der Laufbahn, für die er den Befähigungsnachweis besitzt, mit dem Zusatz: „zur Anstellung" (z. B. Regierungsrat z. A., Stadtinspektor z.A.). Nach erfolgreichem Abschluß seiner Probezeit wird der Beamte auf Probe **angestellt,** d. h. ihm wird zum ersten Mal ein statusrechtliches **Amt** verliehen.

Ein Beamtenverhältnis **auf Lebenszeit** kann direkt begründet werden. Beispiele: Hochschullehrer, für die es eine Laufbahn nicht gibt, werden angestellt unter Verleihung des Amts „Professor". Der Richter am Finanzgericht, der zuvor als beamteter Oberregierungsrat Richter kraft Auftrags war, wird Richter auf Lebenszeit mit dem Amt „Richter am Finanzgericht". — In der Regel besteht aber bereits ein Beamtenverhältnis auf Probe, das bei Erfüllung aller Voraussetzungen (§ 9 I) in ein Beamtenverhältnis auf Lebenszeit umgewandelt wird. Spätestens dann wird dem Beamten das für ihn vorgesehene statusrechtliche Amt verliehen (z. B. Regierungsrat, Stadtinspektor).

In das Beamtenverhältnis **auf Zeit** werden vor allem die kommunalen Wahlbeamten berufen (z. B. mit dem Amt: Stadtdirektor), aber auch der Hochschullehrernachwuchs (Amt: Hochschuldozent). Eine Besonderheit ist das Beamtenverhältnis des **Ehrenbeamten** (z. B. Mitglieder der Kreisausschüsse in NW, deutsche Honorarkonsuln im Ausland). **Entscheidend:** Kein Beamtenverhältnis kommt zustande, wenn es an der gesetzlich vorgesehenen Form mangelt (näher Rdnr. 71, 72 ff.).

62 Das Laufbahnrecht wird erneut wirksam, wenn dem Beamten ein **Dienstposten übertragen** werden soll, der von der Funktion her höher bewertet ist, als es seinem derzeitigen statusmäßigen Amt entspricht. Seine Eignung für den neuen Dienstposten muß er in einer **Erprobungszeit** (§ 11 BLV) nachweisen. Eine **Beförderung** (Verleihung des anderen Amtes mit höherer Dotierung und anderer Amtsbezeichnung), die unabhängig von der Wahrnehmung eines bestimmten Dienstpostens aufgrund dienstlicher Beurteilung bei vorhandener Planstelle vorgenommen werden kann, hängt in jedem Fall von einer Wartezeit von einem Jahr ab **(Verbot der Eilbeförderung).** Sie muß ohne Überspringen eines laufbahnmäßigen Amtes erfolgen **(Verbot der Sprungbeförderung)** und darf nicht mehr innerhalb von zwei Jahren vor der Pensionierung vorgenommen werden **(Verbot der Altersbeförderung).** Für bestimmte Beförderungsämter gelten zudem Mindestdienstzeiten (z. B. § 12 VI BLV: 6 Jahre für Ämter der BesGr. A 16 und höher).

Alle statusrechtlichen Festlegungen (Beamtenverhältnisse, Ämter) erfordern einen spezifisch beamtenrechtlichen Akt: die **Ernennung.** Deshalb wird die Ernennung als **Zentralbegriff des Beamtenrechts** bezeichnet (näher Rdnr. 71, 74 ff.).

63 2.3 Das Laufbahnrecht enthält im Interesse der Neutralität des Berufsbeamtentums relativ starre Regelungen. Die notwendige Flexibilität erhält es durch die Möglichkeit, in bestimmten, gesetzlich festgelegten Fällen **Ausnahmen** zuzulassen (z.B. bei der Probezeit oder der Sprungbeförderung). Über diese Ausnahmen entscheidet aber nicht die Verwaltung selbst, sondern ein besonderes Gremium: der **Bundespersonalausschuß.** Er ist die in § 61 BRRG vorgeschriebene **unabhängige Stelle,** deren Mitglieder an Weisungen nicht gebunden sind (vgl. §§ 96, 97). Neben der Entscheidung über Ausnahmen (einschließlich der Feststellung der Befähigung sog. anderer Bewerber) sind dem Bundespersonalausschuß bestimmte Aufgaben übertragen worden, die der Vereinheitlichung des Personalwesens dienen (§§ 95, 98 BBG, 44 BLV). Seine Entscheidungen binden zwar die Behörden, sind aber nur Voraussetzungen für Entscheidungen des Dienstherrn gegenüber dem Beamten, daher nicht selbst VAe[107]. Der Personalausschuß ist ein „Instrument" des Dienstherrn. Er darf *nicht* mit dem bei jeder Dienststelle eingerichteten *Personalrat* verwechselt werden (dazu Rdnr. 140 ff.).

3. Leistung und Eignung

3.1 Dienstrechtliches und personalpolitisches Grundprinzip im öffentlichen Dienst **64** ist das **Leistungsprinzip**. Verfassungsrechtlich kommt es in Art. 33 II GG zum Ausdruck, wonach jeder Deutsche nach seiner Eignung, Befähigung und fachlichen Leistung gleichen Zugang zu jedem öffentlichen Amt hat. Indirekt wird damit festgelegt, daß alle öffentlichen Ämter Funktionen beinhalten müssen, deren Ausübung Sachkunde und Leistungsbereitschaft erfordert. Da es ein **„amtsbezogenes" Prinzip** ist, erhält das Leistungsprinzip seinen spezifischen Inhalt durch das Dienst- und Treueverhältnis des Beamten. Dieses ist auch deshalb öffentlich-rechtlich festgelegt, damit der Beamte von außerdienstlichen Einflüssen und Maßstäben frei bleibt. Er soll unabhängig von Furcht vor Sanktionen (von seiten des Dienstherrn wie der von seinen Entscheidungen Betroffenen), aber auch ohne Erwartung einer prompten Belohnung für persönlichen Einsatz oder wirtschaftlich-betrieblichen Erfolg seine Aufgaben unparteiisch nach Gesetz und Recht erfüllen. Damit ist der **Dienst** (trotz immer wieder geforderter Eigeninitiative und Kreativität) schon von den Aufgaben her auf Kontinuität, die Leistung des Beamten auf Zuverlässigkeit und Genauigkeit der Pflichterfüllung ausgerichtet; sie wird durch berufliche Sicherheit „belohnt". Dagegen zielt das in vielen Bereichen des Wirtschaftslebens (anders: dortige Verwaltungsapparate) vorherrschende (reine) Leistungsprinzip, das Wettbewerbsgeist, Risikobereitschaft, Mobilität und dementsprechende Betriebsergebnisse finanziell belohnt, auf andere Verhaltensweisen.

Das (dienstliche) Leistungsprinzip gilt grundsätzlich für Einstellung, Beförderung, **65** Übertragung von Dienstposten, Auswahl für Fortbildungsmaßnahmen usw. In der **Praxis** wird es durch andere beamtenrechtliche Prinzipien (wie Lebensalter, Dienstzeit, Laufbahn) **modifiziert**. Wie weit dies zugelassen werden darf, ist umstritten[108]. Das dem jeweiligen Dienstherrn eingeräumte „Auswahlermessen" ermöglicht es jedoch, trotz des Leistungsprinzips formale Kriterien den Ausschlag geben zu lassen, z. B. bei der Übertragung eines Dienstpostens mit höherwertiger Funktion: die Wahrnehmung aller Funktionen des bisherigen Amtes, das Dienstalter und die Ein-

---

107 Grundlegend BVerwGE 26, 31, 39—42; Ausnahme: BVerwGE 31, 348—351 (gegenüber Selbstverwaltungskörperschaft ist — wie auch sonst bei Maßnahmen staatlicher Behörden — die Entscheidung des Landespersonalausschusses ein von ihr anfechtbarer VA).
108 Vgl. OVG Hmb DVBl 70, 692; BreOVG in *Schütz* ES/F II 1 Nr. 3; anders BVerwGE 76, 243, 247 ff.; HessVGH NJW 85, 1103; insgesamt *H.J. Becker,* RiA 83, 221, 226.

stufung (Gesamturteil) bei den regelmäßig erfolgten Beurteilungen. Dies hat zur Folge, daß Beförderungen oft nur noch bedingt als Ergebnis eigener Anstrengungen empfunden werden[109].

66 Da formale Kriterien langjährige verwaltungskonforme „Erfahrung" hoch bewerten, Risiko- und Konfliktbereitschaft in der Sache dagegen geringer veranschlagen, fragt es sich, ob dadurch nicht demjenigen Beamten die dienstleistungsbezogene Aufstiegsperspektive genommen wird, der zu überdurchschnittlichem Engagement bereit und zu dienstlicher Höchstleistung fähig ist. Bringt ihn das Übergewicht der formalen Kriterien nicht gerade dazu, sich weitere und andere ‚Qualifikationen' zu beschaffen: durch Aktivität in Parteien, Gewerkschaften, Verbänden? Obgleich derartige Tätigkeiten sich als karrierefördernd erwiesen haben, muß dies nicht notwendig ein Ausfluß der sog. **Ämterpatronage** sein[110]. Solange z. B. gewerkschaftspolitisch aktive Beamte amtsgeeignet sind, ist es schwer nachzuweisen, andere (nicht derartig engagierte) Beamte seien für ein Amt „geeigneter". Die Diskussion um die Ämterpatronage ist insofern noch zu allgemein[111]. — Ämterpatronage ist zu unterscheiden von den rechtlichen Regelungen über sog. politische Beamte.

67 3.2 **Politische Beamte** sind Beamte, die ein Amt bekleiden, bei dessen Ausübung sie in fortdauernder Übereinstimmung mit den grundsätzlichen politischen Ansichten und Zielen der Regierung stehen müssen (§ 31 I BRRG). Zweck der Regelung ist es, durch Übereinstimmung mit der Regierungspolitik in Schlüsselstellen „das reibungslose Funktionieren des Übergangs von der politischen Spitze in die Beamtenhierarchie" zu gewährleisten (sog. Transformationsfunktion)[112]. Diese Beamten heben sich also durch den Einfluß, den sie dienstlich nehmen können, aus der Gesamtheit der Beamten heraus. Der Kreis ist gesetzlich (eng) begrenzt. Es sind regelmäßig nur die Staatssekretäre, Ministerialdirektoren und Regierungspräsidenten (Bundesländer) sowie die Pressesprecher. Lediglich im Sicherheitsbereich (Polizei, Verfassungsschutz) und im Auswärtigen Dienst sind auch schon die höchsten Beamten des normalen Dienstbetriebs als politische Beamte gesetzlich eingestuft worden[113]. Wegen des notwendigen engen Vertrauensverhältnisses, das diese Personen zur politischen Führung haben müssen, können sie jederzeit ohne Frist und ohne Angabe von Gründen in den einstweiligen Ruhestand versetzt werden — allerdings nicht aus unsachlichen Gründen (z. B. Parteienproporz, Lebensalter), nach (m. E. zu enger) Auffassung des BVerwG sogar nur bei Bedenken gegen die Fähigkeit oder Bereitschaft zur Erfüllung der Transformationsfunktion[114]. Insoweit weicht das Beamtenverhältnis der politischen Beamten vom Regelfall ab. Für die **Berufung** in ihr Amt muß es aus zwingendem Recht aber bei den Kriterien bleiben, die für alle Beamten gelten, wenn-

---

109 Vgl. *Studienkommission,* Bericht, Rdnr. 372, 379; zu den Ausnahmen im Leitungsbereich *Meixner,* DÖV 79, 276. Negativbeispiel: BreOVG in *Schütz* ES/F II 1 Nr. 3.

110 Wohltuend sachnah und differenziert dazu *H. Kübler,* Verwaltungsrundschau 1982, 361; vgl. ferner *Seemann,* Verwaltung 1981, 133.

111 Aus der Fülle der Lit. vgl. neben *Kübler,* ebendort, nur *v. Arnim,* PersV 81, 129; aber: *Kunze,* PersV 80, 273.

112 So BVerwGE 52, 33, 34 f. = DVBl 77, 718; näher Anm. 114.

113 Siehe im einzelnen die Aufstellung bei *v. Arnim,* PersV 81, 142/3; zusammenfassend zuletzt *Wagner,* RiA 85, 272.

114 Empirisch umfassend *Derlien,* DÖV 84, 689; abgelehnter Grund: überalterte Führungskräfte bzw. „Verbesserung der Altersstruktur", vgl. BVerwG DVBl 77, 718 m. Anm. *Wiese;* bzw. *Nierhaus,* JuS 78, 596; aber: besonderer Akt der Personalhoheit, daher fragl. (näher *Wiese* mit vielen Beispielen aus Praxis und Rspr.).

gleich das Amt selbst spezifische Eignungsvorgaben enthält. Für eine **Reaktivierung** einstweilen im Ruhestand befindlicher Beamter ist im übrigen allein das statusrechtliche Amt (ohne die spezifische Funktion) maßgebend[115].

3.3 Die Auslese von Stellenbewerbern (§ 8) ist ebenso wie die **Auswahl** der zu beför- **68** dernden Beamten (§ 23) nach Eignung, Befähigung und fachlicher Leistung vorzunehmen. Im Rahmen dieser Kriterien des Art. 33 II GG bedeutet Eignung an sich nur die charakterliche Eignung: anlage- und entwicklungsbedingte Persönlichkeitsmerkmale, wie psychische und physische Kräfte, emotionale und intellektuelle Voraussetzungen der Person. In der BundeslaufbahnVO (BLV) wird der Begriff Eignung dagegen erheblich ausgeweitet. Er bezieht nach § 1 II BLV die Befähigung (für eine konkrete Verwendung) mit ein und berücksichtigt dabei die bisherige fachliche Leistung. Deshalb wird in der Praxis statt Eignung häufig der Oberbegriff **Geeignetheit** (für ein bestimmtes Amt) verwendet. Die Unterscheidung ist wichtig z. B. bei der dienstlichen Beurteilung, die nach „Eignung und Leistung" (§ 40 I BLV) erfolgen soll: **Folge:** Bisherige fachliche Leistung allein begründet auch nach dem Leistungsprinzip nicht die „Eignung" für ein „Amt".

Rechtlich erscheint das Leistungsprinzip jedoch nicht nur in den Merkmalen des **69** Art. 33 II GG. Es kommt auch in den verfassungsrechtlich **verbotenen Auswahlkriterien** zum Ausdruck: Geschlecht, Abstammung, Rasse, Sprache, Heimat, Herkunft, Glauben, religiöse und politische Anschauung (Art. 3 III, 33 III) sowie Mutterschaft (als Folge des besonderen Geschlechts i. V. m. Art. 6 IV).

Aus dem darin erkennbaren Leistungsprinzip als solchem hat die Rspr. **zum Beispiel** entnommen, daß ein Bewerber nicht deshalb benachteiligt werden darf, weil sein Ehegatte bereits im öffentlichen Dienst beschäftigt ist (DVBl 78, 761), und daß ihm kein genereller Bonus zusteht, weil er Einheimischer ist (DÖD 79, 793). Insbes. wurde geklärt, daß ein Land einen Bewerber nicht deshalb unberücksichtigt lassen kann, weil er die 2. jur. Staatsprüfung in einem anderen Bundesland abgelegt hat — auch wenn es das Ausleseverfahren auf diejenigen beschränkt, die im eigenen Land die entsprechende Prüfung zu einem bestimmten, landesweiten und einheitlichen Prüfungstermin abgelegt haben. Inwieweit dennoch eine vergleichende Gewichtung der Prüfungsnote erfolgen darf, ist offen; auf die Unterschiede in Prüfungsstoff und -leistungsnachweis bzw. Ausbildungsgang darf wegen der bundesweiten Geltung der Laufbahnvorschriften des BRRG jedenfalls nicht abgestellt werden[116].

Andererseits sind **Ausnahmen** von den an sich verpönten Kriterien möglich, wenn sie sachlich oder rechtlich begründet sind, z. B. männliches Geschlecht für den Dienst im Bundesgrenzschutz, Konfession bei Religionslehrer[117], Länderherkunft für den Dienst bei Bundesbehörden (Art. 36 GG). Keine Ausnahme vom Leistungsprinzip, sondern eine aufgrund des Sozialstaatsprinzips geforderte Berücksichtigung bei der Auswahlentscheidung ist die Bevorzugung *geeigneter* Personen aus gesetzlich festgelegten Gründen (Schwerbehinderte; fragl. bei § 10 SoldatenversorgungsG).

---

115 Vgl. z. B. BVerwG ZBR 85, 223: ehemaliger Polizeipräsident (A 16) soll neu geschaffenen Referentendienstposten (A 16) übernehmen.

116 Vgl. VGH München NJW 82, 786, mit BVerwG DÖV 84, 337 m. Anm. *Goerlich* (= BVerwGE 68, 109); zur Gleichwertigkeit von Laufbahnen näher Rdnr. 97.

117 Das Bekenntnis ist aber nur bei konfessionsgebundenen Ämtern Eignungsmerkmal, vgl. VGH BW DVBl. 68, 256; BVerwGE 19, 252, 260; allg. E 47, 330, 354.

70 In welcher Weise das Leistungsprinzip zu verwirklichen ist, legt das Verfassungsrecht nicht ausdrücklich fest. Dem grundrechtsgleichen Recht des Art. 33 II auf Zugang zu jedem öffentlichen Amt läßt sich zwar die Pflicht zur Bekanntmachung jeder zu besetzenden Stelle im öffentlichen Dienst entnehmen. Aber das BBG (§ 8) normiert lediglich eine **Stellenausschreibung** für Bewerber um Einstellung. Hierbei sind Eignungsfeststellungsverfahren (sog. Auswahltermine) üblich. Für Beförderungen dagegen sind Stellenausschreibungen nicht notwendig (arg. § 23 BBG)[118]. Deshalb werden Beförderungsdienstposten (im Bundesdienst) entsprechend der Sollvorschrift des § 4 BLV nur verwaltungsintern ausgeschrieben. Insgesamt schränkt damit das BBG jedoch die Anspruchsnorm des Art. 33 GG ein[119]. Dies läßt sich allenfalls als Folge eines das Leistungsprinzip konkretisierenden Laufbahnsystems rechtfertigen, innerhalb dessen „Beförderung" die Verleihung eines laufbahnmäßigen (statusrechtlichen) Amtes darstellt, ohne daß damit notwendig eine Änderung der konkreten Tätigkeit (Dienstposten) verbunden ist.

C. Das Beamtenverhältnis

I. Begründung des Beamtenverhältnisses

1. Einstellungsvoraussetzungen

71 1.1 Begründet wird das Beamtenverhältnis stets durch sog. Einstellung (nicht: Anstellung). Einstellen kann nur eine juristische Person des öffentlichen Rechts, die Dienstherrenfähigkeit besitzt (vgl. oben Rdnr. 4).

Die **Einstellung** geschieht **durch** einen Akt der **Ernennung**. Die ein Beamtenverhältnis begründende Ernennung kann rechtlich nur durch Aushändigung einer Ernennungsurkunde erfolgen, die die Worte „unter Berufung in das Beamtenverhältnis" sowie einen der fünf Zusätze enthält, die die Art des Beamtenverhältnisses festlegen (vgl. § 6 I und II). Fehlt es an dieser **Form**, so liegt kraft gesetzlicher Regelung eine Einstellung nicht vor (sog. Nichtakt). Fehlt lediglich der bestimmende Zusatz, so wird nach den meisten Landesbeamtengesetzen ausnahmsweise kraft Gesetzes ein Beamtenverhältnis auf Widerruf begründet; nach dem **BBG** bleibt es beim Nichtakt. Inhaltlich ist die Einstellung an eine Reihe sachlicher (objektiver) und persönlicher (subjektiver) Voraussetzungen gebunden.

72 1.2 **Sachliche Einstellungsvoraussetzungen** sind (§§ 4, 8 BBG; 17, 49 BHO):

— vorgesehene Wahrnehmung hoheitsrechtlicher oder quasi-hoheitsrechtlicher Aufgaben (**Funktionsvorbehalt**),

---

118 Vgl. BVerwGE 49, 232; 56, 324.
119 Dazu mit Recht krit. *Lademann,* DRiZ 77, 178.

— Vorhandensein einer besetzbaren **Planstelle** (bei Einstellung auf Lebenszeit) oder einer sog. anderen Stelle, die nach dem jeweiligen Haushaltsrecht ebenfalls im Haushaltsplan oder im Zusammenhang mit ihm ausgewiesen ist,

— Einhaltung der **Verfahrensvorschriften:** Stellenausschreibung, sachgerechte Auswahl, Einholung notwendiger Erklärungen anderer Stellen (Zustimmung, Einvernehmen).

Schwierigkeiten bereitet immer wieder die Bedeutung der Planstelle bei Einstellung wie Beförderung. So verlangte z. B. der neue Richter in dem Beispiel in Rdnr. 62 die rückwirkende Einweisung in die Planstelle (R 2), mindestens zum Monatsbeginn[120]. — Grundsätzlich ist folgendes zu beachten: Die Organisationsabteilung stellt fest, welche und wie viele Dienstposten zur Bewältigung des Arbeitsanfalls in einer Behörde notwendig sind[121]. Danach richtet sich die Verteilung der Planstellen, die im Haushaltsplan bereitgestellt sind. Eine solche Planstelle ist zur Verleihung eines statusrechtlichen Amtes erforderlich, obwohl diese nicht notwendig im Stellenplan der Behörde ausgewiesen sein muß, in der der Beamte einen Dienstposten bekleidet. Wird einem Beamten ein statusrechtliches Amt verliehen (Ernennung), ohne daß eine Planstelle vorhanden ist, bleibt die Ernennung wirksam, weil sie formstreng, das statusrechtliche Amt personengebunden ist.

1.3 Die **persönlichen Einstellungsvoraussetzungen** ergeben sich aus unterschiedlichen Rechtsnormen und -prinzipien. Der Bewerber muß **73**

— **Deutscher** i. S. d. Art. 116 GG sein; Ausnahmen sind nur bei dringendem dienstlichen Bedürfnis zulässig[122] (vgl. § 7 II BBG, § 4 II BRRG),

— **Gewähr** dafür **bieten,** jederzeit für die freiheitliche demokratische Grundordnung einzutreten (§ 7 I Nr. 2; näher Rdnr. 37 ff.),

— die **Vorbildung** besitzen, die nach den Laufbahnvorschriften gefordert bzw. (mangels Vorschrift) üblich ist, oder — als sog. anderer Bewerber — die „erforderliche Befähigung" besitzen, die durch Lebens- und Berufserfahrung erworben wurde, § 7 I Nr. 3,

— in dem für die Einstellung zulässigen Alter sein **(Mindestalter/Höchstalter);** Altersgrenzen sollen einen ausgeglichenen Altersaufbau sichern und eine übermäßige Belastung der öffentlichen Haushalte verhindern (daher zusätzlich: Einwilligung des Finanzministers bei Überschreiten einer nach § 48 BHO bzw. LHO von der Regierung gesetzten Grenze[123];

— die Fähigkeit zur Bekleidung öffentlicher Ämter besitzen, geschäftsfähig und nicht entmündigt sein **(Amtsfähigkeit;** arg. § 11 II),

— körperlich und geistig für den vorgesehenen Dienst geeignet sein **(Dienstfähigkeit;** arg. §§ 42 I, 31 I Nr. 3),

---

120 Siehe die lesenswerte Entscheidung: BVerwG NJW 86, 1368.
121 Zur analytischen Dienstpostenbewertung OVG Hmb DVBl 70, 692 u. 694; zur Umwertung BVerwG PersV 81, 244 f.; zur „Personalverstärkung" mit Hilfe von Beamten auf Probe OVG NW ZBR 86, 89.
122 Vgl. z. B. HessVGH DVBl 81, 1069; Professoren, Hochschuldozenten, Assistenten können auch aus anderen Gründen zugelassen werden (§ 4 II BRRG).
123 Vgl. näher BVerwG ZBR 81, 228 f.

— i. S. d. Beamtenrechts charakterlich geeignet (**Amtseignung:** Art. 33 II GG, § 1 BLV) und nicht unwürdig sein (arg. § 12 I Nr. 2),

— in **geordneten wirtschaftlichen Verhältnissen** leben (Grund: Beamtenbesoldung erlaubt nicht die Abtragung eines umfänglichen Schuldenberges).

Fehlt eine sachliche oder persönliche Voraussetzung, so ist die Einstellung zwar rechtswidrig. Die **Besonderheit des Beamtenrechts** besteht aber darin, daß eine formgerecht erfolgte, wenngleich fehlerhafte Einstellung nur ausnahmsweise rücknehmbar oder gar nichtig ist. Entscheidend sind allein die sich aus dem jeweils einschlägigen Beamtengesetz ergebenden Fehlerfolgen. Sie sind, da die Einstellung ein Akt der Ernennung ist, aus den Normen über die Ernennung zu erschließen.

2. Regelungskomplex Ernennung

74 2.1 Die **Ernennung ist ein normgebundener, rechtsbegründender** (konstitutiver), aber (weil das Einverständnis des Betroffenen voraussetzender) **mitwirkungsbedürftiger** Verwaltungsakt[124]. Eine Ernennung (§ 6 I) ist erforderlich für: Einstellung, Umwandlung des Beamtenverhältnisses, Anstellung (erste Verleihung eines Amts), Beförderung und Verleihung eines anderen Amts beim Wechsel der Laufbahngruppe. Die fehlerhafte „Ernennung" ist je nach Art des Fehlers ein sog. Nichtakt, ein von Anfang an nichtiger VA, ein schwebend unwirksamer VA (fraglich) oder ein rechtswidriger, rücknehmbarer VA.

75 2.2 Ein **Nichtakt** ist kein oder noch kein VA, selbst wenn er nach außen als solcher erscheint. Die Ernennung ist Nichtakt, solange keine „Ernennungsurkunde" vorliegt (**Beispiele:** „Urkunde" fehlt Angabe der Ernennungsbehörde, des Adressaten, die Unterschrift des Ernennenden, die anordnende Aussage oder sie weist ein rechtlich nicht mehr vorhandenes Amt aus[125], z. B. seit 1985 „Hochschulassistent") und die „Aushändigung" nicht „erfolgt" ist (vgl. § 6 II). Bis dahin bleibt das Tun der Verwaltung rechtlich Vorbereitungshandlung für den VA Ernennung. Gibt z. B. die Behörde eine Beförderung (dem Beamten, einem Mitbewerber, öffentlich) bekannt und heftet die Urkunde zu den Personalakten, so liegt selbst bei Zustimmung des Betroffenen keine Ernennung vor.

76 Die **Aushändigung** ist mehr als eine rein tatsächlich Übergabe der Urkunde. Sie ist Besitzverschaffung an der Ernennungsurkunde mit Willen der Ernennungsbehörde und Besitzbegründungswillen des Beamten[126]. Diese Definition bedarf der **Erläuterung:** Unbestritten ist, daß bis zur Besitzerlangung durch den zu Ernennenden der Ernennungsvorgang angehalten oder rückgängig gemacht werden kann[127]. Möglich ist aber eine **Besitzverschaffung** durch Boten oder auf dem Postwege (z. B. bei Krankheit). Da die genaue Kenntnis des Datums der „Aushändigung" erwünscht ist, kommt postalisch nur der persönlich zuzustellende eingeschriebene

---

124 Zu allen Voraussetzungen zuletzt *Summer,* PersV 84, 223.
125 So im Falle BVerwG DVBl 83, 1108: „Volksschulkonrektor — als Fachleiter an einem Bezirksseminar".
126 OVG Saarl ZBR 85, 274, 275; vgl. im einzelnen *Battis* BBG § 6 2b.
127 Vgl. BVerwGE 55, 212, 214, unter Hinweis auf die *allg.* Rechtslage, daß allein die willentliche Aushändigung eines Schriftstücks an den Adressaten durch die zuständige Behörde eine *Zustellung* bewirkt (Beispiel: BVerwGE 29, 321).

Brief mit Rückschein oder die Postzustellungsurkunde unter Ausschluß der Ersatzzustellung in Betracht. Eine Übergabe des Schriftstücks an Dritte (Ehefrau, Bruder, Namensvetter) unterbricht den Vorgang der Aushändigung nicht. Umstritten ist nur, ob Vertreter oder **Bevollmächtigte** den zu Ernennenden in der Inbesitznahme (und in der Erklärung der Zustimmung) vertreten können[128]; m. E. ist dies jedenfalls durch Bevollmächtigte möglich, weil die Zwecke der „Aushändigung" gewahrt bleiben: Klarheit über das Ernennungsdatum, Beweismöglichkeit der Personidentität, Willensäußerung des Vollmachtgebers. Ein Bedarf besteht vor allem bei Auslandsaufenthalten (Zugpersonal, Urlaub) und Auslandsdienstposten.

2.3 In Lehre und Rechtsprechung wird die Mitwirkungshandlung des zu Ernennen- **77** den zumeist als „Zustimmung" bezeichnet und diese zur „Wirksamkeitsvoraussetzung" erklärt. Das BVerwG spricht von einem „beiderseitige Beteiligung voraussetzenden Ernennungsvorgang"[129]. Die widerspruchslose Annahme der Urkunde ist stets eine konkludente Erklärung der Einwilligung/Zustimmung. Doch kann das **Einverständnis** (Willensübereinstimmung) aus verschiedenen Gründen rechtlich fehlen. Dann ergeben sich je nach der dogmatischen Konstruktion des Ernennungsvorgangs unterschiedliche **Folgen:** Die „Ernennung" ist Nichtakt, falls der VA nur mit Einverständnis entsteht. Sie ist ein schwebend unwirksamer VA, falls ein VA entstanden ist, er aber erst mit ausdrücklicher Zustimmung wirksam wird. Ein von Anfang an unwirksamer (nichtiger) VA kann sie nicht sein, weil im Regelungskomplex Ernennung die beamtenrechtlichen Nichtigkeitsfälle vom Gesetzgeber bewußt abschließend normiert worden sind[130].

Das für die Ernennung erforderliche **Einverständnis fehlt,** (1) wenn der zu Ernen- **78** nende die Urkunde zwar annimmt, aber der darin vorgesehenen Regelung noch in zeitlichem Zusammenhang mit der Aushändigung widerspricht, (2) wenn die Erklärung rechtlich fehlt (z. B. Minderjährigkeit) oder (3) die Einverständniserklärung angefochten wird. Daß eine **Anfechtung** der eigenen Willenserklärung möglich ist, wird mit dem Argument bestritten, die Formstrenge des Beamtenrechts verbiete dies. Das ist unrichtig, denn der Bestimmtheitsgrundsatz soll die Macht des Staates binden, nicht dem Einzelnen beamtenrechtlich unnötige Beschränkungen auferlegen. Die Anfechtung der eigenen WE ist daher nach den allgemeinen Vorschriften der §§ 119 ff. BGB möglich. Die **Folge** wirksamer Anfechtung ist (je nach Dogmatik): Bei Nichtakt ist erneute Aushändigung nötig; bei schwebend unwirksamem VA ist Heilung durch nachträgliche Zustimmung möglich (Problem: den Zeitpunkt der Wirksamkeit des VA bestimmt der Betroffene).

2.4 **Nichtig** ist eine formgerechte Ernennung nur in den gesetzlich geregelten Fällen. **79** Die Nichtigkeitsregelungen in § 11 sind abschließend (keine Offenkundigkeit nötig!). Das **BBG** enthält eine einzige Möglichkeit der Heilung: Eine Ernennung, die von einer lediglich sachlich unzuständigen Behörde ausgesprochen wurde (z. B. Innenministerium befördert abgeordneten Justizbeamten), kann von der zuständigen Behörde „rückwirkend bestätigt" werden. In einigen **Landesbeamtengesetzen** sind

---

128 Vgl. dazu *Dorn,* ZBR 70, 183 f., anders *Summer* (Anm. 124, S. 228), vor allem weil der „Aushändigungsvorgang klare, sofort feststellbare Rechtsverhältnisse schaffen soll".
129 BVerwGE 34, 168, 171.
130 Zu letzterem vgl. *Otto,* ZBR 55, 1, 6—8.

weitere Nichtigkeitsfälle und ihre Heilungsmöglichkeiten normiert worden. Diese gehen z. T. über die ausdrücklich in § 10 BRRG vorgesehenen Möglichkeiten — **fehlende Mitwirkung** der unabhängigen Stelle (Landespersonalausschuß) oder der Aufsichtsbehörde sowie unwirksame Wahl — hinaus und betreffen die Mitwirkung an der Feststellung der Voraussetzungen für den abschließenden Formalakt Ernennung. Daher ist stets der Umfang des jeweiligen Mitwirkungsrechts genau zu bestimmen.

Beispiel: A ist als Laufbahnbewerber in Niedersachsen eingestellt und zum Fachhochschullehrer ernannt worden; er erfüllte aber die Voraussetzungen (Praxiszeit außerhalb der Universität) nicht. Dies hatte die Ernennungsbehörde übersehen. Seine Ernennung ist nach § 18 II NBG nichtig, weil A **objektiv** „anderer Bewerber" war, dessen Befähigung durch Entscheidung des Landespersonalausschusses hätte festgestellt werden können, aber nicht festgestellt worden ist. Dennoch wird die Ernennung wirksam, wenn der Ausschuß nachträglich zustimmt. Bevor dessen Entscheidung nicht herbeigeführt worden ist, darf die Ernennungsbehörde weder die Nichtigkeit dem A gegenüber feststellen noch ihm die Führung der Dienstgeschäfte untersagen[131]. — Wäre die Ernennung auch nichtig, wenn A zum Fachhochschullehrer des Bundes ernannt worden wäre? (Nein: § 11 BBG!)

80   2.5 Wie die Nichtigkeitsfälle sind auch die **Rücknahmefälle** abschließend und erschöpfend geregelt (§ 12). Sobald eine Ernennung erfolgt ist (Aushändigung), gelten nur noch die gesetzlichen Rücknahmeregelungen, auch wenn die Ernennung erst zu einem späteren Zeitpunkt wirksam werden sollte (§ 10 II: sog. innere Wirksamkeit).

Beispiel[132]: Justizwachtmeister wird am 12. 4. unter Verstoß gegen das Verbot der Eilbeförderung eine Urkunde zum Oberwachtmeister (mit Wirkung vom 1. 5.) ausgehändigt; Folge: auch vor dem 1. 5. keine Rücknahme möglich, da keiner der Tatbestände der §§ 12, 13 erfüllt ist.

Anders als die Nichtigkeit bedarf die Rücknahme aber eines VA in **Schriftform** (arg.: Zustellung, § 13 II). Zur Entscheidung ist nur die oberste Dienstbehörde zuständig. Bei Vorliegen des Tatbestandsvoraussetzungen von Abs. 1 des § 12 **muß** sie die Ernennung zurücknehmen (sog. obligatorische Rücknahme), in den Fällen des Abs. 2 **kann** sie es (fakultative Rücknahme).

81   Zurückzunehmen ist nach § 12 I Nr. 1 die Ernennung, wenn sie durch **Zwang, arglistige Täuschung** oder **Bestechung** herbeigeführt wurde. Dem Wortlaut nach reicht es aus, daß irgendeine Person (unabhängig von ihrem Motiv) die unlautere Handlung vollzieht und dies für die Ernennung kausal ist. Es fragt sich aber, ob nicht der Ernannte stets **selbst unlauter** gehandelt haben muß, damit seine Ernennung als nichtig zu qualifizieren ist.

Beispiel: Ohne Wissen des Jungen bewirkt ein Vater die Einstellung seines Sohnes als Finanzanwärter durch Bestechung. Muß die Ernennung zurückgenommen werden? — Entscheidend dürfte sein, welcher **Rechtsgedanke** § 12 I Nr. 1 maßgeblich zugrunde liegt: Schutz der Entschließungsfreiheit der Ernennungsbehörde als solche oder die Reinheit des Berufsbeamtentums von Personen, die durch unlauteres Verhalten diese Entschließungsfreiheit einschrän-

---

131 Vgl. BVerwG ZBR 81, 67; anders aber der Fall des Lehrers, dessen Laufbahnprüfung wegen Täuschungsversuchs nachträglich für nicht bestanden erklärt wurde: BVerwG ZBR 85, 338.
132 In Anlehnung an BVerwGE 55, 212 (vgl. oben Anm. 127); ferner JuS 78, 788.

ken[133]. Der Wortlaut spricht für ersteres. Zu bedenken wäre auch die **Kausalität:** Hätte die Behörde ohne die Bestechung von der Ernennung abgesehen? Hätte sie ohne Rechtsfehler (Qualifikation des Jungen) davon absehen können?

In der Praxis kommt eine obligatorische Rücknahme hauptsächlich vor, wenn ein Bewerber eine zur Entscheidungsbildung der Behörde erhebliche Tatsache bewußt verschwiegen hat (arglistige Täuschung). Verschweigen im Rechtssinn kann nur, wer zur Offenbarung verpflichtet ist. **Offenbarungspflicht** besteht nach der Rspr. über wesentliche Krankheiten, über Schulden, die aus eigener Kraft in absehbarer Zeit nicht abtragbar sind, über Gründe des Ausscheidens aus dem Dienst bei früheren öffentlichen Arbeitgebern, über frühere Mitgliedschaften in verbotenen Organisationen und Parteien, über nicht bereits getilgte strafrechtliche Verurteilungen und über strafrechtlich bedeutsame Umstände, die lediglich nicht vorwerfbar oder nicht mehr verfolgbar sind. Für Arglist (analog § 123 BGB) reicht dolus eventualis.

Beispiel: Richter auf Probe, eingesetzt als Hilfsstaatsanwalt, täuscht hohe Quote erledigter Ermittlungsfälle vor und wird zum Staatsanwalt auf Lebenszeit ernannt[134]. Rücknahme?

Im **Sonderfall** der **Einstellung** eines Beamten ist die Ernennung auch zurückzunehmen, wenn die Voraussetzungen des § 12 I Nr. 2 vorliegen: **Unwürdigkeit** aufgrund strafrechtlicher Verurteilung. Entscheidend ist, ob die willensbildenden Bediensteten der Ernennungsbehörde den Sachverhalt kannten. Denn nur wenn die tatsächlichen Entscheidungsträger bewußt aus ihnen bekannten Tatsachen keine Folgerungen ziehen, kann der der Vorschrift zugrunde liegende Vertrauensschutzgedanke wirksam werden. **82**

Unwürdigkeit liegt nach st. Rspr. regelmäßig bei Verurteilung wegen Diebstahls oder Unterschlagung vor; zudem ergibt ein Vergleich mit § 48, daß Unwürdigkeit stets anzunehmen ist, wenn eine Straftat in Schwere und Modalitäten den Taten entspricht, die den gesetzlichen Verlust der Beamtenrechte nach sich ziehen. Grundlage der Beurteilung bleibt aber, ob nach der Persönlichkeit des Bewerbers unter Berücksichtigung der nach der Tat vergangenen Zeit anzunehmen ist, daß durch die Fortführung des Beamtenverhältnisses das Ansehen des Dienstherrn leiden oder die Arbeit der Verwaltung Schaden nehmen würde.

Die fakultativen Rücknahmegründe des § 12 II spielen in der Praxis keine Rolle. Bedeutsam ist dagegen § 13 II. Danach muß jede **Rücknahme innerhalb von sechs Monaten** erfolgen, nachdem die oberste Dienstbehörde von der Ernennung und dem Rücknahmegrund Kenntnis erlangt hat (z. T. anders die LBGe). Insgesamt kann das Rücknahmeverfahren jederzeit, auch noch nach Beendigung des Beamtenverhältnisses, durchgeführt werden (Ausnahme SchlH: nach zwanzig Jahren unzulässig). **83**

Beispiel: A war 1952 unter Verschweigen zweier Entlassungen aus Polizeidiensten (1945 nach Diebstahl, 1948 nach Amtsanmaßung) in die Zollverwaltung eingetreten und hatte sich unauffällig geführt. In einem Prozeß über sein Besoldungsdienstalter wurden die Tatsachen bekannt und am 16. 1. 1962 im Prozeßbericht an die Ernennungsbehörde weitergegeben. Am 16. 2. erhielt das Prozeßreferat und am 21. 2. die Personalgruppe die Akten; am 19. 3. wurden sie dem Oberfinanzpräsidenten vorgelegt, der am 7. 9. 62 die Rücknahme aller Ernennungen des A verfügte. (Zu Recht, weil der Präsident Entscheidungsträger ist[135]).

---

133 Für ersteres spricht die Ratio in BVerwG NJW 80, 1864, doch betrifft die Entscheidung das Verschweigen einer Bestrafung trotz Aufforderung zur Auskunft im Personalfragebogen.
134 So der Fall BVerwG ZBR 86, 52.
135 Vgl. BVerwG DÖD 66, 193 ff.

84 2.6 Die primäre **Rechtsfolge** einer nichtigen oder wirksam zurückgenommenen Ernennung ist: Der „Ernannte" hat die mit der Aushändigung der Urkunde beabsichtigte Rechtsstellung von Anfang an nicht erlangt. Ist eine Einstellung rechtlich nicht erfolgt, fehlt es sogar allen rechtlich darauf gegründeten weiteren Ernennungen an einer tatbestandlich notwendigen Voraussetzung: der Beamtenstellung des „Ernannten". Bei Nichtigkeit ist dem Betroffenen die weitere Führung der Dienstgeschäfte zu verbieten (Suspendierung, § 13 I; anders § 60: Zwangsbeurlaubung).

Nicht ausdrücklich geregelt sind die **Fehlerfolgen einer Nichternennung**. Eine analoge Anwendung des § 13 ist rechtlich fragwürdig, weil es an einem analogiefähigen Tatbestand fehlt (vgl. dazu § 13 I und II). Statt dessen kann § 60 I analog angewandt werden. Dann entscheidet nicht der Dienstvorgesetzte, sondern die in der Formfrage kompetente Behörde über die Beendigung der tatsächlichen Dienstleistung des Betroffenen und über ihre mögliche Weiterführung: Neuernennung, Angestelltenvertrag oder „Entlassung" aus dem faktisch bestehenden Dienstverhältnis. Eine Theorie des faktischen öffentlich-rechtlichen Dienstverhältnisses, die in Parallele zum faktischen Arbeitsverhältnis die Nichtigkeitsfolgen auf die Zukunft beschränkt[136], hat sich bisher nicht durchgesetzt. Grundlegende neuere Rechtsprechung fehlt[137].

85 Die sekundären Rechtsfolgen betreffen die **Rückabwicklung**: Mit Wegfall einer Ernennung (insbes. einer Einstellung) fehlt es den Leistungen des Staates an den „Ernannten" an einem rechtlichen Grund (kein Beamter). Direkt aufgrund Gesetzes erbrachte Leistungen (z. B. Besoldung) müssen mit öffentlich-rechtlichem Erstattungsanspruch (Kehrseite der vermeintlichen Leistungspflicht) zurückgefordert werden (näher Rdnr. 104). Für Leistungen, die aufgrund zwischengeschalteter VAe erbracht wurden, ist das Verfahren nach § 48 VwVfG erforderlich. Inhaltlich gilt bei weiterbestehendem Beamtenverhältnis § 12 BBesG oder § 87 II (wortgleiche Vorschrift für Beihilfen etc.); bei fehlender Einstellung ist nur § 14 S. 2 anwendbar, wobei „Dienstbezüge" alle Bezüge sind, die nicht reinen Aufwendungsersatz darstellen. Eine analoge Anwendung des § 14 S. 2 auf **Nichternennungen** ist fragwürdig (Alternative: Bereicherungsrecht bzw. § 48 VwVfG).

86 2.7 Der Bürger (Außenverhältnis) soll durch Mängel im Innenverhältnis keine Rechtsnachteile erleiden. Daher schreibt § 14 S. 1 vor, daß die „Amtshandlungen des Ernannten in gleicher Weise gültig sind, wie wenn sie ein Beamter ausgeführt hätte". Ebenso unproblematisch ist die **Haftung**: Die öffentliche Gewalt haftet nach Art. 34 GG, § 839 BGB bzw. bei fiskalischem Handeln nach dem BGB (§§ 823 ff., 831 oder §§ 89, 31).

3. Anspruch auf Einstellung

87 3.1 Grundsätzlich hat der Einzelne keinen Anspruch auf Berufung in ein Beamtenverhältnis, auch wenn alle persönlichen und sachlichen Voraussetzungen für seine

---

136 So vor allem *Schröcker,* DVBl 57, 664—670.
137 Zuletzt BVerwG DÖV 72, 573, 574 f., BayVGH ZBR 73, 58—60.

Einstellung erfüllt sind[138]. Denn die Entscheidung, ob eine Stelle durch Neueinstellung besetzt wird, steht kraft Personalgewalt im Ermessen der Verwaltung. Indessen sind sechs Fälle unbestritten, in denen ein **Anspruch** besteht:

1. die Einstellung als Beamter auf Widerruf zur Ableistung eines Vorbereitungsdienstes, wenn dieser Voraussetzung auch für Berufe außerhalb des öffentlichen Dienstes ist (z. B. Anwalt, Lehrer, Förster; aber: zeitweilige Zulassungsbeschränkungen möglich, Art. 12 I 1 GG),

2. die Einstellung nach Annahme und aufsichtsrechtlicher Bestätigung einer Wahl zum kommunalen Wahlbeamten,

3. die Umwandlung eines Beamtenverhältnisses auf Probe in eines auf Lebenszeit nach 5 Jahren (§ 9 II),

4. die gesetzlich geregelte Wiederverwendung nach Beendigung eines Abgeordnetenmandats oder einer Berufung als Beamter auf Zeit (§ 6 AbgG, § 33 BayKWG),

5. die Reaktivierung eines wieder dienstfähig gewordenen Ruhestandsbeamten auf seinen Antrag hin (§ 45 II),

6. die Einstellung aufgrund rechtswirksamer Zusicherung.

Die Zulässigkeit einer **Zusicherung** der Einstellung ist heute zwar anerkannt (Umkehrschluß aus § 183 I), nicht aber sind es einzelne ihrer Elemente. Mangels ernennungsrechtlicher Spezialnorm gilt grundsätzlich § 38 VwVfG. Stets muß ein Bindungswille der Ernennungsbehörde vorliegen (**Gegensatz**: bloßes Inaussichtstellen, selbst Absichtserklärung). Die Zusicherung als solche erfüllt die Kriterien eines VA. Daher ist zur Sondernorm des § 38 VwVfG ergänzend das VwVfG anzuwenden (str., a. A.: ergänzend Richterrecht). Damit entfällt gem. § 37 III VwVfG das frühere, richterrechtlich aufgestellte Wirksamkeitserfordernis, innerhalb der Behörde müsse ein für derartige Erklärungen rangmäßig zuständiger Amtswalter zugesichert haben (BVerwGE 26, 31, 36), denn Beamte und (erst recht) Beamtenbewerber sind gegenüber der Behörde ebenso schutzwürdig wie andere Bürger[139]. Ein innerbehördlicher Zuständigkeitsmangel macht eine Zusicherung daher nur dann nicht einklagbar, wenn der Begünstigte den Mangel kannte (dann: unzulässige Rechtsausübung). **88**

3.2 Es fragt sich, ob nicht in einer an Formfehlern gescheiterten Ernennung eine **Zusicherung als Minus** enthalten ist. Grundsätzlich ist es nicht ausgeschlossen, daß im Verlauf eines Stellenbesetzungsverfahrens Verwaltungshandlungen getätigt werden, die die Kriterien einer Zusicherung nach § 38 VwVfG erfüllen. **89**

Zwar hat das BVerwG die Mitteilung der Einstellungsabsicht und die Aufforderung, „bezüglich der Benennung des Einsatzortes und der Aushändigung der Ernennungsurkunde bei dem Schulamt X am Tage Y um die Uhrzeit Z vorzusprechen", nicht als Bindungswillen (Zusicherung) gewertet[140]. Wenn es aber zur gewollten Aushändigung einer (formfehlerhaften) „Urkunde" kommt, ist m. E. ein Bindungswille unbestreitbar. Der vermeintlich Ernannte hat wenigstens eine Zusicherung der Ernennung erhalten. Seine rechtliche Position ist nicht anders, als wenn er zeitlich früher eine wirksame Zusicherung erhalten hätte und der dementsprechende Ernennungsversuch aus gleichem Grunde fehlgeschlagen wäre.

---

138 Vgl. BVerwGE 15, 3, 4—10.
139 Insoweit a. A. *Battis* BBG § 183 2 b.
140 Zu diesem Beispiel vgl. näher: BVerwG ZBR 79, 331, 333.

90 3.3 Ähnlich wie bei Angestellten werden gelegentlich **befristete Beamtenverhältnisse** auf Zeit begründet, ohne daß die Voraussetzungen für eine Befristung vorlagen. Es fragt sich, ob der rechtswidrig zum Beamten auf Zeit Ernannte einen Anspruch auf Ernennung zum Beamten auf Lebenszeit hat. Neuerdings wird dies mit einer Reihe von beachtlichen Argumenten vertreten[141]: Anspruch aus Fürsorgepflicht. Letztlich dürfte ein Anspruch aber am Prinzip der Personalhoheit des Dienstherrn scheitern, der — anders als bei fehlgeschlagenem Ernennungsversuch — den Beamten gerade nicht auf Lebenszeit ernennen wollte.

4. Bewerberauswahl und Konkurrentenklage

91 4.1 Das grundrechtsgleiche Recht des **Art. 33 II** GG gewährleistet nach der heute h. M. jedem Deutschen das Recht, sich für jedes öffentliche Amt zu bewerben und rechtsfehlerfrei auf seine Eignung dafür beurteilt zu werden. Darüber hinaus soll jeder geeignete Bewerber ein Recht auf „fehlerfreie Ermessensausübung" bei der Auswahl unter den Bewerbern haben.

Denn nach der **st. Rspr. des BVerwG** liegt die Entscheidung über die Einstellung eines Bewerbers und die Auswahl unter mehreren Bewerbern im pflichtgemäßen Ermessen des Dienstherrn. Die im Rahmen der Ermessensentscheidung vorzunehmende Beurteilung von Eignung, Befähigung und fachlicher Leistung ist ein **Akt wertender Erkenntnis**, der vom Gericht nur beschränkt darauf zu überprüfen ist, ob die Verwaltung den anzuwendenden Begriff verkannt, der Beurteilung einen unrichtigen Tatbestand zugrunde gelegt, allgemeingültige Wertmaßstäbe nicht beachtet oder sachwidrige Erwägungen angestellt hat. Dem pflichtgemäßen Ermessen des Dienstherrn ist es auch überlassen, welchen (sachlichen) Umständen er bei seiner Auswahlentscheidung das größere Gewicht beimißt und in welcher Weise er den Grundsatz des gleichen Zugangs zu jedem öffentlichen Amt nach Eignung, Befähigung und fachlicher Leistung verwirklicht, sofern nur das Prinzip selbst nicht in Frage gestellt ist[142]. Er kann sein Ermessen insoweit auch durch Verwaltungsvorschriften binden.

92 Grundlage der Gesetzesanwendung sind die §§ 8 I und 23 BBG. Entgegen dem üblichen Sprachgebrauch ist die „Auslese" eines Bewerbers für die Besetzung einer Stelle (Amt i. S. d. Art. 33 II) **m. E.** jedoch keine Ermessensentscheidung. Stehen mehrere qualifizierte Bewerber zur Wahl, so erzwingt vielmehr das Leistungsprinzip, daß der für das Amt am besten geeignete Bewerber auszuwählen ist[143]. Die Auswahl ist daher letztlich Anwendung des unbestimmten Rechtsbegriffs „beste Amtseignung", die ihrerseits eine **komplexe Prognoseentscheidung** darstellt[144]. Verfahrensmäßig sind **drei Schritte** zu unterscheiden: Zunächst hat die auswählende Behörde aus den unbestimmten Gesetzesbegriffen Amt, Eignung, Befähigung und fachliche Leistung den Rechtsbegriff „Amtseignung" in seiner inneren Struktur festzulegen, d. h. sie muß die einzelnen Elemente im Hinblick auf die konkret zu besetzende Stelle ge-

---

141 So *Ingenlath,* DVBl 86, 24, 26.
142 So BVerwG DÖV 82, 76; trotz leistungsmäßig guter Qualifikation (Platz 24 unter 82 Bewerbern, von denen 41 eingestellt wurden) rechtmäßige Ablehnung wegen vergleichsweise schwächerer persönlicher Eignung „vom Gesamtbild her nach dem Eindruck des Ausschusses".
143 Vgl. BVerwGE 24, 235, 239. Beispiel: HessVGH NJW 85, 1103 (Vizepräs. OLG).
144 Ähnlich *Isensee,* Festgabe BVerwG, 1978, S. 337, 346 f., 353 f.

wichten (z. B. können Personalführungsqualitäten für die Amtswahrnehmung wichtiger sein als herausragendes fachliches Können). Dabei steht der Behörde das aus der Organisationsgewalt fließende Ermessen zu. Bei der Anwendung des so gebildeten Rechtsbegriffs auf jede einzelne der Bewerbungen wird dann eine Prognose getroffen, die die Beurteilung jedes Bewerbers hinsichtlich seiner Eignung, Befähigung und fachlichen Leistung auf der Grundlage der festgelegten Gewichtung (Geeignetheit) beinhaltet. Bei dieser Prognose hat die Behörde einen (gerichtlich nur beschränkt überprüfbaren) Beurteilungsspielraum. In einem dritten Schritt wird schließlich aus einer Mehrzahl amtsgeeigneter Bewerbungen unter Abwägung aller Gesichtspunkte der für die konkrete Amtswahrnehmung am besten geeignete Bewerber ausgewählt. Ausschlaggebend ist wieder eine Prognose: die der vergleichsweise besten Eignung. Auch ihre gerichtliche Überprüfung ist nach den Regeln über unbestimmte Rechtsbegriffe mit Beurteilungsspielraum zu behandeln[145].

Entscheidet sich die Verwaltung für einen anderen als den am besten geeigneten Bewerber, so hat letzterer einen **Anspruch,** an dessen Stelle berücksichtigt zu werden, weil nur er rechtsfehlerfrei eingestellt werden kann. Voraussetzung seines Rechtsanspruchs auf Einstellung ist aber, daß es ermessensfehlerhaft wäre, nun die **Stelle** überhaupt nicht mehr zu besetzen. Diese Entscheidung ist zwar gerichtlich nur auf Ermessensfehler hin überprüfbar, doch muß die Behörde die Gründe für die spezifische Ausübung ihrer Organisations- und Personalgewalt offenlegen (z. B. Umorganisation und Umsetzungen nach Stellenkürzung). Das Problem ist daher, wie der Bestgeeignete seine Qualifikation sowie die Ermessensfehlerhaftigkeit einer Nichtbesetzung der Stelle (bzw. die „Ermessensschrumpfung" auf Besetzung) nachweisen und die Einstellung gerichtlich durchsetzen kann.

93

4.2 Für den Fall, daß die Besetzung der Stelle erfolgen soll, sind die prozessualen Fragen unter dem Stichwort „Konkurrentenklage im Beamtenrecht" vielfach erörtert worden[146]. Auch wenn der Bewerber noch nicht Beamter ist, geht es im **Stellenbesetzungsverfahren** um eine beamtenrechtliche Position, so daß der Verwaltungsrechtsweg zu beschreiten[147], aber auch das Vorverfahren durchzuführen ist (§ 126 BRRG). Folgende **Klagemöglichkeiten** ergeben sich:

94

1. Erfährt der Bewerber, daß bereits die Aufnahme seines Antrags in den Kreis der nach Auffassung der Behörde für die Besetzung in Frage kommenden Bewerbungen abgelehnt worden ist, kann er Leistungsklage auf Aufnahme in den Bewerberkreis erheben.

2. Leistungsklage (mit Unterlassungsantrag) ist erforderlich, wenn er erfährt, daß er im Laufe des Besetzungsverfahrens aus einem sachwidrigen Grund aus dem Kreis der Bewerber um Einstellung ausgeschieden worden ist (a. A. Feststellungsklage).

---

145 Vgl. das Beispiel des weniger geeigneten, aber aus sozialen Gründen bevorzugten Bewerbers bei *Schenke,* Fälle zum Beamtenrecht, 1986, Fall 2, S. 5 ff; ferner das Beispiel in Anm. 143.

146 Vgl. zusammenfassend *Günther,* ZBR 83, 45 (zur Stellenbesetzung), und ZBR 84, 161 (zur Besetzung von Beförderungsdienstposten); *Norbert Müller,* JuS 85, 275; weiterführend *Siegmund-Schultze,* VerwArch 1982, 137; zur Einordnung der beamtenrechtlichen Konkurrentenklage in die allg. Rechtsfigur *Brohm,* FS Menger, 1985, S. 250 f., 253 ff.; ergänzend zum Steuerrecht zuletzt *Braun,* DStZ 86, 46 m. w. N.

147 Vgl. etwa VGH BW ZBR 82, 29; OVG RhPf 64, 242.

3. Ist das Auswahlverfahren beendet und das Ergebnis den Bewerbern mitgeteilt worden, steht aber die Ernennung des Ausgewählten noch aus, kann jeder sich für besser geeignet haltende Bewerber Verpflichtungsklage auf eigene Ernennung in der Form der Neubescheidungsklage erheben (maßgebend: Auswahlzeitpunkt[148]). Anders: Rechtsschutz bei Stellenbesetzung zwecks Beförderung (dazu Rdnr. 119). Nur ausnahmsweise (z. B. nur zwei Bewerber, Stellenbesetzung unverzichtbar) kommt eine Verpflichtungsklage (i. e. S.) des Bestgeeigneten in Betracht, weil eine Beurteilungs- und Ermessensreduktion „auf Null" eingetreten ist[149]. — In der Lit. werden z. T. **zwei** VA angenommen: (1) gegenüber dem Ausgewählten mit Drittwirkung gegenüber den Mitbewerbern, (2) Feststellung der Nicht-Besteigung gegenüber den Mitbewerbern. Rechtsschutz wäre dementsprechend zu gewähren[150].

4. Solange die Rechtsprechung von der Rechtsbeständigkeit einmal erfolgter Ernennungen ausgeht, können alle Mitbewerber zur Sicherung ihres möglichen Anspruchs auf eigene Ernennung oder auf fehlerfreie erneute Entscheidung auch eine einstweilige Anordnung nach § 123 VwGO erwirken, den vorerst Ausgewählten nicht zu ernennen[151].

95 4.3 Umstritten ist, wie verfahren werden muß, wenn der rechtswidrig Bevorzugte **bereits ernannt** worden ist. Ein Teil der Lehre und einige Gerichte verstehen die Ernennung als VA mit drittbelastender Doppelwirkung. Sie gehen entweder davon aus, daß die Mitbewerber je für sich beschieden werden, oder sie sehen in der Ernennung zugleich die ablehnende Entscheidung über die anderen Bewerbungen. In jedem Fall soll die Ernennung des rechtswidrig Bevorzugten von einem Mitbewerber wegen dessen subjektiven Rechts auf ermessensfehlerfreie Entscheidung angefochten werden können. Dem steht die Auffassung der **bislang h. M.** entgegen, die die anderen Bewerbungen nach erfolgter Ernennung eines Kandidaten für „gegenstandslos" (bzw. „in der Hauptsache erledigt") oder diese Ernennung für nicht aufhebbar hält, weil sie aus Gründen der Rechtssicherheit „rechtsbeständig" sei. Da der Kläger infolgedessen sein Anfechtungsziel, die Besetzbarkeit der Stelle, nicht erreichen kann, fehlt es ihm am Rechtsschutzbedürfnis für eine Anfechtungs- und (die eigene Ernennung anstrebende) Verpflichtungsklage. Möglich bleibt nach h. M. allerdings die (Fortsetzungs-)Feststellungsklage, wobei das berechtigte Interesse auch in einer Wiederholungsgefahr bestehen kann; möglich — bei Bewerbungen um Einstellung allein möglich (keine Fürsorgepflicht vor Begründung eines Beamtenverhältnisses) — ist bei schuldhaftem Handeln der Behörde auch eine Klage auf Schadensersatz[152].

96 In Lehre und Rspr. stehen sich in der Frage der Angreifbarkeit bereits erfolgter Ernennungen durch Konkurrentenklage im Prinzip zwei **verfassungsrechtlich begründete Positionen** gegenüber: einerseits die abschließende Regelung der rechtlichen

---

148 So mit Recht BayVGH ZBR 86, 126: einer erneuten Bewerbung steht die im Auswahlzeitpunkt rechtmäßige Versagung (Eignungsprognose) nicht entgegen.

149 Vgl. OVG RhPf ZBR 75, 117; VG Hann DVBl 77, 584; OVG NW ZBR 84, 45. Anders liegen die Verhältnisse bei der numerus-clausus-Rechtsprechung, in der wegen des nahen Semesterbeginns die Auswahl durch das Los einer Auswahl nach den (wertenden) ZVS-Kriterien vorgezogen wird; vgl. OVG Lbg NJW 78, 1340 ff., 2050.

150 Vgl. *Maaß*, NJW 85, 303 m. w. N.; ähnlich die Ratio in OVG Lbg DVBl 85, 1245.

151 So schon VGH BW DVBl 68, 255 (Unterlassungsanspruch direkt aus Art. 33 II), ferner VG Berlin ZBR 74, 391 (eine Aussparung des Sicherungsanspruchs aus § 123 VwGO verstieße gegen Art. 19 IV; hier: mehrere Ermessensfehler erkennbar), VG Freiburg ZBR 85, 350 (Dienstherr will trotz Anfechtungsklage befördern); vgl. auch OVG Lbg DVBl 76, 402 (Stellenbesetzung vor Ausschreibung unzulässig bei herausgehobenem Dienstposten; hier: Amtsleiter in Gemeinde).

152 Vgl. zusammenfassend BayVGH ZBR 83, 123, bzw. 85, 167, HessVGH ZBR 85, 258, und *Fehn/Opfergelt*, JURA 85, 639, *Greifeld*, JA 84, 112, *Norbert Müller,* JuS 85, 275, jeweils m. w. N.

Stellung des Beamten im Gesetz (so § 59 BRRG, z. T. als „hergebrachter Grundsatz" bezeichnet), andererseits das Rechtsschutzprinzip des Art. 19 IV GG, das die Gegenseite eben als „nur im Rahmen des geltenden materiellen Rechts gewährt" versteht[153]. Die Zulassung einer Klage gegen Ernennungen würde zwar weder zu unerträglichen noch zu rechtlich nicht handhabbaren Schwebezuständen führen; mit der Anordnung sofortiger Vollziehbarkeit (§ 80 II Nr. 4 VwGO) einerseits, der Mitteilung vom Ergebnis des Auswahlverfahrens an die Bewerber (Beginn der Anfechtungsfrist) andererseits ließen sich die Schwierigkeiten meistern. Aber die Rechtsprechung wäre genötigt, das Beamtenrecht lückenfüllend so zu ergänzen, daß die oberste Dienstbehörde die Ernennung schon im Widerspruchsverfahren rückgängig machen könnte, z. B. durch richterliche Kreation eines Nichtigkeitsgrundes „mangelnde Bestqualifikation" oder eines entsprechenden Rücknahmegrundes mit analoger Anwendung des § 50 VwVfG[154].

Im Einzelfall fragt sich aber, ob einem Bewerber um Einstellung mit der Feststellung einer ungerechtfertigten Benachteiligung nicht besser gedient ist, als wenn er sich im Klagewege einem Verwaltungsorganismus aufdrängt, der ihn nicht haben will. Bei **Beförderungen** (vgl. unten Rdnr. 110) könnte dies anders zu beurteilen sein. Doch ergeben sich dort weit größere rechtliche Probleme, die wegen der Folgemaßnahmen einer Beförderung („Ketten" von Beförderungen, Umsetzungen und Versetzungen, längerfristige „Karrierekonkurrenzen") die isolierte Konkurrentenklage in Konflikt mit dem Prinzip der Leistungsfähigkeit einer Organisation bringen[155].

4.4 Einige Sonderprobleme haben sich im Bereich der **Lehrereinstellung** ergeben: **97** Die §§ 122, 13, 14a BRRG verpflichten zwar die Bundesländer, „gleichwertige" Laufbahnvoraussetzungen (Bildungsgänge und Prüfungen) zu schaffen, so daß die Staatsprüfung eines Bundeslandes als Befähigungsnachweis für die Einstellung in den Dienst eines anderen Bundeslandes ausreichen müßte. Doch dies ist nicht immer der Fall. Schon bei der Zulassung zum Vorbereitungsdienst muß festgestellt werden, ob der Bewerber die für die Laufbahn im aufnehmenden Bundesland „vorgeschriebene Vorbildung" im bisherigen Bundesland erworben hat, d.h. dort „gleichwertig" ausgebildet worden ist[156]. Ob diese Rechtslage (auch unter dem Prinzip der Bundesstaatlichkeit) mit Art. 33 II und Art. 12 I GG vereinbar ist, erscheint ebenso fragwürdig wie die Praxis der Länder, die Mehrzahl der Lehrer oder sogar alle zunächst im Angestelltenverhältnis mit der Zusage zu beschäftigen, sie bei Bewährung in das Beamtenverhältnis auf Probe zu übernehmen[157]. Letzteres führt nach der Rspr. dazu, daß je nach Einstellungsbegehren Rechtsschutz vor dem VG oder den Arbeitsgerichten gesucht werden muß[158].

---

153 Vgl. HessVGH ZBR 85, 258, 259 f.; zu den Argumenten VG Berlin ZBR 83, 103; weiterführend jetzt jedoch OVG Lbg (Anm. 150) und *Allgaier*, ZBR 85, 298; ferner *N. Müller*, ebendort, S. 278 f.

154 Vgl. im einzelnen näher *Bellgardt*, Konkurrentenklage, 1981, S. 147—161; umfassend *Remmel*, RiA 82, 1, 12 ff.

155 Dazu näher *Siegmund-Schultze*, VerwArch 1982, 137, 147—152; Beispiel: BVerwGE 53, 23: Offizier wird jahrelang für einen Dienstposten „aufgebaut".

156 Vgl. BVerwGE 64, 142, 147—150.

157 Vgl. die Argumentation in VG Düss. DÖD 80, 177, VGH BW NJW 80, 1868, zu Art. 33 IV (Regel-Ausnahme-Verhältnis) und V (Umgehung von Vollzeitbeschäftigung), Umgehung des Laufbahnrechts u. ä.; letztlich fehlt es nur an der Verletzung subjektiver Rechte.

158 Vgl. VGH BW ZBR 82, 29; dagegen *Wurster*, ZBR 82, 20.

II. Erhaltung des Beamtenverhältnisses

1. Fürsorgepflicht und Schutzpflicht des Dienstherrn

98 1.1 Im Rahmen des Dienst- und Treueverhältnisses des Beamten besteht die Hauptpflicht des Dienstherrn in der Pflicht zur Sorge für das Wohl des Beamten und seiner Familie. Diese in der Generalklausel des § 79 Satz 1 BBG zum Ausdruck gebrachte sog. **Fürsorgepflicht** ist in erster Linie ein auslegungsleitender allgemeiner Grundsatz, der im gesamten Beamtenrecht gilt. Nach st. Rspr. kann die in einer Generalklausel niedergelegte Fürsorgepflicht auch unmittelbare Anspruchsgrundlage für den Beamten sein[159]. Fürsorge heißt grundsätzlich: Der Dienstherr muß den Beamten nicht nur von Schäden und sonstigen Nachteilen bewahren, sondern auch seinem Vorteil dienende Maßnahmen vornehmen.

Zwei direkt in der Fürsorgepflicht wurzelnde und gerichtlich einklagbare **Einzelrechte** sind anerkannt:

(1) das Recht auf Beratung, Belehrung und Unterstützung — zwar nicht allgemein und über alle einschlägigen Vorschriften, wohl aber auf die Bitte um Auskunft hin, und zwar über gesetzliche Möglichkeiten, Ansprüche und Rechte im Dienst und für den privaten Lebensbereich (z.B. Geltendmachen von Aufwendungen, Vermögensbildung usw., selbst Fristwahrung, Antragstellung[160]; Grenze: zumutbar vorauszusetzende und unschwer verschaffbare Kenntnisse),

(2) das Recht auf Schutz vor Schädigung von Gesundheit und Eigentum im Dienst (z.B. durch Bereitstellung von Schutzvorkehrungen, sichere Verwahrung von Privateigentum usw.[161]; fraglich: Rauchverbot in Diensträumen[162]).

99 Neben der allgemeinen Fürsorgepflicht hat das BBG eine **Schutzpflicht** des Dienstherrn gegenüber dem Beamten festgelegt (§ 79 S. 2). Hieraus können sich ebenfalls spezifische Rechte ergeben.

Bisher sind anerkannt worden: das Recht auf Schutz vor mißbilligenden Äußerungen durch Vorgesetzte in Gegenwart Dritter[163] und das Recht auf Schutz vor Angriffen von außen (z.B. gegen unwahre Presseberichte; aber Namensnennung bei Fehlverhalten eines Postbeamten zwecks Amtshaftungsklage[164]). Ferner wird Hilfe zum Rechtsschutz in Straf- und Bußgeldsachen gewährt, wenn wegen einer Dienstverrichtung oder im Zusammenhang mit dienstlicher Tätigkeit Maßnahmen gegen den Beamten ergriffen worden sind[165].

100 Hauptanwendungsgebiet der Fürsorgepflicht des Dienstherrn ist neben der Vorhaltung von besonderen Einrichtungen (Dienstwohnungen, Kantinen usw.) die wirtschaftliche Absicherung durch **Beihilfen, Unterstützungen und Zuschüsse.** Ihre Gewährung ist in Verwaltungsvorschriften geregelt (fragwürdig, da RVO nötig; anders BVerwGE 19, 48); sie ergänzen die Besoldung und Versorgung des Beamten. Ob-

---

159 So BVerwGE 19, 48, 55.
160 Vgl. die Beispiele in BGHZ 7, 69, 74; 14, 122; BVerwGE 65, 197, 203; zusammenfassend BGH ZBR 84, 143 (Belehrung über Rentenansprüche bei Entlassung eines Beamten auf Probe).
161 Vgl. BVerwG NJW 78, 717: Verwahrung von Geld im Panzerschrank.
162 Vgl. dazu pro et contra die Entscheidungen bei *Brauner,* JA 83, 401, zuletzt BVerwG ZBR 85, 21.
163 Vgl. HessVGH ZBR 74, 261: grundlegende Entscheidung mit klarer Unterscheidung zwischen den schutzwürdigen Interessen von Beamten und Öffentlichkeit.
164 BVerwGE 10, 274; vgl. auch BVerwGE 35, 225.
165 Zuletzt dazu *Schick,* ZBR 86, 33 m. w. N.

wohl die Fürsorgepflicht sich regelmäßig erst im Einzelfall konkretisiert, sind Pauschalierungen und Typisierungen zulässig[166]. Der Ergänzungscharakter der die Fürsorge ausgestaltenden Vorschriften erlaubt dem Dienstherrn nach Ansicht des BVerwG, Veränderungen im Rahmen eines sehr weiten Spielraums durchzuführen (Grenze: Wesenskern der Fürsorgepflicht). Auf die festgelegten **Regelsätze** der Beihilfevorschriften hat der Beamte (nicht seine Angehörigen) aber einen Rechtsanspruch. Ermessensregelungen unter diesen Verwaltungsvorschriften werden durch Festlegung von Auslegungs- oder Vergaberichtlinien zu einem Anspruch des Einzelnen (analog der sog. Selbstbindung der Verwaltung bei der Gesetzesanwendung). Bei der Anwendung unbestimmter Gesetzesbegriffe im **Reise- und Umzugskostenrecht** kann dagegen die Fürsorgepflicht in Verbindung mit dem Billigkeitsgrundsatz zu einengender Interpretation führen (z. B. beim Umzugshindernis aus „zwingenden persönlichen Gründen" in § 2 II TrennungsgeldVO[167]).

1.2 Verletzt der Dienstherr seine Fürsorge- oder Schutzpflicht, kann der Beamte **101** **Schadensersatz** verlangen; **Beispiel:** schuldhaft unrichtige Auskunft über einen Beihilfeanspruch[168]. Früher lehnte der BGH diesen Anspruch ab, weil der Beamte Rechtsschutz aus Amtshaftung (schuldhafte Amtspflichtverletzung des für den Dienstherrn handelnden Beamten) genießt. Heute gehen BGH und BVerwG davon aus, daß der Schadensersatzanspruch „unmittelbar aus dem Beamtenverhältnis" nach den „allgemeinen Rechtsgrundsätzen der §§ 276, 278, 618 III BGB" besteht[169]. Eine Klage dieser Art verlangt die vorherige Durchführung des Vorverfahrens (§ 126 BRRG). Im Prozeß ist der Beamte für die Verletzung der Fürsorgepflicht beweispflichtig, der Dienstherr für ein Fehlen von Verschulden. Ersetzt wird dem Beamten der gesamte Schaden; es sind alle Formen der Wiedergutmachung möglich (z. B. Widerruf, Gegendarstellung). **Schmerzensgeld** erhält er dagegen wegen § 618 III BGB nicht. Dazu muß er die (parallel mögliche) Klage vor den ordentlichen Gerichten wegen Amtspflichtverletzung erheben (§§ 839, 847 BGB i. V. m. Art. 34 GG bzw. §§ 31, 89, 831, 847 BGB).

Ohne Nachweis einer schuldhaften Pflichtverletzung haftet der Staat dem Beamten für Körperschäden und Sachschäden, z. B. an Kleidung, Brille, Kfz u. ä., falls ein Dienstunfall, d. h. ein Unfall im Dienst mit Körperschaden, vorliegt (§ 32 BeamtVG). Ist bei einem Unfall im Dienst dem Beamten nur Sachschaden entstanden, hat er einen Ersatzanspruch direkt aus Fürsorgepflicht. Der Bund hat für diese Fälle Richtlinien erlassen. Solche fehlen dagegen, wenn der Beamte im Dienst ohne Unfall einen Schaden erleidet, z.B. wenn ihm aus einem eingegangenen Paket Farbe auf die Kleidung tropft. Auch hier ist jedoch ein Anspruch aus Fürsorgepflicht zu bejahen[170].

---

166 Vgl. im einzelnen BVerwGE 51, 200.
167 Vgl. zusammenfassend BVerwG DÖV 83, 158, im Vergleich zwischen Schulbesuch des Kindes mit Besuch des Abendgymnasiums durch die Ehefrau.
168 Vgl. VGH BW ZBR 86, 21.
169 Vgl. BVerwGE 13, 17, 21; 28, 353; BGHZ 43, 178.
170 Vgl. insgesamt dazu *Steiner/Schäuble*, ZBR 84, 321.

2. Dienst- und Vorsorgungsbezüge

102 2.1 Der Beamte erhält Dienstbezüge, später Versorgungsbezüge (Pension) entsprechend seinem statusrechtlichen Amt. Nach Rspr. und h. L. gilt für deren Höhe der Grundsatz der **Alimentation**, d. h. amtsgemäß angemessene Unterhaltssicherung: „. . . die Dienstbezüge sowie die Alters- und Hinterbliebenenversorgung sind so zu bemessen, daß sie einer je nach Dienstrang, Bedeutung und Verantwortung des Amtes und entsprechender Entwicklung der allgemeinen Verhältnisse angemessenen Lebensunterhalt gewähren und als Voraussetzung dafür genügen, daß sich der Beamte ganz dem öffentlichen Dienst als Lebensberuf widmen und in wirtschaftlicher Unabhängigkeit zur Erfüllung der dem Berufsbeamtentum vom Grundgesetz zugewiesenen Aufgabe, im politischen Kräftespiel eine stabile, gesetzestreue Verwaltung zu sichern, beitragen kann"[171]. Die Dienstbezüge sollen also nicht Entgelt für geleistete Arbeit sein, sondern person- und familienumfassende **Unterhaltszahlungen für lebenslangen Dienst**.

Dies zeigt sich darin, daß die Dienstbezüge gesetzlich festgelegt werden, daß sie für alle Beamten im selben statusmäßigen Amt gleich hoch sind, daß sie selbst bei Wahrnehmung mehrerer konkreter „Ämter" (Dienstposten) gleich bleiben, daß Überstunden nur ausnahmsweise vergütet werden und daß ein Verzicht auf Dienstbezüge nicht zulässig ist (§ 2 III BBesG). Das Alimentationsprinzip schützt den Beamten nicht vor einer Anpassung der Besoldung an die Haushaltslage des Staates. Nach st. Rspr. kann der Gesetzgeber die Gehaltsbeträge kürzen, solange sich die **Kürzung** in den von der Alimentationspflicht gezogenen Grenzen hält. Einen verfassungsrechtlich gesicherten Anspruch auf Erhaltung des Besitzstandes im Sinne unkürzbarer „erdienter" Dienstbezüge gibt es nicht[172]. Andererseits richtet sich die Pension des Beamten nach seinem zuletzt erreichten Amt; insofern stellt die amtsangemessene Versorgung eine „erdiente" Gegenleistung dar. **Umstritten** ist, inwieweit Änderungen zulasten der Beamten zulässig sind, z. B. die Einführung von sog. offenen Beiträgen zur Altersversorgung in Parallele zur Rentenversicherung[173] oder die Anrechnung von Einkünften außerhalb des öffentlichen Dienstes[174] (auch bei versorgungsberechtigten Beamten auf Zeit, wie den kommunalen Wahlbeamten[175]).

103 Neben der Besoldung als Kernbereich der Alimentation, die als solche zu den hergebrachten Grundsätzen des Berufsbeamtentums zählt, werden heute — an sich systemwidrig, weil auf Funktion oder Sonderleistung beruhend, aber realistischerweise notwendig und daher letztlich systemstabilisierend[176] — **Zulagen** gezahlt (Amtszulagen, Stellenzulagen, Erschwerniszulagen) und **Vergütungen** gewährt (z. B. im Polizei- und Vollstreckungsdienst, als Lehrvergütung, sogar für Mehrarbeit). Entsprechend der Grundsatznorm des § 18 BBesG (funktionsgerechte Besoldung) sollte der Begriff Alimentation daher aufgegeben und durch das dem Leistungsprinzip besser

---

171 BVerfGE 44, 249 [265]; zur aktuellen Feststellungsklage wegen zu geringer Besoldung (Familie mit 5 Kindern) vgl. zuletzt BVerwG 86, 468.

172 Zusammenfassend zuletzt BVerwGE 66, 147, 149 f.

173 Vgl. die Diskussion um die Grenzen einer Neuregelung der Beamtenversorgung bei *Ruland* und *Fürst,* ZBR 83, 313 bzw. 319.

174 Umfassend dazu *Fürst,* ZBR 85, 1 ff.; zur Abgrenzung („außerhalb" des öff. Dienstes) jetzt BVerwG DVBl 86, 463: Tätigkeit bei der Deutschen Beamten-Versicherung, u. a. dabei auch der DBV-Lebens- und Rentenversicherungsanstalt (des öff. Rechts).

175 Zu diesem akuten Problem (BT-Drucks. 10/1478) vgl. *Schönfelder,* ZBR 85, 263.

176 Vgl. im einzelnen *Unverhau,* ZBR 82, 363, bes. 370 ff.; speziell zur oft kritisierten Ministerialzulage *Schwandt,* ZBR 83, 54.

entsprechende Besoldungsprinzip (öffentlich-rechtliches Leistungsentgelt) ersetzt werden[177].

Erst so wird auch das sog. 13. Monatsgehalt, die Sonderzuwendung im Dezember, erklärlich: sie wird zur Deckung des besonderen Bedarfs im Weihnachtsmonat gezahlt, ist aber eine besondere Treue- und Leistungsprämie, die u. a. vom Verbleiben im Dienst bis zum 31. 3. des folgenden Jahres abhängt[178].

2.2 Zuviel gezahlte Bezüge können **nur** nach § 12 BBesG bzw. § 52 BeamtVG, ge- **104** währte Vergünstigungen nach § 87 II BBG zurückgefordert werden (**Spezialregelungen** zu § 48 II VwVfG[179]). Ob bei Zahlungen, die direkt aufgrund einer Rechtsnorm ergingen, die **Rückforderung** durch Leistungs**bescheid** erfolgen darf, ist umstritten (Alternative: Rückzahlungsaufforderung und Leistungsklage[180]). Während der Besoldungsanspruch nach 4 Jahren verjährt (§ 197 BGB), gilt nach st. Rspr. für die Rückforderung die 30jährige Frist des § 195 BGB[181].

Eine Rückforderung von **Ausbildungskosten** bei vorzeitigem Ausscheiden aus dem Beamtenverhältnis ist möglich, sofern sie gesetzlich vorgesehen (z. B. § 46 IV SoldatenG, § 12 BPolBG) oder zulässigerweise **vereinbart** worden ist. Letzteres geschieht in Ausbildungsverträgen über finanzielle Zuwendungen außerhalb einer gesetzlichen Verpflichtung, z. B. bei Weiterzahlung der Bezüge bei längerem Ausbildungsurlaub, in sog. Fernmeldeaspirantenverträgen u. ä. Sie sind regelmäßig öffentlich-rechtliche Verträge eigener Art, die die besonderen Ausbildungskosten umfassen, für die der Ausgebildete keine dienstliche Gegenleistung erbracht hat[182]. Eine Verpflichtung zur Rückzahlung der **allgemeinen** Ausbildungskosten, die im üblichen **Vorbereitungsdienst** entstehen, ist dagegen wegen § 59 V BBesG unwirksam[183]. Aber: „Als Ansporn für den baldigen Abschluß der Ausbildung" und um eine „finanzielle Besserstellung" der durchgefallenen Kandidaten im Vergleich zu den eine Anstellung Suchenden zu vermeiden, können nach erstmaligem Nichtbestehen einer Zwischenprüfung, einer Laufbahnprüfung oder bei einer anderen selbstverschuldeten Verzögerung der Ausbildung heute die Bezüge **gekürzt** werden (§ 66 BBesG). Das gilt auch für das 2. jur. Staatsexamen; die Regelkürzung beträgt 15 %, doch können die Verhältnisse des Einzelnen zu anderen Prozentsätzen führen[184]. — Neuerdings werden Verträge über die Vergabe von Studienplätzen mit einer **Vertragsstrafe** für den Fall versehen, daß die Verpflichtung nicht eingehalten wird, in den öffentlichen Dienst einzutreten (z.B. bei Ärzten, Zahnärzten). Auch das ist zulässig[185].

---

177 Vgl. näher *Summer/Rometsch,* ZBR 81, 1 ff.
178 Zur Rechtsnatur und zur Anrechnung einer weiteren Weihnachtszuwendung eines Referendars aus Nebentätigkeit als wissensch. Hilfskraft vgl. BVerwG DÖD 78, 32; im übrigen *H.J. Becker,* ZBR 82, 271 f.
179 So BVerwG ZBR 83, 206, mit der Folge, daß die Rspr. des BVerwG zu § 820 I BGB weiter gilt: Kennenmüssen eines gesetzlichen Vorbehalts ist nicht erforderlich; zur Überprüfungspflicht vgl. OVG NW NVwZ 83, 108; BVerwG ZBR 82, 306: bei Zweifeln Rückfragen bei der anweisenden Stelle (Treuepflicht des Beamten!).
180 Näher dazu *Battis* BBG § 87 5.
181 Vgl. BVerwGE 66, 251, 252 ff. mit Billigkeitsgrundsätzen.
182 Vgl. BVerwG ZBR 81, 126 (zum Problem „Betriebstreue" und Art. 12 I GG).
183 Vgl. BVerwG ZBR 77, 158: öffentlich-rechtlicher Vertrag mit Austauschcharakter (vgl. näher *Brodersen,* JuS 78, 209).
184 Näher dazu VG Köln RiA 83, 74, VG Münster MDR 83, 696; jetzt OVG NW ZBR 86, 87; im einzelnen *Schmidt-Räntsch,* DÖD 84, 264.
185 So VGH BW ZBR 86, 81 (als „Druckmittel" bei Zahnarzt DM 50 000,—).

3. Andere Ansprüche aus dem Beamtenverhältnis

105 3.1 Obgleich Dienstbezüge kein Arbeitsentgelt darstellen, sind Beamte Arbeitnehmer i. S. d. Sozialversicherungsrechts[186]. Aber: Die **Sozialversicherung** ist eine durch den Gedanken des sozialen Ausgleichs geprägte Sicherung des Arbeitnehmers und seiner Familienangehörigen vor den sog. Wechselfällen des Lebens durch die Solidargemeinschaft zwischen der älteren und der berufstätigen Generation. Dieser Sicherung bedarf der Beamte nicht, weil Alimentation und Fürsorge des Staates ihn und seine Familie sozial absichern. Er ist daher von der Versicherungspflicht in den verschiedenen Zweigen der gesetzlichen Sozialversicherung (Kranken-, Renten- und Arbeitslosenversicherung) kraft Gesetzes „befreit". Sofern er nicht aufgrund eines weiteren Beschäftigungsverhältnisses versicherungspflichtig war (z. B. Nebentätigkeit als Teilzeitassistent[187]), hat er infolgedessen nach Beendigung seines Beamtenverhältnisses (z. B. Laufbahnprüfung/Examen) keinen Anspruch auf Arbeitslosengeld und Krankenversorgung (§ 155 AFG). Ihm steht nur die **Nachversicherung** in der gesetzlichen Rentenversicherung und ggf. **Übergangsgeld** (§ 47 BeamtVG[188]) zu. Trotz der u. U. zu gewährenden Arbeitslosenhilfe (§ 134 AFG) fallen entlassene Beamte daher heute nicht selten der Sozialhilfe zur Last[189].

106 3.2 Anspruch auf Urlaub hat der Beamte nach § 89. Dieser **Erholungsurlaub** soll die Arbeitskraft und die Gesundheit des Beamten auffrischen und erhalten; er steht ihm auch zu, wenn er krankheitsbedingt im Kalenderjahr weniger Dienst getan hat, als ihm Erholungsurlaub zusteht[190]. **Urlaub ohne Dienstbezüge** kann der Beamte als Dauerurlaub unter den Voraussetzungen der §§ 72a, 79a (§§ 44a, 48a BRRG)[191] oder aber kurz- oder längerfristig nach bestimmten Vorschriften über Sonderurlaub erhalten. Zumeist wird **Sonderurlaub** unter Fortzahlung der Besoldung gewährt (z. B. für fachliche, staatspolitische, kirchliche, gewerkschaftliche, sportliche Zwecke, persönliche Anlässe.) Aber: Auf Sonderurlaub besteht ein Rechtsanspruch nur in den so in der SUrlVO vorgesehenen Fällen. **Dienstbefreiung** ist demgegenüber kein Urlaub. Sie wird zum Ausgleich für dienstlich angeordnete oder genehmigte Mehrarbeit gewährt, wenn die zumutbare entschädigungslose Mehrbeanspruchung fünf Stunden im Kalendermonat übersteigt (§ 72 II). Die in der Praxis häufig so bezeichnete „Dienstbefreiung" ist rechtlich eine **Freistellung vom Dienst** aus speziellem Anlaß für weniger als einen Tag in Analogie zu § 12 SUrlVO.

---

186 BSGE 20, 123; 36, 258.
187 So BSG RiA 77, 58.
188 Vgl. dazu BVerwGE 64, 209, 212.
189 Insgesamt dazu näher *Scheerbarth/Höffken* § 30; zur sozialen Absicherung des Rechtsreferendars *Bühler*, JuS 86, 241.
190 So mit Recht VGH BW ZBR 85, 167 (kein Rechtsmißbrauch); ebenso BAGE 37, 382; möglich aber: unzulässige Rechtsausübung im Einzelfall.
191 Vgl. dazu etwa *Battis*, PersV 84, 217; *Summer*, ZBR 85, 237.

III. Veränderungen des Beamtenverhältnisses

1. Umwandlung

Veränderungen des Beamtenverhältnisses erfolgen ausschließlich durch Akte der Er- **107** nennung (§ 6). Nach der Begründung eines Beamtenverhältnisses (Einstellung) kann das bestehende Beamtenverhältnis in ein solches anderer Art umgewandelt werden. Regelmäßig wird das **Beamtenverhältnis auf Probe**, das zum Zweck der Bewährung begründet wird, nach Ablauf der laufbahnrechtlichen Probezeit (vgl. Rdnr. 61) in ein Beamtenverhältnis auf Lebenszeit umgewandelt. Auf diese Umwandlung hat der Beamte auf Probe nach fünf Jahren einen Anspruch (korrespondierend zu § 9 II), wenn er das Mindestalter (27 Jahre) erreicht hat und nicht dauernd unfähig ist, seine Dienstpflichten zu erfüllen (§ 42). Bestehen Zweifel, ob er dienstunfähig ist, so wird der Ablauf der 5-Jahres-Frist gehemmt. Voraussetzung der Hemmung ist, daß nicht der Dienstherr selbst die Aufklärung des Sachverhalts ungebührlich verzögert[192].

Umstritten ist aber, ob der Anspruch auf Umwandlung in ein Beamtenverhältnis auf Lebens- **108** zeit entfällt, wenn der Beamte auf Probe inzwischen nicht mehr charakterlich oder fachlich „geeignet" ist[193]. **Argumente:** Dem Beamten bleibt der Anspruch erhalten, weil eine andere Behandlung rechtlich nicht möglich ist. Das Beamtenverhältnis auf Probe kann nur durch Entlassung oder Versetzung in den Ruhestand beendet werden (§§ 6 III, 31, 46). Der Tatbestand der „mangelnden Bewährung", der nach § 31 I Nr. 2 „Eignung, Befähigung und fachliche Leistung" umfaßt, ist aber nach der positiven Feststellung der Bewährung am Ende der Probezeit (§ 7 III BLV) nicht mehr erfüllbar[194]. Infolgedessen muß der später ungeeignete Beamte auf Probe so behandelt werden wie ein Beamter auf Lebenszeit mit denselben Mängeln. **Gegenargument:** Die Erfüllung der „beamtenrechtlichen Voraussetzungen" umfaßt auch die Eignung; fehlt sie, kann § 9 II nicht angewendet werden. Ungelöst ist hier die **Folge:** Bleibt er Beamter auf Probe? Ist er trotz laufbahnrechtlicher Bewährung zu entlassen?

2. Anstellung, Beförderung, Rangherabsetzung

Die erste Verleihung eines statusrechtlichen Amtes, mit der der Beamte eine Amtsbe- **109** zeichnung erhält, wird als **Anstellung** bezeichnet. Als Ausfluß des sog. Verbots der Sprungbeförderung (§ 24) ist Anstellung **nur im Eingangsamt** der Laufbahn zulässig (sog. Verbot der Anstellungsbeförderung), denn § 24 BBG stellt eine als Sollvorschrift formulierte Muß-Bestimmung dar, weil (nur) der Bundespersonalausschuß über „Ausnahmen" entscheidet.

Die **Beförderung** ist die Verleihung eines anderen Amtes mit anderem Endgehalt und **110** anderer Amtsbezeichnung (§ 6 I Nr. 4, II Nr. 3). Sie ist zu unterscheiden vom sog. **Aufstieg,** der (zugleich) den Wechsel der Laufbahngruppe bedeutet (Beispiel: Nach

---

192 Umfassend zur Umwandlung BVerwGE 41, 75, 78—81.
193 Vgl. dazu nur *Feindt,* RiA 74, 23, und *Manns,* RiA 73, 129; zuletzt direkt dazu OVG RhPf DÖV 85, 330 f., und VG Berlin ZBR 84, 143: trotz fehlender gesundheitlicher Eignung Anspruch auf Umwandlung.
194 Dazu und zur (Fürsorge-)Pflicht des Dienstherrn zur Entscheidung über die Bewährung VGH BW DÖD 82, 61, 64: infolge Mahnung und Aufforderung zur Leistungssteigerung entsteht bei fehlender Feststellung der Bewährung aber keine Vertrauenslage für den Beamten auf Probe.

Laufbahnprüfung wird ein Amtmann zum Regierungsrat ernannt). Für einen **Anspruch** auf Beförderung gelten im Grundsatz dieselben Voraussetzungen wie beim Anspruch auf Einstellung[195] (vgl. Rdnr. 91 ff.). Auch die **Fürsorgepflicht** des Dienstherrn führt nicht zu einer anderen Rechtslage, da sie für alle Bewerber gleichermaßen gilt. Nach Auffassung des BVerwG verlangt die Fürsorgepflicht vom Dienstherrn nicht einmal, „auf die Beförderung des einzelnen Beamten durch förderndes Handeln hinzuwirken, denn sie besteht nur in den Grenzen des zur Zeit bekleideten Amtes"[196]. Dennoch kann im Einzelfall eine Nichtbeförderung die adäquate Folge einer schuldhaften Verletzung der Fürsorgepflicht darstellen, die zu **Schadensersatz** führt (z. B. bei alleinigem Abstellen auf das Dienstalter[197]). Es kann sich daraus sogar ein **Beförderungsanspruch** ergeben, denn der Dienstherr darf nicht durch gesetzwidriges Verhalten eine Beförderung verhindern (Beispiel: länger andauernde Unterbesetzung eines Dienstpostens[198]). Die **Übertragung eines höherwertigen Dienstpostens verändert das Beamtenverhältnis (Status) nicht;** sie ist eine Maßnahme, die die Dienstleistung des Beamten betrifft, und erfolgt daher jedenfalls nicht im Wege der Ernennung (näher Rdnr. 119).

111 Möglich ist auch das Gegenteil der Beförderung: die **Rangherabsetzung.** Ihre Zulässigkeit ist unter dem Titel „Versetzung" in § 26 II geregelt. Danach kann sie nur mit Zustimmung des Beamten erfolgen — durch VA, nicht durch formgebundene Ernennung —, es sei denn, die Behörde selbst wird aufgelöst, im Aufbau wesentlich verändert oder mit einer anderen verschmolzen. Sonst ist Rangherabsetzung lediglich im förmlichen Disziplinarverfahren (als Erziehungsmaßnahme) möglich.

Für den Fall der gesetzlichen Eingliederung einer Körperschaft in eine andere (z.B. bei Gebietsreformen) enthalten die §§ 128—130 BRRG dem § 26 BBG vergleichbare Regelungen. Auch dabei dürfen beamtenrechtliche Rechtsstellungen nur soweit verändert werden, wie dies wegen der Umbildung der Körperschaften unumgänglich ist[199].

IV. Beendigung des Beamtenverhältnisses

1. Entlassung und Entfernung aus dem Dienst

112 Die Möglichkeiten und Modalitäten einer Entlassung aus dem Beamtenverhältnis sind im Gesetz **abschließend** aufgeführt (§§ 28—32). Sonderregelungen gelten für Beamte auf Widerruf und auf Probe (§§ 31, 32). Ersterer kann zwar jederzeit, aber auch nur aus sachlichen Gründen[200] entlassen werden. Der **Beamte auf Probe** kann

---

195 Vgl. näher *Schmitt-Kammler,* JURA 79, 641; ferner OVG NW DÖD 82, 178: Zusage, bei Bewährung nach 3 Jahren zu befördern, ist einzuhalten, notfalls nach Anhebung der Stelle.
196 BVerwGE 15, 3, 7.
197 OLG Düss. ZBR 82, 303: Besetzung von Hochschullehrerstellen nach Dienstalter (Fachhochschule) ohne Rücksicht auf unterschiedliche Qualifikation.
198 HessVGH ZBR 83, 60: funktionsgebundenes Amt rechtswidrig nicht mit Planstelle ausgestattet, Folge: Schadensersatz durch Nachholen der Beförderung; vgl. ferner die Rspr. bei *H. J. Becker,* ZBR 82, 265 f., RiA 83, 226.
199 Vgl. dazu BVerwGE 62, 129, 132 f. (Schlachthofschließung bei gleichzeitigem Übergang der Aufgabe von Stadt auf Kreis); DVBl 86, 466 (Wahlbeamter).
200 Ungeschriebenes Tatbestandsmerkmal im Rahmen des Ermessens.

nach Ablauf der Probezeit (Bewährungszeit) zwar wegen Dienstunfähigkeit entlassen werden. Der Dienstherr hat aber zu prüfen, ob nicht aufgrund der Fürsorgepflicht statt dessen die Versetzung in den Ruhestand (§ 46 II) auszusprechen ist. Eine Entlassung wegen Dienstvergehens setzt (zum Schutz des Beamten) eine förmliche Untersuchung voraus[201] (§ 126 BDO).

Jede Entlassung führt zum Verlust aller Rechte aus dem Beamtenverhältnis. In den Sonderfällen des § 48 (insbes. bei einjähriger Freiheitsstrafe) endet das Beamtenverhältnis mit Rechtskraft des Urteils. Wegen anderer als der in § 48 aufgeführten Straftaten kann der Beamte nur durch Disziplinarurteil aus dem Dienst entfernt werden.

2. Eintritt in den Ruhestand

Abgesehen von sog. politischen Beamten (dazu Rdnr. 67) und Mandatsträgern (deren Rechte und Pflichten ruhen, § 5 AbgG) kann der Beamte auf Lebenszeit nur mit Erreichen der Altersgrenze oder wegen Dienstunfähigkeit in den Ruhestand treten (§§ 41, 42). Soll der Beamte wegen dauernder Dienstunfähigkeit in den Ruhestand versetzt werden (sog. **Zwangspensionierung**), muß ein positiver Nachweis der Dienstunfähigkeit geführt werden (Gegenschluß aus § 42 III). Dies erfolgt in einem genau geregelten Verfahren, in dem zwecks objektiver Feststellung des Sachverhalts ein Beamter als unabhängiger, weisungsfreier Ermittlungsführer eingesetzt wird (§ 44). Auf Anfechtungsklage hin prüft das Verwaltungsgericht die Frage der Dienstunfähigkeit vollständig nach, obgleich im Hinblick auf die dauernde Unfähigkeit zur Erfüllung der dienstlichen Pflichten[202] m. E. ein der dienstlichen Beurteilung vergleichbarer Beurteilungsspielraum des Dienstherrn anerkannt werden sollte . — Unter welchen Umständen ein wieder dienstfähig gewordener Beamter erneut in das Beamtenverhältnis berufen werden kann oder muß, ergibt sich aus § 45[203]. Nach Ablauf von fünf Jahren hat der Beamte keinen Anspruch mehr auf Wiedereinstellung. **113**

D. Das Dienstleistungsverhältnis

I. Dienstpflichten und Personaleinsatz

1. Pflichten im Dienst und Arbeitszeit

1.1 Die Dienstpflichten des Beamten sind in den §§ 52 und 54 grundlegend festgelegt. § 52 konkretisiert seinen Status, das Dienst- und Treueverhältnis, in einem er- **114**

---

201 Näher *Bartha,* ZBR 85, 217; umfassend *Günther,* ZBR 85, 321, hier: 325 ff.
202 Dies ist nach § 42 I S. 1 der vom Dienstherrn zu entscheidende, maßgebliche Gesichtspunkt, vgl. z. B. BVerwG ZBR 67, 148—151.
203 Zum Anspruch auf ermessensfehlerfreie Entscheidung vgl. BVerwGE 51, 264, 267 f.

sten Bündel von Grundpflichten, die jede Amtstätigkeit betreffen. § 52 ist daher eine **Generalklausel** für das Verhalten des Beamten gegenüber Dritten:

> (1) Der Beamte dient dem ganzen Volk, nicht einer Partei. Er hat seine Aufgaben unparteiisch und gerecht zu erfüllen und bei seiner Amtsführung auf das Wohl der Allgemeinheit Bedacht zu nehmen.
>
> (2) Der Beamte muß sich durch sein gesamtes Verhalten zu der freiheitlichen demokratischen Grundordnung im Sinne des Grundgesetzes bekennen und für deren Erhaltung eintreten.

Demgegenüber knüpft § **54** an das Amt im funktionellen Sinne an und nimmt den Beamten im Hinblick auf seine Diensterfüllung in die Pflicht. § 54 enthält eine **doppelte** Generalklausel: zum einen **konkret** für die Amtswahrnehmung und die darin enthaltene Dienstpflichterfüllung, zum anderen **abstrakt** für das Verhalten als Träger eines bestimmten (abstrakt-funktionellen) Amtes:

> Der Beamte hat sich mit voller Hingabe seinem Beruf zu widmen. Er hat sein Amt uneigennützig nach bestem Gewissen zu verwalten. Sein Verhalten innerhalb und außerhalb des Dienstes muß der Achtung und dem Vertrauen gerecht werden, die sein Beruf erfordert.

Aus diesen Generalklauseln ergeben sich für den Beamten **konkrete Pflichten;** so eine Auskunfts- und Beratungspflicht gegenüber dem Bürger (§ 52), eine Gesunderhaltungspflicht (§ 54 S. 1), eine Wahrheitspflicht (§ 54 S. 3). Da dienstliche Verhaltenspflichten gegenüber Dritten i. d. R. gesetzlich festgelegt sind, ist zumeist nur der Inhalt des § 54 schwierig zu bestimmen.

Aus der Grundpflicht zur vollen Hingabe an den Beruf[204] wurden **beispielsweise** entnommen: die Pflicht zur Gesunderhaltung, etwa durch Einhaltung ärztlicher Anordnungen und Meiden von Alkohol bei Gefahr der Trunksucht; die Pflicht, ausgeruht zum Dienst zu kommen; die Pflicht, an Fortbildungsmaßnahmen teilzunehmen. Aus der Grundpflicht zu uneigennütziger Amtsführung folgt die Pflicht, schon den Verdacht der Bestechlichkeit zu vermeiden. — Die Generalklausel über das Verhalten innerhalb und außerhalb des Dienstes (§ 54 S. 3) bildet die in der Praxis wichtigste **Grundlage für das Disziplinarrecht** (§ 77 I, näher Rdnr. 129 ff.).

115 Während die generelle Dienstpflicht in den §§ 52, 54 festgelegt ist, ergeben sich spezielle Amtswahrnehmungspflichten für den Beamten erst mit der Übertragung eines konkret-funktionellen Amts. Im Rahmen dieser **Amtswahrnehmungspflicht** hat der Beamte seine Vorgesetzten zu beraten und zu unterstützen (§ 55 S. 1). Er handelt als sog. Amtswalter. Eine Anordnung des fachlich übergeordneten Amtsinhabers ergeht grundsätzlich an das „Amt" (**amtsadressiert;** der jeweilige Amtsinhaber bzw. sein Vertreter soll ihr nachkommen). Sie zielt auf eine mit den Befugnissen des Amtes zu erfüllende staatliche Aufgabe. Der Amtsinhaber erfüllt seine Amtswahrnehmungspflicht, indem er die Anordnung ausführt (§ 55 S. 2). Zur Amtswahrnehmungspflicht gehört es aber auch, fachliche Bedenken gegen die Zweckmäßigkeit einer amtsadressierten Anordnung gegenüber dem vorgesetzten Amtsinhaber geltend zu machen (§ 55 S. 1: Beratung). Da der Beamte nach § 56 I für die Rechtmäßigkeit seiner dienstlichen Handlungen die volle persönliche Verantwortung trägt, hat er, wenn

---

204 Hier sind Unterschiede zu beachten, wenigstens zwischen Beamten und Soldaten; vgl. BVerwG DVBl 86, 473 (Haschischkonsum außerhalb der Dienstzeit; Soldat muß jederzeit einsatzbereit sein, Rechtsgrund: § 7 SoldatenG).

eine Anordnung ihm rechtswidrig erscheint, die spezielle Pflicht zur sog. **Remonstration** (§ 56 II).

Beispiele: Während eines Arbeitskampfes im öffentlichen Dienst weist die Behördenleitung den Beamten an, Flugblätter und Informationsschriften zu „beschlagnahmen"; sie weisen einen anderen an, die Auflösung einer Versammlung streikender Arbeitnehmer in der Kantine durch dienstliche Anweisungen herbeizuführen[205]. Ein neu eingestellter Fachlehrer soll an seinem ersten Schultag allein mit einer Schulklasse einen Wandertag durchführen, „um sich zu bewähren"[206]. Ein Abteilungsleiter soll einen kürzlich in die Abteilung versetzten Untergebenen beurteilen, mit dem er persönlich nicht zusammenarbeitet, ohne dessen Vorbeurteilungen einsehen zu dürfen[207].

Die Remonstrationspflicht dient der Rechtmäßigkeitskontrolle innerhalb der Verwaltung. Sie verpflichtet den Beamten in besonderem Maße zu aufmerksamer Amtsführung. Hat der Beamte nach § 56 II BBG ohne Erfolg remonstriert, gebietet allerdings die Amtswahrnehmungspflicht, die Anordnung auszuführen. Rechtlich handelt nun das „Amt". Diese Erfüllung der Amtswahrnehmungspflicht durch den Beamten wird häufig als Ergebnis seiner Gehorsamspflicht verstanden. Dies ist jedoch nicht richtig. Die **Gehorsamspflicht** steht vielmehr neben der Amtswahrnehmungspflicht. Sie ist eine latente, zusätzliche Pflicht, die höchstpersönlich zu erfüllen und nicht auf Fragen der Amtswahrnehmung beschränkt ist (vgl. § 3 II BBG). Regelmäßig wird sie nur dann aktiviert, wenn im Einzelfall die Übernahme der persönlichen Verantwortung des Behördenleiters für eine Entscheidung erforderlich ist. Sie soll der Verwaltungsspitze die Möglichkeit zu letztverbindlicher Entscheidung in der Sache gewährleisten, insbesondere eine das Gleichbehandlungsgebot konkretisierende Verwaltungspraxis sicherzustellen. Die die Gehorsamspflicht aktivierende Vorgesetztenweisung erzwingt daher stets nur ein bestimmtes Tätigwerden des persönlich dazu angewiesenen Beamten.

1.2 Die mit seinem Amt verbundenen konkreten Dienstleistungspflichten muß der **116** Beamte mit voller Arbeitskraft, dies aber nur während der **Arbeitszeit,** erfüllen. So hat das BVerwG im Nachspiel zum sog. Fluglotsenstreik festgestellt: § 54 S. 1 erfordert — zumindest in verantwortlichen Positionen, in die man nur aufgrund erwiesener Tüchtigkeit und Leistung gelangt — den individuell optimalen und nicht nur einen generell durchschnittlichen dienstlichen Einsatz[208]. Art und Modalitäten der Arbeitszeitgestaltung (Höchstarbeitszeit, Sonderdienst, Gleitzeit usw.) sind in der ArbeitszeitVO geregelt. Dagegen regelt § 72 II die Pflicht des Beamten, ohne Vergütung sog. Mehrarbeit zu leisten, wenn dienstliche Gründe dies erfordern und die Mehrarbeit auf Ausnahmefälle beschränkt bleibt[209]. Insofern begrenzt das Gesetz im Interesse der Gesundheit des Beamten seine Inanspruchnahme durch den Staat, dem er „qualitativ mehr schuldet als lediglich eine zeitlich begrenzte Führung der Amtsgeschäfte", nämlich „seine ganze Arbeitskraft" (BVerfG[210]).

---

205 Vgl. BAG NJW 86, 210, 213, bzw. ZBR 85, 304, 308.
206 Allg. dazu BAG NJW 86, 213 f.
207 So das Beispiel bei *Werth,* DÖD 84, 109, 112 f.
208 Vgl. ausführlich BVerwGE 73, 97 ff.
209 Vgl. aber BVerwG DVBl 82, 1190: Fahrtzeiten zu auswärtigem Dienst (z.B. zu Rauschgifteinsätzen, zu Gerichtsverhandlungen) sind nicht Mehrarbeit, auch wenn dabei Funkbereitschaft zu halten ist (geringe Intensität der dienstlich veranlaßten Tätigkeit gemessen am funktionellen Amt).
210 So grundsätzlich erneut BVerfGE 55, 207 (241).

117 1.3 Grundsätzlich darf der Beamte nicht ohne Genehmigung des Dienstvorgesetzten dem Dienst fernbleiben (§ 73). Dennoch fehlt er nur dann **unerlaubt,** wenn er auch verpflichtet war, bestimmte Dienstobliegenheiten zu erfüllen.

So rechtfertigt ein Widerspruch gegen eine Versetzungsverfügung wegen seines Suspensiveffekts das Fernbleiben von der neuen Dienststelle[211], dagegen eine rechtwidrige Urlaubsverweigerung ein Fernbleiben nicht (fragl. bei der Weisung, längerfristig einen unterwertigen Dienstposten wahrzunehmen[212]). Die Ahndung des Fehlverhaltens geschieht mit Hilfe des Disziplinarrechts. Daneben verliert der Beamte für den Zeitraum des Fernbleibens seinen Anspruch auf Dienstbezüge, sofern er **unentschuldigt** fehlte, d. h. dienstfähig war und dies wußte. Seit 1980 gilt dies auch für einzelne Stunden (vgl. § 9 BBesG).

Genehmigtes Fernbleiben vom Dienst — d. h. nicht zugleich: Fernbleiben von der Dienststelle — besteht bei einer Freistellung vom Dienst (analog § 12 II SUrlVO) sowie bei der zeitlich beschränkten Befreiung von den Dienstleistungspflichten aus besonderem Anlaß (z. B. Geburtstag, Jubiläum, Verabschiedung, Beförderung)[213].

2. Umsetzung, Abordnung, Versetzung

118 2.1 Das Dienstleistungsverhältnis des Beamten ist bestimmt durch sein Amt im funktionellen Sinne, und zwar durch sein abstraktes Amt und den konkreten Dienstposten. Er unterliegt dabei den Erfordernissen der Steuerung des Personaleinsatzes. Zur optimalen Dienstpostenbesetzung bedient sich die Personalsteuerung vornehmlich der sog. **Umsetzung**[214]. Sie ist die Zuweisung eines anderen Dienstpostens innerhalb derselben Behörde. Die Rspr. und der überwiegende Teil der Lehre sehen in ihr zu Recht eine innerbehördliche Organisationsmaßnahme, die nicht die Qualität eines VA besitzt[215]. Die Umsetzung wird infolgedessen grundsätzlich solange als rechtsfehlerfrei angesehen, als der Aufgabenbereich des neuen Dienstpostens sich im Rahmen des abstrakt-funktionellen Amtes des umgesetzten Beamten hält. Rechtlich unerheblich ist also, ob der neue Dienstposten ebenfalls mit Vorgesetztenfunktion, mit einer ähnlichen Anzahl von Mitarbeitern oder mit vergleichbarem kollegialen oder gesellschaftlichen Ansehen verbunden ist.

Gleichwohl kann die Umsetzung rechtswidrig, weil ermessensfehlerhaft, sein, und zwar insbes. ihr erster Teilakt, die Ablösung vom bisherigen Dienstposten, wenn diesem eine frühere Zusicherung (§ 38 VwVfG), eine Einstellungsvereinbarung oder gegenseitige Willenserklärungen bei der Aufgabenübertragung des bisherigen Dienstpostens entgegenstehen (schutzwürdiges Vertrauen)[215]. Auch die Fürsorgepflicht kann im Einzelfall den Entscheidungsrahmen des Dienstvorgesetzten einengen (zum Rechtsschutzverfahren vgl. Rdnr. 147 ff.).

Ein Teil der Lehre sieht den umgesetzten Beamten stets als in seinem Beamtenverhältnis unmittelbar rechtlich betroffen an. Danach wäre die Umsetzung ein VA. Auch die Veränderung

---

211 Vgl. dazu BVerwGE 43, 273—278.

212 Vgl. BDHE 7, 88—91.

213 Vgl. zu letzterem OVG NW ZBR 84, 251 (Feier während der Dienstzeit).

214 Zu Umsetzung, Abordnung, Versetzung vgl. OVG Saarl ZBR 85, 316; vertiefend dazu *Erichsen,* DVBl 82, 95 ff. (Schwerpunkt: VA oder nicht?, Rechtsschutz), und *Summer,* PersV 85, 441 ff. (Schwerpunkt: Systematik).

215 Vgl. z. B. BVerwGE 60, 144, 146—149 (grundlegende Entscheidung!); zur Frage der Rückumsetzung OVG NW ZBR, 340 und 282 f. (u. a. mögliche Zusicherung, den Dienstposten auch in Zukunft zu behalten); näher *Erichsen,* ebendort.

des dem Beamten zugewiesenen Aufgabenbereichs (Dienstposten) durch Organisationsverfügung wird z. T. als VA angesehen[216]. Anders die Rsp.: Solange damit nicht der Entzug eines wesentlichen Teils des bisherigen Aufgabenbereichs verbunden ist, liegt nicht einmal eine Umsetzung vor, viel weniger ein VA[217]. Das Nichtvorliegen einer Umsetzung hat i. d. R. (entscheidend: Landesrecht) zur Folge, daß die Personalvertretung nicht vorher zu beteiligen ist[218].

Die **Übertragung eines höherwertigen Dienstpostens** innerhalb derselben Dienststelle   **119**
ist eine qualifizierte Form der Umsetzung. Da sie eine Beförderungsvoraussetzung darstellt (§§ 11, 12, 4 II BLV), betrifft sie nicht nur die Dienstleistung des Beamten im Rahmen seines bisherigen abstrakt-funktionellen Amtes, sondern legt dem Beamten eine Dienstleistungspflicht auf, die (ebenso wie die Zuweisung eines **unterwertigen** Dienstpostens) die persönliche Rechtssphäre des Beamten gestaltet (vgl. § 27 I S. 2: Abordnung). Damit ist sie m. E. — anders als die schlichte Umsetzung — ein VA[219]. Geschah die Umsetzung aufgrund einer Ausschreibung mit dem Ziel, den ausgewählten Bewerber bei Bewährung auf diesem Dienstposten zu befördern, ist sie als feststellende Auswahlentscheidung ein **VA mit Drittwirkung,** der — jedenfalls solange der Ausgewählte noch nicht unter Inanspruchnahme der (in diesem Fall an den Dienstposten gebundenen) Planstelle befördert worden ist — von den Mitbewerbern angefochten werden kann[220]. Die **Rspr.** der Oberverwaltungsgerichte sieht neuerdings jedenfalls in der schlichten Übertragung höherwertiger Dienstposten lediglich eine **Umsetzung**[221] (Folge: vorläufiger Rechtsschutz nach § 123, nicht § 80 VwGO; später Leistungsklage statt Anfechtungs- und Verpflichtungsklage).

2.2 Abordnung ist die vorübergehende Übertragung eines funktionellen Amtes bei   **120**
einer anderen **Behörde.** Sie ist nach überwiegender Auffassung VA[222]. Voraussetzung ist, daß ein dienstliches Bedürfnis für die Abordnung besteht und die zu erledigenden Aufgaben dem statusrechtlichen wie dem abstrakt-funktionellen Amt des Abzuordnenden entsprechen (§ 27 I). Der Beamte soll also nicht im Wege der Abordnung unterwertig beschäftigt werden. Auch bei einer **Abordnung zu einem anderen Dienstherrn** bleibt der Beamte seiner Stammdienststelle zugehörig (Planstelle). Während für dienstliche Entscheidungen der neue Vorgesetzte zuständig wird, verbleibt die Zuständigkeit für statusrechtliche Änderungen beim bisherigen Dienstherrn (§ 27 II; z. B. Beförderung, aber: Disziplinarbefugnis?, arg.: § 35 II S. 2 BDO?).

---

216 Fraglich, da kein Recht, bestimmte Aufgaben wahrzunehmen (Ausnahme: Zusage).
217 So mit Recht BVerwG NVwZ 82, 103; vgl. dazu *Battis,* NVwZ 82, 87.
218 Dazu etwa OVG NW ZBR 84, 339 f.
219 A. A. *Günther,* DÖD 84, 161 (162 f.), der *Realakt* mit Drittwirkung (wegen der Folgen für Mitbewerber) annimmt; so auch *Battis,* NJW 85, 719.
220 Vgl. OVG RhPf ZBR 75, 117; a. A. (obgleich konkret ein Auswahlverfahren fehlte) HessVGH NVwZ 82, 638 f., mit im übrigen einleuchtenden Ausführungen, z. B. für Versetzungen. Die Stellenbesetzung im Militärbereich ist, da Verwendungsentscheidungen hier nicht auf Dauer angelegt sind, anders zu beurteilen (vgl. BVerwG ZBR 85, 275 f.). Zuletzt: OVG Lbg DVBl 85, 1245.
221 So HessVGH, ebendort, und OVG NW ZBR 86, 54: Übertragung eines intern höherbewerteten Dienstpostens ohne feste Planstelle, die aber „faktisch eine Beförderungsanwartschaft begründet" (S. 55).
222 Zustimmungserfordernis indiziert Individualrecht (so *Erichsen,* DVBl 82, 95, 98); Maßnahme greift über innerbehördlichen Bereich hinaus (so u. a. BVerwGE 60, 144, 147).

121 2.3 Von der Abordnung unterscheidet sich die **Versetzung** dadurch, daß dem Beamten ein anderes abstrakt-funktionelles Amt **auf Dauer** übertragen wird (§§ 26 I BBG, 123 BRRG). Der Beamte wechselt die **Behörde** und ggf. den Dienstherrn (organisationsrechtliche Versetzung). Es gibt aber auch eine Versetzung innerhalb derselben Behörde: Dem Beamten wird ein anderes, seinem Status gemäßes funktionelles Amt übertragen (z. B. bei Laufbahnwechsel, sog. statusberührende Versetzung[223]). Es bedarf jeweils des eigenen Antrags oder eines dienstlichen Bedürfnisses. Dieses kann auch darin bestehen, Streitende zu trennen (aber keine „Strafversetzung"). Ausnahmsweise dürfen Professoren[224] nur mit ihrer Zustimmung versetzt werden (§ 50 HRG).

Die **Versetzung zu einem anderen Dienstherrn** ist nur mit Einverständnis des Betroffenen zulässig. Selbst dabei (z. B. vom Bundes- in den Landesdienst) wird das bisherige Beamtenverhältnis fortgesetzt. Entlassung und Neuernennung finden nicht statt. Fortan gilt aber das Recht des neuen Dienstherrn. Ein Dienstherrenwechsel ohne Ernennungsvorgang ist im übrigen nur durch **Übertritt** oder **Übernahme** möglich (§§ 128 I, II, 129—130 BRRG).

3. Dienstliche Beurteilung und Personalakten

122 3.1 Effektiver Personaleinsatz ist entscheidend von dienstlichen Beurteilungen abhängig. Nach § 40 BLV sind Eignung und Leistung zu beurteilen. Dies führt üblicherweise zu reinen Leistungsbeurteilungen, die über künftige Verwendungsmöglichkeiten des Beamten wenig aussagen[225] (§ 41 BLV). Die regelmäßige[226] **dienstliche Beurteilung** ist ein Werturteil des Beurteilenden. Obgleich kein VA (Folge: keine Frist für Widerspruch; Grenze: Verwirkung), kann sie gerichtlich nachgeprüft werden[227]. Deswegen muß die Beurteilung so nachvollziehbar sein, daß der Beamte beurteilen kann, ob er um Rechtsschutz nachsuchen soll. Sie muß schriftlich so klar abgefaßt sein, daß ein Gericht sie auf Beurteilungsfehler hin überprüfen kann[228]. Der Bescheid, der auf einen Abänderungsantrag des Beamten hin ergeht, ist nach st. Rspr. ein VA[229]. Im sog. Beurteilungsgespräch ist dem Beamten die Beurteilung zu eröffnen und mit ihm zu erörtern[230], danach ist sie zu den Personalakten zu nehmen. Die sie vorbereitenden Berichte und Auskünfte gehören nach Auffassung des BVerwG nicht zu den Personalakten[231]. Dies hat zur Folge, daß der Beamte sie nicht einsehen kann.

---

223 Vgl. BVerwGE 65, 270, 272 f., 276, näher dazu *Summer* (Anm. 59).

224 Zur Versetzbarkeit von Dozenten an Fachhochschulen für öff. Verwaltung vgl. OVG RhPf ZBR 86, 19.

225 Vgl. aber OVG RhPf DÖD 82, 162: wegen des Verwendungsvorschlags zugleich Urteil über Eignung für Beförderungsamt (ebenso in ZBR 84, 374).

226 Zur Problematik der Regelbeurteilung im Vergleich zur Anlaßbeurteilung zuletzt *Happe,* RiA 85, 79, bes. 84 ff. m. w. N.; zur Richterbeurteilung BVerwG 85, 53.

227 So schon BVerwGE 21, 127 (129); zur Begründung BVerwGE 48, 351, 354 ff.

228 Vgl. grundlegend BVerwGE 60, 245; zur Substantiierung näher *Suckro,* DÖD 83, 54—60, BVerwG ZBR 81, 197 u. 315; 82, 172 u. 174; 83, 121; umfassend *Günther,* ZBR 84, 353, 364 ff.

229 So seit BVerwGE 28, 191 (193); zur Kritik *Günther,* ZBR 81, 77, 81 f.

230 Nach Landesrecht z.T. mit Besprechungsvermerk; Beispiel: Richterbeurteilung, BGH ZBR 85, 318.

231 Grund: Hilfsfunktion für Beurteiler (aber fragwürdig); vgl. BVerwGE 62, 135: interne, bereits wieder vernichtete Berichte; dazu *Wiese,* DVBl 82, 193.

3.2 Über jeden Beamten wird eine als solche bezeichnete Personalakte geführt **123** (Hauptakte mit Beiakten, sog. formelle Personalakten). Zu den **vollständigen Personalakten** gehören aber alle Vorgänge, die den Beamten betreffen (§ 90), d. h. nicht einem Zweck dienen, der außerhalb des durch das Beamtenverhältnis begründeten Rechts- und Pflichtenkreises liegt[232]. In solche Vorgänge darf der Beamte grundsätzlich jederzeit Einsicht nehmen, unabhängig davon, wo und wie sie aufbewahrt oder bezeichnet werden (**materielle** Personalakten). Alle Personalakten unterliegen dem Grundsatz der Vertraulichkeit (Geheimhaltungspflicht als Folge des Persönlichkeitsrechts, Art. 1 I, 2 I GG), die formellen Personalakten zudem dem Gebot der Vollständigkeit und der Offenheit (Verbot von personellen Geheimakten).

Vollständigkeit bedeutet, daß alle Vorgänge zu den (formellen) Personalakten genommen werden **124** und dort verbleiben müssen, die die Entstehung und die Veränderung des Beamtenverhältnisses betreffen. Selbst unrichtige Vorgänge können nicht entfernt werden. Der Beamte hat lediglich einen **Berichtigungsanspruch**. Praktisch wichtig ist die Abgrenzung zu den Disziplinarakten: Wird ein Dienstvergehen behauptet, sind — bevor disziplinarische Vorermittlungen angestellt werden — sog. Verwaltungsermittlungen durchzuführen, um einen Tatverdacht überhaupt zu begründen. Werden danach nicht sogleich Vorermittlungen eingeleitet, gehören die personbezogenen Verwaltungsermittlungen in die Personalakte (Folge: anders als im Disziplinarverfahren keine Tilgung möglich[233]).

Für Vorgänge, die sich unzulässigerweise in den Personalakten befinden, wird in der Lit. seit langem ein **Entfernungsanspruch** gefordert. Das **BVerwG** hat bisher am Dogma der Vollständigkeit festgehalten, aber — ohne gesetzlichen Anlaß — unterschieden zwischen Vorgängen, die in die Personalakten aufgenommen werden **müssen**, und Vorgängen, die aufgenommen werden **können** (d. h. nicht das Dienstverhältnis, aber den Beamten sonst persönlich betreffende Vorgänge). Ob für letztere ein Entfernungsanspruch besteht, hat das Gericht offengelassen. Es konzediert den Anspruch lediglich für den Fall, daß Vorgänge gar nicht in die Personalakten hineingehören und außerdem geeignet sind, dem Beamten Nachteile zuzufügen[234]. Gleichwohl ist umstritten, ob Strafvermerke und Strafregisterauszüge nach Tilgung der Strafe auch aus den Personalakten zu entfernen sind[235]. Der BGH hat dagegen zur Sicherung der richterlichen Unabhängigkeit auf Entfernung der Widerspruchsakten aus den Personalakten eines Richters erkannt, die die erfolgreiche Anfechtung einer dienstlichen Beurteilung betreffen[236].

Der Anspruch auf Einsicht in die eigenen Personalakten gilt auch, wenn in einem **125** Vorgang untrennbar Aussagen über andere Personen enthalten sind. Der damit verbundene Bruch der Vertraulichkeit läßt sich rechtfertigen, wenn „nach den Umständen des Einzelfalles dem schutzwürdigen Interesse des Beamten an der Geheimhaltung ein **überwiegendes** Interesse der Allgemeinheit oder auch eines Dritten an der

---

232 BVerwGE 50, 301: erfolglose Bewerbungen eines Assessors gehören nicht mehr zu den Referendar-Personalakten und dürfen bei erneuten Bewerbungen nicht mit der Akte versandt werden; BVerwGE 59, 355: Mitteilung, Beamter sei der DKP beigetreten, betrifft ihn in seinem Beamtenverhältnis (Treuepflicht). *Nicht* dazu gehören eine Beurteilung vorbereitenden *Dienstleistungsberichte*, weil sie lediglich Arbeitsunterlagen darstellen und in der Beurteilung aufgehen, vgl. Anm. 231.

233 Zur Problematik der Ausdehnung der Verwaltungsermittlungen vgl. *Bartel,* RiA 85, 254.

234 BVerwGE 56, 102: kein Anspruch, daß auch der Hinweis auf eine bereits erfolgte Tilgung einer Strafe aus Akte entfernt wird.

235 Vgl. dazu *Wiese,* ZBR 81, 63; *Hanusch,* NVwZ 82, 11; VG Darmstadt NJW 81, 69: entgegen BVerwG ist unrichtige Beurteilung zu entfernen, nicht nur zu berichtigen (so auch BAG).

236 So zuletzt BGH ZBR 85, 318 (aber: nicht auch Vernichtung der Akten und des technischen Hinweises auf diese, denn Anrufung des Richterdienstgerichts besage nichts Ungünstiges).

Auskunftserteilung gegenübersteht"[237]. Dies ist bei Bewerbungsverfahren mit mehreren Bewerbern häufig der Fall[238]. Die Behörde kann dann zwar die Bewerbungsunterlagen und Entscheidungsprotokolle in den Sachakten (z.B. Stellenbesetzungsakten) führen; sie muß aber die Teile, die die beteiligten Beamten betreffen, auch in deren Personalakten aufnehmen. Das gilt nicht für Gutachten bei der Besetzung von Hochschullehrerstellen[239] und soll neuestens auch nicht für den zusammenfassenden Bericht zur Vorbereitung der Besetzung einer Stelle gelten[240].

Die Aktenvorgänge über Prüfungen eines Beamten sind grundsätzlich Personalakten. Gleichwohl sind sie z.T. landesgesetzlich von der Einsichtnahme durch den Beamten ausgenommen. Die Gründe dafür — Prüfungsvorgänge seien ihrem Wesen nach geheim; Prüfer müßten frei und unabhängig entscheiden — überzeugen nicht[241].

4. Nebentätigkeit

126 Grundsätzlich hat der Beamte ein Recht auf Verwertung seiner Arbeitskraft außerhalb des Hauptamts (Art. 2 I GG). Darin zeigt sich der Wandel des Beamtenverhältnisses: Der Beamte ist nicht mehr „immer im Dienst". Ob allerdings eine Tätigkeit des Beamten außerhalb des Dienstes die Voraussetzungen eines (Zweit-)Berufs i. S. d. Art. 12 erfüllen kann, ist zweifelhaft. Jedenfalls ist sein Recht auf sog. Nebentätigkeit in den §§ 64 ff. beschränkt worden.

Nebentätigkeit ist in den Fällen des § 65 genehmigungspflichtig, wenn sie nicht ausnahmsweise nach § 66 genehmigungsfrei ist. § 64 regelt den umgekehrten Fall: die Pflicht, auf Verlangen des Dienstherrn ein Neben**amt**[242] (z.B. behördenübergreifender Unterricht für Beamtennachwuchs, Mitglied einer Prüfungskommission, fragl. bei Hochschulprüfung durch Professor) oder eine Neben**beschäftigung** im öffentlichen Dienst (z. B. Justitiar eines kommunalen Energieversorgungsunternehmens) zu übernehmen. Auf die Genehmigung hat der Beamte einen **Anspruch,** wenn eine Beeinträchtigung der in § 65 II normierten „dienstlichen Interessen" nicht zu besorgen ist (abschließender **Versagungskatalog,** in LBGen z.T. anders ausgestaltet). In der NebentätigkeitsVO (BNtVO) sind die „anderen dienstlichen Interessen" weiter konkretisiert worden (vgl. § 5 II BNtVO mit § 65 II). Dies ist teilweise rechtlich fragwürdig (z. B. generell: Wohl der Allgemeinheit).

237 BVerwGE 35, 225, 228 (Übersendung eines Verzeichnisses der Privatanschriften an Gewerkschaften zwecks Vorbereitung der Personalratswahl-Werbung).

238 Vgl. z. B. BVerwGE 49, 89—95: Bewerbung dreier Lehrer um Rektorstelle (Einsichtsrecht aller drei in das Gemeinderatsprotokoll über Auswahl).

239 Vgl. zuletzt BVerwG ZBR 84, 42 u. 43 (aber: Einsicht in Verfahrensakten bis zum Abschluß des Verfahrens).

240 So BVerwG ZBR 84, 46 (Bundesrichter); sehr kritisch dazu *Günther,* ZBR 84, 161 m. w. N. entgegenstehender Rspr., z.B. OVG RhPf DVBl 81, 504 f.

241 So OVG Lbg NJW 74, 638 (zum Schulrecht); OVG NW JZ 73, 242 m. Anm. *Erichsen* (Vorlage aller Voten des Habilitationsverfahrens).

242 Umfassend zuletzt *Günther,* ZBR 86, 97 (103 f. zur Nebentätigkeit beamteter Ärzte, zu Gutachten und Forschung von Professoren); BVerwG DVBl 86, 460 (freiwillige Feuerwehr hat keine beamtenrechtlichen Ämter).

Andererseits ist aus § 66 II das Recht des Dienstvorgesetzten zu entnehmen, vom Beamten **Auskunft über sämtliche Nebentätigkeiten** (Art, Zeitaufwand) zu verlangen. Unvereinbar mit dem Zweck der Feststellung seiner Arbeitsbelastung sind nur Ausforschungsfragen (z. B. über politische, religiöse Betätigung; anders über wirtschaftliche Tätigkeit auf Arbeitsgebieten des eigenen Hauptamts). Eine generelle Genehmigung enthält § 5 I BNtVO für Bagatellfälle (dafür besteht Anzeigepflicht). Die Pflicht, Vergütungen aus Nebentätigkeit **im** öffentlichen Dienst[243] ab einer bestimmten Höhe abzuliefern, ist jetzt in § 6 BNtVO nach Häuptämtern gestaffelt ausgewiesen, weil das BVerfG undifferenzierte Ablieferungsgrenzen als Verstoß gegen Art. 2 I GG und den Verhältnismäßigkeitsgrundsatz angesehen hatte[244].

Beispiele: Kann einem Architekten im Hochbauamt die Genehmigung für freie, außerdienstliche Mitarbeit in einem Architektenbüro versagt werden; einem Regierungsrat für freie Mitarbeit bei einem Anwalt; einem Steuerbeamten für die Mithilfe in einem Lohnsteuerhilfeverein; einem Polizeibeamten für Fahrunterricht in privater Fahrschule?[245]. — Kann die Genehmigung aus Gründen der allgemeinen Arbeitsmarktlage versagt werden? (Wohl der Allgemeinheit?; nein, dazu bedarf es gesetzlicher Neuregelung mit sozialstaatlicher Zielsetzung[246]). — Ist die Bedingung in § 72a II verfassungswidrig, dem Beamten Teilzeitbeschäftigung oder Urlaub ohne Dienstbezüge nur gegen die Erklärung zu bewilligen, während der Dauer des Bewilligungszeitraums auf entgeltliche Nebentätigkeit zu verzichten?[247]

II. Folgen von Pflichtverletzungen

1. Allgemeines

1.1 Die Nichterfüllung dienstlicher Pflichten kann für den Beamten eine oder mehrere der nachstehenden **Folgen** haben: **127**
— vorläufige Maßnahmen (§ 60 Zwangsbeurlaubung; § 91 BDO Suspendierung).
— personallenkende Maßnahmen (Umsetzung, Versetzung usw.)
— Verlust der Dienstbezüge (bei Fernbleiben vom Dienst)
— Disziplinarmaßnahmen
— Bußgeldzahlung oder Strafe (nach OWiG, StGB usw.)
— vermögensrechtliche Haftung (Schadensersatz).

Keine dieser Folgen schließt eine andere grundsätzlich aus. Auch zwischen Disziplinarmaßnahmen und strafrechtlicher Verurteilung gilt der Grundsatz „ne bis in idem" **nicht.** Gleichwohl nimmt das Disziplinarrecht aufgrund seiner Zweckrichtung auf strafrechtliche Maßnahmen Rücksicht (§ 14 BDO).

1.2 Die personellen, besoldungsrechtlichen und disziplinarischen Maßnahmen richten sich gegen den Beamten im statusrechtlichen und damit zugleich **im staatsrechtli-**   **128**

---

243 Zu dieser für die Ablieferung entscheidenden Abgrenzung *Lecheler,* ZBR 85, 97 (Eingliederung in die Weisungshierarchie).
244 Vgl. dazu die Anm. von *Görg,* ZBR 73, 312 f.
245 Vgl. dazu die Fälle in ZBR 74, 364; NJW 70, 2313; BVerwGE 60, 254.
246 Sie ist im Bund abgelehnt, in NW eingeführt worden. Zu Inhalt und Problematik kurz *Battis,* NJW 85, 715 f.
247 Vgl. dazu *Benndorf,* ZBR 81, 84 (Verstoß gegen Art. 12, 2 I).

chen Sinne (Art. 33 IV). — Der demgegenüber früher im Strafrecht geltende **Beamtenbegriff** ist heute durch den des Amtsträgers ersetzt worden (§ 11 I Nr. 2, 4 StGB). Eine Reihe von Straftatbeständen knüpfen aber an die Tätigkeit im öffentlichen Dienst bzw. das besondere Verpflichtetsein der Bediensteten an, z. B. Vorteilsannahme, Falschbeurkundung, Abgabenübererhebung. — Der sog. **haftungsrechtliche** Beamtenbegriff war stets nur eine juristische Kurzformel; Art. 34 GG betrifft jeden Bediensteten, der „in Ausübung eines öffentlichen Amtes", d. h. nur: nicht privat-rechtlich, tätig wird.

2. Disziplinarmaßnahmen

129 2.1 Wegen der Schwere ihres Eingriffs werden Disziplinarmaßnahmen oft in die Nähe des Strafrechts gerückt. Das ist unrichtig: Strafverfolgung ist auf Sühne und Vergeltung für kriminelles Unrecht, auf Abschreckung, im Strafvollzug auf Rehabilitation gerichtet. Dagegen sollen die Maßnahmen nach der Disziplinarordnung (BDO) allenfalls „berufsethisches Unrecht" verhindern. Primär sollen sie den Beamten **zu ordentlicher Pflichterfüllung bewegen,** weil ihm nicht gekündigt werden kann.

Folgende **Disziplinarmaßnahmen** sind möglich (§ 5 BDO): (schriftlicher) Verweis, Geldbuße, Gehaltskürzung, Rangherabsetzung, Entfernung aus dem Dienst, ferner: Kürzung des Ruhegehalts, Aberkennung des Ruhegehalts.

130 Die eingehende **gesetzliche** Regelung des Disziplinarrechts hat zwei Hauptfunktionen: Schutz des öffentlichen Dienstes als Funktionsträgergemeinschaft und Rechtsschutz für den Beamten. Die Disziplinarmaßnahmen selbst haben **Erziehungsfunktion.** Nur wenn eine „Erziehung" aussichtslos erscheint, wird mit der Entfernung aus dem Dienst die sog. **Reinigungsfunktion** des Disziplinarrechts wirksam (Ausnahme: die Annahme von barem Geld und Kollegendiebstahl; beides wiegt so schwer, daß regelmäßig Entfernung aus dem Dienst erfolgt[248]).

Erziehen geschieht durch individuelles Einwirken. Daher ist stets die Person des Beamten zu beachten (Einsatzwille, Leistung und Bewährung im Dienst, Kollegialität, Dienststellung, Vorgesetztenfunktion usw.). Disziplinarmaßnahmen haben zwar auch eine abschreckende Wirkung. Disziplinarrecht bleibt aber auf das Individuum gerichtet, so daß kein Beamter aus Abschreckungsgründen über das Maß der für ihn notwendigen „Erziehung" hinaus gemaßregelt werden darf. Für strafrechtlich-schuldorientierte Institute und Rechtsfiguren, wie Versuch, Täterschaft und Teilnahme, Konkurrenzen usw., ist im Disziplinarrecht kein Raum. Als persongerichtetes Recht enthält es gleichwohl den **Verschuldensgrundsatz,** so daß die strafrechtliche Dogmatik zu Rechtswidrigkeit und Schuld entsprechend herangezogen werden kann. Der Grundsatz der Einheit des Dienstvergehens bewirkt aber, daß nicht einzelnes Fehlverhalten gesühnt, sondern auf die Gesamtperson erziehend eingewirkt wird[249].

---

248 BVerwG ZBR 85, 90; zu den Ausnahmen davon (einmalige persönlichkeitsfremde Gelegenheitstat, Notlage, psychische Ausnahmesituation) zuletzt BVerwG ZBR 85, 28 f.; 86, 94.
249 Vgl. BVerwGE 73, 167; ferner BVerwG ZBR 85, 202 (trotz erneuter Pflichtverletzung Gesamtverhalten entscheidend).

Da Kriminalstrafen und geahndete Ordnungswidrigkeiten für Beamte bereits eine **131** ausreichende Mahn- und Warnfunktion besitzen, darf nach § 14 BDO heute für denselben Sachverhalt nicht zusätzlich ein Verweis ausgesprochen werden. Auch die schwereren Maßnahmen dürfen nur ergriffen werden, wenn es der spezifische disziplinarische Zweck erfordert[250]. Dies ist nach der Rspr. der Fall, wenn der Strafrichter die besondere Dienstbezogenheit einer Tat bei der Strafe nicht berücksichtigt hat (objektiv) und/oder wenn die Persönlichkeit des Beamten (subjektive Anknüpfung) eine zusätzliche Maßnahme notwendig macht (sog. disziplinarischer Überhang; nicht anwendbar bei Beamten auf Probe![251]).

2.2 Während die Pflichten (materielles Disziplinarrecht) den Normen des BBG zu **132** entnehmen sind, ist das Verfahrensrecht in der BDO niedergelegt. Es ist der StPO nachgebildet. Dabei sind **Disziplinarverfügungen** der Dienstvorgesetzten (§ 29 BDO) **vom förmlichen Disziplinarverfahren** (§§ 33, 39 BDO) **zu unterscheiden.**

Eine Besonderheit des Disziplinarrechts ist es, daß es indirekt auch gegen den Verwaltungsapparat selbst gewendet werden kann: § 34 BDO ermöglicht die Beantragung eines förmlichen Disziplinarverfahrens gegen sich selbst, um sich vom Verdacht eines Dienstvergehens zu reinigen (sog. **Selbstreinigungsverfahren**).

2.3 Der **Rechtsschutz** des Beamten wird vornehmlich durch das rechtsstaatliche Ver- **133** fahren der BDO sichergestellt. § 2 BDO setzt das Begehen eines Dienstvergehens voraus. Der Beamte begeht ein Dienstvergehen, wenn er schuldhaft die ihm obliegenden Pflichten verletzt (§ 77 BBG). Diese Pflichten können gesetzlich im einzelnen festgelegt sein, z. B. §§ 61, 63, 70, 74, 75. Zumeist sind es aber Pflichten, die sich aus der allgemeinen, berufsbezogenen Verhaltenspflicht des § 54 S. 3 ergeben. Dieser Satz 3 ist der disziplinarische **Grundtatbestand.** Vor jeglicher Subsumtion muß dieser Grundtatbestand jedoch — mit Blick auf den zu subsumierenden Sachverhalt — in einzelne Verhaltenspflichten aufgegliedert werden. Dabei sind die Pflichten von der Funktion des Dienst- und Treueverhältnisses her („Beruf" i. S. d. § 54) genau zu bestimmen.

Die disziplinarische **Prüfungskette,** die zu dem für die Einzelfallösung erforderlichen Obersatz führt, lautet also: § 2 BDO — § 77 I S. 1 BBG — § 54 S. 3 BBG/Einzelpflicht (bei prozessualer Einkleidung: Vorschaltung der §§ 5, 15 ff. BDO). Liegt nach Feststellung einer objektiven Pflichtverletzung kein Rechtfertigungsgrund vor (Wahrnehmung berechtigter Interessen befreit regelmäßig nicht von der Einhaltung der Pflicht[252], ist die Verschuldensfrage zu klären (Fahrlässigkeit ausreichend).

Für das Verhalten des Beamten **außerhalb des Dienstes** gilt §§ 77 I S. 2: Sein Verhal- **134** ten ist nur dann ein „Dienstvergehen, wenn es nach den Umständen des Einzelfalles in besonderem Maße geeignet ist, Achtung und Vertrauen in einer für sein Amt oder das Ansehen des Beamtentums bedeutsamen Weise zu beeinträchtigen". Die **Folge** dieser speziellen Normierung ist, daß es (einfache) außerdienstlich verwirklichte Pflichtwidrigkeiten gibt, die **kein** Dienstvergehen darstellen.

---

250 Dazu umfassend Rdschr. Bundesdisziplinaranwalt, ZBR 83, 149.
251 Vgl. BVerwGE 63, 18 (exhibitionistische Handlungen), bzw. BVerwGE 66, 19, 21—24 (bei § 31 I S. 1 gilt hypothetisch verwirkte Disziplinarmaßnahme).
252 Zu den Grenzen schon *Lindgen,* ZBR 64, 364.

Soll dies (qua Definition) vermieden werden, muß § 77 I S. 2 dogmatisch von § 77 I S. 1 i. V. m. § 54 S. 3 abgetrennt werden[253]. Dagegen spricht, daß der Gesetzgeber nicht die außerdienstlichen Verhaltspflichten des § 54 S. 3 außer Kraft setzen, sondern nur ihre disziplinarische „Verfolgung" (Ermittlungen im Privatbereich) auf das dienstrechtlich notwendige Maß beschränken wollte. Berufsethisch verwerfliches Verhalten kann dennoch vorliegen. Dem entspricht die systematische Stellung des § 77 I S. 2. Deshalb ist m. E. an folgender **Prüfungskette** festzuhalten: § 2 BDO — § 77 I S. 1 BBG — § 54 S. 3 Einzelpflicht — Pflichtverletzung? § 77 I S. 2: in besonderem Maße geeignet . . .?

Beispiele für **außerdienstlich** begangene, als Dienstvergehen gewertete Taten finden sich in den Schwerpunktbänden BVerwGE 43, 46, 53, 63 und 73 und zusammengefaßt in den Berichten des Bundesdisziplinaranwalts[254]. Etwa zwei Drittel der Fälle betrifft Trunkenheit im Straßenverkehr (**aber:** geänderte Rspr. seit 1983[255]); daneben stehen der Warenhausdiebstahl[256] und eher geringfügige Betrügereien im Dienst (Beihilfe, Reisekosten u.ä.)[257] im Vordergrund; gelegentlich finden sich Entscheidungen zu leichtfertigem Schuldenmachen i. V. m. falscher Darstellung der wirtschaftlichen Verhältnisse[258] und zu unehrenhaftem Verhalten im Bereich der Sittlichkeit[259].

3. Haftung

135 3.1 Fügt der Beamte während seiner dienstlichen Tätigkeit einem Dritten schuldhaft einen Schaden zu, richtet sich die Regelung des Schadensersatzes nach dem BGB (Schadensersatz im Außenverhältnis). Gegenüber seinem Dienstherrn (Innenverhältnis) haftet der Beamte dagegen ausschließlich nach § 78 BBG.

136 Im **Außenverhältnis** haftet zunächst der **Dienstherr:** bei **privatrechtlicher** Verwaltungstätigkeit seiner Bediensteten nach §§ 89, 31, 276 BGB bzw. (aus einem Schuldverhältnis) § 278 BGB, bei Delikt aus §§ 823, 831 BGB; bei **hoheitsrechtlicher** Verwaltungstätigkeit nach Art. 34 GG, § 839 BGB oder aus enteignungsgleichem Eingriff, Aufopferung, Entschädigung (§ 49 V oder 48 III VwVfG), verwaltungsrechtlichem Schuldverhältnis, Folgenbeseitigung. **Selbst** haftet der **Beamte** im Außenverhältnis nur bei **privatrechtlicher**[260] Verwaltungstätigkeit nach § 839 BGB infolge vorsätzlicher Verletzung von drittschützenden Amtspflichten; im Sonderfall der Gefährdungshaftung nach §§ 7 ff. StVG haftet er als Kfz-Halter.

137 3.2 Im **Innenverhältnis** gilt abschließend § 78 BBG (Sonderfall: § 32 AO im Steuerrecht[261]). Bei **hoheitsrechtlicher** Verwaltungstätigkeit gewährt § 78 dem Beamten das

---

253 So *H.-D. Weiß*, GKÖD Bd. II, J 208 Rdnr. 7, 10 f.: Tatbestand sui generis.

254 Vgl. ZBR 81, 177, und 83, 281.

255 Vgl. BVerwG ZBR 83, 159: bei außendienstlicher, gerichtlich geahndeter Trunkenheit am Steuer ist eine zusätzliche Disziplinarmaßnahme nicht mehr regelmäßig geboten; umfassend zu Alkoholverfehlungen *Claussen*, DÖD 84, 233.

256 Vgl. zuletzt BVerwG ZBR 85, 89 (Ahndung schon beim 1. Mal: Gehaltskürzung).

257 Regelmäßige Ahndung: Degradierung; bei erschwerenden Umständen (z.B. verfälschte Belege in mehreren Fällen): Entfernung aus dem Dienst; selbst bei Leichtfertigkeit noch Gehaltskürzung (BVerwG ZBR 85, 254); vgl. im einzelnen *Czapski*, DÖD 84, 188.

258 Vgl. z. B. BVerwG 33, 162; zuletzt BVerwG ZBR 85, 277.

259 Vgl. BVerwG ZBR 79, 148; im Grenzbereich dienstlich/außerdienstlich NJW 84, 936 (intime Beziehungen Amtsrat-Putzfrau) mit krit. Anm. von *Stauf*, RiA 85, 1 f.

260 Ausnahme: § 640 RVO; vgl. BGH ZBR 85, 91.

261 Vgl. OVG NW ZBR 84, 341 (Nichtbearbeitung von Steuerakten).

Privileg, nur Ersatz leisten zu müssen, wenn er vorsätzlich oder grob fahrlässig die Dienstpflicht verletzt und so den Schaden verursacht hat. Dieses sog. **Haftungsprivileg** besteht für unmittelbare Schädigungen des Dienstherrn (§ 78 I, z. B. Kassenfehlbetrag oder Schaden am Dienstfahrzeug) und für mittelbare Schädigung (§ 78 II: Schaden, für den der Dienstherr einem Dritten Ersatz geleistet hat; sog. Regreß). Beide Fälle haben allerdings unterschiedliche Verjährungsfristen (§ 78 III).

Das Haftungsprivileg bei hoheitlichem Handeln soll die Entschlußfreudigkeit der Beamten erhöhen und so die Reaktionsfähigkeit der Verwaltung verbessern. Es führt jedoch zu Ungereimtheiten, weil derselbe Beamte bei gleichartiger, aber privatrechtlich begründeter Tätigkeit das Haftungsprivileg nicht genießt[262] (z. B. der Kassenbeamte bei Überzahlung von Beamtenbezügen bzw. Angestelltengehältern).

Bei **privatrechtlicher** Verwaltungstätigkeit gilt für unmittelbare ebenso wie für mittelbare Schäden die Regelung des § 78 I S. 1: Hat der Beamte schuldhaft eine Dienstpflicht verletzt und ist daraus der Schaden entstanden, muß er Ersatz leisten, und zwar auch, wenn er nur fahrlässig gehandelt hat. Allerdings wird diese unterschiedliche Behandlung dadurch gemildert, daß in Fällen des Rückgriffs (nach mittelbarer Schädigung) unbillige Ergebnisse unter direkter Anwendung der **Fürsorgepflicht oder** unter analoger Anwendung des arbeitsrechtlichen Instituts der **Haftungsminderung bei schadensgeneigter Tätigkeit**[263] vermieden werden. Es genügt dabei, daß die Eigenart der konkreten Verwaltungstätigkeit es erfahrungsgemäß mit sich bringt, daß auch einem sorgsamen Beamten gelegentlich Fehler unterlaufen[264]. In der Praxis wird so eine Begrenzung auf grobe Fahrlässigkeit erreicht[265]. **138**

In dem **Sonderfall**, daß der Beamte einen Schaden in Erfüllung eines Amtshilfeersuchens oder einer Auftragsangelegenheit verursacht hat, gilt: Den Schaden trägt der andere Dienstherr. Der Beamte hat zwar Aufgaben des eigenen Dienstherrn wahrgenommen. Dieser hat jedoch keinen Schaden erlitten. Der Beamte kann deshalb von seinem Dienstherrn nur im Wege der **Drittschadensliquidation** in Anspruch genommen werden[266]. Dies gilt nach jüngster Rspr. auch für Schäden am Schulgebäude, die ein Lehrer im Rahmen des Unterrichts verursacht[267].

3.3 Schadensersatzansprüche wegen Kassenfehlbestandes, Vermögensverlustes oder vorsätzlichen Vermögensschadens kann der Dienstherr (Bund; anders z.T. die Länder) durch vollstreckbaren Erstattungsbeschluß (VA) nach §§ 1—12 ErstG durchsetzen. Nach st. Rspr. ist statt dessen und in allen übrigen Fällen ein Leistungs**bescheid** zulässig, denn das Beamtenverhältnis sei „ein öffentlich-rechtliches Rechtsverhältnis, in dem der Dienstherr dem Beamten hoheitlich übergeordnet ist und deshalb seine Rechtsbeziehungen zu dem Beamten grundsätzlich durch Verwaltungsakte regeln **139**

---

262 BVerwG DVBl 74, 158 ff. m. Anm. *Reinhardt.*
263 Zum Stand der Rspr. BAG NJW 83, 1693.
264 Zuletzt zusammenfassend VGH BW ZBR 83, 242; näher z.B. BVerwGE 50, 102, 110 f. (Vorbereitung zur Operation nicht „gefahrgeneigt"); OVG NW DÖD 77, 141 (leicht fahrlässiges Unterlassen von Kontrollen bei als vertrauenswürdig geltendem Mitarbeiter: volle Ersatzpflicht des Vorgesetzten unbillig).
265 Vgl. am Beispiel des Kraftfahrers umfassend MinBlFin 1984, S. 275—277.
266 Vgl. z. B. VGH BW ZBR 74, 337: umfassend dazu *Achterberg*, DVBl 70, 125.
267 So entgegen älterer Rspr. des BGH eingehend VGH BW ZBR 85, 115.

kann"[268]. Diese Auffassung verstößt nach h. L. gegen den Vorbehalt des Gesetzes und die Fürsorgepflicht (weil sie dem Beamten die Rolle eines Klägers aufdränge); erforderlich sei die Leistungs**klage**[269].

E. Rechtsschutz im Beamtenrecht

I. Personalvertretung

1. Funktion und Aufbau

140 Die bei jeder selbständigen Verwaltungsstelle (Dienststelle i. S. d. BPersVG) eingerichtete Personalvertretung (**Personalrat**) hat nach Auffassung des BVerfG „als Repräsentant der Bediensteten die Aufgabe, die Beteiligung der Bediensteten an der Regelung des Dienstes und der Dienst- und Arbeitsverhältnisse zu verwirklichen und insoweit die Interessen der Bediensteten in der Dienststelle zu vertreten, soweit diese von der Tätigkeit in der Dienststelle berührt werden"[270]. Da der Personalrat die Interessenvertretung der Beschäftigten nur im Rahmen der in den Personalvertretungsgesetzen festgelegten Befugnisse wahrnehmen darf, sind Rechtserkenntnisse zum Betriebsverfassungsgesetz **nicht** ohne weiteres auf auf die Rechte und Pflichten des Personalrats übertragbar.

Der Personalrat hat zwei Aufgaben, die er als eigenständiges Organ wahrnehmen soll: (1) die dem Dienstherrn obliegende „Fürsorge" auf örtlicher Ebene sachgerecht mitzugestalten (**Initiativ- und Unterstützungsfunktion,** § 68 I Nr. 1, 3) und (2) personalbezogene Entscheidungen der Dienststelle auf ihre Rechtmäßigkeit hin zu kontrollieren (**Kontrollfunktion**). Dies ergibt sich aus den im BPersVG festgelegten Rechten und Pflichten, die stets nur innerdienstliche, soziale oder personelle Angelegenheiten und **nicht** die **Dienstausübung** als solche betreffen[271]. Die nachfolgend genannten Vorschriften sind solche des BPersVG.

141 Der **Personalrat** hat je nach Anzahl der bei der Dienststelle Beschäftigten bis zu 31 Mitglieder, die von den Beamten, Angestellten und Arbeitern getrennt gewählt werden (Gruppenwahl). Sind entfernt liegende Teildienststellen oder Nebenstellen vorhanden, wird ein Gesamtpersonalrat gebildet (bes. bei größeren Kommunen und Körperschaften). In mehrstufigen Verwaltungen bestehen auf der Ebene der Mittelbehörden Bezirks-, bei den obersten Dienstbehörden Hauptpersonalräte (sog. **Stufenvertretungen**). Eine zusätzliche **Einigungsstelle** (3 Behördenvertreter, 3 Hauptpersonalräte, 1 unparteiischer Vorsitzender) hat bestimmte abschließende

---

268 Vgl. grundlegend BVerwGE 19, 243, 245 ff.; zur Beweislastverteilung zusammenfassend BVerwG ZBR 83, 274.
269 Diese hat aber auch Nachteile für den Beamten: Sie umfaßt bereits den Zinsanspruch; das Urteil kann vorläufig vollstreckbar werden; vgl. näher OVG NW DVBl 74, 596.
270 BVerfGE 28, 314 (322).
271 Verfügung absoluten Alkoholverbots für Waffenträger im Grenzzolldienst betrifft allein die Dienstausübung (BVerwGE 67, 61).

Entscheidungsfunktionen (§ 71). Die auf örtlicher Ebene regelmäßig einberufene **Personalversammlung** (§§ 48—52) hat weder Weisungs- noch Kontrollbefugnisse gegenüber dem Personalrat. Zur Durchführung ihrer Aufgaben ist es den Personalratsmitgliedern gestattet, ihrer dienstlichen Tätigkeit fernzubleiben (Sonderfall; vgl. Rdnr. 106); je nach Größe der Dienststelle werden ein oder mehrere Mitglieder sogar ganz „freigestellt" (§ 46).

2. Rechtsschützende Beteiligungsformen

Die **Kontrollfunktion** des Personalrats folgt aus seiner allgemeinen Aufgabe, über die Durchführung der zugunsten der Beschäftigten geltenden Regelungen zu wachen (§ 68 I Nr. 2), und aus seinen Beteiligungsrechten: der Mitbestimmung (§§ 75, 76), der Mitwirkung (§§ 78, 79), der Beratung (§§ 80, 81) und der Anhörung (§§ 79 III, 78 III—V). Bei der Rechtsanwendung ist grundlegend zu unterscheiden: einerseits die Beteiligung des Personalrats an Maßnahmen, die zu ergreifen die Dienststelle beschlossen hat (§§ 75 ff.), andererseits die Aktivitäten des Personalrats aufgrund seiner allgemeinen Aufgaben in § 68 I und seiner besonderen Aufgaben in § 81 I. **142**

Bei der **Mitbestimmung** in Personalangelegenheiten der Beamten (§ 76) ist die Zustimmung des Personalrats erforderlich bei allen statusrechtlichen und vielen personenbezogenen Akten im Dienstleistungsverhältnis, für bestimmte Personalführungsmaßnahmen (Teilnehmerauswahl für Fortbildung, Inhalt der Personalfragebögen, Beurteilungsrichtlinien) und bei Regreß des Dienstherrn (jedoch nur auf Antrag des Beamten). In Personalangelegenheiten der Angestellten und Arbeiter besteht ähnlich weitreichende Mitbestimmung (§ 75 I). Darüber hinaus hat der Gesetzgeber soziale und innerdienstliche Maßnahmen in einem umfangreichen Katalog der Mitbestimmung unterworfen (§ 75 II, III). **Aber:** Der Personalrat kann in den entscheidenden Fällen (Status, Dienstleistung) seine Zustimmung rechtswirksam nur verweigern, wenn (1) die vorgesehene Maßnahme gegen eine rechtliche Regelung verstößt oder (2) die durch Tatsachen begründete Besorgnis besteht, daß ein Beschäftigter ungerechtfertigt benachteiligt wird oder daß (3) der Beschäftigte oder ein Bewerber den Frieden in der Dienststelle durch unsoziales oder gesetzwidriges Verhalten stören wird (sog. **Versagungskatalog**, § 77 II). Der Personalrat muß Gründe angeben, die sich auf diesen Katalog beziehen[272]. **143**

Bei einigen weiteren Maßnahmen, die die Dienststelle durchzuführen beabsichtigt, hat der Personalrat ein Recht auf Beteiligung durch **Mitwirkung** (§§ 78, 79). Er kann hier aber nur Einwendungen erheben. Mitwirkungsangelegenheiten sind z. B. Einleitung des förmlichen Disziplinarverfahrens, Entlassung von Beamten auf Probe und auf Widerruf, Vorbereitung von Verwaltungsanordnungen innerdienstlicher Art. Bei Prüfungen und Maßnahmen der Gefahrenverhütung hat der Personalrat ein **Beratungsrecht** (§§ 80, 81 I). Vor fristloser Entlassung, außerordentlicher Kündigung und vor Beendigung des Arbeitsverhältnisses eines Arbeiters während der Probezeit sowie einigen Organisationsmaßnahmen ist er **anzuhören** (§§ 79 III, 78 III—V). **144**

---

272 Vgl. BVerwG DÖV 80, 563 m. Anm. *Franz;* ferner die Grundentscheidung für Einstellungen BVerw-GE 61, 325: dem Personalrat sind die Unterlagen aller Bewerber vorzulegen; dazu *Widmaier,* PersV 81, 323.

145 Wird ein **Beteiligungsrecht** des Personalrats **verletzt**, ist die entsprechende Maßnahme unwirksam (z. B. Kündigung, § 79 IV) oder rechtswidrig (z. B. Entlassungsverfügung[273]). Dies gilt auch, wenn die Dienststelle ihren gesetzlichen Pflichten zu rechtzeitiger und umfassender Unterrichtung oder zur Vorlage aller entscheidungserheblichen Unterlagen (§ 68 II) nicht nachgekommen ist. Hält die Dienststelle dagegen das Verfahren ein, kann der Personalrat keine Maßnahme rechtlich verhindern. Er kann lediglich erzwingen, daß die Sache den übergeordneten Dienststellen und der dortigen Stufenvertretung vorgelegt wird[274]. Erfolgt auch auf der Ebene der obersten Dienstbehörde keine Einigung, entscheidet die **Einigungsstelle** durch Beschluß; in *Beamten*personalsachen gibt sie der Behörde eine Entscheidungsempfehlung. — Neben diesen Verfahren kann der Dienststellenleiter **vorläufige Maßnahmen** ergreifen, wenn sie eilbedürftig sind (§ 69 V). Der Personalrat kann Maßnahmen nur beantragen (Initiativrecht, § 68 I Nr. 1), durchsetzen kann er sie rechtlich nicht.

II. Innerdienstlicher und gerichtlicher Rechtsschutz

1. Außergerichtliche Rechtsbehelfe

146 Neben der Beschwerde an den Personalrat hat der Beamte folgende, z. T. in § 171 BBG aufgeführte, innerdienstliche Rechtsbehelfe:

1. Antrag/Beschwerde (auf dem Dienstweg),
2. Beschwerde gegen den unmittelbaren Vorgesetzten (kann beim nächsthöheren Vorgesetzten eingereicht werden),
3. Eingabe an den Bundespersonalausschuß,
4. Petition an den Bundestag.

Ob ein Schreiben Beschwerde (keine Frist) oder Widerspruch (mit Rechtsfolgen) ist, unterliegt der Auslegung. Beschwerden an den Personalrat und Eingaben an den Personalausschuß können jederzeit **direkt** den Gremien zugeleitet werden. Ihre Erledigung unterliegt den Entscheidungsregelungen dieser besonderen Organe des Dienstherrn. Lediglich die **Petition** verläßt den innerdienstlichen Bereich. Ob dienstliche Angelegenheiten ohne Einhaltung des Dienstwegs vorgebracht werden dürfen, ist umstritten[275]. M. E. ist die Einhaltung des Dienstweges grundsätzlich erforderlich, um der Behörde die Möglichkeit zu geben, der Beschwer abzuhelfen. Ausnahme: Die Angelegenheit war bereits Gegenstand eines innerdienstlichen Prüfungsverfahrens. — Treuwidrige „Flucht in die Öffentlichkeit" (vgl. Rdnr. 35, 133) ist die Petition nicht.

2. Gerichtlicher Rechtsschutz

147 Für alle Klagen „aus dem Beamtenverhältnis" ist der Verwaltungsrechtsweg gegeben, der stets ein **Vorverfahren** (d. h. Einlegung eines Widerspruchs) voraus-

---

273 BVerwGE 66, 291(Entlassung eines Beamten auf Probe ohne Anhörung des Personalrats).
274 Zu den Verfahren vgl. die Schaubilder bei *Van Hecke,* PersV 82, 397 f.
275 Vgl. *Dagtoglou,* BK, Art. 17 Rdnr. 67 ff.

setzt[276] (§ 126 I, III BRRG). Ob eine Klage möglich ist, richtet sich aber nicht danach, ob ein VA vorliegt oder erstrebt wird. Denn außer durch Anfechtungs- und Verpflichtungsklage kann aus dem Beamtenverhältnis mit Leistungs- oder Feststellungsklage (§ 43 VwGO) Rechtsschutz gesucht werden. Dazu hat das **BVerwG grundlegend** entschieden, daß auch „Maßnahmen, die normalerweise (§ 42 Abs. 2 VwGO) unanfechtbare oder unüberprüfbare Behördeninterna sind, weil sie nicht bestimmt sind, Außenwirkung zu entfalten, . . . im Einzelfall sich doch als Verletzung der individuellen Rechtssphäre auswirken und mit dieser Begründung dem Verwaltungsgericht unterbreitet werden (vgl. BVerwGE 14, 84) können[277].

Andererseits ist das Institut des Widerspruchs nur als vorgeschaltetes Verwaltungs- **148** verfahren vor einer (möglichen) *Klage* eingerichtet worden. Folgen: Gegen rein **amtsadressierte** Weisungen, die Inhalt, Art und Weise der zu erledigenden Dienstaufgabe näher bestimmen, ist aber mangels „Verletzung der individuellen Rechtssphäre" eine Klage nicht möglich (z. B. bei der Änderung der Zuständigkeiten des Dienstpostens). Auch **personadressierte** Weisungen betreffen als Verhaltensgebote häufig nicht den „individuellen", sondern nur den „amtlichen" Rechtskreis des Beamten (z. B. ein bestimmtes Dienstzimmer zu beziehen, zu bestimmten Zeiten anwesend zu sein, monatlich ein bestimmtes Arbeitspensum zu erledigen[278]). Deshalb fehlt dem Beamten die Widerspruchsbefugnis. Beide Weisungstypen sind jedoch mit dem Vorbringen gerichtlich angreifbar, ihre **Auswirkungen** beeinträchtigten individuelle Rechte des Beamten. Personadressierte Weisungen könnten sogar VAe gegenüber dem Beamten sein.

Widerspruch ist bei der Behauptung einer Verletzung individueller Rechte nötig **149** (§ 126 III BRRG). Bei dessen Prüfung kann die Entscheidung, ob ein VA vorliegt, auch nicht offen gelassen werden: Ein Widerspruch gegen Weisungen, die sich lediglich auf den Individualrechtskreis des Beamten „auswirken", hat keine aufschiebende Wirkung, denn § 80 VwGO ist nach Wortlaut und Zweck auf belastende *Verwaltungsakte* beschränkt. Daher kann der Beamte den Vollzug innerbehördlicher Weisungen nur durch Erwirken einer einstweiligen Anordnung nach § 123 VwGO verhindern[279].

Umstritten ist, in welchem Fall eine Maßnahme im Dienstleistungsverhältnis VA ist. Der frühe, vom Rechtsschutz her gedachte Lösungsversuch von *Ule* — Trennung zwischen Grundverhältnis (Beamtenverhältnis) und Betriebsverhältnis (Dienstleistungsverhältnis) — erlaubte es, die Akte als VAe zu erkennen, die das Beamtenverhältnis begründen, verändern oder beenden. Damit war aber nicht geklärt, welche Maßnahmen im Betriebsverhältnis ebenfalls VAe sind *(Ules* Vorschlag: wenn die Rechtsstellung des Beamten „nicht unwesentlich berührt" wird, VVDStRL 15, 1957, 133). Mit der Differenzierung zwischen Amtswalterverhältnis und Dienstverhältnis *(H. J. Wolff)* bzw. amtlicher und dienstlicher Weisung[280] bildete sich eine h. L., nach der ein VA vorliegt, wenn der Beamte „als Person" unmittelbar rechtlich betroffen ist, nicht nur als „Walter staatlicher Funktionen". Doch auch damit blieb es bei der Alternati-

---

276 Umfassend hierzu zuletzt *Wind,* ZBR 84, 167.
277 BVerwGE 41, 253, 258: Klage auf richtliniengetreue Dienstpostenbewertung.
278 So der Fall OLG Lbg ZBR 85, 171, mit dem zusätzlichen Hinweis, daß die Remonstration nur eine Entlastungsfunktion hat, nicht aber den Rechtsschutz ersetzt.
279 BVerwG NJW 76, 1281; VGH BW ZBR 81, 204.
280 Vgl. zur Dogmatik *Schnapp,* Amtsrecht, S. 127—139, 145—159.

ve: VA oder gerichtsschutzfreie (amtliche) Weisung. Strittig war die Abgrenzung (Unmittelbarkeit? Eigeninteresse? Gerichtet an die Person oder das Amt?). Die **Rspr.** orientierte sich an den Kategorien Grund- und Betriebsverhältnis. Erst aus der jüngsten Rspr. läßt sich eine **Dreiteilung** entnehmen: Anfechtungsklage gegen VAe — allgemeine Leistungsklage gegen andere, den Beamten in seiner individuellen Rechtssphäre betreffende Akte — kein Rechtsschutz gegen Anordnungen, die ihn nur als Amtswalter berühren.

150 Ob eine Maßnahme VA ist[281], richtet sich nach § 35 S. 1 VwVfG. Sog. **Außenwirkung** liegt vor, wenn eine Maßnahme die Rechtssphäre des Beamten als natürliche Person (erweiternd, verringernd oder feststellend) gestaltet. Dies läßt sich nur durch Analyse der Rechtslage anhand der Rechtsnormen feststellen, aufgrund deren die Maßnahme getroffen worden ist[282].

Versetzung und Abordnung erfolgen z. B. deshalb durch VA, weil die §§ 26, 27 von einer Mitwirkung des Beamten ausgehen und so einen Individualrechtskreis erkennen lassen, der gestaltungsfähig ist (anders die dienstliche Beurteilung). Obwohl die **Umsetzung** personadressiert ist — das alte wie das neue Amt bleiben unangetastet —, geschieht sie nicht aufgrund von Normen, die ein Individualrecht beinhalten (Ausnahme: Sonderrecht am speziellen Dienstposten durch Vereinbarung, Wahl u. ä.). Dasselbe gilt für die (amtsadressierte) Veränderung der Kompetenzen eines Dienstpostens. Das **BVerwG** gewährt in beiden Fällen Rechtsschutz durch allgemeine Leistungsklage[283], die auf Beseitigung der Umsetzung zielt.

Demgegenüber wird in der Literatur — soweit sie die Rspr. des BVerwG so versteht, daß eine Umsetzungsverfügung den Individualrechtskreis des Beamten nicht berühren kann (weil sie nicht dazu bestimmt ist, Außenwirkung zu entfalten) — wegen der Folgen einer Umsetzungsanordnung die **Folgen**beseitigungsklage befürwortet; für eine Klage auf Beseitigung der Umsetzungsverfügung selbst fehle es an der Prozeßführungsbefugnis[284].

Die jüngste Rspr. folgt dem nicht, sondern beschreitet offenbar einen Mittelweg: Der Kläger kann „verlangen, daß die ausgesprochene Umsetzung rückgängig gemacht und über seinen dienstlichen Einsatz unter Beachtung der Rechtsauffassung des Gerichts neu entschieden wird"[285]. Dies ist m. E. jedenfalls unrichtig ausgedrückt: Hat die Umsetzungsverfügung rechtsverletzende Auswirkungen, so ist sie aufzuheben[286] (§ 113 I S. 1 VwGO analog). Es ist Aufgabe der Verwaltung, einen rechtmäßigen Zustand herzustellen, und zwar entweder durch Freimachen des (inzwischen mit einem anderen Beamten besetzten) Dienstpostens oder durch rechtsfehlerfreie andere Umsetzung des Klägers.

151 Ist mangels VA nur Rechtsschutz durch Widerspruch und allgemeine Leistungsklage möglich, bedarf der Beamte eines „besonderen Rechtsschutzinteresses" (sog. Klagebefugnis, § 42 II VwGO analog, h. M.). Allerdings ergibt sich regelmäßig aus den Erörterungen über die Eröffnung des Rechtswegs, daß eine Verletzung seiner persönlichen Rechte möglich ist. Daher kommt es entscheidend auf die Begründetheit der Klage und dabei in der Regel auf das Vorliegen von Ermessensfehlern an.

Für die **Prüfungsreihenfolge** in prozessual eingekleideten Fällen bedeutet dies: 1. Klage aus dem Beamtenverhältnis? (prüfen, ob nicht ein die „individuelle Rechtssphäre" unberührt las-

---

281 Einen hilfreichen Katalog der Abgrenzungsfälle in der Rspr. gibt *Achterberg,* Allgemeines Verwaltungsrecht, § 20 Rdnr. 62 ff.
282 So mit Recht *Erichsen,* DVBl 82, 95 (98).
283 Vgl. BVerwGE 60, 144—148, bzw. DVBl 81, 495 ff.
284 Vgl. *Erichsen,* DVBl 82, 95, 100.
285 So z. B. OVG NW ZBR 84, 340.
286 So mit Recht *Franz,* ZBR 86, 14 (16): Die Rspr. hat nicht die Aufgabe, Vollzugsverantwortung zu übernehmen.

sender Akt vorliegt; dann keine Klage i. S. d. § 126 BRRG); 2. Klageart: Anfechtungs-/Verpflichtungsklage? (prüfen, ob die Maßnahme als VA zu qualifizieren ist); 3. Klageart: Allg. Leistungsklage? (prüfen, ob „besonderes Rechtsschutzinteresse" vorliegt). — Selbst wer den Beamten als Amtswalter („Glied der Verwaltung") grundsätzlich nicht als Zuordnungssubjekt von eigenen Rechten und Pflichten, damit insoweit als „nicht grundrechtsfähig", ansieht[287], kann gerichtlichen Rechtsschutz nur über die Klagebefugnis oder das Rechtsschutzbedürfnis im Rahmen der jeweiligen Klageart ausschließen. — Zu beachten bleibt aber, daß nach der Rspr. **eine ablehnende Entscheidung** über einen begehrenden Antrag des Beamten stets VA ist (z. B. Antrag auf Abänderung einer dienstlichen Beurteilung), dem nur mit Widerspruch und Anfechtungsklage begegnet werden kann[288].

Literatur

Achterberg, N.: Die interkörperschaftliche Haftung im Bundesstaat am Beispiel der Bundesrepublik Deutschland, DVBl 70, 125

ders.: Recht der persönlichen Organisationsmittel: Öffentliches Dienstrecht, in: *ders.* (Hrsg), Allgemeines Verwaltungsrecht, 1982, S. 174 ff.

Allgaier, E.: Zur Diskussion um die beamtenrechtliche Konkurrentenklage, ZBR 85, 298

Arndt, H.: Der disziplinarrechtliche Grundtatbestand, DÖV 68, 39

v. Arnim, H. H.: Ämterpatronage durch politische Parteien, PersV 81, 129

Badura, P./Stern, K.: Die Rechtmäßigkeit des Beamteneinsatzes beim Streik der Tarifkräfte — Zwei Rechtsgutachten —, 1983

Bartel, H.-J.: Verwaltungsermittlungen und ihre Aufnahme in die Personalakte, RiA 85, 254

Bartha, D.: Die Entlassung eines Beamten auf Probe wegen eines Dienstvergehens, ZBR 85, 217

Battis, U.: Bundesbeamtengesetz, 1980

ders.: Neue Rechtsprechung des Bundesverfassungsgerichts zum Beamtenrecht, ZBR 82, 166

ders.: Änderung des Aufgabenbereichs eines Beamten durch Organisationsverfügung kein Verwaltungsakt, NVwZ 82, 87

ders.: Zur Erweiterung der Teilzeitbeschäftigung von Beamten, PersV 84, 217

ders.: Die Entwicklung des Beamtenrechts im Jahre 1985, NJW 86, 1151 (Vorjahre: NJW 81, 957; 82, 973; 83, 1768; 84, 1332; 85, 714)

ders.: Streikeinsatz von Beamten, PersV 86, 149

Becker, H. J.: Aus der neueren Rechtsprechung des Bundesverwaltungsgerichts zum öffentlichen Dienstrecht — Entwicklung und Schwerpunkte, ZBR 82, 258

ders.: Aus der neueren beamtenrechtlichen Rechtsprechung des Bundesverwaltungsgerichts, RiA 83, 221

ders.: Das Personalvertretungsrecht im Spiegel der neueren Rechtsprechung des Bundesverwaltungsgerichts, ZBR 86, 185

Bellgardt, P.: Die Konkurrentenklage des Beamtenrechts, 1981

Benndorf, M.: Zulässigkeit der Verhinderung der Aufnahme entgeltlicher Nebenbeschäftigungen durch Teilzeitbeamte, ZBR 81, 84

---

287 So zuletzt *Erichsen,* DVBl 82, 95, 98 f.
288 So nach Prüfung der ablehnenden Lit. erneut BVerwG NJW 76, 1281, weil die Verwaltung über den vom Beamten erhobenen Anspruch potentiell rechtsverbindlich entscheide; vgl. dazu *Rottmann,* ZBR 83, 77 (91).

III *Öffentliches Dienstrecht* (Köpp)

Berg, W./Tettmann, P.: Fragen einer Arbeitsmarktabgabe der Beamten, ZBR 83, 217
Böckenförde, E./Tomuschat, Ch./Umbach, D. (Hrsg.): Extremisten und öffentlicher Dienst, 1981
Braun, R.: Die Konkurrentenklage im Steuerrecht — Ein Instrument zu mehr Gerechtigkeit?, DStZ 86, 46
Brauner, K.-E.: Nichtraucherschutz vor den Verwaltungsgerichten, JA 83, 401
Brill, W.: Der Dienstordnungs-Angestellte in der Rechtsprechung des Bundesarbeitsgerichts, RiA 85, 62
Brohm, W.: Stichwort: Dienstverweigerung, in: *Bierfelder* (Hrsg.), Handwörterbuch des öffentlichen Dienstes — HÖD —, 1980
ders.: Die Konkurrentenklage, in: Festschrift für Christian-Friedrich Menger, 1985, S. 235 ff.
Bühler, Ch.: Die soziale Absicherung des Rechtsreferendars, JuS 86, 241

Claussen, H. R.: Bericht über die Handhabung der Disziplinargewalt in den Jahren 1981/1982, ZBR 83, 281
ders.; Ausübung der Disziplinarbefugnisse bei Alkoholverfehlungen, DÖD 84, 233
Curtius, C. F.: Personalvertretung und Verwaltungsorganisation, PersV 82, 490
Czapski, P.: Zur politischen Treuepflicht der Beamten, ZBR 82, 203
ders.: Die Disziplinarrechtsprechung des Bundesverwaltungsgerichts zum betrügerischen Verhalten von Beamten gegenüber dem Dienstherrn, DÖD 84, 188

Derlien, H.-U.: Einstweiliger Ruhestand politischer Beamter des Bundes 1949 bis 1983, DÖV 84, 689
Dietz, R./Richardi, R.: Bundespersonalvertretungsgesetz, 1978²
Dorn, H.: Die Aushändigung beamtenrechtlicher Ernennungsurkunden an einen Stellvertreter, ZBR 70, 183
Dürr, W.: Probleme beim Regelaufstiegsverfahren der Bundeslaufbahnverordnung, DVBl 85, 1207

Erichsen, H.-U.: Feststellungsklage und Innenrecht, Grundrechte und Amtsverwaltung, VerwArch 1981, 429
ders.: Die Umsetzung von Beamten, DVBl 82, 95
ders.: Der Innenrechtsstreit, in: Festschrift für Christian-Friedrich Menger, 1985, S. 211 ff.

Fehn, B. J./Opfergelt, W.: Rechtsschutz des abgewiesenen Bewerbers im Beamtenrecht, JURA 85, 639
Feindt, E.: Probleme der sozialen Sicherung von Beamten auf Probe — Probebeamtenverhältnis als Dauerstatus?, RiA 74, 23
Forsthoff, E.: Moderne Wertverwirklichung, DÖV 65, 619
Franz, W.: Zum Umfang des Rechtsschutzes gegen Umsetzungen im Beamtenverhältnis, ZBR 86, 14
Fürst, W.: Verfassungsrechtliche Grenzen einer Neuregelung der Beamtenversorgung, ZBR 83, 319
ders.: Zur verfassungsrechtlichen Vereinbarkeit der Anrechnung von Einkünften außerhalb des öffentlichen Dienstes auf die Versorgung, ZBR 85, 1

Günther, H.: Den Rechtsschutz gegen dienstliche Beurteilungen vereinfachen, ZBR 81, 77
ders.: Vom Stand des Streits um die Konkurrentenklage, ZBR 83, 45
ders.: Konkurrentenstreit um Beförderungsdienstposten, DÖD 84, 161
ders.: Heimlichkeit von Besetzungsberichten?, ZBR 84, 161
ders.: Dienstleistungsberichte, ZBR 84, 353
ders.: Spezifika der Entlassung von Probebeamten, ZBR 85, 321
ders.: Nebenamt, ZBR 86, 97

Hanusch, H.-E.: Rechtsschutz gegen Eintragungen in Personalakten, NVwZ 82, 11

Happe, R.: Zur verwaltungsökonomischen Problematik von periodischen Beurteilungen im öffentlichen Dienst, RiA 85, 79

Hattenhauer, H.: Geschichte des Beamtentums, 1980

Haug, U.: Arbeitszeitrechtliche Probleme bei Lehrern, ZBR 84, 285

Hesse, K.: Grundzüge des Verfassungsrechts der Bundesrepublik Deutschland, 1985[15]

Hünefeld, H. W.: Erprobung neuer Formen der Mitarbeiterbeurteilung, ZBR 81, 270

Ilbertz, W.: Effektive Mitbestimmung?, PersV 82, 184

Ingenlath, P.: Das rechtswidrig befristete Beamtenverhältnis, DVBl 86, 24

Isensee, J.: Beamtenstreik, 1971

ders.: Der Zugang zum öffentlichen Dienst, in: Verwaltungsrecht zwischen Freiheit, Teilhabe und Bindung, Festgabe Bundesverwaltungsgericht, 1978, S. 337 ff.

ders.: Öffentlicher Dienst, in: *Benda/Maihofer/Vogel* (Hrsg.), Handbuch des Verfassungsrechts der Bundesrepublik Deutschland, 1983, S. 1149 ff.

Klinkhardt, V.: Dienstliche Beurteilungen, Beförderungsentscheidungen, Dienstpostenbewertungen, 1985[2]

Knobbe-Keuk, B.: Die Konkurrentenklage im Steuerrecht, BB 82, 385

Kroppenstedt, F., u. a.: Aktionsprogramm der Bundesregierung zur Reform des öffentlichen Dienstrechts, ZBR 77, 12, 149, 339

Krützmann, K.: Zur Überprüfung dienstlicher (Erst-)beurteilungen im Verwaltungsverfahren, ZBR 82, 41

Kübler, H.: Parteipolitische Ämterpatronage — Anmerkungen zu einer scheinbar abgeschlossenen Diskussion, Verwaltungsrundschau 1982, 361

Kunze, H.: Der Beamte und die Partei, PersV 80, 273

Lademann, K.: Stellenausschreibungen, DRiZ 77, 178

Lecheler, H.: Die Personalgewalt öffentlicher Dienstherren, 1977

ders.: Die „hergebrachten Grundsätze des Berufsbeamtentums" in der Rechtsprechung des Bundesverfassungsgerichts und des Bundesverwaltungsgerichts, AöR 1978, 349

ders.: Abbau des Laufbahnprinzips?, ZBR 81, 265

ders.: Das Recht des öffentlichen Dienstes, in: *v. Mutius* (Hrsg.), Handbuch für die öffentliche Verwaltung — HÖV —, Bd. 2, Besonderes Verwaltungsrecht, 1984, S. 489 ff.

ders.: Der Begriff des „öffentlichen Dienstes" im Beamten-Nebentätigkeitsrecht, ZBR 85, 97

Lindgen, E.: Nochmals: Kann sich der Beamte auf § 193 StGB auch im Disziplinarverfahren berufen?, ZBR 64, 364

ders.: Gelten noch die hergebrachten Grundsätze des Berufsbeamtentums?,DÖD 81, 148, 170

Lisken, H.: Zur Meinungsfreiheit im Sonderstatusverhältnis, NJW 80, 1503

ders.: Der „Staatsfeind", DÖD 82, 1

Lorenzen, U./Eckstein, K.-F.: Bundespersonalvertretungsgesetz, Kommentar, 4. Aufl. (Stand: Mai 1986)

Loschelder, W.: Vom besonderen Gewaltverhältnis zur öffentlich-rechtlichen Sonderbindung, 1982

Luthe, E.-W.: Besonderes Gewaltverhältnis und „Sachstrukturen", DVBl 86, 440

Maaß, R.: Beamtenrechtliche Konkurrentenklage in Form der vorbeugenden Feststellungsklage?, NJW 85, 303

Mayer, Franz: Verfassungsrechtliche Grenzen einer Reform des öffentlichen Dienstrechts, in: *Studienkommission* für die Reform des öffentlichen Dienstrechts, 1973, Bd. 5, S. 556 ff.

Mayer, Udo: Beamte als Streikbrecher?, RiA 84, 241

Meier, H./Wollenteit, U.: Disziplinarrecht und „politische Treuepflicht", KJ 83, 22

Meixner, H.-E.: Wie macht man Karriere in der Verwaltung?, DÖV 79, 276

Merten, D.: Grundrechte und Besonderes Gewaltverhältnis, in: Festschrift für Karl Carstens, 1984, S. 721 ff.
Müller, Gerhard: Beamteneinsatz bei Streik im öffentlichen Dienst?, Betr. 85, 867
Müller, Norbert: Die Konkurrentenklage im Beamtenrecht, JuS 85, 275
v. Münch, I.: Zur Streikarbeit von Beamten, DÖV 82, 337
ders.: Öffentlicher Dienst, in: *ders.* (Hrsg.), Besonderes Verwaltungsrecht, 1985[7]

Neese, G.: Das Wort der Wissenschaft zur Reform des öffentlichen Dienstrechts, ZBR 74, 377

Ossenbühl, F.: Verwaltungsvorschriften und Grundgesetz, 1968
Otto, W.: Die Nichtigkeit von Beamtenernennungen, ZBR 55, 1

Papier, H.-J.: Versagung der Nebentätigkeitsgenehmigung aus arbeitsmarktpolitischen Gründen, DÖV 84, 536
Peschau, H.-H.: Die Beweislast im Verwaltungsrecht, 1983
Plander, H.: Streikeinsatz von Beamten und arbeitskampfrechtliche Parität, JZ 86, 570
Politische Parteien und öffentlicher Dienst: 23. beamtenpolitische Arbeitstagung des Deutschen Beamtenbundes, 1982

Remmel, J.: Die Konkurrentenklage im Beamtenrecht, RiA 82, 1
Richardi, R.: Gegnerunabhängigkeit, Verhandlungsgleichgewicht und Verhandlungsfreiheit als Funktionsvoraussetzungen des Tarifvertragssystems im öffentlichen Dienst, Betr. 85, 1021
Riedmaier, K.: Die Grundsätze über die Haftungserleichterung bei gefahrengeneigter Tätigkeit im öffentlichen Dienst, PersV 81, 226
Rohlfing, H.: Stellenplan — Stellenbewertung, PersV 83, 217
Rottmann, F.: Grundrechte und Rechtsschutz im Beamtenverhältnis, ZBR 83, 77
ders.: Unantastbare Verfassungstreue?, ZRP 84, 97
Rudolf, W.: Der öffentliche Dienst im Staat der Gegenwart, VVDStRL 37 (1979), 175
Ruland, F.: Möglichkeiten und Grenzen einer Annäherung der Beamtenversorgung an die gesetzliche Rentenversicherung, ZBR 83, 313
Rüthers, B.: „Institutionelles Rechtsdenken" im Wandel der Verfassungsepochen, 1970

Schäfer, R.: Die dienstliche Beurteilung, ZBR 83, 173
Scheerbarth, H.W./Höffken, H.: Beamtenrecht, 1984[5]
Schelo, P.: „Verwendungsaufstieg" auch in den höheren Dienst?, ZBR 85, 294
Schenke, W.-R.: Rechtsschutz im Besonderen Gewaltverhältnis, JuS 82, 906
ders.: Fälle zum Beamtenrecht, 1986
Schick, W.: Strafrechtsschutz für Beamte?, ZBR 86, 33
Schinkel, M.-C.: Arbeitskampf im öffentlichen Dienst, ZBR 74, 282
Schlaich, K.: Der „Dritte Weg" — eine kirchliche Alternative zum Tarifvertragssystem?, JZ 80, 209
Schmidt-Räntsch, J.: Zur Kürzung der Anwärterbezüge von Rechtsreferendaren, DÖD 84, 264
Schmitt-Kammler, A.: Der Rechtsanspruch des Beamten auf Beförderung, JURA 79, 641
Schnapp, F. E.: Amtsrecht und Beamtenrecht, 1977
ders.: Praktische Konkordanz von Grundrechten und Sonderstatusverhältnis des Beamten, ZBR 77, 208
Schneider, H. P.: Beamte im Streikeinsatz?, RdA 82, 104
Schnellenbach, H.: Beamtenrecht in der Praxis, 1983
ders.: Die dienstliche Beurteilung der Beamten und Richter, 1986
Schönfelder, H.: Versorgungsgerechtigkeit und Vertrauensschutz bei kommunalen Wahlbeamten, ZBR 85, 263

Scholz, R.: Teilbare Verfassungstreue im öffentlichen Dienst?, ZBR 82, 129

Schröder, M.: Zwischenbilanz zum Streikrecht der europäischen Beamten, ZBR 84, 1

Schröcker, Dr.: Das fehlerhafte Beamtenverhältnis, DVBl 57, 661

Schütz, E.: Beamtenrecht des Bundes und der Länder, 5. Aufl. (Loseblatt) 1985

Schuppert, G. F.: Art. 33 Abs. 4, 5 in: *Wassermann, R.* (Hrsg.), Alternativkommentare, Kommentar zum Grundgesetz für die Bundesrepublik Deutschland — AK —, Bd. 2, 1984, S. 180 ff.

Schwandt, E. U.: Ministerialzulage, ZBR 83, 54

ders.: Selbstbeteiligung im Beihilferecht, ZBR 83, 92

ders.: Maßnahmen zur Begrenzung der Nebentätigkeit von Beamten, ZBR 85, 101, 141

Seemann, K.: Gewaltenteilung und parteipolitische Ämterpatronage, Verwaltung 1981, 133

Seiler, Ch.: Beamteneinsatz auf bestreikten Arbeitnehmerdienstposten zwischen materiellem Arbeitsrecht und öffentlichem Recht, ZBR 85, 213

Sellmann, K.-A.: Zum Recht des Beamten auf Entfernung einzelner Vorgänge aus den Personalakten, VerwArch 82, 123

Siedentopf, H.: Führungsfunktionen auf Zeit in der staatlichen Verwaltung, DÖV 85, 1033

Siegmund-Schultze, G.: Zur Konkurrentenklage im Beamtenrecht aus der Sicht der Verwaltungspraxis, VerwArch 82, 137

Stauf, W.: Der gehobene Beamte und die Putzfrau, RiA 85, 1

Steiner, H./Schäuble, F.: Die verschuldensunabhängige Haftung des Bundes für arbeitsbedingte Sachschäden seiner Beschäftigten, ZBR 84, 321

Stern, K.: Staatsrecht, Bd. I, 1984[2]

Sträter, C. L.: Was ist aus der Dienstrechtsreform geworden?, ZBR 83, 197

Studienkommission für die Reform des öffentlichen Dienstrechts, Bericht der Kommission, 1973

Suckro, T. R.: Substantiierungspflicht des Dienstherrn bei der Mitarbeiterbeurteilung, DÖD 83, 54

Suhr, D.: Ein Schul-Fall zur streitbaren Meinungsfreiheit, NJW 82, 1065

Summer, R./Rometsch, G.: Alimentationsprinzip gestern und heute, ZBR 81, 1

Summer, R.: Das Amt im statusrechtlichen Sinne, ZBR 82, 321

ders.: Die Ernennung — Urkundeninhalt, Aushändigung, Einwilligung, PersV 84, 223

ders.: Besondere Probleme des Arbeitszeitstatus, ZBR 85, 237

ders.: Versetzung, Abordnung, Umsetzung, PersV 85, 441

Thieme, W.: Kirche und Arbeitsrecht, DÖV 86, 62

Ule, C. H.: Das besondere Gewaltverhältnis, VVDStRL 15 (1957), 133

ders.: Rechtsstaat und Verwaltung, VerwArch 85, 129

Unverhau, T.: Zulagen oder die Kunst, angemessen zu besolden, ZBR 82, 363

Van Hecke, B.: Das Mitbestimmungsverfahren nach § 66 LPVG NW, PersV 82, 395

Wagener, F.: Der öffentliche Dienst im Staat der Gegenwart, VVDStRL 37 (1979), 215

Wagner, F.: Der politische Beamte, RiA 85, 272

Weiß, H.-D.: Disziplinarrecht des Bundes und der Länder, Gesamtkommentar Öffentliches Dienstrecht — GKÖD —, Bd. II, 1974

ders.: Zur Gesunderhaltungspflicht des Beamten und zu den dienstrechtlichen Folgen ihrer Verletzung, ZBR 82, 6

ders.: „Flucht in die Öffentlichkeit" — Ausdeutung eines vermeintlich bekannten Tatbestandes, ZBR 84, 129

ders.: Die jüngste „Extremisten"-Entscheidung des Bundesverwaltungsgerichts, ZBR 85, 70

Werth, W.: Die wenig geschützte Würde des Beamten — Wurzel der mangelnden Effizienz des öffentlichen Dienstes, DÖD 84, 109

Wiese, W.: Der Staatsdienst in der Bundesrepublik Deutschland, 1972
ders.: Beamtenrecht, 1979
ders.: Die Unordnung des Personalaktenrechts des Bundes, ZBR 81, 55
Winands, G.: Kirchliche Sanktion eines Zölibatverstoßes und staatliche Gerichtsbarkeit, DÖV 86, 98
Wind, F.: Zum Rechtsschutz im Beamtenverhältnis, ZBR 84, 167
Wurster, H.: Ämterzugang und Verwaltungsrechtsweg, ZBR 82, 20

Zeiler, H.: Beamtenrecht, 1983
Ziegler, W.: Ableistung des Vorbereitungsdienstes für Lehramtsanwärter im Angestelltenverhältnis, NVwZ 85, 547

IV. Baurecht

Von Martin Oldiges

Inhalt

A. Einführung

I. Gegenstand und Funktion des Baurechts

1. Allgemeine Bedeutung

1.1. Das öffentliche Baurecht regelt die **bauliche Nutzung** von Grund und Boden. **1**
Damit zielt es auf einen zentralen Aspekt der Existenz, der Lebensbedingungen und
der Entfaltungsmöglichkeiten des einzelnen Bürgers wie auch der Gesellschaft insgesamt. Denn einerseits entfaltet es seine Wirkungen dort, wo es um die Befriedigung
solch elementarer menschlicher Bedürfnisse wie des Wohnens und auch — soweit es
dazu eines baulichen Substrats bedarf — des Wirtschaftens geht. Auf der anderen
Seite ist es ein Instrument, mit dessen Hilfe die in Gemeinde und Staat formierte Gesellschaft ihr äußeres Erscheinungsbild prägt und ihre Funktion und Entwicklung
programmiert und plant. Das Baurecht berührt darum wie wenige andere Rechtsbereiche sonst einen Lebensnerv. Das gilt um so mehr, je knapper das Gut wird, das
Grund und Boden bedeuten, je stärker es für die unterschiedlichsten Bedürfnisse in
Anspruch genommen und je bedeutsamer jede individuelle Bodennutzung für die
Gesamtheit wird. Es nimmt darum nicht wunder, wenn das Baurecht für die Verwaltung und die Gerichte wie auch bei der Gesetzgebungstätigkeit des Parlaments eine
immer stärkere Rolle spielt: Gilt es doch in allen diesen Bereichen zwischen den im
Grundsatz unbestreitbaren, auf individuelle bauliche Bodennutzung gerichteten Bedürfnissen des Einzelnen und den vielfältigen Interessen der Allgemeinheit an der
Erhaltung und überindividuellen Funktionsfähigkeit der Lebensressource Grund
und Boden einen gerechten Ausgleich herbeizuführen.

1.2. Der damit angedeutete **Konflikt** ist, was die unterschiedlichen politischen Ord- **2**
nungen betrifft, systemübergreifend. Die Zunahme der Bevölkerungsdichte, das
Anwachsen der Industrialisierung und die Tendenz zur Verstädterung führen in allen
Industrienationen zu ähnlichen Problemen. In der Bundesrepublik Deutschland und
unter der Herrschaft des Grundgesetzes erhält der Konflikt eine besondere verfassungsrechtliche Prägung durch den **Dualismus von Eigentumsrecht und Sozialstaatlichkeit,** wie er schon in Art. 14 I 1 und II GG angelegt ist[1]. Das zwischen diesen beiden Verfassungsaussagen bestehende Spannungsverhältnis durchzieht, mehr oder
weniger stark prägend, das gesamte Baurecht. Es deutet sich in zahlreichen wissenschaftlichen und rechtspolitischen Kontroversen an, von denen hier nur die Diskussionen um die Existenz und Bedeutung eines Grundsatzes der Baufreiheit[2], um die
1977 erfolgte Neuregelung des Entschädigungsrechts bei Planungsschäden[3] oder um
die Einführung eines Planungswertausgleichs für planungsbegünstigte Grundstücke[4]
erwähnt werden sollen.

---

1 *Götz,* Bauleitplanung und Eigentum (1969); *Breuer,* Bodennutzung; *Rengeling,* AöR 105 (1980), 423.
2 *Schmidt-Aßmann,* Grundfragen, S. 89 ff.; *Breuer,* Bodennutzung, S. 162 ff.; *Schulte,* DVBl. 1979,
  133.
3 *Breuer,* Bodennutzung, S. 194 ff.
4 *Schmidt-Aßmann,* Grundfragen, S. 300 ff.; *Engelken,* DÖV 1974, 361 und 403.

2. Regelungsgegenstand

3 2.1. Das öffentliche Baurecht entfaltet seine regelnde Wirkung in zwei Richtungen, die sich mit den beiden Begriffen Städtebaurecht und Bauordnungsrecht umschreiben lassen. Während das Städtebaurecht vorwiegend im Bundesbaugesetz (BBauGB) geregelt ist, findet sich das Bauordnungsrecht in den Bauordnungen (BauO) der Länder.

4 2.1.1. Das **Städtebaurecht** betrifft Grundstücke und Gebäude in ihren städtebaulichen Funktionen und Beziehungen. Dabei geht es im wesentlichen um die Frage, ob und in welcher Art und Weise Grundstücke unter städtebaulichen Gesichtspunkten baulich genutzt werden können. Das Recht der **Bodennutzung** (Bodenrecht), das auch Regelungen über Bau-, Benutzungs- und Abbruchgebote enthält, bildet also den Kern des Städtebaurechts. Im engsten Zusammenhang hiermit steht das **Bauleitplanungsrecht.** Welche bauliche Nutzung von Grundstücken zulässig ist, ergibt sich nämlich in erster Linie aus Bauleitplänen, insbesondere aus einem Bebauungsplan; nur soweit es an einer solchen Planung fehlt, greifen unmittelbar gesetzliche Zulässigkeitstatbestände ein. Die Bauleitplanung zielt auf eine rechtlich verbindliche Regelung der Bodennutzung ab; das Städtebaurecht bestimmt hierfür das Planungsverfahren und nennt die städtebaulichen Ordnungs- und Lenkungsprinzipien, die als Planungsmaßstäbe zur Anwendung gelangen sollen.

5 Mit Planung und Nutzungsregelung allein lassen sich städtebauliche Ordnungskonzepte freilich nicht verwirklichen. Das Städtebaurecht umschließt darum noch weitere Regelungsmaterien, die den Baubehörden ein reichhaltiges Instrumentarium an die Hand geben, auf eine funktionsgerechte Bodennutzung hinzuwirken. Hierzu gehören all diejenigen Vorschriften, die zur **Sicherung der Bauleitplanung** vor zwischenzeitlichen planwidrigen Veränderungen an denjenigen Grundstücken dienen, die von einer bevorstehenden oder schon in Gang gesetzten Planung betroffen sind (Veränderungssperre, bodenverkehrsrechtliche Teilungsgenehmigung, baurechtliches Vorkaufsrecht). Auch das Recht der **Bodenordnung** (Baulandumlegung und Grenzregelung) ist in diesem Zusammenhang zu nennen. Städtebaurechtlichen Charakter haben schließlich auch Vorschriften über die **Erschließung** von baureifen Grundstücken, über die **Enteignung** und über die **Ermittlung von Grundstückswerten.** Ihnen allen kommt allerdings im Hinblick auf die zentralen städtebaurechtlichen Aspekte der Bauleitplanung und Nutzungsregelung nur eine Hilfsfunktion zu.

6 2.1.2. Demgegenüber befaßt sich das **Bauordnungsrecht** mit den baulich-technischen Anforderungen an ein Bauvorhaben. Das einzelne Bauvorhaben wird zwar auch vom Städtebaurecht erfaßt, jedoch nur insoweit, wie es auch eine städtebauliche Funktion erfüllt; nur unter diesem Aspekt enthält das Städtebaurecht Zulässigkeitstatbestände für Bauvorhaben. Das Bauordnungsrecht hat dagegen die Errichtung, Erhaltung und Änderung, die Nutzung und den Abbruch der einzelnen baulichen Anlagen zum Gegenstand. Es betrifft die bauliche Bodennutzung nur insoweit, wie es hierbei um die baulichen Eigenschaften des jeweiligen Bauwerks geht. Ziel der bauordnungsrechtlichen Bestimmungen ist in erster Linie die Abwehr von Gefahren, die typischerweise von der Errichtung, dem Bestand und der Nutzung von baulichen

Anlagen ausgehen. Darum enthalten sie u. a. Regelungen über die bauliche Eignung von Grundstücken, über die Sicherung von Baustellen, die Gestaltung baulicher Anlagen und — insoweit sehr detailliert — auch über Anforderungen an die Bauausführung. Zum Bauordnungsrecht zählen auch die Bestimmungen über die Bauaufsichtsbehörden und über das bauaufsichtliche Verfahren.

2.2. Trotz ihrer unterschiedlichen Funktionen — Herbeiführung und Sicherung   **7**
einer funktionsgerechten städtebaulichen Ordnung einerseits und Abwehr von bauwerksspezifischen Gefahren andererseits — dürfen Städtebau- und Bauordnungsrecht nicht als inhaltlich zusammenhanglose Teilbereiche des Baurechts mißverstanden werden. Beide Materien befassen sich — wenn auch unter verschiedenen Gesichtspunkten — mit der **Zulässigkeit von Bauvorhaben.** Ein solches Vorhaben muß den Erfordernissen sowohl des Städtebaurechts wie auch des Bauordnungsrechts genügen, wenn es zulässig sein soll. Diese Verknüpfung wird durch § 29 BBauG bewirkt, der vorschreibt, daß für ein Bauvorhaben, welches nach Bauordnungsrecht genehmigungs- oder anzeigepflichtig ist, auch die Zulässigkeitstatbestände des Rechts der Bodennutzung gelten. Das wird verfahrensrechtlich dadurch gewährleistet, daß nach den Bauordnungen der Länder eine Baugenehmigung nur erteilt werden darf, wenn das Bauvorhaben den öffentlich-rechtlichen Vorschriften entspricht, also auch den bodenrechtlichen Anforderungen genügt. Diese Regelung ermöglicht es, die bodenrechtliche und bauordnungsrechtliche Zulässigkeitskontrolle in einem einzigen Genehmigungsverfahren vor nur einer Behörde, der Bauaufsichtsbehörde, zu verbinden.

2.3. Die systematische Trennung der beiden Materien des Baurechts ist ein Ereignis   **8**
erst der **neueren Rechtsentwicklung.** Bis in die zweite Hälfte des vorigen Jahrhunderts hinein gab es kein eigenständiges Recht städtebaulicher Ordnung und Entwicklung. Der im Zeitalter des politischen Liberalismus betonte Gedanke der Baufreiheit ließ baurechtliche Reglementierungen im wesentlichen nur zu den bauordnungsrechtlichen Zwecken der Gefahrenabwehr zu. Städtebauliche Aspekte konnten hier, wie das **Kreuzberg-Erkenntnis** des Preußischen OVG vom 14. Juni 1882[5] nachhaltig klarstellte, nur in sehr geringem Maße einfließen. Vor allem die Bauleitplanung benötigte darum selbständige Rechtsgrundlagen, die ihr dann auch mit den früheren Ortsstraßen-, Fluchtlinien- und Verunstaltungsgesetzen, nach dem Zweiten Weltkrieg mit den Aufbaugesetzen der Länder und schließlich mit dem Bundesbaugesetz zur Verfügung gestellt wurden[6].

---

5 Pr. OVGE 9, 353; neuerdings abgedr. in DVBl. 1985, 216.
6 Näher hierzu *Schmidt-Aßmann,* Grundfragen, S. 7 ff.; *Ernst/Hoppe,* Rdn. 142 ff.; *Ernst/Zinkahn/Bielenberg,* Einleitung Rdn. 1 ff.

Schaubild 1:

Materien des Baurechts

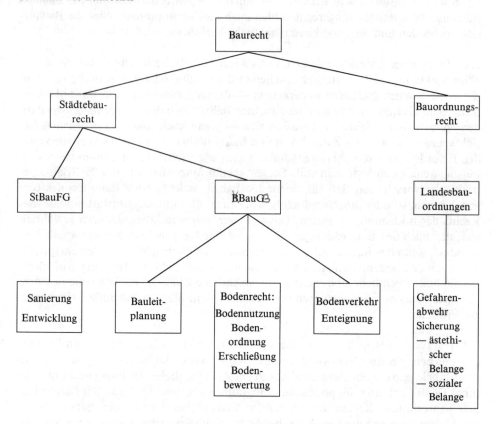

II. Die Rechtsquellen des Baurechts

1. Verfassungsrechtliche Kompetenzzuordnungen

9 Der inhaltlichen Trennung von Städtebaurecht und Bauordnungsrecht entspricht die Verteilung der baurechtlichen Gesetzgebungskompetenzen. Das Bundesverfassungsgericht[7] hat hierzu 1954 im Rahmen eines Gutachtens Stellung genommen, zu dem es von Bund und Ländern im Zuge der damaligen Bestrebungen, für das ganze Baurecht ein einheitliches Baugesetz zu schaffen, nach Maßgabe des — inzwischen aufgehobenen — § 97 BVerfGG aufgefordert worden war. Der grundgesetzliche Katalog der Bundesgesetzgebungskompetenzen enthält keine eigene Zuständigkeitsregelung speziell für das Baurecht. Vielmehr sieht Art. 74 Nr. 18 GG eine konkurrierende Gesetzgebungskompetenz lediglich für den Grundstücksverkehr, das Bodenrecht,

---

7 BVerfGE 3, 407 (430 ff.).

das Wohnungswesen sowie das Siedlungs- und Heimstättenwesen vor; nach Art. 75 Nr. 4 GG besitzt der Bund die Rahmengesetzgebungskompetenz für die Bodenverteilung und die Raumordnung. Aus diesen Regelungen, insbesondere aus den Begriffen „Bodenrecht" und „Grundstücksverkehrsrecht" resultiert die umfassende (konkurrierende) Gesetzgebungskompetenz des Bundes für den Bereich der örtlichen städtebaulichen Planung (Bauleitplanung) und ihrer Sicherung sowie für die übrigen städtebaurechtlichen Regelungsbereiche der baulichen Bodennutzung, der Bodenordnung, der Erschließung, der Enteignung und der Ermittlung von Grundstückswerten. Soweit der Bund die Gesetzgebungskompetenz für die Bauleitplanung besitzt, umfaßt sie Regelungen sowohl über die Aufstellung der für die Zulässigkeit von Bauvorhaben verbindlichen Bebauungspläne wie auch — kraft Sachzusammenhanges — der nur vorbereitenden, lediglich mit verwaltungsinterner Bindungswirkung ausgestatteten Flächennutzungspläne. Überörtliche Planungen fallen, selbst wenn sie auch auf der Ortsstufe verbindlich sind, nicht unter die Kategorie „Bodenrecht", sondern werden nur von der Kompetenz für die „Raumordnung" umfaßt, die — von Rahmengesetzen abgesehen — den Ländern zusteht. Eine Bundeskompetenz fehlt gänzlich für denjenigen Bereich des Baurechts, bei dem es um Gefahrenabwehr geht. Für diese — herkömmlich Baupolizei- und heute Bauordnungsrecht genannte — Materie scheidet darum eine bundesrechtliche Regelung aus. Dem gleichwohl bestehenden Bedürfnis nach Rechtsvereinheitlichung hat man durch eine Musterbauordnung (MBO) Rechnung getragen, die 1959 von einer Bund-Länder-Kommission entworfen wurde und die den Ländern als Grundlage ihrer jeweiligen Bauordnungen gedient hat[8]. Die MBO ist 1981 fortgeschrieben worden und dient in ihrer neuen Fassung als Vorlage für Novellierungen der Landesbauordnungen[9].

2. Die wichtigsten baurechtlichen Gesetze und Verordnungen

Die Rechtsquellen des Baurechts gehören demgemäß zu einem Teil dem Bundes- **10** zum anderen dem Landesrecht an. Die Verteilung folgt der Aufgliederung des Baurechts in Städtebau- und in Bauordnungsrecht. Die erstere Materie ist bundesrechtlich, die letztere dagegen landesrechtlich geregelt.

2.1. Das materielle Städtebaurecht findet sich überwiegend im **Bundesbaugesetz** **11** vom 23. 6. 1960 (BGBl. I S. 341); das Gesetz gilt jetzt in der Fassung der Bekanntmachung vom 18. 8. 1976 (BGBl. I S. 2257). Zwei Novellierungen aus neuerer Zeit sind hervorzuheben: die „Vereinfachungsnovelle 1976", die der jetzigen Neubekanntmachung zugrunde liegt und die vor allem das städtebauliche Planungsinstrumentarium der Gemeinden nach dem Vorbild des Städtebauförderungsgesetzes beträchtlich erweitert hat, sowie die „Beschleunigungsnovelle 1979" (vom 6. 7. 1979, BGBl. I. S. 949), die im Interesse einer Erleichterung von baulichen Investitionsvor-

BauGB v. 8.12.86

---

8 MBO i. d. F. vom 30. 10. 1959, abgedr. bei *Haase,* Die Landesbauordnungen (2. Aufl. 1971).
9 MBO i. d. F. vom 11. 12. 1981; Textausgabe: Bauverlag, Wiesbaden u. Berlin 1983, vgl. auch *Ley,* NVwZ 1983, 599.

haben hauptsächlich die förmlichen Anforderungen an das Verfahren der Planaufstellung herabsetzt.

12 Zur Zeit sind die gesetzgebenden Körperschaften erneut mit einer Novellierung befaßt[10], die das gesamte Städtebaurecht vereinheitlichen und BBauG sowie StBauFG in einem **Baugesetzbuch** (BauGB) zusammenfassen soll. Neben dem formalen Vereinheitlichungs- und Bereinigungseffekt erwartet man sich von der Novelle auch eine Reihe von inhaltlichen Verbesserungen sowohl beim Verfahren der Bauleitplanung wie auch in materiell-rechtlicher Hinsicht bei der Zulässigkeit von Bauvorhaben. Weitere wesentliche Änderungen sind im Bereich der Sicherung der Bauleitplanung, insbesondere des gemeindlichen Vorkaufsrechts, sowie bei der Bodenordnung und Erschließung geplant. Insgesamt zielt der Regierungsentwurf auf eine Stärkung der Gemeinden bei der Bauleitplanung und bei der Genehmigung von Bauvorhaben sowie auf eine stärkere Mitwirkung des Landesgesetzgebers am Städtebaurecht[11]. Kritik richtet sich vor allem gegen die Erleichterung von Bauvorhaben in unbeplanten Bereichen oder unter Befreiung von Planfestsetzungen und gegen die damit verbundene Minderung des Gewichts der Bürgerbeteiligung bei der Planaufstellung. Insgesamt wird z. T. auch bezweifelt, ob die inhaltlichen Verbesserungen den Novellierungsaufwand rechtfertigen[12]. — Auf Einzelheiten des Regierungsentwurfs (RE BauGB) wird nachfolgend im jeweiligen Zusammenhang näher eingegangen werden.

13 2.2. Die **Baunutzungsverordnung** (BauNVO) i.d.F. vom 15. 9. 1977 (BGBl. I S. 1763) gelangt zur Anwendung, soweit Bauleitpläne Bestimmungen über die Art und das Ausmaß der baulichen Nutzung von Grundstücken treffen (vgl. § 2 VIII BBauG). Sie gibt der Bauleitplanung bestimmte Bebauungskategorien (z. B. gewerbliche Bauflächen, reine und allgemeine Wohngebiete) vor und bestimmt für jede Kategorie die Art (z. B. Unzulässigkeit störender Handwerksbetriebe in reinen Wohngebieten, § 3 BauNVO) und das Maß der baulichen Nutzung (z. B. Grund- und Geschoßflächenzahlen, § 17 BauNVO) sowie die Bauweise (offene oder geschlossene Bauweise, § 22 BauNVO, Begrenzung der überbaubaren Grundstücksflächen, § 23 BauNVO). Für die äußere Gestalt der Bauleitpläne gilt die **Planzeichenverordnung** vom 19. 1. 1965 (BGBl. I S. 21).

14 2.3. Ein Sonderbereich des Städtebaurechts ist außerhalb des BBauG im **Städtebauförderungsgesetz** (StBauFG) i.d.F. vom 18. 8. 1976 (BGBl. I S. 2318) geregelt. Es betrifft städtebauliche Sanierungs- und Entwicklungsmaßnahmen in Stadt und Land, für die eine einheitliche Vorberatung und zügige Durchführung im öffentlichen Interesse notwendig erscheint (§ 1 I StBauFG). Das (in seiner 1. Fassung aus dem Jahre 1971 stammende) Gesetz soll als Rechtsgrundlage vor allem für die sog. Flächensanierung städtischer Bereiche mit veralteter Bausubstanz und zur großflächigen Schaffung von Bauland gemäß den Zielen der Raumordnung und Landespla-

---

10 Reg.Entw. vom 4. 12. 1985, BRat-Drs. 575/85; die Stellungnahme des Bundesrates (BTag-Drs. 10/5027) und die Gegenäußerung der Bundesregierung (BTag-Drs. 10/5111) sind dem Bundestag zugeleitet.
11 Übersicht über den Inhalt des RE BauGB bei *Bielenberg* u. a., DVBl. 1985, 1097 ff. und 1281 ff.
12 Zur Kritik u. a. *v. Feldmann/Groth,* S. 18 ff.; vgl. auch *Bielenberg* u. a., DVBl. 1986, 377 ff.

nung dienen. Hierzu stellt es ein besonders geregeltes Verfahren sowie ein gegenüber dem BBauG erweitertes planungs- und bodenrechtliches Instrumentarium zur Verfügung. In deutlicher Abkehr vom seinerzeitigen baurechtlichen Entschädigungssystem werden sanierungs- oder entwicklungsbedingte Bodenwerterhöhungen bei der Bemessung von Entschädigungen nicht berücksichtigt (§ 23 StBauFG) oder abgeschöpft (§ 41 IV StBauFG). Weitere Vorschriften betreffen die finanzielle Beteiligung des Bundes an Sanierungs- und Entwicklungsmaßnahmen (§ 71 ff. StBauFG).

2.4. Das Bauordnungsrecht ist, wie schon erwähnt, in den **Bauordnungen** der Län- **15** der geregelt, denen die von Bund und Ländern gemeinsam erarbeitete Musterbauordnung als Grundlage gedient hat. Bei ihnen handelt es sich um förmliche Gesetze, nicht etwa um Rechtsverordnungen. Sie enthalten die materiell-rechtlichen Anforderungen an Baugrundstücke, Baustellen und Bauwerke sowie Bestimmungen über das Baugenehmigungs- oder Bauanzeigeverfahren, die Bauaufsicht und über die Bauaufsichtsbehörden. Ergänzende Rechtsverordnungen der jeweils zuständigen Minister treffen detaillierte Regelungen über Baustoffe oder für bauliche Anlagen und Räume von besonderer Art oder Nutzung (Garagen-, Versammlungsstätten-, FeuerungsVO u. ä.).

3. Die Stellung des Baurechts im Verwaltungsrecht

Das Baurecht ist, da es sich mit der Ordnung der Bebauung und mit der Zulässigkeit **16** der baulichen Nutzung von Grundstücken befaßt, öffentliches Recht, nämlich ein Teilbereich des Besonderen Verwaltungsrechts. Staatliche Instanzen in Gestalt von Planungsträgern und Behörden werden in hoheitlichem Zusammenhang tätig und treten hoheitlich den Grundstückseigentümern gegenüber auf. In einem weiteren Sinn handelt es sich beim Gesamtbereich des Baurechts um den Typus der ordnenden Verwaltung, bei der im Interesse einer guten Ordnung des Gemeinwesens die private Interessenverfolgung der Bürger reglementiert wird. Im einzelnen zeigen sich jedoch auch hier Unterschiede zwischen dem Städtebau- und dem Bauordnungsrecht.

3.1. Das **Städtebaurecht** strebt für seinen, d. h. den örtlichen Bereich eine Ordnung **17** des Raumes an, die eine geordnete bauliche Nutzung des Bodens ermöglichen soll. Sein maßgebliches Instrument hierbei ist die Planung, eine Handlungsform neben den herkömmlichen Formen von Norm und Einzelakt, die den meisten übrigen Verwaltungsbereichen fremd ist. Planung erfordert einen erheblichen Spielraum planerischer Gestaltungsfreiheit, der trotz seiner geläufigen Bezeichnung als „Planungsermessen" nicht ohne weiteres dem herkömmlichen Verwaltungsermessen gleichzusetzen ist (hierzu B II 1). Soweit das Städtebaurecht dagegen mit Geboten, Verboten und Genehmigungsvorbehalten arbeitet, fügt es sich dem verwaltungsrechtlichen Typus der Eingriffsverwaltung ein. Der Ordnungscharakter des Städtebaurechts verbindet sich im übrigen teilweise auch mit Elementen der Leistungsverwaltung (Daseinsvorsorge), wenn es, wie beispielsweise im Erschließungsrecht, die bauliche Nutzung von Grundstücken nicht nur ordnet, sondern auch fördert.

3.2. Das **Bauordnungsrecht** ist im wesentlichen Gefahrenabwehrrecht und gehört **18** darum dem Bereich der Überwachungsverwaltung an. Es arbeitet wie das allgemeine

Polizei- und Ordnungsrecht mit den Mitteln der Eingriffsverwaltung. Im allgemeinen können die Vorschriften des Polizei- und Ordnungsrechts ergänzend herangezogen werden, sofern das Bauordnungsrecht nicht selbst eine Regelung trifft.

Vertiefungsliteratur:

1. Gegenstand, Funktion und Rechtsquellen des Baurechts

Breuer: Die Bodennutzung im Konflikt zwischen Städtebau und Eigentumsgarantie (1976). S. 1—9; *Ernst/Hoppe:* Das öffentliche Bau- und Bodenrecht, Raumordungsrecht. Rdn. 111 ff.; *Ernst/Zinkahn/Bielenberg:* BBauG. Einleitung Rdn. 1—70; *Finkelnburg/Ortloff,* Öffentliches Baurecht. S. 1 ff.; *Gelzer:* Bauplanungsrecht. Rdn. 1—8; *Schmidt-Aßmann:* Grundfragen des Städtebaurechts (1972). S. 7—61.

2. Zum RE BauGB:

Bielenberg u. a.: Zum Entwurf des Baugesetzbuchs. DVBl. 1985, 1097 u. 1281; DVBl. 1986, 377. *v. Feldmann/Groth:* Das neue Baugesetzbuch (1986); *Ritter:* Problemfelder einer neuen Baugesetzgebung. DÖV 1984, 905.

B. Bauleitplanung und Bodennutzung

I. Die gemeindliche Bauleitplanung und ihre rechtlichen Bezüge

1. Geschichtliche Entwicklung der Bauleitplanung

19 1.1. Sieht man einmal von der geplanten Anlage neuer Städte oder Stadtteile ab, die zu allen Zeiten vorgekommen ist und der oft der pragmatische oder auch der Kunstsinn eines Herrschers ihre Prägung gegeben hat, so dürften die ersten Ansätze einer städtebaulichen Planung in Fluchtlinien- und ähnlichen Regelungen zu finden sein, die der Bebauung wenigstens eine äußere Ordnung geben sollten. Freilich stand gerade der städtebauliche Aspekt bei ihnen durchaus im Hintergrund. Selbst Verunstaltungsverbote, wie sie etwa im preußischen Allgemeinen Landrecht von 1794 zu finden sind, wurden restriktiv vom Gesichtspunkt bloßer Gefahrenabwehr her ausgelegt. Die im politischen Liberalismus vorherrschende Auffassung von der allenfalls polizeirechtlich beschränkbaren Baufreiheit ließ strukturelle und soziale Gesichtspunkte der Stadtentwicklung nicht zu. Erst offenkundige Fehlentwicklungen, in Deutschland vor allem in den sogenannten „Gründerjahren" gegen Ende des vorigen Jahrhunderts, ließen die Notwendigkeit stärkerer Ordnungs- und Lenkungseingriffe erkennen. In den Jahrzehnten vor und nach dem Ersten Weltkrieg wurden darum städtebauliche Reformvorstellungen entwickelt und teilweise auch in die Praxis umgesetzt, die schließlich in der von einem internationalen Architektenkreis proklamierten „Charta von Athen" (1933) ihren noch bis in die 60er Jahre nachwirkenden Höhepunkt fanden[13]. Mögen auch die damaligen Ideen (unter anderem: Gliederung der Stadtbebauung nach Lebens- und Arbeitsbereichen, Herabsetzung der Wohndichte durch den Bau von Hochhäusern) und auch die nachfolgenden Versuche, die Städte rücksichtslos den Bedürfnissen des Individualverkehrs anzupassen, heute zu Recht auf Skepsis und Ablehnung stoßen — der Gedanke, daß die moderne Stadtentwicklung einer planvollen Steuerung bedarf, wird von niemanden mehr bestritten[14].

1.2. Das BBauG 1960 schuf erstmalig ein einheitliches System städtebaulicher Pla-   **20**
nung, in dem sich alle wichtigen Elemente einer strukturellen Stadtentwicklung umfassend darstellen und normativ fixieren lassen. In seiner alten Fassung konnte das Gesetz freilich noch nicht allen Anforderungen einer effektiven Stadtentwicklungsplanung genügen. Bauleitplanung war hiernach zu sehr noch als „Auffangplanung" ausgelegt, mit der eine prinzipiell autonome gesellschaftliche Entwicklung im Bereich des Bauwesens aufgefangen und in eine staatlicherseits bereitgestellte Ordnung gebracht wird. Das staatliche Instrument des Planes kann bauliche Fehlentwicklungen zwar verhindern, verwirklicht für sich genommen aber noch keine Entwicklungsvorstellungen, sondern überläßt die Realisierung der zunächst nur normativ bereitgestellten strukturellen Ordnung überwiegend der Initiative der (meist) privaten Grundstückseigentümer und Bauherren. Eine stärkere Akzentuierung der Gestaltungs- und Entwicklungsfunktionen der Bauleitplanung vollbrachten dann aber zunächst, unter dem Eindruck der Sanierungsbedürftigkeit vieler Bausubstanz, das StBauFG von 1971 und in seiner Folge die Novelle 1976 zum BBauG, welche die dort erprobten Gestaltungs- und Eingriffsmöglichkeiten auch für das allgemeine Baurecht übernahm.

2. Bauleitplanung als kommunale Aufgabe

2.1. Die Bauleitpläne werden grundsätzlich **von den Gemeinden** in eigener Verant-   **21**
wortung aufgestellt (§ 2 I 1 BBauG). Bauleitplanung ist demnach also keine staatliche, sondern eine kommunale Aufgabe; sie ist Bestandteil der kommunalen **Planungshoheit.** Diese Zuordnung zum gemeindlichen Aufgabenbereich besteht, seitdem die Bauleitplanung nicht mehr — wie es noch bei ihrem Vorläufer, der alten Fluchtlinienplanung, bis hin zum preußischen Fluchtliniengesetz von 1875 der Fall war — auf die polizeiliche Aufgabe der Gefahrenabwehr zurückgeführt wird. Demgegenüber rechnet die **Bauaufsicht** zur staatlichen Verwaltung. Sie wird zwar auch von kommunalen Behörden (der größeren Städte und der Landkreise) durchgeführt, doch geschieht dies — je nach der Ausgestaltung des Kommunalverfassungsrechts des betreffenden Bundeslandes — im Auftrag oder nach Weisung des Staates. So kommt es, daß jedenfalls in kleineren Gemeinden über Bauanträge nicht die Gemeindebehörde, sondern die Verwaltungsbehörde des Kreises zu befinden hat. Und auch dort, wo eine Stadt die Aufgaben der unteren Bauaufsichtsbehörde selbst

---

13 Vgl. näher *Ernst/Hoppe,* Rdn. 136.
14 Weiterführend *Ernst/Zinkahn/Bielenberg,* Einleitung, Rdn. 1—50; *Ernst/Hoppe,* Rdn. 130—156.

wahrnimmt, ist sie hierbei den Weisungen der höheren Bauaufsichtsbehörde unterworfen. Gleichwohl ist materiell- und verfahrensrechtlich in vielfältiger Weise dafür gesorgt, daß die gemeindliche Planungshoheit nicht unterlaufen wird. So muß der Bauherr seinen Bauantrag in einigen Bundesländern bei der Gemeinde einreichen, die diesen dann ihrerseits mit einer Stellungnahme versehen an die Bauaufsichtsbehörde weiterleitet (vgl. § 63 I 1 BauO NW[15]). Letztere darf nur dann die Baugenehmigung erteilen, wenn das Bauvorhaben allen öffentlich-rechtlichen Vorschriften und damit auch den Festsetzungen des gemeindlichen Bebauungsplanes entspricht (§ 69 MBO 1981; § 70 I 1 BauO NW). Ausnahmen und Befreiungen hiervon bedürfen des Einvernehmens der Gemeinde (§ 31 I, II BBauG). Ihr Einvernehmen ist auch stets dann erforderlich, wenn eine Baugenehmigung für ein Vorhaben in einem (noch) unbeplanten Gebiet erteilt werden soll (§ 36 BBauG). Gegen eine Verletzung ihrer Planungshoheit durch die Bauaufsichtsbehörden kann sich die Gemeinde verwaltungsgerichtlich wehren[16].

22   2.2. Die Planungshoheit ist den Gemeinden nicht etwa nur vom Gesetzgeber verliehen, sondern sie genießt als eine auf die Angelegenheiten der örtlichen Gemeinschaft bezogene Aufgabe den Schutz der **kommunalen Selbstverwaltungsgarantie** nach Art. 28 II GG[17]. Sie darf damit zwar gesetzlich geregelt und begrenzt, den Gemeinden aber nicht vollständig entzogen werden. Wie auch bei den übrigen kommunalen Hoheitsrechten muß wenigstens der Wesensgehalt der Selbstverwaltung, ein Kernbereich kommunaler Eigenverantwortlichkeit, erhalten bleiben. Eine Regelung, die den Gemeinden im Bereich der Bauleitplanung jeglichen Einfluß vorenthielte oder kommunale Planung vollständig von den Entscheidungen staatlicher Instanzen abhängig machte, wäre verfassungswidrig. Andererseits ist eine staatliche Aufsicht über die kommunale Bauleitplanung durchaus mit der Gemeindeautonomie vereinbar, solange sie sich, wie es auch in den §§ 6 II, 11 BBauG bestimmt ist, auf Rechtsaufsicht beschränkt[18]. Weisungen fachlicher Art sind dagegen unzulässig.

23   Die Planungsautonomie der Gemeinden findet eine natürliche Grenze im Ausmaß ihrer eigenen Leistungskraft. Kleinere Gemeinden (die es freilich nach der kommunalen Gebietsreform kaum noch geben dürfte) können sich darum zu Planungsverbänden zusammenschließen (§ 4 I BBauG); diese Organisationsform eignet sich auch zur Einbeziehung und Beteiligung anderer als kommunaler Planungsträger. Eine derartige Planungskooperation kann nach § 4 II BBauG auf Antrag eines Planungsträgers auch zwangsweise von der Landesregierung angeordnet werden, wenn dies zum Wohl der Allgemeinheit dringend geboten ist. Wo der Zusammenschluß zu einem Planungsverband untunlich ist, kann die Planungszuständigkeit im Einvernehmen der Gemeinde auch auf eine andere Gebietskörperschaft (z. B. den Landkreis) übertragen werden (§ 147 I BBauG); soweit die kommunale Gebietsreform neue Verwaltungseinheiten (Verbandsgemeinden, Verwaltungsgemeinschaften etc.) mit örtlichen Selbstverwaltungsfunktionen hat entstehen lassen, können diese lan-

---

15 Nach § 63 I MBO 1981: Einreichung bei der unteren Bauaufsichtsbehörde.
16 BVerwGE 22, 342.
17 BVerfGE 56, 298 (312 f.).
18 BVerwGE 34, 301 (304).

desgesetzlich auch mit Aufgaben der Bauleitplanung betraut werden. Ob sich solche Regelungen im Einklang mit der Selbstverwaltungsgarantie halten, wird vom Umfang der übertragenen Befugnisse und von der verbliebenen gebietskörperschaftlichen Qualität der zusammengeschlossenen Gemeinden abhängen[19].

2.3. Die Bauleitplanung ist nach § 1 III BBauG eine kommunale **Pflichtaufgabe.** Die   **24** Verpflichtung entsteht, sobald und soweit die Aufstellung von Bauleitplänen „für die städtebauliche Entwicklung und Ordnung erforderlich" ist. Im Hinblick auf ihre Planungshoheit wird man den Gemeinden freilich bei der Einschätzung der Erforderlichkeit einen weiten Beurteilungsspielraum einzuräumen haben[20], insbesondere spielt hierbei das planerische Gesamtkonzept der einzelnen Gemeinde eine Rolle. Der Beurteilungsspielraum findet allerdings dort seine Grenze, wo ohne eine Planung ein städtebaulicher Mißstand zu befürchten und die geordnete Entwicklung des Gemeindegebietes nicht gewährleistet wäre. Das Erforderlichkeitsmerkmal des § 1 III BBauG verpflichtet und beschränkt die Gemeinde zugleich in ihrer Bauleitplanung. Die Aufsichtsbehörde kann unter Berufung auf § 1 III BBauG die Genehmigung einer Planung verweigern oder im Wege der Kommunalaufsicht Planungsmaßnahmen von der Gemeinde verlangen; auch hierbei ist freilich — wie auch bei einem sich möglicherweise anschließenden verwaltungsgerichtlichen Verfahren — der Einschätzungsprärogative der Gemeinde Rechnung zu tragen[21].

Für den einzelnen Bürger und Grundstückseigentümer besteht dagegen keine Mög-   **25** lichkeit, von seiner Gemeinde die Erfüllung ihrer Planungspflicht rechtlich zu erzwingen; § 2 VII BBauG schließt ausdrücklich einen Anspruch auf Planungsmaßnahmen aus. Die Ausschluß läßt nach der Rspr. des BVerwG Ausnahmen nicht zu, weil sie zu einer Verkürzung der nach § 1 VII BBauG gebotenen Abwägung bei der Planaufstellung führen müßten[22]. Die Gemeinde kann sich darum nach h. M. auch nicht wirksam durch Zusagen, durch Folgekosten- oder durch ähnliche Verträge zu Planungsmaßnahmen verpflichten[23]. Werden Bauleitpläne in Erfüllung derartiger Verpflichtungen erlassen, können sie u. U. wegen eines Abwägungsdefizits unwirksam sein[24]. Umstritten ist, ob eine Gemeinde bei Nichterfüllung einer Planungszusage aus einem Planungsgarantievertrag haftbar gemacht werden kann[25]; in ihrer tatsächlichen Wirkung kann die Aussicht auf eine Schadensersatzpflicht einer rechtlichen Planungspflicht durchaus nahekommen. Eine Klage auf Aufstellung eines Bebauungsplans wäre jedenfalls unzulässig, nicht dagegen die Klage auf Unterlassung einer bereits eingeleiteten und bis zur Genehmigungreife gediehenen Planung[26]. Die Unterlassung einer (wertsteigernden) Bebauungsplanung trifft den Grundeigentümer nicht in seinem verfassungsrechtlich geschützten Eigentumsrecht; sie löst darum auch keine Ansprüche aus Enteignungsentschädigung aus[27].

---

19 Vgl. StGH BW DÖV 1976, 599.
20 BVerwGE 38, 152 (157).
21 BVerwGE 34, 301 (304 f.).
22 BVerwG DVBl. 1977, 529; NVwZ 1983, 92.
23 BVerwG DVBl. 1980, 686; NVwZ 1982, 249. Vgl. aber auch VGH Kassel NVwZ 1985, 839 (840).
24 BVerwGE 45, 309.
25 BGHZ 76, 16 (26 f.); kritisch hierzu *Ebsen,* JZ 1985, 57 (61).
26 BVerwGE 54, 211.
27 BGH DVBl. 1969, 209.

Beispiel:

A besitzt ein Grundstück in einem Gebiet, das im Flächennutzungsplan als Baugebiet vorgesehen ist. Die Aufstellung eines Bebauungsplanes verzögert sich jedoch aus Gründen, welche die Gemeinde zu vertreten hat. Kann A, wenn sein Grundstück in der Zwischenzeit an Wert verliert, von der Gemeinde Schadensersatz oder Entschädigung verlangen?

A hat keinen Anspruch aus § 839 BGB i. V. m. Art. 34 GG. Zwar kann nach § 1 III BBauG die Gemeinde zur Aufstellung eines Bebauungsplanes verpflichtet sein. Diese Pflicht besteht aber, wie § 2 VII BBauG ausdrücklich klarstellt, nicht dem einzelnen gegenüber und ist daher keine „einem Dritten gegenüber obliegende Amtspflicht". Auch ein Entschädigungsanspruch wegen enteignungsgleichen Eingriffs steht A nicht zu. Ein Unterlassen stellt allenfalls dann einen Eingriff dar, wenn eine Pflicht zum Handeln besteht. Eine Pflicht, einen Bebauungsplan aufzustellen, besteht aber gegenüber A gerade nicht (BGH DVBl. 1969, 209).

3. Bauleitplanung und überörtliche Planung

26 3.1. Örtliche Bauleitplanung ist nur die unterste einer Abfolge von Planungsstufen, die in ihrer Gesamtheit ein System raumbezogener Gestaltung und Entwicklung bilden. Mit ihrem Instrument einer gesamtörtlichen Flächennutzungsplanung gerät sie bereits in das Kraftfeld einer überörtlichen **Raumordnung,** die hier nicht mehr bebauungsspezifisch, sondern überfachlich orientiert ist. Das BVerfG hat Raumordnung als die zusammenfassende, überörtliche und überfachliche Ordnung des Raumes aufgrund von vorgegebenen oder erst zu entwickelnden Leitvorstellungen definiert[28]. Ihre Mittel sind neben einer nicht sehr stark ins Gewicht fallenden Bundesplanung (Bundesraumordnung) vor allem die **Landesplanung** einschließlich der Regionalplanung. Die rechtlichen Grundlagen der Raumordnung und Landesplanung finden sich auf Bundesseite im Raumordnungsgesetz (ROG) vom 8. 4. 1965 (BGBl. I S. 306) sowie in den **Landesplanungsgesetzen** der einzelnen Bundesländer.

27 3.1.1. Das **Raumordnungsgesetz** kann nach seiner kompetenzrechtlichen Verankerung in Art. 75 Nr. 4 GG für die Bundesländer nur ein Rahmengesetz sein; für die Regelung von Planungen auf Bundesebene besteht dagegen eine bundeseigene Vollkompetenz kraft Natur der Sache. Die Terminologie des Gesetzes ist verwirrend uneinheitlich; immerhin lassen sich folgende Grundzüge herausarbeiten:

28 **Ziel der Raumordnung** ist nach § 1 I ROG eine rational gestaltete, einzelnen allgemeinen Werten verpflichtete räumliche Struktur des Bundesgebietes. Sie soll auf einem kontinuierlichen Prozeß wechselseitiger Rücksichtnahme, Abstimmung und Harmonisierung der Ordnungen in den Teilräumen und im Gesamtraum beruhen (§ 1 IV ROG, sog. **Gegenstromprinzip**). Dabei sind bestimmte **Grundsätze der Raumordnung** (§ 2 I, III ROG) zu beachten. Sie gelten unmittelbar für raumbezogene Maßnahmen der Behörden und sonstige Planungsträger des Bundes (§ 3 I ROG; vgl. auch § 4 II ROG) sowie für die Landesplanung (§ 3 II ROG). Die Länder verwirklichen die allgemeinen Grundsätze der Raumordnung in Programmen und Plänen, indem sie sie dort in konkrete **Ziele der Raumordnung und Landesplanung** um-

---

28 BVerwGE 3, 425. Zum folgenden näher *Steiner,* Raumordnungs- und Landesplanungsrecht, in diesem Buch Teil VI, Kap. A II.

setzen (§ 5 I, II ROG). Diese Ziele der Raumordnung und Landesplanung sind dann bei allen raumwirksamen Planungen und Maßnahmen in Bund, Ländern und Gemeinden zu beachten (§ 5 IV ROG; vgl. aber § 6 ROG); die Bauleitplanungen der Gemeinden sind ihnen anzupassen (§ 1 IV BBauG). Der Koordination der Planungen dienen Rücksichtnahme- und Abstimmungsgebote sowie Beteiligungspflichten (§§ 4 IV, V und 5 II 2 ROG); in den meisten Bundesländern ist hierfür ein besonderes **Raumordnungsverfahren** entwickelt (vgl. § 4 V 3 ROG).

3.1.2. Die **Landesplanungsgesetze** sind im wesentlichen Organisations- und Verfahrensgesetze; materiell-rechtliche Bestimmungen enthalten sie weniger. Die wesentlichen Instrumente der Landesplanung sind das meist als Gesetz zu beschließende **Landesentwicklungsprogramm** sowie die von der Exekutive aufzustellenden **Landes-** und **Gebietsentwicklungspläne.** Hierin werden diejenigen Grundsätze der Raumordnung (§ 2 ROG) bestimmt, die von der Landesplanung verfolgt werden sollen. Zugleich konkretisieren das Programm und — vor allem — die Pläne die Ziele der Raumordnung und Landesplanung nach § 5 II ROG. Die nach § 1 IV BBauG gebotene Anpassung der gemeindlichen Planung muß schon vor der Einleitung von Planungsmaßnahmen durch die Gemeinden verfahrensmäßig sichergestellt sein; in welcher Weise dies geschieht, ist nach § 4 V 3 ROG den Ländern anheimgestellt. **29**

Ein Bauleitplan, welcher der Anpassungspflicht des § 1 IV BBauG nicht entspricht, ist nichtig[29]. Vorhandene Pläne bleiben dagegen auch dann wirksam, wenn sie zu später aufgestellten Zielen der Raumordung und Landesplanung im Widerspruch stehen[30]. In einigen Bundesländern besteht die Möglichkeit, die Gemeinden zu **Erst-** oder **Folgeplanungen** zu verpflichten, d. h. von ihnen die Änderung bereits wirksamer Bauleitpläne oder gar deren Neuaufstellung zu verlangen (vgl. z. B. § 21 I, II LPlG NW)[31]. Derartige Plangebote dürfen im Hinblick auf die bundesgesetzlich in § 1 III BBauG geregelte Planungspflicht indessen nur soweit reichen, wie sie durch das ebenfalls bundesrechtliche Anpassungsgebot nach § 1 IV BBauG gerechtfertigt sind. Ihre Durchsetzung erfolgt nach den Vorschriften über die Kommunalaufsicht. **30**

Während der Aufstellung von Landesplänen können raumbedeutsame Planungen und Maßnahmen, also auch Maßnahmen der gemeindlichen Bauleitplanung, untersagt werden (vgl. etwa § 22 LPlG NW); auch können die Baugenehmigungsbehörden angewiesen werden, die Entscheidung über die Zulässigkeit baulicher Anlagen (entsprechend dem Verfahren bei der Zurückstellung von Baugesuchen nach § 15 BBauG; vgl. hierzu unten C I) vorläufig auszusetzen (§ 23 LPlG NW). Entstehen aus solchen Maßnahmen Entschädigungsansprüche der betroffenen Grundstückseigentümer nach den §§ 39 j bis 44 c BBauG (hierzu B III), so muß hierfür — unmittelbar oder aufgrund eines Freistellungsanspruches der Gemeinde — jedenfalls letztlich das Land einstehen (vgl. §§ 33, 34 LPlG NW)[32]. **31**

3.2. Das Merkmal der **Örtlichkeit** grenzt die kommunale Bauleitplanung von der Raumordnung und Landesplanung ab und sichert ihr den verfassungsrechtlichen **32**

---

29 *Battis/Krautzberger/Löhr,* § 1 Rdn. 42.
30 OVG Lüneburg BauR 1982, 557 (559); *Ernst/Zinkahn/Bielenberg,* § 1 Rdn. 78.
31 *Kohlhammer*-Kommentar, § 1 Rdn. 88.
32 Weiterführend *Ernst/Zinkahn/Bielenberg,* § 1 Rdn. 83 a.

Schutz nach Art. 28 II GG. Zugleich begrenzt es den Ausschließlichkeitsanspruch der gemeindlichen Selbstverwaltung, denn die Verfassungsgarantie beschränkt sich auf Angelegenheiten der örtlichen Gemeinschaft.

33 3.2.1. Stünden örtliche und überörtliche Planung beziehungslos nebeneinander, ergäben sich aus der Zuordnung der Planungsbefugnisse keine Schwierigkeiten. Tatsächlich bestehen jedoch **Berührungen und Überschneidungen.** Der überörtliche Raum setzt sich aus Einzelorten zusammen, die durch eine überörtliche Planung zwangsläufig mitbeplant werden. Überörtliche Planung läßt sich nicht anders als örtlich realisieren, wie umgekehrt auch die örtliche Planung mit ihrer Realisierung Bestandteil der überörtlichen Raumordnung wird[33]. Dieser Befund verlangt hinsichtlich der Bauleitplanung Einfügung in und Anpassung an die Planung höherer Stufe. Das Anpassungsgebot des § 1 IV BBauG ist im Hinblick auf die Autonomiegewährleistung des Art. 28 II GG nur der verfassungskonforme Ausdruck des Zusammenhanges der raumbezogenen Planungen auf allen Stufen[34].

34 3.2.2. Damit ist freilich das Problem noch nicht gelöst, wie weit denn nun überörtliche Planungen die Bauleitplanung determinieren dürfen. In ihren einander zugewandten Randzonen weisen beide Planungsbereiche Charakterzüge auch des jeweils anderen Bereiches auf. Neuere, durch die kommunale Gebietsreform noch geförderte Verflechtungstendenzen stellen den Begriff der Örtlichkeit ohnedies in Frage. Damit deutet sich ein Schwund kommunaler Autonomie an, der jedenfalls im planungsrechtlichen Bereich das Institut der kommunalen Selbstverwaltung zu gefährden droht. Die zunehmende Durchdringung von staatlicher und gemeindlicher Planung fordert darum ein **neues Selbstverwaltungsverständnis,** das sich nicht von einem reinen Ausschließlichkeitsdenken leiten läßt, sondern — bei Wahrung eines unantastbaren Kernbestandes — jedenfalls in den Überschneidungsbereichen ein **Kondominium staatlicher und kommunaler Planungshoheit** anerkennt[35]. Autonomieverluste der Gemeinden müssen dann allerdings hier durch Mitwirkungs- und Beteiligungsrechte kompensiert werden, die um so wirksamer sein müssen, je stärker der Örtlichkeitsbezug einer Planung ist[36]. § 5 II ROG eröffnet den Ländern die Möglichkeit zu entsprechenden Regelungen. Andererseits ist den staatlichen Planungsinstanzen der Durchgriff auf den örtlichen Bereich verwehrt, wenn er nicht durch Gemeinwohlbedürfnisse gefordert wird. So kann sich zwar beispielsweise bei der **Standortplanung** die Notwendigkeit „gebietsscharfer", d. h. auf einzelne Teile des Gemeindegebietes bezogener landesplanerischer Festlegungen aus der räumlichen Situation (Standortgegebenheiten etc.) ergeben; die Gemeinden sind dann auch insoweit an die raumordnerischen Vorgaben gebunden, ohne daß ihnen bei ihrer Übernahme ein eigener Gestaltungsspielraum verbleibt[37]. Andererseits suspendiert die Anpassungspflicht nicht die ortsbezogene Bauleitplanungskompetenz der Gemeinde; städtebauliche Erwägungen dürfen nicht Gegenstand der Raumordnung oder

---

33 *Brohm,* DVBl. 1980, 653 (657).
34 BVerwGE 6, 342.
35 *Pappermann,* JuS 1973, 689 (691 ff.).
36 BVerwG DVBl. 1969, 362; *Schmidt-Aßmann,* VerwArch. 1980, 117.
37 VGH Mannheim DÖV 1981, 269.

Landesplanung sein[38]. Darum sind im Regelfall „parzellenscharfe" Festlegungen dem gemeindlichen Bauleitplan vorbehalten[39].

Schaubild 2:

Raumordnung, Landesplanung und Bauleitplanung (Beispiel NRW)

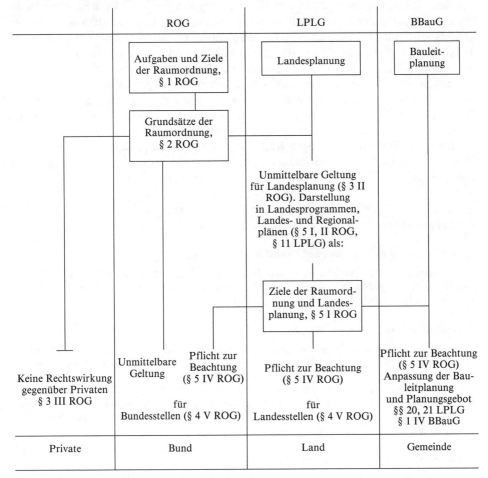

4. Bauleitplanung und nachbargemeindliche Planungen

Nach § 2 IV BBauG sollen die Bebauungspläne benachbarter Gemeinden aufeinan- **35** der abgestimmt werden. Auch diese Bestimmung ist ein Ausdruck der durch die Selbstverwaltungsgarantie gestützten Planungshoheit. Sie trägt dem Umstand Rech-

---

38 *Wahl,* DÖV 1981, 597 (602 ff.).
39 Vgl. weiterhin *Battis,* S. 238; *Ernst/Hoppe,* Rdn. 110.

nung, daß kommunale Planungen Ausstrahlungswirkungen auf Nachbargemeinden zeitigen können. Wäre hier die planende Gemeinde nicht zur Rücksichtnahme verpflichtet, so würde die Nachbargemeinde ihrerseits leicht in ihrer eigenen Planungshoheit verletzt. Erforderlich ist darum eine Abwägung der Planungsbelange der betroffenen Gemeinden nach Maßgabe des in § 1 VII BBauG enthaltenen Abwägungsgebotes (hierzu B II 1). Das hierbei einzuhaltende **Abstimmungsverfahren** ist durch die Beteiligungsvorschrift des § 2 V BBauG vorgezeichnet. § 2 IV BBauG verlangt demgegenüber materiell-rechtlich die **Abstimmung** als einen Zustand ausgewogener Berücksichtigung aller durch eine Bauleitplanung berührter nachbargemeindlicher Belange. Ein Bebauungsplan, der hiergegen verstößt, ist unwirksam[40]. § 2 IV BBauG verschafft den betroffenen Nachbargemeinden damit zugleich ein subjektiv-öffentliches Recht, das sie gerichtlich auch schon vorbeugend durch Feststellungs- oder Unterlassungsklage (also nicht nur erst im Wege der verwaltungsgerichtlichen Normenkontrolle nach § 47 VwGO) durchsetzen können (sog. **Gemeindenachbarklage**)[41]. Die gemeindliche Planungshoheit wird durch rein faktische Auswirkungen nachbargemeindlicher Planungen freilich nur dann beeinträchtigt, wenn die fremde Planung unmittelbare Auswirkungen gewichtiger Art auf das eigene Planungsgebiet hat und dadurch hinreichend konkretisierte eigene Planvorstellungen beeinträchtigt werden[42].

Vertiefungsliteratur:

1. Geschichtliche Entwicklung der Bauleitplanung:

Ernst/Hoppe: Das öffentliche Bau- und Bodenrecht, Raumordnungsrecht. Rdnr. 130 ff., 142 ff.; *Ernst/Zinkahn/Bielenberg:* BBauG. Einleitung, Rdnr. 1—70; *Schmidt-Aßmann:* Grundfragen des Städtebaurechts (1972). S. 19 ff.

2. Bauleitplanung als kommunale Aufgabe:

Blümel: Gemeinden und Kreise vor den öffentlichen Aufgaben der Gegenwart. VVDStRL 36 (1978), 171 ff.; *Degenhart:* Vertragliche Bindungen der Gemeinde im Verfahren der Bauleitplanung. BayVBl. 1979, 289; *Ebsen:* Der Baugarantievertrag. JZ 1975, 57; *Ernst/Hoppe:* Das öffentliche Bau- und Bodenrecht, Raumordnungsrecht. Rdnr. 167—175; *Finkelnburg/Ortloff:* Öffentliches Baurecht. S. 16 ff.; *Krebs:* Zulässigkeit und Wirksamkeit vertraglicher Bindungen kommunaler Bauleitplanung. VerwArch. 1981, 49; *Papier:* Grunderwerbsverträge mit „Bauplanungsabreden". JuS 1981, 498.

3. Bauleitplanung und überörtliche Planung:

Battis: Öffentliches Baurecht und Raumordnungsrecht. S. 214 ff.; Brohm: Verwirklichung überörtlicher Planungsziele durch Bauleitplanung. DVBl. 1980, 653; *Ernst/Hoppe:* Das öffentliche Bau- und Bodenrecht, Raumplanungsrecht. Rdnr. 1—110; *Evers:* Das Recht der Raumordnung (1973); *Finkelnburg/Ortloff:* Öffentliches Baurecht. S. 147 ff.; *Hendler:* Raumplanungsrecht. JuS 1979, 618; *Schmidt-Aßmann:* Grundfragen des Städtebaurechts (1972). S. 140 ff.; *ders.:* Die Stellung der Gemeinden in der Raumplanung. VerwArch. 1980, 117.

---

40 *Battis,* S. 34.
41 BVerwGE 40, 323; VGH München NVwZ 1985, 837.
42 VGH München NVwZ 1985, 837 (838).

4. Nachbargemeindliche Planungen:

Fingerhut: Die planungsrechtliche Gemeindenachbarklage (1976); *Gelzer:* Bauplanungsrecht. Rdnr. 36 f.; *Hoppe:* Zwischengemeindliche planungsrechtliche Gemeindenachbarklagen. In: Festschrift für H. J. Wolff (1973), 307 ff.

II. Charakter, Instrumentarium und Verfahren der Bauleitplanung

1. Die planerische Entscheidung

§ 2 I BBauG weist die Kompetenz zur Bauleitplanung den Gemeinden zu. Ob und **36** wann sie Planungsmaßnahmen zu ergreifen haben, ergibt sich im wesentlichen aus § 1 I und III BBauG. Die Frage des „wie" der Bauleitung gliedert sich dagegen in mehrere Teilfragen, auf die unterschiedliche Vorschriften Antwort geben. Das rechtliche Instrumentarium, die vorbereitende (Flächennutzungsplan) und die verbindliche Bauleitplanung (Bebauungsplan), wird in § 1 II BBauG aufgezählt und in den §§ 5 ff. und 8 ff. BBauG eingehend geregelt. Die Struktur des Planungsverfahrens ergibt sich vor allem aus den §§ 2 und 2a BBauG. Die Frage nach der inhaltlichen Gestaltung der Bauleitplanung führt dagegen zum Problem ihrer rechtlichen Gebundenheit und — da administrative Handlungsmaßstäbe stets zugleich auch gerichtliche Kontrollmaßstäbe sind — auch ihrer Justitiabilität.

1.1. Sieht man von denjenigen Normen ab, welche die Bauleitplanung inhaltlich an **37** andere, vor allem an höherstufige Planungen binden, so findet sich eine Regelung der Planungsmaßstäbe vor allem in § 1 VI und VII BBauG, der insoweit der Planung bestimmte Ziele und Leitlinien vorgibt und sie dem Gebot einer gerechten Abwägung aller einschlägigen öffentlichen und privaten Belange unterwirft. Die **Struktur dieser Planungsnormen** ist eine andere, als sie von sonstigen Rechtsnormen bekannt ist[43]. Die herkömmliche Rechtsnorm bestimmt — für sich allein oder im Zusammenhang mit anderen — Rechtsfolgen, die bei Vorliegen genau umschriebener Tatbestände gelten sollen; sie folgt einem „wenn-dann-Schema", einem sogenannten Konditionalprogramm. Ihre Anwendung erschöpft sich in der Subsumtion des konkreten Lebenssachverhalts unter den Normtatbestand, sofern nicht — bei Ermessensnormen — noch eine Auswahlentscheidung im Rahmen einer Spanne möglicher Rechtsfolgebestimmungen getroffen werden muß. Anders dagegen die Planungsnorm: Sie enthält nicht die Automatik des Tatbestand-Rechtsfolge-Schemas und zielt darum nicht auf bloßen Rechtsvollzug, sondern bestimmt für das Verwaltungshandeln Ziele, die es wirklichkeitsgestaltend zu erreichen gilt; instrumentale, Kompetenz- und Verfahrensnormen regeln hierbei die äußeren Umstände. Je komplexer die planend zu gestaltende Wirklichkeit ist, desto abstrakter und differenzierter müssen die Zielvorgaben der Planung sein. Das führt in vielen Fällen, bei den Grundsätzen der Raumordnung nach § 2 ROG ebenso wie bei den Leitlinien der Bauleitplanung nach § 1 VI 2 BBauG, dazu, daß ein überaus vielfältiger und heterogener Zielkatalog vorgegeben werden muß, in dem „Ziel- und Zielmittelkonflikte in

---

43 *Ernst/Hoppe,* Rdn. 186.

großer Zahl mitprogrammiert" sind[44]. Hier bedarf es dann wertender Zielentscheidungen und Zielkonkretisierungen sowie der Abwägung und des Ausgleichs höchst unterschiedlicher Bedürfnisse und Belange.

38 1.2. Von diesem normtheoretischen Ansatz her lassen sich auch Aussagen hinsichtlich des Umfanges **rechtlicher Bindung** und der **Kontrolldichte** einer verwaltungsgerichtlichen Nachprüfung von Planungsentscheidungen treffen. Das BVerwG wertet die generellen Planungsziele des § 1 VI 1 BBauG und die konkreten Planungsleitlinien des § 1 VI 2 BBauG in ständiger Rspr. als **unbestimmte Rechtsbegriffe,** die bei der Planungskontrolle sowohl in ihrer Auslegung wie auch in ihrer Anwendung der uneingeschränkten verwaltungsgerichtlichen Nachprüfung unterliegen[45]. Auf der anderen Seite leitet das Gericht aus der in § 2 I BBauG normierten kommunalen Planungshoheit und aus der Sachgesetzlichkeit der Planung überhaupt die Befugnis der Gemeinden zu autonomen gestaltenden Entscheidungen her[46]. Hier tritt ein **Spielraum planerischer Gestaltungsfreiheit** zutage[47], der häufig als **Planungsermessen** bezeichnet wird, jedoch nicht, wenngleich die Verwaltungsgerichte hier die Bestimmungen über die Ermessenskontrolle (§ 114 VwGO) anwenden, mit dem Verwaltungsermessen auf eine Stufe gestellt werden darf. Während dieses sich in der administrativen Reaktion auf einen tatbestandlichen Befund erschöpft, ermächtigt das Planungsermessen zu einer prospektiven Gestaltung der Wirklichkeit.

39 Die planerische Gestaltungsfreiheit beschränkt sich nach der Ansicht der Verwaltungsgerichte allerdings auf den Bereich der Abwägung nach § 1 VII BBauG, also auf die Entscheidung darüber, welche für die Planung einschlägigen Belange im konkreten Fall vor andern den Vorzug verdienen und welche unberücksichtigt bleiben müssen[48]; auf den Bereich der Zielvorgaben nach § 1 VI BBauG bezieht sich die Gestaltungsfreiheit jedoch nicht. Diese Ansicht wird freilich im Schrifttum zu Recht kritisiert. Sie bleibt noch zu sehr der mit justitiablen unbestimmten Rechtsbegriffen operierenden konventionellen Rechtanwendung verhaftet und übersieht, daß es bei § 1 VI BBauG „an einer (einheitlichen) Zielprogrammierung des im konkreten Fall handelnden Planungsträgers überhaupt fehlt"[49]. Die erforderliche Zielkonkretisierung ist ein Vorgang, der ebenso wie der Abwägungsvorgang ohne eine der planerischen Prärogative der Gemeinde anheimgegebene autonom gestaltende Entscheidung nicht denkbar ist. Der Zielkatalog des § 1 VI BBauG hat hierbei nur die Funktion eines der Orientierung dienenden **Angebotes von Zielentscheidungen** und besitzt nicht die rechtsverbindliche Kraft unbestimmter Rechtsbegriffe.

40 1.3. § 1 VII BBauG verlangt, daß bei der Aufstellung der Bauleitpläne die öffentlichen und privaten Belange gegeneinander und untereinander gerecht abgewogen

---

44 *Papier,* NJW 1977, 1714 (1715).
45 BVerwGE 34, 301 (308); 45, 309 (324).
46 BVerwGE 34, 301 (304).
47 BVerwGE 48, 56 (59).
48 BVerwGE 34, 301 (309); *Finkelnburg/Ortloff,* S. 33 f.
49 *Papier,* NJW 1977, 1714 (1715).

werden. Dieses **Abwägungsgebot** gilt aus rechtsstaatlichen Gründen für jegliche Planung und auch unabhängig von einer ausdrücklichen Normierung[50].

1.3.1. Die Abwägung hat öffentliche und private **Belange** zum Gegenstand; wieviele **41** dieser Belange jeweils einschlägig sind, ergibt sich aus Art und Umfang der Planung. Der Begriff „Belang" deutet an, daß die inhaltlichen Grenzen der Abwägungsmaterie weit gesteckt sind. Gemeint sind alle Interessen von einigem Gewicht. Bei privaten Belangen wird nicht gefordert, daß es sich um subjektive Rechte oder Rechtspositionen handelt[51]; neben den aus dem Eigentumsrecht der Baufreiheit sich ergebenden Rechtspositionen zählen hierzu etwa auch Situations- und Lagevorteile, die in der Regel nicht geschützt sind. Der Begriff des öffentlichen Belanges kann mit dem des öffentlichen Interesses gleichgesetzt werden, soweit sich dieses auf die städtebauliche Ordnung und Entwicklung bezieht.

1.3.2. Das Abwägungsgebot wird durch einige zentrale planerische Grundsätze konkretisiert, die zur Ausbalancierung entgegengesetzter Belange dienen und deren **42** Mißachtung als ein Planungsmangel gilt[52]. Hierzu zählt in erster Linie das **Gebot der Konfliktbewältigung**[53]. Es hält die planende Gemeinde an, städtebauliche Konflikte, die sich aus einer vorhandenen baulichen Situation oder aus geplanten Vorhaben ergeben, mit planerischen Mitteln, d. h. durch eine entsprechende städtebauliche Ordnung präventiv zu lösen und die Konfliktbewältigung nicht dem späteren Einsatz repressiver Mittel aus dem Arsenal des Polizei- und Ordnungsrechts oder des Umweltrechts anheimzustellen. Ein weiterer Planungsgrundsatz ist das **Gebot der Rücksichtnahme** auf schutzwürdige Individualinteressen[54]. Er beruht auf der Erkenntnis, daß die beplanten Grundstücke in einem „Situationszusammenhang" durch wechselseitige Abhängigkeit miteinander verbunden und auch auf nachbarschaftliche Rücksichtnahme angewiesen sind; dem muß auch die Bauleitplanung Rechnung tragen.

Diese Gebote spielen vor allem im Hinblick auf **immissionsschutzrechtliche Konfliktlagen** eine Rolle. In vielen Fällen läßt sich ihnen durch eine am **Trennungsprinzip** **43** orientierte Bauleitplanung Rechnung tragen, bei der konfliktträchtige Formen der Bodennutzung möglichst verschiedenen Planungsbereichen zugewiesen werden; ähnliches verlangt im übrigen auch § 50 BImSchG[55]. Vor recht erheblichen Schwierigkeiten stehen die planenden Gemeinden dagegen bei städtebaulichen **Gemengelagen**[56], in denen verschiedene Bodennutzungsarten wie etwa gewerbliche und Wohnbebauung gemischt auftreten. Ziel der Bauleitplanung muß hier vor allem die Vermeidung oder Begrenzung schädlicher Umwelteinwirkungen durch konkrete planerische

---

50 BVerwGE 41, 67 (68).
51 Vgl. BVerwGE 47, 144.
52 Zum folgenden *Weyreuther,* BauR 1975, 1 (5); *Ernst/Hoppe,* Rdn. 300 ff.; *Kohlhammer*-Kommentar, § 1 Rdn. 320 ff. und 335 ff.
53 OVG Berlin NVwZ 1982, 442; DVBl. 1984, 174.
54 BVerwG DVBl. 1977, 722. Vgl. zum Rücksichtnahmegebot beim bodenrechtlichen Nachbarschutz unten B V 4.
55 Vgl. BVerwGE 45, 309 (327).
56 Hierzu *Ritter,* NVwZ 1984, 609; *Drosdzol,* NVwZ 1985, 785 (788).

Vorgaben sein, was sie allerdings in eine nicht unbedenkliche Nähe zum Immissionsschutzrecht bringt[57] (vgl. auch unten 4.2.1).

Beispiel:

44 A ist Eigentümer eines mit einem Einfamilienhaus bebauten Grundstücks, das im Bebauungsplan als „Reines Wohngebiet" ausgewiesen ist. Auf einem bisher unbeplanten Nachbargrundstück will die Gemeinde ein Kurzentrum errichten. Sie stellt deshalb einen Bebauungsplan auf und setzt als Nutzungsart für das Nachbargrundstück „Sondergebiet, Kurgebiet gem. § 11 II BauNVO" fest. Der Plan läßt ein 130 Meter langes, sechsgeschossiges Gebäude in 18 Metern Abstand vom Grundstück des A zu. Hierauf begründeten Befürchtungen des A hält die Gemeinde entgegen, sie werde die Planfestsetzungen nicht ausschöpfen, sondern nur ein abgestuftes Terrassenhaus errichten; im übrigen könne A seine Rechte noch im Baugenehmigungsverfahren wahrnehmen.

Der Bebauungsplan ist aufgrund von Abwägungsmängeln unwirksam. Das Abwägungsergebnis trägt nicht in ausreichendem Maße den Belangen des A Rechnung. Ein Gebäude mit den planerisch zulässigen Ausmaßen würde erdrückend wie eine hohe Wand wirken. Der Wohnwert des Hausgrundstückes des A würde sich erheblich mindern. Ein solch schwerwiegender Eingriff in die Rechte des A ist nicht durch öffentliche Interessen gerechtfertigt, da das Kurzentrum auch in anderer Form errichtet werden kann. Der Hinweis der Gemeinde auf das Baugenehmigungsverfahren ist unerheblich. Nach dem Gebot der Konflikbewältigung müssen die städtebaulichen Konflikte, die von der Planung vorgefunden werden oder die sie selbst schafft, auch durch die Planung bewältigt werden. Es ist daher nicht zulässig, die Lösung der Konflikte auf spätere Entscheidungen, hier etwa das Baugenehmigungsverfahren, zu verlagern (OVG Lüneburg NJW 1982, 843).

45 1.3.3. Das Abwägungsgebot erstreckt sich sowohl auf den **Abwägungsvorgang** wie auch auf das **Abwägungsergebnis.** Es verlangt, daß eine sachgerechte Abwägung überhaupt stattfindet, daß alle einschlägigen Belange in sie eingestellt werden und daß weder die Bedeutung der betreffenden öffentlichen und privaten Belange verkannt noch der Ausgleich zwischen ihnen in einer Weise vorgenommen wird, die zur objektiven Gewichtigkeit einzelner Belange außer Verhältnis steht[58]. Im einzelnen umfaßt der Abwägungsvorgang folgende Phasen: die — u. U. durch Prognosen erfolgende — Ermittlung der Belange, deren Gewichtung und schließlich die Entscheidung über die Prioritäten[59]. Alle drei Schritte, besonders aber der dritte, mit dem eine Gemeinde zum Ausdruck bringt, wie und in welche Richtung sie sich städtebaulich geordnet fortentwickeln will[60], werden durch die Planungshoheit und planerische Gestaltungsfreiheit der Gemeinde geprägt.

46 1.3.4. **Abwägungsmängel** ergeben sich bei Abwägungsdefiziten oder gänzlichem Abwägungsausfall. So ist eine Planung beispielsweise fehlerhaft, wenn die planende Gemeinde sich vorher schon inhaltlich in rechtlicher oder faktischer Weise gebunden hat. Eine gewisse Vorentscheidung wird freilich in manchen Fällen (z. B. Standortvereinbarungen mit interessierten Industrieunternehmen über Großprojekte) schon vor Planungsbeginn angebracht sein; die Rspr. läßt dies dann zu, wenn bei der Vor-

---

57 *Gierke,* Anm. zu OVG Berlin, DVBl. 1984, 149; BVerwGE 69, 30 (34).
58 BVerwGE 34, 301 (309); 45, 315.
59 *Ernst/Hoppe,* Rdn. 284 ff.
60 BVerwGE 34, 301 (309).

wegnahme der Entscheidung die planerischen Zuständigkeiten eingehalten wurden und wenn die Entscheidung selbst unter Abwägungsgesichtspunkten inhaltlich nicht zu beanstanden ist[61]. Nicht nur Fehler im Verfahren, sondern auch unausgewogene Ergebnisse wirken sich als Abwägungsmängel aus. Dagegen ist das Abwägungsgebot nicht verletzt, wenn sich der Planungsträger — ohne hierbei einer Fehleinschätzung oder Fehlgewichtung zu erliegen — angesichts der Kollision verschiedener Belange für die Bevorzugung des einen und damit notwendig für die Zurückstellung eines anderen entscheidet[62].

Beispiel: **47**

Eine Gemeinde hat, bevor sie mit der Aufstellung eines entsprechenden Bebauungsplans begann, bereits feste Abreden mit einem ansiedlungswilligen Industrieunternehmen getroffen. Im Bebauungsplan weist sie abredegemäß ein Industriegebiet aus. Dies hat zur Folge, daß eine vorhandene Wohnbebauung nunmehr völlig von Industriegebieten umklammert und von den angrenzenden Erholungsgebieten abgeriegelt wird.

Der Bebauungsplan ist nichtig, denn die durch § 1 VII BBauG vorgeschriebene umfassende Abwägung wurde durch die Abreden der Gemeinde sachwidrig verkürzt. Zwar ist nicht jede Vorwegnahme planerischer Entscheidungen unzulässig; insbesondere bei Großprojekten ist sie oft unumgänglich. Das dabei entstehende Abwägungsdefizit muß jedoch durch sachliche Gründe gerechtfertigt sein. Weiterhin müssen die gemeindliche Zuständigkeitsordnung und insbesondere die Rechte der Gemeindevertretung gewahrt bleiben. Schließlich hat die Vorentscheidung auch inhaltlichen Anforderungen zu entsprechen, die man an eine gerechte planerische Abwägung stellt. Davon kann hier keine Rede sein, weil die Wohnbedürfnisse der Bevölkerung in den Abreden in unvertretbarer Weise vernachlässigt wurden (BVerwGE 45, 309).

Ein Verstoß gegen das Abwägungsgebot führt grundsätzlich zur Nichtigkeit des davon betroffenen Bauleitplanes. Seit der Baurechtsnovelle 1979 sind Fehler im Abwägungsvorgang nach § 155 b II 2 BBauG jedoch nur noch dann rechtserheblich, wenn sie offensichtlich und auf das Abwägungsergebnis von Einfluß gewesen sind (hierzu unten 3). Mängel des Abwägungsergebnisses sind bei einem Bebauungsplan Mängel des Norminhaltes. Dabei spielt es keine Rolle, ob die Fehlerhaftigkeit von Anfang an vorlag oder ob der Plan erst zwischen Abschluß der Planungsarbeiten und seiner Bekanntmachung wegen inzwischen eingetretener Veränderungen des beplanten Bereiches oder dessen Umgebung unausgewogen und damit fehlerhaft geworden ist[63]. Die Neuregelung in § 155 b II 1 BBauG, wonach bei der Beurteilung eines Bebauungsplanes die Sach- und Rechtslage im Zeitpunkt der Beschlußfassung maßgebend sein soll, stößt auf verfassungsrechtliche Bedenken[64] (vgl. auch unten 3).   **48**

2. Planaufstellung und Bürgerbeteiligung

2.1. Das Verfahren der Bauleitplanung ist grundsätzlich zweistufig angelegt (§ 1 II BBauG). Die einzelnen rechtlich verbindlichen Bebauungspläne einer Gemeinde   **49**

---

61 So die „Floatglas-Entscheidung" BVerwGE 45, 309 (321).
62 Ausführlicher *Ernst/Hoppe*, Rdn. 289 ff.
63 BVerwGE 56, 283 (288).
64 *Schrödter*, § 155 b Rdn. 10; a. A. BVerwGE 59, 87 (104); *Ernst/Zinkahn/Bielenberg*, § 155 b Rdn. 19 ff.

werden im Regelfall (§ 8 II BBauG) aus einem Flächennutzungsplan **entwickelt,** der seinerseits die sich aus der beabsichtigten städtebaulichen Entwicklung ergebende Bodennutzung für das ganze Gemeindegebiet in den Grundzügen darstellen soll (§ 5 I BBauG). „Entwickeln" meint hier nicht einen Vorgang bloßen Vollziehens und Umsetzens, sondern läßt ergänzende Planungsentscheidungen zu, sofern sie sich nur im Rahmen der vorgegebenen Grundentscheidungen halten. Allerdings gibt es Ausnahmen von dieser Planungsabfolge: Um den Gemeinden die Möglichkeit zu geben, ihre Bauleitplanung zu beschleunigen, läßt § 8 III BBauG die gleichzeitige Aufstellung von Flächennutzungs- und Bebauungsplan (**Parallelverfahren**) zu[65]; unter engen Voraussetzungen ist nach § 8 IV BBauG auch die Aufstellung eines **vorzeitigen** Bebauungsplans zulässig[66]. Ein Flächennutzungsplan braucht **überhaupt nicht** aufgestellt zu werden, wenn er für die Ordnung der städtebaulichen Entwicklung entbehrlich ist (§ 2 II BBauG).

50 2.2. Für die Aufstellung von Flächennutzungs- und Bebauungsplänen gelten im wesentlichen dieselben Verfahrensvorschriften. Das BBauG regelt insoweit nur, was aus baurechtlichen Gesichtspunkten unerläßlich ist; im übrigen (z. B. hinsichtlich Befangenheit und Ausschluß von Mitgliedern der Gemeindevertretung) gelten die jeweiligen kommunalverfassungsrechtlichen Vorschriften. Das Verfahren wird von der Gemeinde — nach Kommunalrecht durchweg von der Gemeindevertretung — durch einen **Planaufstellungsbeschluß** eröffnet; er ist ortsüblich bekanntzumachen (§ 2 I 2 BBauG), damit die Bürger im Hinblick auf die vorgeschriebene Bürgerbeteiligung (§ 2a BBauG) rechtzeitig hiervon Kenntnis nehmen können. Der **Planentwurf** wird von Dienststellen der Gemeinde, von privaten Planungsbüros oder von anderen Institutionen erstellt (vgl. § 2 III BBauG). Er enthält im allgemeinen eine kartographische Darstellung nebst erläuternden Ausführungen (vgl. für den Bebauungsplan § 9 I BBauG); Einzelheiten hierzu regelt die PlanzeichenVO. Dem Flächennutzungsplan ist ein Erläuterungsbericht und dem Bebauungsplan eine Begründung beizufügen (§§ 5 VII, 9 VIII BBauG).

51 2.3. Das Planungsverfahren erhält seinen spezifischen Charakter durch **Beteiligungsgebote,** welche die vielfältigen materiell-rechtlichen Abwägungs-, Abstimmungs- und Anpassungspflichten verfahrensrechtlich ergänzen. Eine solche Beteiligung ist einerseits für die Träger öffentlicher Belange (§ 2 V BBauG) und andererseits für die Bürger als Träger privater Belange (§ 2a BBauG) vorgesehen.

52 2.3.1. **Träger öffentlicher Belange** sind selbständige öffentlich-rechtliche Körperschaften und Anstalten, Bundes- und Landesbehörden, Nachbargemeinden (hierzu oben B I 4) und ähnliche Institutionen. Soweit sie ihrerseits Planungsträger sind, ist die Beteiligung für sie von besonderer Bedeutung. Sind sie nämlich bei der Aufstellung des Flächennutzungsplanes beteiligt worden, so haben sie nach § 7 BBauG ihre eigenen Planungen diesem Plan anzupassen, sofern sie ihm nicht widersprochen haben. Ein Widerspruch verhindert zwar nicht notwendigerweise den Plan (hierüber

---

[65] Einzelheiten in BVerwGE 70, 171.
[66] Vgl. näher BVerwG DVBl. 1985, 795.

und damit letztlich auch über die Berechtigung des Widerspruchs entscheidet die Aufsichtsbehörde im Genehmigungsverfahren), beseitigt aber die Automatik der Anpassungspflicht.

2.3.2. Die **Bürgerbeteiligung** nach § 2a BBauG gliedert sich in zwei Teile: das Anhö- 53
rungs- und das Auslegungsverfahren. Das **Anhörungsverfahren** (sog. vorgezogene Bürgerbeteiligung)[67] ist entsprechenden Verfahrensregelungen im Planfeststellungsverfahren (vgl. etwa § 73 VwVfG) nachgebildet. Es soll den Bürgern schon in einem frühen Stadium des Planungsverfahrens Gelegenheit verschaffen, die allgemeinen Ziele und Zwecke der Planung, ihre Auswirkungen sowie ihre möglichen Alternativen zur Kenntnis zu nehmen, in einem Erörterungstermin ihre Anregungen und Bedenken vorzubringen und so noch auf den Entwurf selbst Einfluß zu nehmen (§ 2a II BBauG). Einzelheiten des Verfahrens hierbei regelt die Gemeinde selbst (§ 2a III BBauG). Ist der Entwurf dann fertiggestellt, wird er einen Monat lang öffentlich **ausgelegt.** Während dieser Frist können Einwendungen vorgebracht werden, über die die Gemeinde dann ausdrücklich zu entscheiden hat; nicht berücksichtigte Einwendungen müssen bei der Einholung der Genehmigung der höheren Verwaltungsbehörde vorgelegt werden (§ 2a VI BBauG). Wird der Entwurf nach der Auslegung — etwa aufgrund der Bürgeranregungen — in einer Weise geändert, welche die Grundzüge der Planung nicht berührt, braucht nicht erneut ausgelegt zu werden, sondern es findet die **vereinfachte Bürgerbeteiligung** nach § 2 VII BBauG statt.

2.4. Nach Abschluß des Verfahrens beschließt die Gemeindevertretung endgültig 54
über den Bauleitplan. Bei Bebauungsplänen geschieht dies in der Rechtsform einer **Satzung** (§ 10 BBauG). Anschließend legt die Gemeinde den Plan nebst Erläuterungsbericht bzw. Begründung der höheren Verwaltungsbehörde zur Genehmigung vor. Die dortige Kontrolle beschränkt sich auf eine Rechtmäßigkeitsprüfung; Auflagen sind nur zur Ausräumung von Versagungsgründen zulässig (§§ 6 II, III, 11 BBauG). Die genehmigten Bauleitpläne werden mit der Bekanntmachung ihrer Genehmigung rechtswirksam (§§ 6 VI, 12 BBauG). Das gilt auch für den Bebauungsplan, der als Satzung ohne diese Sonderregelung der förmlichen Verkündung bedürfte. Da dies im Hinblick auf seine kartographischen Darstellungen auf technische Schwierigkeiten stoßen würde, schreibt das Gesetz nur vor, daß er zur Einsicht bereitzuhalten ist (§ 12 S. 1 BBauG). Genehmigt die Aufsichtsbehörde einen Bebauungsplan nur zum Teil, so ist ein neuer Satzungsbeschluß erforderlich. Fehlt es daran, so ist auch der genehmigte Teil unwirksam; § 155a I BBauG kommt nicht zur Anwendung[68].

---

67 Ausführlich hierzu *Finkelnburg/Ortloff*, S. 38 ff.; *Ernst/Zinkahn/Bielenberg,* § 2a Rdn. 24 ff.
68 OVG Münster NVwZ 1983, 162.

Schaubild 3:

Verfahren der Bauleitplanung (vereinfachte Darstellung)

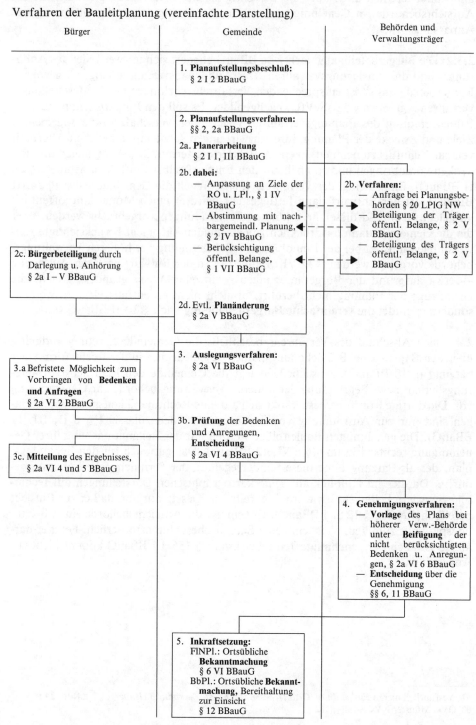

Bürger	Gemeinde	Behörden und Verwaltungsträger

1. **Planaufstellungsbeschluß:**
   § 2 I 2 BBauG

2. **Planaufstellungsverfahren:**
   §§ 2, 2a BBauG

   2a. **Planerarbeitung**
   § 2 I 1, III BBauG

   2b. **dabei:**
   — Anpassung an Ziele der RO u. LPl., § 1 IV BBauG
   — Abstimmung mit nachbargemeindl. Planung, § 2 IV BBauG
   — Berücksichtigung öffentl. Belange, § 1 VII BBauG

   2b. **Verfahren:**
   — Anfrage bei Planungsbehörden § 20 LPlG NW
   — Beteiligung der Träger öffentl. Belange, § 2 V BBauG
   — Beteiligung des Trägers öffentl. Belange, § 2 V BBauG

   2c. **Bürgerbeteiligung** durch Darlegung u. Anhörung § 2a I – V BBauG

   2d. Evtl. **Planänderung** § 2a V BBauG

3. **Auslegungsverfahren:**
   § 2a VI BBauG

   3.a Befristete Möglichkeit zum Vorbringen von **Bedenken und Anfragen** § 2a VI 2 BBauG

   3b. **Prüfung** der Bedenken und Anregungen, **Entscheidung** § 2a VI 4 BBauG

   3c. **Mitteilung** des Ergebnisses, § 2a VI 4 und 5 BBauG

4. **Genehmigungsverfahren:**
   — **Vorlage** des Plans bei höherer Verw.-Behörde unter **Beifügung** der nicht berücksichtigten Bedenken u. Anregungen, § 2a VI 6 BBauG
   — **Entscheidung** über die Genehmigung §§ 6, 11 BBauG

5. **Inkraftsetzung:**
   FlNPl.: Ortsübliche **Bekanntmachung** § 6 VI BBauG
   BbPl.: Ortsübliche **Bekanntmachung,** Bereithaltung zur Einsicht § 12 BBauG

3. Rechtsfolgen von Planungsmängeln

3.1. Form- und Verfahrensfehler bei der Planaufstellung machen ebenso wie Rechts- **55** mängel im Planungsergebnis selbst einen Bauleitplan rechtsfehlerhaft. Konsequenterweise dürfte ein solcher Plan von der Aufsichtsbehörde nicht genehmigt werden und könnte selbst bei Genehmigung keine Rechtswirksamkeit entfalten; seine Unwirksamkeit könnte verwaltungsgerichtlich geltend gemacht werden (hierzu unten 5). In den Baurechtsnovellen 1976 und 1979 hat der Gesetzgeber jedoch mit den §§ 155a und b BBauG genehmigten Plänen (und anderen baurechtlichen Satzungen) größere **Bestandskraft** verliehen, indem er die Rechtsfolge der Unwirksamkeit (Nichtigkeit) für bestimmte Rechtsmängel einschränkte. Soweit diese Einschränkung reicht, ist damit auch die verwaltungsgerichtliche Rechtskontrolle gegenüber der Bauleitplanung beschränkt. Die aufsichtsbehördliche Kontrolle im Genehmigungsverfahren bleibt von dieser Neuregelung freilich unberührt; vielmehr hat die höhere Verwaltungsbehörde weiterhin auch auf die Einhaltung derjenigen Vorschriften zu achten, deren Verletzung sich hiernach nicht mehr auf die Rechtswirksamkeit der Bauleitplanung auswirkt (§ 155c BBauG).

3.1.1. In **formeller** Hinsicht schraubt § 155 a I — IV BBauG die Anforderungen an **56** die Bauleitplanung ganz erheblich herunter. Der Einhaltung der Vorschriften über die vorgezogene Bürgerbeteiligung (§ 1 a II — V BBauG) kommt für die Rechtswirksamkeit des Planes überhaupt keine Bedeutung zu; vielmehr muß nur das Auslegungsverfahren nach Maßgabe des § 2 a IV, VII BBauG eingehalten sein (§ 155 a II BBauG). Kommt es hierbei oder sonst im Laufe der Bauleitplanung zu Verfahrensverstößen, so eröffnet § 155 a I BBauG die **Möglichkeit ihrer Unbeachtlichkeit** (Heilung); nur eine Verletzung der Vorschriften über die Genehmigung und die Bekanntmachung führt stets zur Unwirksamkeit des Planes oder der Satzung (§ 155 a II BBauG). Die hier geregelte Rechtsfolge von Verfahrensfehlerns bezieht sich allerdings nur auf Verstöße gegen baurechtliche Vorschriften. Weitere Verfahrensbestimmungen (z. B. Mitwirkungsverbote) enthält das Kommunalrecht der einzelnen Bundesländer; bei Verstößen hiergegen gilt Landesrecht[69], das indes insoweit der Regelung in § 155 a I BBauG weitgehend gleicht[70]. § 155 a I BBauG macht die Heilung davon abhängig, daß die Rechtsverstöße nicht innerhalb eines Jahres schriftlich gegenüber der Gemeinde geltend gemacht worden sind[71]. Nach Ablauf dieser Frist gilt die Planung von Anfang an als wirksam. Eine fristgerechte Rüge erhält dem Rügenden wie auch anderen Betroffenen die Möglichkeit, sich vor den Verwaltungsgerichten auf den Rechtsmangel und auf die Unwirksamkeit des Planes zu berufen. Freilich kann nach § 155a V BBauG ein Plan, der aus irgendwelchen — auch landesrechtlichen — Form- und Verfahrensverstößen unwirksam ist, nach Behebung des Fehlers mit Rückwirkung erneut in Kraft gesetzt werden[72].

3.1.2. Eine größere Zahl **inhaltlicher** Planungsmängel ist nach § 155b BBauG **von** **57** **vornherein unbeachtlich,** sofern nur die höhere Verwaltungsbehörde den Plan trotz

---

69 *Dolde,* NJW 1982, 1785 (1790).
70 Vgl. etwa § 4 VI nw. GO.
71 Vgl. BGH DVBl. 1980, 682.
72 Einzelheiten bei *v. Mutius/Hill,* S. 7 ff.

der Fehler genehmigt hat. Auch hier läßt sich von Heilung, nämlich durch Genehmigung, reden[73]. Für die in § 155 b I BBauG genannten Mängel — hierzu zählen u. a. Verstöße gegen das Beteiligungsgebot (§ 2 V BBauG) oder gegen die Vorschriften über die rechtliche Beziehung zwischen Flächennutzungs- und Bebauungsplanung (§§ 2 II und 8 II—IV BBauG) — gilt allerdings, daß sie nur dann unbeachtlich sind, wenn mit den Grundsätzen der Bauleitplanung und den Anforderungen an die Abwägung (§ 1 VI, VII BBauG) jedenfalls ein materiell-rechtlicher Mindeststandard der Bauleitplanung gewahrt wurde. Was das Abwägungsgebot selbst anbelangt, so macht § 155 b II BBauG die Beachtlichkeit von Mängeln im Abwägungsvorgang davon abhängig, daß sie offenkundig sind und auf das Abwägungsergebnis Einfluß hatten.

58 3.2. Die Neuregelung der §§ 155 a—c BBauG ist zu Recht als rechtspolitisch verfehlt bezeichnet worden[74]. **Verfassungsrechtlichen Einwänden** gegenüber ist zu bedenken, daß der Gesetzgeber befugt war, die Rechtsverbindlichkeit der betroffenen Planungsvorschriften zu relativieren und sie als bloße Ordnungsvorschriften auszugestalten, deren Verletzung nicht oder nicht unbedingt auf die Wirksamkeit der jeweiligen Bauleitplanung durchschlägt[75]. Insofern ist dann auch die Rechtsschutzgewährleistung des § 19 IV GG nicht beeinträchtigt. Eine Grenze verläuft allerdings dort, wo Planungsnormen materiell- oder verfahrensrechtlicher Art nur der Ausdruck von Verfassungsgeboten sind. Dies ist etwa nach ständiger Rspr. beim planungsrechtlichen Abwägungsgebot der Fall[76], dessen Beachtung darum in § 155 b I BBauG ausdrücklich vorausgesetzt wird. Die gewichtigsten Bedenken betreffen die in § 155 b II 2 BBauG enthaltene Beschränkung der Beachtlichkeit von Planungsmängeln auf relativ enge Voraussetzungen[77]. Das BVerwG[78] hat diese Bedenken indes durch eine — freilich sehr weitreichende — verfassungskonforme Interpretation der betreffenden Tatbestandsmerkmale entkräftet. Hiernach soll die Gesetzesformulierung nur verhindern, daß subjektive Vorstellungen einzelner Mitglieder der Gemeindevertretung eine Rolle spielen. Dagegen bleibt ein Abwägungsmangel dann rechtserheblich, wenn sich anhand der Planungsunterlagen oder sonst erkennbarer äußerer Umstände die Möglichkeit abzeichnet, daß ohne den Mangel anders geplant worden wäre.

Beispiel:

59 Die Gemeinde G erläßt für einen Teil ihres Außenbereichs einen Bebauungsplan, um ein Neubaugebiet zu schaffen. Da sie keine Einwendungen erwartet, führt sie ein Anhörungsverfahren nicht durch. Die Auslegung des Entwurfs findet im Hinblick auf die Feiertage vom 1.—24. Dezember statt. Bei den Beratungen in der Gemeindevertretung kommt — wie sich aus den Sitzungsprotokollen ergibt — nicht zur Sprache, daß A in unmittelbarer Nachbarschaft des Plangebiets eine emissionsträchtigte Schweinemästerei betreibt. Als nach etwas mehr als einem Jahr die ersten Baugenehmigungen erteilt werden, wird A hellhörig. Er befürchtet, daß er mit seinem Betrieb weichen muß, wenn die genehmigten Häuser erst fertiggestellt sind. Wie kann er sich wehren?

---

73 *Ernst/Hoppe,* Rdn. 331 f.
74 *Breuer,* NVwZ 1982, 273, u. a.
75 *Schlichter/Stich/Tittel,* § 155 b und c, Rdn. 3.
76 BVerwGE 64, 270.
77 *Kirchhof,* NJW 1981, 2382 (2385); *Breuer,* NVwZ 1982, 273 (278).
78 BVerwGE 64, 33.

A kann die erteilten Baugenehmigungen anfechten, soweit er dazu klagebefugt ist. Gegenüber nichtprivilegierten Bauvorhaben im Außenbereich könnte ihr seine privilegierte Stellung nach § 35 I BBauG schützen. Das setzt freilich voraus, daß der Bebauungsplan nichtig ist. Die Rechtswirkung von Planungsmängeln ergibt sich aus den §§ 155 a und b BBauG. Danach ist das Fehlen der vorgezogenen Bürgerbeteiligung für die Wirksamkeit des Planes gänzlich unerheblich (§ 155 a II BBauG). Die Verkürzung der Auslegungsfrist ist nach § 155 a I BBauG mit Ablauf eines Jahres mangels einer entsprechenden Rüge unbeachtlich geworden und kann auch im Anfechtungsprozeß der Wirksamkeit des Bebauungsplanes nicht mehr entgegengehalten werden, wenn bei seinem Erlaß auf diese Heilungsmöglichkeit hingewiesen worden ist (§ 155 a IV BBauG). Dagegen bleiben Mängel im Abwägungsvorgang — hier die Nichtberücksichtigung der Belange des A — nach § 155 b II BBauG erheblich, sofern sie offensichtlich und auf das Abwägungsergebnis von Einfluß gewesen sind. Diese Einschränkung schließt nur die Berücksichtigung von Motiven oder objektiv nicht faßbaren Fehleinschätzungen des planenden Gemeindeorgans aus, nicht dagegen die Berücksichtigung von Abwägungsdefiziten, die sich aus den Akten ergeben. Im übrigen genügt es, wenn sich wenigstens die Möglichkeit abzeichnet, daß bei Kenntnis von den Belangen des A anders geplant worden wäre.

3.3. Soweit die Regelungen über die Unbeachtlichkeit von Planungsmängeln nicht greifen, bleibt ein Bebauungsplan **unwirksam;** er entfaltet weder gegenüber der Verwaltung noch gegenüber dem Bürger Rechtswirkungen. Damit steht indes noch nicht fest, wer zur Feststellung der Nichtigkeit befugt ist. Der Baugenehmigungsbehörde steht im Hinblick auf die Planungshoheit der Gemeinde nach h. M. eine **Verwerfungskompetenz** nicht zu[79]; sie darf sich darum nicht einfach durch schlichte Nichtanwendung über den Plan hinwegsetzen. Im übrigen wird vielfach zweifelhaft sein, ob tatsächlich Planungsmängel vorliegen, die zur Planunwirksamkeit führen. Irrt sich die Behörde insoweit, können Entschädigungsforderungen — z. B. wegen einer faktischen Bausperre (vgl. unten C I 2.3) — auf sie zukommen. Ebensowenig kommt eine Rücknahme der rechtsaufsichtlichen Genehmigung des Planes (§ 11 BBauG) in Betracht, da § 48 VwVfG auf Verwaltungsakte, die im Rahmen eines Rechtsetzungsverfahrens ergehen, nicht zugeschnitten ist[80]. Allerdings können diese Behörden, soweit sie nicht mit der Gemeindebehörde identisch sind, den Antrag auf verwaltungsgerichtliche Normenkontrolle nach § 47 VwGO stellen.

Denkbar ist aber auch, daß die **Gemeinde** selbst Klarheit über die Wirksamkeit eines von ihr erlassenen Bebauungsplanes sucht[81]; ein Bedürfnis besteht vor allem dann, wenn sie selbst Baugenehmigungsbehörde ist und mit Entschädigungsforderungen rechnen muß. Da § 47 II 2 VwGO auch bei der verwaltungsgerichtlichen Normenkontrolle den „In-Sich-Prozeß" untersagt, ist ihr der Weg zu einer verbindlichen gerichtlichen Feststellung versperrt[82]. Ein förmlicher Nichtigkeitsbeschluß des kommunalen Vertretungsorgans setzt eine gemeindliche Verwerfungskompetenz wenigstens in Angelegenheiten eigener Rechtsetzung voraus. Sie würde indes — gerade in den Zweifelsfällen, um die es sich hier meist handelt — die Tür zur Umgehung des § 2 VI BBauG öffnen, der auch für die Aufhebung von Plänen zwingend dasselbe Verfahren vorschreibt wie für deren Aufstellung. Der Gemeinde bleibt darum, wenn

60

61

---

79 *v. Mutius/Hill,* S. 54 ff. m. w. Nw.
80 *Jung,* NVwZ 1985, 790 (792).
81 Ausführlich *Gerschlauer,* DÖV 1984, 493.
82 *v. Mutius/Hill,* S. 62 f.

sie meint, der Rechtsunsicherheit ein Ende bereiten zu müssen, nur der Ausweg einer formellen Neuplanung[83].

62   3.4. Rechtsmängelbehaftete und darum nichtige Bebauungspläne können bei den davon betroffenen Grundstückseigentümern Schäden bewirken, für die dann die planende Gemeinde haftbar gemacht wird. Es handelt sich hierbei um eine Haftung für normatives Unrecht[84], die sich sowohl aus Amthaftungsrecht wie auch unter dem Gesichtspunkt des enteignungsgleichen Eingriffs begründen läßt.

63   **Amtshaftungsrechtlich** gesehen handeln die Mitglieder der Gemeindevertretung als Inhaber eines öffentlichen Amtes, die auch beim Erlaß von Bebauungsplänen Amtspflichten zu wahren haben. Eine Verletzung solcher Pflichten führt indes nur dann zur Schadensersatzpflicht, wenn sie den Amtsträgern gerade (auch) gegenüber den geschädigten Grundstückseigentümern obliegen. Das wird im allgemeinen nur bei Nichtberücksichtung ihrer schutzwürdigen Belange im Rahmen der Abwägung nach § 1 VII BBauG und nicht schon bei Form- oder Verfahrensverstößen der Fall sein[85]. Entschädigungsansprüche wegen **enteignungsgleichen Eingriffs** kommen u. a. auch dann in Betracht, wenn sich durch den Vollzug des an sich nichtigen Planes in der Nachbarschaft die vorgegebene Grundstückssituation nachhaltig verändert und dadurch ein Grundstück schwer und unerträglich getroffen wird. Die Verantwortlichkeit liegt bei dieser Sachlage — jedenfalls auch — bei der Gemeinde, die den nichtigen Bebauungsplan erlassen hat[86]. Allerdings kommen dann auch Ansprüche gegen den Träger der Baugenehmigungsbehörde in Betracht (vgl. unten D II 5.1.). Im übrigen ist der Vollzug des Bebauungsplanes stets Voraussetzung für den Eintritt einer Haftung, da anderenfalls eine spürbare Beeinträchtigung i. d. R. nicht vorliegen wird.

Beispiel:

64   Die Gemeinde G hat einen Bebauungsplan erlassen, der jedoch nichtig ist, weil er nicht aus dem Flächennutzungsplan entwickelt wurde und deshalb die geordnete städtebauliche Entwicklung beeinträchtigt. Bevor dieser Planungsfehler entdeckt wurde, hat B eine Baugenehmigung für ein dem Plan entsprechendes Vorhaben beantragt. Sie wird ihm nunmehr unter Hinweis darauf versagt, daß sein Vorhaben angesichts der Nichtigkeit des Plans nicht zulässig ist. B möchte seine Aufwendungen (Architektenkosten usw.) ersetzt erhalten.

§ 39 j BBauG verschafft B keinen Anspruch, weil er nur das Vertrauen in rechtmäßige Pläne schützt. Auch nach § 839 BGB i. V. m. Art 34 GG erhält er keinen Ersatz, denn bei der Aufstellung des Bebauungsplans verstieß die Gemeinde nicht gegen Amtspflichten, die ihr B gegenüber oblagen. Die Pflicht, den Bebauungsplan aus dem Flächennutzungsplan zu entwickeln, soll eine geordnete städtebauliche Entwicklung der Gemeinde sicherstellen. Sie dient damit allein den Interessen der Allgemeinheit; ein Schutz der Belange des einzelnen Bürgers ist nicht bezweckt. Eine allgemeine Amtspflicht, den Bürger vor wertlosen Aufwendungen im Hinblick auf einen nichtigen Bebauungsplan zu bewahren, besteht nicht. Auch eine Entschädigung nach den Grundsätzen des enteignungsgleichen Eingriffs kann B nicht verlangen, weil es an einem Eingriff in das Eigentum fehlt. B macht lediglich einen Schaden an seinem Vermögen geltend; dieses genießt aber als solches nicht den Schutz des Art. 14 GG (BGHZ 84, 292).

---

83 OVG Münster NVwZ 1982, 636; *Jung,* NVwZ 1985, 790; teilw. a. A. *v. Mutius/Hill,* S. 63 ff.
84 Hierzu näher *Oldiges,* Staat 1976, 381.
85 Vgl. BGHZ 84, 292.
86 BGHZ 94, 34, m. Anm. *Papier,* JZ 1984, 993; *Kosmider,* JuS 1986, 274.

4. Flächennutzungsplan und Bebauungsplan

In dem grundsätzlich zweistufig angelegten System der Bauleitplanung hat der Flä- **65**
chennutzungsplan eine nur vorbereitende Funktion, während sich die eigentlichen
Rechtswirkungen der Bauleitplanung nach außen hin, nämlich im Hinblick auf die
Grundstückseigentümer und die Zulässigkeit von Bauvorhaben, erst aus den Bebauungsplänen ergeben (§ 1 II BBauG). Mit dieser unterschiedlichen Funktion hängen
einige rechtliche Verschiedenheiten zusammen.

4.1. Der **Flächennutzungsplan** stellt nach § 5 I BBauG für das ganze Gemeindegebiet **66**
die sich aus der beabsichtigten städtebaulichen Entwicklung ergebende Art der Bodennutzung nach den voraussehbaren Bedürfnissen der Gemeinde in den Grundzügen dar. Er ist somit Ausdruck eines allgemeinen Ordnungs- und Entwicklungskon-
zepts der Gemeinde. Sein gesamtörtlicher Charakter macht ihn zum Bindeglied zwischen der überörtlichen Raumordnung und Landesplanung und der stärker teilge-
bietsbezogenen Bebauungsplanung. Er fügt die überörtlichen Planungsvorgaben in
die Gemeindeplanung ein und stellt so die Übereinstimmung zwischen den Planungsstufen her. Dabei kann es freilich zu Überschneidungen mit der höherstufigen
Planung kommen. Soweit die Flächennutzungsplanung überörtliche Bezüge aufweist, muß gegebenenfalls die gemeindliche Planungskompetenz hinter derjenigen
überörtlicher Planungsträger zurücktreten (vgl. hierzu oben B I 3).

4.1.1. Seinem **Inhalt** nach soll der Flächennutzungsplan in den Grundzügen „darstel- **67**
len", wie sich die verschiedenen Formen der Bodennutzung innerhalb der Gemeinde
nach deren städtebaulicher Konzeption auf die einzelnen Gemeindeflächen vertei-
len. § 5 II BBauG enthält einen — nicht erschöpfenden — Katalog von Bodennutzungen, die im allgemeinen zu berücksichtigen sind. Im Vordergrund steht die bauliche Nutzung. Der Flächennutzungsplan stellt die für die Bebauung vorgesehenen
Flächen nach der allgemeinen und der besonderen Art sowie nach dem allgemeinen
Maß ihrer baulichen Nutzung dar (§ 5 II Nr. 1 BBauG). Was hiermit gemeint ist, erläutert die BauNVO; sie legt zugleich die Kategorien fest, in denen die Darstellung
erfolgen soll. So gibt es beispielsweise für die Darstellung der **allgemeinen** Art baulicher Nutzung, für die sogenannten Bauflächen, u. a. die Kategorie „Wohnbaufläche", die unter dem Gesichtspunkt der **besonderen** Art baulicher Nutzung („Baugebiete") in „reine", „allgemeine" und „besondere Wohngebiete" aufgegliedert ist (§ 1
I, II BauNVO). Das allgemeine Maß der baulichen Nutzung wird im Flächennutzungsplan durch die Geschoßflächenzahl oder die Baumassenzahl angegeben (§ 16 I
BauNVO). Als weitere Nutzungsformen nennt § 5 II BBauG u. a. die Nutzung von
Flächen für Einrichtungen und Anlagen des Gemeinbedarfs (Nr. 2), für den Verkehr
(Nr. 3), als Grünflächen (Nr. 5) oder Flächen für die Land- und Forstwirtschaft (Nr.
9). Bauliche Nutzungen, die sich aus anderen Planungen ergeben (z. B. Anlagen der
Deutschen Bundesbahn) werden nachrichtlich in den Flächennutzungsplan übernommen (§ 5 VI BBauG). Alle Darstellungen finden nur dann in den Flächennutzungsplan Aufnahme, wenn sie erforderlich sind; ob dies der Fall ist, ergibt sich aus
den tatsächlichen Gegebenheiten der Gemeinde und aus ihrem städtebaulichen Kon-

zept[87]. Dem Plan ist nach § 5 VII BBauG ein Erläuterungsbericht beizufügen, in dem auch über die eigentliche Bodennutzung hinaus Beziehungen zur allgemeinen gemeindlichen Struktur- und Entwicklungsplanung ausgewiesen werden können. Unvollständigkeit des Erläuterungberichts macht den Flächennutzungsplan nach § 155b I 1 Nr. 3 BBauG grundsätzlich nicht unwirksam (vgl. oben 3).

68   4.1.2. Die **Rechtswirkungen** eines Flächennutzungsplans richten sich nicht unmittelbar nach außen an den Bürger und Grundstückseigentümer; insofern handelt es sich bei ihm weder um eine Rechtsnorm noch um einen Verwaltungsakt. Andererseits ist er aber auch keineswegs nur ein unverbindliches Verwaltungsinternum[88]. Er bindet zunächst einmal die planende Gemeinde, die sich wegen des Entwicklungsgebotes (§ 8 II BBauG) mit ihren Bebauungsplänen nicht über den Flächennutzungsplan hinwegsetzen darf. Darüber hinaus entfaltet er aber auch im Rahmen der Anpassungspflicht nach § 7 BBauG Rechtswirkungen gegenüber anderen Planungsträgern. Rechtswirkungen mittelbarer Art ergeben sich für den Flächennutzungsplan dagegen auch gegenüber dem Bürger, so etwa bei der Teilungsgenehmigung nach § 20 I 3 BBauG (vgl. unten C I) und bei der Zulässigkeit von Bauvorhaben im Außenbereich nach § 35 II, III BBauG (unten B IV 4), wo durch seine Darstellungen die Begriffe der „geordneten städtebaulichen Entwicklung" bzw. der „öffentlichen Belange" konkretisiert werden[89]. Auch die Flächennutzungsplanung kann ähnlich wie die spätere Bebauungsplanung den Wert der beplanten Grundstücke beeinflussen. Werden Flächen als Baugebiet ausgewiesen, so entsteht höherwertiges sogenanntes Bauerwartungsland. Eigentumsrechtlich gesehen handelt es sich bei einem solchen Wertzuwachs allerdings nicht um eine enteignungsfähige Rechtsposition. Umgekehrt begründet der Wertverlust wegen einer Flächennutzungsplanung auch keinen Entschädigungstatbestand (vgl. unten B III 2).

69   4.2. Der **Bebauungsplan** enthält nach § 8 I BBauG die rechtsverbindlichen Festsetzungen für die städtebauliche Ordnung und bildet damit zugleich die Grundlage für eine Reihe baurechtlicher Maßnahmen. Er verdichtet und konkretisiert die Festlegungen des Flächennutzungsplanes und verschafft ihnen materiell-rechtliche Bindungskraft gegenüber jedermann.

70   4.2.1. **Gegenstand** und **Inhalt** des Bebauungsplanes sind vor allem in den §§ 8 und 9 BBauG geregelt. Je nach Bedarf bezieht er sich auf ein größeres oder kleineres Teilgebiet der Gemeinde; in Ausnahmefällen umfaßt er das gesamte Gemeindegebiet oder auch nur ein einzelnes Grundstück. In einem Bebauungsplan sollen stets alle erforderlichen rechtsverbindlichen Festsetzungen für die städtebauliche Ordnung des betreffenden beplanten Gebietes hinreichend bestimmt enthalten sein[90]. Die §§ 9 und 9a BBauG enthalten hierfür einen abschließend gemeinten Katalog von Festsetzungskategorien, mit denen die verschiedenen zulassungsfähigen Bodennutzungsformen erschöpfend beschrieben sind. Landesrechtliche Vorschriften können frei-

---

87 BVerwG DVBl. 1971, 759 (762).
88 *Gelzer*, Rdn. 56.
89 Vgl. z. B. *Battis/Krautzberger/Löhr*, § 35 Rdn. 54 ff.
90 BVerwGE 42, 5 (6); 50, 115 (117).

lich nach § 9 IV BBauG den Kreis der durch Bebauungsplan zu regelnden Materien um solche Gegenstände erweitern, die — wie beispielsweise straßen- und wasserrechtliche, natur- und denkmalschützende sowie bauordnungsrechtliche Regelungen — mangels bundesrechtlicher Gesetzgebungskompetenz nicht vom BBauG selbst zum Gegenstand der Bauleitplanung gemacht werden dürften[91].

Auch beim Bebauungsplan stehen Regelungen hinsichtlich der **Art** und des **Maßes** **71** **baulicher Nutzung** im Vordergrund; weiterhin kommen hier auch Festsetzungen über die **Bauweise** hinzu. Wie schon beim Flächennutzungsplan gelangt auch hier ergänzend die BauNVO zur Anwendung. Anders als jener ist der Bebauungsplan jedoch konkreter: Er setzt nur noch die **besondere** Art der baulichen Nutzung (die Baugebiete) fest und bestimmt das Maß baulicher Nutzung ausführlicher nach der Zahl der Vollgeschosse, der Grund- und Geschoßflächenzahl sowie der Baumassenzahl (§§ 1 III, 16 II und 17 BauNVO). Er kann weiter Bestimmungen über offene oder geschlossene Bauweise sowie über Grenzen der Überbaubarkeit von Grundstücken (Baulinien, Baugrenzen und Bebauungstiefen) treffen (§§ 22, 23 BauNVO). Setzt ein Bebauungsplan die besondere Art der baulichen Nutzung nach Maßgabe der Baugebiets-Kategorien des § 1 II BauNVO fest, so transformiert er damit die rechtlichen Regelungen, welche die BauNVO in ihren §§ 2—11 jeweils für die einzelnen baulichen Nutzungskategorien bereithält, unmittelbar in seinen eigenen Regelungszusammenhang. Setzt er beispielsweise für eine Fläche die Nutzungsart „reines Wohngebiet" fest, so sind in diesem Bereich nur solche Bauvorhaben zulässig, die unter die inhaltliche Umschreibung dieser Nutzungsart in § 3 BauNVO fallen; hierzu zählen Wohngebäude und nur ausnahmsweise auch Läden, nicht störende Handwerksbetriebe und kleinere Betriebe des Beherbergungsgewerbes.

Der Bebauungsplan muß nach dem Gebot präventiver Konfliktbewältigung (dazu **72** oben 1.3.2) auch Vorkehrungen zum Schutz vor **schädlichen Umwelteinwirkungen** treffen; eine entsprechende Ermächtigung ist in § 9 I Nr. 24 BBauG enthalten. Dabei hat er sich allerdings auf Vorgaben zu beschränken, welche die baulichen Aspekte der zugelassenen Nutzungsart betreffen, und darf nicht produktionstechnische Einzelheiten konkreter Anlagen regeln. Es ist nicht Aufgabe der Bauleitplanung, Entscheidungen zu treffen, die nach den Bestimmungen des Immissions- oder sonstigen Umweltrechts dem jeweiligen Genehmigungs-, Vorbescheids- oder Anordnungsverfahren vorbehalten sind[92]. Ob die planende Gemeinde nach § 9 I Nr. 24 BBauG im Bebauungsplan wenigstens immissionsschutzrechtliche Bestimmungen über Richt- oder Grenzwerte von Belastungen (TA Luft, TA Lärm) festschreiben darf, ist umstritten[93].

Dem Bebauungsplan ist nach § 9 VIII BBauG eine **Begründung** beizufügen; ohne sie **73** kann er nicht wirksam werden[94]. Eine unvollständige Begründung macht ihn jedoch nach § 155 b I 1 Nr. 3 BBauG nicht nichtig (hierzu oben 3).

---

91 *Schlichter/Stich/Tittel,* § 9 Rdn. 33.
92 *Ernst/Zinkahn/Bielenberg,* § 9 Rdn. 82; BVerwGE 69, 30 (35).
93 *Battis/Krautzberger/Löhr,* § 9 Rdn. 89.
94 BGH NVwZ 1982, 210; *Gubelt,* NVwZ 1982, 176.

74 4.2.2. Die **Rechtswirkungen** des Bebauungsplanes ergeben sich daraus, daß er vom Gesetz als die für jedermann verbindliche rechtliche Ordnung seines Geltungsbereichs unter städtebaulichen Gesichtspunkten ausgestaltet ist. Soweit ein Bebauungsplan vorhanden ist, bestimmt sich die Zulässigkeit von Bauvorhaben normativ nach Maßgabe seiner Festsetzungen (hierzu unten B IV 2). Die Wirkung der Bebauungsplanung erschöpft sich damit im wesentlichen negativ in der **Verhinderung planwidriger baulicher Bodennutzung.** Eine positiv gestaltende Wirkung geht von der Bebauungsplanung grundsätzlich nur insoweit aus, wie sie jeweils gelegentlich neuer Bauvorhaben die Bebauung prägt. Dagegen verpflichtet sie die Grundstückseigentümer nicht, eine bereits vorhandene bauliche Nutzung den Festsetzungen eines neuen Bebauungsplanes anzupassen. Hier wie auch bei bestimmten Änderungen vorhandener Bauwerke greift vielmehr der Gesichtspunkt des **Bestandsschutzes** ein (hierzu unten B IV 5). Die Baurechtsnovelle 1977 hat freilich in Anlehnung an frühere Regelungen des StBauFG in den §§ 39 a—i BBauG die Ermächtigung zum Erlaß bestimmter **Planverwirklichungsgebote** geschaffen, die es den Gemeinden in beplanten Gebieten gestattet, auch positiv auf die städtebauliche Entwicklung einzuwirken.

75 4.2.3. Die **Rechtsnatur** des Bebauungsplanes wird durch seine normativ verbindliche Wirkung gegenüber jedermann geprägt. Er enthält Rechtsfolgebestimmungen nicht nur für den Bereich der bundesstaatlichen Verwaltungsorganisation, sondern auch für das sogenannte Außenverhältnis zwischen Verwaltung und Bürger. Die alte Streitfrage, ob es sich beim Bebauungsplan um eine generelle Rechtsnorm oder eine Einzelmaßnahme (Verwaltungsakt) handelt, ist vom BBauG in § 10 jedenfalls insofern beantwortet worden, als der Plan hiernach in der **Rechtsform einer Satzung** erlassen wird. Damit ist das vor allem praktische Problem des Rechtsschutzes gelöst: Bebauungspläne unterliegen der verwaltungsgerichtlichen Normenkontrolle nach § 47 VwGO. Die rechtstheoretische Frage, ob Bebauungspläne auch **materiell** Rechtsnormcharakter besitzen[95], kann freilich nicht vom Gesetzgeber entschieden werden. Hier wird zu berücksichtigen sein, daß ein solcher Plan sehr unterschiedliche Festsetzungen enthalten kann. Die Festsetzung von Verkehrsflächen hat einen konkret-individuellen Charakter; die Festsetzung der Mindestgröße der Baugrundstücke in einem Baugebiet wirkt dagegen eher abstrakt-generell wie eine Rechtsnorm[96]. Insgesamt ist die Allgemeinheit bauplanerischer Festsetzungen jedoch stets stark durch ihren Bezug auf eine begrenzte Zahl von Grundstücken und durch ihre konkret gestaltende Funktion begrenzt. Die Parallele zum sogenannten dinglichen Verwaltungsakt liegt nicht fern. Es überwiegt beim Bebauungsplan also die konkret-individuelle Tendenz. Sie läßt gänzlich abstrakte, von jeglichem Bezug zu den einzelnen Baugebieten und ihrem jeweiligen Charakter losgelöste Regelungen als Inhalt eines Bebauungsplanes nicht zu[97].

Beispiel:

76 Die Stadt S will einen Bebauungsplan erlassen, der für alle Bauflächen im Gemeindegebiet, soweit sie eine bestimmte Mindestgröße überschreiten, detaillierte Anpflanzungsgebote vor-

---

95 Vgl. *Ernst/Hoppe,* Rdn. 281.
96 Hierzu BVerwGE 40, 268 (278).
97 BVerwGE 50, 115 (120 f.).

sieht. Die höhere Verwaltungsbehörde verweigert die Genehmigung für den Plan. Kann S hiergegen mit Erfolg klagen?

Die Klage ist als Verpflichtungsklage zulässig, da die Genehmigung gegenüber der planenden Gemeinde ein Verwaltungsakt ist. Sie hat aber keine Aussicht auf Erfolg. Der Bebauungsplan enthält mit den Anpflanzungsgeboten abstrakte Regelungen, die keine konkret-individuelle Beziehung zu den einzelnen Baugebieten haben. Bebauungspläne sollen aber nach §§ 1 und 2 BBauG vornehmlich konkret-individuelle Regelungen enthalten. Abstrakt-allgemeine Vorschriften sind nur zulässig, soweit sie erforderlich sind. Hier hätten die Begrünungsvorschriften den jeweiligen Planfestsetzungen konkret zugeordnet und in sie eingefügt werden können (BVerwGE 50, 114).

5. Rechtsschutz gegen die Bauleitplanung

Die Formen des Rechtsschutzes gegen die Bauleitplanung hängen aufs engste mit deren rechtlichen Wirkungen zusammen. Darum muß hier wiederum zwischen der Flächennutzungs- und der Bebauungsplanung unterschieden werden. **77**

5.1. Der **Flächennutzungsplan** trifft für sich genommen weder anderen Verwaltungs- **78**
trägern noch den Bürgern gegenüber eine verbindliche Regelung. Soweit § 7 BBauG anderen Planungsträgern eine Plananpassung gebietet, haben das Vorhandensein und die Darstellungen des Flächennutzungsplanes nur eine tatbestandsausfüllende Funktion. Rechtsbehelfe (Anfechtungs- oder Normenkontrollklage) unmittelbar gegen den Plan kommen darum nicht in Betracht. Einzelne, durch den Flächennutzungsplan vermittelte Rechtsbeziehungen wie etwa die erwähnte Anpassungspflicht können jedoch Gegenstand der **Feststellungsklage** sein; hierbei wird die Wirksamkeit des Planes vom Gericht **inzident** geprüft. Eine solche Klage kann — auch vorbeugend — auch von Nachbargemeinden erhoben werden, wenn sie sich in ihren Rechten aus § 2 IV BBauG beeinträchtigt meinen[98].Ob dagegen in diesem Fall auch eine vorbeugende Unterlassungsklage statthaft ist, erscheint angesichts des Umstandes, daß nicht die Planung als solche, sondern nur eine Modalität angegriffen werden soll, fraglich. Weitere inzidente Prüfungen eines Flächennutzungsplanes stehen immer dort an, wo — wie etwa im Zusammenhang mit den §§ 20 I Nr. 3, 35 II, III BBauG (vgl. oben 4.1.2) — mittelbar aus seinen Darstellungen nachteilige Rechtsfolgen für den Bürger hergeleitet werden können. Gleichfalls muß auch bei Rechtsbehelfen gegen einen Bebauungsplan inzident geprüft werden, ob dieser aus einem wirksamen Flächennutzungsplan entwickelt worden ist (vgl. § 8 II BBauG). Bei all dem sind aber die Einschränkungen nach den §§ 155 a und b BBauG zu beachten (vgl. oben 3). So können bestimmte Form- und Verfahrensfehler bei der Flächennutzungsplanung nach § 155 a I BBauG nur dann vor Gericht geltend gemacht werden, wenn sie zuvor gegenüber der Gemeinde gerügt worden sind. Nach § 155 b I 1 Nr. 7 BBauG wirken sich diese Fehler wie auch Fehler bei der Genehmigung und Bekanntmachung des Flächennutzungsplanes überhaupt nicht auf die Wirksamkeit eines später daraus entwickelten Bebauungsplanes aus.

---

98 BVerwGE 40, 323 (326); vgl. auch oben B I 4.

Beispiel:

79 Die Gemeinden A und B sind Nachbargemeinden. In ihrem Flächennutzungsplan weist die Gemeinde A im B-Tal Wohngebiete aus. Die Gemeinde B ist der Meinung, diese Planung verstoße gegen § 2 IV BBauG, da ihre Bauleitplanung auf die Erhaltung der Grünflächen im B-Tal abgestellt sei. Sie beantragt daher im verwaltungsgerichtlichen Verfahren, die Genehmigung des Flächennutzungsplans durch den Regierungspräsidenten aufzuheben und festzustellen, daß die Gemeinde A nicht berechtigt ist, auf der Grundlage des Flächennutzungsplans die Ortsplanung im B-Tal weiter zu betreiben. Sind die Anträge zulässig?

Der erste Klageantrag ist unzulässig. Zwar wäre eine Anfechtungsklage statthaft, weil es sich bei der Genehmigung des Flächennutzungsplans um einen Verwaltungsakt mit Wirkungen gegenüber der planenden Gemeinde handelt. Die Gemeinde A ist insoweit jedoch nicht klagebefugt, weil sie durch die Genehmigung nicht in ihren Rechten verletzt sein kann. Die Genehmigung entfaltet nämlich als Bestandteil des Planungsverfahrens keine Drittwirkung gegenüber anderen; für Dritte gehen rechtlich relevante Wirkungen erst vom (genehmigten) Plan selbst aus. Der zweite Antrag ist dagegen als Feststellungsantrag nach § 43 I VwGO zulässig. Das Abstimmungsgebot des § 2 IV BBauG entfaltet zwischen den beteiligten Gemeinden Pflichten und Ansprüche und begründet insoweit ein feststellungsfähiges Verhältnis. Die Feststellung von Rechten oder Pflichten kann auch vorbeugend begehrt werden. Angesichts des Standes der Planung und der Gefahr eines faktischen Planvollzuges wäre es für die Gemeinde B nicht zumutbar, wenn sie nicht schon jetzt gerichtlichen Rechtsschutz in Anspruch nehmen dürfte. Im übrigen wäre hier auch eine Unterlassungsklage statthaft (BVerwGE 40, 323; OVG Lüneburg DVBl. 1971, 322).

80 **5.2. Bebauungspläne** sind wie andere baurechtliche Satzungen unmittelbar mit der **verwaltungsgerichtlichen Normenkontrolle** nach § 47 VwGO angreifbar[99]. Dieser Weg ist auch für Nachbargemeinden gangbar, wenn sie sich nicht schon eines vorbeugenden Rechtsbehelfs bedient haben. Nach Erschöpfung des Rechtsweges können Bebauungspläne auch mit der Verfassungsbeschwerde angegriffen werden, da sie unmittelbar, d. h. ohne Zwischenschaltung eines weiteren Hoheitsaktes in Grundrechte, vornehmlich in das Eigentumsrecht eingreifen[100]. Während der Erlaß eines Bebauungsplanes nicht klageweise begehrt werden kann (vgl. § 2 VII BBauG sowie oben B II 1)[101], hält das BVerwG[102] die (vorbeugende) **Unterlassungsklage** für zulässig: Dem dürfte jedenfalls insoweit zu folgen sein, wie der eigentliche Abwägungsvorgang schon stattgefunden hat und nur die Inkraftsetzung des Planes aussteht[103]. Dagegen ist eine Anfechtungs- und Unterlassungsklage gegen die aufsichtsbehördliche Genehmigung eines Bebauungsplanes nicht zulässig[104]. Dieser ist zwar gegenüber der planenden Gemeinde ein Verwaltungsakt, dessen Erlaß sie ggf. einklagen kann. In subjektiv-öffentliche Rechtspositionen der planunterworfenen Bürger kann aber nicht schon die Genehmigung, sondern allenfalls der Plan selbst eingreifen. Schließlich wird es in einer großen Zahl von Fällen zu einer **Inzidentkontrolle** von Bebauungsplänen kommen. Sie ist immer dann erforderlich, wenn jemand

---

99 Vgl. *Rasch,* BauR 1985, 247, m. w. Nw.
100 BVerwGE 70, 36, m. Anm. *Schenke,* DVBl. 1985, 1367; a. A. noch BVerfGE 31, 364.
101 Vgl. BVerwGE NVwZ 1983, 92.
102 BVerwGE 54, 211 (214).
103 *Birk,* JuS 1979, 412.
104 OVG Lüneburg DVBl. 1971, 322.

unter Berufung auf die Rechtsunwirksamkeit oder Nichtigkeit eines solchen Planes eines planabhängigen Verwaltungsakt (Hauptfall: Baugenehmigung nach § 30 BBauG) anstrebt oder angreift.

6. Planung nach dem StBauFG

Das StBauFG verfolgt zwei unterschiedliche Zwecke. Einmal will es mit **Sanierungs-** **81** **maßnahmen** städtebauliche Mißstände durch Beseitigung veralteter baulicher Anlagen und Neubebauung oder durch Modernisierung vorhandener Bausubstanz beheben (§ 1 II i. V. m. § 3 II StBauFG). Zum anderen ermächtigt es zu **Entwicklungs-** **maßnahmen,** mit deren Hilfe neue Siedlungseinheiten geschaffen und vorhandene erweitert oder entwickelt werden können (§ 1 III StBauFG). Auch diese städtebaulichen Maßnahmen sind ähnlich wie die Bauleitplanung nach dem BBauG zweistufig angelegt. Zur ersten Stufe gehört die förmliche Festlegung von Sanierungsgebieten oder Entwicklungsbereichen (§§ 5 und 53 StBauFG); auf der zweiten Stufe sorgt die Gemeinde — vor allem wiederum durch Aufstellung von Bebauungsplänen — für die Realisierung des Sanierungs- oder Entwicklungsvorhabens (§§ 8 ff., 54 ff., StBauFG).

Das Verhältnis beider Stufen zueinander ist jedoch etwas anders als im BBauG. Die **82** förmlichen **Festlegungen** benennen und begrenzen diejenigen Flächen, auf denen Sanierungs- und Entwicklungsmaßnahmen stattfinden sollen. Sie bereiten nicht nur wie Flächennutzungspläne die spätere verbindliche Bebauungsplanung im Sinne einer gröber gerasterten Vorschau auf die künftige städtebauliche Ordnung vor, sondern sind selbst schon als ein Instrument ausgestaltet, mit dessen Hilfe sich bestimmte städtebaufördernde Wirkungen erzielen lassen. Das Gesetz knüpft hieran Rechtsfolgen, die sich in direkter Form auf die Eigentümer der davon betroffenen Grundstücke auswirken. Es sind dies die Genehmigungspflicht für eine größere Zahl grundstücksbezogener Vorhaben und Rechtsgeschäfte, die Entstehung gemeindlicher Vorkaufs- und Grunderwerbsrechte sowie die Belastung der Grundeigentümer mit gewissen finanziellen Nachteilen zum Ausgleich für planungsbedingte Wertsteigerungen ihrer Grundstücke (§§ 15, 17, 18, 23, 41 III und 57 StBauFG). Die Festlegungen ergehen darum in der Form von Rechtsnormen, nämlich als gemeindliche Satzung (§ 5 I StBauFG) bzw. als Rechtsverordnung der Landesregierung (§ 53 I StBauFG). Es gehen ihnen jeweils vorbereitende Untersuchungen und Stellungnahmen voraus (§§ 4 und 57 StBauFG).

Die **Realisierung** der Sanierungs- bzw. Entwicklungsvorhaben geschieht vornehm- **83** lich auf der Grundlage hierfür erlassener Bebauungspläne. Im Sanierungsgebiet braucht die Gemeinde allerdings nach kürzlichem Wegfall der ehedem strikten Planungspflicht (§ 10 StBauFG a. F.) einen Bebauungsplan nur noch unter den Voraussetzungen des § 1 III BBauG zu erlassen. Bei Sanierungen hat die Gemeinde oder ein von ihr beauftragter Sanierungsträger (§ 33 StBauFG) die erforderlichen Ordnungsmaßnahmen (Bodenordnung, Umzug der Bewohner, Beseitigung baulicher Anlagen, Erschließung) vorzunehmen; die nachfolgenden Bau-, Modernisierungs- und Instandsetzungsarbeiten sind grundsätzlich Sache der Eigentümer (§§ 12, 13

StBauFG). Bei Entwicklungsmaßnahmen erwirbt die Gemeinde die betreffenden Grundstücke und veräußert sie nach ihrer Neuordnung und Erschließung wieder zum Zwecke der Bebauung; weiterhin obliegt ihr die Schaffung der für ein lebensfähiges örtliches Gemeinwesen erforderlichen Einrichtungen (§§ 54, 59 StBauFG).

84 Die vielfältigen Rechtsfolgen, die an Gebiets- und Bereichsfestlegungen nach dem StBauFG geknüpft sind, können zu Rechtsstreitigkeiten führen, in denen die Rechtswirksamkeit der Festlegungen inzident von den Gerichten überprüft wird. Daneben sind auch verwaltungsgerichtliche Normenkontrollverfahren unmittelbar gegen die Festlegungssatzungen bzw. -verordnungen statthaft (§ 47 VwGO).

7. Reformsabsichten nach dem RE BauGB

84a 7.1. Der RE BauGB hält an den zentralen Elementen des bisherigen Planungsrechts fest, beläßt es also bei der Zweistufigkeit der Bauleitplanung und übernimmt im wesentlichen auch die materiellen Planungsgrundsätze und das Planungsverfahren[105]. In materieller Hinsicht ist eine gewisse Betonung der Umweltschutzaufgabe der Bauleitplanung sowohl bei der Regelung ihrer allgemeinen Ziele (§ 1 V RE BauGB) wie auch ihres zulässigen Inhalts (§§ 5 II, III, 9 I RE BauGB) erkennbar[106]. Auch die jetzige Form der vorgezogenen Bürgerbeteiligung (§ 2 a II—V BBauG) soll weitgehend erhalten bleiben (§ 3 I RE BauGB). Im Flächennutzungsplan können einzelne Flächen der Gemeinde aus der Darstellung vorläufig ausgenommen werden (§ 5 I 2 RE BauGB); die gleichzeitige Aufstellung von Flächennutzungs- und Bebauungsplan (Parallelverfahren) wird dadurch erleichtert, daß letzterer auch schon vor ersterem genehmigt und bekannt gemacht werden darf (§ 8 III 2 RE BauGB). An die Stelle der bisher erforderlichen Genehmigung von Bebauungsplänen soll im Normalfall die bloße Anzeigepflicht treten (§ 11 RE BauGB). Die Vorschriften über Unbeachtlichkeit und Heilung von Planungsmängeln (§§ 155 a—c BBauG) sind dagegen trotz erheblicher sprachlicher und systematischer Umgestaltung nahezu inhaltsgleich in die §§ 214—216 RE BauGB übernommen worden. Zu einer „Verwerfungsregelung" (vgl. oben 3.3) hat sich der Entwurf nicht entschließen wollen[107].

84b 7.2 Das Recht des jetzigen StBauFG soll als zweites Kapitel unter der Überschrift „Besonderes Städtebaurecht" in das BauGB übernommen werden. Dabei werden die Vorschriften über städtebauliche Sanierungsmaßnahmen zwar neu geordnet, bleiben inhaltlich aber im wesentlichen erhalten. Die Regelung der Entwicklungsmaßnahmen soll dagegen nur noch für die schon förmlich festgelegten Entwicklungsbereiche gelten, während neue Entwicklungsmaßnahmen nicht mehr in Angriff genommen werden sollen; die dahinter stehende Konzeption der städtebaulichen Außenentwicklung gilt als überholt[108].

---

105 Vgl. *Bielenberg* u. a., DVBl. 1985, 1097 (1099 ff.).
106 Kritisch hierzu *v. Feldmann/Groth*, S. 21 ff.
107 Vgl. aber *Bielenberg* u. a., DVBl. 1986, 277 (381).
108 Einzelheiten bei *Bielenberg/Krautzberger*, DVBl. 1985, 1281.

Vertiefungsliteratur

1. Planerische Entscheidung:

Drosdzol: Die städtebauliche Gemengelagendiskussion. NVwZ 1985, 785; *Finkelnburg/ Ortloff:* Öffentliches Baurecht. S. 32 ff. *Gelzer:* Bauplanungsrecht. Rdn. 38—45; *Hoppe:* Zur Struktur von Normen des Planungsrechts. DVBl. 1974, 641; *Korbmacher:* Bauleitplanung und Fachplanung in der Rspr. des BVerwG. DÖV 1978, 589; *Pagenkopf:* Grenzen behördlicher und gerichtlicher Plankontrolle. BauR 1979, 1; *Papier:* Rechtliche Bindung und gerichtliche Kontrolle planender Verwaltung im Bereich des Bodenrechts. NJW 1979, 1714; *ders.:* Die rechtlichen Grenzen der Bauleitplanung. DVBl. 1975, 461; *Ritter:* Abwägungsgesichtspunkte für die Bauleitplanung in Gemengelagen. NVwZ 1984, 609; *Schmitt Glaeser:* Planungsrecht. JA 1980, 321, 414; *Weyreuther:* Das bauplanerische Gebot der Rücksichtnahme und seine Bedeutung für den Nachbarschutz. BauR 1975, 1.

2. Bauaufstellungsverfahren:

Finkelnburg/Ortloff, Öffentliches Baurecht. S. 37 ff.; *Gelzer:* Bauplanungsrecht. Rdn. 226—412; *Zuck:* Das Recht des Bebauungsplanes. S. 17—62.

3. Planungsmängel:

Breuer: Die Kontrolle der Planung — Analyse eines Dilemmas. NVwZ 1982, 273; *Ernst/ Hoppe:* Das öffentliche Bau- und Bodenrecht, Raumplanungsrecht. Rdn. 329—331 g; *Finkelnburg/Ortloff:* Öffentliches Baurecht. S. 72 ff.; *Gelzer:* Bauplanungsrecht. Rdn. 314—448 x; *Gerschlauer:* Fortbestand von Bebauungsplänen trotz Verfahrensmängeln. DÖV 1984, 493; *Jung:* Gemeindliche Verwerfungsbefugnis bei rechtsverbindlichen Bebauungsplänen. NVwZ 1985, 790; *Kosmider:* Haftung für einen rechtswidrigen Bebauungsplan. JuS 1986, 274; *Kröner:* Entschädigung und Amtshaftung bei Fehlern im Bauleitplan- und im Baugenehmigungsverfahren. ZfBR 1984, 20; *ders.:* Rspr. des BGH zum Planungsschadensrecht. ZfBR 1984, 117; *von Mutis/Hill:* Die Behandlung fehlerhafter Bebauungspläne durch die Gemeinde (1983); *Schwerdtfeger:* Rechtsfolgen von Abwägungsfehlern in der Bauleitplanung. JuS 1983, 270.

4. Flächennutzungsplan und Bebauungsplan:

Gelzer: Bauplanungsrecht. Rdnr. 51 ff. und 77 ff.; *Menger:* Zum Verhältnis von Bebauungsplan und Flächennutzungsplan. VerwArch. 1980, 87 ff.; *Schimanke:* Funktionen der Flächennutzungsplanung. DVBl. 1979, 616; *Zuck:* Das Recht des Bebauungsplans.

5. Rechtsschutz gegen Bauleitplanung:

Birk: Rechtsschutz gegen (vorgreifliche) Planungsmaßnahmen. JuS 1981, 412; *Brohm:* Der Schutz privater Belange bei Bauplanungen. NJW 1981, 1689; *Ernst/Hoppe:* Das öffentliche Bau- und Bodenrecht, Raumplanungsrecht. Rdn. 839—854 a; *Finkelnburg/ Ortloff:* Öffentliches Baurecht. S. 76 ff.; *Gelzer:* Bauplanungsrecht. Rdn. 413—433; *Grosse-Hündfeld:* Plankontrolle aus der Sicht des Rechtsschutzes. BauR 1979, 15; *Rasch:* Die Rspr. zur Normenkontrolle von Bebauungsplänen nach § 47 VwGO. BauR 1985, 247; *Skouris:* Die Legitimationsanfechtung von Bebauungsplänen. DVBl. 1980, 315; *Zuck:* Das Recht des Bebauungsplans. S. 195—243.

6. StBauFG:

Bielenberg: Städtebauförderungsgesetz. Kommentar. Loseblatt Stand 1983; *Finkeln-burg/Ortloff:* Öffentliches Baurecht. S. 337 ff.; *Gronemeyer:* Die Novelle zum Städte-bauförderungsgesetz. NVwZ 1985, 145; *ders.:* Die Entwicklung des Städtebauförde-rungsrechts 1971—1985. NVwZ 1986, 92 u. 184; *Kanther:* Zur Einführung: Städtebau-förderungsrecht. JuS 1981, 557; *Oldiges:* Gerichtlicher Rechtsschutz gegen Gebiets- und Bereichsfestlegungen nach dem Städtebauförderungsgesetz. Wirtschaftsrecht 1974, 277.

7. RE BauGB:

Bielenberg u. a.: Zum Entwurf des Baugesetzbuches. DVBl. 1985, 1097 u. 1281; *v. Feld-mann/Groth:* Das neue Baugesetzbuch (1986). S. 21 ff.

III. Entschädigung für Planungsschäden

1. Übersicht

85   Nicht schon die nur vorbereitende Flächennutzungsplanung, wohl aber die Bebau-ungsplanung regelt rechtsverbindlich nach außen hin die Art und Weise und den Umfang der baulichen Nutzung der jeweils beplanten Grundstücke. Soweit durch eine solche Planung bisher baulich nicht nutzbares Land zu Bauland wird, steigt da-mit im allgemeinen auch sein Wert. Vielfach hat ein Bebauungsplan für den Grund-stückseigentümer aber auch negative Konsequenzen, nämlich dann, wenn beispiels-weise eine bis dahin zulässige bauliche Nutzung nach den Festsetzungen des Planes nicht oder nicht mehr im selben Umfang zulässig sein soll oder wenn Grundstücke nicht als Bauland, sondern als Verkehrs- oder Grünflächen ausgewiesen werden. In diesen und weiteren Fällen sogenannter **Planungsschäden** kann aus verfassungs-rechtlichen Gründen eine Entschädigung geboten sein. Insbesondere ergibt sich aus Art. 14 III GG eine Entschädigungspflicht für hoheitliche und darum auch für pla-nerische Maßnahmen, die mit enteignender Wirkung privates (Grund-)Eigentum be-lasten. Die in dieser Vorschrift enthaltene „Junctim-Klausel" verlangt darüber hin-aus, daß Art und Ausmaß der Entschädigung bereits in demjenigen Gesetz geregelt sind, das die Enteignung entweder selbst vornimmt oder hierzu ermächtigt. Diesem Verfassungsgebot tragen die §§ 39j—44c BBauG Rechnung. Indem sie die Entschä-digungspflicht für bestimmte Enteignungswirkungen der Bauleitplanung regeln, ver-suchen sie zugleich, eine Abgrenzung von denjenigen Tatbeständen vorzunehmen, die keinen Enteignungscharakter aufweisen, sondern lediglich gesetzlich vorgegebe-ne Inhalts- und Schrankenbestimmungen des Eigentums (Art. 14 I 2 GG) konkreti-sieren.

86   Diese bislang herrschende Betrachtungsweise wird seit der neueren Enteigungs-Rspr. des BVerfG[109] mit der Erwägung in Frage gestellt, die in den Bebauungsplänen ent-

---

109 BVerfGE 52, 1; 58, 300.

haltenen Nutzungsregelungen stellten keinen Eigentumsentzug, sondern nur eine Inhalts- und Schrankenbestimmung für das Grundeigentum dar, auf die Art. 14 III GG selbst dann nicht anwendbar sei, wenn sie über das zulässige Maß der Eigentumsbindung hinausgehe[110]. Da Art. 14 I GG selbst indes keinen Entschädigungsanspruch gewährt, sondern insoweit nur ein Abwehrrecht darstellt[111], müßte die durch die §§ 39 j ff. BBauG bewirkte Entschädigungsregelung dann als vorwegnehmende Kompensation einer sonst unzulässigen Eigentumsbildung verstanden werden. Auf diese Konstruktion braucht indes nicht zurückgegriffen zu werden, wenn man auch weiterhin den Entzug bislang zulässiger Nutzungen als eine mögliche Form der Enteignung anerkennt[112].

Das durch die Baurechtsnovelle 1977 weitgehend neu geordnete Planschadensrecht **87** läßt sich wegen der Heterogenität seiner Tatbestände nur schwer überschauen. Es erleichtert hingegen das Verständnis, wenn man jeden einzelnen Entschädigungstatbestand nach drei Gesichtspunkten hin qualifiziert: nach seinem Entschädigungsgegenstand, seinem Entschädigungsgrund und nach der von ihm bestimmten Entschädigungsart.

1.1. **Entschädigungsgegenstand** ist in erster Linie die von Planungsmaßnahmen ver- **88** ursachte Minderung der **Nutzungsmöglichkeit** der davon betroffenen Grundstücke; sie kommt im allgemeinen in einem **Bodenwertverlust** zum Ausdruck, d. h. in der Differenz zwischen dem Grundstückswert vor und nach der Planung. Was hierbei als Grundstückswert in die Rechnung einzustellen ist, hängt davon ab, ob ihr abstrakt die **Nutzbarkeit** des betreffenden Grundstücks zugrunde gelegt wird, wie sie sich aus der jeweiligen Rechts- und Planungslage ergibt, oder ob man auf den Grundstückswert nach Maßgabe einer **schon realisierten Nutzung** abstellt (§ 44 II, III BBauG; hierzu unten 2.2). Die Minderung der Bodennutzungsmöglichkeit ist Entschädigungsgegenstand vor allem in den §§ 40, 42, 44 und teilweise auch in § 43 BBauG. Daneben gewährt das Planschadensrecht eine Entschädigung auch für **Aufwendungen,** handele es sich hierbei um planungsrechtlich geforderte (§ 43 BBauG) oder durch eine Planung entwertete Aufwendungen (§ 39 j BBauG). Nicht ausdrücklich geregelt, sondern nur erwähnt ist eine Entschädigung für Eingriffe in eine bereits ausgeübte **Bodennutzung** (§ 44 IV BBauG). Hier geht es nicht um den Bodenwert des möglicherweise durch eine bestimmte Nutzungsform in seinem Wert erhöhten Grundstücks, sondern um den Wert der Nutzungsart selbst (etwa den Wert des auf einem Grundstück eingerichteten und ausgeübten Gewerbebetriebes).

1.2. Was den **Entschädigungsgrund** anbetrifft, so trägt das Planschadensrecht zwei **89** unterschiedlichen Gesichtspunkten Rechnung: einerseits dem in der Eigentumsgarantie des Art. 14 GG verwurzelten **Bestandsschutz,** zum anderen dem Gesichtspunkt einer aus dem Rechtsstaatsprinzip und dem Vertrauensschutz abgeleiteten

---

110 *Battis/Krautzberger/Löhr,* §§ 39 j ff., Vorb. 2; §§ 85 ff., Vorb. 1 ff.
111 *Papier,* in: *Maunz/Dürig,* Art. 14 Rdn. 285.
112 Vgl. auch *Papier,* in: *Maunz/Dürig,* Art. 14 Rdn. 270, 313 ff.

Schaubild 4:

Systematik des Planschadensrechts

Tatbestand	Entschädigungsgegenstand	Entschädigungsgrund	Entschädigungsart
§ 39 j	planveranlaßte Aufwendungen	Plangewährleistung	Entschädigung in Geld
§ 40	Minderung der Nutzungs-möglichkeit (Bodenwert-minderung) — uneingeschränkt innerhalb der Frist nach § 44 III — nur realisierte Nutzungsmöglichkeit §§ 44 b III, 44 III	Eigentumsschutz (Substanz- oder Bestandsschutz) für Grundstückseigentum	a) § 40 II Übernahme des Grund-stücks gegen Entschädigung b) § 40 III Entschädigung in Geld
§ 42	Minderung der Nutzungs-möglichkeit (wie § 40)	Eigentumsschutz für Grundstückseigentümer	a) Begründung eines dingl. Rechts am Grundstück gegen Entschädigung b) Ausnahmsweise Über-nahme des Grundstücks § 44 b I 3 i.V.m. § 92 II 2
§ 43	a) Nr. 1 plangebotene Aufwendungen b) Nr. 2 Minderung der Nutzungsmöglichkeit (wie § 40)	Eigentumsschutz für Grundstückseigentum	Entschädigung in Geld
§ 44 II, III	Minderung der Nutzungsmöglichkeit a) § 44 II uneingeschränkt innerhalb 7-Jahresfrist b) § 44 III beschränkt auf realisierte Nutzungsmöglichkeit	Eigentumsschutz für Grundstückseigentum	Entschädigung in Geld
§ 44 IV	Minderung der Grundstücksnutzung (z.B. Gewerbebetrieb)	Eigentumsschutz für Grundstücksnutzung	Entschädigung in Geld

440

Plangewährleistung. Letzterer Gesichtspunkt kommt in § 39 j BBauG zum Tragen, der erstere dagegen bei den übrigen Entschädigungstatbeständen. Was allerdings Gegenstand des hier verwirklichten Eigentumsschutzes ist, eine unmittelbar verfassungsrechtlich gewährleistete Baufreiheit oder aber ein nur gesetzlich gewährtes und beschränkbares subjektiv-öffentliches Recht zu bauen, darüber gehen die Meinungen erheblich auseinander (hierzu unten 3).

1.3. Schließlich muß hinsichtlich der **Entschädigungsart** zwischen Entschädigung **90** **in Geld** und Entschädigung durch **Übernahme des Grundstücks** (bzw. durch Begründung von Miteigentum oder eines geeigneten anderen dinglichen Rechts) gegen ein entsprechendes Entgelt unterschieden werden. Nach den §§ 39 j, 43 und 44 BBauG kommt ausschließlich oder in erster Linie eine Entschädigung in Geld in Betracht; bei den §§ 40 und 42 BBauG steht dagegen die Entschädigung durch Übernahme im Vordergrund.

2. Die einzelnen Entschädigungstatbestände

2.1. **§ 39 j BBauG** gewährt Entschädigung in Geld, wenn Aufwendungen, die je- **91** mand im Vertrauen auf den Bestand eines Bebauungsplanes macht, um damit eine hiernach mögliche Nutzung eines Grundstücks vorzubereiten, durch eine Planänderung entwertet werden. Aufwendungen der hier gemeinten Art sind Architekten- oder Ingenieurhonorare für Planentwürfe, Finanzierungskosten für das Bauvorhaben oder auch Erschließungskosten, nicht dagegen die Kosten des Grundstückserwerbs, in denen der Bodenwert zum Ausdruck kommt[113]. Diese Vorschrift ist ein Ausdruck des Plangewährleistungs- und damit des Vertrauensschutzprinzips. Demjenigen Bürger, der im Hinblick auf eine staatliche Planungsmaßnahme in plankonformer Weise disponiert, steht ein Entschädigungsanspruch zu, wenn diese Dispositionen durch eine spätere Planänderung entwertet werden. Anknüpfungspunkt für einen solchen Vertrauensschutz ist ein wirksamer Bebauungsplan. Ein nichtiger Plan genügt diesem Erfordernis ebensowenig (hier kommen nur Staatshaftungsansprüche, bei schon erteilter Baugenehmigung auch ein Anspruch nach 48 III VwVfG in Betracht[114]) wie die einem Plan gleichwertige Nutzungsmöglichkeit nach den §§ 34, 35 BBauG[115]. Weiterhin dürfen der in Aussicht genommenen Bodennutzung auch keine privatrechtlichen oder öffentlich-rechtlichen Hindernisse entgegenstehen, da es sonst an der Kausalität der Planänderung für den Vertrauensschaden mangeln würde[116]. Die Erschließung des Grundstücks muß, wenn schon nicht gesichert, dann doch wenigstens in absehbarer Zeit zu erwarten sein[117]. Der Vertrauensschutztatbestand des § 39 j BBauG kann auch im Zusammenhang mit anderen planschadensrechtlichen Entschädigungstatbeständen verwirklicht sein. Er unterliegt aber auch dann nicht deren Einschränkungen (vgl. § 44 b III 2 BBauG), sondern ist als eigenständige Anspruchsgrundlage sozusagen „vor die Klammer gezogen".

---

113 *Battis/Krautzberger/Löhr,* § 39 j Rdn. 3.
114 BGHZ 84, 292; *Ernst/Zinkahn/Bielenberg,* § 39 j Rdn. 16, und h. M.; a. A. *Birk,* NVwZ 1984, 1 (5), m. w. Nw.
115 *Schrödter,* § 39 j Rdn. 19, und h. M.; a. A. *Birk,* NVwZ 1984, 1 (5).
116 *Battis/Krautzberger/Löhr,* § 39 j Rdn. 12.
117 *Schrödter,* § 39 j Rdn. 12; *Schlichter/Stich/Tittel,* § 39 j Rdn. 4; a. A. *Ernst/Zinkahn/Bielenberg,* § 39 j Rdn. 14 f.; *Battis/Krautzberger/Löhr,* § 39 j Rdn. 12.

92   2.2. **§ 44 BBauG** enthält die schwerstwiegende Neuerung des jetzigen Planschadensrechts. Er regelt die Entschädigung für die planungsbedingte Minderung der planungsrechtlichen Nutzbarkeit eines Grundstücks. Hauptfälle sind die planerische
Herabzonung eines Baugebietes oder die erstmalige Beplanung eines Gebietes mit
der Folge, daß eine bisher nach den §§ 34 oder 35 BBauG zulässige bauliche Nutzung
nun nicht oder nicht mehr in vollem Umfang zulässig ist. Tritt die Minderung der
Nutzbarkeit allerdings durch besondere Festsetzungen wie etwa von Verkehrs- oder
Grünflächen oder durch die Begründung von Geh-, Fahr- und Leitungsrechten ein,
so gelangen statt § 44 BBauG die §§ 40 und 42 BBauG zur Anwendung (§ 44b III 1
BBauG). Der Entschädigungsanspruch nach § 44 BBauG ist ein Ausdruck des Ei-
gentums- und nicht des Vertrauensschutzes. Er knüpft darum nicht an das Vertrauen
auf den Bestand einer staatlichen Planung an, sondern an die im Hinblick auf ein
Grundstück vorhandene bauliche Nutzungsmöglichkeit. Dabei ist unerheblich, ob
sie sich aus den Festsetzungen eines Planes oder aus den gesetzlichen Zulässigkeitstatbeständen der §§ 34, 35 BBauG herleitet[118]. Entscheidend ist allerdings (und dies
im Unterschied zu § 39j BBauG), daß die betreffende Nutzungsmöglichkeit nicht lediglich abstrakt planungsrechtlich bestand, sondern sich unter Einbeziehung des Er-
schließungserfordernisses schon zu einem Anspruch im Sinne der §§ 30—35 BBauG
verdichtet hatte[119].

93   Umstritten ist, ob der Entschädigungsanspruch des § 44 BBauG auch dann eingreift,
wenn die Minderung der bisherigen Nutzungsmöglichkeit sich nicht aus den Festsetzungen eines Bebauungsplanes ergibt, sondern wenn eine außerhalb eines Bebauungsplanes bestehende Nutzungsmöglichkeit nach den §§ 34 und 35 BBauG sich
durch eine **faktische Umstrukturierung** des Gebietes aufgrund erteilter Baugenehmigungen verändert. Die Frage wird im Schrifttum überwiegend verneint, weil hier
eine Entschädigung mangels eines hoheitlichen Eingriffs verfassungsrechtlich nicht
geboten sei[120]. Der Grundstückseigentümer wird insoweit darauf verwiesen, sich gegen eine derartige „schleichende" Wertminderung nachbarrechtlich durch Rechtsbehelfe gegen die betreffenden Baugenehmigungen zu wehren (vgl. hierzu unten B V).
Schließlich entsteht nach § 44 BBauG grundsätzlich kein Entschädigungsanspruch,
wenn der durch die Nutzbarkeitsminderung bedingte Wertverlust nicht durch eine
nutzbarkeitsändernde Beplanung des betroffenen Grundstücks, sondern seiner
Nachbargrundstücke eintritt[121]. Allerdings könnte in einem solchen Fall der Bebauungsplan selbst wegen eines Abwägungsmangels nichtig sein[122].

94   2.2.1. § 44 BBauG gewährt Entschädigung für eine planbedingte Minderung der
Nutzbarkeit von Grundstücken nach Maßgabe des damit verbundenen **Bodenwert-
verlustes**. Allerdings unterwirft er diesen Anspruch einer **zeitlichen Beschränkung**[123]. Nach **§ 44 II BBauG** kann nur dann für den vollen Wertverlust des Grund-

---

118 *Battis/Krautzberger/Löhr*, § 44 Rdn. 4.
119 *Schlichter/Stich/Tittel*, § 44 Rdn. 7; *Bröll*, BayVBl. 1984, 424 (426).
120 *Schrödter*, § 44 Rdn. 44 f.; *Papier*, BauR 1976, 297; a. A. BGHZ 81, 374; 64, 366 (370 ff.); *Birk*,
    NVwZ 1984, 1 (2 ff.).
121 *Battis/Krautzberger/Löhr*, § 44 Rdn. 5; *Schrödter*, § 44 Rdn. 57 ff.
122 BVerwG DVBl. 1971, 746 (749).
123 Vgl. näher *Bröll*, BayVBl. 1984, 424.

stücks Entschädigung verlangt werden, wenn die ursprüngliche Nutzbarkeit eines Grundstücks innerhalb einer Frist von sieben Jahren aufgehoben oder geändert wird. Die Höhe des Anspruchs bemißt sich in diesem Fall nach der Differenz der Bodenwerte vor und nach der Änderung; hat bereits ein vorangegangener Flächennutzungsplan eine Wertminderung bewirkt, so wird diese schon dem Bebauungsplan zugeschlagen[124]. Der Grundstückswert vor der Änderung wird hierbei abstrakt nach der Nutzbarkeit des Grundstücks bemessen, wie sie sich aufgrund der vormaligen planungsrechtlichen Situation dargestellt hat; ob diese Nutzungsmöglichkeit tatsächlich auch verwirklicht war oder nicht (Beispiel: ein Grundstück mit fünfgeschossig zulässiger Bauweise ist nur zweigeschossig bebaut), spielt hierbei keine Rolle.

§ 44 BBauG läßt freilich nicht erkennen, ob bereits die rein rechnerische Wertminderung des Grundstücks als solche den Entschädigungsanspruch auslöst oder ob diese Wertminderung für den Eigentümer in irgend einer Weise wirtschaftlich **spürbar** geworden sein muß. Für die letztere Lösung spricht die eigentumsrechtliche Funktion der Entschädigung als Ausgleich für ein individuelles Opfer[125]. Folgt man dem, so kann es unter Umständen dann doch darauf ankommen, wie der Eigentümer sein Grundstück bisher genutzt hat. War es nämlich zum Zeitpunkt der Herabzonung bereits im zuvor zulässigen Umfang bebaut, so kann die ausgeübte Nutzung meist wie bisher fortgesetzt werden; sie bleibt trotz des Widerspruchs zum Plan kraft Bestandsschutzes zulässig. Die planbedingte Bodenwertminderung trifft den Eigentümer in diesem Fall nur dann (und möglicherweise nicht einmal in vollem Umfang), wenn er beispielsweise sein Grundstück veräußert und dabei nicht mehr denjenigen Kaufpreis erzielen kann, der dem früheren Grundstückswert entspricht[126]. Der planbedingte Entzug einer zuvor zulässigen aber noch nicht verwirklichten Nutzungsmöglichkeit wird dagegen vielfach unmittelbar schon mit Inkrafttreten des Bebauungsplanes für den Eigentümer spürbar werden[127]. Diese Differenzierung hat auch Auswirkungen auf den Zeitpunkt, zu dem der Eigentümer durch schriftlichen Entschädigungsantrag nach § 44c BBauG die Fälligkeit des Entschädigungsbetrages herbeiführen kann. **95**

Die **Siebenjahresfrist** beginnt mit dem Zeitpunkt, zu dem die ursprüngliche Nutzungsmöglichkeit — zu einem Anspruch verdichtet — entstand. Nach Art. 3 § 10 I des Änderungsgesetzes zum BBauG vom 18. 8. 1976 ist der früheste Zeitpunkt der 1. 1. 1977, der Tag des Inkrafttretens der Neuregelung des Planschadensrechts; die Begrenzung der Entschädigung durch die Sieben-Jahres-Frist ist also hinsichtlich aller vor diesem Tag bestehenden planungsrechtlichen Nutzungsmöglichkeiten am 1. 1. 1984 zur Geltung gelangt. Modifizierungen hinsichtlich der Frist ergeben sich nach § 44 V—VIII BBauG u. a. bei Erlaß einer Veränderungssperre oder bei rechtswidriger Verweigerung einer Baugenehmigung (vgl. hierzu unten C I). **96**

---

124 BGH DVBl. 1978, 378 f.
125 BGH NJW 1968, 1278, für die vergleichbare Rechtslage vor 1977; ebenso *C. Müller,* NJW 1973, 2177; *Ernst/Zinkahn/Bielenberg,* § 44 Rdn. 82 ff.; a. A. offenbar auch für § 44 II BBauG n.F. *Schrödter,* § 44 Rdn. 81.
126 *Gaentzsch,* § 44 Anm. 8.
127 *C. Müller,* NJW 1973, 2177 (2179); *Schütz/Frohberg,* § 44 Anm. IV.

97 2.2.2. **Nach Ablauf** der Siebenjahresfrist kommt gemäß § 44 III BBauG der volle Ausgleich einer planungsbedingten Bodenwertminderung nicht mehr ohne Einschränkung in Betracht. § 44 III 1 BBauG erweckt durch seine Formulierung sogar den Eindruck, daß Minderungen des **Bodenwertes** dann überhaupt unbeachtlich sein sollen; eine Entschädigung könnte dann nur **„für Eingriffe in die ausgeübte Nutzung"** verlangt werden, wenn nämlich diese infolge der Aufhebung oder Änderung der planungsrechtlichen Nutzbarkeit unmöglich gemacht oder wesentlich erschwert würde. Entschädigungsgegenstand (oben 1.1) wäre dann nicht der Bodenwert, sondern ausschließlich die (realisierte) **Bodennutzung** als solche. Diese vom Gesetzeswortlaut nahegelegte Interpretation kann jedoch nicht richtig sein. Hier ist zunächst darauf hinzuweisen, daß ein Bebauungsplan grundsätzlich vorhandene Bodennutzungen unberührt läßt (sogenannter Bestandsschutz) und allenfalls mittelbar unter bestimmten Voraussetzungen (hierzu unten 2.3) beeinträchtigen kann[128]. Wäre ein Entschädigungsanspruch auf diese wenigen Fälle beschränkt, so ließe sich dies schwerlich mit der Eigentumsgarantie des Art. 14 GG (hierzu unten 3) vereinbaren. Unklar bliebe dann auch, welche Funktion § 44 IV BBauG (hierzu unten 2.3) haben sollte, der (unter Verwendung derselben Formulierung wie § 44 III 1 BBauG) von „Entschädigungen für Eingriffe in ausgeübte Nutzungen" spricht; ganz offensichtlich soll doch gerade (erst) mit dieser Vorschrift der Entschädigungsgegenstand „realisierte Bodennutzung" angesprochen werden[129]. Den entscheidendsten Hinweis auf die hier vertretene Auffassung liefert indes § 44 III 2 BBauG, der hinsichtlich der Höhe der Entschädigung auf die Beeinträchtigung abstellt, die sich aus einem Vergleich des Bodenwertes nach der Planung mit dem **Wert des Grundstücks nach Maßgabe seiner tatsächlichen Nutzung** ergibt. (Im obigen Beispiel der Herabzonung eines Grundstücks mit fünfgeschossig zulässiger Bauweise käme es also nicht auf den Wert dieser Nutzungsmöglichkeit, sondern auf den Bodenwert aufgrund der tatsächlichen zweigeschossigen Bauweise an). Diese Vorschrift ist mehr als eine Berechnungsanleitung; sie verdeutlicht den auch schon aus § 44 I BBauG erkennbaren Grundsatz, daß auch im Rahmen des § 44 III BBauG, also nach Ablauf der Siebenjahresfrist, Entschädigungsgegenstand nicht die vorhandene Bodennutzung als solche, sondern **nur**[130] der — hier nun freilich nach der realisierten Bodennutzung bemessene — **Bodenwert** ist. Eine zwar vorhandene, aber nicht realisierte bessere Nutzungsmöglichkeit bleibt außer Betracht. Darum kann ein Entschädigungsanspruch u. U. durchaus vollständig entfallen, wenn der Grundstückseigentümer ein herabgestuftes, aber zuvor planerisch wertvolleres Grundstück überhaupt noch nicht baulich genutzt hatte.

98 Eine andere Frage ist dagegen auch hier, ob die auch nach § 44 III BBauG vorgeschriebene Bodenwertentschädigung allein schon aufgrund der planerischen Herabzonung oder erst dann geschuldet wird, wenn sich die Herabzonung für den Grundstückseigentümer tatsächlich negativ auswirkt. Die Formulierung in § 44 III 1 BBauG, wonach eine Entschädigung für Eingriffe in die ausgeübte Nutzung und für eine Beeinträchtigung der planungsgemäßen oder sonstigen Möglichkeiten der wirt-

---

128 *Breuer,* DÖV 1978, 189 (196 f.); *Papier,* in: *Maunz/Dürig,* Art. 14 Rdn. 362.
129 *Gaentzsch,* § 44 Anm. II.
130 Insoweit anders *Papier* und *Breuer,* a.a.O. (Fn. 128).

schaftlichen Nutzung des Grundstücks zu leisten ist, deutet in der Tat darauf hin, daß nicht schon die **abstrakte** Bodenwertminderung, sondern erst der sich hieraus ergebende **konkrete** Nachteil für den Eigentümer (etwa bei einer beabsichtigten Belastung, bei Verkauf, Vermietung oder Verpachtung des Grundstücks) eine Entschädigungspflicht begründen soll. Auch bei § 44 III BBauG wird man darum (wie schon in den Fällen des § 44 II BBauG) als zusätzliche Entschädigungsvoraussetzung verlangen müssen, daß die Bodenwertminderung für den Eigentümer in irgendeiner Form **spürbar** geworden ist[131].

2.2.3. Im Unterschied zu seinem sonstigen Regelungsgehalt betrifft § **44 Abs. 4** **99** **BBauG** nicht den Bodenwert eines Grundstücks, sondern dessen konkrete **Nutzung** als solche, also die darauf errichteten Gebäude oder den auf dem Grundstück befindlichen eingerichteten und ausgeübten Gewerbebetrieb. Wie schon erwähnt, greift eine planerische Herabzonung nicht unmittelbar rechtlich in eine vorhandene Nutzung ein (das ist nur im Wege einer förmlichen Enteignung möglich), sondern läßt sie grundsätzlich unberührt auslaufen. Bei besonderen Fallkonstellationen kann aber von Planungen ein faktischer Eingriff in die Nutzung ausgehen, z. B. dann, wenn betriebsnotwendige Modernisierungs-, Erweiterungs- oder Ersatzbauten nach der neuen Rechtslage nicht mehr ausgeführt werden dürfen und der Betrieb hierdurch seine Wettbewerbsfähigkeit einbüßt[132]. § 44 IV BBauG regelt den hier verwirklichten Entschädigungstatbestand nicht selbst, sondern verweist auf andere Anspruchsgrundlagen (z. B. auf Ansprüche wegen enteignenden Eingriffs oder — im Falle des planbedingten Widerrufs einer immissionsschutzrechtlichen Genehmigung — auch auf § 21 BImSchG)[133]. Diese unmittelbar durch Art. 14 GG gewährleisteten Ansprüche unterliegen nach § 44 IV BBauG keinen planschadensrechtlichen Beschränkungen.

2.3. Auch die §§ **40 und 42 BBauG** betreffen Planungsschäden, die sich aus der ver- **100** minderten Nutzbarkeit von Grundstücken aufgrund entsprechender Festsetzungen im Bebauungsplan ergeben. Im Unterschied zu § 44 BBauG handelt es sich hier jedoch nicht allein darum, sondern zugleich um die positive Bestimmung konkreter Nutzungsformen wie etwa bei der Festsetzung von Flächen als Verkehrs-, Versorgungs- oder ähnlichen Flächen oder bei der Festsetzung von Flächen, die mit Geh-, Fahr- oder Leitungsrechten zu belasten sind. Das zielt mehr auf eine Ersetzung der autonom-privatnützigen durch eine heteronom-gemeinnützige Nutzungsbestimmung; sie müßte im Wege einer formellen Enteignung der betreffenden Grundstücke oder ihrer Belastung mit entsprechenden dinglichen Rechten realisiert werden, bei der dann der Eigentümer zu entschädigen wäre. Aber auch schon vor derartigen Realisierungsmaßnahmen kann der Grundstückseigentümer allein durch die **planungsrechtliche** Aufhebung oder Einschränkung der Privatnützigkeit in seinem Eigentumsrecht betroffen sein, weil die zu erwartende Inanspruchnahme des Grundstücks für den geplanten Zweck schon im voraus dessen Verkehrswert oder Nut-

131 *Schrödter,* § 44 Rdn. 81.
132 *Breuer,* Bodennutzung, S. 208.
133 A. A. *Ernst/Zinkahn/Bielenberg,* § 44 Rdn. 120.

zungsertrag mindert[134]. Auch das in solchen Fällen meist geltende Verbot wertsteigernder Änderungen baulicher Anlagen (§ 32 BBauG) kann Eigentumsbeeinträchtigungen bewirken.

101 Die vom Gesetz (§§ 40 II, 42 BBauG) getroffene angemessene Lösung dieses Eigentumskonflikts liegt darin, die belastende Vorwirkung der planerischen Festsetzungen dadurch zu beenden, daß die ohnehin geplante Inanspruchnahme des Grundstücks und die dann weiterhin fällige Entschädigung vorgezogen wird. Der Grundstückseigentümer kann hiernach die Übernahme seines Grundstücks oder dessen Belastung verlangen. Allerdings muß sichergestellt sein, daß er tatsächlich durch die planerische Festsetzung schon gegenwärtig belastet ist[135]. Andernfalls träte ohne Rechtfertigung durch Art. 14 GG die Entschädigungsfolge schon zu einem Zeitpunkt ein, in dem die entschädigungsbegründende Maßnahme, die Inanspruchnahme des Grundstücks, noch gar nicht im Interesse der planenden Gemeinde liegt.

Beispiel:

102 Die Witwe W besitzt ein Hofgrundstück, dessen Wert ihr als Alterssicherung dienen soll. Das Gebiet, in dem das Grundstück liegt, ist 1969 durch einen Bebauungsplan der Gemeinde G als Wohnbaufläche für Einzelhäuser ausgewiesen worden. 1979 wurde der Bebauungsplan geändert: Für das Grundstück der W ist jetzt eine Grünfläche mit Spielplatz vorgesehen. W, die inzwischen Geld benötigt, verkauft ihr Grundstück mit allen sich daraus ergebenden Rechten und Pflichten an E, der nun seinerseits von der Gemeinde G Entschädigung verlangt. G sieht hierfür jedoch keinen Anlaß.

Es kommt nur eine Entschädigung in der Form der Übernahme des Grundstücks nach § 40 II BBauG in Betracht (§ 44 III 1 BBauG). Entschädigungspflichtig wäre hiernach die Gemeinde (§ 44 a I BBauG); da es mit ihr jedoch zu keiner Einigung kommt, muß E von der Enteignungsbehörde (§ 104 BBauG) die Entziehung des Eigentums nach enteignungsrechtlichen Vorschriften verlangen; das geschieht nötigenfalls durch Antrag auf gerichtliche Entscheidung (§ 157 BBauG). Ob E nach § 40 II Nr. 1 BBauG übernahmeberechtigt ist, hängt davon ab, ob ihm selbst (nicht etwa der W) zugemutet werden kann, das Grundstück bis zu einem späteren Enteignungsverfahren zu behalten. Weiterhin setzt ein Anspruch nach § 40 II BBauG wie alle Entschädigungsansprüche voraus, daß dem Grundstückseigentümer durch die Herabzonung fühlbare Vermögensnachteile entstanden sind, welche die enteignungsrechtliche Opfergrenze überschreiten. Insoweit kommt es auf die Rechtsposition der W an, in die E durch Rechtsnachfolge eingerückt ist. Die Herabzonung hat den Verkehrswert des Grundstücks erheblich vermindert. Dieser Vermögensnachteil war für W auch schon spürbar, da sie das Grundstück veräußern wollte. Zwar sind nach § 44 b III 2 BBauG Wertminderungen nicht zu berücksichtigen, die nach § 44 BBauG nicht zu entschädigen wären. Die Sieben-Jahres-Frist nach § 44 III BBauG, die eine Entschädigung auf die vorhandene Nutzung (Hofgrundstück statt planerisch zulässiger Wohnhausbebauung) beschränken würde, war zum Zeitpunkt der Planänderung noch nicht verstrichen (vgl. oben Rdn. 96). Es wäre demnach ggf. eine Enteignungsentschädigung nach dem Verkehrswert von Einzelhausgrundstücken zu zahlen (vgl. BGH DÖV 1985, 794).

103 2.4. Entschädigungsansprüche nach **§ 43 BBauG** werden veranlaßt durch die Auferlegung sogenannter „Positivpflichten", wie sie nach § 9 I Nr. 25 BBauG in einem Bebauungsplan getroffen werden dürfen, also durch Bindungen für Bepflanzungen, Erhaltungs- und Anpflanzgebote. Ihre Durchsetzbarkeit wird durch § 39b VIII

---

134 BGHZ 63, 420.
135 BGH DÖV 1985, 794 (795).

BBauG gesichert. Grundsätzlich handelt es sich hierbei um Regelungen, welche die privatnützige Verwendung eines Grundstücks nur peripher binden; nur soweit außerordentliche Aufwendungen erforderlich werden oder durch die Festsetzungen eine wesentliche Wertminderung des Grundstücks eintritt, ist eine Entschädigung geboten. Wird die Wertminderung dagegen nicht durch das Pflanzgebot als solches, sondern durch eine dem vorausgehende planungsrechtliche Änderung der Grundstücksnutzung bewirkt, so gelangt statt § 43 BBauG die Entschädigungsregelung des § 44 BBauG zur Anwendung.

3. Planschadensrecht und Baufreiheit

3.1. Die Bodennutzung steht in einem „**Konflikt zwischen Städtebau und Eigentumsgarantie**" *(Breuer)*. Eine sachgerechte Anpassung der städtebaulichen Planung an die sich wandelnden Bedürfnisse und Vorstellungen wäre erheblich erschwert, schriebe man den jeweiligen planerischen status quo eigentumsrechtlich fest und ließe Planänderungen durchweg nur gegen Entschädigung zu. Das jetzige Planschadensrecht geht in § 44 BBauG einen gangbaren Mittelweg und trägt über die Siebenjahresfrist sowohl dem städtebaulichen Ziel der Planflexibilität wie auch dem eigentumsrechtlichen Wert der Plankontinuität Rechnung. Über seine verfassungsrechtliche Einordnung und seine Vereinbarkeit mit der Eigentumsgarantie des Art. 14 GG besteht freilich Streit; er wird üblicherweise als ein Streit um die Baufreiheit geführt[136]. **104**

3.1.1. Die **Baufreiheit** ist verfassungsgeschichtlich gesehen ein Begriff aus der Vorstellungswelt des politischen Liberalismus, dessen beide tragende Säulen, Freiheit und Eigentum, sich in ihm vereinigen. Er bezeichnet ein natürliches und vorstaatliches Recht des Einzelnen, das neben anderen die Grundlage für die Entfaltung einer vom Staat prinzipiell unabhängig gedachten Gesellschaft bilden soll. Baufreiheit hat hiernach die grundsätzliche Befugnis des Eigentümers zum Inhalt, sein Grundstück nach Maßgabe des geltenden Rechts, im übrigen aber nach seinem Belieben zu bebauen. **105**

3.1.2. Während die bislang wohl noch herrschende Auffassung an dieser tradierten Vorstellung von einer verfassungsrechtlich vor allem durch Art. 14 GG gewährleisteten Baufreiheit festhält, möchte eine neuere Lehre Baufreiheit auf eine **öffentlich-rechtlich** vermittelte Bebauungsbefugnis reduziert verstehen. Dieser auf *Schmidt-Aßmann*[137] und *Breuer*[138] zurückgehenden Vorstellung liegt die zutreffende Erkenntnis zugrunde, daß das Bauen unter den heutigen bodenrechtlichen Gegebenheiten tatsächlich eben nicht frei, sondern (von den Ausnahmetatbeständen der §§ 34 und 35 BBauG abgesehen) nur in solchen Bereichen zulässig ist, die vom Staat im Wege kommunaler Bauleitplanung hierfür zur Verfügung gestellt werden. Dieser **106**

---

136 *Schrödter,* § 44 Rdn. 8 ff.
137 Grundfragen S. 89 ff.
138 Bodennutzung, S. 166 ff.

Planvorbehalt der Baufreiheit bedeutet der Sache nach für eine Vielzahl von Grundstücken insbesondere im unbeplanten Außenbereich (§ 35 BBauG) ein faktisches Bauverbot; aber auch bei planungsrechtlich bebaubaren Grundstücken ist die Art und Weise der Bebauung im Bebauungsplan häufig so detailliert vorgegeben, daß dem Eigentümer im Extremfall von der Baufreiheit fast nur noch die Entscheidung darüber verbleibt, wann er sein Grundstück bebauen will. Die neuere Lehre zieht aus dieser planungsrechtlichen Mediatisierung der Baufreiheit den Schluß, daß die Bebauungsbefugnis kein mit dem Eigentum am Grundstück vorgegebenes subjektiv-privates Recht sei, sondern als eine öffentlich-rechtliche „Nutzungszuweisung" und damit als ein durch staatlichen Planungsakt verliehenes subjektiv-öffentliches Recht verstanden werden müsse[139].

107 3.1.3. Vor dem Hintergrund dieser neueren Konzeption der Baufreiheit ist auch die gegenwärtige Regelung des **Planschadensrechts** zu sehen. Handelt es sich nämlich, wie diese Lehre meint, bei der durch Bebauungsplan oder planersetzende Rechtsnorm (§§ 34, 35 BBauG) eröffneten Bebauungsbefugnis nicht um Eigentum, sondern um eine staatlich verliehene subjektiv-öffentliche Rechtsposition, so ist der Eigentümer gegenüber späteren Planänderungen weniger geschützt. Zwar konkretisiert sich auch dann die Bebauungsbefugnis bei Vorliegen der sonstigen Voraussetzungen zu einem Anspruch auf Erteilung einer Baugenehmigung. Bis zur Realisierung dieses Anspruchs kann die Bebauungsbefugnis jedoch jederzeit durch eine planerische Herabzonung wieder eingeschränkt oder entzogen werden, ohne daß hiermit dann in Eigentumsrechte des Betroffenen eingegriffen würde; ein möglicher Wertverlust des Grundstücks braucht darum grundsätzlich nicht durch staatliche Entschädigungsleistungen kompensiert zu werden. Die Situation ist lediglich dann anders, wenn die zuvor zulässige Bodennutzung bereits verwirklicht, das Grundstück also bebaut war. In diesem Fall hat auch nach der neueren Lehre der Inhaber seine ihm verliehene Rechtsposition „ins Werk gesetzt", was nach der Rspr. des BVerfG zum Eigentumsschutz subjektiv-öffentlicher Rechtspositionen[140] zur Folge hat, daß sie zu Eigentum erstarkt. Wird hier die bisherige Bodennutzung durch die Planänderung beeinträchtigt, muß dafür eine Entschädigung geleistet werden[141].

108 Auf diese Differenzierung zwischen eigentumsrechtlich ungeschützter Bebaubarkeit eines Grundstücks und deren zu Eigentum erstarkender Realisierung scheint auch § 44 III BBauG zurückgreifen zu wollen, wenn er hinsichtlich der Entschädigung zwischen bloßer Nutzbarkeit eines Grundstücks und der ausgeübten Nutzung unterscheidet. Hierzu paßt freilich nicht ganz die in § 44 II BBauG enthaltene Zuerkennung von Entschädigungsansprüchen für nachträgliche Beschränkungen auch der noch nicht realisierten Nutzbarkeit eines Grundstücks, sofern diese Beschränkungen nur in den ersten sieben Jahren seit Eintritt der Bebauungsbefugnis erfolgen. Eigentumsrechtlich wäre die Entschädigung nach der neueren Lehre nicht erforderlich; sie muß vielmehr als eine Konzession des Gesetzgebers an das Vertrauen in die Konti-

---

139 Ausführlich dargestellt bei *Ernst/Hoppe,* Rdn. 159 ff.; *Papier,* in: *Maunz/Dürig,* Art. 14 Rdn. 57 ff.
140 U. a. BVerfGE 45, 142 (170).
141 *Breuer,* Bodennutzung, S. 195 ff., 204 ff.

nuität der Bauleitplanung verstanden werden[142]. Dem Eigentümer wird hiernach eine Frist von sieben Jahren eingeräumt, die durch die Bauleitplanung gewährte Nutzbarkeit seines Grundstücks wirtschaftlich durch dessen Bebauung oder Verkauf als Bauland auszuschöpfen, ohne befürchten zu müssen, durch eine alsbaldige Planänderung des neu gewonnenen wirtschaftlichen Wertes seines Grundstücks wieder verlustig zu gehen.

3.2. Die Reduktion der Baufreiheit auf eine staatlich vermittelte öffentlich-rechtliche Bebauungsbefugnis hält einer **kritischen Würdigung** nicht stand. Der Konflikt zwischen Städtebau und Eigentumsgarantie läßt sich durchaus auf der Basis der eigentumsrechtlich gewährleisteten Baufreiheit in dogmatisch wie praktisch angemessener Weise lösen, ohne daß es hierzu der Eliminierung just jener Nutzungsform von Grundstücken aus dem Eigentumsbegriff bedarf, die in vielen Fällen die wichtigste, wenn nicht die einzige ist. **109**

3.2.1. Die Lösung muß beim „grundlegenden Gehalt der Eigentumsgarantie" ansetzen, dessen Inhalt von der Funktion dieser Garantie her zu erschließen ist. Der durch Art. 14 GG beabsichtigte Schutz der **Privatnützigkeit** des Eigentums zeichnet sich durch grundsätzliche Verfügungsbefugnis des Eigentümers über den Eigentumsgegenstand aus[143] und erstreckt sich über das „Haben-dürfen" hinaus auch auf das „Gebrauchen-können"[144]. Die bauliche Nutzbarkeit von Grundstücken ist ein zentraler Ausdruck ihrer Privatnützigkeit und darf nicht a limine begrifflich vom Eigentumsrecht geschieden und einer Sonderbehandlung zugeführt werden. Das bedeutet nicht etwa, daß der Eigentümer überall und jederzeit sein Grundstück nach Belieben bebauen darf. Sein Eigentum unterliegt der Sozialbindung nach Maßgabe des Art. 14 I 2 und II GG. Das gelangt vor allem im Bauleitplanungsrecht zum Ausdruck, welches Grund und Boden einer staatlich gestalteten **städtebaulichen Ordnung** unterwirft. Auch aus traditioneller Sicht stellt sich Baufreiheit darum als eine in die staatliche Daseinsfürsorge eingebundene und staatlich geordnete Freiheit dar. Andererseits besteht sie entgegen einer gelegentlich zu hörenden Ansicht[145] nicht etwa nur als ein bloß **virtuelles** Recht, das zu seiner rechtlichen Wirksamkeit erst noch der Aktualisierung und Freisetzung durch staatliche Planung bedarf. Wie eine reichhaltige Rspr. bestätigt[146], fällt der Gesichtspunkt der Baufreiheit auch unabhängig von solch staatlicher Zutat als Bestandteil des verfassungsrechtlich geschützten Eigentums durchaus ins Gewicht: so etwa bei der Abwägung öffentlicher und privater Belange im Zusammenhang der Bauleitplanung (§ 1 VII BBauG) oder als zusätzliche Quelle bodenrechtlicher Bebauungsbefugnis neben den gesetzlichen Zulässigkeitstatbeständen (hierzu unten B IV 5). **110**

Nun räumen zwar auch die Verfechter einer öffentlich-rechtlich vermittelten Baufreiheit ein, daß die Nutzbarkeit privaten Grund und Bodens „nicht einer hoheitli- **111**

---

142 *Papier,* BauR 1976, 297 (303).
143 BVerfGE 31, 229 (240).
144 *Ernst/Hoppe,* Rdn. 164.
145 *Ernst/Hoppe,* Rdn. 566.
146 Vgl. *Rengeling,* AöR 105, 423 (441 ff.).

chen Totaldisposition und einem beliebigen entschädigungsfreien Diktat planerischer Eingriffe unterworfen" werden dürfe[147]. Sie weisen darauf hin, daß verfassungsrechtlich geschütztes Eigentum auch in der Form (zugewiesener) subjektiv-öffentlicher Rechte möglich sei, wenn diese das Recht zu bauen in solchem Umfang und so beständig eröffneten, daß der privatnützigen Disposition des Eigentümers damit hinreichend Spielraum verbleibe[148]. Mit solchen Bemerkungen mag indes zwar der **Institutsgarantie** des Eigentums Rechnung getragen werden, deren Anliegen es ist, Eigentum in seiner privatnützigen Funktion grundsätzlich als objektives Rechtsinstitut zu erhalten. Art. 14 GG schützt aber darüber hinaus auch die subjektive Rechtsstellung des Eigentümers als **Individualgrundrecht.** Dieser Aspekt wird bei der Vorstellung von einer öffentlich-rechtlich vermittelten Baufreiheit vernachlässigt, wenn sie vor ihrer Realisierung entschädigungslos wieder entzogen werden kann, sofern nur die zur Entziehung legitimierende Regelung allgemein die Bebaubarkeit von Grundstücken im Sinne der Institutionsgarantie als einen Faktor privatnütziger Dispositionsbefugnis berücksichtigt und erhält.

112   3.2.2. Gegen die eigentumsrechtliche Qualität der Baufreiheit spricht keineswegs die weitgehende **Planabhängigkeit** des baulichen Nutzungsrechts. Zwar kommt diese Abhängigkeit jedenfalls im unbeplanten Außenbereich (§ 35 BBauG) für die meisten Bauvorhaben praktisch einem Bauverbot gleich. Das mag es rechtfertigen, von einem „Kondominium von Eigentümerherrschaft und Planungshoheit"[149] zu sprechen. Doch ist es wohl verfehlt, insoweit allein auf den Planvorbehalt des § 30 BBauG abzustellen[150]; im Hinblick auf die §§ 34 und 35 II BBauG wäre statt von einem Planvorbehalt besser von dem **städtebaulichen Ordnungsvorbehalt** zu sprechen, unter dem die Baufreiheit steht. Dieser Begriff verdeutlicht, daß das Baurecht dem Eigentümer abverlangt, sich bezüglich der baulichen Nutzung seines Grundstücks dem Prinzip eines städtebaulich geordneten — und das heißt notwendigerweise auch: auf bestimmte Bereiche beschränkten — Bauens zu unterwerfen. Diese Einschränkung rechtfertigt sich ohne weiteres aus der erhöhten Sozialbindung des Eigentums, ohne zu einer Eliminierung der Bebauungsbefugnis aus dem Eigentumsbegriff zu nötigen. Im übrigen wäre auch im beplanten Bereich der staatliche Planungsakt mißverstanden, wollte man ihm eine Zuteilungsfunktion beimessen. Seine Intention ist es nicht, bestimmten Grundstückseigentümern eine zusätzliche Rechtsposition zu verschaffen; dies würde auch Probleme der Gleichbehandlung aufwerfen, mit der sich das Planungsermessen des Planungsträgers schwerlich vertrüge[151]. Bodenrechtliche Planungsmaßnahmen zielen vielmehr unmittelbar nur auf die Herstellung einer städtebaulichen Ordnung; sie können lediglich mittelbar und reflexartig den davon betroffenen Grundstückseigentümern zugute kommen.

113   3.2.3. Mit der herkömmlichen und wohl auch noch herrschenden Ansicht in Rspr. und Lehre wird man darum auch weiterhin die Baufreiheit als ein eigentumsrechtlich

---

147 *Schrödter,* § 44 Rdn. 7.
148 *Breuer,* Bodennutzung, S. 177 ff.
149 *Schrödter,* § 44 Rdn. 7 f.
150 *Papier,* in: *Maunz/Dürig,* Art. 14 Rdn. 66.
151 Vgl. auch *Papier,* Rdn. 65 ff.

vorgegebenes Recht verstehen können, das freilich unter einem städtebaulichen Ordnungsvorbehalt steht und sich vielfach erst aufgrund planerischer Hoheitsakte zu geschütztem Eigentum verfestigt. Deswegen ist jedoch die Regelung des § 44 III BBauG, der für Eingriffe in das solchermaßen erstarkte Recht nur zeitlich befristet eine Entschädigung gewährt, nicht schon verfassungswidrig[152]. Es handelt sich hierbei vielmehr um eine — durch die Sozialbindung des Eigentums legitimierte — neuartige Form von Eigentumsbindungen. Das Eigentumsrecht wird hier nicht inhaltlich, sondern zeitlich beschränkt. Die Beschränkung besteht in der dem Eigentümer auferlegten **Obliegenheit zur Nutzungsverwirklichung** innerhalb von sieben Jahren seit Eintritt der Nutzungsmöglichkeit; sie rechtfertigt sich aus dem öffentlichen Interesse an einer hinreichenden Planflexibilität und an der Verhinderung spekulativer Bodenhortung. Dabei muß freilich der Gedanke der Privatnützigkeit gewahrt bleiben. Durch § 44 BBauG wird dem Eigentümer die privatnützige Verfügungsbefugnis über sein Grundstück und über dessen planbedingten wirtschaftlichen Wert nicht genommen; ihm wird aber aufgegeben, die durch den Plan inhaltlich gestaltete Privatnützigkeit eines Grundstücks durch eigenes Bauen oder durch Verkauf als Bauland tatsächlich auch in plankonformer Weise zu verwirklichen, wenn er nicht Gefahr laufen will, durch eine nach sieben Jahren erfolgende Planänderung den ihm planbedingt zugewachsenen Wert des dann immer noch nicht oder nicht voll genutzten Grundstücks wieder zu verlieren. Das Recht der Privatnützigkeit wird ergänzt durch eine entsprechende Verwertungsobliegenheit. Sie führt dazu, daß dem Eigentümer der wirtschaftliche Wert der ihm planerisch eröffneten Nutzungsmöglichkeiten nicht unbefristet garantiert bleibt. Entscheidende Bedeutung kommt unter diesen Umständen dem **Umfang** der Frist zu, die dem Eigentümer zur plankonformen Verwertung seines Grundstücks zur Verfügung steht; sie muß so bemessen sein, daß er nicht zwangsläufig in Zeitnot gerät und dadurch faktisch in der Realisierung der ihm eröffneten privatnützigen Möglichkeiten behindert wird. Hier dürfte indes § 44 BBauG in Hinblick auf die Siebenjahresfrist des Abs. II, wegen der Ausnahmeregelungen der Absätze IV—VII und wegen der Auskunftspflicht der Gemeinde zur Länge der Frist nach Abs. X keinen Anlaß zu Bedenken geben.

Vertiefungsliteratur:

1. Einzelne Entschädigungstatbestände

Birk: Tendenzen des Planschadensrechts. NVwZ 1984, 1; *Bröll:* Das Planungsschadenrecht des Bundesbaugesetzes. BayVBl. 1984, 424; *Finkelnburg/Ortloff:* Öffentliches Baurecht. S. 82 ff.; *Müller:* Spürbarkeit des Enteignungseingriffs bei Bauverboten. NJW 1973, 2177; *Papier:* Aktuelle Probleme des Planungsschadensrechts nach § 44 BBauG. BauR 1976, 297; *Rothe:* Die Entschädigung bei Änderung oder Aufhebung einer zulässigen Nutzung nach § 44 BBauG. JZ 1978, 169; *Ziegler:* Rechtfertigung, Inhalt und Reichweite des § 44 III BBauG. ZfBR 1983, 169.

2. Planschadensrecht und Baufreiheit

Battis: Novelliertes BBauG und Grundgesetz. DÖV 1978, 113; *Breuer:* Die Bodennutzung im Konflikt zwischen Städtebau und Eigentumsgarantie (1976). S. 158 ff.; *ders.:*

---

152 Bedenken allerdings bei *Papier,* Rdn. 360.

Entschädigungsrechtliche Konsequenzen von Eingriffen in die Baufreiheit. DÖV 1978, 189; *Ernst/Hoppe:* Das öffentliche Bau- und Bodenrecht, Raumplanungsrecht. Rdnr. 159—166; *Maunz:* Bodenrecht vor den Schranken des Grundgesetzes. DÖV 1975, 1; *Papier:* Aktuelle Probleme des Planungsschadensrechts nach § 44 BBauG. BauR 1976, 297; *ders.:* Kommentierung zu Art. 14, Rdnr. 57—74, 362, in: *Maunz/Dürig:* Grundgesetz; *Rengeling:* Das Grundeigentum als Schutzobjekt der Eigentumsgarantie. AöR 105, 423; *Schmidt-Aßmann:* Grundfragen des Städtebaurechts (1972). S. 261 ff.; *ders.:* Probleme des modernen Städtebaus in verfassungsrechtlicher Sicht. DVBl. 1972, 627; *Schulte:* Das Dogma Baufreiheit. DVBl. 1979, 133.

IV. Bodenrechtliche Zulässigkeit von Bauvorhaben

1. Bauvorhaben und Genehmigungsvorbehalt

114 Ziel der bodenrechtlichen Bestimmungen des BBauG ist es, die bauliche Nutzung von Grund und Boden nach Maßgabe bestimmter städtebaulicher Ordnungsvorstellungen zu beeinflussen. Hierzu dienen in erster Linie die Festsetzungen des gemeindlichen **Bebauungsplanes** und die rechtsnormativen Ordnungskategorien der Baunutzungsverordnung (BauNVO), auf die er sich bezieht. § 30 BBauG bestimmt dementsprechend, daß ein bauliches Vorhaben nur dann zulässig ist, wenn es den Festsetzungen eines hierfür einschlägigen Bebauungsplanes entspricht. Soweit ein Bebauungsplan nicht vorhanden ist, gilt darum nicht etwa ein generelles Bauverbot. Hier regelt das Gesetz vielmehr selbst in den §§ 34 und 35 BBauG, die insoweit eine **Planersatzfunktion** aufweisen, unterschieden nach Innen- und Außenbereich die Zulässigkeit der baulichen Grundstücksnutzung. Insgesamt enthalten also diese Vorschriften — zusammen mit einigen ihnen benachbarten und sie teilweise modifizierenden Regelungen — **Zulässigkeitstatbestände,** die erfüllt sein müssen, wenn ein Bauvorhaben erlaubt sein soll.

115 1.1. Die **Einhaltung** der materiell-rechtlichen Voraussetzung des Bauleitplanungsrechts wird **verfahrensrechtlich** über § 29 BBauG einerseits und über die Baugenehmigung- und Bauanzeigevorschriften des Bauordnungsrechts andererseits gesichert. § 29 BBauG unterwirft Bauvorhaben, die bauordnungsrechtlich genehmigungs- oder anzeigepflichtig sind, den in den §§ 30—37 BBauG enthaltenen bodenrechtlichen Bestimmungen. In den Bauordnungen der Länder ist korrespondierend bestimmt, daß für genehmigungspflichtige Bauvorhaben die Genehmigung erteilt wird, wenn sie den öffentlich-rechtlichen Vorschriften entsprechen (§ 69 I 1 MBO 1981; § 70 I 1 BauO NW). Ein Anzeigeverfahren gibt es in denjenigen Bauordnungen, die der neuen MBO 1981 bereits angepaßt sind, nicht mehr; soweit es noch vorhanden ist, sind anzeigepflichtige Vorhaben zu untersagen, wenn öffentlich-rechtliche Vorschriften entgegenstehen (§ 94 II 1 MBO 1960). In beiden Fällen rechnen zu den öffentlich-rechtlichen Vorschriften auch die Zulässigkeitsbestimmungen der §§ 30—37 BBauG.

116 1.1.1. Der Schlüsselbegriff für diese ineinander verschränkten Regelungen ist der Begriff des **Bauvorhabens.** Hierunter versteht man eine bauliche Maßnahme, die auf die Errichtung, Änderung oder Nutzungsänderung einer baulichen Anlage gerichtet ist (§ 29 S. 1 BBauG). Streng genommen ist dabei die Nutzungsänderung zwar nicht notwendigerweise mit einem baulichen Vorgang verbunden; sie hat aber gleichwohl eine baurechtliche Bedeutung, da die Zulässigkeit eines Bauwerks wesentlich durch die Art seiner Nutzung mitbestimmt wird. Was inhaltlich als ein Bauvorhaben anzusehen ist, hängt hauptsächlich davon ab, wie man den Begriff der **baulichen Anlage** zu bestimmen hat. Eine Begriffsbestimmung enthalten die verschiedenen Landesbauordnungen und die Musterbauordnung. Dort ist im allgemeinen geregelt, daß bauliche Anlagen mit dem Erdboden verbundene und aus Baustoffen und Bauteilen hergestellte Anlagen sind; bestimmte andere Anlagen (z. B. durch Erdbewegungen hervorgegangene Anlagen, Dauercampingplätze oder ortsfest benutzte Wohnwagen) werden je nach Landesrecht den baulichen Anlagen unmittelbar oder fiktiv zugerechnet (§ 2 II MBO; § 2 II BauO NW). Bundesrechtlich ist der Begriff der baulichen Anlage dagegen nicht definiert; § 29 S. 1 BBauG setzt ihn vielmehr bei der Regelung des Anwendungsbereichs der bodenrechtlichen Zulässigkeitsbedingungen voraus. Dieser bodenrechtliche Begriff ist mit dem bauordnungsrechtlichen zwar weitgehend deckungsgleich, prinzipiell aber nicht identisch[153].

Für den ersteren sind die städtebaulichen Zielsetzungen des BBauG, insbesondere die Steuerung der baulichen Nutzung durch die Zulässigkeitstatbestände der §§ 30—37 BBauG, maßgeblich[154], für den letzteren dagegen die in den Landesbauordnungen enthaltenen bauordnungsrechtlichen Belange, insbesondere der Gesichtspunkt der Gefahrenabwehr. Es ist darum theoretisch denkbar, daß eine Anlage landesrechtlich als bauliche Anlage behandelt und damit den materiellen und den Verfahrensbestimmungen des Landesbauordnungsrechts unterworfen wird, während sie dem bundesrechtlichen Anlagenbegriff (§ 29 BBauG) und infolgedessen den bodenrechtlichen Zulässigkeitstatbeständen nicht unterfällt[155].

1.1.2. § 29 BBauG verknüpft an einer sehr wesentlichen Stelle die sonst streng von **117** einander geschiedenen Bereiche des Städtebau- und des Bauordnungsrechts miteinander. Diese Verknüpfung bewirkt **materiell-rechtlich,** daß der Anwendungsbereich der bodenrechtlichen Bauvoraussetzungen grundsätzlich ebensoweit reicht wie derjenige der bauordnungsrechtlichen Regelungen. Ausnahmen gelten lediglich für Vorhaben der Landesverteidigung und für bestimmte Erdbewegungen und Lagerstätten (§ 29 Satz 2 und 3 BBauG), auf die die §§ 30—37 BBauG anwendbar sind, auch wenn sie weder einer Genehmigungs- noch einer Anzeigepflicht unterliegen (vgl. z. B. § 74 V MBO 1981; § 75 V BauO NW). **Verfahrensrechtlich** ermöglicht die Anknüpfung an die Genehmigungs- oder Anzeigepflicht die Durchsetzung sowohl der boden- wie auch der bauordnungsrechtlichen Bestimmungen in einem einzigen, nämlich dem Bauaufsichtsverfahren.

Diese Verknüpfung darf freilich nicht so verstanden werden, daß letztlich die Länder **118** kraft ihrer bauordnungsrechtlichen Regelungsbefugnis über den Anwendungsbereich der §§ 30 ff. BBauG beliebig verfügen könnten; dem stünden schon kompe

---

153 BVerwGE 44, 59 (61 f.).
154 Vgl. BVerwGE 39, 154 (156 f.); 40, 59 (61).
155 Vgl. etwa BVerwGE 39, 154 (156 f.); VGH Mannheim BRS 24 Nr. 129.

tenzrechtliche Erwägungen entgegen. § 38 BBauG bestimmt vielmehr abschließend, für welche bodenrechtlich relevanten Vorhaben die §§ 30 ff. BBauG keine Anwendung finden sollen. Das Landesrecht kann darum also nur Vorhaben von minderem Gewicht — vergleichbar den in § 86 MBO 1960 geregelten Fällen — von der Genehmigungs- oder Anzeigepflicht ganz ausnehmen; im übrigen darf es Vorhaben nur von der bauordnungsrechtlichen, nicht dagegen von der bodenrechtlichen Zulässigkeitsprüfung befreien[156].

119   1.1.3. Der **einheitliche Vollzug** des gesamten Baurechts durch die **Bauaufsichtsbehörden** ist ohne Zweifel von Vorteil, wenn auch nicht unproblematisch. Mit der bodenrechtlichen Kontrolle ist diesen Behörden nämlich zugleich auch die Sorge für die Belange der gemeindlichen Planungshoheit anvertraut. Hieraus ergeben sich organisationsrechtliche Probleme, da die Bauaufsicht eine staatliche Aufgabe darstellt, während die Bauleitplanung zur gemeindlichen Selbstverwaltung zählt. Zwar wird die Bauaufsicht, soweit nicht die Kreise hierfür zuständig sind, von den kreisfreien und größeren kreisangehörigen Städten als Auftrags- oder Pflichtaufgabe zur Erfüllung nach Weisung wahrgenommen; in diesem Fall sind dann beide Funktionen in einer Hand vereinigt. Aber auch dann unterliegen die Städte in ihrer Eigenschaft als untere Bauaufsichtsbehörde dem staatlichen Weisungsrecht. Unter diesen Umständen könnte es leicht zu Kollisionen der staatlichen Bauaufsicht mit der gemeindlichen Planungshoheit kommen. Das BBauG begegnet dieser Gefahr, indem es alle Entscheidungen der Baugenehmigungsbehörden, die sich nicht im strikten Vollzug der Festsetzungen eines Bebauungsplans erschöpfen, an das Einvernehmen der Gemeinde bindet (§ 36 BBauG). Dieser Vorbehalt betrifft Baugenehmigungen während der Planaufstellung (§ 33 BBauG) ebenso wie Genehmigungen im unbeplanten Innenbereich (§ 34 BBauG) oder im Außenbereich (§ 35 BBauG). Es gilt aber auch für alle Abweichungen vom Bebauungsplan im Wege einer Ausnahme oder Befreiung (§ 31 BBauG). Auch sonst verlangt das BBauG immer dann, wenn Entscheidungen der Baubehörden die planerischen Interessen der Gemeinde berühren, deren Einvernehmen (§§ 14 II, 19 III BBauG). Einer förmlichen Einvernehmenserklärung bedarf es jedoch nicht, wenn die Gemeinde selbst (durch ihre Verwaltungsbehörde) die Funktion der Baugenehmigungsbehörde wahrnimmt, da sich in diesem Fall das Problem einer Interessenkollision nicht stellt[157]. Erteilt die Behörde eine Baugenehmigung, ohne das erforderliche Einvernehmen der Gemeinde einzuholen, so verstößt sie gegen das gemeindliche Selbstverwaltungsrecht; hiergegen steht der Gemeinde der Rechtsweg zu den Verwaltungsgerichten offen[158]. Entsprechendes gilt, wenn die Gemeinde zwar um ihr Einvernehmen ersucht wurde, dieses aber verweigert hat.

120   1.1.4. Die Gemeinde muß ihr **Einvernehmen** erklären, wenn das Vorhaben den bodenrechtlichen Anforderungen entspricht. Ein Ermessensspielraum steht ihr im Hinblick auf den durch Art. 14 GG geschützten Genehmigungsanspruch des Bauherren ebensowenig zu wie der Genehmigungsbehörde. Das Einvernehmen darf nur aus Gründen verweigert werden, die in den Bereich der gemeindlichen Planungshoheit

---

156 BVerwG NVwZ 1986, 208 (214 f.); *Battis/Krautzberger/Löhr*, § 29 Rdn. 21.
157 BVerwGE 45, 207 (212).
158 BVerwGE 22, 342; VGH Kassel DÖV 1985, 35.

fallen. Die Berücksichtigung anderer Belange — des Bauordnungsrechts oder anderer Fachplanungen — obliegt allein der Baugenehmigungsbehörde[159].

Versagt die Gemeinde ihr Einvernehmen zu Unrecht, macht sie sich wegen der damit **121** bewirkten „faktischen Bausperre" (vgl. hierzu unten C I 2) haftbar. Dem Bauherren können Ansprüche aus Amtshaftung (Art. 34 GG i. V. m. § 839 BGB) sowie auch — sofern schon vorhandene Werte und nicht nur Chancen und Entwicklungsmöglichkeiten betroffen sind — aus enteignungsgleichem Eingriff zustehen[160].

1.1.5. Sofern eine Baugenehmigung des Einvernehmens der Gemeinde und — wie in **122** den Fällen des § 36 I 3 BBauG — möglicherweise noch der Zustimmung der höheren Verwaltungsbehörde bedarf, handelt es sich um einen sog. **mehrstufigen Verwaltungsakt.** Nach heute fast unumstrittener Ansicht sind die Erteilung der Genehmigung oder die Verweigerung der Mitwirkung keine selbständigen Verwaltungsakte, sondern lediglich verwaltungsinterne Vorgänge, gegen die ein selbständiger **Rechtsschutz** nicht zur Verfügung steht[161]. Wird also dem Bauwilligen die beantragte Baugenehmigung wegen fehlenden Einvernehmens der Gemeinde verweigert, so kann er seine Verpflichtungsklage nur unmittelbar gegen die Baubehörde (oder deren Rechtsträger, vgl. § 78 I VwGO) richten; eine Klage gegen die Gemeinde auf Erteilung des Einvernehmens wäre nicht statthaft. Das gilt auch dann, wenn die Baubehörde ihrerseits keine eigenen Einwendungen gegen das Bauvorhaben hat. Der Rechtsstreit wird dann im Grunde zwischen den falschen Parteien ausgetragen; die eigentlich betroffene Gemeinde tritt prozessual nur in der Stellung des notwendig Beigeladenen auf (§ 65 II VwGO)[162]. In all diesen Fällen wird das fehlende Einvernehmen der Gemeinde durch das verpflichtende Urteil des Verwaltungsgerichts ersetzt.

Dieser prozessualen Situation entspricht verwaltungsverfahrensrechtlich die **Bindung** der Baubehörden an die Verweigerung des gemeindlichen Einvernehmens. Diese Bindung gilt nach herrschender Ansicht uneingeschränkt; die Baubehörden dürfen sich auch über solche Entscheidungen der Gemeinden nicht hinwegsetzen, die rechtswidrig oder durch den Schutzzweck des Mitwirkungserfordernisses, die Sicherung der kommunalen Planungshoheit, nicht gedeckt sind[163]. Sie müssen hiernach den Bauantrag auch dann ablehnen, wenn die Gemeinde die Verweigerung ihres Einvernehmens auf bauordnungsrechtliche Gesichtspunkte oder auf solche städtebauliche Erwägungen stützt, die mit der jeweiligen Planungs- oder Gesetzeslage nicht in Einklang stehen[164]. Allenfalls im Verfahren der **Kommunalaufsicht** kann die Gemeinde zur Erteilung des Einvernehmens gezwungen werden[165]. Sind Widerspruchsbehörde und Kommunalaufsichtsbehörde identisch, so kann bei gleichzeitiger Weisung an die Gemeinde die ablehnende Verfügung durch Widerspruchsbescheid auf-

---

159 VGH München NVwZ 1984, 240; *Battis/Krautzberger/Löhr,* § 36 Rdn. 6.
160 BGH DÖV 1976, 133; DÖV 1985, 793.
161 BVerwGE 22, 342; 28, 145.
162 Vgl. BVerwG NJW 1966, 1530.
163 BVerwGE 22, 342; BRS 16 Nr. 90; VGH Kassel NVwZ 1984, 738; *Ernst/Zinkahn/Bielenberg,* § 14 Rdn. 58, § 36 Rdn. 20; *Kohlhammer*-Kommentar, § 36 Rdn. 19; *Schlichter/Stich/Tittel,* § 36 Rdn. 3 ff.
164 Beispiele bei *Gelzer,* Rdn. 799, 1180.
165 BVerwGE 22, 342 (348); OVG Münster BRS 23 Nr. 143.

gehoben und die Baugenehmigungsbehörde verpflichtet werden, nach erteiltem Einvernehmen den Antragsteller neu zu bescheiden[166]. In neuerer Zeit mehren sich allerdings diejenigen Stimmen, die den Baubehörden generell[167] oder wenigstens der Widerspruchsbehörde[168] gestatten wollen, sich über eine offensichtlich rechtswidrige Verweigerung des Einvernehmens hinwegzusetzen. Das würde in der Tat manchen unnötigen Rechtsstreit ersparen helfen oder ihn wenigstens auf die Rechtsbeziehung Gemeinde-Baubehörde beschränken. Gegen diese Lösung spricht allerdings die gesetzliche Regelung des BBauG, der nicht zu entnehmen ist, daß die Baubehörden, auch in ihrer Funktion als Widerspruchsbehörden, als Kontrollinstanz über die gemeindlichen Einvernehmensentscheidungen eingesetzt sein sollen[169].

Beispiel:

124   Der Bauantrag des B für ein den Voraussetzungen des § 34 BBauG entsprechendes Bauvorhaben im unbeplanten Innenbereich wird abgelehnt, weil die Gemeinde ihr Einvernehmen verweigert hat; sie möchte die Bebauung des Grundstücks verhindern, um bei einer späteren Bauleitplanung freie Hand zu haben. Wie kann B sich hiergegen wehren?

Ein Rechtsbehelf gegen die Gemeinde steht B nicht zu, denn die Versagung des Einvernehmens ist ein verwaltungsinterner Vorgang, gegen den ein selbständiger Rechtsschutz nicht zur Verfügung steht. B muß darum mit Widerspruch und Klage gegen die Baugenehmigungsbehörde vorgehen. Die Widerspruchsbehörde darf sich nicht über die Versagung hinwegsetzen; erst das verwaltungsgerichtliche Urteil ersetzt das fehlende Einvernehmen. Ist die Widerspruchbehörde jedoch zugleich Kommunalaufsichtsbehörde, kann sie der Gemeinde aufgeben, das verweigerte Einvernehmen zu erteilen. Notfalls kann sie im Wege der Ersatzvornahme die fehlende Erklärung selbst abgeben (OVG Münster DÖV 1970, 785).

125   1.2. Die verfahrensrechtliche Regelung der Baugenehmigungs- bzw. der Bauanzeigepflicht sichert die Berücksichtigung der **materiell-rechtlichen Vorbehalte,** denen die Baufreiheit unterliegt. Entspricht ein Bauvorhaben nicht den Bestimmungen, welche die städtebaulichen Nutzungsregelungen und das Bauordnungsrecht hierfür vorsehen, so darf es nicht verwirklicht werden. Rechtsdogmatisch gesehen handelt es sich also bei diesem Regelungskomplex um ein **Bauverbot mit Erlaubnisvorbehalt.** Solch ein Verbot mag auf den ersten Blick mit dem Gedanken der **Baufreiheit** (dazu oben III 3) unvereinbar erscheinen.

126   1.2.1. Jedenfalls insoweit, wie der baurechtliche Genehmigungs- oder Anzeigevorbehalt die **bauordnungsrechtlichen** Bestimmungen zur Anwendung bringt, löst sich der vermeintliche Widerspruch zwischen Baufreiheit und Bauverbot ohne weiteres auf, weil es sich hierbei nur um ein **präventives Verbot** handelt, das lediglich der Abwehr typischerweise mit einem Bauvorhaben verbundener Gefahren dient[170]. Diese Art des Verbots unterscheidet sich vom sogenannten **repressiven** Verbot mit Befreiungsvorbehalt durch sein andersgeartetes Verhältnis zu dem von ihm betroffenen Handlungsbereich. Das repressive Verbot beschränkt oder entzieht mit materiell-rechtli-

---

166 OVG Münster DÖV 1970, 785.
167 *Gelzer,* Rdn. 795 ff., 1081 ff.; *Schrödter,* § 36 Rdn. 7; *Schütz/Frohberg,* § 36 Anm. 1 b.
168 OVG Koblenz AS 10, 136.
169 *Skouris/Tschaschnig,* NuR 1983, 92 (96); BVerwG NVwZ 1986, 556.
170 *Friauf,* in: *v. Münch,* Bes. VerwR., S. 504.

Schaubild 5:

Bodenrechtliche Zulässigkeit von Bauvorhaben (Übersicht)

I. Bauvorhaben im Planbereich:

1. Qualifizierter BbPl.:

Gegenwärtige Plankonformität	§ 30	Zulässigkeit aufgrund Plankonformität
	§ 31 I	Zulässigkeit aufgrund plankonformer Ausnahme
Erkennbar künftige Plankonformität	§ 33	Zulässigkeit aufgrund Vorwirkung bei erkennbar künftiger Plankonformität
Planabweichung	§ 31 II	Zulässigkeit trotz Planabweichung aufgrund gesetzlichen Befreiungstatbestandes

2. Einfacher BbPl.:

Gegenwärtige Plankonformität	§ 34 I	Zulässigkeit bei Plankonformität **und** Gesetzeskonformität (§ 34)
	nicht geregelt (§ 35)	Zulässigkeit bei Plankonformität **und** Gesetzeskonformität (§ 35)
Erkennbar künftige Plankonformität	§ 33 Satz 2	Zulässigkeit aufgrund Vorwirkung bei erkennbar künftiger Plankonformität **und** Gesetzeskonformität (§§ 34 oder 35)

II. Bauvorhaben im unbeplanten Bereich

Gesetzeskonformität	§ 34 (Innenbereich)	Zulässigkeit bei Einfügung in Nachbarschaft und wenn öffentl. Belange nicht entgegenstehen
	§ 35 (Außenbereich)	Zulässigkeit bei Privilegierung und wenn öffentl. Belange nicht entgegenstehen (§ 35 I)
		Zulässigkeit im Einzelfall, wenn öffentl. Belange nicht beeinträchtigt, § 35 II, III

Bemerkungen:

1. In allen Fällen muß über die erwähnten Voraussetzungen hinaus die Erschließung gesichert sein.
2. Die genannten Zulässigkeitstatbestände werden ergänzt durch die unmittelbar aus Art. 14 GG ableitbaren Tatbestände „Bestandsschutz" und „eigentumsrechtlich verfestige Anspruchsposition".

cher Wirkung Handlungsräume, indem es die verbotene Handlung pauschal als sozialschädlich qualifiziert; nur in erwiesenermaßen unbedenklichen Ausnahmefällen kann dem Einzelnen ein sonst nicht vorhandener Freiheitsbereich eröffnet werden. Das präventive Verbot errichtet demgegenüber zunächst nur eine verfahrensrechtliche Hürde, die eine Schädlichkeitskontrolle im Einzelfall ermöglicht. Die betreffende Handlung wird nach wie vor grundsätzlich als erlaubt angesehen, soweit sie sich nicht nach den vom Gesetzgeber vorgegebenen Wertungen als sozialschädlich erweist. Die erteilte Erlaubnis eröffnet keinen neuen, sondern aktiviert einen prinzipiell vorhandenen Freiheitsbereich; sie hat nur den Charakter einer Unbedenklichkeitsbescheinigung.

127 1.2.2. Nach herrschender Ansicht hat der baurechtliche Genehmigungs- oder Anzeigevorbehalt auch im Bereich der **städtebaulichen Nutzungsregelungen** nur präventiven Charakter. Statt der bauordnungsrechtlichen Gefahrenabwehrgesichtspunkte gelangt hier ein allgemeiner **städtebaulicher Ordnungsvorbehalt** zur Geltung[171]. Dem wird neuerdings entgegengehalten, anders als beim Bauordnungsrecht könne der bauwillige Grundstückseigentümer das bodenrechtliche Bauverbot nicht durch eigenes rechtskonformes Verhalten beeinflussen, sondern müsse auf eine Änderung der bodenrechtlichen Situation durch hoheitliche Planungsmaßnahmen warten, ohne hierauf einen Anspruch zu haben; bis dahin wirke das Verbot repressiv[172]. Dieser Einwand dürfte indes schon vom tatsächlichen Befund her verfehlt sein, soweit es um die Zulässigkeit von Bauvorhaben im unbeplanten Innenbereich (§ 34 BBauG) oder um die Zulässigkeit privilegierter Vorhaben im Außenbereich (§ 35 II BBauG) geht[173]. Im übrigen zielt auch die Kritik am präventiven Charakter des bodenrechtlichen Erlaubnisvorbehalts auf das Problem der **Baufreiheit** und ihr Verhältnis zum städtebaulichen Ordnungsvorbehalt. Dazu ist oben (III 3) schon Stellung genommen worden. Im vorliegenden Zusammenhang sei nur noch einmal daran erinnert, daß sich der eigentumsrechtliche Charakter der Baufreiheit gerade auch dort erweist, wo er zur Begründung selbständiger und von öffentlich-rechtlichen „Zuweisungen" freier Zulässigkeitstatbestände außerhalb des Katalogs der §§ 30—37 BBauG herangezogen wird (vgl. unten 5).

2. Bauvorhaben im beplanten Bereich

128 2.1. Nach den Vorstellungen des BBauG soll sich die städtebauliche Entwicklung hauptsächlich nach Maßgabe von Planfestsetzungen vollziehen, die in Bebauungsplänen niedergelegt sind. Diese Situation hat **§ 30 BBauG** im Auge, wenn er für die Zulässigkeit eines Bauvorhabens neben einer gesicherten Erschließung des Baugrundstücks (dazu unten C IV 2) **Plankonformität** vorschreibt. Allerdings genügt die Übereinstimmung mit einem Bebauungsplan nicht in jedem Fall. Die städtebauliche Ordnungsfunktion eines solchen Planes ist nur gewährleistet, wenn er ein Min-

---

171 *Kimminich*, in: Bonner Kommentar, Art. 14 Rdn. 140; *Maunz*, DÖV 1975 1 (5); Nw. d. Rspr. bei *Rengeling*, AöR 105, 423 (444).
172 *Schulte*, DVBl. 1979, 133 (134).
173 *Papier*, in: *Maunz/Dürig*, Art. 14 Rdn. 66.

destmaß planerischer Festsetzungen enthält. § 30 BBauG setzt für die Zulässigkeit eines Bauvorhabens darum die Übereinstimmung mit einem sogenannten **qualifizierten Bebauungsplan** voraus, der wenigstens Festsetzungen über die Art und das Maß der baulichen Nutzung, über die überbaubaren Grundstücksflächen und über die örtlichen Verkehrsflächen enthält. Genügt ein Bebauungsplan diesen Mindestanforderungen nicht, ist er deswegen nicht etwa unbeachtlich. Ein solcher „einfacher" Bebauungsplan entfaltet ebenso wie ein qualifizierter rechtsnormative Wirkungen; seine Festsetzungen müssen im Baugenehmigungsverfahren beachtet werden. Im übrigen bemißt sich die Zulässigkeit aber nicht nach § 30 BBauG, sondern nach einem der beiden anderen Zulässigkeittatbestände der §§ 34 und 35 BBauG[174].

Soweit Bebauungspläne die bauliche Nutzung von Grundstücken festsetzen, haben **129** sie sich hierbei der von der **BauNVO** dafür bereitgestellten Nutzungskategorien (reine, allgemeine und besondere Wohngebiete, Gewerbegebiete, Industriegebiete usw.) zu bedienen. Durch derartige Festsetzungen werden die Nutzungsregelungen, welche die BauNVO in den §§ 2—14 für die jeweiligen Kategorien trifft, in das planerische Regelwerk inkorporiert, sofern nicht der Bebauungsplan selbst wieder diese Regelungen ganz oder teilweise modifiziert (§ 1 IV—IX BauNVO). Die BauNVO enthält darüber hinaus in den §§ 16—21 a weitere normative Vorgaben, die beim Erlaß eines Bebauungsplans zu berücksichtigen sind. In § 15 BauNVO findet sich schließlich ein genereller Vorbehalt der Rücksichtnahme auf städtebauliche Erfordernisse. Danach sind die in den §§ 2—14 BauNVO aufgeführten baulichen und sonstigen Anlagen im Einzelfall unzulässig, wenn sie nach Anzahl, Lage, Umfang oder Zweckbestimmung der Eigenart des Baugebiets widersprechen oder wenn von ihnen Belästigungen oder Störungen ausgehen, die nach der Eigenart des Baugebiets dort selbst oder in seiner Umgebung unzumutbar sind. Ein allgemeiner **Verträglichkeitsvorbehalt** — etwa auch im Hinblick auf sonstige Festsetzungen des Bebauungsplans — folgt indes aus § 15 BauNVO nicht.

2.2. Ein Bauvorhaben kann nach **§ 33 BBauG** auch dann schon unter Zulässigkeits- **130** gesichtspunkten auf seine Plankonformität hin geprüft werden, wenn ein rechtsgültiger (qualifizierter oder einfacher) Bebauungsplan noch nicht besteht, sich aber bereits im Stadium der **Planaufstellung** befindet. Voraussetzung hierfür ist allerdings, daß die Planungsarbeiten soweit gediehen sind, daß sich die künftigen Planfestsetzungen schon hinreichend deutlich erkennen lassen. Wann eine solche **Planreife** vorliegt, sagt das Gesetz selbst nicht. Da der Planentwurf hiernach aber bereits als Maßstab für rechtlich verbindliche Genehmigungen mit meist irreversibler Wirkung dienen soll, wird man verlangen müssen, daß alle Verfahrensabschnitte, in denen der Entwurf noch einer inhaltlichen Änderung unterworfen werden könnte, bereits zurückgelegt sind; auch die nach § 11 BBauG erforderliche Genehmigung des Bebauungsplans durch die höhere Verwaltungsbehörde muß mit Sicherheit zu erwarten sein[175].

§ 33 BBauG begünstigt den Bauwilligen, indem er an sich (noch) nicht zulässige Bau- **131** vorhaben im Hinblick auf die zu erwartenden Festsetzungen des Bebauungsplans

---

174 BVerwG DVBl. 1977, 194 (196).
175 Vgl. näher BVerwG BRS 23 Nr. 33; *Battis/Krautzberger/Löhr,* § 33 Rdn. 7 f.

vorzeitig zuläßt. Dagegen bietet diese Bestimmung keine Rechtsgrundlage, um ein gegenwärtig noch zulässiges Bauvorhaben unter Hinweis auf einen künftigen entgegenstehenden Bebauungsplan abzulehnen[176]; hierfür steht der Gemeinde das Instrumentarium der Veränderungssperre und der Zurückstellung von Baugesuchen zur Verfügung (dazu unten C I). Für eine Baugenehmigung nach § 33 BBauG ist das Einvernehmen der Gemeinde und die Zustimmung der höheren Verwaltungsbehörde erforderlich (§ 36 BBauG; vgl. hierzu oben 1.1.4).

Beispiel:

132 Die Behörde lehnt einen Antrag, der an sich nach § 34 BBauG zulässig wäre, mit der Begründung ab, es sei gerade ein Bebauungsplan im Entstehen, dessen künftigen Festsetzungen das Vorhaben widersprechen würde. Handelt sie rechtmäßig? Wie könnte das Bauvorhaben rechtmäßig verhindert werden?

Die Ablehnung des Bauantrags ist rechtswidrig, denn dem Bauherrn steht ein Anspruch auf die Genehmigung nach § 34 BBauG zu. Diese Regelung hat nicht zur Folge, daß in einem Gebiet, für das die Gemeinde einen qualifizierten Bebauungsplan aufstellen will, Vorhaben unzulässig sind, die den künftigen Planfestsetzungen widersprechen. Der Planaufstellungsbeschluß würde sich anderenfalls als faktische Veränderungssperre auswirken, ohne mit den entsprechenden rechtsstaatlichen Garantien versehen zu sein. Auch aus § 33 BBauG ergibt sich nichts anderes. Er enthält zwar im Hinblick auf eingeleitete Planungsverfahren einen zusätzlichen Zulässigkeitstatbestand für Vorhaben, die nach derzeitiger Bodenrechtslage nicht zulässig sind, bewirkt aber nicht die Unzulässigkeit eines Vorhabens wegen künftigen Planwiderspruchs. Die Gemeinde muß darum eine Veränderungssperre für das Planungsgebiet beschließen, wenn sie verhindern will, daß ihre Bauleitplanung noch während der Planaufstellung durch Bauvorhaben beeinträchtigt wird. Ggf. kommt auch die Zurückstellung des Baugesuchs in Betracht (BVerwGE 20, 127).

133 2.3. Auch wenn ein Bauvorhaben nicht in allen Einzelheiten einem Bebauungsplan entspricht, kann es nach **§ 31 BBauG** unter bestimmten Voraussetzungen unter Zulassung einer Ausnahme oder im Wege einer Befreiung (Dispens) trotzdem genehmigt werden. Für diese Regelung besteht ein Bedürfnis, weil nicht auszuschließen ist, daß die Anwendung der notwendigerweise abstrakt formulierten planerischen Festsetzungen sich im konkreten Einzelfall als unangemessen herausstellt.

134 2.3.1. Eine **Ausnahme** (§ 31 I BBauG) ist im Hinblick auf solche Festsetzungen möglich, für die im Bebauungsplan selbst oder in der von ihm herangezogenen BauNVO Abweichungen schon vorgesehen und nach Art und Umfang geregelt sind. Sie ist ein von der planenden Gemeinde schon mitbeschlossener und ihren Planvorstellungen angepaßter Bestandteil des Plans. Die Gemeinde trifft nicht nur die Entscheidung darüber, ob überhaupt eine Ausnahmeregelung stattfindet, sondern sie hat auch maßgeblichen Einfluß darauf, ob im konkreten Fall eine Ausnahme zugelassen wird, denn die Baugenehmigungsbehörde ist hierbei an ihr Einvernehmen gebunden (oben 1.1.4.). Umgekehrt kann allerdings die Baugenehmigungsbehörde trotz erteilten Einvernehmens aufgrund eigener rechtlicher Prüfung des Bauantrags durchaus noch die Genehmigung verweigern[177]. Die **Befreiung** (§ 31 II BBauG) geht über den

---

176 BVerwGE 20, 127.
177 BVerwG DÖV 1970, 349.

Plan hinaus; sie ist eine vom Gesetzgeber selbst geregelte Ermächtigung an die Baugenehmigungsbehörde, aus städtebaulichen und aus Gründen des allgemeinen Wohls sowie zur Vermeidung von Härtefällen im Einzelfall von den Planvorstellungen der Gemeinde abzuweichen. Für eine Befreiung sind nur solche Fälle geeignet, die nicht schon als „Regelfall" bei der Konzeption des Planes mitbedacht werden konnten, die also im Hinblick auf den Regelungszweck atypisch sind[178]. Auch bei der Befreiung ist das Einvernehmen der Gemeinde erforderlich, außerdem aber auch noch die Zustimmung der höheren Verwaltungsbehörde, da die Befreiung anders als die Ausnahme nicht mit dem Plan schon mitgenehmigt worden ist. Ausnahme wie Befreiung können mit Nebenbestimmungen (Auflagen, Bedingungen) versehen werden[179]; sie dürfen andererseits aber nicht das Ventil sein, einen Bebauungsplan seines normativen Gehalts weitgehend zu entleeren.

Beispiel:

A beabsichtigt, eine Garage zu bauen. Weil sie seinen eigenen und den Wagen seiner berufstätigen Ehefrau aufnehmen soll, plant er sie um einen Meter breiter, als es die im Bebauungsplan festgesetzte Baugrenze zuläßt. Allerdings sieht der Plan insoweit Ausnahmen nach Maßgabe des § 23 BauNVO vor. **135**

Das Vorhaben kann gleichwohl nicht genehmigt werden, da weder die Voraussetzungen einer Ausnahme noch die einer Befreiung vorliegen. Zwar ist nach § 23 III 2 BauNVO eine Ausnahmegenehmigung möglich, wenn ein Gebäudeteil eine Baugrenze in geringfügigem Ausmaß überschreitet. Diese Vorschrift greift jedoch nur bei unwesentlichen Gebäudeteilen ein. Vorliegend ist sie daher nicht einschlägig. Ebenso scheidet eine Genehmigung nach § 31 II Nr. 3 BBauG aus. Eine Befreiung soll verhindern, daß der Bebauungsplan auf Fälle angewendet werden muß, denen er aufgrund seiner oft notwendigerweise undifferenzierten Festsetzungen nicht gerecht zu werden vermag. Sie ist jedoch gegenüber solchen Festsetzungen ausgeschlossen, für die der Bebauungsplan selbst schon Anpassungsregelungen getroffen hat. Soweit auch danach noch Belastungen verblieben, sind sie gewollt und stellen keine unbeabsichtigte Härte dar (BVerwG DVBl. 1975, 895).

2.3.2. Die auf Ausnahmebestimmungen gestützte Baugenehmigung stellt gleichwohl nur eine plankonforme Genehmigung dar; ihr Ausnahmecharakter kann, aber er muß im Baubescheid nicht herausgestellt werden. Demgegenüber muß die Befreiung aus Gründen der Rechtsklarheit durch besonderen Bescheid erteilt und darum im allgemeinen ausdrücklich beantragt werden[180]. Eine Befreiung kann im übrigen auch vertraglich vereinbart werden **(Dispensvertrag)**; es handelt sich hierbei um einen öffentlich-rechtlichen Vertrag, auf den die Vorschriften des Verwaltungsverfahrensrechts Anwendung finden[181]. **136**

2.3.3. Dem Wortlaut des § 31 BBauG nach („Kann-Vorschrift") handelt es sich sowohl bei der Einräumung einer Ausnahmegenehmigung wie auch bei der Erteilung einer Befreiung um eine **Ermessensentscheidung.** Allerdings ist das Ermessen hiernach nicht frei, sondern **gebunden,** weil die in Betracht kommenden Ausnahmen nach Art und Umfang schon im voraus planerisch festgelegt sein müssen und weil **137**

---

178 BVerwGE 56, 71 (74).
179 *Ernst / Zinkahn / Bielenberg,* § 31 Rdn. 66 ff.
180 BVerwG Buchholz 406.11 § 31 Nr. 1.
181 Näheres bei *Battis,* S. 126 f.; *Ernst / Zinkahn / Bielenberg,* § 31 Rdn. 88 ff.

Befreiungen in ihren tatbestandlichen Voraussetzungen durch zwar unbestimmte aber gerichtlich voll überprüfbare Rechtsbegriffe[182] weitgehend festgelegt sind. Dem Ermessen der Behörde (und auch der notwendigerweise beteiligten Gemeinde) ist nur die Entscheidung darüber anheimgestellt, ob im konkreten Fall tatsächlich von den Planfestsetzungen abgewichen werden soll.

138 Auch diese Ermessensbefugnis wird den Behörden unter Hinweis darauf bestritten, daß die Bestimmung der zum Eigentumsinhalt zu zählenden Bebauungsbefugnis nicht dem Ermessen der Verwaltung überlassen bleiben dürfe. Auf Ausnahmegenehmigung und Befreiung bestehe ein **Rechtsanspruch,** sofern öffentliche Belange dadurch nicht beeinträchtigt würden[183]. Gegen diese Auffassung sprechen indes Sinn und Zweck des § 31 BBauG. Soweit die planende Gemeinde bestimmte Festsetzungen nicht definitiv trifft, sondern unter einen **Ausnahmevorbehalt** stellt (vgl. etwa § 1 V—IX BauNVO), plant sie noch nicht endgültig, sondern verweist hinsichtlich konkreter Einzelregelungen insoweit auf ein späteres, ergänzendes Verfahren vor der Baugenehmigungsbehörde, an deren Entscheidung auch sie mitwirkt. Die also zunächst noch ausstehende Planentscheidung folgt, wenn sie dann im konkreten Fall vorgenommen wird, wesensgemäß den für die Planung selbst geltenden Berücksichtigungs- und Abwägungsgeboten des § 1 VI und VII BBauG[184]. Ähnliches gilt grundsätzlich auch für die gesetzlich vorgesehene **Detailkorrektur** des Planes durch Befreiung[185]. Sie setzt freilich nach dem Gesetzeswortlaut schon tatbestandlich eine umfassende Interessenabwägung voraus[186], so daß sich hier immerhin die Frage stellt, welche Erwägungen dann überhaupt noch für die Ermessensentscheidung verbleiben[187].

3. Bauvorhaben im nicht (qualifiziert) beplanten Innenbereich

139 3.1. Die städtebauliche Entwicklung innerhalb der Gemeinden soll zwar grundsätzlich durch Bebauungspläne gesteuert werden. Gleichwohl kommt es häufig vor, daß für Ortsteile keine Bebauungspläne vorhanden sind, so etwa in bereits im wesentlichen bebauten Gebieten, in denen maßgebliche städtebauliche Entwicklungen nicht zu erwarten sind. In einem solchen Fall wäre es mit der im Eigentumsrecht wurzelnden Baufreiheit (dazu oben III 3) schwerlich vereinbar, wenn hier die Schließung einer Baulücke oder die Errichtung eines Ersatzbaues ohne weiteren städtebaulichen Grund allein am Fehlen eines Bebauungsplans scheitern müßte. Dies berücksichtigt § 34 **BBauG,** indem er auch innerhalb der im Zusammenhang bebauten Ortsteile (sogenannter **Innenbereich**), für die kein oder jedenfalls kein qualifizierter Bebauungsplan (§ 30 BBauG) besteht, ein Bauvorhaben für zulässig erklärt, wenn es sich in die bereits vorhandene Nachbarbebauung einfügt. Ein solches Grundstück hat also auch ohne daß es von einem Bebauungsplan erfaßt wird, allein aufgrund seiner Lage

---

182 BVerwGE 56, 71 (75).
183 VG Münster DVBl. 1967, 298.
184 *Schmidt-Aßmann,* Grundfragen, S. 173 f.; *Schrödter,* § 31 Rdn. 2.
185 *Schmidt-Aßmann,* Grundfragen, S. 175 f.
186 BVerwGE 56, 71 (74 ff.).
187 *Ernst/Hoppe,* Rdn. 411; a. A. *Ernst/Zinkahn/Bielenberg,* § 31 Rdn. 61 f.; *Schrödter,* § 31 Rdn. 3 d.

bereits Baulandqualität. Das ist städtebaulich unschädlich, weil die bauliche Struktur der Umgebung Richtung und Grenzen der Zulässigkeit aufzeigt und damit als „**Planersatz**" wirken kann.

3.2. Die **Zulässigkeit** eines Bauvorhabens nach § 34 BBauG setzt wie auch sonst voraus, daß die Erschließung des Grundstücks gesichert ist (vgl. unten C IV 2). Sollte ein einfacher Bebauungsplan vorhanden sein, muß das Bauvorhaben auch dessen Festsetzungen entsprechen. Vor allem aber hat sich das Bauvorhaben nach Art und Maß der baulichen Nutzung, nach Bauweise und zu überbauender Grundstücksfläche in die Eigenart der näheren Umgebung einzufügen[188]. Die Rspr. hat hieraus die Folgerung gezogen, daß das Grundstück durch seine Umgebung in bestimmter Weise tatsächlich geprägt sein muß. Das setzt einerseits voraus, daß die Nachbarschaft trotz eventuell noch vorhandener Baulücken den Eindruck struktureller Geschlossenheit und Zusammengehörigkeit erweckt; andererseits muß das Grundstück, das bebaut werden soll, als ein Teil seiner Umgebung erscheinen und damit selbst an dem Eindruck der Geschlossenheit teilnehmen[189]. Der so beschaffenen Eigenart der näheren Umgebung muß sich das Bauvorhaben „einfügen", d. h. es hat dem vorgegebenen Rahmen positiv zu entsprechen; die Negativfeststellung, das Vorhaben verändere die vorgebene Bodensituation nicht nachteilhaftig, genügt nicht[190]. Inhaltlicher Bestandteil des Merkmals „einfügen" ist auch das Gebot der **Rücksichtnahme.** Ein Vorhaben fügt sich darum trotz äußerer Anpassung an die Umgebung nicht ein, wenn seine Realisierung — etwa wegen besonderer Störanfälligkeit der Nachbarschaft — mit diesem Gebot nicht in Einklang steht[191]. **140**

Entspricht die Nachbarschaft einer der Nutzungskategorien, die in der **BauNVO** für Bebauungspläne vorgesehen sind, so müssen nach § 34 III BBauG ergänzend deren inhaltliche Bestimmungen herangezogen werden. Diese Heranziehung kann indes stets nur eine Maßstabsverstärkung bewirken, nie aber die eigentliche Grundnorm des § 34 I BBauG verdrängen[192]. Schließlich dürfen dem Bauvorhaben auch sonstige **öffentliche Belange** nicht entgegenstehen. Hierzu gehört auch das Gebot der Rücksichtnahme gegenüber einer benachbarten Außenbereichsbebauung[193]. Im übrigen ist bei der Anwendung dieses Kriteriums im Hinblick auf die gerade für den Innenbereich geltende grundsätzliche Zulässigkeit baulicher Nutzung Zurückhaltung geboten[194]. **141**

3.3. Ob ein Baugrundstück zum Innenbereich zählt, kann streitig sein. Um solche Streitigkeiten zu vermeiden, kann die Gemeinde durch sogenannte **Abgrenzungssatzung** die Grenzen für die im Zusammenhang bebauten Ortsteile festlegen (§ 34 II BBauG). Eine derartige Satzung hat an sich nur klarstellende Bedeutung. Sie wirkt jedoch konstitutiv-rechtsbegründend, wenn sie nach § 34 II 2 BBauG zur Abrun- **142**

---

188 Hierzu grundsätzlich BVerwGE 55, 369.
189 BVerwGE 31, 20.
190 BVerwGE 55, 369 (379 ff.).
191 BVerwGE 55, 369 (385 f.); DVBl. 1981, 928 (929).
192 BVerwG DÖV 1979, 675.
193 BVerwG DVBl. 1983, 349 (350).
194 Vgl. BVerwGE 55, 272 (276); *Schmidt-Aßmann,* JuS 1981, 731 (733).

dung auch einzelne Grundstücke mit einbezieht, die (noch) nicht in den vorgegebenen baulichen Zusammenhang gehören[195]. Noch weiter gehen in dieser Hinsicht **Entwicklungssatzungen** nach § 34 IIa BBauG[196]; sie grenzen Gebiete mit bestimmter Wohnsiedlungsstruktur ein, die von der Gemeinde überhaupt erst zu zusammenhängend bebauten Ortsteilen entwickelt werden sollen. Satzungen dieser Art treten freilich schon in eine bedenkliche Konkurrenz zum Bebauungsplan, dessen strengere verfahrensrechtliche Anforderungen sie unterlaufen.

143 3.4. Über die Zulässigkeit eines Bauvorhabens nach § 34 BBauG entscheidet nach außen hin die Baugenehmigungsbehörde allein. Intern ist sie jedoch an das **Einvernehmen** der Gemeinde gebunden (§ 36 BBauG); das gilt nicht, wenn die Gemeinde selbst Baubehörde ist[197]. Liegen die Voraussetzungen des § 34 BBauG vor, so hat der Eigentümer einen **Rechtsanspruch** auf Erteilung einer Baugenehmigung, den er bei deren Verweigerung verwaltungsgerichtlich einklagen kann. Das Gericht ist in seiner rechtlichen Überprüfung durch keine Beurteilungsprärogative der Verwaltung beschränkt; weder der Baubehörde noch der Gemeinde steht ein Ermessensspielraum zu[198]. Hat die Gemeinde ihr Einvernehmen zu Unrecht verweigert, so darf die Baubehörde die Genehmigung nicht erteilen; gleiches gilt im Widerspruchsverfahren auch für die Widerspruchsbehörde (vgl. näher oben 1.1.4). Erst das Verwaltungsgericht darf sich über die (rechtswidrige) Verweigerung des Einvernehmens hinwegsetzen und die Behörde — bei Vorliegen der übrigen Voraussetzungen — zur Erteilung der Baugenehmigung verpflichten. Eine Klage unmittelbar gegen die Gemeinde auf Erteilung ihres Einvernehmens ist nicht statthaft, da diese Entscheidung kein selbständiger Verwaltungsakt ist, sondern nur verwaltungsintern wirkt[199].

4. Bauvorhaben im Außenbereich

144 4.1. Das BBauG will mit seinen bauleitplanungsrechtlichen Zulassungstatbeständen städtebauliche Fehlentwicklungen verhindern. Dazu gehört es, daß es Bauvorhaben auf Gebiete beschränkt, die entweder durch Bebauungsplan ausdrücklich dafür vorgesehen oder die ohnehin schon im Zusammenhang bebaut sind. Wo weder § 30 noch § 34 BBauG als Zulässigkeitstatbestände eingreifen, im sogenannten **Außenbereich,** soll grundsätzlich nicht gebaut werden dürfen. Insbesondere die freie Natur soll nach Möglichkeit vor Zersiedlung geschützt und ihren eigentlichen Funktionen — landwirtschaftliche Nutzung, Erholung u. ä. — vorbehalten bleiben. Andererseits sind diese und auch andere Funktionen ganz oder teilweise auf eine bauliche Nutzung gerade des Außenbereichs angewiesen. § 35 **BBauG** bestimmt darum im einzelnen, welche Nutzungsformen auch im Außenbereich zulässig sein sollen; er hat insoweit den Charakter einer vom Gesetzgeber selbst vorgenommenen städtebaulichen Planung (Planersatz). Hiernach werden zwei Gruppen von zulässigen Bauvor-

---

195 *Ernst/Zinkahn/Bielenberg,* § 34 Rdn. 69.
196 Näheres bei *Schrödter,* § 34 Rdn. 23 ff.; *Schlichter/Stich/Tittel,* § 34 Rdn. 5 ff.
197 BVerwGE 28, 271.
198 *Schlichter/Stich/Tittel,* § 36 Rdn. 5.
199 BVerwGE 28, 145.

haben unterschieden: die sogenannten privilegierten Bauvorhaben, die kraft Gesetzes im Außenbereich erlaubt sind, und sonstige Vorhaben, die im Einzelfall zugelassen werden können.

4.1.1. Die privilegierten Bauvorhaben zählt § 35 I BBauG in den Nrn. 1—5 abschlie- **145**
ßend auf. Es handelt sich durchweg um Bauvorhaben, die aufgrund bestimmter tatsächlicher Gegebenheiten typischerweise auf den Außenbereich angewiesen sind oder auf ihn verwiesen werden sollen. Im einzelnen werden genannt: Vorhaben, die einem land- oder forstwirtschaftlichen Betrieb, einem ehemaligen Landwirt nach der Hofübergabe zu Wohnzwecken oder einer Landarbeiterstelle dienen sollen[200]; weiterhin Vorhaben im Zusammenhang mit dem Fernmeldewesen, der öffentlichen Energie- und Wasserversorgung oder einem ortsgebundenen gewerblichen Betrieb; schließlich allgemein Vorhaben, die wegen ihrer besonderen Anforderungen oder nachteiligen Wirkungen im Hinblick auf die Umgebung oder wegen ihrer besonderen Zweckbestimmung nur im Außenbereich ausgeführt werden können. Liegt einer dieser Tatbestände vor, so kommt es weiterhin darauf an, ob nicht im konkreten Fall gleichwohl noch öffentliche Belange dem Bauvorhaben entgegenstehen. In diesem Fall ist aber der Zweck der Privilegierung in die erforderliche Interessenabwägung mit einzubeziehen; er verschafft den öffentlichen Belangen gegenüber ein gesteigertes Durchsetzungsvermögen[201].

Beispiel:

A bewirtschaftet im Außenbereich einen größeren Hof. Um in Zukunft eine Pferdepension **146**
betreiben zu können, möchte er einen Stall mit vier Pferdeboxen errichten. Die Baugenehmigungsbehörde lehnt den Bauantrag mit der Begründung ab, das Bauvorhaben beeinträchtige öffentliche Belange; der beabsichtigte Reitbetrieb lasse eine Minderung des Erholungswertes der Landschaft befürchten.

A hat einen Anspruch auf Genehmigung seines Bauvorhabens nach § 35 I Nr. 1 BBauG, den er gerichtlich durchsetzen kann. Zwar ist die Pensionspferdehaltung in der Regel nicht als Landwirtschaft zu qualifizieren, weil sie nicht auf unmittelbarer Bodennutzung beruht und nicht der Veredelung landwirtschaftlicher Produkte dient (vgl. auch § 146 BBauG); trotzdem fällt das Vorhaben des Klägers unter die Privilegierung des § 35 I Nr. 1 BBauG. Diese Vorschrift soll eine Anpassung der Landwirtschaft an veränderte wirtschaftliche Verhältnisse nicht verhindern. Deshalb sind auch landwirtschaftliche Betätigungen privilegiert, die den landwirtschaftlichen Betrieb sinnvoll ergänzen und von so untergeordneter Bedeutung sind, daß die Eigenschaft als landwirtschaftlicher Betrieb nicht in Frage gestellt wird. Die Pensionspferdehaltung ist in der Landwirtschaft inzwischen üblich geworden und ergänzt sie. Auf dem Hof des A hat sie nur untergeordnete Bedeutung und nimmt darum an dessen Privilegierung teil. Öffentliche Belange stehen dem Vorhaben nicht entgegen, denn bei der Abwägung der privaten und öffentlichen Belange haben die Belange privilegierter landwirtschaftlicher Betriebe größeres Gewicht als eine mögliche Beeinträchtigung der Erholungsfunktion der Landschaft (BVerwG NVwZ 1986, 200).

4.1.2. Sonstige Bauvorhaben, die nicht durch § 35 I BBauG privilegiert sind, unter- **147**
liegen nach § 35 I BBauG erschwerten Zulässigkeitsanforderungen. Während es bei

---

200 Zum Begriff der Landwirtschaft in diesem Zusammenhang § 146 BBauG.
201 BVerwGE 28, 148 (151); 48, 109 (114 f.).

privilegierten Vorhaben genügt, daß sie öffentlichen Belangen „nicht entgegenstehen", wird hier gefordert, daß sie öffentliche Belange „nicht beeinträchtigen"[202]. Eine solche Beeinträchtigung liegt in den in § 35 III BBauG beispielhaft aufgeführten Fällen stets vor. Dazu gehören vor allem Bauvorhaben, die in Widerspruch zu hinreichend konkreten Zielen der Raumordnung und Landesplanung[203] oder den Darstellungen eines Flächennutzungsplans stehen. Weiterhin sind im Außenbereich solche Bauvorhaben unzulässig, die entweder selbst schädliche Umwelteinwirkungen (vgl. zum Begriff § 3 BImSchG) hervorrufen oder ihnen ausgesetzt sind; im letzteren Fall trägt das Gesetz dem Umstand Rechnung, daß gerade emissionsstarke Gewerbebetriebe im Außenbereich privilegiert sind und nicht etwa durch eine heranrückende Wohnbebauung behindert werden sollen. Schließlich berücksichtigt § 35 III BBauG u. a. auch Belange des Natur- und Landschaftsschutzes und schützt das Orts- und Landschaftsbild vor einer verunstaltenden Außenbereichsbebauung. Die Rspr. sieht — ebenso wie schon bei § 35 I BBauG — auch im Gebot der Rücksichtnahme (hierzu unten V 4) einen öffentlichen Belang[204].

148 4.1.3. Es ist umstritten, ob auch für die bodenrechtliche Zulässigkeit von Großvorhaben — Kraftwerken, Industriekomplexen oder Siedlungen — § 35 BBauG[205] maßgeblich sein darf oder ob für sie ein **Planungserfordernis** gilt, das als öffentlicher Belang i. S. des § 35 I, III BBauG einer Baugenehmigung entgegensteht[206]. Gegen ein solches Erfordernis spricht indes der Umstand, daß jedenfalls privilegierte Vorhaben vom Gesetzgeber schon planartig dem Außenbereich zugewiesen sind[207]. Auch bei sonstigen Vorhaben wird die bodenrechtliche Zulässigkeit hinreichend durch die öffentlichen Belange des § 35 III BBauG gesteuert[208]. Das betrifft jedoch nur die Konflikte, die sich aus der baulichen Einfügung des Vorhabens in seine Nachbarschaft ergeben (sog. Außenkoordination). Ist das Vorhaben — z. B. eine Siedlung — dagegen räumlich so ausgedehnt, daß es in seinem Inneren nach einer planerischen Ordnung verlangt (sog. Binnenkoordination), steht dies als ein öffentlicher Belang einer Baugenehmigung nach § 35 BBauG entgegen[209].

149 4.1.4. Liegen die Voraussetzungen des § 35 I oder II BBauG vor und ist die Erschließung (dazu unten C IV 2) gesichert, so hat der Bauherr einen **Rechtsanspruch** auf Erteilung der Baugenehmigung. Zwar deutet der Wortlaut des § 35 II BBauG („Kann-Vorschrift") auf eine Ermessensentscheidung der Genehmigungsbehörde hin. Eine solche Auslegung würde jedoch ohne Legitimation durch öffentliche Belange die Baufreiheit beschränken und wäre darum schwerlich mit der Eigentumsgewährleistung des Art. 14 GG vereinbar. Die Rspr. hat darum trotz Kritik im Schrifttum zu Recht § 35 II BBauG als eine **zwingende** Rechtsvorschrift ausgelegt, bei de-

202 BVerwGE 28, 148; DÖV 1979, 905.
203 BVerwGE 68, 319; ebenso BVerwGE 68, 311, im Hinblick auf § 35 I BBauG. Näher dazu oben B I 3 sowie *Steiner:* Raumordnungs- und Landesplanungsrecht, in Teil VI dieses Buches.
204 BVerwGE 52, 122 (125); 55, 334 (337); NVwZ 1983, 609 (610).
205 Die gleiche Frage stellt sich auch für § 34 I BBauG; vgl. hierzu jedoch BVerwG NJW 1981, 2427.
206 Befürwortend u. a. *Schenke,* NuR 1983, 81 (86); *Peine,* DÖV 1983, 909.
207 BVerwG NVwZ 1984, 169 (170); NVwZ 1986, 208 (215).
208 *Battis/Krautzberger/Löhr,* § 35 Rdn. 72.
209 BVerwG NJW 1977, 1978 (1979).

ren Anwendung für ein eigenes planerisches Ermessen der Verwaltung kein Platz ist[210]. Zugleich hat sie freilich den Begriff der öffentlichen Belange sehr weit gefaßt und damit streng den Ausnahmecharakter eines nicht privilegierten Bauens im Außenbereich betont.

4.1.5. Auch bei § 35 BBauG ist nach außen hin allein die Baugenehmigungsbehörde **150** für die Erteilung der Genehmigung zuständig. Intern ist sie dabei an das **Einvernehmen** der Gemeinde und bei nicht privilegierten Bauvorhaben darüber hinaus auch an die Zustimmung der höheren Verwaltungsbehörde gebunden (§ 36 BBauG). Hinsichtlich dieser Mitwirkungsrechte gilt im wesentlichen, was im Zusammenhang mit § 34 BBauG ausgeführt wurde (oben 3.4.).

4.2. Die Privilegierung der in § 35 I BBauG geplanten Bauvorhaben betrifft be- **151** stimmte Nutzungsarten; eine **Nutzungsänderung** kann das betreffende Bauwerk **entprivilegisieren.** Soweit sie nach Landesbauordnungsrecht genehmigungspflichtig ist, gelten für sie wiederum auch die bauleitplanungsrechtlichen Zulässigkeitsvoraussetzungen (§ 29 BBauG); dabei spielt in der Regel keine Rolle, ob die Nutzungsänderung mit baulichen Maßnahmen verbunden ist. Wenn — wie meist — in solchen Fällen ein Ausnahmetatbestand nach § 35 II BBauG nicht vorliegt, müßte an sich die Nutzungsänderung untersagt sein. Eine derartig rigide Regelung wäre jedenfalls im Hinblick auf land- oder forstwirtschaftlich genutzte Bauwerke freilich bedenklich, weil sie eine Anpassung einer einmal begonnenen baulichen Bodennutzung an wirtschaftliche Veränderungen, insbesondere an einen durch die wirtschaftliche Entwicklung erzwungenen Strukturwandel des ländlichen Raumes, erschweren oder gar verhindern würde. § 35 IV BBauG nimmt für die entprivilegisierende Änderung der Nutzung eines zuvor zulässigerweise errichteten land- oder forstwirtschaftlich genutzten Bauwerks, sofern sie ohne größeren baulichen Aufwand möglich ist, einige derjenigen Zulässigkeitsanforderungen zurück, die nach § 35 II und III BBauG für nicht privilegierte Bauvorhaben gelten[211]. Sie ist auch dann zulässig, wenn sie den Darstellungen eines Flächennutzungsplans oder eines Landschaftsplanes widerspricht, die natürliche Eigenart der Landschaft beeinträchtigt oder die Gefahr einer Splittersiedlung hervorruft.

Die gleiche Zulässigkeitserleichterung soll nach § 35 V Nr. 1—5 BBauG auch für be- **152** stimmte **Ersatz- und Erweiterungsbauten** gelten[212]. Hierbei ist an Fälle gedacht, in denen bestimmte, ursprünglich zulässigerweise errichtete Bauwerke in Anbetracht bestimmter äußerer Umstände und Ereignisse — Zerstörung durch höhere Gewalt, Sanierungsunfähigkeit, erweiterter Wohnbedarf oder Behinderung der Rentabilität eines Gewerbebetriebes — durch neue bauliche Anlagen ersetzt oder um bauliche Anlagen erweitert werden müssen, die ihrerseits für sich genommen nach § 35 I oder II BBauG nicht zulässig wären. Der Gesetzgeber knüpft hier an den in der Rspr. entwickelten Gedanken des **Bestandsschutzes** (unten 5.1) an, den er jedoch partiell erweitert.

---

210 BVerwGE 18, 247; 25, 161; BGH NJW 1981, 982; zustimmend u. a. *Schlichter/Stich/Tittel,* § 35 Rdn. 17; *Schrödter,* § 35 Rdn. 7.
211 Weiterführend *Battis/Krautzberger/Löhr,* § 35 Rdn. 76 ff.; *Weyreuther,* Außenbereich S. 178 ff.
212 Vgl. näher *Battis/Krautzberger/Löhr,* § 35 Rdn. 80 ff., 94 ff.; *Weyreuther,* Außenbereich, S. 194 ff.

Beispiel:

153 A, der im Außenbereich in landschaftlich schöner Lage ein aus alter Zeit stammendes und damals legal errichtetes Wochenend-Holzhaus besitzt, möchte schon lange an dessen Stelle ein größeres massives Haus errichten, um dort ständig leben zu können. Als ein Sturm das Dach des Holzhauses zur Hälfte zerstört, läßt A das Haus gänzlich abreißen und beantragt nun die Genehmigung für den geplanten Neubau. Muß die Genehmigung erteilt werden?

Aus § 35 V 1 Nr. 2 BBauG kann A keinen Anspruch auf eine Baugenehmigung herleiten, weil das neue Gebäude mit dem zerstörten nicht vergleichbar ist. Für die Gleichartigkeit kommt es u. a. auch auf die Funktion des Ersatzbaues an, die sich hier von derjenigen des Altbaus wesentlich unterscheidet. Im übrigen ist die Holzhütte, obwohl vom Sturm beschädigt, letztlich doch nicht durch ein außergewöhnliches Ereignis, sondern vom Eigentümer selbst zerstört worden. Auch § 35 II BBauG verschafft A keinen Anspruch. Das Vorhaben ist mit öffentlichen Belangen unvereinbar, weil es die Eigenart der Landschaft beeinträchtigen würde (BVerwGE 58, 124).

5. Eigentumsrechtlich begründete Zulässigkeit von Bauvorhaben

154 Die Zulässigkeitsschranken, die sich für Bauvorhaben aus den §§ 30—35 BBauG ergeben, können im Einzelfall mit der Eigentumsgewährleistung nach Art. 14 GG im Widerspruch stehen. Die Rspr. ist seit längerem bemüht, hier schon im Rahmen der genannten Tatbestände Lösungen zu finden. In Wahrheit drängen diese Lösungen jedoch die herkömmlichen bauleitplanungsrechtlichen Bestimmungen im Einzelfall zurück. Sie führen darum im Ergebnis eher zu weiteren, unmittelbar in Art. 14 GG begründeten Zulässigkeitstatbeständen, die sich durch die topoi „Bestandsschutz" bzw. „eigentumsrechtlich verfestigte Anspruchsposition" kennzeichnen lassen.

155 5.1. Der Gedanke des **Bestandsschutzes** beruht auf Art. 14 I 1 GG[213]. Er bedeutet hier zunächst, daß eine einmal legal begründete bauliche Bodennutzung auch dann schutzwürdig bleibt, wenn sich die materielle Rechtslage dergestalt ändert, daß die Nutzung, stünde sie erneut zur Genehmigung an, nicht mehr genehmigungsfähig wäre (sogenannter **passiver Bestandsschutz**). Der Schutz eines Bauwerks wäre nun aber unvollkommen, wenn bei nachträglich eintretender Illegalität der betreffenden Nutzungsform die zur Beibehaltung der Nutzung erforderlichen Folgeinvestitionen (Wiederherstellungs- und Verbesserungsmaßnahmen), soweit sie baurechtlich einer Genehmigung bedürfen, nicht mehr zulässig wären. Der Eigentümer wäre dann ohne triftigen Grund in einer sinnvollen, objektiv (z. B. wirtschaftlich) wünschenswerten oder zumindest vertretbaren Ausnutzung seines Eigentums beschränkt. Unter der Voraussetzung, daß die baulichen Änderungen oder Erweiterungen nur begrenzter und geringfügiger Art sind, zu keiner wesentlichen Veränderung des ursprünglichen Bestandes führen und die Identität des wiederhergestellten oder verbesserten mit dem ursprünglichen Bauwerk im wesentlichen wahren, hat die Rspr. darum auch hier die Notwendigkeit eines Bestandsschutzes (sogenannter **aktiver Bestandsschutz**) anerkannt[214]. Eine Erweiterung hat diese Rspr. dann unter dem Ge-

---

213 Vgl. u. a. *Finkelnburg/Ortloff,* S. 291 ff.
214 BVerwGE 25, 161; 36, 296 (300 ff.).

sichtspunkt des **übergreifenden Bestandsschutzes** erfahren[215]. Äußere Entwicklungen, insbesondere technischer Wandel oder veränderte wirtschaftliche Verhältnisse, können dazu führen, daß eine angemessene, wirtschaftlich rentable Nutzung und damit letztlich der Bestand der bisherigen Anlage nur bei Vornahme gewisser Änderungs- und Erweiterungsmaßnahmen gewährleistet ist; dabei kann im Einzelfall sogar die Errichtung eines vollständig neuen weiteren Gebäudes notwendig sein. Auch solche Maßnahmen werden von der Rspr. für zulässig erklärt, wenn zwischen dem vorhandenen Bestand und der fraglichen Maßnahmen ein untrennbarer Funktionszusammenhang besteht, wenn die bauliche Erweiterung nicht zugleich zu einer erheblichen Kapazitätserweiterung führt und wenn der Schutz des vorhandenen Bestandes ohne Genehmigung dieser Maßnahme gegenstandslos würde[216].

In all diesen Fällen muß jedoch der äußere räumliche sowie der funktionale Zusammenhang der zu genehmigenden Maßnahme mit dem **vorhandenen Bestand** und seiner Nutzung gewahrt sein[217]. Darum sind **Ersatzbauten,** die an die Stelle zerstörter Bauwerke treten sollen[218], sowie Maßnahmen, die auf eine Nutzungsänderung hinauslaufen[219], durch den Gesichtspunkt des Bestandsschutzes nicht gedeckt. Diese Schranken sind jedoch bei den jüngsten Novellierungen des Baurechts, die dem Gedanken des Bestandsschutzes in weitem Umfang Rechnung getragen haben, partiell zurückgenommen worden. Die bereits erwähnten Absätze 4 und 5 des § 35 BBauG liefern jetzt Zulässigkeitstatbestände auch für Funktionsänderungen und Kapazitätserweiterungen bei baulichen Erweiterungsmaßnahmen sowie für Ersatzbauten, beschränken sich dabei allerdings — insoweit anders als der unmittelbar aus Art. 14 GG hergeleitete Bestandsschutz — auf den Außenbereich.

156

Beispiel:

A hat auf seinem Grundstück einen Kohlenhandel mit zuletzt noch zwei Lkw's betrieben. Jetzt gibt er das Geschäft auf und verpachtet das Grundstück an B, der darauf ein Schwertransportunternehmen mit 15 schweren Lkw's und Kränen errichten will. Bedarf B dazu einer baurechtlichen Erlaubnis? Ist sein Vorhaben zulässig, obwohl das Grundstück seit einiger Zeit in einem als reinem Wohngebiet ausgewiesenen Bereich liegt?

157

Eine Baugenehmigung ist erforderlich, weil die geplante Nutzung des Grundstücks eine Nutzungsänderung darstellt, die nach Landesrecht einer Genehmigungspflicht unterliegt. Eine Nutzungsänderung im Sinne des Bauordnungsrechts liegt immer dann vor, wenn sich aus dem öffentlichen Baurecht für die veränderte Nutzung eine andere Beurteilung ergeben würde. Bei dem Vorhaben des B ist dies aus bodenrechtlichen Gesichtspunkten möglich, weil durch die stärker industrielle Prägung des Betriebes und die zu erwartenden erhöhten Emissionen bodenrechtliche Belange berührt werden können. Die Errichtung des von B geplanten Schwertransportunternehmens ist nicht genehmigungsfähig, weil Gewerbebetriebe dieser Art in einem reinen Wohngebiet unzulässig sind (§ 3 BauNVO). Die Rechtmäßigkeit der vorgesehenen Nutzung des Grundstücks kann auch nicht aus dem Gesichtspunkt des Bestandsschutzes hergeleitet werden. Der durch Art. 14 GG vermittelte Bestandsschutz erstreckt sich nur auf

---

215 *Friauf*, Festgabe BVerwG, 217 (224 ff.).
216 BVerwGE 50, 49; *Battis/Krautzberger/Löhr*, § 35 Rdn. 105, u. a.
217 BVerwGE 47, 126 (128 f.); *Battis/Krautzberger/Löhr*, § 35 Rdn. 106.
218 BVerwG NJW 1977, 1932.
219 BVerwGE 47, 185.

tatsächlich ausgeübte Nutzungen. Wird das Grundstück längere Zeit nur in beschränktem Umfang genutzt, reduziert sich der Bestandsschutz entsprechend. Wesentliche Nutzungserweiterungen sind vom Bestandsschutz nicht gedeckt. Nur so läßt sich verhindern, daß Altanlagen entgegen neuem Recht zu Lasten der Umgebung vergrößert werden. Die betriebliche Nutzung des Grundstücks durch A erfolgte zuletzt nur durch zwei Lastkraftwagen, so daß sich der Bestandsschutz auf diese Nutzung beschränkt. Die von B beabsichtigte Nutzung geht über diesen Rahmen weit hinaus und ist daher vom Bestandsschutz nicht gedeckt.

158 5.2. Während der Bestandsschutz vorwiegend dem vorhandenen Baubestand gilt, bezieht sich der Gesichtspunkt der **eigentumsrechtlich verfestigten Anspruchsposition** auf die bodenrechtliche **Grundstücksqualität** und schließt damit auch unbebaute oder nicht mehr bebaute Grundstücke ein. Er schützt vor allem eine einmal vorhanden gewesene, dann aber nicht oder nicht mehr ausgenutzte **Baulandqualität**, sofern sich der damit ursprünglich gegebene Bebauungsanspruch eigentumskräftig verfestigt hat, vor nachteiligen Veränderungen der bodenrechtlichen Zulässigkeitsregelung[220]. Ob eine bestimmte Grundstücksqualität zu Eigentum erstarkt und damit durch Art. 14 GG vor einem entschädigungslosem Entzug geschützt ist, hängt von der speziellen Situation des Grundstücks in seiner Umwelt und von der Verkehrsauffassung ab. Die Rspr. hat diesen Gedanken u. a. auf unbebaute Grundstücke angewendet, die vor Inkrafttreten des BBauG Baulandqualität besaßen, sie aber unter der Geltung des § 35 II BBauG verloren[221]. Ein eigentumskräftiger Bebauungsanspruch wird aber auch bei bereits bebauten Grundstücken geprüft, wenn das Bauwerk durch Brand u. ä. vorzeitig, d. h. bevor seine Beseitigung wirtschaftlich vernünftig wäre, zerstört wird. Wenn nach allgemeiner Verkehrsauffassung in der gegebenen Situation der Wiederaufbau des zerstörten Gebäudes angemessener erscheint als eine plangerechte Grundstücksnutzung, wenn beispielsweise „die auf die gegebene Situation reagierende Verkehrsauffassung das zerstörte Bauwerk geradezu vermißt", können Rechtsvorschriften, die dem Wiederaufbau entgegenstehen, durch Art. 14 GG verdrängt werden[222]. Auch der Tatbestand der eigentumskräftig verfestigten Anspruchsposition ist freilich in neuerer Zeit durch die Einführung verschiedener Tatbestände des § 35 V BBauG (vgl. oben 4.2) partiell gesetzlich normiert.

6. Reformabsichten nach dem RE BauGB

158a 6.1 Der Katalog und die Systematik der §§ 29 ff. BBauG bleibt auch im RE BauGB im ganzen erhalten; lediglich in Einzelheiten sind Änderungen vorgesehen.

158b Für den **beplanten Innenbereich** wird zunächst in § 30 II RE BauGB die Funktion einfacher Bebauungspläne, von denen bisher nur in § 33 S. 2 BBauG die Rede war, deutlicher herausgestellt. Befreiungen, die sich auf § 31 II Nr. 2 BBauG stützen, müssen nach dem Entwurf nicht wie bisher durch städtebauliche Gründe gerechtfertigt, sondern nur noch städtebaulich vertretbar sein. Weiterhin bestimmt § 33 RE

---

220 *Battis/Krautzberger/Löhr,* § 35 Rdn. 107; *Schlichter/Stich/Tittel,* § 35 Rdn. 29 ff.; *Schrödter,* § 35 Rdn. 19.
221 BVerwGE 26, 111.
222 BVerwGE 47, 126 (131).

BauGB, der die Zulässigkeit von Vorhaben während der Planaufstellung betrifft, den Zeitpunkt der „Planreife" genauer als bisher, ermöglicht Baugenehmigungen nach Maßgabe einer Ermessensentscheidung der Verwaltung aber auch schon vor Planreife; den betroffenen Bürgern und Trägern öffentlicher Belange muß dann jedoch Gelegenheit zur Stellungnahme gegeben werden.

Die weitestreichende Änderung enthält § 34 RE BauGB für den **unbeplanten Innen-** **158c** **bereich.** Er verzichtet zunächst auf die bisherigen Vorbehalte der entgegenstehenden öffentlichen Belange und der Berücksichtigung der für die Landschaft charakteristischen Siedlungsstruktur, weil ihnen neben dem Merkmal des Einfügens keine selbständige Bedeutung zukomme. In Abs. 2 übernimmt er die schon in § 34 III BBauG enthaltene Verweisung auf die BauNVO, beschränkt deren Anwendbarkeit indes auf die Vorschriften über die Art baulicher Nutzung und ersetzt zugleich damit für diesen Fall das sonst geltende, allgemeine Erfordernis der Einfügung in die Eigenart der näheren Umgebung. Von der Bindung an die Kategorien der BauNVO soll nach § 34 II (2. Hs.) Befreiung erteilt werden können; dies ermöglicht Baugenehmigungen auch über den Kreis der bereits in der BauNVO enthaltenen Ausnahmeregelungen hinaus. § 34 III RE BauGB sieht eine Befreiung von den Schranken der Abs. 1 und 2 vor, soweit ein Vorhaben die Veränderung, Erweiterung oder Erneuerung von Altanlagen betrifft. Hierdurch werden vor allem betriebliche Anlagen im Bereich sog. Gemengelagen begünstigt; man könnte von einer Form erweiterten Bestandsschutzes (vgl. oben 5.1) sprechen, der freilich, da es auf die Erhaltung der Funktionsfähigkeit des Betriebes nicht ankommen soll, von der Eigentumsgarantie des Art. 14 I GG nicht gefordert wird. Schließlich erweitert § 34 IV RE BauGB die bisher auch schon gegebene Möglichkeit konstitutiver „Entwicklungssatzungen" (vgl. oben 3.3), verlangt aber für solche Fälle die Anhörung der betroffenen Bürger und Träger öffentlicher Belange.

Für Bauvorhaben im **Außenbereich** soll auch weiterhin die Unterscheidung von pri- **158d** vilegierten und nicht privilegierten Vorhaben gelten (§ 35 I—III RE BauGB). Auf Vorschlag des Bundesrates[223] sollen auch kerntechnische Anlagen nunmehr ausdrücklich in den Katalog privilegierter Vorhaben aufgenommen werden; weiterhin soll klargestellt werden, daß auch privilegierte raumbedeutsame Vorhaben den Zielen der Raumordnung und Landesplanung nicht widersprechen dürfen. Die Zulässigkeit von Ersatz- und Erweiterungsbauten soll teilweise etwas erweitert werden (§ 35 IV RE BauGB); insbes. wird die Möglichkeit zur Erweiterung gewerblicher Betriebe nicht mehr an die Voraussetzungen des eigentumsrechtlichen Bestandsschutzes geknüpft. Stattdessen wird generell geboten, daß Vorhaben im Außenbereich in einer flächensparenden und schonenden Weise ausgeführt werden (§ 35 V RE BauGB).

6.2. **Kritik:** Der RE BauGB erweitert die Möglichkeiten der Verwaltung, Bauvorha- **158e** ben auch außerhalb der durch rechtskräftige Bebauungspläne geregelten Bereiche oder unter Befreiung von Planfestsetzungen zuzulassen, beträchtlich. Hierdurch wird weniger die Position der Gemeinde geschwächt, die auch nach § 36 RE BauGB

---

223 Stellungnahme des BRats, BTag-Drs. 10/5027, Nr. 34 und 35 sowie die diesbezügliche Gegenäußerung der BReg., BTag-Drs. 10/5111. Vgl. auch *Bielenberg* u. a., DVBl. 1986, 377 (382).

stets eingeschaltet werden muß, als vielmehr die Stellung des Bürgers; Baugenehmigungen sind nach dem Entwurf nicht mehr in gleicher Weise durch einen unter Bürgerbeteiligung zustande gekommenen Bebauungsplan vorgezeichnet, wie es noch nach dem BBauG der Fall ist. Die Erweiterung der Befreiungs- und Ausnahmemöglichkeiten vor allem in den §§ 31 II, 34 II, III und 35 IV RE BauGB eröffnet zudem den Behörden insoweit eine weitgehend richtungslose Gestaltungsfreiheit, die unter dem Gesichtspunkt der Gesetzesbindung der Verwaltung nicht unbedenklich erscheint. Da auch nachbarliche und Umweltinteressen bei diesen Regelungen nur geringfügig berücksichtigt worden sind, kann ihre Anwendung, sollte der Entwurf Gesetz werden, zu einer Vermehrung der auf den Gesichtspunkt der Rücksichtnahme gestützten Nachbarklagen führen[224].

Vertiefungsliteratur:

1. Bauvorhaben und Genehmigungsvorbehalt:

Battis: Öffentliches Baurecht und Raumordnungsrecht. S. 117 ff.; *Ernst/Hoppe,* Das öffentliche Bau- und Bodenrecht, Raumplanungsrecht. Rdnr. 352 f.; *Friauf:* Das Verbot mit Erlaubnisvorbehalt. JuS 1962, 422; *Gelzer:* Bauplanungsrecht. Rdn. 449 ff., 795 ff. und 1081 ff.; *Kimminich:* Kommentierung zu Art. 14, Rdnr. 139 ff., in: Bonner Kommentar; *Maunz:* Bodenrecht vor den Schranken des Grundgesetzes. DÖV 1975, 1; *Rengeling:* Das Grundeigentum als Schutzobjekt der Eigentumsgarantie. AöR 105, 423; *Schulte:* Das Dogma Baufreiheit. DVBl. 1979, 133; *Skouris/Tschaschnig:* Die einvernehmliche Entscheidung von Baugenehmigungsbehörde und Gemeinde im Bauplanungsrecht. Natur und Recht (NuR) 1983, 92; *Zeitler:* Einvernehmen und Benehmen im Bauplanungsrecht. Festschrift 100 Jahre BayVGH (1979), S. 51 ff.

2. Bauvorhaben im beplanten Bereich:

Ernst/Hoppe: Das öffentliche Bau- und Bodenrecht, Raumplanungsrecht. Rdnr. 335—374; *Finkelnburg/Ortloff:* Öffentliches Baurecht. S. 167 ff.; *Gelzer:* Bauplanungsrecht. Rdnr. 481—823, 901—927; *Hoppe:* Das Ermessen bei der Erteilung baurechtlicher Ausnahmen und Befreiungen. DVBl. 1969, 340; *Schmidt-Aßmann:* Grundfragen des Städtebaurechts (1972). S. 171 ff.

3. Bauvorhaben im Innenbereich:

Boeddinghaus: Zur Anwendung des § 34 BBauG. ZfBR 1980, 667; *Dohle:* Die bodenrechtliche Neuregelung der Zulässigkeit baulicher Vorhaben im Innenbereich. NJW 1977, 1372; *Finkelnburg/Ortloff:* Öffentliches Baurecht. S. 181 ff.; *Gelzer:* Bauplanungsrecht. Rdnr. 946—1085; *Schmidt-Aßmann:* Bauen in unbeplanten Bereichen. JuS 1981, 731.

4. Bauvorhaben im Außenbereich:

Bielenberg: Die Zulässigkeit von Vorhaben im Außenbereich. BBauBl. 1977, 473; *Dolde:* Planungsbedürftigkeit privilegierter Außenbereichsvorhaben. NVwZ 1984, 158; *Dyong:* Privilegierte Nutzungsänderung und Wiederaufbauanspruch nach der Novelle zu § 35

---

224 Vgl. eingehender *v. Feldmann/Groth,* S. 21—75.

BBauG. NVwZ 1982, 354; *Finkelnburg/Ortloff:* Öffentliches Baurecht. S. 187 ff.; *Gelzer:* Bauplanungsrecht. Rdnr. 1105—1298; *Hoppe:* Ungewißheiten beim bebauungsrechtlichen Planerfordernis (§ 35 Abs. 1 BBauG) für industrielle Großverfahren. DVBl. 1982, 913; *Peine:* Umgehung der Bauleitplanungspflicht bei Großvorhaben. DÖV 1983, 909; *Schmidt-Aßmann:* Bauen in unbeplanten Bereichen. JuS 1981, 731; *Weyreuther:* Bauen im Außenbereich (1979); *ders.:* Über die Erforderlichkeit von Bebauungsplänen. DVBl. 1981, 369.

5. Eigentumsrechtlich begründete Zulässigkeit von Bauvorhaben

Friauf: Bestandsschutz bei gewerblichen Anlagen. In: Festschrift BVerwG (1978), S. 217 ff.; *Weyreuther:* Bauen im Außenbereich (1979). Stw. „Eigentumskräftig verfestigte Anspruchspositionen" und Stw. „Bestandsschutz".

V. Bodenrechtlicher Nachbarschutz

1. Die nachbarrechtliche Klage

1.1. Die Baugenehmigung ist ein den bauwilligen Grundstückseigentümer begünstigender Verwaltungsakt. Nicht selten wird jedoch — insbesondere unter Nachbarn — die Begünstigung des einen vom anderen als ein Nachteil erfahren; etwa dann, wenn von einem baurechtlichen Verbot befreit wurde, dessen Einhaltung für den anderen vorteilhaft gewesen wäre. In solchen Fällen spricht man von **begünstigenden Verwaltungsakten mit belastender Drittwirkung;** sind sie rechtswidrig, so geben sie Anlaß, nach den Rechtsschutzmöglichkeiten des belasteten Dritten zu fragen. Die herkömmliche zweipolige Rechtsbeziehung zwischen Verwaltung und Verwaltungsadressat erweitert sich hier zu einer dreipoligen Beziehung, die auch den mittelbar betroffenen Dritten einschließt. Das Problem derartiger Konstellationen liegt dann nicht wie sonst im Schutz der Bürgerrechte gegenüber der Verwaltung, sondern im Ausgleich divergierender Interessen von Bürgern, die durch eine Verwaltungsentscheidung — die Baugenehmigung — in eine Konfliktsituation gebracht worden sind[225]. **159**

1.2. Dem Bedrüfnis nach Rechtsschutz wird durch die Drittbetroffenenklage — im Baurecht **Nachbarklage**[226] genannt — Rechnung getragen. Obwohl der Dritte nicht selbst Adressat des Verwaltungsakts ist, sondern nur mittelbar von ihm beeinträchtigt wird, steht ihm nach inzwischen gesicherter Ansicht hiergegen die **Anfechtungsklage** zur Verfügung[227]. Nur wenn der Kläger nicht die — völlige oder teilweise — Beseitigung der ihn belastenden Baugenehmigung, sondern lediglich die Beifügung einer Auflage oder einer anderen, seine Interessen berücksichtigenden Nebenbestimmung anstrebt oder wenn er das Einschreiten der Baubehörde gegen ungenehmigtes Bauen erreichen will, ist die Verpflichtungsklage der statthafte Rechtsbehelf[228]. **160**

---

225 *Wahl,* JuS 1984, 577.
226 Grundlegend hierzu *Sendler,* BauR 1970, 4 ff. und 74 ff.; *Ernst/Zinkahn/Bielenberg,* § 31 Rdn. 99 ff.
227 BVerwGE 22, 129.
228 *Schlichter/Stich/Tittel,* § 31 Rdn. 26; *Ernst/Zinkahn/Bielenberg,* § 31 Rdn. 168; *Gelzer,* Rdn. 870.

161 Widerspruch und Anfechtungsklage des Nachbarn haben nach § 80 I VwGO **aufschiebende Wirkung.** Sie bedeutet für den Bauherrn, daß er während der Dauer des Rechtsstreits von der angefochtenen Baugenehmigung keinen Gebrauch machen darf[229], sofern er nicht seinerseits nach § 80 II Nr. 4 VwGO von der Baubehörde die Anordung der sofortigen Vollziehbarkeit erreicht. Die Behörde und — in reziproker Anwendung des § 80 V VwGO[230] — gegebenenfalls auch das Verwaltungsgericht haben hierbei die entgegengesetzten Interessen von Bauherrn und Nachbarn gegeneinander abzuwägen.

162 1.3. Setzt sich der Nachbar mit seiner Klage endgültig durch, werden bereits eingeleitete Baumaßnahmen des Bauherrn **nachträglich illegal.** Die Behörde kann nach bauordnungsrechtlichen Grundsätzen die Beseitigung schon vorhandener Bauteile verlangen (dazu unten D II 3). Dem Nachbarn steht ein entsprechender Folgenbeseitigungsanspruch nicht zu[231], doch wird er von der Behörde ein Einschreiten verlangen können, wenn die Duldung des nunmehr rechtswidrigen Zustandes ermessensfehlerhaft wäre[232]; insofern kann er auch **vorläufigen Rechtsschutz** nach § 123 VwGO erreichen. Zum gleichen Ergebnis wird man gelangen müssen, wenn der Bauherr die aufschiebende Wirkung einer Nachbarklage ignoriert und — insoweit dann vorläufig illegal — weiterbaut[233]. Die wohl h. M. löst diesen Fall dagegen über § 80 V 3 VwGO mit Hilfe der dortigen Folgenbeseitigungsregelung[234].

163 1.4. Bei immissionsträchtigen Gewerbebetrieben ergibt sich hier noch ein weiteres Problem. Werden in der näheren Umgebung eines solchen Betriebes rechtswidrige Bauvorhaben zugelassen, die dann dessen Immissionen ausgesetzt wären (sog. heranrückende Nachbarbebauung), so rechtfertigt dies allein an sich noch kein Abwehrrecht des schon vorhandenen Unternehmens. Allerdings wird es in einem solchen Fall seinerseits dann möglicherweise wegen unzumutbarer Beeinträchtigung der Nachbarschaft immissionsschutz- oder allgemein ordnungsrechtlichen Maßnahmen ausgesetzt sein, die bis zu einer Betriebsuntersagung (vgl. die §§ 21, 25 II BImSchG) reichen können (Fall des **„latenten Störers"**). Um dieser Gefahr zu begegnen, bedarf es eines präventiven Rechtsschutzes gleichfalls durch Anfechtung der rechtswidrigen Baugenehmigung[235].

2. Dogmatik des Nachbarschutzes

164 2.1. Das deutsche Verwaltungsprozeßrecht zielt, sieht man von der verwaltungsgerichtlichen Normenkontrolle nach § 47 VwGO einmal ab, nicht auf eine objektive Rechtmäßigkeitskontrolle der Verwaltung, sondern auf subjektiven **Rechtsschutz.**

---

229 *Ernst/Zinkahn/Bielenberg,* § 31 Rdn. 181 f.
230 BVerwG DÖV 1969, 111; *Ernst/Zinkahn/Bielenberg,* § 31 Rdn. 185.
231 *Gelzer,* Rdn. 885; a. A. *Ernst/Zinkahn/Bielenberg,* § 31 Rdn. 188.
232 OVG Münster NJW 1984, 883; *Ernst/Zinkahn/Bielenberg,* § 31 Rdn. 176.
233 OVG Münster VwRspr. 28 Nr. 238; *Gelzer,* Rdn. 878 ff.
234 OVG Lüneburg BauR 1981, 276; *Ernst/Zinkahn/Bielenberg,* § 31 Rdn. 186; *Breuer,* DVBl. 1983, 431 (439 f.), m. w. Nw.
235 BVerwG DVBl. 1971, 746 (748); *Fröhler/Kormann,* WiVerw. 1978, 245 ff.

Der Kläger muß also dartun, daß der von ihm angegriffene Verwaltungsakt nicht nur rechtswidrig ist, sondern ihn zugleich auch in seinen subjektiven Rechten verletzt (§§ 42 II, 113 I 1 VwGO)[236]. Das fällt demjenigen leicht, der **selbst** Adressat eines ihn belastenden Verwaltungsakts ist. Der Eingriff in seine Rechtssphäre bedarf einer gesetzlichen Legitimation, die in ihrer normativen Bestimmtheit nicht nur zum Eingriff ermächtigt, sondern zugleich auch die Grenzen der Eingriffsbefugnis der Verwaltung festlegt und damit für den Normadressaten eine subjektive Rechtsposition begründet. Anders verhält es sich beim nur mittelbar belasteten Dritten. Wenn er die Rechtswidrigkeit des für ihn nachteiligen Verwaltungsakts geltend macht, so beruft er sich auf eine in den einschlägigen Rechtsnormen enthaltene und sich gegen den Adressaten auswirkende Begünstigungsgrenze, die aber deswegen keineswegs auch ihm selbst schon stets eine subjektive Rechtsposition verleiht. Das tun nur Normen mit drittschützendem Charakter; das sind solche, welche die Möglichkeit, jemandem etwas durch Verwaltungsakt zu gewähren, nicht nur im öffentlichen, sondern auch und gerade im Interesse eines erkennbaren und abgrenzbaren Kreises Dritter beschränken[237]. Die Klage des Drittbetroffenen hat darum nur Aussicht auf Erfolg, wenn die Maßstabsnorm, an der sich die Rechtswidrigkeit des Verwaltungsakts erweist, in diesem Sinne **zugleich auch** den Charakter einer **Schutznorm** hat.

2.2. Diese sog. **Schutznormtheorie**[238] ist freilich nicht unumstritten[239]. Ihre Gegner **165** werfen ihr vor, die postulierte Abhängigkeit schutzwürdiger Berechtigungen von der Ausgestaltung einfachen Rechts stehe nicht im Einklang mit dem in Art. 14 I GG verankerten Schutzauftrag, der auch für das Eigentum des Nachbarn gelte. Eine rechtswidrige Baugenehmigung müsse darum immer schon dann Nachbarschutz auslösen, wenn der Nachbar hiervon konkret in seinen eigenen Angelegenheiten betroffen sei[240]. Diese Kritik läßt indes unberücksichtigt, daß die Zuerkennung der Klagebefugnis an den Nachbarn ihrerseits wiederum zu einer Beeinträchtigung des Bauherrn führen kann, wenn ihm die Ausnutzung der Baugenehmigung im Hinblick auf § 80 I VwGO für die Dauer des Rechtsstreits versagt bleibt, obwohl er schließlich möglicherweise obsiegt. Die Eigentumsgarantie verlangt nicht nur in materieller, sondern auch in prozessualer Hinsicht einen Ausgleich zwischen den Interessen des Bauwilligen und des Nachbarn und eine Bestimmung von Inhalt und Ausmaß ihrer wechselseitigen Eigentümerrechte. Art. 14 I GG nimmt diese Bestimmung im wesentlichen nicht selbst vor, sondern überläßt sie nach Satz 2 dem einfachen Recht[241]. Dies schließt freilich nicht aus, daß sich der Nachbar im Einzelfall, wenn ihn das einfache Recht unzulänglich schützt, unmittelbar auf die Eigentumsgarantie berufen kann (vgl. unten 5.2).

2.3. Der Schutznormcharakter der einschlägigen Rechtsnorm genügt allein freilich **166** noch nicht; es muß hinzukommen, daß der **Schutzzweck** der Norm gerade auch die

---

236 Stdg. Rspr. seit BVerwGE 1, 83.
237 Vgl. BVerwGE 42, 122 (128).
238 Hierzu *Schlichter,* NVwZ 1983, 641; *Wahl,* JuS 1984, 577 (579).
239 Zum Streitstand *J. Martens,* NJW 1985, 2302 Fn. 2.
240 *Henke,* Das subjektive öffentliche Recht (1968), S. 57 ff.; *Bartlsperger,* VerwArch. 1969, 47 ff.; DVBl. 1971, 723 ff.
241 *Schlichter,* NVwZ 1983, 641; *Wahl,* JuS 1984, 577 (579).

Rechtssphäre des Drittbetroffenen mitumfaßt. Soweit baurechtliche Vorschriften als Schutznormen qualifiziert werden können, zielen sie im allgemeinen auf den Schutz des **Nachbarn** eines Bauvorhabens. Das müssen nicht die Grundstücksnachbarn sein; der Begriff der Nachbarschaft schließt auch nicht unmittelbar angrenzende Grundstücke ein. Je nachdem, wie weit die Beeinträchtigung reicht, vor der die Schutznorm gerade bewahren will, wird man den Nachbarschaftsbereich weiter oder enger zu ziehen haben[242]. Die Rspr. rechnet obligatorisch Berechtigte (Mieter, Pächter) generell nicht zum Kreis der geschützten Nachbarn, um das Risiko des Bauherrn in Grenzen zu halten[243]. Sinnvoller scheint indes auch hier eine Begrenzung vom Schutzzweck der Norm her[244]. Zur Berufung auf Rechtsnormen, die etwa vor dem Hintergrund des Art. 2 II GG auf die Abwehr gesundheitsschädigender Immissionen gerichtet sind, ist nicht nur der Eigentümer, sondern auch der obligatorisch Berechtigte befugt.

3. Nachbarschützender Charakter von Bodenrechtsnormen

167 3.1. Die hauptsächliche Schwierigkeit beim baurechtlichen Nachbarschutz liegt in der Beantwortung der Frage, **welche** Baurechtsnormen als nachbarschützend zu verstehen sind. Die Frage stellt sich bei manchen Anforderungen des materiellen Bauordnungsrechts (hierzu unten D II 4) wie auch vor allem im Zusammenhang mit den bodenrechtlichen Zulässigkeitstatbeständen des BBauG und den konkreten Festsetzungen des jeweiligen Bebauungsplanes. Auch wenn das materielle Baurecht insgesamt einen sachgerechten Ausgleich der widerstreitenden Interessen der Normbetroffenen sucht, kann doch **nicht jeder** seiner Regelungen eine nachbarschützende Funktion unterlegt werden. Zahlreiche Regelungen dienen nicht dem Schutz individueller Interessen, sondern der Durchsetzung von Belangen der Allgemeinheit[245]. Art. 14 GG gebietet keine andere Betrachtungsweise. Er schützt zwar auch die Nutzungsinteressen des Nachbarn; Inhalt und Schranken seines Schutzes werden jedoch im allgemeinen erst durch die einfachen Gesetze bestimmt (Art. 14 I 2 GG)[246].

168 Die herkömmliche Abgrenzungsformel der Schutznormtheorie, die betreffende Norm müsse (auch) den Interessen des Nachbarn zu dienen bestimmt sein, ist wegen ihrer Bezugnahme auf subjektive Vorstellungen des normsetzenden Organs wenig aufschlußreich. Die Nachbarklage hat die Funktion, einseitige Verschiebungen in einer rechtlich ausgewogenen Nutzungsordnung zu verhindern. Sie setzt darum Nutzungsregelungen voraus, die den nachbarlichen Interessenkonflikt durch **Zuordnung und Abstimmung benachbarter Nutzungen** unter dem Gesichtspunkt wechselseitiger Verträglichkeit regeln und zu einem Ausgleich bringen[247]. Die Rspr. verlangt darüber hinaus, daß die nutzungsregelnden Baurechtsnormen einen bestimmten und **abgrenzbaren Kreis von Berechtigten** erkennen lassen, der nicht übermäßig weit sein

---

242 *Schlichter,* NVwZ 1983, 641 (647).
243 *Ernst/Zinkahn/Bielenberg,* § 31 Rdn. 118; *Gelzer,* Rdn. 864 f. m. w. Nw.
244 OVG Lüneburg DÖV 1980, 524; OVG Hamburg NVwZ 1984, 48; *Schlichter,* NVwZ 1983, 641 (646).
245 BVerwG NVwZ 1984, 38.
246 BVerwG DVBl. 1978, 614 (615).
247 *Breuer,* DVBl. 1983, 431 (437); *Wahl,* JuS 1984, 577 (580).

darf. Anderenfalls wäre die notwendige Individualisierung des Nachbarschutzes zu Lasten der ebenfalls schutzwürdigen Interessen des Bauherrn gefährdet[248].

3.2. Soweit Nachbarschutz im Zusammenhang mit der **bodenrechtlichen** Zulässig- **169** keit von Bauvorhaben begehrt wird, muß man an die einzelnen Zulässigkeitstatbestände der §§ 29 ff. BBauG anknüpfen.

3.2.1. In **beplanten Gebieten** können Konflikte bereits daraus entstehen, daß einzel- **170** ne Festsetzungen des Bebauungsplans die Belange benachbarter Grundstückseigentümer nicht hinreichend wahren. Zwar vermitteln die in § 1 VI BBauG normierten Ziele der Bauleitplanung und das in § 1 VII BBauG enthaltene Abwägungsgebot den von der Bauleitplanung Betroffenen keine subjektiven Rechte[249]. Ein Verstoß gegen diese Vorschriften führt jedoch zur Nichtigkeit des Planes. Sie kann vom Betroffenen sowohl im verwaltungsgerichtlichen Normenkontrollverfahren nach § 47 VwGO wie auch — inzident — bei der Anfechtung einer auf der Grundlage des Bebauungsplanes erteilten Baugenehmigung geltend gemacht werden; im letzteren Fall hat dies zu Folge, daß das Klagebegehren nunmehr am Maßstab der §§ 34 und 35 BBauG zu prüfen ist[250].

Beispiel:

Der Unternehmer U betreibt seit Jahrzehnten legal ein Kraftfutterwerk im Außenbereich einer **171** Gemeinde. Diese hat jetzt in einem Bebauungsplan das Gelände bis zu dem Werk als Wohngebiet ausgewiesen und bereits die ersten Baugenehmigungen erteilt. Weitere Anträge auf Bebauung der unmittelbaren Nachbarschaft sind gestellt. U befürchtet, seinen Betrieb wegen der damit verbundenen Emissionen nicht aufrecht erhalten zu dürfen, wenn die geplanten Vorhaben genehmigt und realisiert sind. Was kann er tun?

U kann sich mit Widerspruch und ggf. Anfechtungsklage gegen die bereits erteilte Baugenehmigung wehren. Er ist klagebefugt (§ 42 II VwGO), weil er durch die Genehmigungen in seinen Rechten aus § 35 BBauG verletzt sein kann. Nach seinem Vorbringen könnte der Bebauungsplan wegen Abwägungsmängeln nichtig sein. Die Bauvorhaben wären dann nach § 35 II, III BBauG zu beurteilen, der vorhandene privilegierte Anlagen vor Beeinträchtigungen durch eine heranrückende, nicht privilegierte Bebauung schützt. § 35 I BBauG hat insoweit den Charakter einer planungsähnlichen Entscheidung des Gesetzgebers zugunsten der auf den Außenbereich angewiesenen Vorhaben. U kann auch schon vorbeugend die erteilten Baugenehmigungen angreifen; wenn die Nachbarschaft nämlich erst bebaut ist, müßte er evtl. als Störer weichen. Gegen noch ausstehende Baugenehmigungen kann U mit einer vorbeugenden Unterlassungsklage vorgehen. Im übrigen sollte U möglichst auch den Bebauungsplan im Wege der verwaltungsgerichtlichen Normenkontrolle (§ 47 VwGO) überprüfen lassen (BVerwG DVBl. 1971, 746).

Auch wenn die Festsetzungen eines Bebauungsplanes als solche nachbarrechtlich **172** nicht zu beanstanden sind, können Nachbarn doch durch **rechtswidrige Baugenehmigungen** in ihren eigenen Rechten verletzt sein. Objektiv rechtswidrig sind Genehmigungen im Planbereich, wenn sie ohne zulässige Befreiung von den planerischen Festsetzungen (einschließlich der mit ihnen verbundenen Ausnahmeregelungen) ab-

---

248 BVerwGE 32, 173 (175); 52, 122 (129).
249 BVerwGE 28, 268 (278 f.); 54, 211 (217).
250 *Gelzer*, Rdn. 433.

weichen oder auf einer zu Unrecht erteilten Befreiung beruhen; dies gilt gleichermaßen bei qualifizierten wie auch bei einfachen Bebauungsplänen. Auf die Rechtswidrigkeit einer Baugenehmigung kann sich der Nachbar nicht berufen, soweit dem
Rechtsmangel durch eine Befreiung abgeholfen werden könnte[251]. Dagegen schadet
es nicht, wenn das Nachbargrundstück seinerseits außerhalb des beplanten Gebietes
liegt (sog. **grenzüberschreitender Nachbarschutz**)[252].

173 Grundbedingung allen Nachbarschutzes gegenüber Planbereichsvorhaben ist, daß
die Planfestsetzungen, deren Nichteinhaltung gerügt wird, (auch) nachbarschützende Ziele verfolgen. Das gilt auch, soweit rechtswidrig von Planfestsetzungen **Befreiung** erteilt worden ist. Die hier einschlägige Vorschrift des § 31 II BBauG gebietet
zwar ausdrücklich eine „Würdigung nachbarlicher Interessen", gewährt aber für
sich genommen keinen Nachbarschutz. Wieweit bei der Befreiung tatsächlich Nach-
barinteressen zu berücksichtigen sind, hängt nämlich davon ab, ob die Festsetzungen, von denen befreit werden soll, ihrerseits einen Nachbarschutz bezwecken. Der
Nachbar kann sich grundsätzlich nur in diesem Fall gegen einen fehlerhaften Dispens erfolgreich zur Wehr setzen[253]. Ausnahmsweise wird sich hier jedoch unter dem
Gesichtspunkt des Rücksichtnahmegebotes ein weiterreichender Nachbarschutz begründen lassen (unten 4)[254].

174 Wieweit die **Festsetzungen** eines Bebauungsplanes (zusammen mit den sie ausfüllen-
den Bestimmungen der BauNVO) dem Nachbarn subjektive Rechte verleihen, kann
grundsätzlich nur im Einzelfall aus dem Regelungszusammenhang und dem Regelungszweck der jeweiligen Festsetzung geklärt werden[255]. Festsetzungen, welche die
Art der baulichen Nutzung (§§ 2—14 BauNVO) betreffen, werden allerdings durchweg als nachbarschützend angesehen[256]. Hinsichtlich der Festsetzungen des zulässigen **Maßes baulicher Nutzung** (§§ 16—21a BauNVO) und der **Bauweise** (§§ 22 und
23 BauNVO) gilt demgegenüber eine differenzierende Betrachtungsweise; hier wird
teilweise darauf abgestellt, ob die Überschreitung des festgesetzten Baumaßes einen
auch dem Nachbarn garantierten Gebietscharakter in Frage stellt[257].

175 Eine weitere Ausfüllung planerischer Festsetzungen enthält **§ 15 I BauNVO,** wonach
an sich zulässige Vorhaben im Einzelfall unzulässig sind, wenn sie der Eigenart des
Baugebiets widersprechen oder wenn von ihnen Störungen ausgehen können, die im
Baugebiet oder in dessen Umgebung unzumutbar sind. Diese Vorschrift vermittelt
nach älterer Rspr. dem Nachbarn keinen Nachbarschutz, weil der darin enthaltene
Hinweis auf die Umgebung zu wenig greifbar personenbezogen sei und eine Abgrenzung des geschützten Personenkreises nicht ermögliche[258]. Neuerdings versteht das

---

251 *Ernst/Zinkahn/Bielenberg,* § 31 Rdn. 109.
252 Vgl. hierzu BVerwG DVBl. 1974, 358 (361); *Gelzer,* Rdn. 837 ff.
253 BVerwG DVBl. 1966, 272; *Ernst/Zinkahn/Bielenberg,* § 31 Rdn. 129; *Schlichter/Stich/Tittel,* § 31 Rdn. 22.
254 *Schlichter,* NVwZ 1983, 641 (645).
255 *Gelzer,* Rdn. 829 ff.
256 *Gelzer,* Rdn. 834 ff.
257 OVG Münster BRS 32 Nr. 156; Einzelheiten bei *Gelzer,* Rdn. 834 ff.; 852 ff.; *Ernst/Zinkahn/Bielen-berg,* § 31 Rdn. 135 ff.
258 BVerwG DÖV 1974, 381 (384).

BVerwG § 15 I BauNVO jedoch als einen Ausdruck des Gebots der Rücksichtnahme (dazu unten 4), aus dem sich im Einzelfall ausnahmsweise auch ein subjektiver Rechtsschutz herleiten läßt[259].

3.2.2. Gegenüber Bauvorhaben im **unbeplanten Innenbereich** gewährt die in § 34 I **176** BBauG enthaltene Voraussetzung, daß sich die Bauvorhaben in die Eigenart der näheren Umgebung einfügen müssen, grundsätzlich keinen Nachbarschutz[260]. Auch hier fehlt es — ähnlich wie bei § 15 I BauNVO — an einer hinreichend abgrenzbaren Umschreibung des geschützten Personenkreises. Den konkreten Strukturmerkmalen, welche den Charakter der näheren Umgebung bestimmen, kann im übrigen kein größeres normatives Gewicht zukommen als den Festsetzungen eines Bebauungsplanes, die selber auch nicht in jedem Fall nachbarschützend wirken.

Soweit im unbeplanten Innenbereich wegen seiner **baulichen Struktur** nach § 34 III **177** BBauG eine der Bebauungskategorien der BauNVO gilt (vgl. oben IV 3), soll sich hieraus nach gelegentlich zu hörender Auffassung[261] Nachbarschutz ergeben. Hiergegen spricht freilich, daß die Zulässigkeitsbestimmungen der BauNVO nicht schon selbst nachbarschützend wirken, sondern nur Festsetzungen des Bebauungsplans inhaltlich ausfüllen und daß diesen Festsetzungen nicht generell, sondern nur nach Maßgabe des Planzusammenhanges Nachbarschutz zukommt[262]. Würde man gleichwohl dem § 34 III BBauG i. V. m. der BauNVO Drittschutz entnehmen, so würde auf diese Weise im unbeplanten Innenbereich ein weitergehender Schutz gewährt werden, als dies gemeinhin im Plangebiet der Fall ist[263].

Andererseits fehlt es auch im unbeplanten Innenbereich nicht an Nachbarschutz. Er **178** wird jedoch nicht generell durch das Einfügungsgebot des § 34 I BBauG ausgelöst, sondern ergibt sich ausnahmsweise dann, wenn dieses Einfügungsgebot sich zu einem Gebot der **Rücksichtnahme** auf einen abgrenzbaren Kreis von Nachbarn verdichtet (hierzu unten 4)[264]. Im übrigen vermittelt im unbeplanten Innenbereich auch **Art. 14 GG** Nachbarschutz, der zum Tragen kommt, wenn eine Baugenehmigung oder ihre Ausnutzung sich in enteignender Weise auf Nachbargrundstücke auswirken (vgl. unten 5)[265].

3.2.3. Das Bauen im **Außenbereich** ist nach § 35 weitgehenden Restriktionen unter- **179** worfen. Diese bestehen jedoch, wie schon der dort verwendete Begriff der „öffentlichen Belange" nahelegt, überwiegend im öffentlichen Interesse; ein Grundstückseigentümer kann sich gegenüber benachbarten Bauvorhaben weder auf § 35 I noch auf § 35 II und III BBauG berufen[266] (BVerwGE 28, 268, 237 ff.). Anders verhält es sich jedoch, wenn sich der im Außenbereich angesiedelte Inhaber einer nach § 35 I BBauG privilegierten Anlage gegen weitere — privilegierte oder nicht privilegierte —

---

259 BVerwGE 67, 334 (339).
260 BVerwGE 32, 173 (175), und — für § 34 BBauG 1977 — BVerwG NJW 1981, 1973. A. A. *Schenke*, NuR 1983, 81 (84 ff.).
261 *Gelzer*, Rdn. 1100 ff., m. w. Nw.
262 *Schlichter/Stich/Tittel*, § 34 Rdn. 19.
263 BVerwG DVBl. 1986, 187 (188).
264 BVerwG DVBl. 1986, 187 (188).
265 BVerwGE 32, 173 (178 f.).
266 BVerwGE 28, 268 (273 ff.).

Vorhaben in seiner Nachbarschaft wehrt. Die Sicherung einer unbehinderten Ausnutzung seiner Privilegierung ist ein öffentlicher Belang; es liegt im öffentlichen Interesse, wenn die mit dem Außenbereich verbundenen oder darauf angewiesenen Nutzungsformen dort nicht nur zugelassen werden, sondern dort auch verbleiben können. In dieser Hinsicht kommt die sonst nicht nachbarschützende Vorschrift des § 35 II und III BBauG auch den Inhabern nach § 35 I BBauG privilegierter Anlagen zugute und begründet insoweit Nachbarschutz[267]. Im übrigen wirken auch im Außenbereich das Rücksichtnahmegebot und einzelne Grundrechtsbestimmungen nachbarschützend.

4. Das Rücksichtnahmegebot

180 4.1. Legt man die bislang erwähnte Rspr. zugrunde, gewähren die Bodenrechtsnormen nur vereinzelt, am ehesten noch in der Form von Festsetzungen des Bebauungsplans, Nachbarschutz. Die Schutzwirkung der Grundrechte, insbesondere des Art. 14 I GG, ist wegen der nur mittelbaren Beeinträchtigungen, die von rechtswidrig genehmigten Bauvorhaben ausgehen, auf Fälle größter Unbilligkeit beschränkt (vgl. unten 5.1). Dies alles reißt für den Nachbarn, der sich gegen rechtswidrige Baugenehmigungen zur Wehr setzen will, empfindliche **Rechtsschutzlücken** auf, die sich besonders deutlich in folgendem Beispiel[268] zeigen:

181 Nachbar N klagt gegen eine unter Verletzung nachbarschützender Festsetzungen des Bebauungsplans zustande gekommene Baugenehmigung. Stellt sich im gerichtlichen Verfahren die Unwirksamkeit des Bebauungsplans heraus, beurteilt sich die Rechtmäßigkeit des Bauvorhabens ggf. nach § 34 BBauG, der jedoch keinen nachbarschützenden Charakter besitzt. Außer im Falle extremer Grundrechtsbeeinträchtigung ist dem N unter diesen Umständen jeglicher Rechtsschutz verwehrt.

182 Diese allzu restriktive Behandlung des Nachbarschutzes durch die Rspr. beruht auf der an sich durchaus begründeten Sorge, anderenfalls den Kreis der klageberechtigten Nachbarn zu Lasten des Bauwilligen zu sehr zu erweitern. Um gleichwohl unbillige Rechtsschutzbeschränkungen zu vermeiden, zieht die Rspr. neuerdings ein baurechtliches **Rücksichtnahmegebot**[269] zu Hilfe, mit dem sie einem begrenzten Kreis von Nachbarn auch dann Rechtsschutz zu gewähren vermag, wenn die bodenrechtlichen Normen versagen.

183 4.2. Rücksichtnahme ist zunächst ein mit der **Sozialpflichtigkeit** des Grundstückseigentums korrespondierendes und aus der **Situationsgebundenheit** der Grundstücke resultierendes (öffentlich-rechtliches) Gebot im Verhältnis von Bauherren und Nachbarn. Sein Adressat ist jedoch auch die Baubehörde, insofern sie nämlich bei Gelegenheit der Zulässigkeitsprüfung von Bauvorhaben auf seine Einhaltung zu achten hat. Darin gelangt ein allgemeines Prinzip des Baurechts zum Ausdruck, das beispielsweise auch — wenngleich mit anderen Modalitäten — das planungsrechtliche Abwägungsgebot (§ 1 VII BBauG) prägt.

---

267 BVerwG DVBl. 1969, 263; 1971, 746; OVG Koblenz NVwZ 1983, 683.
268 Nach *Schlichter*, NVwZ 1983, 641 (644).
269 BVerwGE 52, 122; grundlegend schon *Weyreuther*, BauR 1975, 1.

Gleichwohl gibt das Rücksichtnahmegebot nicht etwa zusätzlich zu den jeweils ein- **184** schlägigen bodenrechtlichen Zulässigkeitstatbeständen einen weiteren, selbständigen Prüfungsmaßstab für Bauvorhaben ab. Was sich etwa im unbeplanten Innenbereich (§ 34 BBauG) in die Eigenart der näheren Umgebung einfügt oder ihr nicht i. S. von § 15 I BauNVO widerspricht, kann nicht wegen Verstoßes gegen das Rücksichtnahmegebot unzulässig sein[270]. Der Gesichtspunkt der Rücksichtnahme ist vielmehr bereits innerhalb der einzelnen Zulässigkeitstatbestände[271] als ein **tatbestandsimmanenter Ausnahmevorbehalt** oder jedenfalls als ein Auslegungstopos zu berücksichtigen, der die besonderen Belange der Nachbarschaft akzentuiert[272]. So klingt das Gebot der Rücksichtnahme etwa im Begriff des Sich-Einfügens in § 34 I BBauG oder im Gesichtspunkt schädlicher Umwelteinwirkungen nach § 35 III 1 (2. Spiegelstrich) BBauG an; er ist darüber hinaus generell als ein zusätzlicher öffentlicher Belang i. S. dieser Vorschrift zu verstehen[273].

Das Gebot der Rücksichtnahme entfaltet seine Bedeutung zwar in erster Linie in un- **185** beplanten Bereichen (§§ 34, 35 BBauG), gelangt aber auch im Planbereich zur Anwendung. Hier ist freilich zu berücksichtigen, daß den Planfestsetzungen eine planerische Abwägung (§ 1 VII BBauG) zugrunde liegt, die einem ergänzenden Wirken des Rücksichtnahmegebots grundsätzlich keinen Raum mehr läßt[274]. Soweit im Einzelfall dennoch Zumutbarkeitsgesichtspunkte Berücksichtigung verlangen, enthält § 15 I BauNVO bereits die entsprechende Ausnahmevorschrift, die darum in der neueren Rspr. auch zu Recht als Ausdruck des Rücksichtnahmegebotes angesehen wird[275]. In ähnlicher Weise gelangt das für das Rücksichtnahmegebot typische Gefüge von Regel und Ausnahme auch bei § 31 II BBauG zum Ausdruck. Selbst wenn planungsrechtliche Gesichtspunkte nicht entgegenstehen, scheidet hiernach eine Befreiung von Festsetzungen des Bebauungsplanes doch aus, sofern sie unter Würdigung nachbarlicher Interessen mit den öffentlichen Belangen nicht vereinbar ist[276].

4.3. Das Gebot der Rücksichtnahme steht zwar in Bezug zur Sozialpflichtigkeit des **186** Eigentums (Art. 14 II GG), ist aber im übrigen nicht Bestandteil der Eigentumsgarantie nach Art. 14 I GG, sondern ein Grundsatz des einfachen Rechts[277]. Es kann schon dann berührt sein, wenn die Voraussetzungen einer Eigentumsverletzung — schwere und unerträgliche Betroffenheit (dazu unten 5.1) — noch nicht erfüllt sind[278]. Andererseits untersagt es nur spürbare Beeinträchtigungen in der Nachbarschaft. Es zielt auf einen Ausgleich nachbarschaftlicher Interessen, der unzumutbare Belästigungen oder Benachteiligungen verhindert. Hierzu ist im wesentlichen eine **Abwägung** zwischen dem, was dem Bauwilligen und seiner Nachbarschaft jeweils zugemutet werden kann, vorzunehmen. Je empfindlicher und schutzwürdiger die

---

270 BVerwG NVwZ 1985, 37 (38).
271 BVerwG DVBl. 1981, 928 (929).
272 Vgl. insoweit *Schlichter,* DVBl. 1984, 875 (877); BVerwGE 55, 369 (385 f.); BVerwG DVBl. 1981, 928 (929); DVBl. 1983, 349.
273 BVerwGE 52, 122 (125); 55, 334 (337); NVwZ 1983, 609; BRS 40 Nr. 199.
274 BVerwGE 55, 334 (337 f.); NVwZ 1985, 652 f.; *Schlichter,* DVBl. 1984, 875 (879).
275 BVerwGE 55, 334 (338).
276 BVerwG NJW 1984, 138.
277 BVerwG NVwZ 1985, 37 (38); *Redeker,* DVBl. 1984, 870.
278 BVerwG DVBl. 1983, 349.

Rechtsposition des Nachbarn ist, desto mehr kann er an Rücksichtnahme verlangen. Umgekehrt braucht der Bauherr um so weniger Rücksicht zu nehmen, je gewichtiger die mit seinem Vorhaben verfolgten Interessen sind[279]. Diese Abwägung ist freilich nicht mit der bei der Bauleitplanung (§ 1 VII BBauG) anfallenden und mit Planungsermessen verbundenen Abwägung gleichzusetzen, sondern dient nur zur Bestimmung der Schutzwürdigkeit nachbarschaftlicher Interessen[280].

187   4.4. In seiner allgemeinen Ausprägung schützt das Rücksichtnahmegebot die Interessen unbestimmt vieler Dritter. Es wirkt darum im Regelfall nur als ein **objektiv-rechtliches Gebot,** das im Baugenehmigungsverfahren von Amts wegen zu berücksichtigen ist, darum aber einzelnen Nachbarn noch keinen individuellen Schutz gewährt. Nur wenn die außergewöhnliche Schwere des Eingriffs (Kriterium der **besonderen Schutzwürdigkeit**) oder die Handgreiflichkeit der Belastung durch ein Bauvorhaben **(Sichtbarkeitskriterium)** eine genauere Individualisierung in der Schutzwirkung der Rücksichtnahmepflicht ermöglichen, mißt die Rspr. dem Gebot ausnahmsweise unmittelbar **nachbarschützende Wirkungen** bei[281]. Eine solche Qualifizierung und Individualisierung der nachbarschaftlichen Beziehungen ist nur bei gegenseitiger, in der Regel aus unmittelbarer Nähe folgender Verflechtung benachbarter Grundstücke möglich. Andererseits kommt es nur auf die situationsbedingte Schutzwürdigkeit an. Das dolose Verhalten eines Bauherren reicht nicht aus, um aus dem Rücksichtnahmegebot Drittschutz abzuleiten[282].

Beispiel:

188   Landwirt L erhält die Genehmigung zur Errichtung eines Schweinemaststalles im landwirtschaftlich genutzten Außenbereich. Der Stall soll an einem Weg errichtet werden, auf dessen anderer Seite vier Mietwohnhäuser liegen. Kann der Eigentümer N dieser Häuser sich im Hinblick auf die von dem Stall ausgehenden Emissionen mit Erfolg gegen die Genehmigung wehren?

N ist als Nichtadressat der Genehmigung nur widerspruchs- bzw. klagebefugt, wenn er die Verletzung einer nachbarschützenden Norm geltend machen kann. Einschlägig ist hier — je nach den Gegebenheiten — § 35 I Nr. 1 oder 5 BBauG. In beiden Fällen kommt es u. a. darauf an, daß öffentliche Belange nicht entgegenstehen. Hierzu zählt auch das Gebot der Rücksichtnahme, das sich auch auf benachbarte Planbereiche bezieht. Dies Gebot wirkt allerdings nur dann nachbarschützend, wenn ein abgegrenzter Kreis von Nachbarn erkennbar ist, denen gegenüber in individualisierter und qualifizierter Weise Rücksichtnahme geboten ist; ein Indiz hierfür kann sich aus der Schwere des Eingriffs und der Handgreiflichkeit der Belastung ergeben. Ob das Rücksichtnahmegebot tatsächlich verletzt ist, hängt davon ab, ob die Geruchsimmissionen für N unzumutbar sind. Dabei ist zu berücksichtigen, daß die Belastungsgrenze insoweit in landwirtschaftlich genutzten Gegenden höher liegt als anderswo. Auch spielt eine Rolle, ob L zugemutet werden kann, den Stall an einer anderen Stelle zu errichten (BVerwGE 52, 122).

189   Die neuere Rspr. zum Rücksichtnahmegebot ermöglicht Nachbarschutz auch dort, wo ihn die bisherige Rspr. noch versagen mußte. So erhält außer den §§ 34, 35

---

279 BVerwGE 52, 122 (126).
280 *Schlichter,* DVBl. 1984, 875 (878); a. A. *Redeker,* DVBl. 1984, 870 (871).
281 BVerwGE 122 (128 ff.); DVBl. 1981, 928.
282 *Schlichter,* DVBl. 1984, 875 (879); BVerwG DVBl. 1981, 928 (930).

BBauG beispielsweise auch § 15 I BauNVO bei Vorliegen entsprechender Voraussetzungen ausnahmsweise einen subjektiv-rechtlichen Aspekt[283]. Weiterhin kann auch die rechtswidrige Befreiung von nicht nachbarschützenden Festsetzungen eines Bebauungsplanes mit der Nachbarklage angegriffen werden, sofern sie nachbarschaftliche Interessen i. S. des § 31 II BBauG vernachlässigt und eine bauliche Situation herbeiführen könnte, die dem Gebot der Rücksichtnahme widerspricht[284]. Andererseits reicht auch das baurechtliche Rücksichtnahmegebot nicht weiter, als Rücksichtspflichten bereits in anderen Normen festgeschrieben sind[285]. Es kann darum etwa im Verhältnis zum Immissionsschutzrecht keinen weiterreichenden bodenrechtlichen Schutz gegen Umwelteinwirkungen i. S. des § 3 BImSchG gewähren, als ihn schon § 5 Nr. 1 BImSchG vermittelt[286].

4.5. Trotz meist abgewogener Ergebnisse im Einzelfall hat die Konstruktion eines **190** subjektiv-rechtlichen Rücksichtnahmegebotes aus dogmatischen Gründen **Kritik** erfahren[287]. Zu Recht wird ihr vorgeworfen, daß sie den nachbarschützenden Charakter eines bodenrechtlichen Zulässigkeitstatbestandes nicht — der Schutznormtheorie entsprechend — einheitlich dessen Schutzzweck entnimmt, sondern ihn jeweils von Fall zu Fall von den tatsächlichen Gegebenheiten der nachbarschaftlichen Situation abhängig macht[288]. Dies erschwert die Vorhersehbarkeit und Berechenbarkeit verwaltungsgerichtlicher Entscheidungen und läuft auf eine „letztlich nicht mehr rational nachvollziehbare ergebnisorientierte Billigkeitsrechtsprechung" hinaus[289]. In **neueren Konzeptionen** des Schrifttums wird darum richtig die Frage nach der Schutznormqualität von der weiteren Frage nach dem Umfang des geschützten Personenkreises getrennt[290]. Auch drittschützende Bodenrechtsnormen verschaffen nicht generell, sondern nur demjenigen Nachbarn Abwehrrechte, der durch das angegriffene Vorhaben handgreiflich erkennbar und empfindlich beeinträchtigt wird. Die konkrete Beeinträchtigung des Nachbarn ist eine zusätzliche Voraussetzung für Nachbarschutz.

Von diesem Neuansatz her könnte bodenrechtlichen Normen ein Drittschutz viel un- **191** befangener attestiert werden, als es die in Sorge um unbillige Erweiterungen des Nachbarschutzes befangene Rspr. bisher meinte. Wohl ginge es zu weit, alle baurechtlichen Bestimmungen als potentielle Schutznormen zu verstehen[291]. Da indes die Individualisierung des Berechtigtenkreises anderweitig gewährleistet ist, stünde nichts mehr im Wege, auch Vorschriften wie § 31 II oder § 34 I und III BBauG sowie einzelne öffentliche Belange des § 35 I bis III BBauG zu den Schutznormen zu rechnen[292]. Die Hilfskonstruktion eines subjektiv-rechtlichen Rücksichtnahmegebotes, das nicht nur Auslegungshilfe bei der Anwendung bodenrechtlicher Zulässigkeitstatbestände ist, erübrigte sich dann.

---

283 BVerwGE 52, 122 (128); 55, 334 (339).
284 BVerwG NVwZ 1985, 37 (38); *Schlichter,* NVwZ 1983, 641 (645).
285 BVerwG NVwZ 1985, 653; *Schlichter,* DVBl. 1984, 875 (879).
286 BVerwG, Buchholz 406.19 Nachbarschutz Nr. 57 und 58; *Redeker,* DVBl. 1984, 870 (872).
287 *Breuer,* DVBl. 1982, 1065; *Schenke,* NuR 1983, 81, u. a.
288 *Breuer,* DVBl. 1982, 1065 (1072); OVG Münster NVwZ 1983, 414 (415).
289 *Schenke,* NuR 1983, 81 (83).
290 *Wahl,* JuS 1984, 577 (585 f.); ähnlich *Alexy,* DÖV 1984, 953.
291 Richtig darum BVerwG NVwZ 1984, 38, gegen OVG Münster NVwZ 1983, 414.
292 Vgl. auch *Breuer,* DVBl. 1983, 431 (437).

5. Grundrechtsschutz

192   Nachbarschutz ist, wie schon gesagt (oben 1.1) nur dann möglich, wenn die Maßstabsnorm, nach der sich die Rechtmäßigkeit oder Rechtswidrigkeit der Baugenehmigung bemißt, für den Nachbarn Schutznormcharakter hat. Maßstabsnormen sind aber nicht nur die Bestimmungen des Baurechts, sondern auch, wie in jedem anderen Fall einer hoheitlich bewirkten Beeinträchtigung der Rechtssphäre des Bürgers, die Grundrechtsnormen. Hierauf braucht im Regelfall nicht zurückgegriffen zu werden, weil der von ihnen angestrebte Schutz des Bürgers bereits durch das Baurecht bewirkt wird. Wo dies indes nicht ausreicht, gelangen sie unmittelbar zur Anwendung. Da Grundrechte zudem unbestreitbar Schutznormen sind, steht einem grundrechtlichen Nachbarschutz prinzipiell nichts im Wege. Er kommt vor allem dort in Betracht, wo — wie etwa bei den §§ 34 und 35 BBauG — die baurechtlichen Normen selbst keinen oder nur wenig Nachbarschutz vermitteln. Schwierigkeiten bereitet dagegen die Frage, wieweit denn überhaupt eine Baugenehmigung den Schutzbereich eines Nachbargrundrechts berühren kann. Das wird für die einzelnen Grundrechte unterschiedlich zu beantworten sein.

193   5.1. In erster Linie geht es hier verständlicherweise um **Eigentumsschutz** für den Nachbarn nach Art. 14 GG. Eine Baugenehmigung oder deren Verwirklichung wird ein Nachbargrundstück nur selten unmittelbar in seiner Substanz treffen[293]. Indes wird der schutzwürdige Eigentumsgehalt nicht nur durch die in den §§ 903 und 905 BGB umschriebene Grundstückssubstanz, sondern auch durch die nachbarschaftliche Situation bestimmt, in der sich das Grundstück befindet und die auch seine Nutzungsmöglichkeit prägt[294]. Diese Nutzungsmöglichkeit wird auch durch rechtswidrige Baugenehmigungen in der Nachbarschaft stets nur **mittelbar** berührt und bleibt darum eigentumsrechtlich in der Regel irrelevant. Anders verhält es sich nur, wenn die vorgegebene Grundstückssituation durch die Baugenehmigung **nachhaltig verändert** und der benachbarte Grundstückseigentümer hierdurch in seiner Nutzungsmöglichkeit **schwer und unerträglich betroffen** wird[295]. Die bloße Wertminderung seines Grundstücks durch störende Nachbarbebauung, und mag sie noch so groß sein, stellt dagegen für sich genommen noch keine Eigentumsbeeinträchtigung dar; sie kann allerdings ein Indiz für die Schwere der Nutzungsminderung sein[296]. Der durch Art. 14 GG gewährte Schutz gegen schwere und unerträgliche Eingriffe durch rechtswidrige Baugenehmigungen ist nach der Rspr. des BVerwG[297] eine Ausprägung des allgemeinen Gebotes der Rücksichtnahme[298].

194   5.2. Der Grundrechtsschutz gegen rechtswidrige Baugenehmigungen beschränkt sich nicht auf den Schutz benachbarten Eigentums, sondern kann prinzipiell auch aus anderen Grundrechtsbestimmungen hergeleitet werden, sofern deren Schutzbereich

---

293 Vgl. jedoch BVerwGE 50, 282.
294 BVerwGE 26, 111 (119), 29, 357 (364).
295 BVerwGE 32, 173 (179).
296 BVerwG NJW 1979, 995.
297 BVerwGE 52, 130.
298 Nicht überzeugend; vgl. *Schenke*, NuR 1983, 83.

überhaupt durch eine baurechtliche Genehmigung oder deren Realisierung berührt sein kann. Das BVerwG hat bisher nur zum **allgemeinen Freiheitsrecht** nach Art. 2 GG Stellung genommen[299]. Es hat dabei eine rechtlich relevante Beziehung zwischen einer Baugenehmigung und dem Recht des Nachbarn auf freie Entfaltung seiner Persönlichkeit (Art. 2 I GG) generell verneint, aber eine Beeinträchtigung der besonderen Rechtsgüter des Art. 2 II GG, insbesondere des Rechts auf Gesundheit, für möglich gehalten, sofern sie nicht als „sozialadäquat" hingenommen werden muß, sondern vielmehr sogar ein solches Recht in seinem auch für den Gesetzgeber nicht verfügbaren Wesengehalt antastet.

Beispiel:

Die Gemeinde G hat unter Vorgriff auf einen der höheren Verwaltungsbehörde schon zur Genehmigung vorliegenden Bebauungsplan die Errichtung eines Industriewerkes auf einem ausgedehnten, derzeit noch bewaldeten Grundstück genehmigt. Der pensionierte Beamte B, dem sein Arzt tägliche Spaziergänge in der frischen Luft angeraten hat, sieht sich durch die Genehmigung und die dann zu erwartende Rodung des Waldes in seinem Grundrecht auf eine gesunde Umwelt und auf freie Persönlichkeitsentfaltung verletzt.   **195**

B kann sich gerichtlich nicht gegen die Genehmigung wehren, da er nicht klagebefugt ist. Die einschlägigen Maßstabsnormen einfachen Rechts (§ 33 BBauG i. V. m. den Festsetzungen des künftigen Bebauungsplans oder bei dessen Rechtswidrigkeit § 35 I BBauG) vermitteln B keinen Nachbarschutz. Auch Grundrechtsnormen helfen B nicht weiter. Ein allgemeines Umweltgrundrecht, auf das er sich berufen könnte, existiert nicht. Soweit Art. 2 GG angesprochen ist, verpflichtet sein Absatz 2 zwar den Staat, Leben und Gesundheit seiner Bürger zu schützen; darin ist auch Drittschutz angelegt. Im vorliegenden Fall scheidet eine Verletzung dieser Grundrechtsnorm aber schon aus tatsächlichen Gründen aus. Zwischen der Baugenehmigung und der Gesundheit des B bestehen keine konkreten Beziehungen; B kann seine gesundheitsfördernden Spaziergänge auch an anderer Stelle unternehmen. Schließlich hilft auch Art. 2 I GG nicht weiter. Sein Schutzbereich ist nicht schon dadurch berührt, daß B irgendwo nicht mehr spazierengehen kann (BVerwGE 54, 211).

Vertiefungsliteratur:

1. Nachbarschutz und Nachbarklage:

Battis: Öffentliches Baurecht und Raumordnungsrecht. S. 196 ff.; *Breuer:* Baurechtlicher Nachbarschutz. DVBl. 1983, 431; *Friauf:* „Latente Störung", Rechtswirkungen der Bauerlaubnis und vorbeugende Nachbarklage. DVBl. 1971, 713; *Erbguth:* Nachbarschutz im unbeplanten Innenbereich. In: FS Ernst (1980), S. 89 ff.; *Gelzer:* Bauplanungsrecht. Rdn. 824 ff., 1086 ff., 1299 ff.; *Fröhler/Kormann:* Zur Situation des Gewerbetreibenden bei heranrückender Wohnbebauung. WiVerw. 1978, 245; *Schenke:* Baurechtlicher Nachbarschutz. NuR 1983, 81; *Schlichter:* Baurechtlicher Nachbarschutz. NVwZ 1983, 641; *Schwerdtfeger:* Baurechtlicher Drittschutz und Parlamentsvorbehalt. NVwZ 1983, 199; *Sendler:* Abschied vom „latenten Störer". WiVerw. 1977, 94; *Wahl:* Der Nachbarschutz im Baurecht. JuS 1984, 577.

2. Rücksichtnahmegebot:

Breuer: Das baurechtliche Gebot der Rücksichtnahme. DVBl. 1982, 1065; *Redeker:* Das baurechtliche Gebot der Rücksichtnahme (I). DVBl. 1984, 870; *Schlichter:* Das baurechtliche Ge-

---

299 BVerwGE 54, 211 (220 ff.).

bot der Rücksichtnahme (II). DVBl. 1984, 875; *Weyreuther:* Das bauplanerische Gebot der Rücksichtnahme und seine Bedeutung für den Nachbarschutz. BauR 1975, 1.

3. Grundrechtsschutz:

Schwerdtfeger: Grundrechtlicher Drittschutz im Baurecht. NVwZ 1982, 5; *Thiele:* Zur Problematik der auf Art. 14 GG gestützten Nachbarklage. DÖV 1979, 236.

C. Sicherung der Bauleitplanung und Bodenordnung

I. Veränderungssperre und Zurückstellung von Baugesuchen

1. Inhalt und Funktion

196 1.1. Die Bauleitplanung entfaltet ihre städtebauliche Ordnungsfunktion erst mit Eintritt der Rechtswirksamkeit des Bebauungsplanes. Wegen der in der Praxis oft beträchtlichen Dauer des Planungsverfahrens besteht ein Bedarf für eine gewisse rechtliche **Vorwirkung** des Planes, die es ermöglicht, bauliche Entwicklungen zu verhindern, welche die Realisierung der angestrebten städtebaulichen Ordnung vereiteln oder erschweren können. Das BBauG trägt dem Rechnung, indem es zwei Instrumente zur Verfügung stellt, mit denen unerwünschte Grundstücksveränderungen verhindert werden können: die (an die Stelle früher möglicher „Bausperren" tretende) **Veränderungssperre** (§ 14 BBauG) sowie die **Zurückstellung von Baugesuchen** (§ 15 BBauG). Beide Instrumente dienen der Sicherung der Bauleitplanung und setzen darum voraus, daß die Gemeinde schon förmlich beschlossen hat, einen (qualifizierten oder einfachen) Bebauungsplan aufzustellen, zu ändern oder aufzuheben. Spätestens beim Erlaß der Veränderungssperre muß die eingeleitete Planung schon soviel Konturen erlangt haben, daß die mit der Sperre verbundenen Eigentumsbeschränkungen gerechtfertigt erscheinen[300]. Weiterhin muß im Hinblick auf die beabsichtige Planung ein Sicherungsbedürfnis bestehen, welches die Einschränkung der Baufreiheit erforderlich macht[301]. Während die Veränderungssperre auf begrenzte Dauer angelegt ist, dient die Zurückstellung von Baugesuchen lediglich als eine vorläufige Maßnahme. Sie kommt in Betracht, wenn eine Veränderungssperre nicht erlassen werden soll oder noch nicht in Kraft ist.

197 1.2. Veränderungssperre und Zurückstellung von Baugesuchen unterscheiden sich vor allem nach ihrem **Inhalt.** Die **Veränderungssperre** enthält Verbotstatbestände, welche die andernfalls gegebene bodenrechtliche Zulässigkeit von Bauvorhaben nach den §§ 29 ff. BBauG (dazu oben B IV) abstrakt-generell ausschließen. Unzulässig sind danach die Errichtung, Änderung oder Beseitigung genehmigungsbedürfti-

---

300 BVerwGE 51, 121 (126 ff.); BGHZ 82, 361 (367); *Ernst/Zinkahn/Bielenberg,* § 14 Rdn. 10, 15 f.
301 *Ernst/Zinkahn/Bielenberg,* § 14 Rdn. 18 ff., § 15 Rdn. 2a; *Finkelnburg/Ortloff,* S. 92, 99.

ger oder zwar nicht genehmigungsbedürftiger aber wertsteigernder baulicher Anlagen sowie sonstige wertsteigernde Veränderungen des Grundstücks selbst. Die Baugenehmigungsbehörde kann Ausnahmen zulassen, wenn überwiegende öffentliche Belange nicht entgegenstehen. Einzelne Vorhaben, die einen Bestandsschutz genießen, werden generell nicht von der Veränderungssperre betroffen, nämlich Vorhaben, die bereits vor ihrem Inkrafttreten genehmigt worden sind, sofern diese Genehmigung noch nicht wegen Zeitablaufs erloschen ist, sodann Unterhaltungsarbeiten sowie schließlich die Fortsetzung einer bisher ausgeübten Nutzung. Auch ein Bauvorbescheid (hierzu unten D II 2) setzt sich gegenüber einer späteren Veränderungssperre durch[302]. Die **Zurückstellung von Baugesuchen** wirkt demgegenüber nicht normativ; vielmehr wird jeweils im Einzelfall die Entscheidung über die Zulässigkeit eines beantragten Bauvorhabens für eine Dauer von bis zu zwölf Monaten ausgesetzt. Hiervon werden nur genehmigungsbedürftige Bauvorhaben betroffen, nicht aber auch die übrigen von einer Veränderungssperre erfaßten Maßnahmen[303]. Die Zurückstellung von Baugesuchen setzt bodenrechtliche Zulässigkeittatbestände nicht außer Kraft, sondern betrifft nur das Genehmigungsverfahren; sie hat daher einen nur bauordnungsrechtlichen Charakter[304].

1.3. Weitere, vor allem **verfahrensmäßige** Unterschiede ergeben sich aus der verschiedenen Rechtsform der Sicherungsmaßnahmen. Die Veränderungssperre wird von der Gemeinde als Satzung erlassen; sie bedarf der Genehmigung der höheren Verwaltungsbehörde (§ 16 BBauG). Der Betroffene kann sich hiergegen mit der verwaltungsgerichtlichen Normenkontrolle (§ 47 VwGO) wehren[305]; auch kommt eine inzidente Rechtmäßigkeitsprüfung im Zusammenhang mit Rechtsmitteln gegen die Versagung der Baugenehmigung oder die Untersagung einer grundstücksverändernden Maßnahme in Betracht[306]. Die Zurückstellung eines Baugesuchs muß dagegen im Einzelfall ausdrücklich von der Gemeinde beantragt werden. Die Behörde hat dem Antrag, wenn dessen Voraussetzungen vorliegen, nachzukommen und die Entscheidung über den betreffenden Bauantrag auszusetzen. Da die Zurückstellung wie eine zeitlich begrenzte Ablehnung des Bauantrages wirkt, bietet sich als geeigneter Rechtsbehelf die auf ein Bescheidungsurteil gerichtete Verpflichtungsklage an[307]. Auch die Gemeinde muß Verpflichtungsklage erheben, wenn die Genehmigungsbehörde ihren Zurückstellungsantrag ablehnt; wird die beantragte Baugenehmigung erteilt, kann sie diese anfechten[308]. **198**

Beispiel:

A sieht sich in seinem Bauvorhaben durch eine Veränderungssperre gehindert. Da er sie für rechtswidrig hält, erhebt er Klage nach § 47 VwGO. Während des Verfahrens tritt die Sperre **199**

---

302 BVerwGE 69, 1; *Gelzer*, Rdn. 477, 1338; *Ortloff*, NVwZ 1983, 705 (708).
303 Vgl. näher *Gelzer*, Rdn. 1408 ff.; *Finkelnburg/Ortloff*, S. 98; *Hill*, BauR 1981, 523.
304 *Hill*, BauR 1981, 523 (524 ff.).
305 Hierzu auch BVerwG NJW 1984, 881.
306 *Gelzer*, Rdn. 433; *Finkelnburg/Ortloff*, S. 97.
307 *Ernst/Zinkahn/Bielenberg*, § 15 Rdn. 13a; *Schlichter/Stich/Tittel*, § 15 Rdn. 6; a. A. (Anfechtung des Zurückstellungsbescheides) offenbar BVerwGE 39, 154; auch *Schrödter*, § 15 Rdn. 2; *Battis/Krautzberger/Löhr*, § 15 Rdn. 10; *Kohlhammer*-Kommentar, § 15 Rdn. 21.
308 *Ernst/Zinkahn/Bielenberg*, § 15 Rdn. 11 ff.; *Battis/Krautzberger/Löhr*, § 15 Rdn. 10; a. A. *Schrödter*, § 15 Rdn. 2.

außer Kraft. Durch die Verzögerung der Baugenehmigung hat A einen Schaden erlitten. Im Hinblick auf einen möglichen Entschädigungsprozeß beantragt A nunmehr im Normenkontrollverfahren die Feststellung, daß die Veränderungssperre unwirksam gewesen sei.

Das ursprüngliche Feststellungsbegehren des A hat sich durch das Außerkrafttreten der Veränderungssperre erledigt. A hat jedoch zur Zeit und aufgrund ihres Bestehens einen Nachteil erlitten. In diesem Fall kommt — ähnlich wie bei der Fortsetzungsfeststellungsklage nach § 113 I 4 VwGO — auch noch eine nachträgliche Nichtigkeitsfeststellung in Betracht. Voraussetzung hierfür ist freilich ein Rechtsschutzbedürfnis, das bei A indes zweifellos vorliegt. Sein Entschädigungsanspruch setzt u. a. die Unwirksamkeit der Veränderungssperre voraus, da ihre Anwendung dann insoweit eine entschädigungspflichtige faktische Bausperre verursacht haben kann (BVerwG NJW 1984, 881).

2. Geltungsdauer der Veränderungssperre und Entschädigung

200 2.1. Die Veränderungssperre tritt grundsätzlich nach Ablauf von zwei Jahren außer Kraft. Auf diese Frist ist die Zeit einer eventuell vorangegangenen Zurückstellung eines Baugesuchs anzurechnen (§ 17 I BBauG); die Anrechnung kommt jedoch nur demjenigen zugute, der **selbst** von der Zurückstellung betroffen war[309]. Eine **Verlängerung** um ein Jahr und, wenn besondere Umstände es erfordern, auch noch um ein weiteres Jahr ist möglich (§ 17 I 3 und II BBauG). Besondere Umstände liegen jedoch nicht vor, wenn die Gemeinde die Verzögerung der Bauleitplanung zu vertreten hat[310]. Ist eine Veränderungssperre außer Kraft getreten, so kann sie **erneut** verhängt werden, wenn die Voraussetzungen für ihren Erlaß fortbestehen (§ 17 III BBauG). Dauert eine Veränderungssperre jedoch länger als vier Jahre, so ist den Betroffenen für die dadurch entstandenen Vermögensnachteile eine Entschädigung zu gewähren (§ 18 BBauG). Damit wird auch von Gesetzes wegen anerkannt, daß eine (zulässige) Veränderungssperre, die über eine bestimmte Zeit hinaus anhält, dann nicht länger als eine aus der Situationsgebundenheit des Grundstücks sich ergebende Eigentumsbindung, sondern schon als ein **enteignender Eingriff** angesehen werden muß. Die frühere Bausperren-Rspr. des BGH[311] zog noch die Grenze zur Enteignung bei drei Jahren, weil dieser Zeitraum für eine ordnungsgemäße Planung in aller Regel ausreichend sei; das BBauG läßt — allerdings nur, wenn „besondere Umstände es erfordern" — auch ein viertes Sperrjahr noch entschädigungsfrei zu. Liegen die Voraussetzungen für eine Veränderungssperre nicht mehr vor, so ist sie aufzuheben; sie tritt von selbst außer Kraft, wenn die Bauleitplanung rechtsverbindlich abgeschlossen ist (§ 17 IV, V BBauG).

201 2.2. Umstritten war früher das Verhältnis der Verlängerung zur Erneuerung der Veränderungssperre[312]; die Streitfrage ist inzwischen durch die Rspr. des BVerwG geklärt[313]. Danach kommt die erneute Verhängung einer Veränderungssperre auch dann in Betracht, wenn die Möglichkeit einer (erst- oder zweitmaligen) Verlängerung

---

309 BVerwGE 51, 121; *Ernst/Zinkahn/Bielenberg,* § 17 Rdn. 3a; kritisch *Gelzer,* Rdn. 1359 ff.
310 BVerwGE 51, 121 (139).
311 BGHZ 15, 268; 30, 338.
312 *Gelzer,* Rdn. 1375 ff.; *Ernst/Hoppe,* Rdn. 477.
313 BVerwGE 51, 121 (136 f.); hierzu *Ernst/Zinkahn/Bielenberg,* § 17 Rdn. 15 ff.

noch nicht ausgeschöpft ist. Allerdings muß hier wie überhaupt bei der Erneuerung der dem § 17 II BBauG zugrunde liegende Rechtsgedanke beachtet werden, in dem sich der Schutzgehalt der Eigentumsgarantie ausdrückt. Art. 14 GG schützt das Eigentum nämlich nicht nur vor entschädigungslosem Entzug, sondern will in erster Linie seinen Bestand in der Hand des Eigentümers sichern; er ist vor allem Bestands- und nicht nur Wertgarantie[314]. Darum ist auch eine über drei Jahre hinausgehende Veränderungssperre, unabhängig davon, ob sie durch eine Verlängerung (§ 17 II BBauG) oder durch eine Erneuerung (§ 17 III BBauG) zustande kommt, nur unter den besonderen Voraussetzungen des § 17 II BBauG zulässig; dabei endet die Phase der entschädigungslosen Eigentumsbindung in jedem Fall nach Ablauf von vier Jahren und wird dann zur zulässigen aber entschädigungspflichtigen Enteignung[315]. **Ohne** diese Voraussetzungen ist eine Veränderungssperre nur für drei Jahre gestattet; danach wird sie nicht etwa ebenfalls zur entschädigungspflichtigen Enteignung, sondern sie ist dann — unabhängig von der Rechtsform ihrer zeitlichen Erweiterung — rechtswidrig und unwirksam[316].

2.3. Unzulässige Veränderungssperren sind zwar keine wirksamen Eigentumsbe- **202** schränkungen, können aber, solange sie der Grundstückseigentümer für wirksam hält und nichts gegen sie unternimmt, **faktisch** gleiche Wirkungen haben. In diesem Fall handelt es sich um eine rechtswidrige Eigentumsbeeinträchtigung, die nach den Grundsätzen zum **enteignungsgleichen Eingriff** zu entschädigen ist[317]; daneben kommen u. U. auch Ansprüche aus Amtshaftung in Betracht. Im übrigen können auch unabhängig von Veränderungssperren das Verhalten einer Behörde oder die — aus welchen Gründen auch immer — rechtswidrige Ablehnung einer Baugenehmigung als **faktische Bausperren** zu einer Entschädigung führen[318]. Umstritten ist, ob eine faktische Veränderungssperre wie eine rechtswirksame geduldet werden muß, wenn deren materielle Erlaßvoraussetzungen vorliegen. Der BGH sieht in solchen Fällen die Sperre noch als eine Sozialbindung des Eigentums an, wenn sie nicht länger als zwei Jahre dauert[319]. Richtiger dürfte es sein, die Beeinträchtigung wegen Fehlens einer förmlichen Rechtsgrundlage von Anfang an als einen enteignungsgleichen Eingriff zu behandeln[320].

Der Behandlung faktischer Bau- und Veränderungssperren als entschädigungspflich- **203** tige enteignungsgleiche Eingriffe steht auch nicht die **neuere Rspr. des BVerfG zur Enteignungsentschädigung**[321] entgegen. Diese Rspr. besagt, daß ein Entschädigungsanspruch jedenfalls für solche staatlichen Maßnahmen nicht unmittelbar aus Art. 14 GG hergeleitet werden kann, die sich als eine Enteignung i.S.d. Art. 14 III GG darstellen und für die darum nach der „Junktimklausel" (Art. 14 III 2 GG) von Geset-

---

314 BVerfGE 24, 367 (400); 58, 300 (323 f.); *Papier*, in: *Maunz/Dürig*, Art. 14 Rdn. 44.
315 BVerwGE 51, 121 (138); BGHZ 73, 161 (174).
316 BGHZ 78, 152.
317 BGHZ 58, 124; 73, 161 (166).
318 BVerwG DVBl. 1971, 464; BGH DVBl. 1973, 142 f.
319 BGHZ 78, 152 (160 f.); hierzu *Ernst/Zinkahn/Bielenberg*, § 18 Rdn. 23 ff.
320 *Ernst/Hoppe*, Rdn. 480; *Schlichter/Stich/Tittel*, § 18 Rdn. 6; *Schrödter*, § 18 Rdn. 6; *Ossenbühl*, Staatshaftungsrecht, (3. Aufl. 1983), S. 126 f.
321 BVerfGE 52, 1; 58, 300. Vgl. hierzu *Papier*, in: *Maunz/Dürig*, Art. 14 Rdn. 311 ff.; *Battis/Krautzberger/Löhr*, Rdn. 1 ff. vor §§ 85 ff.

zes wegen ein Entschädigungsanspruch geregelt sein müßte. Hier kommt nur primärer, auf Abwehr des Eingriffs gerichteter Rechtsschutz in Betracht; der Betroffene hat kein Wahlrecht zwischen negatorischen und kompensatorischen Ansprüchen[322]. Anders liegen die Dinge jedoch bei der faktischen Sperre. Es handelt sich hierbei um einen Eingriff, der nur **wegen seiner Rechtswidrigkeit** als ein Eigentumseingriff angesehen wird; in Wahrheit handelt es sich um einen Fall von **Staatsunrecht,** der bei rechtmäßiger Handhabung gar nicht zu einer Eigentumsverletzung geführt hätte. Für ihn kann darum auch nicht das Gebot der Junktim-Klausel gelten, das lediglich für solche Maßnahmen eine gesetzliche Entschädigungsregelung verlangt, die ungeachtet ihrer möglichen Rechtswidrigkeit gerade auch im Falle ihrer Rechtmäßigkeit enteignend wirken. Das richterrechtlich entwickelte Haftungsinstitut des enteignungsgleichen Eingriffs steht darum in Fällen wie der faktischen Bau- oder Veränderungssperre auch weiterhin als Grundlage eines Entschädigungsanspruchs zur Verfügung[323].

204 2.4. Die **Entschädigung** für formelle oder faktische Veränderungs- und Bausperren erstreckt sich in erster Linie auf diejenigen Nachteile, die sich für den Eigentümer aus der zeitweiligen Verhinderung einer beabsichtigten Grundstücksnutzung ergeben; fehlt es an der Absicht, sein Grundstück selbst baulich zu nutzen oder als Bauland zu verkaufen, so trifft ihn kein entschädigungsfähiges Sonderopfer[324]. Die Höhe der Nutzungsentschädigung entspricht dem, was ein Bauwilliger in der Sperrzeit etwa als Erbbauzins für eine ohne die Sperre mögliche Nutzung gezahlt haben würde (sog. **Bodenrente**[325]); im Einzelfall vorhandene höhere Gewinnmöglichkeiten werden nicht entschädigt. Allerdings gelangen über § 18 I 2 BBauG hier auch diejenigen zeitlichen Beschränkungen zur Anwendung, die § 44 für die entschädigungsrechtliche Berücksichtigung noch nicht realisierter Nutzungsmöglichkeiten vorsieht[326] (hierzu oben B III 2.2). Diese Einschränkung gilt freilich nicht für faktische Sperren, da sie nicht über § 18 BBauG, sondern unmittelbar über den Gesichtspunkt des enteignungsgleichen Eingriffs zur Entschädigung führen. Die Entschädigung kann schließlich die Höhe der Bodenrente übersteigen, wenn die Sperre über die Bodennutzung selbst hinaus auch in das Recht an einem auf dem Grundstück eingerichteten und ausgeübten **Gewerbebetrieb** eingreift[327].

Vertiefungsliteratur:

Degenhart: Veränderungssperre und baurechtlicher Vorbescheid. DVBl. 1981, 994; *Ernst/ Hoppe:* Das öffentliche Bau- und Bodenrecht. Raumordnungsplanungsrecht. Rdn. 464—485; *Finkelnburg/Ortloff:* Öffentliches Baurecht. S. 90—101; *Gelzer:* Bauplanungsrecht. Rdn. 1307—1422; *Grosse-Hündfeld:* Zulässigkeitsfragen bei der Veränderungssperre. BauR 1977, 11; *Hill:* Rechtsfragen zur Zurückstellung von Baugesuchen. BauR 1981, 523; *Stelkens:* Veränderungssperre und Rückstellung von Baugesuchen. ZfBR 1980, 119.

---

322 *Ossenbühl,* NJW 1983, 1 ff., m. w. Nw.
323 BGH DVBl. 1984, 391; hierzu *Papier,* JuS 1985, 184, sowie in: *Maunz/Dürig,* Art. 14 Rdn. 630 ff.; a. A. *Krohn/Löwisch,* Rdn. 234.
324 BGHZ 58, 124.
325 *Gelzer/Busse,* Rdn. 568 ff.; *Ernst/Zinkahn/Bielenberg,* § 18 Rdn. 27 ff.
326 *Ernst/Hoppe,* Rdn. 481.
327 *Ernst/Zinkahn/Bielenberg,* § 18 Rdn. 31 ff.

II. Teilungsgenehmigung

1. Genehmigungstatbestände und Verfahren

1.1. Eine geordnete städtebauliche Entwicklung kann selbst dann, wenn die bauliche **205** Bodennutzung durch Bebauungsplan oder durch planersetzende gesetzliche Vorschriften geregelt ist, durch eine ungeeignete Parzellierung des Bodens beträchtlich erschwert werden. § 19 BBauG unterwirft darum Grundstücksteilungen weitestgehend einer **Genehmigungspflicht**[328]. Hiervon sind alle Teilungsvorgänge innerhalb des Bereichs eines qualifizierten Bebauungsplanes (§ 30 BBauG), innerhalb des nicht oder nicht qualifiziert beplanten Innenbereichs (§ 34 BBauG) sowie im Geltungsbereich einer Veränderungssperre (§ 14 BBauG) betroffen. Im Außenbereich (§ 35 BBauG) greift die Genehmigungspflicht ein, wenn Grundstücke, die bebaut sind oder für die eine Baugenehmigung erteilt ist, geteilt werden sollen; weiterhin auch bei Teilungen, die zum Zwecke der Bebauung oder kleingärtnerischen Dauernutzung oder zur Vorbereitung dieser Nutzungen vorgenommen werden.

1.2. Die Genehmigung wird auf Antrag des Eigentümers oder auch — bei einem Tei- **206** lungskauf — des Käufers[329] von der Gemeinde erteilt, wenn sie selbst für die Erteilung von Baugenehmigungen zuständig ist, sonst in ihrem Einvernehmen von der Baugenehmigungsbehörde; bei Grundstücksteilungen im Außenbereich ist die Zustimmung der höheren Verwaltungsbehörde erforderlich (§ 19 III BBauG). Die Entscheidung über die Genehmigung muß innerhalb einer — verlängerbaren — Frist von drei Monaten getroffen sein; andernfalls wird die Genehmigung **fingiert**[330]. Ist eine Teilungsgenehmigung nicht erforderlich oder bereits erteilt, so kann die Behörde hierüber ein sog. **Negativattest** ausstellen (§ 23 II BBauG)[331]. Die **Versagungsgründe** sind in § 20 BBauG aufgeführt; sie sind jeweils auf die dazugehörigen Genehmigungstatbestände bezogen. Entscheidend ist, ob sich die Grundstücksteilung oder die mit ihr bezweckte bauliche Nutzung der neu entstehenden Parzellen mit dem städtebaulichen Konzept eines Bebauungsplanes oder sonst mit einer geordneten städtebaulichen Entwicklung vereinbaren lassen. Ein weiterer Versagungsgrund liegt vor, wenn der offensichtlich mit der Teilung beabsichtigte und für die Genehmigung relevante Nutzungszweck nicht angegeben wird (§ 20 II BBauG)[332].

2. Rechtswirkungen

2.1. Die Teilungsgenehmigung ist grundbuchrechtlich eine Eintragungsvorausset- **207** zung der Parzellierung (vgl. § 23 BBauG). Das möglicherweise dahinterstehende pri-

---

328 Zu den Funktionen der Genehmigungspflicht BVerwG NJW 1985, 1354; *Ernst/Zinkahn/Bielenberg,* § 19 Rdn. 7, 16; *Dürr,* NVwZ 1983, 73.
329 BVerwGE 50, 311 (315 f.).
330 Vgl. näher *Gelzer,* Rdn. 1496 ff.; *Ernst/Zinkahn/Bielenberg,* § 19 Rdn. 83.
331 Weiteres bei *Weyreuther/Sellner,* NJW 1973, 345; *Battis/Krautzberger/Löhr,* § 23 Rdn. 2 ff.; *Ernst/ Zinkahn/Bielenberg,* § 23 Rdn. 4 ff.
332 Vgl. BVerwG NJW 1985, 1354; hierzu auch *Dürr,* NJW 1985, 1310.

vatrechtliche Rechtsgeschäft (z. B. ein „Teilungskauf") wird hiervon nicht berührt; die Teilungsgenehmigung ist kein privatrechtsgestaltender Verwaltungsakt[333]. Wurde eine Teilungsgenehmigung zu Unrecht erteilt, so kann sie grundsätzlich nach § 48 VwVfG zurückgenommen werden; die aus § 21 BBauG folgende Bindungswirkung (dazu sogleich) steht einer Rücknahme nicht generell entgegen. Allerdings müssen auch bei einer Rücknahme nach § 48 I, III VwVfG, wie sie hier allein in Betracht kommt, im Rahmen des Rücknahmeermessens die für den Bestand der Genehmigung sprechenden Gesichtspunkte des Vertrauensschutzes und das öffentliche Interesse an der Rücknahme gegeneinander abgewogen werden[334]. Bei einem Teilungskauf ist auch das Vertrauen des Parzellenerwerbers zu berücksichtigen[335]. Kommt es gleichwohl zu einer Rücknahme, so entsteht für die sich daraus evtl. ergebenden Vertrauensschäden nach § 48 III VwVfG ein Entschädigungsanspruch[336].

Beispiel:

208   A verkauft die Hälfte eines ihm gehörenden Grundstücks an B, der darauf, wie auch im notariellen Kaufvertrag vermerkt, ein Gebäude errichten will, das jedoch den Festsetzungen des einschlägigen Bebauungsplans widerspricht. Wegen eines Versehens der Gemeinde wird die beantragte Teilungsgenehmigung erst nach dreieinhalb Monaten verweigert. Als A und B auf die Verspätung hinweisen, erklärt die Gemeinde die Rücknahme der möglicherweise zu fingierenden Genehmigung. Zu Recht?

Die Teilungsgenehmigung gilt als erteilt, da ihre Verweigerung nicht rechtzeitig erklärt wurde (§ 19 III BBauG). Da sie nach § 20 I Nr. 1 BBauG rechtswidrig ist, kann sie gemäß § 48 VwVfG zurückgenommen werden. Ihr fiktiver Charakter schließt eine Rücknahme nicht aus. Allerdings würde die Rücknahme nicht nur den Eigentümer/Verkäufer, sondern auch den Käufer belasten. Auch dieser Umstand schließt die Rücknahme nicht generell aus; das müßte selbst dann gelten, wenn man die Teilungsgenehmigung als einen privatrechtsgestaltenden Verwaltungsakt ansähe. Immerhin muß die Behörde den Schutzbedürfnissen des Käufers im Rahmen des ihr nach § 48 VwVfG eröffneten Ermessensspielraums Rechnung tragen. Die Rechtmäßigkeit der Rücknahme hängt darum im vorliegenden Fall von den Verhältnissen des B ab (BVerwGE 54, 257).

209   2.2. Hiervon abgesehen entfaltet die (ausgesprochene oder nur fingierte[337]) Teilungsgenehmigung nach § 21 BBauG jedoch gegenüber der Baugenehmigungsbehörde **Bindungswirkung**[338]. Binnen einem Zeitraum von drei Jahren darf ein Antrag auf Erteilung einer Baugenehmigung nicht aus Gründen versagt werden, die nach § 20 BBauG auch zur Versagung der Teilungsgenehmigung hätten führen können. Die Teilungsgenehmigung hat insofern die Funktion einer vorgezogenen Bebauungsgenehmigung (dazu unten D II 1); sie verschafft dem Inhaber oder Erwerber des parzellierten Grundstücks Klarheit darüber, ob er die Parzelle bebauen darf. Das ist insbesondere im Außenbereich, wo nicht privilegierte Bauvorhaben nur im Ausnahme-

---

333 BVerwGE 54, 257 (262 f.), jedoch str.; a. A. *Steiner,* DVBl. 1981, 348; w. Nw. bei *Ernst/Hoppe,* Rdn. 493.
334 BVerwGE 48, 87; 49, 244 (250); ausführlich dazu *Ernst/Zinkahn/Bielenberg,* § 21 Rdn. 26 ff.
335 BVerwGE 54, 257 (261 f.).
336 Zu den zivilrechtlichen Folgen BGH NJW 1979, 34; *Dürr,* NVwZ 1983, 73 (77).
337 Hierzu BVerwGE 31, 274.
338 Vgl. BVerwGE 29, 357; *Ernst/Hoppe,* Rdn. 494 ff.; *Ernst/Zinkahn/Bielenberg,* § 21 Rdn. 2 ff.; *H. Schrödter,* DVBl. 1982, 323.

fall zulässig sind, von großer Bedeutung. Da die Teilungsgenehmigung wegen ihrer Bindungswirkung die Entscheidung über spätere Bauanträge präjudiziert, müssen nachteilige Auswirkungen der dann erteilten Baugenehmigung auf einen Nachbarn ihr selbst schon zugerechnet werden; der Nachbar kann und muß darum, wenn er sich gegen die Bebaubarkeit der neu entstandenen Parzelle wehren will, schon die Teilungsgenehmigung mit der Nachbarklage anfechten[339]. Die **Schutzfunktion** der Teilungsgenehmigung reicht allerdings nur soweit, wie aus ihrem Anlaß eine Überprüfung des Bauvorhabens überhaupt möglich war. Da hierbei nur bodenrechtliche Gesichtspunkte berücksichtigt werden, bleibt eine Ablehnung des Baugesuchs wegen fehlender Erschließung oder aus bauordnungsrechtlichen Gründen möglich[340]. Gleiches gilt, wenn beim Antrag auf Teilungsgenehmigung die eigentlichen, mit der Teilung verbundenen Nutzungszwecke nicht offenbart worden sind[341]. Die Bindungswirkung **entfällt** nach § 21 II BBauG, wenn sich die für die Genehmigungserteilung maßgeblichen rechtlichen oder tatsächlichen Voraussetzungen nachträglich ändern. In diesem Fall muß aber für eine daraus resultierende Wertminderung des Grundstücks und für den Wertverlust von Aufwendungen, die im Vertrauen auf die Genehmigung getätigt worden sind, Entschädigung geleistet werden[342]. Weiterhin haftet die Gemeinde auch für Schäden, die dem Bauherrn aufgrund fehlerhafter Teilungsgenehmigungen entstehen[343].

Vertiefungsliteratur:

Dürr: Die Teilungsgenehmigung nach §§ 19 ff. BBauG. NVwZ 1983, 73; *ders.:* Die Mißbrauchsaufsicht bei der Grundstücksteilung nach § 20 II BBauG. NJW 1985, 1310; *Ernst/Hoppe:* Das öffentliche Bau- und Bodenrecht, Raumplanungsrecht. Rdn. 486—499; *Finkelnburg/Ortloff:* Öffentliches Baurecht. S. 101—112; *Gelzer:* Bauplanungsrecht. Rdn. 1423—1545; *Schrödter:* Zur Bindungswirkung der Teilungsgenehmigung. DVBl. 1982, 323; *Steiner:* Baurechtliche Teilungsgenehmigung und Privatrechtsordnung. DVBl. 1981, 348.

III. Baurechtliches Vorkaufsrecht

1. Funktionen und Tatbestände

1.1. Das baurechtliche Vorkaufsrecht ist ein Instrument, das — jedenfalls in seiner **210** auf die Baurechtsnovelle 1976 zurückgehenden Gestalt — weniger der Sicherung der Bauleitplanung als vielmehr der **gemeindlichen Bodenpolitik** dient[344]. Es versetzt die Gemeinden in die Lage, sich im Wege des Eingriffs in private Rechtsverhältnisse Grundstücke zu verschaffen, die dann nach bestimmten städtebaulichen Vorstellungen genutzt werden können. Dabei kann zugleich dem Ankauf und der Hortung von Grundstücken durch nicht bauwillige Käufer entgegengewirkt werden. Rechtstech-

---

339 BVerwG DÖV 1969, 683; *Ernst/Hoppe,* Rdn. 498; *Gelzer,* Rdn. 1537 ff.
340 BVerwGE 30, 203.
341 BVerwGE 35, 187 (191).
342 Vgl. näher *Ernst/Zinkahn/Bielenberg,* § 21 Rdn. 37 ff.
343 BGH NJW 1985, 1338.
344 *Ernst/Hoppe,* Rdn. 500; *Finkelnburg/Ortloff,* S. 112 f.; kritisch *Gelzer,* Rdn. 1548 ff.; *Schrödter,* § 24 Rdn. 1.

nisch stellt sich das Vorkaufsrecht als ein gegenüber der förmlichen Enteignung (dazu unten V) vereinfachtes Instrument des Grundstückserwerbs dar[345]. Allerdings darf die Gemeinde die ihr zustehenden Vorkaufsrechte nicht selbst zur Grundstückshortung mißbrauchen. Nach § 26 BBauG muß sie die erworbenen Grundstücke, sobald der mit dem Erwerb verfolgte Zweck erreicht ist, wieder veräußern. Dabei hat sie die Auswahl des jeweiligen Grundstückserwerbers unter dem Gesichtspunkt der Gewährleistung ihrer städtebaulichen Ziele vorzunehmen; auch sozialpolitische Gesichtspunkte können eine Rolle spielen (§ 26 II und III BBauG).

211 1.2. Die **Wirkungsweise** des Vorkaufsrechts ist prinzipiell nicht anders als diejenige nach dem BGB, auf dessen einschlägige Vorschriften § 24 IV 2 BBauG verweist. Mit Ausübung des Vorkaufsrechts durch den Berechtigten — hier die Gemeinde — wird zwischen ihm und dem Verpflichteten ein neuer selbständiger Kaufvertrag zu den gleichen Bedingungen begründet, die der Vertrag mit dem ursprünglichen Käufer enthalten hat[346]. Der Verpflichtete sollte sich darum tunlichst durch Bedingung, Rücktrittsvorbehalt oder sonstige Abreden mit dem Käufer vor Ansprüchen auf Schadensersatz wegen Nichterfüllung sichern; derartige Abreden wirken nach § 506 BGB, damit dem Vorkaufsrecht nicht der Boden entzogen wird, nicht gegen den Berechtigten. Im Unterschied zum rechtsgeschäftlich vereinbarten ist das Vorkaufsrecht des BBauG ein gesetzliches. Es begründet ein öffentlich-rechtliches Rechtsverhältnis zwischen Gemeinde und Grundstückseigentümer und wird darum auch nicht durch privatrechtliche Willenserklärung, sondern durch Verwaltungsakt ausgeübt (§ 24 IV 1 BBauG). Die Gemeinde hat hierfür eine Bedenkzeit von zwei Monaten. Auf das gemeindliche Vorkaufsrecht sind nur die Vorschriften des BGB über das schuldrechtliche Vorkaufsrecht (§§ 504 ff. BGB), nicht auch die Vorschriften über dessen dingliche Sicherung (§§ 1094 ff. BGB) anzuwenden. Die damit theoretisch vorhandene Möglichkeit eines Gutglaubenserwerbs wird durch die Verfahrensregelungen des § 24 V BBauG praktisch ausgeschlossen. Gegenüber privatrechtlichen setzt sich das baurechtliche Vorkaufsrecht selbst dann durch, wenn erstere dinglich gesichert sind (vgl. § 24 V 2 BBauG); mit der Eintragung der Gemeinde als Eigentümerin im Grundbuch erlöschen rechtsgeschäftliche Vorkaufsrechte; die Gemeinde kann deren Löschung im Grundbuch verlangen (§ 24 IV 5 und 6 BBauG).

212 1.3. Die verschiedenen gemeindlichen Vorkaufsrechte unterscheiden sich nach **Zweckbindung** und **räumlicher Erstreckung**. Das allgemeine Vorkaufsrecht (§ 24 BBauG) dient generell der Sicherung der Bauleitplanung und bodenpolitischen Zwecken. Es ist jedoch räumlich beschränkt auf Grundstücke im Geltungsbereich eines Bebauungsplans, auf Grundstücke, für die die Gemeinde die Aufstellung eines solchen Planes beschlossen hat, und auf Grundstücke, die in ein Verfahren der Bodenordnung (dazu unten IV 1) einbezogen sind. Demgegenüber erstrecken sich die besonderen Vorkaufsrechte der §§ 24a und 25a BBauG auf Grundstücke im gesamten Gemeindegebiet; sie dienen jedoch nur zur Sicherung städtebaulicher Erhaltungsziele (§ 39h BBauG) oder zum Erwerb von Austausch- und Ersatzland. Das be-

---

345 Zur Abgrenzung von der Enteignung *Battis/Krautzberger/Löhr,* Rdn. 7 f. vor § 24, m. w. Nw.
346 BGH NJW 1982, 2068 (2069); *Ernst/Zinkahn/Bielenberg,* § 24 Rdn. 43.

sondere Vorkaufsrecht nach § 25 BBauG schließlich besteht nur an Grundstücken, für die es durch gemeindliche Satzung ausdrücklich begründet wird; es dient dazu, noch vor Beginn der Bebauungsplanung auf der Grundlage der Raumordnung und Landesplanung, einer Flächennutzungs- oder einer gemeindlichen Entwicklungsplanung eine geordnete städtebauliche Entwicklung zu sichern[347]. Für **alle** Vorkaufsrechte gilt § 24 II und III BBauG: Ihre Ausübung muß durch Gründe des Allgemeinwohls gerechtfertigt sein; es genügt insoweit die Verfolgung der vom Gesetzgeber selbst vorgegebenen städtebaulichen sowie boden- und eigentumspolitischen Zwecke[348]. Der Verwendungszweck für das von der Ausübung des Vorkaufsrechts betroffene Grundstück muß stets angegeben werden. Einzelne gesetzlich besonders fixierte Ausschlußgründe (§ 24 II, III BBauG) können die Gemeinde im Einzelfall an der Ausübung hindern.

2. Preislimitierung und Rechtsschutz

2.1. Durch die Baurechtsnovelle 1976 ist als wesentlichste Änderung gegenüber dem **213** vorherigen Rechtszustand die **Preislimitierung** der baurechtlichen Vorkaufsrechte eingeführt worden[349]. Die Gemeinde schließt zwar bei Ausübung ihrer Befugnis den Kaufvertrag zu den gleichen Bedingungen, wie sie mit dem Drittkäufer ausgehandelt worden waren; sie ist dabei aber nicht an den vereinbarten Kaufpreis gebunden. Nach § 28a II BBauG bemißt sich der zu zahlende Preis vielmehr teils nach dem Verkehrswert, teils nach demjenigen Betrag, der im Falle einer Enteignung zu zahlen wäre. Entgegen dem Wortlaut dieser Vorschrift gilt das jedoch nicht ipso iure, sondern bedarf einer ausdrücklichen Erklärung der Gemeinde, die in ihrem Ermessen liegt[350]. Sie kann es darum beim vereinbarten Kaufpreis belassen (§ 24 IV 2 BBauG i.V.m. § 505 II BGB), wenn dieser unter dem Verkehrswert liegt oder wenn sie den bei der Preislimitierung möglichen Rücktritt des Verkäufers vom Vertrag vermeiden möchte.

2.2. Die Gemeinde kann den zu zahlenden Betrag auf zweierlei Weise limitieren: Be- **214** messungsmaßstab kann der Verkehrswert (§ 142 II BBauG) sein oder — wenn sie das Grundstück auch enteignen könnte — derjenige Wert, der bei einer Enteignung zu entschädigen wäre. Auch dieser letztere Wert orientiert sich am Verkehrswert, ist aber wegen der Beschränkung des § 95 II BBauG gewöhnlich niedriger als jener (dazu unten V 2). Macht die Gemeinde von ihrem Recht der Preislimitierung Gebrauch, so kann der Verkäufer nach § 28a III BBauG vom Kaufvertrag zurücktreten und auf diese Weise die Ausübung des Vorkaufsrechts obsolet machen[351]; diese Abwehrmöglichkeit ist ihm beim allgemeinen Verkaufsrecht allerdings genommen, wenn sein Grundstück auch hätte enteignet werden können. Tritt der Eigentümer

---

347 *Ernst/Hoppe,* Rdn. 511.
348 *Ernst/Zinkahn/Bielenberg,* § 24 Rdn. 25.
349 *Engelken,* NJW 1977, 413; *Schmidt-Eichstaedt,* DÖV 1978, 130.
350 OVG Münster NJW 1981, 1467; *Schrödter,* § 28a Rdn. 3; a. A. *Ernst/Zinkahn/Bielenberg,* § 28a Rdn. 5; *Schlichter/Stich/Tittel,* § 28a Rdn. 2.
351 Vgl. BGH NJW 1982, 2068; *Ernst/Zinkahn/Bielenberg,* § 28a Rdn. 23 ff.

vom Kaufvertrag zurück, so wehrt er damit zwar die Preislimitierung ab; alle weiteren Bemühungen um einen Verkauf zu dem vorgestellten Preis bleiben aber wegen der Möglichkeit einer erneuten Geltendmachung des Vorkaufsrechts durch die Gemeinde blockiert. Das erscheint im Hinblick auf die in Art. 14 GG garantierte Privatnützigkeit des Eigentums verfassungsrechtlich nicht unbedenklich[352].

215 2.3. Die Ausübung des baurechtlichen Vorkaufsrechts ist ein Verwaltungsakt und kann vom Grundstückseigentümer wie auch vom Käufer grundsätzlich mit der **Anfechtungsklage** vor den Verwaltungsgerichten bekämpft werden[353]. Nimmt die Gemeinde allerdings eine Preislimitierung nach § 28a BBauG vor, so tritt an die Stelle der Anfechtungsklage nach § 157 I BBauG der **Antrag auf gerichtliche Entscheidung** bei den Kammern/Senaten für Baulandsachen der ordentlichen Gerichte (dazu unten V 3). In diesem Verfahren kann sowohl über die Zulässigkeit der Ausübung des Vorkaufsrechts wie auch über die Bestimmung des von der Gemeinde zu zahlenden Betrages entschieden werden. Über die Zulässigkeitsfrage ergeht unter den Voraussetzungen des § 28a IV BBauG eine Vorabentscheidung.

Beispiel:

216 A hat von B durch notariellen Kaufvertrag ein Grundstück erworben. Aufgrund eines baurechtlichen Vorkaufsrechts will die Gemeinde zu den — sehr günstigen — Vertragsbedingungen in den Kaufvertrag eintreten. Wie können sich A und B hiergegen gerichtlich wehren?

Macht die Gemeinde von den ihr zustehenden Vorkaufsrechten Gebrauch, so tritt im allgemeinen eine Preislimitierung nach § 28a BBauG ein. Hiergegen können die Betroffenen nach § 157 I 1 BBauG Antrag auf gerichtliche Entscheidung stellen. Im vorliegenden Fall wäre der bei der Preislimitierung vorgesehene Eintritt in den Kaufvertrag zum Verkehrswert des Grundstücks für die Gemeinde ungünstiger als ein Eintritt zu den Vertragsbedingungen. Sie kann darum auf die Limitierung verzichten und den zwischen A und B vereinbarten Kaufpreis zahlen. Da sich in diesem Fall die mit der Preislimitierung verbundenen Probleme um die Bestimmung des Verkehrswertes nicht stellen, ist die Rechtslage insoweit anders als im Normalfall, den die Rechtswegzuweisung zu den Kammern/Senaten für Baulandsachen voraussetzt. Wenn A oder B die Ausübung des Vorkaufsrechts anfechten wollen, steht ihnen darum der auch sonst für Anfechtungsklagen eröffnete Rechtsweg zu den Verwaltungsgerichten (§ 40 VwGO) zur Verfügung (OVG Münster NJW 1981, 1467).

3. Reformabsichten nach dem RE BauGB

216a 3.1. Der RE BauGB ordnet den Regelungskomplex des kommunalen Vorkaufsrechts neu und bezieht dabei auch Vorschriften aus dem StBauFG mit ein. In materieller Hinsicht sind einige einschneidende Änderungen zu erkennen; sie laufen auf eine erhebliche Einschränkung der gemeindlichen Befugnisse und eine fast vollständige Abschaffung der Preislimitierung hinaus[354].

216b 3.2. Das **allgemeine Vorkaufsrecht** des § 24 I BBauG wird in seinen beiden Hauptanwendungsfällen wesentlich beschnitten. In Bereichen, für die die Aufstellung eines

---

352 *Schlichter/Stich/Tittel,* § 28a Rdn. 2.
353 OVG Münster NJW 1981, 1467; a. A. *Martens/Horn,* DVBl. 1979, 146 (149).
354 Vgl. im einzelnen *Bielenberger/Krautzberger,* DVBl. 1985, 1281 (1284); *Konrad,* ZRP 1986, 96.

Bebauungsplanes beschlossen ist, entfällt es ganz. Im Geltungsbereich eines Bebauungsplanes gilt es nicht mehr generell, sondern nur noch zur Sicherung des Gemeinbedarfs an Grundstücken. Nur für diesen Fall soll im übrigen eine Preislimitierung noch möglich sein. Will die Gemeinde im Geltungsbereich eines bestimmten Bebauungsplanes zusätzliche Vorkaufsrechte begründen, ist sie auf das aufwendige Verfahren verwiesen, eine entsprechende Satzung nach § 25 RE BauGB zu erlassen. Ein solches Satzungsvorkaufsrecht gilt indes nur für unbebaute Grundstücke und ist nicht preislimitiert. Beim Erwerb von Wohnungseigentum oder von Erbbaurechten steht der Gemeinde ein Vorkaufsrecht überhaupt nicht zu[355].

3.3. Von den **besonderen Vorkaufsrechten** soll das Recht aus § 24 a BBauG, das dem   **216c**
Schutz erhaltenswerter Gebäude dient, der Gemeinde nach § 25 I Nr. 4 RE BauGB nicht mehr für das ganze Gemeindegebiet, sondern nur noch im Geltungsbereich einer Erhaltungssatzung zustehen. Das Vorkaufsrecht zum Erwerb von Austausch- oder Ersatzland (§ 25 a BBauG) entfällt ganz. Das bisherige **Satzungsvorkaufsrecht** (§ 25 BBauG) bleibt dagegen erhalten und wird um den schon erwähnten (oben 3.2) Anwendungsbereich erweitert. Die bisher in § 24 II, III BBauG genannten **Ausschlußgründe** sind als Ausschluß- und Abwendungsregelungen in den §§ 26 und 27 RE BauGB systematisch neu geordnet. Das Abwendungsrecht des Erwerbers (§ 24 II 2 Nr. 3 BBauG) ist dabei verschärft worden; der Erwerber muß sich verpflichten, das Grundstück binnen angemessener Frist in der vorgesehenen Weise zu verwenden (§ 27 I RE BauGB).

3.4. Die geplanten Änderungen sind auf **Kritik** gestoßen, weil sie die Möglichkeit der   **216d**
Gemeinden zu städtebaulich- und bodenpolitisch sinnvollem Eigentumserwerb teilweise ganz beseitigen, in anderen Fällen verfahrensmäßig sehr erschweren und wegen des weitgehenden Wegfalls der Preislimitierung die Kommunen auch finanziell belasten. Auch dort, wo einzelne Vorkaufsrechte in der Praxis bisher kaum zur Anwendung gelangten, entfalteten sie doch oft allein schon aufgrund ihrer Existenz eine erwünschte „Androhungswirkung". Dies wird jetzt, insbesondere durch die Beschränkung der bisher in § 24 a BBauG begründeten Befugnisse und durch die weitgehende Abschaffung der Preislimitierung, erheblich eingeschränkt[356].

Vertiefungsliteratur:

Amann: Zum Anwendungsbereich des § 28 a BBauG. DVBl. 1979, 807; *Engelken:* Die Preislimitierung bei den Vorkaufsrechten der Gemeinde. NJW 1977, 413; *Ernst/Hoppe:* Das öffentliche Bau- und Bodenrecht, Raumplanungsrecht, Rdnr. 500—517; *Finkelnburg/Ortloff:* Öffentliches Baurecht. S. 112 ff.; *Gelzer:* Bauplanungsrecht. Rdnr. 1546—1598; *Konrad:* Die geplanten Änderungen des Vorkaufsrechts im Regierungsentwurf zum Baugesetzbuch. ZPR 1986, 96; *Martens/Horn:* Rechtsschutz gegen die Ausübung des gemeindlichen Vorkaufsrechts. DVBl. 1979, 146.

---

355 Anders nach bisherigem Recht; vgl. BGH ZfBR 1984, 150.
356 Zur Kritik *v. Feldmann/Groth,* S. 43 ff.; *Konrad,* ZRP 1986, 96.

IV. Bodenordnung und Erschließung

1. Maßnahmen der Bodenordnung

217 1.1. Die in einem Bebauungsplan zum Ausdruck kommenden städtebaulichen Ordnungsvorstellungen werden sich häufig mit dem vorfindlichen Grundstückszuschnitt nicht realisieren lassen. Damit hier nicht auf das Mittel der Enteignung zurückgegriffen zu werden braucht, sieht das BBauG Grundstücks-Tauschverfahren vor, mit deren Hilfe zweckmäßig gestaltete Grundstücke entstehen können. Es handelt sich hierbei um das Verfahren der **Baulandumlegung** (§§ 45 ff. BBauG) und um die **Grenzregelung** (§§ 80 ff. BBauG). Beide Verfahren haben ihr Vorbild in der Flurbereinigung. Sie stellen keine Enteignung, sondern lediglich eine Form der Eigentumsbindung nach Art. 14 I 2 GG dar, da hier der Grundsatz einer wertgleichen Abfindung in Land gilt[357]. Daran ändert auch der u. U. erforderliche Wertausgleich nichts.

218 1.2. Die **Umlegung** geschieht im wesentlichen in der Weise, daß die im Umlegungsgebiet gelegenen Grundstücke zunächst rechnerisch vereinigt und sodann nach Abzug evtl. erforderlicher Gemeinbedarfsflächen neu verteilt werden. Die alten Eigentumsrechte bleiben dabei erhalten und setzen sich lediglich an einem neuen Grundstück fort (sog. Surrogationsprinzip)[358]. Bei der **Grenzregelung** werden demgegenüber die ausgetauschten Flächen zum Bestandteil derjenigen Grundstücke, denen sie zugeschlagen werden. Das Verfahren wird in beiden Fällen von den Gemeinden durchgeführt, die für die Umlegung zum Teil Umlegungsausschüsse bilden. Die Durchführung erfolgt mittels eines rechtsbegründenden Umlegungsplanes (§ 66 BBauG) bzw. durch Beschluß über die Grenzregelung (§ 82 BBauG); in beiden Fällen handelt es sich um einen **Verwaltungsakt,** gegen den der Antrag auf gerichtliche Entscheidung nach § 157 BBauG statthaft ist[359].

2. Erschließung und Erschließungsbeitrag

219 2.1. Grundstücke dürfen nur dann bebaut werden, wenn ihre **Erschließung** gesichert ist; dies machen alle gesetzlichen Zulässigkeitstatbestände (hierzu B IV) zur strikten Bedingung. Denn erst die Erschließung eines Grundstücks ermöglicht in tatsächlicher Hinsicht dessen ordnungsmäßige bauliche Nutzung. Zur Erschließung zählt in erster Linie der Anschluß des Grundstücks an öffentliche Straßen sowie an Versorgungs- und Entsorgungsanlagen; als weitere Erschließungsanlagen sind u. U. auch Parkflächen und Grünanlagen, Kinderspielplätze und Immissionsschutzanlagen erforderlich (vgl. § 127 II BBauG)[360]. Erschließungsanlagen müssen noch nicht zum Zeitpunkt der Baugenehmigung vorhanden, sollen aber spätestens bis zur Fertigstel-

---

357 BVerwG MDR 1961, 439; BGHZ 76, 274; *Rothe,* Rdn. 18 f.; *Schmidt-Aßmann,* DVBl. 1982, 152.
358 Vgl. näher *Ernst/Hoppe,* Rdn. 558, m. w. Nw.; BGHZ 76, 274.
359 Einzelheiten bei *Dieterich,* Rdn. 383 ff., 531; *Rothe,* Rdn. 91 ff., 580 ff.
360 Vgl. BVerwG NVwZ 1985, 833; 1986, 130; *Ziegler,* KStZ 1981, 147 ff., 165 ff. und 181 ff.; *Förster,* ZfBR 1979, 226.

lung des Bauwerks benutzbar sein (§ 123 II BBauG). Die Aufgabe der Grundstücks-erschließung fällt den Gemeinden zu (§ 123 I BBauG); sie wird von ihnen als pflichti-ge Selbstverwaltungsaufgabe erfüllt[361]. Dabei handelt es sich nur um eine **Erschlie-ßungslast,** der grundsätzlich keine Rechtsansprüche der Anlieger gegenüberstehen (§ 123 IV BBauG). So kann die Gemeinde Beginn, Art und Ausmaß der Erschlie-ßung nach Maßgabe ihres städtebaulichen Konzepts sowie ihrer sächlichen und fi-nanziellen Möglichkeiten selbst bestimmen. Die allgemeine Erschließungslast kann sich jedoch im Einzelfall zu einer einklagbaren **Erschließungspflicht** verdichten, wenn Zusagen oder schon Baugenehmigungen erteilt worden sind; auch der Erlaß eines qualifizierten Bebauungsplanes trägt zur Verdichtung des Erschließungsermes-sens bei[362].

Beispiel:

A ist Eigentümer eines Mehrfamilienhauses in der K-Straße in G. Die Gemeinde beabsichtigt, **220** die K-Straße endlich mit einer zeitgemäßen Straßendecke zu versehen und Bürgersteige anzu-legen; sie zieht darum im Herbst 1979 die Straßenanlieger, darunter auch A, zu Vorausleistun-gen auf die künftigen Erschließungskosten heran. Als im Sommer 1986 von dem versproche-nen Ausbau noch nichts zu bemerken ist, möchte A sein Geld zurück haben.

Ein Rückforderungsanspruch steht A nicht zu, solange die Gemeinde ihre Absicht, die Straße auszubauen, noch nicht endgültig aufgegeben hat. Stattdessen kann er jedoch von der Ge-meinde die Durchführung der angekündigten Ausbaumaßnahmen verlangen. Zwar liegt die Erschließung von Grundstücken, zu der die Gemeinden nach § 123 BBauG verpflichtet sind, in deren Ermessen; ein Rechtsanspruch hierauf besteht grundsätzlich nicht (§ 123 IV BBauG). Der Ermessensspielraum kann sich jedoch in der Weise verengen, daß den Anliegern aus-nahmsweise doch ein Erschließungsanspruch zusteht. Anlaß für eine solche Ermessensreduk-tion kann der Erlaß eines Bebauungsplanes oder, wie hier, die Heranziehung zu Vorleistungen sein. Die Rspr. gibt der Gemeinde dann aber immer noch sechs Jahre Zeit, um ihrer Erschlie-ßungspflicht nachzukommen. Art und Umfang der gebotenen Erschließung bemessen sich nach den Gegebenheiten der Straße und ihren Verkehrsbedürfnissen.

2.2. Die Gemeinden tragen zwar die Erschließungs-, nicht aber auch die (vollständi- **221** ge) Kostenlast. Vielmehr erheben sie nach Maßgabe der §§ 127 ff. BBauG zur Dek-kung ihres anderweitig nicht gedeckten Aufwandes von den Eigentümern der anlie-genden Grundstücke **Erschließungsbeiträge**[363]. Die Beitragspflicht entsteht unab-hängig von der baulichen Nutzung des Grundstücks schon mit der Fertigstellung der Erschließungsanlage (§ 133 BBauG); diese „Vorverlegung" der Zahlungspflicht ist auch bodenpolitisch motiviert, da sie gegenüber der Hortung von Bauland einen Veräußerungsdruck schafft und damit mittelbar auch das Preisniveau beeinflußt. Welcher Erschließungsaufwand beitragsfähig sein soll, wie er ermittelt und wie er auf die erschlossenen Grundstücke verteilt werden soll, bestimmt die Gemeinde durch Satzung (§ 132 BBauG)[364]. Als Verteilungsmaßstäbe kommen verschiedene Gesichtspunkte in Betracht: Art und Maß der baulichen Nutzung, Grundstücksflä-

---

361 BVerwG DVBl. 1975, 37; DÖV 1982, 156; *Ernst/Zinkahn/Bielenberg,* § 123 Rdn. 11; *Battis/Krautz-berger/Löhr,* § 123 Rdn. 1 f.
362 BVerwG DVBl. 1975, 37; DVBl. 1977, 41; BVerwGE 64, 186 (189 f.).
363 Hierzu eingehend zuletzt *David,* NVwZ 1986, 263; *Fischer-Hüftle,* BayVBl. 1984, 389.
364 Einzelheiten in BVerwGE 64, 218 sowie bei *Driehaus,* Rdn. 175 ff.; *Quaas,* Rdn. 106 ff.; *Schmittat,* DVBl. 1983, 313.

che, Grundstücksbreite („Frontmeter-Maßstab"), die auch miteinander verbunden werden können (§ 131 BBauG). Die Gemeinden müssen wenigstens 10 % des beitragsfähigen Erschließungsaufwandes selbst tragen (§ 129 I 3 BBauG).

3. Erschließungs- und Folgekostenverträge

222 3.1. Die Gemeinden haben nach § 123 III BBauG die Möglichkeit, die Erschließung (nicht die Erschließungslast) durch Vertrag auf einen Dritten zu übertragen. Hieran werden beispielsweise finanzstarke Industrieunternehmen oder Wohnungsbaugesellschaften interessiert sein, weil sie auf diese Weise ihre Bauvorhaben schneller realisieren können[365]. Solche **Erschließungsverträge,** mit denen ein Dritter die Pflicht übernimmt, die Erschließung auf eigene Kosten durchzuführen, dürfen nicht mit den Werkverträgen verwechselt werden, die eine Gemeinde mangels eigener Möglichkeit u. U. mit einem Tiefbauunternehmen abschließt[366]. Im Unterschied zu diesen Verträgen handelt es sich beim Erschließungsvertrag um einen öffentlich-rechtlichen Vertrag i.S. der §§ 54 ff. VwVfG, da er die öffentlich-rechtlichen Bestimmungen über die Erschließung teilweise substituiert[367]. Auch bei Abschluß eines Erschließungsvertrages muß die Gemeinde eine Selbstbeteiligung von wenigstens 10 % des Erschließungsaufwandes erbringen[368]. Soweit sie im übrigen den Aufwand abwälzt, kann sie keinen Erschließungsbeitrag erheben. Das Recht zur Beitragserhebung geht aber auch nicht etwa auf den erschließenden Dritten über; er kann seinerseits jedoch seinen Aufwand durch privatrechtliche Vereinbarungen mit den Anliegern, Grundstückskäufern oder Mietern zu decken suchen.

223 3.2. Die Bereitstellung von Neubaugebieten verursacht den Gemeinden nicht nur Erschließungskosten im engeren Sinne, sondern zieht meist auch noch weitere Folgelasten wie vor allem die Einrichtung und Unterhaltung kommunaler Einrichtungen (Schulen, Bäder, Bibliotheken usw.) nach sich. Deshalb werden gelegentlich zwischen Gemeinden und größeren Bauträgern sog. **Folgekostenverträge** geschlossen, bei denen die Gemeinden gegen die Verpflichtung, an sie bestimmte Beträge zur Abdeckung dieser Kosten zu zahlen, den Erlaß eines Bebauungsplanes oder die Erteilung ihres Einvernehmens nach § 36 BBauG in Aussicht stellen[369]. Auch derartige Verträge sind im Hinblick auf die von der Gemeinde zu erbringenden Leistungen dem öffentichen Recht zuzurechnen[370]. Die früher umstrittene Frage, ob sie mangels einer ausdrücklichen gesetzlichen Ermächtigung überhaupt zulässig seien[371], wird heute positiv durch die §§ 54 ff. VwVfG beantwortet. Bedenken bestehen gegenüber den Folgekostenverträgen im Hinblick auf die **Planungshoheit** der Gemeinde und

---

365 *Birk,* VBl. BW 1984, 97; *Quaas,* Rdn. 28 ff.

366 Vgl. dazu BGH NJW 1970, 2107; *Battis/Krautzberger/Löhr,* § 123 Rdn. 18 ff.

367 BVerwGE 32, 37; BGHZ 61, 359; *Driehaus,* Rdn. 83; Bedenken bei *Schrödter,* § 123 Rdn. 15 ff.

368 BVerwGE 32, 37 (39); NJW 1973, 1713.

369 Näher *Gaßner,* Die Abwälzung kommunaler Folgekosten durch Folgekostenverträge (1982); *Quaas,* Rdn. 39 ff.; *Stettner,* AöR 102, 544.

370 BVerwGE 42, 331 (333); *Ernst/Zinkahn/Bielenberg,* § 127 Rdn. 28, m. w. Nw.

371 Hierzu *v. Mutius,* VerwArch. 1974, 201 (206 ff.).

auf das **Koppelungsverbot**[372]. Zwar kann sich die Gemeinde nicht rechtswirksam zu bestimmten Planungsmaßnahmen verpflichten (§ 2 VII BBauG), doch hat zweifellos ein nun einmal abgeschlossener Vertrag Einfluß auf ihr Planungsermessen, was im Einzelfall zu seiner Nichtigkeit führen kann[373]. Weiteren Mißbräuchen versucht die Rspr. durch eine strenge Inhaltskontrolle der Folgekostenverträge vorzubeugen: Sie sind unwirksam, wenn die eine oder die andere Seite ihre faktische Überlegenheit unangemessen ausnutzt, wenn also etwa ein Mißverhältnis zwischen den geforderten Leistungen und dem Wert des Vorhabens besteht[374]; weiterhin müssen die Geldleistungen vertraglich zweckgebunden zur Deckung solcher Folgekosten verwendet werden, die tatsächlich aufgrund des geplanten Bauvorhabens zu erwarten sind[375]. Täuscht die Gemeinde ihren Vertragspartner über ihre Planungsabsichten, so kann diesem hieraus ein Schadensersatz wegen culpa in contrahendo entstehen[376].

3.3. Die Gemeinden können die ihnen durch Neubaumaßnahmen entstehenden Folgekosten auch generell durch Erhebung von **Abgaben** auf die Bauherren abwälzen, soweit die Kommunalabgabengesetze der Länder dies ihnen gestatten[377]. Das BVerfG[378] sieht in solcher Abgaben eine Steuer i.S. von Art. 105 II GG und hält sie für zulässig, da die Gesetzgebungsbefugnisse der Länder insoweit nicht durch konkurrierende bundesgesetzliche Regelungen ausgeschlossen sind[379]. **224**

4. Reformabsichten nach dem RE BauGB

Für den Bereich von Bodenordnung und Erschließung bringt der RE BauGB nichts wesentlich Neues[380]. Der räumliche Anwendungsbereich einer Umlegung soll sich auch auf Gebiete erstrecken, für die nur ein einfacher Bebauungsplan gilt (§ 45 I RE BauGB); damit bleibt den Gemeinden mancher überflüssiger Planaufwand erspart. Weitere Änderungen im Detail treffen das Umlegungsverfahren, die Verteilung und den Wertausgleich (§§ 55 ff. RE BauGB). Im Erschließungsrecht sollen die Länder ermächtigt werden, binnen fünf Jahren nach Inkrafttreten des BauGB abweichende Regelungen über Erschließungsbeiträge zu treffen (§ 246 VI RE BauGB)[381]. Weiterhin wird die Befugnis der Gemeinden zur Erhebung von Vorausleistungen auf den Erschließungsbeitrag erweitert (§ 133 III RE BauGB). **224a**

Vertiefungsliteratur:

1. Bodenordnung:

Bielenberg: Das Umlegungsrecht in der Baulandnovelle. BBauBl. 1982, 456; *Dieterich:* Baulandumlegung (1985). *Kröner:* Das materielle Umlegungsrecht nach dem BBauG in der Rspr.

---

372 *Ernst/Zinkahn/Bielenberg,* § 127 Rdn. 29; *Battis/Krautzberger/Löhr,* § 123 Rdn. 20.
373 *Ernst/Zinkahn/Bielenberg,* § 127 Rdn. 29.
374 BVerwG NJW 1973, 1895; *Battis/Krautzberger/Löhr,* § 123 Rdn. 21.
375 BVerwGE 42, 331 (339 ff.).
376 BGHZ 71, 386.
377 Vgl. etwa § 9 schlh. KAG 1970.
378 BVerfGE 49, 343 (354).
379 Vgl. auch BVerwGE 44, 202; *Friauf,* DVBl. 1978, 517.
380 Einzelheiten bei *Bielenberg* u. a., DVBl. 1985, 1097 (1103 ff.).
381 Kritisch *v. Feldmann/Groth,* S. 20.

des BGH. ZfBR 1979, 1 ff.; *Rothe:* Umlegung und Grenzregelung nach dem BBauG (1984); *Schmidt-Aßmann:* Die eigentumsrechtlichen Grundlagen der Umlegung (Art. 14 GG). DVBl. 1982, 152.

2. Erschließungsrecht:

David: Das Erschließungsbeitragsrecht des BBauG in der Rspr. des BVerwG. NVwZ 1982, 170; 1984, 414; 1986, 263; *Driehaus:* Erschließungs- und Ausbaubeiträge (1984); *Friauf:* Kommunalabgaben zur Abwälzung von Folgekosten des Wohnungsbaus. DVBl. 1978, 517; *Gaßner:* Die Abwälzung kommunaler Folgekosten durch Folgekostenverträge (1982); *v. Mutius:* Zulässigkeit und Grenzen verwaltungsrechtlicher Verträge über kommunale Folgekosten. VerwArch. 1974, 201; *Quaas:* Erschließungs- und Erschließungsbeitragsrecht (1985); *Schmidt/Bogner/Steenbock:* Handbuch des Erschließungsrechts, 5. Auflage 1981; *Stettner:* Die Bindung der Gemeinde durch den Folgekostenvertrag, AöR 102, 544.

V. Enteignung

1. Enteignungsvoraussetzungen und Enteignungsverfahren

225 Das BBauG enthält an mehreren Stellen, vornehmlich aber im Zusammenhang mit der Behandlung von Planungsschäden (dazu oben B III) Entschädigungsregelungen für Nutzungsbeschränkungen und sonstige Beschränkungen der Eigentümerrechte. Hiervon unterscheiden sich die §§ 85 ff. BBauG insofern, als sie die **klassische Enteignung** durch Verwaltungsakt betreffen, nämlich den Entzug oder die dingliche Belastung von Eigentum oder anderen Rechten an Grundstücken (§ 86 BBauG). Eine förmliche Enteignung darf nach § 85 BBauG nur zu den dort bestimmten Zwecken, insbes. zur Realisierung eines Bebauungsplanes, vorgenommen werden. Sie muß zum Wohl der Allgemeinheit erforderlich sein und unterliegt den Geboten der Verhältnismäßigkeit und des geringstmöglichen Eingriffs (§ 87 BBauG). Die Enteignungsbehörde (§ 104 BBauG) hat zunächst auf eine Einigung zwischen den Beteiligten hinzuwirken (§ 110 BBauG); kommt diese nicht zustande, entscheidet die Behörde aufgrund obligatorischer mündlicher Verhandlung durch **Enteignungsbeschluß** (§ 112 BBauG). Ist der Beschluß rechtskräftig geworden und die darin festgesetzte Entschädigung geleistet, ergeht eine **Ausführungsanordnung** (§ 117 BBauG), welche die vorgesehenen Rechtsänderungen bewirkt. Bei dringenden Gründen des Gemeinwohls ist auch eine **vorzeitige Besitzeinweisung** möglich (§ 116 BBauG).

2. Entschädigung

226 Die Entschädigung richtet sich grundsätzlich nach dem Verkehrswert[382] (Marktwert; § 95 I i.V.m. § 142 BBauG). Über diesen Wert kann im Verfahren zur **Ermittlung von Grundstückswerten** (§§ 136 ff. BBauG) ein Gutachten bei einem Gutachterausschuß angefordert werden, das allerdings in der Regel keine bindende Wirkung ent-

---

382 Einzelheiten bei *Aust/Jakobs,* S. 37 f.; *Krohn/Löwisch,* Rdn. 164 ff.; *Ernst/Zinkahn/Bielenberg,* § 95 Rdn. 2 ff.

faltet (§ 143 BBauG). Die Enteignungsentschädigung dient der Kompensation eines **Sonderopfers**[383] und darf grundsätzlich nicht höher als der Wiederbeschaffungspreis sein; hypothetische Wertsteigerungen oder entgangener Gewinn werden nicht entschädigt[384]. Der Ausgleich des **Substanzverlustes** vermag das Sonderopfer des Betroffenen jedoch nicht in jedem Fall voll auszugleichen; oft kommt es infolge der Enteignung noch zu weiteren Vermögensnachteilen (sog. **Folgeschäden**), die darum nach § 96 BBauG ebenfalls zu entschädigen sind. Hierzu zählen beispielsweise Aufwendungen für einen wegen der Enteignung notwendigen Umzug, die Anlaufkosten bei der Verlagerung eines Betriebes oder der damit verbundene Verlust des Firmenwertes[385]. Soweit Entschädigung für den Substanzverlust zu leisten ist, stellt sich das Problem der **Vollentschädigung**. Art. 14 III 3 sieht vor, daß die Entschädigung „unter gerechter Abwägung der Interessen der Allgemeinheit und der Beteiligten" zu bestimmen ist. Das schließt eine Vollentschädigung nicht aus, gebietet sie aber auch nicht zwingend[386]. Andererseits verlangt der Kompensationszweck des Art. 14 III 3 GG mehr als eine bloße „Nominalentschädigung"[387]. Geboten ist vielmehr eine **gerechte** Abwägung, die auf die situationsbedingten Besonderheiten des Sachverhalts und auf die Zeitumstände Rücksicht nimmt[388]. Von einer Vollentschädigung am Maßstab des Verkehrswerts kann hiernach immer dann abgesehen werden, wenn sie nach Lage der Dinge sachlich nicht gerechtfertigt erscheint. Diesen Erwägungen tragen die **Reduktionsklauseln** des § 95 II BBauG Rechnung, wenn sie Sanierungs- und Planungsgewinne, spekulative oder enteignungsbedingte Werterhöhungen des Grundstücks von der Entschädigungspflicht ausnehmen. Von großer Bedeutung ist in diesem Zusammenhang § 95 II Nr. 7 BBauG, der Bodenwertverluste, für die nach Maßgabe der §§ 40—42, 44 BBauG keine Entschädigung zu leisten wäre (hierzu oben B III 2.2), auch im Falle der Enteignung unberücksichtigt läßt[389].

Beispiel:

A hat von B in dessen Haus mit jährlicher Kündigungsmöglichkeit ein Ladenlokal angemietet **227** und betreibt dort ein Einzelwarengeschäft. Da die Gemeinde die Straße verbreitern will, werden das Hausgrundstück des B sowie das Mietrecht des A von der Enteignungsbehörde förmlich enteignet. A verlangt eine Enteignungsentschädigung in Höhe von 15 000 DM für betriebliche Vermögensverluste (Makler- und Umzugskosten, Warenverluste, Anlauf- und Werbungskosten für ein neues Geschäft). Er weist darauf hin, daß ohne die Enteignung ein Umzug auf absehbare Zeit nicht nötig geworden wäre.

Das Mietrecht des A ist enteignungs- und damit entschädigungsfähig. Indes geht A zu Unrecht davon aus, daß bei der Festsetzung der Entschädigung nach § 96 BBauG die Ansicht auf einen langfristigen Fortbestand seines Mietverhältnisses zugrunde zu legen sei. Auch nach dieser Vorschrift die u. a. auch für sog. Folgeschäden Anwendung findet, können nur rechtlich geschützte konkrete Werte, nicht aber Erwartungen und Chancen oder bloße wirtschaftliche Interessen berücksichtigt werden. Anders als bei dem Entzug von Eigentum wird bei der Enteig-

---

383 *Aust/Jakobs*, S. 53 ff.; *Battis/Krautzberger/Löhr*, § 93 Rdn. 2 ff.
384 BGHZ 37, 269; *Krohn/Löwisch*, Rdn. 257.
385 *Aust/Jakobs*, S. 163 ff.; *Battis/Krautzberger/Löhr*, § 96 Rdn. 2 ff.; *Papier*, in: *Maunz/Dürig*, Art. 14 Rdn. 548 ff.
386 *Papier*, in: *Maunz/Dürig*, Art. 14 Rdn. 510 ff.
387 *Kimminich*, in: Bonner Kommentar, Art. 14 Rdn. 298.
388 BVerfGE 24, 367 (421).
389 *Battis/Krautzberger/Löhr*, § 95 Rdn. 10; *Wendt*, DVBl. 1978, 356.

nung eines Mietrechts nur eine zeitlich befristete schuldrechtliche Beziehung beendet. Sie ist enteignungsrechtlich nur soweit geschützt, wie sie rechtlich abgesichert ist. Das ist hier nur bis zum Jahresende der Fall. Hiernach muß darum der Vermögensnachteil des A und damit sein Entschädigungsanspruch berechnet werden (BGHZ 83, 1).

3. Gerichte für Baulandsachen

228   Bei Enteignungen besteht aus zweierlei Anlaß ein Bedürfnis für Rechtsschutz: bei der Frage nach der **Zulässigkeit** der Enteignung wie auch bei der Frage nach Art und Maß der zu leistenden **Entschädigung.** Bestünde hierfür keine Sonderregelung, so wäre der Rechtsweg gespalten; er führte in Zulässigkeitsfragen zur Verwaltungsgerichtsbarkeit (§ 40 I VwGO), in Entschädigungsfragen dagegen zu den ordentlichen Gerichten (Art. 14 III 4 GG). Um eine solche Rechtswegzersplitterung zu vermeiden, führt § 157 BBauG gegenüber allen mit der Enteignung zusammenhängenden Entscheidungen sowie für zahlreiche ähnliche gelagerte Fälle den einheitlichen Rechtsbehelf des **Antrags auf gerichtliche Entscheidung** zu den bei den Landgerichten eingerichteten **Kammern für Baulandsachen** ein. Über Berufungen entscheiden **Senate für Baulandsachen** bei den Oberlandesgerichten; die Revision findet zum BGH statt (§§ 169, 170 BBauG). Die Kammern und Senate für Baulandsachen sind mit je drei Richtern der ordentlichen und zwei Richtern der Verwaltungsgerichtsbarkeit besetzt; diese gemischte Zusammensetzung ist mit der Rechtswegzuweisung in Art. 14 III 4 GG vereinbar[390].

Vertiefungsliteratur:

Aust / Jakobs: Die Enteignungsentschädigung (2. Auflage 1984); *Kimminich:* Kommentierung zu Art. 14 GG, Rdn. 285—395, in: Bonner Kommentar; *Krohn / Löwisch:* Eigentumsgarantie, Enteignung, Entschädigung (3. Auflage 1984); *Papier:* Kommentierung zu Art. 14 GG, Rdnr. 510—560, in: Maunz/Dürig, Grundgesetz; *Wendt:* Zur Verfassungsmäßigkeit der Übertragung der planungsschadensrechtlichen Reduktionsklauseln des BBauG auf die klassische Enteignung. DVBl. 1978, 356.

D. Bauordnungsrecht

I. Begriffliche Abgrenzung und Funktionen

1. Regelungsgegenstand und Rechtsquellen

229   1.1. Als Bauordnungsrecht bezeichnet man den Gesamtbereich derjenigen Vorschriften, die für die Errichtung, Erhaltung und Änderung, für die Nutzung und für den Abbruch von baulichen Anlagen, insbes. von Gebäuden, gelten. Hierin einge-

---

390 BVerfGE 4, 387 (400 ff.); vgl. auch *Battis/Krautzberger/Löhr,* § 160 Rdn. 1; *Ernst/Zinkahn/Bielenberg,* Rdn. 19 ff. vor §§ 157 ff.

schlossen sind die Bestimmungen über die Genehmigungsbedürftigkeit von Bauvorhaben sowie die darauf wie auch auf die allgemeine Bauaufsicht bezogenen Organisations- und Verfahrensvorschriften. Vom Städtebaurecht (Bodenrecht) unterscheidet sich das Bauordnungsrecht durch seine Anknüpfung an das einzelne Bauwerk, mit dessen Ausführung und Nutzung es sich allein beschäftigt; das Baugrundstück und seine jeweilige Nachbarschaft sind dabei nur hinsichtlich der baulichen Eigenschaften des Bauwerks von Belang. Demgegenüber regelt das Bodenrecht die Nutzung von Grundstücken und Flächen im Hinblick auf eine vorgestellte städtebauliche Ordnung. Dabei trifft es zwar auch Bestimmungen darüber, ob und in welcher Weise der Eigentümer sein Grundstück bebauen darf. Das konkrete Bauvorhaben wird hiervon jedoch nur insoweit erfaßt, wie seine städtebauliche Einfügung in den jeweils festgelegten Gebietscharakter seiner Umgebung in Frage steht. Einzelne Regelungsinhalte wie beispielsweise die Bestimmung von Abstandsflächen können dabei freilich von beiden Rechtsmaterien her festgelegt werden: als eine durch den konkreten Nachbarschaftsbezug des Bauwerks gebotene bauordnungsrechtliche oder als eine von städtebaulichen Ordnungsvorstellungen geprägte bodenrechtliche Vorschrift[391].

1.2. Das vorrangige Ziel bauordnungsrechtlicher Bestimmungen ist die **Abwehr von Gefahren,** die sich im Zusammenhang mit Baumaßnahmen ergeben oder typischerweise von Bauwerken ausgehen. Insoweit handelt es sich bei dieser Rechtsmaterie um einen Sonderbereich des allgemeinen Polizei- und Ordnungsrechts; dessen Regelungen können darum grundsätzlich ergänzend auch für das Bauordnungsrecht herangezogen werden[392]. **Weitere Funktionen** des Bauordnungsrechts liegen in der Sicherung bauästhetischer sowie wohlfahrts- und sozialpflegerischer Belange. Um klarzustellen, daß auch in diesem Funktionsbereich auf das Instrumentarium des Polizei- und Ordnungsrechts zurückgegriffen werden kann, treffen Landesbauordnungen zum Teil die gesetzliche Fiktion, daß derartige Aufgaben ebenfalls „als solche der Gefahrenabwehr gelten"[393].   **230**

1.3. Das Bauordnungsrecht beschränkt die **Baufreiheit** des Grundstückseigentümers. Seine Anforderungen wirken gleichwohl nicht enteignend, sondern bestimmen Inhalt und Schranken des Eigentumsrechts am Grundstück und realisieren so dessen verfassungsrechtlich vorgegebene Sozialpflichtigkeit (Art. 14 I 2 und II GG)[394]. Insbesondere der Gesichtspunkt der Gefahrenabwehr entspricht den herkömmlichen Eigentumsschranken. Aber auch der Gedanke der Verhütung von Verunstaltungen und baulich verursachten sozialen Mißständen trägt den heutigen Gemeinwohlerfordernissen Rechnung und ist daher eigentumsrechtlich legitim. Bei den an Bauwerke anzulegenden ästhetischen Maßstäben setzt das freilich voraus, daß sich die Eingriffe in die Baufreiheit auf die Abwehr deutlich störender, das allgemeine Bewußtsein   **231**

---

391 *Gädtke/Böckenförde/Temme,* BauO NW, § 6 Rdn. 3; *Simon,* BayBO, Art. 6 Rdn. 4; OVG Koblenz, VwRspr. 1981, 327.
392 Vgl. BVerwGE 11, 95; VGH Kassel NJW 1983, 951; *Finkelnburg/Ortloff,* S. 279; *Scheerbarth,* S. 4 ff. Kritisch *Schulte,* Rechtsgüterschutz durch Bauordnungsrecht (1982), S. 77 ff.
393 Vgl. u. a. § 57 II 1 BauO NW.
394 BVerwG DÖV 1980, 521; *Ernst/Hoppe,* Rdn. 867; *Finkelnburg/Ortloff,* S. 202; *Proksch,* S. 42; *Simon,* BayBO, Art. 3 Rdn. 6.

belastender Erscheinungen beschränken und vom Bauherren nicht positiv eine bestimmte ästhetische Gesinnung verlangen[395]. Verfahrensrechtlich werden die Bestimmungen des Bauordnungsrechts mittels eines Genehmigungsvorbehalts (in älteren Bauordnungen auch noch z.T. mittels eines Anzeigevorbehalts[396]) durchgesetzt; hierbei handelt es sich unbestritten um einen **präventiven** Vorbehalt (dazu oben B IV 1.2).

232 1.4. Nach der grundgesetzlichen Verteilung der Gesetzgebungskompetenzen (dazu oben A II 1) fällt das Bauordnungsrecht in den Bereich der Landesgesetzgebung. Hauptsächliche Rechtsquelle des Bauordnungsrechts sind darum die **Landesbauordnungen.** Dem durchaus vorhandenen Bedürfnis nach Rechtsvereinheitlichung hat eine **Musterbauordnung** Rechnung getragen, die 1959 von einer Bund-Länder-Kommission entworfen wurde und die den Ländern als Vorbild gedient hat[397]; sie ist 1981 fortgeschrieben worden und liegt in ihrer jetzigen Fassung (MBO 1981) den jüngeren Novellierungen der Landesbauordnungen zugrunde[398]. Insgesamt beschränken sich die Bauordnungen auf grundsätzliche Regelungen, um nicht im Hinblick auf den technischen Wandel einem ständigen Anpassungszwang zu unterliegen. Detailliertere, aber darum anpassungsbedürftigere Bestimmungen über die Anforderungen an Bauwerke und Baustoffe, insbesondere genauere Maß- und Zahlangaben, enthalten Rechtsverordnungen der zuständigen Ministerien, zu deren Erlaß die Landesbauordnungen ermächtigen[399]. Es handelt sich vorwiegend um Sonderbauvorschriften für bauliche Anlagen und Räume von besonderer Art und Nutzung wie etwa für Krankenhäuser, Geschäftshäuser, Versammlungsstätten, Garagen, Lagerbehälter und Campingplätze. Einzelne besonders ortsbezogene Regelungen, beispielsweise über die äußere Gestaltung baulicher Anlagen, über bauliche und Abstandflächen sowie über den Schutz bestimmter Bauten, Straßen, Plätze oder Ortsteile von geschichtlicher, künstlerischer oder gestalterischer Bedeutung, können auch auf örtlicher Ebene erlassen werden. Außer in den Stadtstaaten[400] geschieht dies durchweg in der Form gemeindlicher Satzungen[401].

233 1.5. Der überwiegende Teil der Bestimmungen über die Bauausführung ergibt sich aus den sog. **allgemein anerkannten Regeln der Technik,** auf die § 3 I 2 MBO verweist. Auch wenn ihre Beachtung zwingend vorgeschrieben ist, handelt es sich bei ihnen doch nicht um Rechtsnormen, sondern um Erfahrungssätze und Anleitungen für die Beurteilung der Frage, ob der Bau den gesetzlichen Anforderungen, wie sie in den Bauordnungen enthalten sind, genügt[402]. Die Rechtsordnung erhebt hier, wie

---

395 Dazu BVerwG DVBl. 1962, 178; *Ernst/Hoppe,* Rdn. 874.
396 Die der MBO 1981 angepaßten neuen Landesbauordnungen sehen das Anzeigeverfahren nicht mehr vor; anders aber noch § 88 Hess. BauO.
397 Vgl. oben Fn. 8.
398 Vgl. oben Fn. 9.
399 § 81 MBO 1981, § 72 BW BauO, Art. 90 BayBO, § 76 BauO Bln., § 109 Brem. BauO, § 114 Hmb. BauO, § 117 Hess. BauO, § 95 N BauO, § 80 BauO NW, § 122 Rhpf. BauO, § 112 BauO Saarl., § 81 BauO Schl.-H.
400 § 76 VII BauO Bln., § 110 Brem. BauO, § 114 Hmb. BauO.
401 § 73 BW BauO, Art. 91 BayBO, § 118 Hess. BauO, § 97 N BauO, § 81 BauO NW, § 123 Rhpf. BauO, § 113 BauO Saarl., § 82 BauO Schl.-H.
402 BVerwG DVBl. 1962, 137; *Gädtke/Böckenförde/Temme,* BauO NW, § 3 Rdn. 21 ff. (28); *Sauter,* LBO f. Bad.-Württ., § 3 Rdn. 38; *Wiechert,* S. 298; *Marburger,* Die Regeln der Technik im Recht (1979), S. 83 ff.; *Backherms,* JuS 1980, 9.

das BVerfG formuliert hat[403], „außerrechtliche Ordnungsgefüge zum rechtlichen Maßstab für das Erlaubte und Gebotene". Abweichungen sind zulässig, ohne daß es hierzu einer Befreiung bedürfte[404]; es muß dann allerdings der Nachweis geführt werden, daß Gefährdungen der öffentlichen Sicherheit oder Ordnung gleichwohl ausgeschlossen sind. Andererseits können auch höhere Anforderungen an das Bauwerk gestellt werden, wenn sich herausstellt, daß die Regeln der Technik im betreffenden Fall oder allgemein unzulänglich sind[405].

Die Regeln der Technik können in Handwerksregeln bestehen, die durch praktische **234** Unterweisung vermittelt werden. Meist sind sie heute jedoch von Sachverständigengremien ausgearbeitet und in technischen Regelwerken wie vor allem den DIN-Vorschriften des Deutschen Instituts für Normung e.V. niedergelegt. „Allgemein anerkannt" sind diejenigen Regeln, die von der Mehrheit der auf dem jeweiligen Sachgebiet kompetenten Fachleute als richtig und notwendig angesehen werden. Das ist bei den veröffentlichten Regelwerken zu vermuten, jedoch bleibt der Gegenbeweis möglich[406]. Soweit sie jedoch von der obersten Bauaufsichtsbehörde durch öffentliche Bekanntmachung „eingeführt" worden sind, gelten sie unwiderleglich als allgemein anerkannt (§ 3 III MBO).

2. Materielles Bauordnungsrecht

2.1. Die bauordnungsrechtlichen Anforderungen an bauliche Anlagen sind in ihren **235** Grundzügen in der (materiellen) **bauordnungsrechtlichen Generalklausel** (§ 3 MBO[407]) niedergelegt. Hier wie auch in den nachfolgenden Detailregelungen lassen sich die oben erwähnten unterschiedlichen Zielrichtungen des Bauordnungsrechts erkennen: das Gefahrenabwehrmotiv sowie der Schutz bauästhetischer und sozialer Belange[408].

2.1.1. Die **Gefahrenabwehrfunktion** bezieht sich auf die Verhütung und Abwehr von **236** Gefahren, die sich aus der Errichtung, aus dem Zustand oder aus der bestimmungsmäßigen Nutzung von Bauwerken für die öffentliche Sicherheit oder Ordnung, insbesondere für das Leben und die Gesundheit von Bewohnern und Benutzern, von Nachbarn und Passanten ergeben können. Dieser Gesichtspunkt kommt in einer großen Zahl von Bestimmungen über die Beschaffenheit von Baugrundstücken (§§ 4—11 MBO), über die Art und Weise der Bauausführung (§§ 14—19, 25—52 MBO) sowie über Baustoffe, Bauteile und Bauarten (§§ 20—24 MBO) zum Ausdruck. Im wesentlichen geht es dabei um die Gewährleistung der Stand- und der Verkehrssicherheit (§§ 15 und 19 MBO) sowie um den Schutz vor Feuergefahr, Lärm und Witterungseinflüssen (§§ 16—18 MBO).

---

403 BVerfGE 49, 89 (135).
404 Vgl. § 3 I 3 BauO NW; hierzu *Gädtke/Böckenförde/Temme,* BauO NW, § 3 Rdn. 28.
405 *Wiechert,* S. 299; *Rittstieg,* NJW 1983, 1098.
406 *Wiechert,* S. 298 f.; *Sauter,* LBO f. Bad.-Württ., § 3 Rdn. 46.
407 Vgl. § 1 N BauO, Art. 3 BayBO sowie jeweils § 3 aller übrigen Landesbauordnungen.
408 Vgl. näher *Ernst/Hoppe,* Rdn. 866; *Finkelnburg/Ortloff,* S. 205 f.; *Proksch,* S. 88 ff.; *Simon,* BayBO, Art. 3 Anm. 1 ff.

237   2.1.2. Der zweite Funktionsbereich betrifft **bauästhetische Belange;** sie sind in den Grundsätzen über die Baugestaltung (§ 14 MBO) angesprochen. Danach dürfen bauliche Anlagen als solche, nämlich im Hinblick auf ihre Form, ihre Maße und die für sie verwendeten Werkstoffe, nicht verunstaltend wirken und müssen auch mit ihrer Umgebung so in Einklang gebracht werden, daß sie das Straßen-, Orts- oder Landschaftsbild nicht beeinträchtigen. Unter diesem Aspekt können störende Anlagen der Außenwerbung (§ 15 MBO) auch dann unzulässig sein, wenn sie selbst nicht den Charakter einer baulichen Anlage besitzen.

238   2.1.3. In seiner dritten Zielrichtung dient das Bauordnungsrecht schließlich auch der **Verhütung von Mißständen** bei der bestimmungsgemäßen Nutzung der baulichen Anlagen. Hiermit sind vor allem die im Sozialstaatsprinzip wurzelnden Belange der Wohlfahrts- und Sozialpflege angesprochen, soweit sie über den engeren Bereich der Gefahrenabwehr hinausgehen. Sie kommen in Bestimmungen über die Schaffung von Grünanlagen und Kinderspielplätzen zum Ausdruck, aber auch in verschiedenen Anforderungen an die Beschaffenheit von Baugrundstücken und an die Bauausführung sowie in Mindeststandards von Wohnräumen und Wohnungen (§ 44—47 MBO).

239   2.2. Die **Durchsetzung** des materiellen Bauordnungsrechts wird vor allem im Wege **präventiver Bauaufsicht** gesichert, die an den Genehmigungsvorbehalt für Bauvorhaben (dazu unten II 1)[409] knüpft. Zur Bauaufsicht zählen darüber hinaus aber auch **repressive Maßnahmen** (dazu unten II 3), mit denen baurechtswidrige Zustände unterbunden werden können. § 59 II MBO und die entsprechenden Normen der Landesbauordnungen[410] weisen den Bauaufsichtsbehörden die Aufgabe zu, darüber zu wachen, daß die einschlägigen baurechtlichen und sonstigen Vorschriften und Anordnungen eingehalten werden. Diese Aufgabenzuweisung ist das funktionale Gegenstück zur materiell-rechtlichen Generalklausel des § 1 I MBO und wie diese generalklauselmäßig ausgestaltet.

II. Bauaufsicht, Behörden und Verfahren

1. Baugenehmigung

240   1.1. Die Errichtung, die Änderung, die Nutzungsänderung und der Abbruch einer baulichen Anlage (§ 2 I MBO) sowie sonstiger Anlagen oder Einrichtungen, an die (wie etwa an Anlagen der Außenwerbung) baurechtliche Anforderungen gestellt werden (§ 1 I 2 MBO), sind nach den Landesbauordnungen grundsätzlich **genehmigungsbedürftig** (§ 61 MBO[411]). Die Baugenehmigung ist ein präventives Instrument der Bauaufsicht, mit dessen Hilfe bei Bauvorhaben die Einhaltung der Bestimmungen des gesamten materiellen Baurechts gewährleistet wird. Denn im Rahmen des Baugenehmigungsverfahrens wird nicht nur die Einhaltung des Bauordnungsrechts

---

409 Vgl. BVerwGE 48, 242 (245); *Finkelnburg/Ortloff,* S. 253.
410 § 49 BW BauO, Art. 63 BayBO, §§ 54, 69 f. BauO Bln., § 83 Brem. BauO, § 90 Hmb. BauO, § 83 Hess. BauO, § 79 N BauO, § 58 BauO NW, § 87 Rhpf. BauO, § 82 BauO Saarl., § 59 BauO Schl.-H.
411 Vgl. § 51 BW BauO, Art. 65 BayBO, § 55 BauO Bln., § 87 Brem. BauO, § 91 Hmb. BauO, § 87 Hess. BauO, § 68 N BauO, § 60 BauO NW, § 91 Rhpf. BauO, § 87 BauO Saarl., § 61 BauO Schl.-H.

überprüft; § 29 BBauG bringt vielmehr für Bauvorhaben, die nach Bauordnungsrecht genehmigungspflichtig sind, die Zulässigkeitstatbestände der §§ 30—37 BBauG zur Anwendung (vgl. oben B IV 1).

Die Landesbauordnungen führen das Prinzip der Genehmigungspflicht freilich **241** nicht lückenlos durch. Nach dem Vorbild des § 86 MBO 1959 sahen sie früher vielfach für weniger bedeutsame Vorhaben das Verfahren der **Bauanzeige** als ein gegenüber der Baugenehmigung vereinfachtes präventives Kontrollverfahren vor[412]; eine Bauanzeigepflicht findet sich heute nur noch in wenigen, noch nicht novellierten Bauordnungen[413]. Demgegenüber kennen alle Landesbauordnungen nach wie vor **genehmigungsfreie Vorhaben** (§ 62 MBO[414]). In den dort genannten Fällen verzichtet der Gesetzgeber zwar auf eine präventive Kontrolle; die Behörde kann jedoch auch hier mit den Mitteln der repressiven Bauaufsicht einschreiten, wenn sie feststellt, daß bei der Durchführung der Maßnahmen gegen materielles Bauordnungsrecht verstoßen wurde. Die bodenrechtlichen Zulässigkeitserfordernisse der §§ 30—37 BBauG bleiben dagegen auch materiell unberücksichtigt, weil sie nach § 29 BBauG nur auf Vorhaben anwendbar sind, die einer formellen Legalisierung (Genehmigung oder Anzeige) bedürfen[415].

1.2. Die Baugenehmigung bringt zum Ausdruck, daß dem Bauvorhaben öffentlich- **242** rechtliche Vorschriften nicht entgegenstehen (§ 69 II 1 MBO[416]); sie enthält also eine **Unbedenklichkeitsbescheinigung** im Hinblick auf das gesamte materielle Baurecht wie auch auf sonstiges öffentliches Recht (**„feststellender" Teil**). Gleichwohl handelt es sich bei der Baugenehmigung um mehr als nur eine feststellende Maßnahme. Sie beseitigt das die Baufreiheit zunächst noch einschränkende präventive Verbot mit Erlaubnisvorbehalt (vgl. oben B IV 1) und wirkt insoweit rechtsbegründend (**„verfügender" Teil**)[417]. Die Baugenehmigung sichert, solange sie Gültigkeit besitzt, das Recht zu bauen auch gegenüber nachfolgenden Rechtsänderungen; das folgt sowohl (formell) aus der Wirksamkeit der Genehmigung (§ 43 I, II VwVfG) wie auch (materiell) aus der eigentumskräftig verfestigten Rechtsposition i. S. des Art. 14 I GG, zu der eine rechtmäßige Genehmigung dem Bauherren verhilft. Nach ihrer Ausnutzung ist die Bauerlaubnis verbraucht und kann nicht noch einmal — etwa für einen Ersatzbau — in Anspruch genommen werden. Doch auch dann entfaltet sie aufgrund ihrer **Bestandskraft** noch weiterhin Schutzwirkungen für den Eigentümer. Stellt sich nämlich später die materielle Illegalität des Bauwerks heraus oder wird es durch eine spätere Rechtsänderung materiall illegal, so kann grundsätzlich nicht unter Berufung hierauf sein Abbruch verfügt werden[418]. Diese Schutzwirkung entfällt freilich,

---

412 *Finkelnburg/Ortloff,* S. 239; *Scheerbarth,* S. 296, 395 ff.
413 Vgl. etwa § 88 Hess. BauO, § 88 BauO Saarl.
414 § 53 BW BauO, Art. 66, 67 BayBO, § 56 BauO Bln., § 89 Hess. BauO, § 69 N BauO, § 62 BauO NW, § 93 Rhpf. BauO, § 89 BauO Saarl., § 62 BauO Schl.-H.; enger § 87 Brem. BauO, § 91 Hmb. BauO.
415 *Finkelnburg/Ortloff,* S. 240.
416 Vgl. § 59 I 1 BW BauO, Art. 74 I BayBO, § 62 I 1 BauO Bln., § 95 I 1 Brem. BauO, § 99 I 1 Hmb. BauO, § 96 I 1 Hess. BauO, § 75 I N BauO, § 70 I 1 BauO NW, § 99 I 1 Rhpf. BauO, § 96 I 1 BauO Saarl., § 69 I 1 BauO Schl.-H.
417 *Ernst/Hoppe,* Rdn. 905 f.; *Friauf,* DVBl. 1971, 713 (719 ff.); *J. Martens,* JuS 1975, 69 ff.; *Finkelnburg/Ortloff,* S. 253 f.; a. A. *Schulte,* DVBl. 1979, 133 (134).
418 Ausführlich hierzu *Finkelnburg/Ortloff,* S. 257.

wenn die Baugenehmigung wirksam zurückgenommen oder widerrufen worden ist. Zu Rücknahme und Widerruf ermächtigen die §§ 48, 49 VwVfG, soweit nicht die Landesbauordnungen hierfür noch Spezialregelungen enthalten (vgl. § 99 MBO 1959[419]). Die Anwendung dieser Tatbestände ist jedoch durch rechtsstaatliche Einschränkungen gebunden und bringt regelmäßig einen durch Vertrauensschutz begründeten Entschädigungsanspruch zur Entstehung[420].

243 1.3. Mit der Baugenehmigung wird nur bestätigt, daß dem Vorhaben keine **öffentlich-rechtlichen Vorschriften** entgegenstehen. Über das Vorliegen privatrechtlicher Hindernisse gibt sie dagegen keine Auskunft. Die baurechtliche Zulässigkeit eines Vorhabens bemißt sich vielmehr unabhängig von der privatrechtlichen Berechtigung des Bauherrn und auch von seinem Eigentum am Baugrundstück ausschließlich nach öffentlichem Recht. Allerdings darf die Baugenehmigungsbehörde einen Bauantrag ohne Sachprüfung mangels eines Bescheidungsinteresses ablehnen, wenn sich — etwa aus einem rechtskräftigen Zivilurteil — ergibt, daß das Grundstück aus zivilrechtlichen Gründen nicht bebaut werden darf[421]. Andererseits ergeht die Baugenehmigung jedoch „unbeschadet der privaten Rechte Dritter" (§ 69 IV MBO[422]), entfaltet ihnen gegenüber also **keine Präklusionswirkung.**

244 1.4. Sind die boden- und bauordnungsrechtlichen sowie die sonstigen öffentlich-rechtlichen Vorschriften erfüllt, hat der Bauherr einen **Rechtsanspruch** auf Erteilung der Baugenehmigung. **Maßgeblicher Zeitpunkt** für die Beurteilung der Sach- und Rechtslage ist der Abschluß des Genehmigungsverfahrens bzw. — wenn der Bauherr die Genehmigung gerichtlich erstreiten muß — die letzte mündliche Verhandlung vor Gericht. Nachteilige Rechtsänderungen in der Zwischenzeit gehen zu seinen Lasten[423]; ggf. kann er sich mit Ersatzansprüchen schadlos halten[424] (hierzu unten 4.2). War dagegen eine Baugenehmigung schon erteilt und ist sie lediglich von einem Nachbarn angefochten worden, so schadet eine Rechtsänderung, die dann während des Rechtsstreits in Kraft tritt, dem Bauherren nicht; durch die zunächst erteilte Genehmigung hat er vielmehr eine Rechtsposition erlangt, die ihm entschädigungslos nicht mehr entzogen werden kann[425]. Noch anders verhält es sich, wenn der Eigentümer schon vor der Rechtsänderung eine eigentumskräftig verfestigte Anspruchsposition (hierzu oben B IV 5.2) erlangt hatte; hier beurteilt sich die Zulässigkeit des Vorhabens allein nach diesem Gesichtspunkt[426].

245 Läßt sich das Bauvorhaben nicht mit dem materiellen Recht vereinbaren, so kann dem vielfach durch die Erteilung von **Ausnahmen** und **Befreiungen** (Dispensen) abgeholfen werden. Entsprechende Regelungen befinden sich nicht nur im BBauG,

---

419 Vgl. z. B. § 105 Hmb. BauO, § 101 Hess. BauO, § 90 N BauO.
420 Vgl. *Rössler,* § 70 Rdn. 5. Zu Abweichungen nach § 90 III 2 Nr. 4 N BauO *Wiechert,* S. 316.
421 BVerwGE 42, 115; *Finkelnburg/Ortloff,* S. 256.
422 § 59 III BW BauO, Art. 74 VI BayBO, § 62 V BauO Bln., § 95 V Brem. BauO, § 99 III 1 Hmb. BauO, § 96 VI 1 Hess. BauO, § 75 VII 1 N BauO, § 70 III 1 BauO NW, § 99 I 2 Rhpf. BauO, § 96 VI 1 BauO Saarl., § 69 IV BauO Schl.-H.
423 BVerwGE 61, 128; *Steinberg,* S. 260; *Finkelnburg/Ortloff,* S. 255.
424 *Steinberg,* S. 260 N 86 m. w. Nw.
425 *Finkelnburg/Ortloff,* S. 255.
426 BVerwG DÖV 1974, 565; *Finkelnburg/Ortloff,* S. 295.

sondern auch im Bauordnungsrecht (vgl. § 67 MBO[427]). Beide Rechtsinstitute unterscheiden sich dadurch, daß Ausnahmen nur bei nicht zwingenden Vorschriften, Befreiungen dagegen bei zwingenden Vorschriften möglich sind. Als nicht zwingend sind Vorschriften anzusehen, die als Soll-Vorschriften formuliert sind oder die Zulässigkeit von Ausnahmen ausdrücklich vorsehen. Hinsichtlich der weiteren mit Ausnahme und Dispens verbundenen Rechtsfragen kann auf die Ausführungen zu den entsprechenden bodenrechtlichen Instituten verwiesen werden (vgl. oben B IV 2.3).

Eine weitere Möglichkeit, öffentlich-rechtliche Hindernisse für ein Bauvorhaben zu beseitigen, verschafft das Instrument der **Baulast** (§ 79 MBO[428]). Dabei handelt es sich um eine öffentlich-rechtliche, auf ein Grundstück bezogene Verpflichtung mit dinglicher Wirkung, die insofern einer bürgerlich-rechtlichen Dienstbarkeit gleicht. Mit einer Baulast übernimmt der Grundstückseigentümer — freiwillig oder aufgrund einer privatrechtlichen Verbindlichkeit gegenüber einem anderen — die Verpflichtung, auf seinem Grundstück etwas zu tun, zu dulden oder zu unterlassen, was sich nicht schon aus dem öffentlichen Baurecht ergibt. Baulasten treten im Bauordnungsrecht vornehmlich im Zusammenhang mit Zuwegen oder Abstandflächen auf (vgl. §§ 4 II, 7 MBO); hier können öffentlich-rechtliche Bindungen des Nachbargrundstücks als Kompensation für den Mangel an Zuwegung oder Abstandflächen auf dem eigenen Grundstück wirken. Bodenrechtlich können Baulasten vor allem durch notwendige Nutzungsbindungen (z. B. §§ 33 f., 35 VI BBauG) veranlaßt werden[429].

246

1.5. Aus der Rechtsnatur der Baugenehmigungen als gebundener Entscheidungen folgt, daß sie nur unter den Voraussetzungen des § 36 I VwVfG mit **Nebenbestimmungen** versehen werden dürfen. Einige Bauordnungen (vgl. § 69 III MBO[430]) enthalten darüber eigene gesetzliche Ermächtigungen. Im Hinblick auf die Eigenart der Baugenehmigung und den hinter ihr stehenden Eigentumsschutz kommen nicht in jedem Fall alle denkbaren Nebenbestimmungen in Betracht. So sind zwar Baugenehmigungen durch ihre begrenzte Geltungsdauer (vgl. § 71 MBO) von vornherein befristet, doch wäre eine Befristung, die sich auch auf die ausgenutzte Genehmigung erstreckte, mit Art. 14 I GG nicht zu vereinbaren; das gleiche gilt auch für den Widerrufsvorbehalt. Typengenehmigungen (§ 72 MBO) und die Genehmigung sog. Fliegender Bauten (§ 73 MBO) müssen dagegen befristet und — im Falle des § 72 II 2 MBO — auch mit einem Widerrufsvorbehalt versehen werden. Im übrigen finden sich bei Baugenehmigungen vor allem Auflagen, Bedingungen und der Vorbehalt späterer Auflagen. Die Baubehörde kann hierüber indes nicht frei verfügen, sondern darf sie nur dazu einsetzen, um sicherzustellen, daß die gesetzlichen Voraussetzungen der

247

---

427 § 58 BW BauO, Art. 72 BayBO, § 61 BauO Bln., § 93 Brem. BauO, § 96 Hmb. BauO, § 94 Hess. BauO, §§ 85, 86 N BauO, § 68 BauO NW, § 98 Rhpf. BauO, §§ 94, 95 BauO Saarl., § 68 Schl.-H. BauO.
428 § 70 BW BauO, § 73 BauO Bln., § 107a Brem. BauO, § 112 Hmb. BauO, § 109 Hess. BauO, § 92 N BauO, § 78 BauO NW, § 120 Rhpf. BauO, § 109a BauO Saarl., § 79 BauO Schl.-H.
429 Zum ganzen *Finkelnburg/Ortloff*, S. 235 ff.; *Steinberg*, S. 250; *Wiechert*, S. 294, sowie die entsprechenden Kommentierungen zum Landesrecht.
430 § 59 BW BauO, Art. 74 BayBO, § 95 Brem. BauO, § 99 II Hmb. BauO, § 96 IV Hess. BauO, § 75 II, III N BauO, § 96 III, IV BauO Saarl., § 69 III BauO Schl.-H.

Baugenehmigung erfüllt werden[431]. Sie muß diesen Weg sogar beschreiten, wenn sich auf diese Weise eine sonst erforderliche Ablehnung des Bauantrages vermeiden läßt[432].

248 **Modifizierende Auflagen** sind keine Nebenbestimmungen i. S. des § 69 III MBO. Mit ihnen erhält der Antragsteller substantiell („vorhabenbezogen") weniger oder etwas anderes, als er beantragt hat, während er durch die (echte) Auflage zu der Genehmigung, die inhaltlich seinem Antrag entspricht, eine zusätzliche („vorhabenverbundene") Belastung erfährt[433]. Die „Auflage", anstelle des beantragten Satteldaches ein Flachdach zu errichten, stellt eine modifizierende Auflage dar. Die Unterscheidung ist freilich nicht immer leicht zu treffen. Die Modifizierung der Genehmigung bedeutet die Ablehnung der beauftragten und die Erteilung einer (so) nicht beantragten Erlaubnis. Sie ist darum rechtswidrig, solange der Bauherr nicht entweder einen entsprechenden Antrag nachholt oder von der erteilten Genehmigung Gebrauch macht (vgl. § 45 I Nr. 1 VwVfG). Im übrigen spielt die Unterscheidung von echter und modifizierender Auflage vor allem eine Rolle bei der Frage nach der selbständigen Anfechtbarkeit von Nebenbestimmungen (dazu unten 4.1).

2. Genehmigungsverfahren und Bauüberwachung

249 2.1. Das **Baugenehmigungsverfahren** ist stark formalisiert. Es beginnt im Regelfall mit der Stellung eines schriftlichen **Bauantrages,** dem die für die Beurteilung des Bauvorhabens erforderlichen Unterlagen beizufügen sind (§ 63 I, II MBO). Diese **Bauvorlage** muß regelmäßig von einem bauvorlageberechtigten Entwurfsverfasser (Architekt oder Ingenieur) unterzeichnet sein (§ 64 MBO). Über Art, Inhalt, Beschaffenheit und Zahl der Bauvorlagen finden sich nähere Regelungen in den Bauvorlageverordnungen der Länder. Der Bauantrag wird — landesrechtlich verschieden — entweder bei der unteren Bauaufsichtsbehörde oder bei der Gemeinde eingereicht, die ihn dann mit einer Stellungnahme versehen an die Baubehörde weiterleitet[434]. Ist die Genehmigung von der Mitwirkung (vgl. insbes. die §§ 31, 36 BBauG, aber auch z. B. § 9 II FStrG[435]) oder der selbständigen Genehmigung oder Erlaubnis einer **anderen Behörde** (z. B. §§ 9 VIII, 9a V FStrG) abhängig, so hat die Baubehörde ihrerseits den Antrag dorthin weiterzuleiten[436]. Die Befugnisse dieser beteiligten Behörden unterliegen einer Ausschlußfrist; ihre Zustimmung etc. gilt als erteilt, wenn sie nicht binnen zwei Monaten unter Angabe der Gründe verweigert worden ist (§ 66 I MBO). Eine **Konzentrationswirkung** in dem Sinne, daß nach anderen Gesetzen erforderliche Genehmigungen ersetzt würden, kommt der Baugenehmigung

---

431 Das zeigt sich am deutlichsten bei denjenigen Bauordnungen, die sich wie die BauO NW einer eigenen Generalermächtigung enthalten und insoweit auch auf § 36 I VwVfG verweisen. Vgl. hierzu *Rössler,* BauO NW, § 70 Anm. 3.

432 *Finkelnburg/Ortloff,* S. 259; s. auch *Schlez,* LBO f. Bad.-Württ., § 59 Rdn. 58 ff.

433 Vgl. aus dem baurechtlichen Schrifttum *Finkelnburg/Ortloff,* S. 259 f.; *Rössler,* BauO NW, § 70 Anm. 3; *Schlez,* LBO Bad.-Württ., § 59 Rdn. 72 ff.

434 Vgl. § 63 I MBO einerseits und § 63 I 1 BauO NW andererseits.

435 Hierzu BVerwG 19, 238.

436 § 56 BW BauO, Art. 71 BayBO, § 60 BauO Bln., § 92 Brem. BauO, § 93 Hess. BauO, § 75 N BauO, § 63 I BauO NW, § 96 V Rhpf. BauO, § 91 I BauO Saarl., § 66 I BauO Schl.-H.

nicht zu[437]. Umgekehrt schließen andere Genehmigungen (vgl. etwa § 13 BImSchG) gelegentlich durchaus die Baugenehmigung ein und machen dann ein besonderes Baugenehmigungsverfahren überflüssig (§ 61 II MBO[438]). Schließlich sind auch die **Nachbarn** (Angrenzer) zu beteiligen, soweit zu erwarten ist, daß ihre öffentlich-rechtlich geschützten nachbarlichen Belange berührt werden (§ 68 MBO[439]).

2.2. Im Genehmigungsverfahren werden sowohl die boden- wie auch die bauordnungsrechtlichen Zulässigkeitsvoraussetzungen geprüft. Für typischerweise unproblematische Bauvorhaben gilt in einigen Ländern neuerdings ein **vereinfachtes Verfahren,** bei dem sich die bauaufsichtsrechtliche Prüfung auf wenige wichtige Gesichspunkte wie die bodenrechtliche Zulässigkeit, die Bebaubarkeit des Grundstücks und die Abstandflächen sowie auf Fragen der Baugestaltung beschränkt[440]. Das Genehmigungsverfahren endet, wenn alle rechtlichen Voraussetzungen erfüllt sind, mit der Erteilung der Erlaubnis; hierüber wird ein **Bauschein** ausgestellt. Die Gemeinde ist, wenn sie nicht selbst Baugenehmigungsbehörde ist, von der Erteilung der Erlaubnis zu unterrichten (§ 69 V MBO). Je nach dem Inhalt der Genehmigung empfiehlt es sich — schon im Hinblick auf die dann in Gang gesetzte Rechtsbehelfsfrist (vgl. § 43 I VwVfG, §§ 58, 70 VwGO) —, die Genehmigung auch den Nachbarn bekanntzugeben; im Falle des § 68 IV MBO[441] ist die Zustellung obligatorisch. Eine Genehmigung kann auch vorab für einzelne Bauteile oder Bauabschnitte erteilt werden (**Teilbaugenehmigung,** § 70 MBO[442]); soweit hiermit die Genehmigung des Gesamtvorhabens präjudiziert wird (das gilt vor allem in planungs- aber auch in bauordnungsrechtlicher Hinsicht), muß dessen Zulässigkeit zu diesem Zeitpunkt schon feststehen[443]. Für Bauelemente, die bei verschiedenen Bauvorhaben in gleicher Weise Verwendung finden, ist eine **Typengenehmigung**[444] möglich; sie erübrigt im jeweiligen Baugenehmigungsverfahren die nochmalige Prüfung der technischen Eignung des Bauelements.

250

2.3. Die **Geltungsdauer** einer Baugenehmigung ist in den Ländern unterschiedlich auf ein bis drei Jahre festgesetzt, kann aber auf schriftlichen Antrag verlängert werden (vgl. § 71 MBO). Die Baugenehmigung gilt auch für und gegen den Rechtsnachfolger des Bauherren (§ 69 MBO), hat also „dinglichen" Charakter. Die **Rechtsnachfolge** erstreckt sich auch auf belastende Nebenbestimmungen wie etwa Auflagen.

251

---

437 Z. B. § 99 III 2 Hmb. BauO, § 96 VI Hess. BauO, § 70 III 2 BauO NW, § 96 VI 2 BauO Saarl.; *Grosse-Suchsdorf/Schmaltz/Wiechert,* N BauO, § 75 Rdn. 24; *Simon,* BayBO, Art. 74 Rdn. 25.

438 *Gädtke/Böckenförde/Temme,* BauO NW, § 60 Rdn. 22; *Simon,* BayBO, Art. 74 Rdn. 27.

439 § 57 BW BauO, § 60 V, VI BauO Bln., § 94 Brem. BauO, § 95 IV Hmb. BauO, § 95 Hess. BauO, § 72 N BauO, § 69 BauO NW, § 97 Rhpf. BauO, § 95 VIII BauO Saarl., § 68 BauO Schl.-H.

440 Vgl. § 64 BauO NW; näher *Gädtke/Böckenförde/Temme,* BauO NW, § 64 Rdn. 1 ff. Eine Ermächtigung zur Vereinfachung des Baugenehmigungsverfahrens im Wege der Rechtsverordnung enthalten § 92 Nr. 2 Hmb. BauO und § 70 II N BauO; zu dieser Regelung *Grosse/Suchsdorf/Schmaltz/Wiechert,* N BauO, § 70, Rdn. 9 ff.

441 § 59 I 4 BW BauO, Art. 73 BayBO, § 60 VII BauO Bln., § 94 IV Brem. BauO, § 95 II Hess. BauO, § 75 V, VI BauO NW, § 69 IV BauO NW, § 99 II 2 Rhpf. BauO, § 95 IX BauO Saarl., § 68 IV BauO Schl.-H.; vgl. auch § 102 I Hmb. BauO.

442 § 61 BW BauO, Art. 76 BayBO, § 63 BauO Bln., § 96 Brem. BauO, § 98 Hmb. BauO, § 98 Hess. BauO, § 76 N BauO, § 71 BauO NW, § 103 Rhpf. BauO, § 98 BauO Saarl., § 70 BauO Sch.-H.

443 *Finkelnburg/Ortloff,* S. 263.

444 § 67 BW BauO, Art. 77 BayBO, § 95 BauO Bln., § 98 Brem. BauO, § 103 Hmb. BauO, § 100 Hess. BauO, § 83 N BauO, § 73 BauO NW, § 105 Rhpf. BauO, § 100 BauO Saarl., § 72 BauO Schl.-H.

Um eine Auflage auch gegen den Rechtsnachfolger vollzugsfähig zu machen, muß die Behörde ihm gegenüber indes noch einen neuen Verwaltungsakt erlassen; hiergegen kann der Rechtsnachfolger nur geltend machen, daß eine Rechtsnachfolge in die Pflichten des Vorgängers überhaupt nicht stattgefunden habe[445].

252 2.4. Dem förmlichen Bauantrag kann eine Voranfrage vorausgehen, auf die ein **Vorbescheid** zu erteilen ist (§ 65 MBO[446]). Die Voranfrage ermöglicht es dem Bauwilligen, einzelne möglicherweise umstrittene Fragen zur Zulässigkeit seines Bauvorhabens von der Verwaltung und ggf. auch vor den Verwaltungsgerichten verbindlich klären zu lassen, ohne hierzu die möglicherweise umfangreichen Kosten für die Ausarbeitung aller zum Bauantrag erforderlichen Unterlagen auf sich nehmen zu müssen[447]. Eine Voranfrage ist darum vor allem dann von Nutzen, wenn zunächst nur die Frage entschieden werden soll, ob ein Grundstück nach den §§ 29 ff. BBauG überhaupt bebaubar ist (sog. **Bebauungsgenehmigung**[448]). Der Vorbescheid ist nicht nur die Zusage, sondern ein vorweggenommener Teil der Baugenehmigung selbst[449] und entfaltet eine der Baugenehmigung entsprechende Bestandskraft. Stellt eine Bebauungsgenehmigung die bebauungsrechtliche Zulässigkeit eines Vorhabens fest, setzt sie sich darum auch gegenüber nachfolgenden Rechtsänderungen durch das Inkrafttreten einer Veränderungssperre oder eines Bebauungsplanes durch[450]. Ist ein Vorbescheid bestandskräftig geworden, so kann die in ihm enthaltene Teilregelung auch in einem Verfahren gegen die spätere Baugenehmigung nicht mehr angegriffen werden[451]. Der Vorbescheid verliert freilich seine Wirkung, wenn nachfolgend die vollständige Baugenehmigung nicht rechtzeitig beantragt wird.

253 **Beispiel:**

A will auf seinem Grundstück einen Verbrauchermarkt errichten, nachdem er zuvor aufgrund eines gerichtlichen Verpflichtungsurteils eine entsprechende Bebauungsgenehmigung erhalten hat. Inzwischen hat die Gemeinde jedoch eine Veränderungssperre erlassen, die wenige Tage nach Erteilung der Bebauungsgenehmigung in Kraft getreten ist. Unter Hinweis auf diese Sperre wird der Bauantrag des A abgelehnt.

Die Ablehnung ist rechtswidrig. Die vorangegangene Bebauungsgenehmigung ist nicht nur die Zusage einer Baugenehmigung, sondern — unter Beschränkung auf die bebauungsrechtliche Zulässigkeit des Bauvorhabens — ein Ausschnitt aus dessen feststellendem Teil. Insoweit wird die Bebauungsgenehmigung von § 14 III BBauG erfaßt, der baurechtlich genehmigte Vorhaben von der Wirkung einer späteren Veränderungssperre ausnimmt (BVerwGE 69, 1).

254 2.5. Damit alle an der Errichtung eines Bauwerks Beteiligten (vgl. §§ 53 ff. MBO) sich an Inhalt und Grenzen der Baugenehmigung sowie an die übrigen einschlägigen Vorschriften halten, unterliegt die Bauausführung während ihrer ganzen Dauer der

---

445 VGH Kassel, DÖV 1985, 986.
446 § 54 BW BauO, Art. 75 BayBO, § 59 BauO Bln., § 91 Brem. BauO, § 97 Hmb. BauO, § 92 Hess. BauO, § 74 N BauO, § 66 BauO NW, § 102 Rhpf. BauO, § 92 BauO Saarl., § 65 BauO Schl.-H.
447 *Gädtke/Böckenförde/Temme,* BauO NW, § 66 Rdn. 1; *Schlez,* LBO Bad.-Württ., § 54 Rdn. 2; *Simon,* BayBO, Art. 75 vor Rdn. 1.
448 BVerwGE 48, 242 (244 f.).
449 BVerwGE 48, 242 (245).
450 BVerwGE 69, 1.
451 BVerwG NJW 1984, 1474.

Bauüberwachung (§ 77 MBO[452]). Sie bezieht sich allerdings nur auf genehmigungspflichtige Vorhaben; soweit landesrechtlich ein vereinfachtes Genehmigungsverfahren (oben 2.2) eingeführt worden ist, beschränkt sie sich auf die Einhaltung der auch dort zu berücksichtigenden Normen[453]. Im übrigen erstreckt sich die Bauüberwachung vor allem auf die Einhaltung der öffentlich-rechtlichen Vorschriften und Anforderungen und die ordnungsgemäße Erfüllung aller Pflichten der am Bau Beteiligten. Überwachungsmaßnahmen liegen im pflichtgemäßen Ermessen der Bauaufsichtsbehörde; sie können sich auch auf Stichproben beschränken. Die Behördenbediensteten haben das Recht, die Baustelle zu betreten (§ 59 IV MBO), Einblick in die Bauunterlagen zu nehmen und — auch auf Kosten des Bauherrn — Proben von Baustoffen und Bauteilen zu entnehmen. Förmliche Abschnitte der Bauüberwachung stellten die **Bauzustandsbesichtigungen** (§ 78 MBO[454]) dar, die an die Stelle der früheren Bauabnahmen[455] getreten sind. Sie stehen bei der Fertigstellung des Rohbaus und der abschließenden Fertigstellung an, sind aber nicht obligatorisch, sondern dem pflichtgemäßen Ermessen der Behörde überlassen.

3. Bauordnungsrechtliche Eingriffsbefugnisse

3.1. Die bauordnungsrechtliche Generalklausel des § 59 II MBO und der entsprechenden landesrechtlichen Bestimmungen weist den Bauaufsichtsbehörden die Aufgabe zu, darüber zu wachen, daß die baurechtlichen und sonstigen öffentlich-rechtlichen Vorschriften und Anordnungen über Bauwerke eingehalten werden; das schließt **repressive Maßnahmen** zur Beseitigung baurechtswidriger Zustände ein. Eine **Eingriffsermächtigung** wird man in dieser Aufgabenzuweisung noch nicht erblicken können, da sie die tatbestandsmäßigen Voraussetzungen eines Eingriffs nicht nennt[456]; das gilt auch für den ergänzenden Hinweis, daß die Behörden in Erfüllung ihrer Aufgaben nach pflichtgemäßem Ermessen die erforderlichen Maßnahmen zu treffen haben. Für die wichtigsten Fälle repressiver Bauaufsicht — Baueinstellungs- und Abbruchverfügungen — lassen sich in den meisten Bauordnungen entsprechende Rechtsgrundlagen finden[457]. Im übrigen muß jedoch ergänzend auf das allgemeine Polizei- und Ordnungsrecht und die dortigen Generalklauseln zurückgegriffen werden[458]. Die Bauaufsichtsbehörden sind danach zum Einschreiten befugt, wenn im Einzelfall die öffentliche Sicherheit oder Ordnung gefährdet ist. Ein Verstoß gegen bestimmte baurechtliche Vorschriften braucht hierbei nicht vor-

255

---

452 § 65 BW BauO, Art. 79 BayBO, § 71 BauO Bln., § 103 Brem. BauO, § 107 Hmb. BauO, § 104 Hess. BauO, § 79 N BauO, § 76 BauO NW, § 109 Rhpf. BauO, § 105 BauO Saarl., § 77 BauO Schl.-H.
453 Vgl. § 64 VI BauO NW.
454 Vgl. Art. 79 II BayBO, § 105 Hess. BauO, § 77 BauO NW, § 110 Rhpf. BauO, § 78 BauO Schl.-H.
455 Gegenwärtig noch nach § 66 BW BauO, § 72 BauO Bln. § 105 Brem. BauO, § 109 Hmb. BauO, § 80 N BauO, § 107 BauO Saarl.
456 *Finkelnburg/Ortloff,* S. 286 Fn. 268; *Gädtke/Böckenförde/Temme,* BauO NW, § 58 Rdn. 14.
457 §§ 63, 64 BW BauO, Art. 81, 82 BayBO, §§ 69, 70 BauO Bln., §§ 101, 102 Brem. BauO, § 108 Hmb. BauO, § 102 Hess. BauO, § 89 N BauO, §§ 112, 113 Rhpf. BauO, §§ 103, 104 BauO Saarl., §§ 75, 76 BauO Schl.-H.
458 *Drews/Wacke/Vogel/Martens,* Gefahrenabwehr (9. Aufl. 1986), S. 171; OVG Münster OVGE 26, 141.

zuliegen. Andererseits rechtfertigt ein solcher Baurechtsverstoß stets ein Einschreiten der Baubehörde, auch wenn im betreffenden Fall darüber hinaus eine konkrete Gefahr nicht besteht; die Störung der öffentlichen Sicherheit liegt hier schon in der Rechtsverletzung selbst.

256 **Adressaten** bauordnungsrechtlicher Eingriffsmaßnahmen sind in erster Linie der Bauherr selbst und sodann im Rahmen ihres Wirkungskreises die übrigen am Bau Beteiligten (§§ 53 ff. MBO). Das wird teilweise schon in den Bauordnungen selbst festgelegt[459], ergibt sich aber auch aus dem allgemeinen Polizei- und Ordnungsrecht[460]. Veräußert der Eigentümer sein Grundstück oder wird er im Todesfall beerbt, entsteht beim **Rechtsnachfolger** originär eine eigene bauordnungsrechtliche Zustandsverantwortlichkeit. Eine andere Frage ist allerdings, ob der Rechtsnachfolger auch eine bereits gegen seinen Vorgänger erlassene bauordnungsrechtliche Verfügung gegen sich gelten lassen muß. Während bei der Gesamtrechtsnachfolge die §§ 1922, 1967 BGB herangezogen werden können, fehlt es insoweit bei der Einzelrechtsnachfolge an einem Übergangstatbestand[461]. Die Rspr. behilft sich hier, soweit nicht ohnedies dafür gesetzliche Bestimmungen vorhanden sind[462], mit der freilich nicht unbedenklichen Konstruktion eines Pflichtenüberganges kraft **Dinglichkeit** der auf das Baugrundstück gerichteten Verfügung[463]. Das erspart den Erlaß einer neuen Verfügung gegen den Rechtsnachfolger und ermöglicht eine schnellere Verwaltungsvollstreckung. Einzelne Vollstreckungsakte wie die Androhung oder Festsetzung eines Zwangsmittels, die bereits gegen den Rechtsvorgänger ergangen sind, wirken dagegen aufgrund ihrer Höchstpersönlichkeit nicht auch gegen den Rechtsnachfolger[464].

Beispiel:

257 Dem Bauherrn B ist durch rechtskräftige Bauordnungsverfügung unter Androhung der Ersatzvornahme aufgegeben worden, eine formell und materiell illegal errichtete Scheune abzubrechen. Kurz darauf geht das Eigentum an dem Scheunengrundstück infolge eines mehrere Monate zuvor geschlossenen Kaufvertrags auf A über. Kann die Behörde ihre Vollzugsmaßnahmen nun unmittelbar gegen A richten?

Baupolizeiliche Beseitungspflichten werden von der h. M. als nicht höchstpersönlich angesehen und sind dann jedenfalls vererblich (§§ 1922, 1967 BGB). Ob sie auch im Wege der Einzelrechtsnachfolge auf den Erwerber des Grundstücks übergehen können, erscheint fraglich, da insoweit kein gesetzlicher Übergangstatbestand ersichtlich ist. Wenn man nicht mit dem BVerwG die „Dinglichkeit" der Beseitigungsverfügung und damit ihre Akzessorietät zum Eigentum am Grundstück annimmt, muß die Behörde gegen A eine neue Verfügung erlassen. Wenigstens sollte eine derartige Verfügung ergehen, um die Rechtsnachfolge in die Ordnungsverfügung klarzustellen. Auf keinen Fall dürfte jedoch auch die Androhung der Ersatzvornahme bei A wirksam geworden sein (VGH Kassel NJW 1976, 1910; DÖV 1985, 986; OVG Münster NJW 1980, 415).

---

459 Z. B. § 89 II N BauO.
460 Vgl. etwa § 17 IV OBG i. V. m. § 52 BauO NW.
461 VGH Kassel NJW 1976, 1910.
462 Z. B. § 89 II 3 N BauO.
463 BVerwG NJW 1971, 1624; OVG Koblenz NVwZ 1985, 431; zum ganzen näher *Schenke,* Polizei- und Ordnungsrecht, in diesem Buch, Teil II, Kap. D VI; *Oldiges,* Polizei- und Ordnungsrecht, in: *Grimm/Papier,* Nordrhein-westfälisches Staats- und Verwaltungsrecht (1986), S. 274 f.
464 OVG Münster OVGE 34, 81.

3.2. Häufiger Anlaß für repressive Bauaufsichtsmaßnahmen sind illegale, d. h. ohne **258**
die erforderliche Baugenehmigung betriebene Bauvorhaben. Art und Umfang der
Maßnahmen hängen davon ab, ob solche **Schwarzbauten** nur formell oder auch materiell illegal sind[465]. Stellt die Behörde fest, daß ein Bauwerk ohne die erforderliche
Genehmigung errichtet wird bzw. errichtet worden ist, oder daß es von einer erteilten Genehmigung abweicht, kann sie allein wegen dieser **formellen Illegalität** seine
Beseitigung noch nicht verlangen. Er wäre unverhältnismäßig und verstieße letztlich
auch gegen die eigentumsrechtlich gewährleistete Baufreiheit, wenn ein Bauwerk,
das den materiellen Anforderungen des Baurechts entspricht, also materiell legal errichtet worden ist, wieder abgebrochen werden müßte. **Wann** eine solche materielle
Legalität bestand — zu Beginn oder irgendwann einmal während der Bauausführung oder erst zum Zeitpunkt der bauordnungsrechtlichen Maßnahme — spielt dabei keine Rolle[466]. Die Bauaufsichtsbehörde hat darum als erstes zu prüfen, ob das
formell illegale Bauwerk genehmigungsfähig ist oder war. Dabei müssen auch die
sich aus Bestandsschutz oder einer eigentumsrechtlich verfestigten Anspruchsposition heraus ergebenden Zulässigkeitsgründe (oben B IV 5) bedacht werden[467]. Weiterhin ist zu erwägen, ob nicht durch die nachträgliche Erteilung einer Ausnahme
oder eines Dispenses ein rechtmäßiger Zustand hergestellt werden kann. Die für die
Prüfung erforderlichen Unterlagen können vom Bauherrn — nötigenfalls auch mit
Verwaltungszwang — eingefordert werden[468]. Bis zum Abschluß der Prüfung kann
die Fortsetzung der Bauarbeiten verboten (**Einstellungsverfügung**[469]) oder die Inge-
brauchnahme untersagt werden (**Nutzungsverbot**); ist das Bauwerk schon bezogen,
wird allerdings ein **Räumungsgebot** nur dann in Betracht kommen, wenn der Aufenthalt in dem betreffenden Haus gesundheitsgefährdend erscheint.

Stellt sich bei der bauaufsichtsrechtlichen Prüfung heraus, daß das formell illegal er- **259**
richtete Bauwerk **auch materiell illegal** und darum nicht genehmigungsfähig ist, so
kann eine **Abbruchverfügung** ergehen[470]. Sie steht im Ermessen der Bauaufsichtsbehörde; dies Ermessen kann sich nach den Umständen des konkreten Einzelfalles jedoch in dem Maße reduzieren, daß einzig ein Einschreiten der Behörde als rechtmäßig erscheint[471]. Eine Abbruchverfügung kann auch erlassen werden, wenn eine zunächst vorhandene, jedoch rechtswidrige Baugenehmigung aufgrund eines Nachbarwiderspruchs oder einer Nachbarklage aufgehoben worden ist. In solchen Fällen
fragt sich, ob auch hier die Beseitigung des Bauwerks im Ermessen der Bauaufsichtsbehörde liegt oder ob der Nachbar einen Anspruch auf Erlaß einer Abbruchverfügung hat. Ein solcher Anspruch wird teilweise aus dem Gesichtspunkt der **Folgenbeseitigung** hergeleitet[472]; teilweise spricht man hier — unter Verwerfung des Gedan-
kens eines Folgenbeseitigungsanspruchs — von einer **Folgenbeseitigungslast,** die das

465 Hierzu näher *Sendler,* in: FS *W. Ernst* (1980), S. 403.
466 BVerwG DVBl. 1979, 67 (69).
467 Ausführlich *Finkelnburg/Ortloff,* S. 290 ff.
468 VGH Kassel BauR 1983, 241; BayVGH BayVBl. 1984, 278.
469 Z. B. § 63 BW BauO, Art. 81 BayBO, § 69 BauO Bln., § 101 Brem. BauO, § 108 Hmg. BauO, § 102
    Hess. BauO, § 89 N BauO, § 58 I BauO NW i. V. m. § 14 OBG NW, § 112 Rhpf. BauO, § 103 BauO
    Saarl., § 75 BauO Schl.-H.
470 Ausführlich *Finkelnburg/Ortloff,* S. 284 ff.; *Därr,* DÖV 1976, 111; *Rabe,* BauR 1978, 166.
471 OVG Berlin NJW 1983, 777; OVG Münster NJW 1984, 883.
472 *Ernst/Hoppe,* Rdn. 461.

Einschreitermessen der Behörde zugunsten des Nachbarn reduziert[473]. Zutreffender dürfte es sein, auch hier ohne Differenzierung gegenüber den Schwarzbau-Fällen einen Ermessensspielraum der Verwaltung anzunehmen; dabei wird es dann allerdings stets nur in Ausnahmefällen ermessensfehlerfrei sein, von einer Abbruchverfügung abzusehen[474].

Beispiel:

260 A besitzt ein brachliegendes Baugrundstück, das er auf längere Sicht nicht bebauen will. Zufällig erfährt er eines Tages, daß N auf dem Nachbargrundstück eine überhöhte Grenzgarage errichtet hat. Die Baubehörde hatte ein Jahr zuvor dem N hierfür unter Befreiung entsprechender bauordnungsrechtlicher Vorschriften eine Baugenehmigung erteilt. N möchte wissen, ob er den Abbruch der Garage verlangen kann.

A muß zunächst unverzüglich die Baugenehmigung anfechten. Da sie ihm nicht bekannt gegeben worden ist, begann noch keine Rechtsbehelfsfrist zu laufen; indes droht bei zu langem Zögern die Verwirkung des Anfechtungsrechts. Die Vorschriften über die Höhe von Grenzgaragen haben nachbarschützende Wirkung. Wenn hiervon rechtswidrig Befreiung erteilt wurde (vgl. § 67 III MBO), ist A klagebefugt und kann mit der Aufhebung der Genehmigung rechnen. Allerdings besitzt er deswegen noch keinen Folgenbeseitigungsanspruch gegen die Baubehörde auf Erlaß und Durchsetzung eines Abbruchgebotes gegen N. Ob die Behörde einschreitet, steht ebenso wie bei Schwarzbauten in ihrem Ermessen, das allerdings im Regelfall auf Null geschrumpft sein wird. Hier ist A dagegen jedenfalls z. Zt. durch die Existenz des rechtswidrigen Grenzbauwerkes nicht weiter betroffen. Die Behörde ist daher berechtigt, die Angelegenheit vorläufig auf sich beruhen zu lassen (OVG Münster NJW 1984, 883).

261 3.3. Bauordnungsrechtliche Eingriffe sind dagegen grundsätzlich nicht gestattet, wenn sich bei einem formell legal errichteten Gebäude später herausstellt, daß es aus Rechtsgründen nicht hätte genehmigt werden dürfen. Die (nur) **materielle Illegalität** wird hier durch die Bestandskraft der Baugenehmigung kompensiert[475]. Dies gilt allerdings nur so lange, wie die Genehmigung tatsächlich Bestand hat; wird sie wegen ihrer Rechtswidrigkeit nach § 48 VwVfG oder nach entsprechendem Bauordnungsrecht zurückgenommen, wird das Bauwerk rückwirkend auch formell illegal. Freilich erwächst dem Bauherrn dann, wenn er bezüglich der rechtswidrigen Genehmigung nicht bösgläubig gewesen ist, für seinen erlittenen Vertrauensschaden ein Entschädigungsanspruch (§ 48 III 1 VwVfG). Ein solcher Anspruch scheidet jedoch nach § 50 VwVfG aus, wenn die Rücknahme anläßlich eines Nachbarwiderspruchs oder einer Nachbarklage erfolgt[476].

262 3.4. Auch ein ursprünglich legal errichtetes Bauwerk kann durch spätere Ereignisse baurechtswidrig werden. Handelt es sich um Veränderungen am Bauwerk selbst, kommen problemlos die Vorschriften über die Bauaufsicht zur Anwendung[477]. Beruht die Illegalität jedoch auf einer **Änderung der Rechtslage,** kann nicht ohne wei-

---

473 *Weyreuther,* Gutachten B zum 47. DJT 1968, S. 116; vgl. auch OVG Lüneburg, BauR 1982, 147.
474 OVG Münster NJW 1984, 883.
475 *Finkelnburg/Ortloff,* S. 287; *Steinberg,* S. 267 ff.
476 Zu möglichen Ausnahmen in diesem Fall *Kopp,* VwVfG (3. Aufl. 1983), § 50 Rdn. 3; *Meyer/Borgs,* VwVfG (2. Aufl. 1982), § 50 Rdn. 19.
477 *Finkelnburg/Ortloff,* S. 306 f.

Schaubild 6:

Bauaufsichtsmaßnahmen bei Schwarzbauten

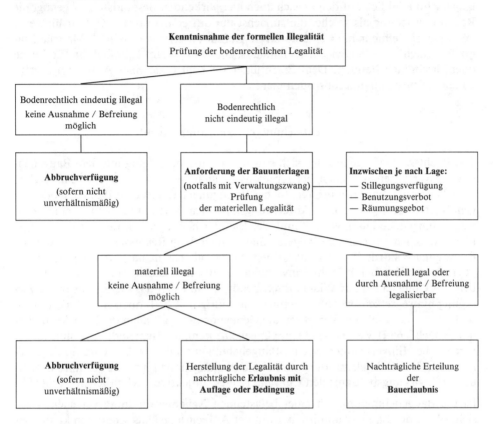

teres Abhilfe verlangt werden. Dem stehen sowohl die Bestandskraft der Genehmigung wie auch der eigentumsrechtliche Bestandsschutz für das legal errichtete Bauwerk, die beide hier zusammenfallen[478], entgegen. Die spätere Rechtsänderung macht die Baugenehmigung nicht (nachträglich) rechtswidrig (vgl. § 49 II 1 Nr. 4 VwVfG), sondern gestattet allenfalls ihren Widerruf, der freilich in diesem Zusammenhang wirkungslos bleibt, da er nur für die Zukunft gilt (§ 49 II 1 VwVfG). Der Rechtskonflikt, der damit entsteht, läßt sich im allgemeinen hinnehmen, soweit er durch die Änderung bodenrechtlicher Nutzungsbestimmungen bewirkt ist; wird hier eine alsbaldige Nutzungsanpassung überhaupt für notwendig befunden, steht das Instrumentarium der §§ 39 a ff. BBauG oder der Weg der förmlichen Enteignung nach den §§ 85 ff. BBauG zur Verfügung. Anders verhält es sich dagegen bei Änderungen des Bauordnungsrechts, weil sie regelmäßig einen Auffassungswandel bezüglich der notwendigen Sicherheitsanforderungen an Bauwerke signalisieren. Nach

---

478 Vgl. hierzu *Finkelnburg/Ortloff,* S. 257.

dem Vorbild des § 93 MBO ermächtigen die Bauordnungen[479] darum die Bauaufsichtsbehörden dazu, die Anpassung von Altanlagen an die neue Rechtslage zu verlangen. Im Hinblick auf den an sich auch hier wirkenden Bestandsschutz genügt die Rechtsabweichung als solche, die zunächst nur auf eine abstrakte Gefahr hinweist, noch nicht; vielmehr muß eine **konkrete Gefahr** zu erkennen sein[480]. Manche Eingriffsnormen[481] verlangen darüber hinaus, daß es sich um eine Gefahr für Leben oder Gesundheit handelt. Dem Eigentümer steht im Falle einer Anpassungsverfügung ein Entschädigungsanspruch nicht zu[482].

4. Rechtsschutz im Bauordnungsrecht

263   4.1. Rechtsschutzfragen stellen sich sowohl im Zusammenhang mit dem Baugenehmigungsverfahren wie auch bei repressiver Bauaufsicht. Im letzteren Fall stehen dem Adressaten bauordnungsrechtlicher Verfügungen (meist dem Bauherrn oder Eigentümer) Widerspruch und Anfechtungsklage zur Verfügung. Wurde eine beantragte **Baugenehmigung versagt** muß der Bauherr hiergegen mit der Verpflichtungsklage vorgehen. Auf diesem Wege erlangt er auch dann Rechtsschutz, wenn die Genehmigungsbehörde nur deshalb seinen Antrag abgelehnt hat, weil die Gemeinde oder eine andere Behörde ihr Einvernehmen oder ihre Zustimmung verweigert haben. Im Unterschied zur Widerspruchsbehörde kann sich das Gericht über die Versagung hinwegsetzen, wenn es sie für rechtswidrig hält (vgl. oben B IV 1.1); freilich muß es in einem solchen Verfahren die Gemeinde und ggf. auch die betreffende Behörde nach § 65 II VwGO beiladen. Umgekehrt kann die **Gemeinde** eine ohne ihr erforderliches Einvernehmen erteilte Baugenehmigung mit der Anfechtungsklage bekämpfen. Im Hinblick auf die kommunale Planungshoheit hat ihre verfahrensrechtliche Mitwirkungsbefugnis den Charakter eines subjektiven öffentlichen Rechts[483].

264   Ist die Baugenehmigung mit einer belastenden **Nebenbestimmung** versehen, fragt sich, ob sie der Bauherr unmittelbar mit der Anfechtungsklage angreifen kann oder ob er mit der Verpflichtungsklage eine uneingeschränkte Baugenehmigung erkämpfen muß. Wichtig ist hierbei, daß die Genehmigung nicht durch eine sog. **isolierte Anfechtung** der Nebenbestimmung eine Gestalt erhält, wie sie die Behörde weder erlassen wollte noch durfte[484]. Die häufig zu hörende Ansicht, nur Auflagen mit Ausnahme der sog. modifizierenden Auflagen (vgl. oben 1.4) seien — als selbständige Verwaltungsakte[485] — isoliert anfechtbar[486], ist zu undifferenziert[487]. Es kommt viel-

---

479 § 75 BW BauO, § 7 II, III BauO Bln., § 111 Brem. BauO, § 114 Hess. BauO, § 99 N BauO, § 82 BauO NW, § 118 Rhpf. BauO, § 114 BauO Saarl., § 83 BauO Schl.-H.
480 *Finkelnburg/Ortloff*, S. 308; vgl. weiterhin *Wiechert*, S. 326 ff.
481 Z. B. § 82 I BauO NW.
482 OVG Lüneburg BRS 30 Nr. 163; *Brodersen*, JuS 1980, 686.
483 *Finkelnburg/Ortloff*, S. 267 f. und (zum vorläufigen Rechtsschutz) S. 374 f.
484 Vgl. allerdings BVerwGE 65, 139 (Widerrufsmöglichkeit nach isolierter Aufhebung der Nebenbestimmung).
485 Gegen diese Vorstellung: *Meyer/Borgs,* VwVfG (2. Aufl. 1982), § 36 Rdn. 19.
486 So etwa BVerwG DÖV 1974, 563; BVerwGE 65, 139; BVerwGE 69, 37 (39).
487 Vgl. BVerwGE 60, 269 (Anfechtung von Befristungen) und BVerwG NVwZ 1984, 366 (Unmaßgeblichkeit der Unterscheidung von echter und modifizierender Auflage).

mehr darauf an, daß der nach isolierter Anfechtung verbleibende Rest der Genehmigung ohne Änderung dieses Inhalts sinnvoller- und rechtmäßigerweise bestehen bleiben kann. Dies ist bei nur modifizierenden Auflagen regelmäßig nicht der Fall[488].

4.2. Wird eine Baugenehmigung, ggf. auch eine Ausnahme oder Befreiung, zu Unrecht erteilt, kann dies rechtlich geschützte Positionen der Nachbarn beeinträchtigen. Die materiellen und prozessualen Probleme der dann in Betracht zu ziehenden **Nachbarklage** sind bereits oben im Zusammenhang mit dem bodenrechtlichen Nachbarschutz (B V) ausführlich dargestellt worden. An dieser Stelle sei nur hinzugefügt, daß auch verschiedene Bestimmungen des Bauordnungsrechts nachbarschützende Qualität besitzen, so daß sich der Nachbar hierauf berufen kann. Es handelt sich dabei um Rechtsnormen, die nicht nur Gemeinwohlziele verfolgen, sondern (zugleich auch) dem Ausgleich der Interessen von zwei oder mehreren Grundstücken dienen[489]. Hierzu gehören vor allem Vorschriften über den seitlichen Grenzabstand (Bauwich) und über Abstandflächen sowie Regelungen feuer- und gesundheitspolizeilichen Inhalts[490]. Hat der Nachbar eine rechtswidrig erteilte Baugenehmigung mit Erfolg angegriffen, ist die Behörde regelmäßig verpflichtet, die Beseitigung des nunmehr auch formell illegal gewordenen Bauwerks anzuordnen[491].

265

5. Schadensersatz und Entschädigung

5.1. Schuldhaft-rechtswidrige Bauordnungsmaßnahmen können bei ihren Adressaten, den Bauherren oder Eigentümern, unter dem Gesichtspunkt der **Amtshaftung** (§ 839 BGB i. V. m. Art. 34 GG) Schadensersatzansprüche auslösen. Hierzu zählen unrichtige Beratungen und Auskünfte ebenso wie die schuldhafte Verzögerung oder die rechtswidrige Verweigerung der Erteilung einer beantragten Baugenehmigung[492]. Auch die rechtswidrige Erteilung einer Genehmigung — z. B. eines Vorbescheides, einer Bau- oder einer Teilungsgenehmigung[493] — oder ihre Rücknahme[494] können zu einem ersatzpflichtigen Schaden führen, wenn der Begünstigte im Vertrauen auf ihren Bestand nutzlose Aufwendungen macht. Soweit die Verweigerung einer Baugenehmigung auf einen Bebauungsplan zurückzuführen ist, der sich später als nichtig erweist, sind Ansprüche auch gegen den Planungsträger denkbar (vgl. oben B II 3.4). Voraussetzung hierfür ist jedoch, daß sich die rechtswidrige Erteilung der Baugenehmigung ihm noch zurechnen läßt[495]. Das ist indes dann nicht der Fall, wenn die genehmigte Behörde auch ihrerseits nicht fehlerfrei gehandelt hat. Im übrigen muß der Geschädigte nachweisen können, daß ihm im Hinblick auf die Unwirksamkeit des Planes ein Anspruch auf Genehmigung — dann etwa aus § 34 BBauG — zugestanden hätte.

266

---

488 BVerwG NVwZ 1984, 366.
489 *Finkelnburg/Ortloff,* S. 271 f.
490 Ausführlich *Rössler,* BauO NW, § 69 Anm. 3; vgl. auch *Steinberg,* S. 272 f.
491 Vgl. OVG Münster NVwZ 1984, 883, und oben 3.2.
492 Vgl. *Finkelnburg/Ortloff,* S. 277 m. w. Nw.; BGH NJW 1980, 2573 (Auskunft).
493 Vgl. BGH NJW 1985, 1335 (Vorbescheid); BGH NJW 1980, 387 (Baugenehmigung); BGH NJW 1985, 1338 (Teilungsgenehmigung). Vgl. weiterhin *Finkelnburg/Ortloff,* S. 278 f.
494 BHG NVwZ 1985, 682.
495 BGHZ 92, 34.

Soweit der Schaden (auch) der Baugenehmigungsbehörde zugerechnet werden kann, richtet sich der Amtshaftungsanspruch gegen den Verwaltungsträger, dem die Behörde angehört; das ist im Regelfall der Kreis oder — wenn die Gemeinde selbst die Funktion der unteren Bauaufsichtsbehörde wahrnimmt — die Gemeinde selbst. Sind die Baugenehmigungsbehörde und die Gemeinde nicht identisch, kommt auch ein Amtshaftungsanspruch gegen die Gemeinde in Betracht, wenn sie ihr nach den §§ 31 und 36 BBauG erforderliches Einvernehmen zu Unrecht verweigert und dadurch eine ihr auch dem Bauherrn gegenüber bestehende Amtspflicht verletzt[496]. Amtspflichtwidrig handelt hier der Bürgermeister/Gemeindedirektor, der sein Beanstandungsrecht nicht wahrnimmt; auf das rechtswidrige Verhalten der Gemeindevertretung, die nur gemeindeintern als Willensbildungsorgan auftritt, kommt es insoweit nicht an[497].

267 5.2. In der rechtswidrigen Versagung der Baugenehmigung liegt zugleich auch ein **enteignungsgleicher Eingriff** in das Grundstückseigentum des Antragstellers, ggf. auch in sein Recht am eingerichteten und ausgeübten Gewerbebetrieb, sofern dadurch schon vorhandene Werte und nicht erst künftige Entwicklungs- und Verdienstmöglichkeiten beeinträchtigt sind[498]. Der Eigentümer darf es freilich bei dem Eingriff nicht bewenden lassen; ihn trifft ein Mitverschulden, wenn er sich dagegen nicht wehrt[499]. Als Schaden kann er darum nur den Verzögerungsschaden geltend machen, der ihm durch die vorübergehende Nichterteilung der Genehmigung entsteht. Es handelt sich hier um einen Fall **„faktischer Bausperre"** (vgl. oben C I 2.3); die Entschädigung bemißt sich nach dem Ausmaß des eingetretenen Nutzungsausfalls (sog. Bodenrente; vgl. oben C I 2.4)[500].

268 Soweit landesrechtlich die Bauaufsichtsbehörden als Ordnungsbehörden handeln[501], gelangen anstelle der Grundsätze über den enteignungsgleichen Eingriff die Vorschriften des allgemeinen Polizei- und Ordnungsrechts über die Ersatzpflicht für **rechtswidrige ordnungsbehördliche Maßnahmen** zur Anwendung[502]. Als Maßnahme i. S. dieser Vorschrift sind u. a. auch die Erteilung oder Verweigerung einer Baugenehmigung zu verstehen[503]. Anders als beim enteignungsgleichen Eingriff setzt der ordnungsrechtliche Entschädigungsanspruch keinen Eigentumseingriff, sondern nur einen Schaden voraus, ist also in tatbestandlicher Hinsicht wesentlich weniger restriktiv.

269 5.3. Rechtswidrige bauordnungsrechtliche Maßnahmen können ebenso wie beim Bauherrn ggf. auch beim **Nachbarn** Schäden verursachen; insoweit gelangen grundsätzlich dieselben Ersatzansprüche zur Anwendung. Beim Amtshaftungsanspruch muß der Nachbar sich allerdings auf die Verletzung einer Amtspflicht berufen können, durch die (auch) er geschützt werden soll. Der Anspruch aus enteignungsglei-

---

496 BGHZ 65, 182; vgl. auch BGH NJW 1985, 2817.
497 Zutreffend *Schröer,* NVwZ 1986, 449, gegen BGH NVwZ 1986, 504.
498 BGH NJW 1980, 387.
499 BGH DVBl. 1984, 391.
500 Näheres bei *Finkelnburg/Ortloff,* S. 278.
501 So etwa nach § 57 I BauO NW.
502 Z. B. §§ 39 ff. OBG NW. Vgl. BGH NVwZ 1983, 500; NJW 1985, 1338.
503 BGHZ 84, 292; BGH DVBl. 1983, 628; vgl. auch NJW 1985, 1338.

chem Eingriff ist nicht schon deshalb ausgeschlossen, weil die rechtswidrige Maßnahme — die Erteilung der Baugenehmigung — nicht das eigene, sondern ein Nachbargrundstück betrifft[504]. Die durch die Maßnahme hervorgerufene Veränderung
der Umgebung muß sich aber — entsprechend der Rspr. des BVerwG zum Schutz
vor mittelbaren Eigentumseingriffen — als „nachhaltig" herausstellen und den
Nachbarn in seinem Eigentumsrecht „schwer und unerträglich" treffen[505]. Der auch
dem Nachbarn zugute kommende **ordnungsrechtliche Entschädigungsanspruch** unterliegt diesen erschwerenden Voraussetzungen zwar nicht; die Rspr. beschränkt ihn
allerdings beim Nachbarn — mit freilich zweifelhaften Argumenten — in Anlehnung an die Amtshaftung. Er besteht hiernach nur dann, wenn die ordnungsbehördliche Maßnahme rechtswidrig ist, weil sie gegen drittschützende, d. h. hier nachbarschützende Rechtsnormen verstößt[506].

Beispiel:

A ist Eigentümer eines freistehenden Einfamilienhauses in einem ähnlich bebauten, noch un-   **270**
beplanten Ortsteil von S. Als nunmehr ein Bebauungsplan erlassen wird, der größere Apparte-
menthäuser zuläßt, wehrt sich A hiergegen mit Erfolg. Der Plan wird nach § 47 VwGO für unwirksam erklärt, weil er nicht richtig aus dem Flächennutzungsplan entwickelt worden ist und
die sich daraus ergebende städtebauliche Entwicklung beeinträchtigt. Inzwischen ist jedoch
schon in unmittelbarer Nachbarschaft des A ein dreigeschossiges Appartementhaus genehmigt und errichtet worden. A verlangt für die dadurch eingetretene Wertminderung seines
Grundstücks Ersatz.

Amtshaftungsansprüche gegen S wegen des Planungsmangels scheiden aus, weil insoweit keine den A schützende Amtspflicht verletzt worden ist (BGHZ 84, 292). Zwar haftet S als Anstellungskörperschaft auch für Amtspflichtverletzungen ihres Bauordnungsamtes; die Haf-
tungsvoraussetzungen liegen insoweit jedoch nicht vor. Die Anwendung des nichtigen Bebauungsplanes ist keine Amtspflichtverletzung gegenüber A, da sein Erlaß nicht gegen drittschützende Rechtsnormen verstieß. Auch in der Nichtanwendung des an sich wegen der Unwirksamkeit des Planes einschlägigen § 34 BBauG liegt keine Amtspflichtverletzung, auf die sich A
berufen könnte. Zwar hätte das Appartementhaus nach § 34 BBauG nicht genehmigt werden
dürfen. Diese Vorschrift hat aber nur nach Maßgabe des Rücksichtnahmegebotes nachbarschützenden Charakter, das hier aus tatsächlichen Gründen nicht verletzt ist. Ebensowenig ist
ein Verstoß gegen die nachbarschützende Norm des Art. 14 I GG erkennbar.

Damit entfallen zugleich auch Ansprüche aus enteignungsgleichem Eingriff. Sowohl der Bebauungsplan wie auch die Baugenehmigung wirken sich nur mittelbar über Nachbargrundstücke auf das Grundstück des A aus. Sein Grundstückseigentum müßte darum aufgrund
einer nachhaltigen Veränderung der nachbarschaftlichen Situation schwer und unerträglich
betroffen sein; das ist hier nicht der Fall.

In NRW kommen Ansprüche auch nach § 39 I lit. b OBG in Betracht, der Ansprüche wegen
enteignungsgleichen Eingriffs ausschließt. Sowohl der Erlaß des Bebauungsplanes wie auch
die Erteilung der Baugenehmigung auf dem Nachbargrundstück sind Maßnahmen i. S. dieser
Vorschrift. Indes kann der hierüber vermittelte sekundäre Rechtsschutz (Entschädigung) nicht
weiter reichen als der primäre (Nachbarklage). Zu Recht stellt die Rspr. darum darauf ab, ob
nachbarschützende Rechtsnormen verletzt sind. Damit bleibt auch der ordnungsrechtliche
Entschädigungsanspruch an den Ansprüchen aus Amtshaftung und wegen enteignungsglei-

---

504 BGHZ 92, 34; vgl. insoweit auch *Papier*, JZ 1984, 993; *Kosmider*, JuS 1986, 275 (276).
505 BVerwG NJW 1976, 1987 (1988), u. a.
506 BGH DVBl. 1983, 628; kritisch *Schröer*, NVwZ 1984, 291.

chen Eingriffs orientiert. Da vorliegend nachbarschützende Rechtsnormen nicht verletzt sind, entfällt ein Entschädigungsanspruch des A (BGH NJW 1983, 1795).

6. Bauaufsichtsbehörden

271 6. 1. Die Bauaufsicht ist als Sonderbereich der allgemeinen Polizei- oder Ordnungsverwaltung eine **staatliche Aufgabe;** ihre verwaltungsmäßige Erfüllung obliegt den Ländern als eigene Angelegenheit (Art. 83 GG). Soweit die Bauaufsicht auch die Beachtung der gemeindlichen Bauleitplanung gewährleistet, steht sie der Sache nach zugleich im Dienste der kommunalen Selbstverwaltung. Möglichen Konflikten zwischen der planenden Selbstverwaltung und der planvollziehenden Staatsverwaltung wirken verfahrensrechtliche Bestimmungen des BBauG dadurch entgegen, daß sie die Bauaufsichtsbehörden in vielen Fällen[507] an das Einvernehmen der Gemeinde binden.

272 6.2. Der Instanzenzug der Bauaufsichtsverwaltung ist regelmäßig dreistufig gegliedert; in Ländern mit nur zweistufigem Verwaltungsaufbau ist er ebenfalls nur zweistufig. In der unteren Instanz werden die Aufgaben der Bauaufsicht regelmäßig von den Kreisen und kreisfreien Städten wahrgenommen; vielfach ist die Möglichkeit vorgesehen, auch leistungsstarke kreisangehörige Gemeinden hiermit zu betrauen. Es handelt sich dabei um einen Fall **mittelbarer Staatsverwaltung** durch kommunale Selbstverwaltungsträger. Je nach der in den einzelnen Bundesländern unterschiedlichen rechtlichen Konstruktion des kommunalen Aufgabenbereichs erfolgt die Wahrnehmung der Bauaufsicht als Auftragsangelegenheit im übertragenen oder als Pflichtaufgabe zur Erfüllung nach Weisung im eigenen Wirkungskreis. Intern ist das nach dem einschlägigen Kommunalverfassungsrecht zuständige Verwaltungsorgan der Gemeinde (Bürgermeister bzw. Gemeindedirektor) oder des Kreises (Landrat bzw. Oberkreisdirektor) zuständig.

273 Der unteren Bauaufsichtsbehörde, die darum auch als Baugenehmigungsbehörde bezeichnet wird, obliegt grundsätzlich der eigentliche Vollzug der Bauaufsicht und insbesondere die Erteilung von Baugenehmigungen. Soweit — bei dreistufigem Verwaltungsaufbau — eine obere oder höhere Bauaufsichtsbehörde existiert, ist dies regelmäßig der Regierungspräsident als staatliche Mittelinstanz, in einzelnen Bundesländern gegenüber gemeindlichen Bauaufsichtsbehörden auch der Landrat/Oberkreisdirektor als untere staatliche Verwaltungsbehörde; die letzteren werden hierzu vom Staat im Wege der sog. Organleihe vom Kreis herangezogen. Die obere Bauaufsichtsbehörde übt die **Fachaufsicht** über die untere Instanz aus, während die oberste Bauaufsichtsbehörde — der nach der Ressortverteilung zuständige Minister — für übergeordnete und überregionale Aufgaben wie etwa den Erlaß von Rechtsverordnungen und Verwaltungsvorschriften zuständig ist.

Vertiefungsliteratur:

Dürr: Rechtsschutz für „Schwarzbauten" gegen Abbruch. DÖV 1976, 111; *Dürr:* Rechtsnatur und Bindungswirkung des Bauvorbescheides. JuS 1984, 770; *Friauf:* „Latente Störung",

---

507 Vgl. §§ 14 II, 19 III, 31 I, 36 BBauG.

Rechtswirkungen der Bauerlaubnis und vorbeugende Nachbarklage. DVBl. 1971, 713; *Haase:* Die Landesbauordnungen (2. Auflage 1971); *Kosmider:* Haftung für einen rechtswidrigen Bebauungsplan — BGHZ 92, 34. JuS 1986, 274; *Krebs:* Baurecht, in: *Grimm/Papier:* Nordrhein-westfälisches Staats- und Verwaltungsrecht (1986); *J. Martens:* Die Baugenehmigung — ein Beispiel für die Wirkungsweise des Verwaltungsaktes. JuS 1975, 69; *Rasch:* Die Abbruchverfügung. BauR 1975, 94; *Rabe:* Das Vorgehen der Bauaufsichtsbehörde gegen illegale Bauwerke. BauR 1978, 166; *Schroer:* Zum Schadensersatz des Nachbarn bei rechtswidriger Baugenehmigung. NVwZ 1984, 291; *Sendler:* Über formelle und materielle (Il) Legalität im Baurecht und anderswo, in: FS für W. Ernst (1980), S. 403; *Steinberg:* Baurecht, in: *Meyer/Stolleis:* Hessisches Staats- und Verwaltungsrecht (1983); *Stelkens:* Änderung der Voraussetzungen für die Rücknahme und den Widerruf von Baugenehmigungen. BauR 1980, 7; *Wiechert:* Baurecht, in: *Faber/Schneider:* Niedersächsisches Staats- und Verwaltungsrecht (1985).

A. Literaturhinweise zum Baurecht

I. Kommentare zum BBauG und zur BauNVO:

Battis/Krautzberger/Löhr: Bundesbaugesetz. Kommentar 1985.
Ernst/Zinkahn/Bielenberg: Bundesbaugesetz. Kommentar. Loseblatt, Stand April 1986.
Fickert/Fieseler: Baunutzungsverordnung, 5. Auflage 1985.
Kohlhammer-Kommentar, Kommentar zum Bundesbaugesetz. Loseblatt, Stand Februar 1986.
Oestreicher: Bundesbaugesetz. Kommentar, 7. Auflage 1980.
Schlichter/Stich/Tittel: Bundesbaugesetz. Kommentar, 3. Auflage 1979.
Schrödter: Bundesbaugesetz, Kommentar, 4. Auflage 1980.
Schütz/Frohberg: Kommentar zum Bundesbaugesetz, 3. Auflage 1970.

II. Kommentare zum Bauordnungsrecht:

Förster/Grundei/Dageförde/Wilke: Kommentar zur BauO Berlin, 1986.
Gädtke/Böckenförde/Temme: Landesbauordnung Nordrhein-Westfalen. 7. Aufl. 1986.
Grosse-Suchsdorf/Schmaltz/Wiechert: Niedersächsische Bauordnung. 3. Aufl. 1984.
Müller: Das Baurecht in Hessen. Kommentar zur HessBauO. Loseblatt, Stand Dez. 1981
Rößler: Kommentar zur Landesbauordnung Nordrhein-Westfalen. 3. Aufl. 1985.
Sauter: Landesbauordnung für Baden-Württemberg. Loseblatt, Stand Nov. 1985.
Schlez: Landesbauordnung für Baden-Württemberg. 3. Aufl. 1985.
Simon: Bayerische Bauordnung. Loseblatt, Stand Sept. 1985.
Stich/Sayn/Gabelmann: Kommentar zur Landesbauordnung Rheinland-Pfalz. Loseblatt, Stand 1983.

III. Monographien, systematische Darstellungen und Lehrbücher:

Battis: Öffentliches Baurecht und Raumordnungsrecht, 1981.
Breuer: Die Bodennutzung im Konflikt zwischen Städtebau und Eigentumsgarantie, 1976.
Ernst/Hoppe: Das öffentliche Bau- und Bodenrecht, Raumplanungsrecht, 2. Auflage 1981.
v. Feldmann/Groth: Das neue Baugesetzbuch (1986).
Finkelnburg/Ortloff: Öffentliches Baurecht, 1981.
Friauf: Bau-, Boden- und Raumordnungsrecht, in: v. Münch (Hrsg.): Besonderes Verwaltungsrecht, 7. Auflage 1985.
Gaentzsch: Bundesbaugesetz '77. Kommentar zu den novellierten Teilen des BBauG, 1976.
Gelzer: Bauplanungsrecht, 4. Auflage 1984.
Krebs: Baurecht, in: Grimm/Papier, Nordrhein-westfälisches Staats- und Verwaltungsrecht, 1986.

Proksch: Das Bauordnungsrecht in der Bundesrepublik Deutschland, 1981.
Scheerbarth: Das allgemeine Bauordnungsrecht, 2. Auflage 1966.
Schmidt-Aßmann: Grundfragen des Städtebaurechts, 1972.
Schulte: Rechtsgüterschutz durch Bauordnungsrecht, 1982.
Steinberg: Baurecht, in: Meyer/Stolleis (Hrsg.), Hessisches Staats- und Verwaltungsrecht, 1983.
Weyreuther: Bauen im Außenbereich, 1979.
Wiechert: Baurecht, in: Faber/Schneider (Hrsg.), Niedersächsisches Staats- und Verwaltungsrecht, 1985.
Zuck: Das Recht des Bebauungsplanes, 2. Auflage 1980.

IV. Rechtsprechungs- und Literaturübersichten:

David, NVwZ 1982, 170; 1984, 414: Darstellung der Rechtsprechung des BVerwG zum Erschließungsbeitragsrecht.
Dolde, NJW 1976, 1056; 1977, 1609; 1979, 889; 1980, 1657; 1981, 1929; 1982, 1785; 1984, 1713; 1986, 815, 1021: aktuelle Darstellung der Entwicklung des gesamten öffentlichen Baurechts, seit NJW 1982, 1785 allerdings ohne Bauordnungsrecht, Erschließungs- und Städtebaurecht.
Gronemeyer, NVwZ 1986, 92; 1986, 184: Darstellung der Entwicklung des Städtebauförderungsrechts 1971—1985.
Ortloff, NVwZ 1982, 75; 1983, 10; 1984, 279; 1985, 13; 1986, 441: Darstellung der Entwicklung des Bauordnungsrechts.

V. Zeitschriften und Entscheidungssammlungen:

Baurecht (BauR)

Baurechtssammlung (BRS)

Bundesbaublatt (BBauBl.)

Zeitschrift für deutsches und internationales Baurecht (ZfBR).

B. Rechtsquellen

I. Bundesrecht:

Bundesbaugesetz (BBauG), i. d. F. der Bekanntmachung vom 18. August 1976 (BGBl. I S. 3617), zul. geändert durch Gesetz vom 24. Juni 1985 (BGBl. I S. 1144).

Verordnung über die bauliche Nutzung der Grundstücke (Baunutzungsverordnung — BauNVO), i. d. F. der Bekanntmachung vom 15. September 1977 (BGBl. I S. 1763).

Verordnung über Grundsätze für die Ermittlung des Verkehrswertes von Grundstücken (Wertermittlungsverordnung — WertV), i. d. F. vom 15. August 1972 (BGBl. I S. 1416).

Gesetz über städtebauliche Sanierungs- und Entwicklungsmaßnahmen in den Gemeinden (Städtebauförderungsgesetz — StBauFG), i. d. F. der Bekanntmachung vom 18. August 1976 (BGBl. I S. 2318), zul. geändert durch Gesetz vom 5. November 1985 (BGBl. I S. 1321).

II. Landesbauordnungen

Baden-Württemberg:
Landesbauordnung für Baden-Württemberg — LBO — i. d. F. vom 28. November 1983 (GBl. S. 770, ber. GBl. 1984, S. 519), geändert durch Gesetz vom 1. April 1985 (GBl. S. 51).

Bayern:
Bayerische Bauordnung — BayBO — i. d. F. der Bekanntmachung vom 2. Juli 1982 (GVBl. S. 419).

Berlin:
Bauordnung für Berlin — BauO Bln. — i. d. F. vom 28. Februar 1985 (GVBl. S. 522).

Bremen:
Bremische Landesbauordnung — Brem. LBO — i. d. F. vom 23. März 1983.

Hamburg:
Hamburgische Bauordnung — HBauO — vom 10. März 1969 (GVBl. S. 249), geändert durch Gesetz vom 2. Juli 1981 (GVBl. S. 165).

Hessen:
Hessische Bauordnung — HBO — i. d. F. vom 10. Dezember 1977 (GVBl. 1978, S. 1), geändert durch Gesetz vom 10. Juli 1979 (GVBl. S. 179).

Niedersachsen:
Niedersächsische Bauordnung — N BauO — vom 23. Juli 1973 (GVBl. S. 259), zuletzt geändert durch Gesetz vom 5. Dezember 1983 (GVBl. S. 281).

Nordrhein-Westfalen:
Bauordnung für das Land Nordrhein-Westfalen — Landesbauordnung — (BauO NW) vom 26. Juni 1984 (GV NW S. 419), geändert durch Gesetz vom 18. Dezember 1984 (GV NW S. 803).

Rheinland-Pfalz:
Landesbauordnung für Rheinland-Pfalz (LBauO) vom 27. Februar 1974 (GVBl. S. 53), geändert durch Gesetz vom 20. Juli 1982 (GVBl. S. 264).

Saarland:
Bauordnung für das Saarland (Landesbauordnung — LBO) i. d. F. vom 27. Dezember 1974 (ABl. 1975 S. 85), geändert durch Gesetz vom 10. Dezember 1981 (ABl. S. 949).

Schleswig-Holstein:
Landesbauordnung für das Land Schleswig-Holstein vom 24. Februar 1983 (GVBl. S. 86).

V. Straßen- und Wegerecht

Von Udo Steiner

Inhalt

A. Allgemeine Orientierungen

Fälle und Fragen

1. Das Bundesland B bestimmt in einer Landesrechtsverordnung, daß die Höchstgeschwindig- **1**
keit auf Bundesautobahnen, soweit diese auf Landesgebiet liegen, nicht 120 km/h übersteigen
darf. Ist eine solche Regelung verfassungsgemäß?

2. Durch die Gemeinde G führt die Ortsdurchfahrt der Bundesstraße B 15. Der Unternehmer **2**
U strebt die Erteilung einer Sondernutzung für die Überquerung der Straße mit einer Lastengondel an. Bestimmt sich die Entscheidung über die Erteilung der Sondernutzung nach Bun-
des-, Landes- oder Gemeinde-Straßenrecht?

I. Straßen und Wege als Gegenstand des Straßenrechts und des Straßenverkehrsrechts[1]

1. Das Straßen- und Wegerecht[2]

Die überörtlichen öffentlichen Straßen (Bundes-, Staats- bzw. Land(es)- und Kreis- **3**
straßen) bilden mit einer Gesamtlänge von 173 250 km[3] ein Kernstück moderner Lei-
stungsstaatlichkeit. Hinzu kommen noch ca. 300 000 km örtliche Verkehrswege. Ihr
Bau und ihre Unterhaltung erfordern Aufwendungen in Milliardenhöhe[4]. Das öffentliche Straßennetz steht vielfältigen Zwecken zur Verfügung. Es dient der Fortbewegung von Menschen und dem Transport von Gütern, im örtlichen Bereich auch
der Erschließung bebauter und unbebauter Grundstücke und als Raum für soziale
und gewerbliche Kontakte verschiedenster Art. Zu den Eigentümlichkeiten des geltenden Rechts[5] gehört es nun, daß die Nutzung der öffentlichen Straßen (neben dem
Vorgang ihres Baus und ihrer Unterhaltung) Gegenstand der Vorschriften des **Straßenrechts** ist, mit dem **Straßenverkehrsrecht** aber eine zweite Rechtsmaterie für die
Ordnung der verkehrsmäßigen und verkehrserheblichen Nutzungen der Straße zur
Verfügung steht. Diese Unterscheidung findet sich in der Kompetenzordnung des
Grundgesetzes (Art. 74 Nr. 22 GG) wieder.

a) Das Straßenrecht, auch Straßenbaurecht genannt, hat die Straße (Weg, Platz)[6] als **4**
Verwaltungsleistung zum Gegenstand. Straßenrecht ist öffentliches Recht. Systematisch ist es **der** Anwendungsfall des öffentlichen Sachenrechts. Das Straßenrecht ist
Bundesrecht, soweit es um die Bundesstraßen des Fernverkehrs (Bundesfernstraßen
in den Erscheinungsformen der Bundesautobahnen und der Bundesstraßen mit den

---

1 Die im folgenden abgekürzt zitierte Literatur ist am Ende des Beitrags (Rdnr. 166) zusammengestellt.
Nachweise zur Kommentierung der Landesstraßengesetze finden sich in den Fn. 9—15.
2 Im folgenden kurz: „Straßenrecht".
3 Stand 1984 nach: Statistisches Jahrbuch der Bundesrepublik Deutschland 1985, u. 13. 5. (S. 288).
4 Nähere Angaben bei *Pietzcker*, Art. Straßenrecht, in: Lexikon des Rechts, Bearb. 1983, 9/1700. Der
Bundesverkehrswegeplan sieht Investitionen im Zeitraum von 1986 bis 1995 in Höhe von über 50 Mrd.
DM vor (BT-Drucks. 10/4389 v. 27. 11. 1985).
5 Zur historischen Entwicklung siehe *Evers*, NJW 1982, 1033 ff.
6 Im folgenden kurz: Straße.

Ortsdurchfahrten) geht. Enthalten ist es im Bundesfernstraßengesetz i.d.F. vom 1. Oktober 1974 (BGBl. I, 2413)[7], erlassen auf der Grundlage des Art. 74 Nr. 22 GG („Bau und Unterhaltung von Landstraßen für den Fernverkehr") als Materie der konkurrierenden Gesetzgebung. Bundesrechtlich wird es ergänzt für den Bereich der Ortsstraßen, die Erschließungsanlagen sind, durch §§ 123 ff. BBauG (Kompetenzgrundlage: Art. 74 Nr. 18 GG).

5   b) Das Recht der übrigen Straßen(klassen) enthalten jeweils für die einzelnen Bundesländer die **Länderstraßengesetze.** Das FStrG erfüllte allerdings von Anfang an (1953) eine Leitfunktion. Sie ist die Grundlage für eine weithin festzustellende Einheitlichkeit des deutschen Straßenrechts, vor allem bei der Ausformung seiner wichtigsten Institutionen. Das Landesstraßenrecht ist im einzelnen in den folgenden Gesetzen enthalten[8].

— Baden-Württemberg: Straßengesetz für Baden-Württemberg vom 20. März 1964, GBl. S. 127 (zit.: BWStrG)[9].

— Bayern: Bayerisches Straßen- und Wegegesetz (BayStrWG) i.d.F. d. Bekanntmachung vom 5. Oktober 1981, GVBl. S. 448 (zit.: BayStrWG)[10].

— Berlin: Berliner Straßengesetz vom 28. Februar 1985, GVBl. S. 518 (zit. BerlStrG).

— Bremen: Bremisches Landesstraßengesetz vom 20. Dezember 1976, GBl. S. 341 (zit.: BremLStrG).

— Hamburg: Hamburgisches Wegegesetz i.d.F. vom 22. Januar 1974, GVBl. S. 41 (zit.: HambWG).

— Hessen: Hessisches Straßengesetz vom 9. Oktober 1962, GVBl. S. 437 (zit.: HessStrG)[11].

— Niedersachsen: Niedersächsisches Straßengesetz (NStrG) i.d.F. vom 24. September 1980, GVBl. S. 360 (zit.: NStrG)[12].

— Nordrhein-Westfalen: Straßen- und Wegegesetz des Landes Nordrhein-Westfalen (StrWG NW) i.d.F. der Bekanntmachung vom 1. August 1983, GV NW S. 306 (zit.: StrWG NW)[13].

— Rheinland-Pfalz: Landesstraßengesetz für Rheinland-Pfalz (LStrG) i.d.F. vom 1. August 1977, GVBl. S. 274 (zit.: RhPfLStrG)[14].

---

7 §§ ohne weitere Angaben sind solche des FStrG. — Der Bund hat weiter zu Art. 90 Abs. 1 das Gesetz über die vermögensrechtlichen Verhältnisse der Bundesautobahnen und sonstigen Bundesstraßen des Fernverkehrs vom 2. 3. 1951 (BGBl. I, 157) erlassen. Praktisch wichtig, aber nicht Gegenstand der folgenden Darstellung ist das Eisenbahnkreuzungsgesetz i.d.F. vom 21. 3. 1971 (BGBl. I, 337).

8 Inzwischen erfolgte Teiländerungen sind aus Gründen der Übersichtlichkeit nicht besonders nachgewiesen.

9 *Gerhardt,* Kommentar zum Straßengesetz für Baden-Württemberg, 1967; *Kentner,* Straßenrecht für Baden-Württemberg, 2. Aufl. 1964. — Eine Novellierung des BWStrG steht bevor.

10 *Sieder/Zeitler,* BayStrWG, Kommentar, 2. Aufl. 1972 mit Ergänzungsheft 1975; jetzt: *Sieder/Zeitler/Kreuzer/Zech,* BayStrWG, Loseblatt-Kommentar, 3. Aufl., 1985 ff. (Teilkommentierung); *Zimmniok,* BayStrWG, 7. Aufl. 1982.

11 *Böhm,* Das Hessische Straßengesetz, 2. Aufl. 1971; *Zuleeg,* Straßenrecht, in: *Meyer/Stolleis,* Hess. Staats- und Verwaltungsrecht, 2. Aufl. 1986, S. 330—357.

12 *Nedden/Mecke de Swebussin,* Handbuch des Niedersächsischen Straßenrechts, 1964; *Wendrich,* Niedersächsisches Straßengesetz, 2. Aufl. 1981.

13 *Fritsch/Golz/Wicher,* Landesstraßengesetz, 2. Aufl. 1966; *Fickert,* Straßenrecht in Nordrhein-Westfalen, 2. Aufl. 1968; *ders.,* Straßen- und Wegegesetz des Landes Nordrhein-Westfalen, Text mit amtlicher Begründung, 1983; *Walprecht/Cosson,* Straßen- und Wegegesetz des Landes Nordrhein-Westfalen, 1984.

14 *F. Mayer,* Straßen- und Wegerecht, in: *Mayer/Ule* (Hrsg.), Staats- und Verwaltungsrecht in Rheinland-Pfalz, 1969, S. 548 ff.

— Saarland: Saarländisches Straßengesetz (SaarlStrG) i.d.F. vom 15. Oktober 1977, ABl.
 S. 969 (zit.: SaarlStrG).

— Schleswig-Holstein: Straßen- und Wegegesetz des Landes Schleswig-Holstein vom 22. Juni
 1962, GVBl. S. 237 (zit.: SchlHStrWG)[15].

2. Das Straßenverkehrsrecht

Das Straßenverkehrsrecht regelt den Verkehr unter ordnungsrechtlichen Gesichts-   **6**
punkten mit dem Ziel, Sicherheit und Leichtigkeit des Verkehrs zu gewährleisten[16]. Es ist ein (tendenziell umfassendes) Sonderrecht der Gefahrenabwehr. Es zielt
auf Gefahren, die dem Verkehr und den Verkehrsteilnehmern von anderen Verkehrsteilnehmern drohen, die vom Verkehr für Dritte ausgehen (Umweltschäden!) oder
von außerhalb des Verkehrs auf den Verkehr einwirken (Werbung!)[17]. Straßenverkehrsrecht ist Bundesrecht auf der Grundlage des Art. 74 Nr. 22 GG. Von dieser
Kompetenz haben (Bundes-)Gesetz- und Verordnunggeber einen erschöpfenden Gebrauch gemacht[18]:
Straßenverkehrsgesetz vom 19. Dezember 1972 (BGBl. I, 837) i.d.F. vom 6. April 1980
(BGBl. I, 413); Straßenverkehrsordnung — StVO — vom 16. November 1970 (BGBl. I, 1565)
i.d.F. vom 21. Juli 1980 (BGBl. I, 1060); Straßenverkehrszulassungsordnung (StVZO) i.d.F.
der Bekanntmachung vom 15. November 1974 (BGBl. I, 3193).

Die ordnungsrechtliche Ausrichtung bestimmt den Kern des Straßenverkehrsrechts
und seinen eindeutigen Schwerpunkt, formt das Straßenverkehrsrecht heute aber
nicht mehr ausschließlich. Denn die Straßenverkehrsbehörden haben durch die 1980
erfolgte Neufassung des § 45 StVO auf der Grundlage der Bundeskompetenz „Bodenrecht" (Art. 74 Nr. 18 GG) Zuständigkeiten erhalten, die zwar instrumentell solche des Straßenverkehrsrechts sind (Anordnung von Verkehrsverboten und Verkehrsbeschränkungen), ihrem sachlichen Gehalt nach aber in das Städtebaurecht
hineinreichen (siehe § 45 Abs. 1b Satz 1 Nr. 2, 3 und 5 i.V.m. § 45 Abs. 1b Satz 2
StVO)[19].

3. Das Verhältnis von Straßenrecht und Straßenverkehrsrecht

Das BVerfG hat zwar in seiner Grundsatzentscheidung vom 9. 10. 1984 zur Konkur-   **7**
renz von Straßenverkehrsrecht und Straßenrecht um die Regelung des sog. ruhenden
Verkehrs die Auffassung vertreten, Bund und Länder könnten ein- und denselben
Gegenstand nicht gleichzeitig regeln[20]. Dieser These von der Unzulässigkeit von
„Doppelzuständigkeiten" sollte jedoch in dieser Allgemeinheit nicht gefolgt werden.

---

15 *Siegel*, Straßen- und Wegegesetz Schleswig-Holstein, Loseblattkommentar, Stand 1980.
16 BVerwGE 34, 241 (243).
17 BVerfGE 32, 319 (326 f.); 67, 299 (314).
18 Dies gilt jedenfalls für das Verkehrsrecht im Sinne von Verkehrsverhaltensrecht. Siehe BVerwGE 23,
 325 (328); 56, 56 (58); vgl. auch BVerfGE 32, 319 (327 f.).
19 Dazu *Steiner*, NJW 1980, 2339, insb. 2343. — Die Bundeskompetenz „Straßenverkehrsrecht" (Art. 18
 Nr. 22 GG) deckt nur Regelungen der Ausübung des Gemeingebrauchs, die aus „verkehrsbezogenen-
 ordnungsrechtlichen Gründen, nicht hingegen aus sonstigen ordnungsrechtlichen (oder aus ästhetischen oder städtebaulichen) Gründen erfolgen sollen" (BVerfGE 67, 299/322 f.).
20 BVerfGE 67, 299 (320 f.)

Die grundsätzliche Selbständigkeit der Anknüpfungspunkte und Regelungsaufgaben von Straßenrecht und Straßenverkehrsrecht schließt es ein, daß ein und derselbe Sachverhalt nach den Vorschriften **beider** Materien unter **unterschiedlichen** Gesichtspunkten beurteilt und mit Mitteln **beider** Materien auf ihn reagiert werden kann. Straßenrecht und Straßenverkehrsrecht sind zwei sich in ihrem Anwendungsbereich teilweise überschneidende Materien. Beispiele für derartige „Doppelzuständigkeiten" sind etwa:

Werbung, etwa politische Werbung, im Straßenraum ohne Teilnahme am Verkehr und insbesondere ohne Inanspruchnahme eines Verkehrsmittels ist ein wegerechtlicher Tatbestand (siehe u. Rdnr. 116, 119). Zugleich interessiert sich das Straßenverkehrsrecht für diesen Sachverhalt, soweit Auswirkungen der Werbung auf den Verkehr zu erwarten sind[21]. Auch für Werbeanlagen außerhalb geschlossener Ortschaften finden sich Doppelzuständigkeiten (§ 9 Abs. 6 FStrG, § 33 Abs. 1 Satz 1 Nr. 3 StVO)[22]. Gleiches gilt für den Sachverhalt der Verunreinigung von Straßen (siehe § 32 StVO einerseits und § 7 Abs. 3 andererseits)[23].

II. Die Organisation des Gesetzesvollzugs

8 Die Unterscheidung zwischen Straßenrecht und Straßenverkehrsrecht und die Unterscheidung innerhalb des Straßenrechts zwischen Bundes- und Landesstraßenrecht setzt sich in der Ordnung des Gesetzesvollzugs fort.

1. Der Vollzug des materiellen Straßenrechts

9 a) Im Bereich der Straßenverwaltung enthält Art. 90 Abs. 2 GG eine wichtige grundgesetzliche Vorgabe für die Aufteilung der Verwaltungsräume. Die Verwaltung der Bundesautobahnen und sonstigen Bundesstraßen des Fernverkehrs erfolgt danach durch die Länder oder durch die nach dem Landesrecht zuständigen Selbstverwaltungskörperschaften[24] im **Auftrag** des Bundes nach den Grundsätzen des Art. 85 GG. Bundesauftragsverwaltung ist auch hier **Landes**verwaltung im Bundesauftrag. Es ist höchstrichterlich geklärt, daß die Länder nicht in bloßer Organstellung tätig werden, sondern als selbständige Körperschaften[25]. Die Tätigkeit ihrer Behörden im Rahmen der Bundesauftragsverwaltung wird ihnen und nicht dem Bund zugerech-

---

21 Näher dazu *Steinberg/Herbert,* JuS 1980, 108 (111 ff.); OVG Münster, NJW 1975, 989 f.; OLG Bremen, NJW 1976, 1359 f.

22 Siehe dazu BVerfGE 32, 319 (331 f.).

23 Siehe aus dem Landesrecht § 44 BWStrG; Art. 16 BayStrWG; § 40 BremLStrG; § 15 HessStrG; § 17 NStrG; § 17 StrWG NW; § 40 RhPfLStrG; § 16 SaarlStrG; § 46 SchlHStrG. Zum Verhältnis der verkehrsrechtlichen und straßenrechtlichen Bestimmungen zueinander siehe *Kodal/Krämer,* S. 504 ff. und *Wendrich* (Fn. 12), § 17 Anm. 2.

24 Allein Nordrhein-Westfalen hat die Verwaltung der Bundesfernstraßen auf Selbstverwaltungskörperschaften übertragen, und zwar auf die Landschaftsverbände Rheinland und Westfalen-Lippe (§ 5 Abs. 1 lit. b Nr. 3 Landschaftsverbandsordnung).

25 BVerwGE 52, 226 (229). Dabei bezieht sich die Auftragsverwaltung nach Art. 90 Abs. 2 GG „ihrem Gegenstand nach auf den gesamten Umfang der Bundesstraßenverwaltung. Sie erfaßt mithin sowohl die Hoheitsverwaltung als auch die Vermögensverwaltung der Bundesstraßen und . . . insbesondere auch diejenigen Verwaltungsaufgaben, die der Erfüllung der Straßenbaulast dienen" (BVerwG, a.a.O.).

net. Im Bereich der Straßenbaulast entspricht dieser Verfassungslage die Wahrnehmung der sog. externen Straßenbaulast (faktische Verwirklichung der Bau- und Unterhaltungsmaßnahmen) durch die Länder. Davon wird die Verpflichtung des Bundes unterschieden, im **internen** Verhältnis die Ausgaben für die Unterhaltung und den Ausbau der Bundesstraßen (Sachkosten) zu tragen (sog. finanzielle Straßenbaulast)[26].

b) Da der Vollzug des Landesstraßenrechts ohnehin für die Straßenklassen „Staatsstraßen (Land-, Landesstraßen)"[27] und teilweise auch für die Kreisstraßen[28] bei den Landesbehörden liegt, entspricht dem Einheitsgedanken des materiellen Bundes- und Landesstraßenrechts auch eine weithin identische Vollzugsorganisation. **10**

c) Die Orientierung im materiellen Straßenrecht setzt die Kenntnis einiger organisatorischer Grundbegriffe voraus[29]. **11**

— Vollzogen wird das Straßenrecht durch die Straßen(bau)verwaltung in der Gestalt der **Straßenbaubehörden.** Für das moderne Wegerecht ist die Konzentration des hoheitlichen Vollzugs bei den Straßenbaubehörden kennzeichnend. Bei ihnen liegt aber auch die Wahrnehmung der Aufgaben aus der Straßenbaulast mit rechtsgeschäftlichen und faktischen Mitteln.

— **Straßenbaulastträger** sind die juristischen Personen des öffentlichen Rechts[30] (Länder, Kreise, Gemeinden), denen die Straßen und insbesondere die darauf bezogenen Straßenbaulastverpflichtungen in einer noch näher zu beschreibenden Weise (siehe Rdnr. 81) gesetzlich zugeordnet sind. Sie handeln durch die Straßenbaubehörden.

— Die (staatlichen) Behörden der **Straßenaufsicht** überwachen die Erfüllung der Aufgaben, die den Trägern der Straßenbaulast und den Straßenbaubehörden obliegen[31]. Straßenaufsicht ist Fachaufsicht, gegenüber kommunalen Gebietskör-

---

26 Siehe BVerwGE 52, 226 (229 f.); 52, 237 (241). Zu Einzelfragen, die in jüngerer Zeit von der Rechtsprechung entschieden wurden, siehe BVerwGE 51, 6; BayVGH, DÖV 1983, 602 f. (Beiladung der Bundesrepublik im Verwaltungsstreitverfahren) und BVerwG, NVwZ 1983, 471 (Aufwendungsersatz).

27 So obliegt beispielsweise den Landschaftsverbänden Nordrhein-Westfalen (vgl. Fn. 24) die Straßenbaulast für die Bundesfernstraßen und für die Landesstraßen (§ 5 Abs. 1 lit. b Nr. 1 und 2 Landschaftsverbandsordnung; vgl. auch § 43 Satz 1 Nr. 1 StrWG NW) sowie für die Kreisstraßen, soweit sie dafür zuständig sind oder ihnen diese Aufgabe nach § 56 Abs. 4 StrWG NW übertragen worden ist.

28 Die teils obligatorischen, teils fakultativen Bestimmungen sind enthalten in: § 53 BWStrG; Art. 59 BayStrWG; § 41 Abs. 5 HessStrG; Art. 8 § 2 Abs. 2 des nds. Gesetzes zur Verwaltungs- und Gebietsreform vom 28. 6. 1977 (GVBl. S. 233); § 56 Abs. 4 StrWG NW und § 53 SchlHStrWG.

29 Die Umsetzung des allgemeinen Begriffs- und Organisationsschemas in die konkrete Verwaltungsorganisation der einzelnen Länder unterbleibt im folgenden aus Gründen der Übersicht. Sie ist anhand des FStrG und der jeweiligen Landesstraßengesetze einschließlich der dazu gehörigen Delegationsverordnungen mühelos vorzunehmen.

30 Allerdings können bei bestimmten Straßenkategorien auch Private Straßenbaulastträger sein. Siehe z. B. Art. 54, 55 BayStrWG (bestimmte öffentliche Feld- und Waldwege, Eigentümerwege).

31 Weitergehende Funktionen der Straßenaufsicht kennen Berlin (vgl. §§ 15, 16 BerlStrG), Hamburg (vgl. etwa §§ 6 Abs. 1, 19 Abs. 1 Satz 2 HambWG) und Schleswig-Holstein (siehe etwa § 8 Abs. 1 SchlHStrWG).

perschaften (Kreisen, Gemeinden) jedoch Rechtsaufsicht[32]. Letzteres gilt allerdings nicht für die Ortsdurchfahrt von Bundesstraßen[33] (§ 20 Abs. 1).

2. Der Vollzug des Straßenverkehrsrechts

12   Zum Vollzug des Straßenverkehrsrechts sind eigene, von den Straßenbaubehörden getrennte, auf der „Kreisebene" eingerichtete Straßenverkehrsbehörden berufen (vgl. § 44 Abs. 1 Satz 1 StVO). Soweit die **Gemeinden** allgemein (als kreisfreie Gemeinden) oder (als kreisangehörige Gemeinden) mit bestimmten Aufgaben der (unteren) Straßenverkehrsbehörden betraut sind, nehmen sie diese Aufgaben im übertragenen Wirkungskreis bzw. als Pflichtaufgaben nach Weisung wahr. Die zuständigen obersten Landesbehörden (Innen- oder Verkehrsminister der Länder) und die höheren Verwaltungsbehörden (Regierungspräsidenten, Bezirksregierungen) können ihnen Weisungen auch für den Einzelfall erteilen (§ 44 Abs. 1 Satz 2 StVO). Für die gemeindliche Praxis der Verkehrslenkung und Verkehrssteuerung ist diese Feststellung praktisch wichtig, weil die Gemeinden im Verhältnis zum Staat über unterschiedliche Spielräume je nach dem verfügen, ob sie aufgrund straßenrechtlicher (dem örtlichen Wirkungskreis im Sinne des Art. 28 Abs. 2 GG zuzurechnender) oder aufgrund (staatlich „eingebundener") straßenverkehrsrechtlicher Zuständigkeiten handeln.

Antworten und Lösungshinweise

13   1. Die in Frage stehende Anordnung einer Geschwindigkeitsbeschränkung auf einer Bundesautobahn ist ebenso wie auf anderen öffentlichen Straßen die Setzung von Verkehrsrecht. Die Kompetenz für den Erlaß verkehrsrechtlicher Vorschriften liegt beim Bund (Art. 74 Nr. 22 GG). Diese Gesetzgebungszuständigkeit hat der Bund ausgeschöpft (BVerwGE 23, 325/328; 56, 56/58; vgl. auch BVerfGE 32, 319/327 f.). Die Länder haben deshalb keine Befugnis zur Gesetzgebung mehr (Art. 72 Abs. 1 GG), weder durch förmliches Gesetz noch durch Landesrechtsverordnung. Diese Sperre greift auch hier. Es kommt daher nicht darauf an, daß der Bund eine Geschwindigkeitsbegrenzung für Bundesautobahnen in seiner Bundesrechtsverordnung „StVO" nicht vorgesehen hat. Eine andere Frage ist es, ob die zuständigen Straßenverkehrsbehörden der Länder auf der Grundlage des § 45 Abs. 1 Satz 1 StVO (Verkehrsbeschränkungen zur Gewährleistung der Sicherheit und Ordnung des Verkehrs) entsprechende Geschwindigkeitsbegrenzungen verfügen dürfen. Solche Anordnungen können aber nur Streckenteile von Autobahnen betreffen und müssen ihre Rechtfertigung aus den besonderen Umständen des jeweiligen Streckenteils herleiten.

14   2. Ortsdurchfahrten sind klassifikationsrechtlich keine eigene Kategorie. Sie haben die Klassifikation der Straße, deren Teil sie bilden (siehe u. Rdnr. 38). Die Ortsdurchfahrten von Bundesstraßen sind daher selbst Bundesstraßen. Im vorliegenden Falle kommt deshalb das für die Bundesstraßen geltende Straßenrecht, das FStrG, zur Anwendung (hier: § 8 Abs. 1). Das Straßenrecht in der Bundesrepublik ist Bundes- oder Landesstraßenrecht. Eine dritte Straßenrechtsmaterie in der Form eines Gemeinde-Straßenrechts gibt es nicht. Wohl aber können die Gemeinden durch Satzung bestimmte Sondernutzungen an den Ortsdurchfahrten von der Erlaubnis befreien und die Ausübung regeln (§ 8 Abs. 1 Satz 4 und 5, vgl. Rdnr. 101).

---

32 Dies folgt aus der Zuordnung des Baus und der Unterhaltung örtlicher Straßen zu den Angelegenheiten der örtlichen Gemeinschaft im Sinne des Art. 28 Abs. 2 GG (vgl. etwa Art. 62 Abs. 2 BayStrWG).
33 Zu dieser umstrittenen Frage siehe *Bartlsperger,* DVBl 1979, 1 (9).

Vertiefungshinweise

Bartlsperger: Kommentierung des Art. 90 GG, in: Bonner Kommentar, Zweitbearbeitung 1969 (auch als Sonderdruck); Beiträge von *Marschall* (S. 525—540 f.) und *Wilke* (S. 541—556), in: *Bartlsperger/Blümel/Schroeter; Steiner:* Straßenrecht und Straßenverkehrsrecht, JuS 1984, S. 1 ff.

B. Institutionen des Straßenbestandsrechts

Fragen und Fälle

1. Die Bundesstraße B 15 wird verbreitert. Die zusätzliche Grundstücksfläche hat das Land L von E zum Eigentum erworben. Nach erfolgter Widmung der Straße stellt sich im Rahmen eines von E und L ausgetragenen Rechtsstreits heraus, daß der dem Eigentumsübergang vorausgegangene Kaufvertrag zwischen L und E wegen eines unzulässigen Koppelungsgeschäfts rechtswidrig und nichtig ist. Kann E die Rückübertragung des Eigentums an ihn durch L verlangen? **15**

2. Die Gemeinde G will die X-Straße (Gemeinde- bzw. Ortsstraße) umgestalten. Es ist daran gedacht, die Gehsteige zur Sicherheit der Fußgänger wesentlich zu verbreitern und die Fahrbahn zu verengen. Bedarf es vor der baulichen Durchführung der Maßnahme einer Änderung der Widmung? **16**

3. E stellt schon seit geraumer Zeit einen Weg über sein privates Grundstück für den allgemeinen Fußgänger- und Fahrradfahrverkehr zur Verfügung. Da inzwischen für die Kraftfahrzeuge seiner Mieter nicht genügend Parkfläche vorhanden ist, markiert er auf einem Teil des Weges Parkplätze und sperrt diese mit einer nur von den Mietern abnehmbaren Kette ab. Kann die Straßenbaubehörde auf Beschwerden von Bürgern hin, die bisher den Weg benutzt haben, dagegen etwas unternehmen? **17**

4. A bemüht sich für sein außerhalb der geschlossenen Ortslage liegendes Grundstück um eine Zufahrt zur B 16a. Diese Straße hat durch eine Neutrassierung (B 16) ihre Verkehrsbedeutung als Straße des Fernverkehrs verloren, wird aber nicht auf den Status einer Kreisstraße zurückgestuft, weil der (Land-)Kreis die Straßenbaulast nicht übernehmen will. Kann A eine Umstufung gegebenenfalls gerichtlich erzwingen, um den strengen Anforderungen an die Anlegung neuer Zufahrten zu Bundesstraßen (§ 8a) zu entgehen? **18**

I. Grundinformationen

Das deutsche Straßenrecht erschließt sich nur, wenn man seine wesentlichen **Grund**entscheidungen zur Kenntnis genommen und verstanden hat. Zu diesen Grundentscheidungen ist insbesondere zu rechnen: **19**

1. **Öffentlicher Sachstatus der Straße:** Straßen und Wege im Sinne des deutschen Straßenrechts sind **öffentliche** Sachen. Mit ihrem Bau, ihrer Indienststellung und ihrer Unterhaltung erbringen die zuständigen Hoheitsträger (Bund bzw. Länder und **20**

Landschaftsverbände, Kreise, Gemeinden) eine Verwaltungsleistung in den Formen des **öffentlichen** Rechts. Die damit verbundenen Rechtsverhältnisse sind **speziell** in den Straßengesetzen geregelt, ergänzend gilt allgemeines öffentliches Recht einschließlich der jeweiligen Verwaltungsverfahrensgesetze[34].

21 2. **„Dualistische" Konstruktion** oder **„Theorie des modifizierten Privateigentums":** Trotz ihres öffentlichen Sachstatus besteht an Straßen nach der das deutsche Straßenrecht — mit Ausnahme Hamburgs[35] — beherrschenden sog. dualistischen Konstruktion bürgerlichrechtliches Eigentum im Sinne des § 903 BGB. Soweit der öffentliche (durch die Widmung näher bestimmte) Zweck der Straße reicht, werden allerdings die bürgerlichrechtlichen Befugnisse aus diesem Eigentum (§§ 903 i.V.m. 985, 1004 BGB) durch die öffentlich-rechtliche (hoheitliche) Sachherrschaft überlagert, verdrängt oder modifiziert (vgl. §§ 986 Abs. 1, 1004 Abs. 2 BGB)[36]. Diese Sachherrschaft wird als öffentlich-rechtliche Dienstbarkeit konstruiert. Sie steht dem Straßenbaulastträger zu („Sachherr") und wird von den Straßenbaubehörden ausgeübt.

22 3. **Widmungsprinzip** und **Prinzip der förmlichen Widmung:** Die Straße erhält ihren öffentlichen Sachstatus allein durch den Hoheitsakt der Widmung, der vom Bundes- und Landesstraßenrecht durchweg förmlich ausgestaltet ist (siehe II.).

23 4. **Formalisierungsprinzip:** Das (weitere) rechtliche Schicksal der gewidmeten Straße kann sich nur in förmlich geregelten Schritten vollziehen. Die Aufhebung des öffentlichen Sachstatus erfolgt durch „Einziehung", die nachträgliche Widmungsbeschränkung durch Teileinziehung (siehe u. III.), die Änderung in der Straßeneinstufung (Klassifikation) durch „Umstufung" (IV.).

II. Die Widmung

1. Die Rechtswirkungen der Widmung

24 Die Widmung ist der juristische Geburtsakt der öffentlichen Straße. Ohne förmliche Widmung gibt es keine öffentliche Straße im Sinne des geltenden Straßenrechts. Die folgende Skizze verdeutlicht aber, daß die Widmung über die Begründung des öffentlichen Sachstatus hinaus weitere unmittelbare und mittelbare rechtserhebliche Wirkungen äußert.

---

34 So gilt beispielsweise Art. 41 Abs. 3 BayVwVfG für die Bekanntgabe der Widmung (als Allgemeinverfügung), da das BayStrWG Bestimmungen über die Bekanntmachung der Widmung nicht mehr enthält.

35 § 4 Abs. 1 HambWG begründet an Grundflächen, die als öffentliche Flächen gewidmet sind **und** der Freien und Hansestadt Hamburg gehören, öffentliches Eigentum der Hansestadt. Die in öffentlichem Eigentum stehenden Gegenstände sind dem Rechtsverkehr entzogen. Die Vorschriften des bürgerlichen Rechts, insbesondere über den Besitz und das Eigentum, finden **keine** Anwendung. Zur rechtlichen Zulässigkeit dieser Konstruktion siehe BVerfG, DVBl. 1976, 840.

36 Vgl. § 2 Abs. 3 FStrG; § 5 Abs. 8 BWStrG; Art. 6 Abs. 5 BayStrWG; § 10 Abs. 1 BerlStrG; § 5 Abs. 5 BremLStrG; § 6 Abs. 4 HambWG; § 4 Abs. 4 HessStrG; § 6 Abs. 4 NStrG; § 6 Abs. 6 StrWG NW; § 36 Abs. 5 RhPfLStrG; § 6 Abs. 5 SaarlStrG und § 6 Abs. 6 SchlHStrWG.

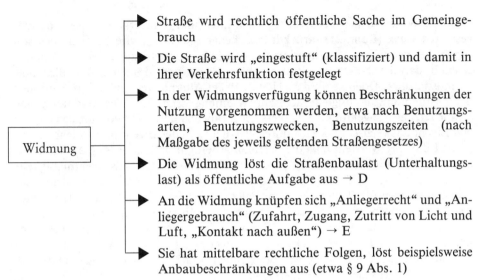

- ▶ Straße wird rechtlich öffentliche Sache im Gemeingebrauch
- ▶ Die Straße wird „eingestuft" (klassifiziert) und damit in ihrer Verkehrsfunktion festgelegt
- ▶ In der Widmungsverfügung können Beschränkungen der Nutzung vorgenommen werden, etwa nach Benutzungsarten, Benutzungszwecken, Benutzungszeiten (nach Maßgabe des jeweils geltenden Straßengesetzes)
- ▶ Die Widmung löst die Straßenbaulast (Unterhaltungslast) als öffentliche Aufgabe aus → D
- ▶ An die Widmung knüpfen sich „Anliegerrecht" und „Anliegergebrauch" (Zufahrt, Zugang, Zutritt von Licht und Luft, „Kontakt nach außen") → E
- ▶ Sie hat mittelbare rechtliche Folgen, löst beispielsweise Anbaubeschränkungen aus (etwa § 9 Abs. 1)

Widmung

a) Die öffentlichen Straßen sind **das** Beispiel einer öffentlichen Sache im Gemeingebrauch. Im Rahmen der Widmung stehen sie jedermann **unmittelbar** und ohne besondere Zulassung (Gemeingebrauch) zur Verfügung (siehe u. Rdnr. 95). **25**

b) Nur gewidmete Straßen sind öffentliche Straßen im Sinne des Straßenrechts (vgl. § 2 Abs. 1). Fehlt die Widmung, so liegt entweder eine **tatsächlich** öffentliche Straße oder lediglich eine Privatstraße (Privatweg) vor. Die Benutzung **tatsächlich öffentlicher** Straßen unterliegt dem Straßenverkehrsrecht (StVO, StVZO), auch mit Wirkung gegenüber dem Grundstückseigentümer. Die Einordnung einer Straße als tatsächlich öffentliche Straße setzt voraus, daß der Verkehrsgrund vom Eigentümer oder sonstigen Verfügungsberechtigten in widerruflicher Weise der **Allgemeinheit** zur Benutzung überlassen worden ist. **26**

Das BayObLG[37] versteht unter tatsächlich öffentlichem Verkehrsgrund alle Flächen, auf denen aufgrund ausdrücklicher oder stillschweigender Duldung der Verfügungsberechtigten die Benutzung — ohne dahingehende Vorsorge, daß nur Personen, die in näherer persönlicher Beziehung zu ihnen stehen oder in eine solche treten wollen, Zutritt erhalten — durch einen nicht näher bestimmten Personenkreis zugelassen wird. Beispiele: Zufahrt zu einer Tankstelle, Parkplatz eines Einkaufszentrums, Feld- und Wanderwege. Häufig ist die Abgrenzung gegenüber Privatwegen nicht einfach[38].

Die tatsächlich öffentliche Straße steht **außerhalb** des Straßenrechts. Der Benutzer kann keine Rechte aus wegerechtlichen Gemeingebrauchsgewährleistungen ableiten. Der Eigentümer ist nicht gehindert, über den Benutzerkreis nach subjektiven Gesichtspunkten zu disponieren; eine Baulastverpflichtung trifft ihn nicht[39] (vgl. auch Rdnr. 49).

---

37 BayObLG, NVwZ 1983, 637 (638) mit umfangreichen Nachweisen.
38 Siehe für die „Park-and-ride"- bzw. „Park-and-drive"-Parkplätze *Fickert,* Aktuelle Fragen des Straßenrechts in Rechtspraxis und höchstrichterlicher Rechtsprechung, 1980, S. 17 ff.
39 Siehe aber für die „Privatstraßen des öffentlichen Verkehrs" in Berlin 15 Satz 4 i.V.m. § 1 Abs. 2 BerlStrG.

27 c) Da die Widmung privatrechtliche Eigentümer- und Besitzerbefugnisse in der dargestellten Weise (Rdnr. 21) zurückdrängt, bedarf sie einer zivilrechtlichen oder sonstigen gleichgestellten Legitimation. **Regelmäßige** Voraussetzung der Widmung ist deshalb, daß der Träger der Straßenbaulast Eigentümer des der Straße dienenden Grundstücks ist. Doch kennt das geltende Recht Alternativen und läßt insbesondere die Zustimmung des Eigentümers zur Widmung genügen[40]. Die Widmung einer Straße setzt also Eigentum des Trägers der Straßenbaulast nicht voraus, bewirkt keinen Eigentumswechsel und wird durch Verfügungen des Eigentümers nicht berührt (siehe Rdnr. 21). Versteht man die Verfügungsbefugnis im Sinne des § 2 Abs. 2 bzw. im Sinne der parallelen Vorschriften der Länderstraßengesetze als **Rechtmäßigkeits**voraussetzung der Widmung[41], so beurteilen sich mangels spezieller straßenrechtlicher Regelungen die Rechtsfolgen im Falle des Fehlens dieser Voraussetzung nach dem jeweils geltenden, in dieser Frage allerdings übereinstimmenden Verwaltungsverfahrensrecht der Länder. Die Widmung ist daher (wegen eines „besonders schwerwiegenden Fehlers") rechtswidrig-anfechtbar (vgl. § 43 Abs. 2, 3 VwVfG) und nur unter der ausnahmsweise vorliegenden zusätzlichen Voraussetzung des § 44 Abs. 1 VwVfG (Evidenz des Fehlers) nichtig[42].

28 d) Die Widmungsverfügung stuft die Straße nach dem Kriterium ihrer (erwarteten bzw. beabsichtigten) Verkehrsbedeutung in eine der straßenrechtlichen Straßengruppen ein (siehe u. Rdnr. 39)[43]. Über diese abstrakte und typisierte Einordnung hinaus kann die für die Widmung zuständige Straßenbaubehörde ihr Verkehrs- und Nutzungskonzept für die Straße dadurch konkretisieren, daß sie Beschränkungen der Widmung vornimmt. Diese Beschränkungen können sich auf bestimmte Benutzungsarten beziehen[44], nach manchen Länderstraßengesetzen auch auf Benutzungszwecke, Benutzungszeiten, Benutzerkreise[45], in Nordrhein-Westfalen[46] neuerdings zusätzlich auf „etwaige sonstige Besonderheiten". Besonders für den Bereich der

---

40 Siehe § 2 Abs. 2 FStrG; § 5 Abs. 1 BWStrG; Art. 6 Abs. 3 BayStrWG; § 3 Abs. 1 Satz 2 BerlStrG; § 5 Abs. 2 BremLStrG; § 6 Abs. 1 Satz 1 HambWG; § 4 Abs. 2 HessStrG; § 6 Abs. 2 NStrG; § 6 Abs. 5 StrWG NW; § 36 Abs. 2 RhPflStrG; § 6 Abs. 3 SaarlStrG; § 6 Abs. 3 SchlHStrWG. Nach Auffassung des BayerVerfGH (BayVBl 1985, 45/46) bedarf die Zustimmung zur Widmung trotz der mit ihr verbundenen Eigentumsbeschränkungen keiner besonderen Form. Sie kann auch durch schlüssiges Handeln erklärt werden.

41 Dagegen kann nach Auffassung von Salzwedel (S. 627) eine fehlerhafte Widmung keine Rechtswirkung erzeugen. Allerdings will er eine voll ausgebaute und dem Verkehr übergebene Straße wie eine rechtmäßige und wirksam gewidmete behandelt sehen (Lehre vom „faktischen Straßenverkehrsverhältnis"). Die Mängel des Entstehungsaktes der öffentlichen Sache könnten hier nicht mehr geltend gemacht werden, um alle öffentlichen Investitionen wieder rückgängig zu machen, sondern nur, um Entschädigungsansprüche aus enteignungsgleichem Eingriff zu begründen (S. 627).

42 In dieser Richtung auch BayObLG, DÖV 1961, 832 (833 f.); siehe im übrigen dazu ausführlich *Pappermann/Löhr*, JuS 1980, 37 f. mit Nachweisen. Diese Autoren wollen aus Gründen der Verkehrssicherheit eine rückwirkende Anfechtung der öffentlich-rechtlichen Widmungszustimmung des Eigentümers wegen Irrtums (§§ 119 Abs. 1, 142 Abs. 1 BGB analog) nicht zulassen.

43 Die Eintragung einer Straße in das Straßen- und Bestandsverzeichnis hat — von Besonderheiten des Überleitungsrechts abgesehen (siehe *Kodal/Krämer*, S. 209) — keine rechtsstatusbegründende Wirkung (vgl. etwa § 1 Abs. 4).

44 Siehe Art. 6 Abs. 2 Satz 3 BayStrWG; § 4 Abs. 1 Satz 3 HessStrG; § 6 Abs. 2 Satz 3 SaarlStrG; § 6 Abs. 1 Satz 3 SchlHStrWG.

45 Siehe § 5 Abs. 3 Satz 2 BWStrG; § 6 Abs. 1 Satz 4 NStrG; § 6 Abs. 3 StrWG NW und § 36 Abs. 1 Satz 4 RhPflStrG; vgl. auch § 3 Abs. 2 Satz 2 BerlStrG („Einschränkungen").

46 § 6 Abs. 3 StrWG NW.

Orts- und Gemeindestraßen ermöglicht das Straßenrecht damit eine Steuerung der Verkehrszusammensetzung und der Verkehrsmenge aus städtebaulichen oder verkehrlichen Gründen (etwa: Ausschluß des Kraftfahrzeugverkehrs aus Innenstädten, Herausnahme des Schwerlastverkehrs aus enger Ortsstraße; siehe u. Rdnr. 160). Praktisch wichtig ist, daß solche Widmungsbeschränkungen auch nachträglich im Verfahren der Teileinziehung vorgenommen werden können (siehe u. III.).

2. Rechtsnatur- und Rechtsschutzfragen

Die Widmung ist im geltenden Straßenrecht weithin als einstufiger (allein von der **29** Straßenbaubehörde für den Straßenbaulastträger vorzunehmender) Hoheitsakt „aus **einer** Hand" ausgestaltet[47]. Obgleich sie Traditionsfigur des Straßenrechts ist, sind die Aussagen über ihre Rechtsnatur und die daraus abzuleitenden Folgerungen für die Möglichkeit der verwaltungsgerichtlichen Kontrolle noch immer kontrovers. Als **Grundregel** ist dabei für die Widmung ebenso wie für die anderen Statusakte (Einziehung, Teileinziehung, Umstufung) das **Gebot** der **Differenzierung** nach Rechtswirkungen und subjektiv-rechtlichen Betroffenheiten hervorzuheben.

a) Die Bestimmung des § 35 Satz 2 VwVfG erlaubt es trotz rechtstheoretischer Ein- **30** wände, die Widmung unter dem Gesichtspunkt ihrer juristischen Kernwirkung (Hervorbringung des öffentlich-rechtlichen Sachstatus) und ihrer Wirkungen gegenüber dem „Publikum" (Auslösung des Gemeingebrauchs) als Allgemeinverfügung zu bewerten (§ 35 Satz 2, 2. und 3. Alternative)[48]. Dies schließt nicht aus, sie unter dem Gesichtspunkt individueller bzw. individualisierbarer Rechtswirkungen zugleich als Verwaltungsakt im Sinne des § 35 Satz 1 VwVfG zu qualifizieren. Rechtswirkungen der zuletzt genannten Art entfaltet sie z. B. gegenüber dem bisherigen privaten Eigentümer, falls im Zeitpunkt der Widmung das Eigentum auf den Straßenbaulastträger noch nicht übergegangen ist, weiter gegenüber der öffentlich-rechtlichen Rechtspersönlichkeit (etwa: Land, Kreis, Gemeinde), der als Folge der Widmung die Pflichten aus der Straßenbaulast zuwachsen, aber auch gegenüber Anliegern, etwa im Hinblick auf die Auslösung von Anbauverboten und Anbaubeschränkungen (siehe Rdnr. 128). Wird die Widmung unter bestimmten Voraussetzungen fingiert (§ 2 Abs. 6a Satz 1)[49], so ist sie materiellrechtlich und prozessual im Grundsatz einer wirklich erfolgten Widmung gleichzustellen[50].

b) Die Widmung wird aus Gründen der Rechtssicherheit in die Gruppe der „neben- **31** bestimmungs-feindlichen" Hoheitsakte eingestuft. Allerdings ist sie solange schwebend unwirksam, solange die Straße noch nicht faktisch in Dienst gestellt ist (Verkehrsübergabe)[51]. Die Widmung wird öffentlich bekannt gemacht (§ 2 Abs. 6 Satz

---

47 Siehe aber auch § 6 HambWG und § 6 Abs. 1 SchlHStrWG.
48 Ausführliche Nachweise zum Streitstand bei *Sieder/Zeitler/Kreuzer/Zech* (Fn. 10), Art. 6 Rdnr. 4—8.
49 Siehe § 5 Abs. 7 BWStrG; Art. 6 Abs. 7 BayStrWG; § 3 Abs. 4 BerlStrG; § 5 Abs. 4 BremLStrG; § 6 Abs. 6 NStrG; § 6 Abs. 8 StrWG NW; § 36 Abs. 4 RhPfLStrG; § 6 Abs. 7 SaarlStrG und § 6 Abs. 5 SchlHStrWG.
50 Siehe *Steiner,* DVBl. 1970, 34 (39).
51 Siehe *Kodal/Krämer,* S. 199.

$3)^{52}$. Für Änderungen der Widmung stellt das Straßenrecht je nach Änderungsabsicht einen speziellen „actus contrarius" zur Verfügung (Einziehung, Teileinziehung durch nachträgliche Widmungsbeschränkung, Umstufung).

32   c) Die Rechtsschutzfragen beurteilen sich aus der Rechtsnatur der Widmung heraus. Angreifbar ist die Widmung im Wege der Anfechtungsklage (§ 42 Abs. 1 VwGO). Diese kann auch auf die Teilaufhebung der Widmung abzielen (vgl. § 113 Abs. 1 Satz 1 VwGO), z. B. sich gegen eine in der Widmung verfügte Nutzungsbeschränkung wenden. Wird eine Widmung oder eine Widmungsbeschränkung angestrebt, so kommt die verwaltungsgerichtliche Verpflichtungsklage in Betracht (§ 42 Abs. 1 VwGO); allerdings wird in der Regel die Klagebefugnis (§ 42 Abs. 2 VwGO) fehlen.

III. Einziehung und Teileinziehung

1. Die Einziehung

33   a) Die Aufhebung der Straße als öffentliche Sache im Gemeingebrauch erfolgt im Wege der Einziehung (§ 2 Abs. 4)^{53}. Dies gilt sowohl für die Straße insgesamt als auch für deren Teile. Die Einziehung setzt voraus, daß die Straße jede Verkehrsbedeutung verloren hat — z. B. wegen des Neubaus einer Trasse an anderer Stelle — oder überwiegende Gründe des öffentlichen Wohls vorliegen (§ 2 Abs. 4)^{54}. Sie ist ein gebundener Verwaltungsakt, der unter bestimmten Voraussetzungen („Bagatellfälle") fingiert werden kann (§ 2 Abs. 6a Satz 2)^{55}.

34   b) Die Einziehung hat Beschränkungen bis hin zum vollständigen Verlust der bisher durch die Straße ermöglichten oder mit ihrer Existenz zusammenhängenden Nutzungen zur Folge. Das Gesetz sagt ausdrücklich, daß der Gemeingebrauch ebenso entfällt wie die widerruflichen Sondernutzungen (§ 2 Abs. 7 Satz 1)^{56}. Sie kann also mit Eingriffen in rechtlich geschützte Positionen verbunden sein. Zu Recht hat daher der Straßengesetzgeber das Einziehungsverfahren rechtsstaatlich ausgestaltet. Die Absicht der Einziehung ist rechtzeitig anzukündigen, um Gelegenheit zu Ein-

---

52 Vgl. § 5 Abs. 4 BWStrG; § 3 Abs. 3 BerlStrG; § 6 Abs. 1 Satz 3 HambWG; § 4 Abs. 3 Satz 1 HessStrG; § 6 Abs. 3 NStrG; § 6 Abs. 1 Satz 2 StrWG NW; § 36 Abs. 3 RhPfLStrG; § 6 Abs. 4 SaarlStrG und § 6 Abs. 2 SchlHStrWG. Für Bayern gilt Art. 41 Abs. 3 BayVwVfG.
53 Siehe § 7 Abs. 1 BWStrG; Art. 8 Abs. 1 BayStrWG; § 4 Abs. 1 Satz 1 BerlStrG; § 7 Abs. 1 Satz 1 BremLStrG; § 7 Abs. 1 HambWG; § 6 Abs. 1 Satz 1 HessStrG; § 8 Abs. 1 Satz 1 NStrG; § 7 Abs. 1 Satz 1 StrWG NW; § 37 Abs. 1 Satz 1 RhPfLStrG; § 8 Abs. 1 SaarlStrG und § 8 Abs. 1 SchlHStrWG.
54 Die Formulierungen (vgl. Fn. 50) variieren: „Überwiegende Gründe des öffentlichen Wohls" („der Allgemeinheit"), „Wohl der Allgemeinheit" oder „öffentliches Interesse an der Aufhebung".
55 Siehe § 7 Abs. 6 BWStrG; Art. 8 Abs. 6 BayStrWG; § 4 Abs. 4 BerlStrG; § 8 Abs. 6 NStrG; § 7 Abs. 6 StrWG NW; § 37 Abs. 4 RhPfLStrG; § 8 Abs. 6 SaarlStrG. Nach dem SchlHStrWG (§ 8 Abs. 1) steht die Einziehung bei Wegfall der Verkehrsbedeutung der Straße im Ermessen der zuständigen Stelle.
56 Siehe § 7 Abs. 7 BWStrG; Art. 8 Abs. 4 BayStrWG; § 7 Abs. 5 BremLStrG; § 7 Abs. 5 HambWG; § 8 Abs. 4 NStrG; § 7 Abs. 4 StrWG NW; § 37 Abs. 5 RhPfLStrG und § 8 Abs. 4 SaarlStrG.

wendungen zu geben (§ 2 Abs. 5 Satz 1)[57]. Die Einziehung selbst ist öffentlich bekanntzumachen (§ 2 Abs. 6 Satz 3)[58].

c) Die Einziehung ist ebenso wie die Widmung im Hinblick auf ihre generellen Wir- **35**
kungen Allgemeinverfügung im Sinne des § 35 Satz 2, 2. und 3. Alternative. Sie entzieht der Straße, soweit sie reicht, den öffentlich-rechtlichen Sachstatus und der Allgemeinheit die gemeingebräuchliche Nutzung. Begünstigende Wirkungen kann sie
gegenüber dem Eigentümer (Wegfall der öffentlich-rechtlichen Zweckbindung) und
gegenüber dem Straßenbaulastträger (Wegfall der Straßenbaulast) entfalten. Gegenüber dem Anlieger wird die Einziehung regelmäßig nachteilige Wirkungen haben,
doch sind auch begünstigende Folgen vorstellbar, etwa durch Wegfall von Anbaubeschränkungen (siehe Rdnr. 128). Die Möglichkeiten der verwaltungsgerichtlichen
Kontrolle von Einziehungsverfügungen bestimmen sich nach der vom geltenden
Straßenrecht und vor allem vom Verfassungsrecht den einzelnen Betroffenen bzw.
Betroffenengruppen gewährten Rechtsstellung (siehe u. E).

2. Die Vornahme nachträglicher Widmungsbeschränkungen durch Teileinziehung

Dem Bedürfnis nach einer vollständigen oder flächenbezogenen (Teil-)Aufhebung **36**
der Widmung wird im geltenden Straßenrecht durch die Möglichkeit der Einziehung
Rechnung getragen. Sie eröffnet aber keinen Weg für die nachträgliche Widmungsbeschränkung, die sich durch eine Änderung des **Nutzungs**konzepts des Straßenbaulastträgers als notwendig erweisen kann. Die Rechtsprechung hat für diese Fälle
schon früh das Verfahren der Teileinziehung vorgehalten[59]. Heute erlaubt das geschriebene Straßenrecht weithin selbst die Vornahme entsprechender Modifikationen der Widmung in bezug auf Benutzungsarten, Benutzungszwecke, Benutzungs-
kreise und Benutzungszeiten[60]. Die Teileinziehung unterscheidet sich von der Einziehung wesentlich dadurch, daß der Status der Straße als öffentliche Sache im Gemeingebrauch erhalten bleibt. Sie ist daher eher ein eigenes Rechtsinstitut gegenüber
der Einziehung als deren „minus". Im allgemeinen ist die Vornahme einer Teileinziehung an das Vorliegen (überwiegender) Gründe des öffentlichen Wohls geknüpft[61].

---

57 Siehe § 7 Abs. 3 BWStrG; Art. 8 Abs. 2 BayStrWG; § 4 Abs. 2 Satz 2 BerlStrG; § 7 Abs. 2 i.V.m. § 6
   Abs. 2 BremLStrG; § 7 Abs. 2 Satz 1 und 2 HambWG; § 6 Abs. 2 HessStrG; § 8 Abs. 2 NStrG; § 7
   Abs. 4 StrWG NW; § 37 Abs. 3 RhPfLStrG; § 8 Abs. 2 SaarlStrG und § 8 Abs. 3 SchlHStrWG.
58 Siehe § 7 Abs. 4 BWStrG; § 4 Abs. 3 Satz 1 BerlStrG; § 7 Abs. 2 i.V.m. § 6 Abs. 4 BremLStrG; § 7
   Abs. 2 Satz 3 HambWG; § 6 Abs. 3 HessStrG; § 8 Abs. 4 NStrG; § 7 Abs. 1 Satz 3 StrWG NW; § 37
   Abs. 2 RhPfLStrG; § 8 Abs. 3 SaarlStrG und § 8 Abs. 5 SchlHStrWG. Für Bayern siehe Art. 41 Abs.
   3 BayVwVfG.
59 Siehe aus der Rechtsprechung OVG Münster, DÖV 1961, 835 (836); HessVGH, DVBl. 1973, 510 f.;
   BayVGH, DVBl. 1973, 508 (509); BVerwG, DÖV 1966, 464 (465). Teileinziehungsverfahren sind daher
   zulässig, auch wenn die betreffenden Landesstraßengesetze sie nicht ausdrücklich erwähnen. Dabei gilt
   als Faustformel: Durch Teileinziehung können Einschränkungen der Straßenbenutzung verfügt werden, die auch durch ursprüngliche Beschränkung der Widmung vorgenommen werden können.
60 § 5 Abs. 5 Satz 2 i.V.m. § 7 Abs. 1 BWStrG; Art. 8 Abs. 1 Satz 2 BayStrWG; § 4 Abs. 1 Satz 2 Berl-
   StrG; § 8 Abs. 1 Satz 2 NStrG und § 7 Abs. 1 Satz 2, Abs. 3 StrWG NW.
61 Die Formulierungen variieren. Vgl. Art. 8 Abs. 1 Satz 2 BayStrWG; § 7 Abs. 1 Satz 2 BremLStrG; § 8
   Abs. 1 Satz 2 NStrG; § 7 Abs. 1 Satz 2 StrWG NW.

Wichtig für die kommunale Praxis ist vor allem, daß die Teileinziehung (im Unterschied zur Einziehung) vom Gesetz in das **Ermessen** der zuständigen Straßenbaubehörde gestellt wird[62]. Dies ist sachgerecht, weil sich in der nachträglichen Widmungsbeschränkung durch Teileinziehung in gleicher Weise wie im Falle der Widmung städtebauliche und verkehrspolitische Gesichtspunkte legitimerweise niederschlagen.

IV. Die Umstufung

1. Die Eigenart des Umstufungsaktes

37   Das Rechtsinstitut der Umstufung[63] erfährt seinen Sinn und seine nähere straßenrechtliche Ausgestaltung aus der Tatsache, daß die Widmung zwingend die Einordnung der Straße in eine bestimmte Straßengruppe vornimmt (Typenzwang). Nachträgliche Korrekturen dieser Einstufung erfolgen im Wege der (förmlichen) Umstufung durch **Ab**stufungsverfügung oder **Auf**stufungsverfügung. **Ein**stufung und **Um**stufung können sich dabei nur innerhalb des Klassifikationssystems des bzw. der jeweils anwendbaren Straßengesetze(s) bewegen, dessen bzw. deren Typen **abschließend** konzipiert sind. Einstufung und Umstufung sind aber auch inhaltlich aufeinander bezogen. Knüpft die Einstufung durch die Widmung an die in Aussicht genommene **Verkehrsbedeutung** der Straße an, so ist es konsequent, daß die Umstufung auf **Änderungen** in der **Verkehrsbedeutung** der Straße (und nur darauf) reagiert. Diese Änderungen müssen schon eingetreten sein; die Umstufung ist kein Mittel zur direkten Herbeiführung einer für die Zukunft gewünschten Verkehrsbedeutung einer Straße.

Die Umstufung einer Straße in der Form der Abstufung hat praktische Bedeutung z. B. in den Fällen, in denen eine Umgehungs- oder Entlastungsstraße den überörtlichen Verkehr aufnimmt. Eine Aufstufung von der Bundesstraße zur Bundesautobahn kommt in Betracht, wenn die fertiggestellten und in Betrieb genommenen Teilstücke einer Straße zunächst als Bundesstraße gewidmet werden, um nach dem endgültigen Ausbau zur Bundesautobahn aufgestuft zu werden.

Das folgende Schema verdeutlicht das Klassifikationssystem des deutschen Straßenrechts, die Auf- und Abstiegsmöglichkeiten für Straßen und die für den einzelnen Umstufungsakt maßgeblichen Normen. Aus Gründen der Übersichtlichkeit ist dabei ein Beispielsfall gewählt (FStrG/BayStrWG). Die Straßengesetzgeber der anderen Bundesländer haben — mit Ausnahme Berlins — ein entsprechendes Vierklassen-System (Landes-, Kreis-, Gemeinde- und sonstige öffentliche Straßen) konstituiert[64]. In Bremen gilt eine besondere Klassifikation (§ 3 BremLStrG).

---

62 In Niedersachsen ist die Teileinziehungs-Vorschrift allerdings als Sollbestimmung ausgestaltet (§ 8 Abs. 1 Satz 2 NStrG). Die Einziehung hat das BerlStrG als Ermessenstatbestand gefaßt (§ 4 Abs. 1 Satz 1).

63 Siehe § 6 BWStrG; Art. 7 BayStrWG; § 6 BremLStrG; § 5 HessStrG; § 7 NStrG; § 8 StrWG NW; § 38 RhPfLStrG; § 7 SaarlStrG und § 7 SchlHStrWG.

64 Siehe § 3 BWStrG; Art. 3 BayStrWG; § 2 HambWG; § 3 HessStrG; § 3 NStrG; § 3 StrWG NW; § 3 RhPfLStrG; § 3 SaarlStrG (mit Landstraßen I. und II. Ordnung) und § 3 SchlHStrWG.

Ortsdurchfahrten sind klassifikationsrechtlich **keine** eigene Kategorie. Sie haben die Klassifi- **38** kation der Straße, deren Teil sie bilden. Ortsdurchfahrten von Bundesstraßen beispielsweise — immerhin insgesamt über 7 000 km — haben die Straßenklassifikation „Bundesstraßen". Es gelten aber besondere Regeln (siehe etwa § 5), weil der Verkehr innerhalb geschlossener bebauter Ortslagen ganz wesentlich vom örtlichen Verkehrsbedarf mitbestimmt wird (Straßenbaulast), die örtliche Gemeinschaft andererseits wegen dieser innerörtlichen Funktion ein berechtigtes Interesse an den nutzungsrechtlichen Entscheidungen hat (vgl. § 8).

39

```
┌─────────────────────────┐
│   Bundesautobahnen      │
│   (§ 1 II Nr. 1, III)   │
└─────────────────────────┘          = Bundesfernstraßen
        ▲  § 2 III a                    (§ 1 I FStrG)
        ▼                               Rechtsstatut: FStrG
┌─────────────────────────┐
│  Bundesstraßen mit den  │
│    Ortsdurchfahrten     │
│  (§ 1 II Nr. 2, § 5 IV) │
└─────────────────────────┘
        ▲  § 2 III a
        ▼  § 2 IV
┌─────────────────────────┐
│     Staatsstraßen       │
│    (Art. 2 I Nr. 1)     │
└─────────────────────────┘
        ▲  Art. 7
        ▼
┌─────────────────────────┐
│     Kreisstraßen        │
│    (Art. 3 I Nr. 2)     │
└─────────────────────────┘
        ▲  Art. 7
        ▼                             Straßen im
┌─────────────────────────┐          Geltungsbereich des
│              Gemeindever-│          BayStrWG (Art. 1)
│ Gemeinde-    bindungs-   │
│ straßen      straßen     │  Art. 3 I Nr. 3,
│                          │  Art. 46
│              Ortsstraßen │
└─────────────────────────┘
        ▲  Art. 7
        ▼
┌─────────────────────────┐
│ Sonstige öffentliche Straßen (Art. 3 I
│ Nr. 4, Art. 53): Öffentl. Feld- u. Waldwege,
│ beschr. öff. Wege, Eigentümerwege
└─────────────────────────┘
```

40 2. Umstufungen sind Hoheitsakte, deren Vornahme **nicht** in das Ermessen der beteiligten Straßenbaulastträger gestellt ist. Sie **müssen** erfolgen, wenn sich die für die Einstufung maßgebliche Verkehrsbedeutung geändert hat (gebundene Entscheidung)[65]. In der Praxis unterbleiben sie gleichwohl nicht selten, weil Umstufungen mit einer Änderung der Straßenbaulast und deshalb mit einem Zuwachs an finanziellen Verpflichtungen für den „übernehmenden" Straßenbaulastträger verbunden sind. Das Eigentum folgt dem Wechsel der Straßenbaulast (§ 6 Abs. 1)[66]. Die Straßengesetzgeber haben das Umstufungsverfahren als ein prinzipiell verwaltungs**internes** Verfahren zur Herbeiführung der Änderung in der Straßenbaulast ausgestaltet. Verwaltungsrechtlich ist die Umstufung eine Allgemeinverfügung (Art. 35 Satz 2, 2. bzw. 2. und 3. Alternative), hat aber — etwa gegenüber dem „übernehmenden" Straßenbaulastträger — unmittelbare individuelle Rechtswirkungen belastender Art[67]. Daran orientieren sich die verwaltungsgerichtlichen Möglichkeiten (siehe dazu Rdnr. 18, 50). Ist die Umstufung mit Einschränkungen der widmungsrechtlich zugelassenen Benutzung verbunden, wie z. B. im Falle der Abstufung zu einem beschränkt öffentlichen Weg im Sinne des Art. 3 Abs. 1 Nr. 4 BayStrWG, so muß neben dem Umstufungsverfahren ein Teileinziehungsverfahren mit seinen spezifisch rechtsstaatlichen Sicherungen durchgeführt werden[68].

V. Die Einsetzbarkeit der straßenrechtlichen Statusakte bei der Erzielung verkehrsberuhigender Wirkungen

1. Die Bedeutung der ursprünglichen und nachträglichen Widmungsbeschränkung für Maßnahmen der innergemeindlichen Verkehrsführung

41 Die Gemeinden haben in den letzten Jahrzehnten ihre Zuständigkeiten als Straßenbaubehörden vielfältig dazu genutzt, auf die innergemeindliche Verkehrsführung im Interesse städtebaulicher und verkehrspolitischer Ziele Einfluß zu nehmen. Diese Bemühungen haben die Einsatzfähigkeit der straßenrechtlichen Statusakte wiederholt auf die Probe gestellt. Heute zeichnen sich in einigen wichtigen Punkten Übereinstimmungen ab.

42 a) Die Einrichtung von Fußgängerbereichen erfolgt durch ursprüngliche oder nachträgliche Widmungsbeschränkung. Diese kann die Grundlage abgeben, weil die Benutzung von Straßen durch Kraftfahrzeuge eine „Benutzungsart" ist, die nach allen Landesstraßengesetzen vom Gemeingebrauch ausgeschlossen werden kann. Dabei muß das wegerechtliche Teileinziehungsverfahren gewählt werden, wenn eine verkehrsberuhigende Maßnahme dieser Art langfristig angelegt ist[69].

---

65 Vgl. Fn. 63.
66 Siehe § 11 BWStrG; Art. 11 BayStrWG; § 11 HessStrG; § 11 NStrG; § 10 StrWG NW; § 31 RhPfLStrG; § 10 SaarlStrG und § 17 SchlHStrWG.
67 Der VGH BW räumt den Anliegern eine Anfechtungsbefugnis gegen die Höherstufung einer Straße aus Art. 14, 2 Abs. 1 GG ein, weil sie in diesen Grundrechten durch den zusätzlichen Verkehr beeinträchtigt werden könnten (UPR 1984, 64).
68 *Kodal/Krämer,* S. 230, 245.
69 Siehe dazu ausführlich *Steiner,* in: *Bartlsperger/Blümel/Schroeter,* S. 605 ff.; *dens.,* NJW 1980, 2339 (2340 f.).

Zwar ist im Grundsatz in Literatur und Rechtsprechung heute unbestritten, daß auf der **43** Grundlage des Straßenverkehrsrechts und insbesondere des § 45 StVO aus Gründen der Sicherheit und/oder Ordnung des Verkehrs auch Verkehrsverbote und Verkehrsbeschränkungen zulässig sind, die auf eine „Ausklammerung" widmungsrechtlich eröffneter Verkehrs- und Benutzungsarten hinauslaufen, mithin den widmungsmäßigen Gemeingebrauch „verdünnen". Die Widmung wird — in Ausfluß des „Vorrangprinzips" — vom Verkehrsrecht und von verkehrsrechtlichen Anordnungen „überlagert" (siehe u. Rdnr. 154). Andererseits ist heute auch anerkannt, daß durch Maßnahmen auf der Grundlage des Straßenverkehrsrechts keine Nutzungszustände herbeigeführt werden dürfen, die im Ergebnis auf eine **dauernde** Entwidmung der Straße oder eine **dauernde** Beschränkung ihrer Widmung hinauslaufen.

§ 45 Abs. 1 b Satz 1 Nr. 3 StVO ermächtigt nicht zur Einrichtung von Fußgängerbe- **44** reichen, sondern erleichtert nur die Publikation der getroffenen straßenrechtlichen Verfügungen. Die Belassung eines (zeitlich oder in sonstiger Weise beschränkten) Anliegerverkehrs ist mit dem Gleichheitsprinzip des Gemeingebrauchsgedankens vereinbar. Denn der Anliegerverkehr ist wegen der Erschließungsfunktion von Ortsstraßen durch die allgemeine Zwecksetzung der Straße und nicht nur durch das Interesse eines subjektiv bestimmten Personenkreises legitimiert[70]. Für die Berücksichtigung der Anliegerinteressen bieten sich aber auch andere Gestaltungsmöglichkeiten an. So kann durch eine entsprechende Widmungsbeschränkung der Fahrverkehr vollständig ausgeschlossen und die Regelung der Nutzung der Straße durch Anliegerfahrzeuge dem Sondernutzungsrecht überlassen werden. „Überwiegende Gründe des öffentlichen Wohls" als Voraussetzung für die Inanspruchnahme des Rechtsinstituts der Teileinziehung werden im allgemeinen bei der Einrichtung von Fußgängerbereichen in Innenstädten geltend gemacht werden können (Schutz vor Lärm, Schadstoffen, Schmutz; Erhaltung historischer Bausubstanz; Rückgewinnung des Stadtkerns als Einkaufs- und Kommunikationszentrum sowie Verbesserung des Stadtbildes durch eine entsprechende bauliche Gestaltung der Fußgängerbereiche). Ursprüngliche und nachträgliche Widmungsbeschränkung sind im übrigen auch Instrumente zur Erzielung punktueller verkehrsberuhigender Wirkungen, z. B. zur „Herausnahme" des Schwerlastverkehrs aus einer Straße aus Gründen der Verkehrssicherheit und des Umweltschutzes (Rdnr. 160).

b) Die Einrichtung von „Verkehrsberuhigten Bereichen" (§ 45 Abs. 1 b Satz 1 Nr. 3 **45** und Satz 2 i.V.m. § 42 Abs. 4a StVO) bedarf im Regelfall keiner besonderen wegerechtlichen Grundlage. Notwendig sind insbesondere nicht eine ursprüngliche oder nachträgliche Widmungsbeschränkung und auch nicht eine Umstufung. Verkehrsberuhigte Bereiche weisen lediglich ein besonderes **Verkehrs**statut auf und werden nicht — wie Fußgängerbereiche — durch den vollständigen oder teilweisen Ausschluß bestimmter Verkehrsarten von der gemeingebräuchlichen Nutzung der Straße charakterisiert. Daher kann auf widmungsrechtliche Verfügungen bei ihrer Einrichtung als solcher verzichtet werden. Verkehrsberuhigte Bereiche sind planerisch-städtebaulich vorzuentscheiden und straßen**verkehrs**rechtlich einzurichten[71].

---

70 BayVGH, DVBl. 1973, 508 (509).
71 Siehe *Steiner,* NJW 1980, 2339 (2340); *dens.,* NVwZ 1984, 201. — Nach Auffassung von *Brohm* (Verkehrsberuhigung in Städten, 1985) sind Verkehrsberuhigte Bereiche immer nach Straßenrecht (durch Widmung bzw. Umwidmung) einzurichten. Die straßenverkehrsrechtlichen Anordnungen haben im wesentlichen Kennzeichnungsfunktion. Allerdings können nach Brohm die straßenrechtlichen Akte durch eine entsprechende bauplanungsrechtliche Festsetzung nach § 9 Nr. 11 BBauG „gesteuert" werden (siehe S. 71 ff.).

2. Das Mittel der Umstufung

46 Der bayerische Gesetzgeber schuf durch eine 1974 erfolgte Novellierung in Art. 7 Abs. 1 Satz 2 BayStrWG die Grundlage dafür, daß Fußgängerbereiche auch durch die **Abstufung** von Ortsstraßen zu „beschränkt öffentlichen Wegen" eingerichtet werden können. Die Umstufung ist danach möglich, wenn für sie „überwiegende Gründe des öffentlichen Wohls" vorliegen (und nicht nur im Falle der Änderung der Verkehrsbedeutung). Seit 1981 sind die Fußgängerbereiche als Unterart der Straßenkategorie „beschränkt öffentlicher Weg" besonders benannt (Art. 53 Nr. 2). Die Übernahme dieser Alternative zur Teileinziehung in die Wegegesetze anderer Länder kann nicht befürwortet werden. Das Umstufungsverfahren ist als verwaltungs**internes** Verfahren konzipiert; die rechtlichen Betroffenheiten werden verfahrensmäßig nicht berücksichtigt[72]. Das Abstufungsverfahren muß aus rechtsstaatlichen Gründen daher mit einem Teileinziehungsverfahren kombiniert werden, wenn die Abstufung nachteilige rechtliche Betroffenheiten auslöst[73]. Der Vereinfachungseffekt des Umstufungsverfahrens gegenüber dem Teileinziehungsverfahren entfiele also. Zudem ist in der gegenwärtigen gesetzlichen Gestaltung die Umstufung geboten, wenn „überwiegende Gründe des öffentlichen Wohls" vorliegen. Diese Automatik wird nicht dem Vorgang der Einrichtung von Fußgängerzonen gerecht. Ihm liegt naturgemäß eine Entscheidung der zuständigen kommunalen Organe zugrunde, deren Eigenart sich nur durch Einräumung eines Planungsermessens juristisch sachgerecht ausdrücken läßt.

Antworten und Lösungshinweise

47 1. E könnte das Rückübereignungsverlangen je nach der Rechtsnatur des (nichtigen) Kaufvertrages auf einen (bürgerlichrechtlichen) Bereicherungsanspruch (§ 812 Abs. 1 Satz 1 BGB) oder auf einen (öffentlich-rechtlichen) Erstattungsanspruch stützen. Die inzwischen erfolgte Widmung der Straße stünde der Rückübereignung nicht entgegen, da privatrechtliche Verfügungen über ein der Straße dienendes Grundstück die Widmung nicht berühren (§ 2 Abs. 3). § 818 Abs. 2 BGB (Wertersatz anstelle von Rückübereignung bei Unmöglichkeit bzw. Unvermögen des Empfängers zur Herausgabe) ist daher zumindest direkt nicht anwendbar. Allerdings erhält E von L wirtschaftlich wertloses, weil mit der öffentlich-rechtlichen Sachherrschaft belastetes Eigentum zurück („nudum ius"). An eine analoge Anwendung des § 818 Abs. 2 BGB wäre daher zu denken. E müßte im übrigen, um die öffentlich-rechtliche Beschränkung seines Eigentums zu beseitigen, die Widmung selbst angreifen.

48 2. Einer Änderung der Widmung bedarf es nicht, da deren Inhalt nicht berührt wird. Die Widmungsverfügung legt nicht die räumliche Aufteilung der Straße in Fahrbahn und Gehweg fest. Gehwege sind im Regelfall wegerechtlich nicht selbständige Straßenteile (was die Möglichkeit der Widmung von Flächen als selbständige Gehwege bei entsprechender Verkehrsfunktion nicht ausschließt). Die Aufteilung der Straße in Fahrbahn und Gehweg ist eine bauliche Maßnahme, an die das Straßenverkehrsrecht anknüpft (§§ 1, 25 StVO).

49 3. Der in Frage stehende Weg ist nicht gewidmet. Es handelt sich daher um einen **tatsächlich** öffentlichen Weg. Seine Benutzung durch die Allgemeinheit steht unter dem Widerrufsvorbehalt von seiten des Verfügungsberechtigten. Dieser Widerruf kann jederzeit ganz oder teilweise ausgeübt werden. Maßnahmen, durch die der Widerruf faktisch umgesetzt wird — hier die Absperrung eines Teils der Wegefläche — müssen allerdings so vorgenommen werden, daß eine Gefährdung des Verkehrs vermieden wird (BayObLG, Beschl. vom 12. 11. 1982, NVwZ 1983, 637/638). Da kein rechtlich öffentlicher Weg vorliegt, hat die Straßenbaubehörde keinen Einfluß auf den Widerruf.

---

72 Davon macht Bremen eine Ausnahme (§ 6 Abs. 2—4 BremLStrG).
73 *Kodal/Krämer*, S. 230, 245.

4. Hat sich die Verkehrsbedeutung einer Bundesfernstraße oder eines Teils von ihr geändert, **50** so muß sie entsprechend ihrer veränderten Verkehrsbedeutung in die sich aus dem Landesrecht ergebende Straßenklasse abgestuft werden (§ 2 Abs. 4 i.V.m. § 1 Abs. 1 Satz 1). Auf die Vornahme der entsprechenden Umstufungsentscheidung durch die oberste Landesstraßenbaubehörde (§ 2 Abs. 6 Satz 1) hat der Anlieger nach h. M. allerdings keinen Rechtsanspruch, da die Vorschriften über die Umstufung ausschließlich auf die Interessen der beteiligten Straßenbaulastträger und das öffentliche Interesse hin ausgerichtet sind. Eine Verpflichtungsklage müßte danach an dem Fehlen der Klagebefugnis scheitern (§ 42 Abs. 2 VwGO). Die Gewährung der Zufahrt außerhalb der zur Erschließung der anliegenden Grundstücke bestimmten Teile der Ortsdurchfahrten erfolgt durch die Erteilung einer Sondernutzung (§ 8a Abs. 1 Satz 1 i.V.m. § 8), wenn sie neu angelegt wird. Diese steht im Ermessen der Straßenbaubehörde und ist nur in Ausnahmefällen zu erteilen. Siehe Zufahrtenrichtlinien des BMV u. Nr. 6 (1), abgedr. bei Marschall u. a., S. 746 ff. (B. 7).

Vertiefungshinweise

Beiträge von *Bartlsperger* (S. 13—62), *Nedden* (S. 63—80), *Kodal* (S. 507—524), *Knemeyer* (S. 557—574) und *Steiner* (S. 605—622), in: *Bartlsperger/Blümel/Schroeter; Steiner*, Rechtliche Aspekte einer städtebaulich orientierten Verkehrsplanung in den Gemeinden, 1980; ders., Aktuelle Rechtsfragen der Einrichtung Verkehrsberuhigter Bereiche, NVwZ 1984, S. 201 ff.

C. Bau und Planung öffentlicher Straßen, insbesondere der Bundesfernstraßen

Fälle und Fragen

1. Im Bundesland B ist der Neubau einer Bundesautobahn beabsichtigt. Der Plan für das Teil- **51** stück km 166,5 bis km 175,5 ist inzwischen der zuständigen Anhörungsbehörde zugeleitet (§ 18 Abs. 1 Satz 1) und liegt zur Einsicht auf (§ 18 Abs. 3). A, der in dem für den Autobahnbau in Anspruch genommenen Waldstück regelmäßig spazieren geht, wendet fristgemäß (§ 18 Abs. 4) gegen das Vorhaben ein, es zerstöre die Landschaft, ohne unter verkehrlichen Gesichtspunkten notwendig zu sein. E, Eigentümer eines Teils der Fläche, die für den Autobahnbau in Anspruch genommen wird, macht nach Ablauf der Einwendungsfrist (§ 18 Abs. 4) ebenfalls geltend, das Vorhaben sei wegen des zu erwartenden geringen Kraftfahrzeugaufkommens zu aufwendig. Die Herstellung einer Bundesstraße würde dem Verkehrsbedarf völlig genügen. Die Einwendungen des A werden erörtert und im Planfeststellungsbeschluß zurückgewiesen. Die Einwendungen des E werden wegen Fristversäumung nicht erörtert und im Planfeststellungsbeschluß auch sachlich nicht entschieden. Beide — A und E — erheben gegen den Planfeststellungsbeschluß unmittelbar verwaltungsgerichtliche Klage. Sind die Klagen zulässig?

2. Die Gemeinde G beabsichtigt, im Süden des Gemeindegebiets ein größeres Wohngebiet **52** durch Bebauungsplan auszuweisen. Im Flächennutzungsplan der G ist das betreffende Gebiet als Wohnbaufläche dargestellt (§ 5 Abs. 2 Nr. 1 BBauG i.V.m. § 1 Abs. 1 Nr. 1 BNVO). Diesem Plan hatte seinerzeit der Bundesminister für Verkehr im Verfahren nach § 2 Abs. 5 BBauG widersprochen, weil nach dem damaligen Stand der Ausbauplanung für die Bundesfernstraßen die neue Trasse der Bundesautobahn 54 im Süden von G vorbeigeführt werden sollte. Gegen den Planfeststellungsbeschluß, der inzwischen den Neubau der Bundesautobahn

der ursprünglichen Planung entsprechend festgestellt hat, erhebt G verwaltungsgerichtliche Klage. Sie hält den Planfeststellungsbeschluß für rechtswidrig, da er ihre Planungshoheit verletze. Sie müsse mit Rücksicht auf die Verkehrsimmissionen der künftigen Bundesautobahn auf die beabsichtigte Ausweisung eines Wohngebietes im Süden entweder vollständig verzichten oder die Wohngebietsfläche wesentlich gegenüber der ursprünglichen Planung reduzieren. Hat die Klage Aussicht auf Erfolg?

I. Allgemeine Orientierung

1. Das Dreitaktprinzip: Planung, Bau, Widmung

53 Die Widmung und nur sie vermittelt der Straße die Eigenschaft einer öffentlichen Straße einschließlich ihrer Klassifikation. Ihr muß naturgemäß der bauliche Vorgang vorausgehen, der die faktische Indienststellung der Straße erlaubt. Ohne diese Indienststellung ist die Widmung schwebend unwirksam. Straßenbau und Straßenänderungen sind allerdings wie viele andere technische Projekte auch Maßnahmen, die erhebliche (häufig private) Flächen beanspruchen und in eine räumliche Umgebung eingefügt werden müssen, die sie verändern und umgestalten. Sie erfordern daher eine vielfältige Abstimmung mit den Belangen des Umfelds, nicht zuletzt auch mit den Nutzungsansprüchen und den schon ausgeübten Nutzungen anderer (etwa: raumbeanspruchende Absichten anderer Planungsträger, nachbarliche Interessen, Belange des Umweltschutzes). Das geltende Straßenrecht stellt zur Bewältigung dieses Problems mit dem sog. **Planfeststellungsverfahren** ein Verfahren zur Verfügung, das die umfassende und sorgfältige Berücksichtigung dieser Gesichtspunkte einschließlich ihres Ausgleichs und ihrer gegenseitigen Abwägung ermöglicht, rationell angelegt ist und im Planfeststellungsbeschluß mit einer Verwaltungsentscheidung endet, die — nach Unanfechtbarkeit — dem Vorhaben eine tragfähige rechtliche Basis sichert. Für die Bundesfernstraßen und für die Staats-(Landes-, Land-)straßen ist das Planfeststellungsverfahren obligatorisch[74]. Die Reihenfolge lautet hier also: Planfeststellung, Bau, Widmung. Für die Kreisstraßen und sonstigen Straßen haben die Länder unterschiedliche Regelungen getroffen[75]. Im übrigen kann der Bebauungsplan an die Stelle des Planfeststellungsbeschlusses treten (siehe u. Rdnr. 75).

2. Stufenfolge innerhalb der Straßenplanung

54 Die Planung des Straßen(neu)baus gliedert sich aus praktisch-politischen Gründen in mehrere Phasen. Im Falle des Neu- oder Ausbaus von **Bundesfernstraßen** — im folgenden schon wegen der vorrangigen Bedeutung dieser Vorhaben beispielhaft zu-

---

74 Siehe § 17 Abs. 1 FStrG; § 38 BWStrG; Art. 36 Abs. 1 BayStrWG; § 33 Abs. 1 Satz 1 BremLStrG; § 33 Abs. 1 HessStrG; § 38 Abs. 1 Satz 1 NStrG; § 38 Abs. 1 StrWG NW; § 5 Abs. 1 RhPfLStrG; § 39 Abs. 1 Satz 1 SaarlStrG und § 40 Abs. 1 SchlHStrWG.

75 Siehe § 38 Abs. 1 Satz 2 BWStrG; Art. 36 Abs. 2 BayStrWG; § 33 HessStrG; § 38 Abs. 1 Satz 1 und 2 NStrG; § 38 Abs. 1 StrWG NW; § 5 Abs. 1 RhPfLStrG; § 39 Abs. 1 Satz 1 SaarlStrG und § 40 Abs. 2 SchlHStrWG.

grunde gelegt[76] — folgt der politischen Entscheidung über den Bedarf (in der Gestalt eines formellen Bundesgesetzes mit Festlegung der baulichen Prioritäten)[77] die Bestimmung der Linienführung durch den Bundesminister für Verkehr gemäß § 16 Abs. 1[78]. Daran schließt sich das Planfeststellungsverfahren für das einzelne Vorhaben mit seinen drei Phasen an: Planaufstellung, Anhörung, Planfeststellungsbeschluß. Eine Übersicht bietet die beigefügte Skizze. Sie verdeutlicht zugleich die Konkretisierungsstufen und gibt Auskunft über das Vorliegen rechtserheblicher Außenwirkungen.

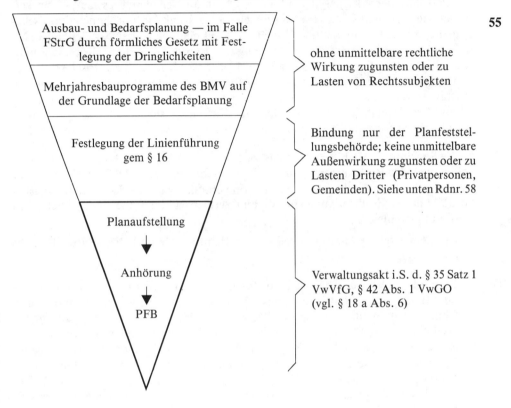

55

Ausbau- und Bedarfsplanung — im Falle FStrG durch förmliches Gesetz mit Festlegung der Dringlichkeiten

Mehrjahresbauprogramme des BMV auf der Grundlage der Bedarfsplanung

ohne unmittelbare rechtliche Wirkung zugunsten oder zu Lasten von Rechtssubjekten

Festlegung der Linienführung gem § 16

Bindung nur der Planfeststellungsbehörde; keine unmittelbare Außenwirkung zugunsten oder zu Lasten Dritter (Privatpersonen, Gemeinden). Siehe unten Rdnr. 58

Planaufstellung
↓
Anhörung
↓
PFB

Verwaltungsakt i.S. d. § 35 Satz 1 VwVfG, § 42 Abs. 1 VwGO (vgl. § 18 a Abs. 6)

---

76 Die Vorschriften des FStrG über die Planfeststellung haben inzwischen eine Anpassung an die Vorschriften des VwVfG (§§ 72 ff.) erfahren (vgl. § 98 VwVfG). — Für die nach *Landes*recht der Planfeststellung unterliegenden Straßen (vgl. Rdnr. 53) sind auch die Vorschriften der jeweiligen Landesverwaltungsverfahrensgesetze über die Planfeststellung zu beachten, da auf sie häufig ergänzend verwiesen ist. Siehe § 39 Abs. 1 BWStrG; Art. 38 BayStrWG; § 33 Abs. 7 BremLStrG; § 38 Abs. 5 NStrG; § 39 Abs. 1 StrWGNW; § 40 SaarlStrG; § 41 Abs. 1 SchlHStrWG.

77 Grundlage des Bedarfsplans ist das Gesetz über den Ausbau der Bundesfernstraßen in den Jahren 1971 bis 1985 vom 30. Juni 1971 (BGBl. I, 873), das nunmehr für den Zeitraum 1986 bis 1995 fortgeschrieben wurde. Siehe 3. Gesetz z. Änderung des Fernstraßenausbaugesetzes (3. FStrAbÄndG) v. 21. 4. 1986, BGBl. I, 557 u. Bekanntmachung der Neufassung des Fernstraßenausbaugesetzes v. 21. 4. 1986, BGBl. I, 558/559. Für Nordrhein-Westfalen siehe Gesetz über den Bedarf und die Ausbauplanung vom 25. 3. 1980, GVNW S. 249 sowie Gesetz zur Aufstellung des Landesstraßenbedarfsplans vom 13. 7. 1982, GVNW 1982, 347.

78 Die Entscheidung nach § 16 legt die Anfangs- und Endpunkte fest, die grobe Linienführung, die Straßenart (Bundesautobahn oder Bundesstraße), den Straßenquerschnitt und die Verknüpfung mit dem Straßennetz.

II. Das straßenrechtliche Planfeststellungsverfahren

1. Grundzüge

56 a) Die Vorschriften der Straßengesetze stellen mit dem Planfeststellungsverfahren —
im Bereich des Landesstraßenrechts teilweise unter Verweisung auf die entsprechenden Bestimmungen der jeweiligen Länderverwaltungsverfahrensgesetze[79] — ein Verfahren zur Verfügung, das eine spezifische Rechtsfunktion von hoher praktischer
Bedeutung hat. In ihm soll über die Zulässigkeit eines geplanten Straßenbauvorha-
bens in bezug auf dessen Lage, Gestaltung und Einfügung in die Umgebung grundsätzlich **umfassend** und **abschließend** entschieden werden. Seine spezifische Rationa-
lität drückt sich im Grundsatz aus: **Eine** Behörde: Planfeststellungsbehörde — **ein**
Verfahren: Planfeststellungsverfahren — **eine** Entscheidung: Planfeststellungsbeschluß. Die Einzelheiten, insbesondere des Verfahrens sind im Gesetz nachzulesen
(§§ 17 ff.); im folgenden können nur einige Schwerpunkte herausgearbeitet werden.

57 b) Die Regelungen des FStrG über das Verfahren der Planaufstellung (§§ 17 ff.) enthalten nach der Rechtsprechung des BVerwG auch die **materielle** Ermächtigung zur
straßenrechtlichen Fachplanung selbst. Eingeräumt wird der Planfeststellungsbehörde[80] mit der Ermächtigung ein **„Planungsermessen"** im Sinne einer planerischen
Gestaltungsfreiheit[81].

c) Die planerische Gestaltungsfreiheit der Planfeststellungsbehörde ist allerdings
vielfach gebunden.

58 — Rein **interne** Wirkung hat nach Auffassung des BVerwG die gesetzlich angeord-
nete Bindung der Planfeststellungsbehörde an die vorbereitende Planungs- und
Linienführungsentscheidung des BMV gem. § 16. Diese weise nicht die für die
Annahme eines Verwaltungsaktes unentbehrliche rechtliche Außenwirkung im
Sinne des § 35 Satz 1 VwVfG auf. Im Verhältnis zu Dritten ist es folgerichtig der
Planfeststellungsbehörde verwehrt, sich auf die präjudizierende Wirkung dieser
Entscheidung zu berufen[82]. Verwaltungsgerichtlich kann sie nach Meinung des
Gerichts nur insoweit überprüft werden, als sie in die nachfolgende Planfeststel-
lungsentscheidung eingeht[83].

Zur Begründung seiner in der Literatur kritisierten Auffassung beruft sich das Gericht —
neben kompetenzrechtlichen Gründen (Art. 90 Abs. 2 GG) — darauf, daß der Qualifikation als Verwaltungsakt das Moment der Regelungsbestimmtheit fehle. Die Linienentscheidung lege nur den grundsätzlichen Verlauf der Straße zwischen den vorgesehenen An-
fangs- und Endpunkten fest und damit auch nur ihre ungefähre Lage zu berühren und be-

---

79 Siehe Fn. 76.
80 Die Planfeststellungsbehörde ist zwar nach § 18 a Abs. 1 Satz 1 die oberste Landesstraßenbaubehörde,
   doch können die Länder abweichende Regelungen treffen (§ 22 Abs. 4 Satz 2) und haben sie teilweise
   auch getroffen. Siehe z. B. Art. 39 Abs. 2 BayStrWG.
81 BVerwGE 48, 56 (59); 56, 110 (116). Eine Befugnis zur fernstraßenrechtlichen Fachplanung ohne planerische Gestaltungsfreiheit wird vom BVerwG als Widerspruch in sich angesehen. — Der praktische
   Kern des Planungsermessens ist allerdings die Gestaltungsfreiheit des **Vorhaben**strägers, der der Planfeststellungsbehörde die Pläne vorlegt. Siehe dazu *Kodal/Krämer,* S. 907.
82 BVerwGE 48, 56 (59 f.).
83 In bezug auf die Linienführung ist § 50 BImSchG zu beachten.

nachbarten Ortschaften und Grundstücken. Da deshalb auch nicht feststehe, welche Rechte in welcher Weise betroffen würden, könne die Linienführungsentscheidung noch nicht unter dem Gesichtspunkt überprüft werden, ob eine rechtmäßige Abwägung zugrunde liege[84].

— Werden individuelle Rechtspositionen, insbesondere nach Art. 14 GG geschützte **59** Rechte, von einer Straßenplanung betroffen, so ist diese nur rechtmäßig, wenn dem konkreten Planungsvorhaben eine dem Erfordernis der fernstraßenrechtlichen Zielsetzung (§ 1 Abs. 1, § 3 Abs. 1, § 4) entsprechende Rechtfertigung zugrundeliegt (Erfordernis der sog. **Planrechtfertigung**[85]).

Diese Voraussetzung ist nach Auffassung des BVerwG erfüllt, wenn das Vorhaben, gemessen an den Zielen des FStrG (insb.: Bildung eines zusammenhängenden Verkehrsnetzes und weiträumiger Verkehrsverbindung sowie die Förderung der Verkehrssicherheit) „vernünftigerweise geboten" ist. Soweit die Einschätzung des Straßen(zusatz)bedarfs auf einer Vorausschau künftiger Entwicklungen beruht, muß die Prognose „in einer der jeweiligen Materie angemessenen und methodisch einwandfreien Weise erarbeitet worden sein"[86]. Dabei erhält ein konkretes Vorhaben die notwendige materiell-rechtliche Planrechtfertigung nicht schon dadurch, daß es in die Bedarfsplanung für die Bundesfernstraßen (Rdnr. 54) aufgenommen ist[87].

— Die Planfeststellungsbehörde ist an die gesetzlichen **Planungsleitsätze** gebun- **60** den[88].

Allerdings enthalten einen solchen gesetzlichen Planungsleitsatz für den Bau von Bundesfernstraßen nur diejenigen Vorschriften, die bei der öffentlichen Planung **strikte** Beachtung verlangen und deswegen nicht durch planerische Abwägung überwunden werden können, wie beispielsweise die gesetzliche Festlegung, daß Bundesautobahnen ohne höhengleiche Kreuzungen gebaut werden (§ 1 Abs. 3 Satz 1)[89].

— Die Entscheidung der Planfeststellungsbehörde muß den Anforderungen des **61** sog. **Abwägungsgebotes** genügen (§ 17 Abs. 1 Satz 2). Sie unterliegt also insbesondere der verwaltungsgerichtlichen Prüfung dahin, ob die für das Vorhaben sprechenden Belange, auch hinsichtlich der Linienführung so gewichtig sind, daß sich eine Zurücksetzung der durch die Planung etwa nachteilig betroffenen Belange Dritter mit einer gerechten Abwägung vereinbaren läßt[90].

— Wie bei jeder hoheitlichen Planung sind auch in die straßenrechtlichen Fachpla- **62** nung alle Gesichtspunkte einzubeziehen, die zur möglichst optimalen Verwirklichung der gesetzlich vorgegebenen Planaufgabe, aber ebenso zur Bewältigung der von dem Planvorhaben in seiner räumlichen Umgebung erst aufgeworfenen Probleme von Bedeutung sind (Grundsatz der **Problembewältigung**)[91].

---

84 BVerwGE 62, 342 (344 ff.); BVerwG, DÖV 1982, 203 f. Zur Problematik: *Steinberg,* NVwZ 1983, 209; *Blümel,* Grundrechtsschutz durch Verfahrensgestaltung, in: Frühzeitige Bürgerbeteiligung bei Planungen, 1982, S. 23 (80 ff.) Vgl. auch BVerwG, NVwZ 1985, 736 f.
85 BVerwGE 48, 56 (59 ff.); 56, 110 (118); 62, 342 (347 f.); 71, 166 (168 ff.); BVerwG, NJW 1986, 1508 ff.
86 BVerwGE 56, 110 (121); BVerwG, NJW 1986, 1508 (1509).
87 BVerwGE 71, 166 (169 f.); BVerwG, NJW 1986, 1508 (1509).
88 BVerwGE 48, 56 (61 f.).
89 BVerwGE 71, 163 (164). Das planerische Ziel, beim Neubau einer *Bundes*straße einen möglichst weitgehend störungsfreien Verkehr zu gewährleisten, ist dagegen kein Planungsleitsatz, sondern „nur" ein Gesichtspunkt, der in der planerischen Abwägung zu berücksichtigen ist (166 f.).
90 BVerwGE 48, 56 (63 f.); 62, 342 (347 f.). — Der Schutz der Umwelt ist kein planerischer Leitsatz, sondern ein (gewichtiger) abwägungserheblicher Belang im Rahmen des Abwägungsgebots (BVerwGE 48, 56/62 f.).
91 BVerwGE 56, 110 (129); 57, 297 (300); 58, 281 (284); BVerwG, NVwZ 1982, 435 (436).

63 — Die Planfeststellung einzelner **Abschnitte** (Streckenabschnitte) einer geplanten Straße in selbständigen Planfeststellungsbeschlüssen ist zulässig[92]. Das Verwaltungsgericht hat allerdings zu prüfen, ob durch die Bildung zu kurzer Abschnitte ein für einen größeren Bereich möglicher und bei gerechter Abwägung gebotener Interessenausgleich verhindert worden ist.

Dies ist einer der Grundsätze, mit deren Hilfe das BVerwG die sich aus der Fixierung von „Zwangspunkten" resultierende Problematik löst. Der zweite Grundsatz bezieht sich auf die Klagebefugnis: Der Planfeststellungsbeschluß kann in bezug auf einen früheren Streckenabschnitt mit der Begründung angefochten werden, die durch diesen Beschluß rechtswidrig geschaffene Planungsbindung müsse im weiteren Planungsverlauf zwangsläufig zu einer Verletzung seiner Rechte führen[93].

2. Die Wirkungen des Planfeststellungsbeschlusses

64 Die im folgenden (am Beispiel des FStrG) dargestellten Wirkungen des Planfeststellungsbeschlusses verdeutlichen den umfassenden Regelungsgehalt, der für den Planfeststellungsbeschluß als Rechtsinstitut charakteristisch ist und seine Eignung für die rechtliche Bewältigung komplexer Vorhaben begründet.

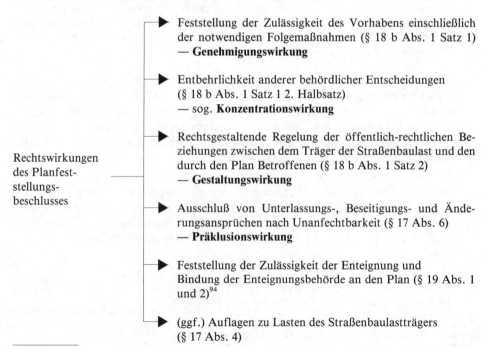

Rechtswirkungen des Planfeststellungsbeschlusses

- ▶ Feststellung der Zulässigkeit des Vorhabens einschließlich der notwendigen Folgemaßnahmen (§ 18 b Abs. 1 Satz 1) — **Genehmigungswirkung**

- ▶ Entbehrlichkeit anderer behördlicher Entscheidungen (§ 18 b Abs. 1 Satz 1 2. Halbsatz) — sog. **Konzentrationswirkung**

- ▶ Rechtsgestaltende Regelung der öffentlich-rechtlichen Beziehungen zwischen dem Träger der Straßenbaulast und den durch den Plan Betroffenen (§ 18 b Abs. 1 Satz 2) — **Gestaltungswirkung**

- ▶ Ausschluß von Unterlassungs-, Beseitigungs- und Änderungsansprüchen nach Unanfechtbarkeit (§ 17 Abs. 6) — **Präklusionswirkung**

- ▶ Feststellung der Zulässigkeit der Enteignung und Bindung der Enteignungsbehörde an den Plan (§ 19 Abs. 1 und 2)[94]

- ▶ (ggf.) Auflagen zu Lasten des Straßenbaulastträgers (§ 17 Abs. 4)

---

92 Das BVerwG erachtet die abschnittsweise Planfeststellung für sachgerecht und im Interesse der Praktikabilität und Effektivität der Planung auch für notwendig. Siehe BVerwGE 62, 342 (353).

93 BVerwGE 62, 342 (353 f.). Zu den praktischen und rechtlichen Einzelfragen siehe *Fickert,* Planfeststellung für den Straßenbau, 1978, S. 148 ff. (Rdnr. 25—27); Broß, DÖV 1985, 253 ff. und Paetow, DVBl. 1985, 369 ff.

94 Der Planfeststellungsbeschluß hat zahlreiche Rechtswirkungen, enthält jedoch nicht die Ermächtigung zu tatsächlichen oder rechtlichen Eingriffen in das für den Bau der Straße benötigte Eigentum

Die umfassende Genehmigungswirkung des Planfeststellungsbeschlusses (§ 18 b Abs. 1 Satz 1) wird durch die gesetzliche Anordnung der Entbehrlichkeit anderer behördlicher Entscheidungen (§ 18 b Abs. 1 Satz 1 2. Halbs.) ermöglicht[95]. Diese sog. **Konzentrationswirkung** gibt i. V. mit dem Planungsermessen die rechtliche Grundlage dafür ab, daß vom Planfeststellungsbeschluß die globale Bewältigung der durch ein Planvorhaben in seiner räumlichen Umgebung aufgeworfenen Probleme in der Form einer **Gesamtentscheidung** verlangt werden kann (siehe Rdnr. 62)[96]. Dank seiner **Gestaltungswirkung** (§ 18 b Abs. 1 Satz 2) äußern die in einem Planfeststellungsbeschluß getroffenen Regelungen **unmittelbar** materiell-rechtliche Wirkungen[97]. Mit der Unanfechtbarkeit des Planfeststellungsbeschlusses sind — als eine weitere wichtige Rechtswirkung — alle Unterlassungs-, Beseitigungs- und Änderungsansprüche gegenüber der genehmigten Anlage ausgeschlossen (§ 17 Abs. 6 Satz 1). Ansprüche aus der Umgebung des Vorhabens aufgrund privaten Rechts (§§ 861, 862, 906, 907, 1004 BGB) werden in diese Ausschlußwirkung einbezogen. Verfassungsrechtlich ermöglicht wird die umfassende **Ausschlußwirkung** (Präklusionswirkung) durch die Ausgleichsvorschrift des § 17 Abs. 4; sie ist zudem durch § 17 Abs. 6 Satz 2 für den Fall eingeschränkt, daß nicht vorhersehbare Wirkungen des Vorhabens oder der dem festgestellten Plan entsprechenden Anlagen auf die benachbarten Grundstücke erst **nach** Unanfechtbarkeit des Planes auftreten[98].

3. Rechtsschutzfragen

a) Der Planfeststellungsbeschluß wird vom FStrG — aufgrund seiner individualisierbaren Außenrechtswirkungen zu Recht — als Verwaltungsakt (§ 35 Satz 1 VwVfG) behandelt (Schluß aus § 18 a Abs. 6). Für den Rechtsschutz rechtlich von ihm Bela-   **65**

(BVerwG, VKBl. 1963, 220). Er ist aber — unanfechtbar oder für sofort vollziehbar erklärt (BayVGH, BayVBl. 1967, 390) — Grundlage für die Enteignung als Zwangsmittel zur Beschaffung des Eigentums an Grund und Boden. Von ihr muß allerdings selten Gebrauch gemacht werden. In den meisten Fällen führen die Verhandlungen zwischen Straßenbaubehörde und Eigentümer zum Abschluß privatrechtlicher Kaufverträge. Ein angemessenes Angebot muß der Straßenbaulastträger ohnehin aus verfassungsrechtlichen Gründen (Erforderlichkeitsgebot) der Anwendung von Enteignungszwang vorausgehen lassen. Sofern es zum Erlaß eines Enteignungsbeschlusses durch die nach dem Landesrecht zuständige Enteignungsbehörde (Enteignungsgesetze!) kommt, ist dieser als Verwaltungsakt anfechtbar, aber nicht aus Gründen, die sich gegen den Planfeststellungsbeschluß selbst richten. Die vorzeitige Besitzeinweisung nach § 18 f ermöglicht den Beginn der Bauarbeiten schon vor der Bestandskraft des Enteignungsbeschlusses. Siehe im einzelnen *Pappermann/Löhr,* JuS 1980, 195 und BVerwG, a.a.O.

95 Allein umstritten ist die Ersetzung der Erlaubnis oder Bewilligung nach § 14 Abs. 1 WHG. Siehe dazu *Fickert,* Zf Wasserrecht 1984, 193 ff.

96 Im einzelnen ist freilich das juristische Wesen der dem Planfeststellungsbeschluß eigentümlichen Konzentrationswirkung umstritten. Zu den sog. Konzentrationstheorien siehe BVerwGE 70, 242 (244); BVerwG, DVBl. 1985, 899 (900) sowie den guten Überblick bei *Sieder/Zeitler/Kreuzer/Zech,* Art. 38 Rdnr. 195 ff. und bei *Kügel,* Der Planfeststellungsbeschluß und seine Anfechtbarkeit, 1985, S. 45 ff. — Die Ermächtigung des § 100 Nr. 2 VwVfG, von der die Länder in ihren Verwaltungsverfahrensgesetzen bzw. Straßengesetzen Gebrauch gemacht haben, hat im übrigen im Ergebnis die Streitfrage erledigt, ob in *landes*rechtlichen Vorschriften über die Planfeststellung (siehe Rdnr. 56) eine Ersetzung von *bundes*rechtlich notwendigen Entscheidungen angeordnet werden kann.

97 Etwa: Anordnung der Einziehung einer Straße oder Zulassung einer Zufahrt als Sondernutzung (§ 8a Abs. 1 i. V. m. § 8 Abs. 1) im Planfeststellungsbeschluß.

98 Näher dazu *Kodal/Krämer,* S. 895 ff.

steter gelten die allgemeinen Bestimmungen der §§ 42, 113 Abs. 1 Satz 1 VwGO über die verwaltungsgerichtliche Anfechtungsklage[99]. Daraus folgen zwei wesentliche Feststellungen.

66 — Zur **Klagebefugnis** nach § 42 Abs. 2 VwGO: Anfechtungsklage gegen den Planfeststellungsbeschluß kann zulässigerweise nur von dem erhoben werden, der eine Betroffenheit in seinen **Rechten** geltend machen kann[100]. Solche Rechte können sich aus (einfach-)gesetzlichem Recht, insbesondere aus dem Abwägungsgebot (§ 17 Abs. 1 Satz 2) und aus dem Verfassungsrecht, insbesondere aus Art. 14 GG, aber auch Art. 2 Abs. 2 Satz 1 GG[101] ergeben. Dabei wird nach der jüngeren Rechtsprechung des BVerwG[102] dem Eigentümer nicht jeder obligatorisch Berechtigte gleichgestellt, sondern nur der, der „eigentumsähnlich an einem Grundstück dinglich berechtigt ist".

Das BVerwG ist der Auffassung, daß — ähnlich wie im Baurecht[103] — auch im Planfeststellungsrecht die benachbarten Grundstücke durch ihre Eigentümer „repräsentiert" werden, nicht aber durch diejenigen, die ihre Rechte nur auf der Grundlage eines obligatorischen Vertrages vom Eigentümer ableiten. Deshalb begründet das Jagdpachtrecht — ähnlich wie das Mietrecht — im Regelfall keine Anfechtungsbefugnis nach § 42 Abs. 2 VwGO. Wird allerdings ein Miet- oder Pachtrecht durch die Planfeststellung gleichsam ausgehöhlt oder entzogen, so soll sich ein Abwehrrecht unmittelbar aus Art. 14 Abs. 1 GG ergeben, soweit Miet- oder Pachtrechte gegen entschädigungslosen Entzug gesichert sind. Beachte: Die zitierte Rechtsprechung zieht nicht nur für die Herleitung einer Klagebefugnis den Schutzbereich des Art. 14 GG enger als das BVerfG[104] bei der Formulierung seines verfassungsrechtlichen Eigentumsbegriffs. Sie interpretiert auch (restriktiv) den Begriff des „Nachbarn" im Zusammenhang mit Nachbarklagen aus der Verletzung einer Norm des **einfachen** Rechts.

67 Eine **Gemeinde** kann bei Inanspruchnahme ihres Gebietes durch eine überörtliche Fachplanung — sieht man von der Verletzung ihrer Beteiligungsrechte ab[105] — eine Rechtsbeeinträchtigung i. S. des § 42 Abs. 2 VwGO nur unter zwei Voraussetzungen geltend machen:

— Für das betroffene Gebiet muß bereits eine hinreichend bestimmte gemeindliche Planung vorliegen, die allerdings nicht rechtsverbindlich zu sein braucht.

— Die Störung dieser Planung durch den überörtlichen Fachplan muß „nachhaltig" sein.

Nur unmittelbare Auswirkungen der Fachplanung von einigem Gewicht eröffnen also der Gemeinde die Möglichkeit, eine gerichtliche Überprüfung des Fachplans

---

99 Die Rechtsprechung gibt den durch den Ausbau einer Bundesfernstraße betroffenen Dritten weder gegenüber dem Träger der Straßenbaulast noch gegenüber der Planfeststellungsbehörde einen Rechtsanspruch auf Einleitung und Durchführung eines Planfeststellungsverfahrens (BVerwG, NJW 1981, 239).

100 Zu beachten ist allerdings die Möglichkeit der *Verbandsklage* zur Geltendmachung der Nichtbeachtung naturschutzrechtlicher Normen im Planfeststellungsbeschluß. Siehe § 44 BremNatSchG, § 41 HambNatSchG, § 36 HessNatSchG. § 39a BerlNatSchG ist nach Auffassung des OVG Berlin (NVwZ 1986, 318) wegen Verstoßes gegen den Grundsatz der Rechtssicherheit nichtig.

101 Grundsätzlich: BVerwGE 54, 221 (222 f.).

102 BVerwG, NVwZ 1983, 672 f.

103 BVerwG, NJW 1983, 1696.

104 Siehe z. B. BVerfGE 42, 263 (293).

105 Siehe BVerwGE 31, 263 (265 f.).

auf angemessene Berücksichtigung der gemeindlichen Interessen in der Abwägung mit den überörtlichen Planungsinteressen hin herbeizuführen[106].

— Zum **Umfang** der richterlichen Kontrolle des Planfeststellungsbeschlusses: Wegen § 113 Abs. 1 Satz 1 VwGO („in seinen Rechten verletzt") kann der Betroffene den Verstoß der Planung gegen objektives Recht nur insoweit geltend machen, als er durch das Vorhaben in seinen **eigenen** subjektiven Rechten nachteilig berührt wird. Er kann also verwaltungsgerichtlich nicht erreichen **68**

— eine umfassende objektivrechtliche Planüberprüfung;

— eine Prüfung, ob eine in jeder Hinsicht optimale Lösung für die geplante Maßnahme vorliegt[107].

b) Zentrales Element jedes straßenrechtlichen Planfeststellungsbeschlusses ist der Vollzug des gesetzlichen Gebots, daß die durch das konkrete, zur Planfeststellung anstehende Vorhaben berührten öffentlichen und privaten Belange abzuwägen sind (§ 17 Abs. 1 Satz 2 — sog. **Abwägungsgebot**). Die richterliche Kontrolle dieser (planspezifischen) Abwägung steht in den Anfechtungsverfahren gegen Planfeststellungsbeschlüsse häufig im Mittelpunkt. Die Rechtsprechung des BVerwG zur gerichtlichen Nachprüfung der Abwägung ist deshalb außerordentlich wichtig, andererseits nicht ganz einfach nachzuzeichnen. **69**

— Der von einer Planung Betroffene kann sich auf eine Verletzung des **einfachgesetzlichen** Abwägungsgebots berufen. Er hat aber wegen §§ 42 Abs. 2, 113 Abs. 1 Satz 1 VwGO nur einen gerichtlich verfolgbaren Anspruch darauf, daß eine gerechte Abwägung seiner **eigenen** Belange mit **entgegenstehenden** anderen Belangen stattfindet. Er hat dagegen **keinen** Anspruch darauf, daß die Belange anderer Beteiligter gerecht abgewogen sind oder daß etwa die Planung insgesamt und in jeder Hinsicht auf einer fehlerfreien Abwägung beruht (begrenzte nachbarschützende Wirkung des einfachgesetzlichen Abwägungsgebots)[108].

— Dagegen kann der Eigentümer eines durch den straßenrechtlichen Planfeststellungsbeschluß mit **enteignender** Wirkung betroffenen Grundstücks die Rechtswidrigkeit des Planfeststellungsbeschlusses insgesamt und damit die Verletzung des Abwägungsgebots grundsätzlich auch mit der Begründung geltend machen, öffentliche dem Vorhaben entgegenstehende Belange, etwa des Landschaftsschutzes, seien nicht hinreichend beachtet worden.

Das BVerwG[109] begründet diese „Weiterführung" seiner Rechtsprechung damit, daß der von einer Enteignung bedrohte Grundstückseigentümer wegen Art. 14 Abs. 3 GG (Enteignung nur zum Wohl der Allgemeinheit nach Maßgabe gesetzlich festgelegter Voraussetzungen) einen Anspruch darauf habe, daß die **Abwägung** im Planfeststellungsbeschluß, der nach § 19 Abs. 1 Satz 2 **Grundlage** für die **Enteignung** ist, uneingeschränkt **gesetzmäßig** erfolgt. „Gewisse" formelle und materielle Fehler der Planfeststellung können allerdings „aus den besonderen Gründen des Einzelfalls unbeachtlich sein".

---

106 BVerwG, DÖV 1985, 113 (114).
107 BVerwGE 62, 342 (348).
108 BVerwGE 48, 56 (66).
109 BVerwGE 67, 74 (76 f.).

70   c) **Verfahrensrechtliche Besonderheiten:** Der Gesetzgeber hält es nicht für notwendig, vor der Einleitung eines Verwaltungsstreitverfahrens die Recht- und Zweckmäßigkeit des Planfeststellungsbeschlusses, der in einem aufwendigen und förmlich betriebenen Planfeststellungsverfahren mit hoher Qualitätsgarantie ergangen ist, in einem Widerspruchsverfahren noch einmal durch die Verwaltung überprüfen zu lassen (§ 68 Abs. 1 Satz 2 VwGO i. V. m. § 18 a Abs. 6 FStrG). Über sämtliche Streitigkeiten, die Planfeststellungsverfahren für den Bau oder die Änderung von Bundesautobahnen betreffen und insbesondere die Rechtmäßigkeit von Planfeststellungsbeschlüssen, entscheidet nunmehr aufgrund von § 9 Abs. 1 Nr. 8 des Gesetzes zur Entlastung der Gerichte in der Verwaltungs- und Finanzgerichtsbarkeit[110] i. d. F. des Gesetzes zur Beschleunigung verwaltungsgerichtlicher und finanzgerichtlicher Verfahren vom 4. 7. 1985[111] im **ersten** Rechtszug das Oberverwaltungsgericht bzw. der Verwaltungsgerichtshof[112].

4. Auflagen im Planfeststellungsbeschluß nach § 17 Abs. 4

71   a) Bau und Ausbau eines leistungsfähigen Straßen- und insbesondere Fernstraßennetzes in einem Land wie der Bundesrepublik mit seinem außerordentlich hohen Mobilitätsbedarf werden immer — unbeschadet der Prüfung des Straßenbedarfs im einzelnen Fall — ein hochrangiges öffentliches Interesse für sich in Anspruch nehmen können. Dieses starke öffentliche Interesse verdrängt im Regelfall andere öffentliche Belange und vor allem private Interessen im Rahmen der Abwägung nach § 17 Abs. 1 Satz 2. Dies gilt für die Inanspruchnahme der notwendigen Grundstücksflächen, nicht weniger aber für die nachteiligen Auswirkungen des Straßenbaus und der sich anschließenden Straßenbenutzung gegenüber den Nachbargrundstücken. Aus rechtsstaatlichen Gründen kann mit den Mitteln der Abwägung das jeweils nachteilig betroffene Interesse nicht einfach zurückgestellt und gegebenenfalls entschädigt werden. § 17 Abs. 4 (ggf. i.V.m. § 41 BImSchG)[113] sieht daher vor, daß im Planfeststellungsbeschluß dem Träger der Straßenbaulast die Errichtung und die Unterhaltung der Anlagen aufzuerlegen **sind,** die sich für das öffentliche Wohl oder zur Sicherung der Benutzung der benachbarten Grundstücke gegen Gefahren, erhebliche Nachteile oder erhebliche Belästigungen als notwendig erweisen. Er enthält nach Auffassung der Rechtsprechung eine verfassungsnotwendige Ausgleichsvorschrift[114].

---

110 BGBl. I, 446.
111 BGBl. I, 1274.
112 Zu den Einzelheiten siehe v. *Oertzen,* DÖV 1985, 749 ff., insb. S. 755 f.
113 Zum Verhältnis von § 41 Abs. 1 BImSchG zu § 17 Abs. 4 Satz 1 gilt im Hinblick auf dessen Satz 3:
   § 41 BImSchG betrifft nur den Verkehrslärm, § 17 Abs. 4 Satz 1 dagegen Nachteile und Belästigungen *aller* Art. § 41 BImSchG läßt für die Regelung der Art und Weise, wie der Schutz benachbarter Grundstücke vor Verkehrslärm „sicherzustellen" ist, der insoweit detaillierteren Vorschrift des § 17 Abs. 4 Raum (BVerwGE 71, 150/161 f.). Rechtsgrundlage für die Auferlegung auch von Lärmschutzauflagen gegenüber dem Straßenbaulastträger ist § 17 Abs. 4 Satz 1 (*Jarras,* BImSchG, 1983, § 41 Rdnr. 2).
114 Siehe zum Grundgedanken des § 17 Abs. 4 BVerwGE 48, 56 (59); 51, 16 (26 f.); BVerwG, NJW 1982, 1473. — Das BVerwG hält den Grundgedanken des § 17 Abs. 4 auch dort für anwendbar, wo eine entsprechende Auflagenbestimmung fehlt (BVerwGE 59, 253/260). Für die nach Landesrecht der Planfeststellung unterliegenden Straßen (siehe Rdnr. 53) gelten weithin kraft Verweisung (siehe Rdnr. 56) die § 74 Abs. 2 Satz 2 VwVfG entsprechenden Vorschriften der Landesverwaltungsverfahrensgesetze.

Beispiele: Vorkehrungen zum Lärmschutz (Lärmschutzwall, Lärmschutzwand), Maßnahmen zum Grundwasserschutz (Entwässerungsanlagen), Herstellung einer Anliegerstraße als Zufahrtsersatz. — Nach Eintritt der Unanfechtbarkeit des Planfeststellungsbeschlusses richtet sich im übrigen der Anspruch auf Anordnung von Schutzmaßnahmen nach § 17 Abs. 6.

In der Praxis der Straßenplanung bemühen sich immer wieder die **Gemeinden,** Auflagen nach § 17 Abs. 4 durchzusetzen. Sie können sich dabei in gewissem Umfang darauf berufen, daß diese Bestimmung ihnen verwaltungsgerichtlich durchsetzbare Ansprüche gewährt. Für das „öffentliche Wohl" (§ 17 Abs. 4 Satz 1 **1.** Alt.) können sie Schutzmaßnahmen erstreiten, wenn sie ohne die Errichtung oder Unterhaltung entsprechender Anlagen in ihrer **Planungshoheit** verletzt wären. Aus der Planungshoheit ergeben sich allerdings nur Ansprüche, wenn und soweit unmittelbare Auswirkungen gewichtiger Art auf bereits hinreichend bestimmte (wenn auch nicht förmlich verbindliche) planerische Vorstellungen der Gemeinde vorliegen. Unter Berufung auf § 17 Abs. 4 Satz 1 **2.** Alt. („Sicherung der Benutzung der benachbarten Grundstücke") können die Gemeinden als private Grundstückseigentümer oder als Träger kommunaler Einrichtungen Schutzmaßnahmen verlangen. Dieser einfachgesetzliche Anspruch ist unabhängig davon, ob den Gemeinden eine Berufung auf Art. 14 GG zum Schutz ihres Grundeigentums eingeräumt wird[115].

b) Die einzelnen Tatbestandsmerkmale des § 17 Abs. 4 haben inzwischen in zahlreichen verwaltungsgerichtlichen Urteilen eine Auslegung erfahren, die hier nicht im einzelnen dargestellt werden kann[116]. Lediglich die Stufenrechtsprechung des BVerwG im Rahmen des § 17 Abs. 4 wird noch unten vorzustellen sein (Rdnr. 138). Von besonderem Interesse sind aber auch hier die **Rechtsschutz**fragen. Das BVerwG[117] gibt auf sie — zusammengefaßt — folgende wichtige Antworten. **72**

— **Materiellrechtlich:** Anordnungen nach § 17 Abs. 4 sind ihrem Wesen nach selbständige und in diesem Rahmen eigener rechtlicher Regelung zugängliche Auflagen. Sie modifizieren nicht das Vorhaben, sondern treten zu dessen Genehmigung als besondere Leistungsverpflichtung im Sinne des § 36 Abs. 2 Nr. 4 VwVfG hinzu. Fehlt es an einer nach § 17 Abs. 4 gebotenen Schutzauflage, so bleibt ein von der Planung ausgelöster Interessenkonflikt offen. Dies macht den Plan insoweit objektiv rechtswidrig. Zu einem Anspruch auf **Aufhebung** bzw. **Teilaufhebung** des Planfeststellungsbeschlusses kann ein solcher Mangel allerdings nur dann führen, wenn er für die Planungsentscheidung insgesamt von so großem Gewicht ist, daß dadurch nicht nur der einzelne Betroffene benachteiligt, sondern die Ausgewogenheit der Gesamtplanung bzw. eines abtrennbaren Planungsteils überhaupt in Frage gestellt wird. Lediglich ein Anspruch auf **Planergänzung** besteht, wenn sich eine im Planfeststellungsbeschluß nicht angeordnete **73**

---

115 Zu den Einzelheiten der hier knapp zusammengefaßten Rechtsprechung siehe BVerwGE 51, 6 (11 ff.); 52, 226 (235); 56, 110 (137); 69, 256 (261).

116 Siehe etwa BVerwGE 41, 178 (186); 58, 281; BVerwG, DVBl. 1976, 786 (787); DVBl. 1976, 779 (782); NJW 1980, 413; DVBl. 1978, 845 (848); BVerwGE 61, 295 (303); BVerwG, DÖV 1983, 165.

117 BVerwGE 41, 178 (180 f.); 51, 15 (20 f.); 56, 110 (132 f.); 71, 150 (160); BVerwG, BauR 1986, 59 (61).

Schutzauflage nachholen läßt, ohne daß dadurch die Gesamtkonzeption der Planung in einem wesentlichen Punkt berührt und ohne daß in dem Interessengeflecht der Planung nunmehr andere Belange nachteilig betroffen werden.

74 — **Verfahrensrechtlich:** Der Träger der Straßenbaulast kann die ihn belastende Schutzauflage, die er für rechtswidrig hält, selbständig anfechten. Eine Anfechtungsklage mit dem Ziel einer Aufhebung des Planfeststellungsbeschlusses kommt bei Fehlen einer aus der Sicht des Klägers nach § 17 Abs. 4 gebotenen Auflage nur in Betracht, soweit ein solcher Anspruch nach den getroffenen Feststellungen (Rdnr. 73) materiellrechtlich besteht. Im übrigen kann der Kläger wählen, ob er eine auf die Schutzauflage bezogene Anfechtungsklage (Anfechtung des leistungsversagenden Verwaltungsaktes) oder eine auf die Schutzauflage bezogene Verpflichtungsklage (Klage auf Planergänzung) erhebt[118].

5. Die Ersetzungsfunktion des Bebauungsplans

75 a) Auch soweit die Durchführung eines Planfeststellungsbeschlusses gesetzlich angeordnet ist, kann der Bau von Straßen alternativ auf der Grundlage von Bebauungsplänen erfolgen. Dies sieht das FStrG in § 17 Abs. 3 Satz 1 ausdrücklich vor[119]. Die Festsetzung der Trasse im Bebauungsplan (BBauPl) erfolgt dann nach § 9 Abs. 1 Nr. 11 BBauG („Verkehrsfläche")[120]. Ist die öffentliche Straße eine Erschließungsanlage im Sinne des § 123 BBauG, so setzt ihre Herstellung sogar notwendig einen BBauPl voraus (siehe auch § 125 Abs. 1 BBauG). Ist Grundlage einer Straße ein Bebauungsplan, dessen Inhalt sich durchaus in deren Festsetzung erschöpfen kann (sog. isolierter Bebauungsplan)[121], so kommen auf dessen Aufstellung die Vorschriften des BBauG zur Anwendung (§§ 2 ff. BBauG)[122]. Der (Straßen-)Bebauungsplan ist inzident oder nach § 47 Abs. 1 Nr. 1 VwGO verwaltungsgerichtlich überprüfbar. Bei der Wahl zwischen Bebauungsplan und Planfeststellungsbeschluß sind allerdings die Unterschiede zwischen beiden Rechtsformen zu berücksichtigen.

— Der BBauPl hat keine Gestaltungs-, Konzentrations- und Präklusionswirkung.

— Er wird nicht formell bestandskräftig (unanfechtbar).

---

118 In bezug auf den Suspensiveffekt ist wichtig: Die durch § 17 Abs. 4 sichergestellte Verbindung der das Straßenbauvorhaben betreffenden Planfeststellung mit der Entscheidung über notwendige Schutzmaßnahmen bewirkt, daß der **beide** Regelungsgegenstände umfassende Planfeststellungsbeschluß nicht rechtsbeständig wird, solange er nur in **einer** Hinsicht wirksam angefochten ist (BVerwGE 41, 178/180 f.).
119 Für Landes- und Kreisstraßen siehe Art. 36 Abs. 3 Satz 2 BayStrWG; § 33 Abs. 2 BremLStrG; § 38 Abs. 4 NStrG und § 38 Abs. 4 Satz 1 StrWG NW. Vgl. jetzt auch BVerwG, DÖV 1986, 696.
120 Über Verkehrsflächen enthält das BBauG noch in § 9 Abs. 1 Nr. 15, 21 und 22 sowie § 125 Festsetzungsmöglichkeiten. Verkehrsflächen sind „unverzichtbare Elemente jeder städtebaulichen Ordnung" (BVerwGE 38, 152/155).
121 BVerwGE 38, 152 (155 ff.).
122 Siehe dazu den Beitrag von *Oldiges* in diesem Buch (IV. Teil).

— Er wird als Satzung beschlossen (§ 10 BBauG) und ist deshalb — vorbehaltlich der sich aus §§ 155 a und b BBauG ergebenden Einschränkungen — grundsätzlich nichtig, sofern er (formelle oder materielle) Fehler aufweist[123].

— Durch den BBauPl können keine Auflagen nach § 17 Abs. 4 angeordnet werden. Für die Möglichkeit von Schutzmaßnahmen bietet allerdings der Numerus-clausus-Katalog des § 9 BBauG vergleichbare Grundlagen, etwa in § 9 Abs. 1 Nr. 24 BBauG.

b) Nach einem Teil der Länderstraßengesetze gelten Straßen mit der endgültigen Überlassung **76** für den Verkehr als gewidmet, sofern sie aufgrund eines förmlichen Verfahrens nach anderen gesetzlichen Vorschriften für den öffentlichen Verkehr angelegt werden[124]. Zu Recht ist man heute überwiegend der Meinung, daß auch die verbindliche Festsetzung des Baus oder der Änderung einer Straße durch Bebauungsplan die Fiktionswirkung der genannten Vorschrift auslöst[125]. Dabei ist die fingierte Widmung der wirklichen Widmung — auch unter Rechtsschutzgesichtspunkten — gleichzustellen, durch Widerspruch und Anfechtungsklage also angreifbar (siehe Rdnr. 30). Sieht man die fingierte Widmung als integrierten Teil des Bebauungsplanes selbst an, so bestimmt sich dagegen der Rechtsschutz nach § 47 Abs. 1 Nr. 1 VwGO (von der Möglichkeit der inzidenten Kontrolle abgesehen). Die in jüngerer oder jüngster Zeit novellierten Straßengesetze haben die Widmungsfiktion durchweg eingeschränkt oder beseitigt[126].

Antworten und Lösungshinweise

1. Die Klage des A ist unzulässig, die Klage des E ist zulässig. **77**

a) Die Klage des A ist eine Anfechtungsklage. Sie zielt auf die Aufhebung des Planfeststellungsbeschlusses und damit auf die Aufhebung eines Verwaltungsaktes (§ 42 Abs. 1 VwGO). Die Durchführung eines Vorverfahrens ist nicht erforderlich (§ 18 a Abs. 6) und damit auch nicht statthaft. Die Klage ist aber unzulässig, weil A als Kläger nicht die Möglichkeit einer Verletzung eigener **Rechte** geltend machen kann (§ 42 Abs. 2 VwGO). Sein persönliches Interesse als Spaziergänger an einer weiteren Benutzung des Waldes wird von der Rechtsordnung nicht (subjektiv-rechtlich) geschützt. Die seinerzeitige Mitwirkung des A im Planfeststellungsverfahren erfolgte dagegen in Übereinstimmung mit dem Gesetz, da sie den Nachweis einer möglichen Rechtsverletzung nicht voraussetzt. § 18 Abs. 4 gibt die Möglichkeit zu Einwendungen und damit das Recht auf Erörterung und Entscheidung (§§ 18 Abs. 6, 18 a Abs. 2) jedem, dessen Belange durch das Vorhaben berührt werden (und nicht nur dem, der in seinen Rechten betroffen ist — BVerwG, Urt. vom 4. 3. 1983, NVwZ 1983, 672).

b) Die Anfechtungsklage des E ist in jedem Falle zulässig (§ 42 VwGO). Zwar hat er seine Einwendungen erst nach Ablauf der Einwendungsfrist geltend gemacht. Die Anhörungsbehörde muß sie daher nicht erörtern (§ 18 Abs. 6 Satz 1, 2. Halbsatz — sog. formelle, auf das Verwaltungsverfahren bezogene Präklusion). Die Verspätung der Einwendungen hindert ihn aber nicht an ihrer verwaltungsgerichtlichen Geltendmachung, weil das FStrG an die Verspätung nicht den materiellrechtlichen Ausschluß von Abwehransprüchen (also keine sog. materielle

---

123 Das OVG Berlin will sich freilich in Ausnahmefällen mit der Feststellung der Rechtswidrigkeit des BBauPl begnügen (NVwZ 1983, 416).

124 Die Formulierungen variieren: § 5 Abs. 6 BWStrG; § 6 Abs. 6 SaarlStrG und § 6 Abs. 4 SchlHStrWG.

125 So OVG Münster, DÖV 1975, 213 (unter bestimmten Voraussetzungen); ausführlich mit Nachweisen *Peine,* Rechtsfragen der Einrichtung von Fußgängerstraßen, 1979, S. 30 ff.

126 Siehe Art. 6 Abs. 4 BayStrWG; § 6 Abs. 6 StrWG NW (Widmungsfiktion jeweils nur für das Planfeststellungsverfahren) und § 6 Abs. 5 NStrG (Widmungs**verfügung** im Planfeststellungsverfahren oder im BBauPl).

Präklusion) knüpft (BVerwGE 26, 302/303; 29, 282/284; vgl. aber auch BVerwG, BauR 1986, 59/60). Es kann daher offen bleiben, ob die Klage nicht ohnehin zulässig wäre, weil selbst der Eintritt einer materiellen Präklusion (wie etwa im atomrechtlichen Genehmigungsverfahren oder im Planfeststellungsverfahren nach dem Bundeswasserstraßengesetz) den Kläger nur daran hindert, sich im Rahmen der **Begründung** seiner Klage auf die verspätet vorgebrachten Einwendungen zu berufen (BVerwGE 66, 99/106).

78 2. Die Gemeinde G, die bereits im Planfeststellungsverfahren zu beteiligen ist (§ 18 Abs. 2 Satz 2), ist gem. § 42 Abs. 2 VwGO klagebefugt, da ihre durch Art. 28 Abs. 2 Satz 1 GG geschützte (Bau-)Planungshoheit verletzt sein könnte (BVerwGE 51, 6/13 f.; BVerwG, DÖV 1985, 113/114). Im Rahmen einer Prüfung der Begründetheit der Klage ist allerdings zunächst festzustellen, daß die Bundesplanung Vorrang vor der gemeindlichen Bauleitplanung hat (§ 16 Abs. 2 Satz 3, § 38 Satz 1 BBauG). Eine Bindungswirkung zu Lasten des Trägers der Bundesfernstraßenplanung ist durch den Flächennutzungsplan nicht eingetreten, da der Planungsträger widersprochen hat (§ 7 Satz 1 BBauG). Allerdings folgt aus § 18 Abs. 2 Satz 2 über dessen verfahrensrechtlichen Gehalt hinaus ein Anspruch der Gemeinde, daß ihre Vorstellungen mit dem ihnen objektiv zukommenden Gewicht bei der Planungsentscheidung sachlich berücksichtigt werden (BVerwG, a.a.O., S. 14). Wenn dies im Rahmen der gebotenen Abwägung (§ 17 Abs. 1 Satz 2) nicht geschehen ist, so hat die Klage der Gemeinde Aussicht auf Erfolg. Zu denken ist aus der Sicht der Gemeinde im vorliegenden Fall an einen hilfsweisen Klageantrag, der die Anordnung einer Schutzanlage zur Sicherung der Planungshoheit nach § 17 Abs. 4, etwa in Gestalt einer Lärmschutzmaßnahme, zum Gegenstand hat (vgl. BVerwGE 51, 6/14 f.).

Vertiefungshinweise

Bartlsperger: Die Straße im Recht des Umweltschutzes, 1980; *Fickert:* Planfeststellung für den Straßenbau, 1978; *Hoppe/Schlarmann:* Rechtsschutz bei der Planung von Straßen und anderen Verkehrsanlagen, 2. Aufl. 1977; Beiträge von *Ossenbühl* (S. 297—308), *Blümel* (S. 309—342), *Brohm* (S. 343—384), *Fickert* (S. 385—402), *Hoppe* (S. 403—428) und *Schroeter* (S. 429—446), in: *Bartlsperger/Blümel/Schroeter; Kregel,* Örtliche Straßenplanung, 1983; *Kügel,* Der Planfeststellungsbeschluß und seine Anfechtbarkeit, 1985.

D. Straßenbaulast und Straßenverkehrssicherungspflicht

Fragen und Fälle

79 1. Auf der Autobahn A 9 (Bayern) hat ein Windstoß Baumäste, die bei Arbeiten der Straßenbauverwaltung am Baumbestand der Straßenböschung zurückgelassen wurden, in die Fahrbahn geschleudert. B muß längere Zeit mit seinem Fahrzeug anhalten, bis das Hindernis beseitigt ist. Er kommt daher zu einem für ihn wichtigen Vertragstermin zu spät. Kann B den ihm dadurch nachweisbar entstandenen Schaden gegen wen vor welchem Gericht geltend machen?

80 2. A befördert regelmäßig erschütterungsempfindliche Waren auf dem Weg zu seinem an der X-Straße (Gemeindestraße) liegenden Betrieb. Er befürchtet Schäden für diese Waren, weil der Belag der X-Straße sich schon seit langem in Auflösung befindet und die Straße tiefe Löcher aufweist. Kann er gerichtlich die Herstellung eines ordnungsgemäßen Straßenzustandes vom Straßenbaulastträger (Gemeinde) verlangen?

I. Die Verpflichtungen aus der Straßenbaulast

1. Inhalt und Reichweite

Die „Straßenbaulast" ist ein terminus technicus des Straßenrechts. Sie wird in An- **81**
lehnung an die Formulierung des FStrG (§ 3 Abs. 1 Satz 1) von den Länderstraßengesetzen[127] als die Summe der Aufgaben umschrieben, die mit dem Bau (Ausbau) und der Unterhaltung von Straßen (Planung, Herstellung, Finanzierung,
Rechtsangelegenheiten) zusammenhängen. In diese Aufgabe weist das Gesetz den
„Straßenbaulastträger" ein, regelmäßig also jene Körperschaft des öffentlichen
Rechts, der die Straße entsprechend ihrer Klassifikation zugeordnet ist. Der Straßenbaulastträger ist verpflichtet, die Straßen „in einem dem regelmäßigen Verkehrsbedürfnis" — nicht also einem (zeitlich begrenzten) Spitzenbedarf — „genügenden Zustand zu bauen, zu unterhalten, zu erweitern oder sonst zu verbessern".
Diese Verpflichtung besteht nur im Rahmen und damit in den Grenzen der organisatorischen und finanziellen Leistungsfähigkeit des Straßenbaulastträgers (§ 3 Abs.
1 Satz 2)[128]. Befindet sich die Straße in einem nicht verkehrssicheren Zustand, dem
der Straßenbaulastträger unter Berücksichtigung seiner Leistungsfähigkeit nicht
abhelfen kann, so hat er — vorbehaltlich anderweitiger Anordnungen der Straßenverkehrsbehörden — auf diesen Zustand durch Verkehrszeichen hinzuweisen (§ 3
Abs. 1 Satz 3)[129]. Soweit das Landesstraßenrecht in jüngerer oder jüngster Zeit no-
velliert wurde, haben die Gesetzgeber[130] den Straßenbaulastträger — unter Aufnahme neuerer wissenschaftlicher Erkenntnisse und politischer Zielsetzungen —
verpflichtet, beim Bau und der Unterhaltung von Straßen über die allgemein anerkannten Regeln der Technik hinaus zusätzliche Belange, insbesondere solche des
Umweltschutzes und des Städtebaus, zu berücksichtigen. Außerhalb des unbeding-
ten Pflichtenkreises der Straßenbaulast verbleiben im allgemeinen die Räum- und
Streupflicht, die Reinigung und die Beleuchtung von Straßen; hier begnügt sich das
Straßenrecht — unbeschadet der Pflichten aus der Verkehrssicherungspflicht (siehe
II.) — mit Sollvorschriften (§ 3 Abs. 3)[131]. Räumlich und gegenständlich ist die

---

127 Siehe § 10 BWStrG; Art. 9 BayStrWG; § 7 Abs. 2 BerlStrG; § 10 BremLStrG; § 13 HambWG; § 9
HessStrG; § 9 NStrG; § 9 StrWG NW; § 11 RhPflStrG; § 9 SaarlStrG und § 10 SchlHStrWG.

128 Siehe § 10 Abs. 1 Satz 2 BWStrG; Art. 9 Abs. 1 Satz 2 BayStrWG; § 7 Abs. 2 Satz 2 BerlStrG; § 10
Abs. 1 Satz 2 BremLStrG; § 13 Abs. 3 Satz 1 HambWG; § 9 Abs. 1 Satz 2 NStrG; § 9 Abs. 1 Satz 2
StrWG NW; § 11 Abs. 1 Satz 1 RhPflStrG; § 9 Abs. 1 Satz 1 SaarlStrG und § 10 Abs. 1 Satz 2
SchlHStrWG.

129 Siehe § 10 Abs. 1 Satz 2 BWStrG; Art. 9 Abs. 1 Satz 3 BayStrWG; § 7 Abs. 2 Satz 4 BerlStrG; § 10
Abs. 2 Satz 3 BremLStrG (Unterrichtung der Straßenverkehrsbehörde); § 13 Abs. 3 Satz 1
HambWG; § 9 Abs. 1 Satz 3 HessStrG; § 9 Abs. 1 Satz 3 NStrG; § 9 Abs. 1 Satz 3 StrWG NW; § 11
Abs. 1 Satz 4 RhPflStrG; § 9 Abs. 1 Satz 3 SaarlStrG und § 10 Abs. 1 Satz 3 SchlHStrWG.

130 Siehe vor allem jetzt § 9 Abs. 2 StrWG NW und § 7 Abs. 2 Satz 3 BerlStrG; vgl. ferner Art. 9 Abs. 1
Satz 2 und 4 BayStrWG i. d. F. des Gesetzes v. 16. 7. 1986 (BayGVBl. S. 135) sowie *Kersten,* BayVBl.
1981, 745 (747).

131 Siehe z. B. § 10 Abs. 2 BWStrG; Art. 9 Abs. 3 BayStrWG; § 9 Abs. 2 HessStrG; § 9 Abs. 2 StrWG
NW. — Die Rechtsfragen um Winterdienst, Beleuchtung öffentlicher Straßen und Reinigungs-
pflicht können hier nicht unter Berücksichtigung der landesrechtlichen Spezialgesetze im einzelnen
dargestellt werden. Eingehend dazu *Kodal/Krämer,* S. 1242 f.

Straßenbaulast auf den jeweiligen (regelmäßig weiten) Straßen- und Straßenzubehörbegriff bezogen (§ 1 Abs. 4)[132].

2. Zur Dogmatik der Straßenbaulast

82 Die Straßenbaulast wird nach h. M. als eine gesetzlich geregelte Aufgabe verstanden, die dem Straßenbaulastträger ausschließlich im Interesse der **Allgemeinheit** auferlegt ist[133]. Sie besteht als Pflicht nur gegenüber dem Träger der Straßenaufsicht; ihre Erfüllung kann nur von diesem mit aufsichtlichen Mitteln erzwungen werden. Trotz des leistungsstaatlichen Gehalts der Straßenbaulast (Vorhaltung von Straßen als Bestandteil moderner „Daseinsvorsorge") verweigert die h. M.[134] dem einzelnen ohne Rücksicht auf die konkrete Sach- und Interessenlage einen Verkehrssicherungsanspruch auf Erfüllung der Straßenbaulast (selbst innerhalb der durch die Leistungsfähigkeit des Straßenbaulastträgers gezogenen Grenzen). Sie lehnt es auch ab, die gesetzlichen Bestimmungen über die Verpflichtung aus der Straßenbaulast als Vorschriften zu interpretieren, die Amtspflichten gegenüber den Straßenbenutzern enthalten und im Falle der schuldhaften Verletzung die Grundlage eines Schadenserssatzanspruchs nach § 839 BGB i.V.m. Art. 34 GG bilden. Das geltende Recht in der wenig befriedigenden Auslegung durch die Rechtsprechung gibt demnach dem Straßenbenutzer keinen Rechtsanspruch — nicht einmal dem Grunde nach — auf Vornahme von Maßnahmen zur Vermeidung von Schäden, sondern nur unter bestimmten Voraussetzungen und in gewissen Grenzen (siehe Rdnrn. 84—86) einen Anspruch auf Ausgleich eines bereits eingetretenen Schadens.

83 Die Straßenaufsicht[135] kann bei Fällen eines ungenügenden Ausbaus oder des verkehrsunsicheren Zustandes einer Straße kaum „greifen". Denn der (staatlicher Aufsicht unterliegende kommunale) Straßenbaulastträger wird sich häufig bei Nichterfüllung seiner straßenbaurechtlichen Kernpflichten auf mangelnde Leistungsfähigkeit berufen können, die unter Berücksichtigung des Gesamtkreises seiner finanzwirksamen öffentlichen Aufgaben zu beurteilen ist und damit letztlich von etatpolitischen Entscheidungen abhängt. In bezug auf Fragen der Straßengestaltung und der Straßendimensionierung setzt der Staat allerdings regelmäßig seine Vorstellungen gegenüber den kommunalen Straßenbaulastträgern aufgrund seines Einflusses durch, der ihm aus der Zuwendung von Straßenbaumitteln erwächst (Bewilligungsbedingungen, Auflagen).

---

132 Was zur Straße als Gegenstand der Straßenbaulast gehört, stellen die Gesetze klar: § 1 Abs. 4 FStrG; Art. 2 BayStrWG; § 2 Abs. 2 BWStrG; § 2 Abs. 2 BerlStrG; § 2 Abs. 2 BremLStrG; § 2 Abs. 2 HambWG; § 2 Abs. 2 HessStrG; § 2 Abs. 2 NStrG; § 2 Abs. 2 StrWG NW; § 2 Abs. 2 RhPfLStrG; § 2 Abs. 2 SaarlStrG und § 2 Abs. 2 SchlHStrWG.
133 BGH, DÖV 1967, 387 (388).
134 Gegenposition vor allem bei *Bartlsperger,* Verkehrssicherungspflicht und öffentliche Sache, 1970, S. 162 ff.
135 Auch sie wird nur im öffentlichen Interesse tätig. Aus ihren etwaigen Versäumnissen kann daher kein Schadensersatzanspruch aus Amtshaftung hergeleitet werden (BGH, DÖV 1967, 387/388).

II. Die Verkehrssicherungspflicht auf öffentlichen Straßen und Wegen

1. Die Trennung von Straßenbaulast und Verkehrssicherungspflicht

Trotz fundierter Kritik aus der Literatur[136] stellt die h. M. neben die dargestellte, rein **84** objektivrechtlich interpretierte Verpflichtung aus der Straßenbaulast die Verkehrssicherungspflicht auf öffentlichen Straßen und Wegen als **gesonderte,** dem Rechtsgrund nach selbständige **Rechtsverpflichtung** gegenüber Dritten mit Schadensersatzfolge im Falle der schuldhaften Nichterfüllung. Die Straßenverkehrssicherungspflicht ist nach traditioneller Auffassung der Rechtsprechung[137] ein Fall der Anwendung der allgemeinen Verkehrssicherungspflicht auf den Sachverhalt der Verkehrseröffnung im Bereich einer rechtlich öffentlichen Verkehrsfläche. Ihr Rechtsgrund ist der aus §§ 823, 826 BGB gewonnene Grundgedanke, daß derjenige, der in seinem Verantwortungsbereich eine Gefahrenlage schafft oder andauern läßt, auch verpflichtet ist, die ihm zumutbaren Vorkehrungen zu treffen, die zur Abwehr der daraus Dritten drohenden Gefahren notwendig sind. Eine Verletzung dieser Verpflichtung begründet eine zivilrechtliche Schadensersatzpflicht nach §§ 823 ff. BGB[138].

Zur Amtspflicht im Sinne des § 839 BGB und Art. 34 GG kann nach der zitierten Rechtspre- **85** chung die Verpflichtung nur werden, wenn eine gesetzliche Bestimmung dies anordnet (siehe u. 2) oder eine in diese Richtung zielende ausdrückliche Erklärung eines entsprechenden Organisationsaktes des Straßenverkehrssicherungspflichtigen vorliegt.

2. Die gesetzliche Regelung

Die Landesstraßengesetzgeber[139] haben inzwischen allerdings die mit dem Bau und **86** der Unterhaltung der öffentlichen Straßen **einschließlich der Bundesfernstraßen** und die sich aus der Überwachung der Verkehrssicherheit dieser Straßen ergebenden Aufgaben als Tätigkeit qualifiziert, die von den Bediensteten der damit befaßten Körperschaften als Amtspflichten in Ausübung eines öffentlichen Amtes wahrgenommen werden. Damit löst eine Verletzung der Pflichten aus der Straßenverkehrssicherungspflicht, die sich **inhaltlich** mit der Amtspflicht gegenüber Dritten i.S.d. § 839 BGB i.V.m. Art. 34 GG decken dürfte[140], grundsätzlich die Amtshaftung nach § 839 BGB i.V.m. Art. 34 GG aus.

Allerdings hat die Rechtsprechung die Konsequenzen aus der schadensersatzrechtli- **87** chen Überleitung der Verkehrssicherungspflicht in das öffentliche Recht in einem ganz wesentlichen Punkt modifiziert. Sie hält die Subsidiaritätsklausel des § 839

---

136 Siehe *Bartlsperger* (Fn. 114), passim; *dens.,* DVBl. 1973, 465. — Zu dieser Problematik und zu den folgenden Fragen siehe *Ossenbühl,* Staatshaftungsrecht, 3. Aufl. 1983, S. 19 ff.

137 Siehe Zusammenfassung BGHZ 60, 54.

138 Dies schließt nach Auffassung des BGH nicht aus, daß Bedienstete des Straßenbaulastträgers hoheitliche Aufgaben wahrnehmen, wenn sie in Erfüllung der Straßenunterhaltsverpflichtung tätig werden (BGHZ 21, 48/51: Verkehrsunfall bei Dienstfahrt eines Straßenmeisters).

139 Siehe § 67 BWStrG; Art. 72 BayStrWG; § 7 Abs. 5 BerlStrG; § 9 BremLStrG; § 5 HambWG; § 10 Abs. 1 NStrG; § 9a StrWG NW; § 48 Abs. 2 RhPflStrG; § 9 Abs. 3a SaarlStrG und § 10 Abs. 4 SchlHStrWG.

140 So *Salzwedel,* S. 645.

Abs. 1 Satz 2 BGB in einer Art Vorgriff auf die (zunächst allerdings gescheiterte) Reform des Staatshaftungsrechts nicht mehr für anwendbar[141]. Der Straßenbaulastträger haftet also primär und ohne Rücksicht darauf, ob der Verletzte auf andere Weise Ersatz zu erlangen vermag. Auch in einem weiteren Punkt bleibt aufgrund der Rechtsprechung[142] der gesetzgeberische „Transformationsakt" ohne Auswirkungen: Da die gesetzlichen Bestimmungen eine Festlegung der Amtspflicht nach ihrem **Umfang** nicht vorgenommen hätten, sei die Amtspflicht auf die Vermeidung von Schäden zu Lasten von Rechtsgütern im Sinne des § 823 Abs. 1 BGB (Leben, Gesundheit, Eigentum und sonstige absolute Rechte) beschränkt. Es bleibe auch sonst bei den Anforderungen an die Verkehrssicherungspflicht, die von der Rechtsprechung im Zusammenhang mit der deliktischen Haftung herausgearbeitet wurden. Diese Anforderungen können hier allerdings — schon wegen ihres kasuistischen Charakters — nicht detailliert dargestellt werden[143]. Zwei allgemeine Linien prägen aber die Einzelentscheidungen: Der Straßenbenutzer hat sich grundsätzlich den gegebenen Straßenverhältnissen anzupassen[144]. Andererseits muß der Verkehrssicherungspflichtige besondere Vorsichtsmaßnahmen anordnen, wenn sie bei Berücksichtigung der örtlichen Verhältnisse nach allgemeiner Verkehrsanschauung erforderlich sind[145].

Antworten und Lösungshinweise

88 1. In Betracht kommt ein Schadensersatzanspruch aus einer schuldhaften Verletzung der Verkehrssicherungspflicht. Nach dem Sachverhalt ist das Hindernis auf einer Bundesautobahn entstanden, die im Bereich des Freistaates Bayern liegt. Art. 72 BayStrWG bestimmt, daß die aus dem Bau und der Unterhaltung der öffentlichen Straßen einschließlich der Bundesfernstraßen und die aus der Überwachung der Verkehrssicherheit dieser Straßen sich ergebenden Aufgaben von den Bediensteten der damit befaßten Körperschaften in Ausübung eines öffentlichen Amtes wahrgenommen werden. Der Schadensersatzanspruch kann daher grundsätzlich aus § 839 BGB i.V.m. Art. 34 GG hergeleitet werden. Er würde sich gegen den Freistaat Bayern richten und nicht gegen die Bundesrepublik Deutschland. Denn die Bundesfernstraßen werden von den **Ländern** im Auftrag des Bundes verwaltet (Art. 90 Abs. 2 GG). Dabei gehört die Erfüllung der Verpflichtungen aus der Verkehrssicherungspflicht zum Verwaltungsbereich; die Länder eröffnen als Träger der (externen) Straßenbaulast den Verkehr, für dessen Sicherheit sie verantwortlich sind (BGHZ 16, 100 f.). Geltend zu machen wäre der Anspruch beim Landgericht (§ 71 Abs. 2 Nr. 2 GVG); in Bayern hat ein Abhilfeverfahren vorauszugehen (Art. 22 AGGVG).

Die Frage einer **schuldhaften** Verletzung der Verkehrssicherungspflicht braucht jedoch nicht geprüft zu werden, da kein absolutes Recht im Sinne des § 823 Abs. 1 BGB verletzt ist. Nach Meinung der Rechtsprechung hat sich am Umfang der Haftung nichts dadurch geändert, daß Bayern (wie andere Länder auch — siehe Rdnr. 86) die Pflichten aus der Verkehrssicherungspflicht als öffentlich-rechtliche Amtspflichten ausgestaltet hat (BGH, Urt. v. 18. 12. 1972, NJW 1973, 463/464). Für Vermögensschäden haftet der Straßenbaulastträger also aus dem Gesichtspunkt der Verkehrssicherungspflicht nicht.

89 2. A macht keine Schadensersatzforderung als Ausgleich für entstandenen Schaden geltend, sondern will die Gemeinde als Straßenbaulastträger zu Maßnahmen schadensverhütender Art verpflichten. Das Landesstraßenrecht hält die Gemeinden an, die Straßen in einem dem ge-

---

141 BGH, NJW 1979, 2043 ff.; siehe auch noch BGH, NJW 1981, 682.
142 Siehe BGH, NJW 1973, 460 (461); kritisch dazu *Bartlsperger,* DÖV 1982, 469 ff.
143 Beispiele bei *Ossenbühl* (Fn. 116), S. 24.
144 Siehe etwa BGH, NJW 1979, 2043 f.
145 Gesichtspunkte sind etwa: Erheblichkeit der Gefahrenlage, Nichterkennbarkeit der Gefahr, atypische Gefahrensituation.

wöhnlichen Verkehrsbedürfnis genügenden Zustand zu unterhalten (Rdnr. 81). Dieser objektivrechtlichen Verpflichtung entspricht aber nach h. M. kein subjektives Recht des Straßenbenutzers auf ihre Erfüllung (Verkehrssicherungsanspruch — siehe Rdnr. 82). Eine etwaige Klage vor Gericht müßte daher scheitern.

Vertiefungshinweise

Bartlsperger: Verkehrssicherungspflicht und öffentliche Sache, 1970; ders.: Straßenverkehrssicherungspflicht und Staatshaftung, DÖV 1982, 469 ff.; Beiträge von *Zeidler* (S. 475—490) und *Tidow* (S. 491—506), in: *Bartlsperger/Blümel/Schroeter.*

E. Das Recht der Nutzung öffentlicher Straßen

Fragen und Fälle

1. U läßt an seinem neu eröffneten Café in der Fußgängerzone der Innenstadt von S ein Schild **90** anbringen, das auf seinen Betrieb und die Produkte einer Getränkefirma hinweist. Es ragt etwa 85 cm in den Straßenraum und ist in einer Höhe von 3,50 m angebracht. S verlangt auf der Grundlage ihrer „Satzung über Sondernutzungen an öffentlichen Straßen" eine Sondernutzungsgebühr in Höhe von 30,— DM pro Jahr. U meint, diese Forderung sei mit dem geltenden Verfassungsrecht (Art. 14 GG) nicht vereinbar. Auch sei die entsprechende Satzungsermächtigung unwirksam. Denn die Satzung sehe keine Erlaubnispflicht für die in Frage stehende Werbeanlage vor, gebe S gleichwohl aber einen Gebührenanspruch.

2. U beantragt die Erteilung einer Erlaubnis für die Aufstellung eines Imbißstandes in der **91** Fußgängerzone von S. Der Antrag wird von S mit der Begründung abgelehnt, der Verkaufswagen störe das mittelalterliche Straßenbild, das von ihr mit erheblichem Aufwand restauriert worden sei. Ist die Ablehnung rechtmäßig?

3. U betreibt in der Innenstadt von S eine Boutique. Im Zuge von Maßnahmen zur Verbesserung **92** des öffentlichen Personennahverkehrs (ÖPNV) verlegt die Stadt die Gleise der Straßenbahn in einen eigens geschaffenen Mittelstreifen der Straße. U ist der Meinung, daß sein 1983 erfolgter Umsatzrückgang von 15 % auf diese Maßnahme zurückzuführen sei. Ein Teil seiner bisherigen Kunden empfinde es als lästig, mit dem Fahrzeug auf die Gegenfahrbahn wechseln zu müssen, um zu seinem Geschäft zu gelangen. Die Fußgängerkunden seien an der Überquerung der Straße in Höhe des Geschäfts durch die zum Schutz der Gleiskörper angebrachten Eisengitter gehindert. U verlangt von S Entschädigung für den Umsatzrückgang.

4. E ist gewerblicher und privater Anlieger an der X-Straße in der Kurzone des Heilbades S. **93** Anfang 1982 wird auf der Grundlage des § 45 Abs. 1a Nr. 1 StVO ein ganztägiges Verkehrsverbot für die X-Straße für die Zeit vom 26. 3.—28. 9. 1982 beschlossen. Ausnahmen werden nur für den Werkverkehr einschließlich des Zulieferverkehrs gestattet. E will weiterhin uneingeschränkt mit seinem privaten Kraftfahrzeug zu seinem Grundstück fahren, auf dem sich eine Garage befindet. Er hält die Sperre für rechtswidrig, weil sie ihn in der Nutzung seines Privateigentums unangemessen beschränke. Hat er Recht?

I. Rechtstypologie der straßenrechtlichen Nutzungsformen

Die öffentlichen Straßen ermöglichen die Fortbewegung von Menschen und Fahr- **94** zeugen mit und ohne Güter, darüber hinaus zahlreiche andere wirtschaftlich und

ideell interessante Nutzungen (etwa: politische und kommerzielle Werbung im Straßenraum, Inanspruchnahme der Straße für sportliche Zwecke, Anbietung von Waren, Ablagern und Aufstellen von Gegenständen). Da sich die Nutzungswünsche
häufig räumlich und zeitlich überschneiden, nicht selten sich ohne gesetzliche und
administrative Steuerung auch wechselseitig stören würden, kommt das geltende
Recht nicht ohne eine Nutzungsordnung für die öffentlichen Straßen aus. Der **straßenrechtlichen** Nutzungsordnung speziell liegt die Grundentscheidung zugrunde,
alle realen Nutzungsmöglichkeiten der Straße in einem geschlossenen Katalog von
Nutzungstypen „einzufangen". Der Katalog umfaßt im einzelnen die folgenden Kategorien:

— Der (schlichte) **Gemeingebrauch** charakterisiert die Straße als öffentliche Sache.
  Er beinhaltet ihre Benutzung für den **Verkehr** (siehe II.).

— Nutzungen der Sache, die sich nicht innerhalb des Gemeingebrauchs bewegen,
  sind Sondernutzungen[146]. Können sie den Gemeingebrauch beeinträchtigen, so
  sind sie nur als Sondernutzungen des **öffentlichen** Rechts zulässig. Beeinträchtigen sie den Gemeingebrauch nicht, so verweist sie das Straßenrecht in das Zivilrecht (siehe III.).

— Ob das deutsche Straßenrecht eine rechtlich selbständige Kategorie des „Anliegergebrauchs" kennt, ist umstritten[147] (siehe IV.).

II. Grundfeststellungen zum Gemeingebrauch

1. Begriff und Umfang des Gemeingebrauchs

95 Der straßenrechtliche Gemeingebrauch ist unentgeltlicher Jedermann-Gebrauch
(Ausländer, Gebiets- und Gemeindefremde eingeschlossen) ohne besondere (förmliche oder formlose) Zulassung. Beschränkt ist er auf Zwecke des **Verkehrs**. Folgerichtig liegt kein Gemeingebrauch mehr vor, wenn die Straße nicht vorwiegend zum
Verkehr, sondern zu anderen Zwecken benutzt wird[148]. Diese in der Straßengesetz-
gebung der 50er Jahre getroffene Entscheidung erschwert heute eine sachgerechte Lösung der Fälle, in denen kein Verkehr im engeren Sinne der Fortbewegung, der Orts-
veränderung und des Transports vorliegt, sondern Verkehr im weiteren Sinne (Kontakt, Güteraustausch, Kommunikation). Im Bereich der Ortsstraßen, insbesondere
mit gewandelter Funktion (Fußgängerbereiche, Verkehrsberuhigte Bereiche), erscheint eine generelle Ausklammerung des „kommunikativen" Verkehrs aus dem
Gemeingebrauch nicht mehr „straßengerecht" (siehe u. V.).

---

146 Vgl. aber auch die Hamburger Definition (§ 19 Abs. 1 HambWG): „Jede Benutzung der öffentlichen
     Wege, die ihren Gebrauch durch andere dauernd ausschließt oder in den Wegekörper eingreift oder
     über die Teilnahme am allgemeinen Verkehr (Gemeingebrauch) oder den Anliegergebrauch hinaus-
     geht, ist Sondernutzung."
147 Siehe dazu vor allem *Salzwedel*, S. 764 f.
148 Vgl. Art. 14 Abs. 1 Satz 2 BayStrWG; § 10 Abs. 2 Satz 3 BerlStrG; § 16 Abs. 2 HambWG; § 14 Abs.
     1 Satz 2 NStrG; § 14 Abs. 3 Satz 1 StrWG NW; § 34 Abs. 3 RhPfLStrG und § 20 Abs. 1 Satz 2
     SchlHStrG. Variationen: § 15 Abs. 1 Satz 2 BWStrG; § 16 Abs. 1 Satz 1 HambWG und § 14 Abs. 1
     Satz 2 SaarlStrG.

Die Widmung kann allgemein (etwa durch Einstufung einer Straße als Bundesauto- **96**
bahn) oder durch besondere Anordnungen (etwa in bezug auf den Schwerlastver-
kehr) Beschränkungen der Straßenbenutzung bewirken (siehe Rdnr. 28). Der Gemeingebrauch vollzieht sich dann in diesem von der Widmung gezogenen Rahmen.
Der widmungsgemäße Gemeingebrauch wird gern „abstrakter" Gemeingebrauch genannt. Er soll damit unterschieden werden von einem „konkreten" Gemeingebrauch, der Art und Ausmaß der Benutzung umschreibt, wie ihn die Straßenverkehrsvorschriften gestatten (siehe u. Rdnr. 154 ff.). Die Straßengesetze sprechen diesen „konkreten" Gemeingebrauch durch Integration der (Straßen-)Verkehrsvor-
schriften in die Gemeingebrauchstatbestände an[149] (siehe Rdnr. 155).

2. Die Rechtsstellung des (allgemeinen) Straßenbenutzers

Die Teilnahme des einzelnen am straßenrechtlichen Gemeingebrauch entspringt **97**
einem subjektiv-öffentlichen Recht und nicht nur einem „Reflex" der objektivrechtlichen Gemeingebrauchsgewährleistung. Dieses Recht beinhaltet den Anspruch,
vom Gemeingebrauch nicht in einer mit dem geltenden Recht unvereinbaren Weise
ausgeschlossen zu werden. Die Teilnahme am Gemeingebrauch ist zugleich eine
grundrechtliche Betätigung (Art. 2 Abs. 1 GG i.V.m. Art. 3 Abs. 1 GG). Allerdings
besteht nach geltendem Straßenrecht ein Anspruch auf die Aufrechterhaltung des
Gemeingebrauchs nicht[150]. Die h. L.[151] schließt daraus und aus den Schwierigkeiten
einer Einschränkung des Kreises potentiell Klagebefugter zu Unrecht, daß den Teilnehmern am schlichten Gemeingebrauch keine rechtliche Möglichkeit eingeräumt
sei, die Aufhebung oder die Beschränkung des Gemeingebrauchs einer richterlichen
Rechtmäßigkeitskontrolle zuzuführen. Zwar folgt aus Art. 2 Abs. 1 GG kein
Rechtsanspruch auf Aufrechterhaltung des benutzungsrechtlichen status quo, aber
doch ein Rechtsanspruch darauf, daß die bisherigen Benutzungsmöglichkeiten nur
im Einklang mit dem geltenden Recht — also unter Beachtung der gesetzlichen Voraussetzungen der Einziehung oder der Teileinziehung (ggf. in Verbindung mit einer
Umstufung) — eingeschränkt oder aufgehoben werden[152]. Für Verkehrsbeschränkungen, die aufgrund des Straßenverkehrsrechts angeordnet werden (§ 45 StVO), ist
eine solche verwaltungsgerichtliche Kontrolle schon lange selbstverständlich[153].

---

149 Siehe § 15 Abs. 1 Satz 1 BWStrG; § 10 Abs. 2 Satz 1 BerlStrG; § 15 Abs. 1 BremLStrG; § 16 Abs. 1
   HambWG; § 14 Satz 1 HessStrG; § 14 Abs. 1 Satz 1 NStrG; § 14 Abs. 1 Satz 1 StrWG NW; § 34 Abs. 1
   Satz 1 RhPfLStrG; § 14 Abs. 1 Satz 1 SaarlStrG; § 20 Abs. 1 Satz 1 SchlHStrWG. Zum Verständnis des
   § 7 Abs. 1 FStrG („verkehrsbehördliche Vorschriften") siehe *Kodal/Krämer*, S. 491.
150 Siehe § 15 Abs. 2 BWStrG; Art. 14 Abs. 3 BayStrWG; § 10 Abs. 2 Satz 2 BerlStrG; § 15 Abs. 2
   BremLStrG; § 14 Satz 2 HessStrG; § 14 Abs. 2 NStrG; § 14 Abs. 1 Satz 2 StrWG NW; § 34 Abs. 1
   Satz 2 RhPfLStrG; § 14 Abs. 2 SaarlStrG und § 20 Abs. 4 SchlHStrWG. Im FStrG fehlt eine entsprechende Regelung. Vgl. zur Rechtslage *Marschall/Schroeter/Kastner*, § 7 Erl. 5.21.
151 Hingewiesen wird auf BVerwGE 32, 222 (225): „Der Gemeingebrauch endet als Recht dort, wo es für
   seine Ausübung an einem Substrat fehlt." Siehe auch OVG Lüneburg, DVBl 1967, 922 (923).
152 In dieser Richtung auch *Salzwedel*, S. 762 und *Lorenz*, VBlBW 1984, 329 (334); anders als hier *Pap-
   permann/Löhr*, JuS 1980, 41 f.
153 Siehe zur weit gesteckten Anfechtbarkeit von Verkehrsverboten und Verkehrsbeschränkungen nach
   § 45 StVO BVerwGE 27, 181 (185); siehe auch Rdnr. 162.

III. Die Sondernutzungen

1. Die Sondernutzung nach öffentlichem Recht

98 a) Die Nutzungssachverhalte, die nach Sondernutzungsrecht zu beurteilen sind, werden in der Systematik des geltenden Straßenrechts nach Art eines **Subtraktions**verfahrens ermittelt[154]. Sondernutzung ist Straßenbenutzung, die nicht unter den Gemeingebrauch fällt, weil kein Fall von „Verkehr" vorliegt oder ein bestimmter Verkehr aus dem Rahmen der Widmung fällt. Die Abgrenzung von Gemeingebrauch und Sondernutzung ist dabei grundsätzlich[155] **straßenrechtlich** zu ermitteln[156]. Die Bedeutung straßenverkehrsrechtlicher Erlaubnis- und Ausnahmetatbestände für die Abgrenzung von Gemeingebrauch und Sondernutzung ist später zu erörtern (Rdnr. 148, 165).

99 b) Das geltende Straßenrecht kennt — mit Ausnahme Berlins und Hamburgs[157] — kein einheitliches Sondernutzungsrecht. Ist festgestellt, daß ein Sondernutzungstatbestand vorliegt, so muß weiter entschieden werden, ob er nach öffentlichem oder privatem Recht zu beurteilen ist. Die Zuordnung zur einen oder anderen Sondernutzungsform wird vom Gesetz unter dem Gesichtspunkt der Auswirkungen auf den Gemeingebrauch „gelenkt". Entscheidend ist, ob die in Frage stehende Nutzung „abstrakt" geeignet ist, die Ausübung des Gemeingebrauchs nachteilig zu beeinflussen, insbesondere die Sicherheit und Leichtigkeit des (gemeingebrauchsentsprechenden) Verkehrs (Beeinträchtigungsformel)[158].

Beispiele für öffentlich-rechtliche Sondernutzungen: Aufstellung von Tischen und Stühlen für Café-Gäste im Fußgängerbereich, Überquerung einer Straße durch Lastengondel, Anbringung von Warenautomaten an der Hauswand, Durchführung von Straßenrennen, Aufstellung von Informationsständen.

100 Die nach öffentlichem Recht zu beurteilende Sondernutzung kann regelmäßig nur auf der Grundlage einer (besonderen) Sondernutzungserlaubnis ausgeübt werden[159]. Eine Zustimmung des Wegeeigentümers ist nicht erforderlich[160]. Die Erteilung der Sondernutzungserlaubnis steht im Ermessen der zuständigen Behörde. Diese hat sich bei der Ausübung ihres Ermessens an der Zielsetzung des Straßenrechts (Rdnrn. 3, 4) und an den Gesichtspunkten zu orientieren, die der Gesetzgeber dem

---

154 Siehe § 18 Abs. 1 Satz 1 BWStrG; Art. 18 Abs. 1 BayStrWG; § 10 Abs. 1 BerlStrG; § 18 Abs. 1 BremLStrG; § 19 Abs. 1 Satz 1 HambWG; § 16 Abs. 1 Satz 1 HessStrG; § 18 Abs. 1 Satz 1 NStrG; § 18 Abs. 1 Satz 1 LStrG NW; § 41 Abs. 1 Satz 1 RhPfLStrG; § 18 Abs. 1 Satz 1 SaarlStrG und § 21 Abs. 1 SchlHStrWG.

155 Allerdings wird dem Straßenverkehrsrecht an zwei Stellen Einfluß auf diese Abgrenzung eingeräumt. Siehe Rdnrn. 155 und 165.

156 Beliebtes Beispiel: Die Überschreitung der straßenverkehrsrechtlich zulässigen Höchstgeschwindigkeit ist kein Fall einer straßenrechtlichen Sondernutzung; oder: Wahl der unzulässigen Fahrtrichtung in einer Straße mit Richtungsverkehr.

157 Siehe § 11, 12 BerlStrG und § 19 HambWG.

158 Siehe § 23 Abs. 1 BWStrG; Art. 18 Abs. 1 BayStrWG; § 19 BremLStrG; § 20 HessStrG; § 23 NStrG; § 23 StrWG NW; § 45 RhPfLStrG; § 22 SaarlStrG und § 28 SchlHStrWG.

159 Nach § 19 Abs. 6 HambWG ist auch ein öffentlich-rechtlicher Vertrag zulässig.

160 Siehe dazu *Pappermann/Löhr,* JuS 1980, 732 mit Nachweisen; vgl. auch noch § 18 Abs. 4 Satz 4 BremLStrG.

Straßenbaulastträger allgemein (Rndr. 81)[161] und besonders bei der Entscheidung über die Erteilung einer Sondernutzung anvertraut hat[162]. Daran muß sich die Ermessensausübung orientieren. Die Versagung einer Sondernutzungserlaubnis ist also nicht schon deshalb rechtmäßig, weil sie von sachlichen Gründen getragen ist[163]. Die Erlaubnis darf regelmäßig nur auf Zeit oder auf Widerruf erteilt werden (§ 8 Abs. 2 Satz 1) und wird häufig mit Auflagen versehen sein. Das geltende Recht erlaubt den Straßenbaulastträgern, Benutzungsgebühren (Sondernutzungsgebühren) zu erheben, die dem aus der Sondernutzung gezogenen Vorteil entsprechen (§ 8 Abs. 3 Satz 1)[164].

In Ortsdurchfahrten von Bundesstraßen entscheiden über die Erteilung von Sondernutzungen die Gemeinden, bedürfen aber der Zustimmung der Straßenbaubehörde, sofern sie nicht Träger der Straßenbaulast sind (§ 8 Abs. 1 Satz 1 und 2). Ihnen stehen in den Ortsdurchfahrten die Gebühren zu (§ 8 Abs. 3 Satz 1). Soweit die Gemeinden im Landesstraßenbereich Gebührengläubiger sind, gilt dies als finanziell interessante Einnahme.

c) Das geltende Straßenrecht erlaubt den Gemeinden, durch Satzung bestimmte Sondernutzungen von der Erlaubnis zu befreien und die Ausübung näher zu regeln (§ 8 Abs. 1 Satz 4)[165]. Teilweise ist diese Ermächtigung auch auf privatrechtliche Sondernutzungen erstreckt[166]. Dadurch können häufig vorkommende Nutzungen unter Berücksichtigung örtlicher Gewohnheiten erlaubnis- und gebührenfrei eingestuft werden. Die Gemeinden dürfen also die **praktische** Handhabung der beiden Nutzungsformen „verwischen"[167], dagegen nicht die gesetzlichen und grundrechtlichen Grenzen zwischen Gemeingebrauch und Sondernutzung in die eine oder in die andere Richtung verschieben.   **101**

Bedeutung haben solche Sondernutzungssatzungen im kommunalen Bereich nicht zuletzt für die Fußgängerzonen. Sofern die Widmung generell ihre Benutzung durch Kraftfahrzeuge ausschließt, ist diese nur auf der Grundlage von Sondernutzungen möglich. An die Stelle individueller Erlaubnisse kann die generell für bestimmte Zwecke oder Zeiten erteilte Sondernutzung durch Satzungsvorschrift treten. Verkehrsrechtliche Auflagen im Zusammenhang mit solch generell erteilten Sondernutzungserlaubnissen (etwa: Geschwindigkeitsbegrenzungen) sind aber im allgemeinen wegen des Vorrangs des Straßenverkehrsrechts unzulässig[168] (siehe Rdnr. 159).   **102**

---

161 Von Bedeutung ist daher, daß einige Straßengesetze das herkömmliche Leitbild der Straßenbaulast modifiziert haben (Rdnr. 81 i. V. m. Fn. 130).

162 Etwa: Sicherheit und Leichtigkeit der Fortbewegung des Fußgängers im öffentlichen Straßenraum, Schutz der Straßensubstanz, aber auch die Nutzbarkeit bestimmter innergemeindlicher Straßen als Kommunikations- und Aufenthaltsräume (und in diesem Zusammenhang dann auch die Pflege des Straßen- und Stadtbildes).

163 So zutreffend BayVGH, NVwZ 1985, 207 f. Speziell zur Berücksichtigung von Gesichtspunkten des Schutzes und der Pflege des Stadtbildes siehe weiter BVerwGE 47, 280 (284); VGH Kassel, NVwZ 1983, 48 f. und OVG Lüneburg, NJW 1986, 863 (864). Zum Meinungsstand: Löhr, NVwZ 1983, 20 ff. — § 11 Abs. 2 Satz 2 BerlStrG hat die für die Entscheidung über die Erteilung oder Versagung einer Sondernutzung maßgeblichen öffentlichen Interessen spezifiziert und zugleich weit gefaßt.

164 Siehe § 18 Abs. 3 BWStrG; Art. 18 Abs. 2—4 BayStrWG; § 11 Abs. 6 (Entgeltanspruch des Eigentümers!) BerlStrG; § 18 Abs. 4—6 BremLStrG; § 19 Abs. 1 und 2 HambWG; §§ 16 Abs. 2—4, 18 HessStrG; § 18 Abs. 2 NStrG; § 18 Abs. 2 StrWG NW; § 41 Abs. 2 RhPflStrG; § 18 Abs. 2 und 3 SaarlStrG und § 21 Abs. 1 Satz 2 und 3 SchlHStrWG.

165 Siehe § 18 Abs. 8 BWStrG; Art. 22a BayStrWG; § 19 Abs. 1 Satz 4 NStrG; § 19 StrWG NW; § 42 Abs. 2 RhPflStrG; § 19 Abs. 3 SaarlStrG und § 13 Abs. 1 SchlHStrWG. Vgl. aber auch die Besonderheiten: § 18 Abs. 9 BremLStrG; § 19 Abs. 8 HambWG und § 18 Abs. 3 Satz 2 HessStrG.

166 Art. 22a BayStrWG.

167 *Kodal/Krämer,* S. 612.

168 *Steiner,* JuS 1984, 1 (8).

103 d) Ist Gemeingebrauch die Teilnahme am **Verkehr,** so ist das Abstellen von fahrunfähigen oder zur Teilnahme am Fahrverkehr nicht (mehr) berechtigten Fahrzeugen wegerechtlich als Sondernutzung zu qualifizieren. Auf der Grundlage dieser Annahme haben Bund (§ 8 Abs. 7a) und Länder[169] teilweise besondere Bestimmungen erlassen, die den Straßenbaubehörden Befugnisse zum Erlaß der erforderlichen Anordnungen geben und ihnen insbesondere die Möglichkeit eines vereinfachten Zwangsverfahrens eröffnen.

2. Die Sondernutzung nach bürgerlichem Recht

104 Nutzungen, die über den Gemeingebrauch hinausgehen, aber diesen nicht beeinträchtigen **können,**[170] bestimmen sich nach bürgerlichem Recht (§ 8 Abs. 10)[171]. Sie beziehen sich beispielsweise auf Benutzungen außerhalb des Verkehrsraums der Straße, aber auch auf den Luftraum weit über der Straße[172]. Der Wegeeigentümer kann sie auf vertraglicher Basis (Miete, Pacht, Verträge sui generis) gewähren. Streitigkeiten aus solchen privatrechtlichen Verträgen sind Streitigkeiten des bürgerlichen Rechts[173]. Nach ausdrücklicher gesetzlicher Anordnung bleiben im übrigen Beeinträchtigungen des Gemeingebrauchs „von kurzer Dauer für Zwecke der öffentlichen Versorgung" außer Betracht (§ 8 Abs. 10)[174]. Die Verlegung von Versorgungsleitungen in den Straßenkörper kann daher zwischen dem jeweiligen Straßeneigentümer und dem betroffenen Versorgungsunternehmen privatrechtlich vereinbart werden[175].

IV. Die Rechtsstellung des Straßenanliegers

1. Die Nutzungsinteressen des Anliegers

105 Die Nutzungsinteressen des Anliegers an einer öffentlichen Straße gehen begreiflicherweise deutlich über die Nutzungsmöglichkeiten hinaus, die das geltende Recht mit dem „schlichten" Jedermann-Gemeingebrauch bietet. Dessen gesetzliche Ge-

---

169 Siehe etwa: Art. 18a BayStrWG; § 22 NStrG; § 22 StrWG NW; § 41 Abs. 8 RhPfLStrG und § 18 Abs. 8 SaarlStrG. — Der genannte Sachverhalt (Autowracks!) ist im übrigen auch straßenverkehrsrechtlich (§§ 32 Abs. 1, 49 Abs. 1 Nr. 27 StVO) und abfallrechtlich (§ 1 Abs. 1 AbfG-Bund) von Interesse. Siehe etwa BayVGH, BayVBl. 1976, 371.

170 Die Rechtsprechung will Sondernutzungen dem bürgerlichen Recht mit guten Gründen nur dann unterstellen, wenn sie das öffentliche Interesse in keiner Weise berühren. Siehe BGH, NVwZ 1983, 499. Vgl. ferner BayOblG, BayVBl. 1984, 635.

171 Siehe § 23 BWStrG; Art. 22 BayStrWG; § 19 BremLStrG; § 20 HessStrG; § 23 NStrG; § 23 StrWG NW; § 45 RhPfLStrG; § 22 SaarlStrG und § 28 SchlHStrWG; Hamburg kennt ebenso wenig wie Berlin einen eigenen privatrechtlichen Sondernutzungstatbestand. In Hamburg kann allerdings an die Stelle einer Erlaubnis ein öffentlich-rechtlicher Vertrag über die Sondernutzung treten (§ 19 Abs. 6 HambWG).

172 Dazu BGH, NVwZ 1983, 499 (500).

173 BGHZ 15, 113 (115); 37, 353 (354 f.).

174 Siehe Nachweise in Fn. 171. Ausführliche Regelung jetzt in § 12 BerlStrG.

175 Zu den Einzelheiten, insbesondere zu den auf dieser Grundlage abgeschlossenen Gebietsversorgungsverträgen zwischen Gemeinde und Energieversorgungsunternehmen (mißverständlich „Konzessionsverträge") siehe *Evers,* Recht der Energieversorgung, 2. Aufl. 1983, S. 175 ff. und *Büdenbender,* JuS 1978, 150 ff.

währleistung kann daher die Nutzungsinteressen des Anliegers im straßenrechtlichen Sinne (Eigentümer oder Besitzer von Grundstücken, die an einer Straße liegen) nicht zufriedenstellen. Dies gilt vor allem im örtlichen Bereich.

Der Anlieger, der den Gehweg für die Zufahrt zu seinem Grundstück benutzt, nimmt die Straße in besonderer Weise in Anspruch. Er braucht den Straßenkörper weiter zur Grundstücksent- und -versorgung (etwa: Abstellen von Mülltonnen auf dem Gehweg, Führung von Zuleitungen über den Gehweg bei Heizölanfuhr, Kohlenablagerung vor dem Kellerfenster). Gewerblich genutzte Grundstücke haben einen zusätzlichen Nutzungsbedarf. Ihr Eigentümer oder Besitzer ist an der Straße interessiert, weil sie das Publikum heranführt, aber auch vom Gewerbebetrieb aus, z. B. durch Werbung, Einwirkungen auf dieses Publikum erlaubt. Gewerbliche Leistungen, die im Zusammenhang mit dem Gewerbebetrieb stehen, werden oft zusätzlich im Straßenraum erbracht (Anbringung von Warenautomaten, Aufstellung von Tischen vor Restaurants).

Das geltende geschriebene Straßenrecht reagiert auf die Nutzungsinteressen des Anliegers eher zurückhaltend. Seine Regelungen sind unvollständig und von der Rechtsprechung inzwischen zu Recht ergänzt. Diese hat dabei mit gutem Grund berücksichtigt, daß der Anlieger zur Finanzierung des Straßenaufwands aufgrund bundes- und landesrechtlicher Vorschriften nicht unerheblich beiträgt[176]. **106**

Methodischer Hinweis: Hier wie auch bei den unter V. erörterten Sachverhalten ist zunächst zu fragen, ob und ggf. welche Lösungen das einfache Recht (FStrG, Landesstraßengesetze) enthält. Finden sich spezielle Regelungen, wie z. B. in § 8 a, so sind diese ggf. auf ihre Vereinbarkeit mit dem Verfassungsrecht und insbesondere mit den Grundrechten hin zu überprüfen. Enthält das einfache Recht keine speziellen Regelungen, so ist zu untersuchen, ob und inwieweit seine allgemeinen Bestimmungen, vor allem über die Abgrenzung von Gemeingebrauch und Sondernutzung, vom Verfassungsrecht her (Art. 2 Abs. 1, 3 Abs. 1, 14 GG) einer verfassungskonformen Interpretation bedürfen. **107**

2. Das geltende Recht der Anliegernutzung

a) Von Berlin, Hamburg und Nordrhein-Westfalen[177] abgesehen befassen sich die Straßengesetze nur mit der Zufahrt bzw. dem Zugang und mit dem Zutritt von Licht und Luft zu einem Grundstück (Stichwort „Anliegerrechte"). Sie stellen zunächst klar[178], daß den Straßenanliegern kein Anspruch darauf zusteht, daß die Straße nicht geändert oder eingezogen wird. Dies schließt allerdings nur den absoluten Anspruch auf die Aufrechterhaltung des status quo aus; Straßenanlieger haben aus ihrer grundrechtlichen Position heraus (Art. 14 GG) einen Anspruch darauf, daß Einziehung und Teileinziehung einer Straße allein unter den gesetzlichen Voraussetzungen erfolgen. Sofern auf **Dauer** Zufahrten oder Zugänge durch die Änderung oder durch die Einziehung von Straßen unterbrochen oder ihre Benutzung erheblich er- **108**

---

176 Sind Straßen Erschließungsanlagen im Sinne des § 127 Abs. 2 BBauG, so müssen die Gemeinden Erschließungsbeiträge von den Grundstückseigentümern (§ 134 Abs. 1 BBauG) erheben (§ 127 Abs. 1 BBauG). Die Gemeinde- und Kommunalabgabengesetze der Länder ermächtigen die Gemeinden zur Erhebung von Straßenbaubeiträgen.

177 §§ 10 Abs. 4, 11 Abs. 1 BerlStrG; § 17 HambWG und §§ 14 Abs. 3, 14a StrWG NW; siehe ferner § 9 BerlStrG (Gehwegüberfahrten).

178 Siehe zu den Landesregelungen im einzelnen etwa § 17 BWStrG; Art. 17 BayStrWG; § 8 BremLStrG; § 20 NStrG; § 20 StrWG NW; § 39 RhPfLStrG; § 17 SaarlStrG und § 25 SchlHStrWG.

schwert werden, hat der Träger der Straßenbaulast einen angemessenen Ersatz zu schaffen oder, soweit dies nicht zumutbar ist, zu entschädigen (§ 8 a Abs. 4). Nur Entschädigung bietet das Gesetz im Falle des Entzugs oder der erheblichen Beeinträchtigung des Zutritts von Licht oder Luft zu einem Grundstück (§ 8 a Abs. 7). Diese gesetzlichen Bestimmungen nehmen teilweise die Rechtsprechung des BGH auf, der Zugang und Zufahrt von der Straße zum Anliegergrundstück als Bestandteil des Eigentumsrechts des Anliegers (Art. 14 GG) ansieht und im Falle ihrer Unterbrechung bzw. wesentlichen Beschränkung dem Eigentümer Entschädigung zugesprochen hat[179]. Die Grundsätze der Judikatur kommen unmittelbar zur Anwendung, wenn die genannten Beschränkungen der Anliegernutzung nicht aus straßenrechtlichen, sondern aus straßen**verkehrs**rechtlichen Maßnahmen hervorgehen.

109 Das Straßenrecht verpflichtet ferner die Straßenbaulastträger zur Existenzhilfe durch Entschädigung, wenn für **längere** Zeit Zufahrten oder Zugänge durch Straßenarbeiten unterbrochen oder ihre Benutzung erheblich erschwert wird, ohne daß von Behelfsmaßnahmen eine wesentliche Entlastung ausgeht (siehe auch Rdnr. 114). Voraussetzung ist allerdings zusätzlich, daß die wirtschaftliche Existenz eines anliegenden Betriebes gefährdet wird (§ 8 a Abs. 5).

110 b) Für alle übrigen Erscheinungsweisen der Anliegernutzung bieten die Straßengesetze nur die allgemeinen Kategorien des (verkehrsbezogenen) Gemeingebrauchs oder der (erlaubnispflichtigen) Sondernutzung an. Eine eigene Rechtskategorie des „Anliegergebrauchs" oder auch nur sachgerechte Einzelregelungen kennen sie — von Berlin, Hamburg und Nordrhein-Westfalen[180] abgesehen — nicht. Hier hat die Rechtsprechung des BVerwG[181] geholfen. Sie unterstellt die „Teilnahme des Anliegers am Gemeingebrauch" (Anliegergebrauch) „in ihrem **Kern**gehalt" dem Schutz des Art. 2 Abs. 1 GG und vor allem des Art. 14 GG.

Das BVerwG[182] argumentiert im Anschluß an die Rechtsprechung des BGH wie folgt: Der Gemeingebrauch an Wegen und Straßen unterliege „in seinem Kerngehalt" den grundrechtlichen Gewährleistungen der Art. 2 Abs. 1, 3 Abs. 1, 14 Abs. 1 GG. Eine Art Minimum an Gemeingebrauch sei damit dem Bundes- und Landesstraßengesetzgeber bundesverfassungsrechtlich und folglich einheitlich vorgegeben. Speziell der Anliegergebrauch kommt nach Meinung des Gerichts in seinem Kern dem (privatrechtlichen) Eigentum so nahe, daß ihm der Schutz des Art. 14 GG nicht vorenthalten werden könne.

111 Damit wird der Anliegergebrauch gegenüber dem „schlichten" (von den Straßengesetzen ausdrücklich eingeräumten) Gemeingebrauch mit Hilfe der Grundrechte gesteigert. Dies äußert sich in doppelter Richtung.

— **Verfahrensrechtlich:** Anlieger können (straßenrechtliche und/oder straßenverkehrsrechtliche) Maßnahmen, die auf eine Einschränkung oder Beseitigung des grundrechtlich geschützten Anliegergebrauchs hinauslaufen, auf ihre Rechtmäßigkeit hin verwaltungsgerichtlich überprüfen lassen[183].

---

179 Siehe etwa BGHZ 30, 241 (243 ff.); BGH, NJW 1978, 373 (374).
180 Siehe Fn. 177.
181 Grundsatzentscheidung: BVerwGE 30, 235 (238); klarstellend BVerwGE 32, 222 (224 ff.).
182 BVerwGE 30, 235 (238 f.).
183 BVerwGE 54, 1 (3): Erteilung einer Sondernutzung zugunsten eines Dritten.

— **Materiellrechtlich:** Der Anliegergebrauch ist grundrechtlich insoweit gewährleistet, wie die **angemessene** Nutzung des Grundeigentums eine Benutzung der Straße **erfordert**[184]. Mit dieser Formel umschreibt das Gericht den Kerngehalt, der allein „eigentumsfähig" ist.

Die „angemessene" Grundstücksnutzung ist mit der optimalen Grundstücksnutzung nicht identisch[185]. Als angemessen wird in st. Rspr. des BVerwG „nicht schon jede Nutzung der Straße angesehen, zu der das Grundeigentum Gelegenheit bietet, sondern ausschließlich das, was aus dem Grundstück und seiner sowohl der Rechtslage als den tatsächlichen Gegebenheiten entsprechenden Benutzung als Bedürfnis hervorgeht". Speziell bei **gewerblich** genutzten Grundstücken erfaßt der durch Art. 14 GG geschützte Anliegergebrauch neben dem Zugang zur Straße und seiner Zugänglichkeit von der Straße her in bestimmten Grenzen auch solche Nutzungsmöglichkeiten der Straße, „die im Sinne des sog. Kontakts nach außen dem besonderen Verhältnis zwischen dem Gewerbebetrieb und der Straße Rechnung tragen"[186]. Kennzeichnend für den Anliegergebrauch sei „das besondere Angewiesensein des Grundeigentums auf das Vorhandensein und die Benutzung der Straße"[187].

Die Formeln des BVerwG geben nur einen allgemeinen Entscheidungsmaßstab vor. Welche Nutzungsmöglichkeiten die „angemessene Nutzung des Grundeigentums" im Einzelfall erfordert, muß nach Maßgabe der konkreten Verhältnisse von Fall zu Fall ermittelt werden. Hier ist auf die Einzelrechtsprechung des BVerwG und der anderen Verwaltungsgerichte zu verweisen[188].

Ein wichtiger Punkt: Eine Anliegernutzung, die nicht von der Angemessenheits-Formel des BVerwG erfaßt wird, fällt aus dem Schutzbereich des Art. 14 GG heraus, weil dieser eben nicht alle real möglichen Anliegernutzungen faßt, sondern nur den Anliegergebrauch „in seinem Kerngehalt". Wird beispielsweise die Parkfläche in unmittelbarer Nähe zu einem Grundstück durch bauliche Maßnahmen oder straßenrechtliche Anordnungen reduziert, so wird damit nach Meinung der Rechtsprechung nicht die „angemessene" Nutzung des Grundeigentums durch den Anlieger, z. B. durch den Inhaber eines Gewerbebetriebs, eingeschränkt. Er kann sich daher nicht auf Art. 14 GG zum Zwecke der Abwehr der genannten Maßnahmen berufen[189]. Auch der „Kontakt" des Gewerbebetriebs „nach außen" ist schon gewährt, „wenn eine **genügende** Verbindung mit dem unmittelbar vor dem Anliegergrund gelegenen Straßenteil und dessen Anbindung an das öffentliche Wegenetz erhalten bleibt". Der Fortbestand einer bestimmten Verbindung von Straße und Gewerbebetrieb gehört nicht zu den Elementen des konkreten, durch Art. 14 GG geschützten Gewerbebetriebs. Ein Entschädigungsanspruch ist bei bloßer Erschwerung des „Kontakts nach außen" (Umleitung, Umweg) nicht gegeben[190].

112

---

184 Siehe aus der Rechtsprechung BVerwGE 32, 222 (225); DVBl 1971, 180 (181); NJW 1979, 440; NJW 1981, 412 f.
185 HessVGH, DVBl 1973, 510 (511).
186 Siehe statt vieler Entscheidungen: BVerwG, NJW 1975, 1528.
187 BVerwG, a.a.O.
188 BVerwG, NJW 1983, 770. Aus der Rechtsprechung siehe weiter: OVG Münster, NJW 1975, 2224 (vorübergehendes Aufstellen von Müllgefäßen zu Zwecken der alsbaldigen Entleerung auf dem Bürgersteig über die Länge der Frontseite des Anliegergrundstücks); BGHZ 23, 157 (166 — vorübergehende Lagerung von Baumaterialien und anderem auf dem Anliegergrundstück); BVerwG, NJW 1981, 412 (Benutzung der öffentlichen Straße durch ebenerdige Kellerschächte); OVG Koblenz, NJW 1982, 1828 (Anbringung von Werbeanlagen im Luftraum über der Straße); OLG Düsseldorf, NVwZ 1983, 119 f. (Parkvorsorge für Anwohner); BayVGH, BayVBl. 1984, 150 f. (Einrichtung eines Sonderfahrstreifens für Linienomnibus).
189 BVerwG, NJW 1983, 770.
190 BGH, NJW 1978, 373 (374); weitere Beispiele: BGHZ 8, 273 (275: Aufstellung von Gittern); BGH, WM 1963, 1100 (Umleitung eines Teils des Fußgängerverkehrs).

113   Diese Rechtsprechung hat angesichts der vielfältigen Einwirkungen der modernen innergemeindlichen Verkehrspolitik auf die Anliegerverhältnisse große Bedeutung, zumal sie auch auf die Beschränkungen des Anliegergebrauchs in Fußgängerbereichen und anderen verkehrsberuhigten Zonen zur Anwendung gebracht wird[191]. Im Ergebnis läuft hier die Judikatur darauf hinaus, daß die Schaffung vollkommen „fahrzeugbereinigter" Fußgängerzonen selten möglich sein wird. Dies gilt vor allem mit Rücksicht auf Gewerbebetriebe, die zumindest auf eine zeitlich begrenzte Erreichbarkeit durch Kraftfahrzeuge angewiesen sind.

114   **Vorübergehende** Unterbrechungen des „Kontakts nach außen" als Folge von Straßenbaumaßnahmen (Ausbesserungs- und Verbesserungsarbeiten, aber auch Arbeiten an Versorgungsleitungen) muß der Anlieger, der vielfachen Nutzen aus der Straße zieht, entschädigungslos dulden, weil sich hier eine Art straßenspezifisches Risiko entfaltet[192]. Diese Pflicht zur entschädigungslosen Duldung endet allerdings, wenn die vorübergehende Unterbrechung des Kontakts zu einer Betriebsaufgabe zwingt oder den Betrieb gefährdet. Aufgrund enteignungsgleichen Eingriffs will die Rechtsprechung weiter entschädigen, wenn die in Frage stehenden Maßnahmen nach Art und Dauer zu Beschränkungen führen, die bei sachgemäßer Planung und ordnungsgemäßer Durchführung nicht eingetreten wären[193]. Im speziellen Falle von Kontaktstörungen, die mit dem Bau von **U-Bahnen** zusammenhängen, will der BGH allerdings weniger das spezifische Anliegerrisiko entfaltet sehen. Hier ist die Zubilligung einer Entschädigung nicht vom Nachweis „ungewöhnlich schwerer" oder existenzgefährdender Folgebelastungen des Gewerbebetriebs abhängig; es genügen spürbare Vermögenseinbußen, etwa als Folge von Kundenverlusten[194].

V. „Kommunikative" Nutzungsformen

115   Das geltende Straßenrecht richtet den Gemeingebrauch — wie dargestellt (Rdnr. 95) — am Verkehr aus. Es unterscheidet dabei nicht zwischen den Straßengruppen, obgleich ein an der Fortbewegung orientierter Gemeingebrauchsbegriff (Verkehr im engeren Sinne) in das moderne Funktionsbild von Ortsstraßen, vor allem aber von Fußgängerbereichen, nicht mehr zu passen scheint. Anderseits kann die Bekundung von Meinungen, ihr Austausch mit anderen, aber auch die Werbung für Meinungen und Meinungsträger (etwa: Verteilung von Flugblättern, Aufstellung von Informationsständen, Anbieten von Zeitschriften) nicht unabhängig von der Straßensituation und unabhängig von den Formen solcher „Kommunikation" erlaubnis- und gebührenfreier Gemeingebrauch sein. Nicht selten sind auch hier zeitlich und örtlich gegenläufige Interessen verschiedener Straßenbenutzer auszugleichen. Das öffentliche Interesse an der Sicherheit und Leichtigkeit des Verkehrs (einschließlich des Fußgängerverkehrs) bedarf ohnehin einer aufmerksamen Beachtung. Unter diesen und anderen Gesichtspunkten stellt das Straßenrecht mit dem Erlaubnisvorbehalt des Sondernutzungstatbestands ein unentbehrliches Steuerungsinstrument zur Verfügung[195].

---

191   BVerwG, NJW 1975, 1528. Siehe auch Rdnr. 44.
192   Zum Grundgedanken: BGH, DÖV 1976, 209; zustimmend BVerwG, NJW 1977, 2367 (2369). Statt zahlreicher Entscheidungen zu diesem Komplex: BGHZ 57, 359 (361 ff.). Verkehrsregelnde Maßnahmen sind gleichzustellen (BGHZ 70, 212).
193   BGH, NJW 1965, 1907 (1908) i.V.m. BGH, NJW 1984, 1169 (1172).
194   BGH, NJW 1980, 2703 (2704). Grundlegend: BGHZ 57, 359 (sog. Frankfurter U-Bahnfall).
195   Siehe BVerfGE 56, 63 (66); BVerwG, DÖV 1981, 226.

Die Rechtsprechung hat Straßengesetze vorgefunden, die — mit Ausnahme Nordrhein-Westfalens[196] — von einem engen Gemeingebrauchskonzept ausgehen, aber mit Hilfe der Kommunikationsgrundrechte, insbesondere Art. 5 GG, diesen engen Rahmen vorsichtig zu erweitern versucht. Im einzelnen lassen sich verschiedene Fallgruppen unterscheiden, die zugleich Leitlinien für die Gestaltung der entsprechenden gemeindlichen Sondernutzungssatzungen abgeben.

Fallgruppe 1: Die Nutzung des Straßenraums für **gewerbliche** Zwecke (etwa: Verteilung von Werbematerial, Ausrufung von Geschäftsangeboten) fällt generell nicht unter den Verkehrsbegriff der Straßengesetze und ist daher nicht Ausübung des Gemeingebrauchs. Eine Erweiterung des Gemeingebrauchsbegriffs durch verfassungskonforme Interpretation ist hier nicht geboten, soweit die Tätigkeit allein Art. 12 Abs. 1 GG unterfällt. Die Vorschriften der Straßengesetze über das Erfordernis einer Sondernutzungserlaubnis bilden eine gesetzliche Schranke der Berufsausübung im Sinne des Art. 12 Abs. 1 Satz 2 GG[197].   **116**

Fallgruppe 2: Im Falle der Nutzung des Straßenraums für Meinungsäußerungen ohne technische Hilfen (etwa: Verbreitung von Schriften oder Handzetteln, Führung von Gesprächen) scheint die Rechtsprechung zur Annahme einer gemeingebräuchlichen Nutzung oder jedenfalls einer erlaubnisfreien Sondernutzung zu neigen. Zwar bilden auch hier die straßenrechtlichen Vorschriften über die Abgrenzung von Gemeingebrauch und Sondernutzung Schranken der Meinungsäußerungsfreiheit (Art. 5 Abs. 1 GG) in der Form allgemeiner Gesetze (Art. 5 Abs. 2 GG), doch muß diese einfachgesetzliche Abgrenzung aufgrund der bekannten Rechtsprechung des BVerfG[198] wiederum im „Lichte des Grundrechts der Meinungsfreiheit" und dessen Rang beurteilt werden. Nutzungen der genannten Art sind daher in verfassungskonformer Auslegung der Gemeingebrauchsvorschrift Fälle des Gemeingebrauchs (Verkehr im weiteren kommunikativen Sinne)[199].   **117**

Fallgruppe 3: Werden für Meinungsäußerungen Hilfsvorrichtungen (etwa: Informationsstände, Plakatständer, Lautsprecheranlagen) in Anspruch genommen, so geht eine solche Nutzung in jedem Falle über den kommunikativen Verkehrsbegriff hinaus. Eine „Korrektur" dieses einfachgesetzlich ermittelten Ergebnisses unter Einwirkung des Art. 5 Abs. 1 GG ist nicht geboten, da es sich um gesteigerte Formen der Meinungsäußerung handelt. Es besteht die Möglichkeit der Beeinträchtigung des Gemeingebrauchs Dritter, die im Erlaubnisverfahren der individuellen Sondernutzungserteilung zu berücksichtigen ist[200].   **118**

---

196 Siehe § 14 Abs. 3 Satz 1 StrWG NW und dazu Amtliche Begründung zu Abs. 3 (zit. nach *Fickert,* Straßen- und Wegegesetz des Landes Nordrhein-Westfalen, 1983, S. 50). Großzügiger gegenüber kommunikativen Nutzungen auch schon § 18 Abs. 2 BremLStrG.

197 Aus der Rechtsprechung siehe etwa: BVerwGE 35, 326 (329 ff.) — Handzettel; OLG Stuttgart, NJW 1976, 201 (202) — Zeitungsverkauf; a. A. (für den Handverkauf von Zeitungen auf dem Bürgersteig einer Großstadtstraße) OLG Frankfurt, NJW 1976, 203 f.; OLG Bremen, NJW 1976, 1359.

198 Grundlegend: BVerfGE 7, 198 (207 f.).

199 OLG Stuttgart, NJW 1976, 201 (202). Diese Auffassung verdient den Vorzug vor einer Rechtsprechung, die in den genannten Formen der Meinungsäußerung Fälle einer erlaubnis**freien** Sondernutzung sieht (siehe OLG Düsseldorf, NJW 1975, 1288; OLG Celle, NJW 1975, 1894; OLG Hamm, NJW 1976, 2172 f.). Einen so gestalteten Sondernutzungstatbestand kennt das geltende Recht nicht; ihn in das Straßenrecht hinein zu interpretieren, überschreitet die Möglichkeiten einer verfassungskonformen Gesetzesauslegung.

200 Aus der Rechtsprechung siehe u. a. BVerwGE 56, 63 (65); BGHSt 28, 275 (282); dazu *Steinberg,* JuS 1980, 108 ff.

119   **Fallgruppe 4:** Auch die Werbung durch politische Parteien mit technischen Hilfen (etwa: Informationsstände, Dreikantständer) muß aus den eben genannten Gründen als Sondernutzung behandelt werden[201]. Für den Zeitraum der Wahlen (aber auch nur für diesen Zeitraum) folgert jedoch die Rechtsprechung[202] aus Art. 5 Abs. 1 und Art. 21 GG, daß wegen der Bedeutung der Wahlen für den demokratischen Staat und der Bedeutung der Parteien für solche Wahlen allein die Entscheidung **für** die Erteilung einer Sondernutzungserlaubnis rechtmäßig ist (Ermessensreduzierung auf null). Damit wird ein verfassungsabgeleiteter bundesrechtlicher Anspruch auf Erteilung einer straßenrechtlichen Sondernutzungserlaubnis für die Nutzung der genannten Hilfen im Straßenraum anerkannt.

120   **Fallgruppe 5:** Die Ausübung von Kunst (etwa: Pflastermalerei) und die Aufstellung von Kunstgegenständen im Straßenraum wird von der Rechtsprechung[203] ebenfalls als erlaubnispflichtiger Sondernutzungstatbestand angesehen. Zwar können die straßengesetzlichen Vorschriften für sich die Kunstfreiheit — als Werk- **und** Wirk-Freiheit begriffen — nicht einschränken, da das Kunstfreiheitsgrundrecht einen Gesetzesvorbehalt nicht kennt. Doch nimmt die Rechtsprechung die Schranken unmittelbar aus der Verfassung. Der störungsfreie Gemeingebrauch der öffentlichen Straße und die Sicherheit des Straßenverkehrs werden in ihrem Kern in Art. 2 Abs. 1, 3 Abs. 1 und 14 Abs. 1 GG verankert. Gesetzliche Regelungen, wie z. B. die Bestimmungen über die Sondernutzung, aber auch §§ 32 Abs. 1 Satz 1, 33 Abs. 1 Nr. 2, 46 Abs. 1 Nr. 8, 9 StVO, schützen diese Verfassungsgüter, die der Kunstfreiheit gleichrangig gegenübertreten.

121   Zulässigkeit und Grenzen der Inanspruchnahme des öffentlichen Straßenraums durch **Versammlungen** ergeben sich unmittelbar und abschließend aus Art. 8 GG und der bundesgesetzlichen Regelung des Versammlungsgesetzes, gegebenenfalls i. V. m. allgemeinem Sicherheitsrecht. Diese speziellen Vorschriften verdrängen sowohl das materielle Straßenrecht und dessen Regelungen über die Abgrenzung von Gemeingebrauch und Sondernutzung[204] als auch die straßenverkehrsrechtliche Bestimmung des § 29 StVO[205].

Antworten und Lösungshinweise

122   1. Da der Luftraum über dem Straßenkörper Bestandteil der öffentlichen Straße nach dem geltenden Straßenrecht ist (vgl. § 1 Abs. 4 Nr. 2), liegt eine Straßenbenutzung durch U vor.

---

201 Das OVG Lüneburg hält es insb. im Hinblick auf Art. 5 Abs. 1, 21 GG für unzulässig, wenn eine Sondernutzungssatzung (siehe Rdnr. 101) die Erteilung von Sondernutzungsgenehmigungen für Informationsveranstaltungen politischer Parteien in Fußgängerzonen *ausnahmslos* ausschließt (NJW 1986, 863 f.).

202 BVerwGE 56, 56; 56, 63; bestätigt durch BVerwG, DÖV 1981, 226 f. — Die Nutzung technischer Vorrichtungen für die Verbreitung sonstiger politischer Meinungsäußerungen (also von Nichtparteien bzw. von Parteien außerhalb des Wahlkampfes) sind demnach erlaubnispflichtige Sondernutzungen ohne Ermessensbindung (BVerwG, a.a.O.; BGHSt 28, 275/282 f.).

203 BVerwG, DÖV 1981, 342 f.; vgl. auch VG Freiburg, VBlBW 1986, 30 (Gewerbliche Musikdarbietung mit Instrumentenkoffer in der Fußgängerzone). Aus der Literatur siehe Hufen, DÖV 1983, 353 ff. und Bismark, NJW 1985, 246.

204 Dazu näher — mit Nachweisen zum Meinungsstand — *Sieder/Zeitler/Kreuzer/Zech*, Art. 18 Rdnr. 11 und *Kodal/Krämer*, S. 621.

205 So die h. M. Siehe *Götz*, Allgemeines Polizei- und Ordnungsrecht, 8. Aufl. 1985, Rdnr. 181 (S. 94).

Der bundesverfassungsrechtlich gewährleistete (erlaubnisfreie) Anliegergebrauch (Art. 14 GG) umfaßt im Grundsatz auch die Werbung des Straßenanliegers für sein eigenes gewerbliches Unternehmen an der Stätte der Leistung. Ob Hinweisschilder in der Form von Nasenschildern unabhängig von ihren räumlichen Abmessungen immer darunter fallen, muß zweifelhaft sein (siehe dazu BGH, Urt. vom 24. 2. 1978, NJW 1979, 440 f.; OVG Koblenz, Urt. vom 9. 2. 1982, NJW 1982, 1828). Jedenfalls wird man die hier vorliegenden Schilder mit „gemischter" Werbung (Hinweis auf eigenes Unternehmen und fremde Produkte) dem Sondernutzungsrecht zurechnen müssen (siehe näher Pappermann/Löhr, JuS 1980, 581). Die Gemeinden können im Rahmen von Sondernutzungssatzungen (siehe Rdnr. 101) die gesetzlichen Grenzen zwischen Gemeingebrauch und Sondernutzung **nicht** verschieben, weder in der einen noch in der anderen Richtung. Sie sind jedoch befugt, bestimmte Sondernutzungen von der individuellen Erlaubnispflicht freizustellen, für sie aber zugleich eine Gebühr festzusetzen. Die rechtlichen Bedenken des U sind daher nicht begründet.

2. Die Entscheidung über die Erteilung einer Sondernutzung ist eine Ermessensentscheidung (siehe Rdnr. 100). Im Rahmen der Ermessensausübung hat der Straßenbaulastträger vor allem die Auswirkungen der beantragten Sondernutzung auf den Gemeingebrauch, gelegentlich auch auf den Anliegergebrauch zu prüfen und zu bewerten. Er kann aber auch Gesichtspunkte der Stadtgestaltung berücksichtigen. Dies gilt jedenfalls für Fußgängerzonen, bei deren Einrichtung im Wege der ursprünglichen oder nachträglichen Widmungsbeschränkung gerade auch städtebauliche Überlegungen als „Gründe des öffentlichen Wohls" ins Feld geführt werden dürfen (vgl. VGH Kassel, Urt. vom 10. 3. 1981, NVwZ 1983, 48/49; näheres Rdnr. 100).   **123**

3. U kann aus der Rechtsprechung des BGH keinen Entschädigungsanspruch aufgrund enteignenden Eingriffs herleiten. Zwar erfaßt Art. 14 GG nicht nur den Bestand des eingerichteten und ausgeübten Gewerbebetriebs, sondern auch dessen gesamte Erscheinungsformen „einschließlich seiner besonderen Lage an der Straße, den sog. Kontakt nach außen" (st. Rspr.; siehe etwa Urt. vom 7. 7. 1980, NJW 1980, 2703 f.). Der Fortbestand einer **bestimmten** Verbindung zwischen Straße und Gewerbebetrieb gehört aber nicht zu den Elementen, die dem Schutzbereich der verfassungsrechtlichen Eigentumsgewährleistung zuzurechnen sind. Wegen der sich ständig wandelnden Verkehrsverhältnisse kann sich der Anlieger nicht auf einen bestimmten baulichen oder verkehrsrechtlichen status quo verlassen (BGH, a.a.O.). Art. 14 GG begründet daher weder Abwehr- noch Entschädigungsansprüche, wenn — wie hier — der Kontakt nach außen durch Umleitung oder Umweg erschwert wird und damit Lagevorteile verloren gehen, solange noch — was hier der Fall ist — eine „genügende" Verbindung des Gewerbebetriebs mit dem unmittelbar vor dem Anliegergrundstück gelegenen Straßenteil und dessen Anbindung an das öffentliche Wegenetz erhalten bleibt (BGH, Urt. vom 10. 11. 1977, NJW 1978, 373/374).   **124**

4. E ist nicht als gewerblicher, sondern als privater Anlieger von der Verkehrsbeschränkung betroffen. Zwar kann er sich auch in dieser Eigenschaft auf Art. 14 GG berufen, soweit ihm durch eine straßenverkehrsrechtliche Maßnahme die Möglichkeit einer angemessenen Nutzung seines Grundeigentums genommen wird. In der Regel wird unter den heutigen Lebensverhältnissen die Erreichbarkeit eines Grundtücks mit dem Kraftfahrzeug zu dieser angemessenen Nutzung gehören. Das BVerwG (Beschl. vom 26. 6. 1979, NJW 1980, 354) stellt jedoch entscheidend im vorliegenden Fall auf die das konkrete Grundstück prägende Situation seiner Umgebung ab. Das Grundstück liege im Zentrum des Kurortbereichs. Im Hinblick auf den Kur- und Erholungswert des Ortes aktualisiere die verkehrsrechtliche Einschränkung gleichsam ein Risiko, das mit einer Straße in dieser Lage von vornherein verbunden sei.   **125**

Vertiefungshinweise

Maurer: Gemeingebrauch und Anliegernutzung im Straßenrecht, DÖV 1975, S. 217 ff.; *Stock:* Straßenkommunikation als Gemeingebrauch, 1979; Beiträge von *Mußgnug* (S. 81—96), *Salzwedel* (S. 97—114), *Maurer* (S. 115—140), *Hufnagel* (S. 157—180) und *Evers* (S. 181—196), in: *Bartlsperger/Blümel/Schroeter.*

F. Das Nachbarrecht der öffentlichen Straßen und Wege

Fälle und Fragen

126 1. E ist Eigentümer einer Großtankstelle in der Nähe der Autobahn, die vor allem von Autobahnbenutzern wegen der günstigen Benzinpreise aufgesucht wird. Er beabsichtigt, eine Reihe zusätzlicher Dienstleistungen anzubieten und beantragt bei der zuständigen Bauaufsichtsbehörde die Erteilung einer Baugenehmigung für einen Anbau an das schon bestehende Restaurationsgebäude. Die Baugenehmigung wird mit der Begründung versagt, der Anbau liege bereits innerhalb der Bauverbotszone des § 9 Abs. 1 Nr. 1. Daher sei eine Ausnahme nach § 9 Abs. 8 erforderlich, deren Zulassung die zuständige Landesstraßenbaubehörde abgelehnt habe. E will die Angelegenheit nicht auf sich beruhen lassen und zunächst Widerspruch einlegen. Gegen welche Entscheidung muß sich dieser richten?

127 2. E hat 1978 sein Grundstück im Innenbereich der Stadt S (Mischgebiet) mit einem Mehrfamilienhaus bebaut. Die Bauverwaltung hatte ihn seinerzeit darauf hingewiesen, daß in unmittelbarer Nähe seines Grundstücks eine Fläche für den Bau einer Bundesstraße vorgehalten werde. Eine entsprechende Linienentscheidung des Bundesministers für Verkehr nach § 16 liege bereits vor. Die Straßenplanung sei im Flächennutzungsplan von S vermerkt (§ 5 Abs. 6 BBauG). 1982 wird die Bundesstraße in Betrieb genommen. Lärmmessungen ergeben, daß die Belastungen des Grundstücks des E einen Tageswert von 70 dB (A) und einen Nachtwert von 60 dB (A) erreichen. E verlangt daraufhin vom Straßenbaulastträger Schutzmaßnahmen nach § 17 Abs. 4, die geeignet sind, die Lärmwerte um jeweils 3 dB (A) abzusenken.

I. Grundfeststellungen

1. Der Schutz der Straßenfunktion vor nachbarlichen Einwirkungen

128 Öffentliche Straßen werden auf Grundstücken gebaut, die in Nachbarschaft zu anderen, häufig privat genutzten Grundstücken stehen. Von ihnen gehen zu Lasten dieser Nachbargrundstücke Einwirkungen aus, vor allem aufgrund ihrer spezifischen Nutzung als Verkehrsträger (Verkehrsimmissionen in der Gestalt von Luftverunreinigungen, Erschütterungen, Licht und Geräuschen)[206]. Öffentliche Straßen unterliegen aber auch ihrerseits Einwirkungen von seiten benachbarter Grundstücke. Solchen Einwirkungen gelten einige spezielle Regelungen der Straßengesetze, die den Nachbarn öffentlicher Straßen spezifische öffentlich-rechtliche Beschränkungen in der Benutzung ihrer Grundstücke und Sonderpflichten zur Unterlassung, Duldung und Vornahme von Handlungen auferlegen. Hervorzuheben sind:

— In der Nachbarschaft öffentlicher Grundstücke bestehen Baubeschränkungen, deren Intensität je nach Straßenklasse, aber auch innerhalb der Straßenklasse nach räumlichen Gesichtspunkten gestuft ist (§ 9)[207].

---

206 Vgl. § 3 Abs. 2 BImSchG.
207 Aus dem Landesrecht vgl. etwa §§ 24 ff. BWStrG; Art. 23 BayStrWG; § 27 BremLStrG; § 24 HessStrG; § 24 NStrG; § 25 StrWG NW; § 22 RhPflStrG; § 24 SaarlStrG und § 29 SchlHStrWG. Zu verwaltungsrechtlichen Einzelheiten siehe Rdnrn. 126, 144.

— Die Werbemöglichkeiten an öffentlichen Straßen sind im Hinblick auf das öffentliche Interesse an einem sicheren und flüssigen Verkehr eingeschränkt (§ 9 Abs. 6)[208].

— Den Straßennachbarn treffen besondere Pflichten, z. B. zur Unterlassung sichtbehindernder Anpflanzungen (§ 11 Abs. 1 und 2)[209].

Diese Sondervorschriften sind wichtig, weil nach verbreiteter Auffassung die Nachbarschaftsregelungen des BGB (§§ 906 ff.) privatnützige Grundstücke zur Prämisse haben, die Straße aber dem Interesse der Allgemeinheit dient. Bei Störungen einer widmungsgemäßen Straßenbenutzung durch die Nutzung benachbarter Grundstücke stehen im übrigen ergänzend die allgemeinen ordnungsrechtlichen Befugnisse zur Verfügung.   **129**

2. Die Grundentscheidungen der Rechtsprechung zum Schutz des Straßennachbarn

Antworten auf die Emissionen von öffentlichen Straßen zu Lasten benachbarter Grundstücke gibt heute an Stelle des Gesetzgebers weithin — mit Unterstützung der Literatur — die Rechtsprechung der Zivil- und Verwaltungsgerichte. Diese Judikatur wird vor allem durch zwei Grundentscheidungen bestimmt, die miteinander zusammenhängen.   **130**

a) Geht die Nutzung einer Straße auf einen hoheitlichen Widmungsakt zurück, so werden die von dieser Nutzung ausgelösten Einwirkungen auf Nachbargrundstücke nach **öffentlichem** Recht beurteilt. Straßennachbarrecht ist demnach öffentliches Recht, soweit die Einwirkungen aus Nutzungen resultieren, die innerhalb des öffentlichen Zwecks und der öffentlich-rechtlichen Zweckbindung der Straße liegen. Die grundsätzliche Herausnahme des Nachbarrechts öffentlicher Straßen und Wege aus den Vorschriften des BGB über nachbarschaftliche Rechtsverhältnisse hat wichtige Folgen: Sind die Immissionen (schlicht-)hoheitlicher Natur, so können sie immer nur einen Abwehranspruch des **öffentlichen** Rechts auslösen (Korrespondenz-Gesichtspunkt[210]). Abwehransprüche wiederum werden nur ausgelöst, wenn die hoheitlichen Immissionen **rechtswidrig** sind.   **131**

b) Die zweite Grundannahme ist eine Voraussetzung der ersten: Verkehrsimmissionen und insbesondere der von der Bevölkerung heute als primäre Belastung empfundene Verkehrslärm gehen zwar von den einzelnen Benutzern der Verkehrsanlage aus. Rechtlich werden sie jedoch dem Straßenbaulastträger zugerechnet[211], der die Ver-   **132**

---

208 Vgl. aus dem Landesrecht § 28 BWStrG; Art. 23 ff. BayStrWG; § 27 Abs. 1 Satz 2 BremLStrG; § 24 Abs. 1 Satz 2 NStrG; § 28 StrWG NW; § 24 RhPfLStrG; § 24 SaarlStrG und § 29 Abs. 2 SchlHStrWG.

209 Aus dem Landesrecht vgl. § 31 Abs. 2 BWStrG; Art. 29 Abs. 2 BayStrWG; § 23 Abs. 3 BerlStrG; § 23 Abs. 5 HambWG; § 27 Abs. 2 HessStrG; § 31 Abs. 2 NStrG; § 30 Abs. 2 StrWG NW; § 27 Abs. 2 RhPfLStrG; § 31 Abs. 2 SaarlStrG und § 33 Abs. 3 SchlHStrWG.

210 Grundsätzlich: OVG NW, DÖV 1983, 1020. Anwendungsbeispiel aus dem Straßenrecht: OVG Koblenz, NJW 1986, 953.

211 Weiterführend zum Problem *Ossenbühl* (Fn. 116), S. 88 ff. Fallen Straßenbaulastträger und Widmungsbehörde auseinander, so soll entschädigungsrechtlich nur der erste verpflichtet sein, weil er begünstigt ist. Siehe BGH, NJW 1980, 582.

kehrsanlagen baut, widmet und unterhält, werden also gleichsam bei ihm rechtlich gebündelt. Beeinträchtigungen durch Verkehrsimmissionen sind also Beeinträchtigungen seitens der „vollziehenden Gewalt" im Sinne des Art. 1 Abs. 3 GG. Auch daraus ergibt sich eine wichtige Konsequenz: Grundrechte, insbesondere Art. 2 Abs. 1 und 2 Satz 1 sowie Art. 14 GG, ziehen Verkehrsimmissionen Schranken und bestimmen die Bedingungen ihrer Rechtmäßigkeit[212]. Außerhalb dieser Grundorientierungen ist als Folge gesetzgeberischer Untätigkeit allerdings nur weniges gesichert. Dies gilt vor allem für die Bestimmung der Maßstäbe, mit deren Hilfe ermittelt wird, welche Einwirkungen der Nachbar einer öffentlichen Straße (entschädigungslos oder gegen Entschädigung) zu dulden hat (siehe II.).

II. Die rechtliche Beurteilung der schlicht-hoheitlichen Verkehrsimmissionen

1. Die möglichen Reaktionen der Rechtsordnung

133   Übersicht über die Rechte des Straßennachbarn gegenüber dem Straßenbaulastträger als dem juristischen Verursacher der Verkehrsimmissionen läßt sich nur gewinnen, wenn man zunächst die möglichen Reaktionen der Rechtsordnung auf Verkehrsimmissionen „von hoher Hand" zusammenstellt. Dabei ist unter dem Gesichtspunkt der „Reichweite" nachbarlicher Ansprüche zu unterscheiden:

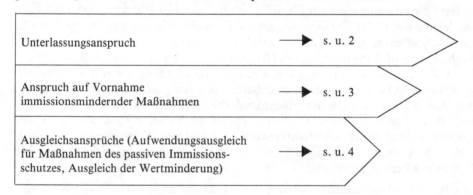

Unterlassungsanspruch → s. u. 2

Anspruch auf Vornahme immissionsmindernder Maßnahmen → s. u. 3

Ausgleichsansprüche (Aufwendungsausgleich für Maßnahmen des passiven Immissionsschutzes, Ausgleich der Wertminderung) → s. u. 4

2. Verkehrsbezogene Abwehr- und Unterlassungsansprüche

134   a) Auch für Verkehrsimmissionen gilt die allgemeine öffentlich-rechtliche Grundregel, daß rechtswidrige (schlicht-)hoheitliche Beeinträchtigungen abgewehrt werden können, rechtmäßige dagegen zu dulden sind. Als Maßstab für die Beurteilung der Rechtmäßigkeit von Verkehrsimmissionen kommt im Prinzip Art. 14 GG (Eigentumsschutz der Straßenanlieger als objektbezogener Schutz) und Art. 2 Abs. 2 GG (Grundrecht auf körperliche Unversehrtheit als personenbezogener Schutz) in Be-

---

212 BVerfGE 67, 299 (328) — zugunsten der Anwohner.

tracht. Dabei gilt: Verkehrsimmissionen als Folge einer widmungsgemäßen Nutzung der Straße sind regelmäßig rechtmäßige Einwirkungen auf das Nachbargrundstück. Die gesetzliche Grundlage geben die straßenrechtlichen Bestimmungen über die Befugnis der Straßenbaubehörden zum Bau und zur Widmung der Straße ab; die Belastungen benachbarter Grundstücke können aus dem öffentlichen Interesse an einem leistungsfähigen Straßennetz gerechtfertigt werden. Aus Art. 14 GG werden daher im allgemeinen nur Ansprüche der unten u. 3. und 4. dargestellten Art abzuleiten sein. Eher schon könnte sich aus Art. 2 Abs. 2 GG im Einzelfall die Annahme der Rechtswidrigkeit von Verkehrsbeeinträchtigungen ableiten lassen. Immerhin kann man zweifeln, ob die gesetzlichen Vorschriften über den Bau, die Widmung und die Indienststellung öffentlicher Straßen eine ausreichende gesetzliche Grundlage für Eingriffe in die körperliche Unversehrtheit im Sinne des Art. 2 Abs. 2 Satz 3 GG abgeben. Allerdings ist die Eingriffsschwelle im Falle des Art. 2 Abs. 2 GG außerordentlich schwer zu bestimmen. Sie darf nicht zu niedrig angesetzt werden. Immerhin kann als gesichert gelten, daß nicht nur somatisch faßbare Gesundheitsschäden, wie z. B. Gehöreinbußen, sondern auch negative Einwirkungen auf den körperlichen und geistigen Zustand des Betroffenen erheblich im Sinne des Art. 2 Abs. 2 GG sind[213].

b) Der BGH hält sich trotz der prinzipiell auch von ihm anerkannten öffentlich-rechtlichen Beurteilung von Verkehrsimmissionen bei der Bestimmung der Rechtmäßigkeit an den (Hilfs-)Maßstab des § 906 BGB. Allerdings erfährt diese Vorschrift eine „straßenspezifische" Interpretation. **135**

— Der Standpunkt der Rechtsprechung läuft darauf hinaus, daß die Benutzung einer Straße durch den Verkehr stets gewöhnliche und ortsübliche Benutzung ist, mag der Verkehr auch „noch so massenhaft und geräuschvoll" sein oder sich erst zu diesem Ausmaß entwickelt haben. Sie bewertet den Verkehr auf einer bestimmten öffentlichen Straße damit nicht isoliert, sondern stellt die Straße in den Zusammenhang des Gesamtverkehrs, aus dem sich immer Änderungen der Verkehrsmenge und der Verkehrszusammensetzung ergeben können[214]. Eine Überschreitung der **Ortsüblichkeit** kommt daher bei Verkehrsimmissionen praktisch nicht in Betracht.

— Auch bei Vorliegen der Merkmale, die nach § 906 BGB eine Duldungspflicht des Nachbarn **aus**schließen, gewährt die Rechtsprechung gegenüber dem Baulastträger keinen Rechtsanspruch auf Unterlassung von Verkehrsimmissionen durch Aufhebung oder Einschränkung des Verkehrs. Sie begründet dies mit der öffentlichen Aufgabenstellung der Straße und verweist auf etwaige Ausgleichsansprüche[215].

Von dieser Rechtsprechung unberührt bleibt die Frage, ob Maßnahmen der Verkehrslenkung, die in bestimmten Straßen aus Gründen der Verkehrsberuhigung vorgenommen werden (etwa: Aussperrung des Kraftfahrzeugverkehrs aus bestimmten Straßen), von Anliegern **anderer** **136**

---

213 Siehe dazu Schmidt-Aßmann, Schutz gegen Verkehrslärm, in: Grundzüge des Umweltrechts, 1982, S. 303 (309 f.).
214 BGHZ 54, 384 (389 f.); siehe schon RGZ 159, 137 ff.
215 BGH, a.a.O., S. 387.

Straßen verwaltungsgerichtlich angegriffen werden können, in denen solche Maßnahmen zu einer wesentlichen Steigerung der Verkehrsfrequenz oder zu einer nachteiligen Veränderung der Verkehrszusammensetzung führen[216].

3. Ansprüche auf Vornahme immissionsmindernder Maßnahmen

137 Die Zurückhaltung der Rechtsprechung gegenüber Ansprüchen auf (Teil-)Unterlassung von Verkehrsimmissionen rückt die im geltenden Recht vorhandenen Ansprüche auf Vornahme immissionsmindernder Maßnahmen in den Vordergrund (etwa: Lärmschutzwälle, Lärmschutzwände, Versenkung der Straße). Sie werden im wesentlichen durch das neuere Planfeststellungsrecht gewährt (§ 17 Abs. 4 und 6)[217]. Weiter kommen Schutzmaßnahmen durch Festsetzungen nach § 9 Abs. 1 Nr. 24—26 BBauG in Betracht, soweit Straßen auf der Grundlage eines Bebauungsplans hergestellt werden (siehe o. Rdnr. 75). Eine ganz wesentliche Bedeutung haben weiter heute Schutzmaßnahmen des Straßenverkehrsrechts auf der Grundlage des § 45 Abs. 1 Satz 2 Nr. 3, Abs. 1 a, 1 b Satz 1 Nr. 5 StVO.

138 Die Rechtsprechung des BVerwG[218] hat speziell das „Reaktionssystem" des § 17 Abs. 4 entfaltet. Dabei wurden die zentralen Tatbestandsmerkmale dieser Vorschrift („Gefahren" bzw. „erhebliche Nachteile oder erhebliche Belästigungen") in einer Art 3-Stufen-System geordnet:

Dritte und höchste Stufe („enteignungsrechtliche Unzumutbarkeit")	„Gefahr" i. S. d. § 17 Abs. 4 Satz 1 meint die „schwere und unerträgliche Betroffenheit". Sie stellt sich als Enteignung und als Eingriff in die körperliche Unversehrtheit i. S. d. Art. 2 Abs. 2 GG dar.
Zweite Stufe („auflagenrechtliche Unzumutbarkeit")	„Erhebliche Nachteile oder Belästigungen" i. S. d. § 17 Abs. 4 Satz 1 für das Eigentum (—ggf. auch für höchstpersönliche Rechtsgüter) liegen „im Vorfeld der Enteignung". Zumutbarkeitskriterien: Situationsgebundenheit, Rücksichtnahmegebot (siehe dazu Rdnr. 140).
Erste Stufe	Dieser Stufe werden Benachteiligungen und Nachteile zugerechnet, die im Rahmen des § 17 Abs. 4 nicht erheblich sind, also keine Verpflichtung zu Schutzanordnungen auslösen. Sie müssen aber in die Abwägung eingestellt werden[219].

139 In dem hier interessierenden Zusammenhang der Verkehrsimmissionen und insbesondere des in der Praxis im Vordergrund stehenden Verkehrslärms ist nun von entscheidender Bedeutung, bei welchen Immissionsgrenzwerten (IGW) der Übergang von der Stufe 1 zur Stufe 2 erfolgt. Wird die Stufe 2 erreicht — die Rechtsprechung

---

216 Dazu *Steiner,* Aktuelle Rechtsfragen der innerstädtischen Verkehrsführung, in: Straße und Umwelt, hrsg. von *W. Blümel,* 1979, S. 71 (85 ff.).

217 Zum Verhältnis des § 17 Abs. 4 Satz 1 zu § 41 BJmSchG siehe oben Fn. 113.

218 Zu den Einzelheiten dieser Rechtsprechung siehe BVerwGE 56, 112 ff.; 59, 253 (261); BVerwG, DÖV 1980, 410 (413); BVerwGE 61, 295 (303).

219 BVerwGE 71, 150 (160).

spricht hier von „auflagenrechtlicher Unzumutbarkeit" im „Vorfeld der Enteignung" —, so **müssen** die Nachteile und Belästigungen „physisch-real" (etwa durch Lärmschutzwände) ausgeglichen werden. Es liegt auf der Hand, daß die Festlegung dieser Grenzwerte durch den Gesetzgeber erfolgen müßte. Solange dies nicht geschehen ist, behilft sich die Rechtsprechung der Oberverwaltungsgerichte[220] mit einer Anwendung der im Entwurf des Verkehrslärmschutzgesetzes[221] enthaltenen Werte.

Die Rechtsprechung der Verwaltungsgerichte orientiert die Zumutbarkeitsgrenzen am Gebietscharakter (entsprechend den Typen der Baunutzungsverordnung) und/oder den konkreten tatsächlichen Verhältnissen. In einem unvorbelasteten allgemeinen oder reinen Wohngebiet, einem Gebiet mit besonders hoher Schutzwürdigkeit also, dürfen beispielsweise die Werte 62 dB (A) bei Tag und 52 dB (A) bei Nacht nicht überschritten werden. Liegen Geräuschvorbelastungen (z. B. durch eine schon vorhandene, zum Ausbau anstehende Straße) oder „plangegebene" Vorbelastungen vor, so wird die Schutzwürdigkeit eines Grundstücks „abgesenkt"[222] (dazu auch Rdnr. 145). Dabei soll die „plangegebene" Vorbelastung einem Grundstück „kraft seiner Situationsgebundenheit" ab dem Zeitpunkt der Verfestigung der bundesstraßenrechtlichen Planung (regelmäßig ab der Auslegung der Planunterlagen im Anhörungsverfahren) „anhaften", es sei denn, seine Schutzwürdigkeit gegenüber Verkehrsimmissionen hat sich in diesem Zeitpunkt schon — gleichgültig ob bebaut oder unbebaut — durch eine entsprechende Gebietsausweisung (etwa: Allgemeines oder Reines Wohngebiet) in einem Bebauungsplan nach § 30 BBauG bauplanungsrechtlich verfestigt[223]. — Noch keine Werte hat die Rechtsprechung für den Übergang von der 2. zur 3. Stufe benannt (siehe Schaubild Rdnr. 138), deren Festlegung ohnehin nicht „mathematisch-exakt" erfolgen kann[224].

140

4. Ausgleichs- und Entschädigungsansprüche als Folge von Verkehrsimmissionen

a) Sind Anlagen nach § 17 Abs. 4 Satz 1 mit dem Vorhaben unvereinbar oder stehen ihre Kosten außer Verhältnis zu dem angestrebten Schutzzweck, so hat der Betroffene gegen den Träger der Straßenbaulast Anspruch auf angemessene **Entschädigung** in Geld (§ 17 Abs. 4 Satz 2). Damit wird **einfachgesetzlich** eine Billigkeitsentschädigung im **Vor**feld enteignender Eingriffe (siehe Stufe 2 in Schaubild Rdnr. 138) gewährt. Im Streitfall entscheiden die Verwaltungsgerichte (§ 40 Abs. 1 Satz 1 VwGO)[225]. Dabei ist die Entschädigungsbestimmung des § 17 Abs. 4 Satz 2 im Verhältnis zu § 42 BImSchG jedenfalls solange voll anwendbar, als diese Vorschrift wegen Fehlens des Erlasses einer Rechtsverordnung nach § 43 BImSchG noch nicht wirksam geworden ist[226]. Keinen Entschädigungsanspruch dagegen soll § 17 Abs. 4

141

220 Siehe Nachweise VKBl. Amtl. Teil, Heft 14, 1983, S. 306.
Siehe ferner OVG Saarlouis, NJW 1981, 1464 (1465) und BayVGH, DÖV 1985, 926 (927). Das BVerwG scheint allerdings Zurückhaltung gegenüber dieser Rechtsprechung zu zeigen (BVerwGE 71, 150 ff.). Siehe *Dolde,* NJW 1986, 815 (819 f.).
221 Entwurf eines Verkehrslärmschutzgesetzes vom 28. 2. 1980, BT-Drucks. 8/3730.
222 Dazu näher BVerwGE 51, 15 (32); 59, 253 (262); BVerwG, DÖV 1984, 429 (430) und BVerwGE 71, 150 (155 ff.).
223 So insb. BVerwGE 71, 150 (155 ff.).
224 Siehe dazu jüngst BGH, NJW 1986, 1980 (1981) und vor allem NJW 1986, 2421 ff.
225 Siehe *Korbmacher,* DÖV 1982, 517 (528); BGH, Urt. v. 6. 2. 1986, NJW 1986, 1980 (1981); VGH BW, DÖV 1983, 512 (514).
226 *Jarras,* BImSchG, 1983, § 42 Rdnr. 2; siehe auch BVerwGE 71, 150 (159).

Satz 2 geben, wenn die Intensität der Auswirkungen die Schwelle zur Enteignung überschreitet (Stufe 3 des Schaubildes Rdnr. 138)[227]. Entschädigungsansprüche werden in diesem Falle aus den allgemeinen Grundsätzen über die Aufopferungsentschädigung (Entschädigungsanspruch aus sog. enteignendem Eingriff) entnommen[228]. Über sie im Streitfall zu entscheiden, ist Sache der ordentlichen Gerichte (§ 40 Abs. 2 Satz 1 VwGO).

142   b) Die Vornahme immissionsmindernder Maßnahmen auf der Grundlage des § 17 Abs. 4 und der entsprechenden Bestimmungen der Landesstraßengesetze kommt im Planfeststellungsverfahren allerdings nur beim Bau oder bei der wesentlichen Änderung von Straßen zum Zuge, wenn die entsprechenden Planfeststellungsbeschlüsse nach dem 1. 4. 1974 ergangen sind. Bei sog. **Altstraßen**[229] ist der Anlieger mangels gesetzlicher Bestimmungen über die sog. Lärmsanierung auf die Zuerkennung von Entschädigungsansprüchen nach Maßgabe der Rechtsprechung des BGH angewiesen.

Bisher gewährte das Gericht[230] einen Anspruch auf Entschädigung aus enteignendem Eingriff, wenn die Lärmeinwirkungen sich als unmittelbare Folge eines hoheitlichen Aktes (Planfeststellungsbeschluß, Widmung) darstellten. Materieller Maßstab für die Zuerkennung von Entschädigungsansprüchen war § 906 Abs. 2 Satz 2 BGB. Dabei hatte der BGH die Zumutbarkeitsgrenze hoch angesetzt. Er ging davon aus, daß Verkehrsimmissionen mit Rücksicht auf das öffentliche Interesse am Verkehr von den Straßenanliegern regelmäßig entschädigungslos hingenommen werden müssen. Nur in besonders schweren Einzelfällen, wie etwa einer als Folge des Lärms drohenden Existenzvernichtung oder gesundheitlichen Schäden, sah der BGH die Entschädigungspflichtigkeit als gegeben an.

143   c) Inzwischen hat der BGH[231] in seinem Grundsatzurteil vom 20. 3. 1975 zu erkennen gegeben, daß er die im BImSchG (§§ 41—53) zum Ausdruck gekommenen Grundentscheidungen und insbesondere das Bekenntnis des BImSchG zum planerischen Schutz der Wohngebiete (§ 50) in seiner entschädigungsrechtlichen Rechtsprechung für Altstraßen zur Geltung bringen will. Dies geschieht in doppelter Richtung.

— Die **Grenze** zwischen entschädigungs**loser** und entschädigungs**pflichtiger** Verkehrsimmission wird neu gezogen. Voraussetzung der Entschädigung ist nicht mehr eine besondere, vor allem die Gesundheit beeinträchtigende Lärmeinwirkung. Beeinträchtigungen sind schon dann entschädigungspflichtig, wenn sie spürbar über das hinausgehen, was den Straßenanliegern bei gebührender Berücksichtigung des insgesamt erheblich angewachsenen Verkehrs an Nachteilen und Belastungen zugemutet werden kann.

— Der Anspruchs**inhalt** wird in Anlehnung an § 42 BImSchG neu bestimmt. Zweck der Entschädigung soll es sein, den Betroffenen in die Lage zu versetzen, den fortdauernden hoheitlichen Eingriff nach den gegebenen technischen Möglichkeiten abzuwehren. Entschädigung wird daher grundsätzlich nur als Geldausgleich für notwendige Schallschutzmaßnahmen auf dem betroffenen Grundstück zugesprochen (sog. passiver Schallschutz). In Ausnahmefällen ist der eingetretene Minderwert zu entschädigen.

---

227 BGH, NJW 1986, 1980 f. Str.; a. A. etwa *Papier,* Öffentliche Sachen, S. 144.
228 BGH, NJW 1984, 1876 (1877).
229 Altstraßen sind also Straßen, die vor dem 1. 4. 1974 gebaut oder wesentlich geändert worden sind (BVerwGE 59, 253/256). Dies ist der Zeitpunkt, in dem die hier erörterten Vorschriften des BImSchG (§§ 41—43, 50) und das FStrG in der hier interessierenden Fassung (§ 17 Abs. 4 Satz 2 und 3, § 17 Abs. 6 Satz 5) in Kraft getreten sind.
230 Siehe BGHZ 49, 148; 54, 384 (388); BGH, DVBl. 1978, 110.
231 BGHZ 64, 220 (sog. Reuterstraßen-Urteil); bestätigt durch BGH, DVBl. 1978, 110 (112).

Antworten und Lösungshinweise

1. Die Baugenehmigung kann nach dem in allen Ländern übereinstimmenden Recht nur versagt **144** werden, wenn das Bauvorhaben öffentlich-rechtlichen Vorschriften widerspricht. Zu diesen öffentlich-rechtlichen Vorschriften gehören auch die Anbauverbote und Anbaubeschränkungen des § 9, hier des § 9 Abs. 1 Nr. 1. Wird eine gesetzlich notwendige Ausnahme vom Bauverbot (§ 9 Abs. 8) nicht zugelassen, muß die Baugenehmigung jedenfalls für den Gebäudeteil versagt werden, der innerhalb der Verbotszone (40 m bei Bundesautobahnen) zu liegen kommen soll. Die Entscheidung der nach § 9 Abs. 8 zuständigen Behörde über die Gewährung einer Ausnahme wird von der Rechtsprechung (im Unterschied zu den Zustimmungsakten nach § 9 Abs. 2 und 3) als eigener, gegenüber dem Bauwerber ergehender Verwaltungsakt angesehen (BVerwGE 16, 301/303). Will E die Versagung der Zulassung angreifen, so muß er diese zum Gegenstand eines eigenen Widerspruchsverfahrens machen. Dieses findet allerdings nur statt, wenn — was in einigen Bundesländern erfolgt ist — die Zuständigkeit von der obersten Straßenbaubehörde auf nachgeordnete Behörden gem. § 22 Abs. 4 Satz 2 delegiert ist oder ein Gesetz die Nachprüfung vorschreibt (vgl. § 68 Abs. 1 Satz 2 Nr. 1 VwGO). Im vorliegenden Fall muß sich freilich der Widerspruch gegen die Versagung der Baugenehmigung richten. Dies ergibt sich daraus, daß das Bauverbot des § 9 Abs. 1 Nr. 1 nur für die **Errichtung** baulicher Anlagen gilt und nicht für die bloße Änderung des vorhandenen baulichen Zustandes durch einen Anbau (BVerwG, Urt. vom 15. 1. 1982, NJW 1982, 2569 f.). Es bedarf daher auch keiner Ausnahmeerteilung nach § 9 Abs. 8. Im Rahmen des gegen die Versagung der Baugenehmigung gerichteten Widerspruchsverfahrens (und einer sich ggf. anschließenden verwaltungsgerichtlichen Klage) ist zu prüfen, ob die gesetzlich notwendige Zustimmung nach § 9 Abs. 2 und 3 erteilt werden muß (BVerwGE 16, 116/119 ff.).

2. In Betracht kommt ein Anspruch nach § 17 Abs. 4 i.V.m. § 41 BImSchG auf Anordnung ge- **145** eigneter Schutzmaßnahmen, wenn dies zur Sicherung des Grundstücks des E gegen „erhebliche Nachteile" notwendig ist. Dagegen wird man nicht an den Begriff der „Gefahr" im Sinne des § 17 Abs. 4 („enteignungsrechtliche Unzumutbarkeit") anknüpfen können; die genannten Lärmwerte liegen unterhalb der Enteignungsschwelle (vgl. BGH, Urt. vom 10. 11. 1977, DVBl. 1978, 110). Ob sich die bezeichneten Lärmimmissionen als „erhebliche Nachteile" im Sinne des § 17 Abs. 4 darstellen, entscheidet die Rechtsprechung der Oberverwaltungsgerichte anhand der Werte des Entwurfs des Verkehrslärmschutzgesetzes (BT-Drucks. 8/3730). Für Mischgebiete enthält der Entwurf als Immissionsgrenzwerte im Bereich der Lärmvorsorge 67 dB (A) bei Tag und 57 dB (A) bei Nacht. Die Belastungen des Grundstücks des E liegen nach dem Sachverhalt oberhalb dieser Grenze. Doch kommt als Besonderheit im gegebenen Fall hinzu, daß das Grundstück des E im Zeitpunkt der Verwirklichung des Bauvorhabens „planerisch" vorbelastet war. Dies führt zu einer Verminderung seiner Schutzwürdigkeit; E können nach Auffassung der Rechtsprechung grundsätzlich höhere Lärmwerte zugemutet werden (BVerwGE 71, 150/155 ff.). Allerdings setzt die „Anrechnung" einer solchen „planerischen Vorbelastung" voraus, daß die Straßenplanung im fraglichen Zeitpunkt bereits „verfestigt" war. Bloße Planungsabsichten dürften dabei nicht genügen (BVerwGE 59, 253/264), andererseits braucht sich die Planung noch nicht in einem Planfeststellungsbeschluß oder in einem Bebauungsplan niedergeschlagen zu haben. Es genügt, wenn die Planungsunterlagen im Anhörungsverfahren ausliegen (BVerwG E 71, 150/156). Eine Entscheidung nach § 16 ist allenfalls ausreichend, **wenn** sie sich in einer allgemein zugänglichen Planung (hier: Flächennutzungsplanung) niedergeschlagen hat (siehe näher dazu BVerwG, Urt. vom 11. 11. 1983, DÖV 1984, 429/430). In welchem Maß die „Schutzwürdigkeit" des Grundeigentums bei planerischer Vorbelastung abnimmt, hat die Rechtsprechung bisher noch nicht geklärt. Eine Überschreitung des Immissionsgrenzwertes um 3 dB (A) müßte E aber zugemutet werden. Damit entfiele ein Anspruch nach § 17 Abs. 4.

Vertiefungshinweise

Bender, DVBl. 1984, 301 ff.; Blümel (Hrsg.): Straße und Umwelt, Schriftenreihe der Hochschule Speyer Bd. 77, 1979; *Schmidt-Aßmann:* Schutz gegen Verkehrslärm, in: Grundzüge des Umweltschutzes, 1982, S. 303 ff.; Beiträge von *Reither* (S. 245—258) und *Schmidt-Aßmann* (S. 259—270), in: *Bartlsperger/Blümel/Schroeter.*

G. Straßenrecht und Straßenverkehrsrecht

Fälle und Fragen

146   1. P betreibt ein Fotogeschäft in der X-Straße. Zu seinen Kunden gehören insbesondere Hochzeitspaare. Durch wegerechtliche Teileinziehung der Gemeinde G wird die X-Straße als Fußgängerstraße gewidmet und durch Verkehrszeichen 241 (Fußgänger) ausgeschildert. Ein zeitlich und sachlich beschränkter Kraftfahrzeugverkehr zum Be- und Entladen im gewerblichen Verkehr ist zugelassen. P beantragt bei der Straßenverkehrsbehörde, ihm die An- und Abfahrt von Hochzeitspaaren zu seinem Atelier weiterhin zu gestatten. Hat sein Antrag Aussicht auf Erfolg?

147   2. Die Firma F, die eine Autovermietung betreibt, stellt in der Ortsstraße X der kreisfreien Gemeinde G einen Teil der Mietfahrzeuge ab, die auf dem Betriebsgelände keinen Platz finden. G untersagt durch förmliche Verfügung diese Nutzung mit der Begründung, F nehme durch das Abstellen der Fahrzeuge im öffentlichen Straßenraum eine genehmigungspflichtige, aber nicht genehmigte Sondernutzung nach dem geltenden Landeswegerecht in Anspruch. F ist der Auffassung, die Fahrzeuge seien nach § 12 StVO ordnungsgemäß geparkt. Eine wegerechtliche Sondernutzung werde daher nicht in Anspruch genommen.

148   3. Der Unternehmer U will ein ihm gehörendes Kettenfahrzeug zwischen mehreren Baustellen innerhalb des Kreisgebietes X bewegen. Die Belastung der Fahrbahn durch die Laufrollen ist so erheblich, daß die Bewegung des Fahrzeugs auf öffentlichen Straßen der Gewährung einer Ausnahme nach § 70 StVZO und § 29 Abs. 3 Satz 1 StVO bedarf. Der (Land-)Kreis ist der Auffassung, daß es zusätzlich einer gebührenpflichtigen Sondernutzungserlaubnis bedarf. Ist dieser Rechtsstandpunkt gerechtfertigt?

I. Grundaussagen zum Verhältnis von Straßenrecht und Straßenverkehrsrecht

149   „Straßenrecht" und „Straßenverkehrsrecht" wurden bereits als Materien des geltenden Rechts vorgestellt, die nach ihrer staatsrechtlichen Quelle, ihren Ordnungszwecken und ihrem Vollzug wesentliche Unterschiede aufweisen (siehe Rdnr. 3—6). Die Funktion des Straßenrechts als einer Rechtsmaterie, die Voraussetzungen und Modalitäten einer wichtigen Leistung der öffentlichen Verwaltung — Darstellung und Unterhaltung von Straßen — wurde dabei im Laufe der bisherigen Darstellung verdeutlicht. Widmung (einschließlich der nachträglichen Widmungsbeschränkung durch Teileinziehung), Umstufung (als Mittel zur Veränderung der Straßenkategorie) und Sondernutzungserlaubnis erwiesen sich als die wichtigsten Instrumente, mit deren Hilfe die Straßenbaubehörden als Organ des Straßenbaulastträgers Einfluß auf die Straßennutzung nehmen können. Sie sind es allerdings auch, die in bestimmten Zusammenhängen mit den straßenverkehrsrechtlichen Instrumenten (Verkehrsverboten und Verkehrsbeschränkungen nach § 45 StVO) konkurrieren können. Daraus ergeben sich Probleme, die für das Verhältnis von Straßenrecht und Straßenverkehrsrecht charakteristisch sind.

150   Die Rechtsprechung des BVerwG und des BVerfG[232] stellt immer wieder die Selbständigkeit der beiden Rechtsmaterien heraus, verschließt sich aber nicht der Er-

---

232 BVerwGE 34, 241 (243); 62, 376 (378); BVerfGE 40, 371 (378); 67, 299 (314).

kenntnis, daß sie „in einem sachlichen Zusammenhang" stehen. Diesen Zusammenhang hat das BVerfG[233] durch die Feststellung gekennzeichnet, das Straßenverkehrsrecht „setze" das Straßenrecht „voraus". Die wegerechtliche „Vorgabe" sieht das Gericht in den Vorschriften über Widmung, Gemeingebrauch, Sondernutzung und Umstufung einschließlich ihres Vollzugs verankert, „welche anordnen, unter welchen Voraussetzungen und in welchem Umfang die Straße dem einzelnen zur Verfügung steht". Aus dieser Vorgabe-Vorstellung einerseits und aus der Ordnungsfunktion des Straßenverkehrsrechts andererseits leiten sich die Formeln ab, die heute weithin zur Anwendung gebracht werden, wenn die Regulierungszuständigkeiten von Straßenrecht und Straßenverkehrsrecht im Einzelfall der Abgrenzung bedürfen:

— **„Vorbehalt des Straßenrechts":** Nach dem geltenden Straßenrecht liegt es in der   **151** Zuständigkeit des Straßenbaulastträgers, durch Widmung und ggf. durch Abänderung der Widmung die spezifische Verkehrsaufgabe einer Straße den Vorschriften des Straßenverkehrsrechts und den Straßenverkehrsbehörden rechtlich verbindlich vorzugeben[234]. Die Widmung legt den Nutzungs**rahmen** fest, **innerhalb** dessen die Straßenverkehrsvorschriften zum Zuge kommen und unter dem Gesichtspunkt der Sicherheit und Ordnung des Verkehrs das Verhältnis der (widmungsrechtlich zugelassenen) Verkehrsteilnehmer untereinander regeln oder zu regeln die Straßenverkehrsbehörden ermächtigen.

— **„Vorrang des Straßenverkehrsrechts":** Das Straßenverkehrsrecht verdrängt als   **152** Bundesrecht in Ausschöpfung der Gesetzgebungskompetenz des Art. 74 Nr. 22 **Verkehrs**recht und **Verkehrs**regelungen im straßenrechtlichen Gewand oder auf straßenrechtlicher Grundlage.

II. Der „Vorbehalt des Straßenrechts"

Das dargestellte Vorbehaltsprinzip wird heute vor allem in der Weise interpretiert,   **153** daß die Vorschriften des Straßenverkehrsrechts und die auf ihrer Grundlage ergehenden Anordnungen der Straßenverkehrsbehörden Art und Ausmaß der widmungsgemäßen Nutzungen nicht erweitern können. Verkehr, der auf einer (rechtlich) öffentlichen Straße widmungsrechtlich nicht zugelassen ist, wie beispielsweise in Fußgängerzonen der Kraftfahrzeugverkehr, kann nicht durch die Gewährung einer Ausnahme nach § 46 StVO gestattet werden[235]. Man hat deshalb auch formuliert, das Straßenverkehrsrecht sei das Recht der Nutzungs**ausübung innerhalb** des Widmungsrahmens[236]. Über den Gemeingebrauch — sagt das BVerfG[237] — wird vom Wegerecht, über die Ausübung des Gemeingebrauchs vom Verkehrsrecht entschieden.

---

233 BVerfGE 40, 371 (378); 67, 299 (314).
234 Siehe vor allem *Salzwedel,* DÖV 1963, 242 (251).
235 BVerwGE 62, 376 (378 f.); ebenso VGH Mannheim, NJW 1984, 819 (821); dazu auch Rdnr. 163.
236 Siehe dazu *Papier,* Öffentliche Sachen, S. 93.
237 BVerfGE 67, 299 (321).

III. Der „Vorrang des Straßenverkehrsrechts"

1. Möglichkeiten und Grenzen einer straßenverkehrsrechtlichen „Überlagerung" der Widmung

154 Besteht über die dem Straßenverkehrsrecht „nach oben" gezogene wegerechtliche Grenze im wesentlichen Einverständnis, so wird es unterschiedlich beantwortet, inwieweit durch die Anordnung von Verkehrsverboten und Verkehrsbeschränkungen nach § 45 StVO Nutzungen eingeschränkt oder ausgeschlossen werden können, die **innerhalb** des Rahmens der Widmung liegen. Literatur und Rechtsprechung[238] finden sich ohne weiteres in der Auffassung, daß auf der Grundlage des Straßenverkehrsrechts und insbesondere des § 45 StVO aus Gründen der Sicherheit und/oder Ordnung des Verkehrs auch Verkehrsverbote und Verkehrsbeschränkungen zulässig sind, die auf eine „Ausklammerung" widmungsrechtlich eröffneter Verkehrs- und Benutzungsarten hinauslaufen (etwa: Beschränkung des Lkw- und Motorradverkehrs zum Schutz der Nachtruhe nach § 45 Abs. 1 Nr. 3, Abs. 1 b Satz 1 Nr. 5 StVO). Andererseits ist auch anerkannt, daß durch Maßnahmen auf der Grundlage des Straßenverkehrsrechts keine Nutzungszustände herbeigeführt werden dürfen, die im Ergebnis auf eine **dauernde** Entwidmung der Straße oder eine **dauernde** Beschränkung ihrer Widmung hinauslaufen[239] (siehe schon Rdnr. 43). Insoweit wird das Vorrangprinzip wiederum vom Vorbehaltsprinzip eingeschränkt. Diese Aussagen sind im wesentlichen außer Streit. Ihre praktischen Konsequenzen hängen allerdings von der Interpretation ab, die das Merkmal der „dauerhaften" Entwidmung oder Widmungsbeschränkung erfährt. Dabei dürfte eine mittlere Linie zutreffen: Anordnungen auf der Grundlage des § 45 Abs. 1 Satz 1 StVO können in ihrer Wirkung die Widmungsentscheidung des Straßenbaulastträgers überlagern, weil sie als Maßnahmen der Gefahrenabwehr mit Rücksicht auf das Erforderlichkeitsprinzip grundsätzlich situationsbedingt und ihrem Wesen nach nicht dauerhafter Natur sind[240]. Sie bleiben eben in ihrer Geltung abhängig von der Dauer der Gefahrensituation, die ihre Vornahme veranlaßt hat. Eine widmungsgemäße Nutzung kann dabei auch von Verkehrsverboten und Verkehrsbeschränkungen verdrängt werden, deren Ende im Zeitpunkt der entsprechenden Verfügung noch nicht absehbar ist, weil sie von einem nicht überschaubaren Fortbestand der Gefahrensituation abhängt[241].

Das BVerwG[242] hat es für zulässig erachtet, daß die Straßenverkehrsbehörde aus den engen verkehrsreichen Straßen einer historischen Innenstadt den Kraftfahrzeugverkehr durch entsprechende Anordnungen weithin „aussperrte", weil das Nebeneinander von dichtem Fahrzeugverkehr und starker Fußgängerfrequenz zu einer Verkehrsgefährdung und auch zu einer erheblichen Einschränkung der Flüssigkeit des Verkehrs geführt hatte. Freilich dürfte damit die äußerste Grenze des genannten „Überlagerungseffekts" erreicht sein. Wird die abstrakte Verkehrsfunktion einer Straße oder eines zusammenhängenden Straßennetzes in derart nachhaltiger Weise verändert, so bedarf es langfristig einer vom Träger der Straßenbaulast vorge-

---

238 Siehe dazu *Steiner,* JuS 1984, 1 (5); BVerwG, DÖV 1980, 915.
239 Siehe *Kodal/Krämer,* S. 497; *Peine* (Fn. 105), S. 66 f.; OLG Düsseldorf, NVwZ 1985, 685 (686); wohl auch BVerfGE 67, 299 (322).
240 Zur Natur straßenverkehrsrechtlicher Anordnungen nach § 45 StVO als einer Art Maßnahmen „auf Widerruf" siehe BVerwGE 27, 181 (184); BVerwG, NJW 1976, 2175 (2176).
241 Enger *Peine,* DÖV 1978, 835 (838).
242 BVerwG, DÖV 1980, 915.

nommenen Widmungsbeschränkung. Dies gilt ohnehin, wenn der durch Ausklammerung des Kraftfahrzeugverkehrs herbeigeführte Zustand mit baulichen Mitteln verfestigt wird.

2. Der straßenverkehrsrechtlich „mitbestimmte" Gemeingebrauch

Mit dem Begriff des „konkreten" Gemeingebrauch wurde bereits oben (Rdnr. 96) **155** der rechtliche Sachverhalt umschrieben, daß der auf einer Straße von der Rechtsordnung erlaubte Jedermann-Gebrauch wesentlich von den Verkehrsvorschriften „mitbestimmt" wird. Dieser „Mitbestimmungsformel" hat das BVerwG eine weite Auslegung gegeben. Es vertritt in st. Rspr.[243] die Auffassung, ein Verkehrsvorgang, der im Rahmen der **Verkehrs**vorschriften liege, bewege sich gleichzeitig **innerhalb** des straßenrechtlichen Gemeingebrauchs. Anhand dieser „Kongruenz"-Vorstellung hat das Gericht einer gemeindlichen Praxis Grenzen gezogen, die mit wegerechtlichen Mitteln Probleme des ruhenden Verkehrs in den Innenstädten zu lösen versuchte.

Beispiele[244]: Parken von gewerblich genutzten Fahrzeugen (Lkw, Omnibus) im Straßenraum während der Nachtzeit und an Sonn- und Feiertagen wurde als Sondernutzung beurteilt. Anträge von seiten der Halter auf Erteilung einer Sondernutzungserlaubnis wurden versagt; man ahndete das Parken ohne die angeblich notwendige Sondernutzungserlaubnis mit einer Geldbuße. In gleicher Weise wurde beim Parken von Kraftfahrzeugen zu Verkaufs- oder Vermietungszwecken im Straßenraum verfahren.

Dabei sind es im wesentlichen zwei Grundsätze, auf deren Grundlage die an das BVerwG herangetragenen Einzelfälle entschieden wurden und entschieden werden[245].

a) Der ruhende Verkehr, der sich aus haltenden und parkenden Fahrzeugen zusammensetzt (§ 12 **156** StVO), gehört zum Straßenverkehr, den der Bundesgesetzgeber abschließend geregelt hat. Er unterliegt daher nur den sich aus den straßenverkehrsrechtlichen Vorschriften ergebenden Beschränkungen, auch soweit es sich um die Frage der Gemeinverträglichkeit oder Verkehrsüblichkeit handelt. Auch „Dauerparken" ist ein Teil des ruhenden Verkehrs und ein Parkvorgang ausschließlich im Sinne und nach Maßgabe der StVO[246]. Werden (zum Verkehr zugelassene und betriebsbereite) Fahrzeuge zu dem Zweck abgestellt, die Teilnahme am fließenden Verkehr zu unterbrechen und sie nach der Unterbrechung wieder aufzunehmen (Abstellen zu **Verkehrs**zwecken), so liegt ein allein nach der StVO und nicht nach Wegerecht zu beurteilender Vorgang vor. Es kommt nicht darauf an, wie lange der Parkvorgang andauert, ob die Fahrzeuge amtlich, gewerblich oder privat genutzt werden und wer — Fahrzeughalter oder dritte Personen — das Fahrzeug wieder dem Verkehr zuführt[247]. Wird das Fahrzeug allerdings nicht mehr als Verkehrsmittel benutzt (etwa: Abstellen zum Zwecke der Werbung oder zum ausschließlichen Verkauf), so hindert das Straßenverkehrsrecht nicht, diesen verkehrsfremden Vorgang straßenrechtlich als genehmigungs- und gebührenpflichtige Sondernutzung zu behandeln[248].

---

243 BVerwGE 34, 320 (321) und BVerwG, NJW 1982, 2332; bestätigt wohl durch BVerfGE 67, 299 (321 ff.).
244 Zu den entsprechenden Sachverhalten siehe BVerwGE 23, 325; 34, 320; 44, 193; BVerwG, DVBl. 1979, 155 und NJW 1982, 2332 f. — Das BVerfG hat § 16 Abs. 2 Satz 1 HambWG wegen Unvereinbarkeit mit Art. 72 Abs. 1, 74 Nr. 22 GG insoweit für nichtig erklärt, als dieser Vorschrift die „Benutzung eines Weges regelmäßig als Einstellplatz für ein Kraftfahrzeug in der Nähe der Wohnung oder der Arbeitsstätte des Fahrzeughalters oder -benutzers" vom Gemeingebrauch ausnimmt (BVerfGE 67, 299/313 ff.).
245 Zusammenfassung: BVerwG, DAR 1974, 55 (56).
246 Grundsätzlich: BVerfGE 67, 299 (323).
247 BVerwG, NJW 1982, 2332 f.; für Parken in Fußgängerzonen BayObLG, BayVBl. 1986, 122 f.; siehe auch noch Rdnr. 164.
248 BayObLGSt 1977, 118 (120); BayObLG, DÖV 1983, 297.

157 b) Der zweite Grundsatz lautet: Da der ruhende Verkehr sich lediglich als eine vorübergehende Unterbrechung des fließenden Verkehrs darstellt, kann das Abstellen eines Fahrzeugs ihm nur dann zugerechnet werden, wenn es jederzeit wieder am fließenden Verkehr teilnehmen kann. Dies setzt voraus, daß das Fahrzeug nach dem Straßenverkehrsrecht am Verkehr teilnehmen darf, also zum Verkehr zugelassen ist und tatsächlich auch zu diesem Zweck in Gang gesetzt werden kann, also betriebsbereit ist[249]. Nur das „Aufstellen zur Verkehrsbereitschaft"[250] ist ein Parkvorgang, das „Aufstellen ohne Verkehrsbereitschaft" ist straßenverkehrsrechtlich nicht mehr Parken und straßenrechtlich wie eine Sondernutzung zu behandeln[251].

3. Die Unterscheidung von „Verkehrsstatut" und „Nutzungsstatut"

158 Der Vorrang des Bundesverkehrsrechts auf der Grundlage des Art. 74 Nr. 22 GG gegenüber dem Landesstraßenrecht ist ein Vorrang des **Verkehrs**rechts. Diese Feststellung erlaubt eine Abgrenzung der Gesetzgebungskompetenzen, aber auch der Verwaltungsbefugnisse nach beiden Richtungen.

159 a) Der Straßenbaubehörde ist es verwehrt, mit straßen- und insbesondere mit widmungsrechtlichen Mitteln den Begriff des Verkehrs oder das (verkehrsbezogene) Verhalten der Verkehrsteilnehmer untereinander festzulegen.

Unzulässig also: Beschränkungen der Widmung einer Straße auf den fließenden Verkehr mit Ausnahmeregelungen für den ruhenden Verkehr (siehe Rdnr. 36, 44); Einführung eines Richtungsverkehrs durch Beschränkung der Widmung einer Straße auf die Benutzung durch Kraftfahrzeuge nur in einer bestimmten Richtung[252]; Busspuren für den öffentlichen Personennahverkehr durch nachträgliche widmungsmäßige Beschränkung eines Teils der Straße auf den Benutzungszweck bzw. den Benutzerkreis „öffentliche Verkehrsmittel"; Anordnung von Geschwindigkeitsbegrenzungen in der Fußgängerzone im Zusammenhang mit der generellen Erteilung von Sondernutzungserlaubnissen (siehe Rdnr. 101).

160 b) Auf der anderen Seite bleibt es dem Straßenbaulastträger unbenommen, seine konkreten Nutzungsvorstellungen mit widmungsmäßigen Mitteln auszufüllen (**Nutzungs**statut). Dabei können Widmungsbeschränkungen im Prinzip von allen öffentlichen Interessen — Gesichtspunkten der Sicherheit und Ordnung des Verkehrs, des Verkehrs-Umweltschutzes und des Städtebaus — getragen werden. Der Vorrang des Straßenverkehrsrechts bewirkt nur eine „Reservierung" verkehrsrechtlicher Maßnahmen zugunsten der Straßenverkehrsbehörden, nicht aber eine „Reservierung" ordnungsrechtlicher Zwecke zu ihren Gunsten. Daher kann das gleiche Verkehrslenkungsziel nicht selten sowohl mit Mitteln des Widmungsrechts als auch mit Mitteln des Straßenverkehrsrechts erreicht werden[253].

---

249 BVerwG, DAR 1974, 55 (56); NJW 1982, 2332.
250 BVerwGE 34, 241 (244).
251 BVerwGE 34, 241 (244); siehe auch noch Rdnr. 103.
252 Vgl. OVG Bremen, DVBl 1962, 644 (646).
253 Ein Beispiel bietet das Urt. des BWVGH, DÖV 1982, 206 mit Anm. *Steiner,* DÖV 1982, 555 ff. Die Gemeinde konnte durch (nachträgliche) Beschränkung der Widmung die Benutzung der Straße für Lkw über 2,8 t ausschließen. Zum gleichen Ergebnis hätten Anordnungen der Straßenverkehrsbehörde auf der Grundlage des § 45 Abs. 1 Satz 2 Nr. 3, Abs. 1 lit. b Satz 1 Nr. 5 StVO i.V.m. dem entsprechend variierten Zeichen 262 geführt.

IV. Verwaltungsrechtliche Aspekte der Anordnungen nach § 45 StVO

Das Straßenverkehrsrecht moderner Prägung ist zu einer umfassend konzipierten **161** Spezialmaterie der Gefahrenabwehr geworden (siehe Rdnr. 6). Dies spiegelt die Fortentwicklung der Ermächtigungsnorm des § 45 StVO als der zentralen Grundlage für die administrative Verkehrssteuerung in besonderer Weise wider[254]. Sie erlaubt Verkehrsbeschränkungen und Verkehrsverbote in bezug auf den fließenden und den ruhenden Verkehr differenziert nach Straßenteilen, Verkehrsarten, Verkehrsvorgängen und Zeiträumen sowie eine Kombination dieser Varianten. Ohne ein solchermaßen flexibles Instrumentarium wäre vor allem in den Innenstädten eine zeitgemäße Reaktion der Straßenverkehrsbehörde auf die Probleme des Verkehrs nicht möglich. Auf der Grundlage des § 45 StVO ergehen Maßnahmen der Straßenverkehrsbehörden, die den allgemeinen ordnungsrechtlichen Maximen und insbesondere dem Prinzip der Erforderlichkeit, Verhältnismäßigkeit und Eignung der eingesetzten Mittel verpflichtet sind[255]. Mit Rücksicht auf ihre Einbindung in die staatliche Gefahrenabwehr ist ihr Erlaß — von den städtebaulich (mit-)bestimmten Kompetenzen einmal abgesehen (vgl. § 45 Abs. 1 b Satz 2 StVO) — nicht an die Zustimmung der kommunalen Körperschaften gebunden, auf deren Gebiet sie zur Geltung kommen[256]. Wegen ihrer häufig belastenden Rückwirkungen auf die örtliche Planung gesteht die Rechtsprechung den Gemeinden jedoch eine Befugnis zur Herbeiführung einer verwaltungsgerichtlichen Kontrolle zu. Allerdings müssen diese Belastungen ein Gewicht erreichen, das der Gemeinde die Erfüllung ihrer eigenen Aufgaben unmöglich macht oder zumindest in konkreter Weise ganz erheblich erschwert. Nur unter diesen Voraussetzungen ist Art. 28 Abs. 2 GG berührt[257].

Die Straßenverkehrsbehörden dürfen — vom Ausnahmefall des § 45 Abs. 1 Satz 2 **162** Nr. 5 StVO abgesehen — den Verkehr nur durch Verkehrszeichen und Verkehrseinrichtungen (§§ 39, 43 StVO) regeln (§ 45 Abs. 4 StVO). Die Rechtsnatur der in diesen Formen vorgenommenen straßenverkehrsrechtlichen Anordnungen beschäftigte Rechtsprechung und Literatur kontinuierlich. Seit dem Inkrafttreten der Verwaltungsverfahrensgesetze des Bundes und der Länder wird man jedoch die Verkehrszeichen als Verwaltungsakte in der Form der Allgemeinverfügung im Sinne des § 35 Satz 2 3. Variante VwVfG („Benutzung durch die Allgemeinheit") ansehen können. Der Gesetzgeber hat hier von seiner Befugnis Gebrauch gemacht, einen rechtsdogmatischen Grenzfall verbindlich zu entscheiden[258]. Diese Entscheidung für die Verwaltungsaktqualität hat freilich **nicht** zur Folge, daß die den §§ 35 ff. VwVfG entsprechenden Bestimmungen der Länderverwaltungsverfahrensgesetze über den Verwaltungsakt uneingeschränkt zur Anwendung kommen. Mit Rücksicht auf die Situationsabhängigkeit der Verkehrszeichen können diese jederzeit und ohne Rücksicht

---

254 Zu ihrer Novellierung 1980 siehe *Steiner,* NJW 1980, 2339.
255 Siehe aus der Rechtsprechung vor allem BVerwG, NJW 1967, 1627 (1629); MDR 1975, 603 (604).
256 BVerwG, NJW 1976, 2175 (2176).
257 BVerwG, NVwZ 1983, 610 (611); vgl. auch BayVGH, BayVBl. 1985, 368 f.
258 Siehe statt vieler BVerwG, DVBl. 1980, 299 mit Anm. *Steiner,* DVBl 1980, 417; zusammenfassend mit Nachweisen *Prutsch,* JuS 1980, 566. Pointiert die Gegenposition (Rechtsverordnung!) nach wie vor bei *Drews/Wacke/Vogel/Martens,* Gefahrenabwehr, 9. Aufl. 1986, S. 361 ff.

auf das Vorliegen der Voraussetzungen für den Widerruf eines Verwaltungsaktes (§ 49 VwVfG) abgeändert oder aufgehoben werden, sofern die Erlaßvoraussetzungen nicht mehr gegeben sind[259]. Auch sollen Verkehrszeichen nicht „zusicherungsfähig" i. S. d. § 38 VwVfG sein[260]. Andererseits werden die Vorschriften der Verwaltungsverfahrensgesetze über den fehlerhaften Verwaltungsakt (vgl. §§ 43, 44 VwVfG) zur Anwendung gebracht. Prozessual ist die Konsequenz, daß die **Anfechtungsklage** gegen Verkehrszeichen zulässig ist. Dabei hat die Rechtsprechung den Kreis der Anfechtungsberechtigten weit gezogen. Verkehrszeichen können mit Rücksicht auf Art. 2 Abs. 1 GG von jedermann angefochten werden[261]. Sie erwachsen daher in der Regel nicht in formelle Bestandskraft (Unanfechtbarkeit). Wird eine Anordnung nach § 45 StVO, die in entsprechender Anwendung des § 80 Abs. 2 Nr. 2 VwGO als sofort vollziehbar angesehen wird, mit Erfolg angefochten, kann der Anfechtungskläger daraus aber nach der Tat keinen Nutzen für ein Straf- oder Bußgeldverfahren ziehen; das vorwerfbare Verhalten — die Zuwiderhandlung gegen die sofort durchsetzbare staatliche Anordnung — wird nach Auffassung der Rechtsprechung durch eine erfolgreiche Anfechtung nicht ex tunc beseitigt. Dagegen ist im Bußgeld- und Strafverfahren eine Berufung des Verkehrsteilnehmers auf die Nichtigkeit des Verkehrszeichens möglich[262]. Streben einzelne, z. B. die Anlieger einer Straße, den Erlaß einer Anordnung nach § 45 StVO an, so hängt die Zuerkennung eines im Wege der **Verpflichtungsklage** durchsetzbaren Rechtes nach Meinung des BVerwG davon ab, ob — zusätzlich zu dem von der Vorschrift angestrebten objektiv-rechtlichen Interessenausgleich zwischen Allgemein- und Einzelinteressen — die Einräumung einer besonderen Rechtsposition zugunsten eines **hinreichend bestimmten** Personenkreises erkennbar ist[263]. Allerdings wird auch unter dieser Voraussetzung in der Regel nur ein Bescheidurteil (§ 113 Abs. 4 Satz 2 VwGO) zu erreichen sein, da sowohl die Entscheidung für eine Inanspruchnahme der in § 45 StVO eingeräumten Befugnisse als auch die Entscheidung über Art und Ausmaß der zu treffenden Maßnahmen grundsätzlich im Ermessen der Straßenverkehrsbehörde steht.

Antworten und Lösungshinweise

163 1. Die Straßenverkehrsbehörde kann P keine Ausnahme nach § 46 StVO erteilen, weil sie damit einen Kraftfahrzeugverkehr in der Fußgängerzone von G erlauben würde, den die Widmung ausdrücklich ausschließt. Das Straßenverkehrsrecht berechtigt nicht zu verkehrsregelnden Maßnahmen, die die wegerechtliche Widmungsbeschränkung auch nur teilweise „faktisch" wieder aufheben und damit einer Widmungserweiterung gleichkommen. Die Kompetenz der Straßenverkehrsbehörde findet insoweit ihre Grenze im „Vorbehalt des Straßenrechts" (BVerwGE 62, 376 = NJW 1982, 840).

Mit seinem Anliegen kann P allenfalls dann zum Zuge kommen, wenn er unter Berufung auf Art. 14 GG die Erteilung einer wegerechtlichen Sondernutzungserlaubnis beantragt. Ein solcher Antrag wirft allerdings eine Reihe komplizierter Fragen auf. Siehe dazu Cosson, DÖV 1983, 532 ff.

---

259 BVerwG, DÖV 1977, 105 f. und OVG RhPf AS 18, 428 (431).
260 OVG Lüneburg, NJW 1985, 1043.
261 BVerwGE 27, 181 (185). Siehe auch OVG Koblenz, NVwZ 1985, 666 f. Zur Fristfrage: BVerwG, VkBl. 1975, 351; BVerwGE 59, 221 (226).
262 BGH, NJW 1969, 2023 (2024 f.); kritisch zu Recht *Berg,* WiVerw 1982, 169 ff. (m. Nachweisen).
263 BVerwGE 37, 112 (113). Bestimmbar ist z. B. der Kreis der an einer ungehinderten Benutzung der Einfahrt interessierten Anlieger (BVerwG, a.a.O.). Zu einem weiteren Anwendungsfall siehe OVG Lüneburg, NJW 1985, 2966 ff.

2. Nach Auffassung des BVerwG wird der wegerechtliche Gemeingebrauch (bundes-)ver- **164** kehrsrechtlich „mitbestimmt" (BVerwGE 34, 320/321). Der ruhende Verkehr, der im Rahmen der Verkehrsvorschriften liegt, bewegt sich also gleichzeitig innerhalb des straßenrechtlichen Gemeingebrauchs. Werden — wie hier — Fahrzeuge im öffentlichen Straßenraum durch die Vermietungsfirma F mit der Absicht aufgestellt, diese Fahrzeuge Kunden zu überlassen, so geschieht das Abstellen in der Absicht, die Fahrzeuge so bald als möglich wieder dem fließenden Verkehr zuzuführen. Damit liegt ein zulässiger Parkvorgang im Sinne des § 12 Abs. 2 StVO vor. Dies bewirkt zugleich, daß im Hinblick auf die zitierte Mitbestimmungs-Formel der Vorgang sich straßenrechtlich als Ausübung des Gemeingebrauchs darstellt und nicht wie eine genehmigungspflichtige Sondernutzung behandelt werden kann (BVerwG, Urt. vom 3. 6. 1982, NJW 1982, 2332 f.; a. A. BayObLG, Beschl. vom 11. 6. 1979, NJW 1980, 1807/1808 mit dem Argument, die Straße werde als Aufstellplatz für die Ware benutzt).

3. Einer eigenen Sondernutzungserlaubnis bedarf es nicht. Die Straßengesetze legen fest, daß **165** eine solche Erlaubnis nicht notwendig ist, wenn nach den Vorschriften des Straßenverkehrsrechts, etwa nach §§ 29, 35, 46 StVO oder § 70 StVZO, eine Erlaubnis für eine übermäßige Straßenbenutzung oder eine Ausnahmegenehmigung verlangt wird (§ 8 Abs. 6 FStrG; § 18 Abs. 1 Satz 2 BWStrG; Art. 21 BayStrWG; § 18 Abs. 3 BremLStrG; § 16 Abs. 7 HessStrG; § 19 NStrG; § 21 Satz 1 StrWGNW; § 41 Abs. 7 RhPflStrG; § 18 Abs. 7 SaarlStrG; § 21 Abs. 6 SchlHStrWG). Damit wird zum Ausdruck gebracht, daß solche Verkehrsvorgänge wegerechtlich im Prinzip Sondernutzungstatbestände sind. Auch wenn die in Frage stehende Benutzung der Straße danach ohne Erlaubnis des Wegeherrn zulässig ist, so kann dieser jedenfalls nach den Straßengesetzen einiger Länder auf die Erteilung der straßenverkehrsrechtlichen Erlaubnis oder Ausnahme inhaltlich Einfluß nehmen sowie Gebühren beanspruchen (siehe etwa § 19 Satz 2 NStrG, § 21 Satz 3 StrWGNW).

Vertiefungshinweise

Steiner: Straßenrecht und Straßenverkehrsrecht, JuS 1984, S. 1 ff.

Literatur (Auswahl) **166**

R. Bartlsperger: Straßenrecht zwischen Bewahrung und Technizität, DVBl. 1979, S. 1 ff.; *R. Bartlsperger/W. Blümel/H. Schroeter* (Hrsg.): Ein Vierteljahrhundert Straßenrechtsgesetzgebung, Hamburg 1980 (Sammelband mit Behandlung aller straßen- und wegerechtlichen Themen — zit. *Bartlsperger/Blümel/Schroeter*); *K. Kodal/H. Krämer*: Straßenrecht, 4. Aufl. 1985 — mit Text aller Straßengesetze im Anhang (zit. *Kodal/Krämer*); *E. Marschall/H. Schroeter/F. Kastner*: Bundesfernstraßengesetz, 4. Aufl., Köln 1977 (zit. *Marschall/Schroeter/Kastner*); *H.-J. Papier*: Das Recht der öffentlichen Sachen, 2. Aufl., Berlin 1984 (zit. Papier, Öffentliche Sachen); *H.-J. Papier/F.-J. Peine*: Straßenrecht und Straßenverkehrsrecht, in: Handbuch der öffentlichen Verwaltung, Neuwied 1984, S. 391—433; *E. Pappermann* bzw. *E. Pappermann/R. P. Löhr*: Grundfälle zum öffentlichen Sachenrecht, JuS 1979, S. 794; JuS 1980, S. 35, 191, 350, 580, 731, 880; JuS 1981, S. 117, 269; *J. Salzwedel*: Wege- und Verkehrsrecht, in: *I. v. Münch* (Hrsg.), Besonderes Verwaltungsrecht, 7. Aufl., Berlin 1985, S. 615—653 (zit. *Salzwedel*); *Zuleeg*, Straßenrecht, in: Hess. Staats- und Verwaltungsrecht, 2. Aufl. 1986, S. 330—357. Historisch: *J. Salzwedel*, in: Deutsche Verwaltungsgeschichte, Bd. 3, 1984, S. 332 ff.; Bd. 4, 1985, S. 260 ff., 911 ff.

VI. Raumordnungs-
und Landesplanungsrecht

Von Udo Steiner

Inhalt

A. Die Idee einer staatlichen Ordnung des Raumes und die Grundprinzipien ihrer gesetzlichen Durchführung[1]

Fragen

1 1. Welche Gesetzgebungszuständigkeiten räumt das Grundgesetz dem Bund im Bereich der Raumordnung ein? Von welchen Zuständigkeiten hat der Bund bisher Gebrauch gemacht?

2 2. Das Raumordnungsgesetz (ROG) verwendet den Begriff der „Ziele" in der Überschrift des § 1, aber auch in Vorschriften wie §§ 5 Abs. 2 und 4, 7. Werden diese Begriffe vom Gesetzgeber durchgehend inhaltsgleich gebraucht?

I. Der Bedarf an Raumordnungsentscheidungen des Staates

3 In der verhältnismäßig kleinen und dicht besiedelten Bundesrepublik Deutschland besteht laufend ein erheblicher Bedarf an Flächen für öffentliche und private Vorhaben verschiedenster Art. Flächen werden benötigt für den Wohnungsbau und Verkehrsanlagen, für die Gewinnung von Bodenschätzen, für Anlagen der Energieerzeugung und Energieverteilung, für Einrichtungen der Daseinsvorsorge wie Krankenhäuser, Schulen oder Sportanlagen, aber auch Flächen für Erholungs- und Freizeiteinrichtungen. In einzelnen Bereichen geht der Flächenbedarf zurück, in anderen steigt er an. Unterschiedliche, nicht selten untereinander konkurrierende oder nur schwer miteinander zu vereinbarende Nutzungsinteressen werden angemeldet. Zugleich waren und sind die Mittel in den staatlichen Budgets zur Finanzierung bzw. Mitfinanzierung wünschenswerter raumbedeutsamer öffentlicher und privater Investitionen nicht unbegrenzt. Ihre rationelle und effiziente Verteilung bedarf daher möglichst umfassender Entscheidungsgrundlagen. Diese und andere Faktoren hatten in der Zeit nach dem 2. Weltkrieg zur Folge, daß zunächst auf Länderebene und dann auf der Ebene des Bundes mit entsprechenden Rückwirkungen auf die Länder das Bedürfnis nach einer „zusammenfassenden" staatlichen Rahmenplanung für raumbeanspruchende Maßnahmen und raumbedeutsame Investitionen anerkannt und in die Gesetzgebung umgesetzt wurde[2]. Diese Rahmenplanung ist ihrer Idee nach **überörtlich** und bindet die örtliche Bauleitplanung der Gemeinden (siehe IV. Baurecht Rdnrn. 26 ff.) in ein Nutzungskonzept für die größeren Räume ein. Sie ist ihrer Eigenart nach aber auch **überfachlich**. So koordiniert sie den (teilweise konkurrierenden) Flächenbedarf der einzelnen Träger öffentlicher **Fachplanungen** (etwa: Bundeswegeplanung, Krankenhausbedarfsplanung, Abfallbeseitigungsplanung), aber auch privatwirtschaftlicher Investitoren (sog. Abstimmungsplanung) und bringt ihn mit überfachlichen Raumnutzungsinteressen und vor allem Umweltschutzgesichtspunkten zum Ausgleich. Staatliche Raumplanung ist darüber hinaus (im Sinne einer dynamischen Komponente) **Raumentwicklung**spolitik, etwa für sog. strukturschwache, zurückgebliebene Räume oder abwanderungsbedrohte zentrale

---

1 Die im folgenden abgekürzt zitierte Literatur ist am Ende des Beitrags (Rdnr. 76) zusammengestellt. Nachweise zur Kommentierung der Landesplanungsgesetze finden sich in den Fußnoten.

2 Zur geschichtlichen Entwicklung sehr konzentriert *Friauf*, S. 616 ff. Eingehend: *Wahl* I, S. 171 ff.

Orte. Zugleich ist sie mehr denn je auf Schonung noch „ungenutzter" Räume („Freiräume") aus Gründen des Umweltschutzes und des Erholungsbedarfes der Bevölkerung bedacht.

II. Die gesetzlichen Grundlagen des Raumordnungs- und Landesplanungsrechts

Die Idee einer staatlichen Gesamtkonzeption für die Entwicklung des Staatsgebiets   **4**
und seiner Teilräume ist ohne rechtliche Grundlagen und ohne effizientes rechtliches
Instrumentarium nicht vorstellbar. In der Bundesrepublik findet sich das dazu notwendige **Raumordnungsrecht** schwerpunktmäßig in der Form zweier Regelungskomplexe.

1. Das Raumordnungsgesetz des Bundes

Das **Raumordnungsgesetz** des Bundes vom 8. April 1965 (BGBl. I S. 306) ist auf der   **5**
Grundlage des Art. 75 Nr. 4 GG ergangen und gibt den Ländern einen bundesgesetzlichen **Rahmen** für das von ihnen zu erlassende Raumordnungs- und Landesplanungsrecht vor. In seinem sog. Baurechtsgutachten hat das BVerfG[3] Art. 75 Nr. 4
GG als konkurrierende Rahmenkompetenz für die zusammenfassende und übergeordnete (im Sinne einer überörtlichen und überfachlichen) Ordnung des Raumes in
den Ländern auf Grund von vorgegebenen oder erst zu entwickelnden Leitvorstellungen umschrieben. Diese Formel dient heute zugleich weithin als Definition des
Begriffs der Raumordnung und damit auch des Begriffs des Raumordnungsrechts[4]
und ist teilweise in die Ländergesetzgebung eingegangen[5]. Das BVerfG[6] hat dem
Bund in dem genannten Gutachten aber auch die Befugnis zuerkannt, auf der
Grundlage einer **ausschließlichen** Gesetzgebungskompetenz aus der Natur der Sache
die Rechtsgrundlagen für eine **Bundesraumplanung** (Raumplanung für den Gesamtstaat) zu schaffen. Von einer Inanspruchnahme dieser nach ihrem Gegenstand und
ihrer Reichweite umstrittenen Zuständigkeit[7] hat der Bund jedoch keinen Gebrauch
gemacht. Das ROG gibt in der Form von „Grundsätzen" (Rdnrn. 9, 35, 36) der Landesplanung materielle Vorgaben (Rdnr. 19) und enthält die Grundzüge für die Organisation der Landesplanung und deren Instrumente (Rndrn. 20 ff.).

---

3 Baurechtsgutachten vom 16. 6. 1954, BVerfGE 3, 407 (425, 427 f.).
4 Zu den Begriffsfragen: Landesplanung wird als Raumordnung auf Länderebene verstanden. Teilweise
  wird die Landesplanung auch als Instrument der Raumordnung definiert, teilweise werden Landesplanung und Raumordnung synonym verwandt (vgl. BVerfGE 3, 407/425, 427; § 1 Abs. 4 BBauG).
  Raumplanung umfaßt die Bundes- und Landesplanung, Fachplanung und örtliche Bauleitplanung.
5 Siehe z. B. § 1 Nr. 1 BWLplG; § 1 Abs. 1 NWLPlG und § 1 Abs. 1 lit a SchlHLPLG.
6 BVerfGE 3, 407 (428).
7 Zum sog. Bundesraumordnungsprogramm siehe Rdnr. 12.

2. Die Quellen des Landesplanungsrechts

6 Mit Ausnahme der Stadtstaaten Berlin, Bremen und Hamburg, in denen die Flächennutzungsplanung die Aufgabe der Landesplanung übernimmt (§ 5 Abs. 1 Satz 5 ROG), haben die Bundesländer Landesplanungsgesetze erlassen. Diese bewegen sich — von einigen wenigen Streitpunkten abgesehen[8] — in dem vom ROG materiell- und organisationsrechtlich vorgegebenen Rahmen. Im einzelnen ist das Landesplanungsrecht der Länder in folgenden Gesetzen enthalten:

— Baden-Württemberg: Landesplanungsgesetz (LplG) vom 10. Oktober 1983, GBl. S. 621 (zit.: BWLplG)[9].

— Bayern: Bayerisches Landesplanungsgesetz (BayLplG) vom 6. Februar 1970, GVBl. S. 9, i.d.F. der Bekanntmachung vom 4. Januar 1982, GVBl. S. 2 (zit.: BayLplG)[10].

— Hessen: Hessisches Landesplanungsgesetz vom 4. Juli 1962, GVBl. I S. 311, i.d.F. vom 1. Juni 1970, GVBl. I S. 360, u.a. geändert durch Gesetz vom 15. Oktober 1980, GVBl. I S. 377 (zit.: HessLplG)[11]; Gesetz über die Feststellung des Hessischen Landesraumordnungsprogramms und zur Änderung des Hessischen Landesplanungsgesetzes (Hessisches Feststellungsgesetz) vom 18. März 1970, GVBl. I S. 265 (zit.: Hess. Feststellungsgesetz)[12].

— Niedersachsen: Niedersächsisches Gesetz über Raumordnung und Landesplanung (NROG) i.d.F. der Bekanntmachung vom 10. August 1982, GVBl. S. 339/340 (zit.: NROG)[13].

— Nordrhein-Westfalen: Landesplanungsgesetz (LPlG) des Landes Nordrhein-Westfalen i.d.F. der Bekanntmachung vom 28. November 1979, GV S. 878 (zit.: NWLPlG)[14]; §§ 35 ff des Gesetzes zur Landesentwicklung (Landesentwicklungsprogramm) vom 19. 3. 1974, GV S. 96 (zit.: NW Landesentwicklungsprogramm).

---

8 Strittige Punkte sind etwa: Niedersächsisches Modell der Regionalplanung (siehe Rdnrn. 17, 25, 30); Zurückstellungsanweisung nach § 23 NWLPlG (siehe Rdnrn. 56, 61, 63); landesplanerisches Gutachten in Rheinland-Pfalz (§§ 9 Abs. 2, 11 Abs. 6 RhPfLPlG); siehe dazu *Menke* (Fn. 15), Rdnrn. 1194—1196.

9 Kommentierung: *Angst/Kröner/Traulsen,* Landesplanungsrecht für Baden-Württemberg, 2. Aufl. 1985.

10 Kommentierung: *Heigl/Hosch,* Raumordnung und Landesplanung in Bayern, Loseblatt-Kommentar, Stand: 1985; *Mayer/Engelhardt/Helbig,* Landesplanungsrecht in Bayern, Kommentar z. BayLplG, Loseblatt-Ausgabe 1973.

11 Kommentierung: *Ihmels/Köppl,* Hessisches Landesplanungsgesetz, 1983; systematische Darstellungen: *Steinberg,* Landesplanungsrecht, in: Meyer/Stolleis, Hess. Staats- und Verwaltungsrecht, 2. Aufl. 1986, S. 308—329; *Lautner,* Städtebaurecht, Landes- und Regionalplanungsrecht unter besonderer Berücksichtigung der Rechtslage in Hessen, 2. Aufl. 1985.

12 Durch dieses Gesetz wurde das Landesraumordnungsprogramm festgelegt, das neben den Grundsätzen der Landesplanung (dort mißverständlich „Ziele" genannt) vor allem auch Bestimmungen zur Aufstellung und Fortschreibung von regionalen Raumordnungsplänen enthält (Teil B).

13 Systematische Darstellung: *Meier,* Raumordnung und Landesplanung, in: Faber/Schneider, Niedersächsisches Staats- und Verwaltungsrecht, 1985, S. 329—349.

14 Kommentierung: *Depenbrock/Reiners,* Landesplanungsgesetz NW, Kommentar, 1985.

— Rheinland-Pfalz: Landesgesetz für Raumordnung und Landesplanung des Landes Rheinland-Pfalz (LPlG) i.d.F. der Bekanntmachung vom 8. Februar 1977, GVBl. S. 6 (zit.: RhPfLPlG)[15].

— Saarland: Saarländisches Landesplanungsgesetz (SLPG) vom 17. Mai 1978, ABl. S. 588 (zit.: SLPG).

— Schleswig-Holstein: Gesetz über die Landesplanung des Landes Schleswig-Holstein (Landesplanungsgesetz) i.d.F. vom 24. Juni 1981, GVBl. S. 117 (zit.: SchlHLPlG)

Außerhalb der genannten Materien finden sich — von den Vorschriften über die Regionen abgesehen — Bestimmungen mit raumordnungsrechtlichem Inhalt noch in einzelnen Gesetzes- und Vorschriftenwerken, wie vor allem in §§ 1 Abs. 4, 25 Abs. 1, 35 Abs. 3 BBauG, § 11 Abs. 3 Satz 1 Nr. 2, Satz 2 BNVO, aber auch in zahlreichen Fachplanungsgesetzen (siehe Rdnr. 51). **7**

III. Die Grundentscheidungen des geltenden Raumordnungsrechts

Das Raumordnungsrecht gehört erfahrungsgemäß zu den Rechtsmaterien des Verwaltungsrechts, die sich dem Studenten außerordentlich schwer erschließen. Der Zugang wird vielleicht erleichtert, wenn man sich folgende **Grundentscheidungen** vorab klar macht, die das geltende Raumordnungsrecht prägen und im weiteren noch näher erläutert werden. **8**

— Das ROG (§ 2 Abs. 1) und teilweise auch das Landesplanungsrecht (Rdnr. 35) enthalten politische **Leitvorstellungen** über die Ordnung und Entwicklung von Räumen. Sie werden rechtstechnisch „Grundsätze" genannt. **9**

— Diese „Grundsätze" entfalten von sich aus eine gewisse rechtliche Wirkung (Rdnr. 35). Vor allem aber sind sie darauf angelegt, im Wege der **Konkretisierung** in „**Ziele**" umgesetzt zu werden. Der Begriff „Ziel" ist raumordnungsrechtlich ein terminus technicus und zugleich ein Zentralbegriff des Rechts der Raumordnung (Rdnr. 37). An ihn knüpft die Rechtsordnung vielfach an, z.B. in der wichtigen Bestimmung des § 1 Abs. 4 BBauG (Rdnrn. 38 ff.). „Ziele" sind konkrete Raumnutzungsentscheidungen oder jedenfalls konkrete raumwirksame Entscheidungen (Rdnr. 37). **10**

Beispiele solcher Ziele sind etwa: Zuweisung eines bestimmten zentralörtlichen Status, etwa den eines „Oberzentrums" an eine bestimmte Gemeinde, Reservierung von Flächen für Anlagen der Energieversorgung, Ausweisung von „Verdichtungsräumen" in Abgrenzung zu ländlichen Räumen, Standortaussagen für Verkehrsanlagen oder zentrale Deponien, Darstellung von Freiflächen für Naherholungseinrichtungen, Vorhaltung von Flächen für den Abbau von Bodenschätzen usw.

— Die Umsetzung der als „Grundsätze" formulierten allgemeinen raumordnungspolitischen Leitvorstellungen in „Ziele" erfolgt nach Vorstellung des Gesetzgebers im Wege der landesplanerischen **Abwägung** (§ 2 Abs. 2 ROG). **11**

---

15 Kommentierung: *Brenken/Schefer,* Landesplanungsgesetz und Regionengesetz von Rheinland-Pfalz, Kommentar, 2. Aufl. 1983. Systematische Darstellung: *Menke,* in: Hoppe/Menke, Das Recht der Raumordnung und Landesplanung in Bund und Ländern. Eine systematische Darstellung mit Landesteil Rheinland-Pfalz, 1986.

12 — Nach geltendem Recht sind „Ziele" **ausschließlich** in (bestimmten) „Programmen" und „Plänen" der **Länder** (als „Produkte" der **Landes**planung) enthalten (§ 5 Abs. 1 und 2 ROG). Man kann daher sagen, daß die in und mit den „Grundsätzen" leitbildartig angestrebte Ordnung des Raumes durch die „Ziele" der Landesplanung realisiert wird. Das **Landes**planungsrecht gibt dabei die Antwort auf die Frage, welche Stellen in welchen Verfahren welche Art von Zielen aufstellen.

Die Antwort auf die Frage, welche „Ziele" bereits aufgestellt **wurden,** geben die genannten „Programme" und „Pläne" (Rdnrn. 20 ff.). Es existiert im übrigen auch ein „Raumordnungsprogramm für die großräumige Entwicklung des Bundesgebietes" (Bundesraumordnungsprogramm)[16]. Sein Inhalt wird als planerisches Grobkonzept für die räumlich-strukturelle Gestaltung des gesamten Bundesgebiets in Konkretisierung der Vorgaben der §§ 1, 2 Abs. 1 ROG bezeichnet[17]. Es sollte ursprünglich die regionale Verteilung der raumwirksamen Bundesmittel steuern. Dieses Programm enthält aber keine „Ziele" im rechtstechnischen Sinne.

13 — „Ziele" sind von der Rechtsordnung mit juristischer Verbindlichkeit gegenüber Behörden und selbständigen Rechtsträgern des öffentlichen Rechts (vgl. § 4 Abs. 5 ROG) ausgestattet (§ 5 Abs. 4 ROG; § 1 Abs. 4 BBauG; siehe im einzelnen Rdnrn. 37 ff.). Diese rechtliche Bindung setzt aber voraus, daß die „Ziele" **rechtswirksame** landesplanerische Aussagen darstellen. Sie müssen formell ordnungsgemäß zustande gekommen **und** inhaltlich rechtmäßig sein (Rdnrn. 37, 68).

14 — „Ziele" haben ebensowenig wie „Grundsätze" (§ 3 Abs. 2 ROG) dem einzelnen gegenüber unmittelbare Rechtswirkung. Sie enthalten **kein** Raumnutzungsrecht — also keine unmittelbar rechtsverbindlichen Festsetzungen für die bauliche und sonstige Nutzung von Grundstücken nach Art der §§ 8 Abs. 1, 30 BBauG (Rdnrn. 45 ff.).

Antworten

15   1. Art. 75 Nr. 4 GG gibt dem Bund das Recht, unter den Voraussetzungen des Art. 72 GG **Rahmen**vorschriften über die „Raumordnung" zu erlassen. Diese konkurrierende Rahmenkompetenz umfaßt die Zuständigkeit zur bundesgesetzlichen Festlegung der Grundzüge für die zusammenfassende und übergeordnete (überörtliche und überfachliche) Planung und Ordnung des Raumes der Länder (BVerfGE 3, 407/425, 428). Das BVerfG hat darüber hinaus dem Bund „aus der Natur der Sache" eine **ausschließliche** Vollkompetenz zur Schaffung der Rechtsgrundlagen für eine Bundesraumplanung im Sinne einer zusammenfassenden Raumplanung für den Gesamtstaat zuerkannt (BVerfGE 3, 407/427 f.). Von der erstgenannten Zuständigkeit hat der Bund durch Erlaß des ROG Gebrauch gemacht, von der letzten (und auch umstrittenen) Zuständigkeit dagegen nicht.

16   2. Der Begriff der „Ziele", den der Gesetzgeber nicht näher bestimmt, ist in Vorschriften wie §§ 5, 7 ROG rechtstechnisch verwendet. Gemeint sind konkrete Raumnutzungsentscheidungen oder jedenfalls raumwirksame Entscheidungen (Rdnrn. 10, 37). Sie sind ausschließ-

---

16 Das Bundesraumordnungsprogramm wurde 1975 von der Ministerkonferenz für Raumordnung (vgl. § 8 ROG) auf der Grundlage des Beschlusses der Ministerpräsidenten der Länder in der Konferenz vom 13.—15. Oktober 1970 erstellt (BT-Drucks. 7/3584 vom 30. 4. 1975). Die Ministerkonferenz beruht auf dem Verwaltungsabkommen zwischen dem Bund und den Ländern über die gemeinsamen Beratungen nach § 8 ROG von 1967 (GMBl. 1967, S. 221).
17 Zur Rechtsnatur und zur Funktion des Bundesraumordnungsprogramms siehe *Battis,* S. 231 und *Hendler,* JuS 1979, 618 (620).

lich in Programmen und Plänen im Sinne des § 5 Abs. 1 ROG enthalten. Dagegen ist der Begriff „Ziele" in der Überschrift des § 1 ROG nicht rechtstechnisch, sondern allgemeinsprachlich im Sinne von Zwecksetzung und Aufgabenstellung der Raumordnung gemeint. Das ROG enthält also selbst keine „Ziele" im rechtstechnisch-planungsrechtlichen Sinne. Sie aufzustellen, ist nach geltendem Recht ausschließlich Gegenstand der Landesplanung. Im übrigen hält auch das Landesplanungsrecht nicht immer den rechtstechnischen Sprachgebrauch von „Zielen" durch. So ist im Hess. Feststellungsgesetz (Rdnr. 6) von „Zielen" der Landesplanung die Rede, doch sind „Grundsätze" gemeint. Siehe dazu Ihmels/Köppl (Fn. 11), § 2 Rdnr. 7. Weiter gehört in diesen Zusammenhang der Hinweis auf die Überschrift zu § 1 RhPfLPlG.

Einführungshinweise

Hendler, JuS 1979, S. 618—625; *Schmidt-Glaeser/König,* JA 1980, S. 321—326; 414—421.

Vertiefungshinweise

D. Dietrichs, Bundesraumordnungsprogramm, in: Grundriß der Raumordnung, 1982, S. 313 ff.; *Trzaskalik,* Verfassungsrechtliche Probleme einer Bundesraumplanung, in: Die Verwaltung Bd. 11, 1978, S. 273 ff.; *Wagener,* Eignung des Bundesraumordnungsprogramms als Planungsinstrument, DVBl. 1975, 225 ff.

B. Die Grundzüge der Organisation der Landesplanung

Fälle und Fragen

1. Im Bundesland B will die Landtags-Mehrheit die Regionalplanung im Rahmen der Landes- **17** planung neu organisieren. Die Einteilung des Landes in Regionen soll aufgehoben werden. Beabsichtigt ist, an die Stelle der bisher für die Beschlußfassung über den Regionalplan zuständigen regionalen Planungsgemeinschaft nach Art des „Niedersächsischen Modells" die Regionalplanung jeweils für ihren Gebietsbereich den kreisfreien Städten und (Land-)Kreisen als Zuständigkeit zuzuweisen. Die Opposition trägt in der Debatte vor, die Einführung dieses „Modells" sei mit Bundesrecht, nämlich mit dem ROG, unvereinbar. Hat sie Recht?

2. Im Bundesland B wird der für die Genehmigung (Verbindlicherklärung, Verbindlichkeits- **18** feststellung) nach dem dort geltenden Landesplanungsrecht zuständigen Behörde der formell ordnungsgemäß zustandegekommene Regionalplan (Regionaler Raumordnungsplan, Gebietsentwicklungsplan, Regionales Raumordnungsprogramm) für die Region (Regierungsbezirk) R zur Genehmigungserteilung vorgelegt. Die Genehmigungsbehörde versagt die Genehmigung mit der Begründung, aus landesplanerischer Sicht, insbesondere im Hinblick auf den Grundsatz des § 2 Abs. 1 Nr. 7 ROG sei es zweckmäßig, im Regionalplan mehr Freiflächen, vor allem für die Naherholung, und weniger Flächen für Betriebsansiedlungen auszuweisen, die ohnehin kaum zu realisieren seien. Die für die Beschlußfassung über den Regionalplan zuständige Stelle (Regionale Planungsgemeinschaft, Bezirksplanungsrat usw.) will nach erfolglosem Widerspruchsverfahren Klage zum Verwaltungsgericht mit dem Ziel erheben, die Genehmigungsbehörde zur Erteilung der Genehmigung zu verpflichten. Wie sind die Erfolgsaussichten einer solchen Klage zu beurteilen?

I. Die Vorgaben des Raumordnungsgesetzes

19 Der Bundesgesetzgeber hat im ROG — wie schon hervorgehoben (Rdnrn. 12 ff.) — die Grundvorstellung verwirklicht, daß die rechtsverbindliche Raumordnung in der Bundesrepublik durch Aufstellung und Festlegung von „Zielen" durch die Länder als **Landes**planung erfolgt. Er hat dem Landesgesetzgeber und der Landesplanung dazu im ROG wichtige Vorgaben gegeben. Dies gilt einmal in materieller Hinsicht. Das ROG formuliert allgemein Aufgaben und Zielsetzungen der Raumordnung (§ 1). Es enthält weiter die wichtigsten raumpolitischen Leitvorstellungen für das Bundesgebiet in der Form von „Grundsätzen" (§ 2 Abs. 1), die von den Ländern durch Festlegung von „Zielen" zu verwirklichen sind (§ 5 Abs. 2 Satz 1)[18]. Der Leit-effekt dieser „Grundsätze" wird dadurch wesentlich praktisch unterstützt, daß sich Bund und Länder im Rahmen der Raumordnungskonferenz (§ 8 ROG) auf eine gewisse Strukturierung der „Ziele"-Produktion durch Verwendung bestimmter „Ziel"-Typen geeinigt haben[19]. In diesem Zusammenhang ist einmal die Entscheidung zu nennen, der Landesplanung das sog. **zentralörtliche System** zugrunde zu legen. In den Programmen und Plänen der Länder gemäß § 5 Abs. 2 Satz 1 ROG werden danach mittels der Rechtsform von „Zielen" bestimmten Gemeinden unter bestimmten Voraussetzungen zentralörtliche Funktionen zugewiesen, d. h. die Aufgabe der Versorgung des Umlandes („Einzugsbereiche") mit bestimmten Zentralfunktionen administrativer, wirtschaftlicher, kultureller oder bildungsmäßiger Art („Versorgungskerne")[20]. Dieses zentralörtliche System wird ergänzt durch das Prinzip von **Entwicklungsachsen**[21]. Seine Idee liegt darin, die kommunikative sowie versorgungs- und verkehrswirtschaftliche Verbindung zwischen und zu den zentralen Orten zu stärken. Auch diese „Entwicklungsachsen" (bzw. „Entwicklungsbänder" oder „Entwicklungsschienen") werden in der Rechtsform von „Zielen" der Raumordnung und Landesplanung festgelegt. Das ROG beschränkt sich freilich nicht auf materielle Vorgaben. Es setzt vor allem in § 5 einen gewissen Rahmen für die Organisation der Landesplanung, die für die Aufstellung von „Zielen" zuständig ist. Daher erscheint der Aufbau der Landesplanung in den größeren und mittleren Flächenländern der Bundesrepublik vergleichbar. Wenigstens die Grundzüge dieses Aufbaus sind im folgenden herauszuarbeiten.

---

18 Dies gilt auch für die Flächennutzungspläne der Stadtstaaten, die dort die Programme und Pläne der Landesplanung ersetzen (vgl. § 5 Abs. 1 Satz 5 ROG). Einzelheiten: *Bunse,* Das Planungsinstrumentarium der Stadtstaaten Hamburg und Bremen sowie der kreisfreien Städte Niedersachsens im Bereich der Raumordnung, 1984.

19 Zu den Einzelheiten siehe *Riffel,* Gemeinden und Kreise im Raumgefüge, in: HdbKommWPr, Bd. 1, 2. Aufl. 1981, S. 183 (194 ff.); *Hoppe,* Rdnrn. 91 ff.

20 Die Unterschiede bei der Realisierung dieses zentralörtlichen Systems in den einzelnen Ländern sind zwar erheblich. Das Grundmodell einer Abstufung nach Oberzentren, Mittelzentren, Unterzentren und Grund- bzw. Kleinzentren bleibt aber erkennbar.

21 Siehe im einzelnen dazu *Hoppe,* Rdnrn. 91 ff.

II. Die Organisation der Landesplanung

1. Die „hochstufige" Landesplanung

Die Landesplanungsgesetzgebung schafft durchwegs entsprechend § 5 Abs. 1 Satz 1 **20** ROG die gesetzlichen Grundlagen für die Erstellung von zusammenfassenden und übergeordneten Programmen und Plänen für das gesamte Staats- und Landesgebiet. Sie enthält Regelungen über die Zuständigkeiten und das Verfahren für die Aufstellung solcher Pläne (die entsprechend § 5 Abs. 2 Satz 1 ROG „Ziele" enthalten). Alle Bundesländer — außer den Stadtstaaten[22] (siehe Rdnr. 6) — haben inzwischen zentral erarbeitete und zugleich zentral in Geltung gesetzte, landesweite Programme und Pläne mit allerdings unterschiedlichen Bezeichnungen („Landesentwicklungsplan", „Landesraumordnungspläne", „Landesraumordnungsprogramm", „Landesentwicklungsprogramm")[23]. An ihrer Aufstellung und Inkraftsetzung sind die Landesparlamente in sehr unterschiedlicher Weise beteiligt[24]. Diese „hochstufige" Planung enthält als rechtliches Minimum die „Ziele", die zur Verwirklichung der „Grundsätze" nach § 2 ROG erforderlich sind (§ 5 Abs. 2 Satz 1 ROG)[25], beispielsweise die Zuweisung zentralörtlicher Funktionen an Städte in der Form von „Oberzentren". Zulässig ist nach Rahmenrecht (§ 5 Abs. 1 Satz 2 ROG) die Aufstellung räumlicher und vor allem sachlicher **Teil**programme und **Teil**pläne auf zentraler Ebene[26]. Von dieser Möglichkeit haben einzelne Bundesländer beispielsweise durch Aufstellung von Programmen zur Standortvorsorge für Großkraftwerke Gebrauch gemacht[27]. Dabei ist in diesem Zusammenhang zu beachten: Diese Programme und Pläne für einzelne Fachbereiche sind nicht zu verwechseln mit Fachplänen im Sinne des Fachplanungsrechts, etwa Planfeststellungsbeschlüssen (siehe V. Straßen- und Wegerecht, Rdnrn. 56 ff.). Sie sind (fachbezogene, aber **über**fachliche) Raumordnungspläne, wenn und weil sie von einer Landesplanungs- und Landesraumordnungsbehörde erlassen wurden oder unter deren maßgeblichen Einfluß zustande gekommen sind[28]. Sie sind also in die raumordnerischen Leitvorstellungen bereits inte-

---

22 Zur Verfassungswidrigkeit des früheren Brem. Landesraumordnungsprogramms siehe BremStGH, NVwZ 1983, 735 ff. Allgemein zur Behandlung der Flächennutzungspläne als Raumordnungspläne in den Stadtstaaten *Hoppe,* Rdnrn. 735 ff. sowie oben Fn. 18.

23 Siehe § 2 BWLplG; Art 13 BayLplG; § 3 NROG; §§ 11—13 NWLplG; § 10 RhPfLplG; § 4 SLPG und § 3 SchlHLplG.

24 Siehe im einzelnen § 5 Abs. 2 BWLplG; Art. 14 Abs. 3 BayLplG; § 5 Abs. 4 und Abs. 5 Satz 1 NROG; §§ 12 Satz 1, 13 Abs. 2 Satz 3 NWLplG und § 11 Abs. 1 Satz 3 und 4 RhPfLplG.

25 In Hessen besteht die Besonderheit, daß nur die regionalen Raumordnungspläne „Ziele" enthalten (vgl. § 8 Abs. 1 HessLplG), nicht aber das durch Gesetz festgestellte Landesraumordnungsprogramm und auch nicht der Landesentwicklungsplan (vgl. §§ 2, 3 HessLplG).

26 Siehe §§ 2 Abs. 3, 4 BWLplG („fachliche Entwicklungspläne"); Art. 13 Abs. 2 Nr. 7 und Art. 15, 16 BayLplG („fachliche Programme und Pläne"); § 13 Abs. 3 Satz 2 NWLplG (Landesentwicklungspläne in sachlichen und räumlichen Teilabschnitten).

27 Siehe z. B. für Baden-Württemberg Fachlicher Entwicklungsplan „Kraftwerkstandorte" vom 6. 7. 1976, GBl. S. 545. Eingehend zur landesplanerischen Standortvorsorge für infrastrukturelle Großvorhaben siehe *Blümel,* DVBl. 1977, 301 ff.; *Wahl,* DÖV 1981, 597 ff. und *Ronellenfitsch,* WuV 1985, S. 168 ff.

28 Siehe dazu *Erbguth,* Rdnr. 133. Die räumlichen Teilpläne der hochstufigen Planung dürfen nicht mit den Plänen der Regionalstufe verwechselt werden. In Baden-Württemberg werden die fachlichen Entwicklungspläne aufgestellt, ohne daß das LplG ein Einvernehmen mit der obersten Raumordnungs- und Landesplanungsbehörde verlangt (§ 5 Abs. 1 Satz 2 BWLplG). Allerdings bedarf es der Verbindlicherklärung in der Form einer Rechtsverordnung der Landesregierung (§ 6 Abs. 1 BWLplG).

griert und enthalten „Ziele" der Raumordnung und Landesplanung im rechtstechnischen Sinne, etwa auch im Sinne der Anpassungsvorschrift des § 1 Abs. 4 BBauG
(siehe Rdnrn. 38 ff.).

2. Die Landesplanung auf regionaler Ebene

21   a) Die größeren und mittelgroßen Flächenstaaten der Bundesrepublik haben in Ausführung der Verpflichtung des § 5 Abs. 3 Satz 1 ROG die institutionellen und verfah-
rensmäßigen Voraussetzungen für eine **Regionalplanung** als eigene Ebene der Landesplanung geschaffen[29]. Regionalpläne („Regionalpläne", Regionale Raumord-
nungsprogramme", „Regionale Raumordnungspläne", „Gebietsentwicklungspläne") enthalten also im gesetzlich vorgegebenen „Themen"-Rahmen[30] „Ziele" der
Raumordnung und Landesplanung von regionaler Bedeutung, wie beispielsweise
(jedenfalls teilweise) die Festlegung von zentralen Orten der untersten Stufe (Klein-
zentren/Unterzentren), die Ausweisung von Freiflächen für Naherholungsgebiete,
die Festsetzung von Entwicklungsschwerpunkten oder die Darstellung von Vorrang-
flächen für den Kiesabbau. Ihr räumlicher Geltungsbereich ist die „Region", überwiegend ein Teilraum innerhalb eines Landes unterhalb der Ebene des Regierungsbe-
zirks[31], der landesrechtlich (nach allerdings umstrittenen planungswissenschaftli-
chen Kriterien) festgelegt ist[32]. Die Regionalplanung steht planungssystematisch zwischen „hochstufiger" Landesplanung und gemeindlicher Bauleitplanung und politisch daher im unmittelbaren Spannungsfeld zwischen staatlichen und kommunalen
Raumnutzungsvorstellungen. Regionalplanung ist (staatliche) **Landes**planung für
Teilräume und erfolgt grundsätzlich in Ausübung staatlich abgeleiteter Kompetenz.
Diesen Grundsatz kann allerdings die Landesgesetzgebung zugunsten der kommunalen Selbstverwaltung der Gemeinden und Gemeindeverbände modifizieren und
abschwächen und hat dies auch in unterschiedlicher Weise getan[33]. Immer aber bleiben Regionalpläne — unbeschadet der Art und des Ausmaßes kommunalen Einflusses an ihrem Zustandekommen — ein Stück **Landes**planung. Auch die Regionalplanung hat deshalb die „Grundsätze" des § 2 ROG zu verwirklichen (§ 3 Abs. 2 Satz 1
ROG). Auch die Regionalplanung enthält „Ziele" der „Raumordnung und Landesplanung", etwa im Sinne der Beachtens- und Anpassungsvorschriften des § 1 Abs. 4
BBauG und § 5 Abs. 4 ROG. Es sind im übrigen gerade die regionalplanerische

---

29 Siehe §§ 8 ff. BWLplG; Art. 17 ff. BayLplG; §§ 4 HessLplG; §§ 6 ff. NROG; §§ 14 ff. NWLPlG und
    §§ 12 RhPflLPlG. Keine Regionalplanung kennt das Saarland. Die Regionalplanung in Schleswig-Hol-
    stein wird auf zentraler Ebene vorgenommen (§ 7 Abs. 1 und 2 SchlHLPlG). Ob die Kreisentwicklungs-
    pläne der Kreise und kreisfreien Städte in Schleswig-Holstein (§§ 11 ff. SchHLPlG) echte Regionalplä-
    ne im Sinne des § 5 Abs. 3 ROG sind, ist umstritten. Siehe dazu *Hendler*, JuS 1979, 618 (619 f.). Die
    Raumordnungsteilpläne zur „Vertiefung" der regionalen Raumordungspläne in Rheinland-Pfalz
    (Grundlage: §§ 12 Abs. 4, 13 Abs. 5 LPlG) enthalten keine „Ziele". Siehe *Menke* (Fn. 15), Rdnr. 1151.
30 Die Landesplanungsgesetzgebung gibt im allgemeinen dem regionalen Planungsträger vor, was grund-
    sätzlich Gegenstand der „Ziele" von Regionalplänen sein kann. In Baden-Württemberg enthalten die
    Regionalpläne auch „Grundsätze" (§ 8 Abs. 1 BWLplG).
31 In Nordrhein-Westfalen ist Teilraum der Regierungsbezirk (§§ 1 Abs. 3, 14 Abs. 1 NWLPlG).
32 Siehe etwa § 22 BWLplG; Art. 13 Abs. 2 Nr. 1 BayLplG; Regionengesetz Rheinland-Pfalz i. d. F. vom
    8. 2. 1977, GVBl. S. 15.
33 Siehe unten Rdnr. 28. Zur Konzeption der Regionalplanung als Aufgabe eines staatlich-kommunalen
    Kondominiums siehe *Schmidt-Aßmann*, Fortentwicklung, S. 48 ff.

„Ziele", die wegen ihrer Konkretheit die Anpassungspflicht des § 1 Abs. 4 BBauG in besonderer Weise aktualisieren.

b) Für die Ausgestaltung der regionalen Planungsebene gibt das ROG im wesentlichen zwei Modelle vor (§ 5 Abs. 3 Satz 2). Dieser Vorgabe entsprechend werden die Organisationslösungen der einzelnen Bundesländer im allgemeinen — vereinfacht — in zwei Gruppen eingeteilt. **22**

— In den Bundesländern Baden-Württemberg, Bayern und Rheinland-Pfalz erfolgt die Beschlußfassung über die Regionalpläne durch (öffentlich-rechtliche) Zusammenschlüsse von Gemeinden und Gemeindeverbänden (Kreisen bzw. Landkreisen) zu regionalen Planungsgemeinschaften[34]. **23**

— In anderen Bundesländern (Hessen, Nordrhein-Westfalen) sind für die Aufstellung der Regionalpläne Organe besonderer Art (Regionale Planungsversammlung, Bezirksplanungsrat) zuständig, deren Mitglieder von den kreisfreien Städten und Landkreisen entsandt werden[35]. Sie haben keine eigene Rechtspersönlichkeit. Doch gesteht ihnen die Literatur[36] für ihren Aufgabenbereich gegenüber den staatlichen Planungsbehörden eine Art öffentlich-rechtlicher Teilrechtsfähigkeit zu. **24**

— Für eine besondere Lösung hat sich das NROG entschieden (siehe auch Fallgestaltung Rdnrn. 17, 30). Träger der Regionalplanung sind in Niedersachsen die Landkreise und kreisfreien Städte für ihr Gebiet (§ 7 Satz 1). Sie nehmen die Aufgabe der Regionalplanung als Angelegenheit des eigenen Wirkungskreises wahr (§ 7 Satz 2). In den kreisfreien Städten ersetzt dabei der Flächennutzungsplan das Regionale Raumordnungsprogramm (§ 8 Abs. 1, 2. Halbsatz). **25**

c) Die Regelungen der Bundesländer über die Gestaltung der Regionalebene können hier im einzelnen nicht vorgestellt werden. Für die Lösung von Rechtsfällen ist in diesem Zusammenhang aber folgender Unterschied wichtig. **26**

— Die Landesplanungsgesetze enthalten Vorschriften über das Verhältnis der Träger der Regionalplanung zu den staatlichen Landesplanungs-(Landesraumordnungs-)Behörden (vgl. Rdnr. 29). Sie betreffen deren Tätigkeit allgemein und die Erarbeitung der Pläne und Planinhalte im besonderen[37]. **27**

— Davon zu trennen ist die Frage, ob und gegebenenfalls unter welchen Voraussetzungen der „Träger" der Regionalplanung (im Sinne der für die Beschlußfassung über den Regionalplan zuständigen Stelle) gegenüber der für die Genehmigung **28**

---

34 §§ 8 ff., 22 ff. BWLplG: Regionalverbände aus kreisfreien Gemeinden und Landkreisen; Art. 6 ff. BayLplG: Regionale Planungsverbände aus Gemeinden und Landkreisen einer Region; §§ 13 ff. RhPfLPlG: Planungsgemeinschaften aus kreisfreien Städten und Landkreisen, ggf. auch größeren kreisangehörigen Gemeinden (vgl. § 15 Abs. 3 Nr. 1).

35 §§ 4 ff. HessLplG: Regionale Planungsversammlungen bei der jeweiligen oberen Landesbehörde, deren Mitglieder durch die Vertretungskörperschaften der kreisfreien Städte, Landkreise, größerer kreisangehöriger Gemeinden und des Umlandverbandes Frankfurt gewählt werden; §§ 5, 14 ff. NWLPlG: Bezirksplanungsräte, deren Mitglieder durch die Vertretung der kreisfreien Städte und Kreise gewählt werden. In Schleswig-Holstein werden zwar Regionalpläne aufgestellt (§§ 3 Abs. 1, 6 SchlHLPlG), aber als rein staatliche Pläne vom Ministerpräsidenten als Planungsbehörde erlassen (§ 7 Abs. 1 Satz 1, 8 Abs. 1 SchlHLPlG).

36 Siehe für Hessen *Ihmels/Köppl* (Fn. 11), § 6 Rdnr. 9 und *Steinberg* (Fn. 11), S. 325; für Nordrhein-Westfalen siehe *Depenbrock/Reiners* (Fn. 14), § 3 Rdnr. 1.3; § 5 Rdnr. 3.

37 Beispiel Bayern: Der regionale Planungsverband unterliegt der Aufsicht der Bezirksregierung (Art. 9 BayLplG). Er bedient sich zur Ausarbeitung, fortwährenden Überprüfung und Änderung der Regionalplanung der bei der zuständigen Regierung eingerichteten Regionalplanungsstelle (Art. 6 Abs. 3 BayLplG).

(Verbindlichkeitserklärung, Feststellung) des Regionalplans zuständigen Behörde einen Anspruch auf Erteilung der Genehmigung (bzw. Verbindlicherklärung, Feststellung) des Regionalplans hat. Das ROG enthält sich dazu einer Aussage. Die Frage des *Kontrollmaßstabs* hat daher der einzelne Landesgesetzgeber zu entscheiden. In einigen Bundesländern ist die Plankontrolle auf die Überprüfung der formellen und materiellen **Rechtmäßigkeit** des Regionalplans beschränkt[38]. In einigen Bundesländern besteht darüber hinaus eine eingeschränkte[39] oder uneingeschränkte[40] (fachaufsichtsähnliche) Kontrolle in bezug auf die **Zweckmäßigkeit** des Plans. In allen Fällen kann also die Genehmigung abgelehnt werden, wenn der Regionalplan nicht ordnungsgemäß zustande gekommen ist oder/und inhaltlich dem geltenden (Planungs-)Recht widerspricht. Die Besonderheit im Landesplanungsrecht besteht dabei darin, daß Maßstab für die **Recht**mäßigkeit der Regionalpläne auch die in höherrangigen Plänen und Programmen (rechtswirksam) enthaltenen „Ziele" sind[41].

3. Die Landesplanungs- und Landesraumordnungsbehörden

29 Für die Erledigung der Aufgaben der Landesplanung haben die Landesplanungsgesetze Zuständigkeiten sog. **Landesplanungs-** bzw. **Landesraumordnungsbehörden** geschaffen. Der Aufbau dieser Behörden ist — teilweise[42] entsprechend der allgemeinen Verwaltungsstruktur der Länder — zwei- bzw. dreistufig. Auf der mittleren und unteren Ebene liegen die Zuständigkeiten bei den allgemeinen Behörden der inneren Verwaltung (Regierungspräsidenten, Bezirksregierungen bzw. Landratsämter/Oberkreisdirektoren). Auf der zentralen Ebene nimmt die Zuständigkeit der obersten Landesplanungsbehörde teilweise der Ministerpräsident, teilweise der Innenminister und teilweise eine oberste Landesbehörde wahr, der weitere fachnahe

---

38 Niedersachsen: § 8 Abs. 4 Satz 1, 2. Halbsatz NROG. Nordrhein-Westfalen: § 14 Abs. 3 NWLPlG wird teilweise als reine Rechtskontrolle verstanden. Siehe *Pappermann,* Verwaltungsrundschau 1979, 133 (135); differenzierend *Depenbrock/Reiners* (Fn. 14), § 16 Rdnr. 2.3.

39 Baden-Württemberg: § 10 Abs. 1 BWLplG ist als Vorschrift der Rechtskontrolle ausgestaltet und eröffnet Zweckmäßigkeitskontrolle nur insoweit, als es um die Beurteilung der Frage geht, ob sich die vorgesehene räumliche Entwicklung der Region in die angestrebte räumliche Entwicklung des Landes einfügt (siehe *Angst/Kröner/Traulsen*/Fn. 9, § 10 Rdnr. 2). Bayern: Art. 18 Abs. 2 Satz 2 BayLplG i.V. m. Art. 95 Abs. 2 BayLKrO.

40 Rheinland-Pfalz: § 13 Abs. 3 Satz 2 RhPfLPlG wird im Sinne eines fachaufsichtlichen Verfahrens verstanden. Siehe *Menke* (Fn. 15), Rdnr. 1119. In Hessen kann die oberste Landesplanungsbehörde den regionalen Raumordnungsplan (ohne ausdrückliche gesetzliche Einschränkung) beanstanden und mit Anweisungen zur Änderung und Ergänzung der oberen Landesplanungsbehörde zurückgeben (§ 7 Abs. 2 Satz 2 HessLplG). Die Beanstandung ist wohl als Verwaltungsakt im Verhältnis zur regionalen Planungsversammlung anzusehen (Lautner/Fn. 11, S. 218 ff.). Die Feststellung der Verbindlichkeit des regionalen Raumordnungsplans durch die Landesregierung nach Vorlage durch die oberste Landesplanungsbehörde erfolgt unter Prüfung der Recht- und Zweckmäßigkeit des Plans (§ 7 Abs. 4 HessLplG).

41 Teilweise ist allerdings die Vereinbarkeit des Regionalplans mit höherstufigen Zielen der Raumordnung und Landesplanung im Gesetz als Genehmigungsmaßstab **neben** der Rechtmäßigkeitsprüfung vorgesehen (vgl. § 8 Abs. 4 Satz 1 2. Halbsatz NROG). Allerdings ist die Grenze zur eingeschränkten Zweckmäßigkeitskontrolle spätestens dann fließend, wenn der Regionalplan auf seine Vereinbarkeit mit den *Erfordernissen* der Raumordnung hin überprüft wird. Siehe dazu *Schmidt-Aßmann,* DÖV 1981, 237 (242).

42 Baden-Württemberg kennt einen allgemeinen dreistufigen Verwaltungsaufbau, dagegen nur einen zweistufigen Aufbau der Raumordnungs- und Landesplanungsbehörden (§ 21 BWLplG).

Exekutivaufgaben zugewiesen sind[43]. Wegen der Zuständigkeiten der Landesplanungsbehörden im einzelnen muß auf die Landesplanungsgesetze verwiesen werden[44].

Zum Verständnis ihrer Stellung ist aber eine doppelte Feststellung wichtig. Die Landesplanungsbehörden sind zwar in die Erstellung von Programmen und Plänen der höher- und mittelstufigen Landesplanung in unterschiedlicher Weise und unterschiedlichem Ausmaß einbezogen. Sie sind aber nicht notwendig „Plangeber". Ferner: Sie sind niemals „Planvollzieher". „Ziele" der Raumordnung und Landesplanung werden nicht nach Art von Rechtsvorschriften „vollzogen". Das Gesetz verlangt ihre Beachtung (§ 5 Abs. 5 ROG), teilweise auch die Anpassung an sie (§ 1 Abs. 4 BBauG), aber kennt keinen eigentlichen Ziel-„Vollzug".

Antworten und Lösungshinweise

1. Das ROG enthält bindende Rahmenvorschriften für die Landesplanung und in § 5 Abs. 3 **30** insbesondere für die Ebene der Regionalplanung, Landesplanungsrecht muß sich innerhalb dieses Rahmens halten (Art. 31 GG). Für das „Niedersächsische Modell" wird die Vereinbarkeit mit § 5 Abs. 3 Satz 2 ROG bestritten, da in Niedersachsen die Regionalplanung nicht durch Zusammenschlüsse von Gemeinden oder Gemeindeverbänden zu regionalen Planungsgemeinschaften erfolgt (Alternative 1 des § 5 Abs. 3 Satz 2 ROG), ohne daß von der Alternative 2 dieser Bestimmung Gebrauch gemacht worden sei. Man kritisiert in der Literatur, daß die niedersächsische Regelung die Regional- und Flächennutzungsplanung zusammenfasse. Dies sei aber nur für Stadtstaaten zulässig (§ 5 Abs. 1 Satz 5 ROG). Zur Diskussion siehe Battis, S. 229; Erbguth, Rdnr. 73; H. Meier (Fn. 13), S. 338, 345 i.V.m. Fn. 105; eingehend H. Janning, Räumliche und trägerschaftliche Alternativen zur Organisation der Regionalplanung, 1982, S. 82 ff.

2. Die Klage ist als Verpflichtungsklage (§ 42 Abs. 1 VwGO) zulässig, wenn die (nach öffent- **31** lich-rechtlichem Landesplanungsrecht zu beurteilende und daher den Verwaltungsgerichten gem. § 40 Abs. 1 Satz 1 VwGO zur Entscheidung zugewiesene) Erteilung (bzw. Versagung) der Plangenehmigung (Verbindlichkeitserklärung, Feststellung) gegenüber dem „Träger" der Regionalplanung (Regionale Planungsgemeinschaft, Bezirksplanungsrat usw.) einen Verwaltungsakt darstellt. Das Element der Einzelfallregelung (vgl. § 35 Satz 1 BVwVfG) ist gegeben, auch wenn der Regionalplan als Satzung oder sonstige Rechtsvorschrift beschlossen wird, da die Genehmigungsentscheidung zumindest auch gegenüber einer bestimmten, zum Planbeschluß zuständigen Stelle ergeht. Fraglich könnte jedoch sein, ob die Plan-Genehmigung eine „auf unmittelbare Rechtswirkung nach außen" gerichtete Entscheidung im Sinne des § 35 Satz 1 BVwVfG ist. Dies kann man ohne weiteres in den Ländern bejahen, in denen als Träger der Regionalplanung eine gegenüber dem Bundesland selbständige juristische Person des öffentlichen Rechts fungiert (Baden-Württemberg, Bayern, Niedersachsen, Rheinland-Pfalz; siehe Rdnr. 23).

Aber auch in den Bundesländern, in denen die Beschlußfassung über den Regionalplan bei Stellen ohne eigene Rechtspersönlichkeit liegt (Hessen, Nordrhein-Westfalen, siehe Rdnr. 24), wird dieses Organ (Regionale Planungsversammlung, Bezirksplanungsrat) jedenfalls in bezug auf das Verhältnis zur plangenehmigenden Behörde als organisationsrechtlich selbständige Stelle beurteilt (Rdnr. 24). Allerdings wird in diesen Fällen für den Streit um die Erteilung einer Genehmigung von der Literatur teilweise auch das Organstreitverfahren vorgeschlagen (Hoppe, Rdnrn. 427 ff.; für Verpflichtungsklage auch hier Depenbrock/Reiners/Fn. 14, § 16 Rdnr. 10.1). Ob im vorliegenden Fall ein der Klage nach § 113 Abs. 4 VwGO zum Erfolg verhelfender Rechtsanspruch auf Plangenehmigung besteht, ist für das

---

43 Siehe dazu *Erbguth,* Rdnr. 49. Den Landesplanungsbehörden stehen häufig Beiräte zur Seite.
44 Beispiele: Erteilung der Genehmigung für Regionalpläne; Durchführung von Raumordnungsverfahren; Erlaß von Untersagungsverfügungen. Übersicht bei *Erbguth,* Rdnrn. 50 ff.

jeweilige Bundesland getrennt zu beantworten. Hier enthält der Regionalplan — aus der Sicht der Plangenehmigungsbehörde — raumordnungspolitisch unerwünschte Aussagen. Die Abwägung der Grundsätze des § 2 Abs. 1 ROG und insbesondere des § 2 Abs. 1 Nr. 7 ROG nach § 2 Abs. 2 ROG, die Aufgabe der Regionalplanung als Teil der Landesplanung ist (§ 3 Abs. 2 Satz 1 ROG), ist also nach Meinung der Genehmigungsbehörde planerisch unzweckmäßig, nicht etwa rechtswidrig erfolgt. Daher liegt in den Ländern kein Versagungsgrund vor, in denen der Regionalplan nur auf seine Rechtmäßigkeit (einschließlich der Vereinbarkeit mit höherrangigen „Zielen" der Landesplanung) hin überprüft werden kann (Nordrhein-Westfalen, Niedersachsen). Die Klage müßte hier also Erfolg haben. In den Ländern, in denen sich die Plankontrolle auch auf die Überprüfung der Zweckmäßigkeit oder bestimmter Zweckmäßigkeitsgesichtspunkte erstreckt, ist weiter zu differenzieren. In Baden-Württemberg dürfte der genannte Versagungsgrund durch § 10 Abs. 1 BWLplG gesetzlich nicht gedeckt sein (vgl. Rdnr. 28), dagegen wohl in Bayern durch Art. 18 Abs. 2 Satz 2 BayLplG i. V. m. Art. 95 Abs. 2 BayLkrO und eindeutig in Rheinland-Pfalz durch § 13 Abs. 3 Satz 2 RhPfLPlG. In Hessen ist die Rechtslage insofern anders, als hier die Beanstandung in einem eigenen Verfahren erfolgt (siehe Rdnr. 28 i. V. m. Fn. 40).

Vertiefungs- und Einübungshinweise

Bielenberg/Erbguth/Söfker, K § 5 Rdnrn. 1 ff.; *Fickert,* Die Genehmigung der regionalen Raumordnungspläne und ihre Bedeutung für die Verwirklichung der Raumordnung durch die Regionalplanung, in: Veröff. der Akademie für Raumforschung und Landesplanung, Bd. 145, 1982, S. 111 ff.; *Pappermann,* Der praktische Fall: Die Klage des Bezirksplanungsrats, in: Verwaltungsrundschau 1979, S. 133 ff.

C. Die Verwirklichung der raumordnerischen Leitvorstellungen

Fälle und Fragen

32   1. Die Gemeinde G im Umland des Oberzentrums O legt der zuständigen Aufsichtsbehörde den ordnungsgemäß zustande gekommenen Flächennutzungsplan zur Genehmigung nach § 6 Abs. 1 und 2 BBauG vor. Im Süden des Gemeindegebiets ist eine größere Wohnbaufläche dargestellt. Im Erläuterungsbericht zum Flächennutzungsplan ist ausgeführt, es bestünde als Folge einer auf dem Gebiet von G erfolgten größeren Industrieansiedlung eine erhebliche Nachfrage nach Bauland für den Eigenheimbau. Die Aufsichtsbehörde versagt die Genehmigung mit der Begründung, der Flächennutzungsplan stehe inhaltlich mit einem im Regionalplan (Regionaler Raumordnungsplan, Gebietsentwicklungsplan) enthaltenen „Ziel" in Widerspruch. Dieses „Ziel" habe zum Inhalt, in G dürften keine Wohnbauflächen mehr ausgewiesen werden, um die „Auswanderung" der Einwohner von O in das Umland zu Lasten der Leistungsfähigkeit des Oberzentrums abzuschwächen. Nach erfolglosem Widerspruch will die Gemeinde klagen. Mit Erfolg?

33   2. Im Landesentwicklungsplan (Fachlicher Teilplan) „Standortvorsorge für Großkraftwerke" des Bundeslandes B ist für den Außenbereich der Gemeinde G die Freihaltung einer Fläche für die Anlage eines Wärmekraftwerks im Maßstab 1:25000 vorgesehen. G weigert sich auf massiven Druck der Bevölkerung, den für den Bau des Kraftwerkes bauplanungsrechtlich erforderlichen Bebauungsplan zu erlassen. Kann sie dazu mit rechtlichen Mitteln gezwungen werden?

3. Der Landwirt L will sein Anwesen in der Gemarkung der Gemeinde G um einen Schweine-   **34**
stall erweitern. Das für das bauliche Vorhaben vorgesehene Grundstück liegt im Außenbereich von G und ist — wie die gesamte Flur dieses Bereichs — Eigentum des L. Die zuständige Baugenehmigungsbehörde lehnt den Bauantrag des L mit der Begründung ab, im Landesentwicklungsplan (Fachlicher Teilplan) „Standortvorsorge für Großkraftwerke" sei in
der Gemeinde G eine im Maßstab von 1:25000 gekennzeichnete Fläche für den Standort
eines Wärmekraftwerks vorgehalten. Das für den Stallbau vorgesehene Grundstück liege
innerhalb dieser Fläche. Eine Baugenehmigung könne daher aus rechtlichen Gründen nicht
erteilt werden. L will nach erfolglosem Widerspruchsverfahren klagen. Mit Erfolg?

I. Die Verwirklichung der „Grundsätze" in der Form von „Zielen"[45]

„Grundsätze" und „Ziele" der Raumordnung und Landesplanung sind nach dem   **35**
Konzept des ROG und der Landesplanungsgesetze nicht nur planerische Leitvorstellungen und Aussagen, die aus sich heraus überzeugen oder allein mit politischen
Mitteln realisiert werden sollen. Das geltende Recht hat sich vielmehr dafür entschieden, beide mit gewissen **Rechts**wirkungen auszustatten, die freilich wegen ihrer
strukturellen Verschiedenartigkeit unterschiedlich ausfallen müssen. „Grundsätze"
sind (sachlich und räumlich abstrakt gefaßte) Leitvorstellungen für die Landesplanung. Solche „Grundsätze" enthält das ROG (§ 2 Abs. 1), aber auch — entsprechend der Ermächtigung des § 2 Abs. 3 ROG — das Landesrecht, teilweise in den
entsprechenden Landesplanungsgesetzen selbst[46], teilweise in anderen Rechtsvorschriften mit und ohne Gesetzesrang[47]. Unter dem Aspekt ihrer **Rechts**wirkung sind
die „Grundsätze" als **Maßstäbe für Abwägungsentscheidungen** konzipiert, die von
den zuständigen Stellen im Rahmen ihres (Planungs-)Ermessens getroffen werden
(§ 2 Abs. 2 ROG)[48]. Die Abwägungsentscheidungen können richterlich nach den
Grundsätzen kontrolliert werden, die für die planerische Abwägung im Recht der
Bauleitplanung (§ 1 Abs. 7 BBauG) entwickelt wurden (siehe IV. Baurecht, Rdnrn.
36 ff.). In dieser Weise gelten die „Grundsätze" des § 2 Abs. 1 ROG und ihrer entsprechenden landesrechtlichen Ergänzungen unmittelbar für die Stellen und Träger
der Bundesverwaltung (§ 3 Abs. 1 ROG), im Landesbereich dagegen unmittelbar
nur für die Landes**planung** (§ 3 Abs. 2 Satz 1 ROG). Gegenüber dem einzelnen haben sie überhaupt keine direkte Rechtswirkung (§ 3 Abs. 3 ROG). Allerdings ordnen
die Landesplanungsgesetze teilweise die unmittelbare Geltung der **Bundes**-Grundsät-
ze über § 3 Abs. 2 ROG hinaus im Landes**verwaltungs**bereich an (vgl. § 3 Abs. 2 Satz
4 ROG)[49]. Hinzu kommen landesplanungsrechtliche Vorschriften, die eine Geltung

---

45 Siehe zum folgenden auch das Schaubild oben IV. Baurecht Rdnr. 35.
46 Siehe Art. 2 BayLplG; § 2 RhPflPlG; § 2 SLPG.
47 BWLplG: § 3 Abs. 1 (Landesentwicklungsplan), § 4 Abs. 1 Satz 1 (Fachlicher Entwicklungsplan), § 8
   Abs. 1 Satz 1 (Regionalplan); Hess LplG: § 2 Abs. 2 Nr. 1 (Landesraumordnungsprogramm in Gesetzesform); NROG: §§ 3 Abs. 1, 4 Abs. 2 (Landesraumordnungsprogramm Teil I); NWLPlG: §§ 11, 12
   Abs. 1 (Landesentwicklungsprogramm); SchlHLPlG: § 2 Abs. 1 des Gesetzes über Grundsätze zur
   Entwicklung des Landes — Landesentwicklungsgrundsätze — i.d.F. der Bekanntmachung vom 22. 9.
   1981 (GVBl. S. 180).
48 Dazu BremStGH, NVwZ 1983, 735.
49 Siehe etwa Art. 3 BayLplG; § 37 Abs. 1 des (nordrhein-westfälischen) Gesetzes zur Landesentwicklung (Landesentwicklungsprogramm) vom 19. 3. 1974, GVBl. S. 96; § 3 Abs. 1 RhPfLPlG; § 3 Abs. 1
   Satz 1 SLPG.

der **Landes**-Grundsätze für den Bereich der Landes**verwaltung** (und nicht nur der Landesplanung) vorsehen[50].

36 Grundsätze sind inhaltlich abstrakt gefaßt. Der Anordnung ihrer Geltung kann daher inhaltlich ausgewichen werden. Wo die Verwirklichung des einen „Grundsatzes" im Widerspruch zu anderen „Grundsätzen" steht[51], können sie gegeneinander „ausgespielt" werden. Raumnutzungsentscheidungen oder raumwirksame Investitionen von Gemeinden, Fachplanungsträgern und sonstigen Stellen öffentlicher Verwaltung nur an „Grundsätzen" der Raumordnung zu orientieren, würde daher eine zu geringe raumordnerische Steuerung bewirken. Dieser Erkenntnis trägt der Gesetzgeber des ROG dadurch Rechnung, daß er die Landesplanung verpflichtet, die zur Verwirklichung der Grundsätze des § 2 ROG notwendigen „Ziele" aufzustellen (§ 5 Abs. 2 Satz 1 i.V.m. § 4 Abs. 3 ROG). Über die Festlegung von „Zielen" werden die „Grundsätze" zur konkreten rechtlichen Realität. Es bedarf vor allem der Umsetzung der „Grundsätze" zu „Zielen", um in die Flächennutzungsvorstellungen der Gemeinden hineinzuwirken (§ 1 Abs. 4 BBauG). Der Vorgang der Konkretisierung der „Grundsätze" durch „Ziele" im Wege der Abwägung (vgl. § 2 Abs. 2 ROG) ist allerdings ausschließlich Programmen und Plänen vorbehalten, die im Rahmen der Landesplanung in der dafür im jeweiligen Landesplanungsrecht vorgesehenen Weise aufgestellt werden. Zwar enthalten Programme und Pläne nicht nur „Ziele", sondern auch Berichte, Bestandsaufnahmen, Prognosen und Erläuterungen. Aber außerhalb dieser Programme und Pläne (die Regionalpläne eingeschlossen) existieren keine „Ziele" im rechtstechnischen Sinne, die die im folgenden darzustellenden Beachtenswirkungen auslösen.

II. Die rechtliche Bedeutung von „Zielen" der „Raumordnung und Landesplanung"

1. Eigenart und Bindungswirkung von „Zielen" der Raumordnung und Landesplanung

37 „Ziele" sind konkrete Raumnutzungsentscheidungen, die unter bestimmten Voraussetzungen auch (gemeinde-)gebietsscharfe Flächennutzungsentscheidungen sein können. Ihr Inhalt und vor allem ihr Konkretisierungsgrad ist — gerade auch unter Berücksichtigung der Kategorie der „allgemeinen Ziele"[52] — allerdings wiederum zu

---

50 Siehe §§ 6 Abs. 3 Satz 1, 10 Abs. 1 Satz 2 BWLplG; Art. 3 Abs. 1 BayLplG; § 2 Abs. 2 Nr. 1 HessLplG (str.); § 9 Abs. 1 Satz 1 und 2 NROG; § 37 Abs. 1 NW Landesentwicklungsprogramm; § 3 Abs. 1 RhPfLPlG; § 3 Abs. 1 SLPG. Das Landesplanungsrecht SchlH kennt nur eine Geltung der Grundsätze für die Landesplanung (§ 2 Abs. 1 SchlHLPlG; § 1 Abs. 2 Landesentwicklungsgrundsätzegesetz; siehe Fn. 47).

51 Etwa: Verkehrsmäßige Erschließung eines Gebietes gegen Schutz der natürlichen Lebensgrundlagen. Oder: Verbesserung der Erwerbsgrundlagen durch Ansiedlung von Industrie gegen Erhaltung landwirtschaftlicher Nutzflächen.

52 Das Landesplanungsrecht in Nordrhein-Westfalen (§ 12 Abs. 1 NWLPlG) kennt neben den „Grundsätzen" und den „Zielen" zusätzlich den Begriff der „allgemeinen Ziele". Deren rechtsdogmatische Einordnung ist strittig. Sie sollen, wie die „Ziele" auch, das Ergebnis einer Abwägungsentscheidung sein, jedoch „abstrakter" gehalten als diese. So *Depenbrock/Reiners* (Fn. 14), § 12 Rdnr. 4.0; gegen

verschieden, als daß man sie mühelos verwaltungsrechtsdogmatisch einheitlich und eindeutig einordnen könnte. Im Zusammenhang mit den Rechtsschutzfragen ist darauf noch zurückzukommen (Rdnr. 67). Hier ist zunächst einmal die Feststellung wichtig, daß das ROG (§ 5 Abs. 4 Satz 1) ihre **Beachtung** „bei Planungen und allen sonstigen Maßnahmen, durch die Grund und Boden in Anspruch genommen oder die räumliche Entwicklung eines Gebiets beeinflußt wird" für den gesamten Verwaltungsbereich des Bundes und der Länder anordnet. Diese Anordnung wird durch Vorschriften im Landesplanungsrecht ergänzt[53]. Aber auch außerhalb des Raumordnungs- und Landesplanungsrechts ist den „Zielen" rechtliche Bindungswirkung oder jedenfalls rechtliche Erheblichkeit beigemessen. Dies ist für die Bauleitplanung speziell durch § 1 Abs. 4 BBauG[54], für Vorhaben im Außenbereich mittelbar durch § 35 Abs. 3 BBauG vorgesehen (Rdnrn. 40—49). Weiter enthalten die Fachplanungsgesetze sog. **Raumordnungsklauseln,** die vorhandene „Ziele" der Raumordnung und Landesplanung bei Maßnahmen der Fachplanung rechtlich zur Geltung bringen (Rdnr. 51). Alle diese Vorschriften haben die dem Raumordnungsrecht zugrunde liegende wichtige Systementscheidung zur Prämisse, daß die Landesplanung nur raumordnerische „Ziele" aufstellt, aber selbst nicht — auch nicht durch die Landesplanungsbehörden — diese „Ziele" realisiert. Weiter ist gerade für die Lösung von Rechtsfällen aus dem Raumordnungs- und Landesplanungsrecht die Feststellung wichtig, daß nur rechtswirksame „Ziele" die in den jeweiligen gesetzlichen Vorschriften vorgesehene Bindungswirkung auslösen. Diese Bindungs- und Beachtungswirkung wird also nur entfaltet, wenn das jeweilige „Ziel" Bestandteil eines ordnungsgemäß zustande gekommenen Programms oder Plans im Sinne des § 5 Abs. 1 und 3 ROG **und** zugleich unter materiell-inhaltlichen Gesichtspunkten rechtlich unbedenklich ist (Rdnrn. 13, 68)[55].

2. Die Durchsetzung von „Zielen" der Raumordnung und Landesplanung im Gebietsbereich der Gemeinden

a) Die Gemeinden sind in der Verfassungs- und Verwaltungsrechtsordnung der Bundesrepublik politisch und rechtlich an vorderster Stelle für die auf den Grundstücken ihres Gebiets vorgenommenen baulichen und sonstigen Nutzungen verantwortlich (Art. 28 Abs. 2 GG). Sie nehmen diese hoheitliche Verantwortung primär in der **38**

---

eine Zuordnung zum Begriff der „Ziele" im Sinne des § 1 Abs. 4 BBauG *Hoppe,* Rdnrn. 139, 152. — Im niedersächsischen Landesplanungsrecht ist von „Zielen der Raumordnung zur *allgemeinen* Entwicklung des Landes" die Rede (§ 4 Abs. 2 NROG), die in Teil I des Landes-Raumordnungsprogramms festgelegt sind. Nach dem Konzept des Gesetzgebers sind sie „Ziele" im rechtstechnischen Sinne (vgl. § 14 Abs. 3 Satz 2 NROG: „weitere Ziele"). Die „Grundsätze für die Entwicklung des Landes" in § 4 Abs. 1 SLPG sind wohl eine Art „allgemeine Ziele".

53 Siehe etwa § 6 Abs. 3 Satz 2 BWLplG; § 9 Abs. 2 NROG; § 37 Abs. 2 des nordrh.-westf. Gesetzes zur Landesentwicklung (Landesentwicklungsprogramm NW) vom 19. 3. 1974, GVBl. S. 96; § 11 Abs. 2 RhPflLPlG und § 4 Abs. 1 SchlHLPlG.

54 Nach überwiegender Meinung stehen § 5 Abs. 1 ROG und § 1 Abs. 4 BBauG nebeneinander. „Anpassen" und „Beachten" sollen keinen unterschiedlichen Bedeutungsgehalt haben. Siehe *Hoppe,* Rdnr. 801 und *Bielenberg/Erbguth/Söfker,* K § 5 Rdnr. 104.

55 Allerdings ist zu beachten, daß nach dem Landesplanungsrecht einiger Länder bestimmte formelle Mängel der Programme und Pläne unter bestimmten Voraussetzungen unbeachtlich sind. Siehe §§ 7, 11 BWLplG und § 17 NWLPlG (für den Gebietsentwicklungsplan).

Form der Bauleitplanung wahr (§§ 1 Abs. 1 und 3, 2 Abs. 1 Satz 1 BBauG), sind aber mit Rücksicht auf Art. 28 Abs. 2 Satz 1 GG auch darüber hinaus in die hoheitliche Genehmigung baulicher und sonstiger Nutzungen einbezogen (siehe etwa §§ 14 Abs. 2 Satz 2, 15, 19 Abs. 3 Satz 1, 31 Abs. 1 und 2, 36 Abs. 1 BBauG). Das Gebiet der Gemeinden ist allerdings zugleich im wesentlichen der Raum, in dem die Landesplanung die notwendigen überörtlichen Belange zur Geltung bringen muß. Der Gesetzgeber des ROG hat den potentiellen Interessenkonflikt zwischen örtlichen und überörtlichen Raumnutzungsinteressen grundsätzlich zugunsten der Landesplanung entschieden. Nach § 5 Abs. 4 ROG haben die Gemeinden (als der Aufsicht des Landes unterstehende Körperschaften des öffentlichen Rechts im Sinne des § 4 Abs. 5 ROG) „Ziele der Raumordnung und Landesplanung" „bei Planungen und allen sonstigen Maßnahmen, durch die Grund und Boden in Anspruch genommen oder die räumliche Entwicklung eines Gebietes beeinflußt wird", „zu beachten". Speziell für die Bauleitplanung ordnet § 1 Abs. 4 BBauG eine Anpassung an die „Ziele" der Raumordnung und Landesplanung an. Diese bundesrechtlichen Bestimmungen werden teilweise durch landesrechtliche Vorschriften ergänzt (Rdnr. 41).

39 Andererseits eröffnet das geltende Recht den Gemeinden zum Ausgleich auch formelle Wege, Einfluß auf den Inhalt der Landesplanung zu nehmen. Nach § 5 Abs. 2 Satz 2 ROG sind bei der Aufstellung von (hochstufigen) Zielen der Raumordnung und Landesplanung die Gemeinden und Gemeindeverbände, für die eine Anpassungspflicht begründet wird, oder deren Zusammenschlüsse zu beteiligen[56]. Auf der regionalen Planungsebene sieht § 5 Abs. 3 Satz 2 ROG vor, daß die Gemeinden und Gemeindeverbände in einem förmlichen Verfahren zu beteiligen sind, soweit nicht die Regionalplanung durch Zusammenschluß von Gemeinden und Gemeindeverbänden zu regionalen Planungsgemeinschaften erfolgt. Hinzu kommt die Abstimmungspflicht des § 4 Abs. 5 ROG, die umfassend ausgestaltet ist. Diese Mitwirkungs- und Abstimmungsvorschriften sind in die materielle Grundvorstellung des ROG (§ 1 Abs. 4) eingebunden, daß sich die Ordnung der Einzelräume in die Ordnung des Gesamtraumes einfügen, die Ordnung des Gesamtraumes andererseits die Gegebenheiten und Erfordernisse seiner Einzelräume berücksichtigen soll (sog. **Gegenstromprinzip**).

b) Im Zusammenhang mit der sachlichen Reichweite des § 1 Abs. 4 BBauG sind drei **Fallgestaltungen** zu unterscheiden.

40 — Die Anpassungspflicht des § 1 Abs. 4 BBauG an vorhandene (und rechtswirksame!) „Ziele" der Raumordnung und Landesplanung besteht zunächst unbestritten, wenn und soweit Bauleitpläne aufgestellt, geändert, ergänzt oder aufgehoben werden[57]. Sie wird im Genehmigungsverfahren nach §§ 6, 11 i.V.m. § 2 Abs.

---

56 Die Länder haben diese Vorschrift in sehr unterschiedlicher Weise konkretisiert. Siehe § 5 Abs. 3 Nr. 1 BWLplG; Art. 14 Abs. 2 BayLplG; § 5 Abs. 3 NROG; §§ 12 Satz 3, 13 Abs. 2 Satz 1 NWLPlG; § 7 Abs. 3 SLPG; § 7 Abs. 1 SchlHLPlG. Zur Rechtslage in Rheinland-Pfalz siehe *Menke* (Fn. 15), Rdnrn. 1040 ff.

57 Wird die Gemeinde auf Grund einer nach § 1 Abs. 4 BBauG vorgenommenen Anpassung Dritten gegenüber nach §§ 39 j bis 44 c BBauG entschädigungspflichtig, z. B. wegen der landesplanerisch erzwungenen Herabzonung einer Baufläche zu einer Grünfläche, so gibt ihr das Landesplanungsrecht regelmäßig einen Erstattungsanspruch gegenüber dem Land. Siehe § 16 BWLplG; Art. 28 Abs. 2 BayLplG; § 16 Abs. 2 HessLplG; § 18 NROG; § 34 Abs. 1 NWLPlG; § 24 Abs. 1 RhPfLPlG; § 18 Abs. 1 SLPG; § 17 Abs. 1 SchlHLPlG.

6 BBauG durchgesetzt. Ist die gesetzlich gebotene Anpassung unterblieben, so ist der Bauleitplan nichtig, soweit seine Darstellungen bzw. Festsetzungen mit dem in Frage stehenden „Ziel" sachlich unvereinbar sind.

— Die Gemeinden sind nach § 1 Abs. 4 BBauG aber auch verpflichtet, **bestehende** **41** Bauleitpläne an „Ziele" der Raumordnung und Landesplanung anzupassen, wenn diese erst nach der aufsichtlichen Genehmigung des Bauleitplans rechtswirksam geworden sind. Diese Anpassungspflicht kann im kommunalaufsichtlichen Verfahren erzwungen werden. Teilweise sieht das Landesplanungsrecht allerdings einen speziellen hoheitlichen Ausspruch der Anpassungspflicht mit besonderer Zuständigkeit (**Anpassungsgebot**) vor[58]. Wichtig ist dabei: Der (noch) nicht angepaßte Plan gilt weiter[59]. „Ziele" der Landesplanung verdrängen selbst dort, wo sie kraft ausdrücklicher landesplanungsgesetzlicher Vorschrift in Rechtssatzform (Satzungen, Rechtsverordnungen) gefaßt sind, nicht die schon bestehende (im übrigen rechtswirksame) Bauleitplanung. § 1 Abs. 4 BBauG ordnet die **Anpassung** an, dagegen nicht eine ipso iure-Nichtigkeit bei sachlichem Widerspruch zwischen landesplanerischem „Ziel" und Darstellungen bzw. Festsetzungen eines Bauleitplans.

— Weder der allgemeinen Bestimmung des § 5 Abs. 4 ROG noch speziell § 1 Abs. 4 **42** BBauG ist — nach allerdings sehr umstrittener Auffassung[60] — eine Verpflichtung der Gemeinde zu entnehmen, zur Verwirklichung von „Zielen" der Raumordnung und Landesplanung Bauleitpläne und vor allem Bebauungspläne zu erstellen (Problem der sog. **Erstplanungspflicht**)[61]. Auch die Bauleitplanungspflicht des § 1 Abs. 3 BBauG wird allein durch das Bestehen „überörtlicher" „Ziele" der Landesplanung nicht ausgelöst. Eine entsprechende Verpflichtung zur „Erstplanung" oder „Positiv-Anpassung" der Gemeinden in noch nicht verplanten Gebieten besteht daher nur, soweit sich eine solche Verpflichtung aus den Landesplanungsgesetzen speziell ergibt[62] (siehe dazu auch Rdnrn. 33, 53).

c) Nach wohl herrschender, aber wenig befriedigender Meinung[63] brauchen „Ziele", **43** die nach § 5 Abs. 4 ROG i.V.m. § 1 Abs. 4 BBauG eine Anpassungspflicht der Gemeinde begründen, nicht notwendig in Rechtssatzform — also durch Gesetz oder auf Grund eines Gesetzes durch Rechtsverordnung oder Satzung — festgelegt zu werden. Doch müssen alle unmittelbaren Einwirkungen der Landesplanung auf den Status der Gemeinden und deren Gebiet mit der grundgesetzlichen **Selbstverwal-**

---

58 Siehe Art. 28 Abs. 1 BayLplG; § 17 NROG und § 21 Abs. 1 NWLPlG.
59 OVG Lüneburg, BauR 1982, 557 (559).
60 A.A. z. B. *Brohm*, DVBl. 1980, 653 (655). Zum Meinungsstand und zu den Argumenten im einzelnen siehe *Hoppe*, Rdnrn. 802, 803 mit Nachweisen.
61 Dabei hängt die praktische Bedeutung dieses Streits wesentlich von der Beantwortung der anderen Frage ab, ob und gegebenenfalls unter welchen Voraussetzungen die Verwirklichung bestimmter Großvorhaben im Außenbereich (§ 35 BBauG) einer Bebauungsplanung bedarf (sog. Planungserfordernis als öffentlicher Belang). Siehe dazu auch oben IV. Baurecht, Rdnr. 148. Für den Bereich des § 34 BBauG hat das BVerwG entschieden, daß die Erforderlichkeit einer Bebauungsplanung einem Bauvorhaben nicht als öffentlicher Belang entgegengehalten werden kann (NJW 1981, 2426/2427).
62 Siehe § 21 Abs. 2 NWLPlG und § 12 Abs. 2 SLPG. Zur verfassungsrechtlichen Diskussion des § 21 Abs. 2 NWLPlG siehe *Erbguth,* Rdnr. 298. Vgl. auch oben IV. Baurecht, Rdnr. 30.
63 Zur Diskussion siehe *Hendler,* JuS 1979, 618 (620); *Schmidt-Aßmann,* VerwArch Bd. 71 (1980), 117, 137.

tungsgarantie (Art. 28 Abs. 2 Satz 1 GG) und den entsprechenden landesverfassungsrechtlichen Gewährleistungen vereinbar sein und ggf. im „Lichte" dieser Verfassungsgarantien interpretiert werden. Diese allgemeine Linie hat die Rechtsprechung mit Unterstützung der Literatur[64] in einer Reihe von Entscheidungen näher ausgeformt. So haben sich „Ziele" auf den Sachbereich der Raumordnung und Landesplanung zu beschränken und dürfen nicht rein städtebauliche oder ortsplanerische Vorstellungen enthalten[65]. Weiter kann eine Anpassungspflicht lediglich durch „Ziele" herbeigeführt werden, die hinreichend **bestimmt** sind[66]. Nur wenn dieses Erfordernis erfüllt ist, wird in rechtsstaatlich gebotener Weise klargestellt, ob die Gemeinde im Aufstellungsverfahren nach § 5 Abs. 2 Satz 2 ROG i.V.m. den entsprechenden landesgesetzlichen Vorschriften zu beteiligen ist (siehe Rdnr. 39), ob der Aufsichtsbehörde ein ausreichend präziser Genehmigungsmaßstab im Verfahren der Entscheidung über die Genehmigung von Bauleitplänen an die Hand gegeben ist (§§ 6 Abs. 2, 11 i.V.m. § 1 Abs. 4 BBauG) und ob zugleich die rechtlich korrekte Anwendung dieses Maßstabs verwaltungsgerichtlich überprüfbar ist.

44 Andererseits darf den Gemeinden durch eine Über-Präzisierung der „Ziel"-Vorgabe auch nicht jeder Planungsspielraum genommen werden[67]. Nur wenn gewichtige überörtliche Belange, wie beispielsweise die zentrale Standortvorsorge für Großvorhaben der Energieversorgung, zur Geltung gebracht werden müssen, ist es der Landesplanung erlaubt, die Flächennutzungsplanung **im** gemeindlichen Bereich „gebietsscharf" (und nicht nur „gemeindescharf") festzulegen. Im Regelfall muß die Landesplanung auch in dem Sinne **über**örtlich sein[68], daß sie sich mit gebietsrelevanten „Zielen" begnügt und gebietsscharfe Festlegungen zu Lasten der Planungshoheit der Gemeinden vermeidet[69]. Gegebenenfalls kann sich aus Art. 28 Abs. 2 Satz 1 GG, aber auch aus dem Gegenstromprinzip des § 1 Abs. 4 ROG[70] das Gebot einer restriktiven Auslegung landesplanerischer „Ziel"-Festlegungen ergeben[71] (siehe Fallbildung Rdnrn. 32, 52).

45 d) „Ziele" der Raumordnung und Landesplanung haben freilich über die Anpassungspflicht des § 1 Abs. 4 BBauG hinaus Bedeutung für die bauplanungsrechtliche Beurteilung von Vorhaben nach § 29 BBauG. Den Stand der verwaltungsgerichtlichen Rechtsprechung zu diesem Fragenkreis gibt das folgende Schaubild im Überblick wieder.

---

64 Eingehend *Wahl* I, S. 132 ff.; II, S. 217 ff.
65 BVerwGE 6, 342 (345); OVG Lüneburg, BRS Bd. 19, Nr. 1, S. 1.
66 BVerwGE 6, 342 (346); OVG Lüneburg, DÖV 1969, 642 (643); DVBl. 1971, 320.
67 BVerwGE 68, 319 (321); BVerwG, NVwZ 1985, 736 f.
68 Siehe näher *Erbguth,* Rdnr. 346 und *Battis,* S. 238.
69 Dies gilt gerade auch für die Regionalplanung, die notwendigerweise gemeindegebietsnah plant. In diesem Zusammenhang gehört die Frage der Grenzen für innerörtliche planerische Festlegungen, z. B. der Ausweisung zentraler Gemeindeteile durch die Landesplanung bei Großflächengemeinden. Siehe dazu *Schmidt-Aßmann,* DÖV 1981, 244 ff.
70 Siehe dazu *Erbguth,* Rdnr. 341. Teilweise ermöglicht das Landesplanungsrecht im übrigen einen flexiblen Planvollzug durch Ausnahmebestimmungen (etwa durch § 8 Abs. 3 HessLplG). Teilweise hat die Rechtsprechung solche Abweichungsmöglichkeiten eröffnet. Siehe BayVGH, BayVBl. 1982, 726 (730). Zu diesem Problemkreis vgl. auch BW VGH, BRS Bd. 36, Nr. 1, S. 1 (3 ff.); *Angst/Kröner/ Traulsen,* § 1 Rdnr. 11 und *Menke* (Fn. 15), Rdnrn. 1062, 1137.
71 OVG Lüneburg, DÖV 1969, 642 (644).

Rechtliche Bedeutung der „Ziele" der Raumordnung und Landesplanung bei der **46**
Realisierung von Vorhaben i.S.d. § 29 BBauG

Vorhaben im qualifiziert beplanten Bereich (§ 30 BBauG)	Innenbereich (§ 34 BBauG)	Außenbereich	
		„privilegierte" Vorhaben nach § 35 Abs. 1 i.V.m. Abs. 3 BBauG	„nicht privilegierte" Vorhaben nach § 35 Abs. 2 i.V.m. Abs. 3 BBauG
Bedeutung nur nach Maßgabe der den „Zielen" der Raumordnung und Landesplanung angepaßten Bebauungspläne i.S.d. § 30 BBauG.	„Ziele" der Raumordnung und Landesplanung stellen nach h.M. **keine** öffentlichen Belange i.S.d. § 34 Abs. 1 BBauG dar. Aber: Wirkung der Ziele „über" einfache, nach § 1 Abs. 4 BBauG angepaßte Bebauungspläne!	Zwar „planartige" Zuweisung in den Außenbereich. Aber **Standort**beurteilung ist auch Standortaussagen in Programmen und Plänen der Landesplanung unterworfen (§ 35 Abs. 3 1. Spiegelstrich BBauG). Siehe BVerwGE 68, 311.	„Ziele" sind öffentliche Belange i.S.d. § 35 Abs. 3 1. Spiegelstrich BBauG. Mittelbare Wirkung von „Zielen" ferner „über" den nach § 1 Abs. 4 angepaßten Flächennutzungsplan (§ 35 Abs. 3 1. Spiegelstrich BBauG).

Das Schaubild verdeutlicht, daß auf Grund des BBauG die „Ziele" der Raumordnung und Landesplanung in doppelter Weise zur Geltung gebracht werden können.

— Sind Bauleitpläne (Flächennutzungsplan, einfacher **und** qualifizierter Bebau- **47**
ungsplan) bestimmten „Zielen" angepaßt, so werden die Aussagen solcher „Ziele" „über" die Bauleitplanung zum unmittelbaren Maßstab für die Beurteilung
von Vorhaben nach §§ 29 ff. BBauG. Dabei ist allerdings von Gebietsbereich zu
Gebietsbereich zu differenzieren. Einzelheiten ergeben sich aus dem Schaubild
(Rdnr. 46).

— Im Innenbereich (§ 34 Abs. 1 BBauG) kommen „Ziele" der Raumordnung und **48**
Landesplanung nach wohl überwiegender Meinung[72] nicht als öffentliche Belan-
ge zur Geltung, weil hier der Gesetzgeber die Bebaubarkeit an der **vorhandenen**
Umgebung ausrichtet („statisches" Modell).

— Im Außenbereich ist zu differenzieren. Bei nicht privilegierten Vorhaben können **49**
„Ziele" als „öffentlicher Belang" für die Beurteilung des Einzelvorhabens von
Bedeutung sein (§ 35 Abs. 2, Abs. 3 1. Spiegelstrich BBauG). Im Falle privilegierter Vorhaben (§ 35 Abs. 1 BBauG) gilt nach wie vor der Grundsatz, daß sie
als solche **planartig** dem Außenbereich zugewiesen sind. Doch soll nach Meinung
des BVerwG[73] die bauplanungsrechtliche Beurteilung eines privilegierten Vorha-

---

72 BGHZ 88, 51 (59); VGH Mannheim, VBlBW 1985, 335 f. Eingehend zu diesem Fragenkreis *Weidemann,* NVwZ 1983, 441 ff.; *Hartwig,* NVwZ 1985, 8 ff.; *Grooterhorst,* DÖV 1986, 420 ff.

73 BVerwGE 68, 311 (315) in Modifikation von BVerwGE 28, 148, siehe ferner BVerwGE 68, 319 ff.
Dies soll allerdings nicht für privilegierte Vorhaben gelten, die sich bereits vor der höherstufigen Lan-
desplanung eigentumskräftig verfestigt haben (BVerwGE 68, 311/316). Zur Diskussion siehe *Hoppe,*
Rdnr. 808 mit Nachweisen.

bens sachlich und räumlich hinreichend konkreten **standortbezogenen Aussagen**
in landesplanerischen Programmen und Plänen unterworfen sein, weil § 35 Abs.
1 BBauG nicht entschieden habe, daß das privilegierte Vorhaben an jedem beliebigen Standort im Außenbereich errichtet werden könne. Allerdings müssen solche landesplanerischen „Ziel"-Aussagen inhaltlich über das hinausgehen, was
schon der Bestimmung des § 35 Abs. 2 und 3 BBauG als gesetzgeberische Grundentscheidung zugrunde liegt[74].

III. Raumordnung und Fachplanung

50 Die Fachplanung, z.B. für den Neu- und Ausbau von Bundesfernstraßen oder Bundeswasserstraßen, für die Anlage von Verkehrsflughäfen u.a. mehr, hat in der Bundesrepublik aus historischen, politischen und möglicherweise auch aus verfassungsrechtlichen Gründen[75] traditionell eine starke Stellung im Verhältnis zu anderen Planungen[76] und auch im Verhältnis zur überfachlich konzipierten Landesplanung. Die
Gesetzeslage bringt dies allerdings nur unzureichend zum Ausdruck. Das ROG (§ 3
Abs. 1) läßt die (bundes- und landesrechtlich aufgestellten) „Grundsätze" für die
Träger der Bundesfachplanung gelten; das Landesplanungsrecht erweitert diese Gel-
tungsanordnung teilweise auch auf die Träger der Landesfachplanung (Rdnr. 35).
Geltung heißt dabei, daß die Grundsätze im Rahmen des (Planungs-) Ermessens des
zuständigen Fachplanungsträgers, vor allem bei Standort- und Linienführungsent-
scheidungen, angemessen zu berücksichtigen sind. Darüber hinaus sind die „Ziele"
der Raumordnung und Landesplanung von allen Fachplanungsträgern bei Planungen und sonstigen Maßnahmen, für die Grund und Boden in Anspruch genommen
oder die räumliche Entwicklung eines Gebiets beeinflußt wird, zu beachten (§ 5 Abs.
4 ROG). Voraussetzung dieser Beachtenspflicht ist freilich bei bestimmten Vorhaben
des Bundes oder bundesunmittelbarer Planungsträger deren Beteiligung (vgl. § 6
Abs. 1 ROG). Bundesbehörden und bundesunmittelbare Planungsträger können
sich auch unter bestimmten Voraussetzungen (§ 6 Abs. 2 Satz 1 ROG) durch Widerspruch (§ 6 Abs. 1 ROG) von der Beachtenspflicht des § 5 Abs. 4 ROG lösen.

51 Die genannten Vorschriften werden nun in zahlreichen bundes- und landesrechtlichen Fachplanungsgesetzen durch zusätzliche Bestimmungen über das Verhältnis
von Fachplanung und überfachlicher Raumplanung ergänzt[76]. Diese sog. **Raumordnungsklauseln,** die sich im übrigen auch außerhalb von Fachplanungsgesetzen finden (vgl. Art. 29 GG; §§ 1 Abs. 4, 35 Abs. 3 BBauG), sind unterschiedlich formuliert. Teilweise verankern sie eine **materielle** Pflicht zur Beachtung der „Grundsätze"

---

74 So wiederholen landesplanerische Ziele, die ausschließlich auf Flächenfreihaltung für Landwirtschaft
   und Erholung ausgerichtet sind, nur das Außenbereichskonzept des BBauG und kommen daher im
   Rahmen des § 35 Abs. 3 BBauG nicht als solche zur Geltung.
75 Dies wird unter dem Gesichtspunkt des sog. Ressortprinzips erörtert. Siehe dazu *Wahl* II, S. 149 ff.
   und *Erbguth,* Rdnr. 54.
76 Zum Vorrang der sog. privilegierten Fachplanungen gegenüber der Bauleitplanung siehe § 38 BBauG.
77 Zum Verhältnis des § 5 Abs. 4 ROG zu den Raumordnungsklauseln siehe *Battis,* S. 239.

und vor allem der (vorhandenen) „Ziele" der Raumordnung und Landesplanung[78], aber auch zur Beachtung der allgemeinen Belange der Raumordnung unter Einbeziehung der sog. sonstigen Erfordernisse[79]. Teilweise ist eine (wiederum unterschiedlich gestaltete) Verfahrensbeteiligung der Landesbehörden an der jeweiligen Fachplanung vorgesehen[80].

Die Erfordernisse der Raumordnung und insbesondere landesplanerische „Ziele" nehmen auf den Inhalt der Fachplanung unterschiedlichen Einfluß. Sie können bei Verkehrswegeplanungen[81] beispielsweise die Trassenführung mitbestimmen. Von ihnen kann weiter Hilfe bei der politischen und juristischen Durchsetzung des Planes, etwa beim Neubau einer Straße des Fernverkehrs kommen („Planrechtfertigung"[82]; siehe V. Straßen- und Wegerecht, Rdnr. 59).

Antworten und Lösungshinweise

1. Die Klage ist als Verpflichtungsklage (§ 42 Abs. 1 VwGO) zulässig, da die nach § 6 Abs. 1   **52** BBauG erforderliche Erteilung der Genehmigung gegenüber der Gemeinde G einen Verwaltungsakt darstellt (siehe IV. Baurecht, Rdnrn. 54, 79). Auf die Erteilung der Plangenehmigung besteht ein Rechtsanspruch, sofern der Flächennutzungsplan (FNPl) ordnungsgemäß zustande gekommen ist und dem BBauG, den auf Grund des BBauG erlassenen und den sonstigen Rechtsvorschriften nicht widerspricht (§ 6 Abs. 2 BBauG). Hier könnte der FNPl teilweise im Widerspruch zur Bestimmung des § 1 Abs. 4 BBauG stehen, da der zur Genehmigung vorgelegte FNPl nicht einem bestehenden „Ziel" der Landesplanung — nämlich einer entsprechenden planerischen Aussage im Regionalplan — angepaßt ist. Die Anpassungspflicht des § 1 Abs. 4 BBauG wird allerdings nur durch „Ziele" der Landesplanung ausgelöst, die formell (hinsichtlich ihrer „Einstellung" in einen ordnungsgemäß zustande gekommenen Regionalplan) und materiell (hinsichtlich ihrer inhaltlichen Übereinstimmung mit höherrangigem Recht einschließlich höherrangiger „Ziele" — siehe Rdnr. 13) rechtmäßig sind. Die letztere Voraussetzung ist hier wohl nicht gegeben. Die Aufstellung und Anwendung von „Zielen" der Landesplanung, die eine Anpassungspflicht der Gemeinde nach § 1 Abs. 4 BBauG auslösen, ist der Verfassungsgarantie des Art. 28 Abs. 2 Satz 1 GG unterworfen. Zwar kann in Übereinstimmung mit dieser Verfassungsgewährleistung die Landesplanung Siedlungstätigkeit in einer bestimmten Gemeinde untersagen oder einschränken. Jedoch findet diese planerische Möglichkeit ihre Grenze in dem Recht der Gemeinde, einen besonderen Wohnflächenbedarf als Folge einer schon eingeleiteten, jedenfalls aber einer schon abgeschlossenen innergemeindlichen Entwicklung — hier als Folgebedarf der Industrieansiedlung — zu berücksichtigen (sog. Recht auf Eigenentwicklung oder „organische" Entwicklung). Dies hat die Rechtsprechung bestätigt (OVG Lüneburg, Urt. vom 14. 11. 1968, DÖV 1969, 642/644). Die Klage wird also Erfolg haben. In der Literatur wird freilich bestritten, daß das Recht auf Eigenentwicklung gegenüber der Landesplanung durchgesetzt werden kann, wenn es sich um einen Flächenbedarf als Folge größerer Industrieansiedlungen handelt. Siehe Angst/Kröner/Traulsen (Fn. 9), § 8 Rdnr. 11 (S. 42).

---

78 Siehe z. B. § 5 Abs. 1 BNatSchG („Grundsätze und Ziele der Raumordnung und Landesplanung").

79 Siehe etwa § 13 Abs. 2 BWaStrG („Erfordernisse der Raumordnung und der Landesplanung"). Siehe ferner die Raumordnungsklauseln in § 2 Abs. 1 Satz 3 AbfG, §§ 6 Abs. 2 Satz 1, 30 Abs. 3 LuftVG und § 36 Abs. 2 WHG. Insoweit geht das Fachplanungsrecht über das ROG hinaus, das eine Beachtung sonstiger raumordnerischer Erfordernisse nicht kennt. Solche Erfordernisse können beispielsweise Ergebnisse eines Raumordnungsverfahrens sein (siehe Rdnr. 57), noch in der Aufstellung befindliche Ziele und ggf. auch die Aussagen des Bundesraumordnungsprogramms (siehe Rdnr. 12).

80 Siehe z. B. § 16 Abs. 1 FStrG; §§ 14 Abs. 1 Nr. 1 d, 30 Abs. 2 PBefG und § 36 Abs. 3 BBahnG.

81 Zu den Raumordnungsklauseln in den Länderstraßengesetzen siehe § 37 Satz 3 BWStrG; Art. 35 Abs. 2 BayStrWG; § 32 HessStrG; § 37 Abs. 1 Satz 1 und 2 NStrG; § 37 Abs. 1 Satz 1 StrWGNW; § 4 Abs. 1 Satz 1 bis 3 RhPfStrG; § 38 Abs. 1 Satz 1 SaarlStrG und § 39 Sätze 1 bis 3 SchlHStrWG.

82 Siehe BVerwG, NJW 1986, 1508 (1509 f.).

53 2. Die Aufstellung eines Bebauungsplans kann mit rechtlichen Mitteln, etwa im Wege der Kommunalaufsicht, nur erzwungen werden, wenn eine entsprechende Rechtspflicht der Gemeinde besteht. § 1 Abs. 4 BBauG gibt ebenso wenig wie § 5 Abs. 4 ROG nach allerdings sehr umstrittener Meinung eine Rechtsgrundlage für eine derartige Planungsverpflichtung ab. Auch § 1 Abs. 3 BBauG verankert eine Planungspflicht nur aus örtlich-städtebaulichen und nicht aus überörtlichen Gesichtspunkten heraus (Rdnr. 42). Es bedarf daher einer spezial-gesetzlichen Grundlage, um die Gemeinde zu verpflichten, wie sie sich gegenwärtig in § 21 Abs. 2 NWLPlG und § 12 Abs. 2 SLPG findet (siehe Rdnr. 42). Dabei ist die Aktualisierung dieser Erstplanungspflicht an das Vorliegen dort im einzelnen geregelter formeller und materieller Voraussetzungen gebunden. Zu berücksichtigen ist weiter, daß die Verfassungsmäßigkeit des § 21 Abs. 2 NWLPlG bestritten wird (siehe Rdnr. 42).

54 3. Die Klage ist als Verpflichtungsklage (§ 42 Abs. 1 VwGO) zulässig, da sie auf die Erteilung einer Baugenehmigung und damit auf den Erlaß eines Verwaltungsaktes gerichtet ist. Sie hat Erfolg, wenn das Vorhaben mit den bauplanungsrechtlichen Vorschriften vereinbar ist. Das Vorhaben des L liegt im Außenbereich von G und ist nach § 35 Abs. 1 Nr. 1 BBauG privilegiert. Wegen der damit verbundenen „planartigen Zuweisung" in den Außenbereich (BVerwGE 28, 148/151) kann seiner Zulässigkeit **als solcher** kein „Ziel der Raumordnung und Landesplanung" nach § 35 Abs. 3 1. Spiegelstrich BBauG entgegengehalten werden (BVerwGE 68, 311/314). Doch soll dies nicht in bezug auf die bauplanungsrechtliche Beurteilung des **Standorts** des Vorhabens gelten, weil mit der Privilegierung des § 35 Abs. 1 BBauG noch nicht die positive Entscheidung darüber getroffen ist, daß das Vorhaben an jeder Stelle im Außenbereich realisiert werden kann (BVerwG, a.a.O., S. 315). Die bauplanungsrechtliche Beurteilung des Standorts ist deshalb einem „Ziel" der Landesplanung unterworfen, das eine räumlich hinreichend konkrete Aussage über die Nutzung der Fläche trifft, auf der das Bauvorhaben verwirklicht werden soll (BVerwG, a.a.O., S. 316, 319 ff.). Dies ist hier der Fall. Das landesplanerische „Ziel" muß freilich rechtswirksam sein, um im Rahmen des § 35 Abs. 3 BBauG zur Geltung zu kommen. Hier bestehen im Grundsatz keine Bedenken, da nach wohl h.M. auch gebietsscharfe „Ziel"-Aussagen der Landesplanung jedenfalls dann rechtlich unbedenklich sind, wenn sie von wichtigen überörtlichen Belangen der Landesplanung getragen werden. Dies wird man für die Flächenvorsorgeplanung bei Wärmekraftwerken im allgemeinen annehmen können (siehe Rdnr. 44). Allerdings soll ein dem Vorhaben unter Standortgesichtspunkten entgegenstehendes „Ziel" dann wiederum nicht erheblich sein, wenn sich die in Aussicht genommene Nutzung bereits vor Aufstellung des „Ziels" eigentumsrechtlich verfestigt hat (BVerwGE 68, 311/316). Daran ist hier unter dem Gesichtspunkt des sog. überwirkenden Bestandsschutzes (BVerwGE 49, 365/370) zu denken, wenn die beabsichtigte Schweinehaltung betriebswirtschaftlich geboten ist und das bauliche Vorhaben diesem Zweck dient.

Vertiefungshinweise

Blümel, Raumordnung und kommunale Selbstverwaltung, DVBl. 1973, 436 ff.; *ders.,* Die Straßenplanung im System der Raumplanung, in: Bartlsperger/Blümel/Schroeter, Ein Vierteljahrhundert Straßenrechtsgesetzgebung, 1980, S. 309 ff.; *Ernst/Suderow,* Die Zulässigkeit raumordnerischer Festlegungen für Gemeindeteile, 1976; *Löwer,* Gemeindliches Selbstverwaltungsrecht und Landesplanung — OVG Lüneburg, DVBl. 1973, 151, in: JuS 1975, 779 ff.; *Schmidt-Aßmann,* Fortentwicklung, S. 17 ff. (vor allem zur Anpassungsverpflichtung nach § 1 Abs. 4 BBauG); *ders.,* Rechtsstaatliche Anforderungen an Regionalpläne, DÖV 1981, 237 ff.; *ders.,* Die Bedeutung von Raumordnungsklauseln für die Verwirklichung raumordnerischer Ziele, in: Veröff. der Akademie für Raumforschung und Landesplanung, Bd. 145, 1982, S. 27 ff.; *Wahl* I, S. 132 ff.; II, S. 217 ff.; *ders.,* Aktuelle Probleme im Verhältnis der Landesplanung zu den Gemeinden, DÖV 1981, 597 ff.; *Weidemann,* Die Staatsaufsicht im Städtebaurecht als Instrument zur Durchsetzung der Raumordnung und Landesplanung, 1982, S. 100 ff.

D. Sicherungsinstrumente der Landesplanung

Fälle und Fragen

1. Die zuständige Planfeststellungsbehörde hat am 7. November 1985 den Plan für das Teil- **55** stück der Bundesautobahn A 7 von km 42,4 bis km 49,3 festgestellt. Die dagegen gerichtete Anfechtungsklage des E, Eigentümer eines Grundstücks im künftigen Trassenbereich, wird u.a. damit begründet, daß vor der Durchführung des Planfeststellungsverfahrens ein erneutes Raumordnungsverfahren (Raumplanerisches Verfahren) hätte eingeleitet werden müssen. Das Ergebnis des Anfang 1984 durchgeführten Raumordnungsverfahrens, in dem die raumordnerische Unbedenklichkeit des Vorhabens festgestellt wurde, sei überholt. Inzwischen habe Professor Dr. Sauer in einem Gutachten die biologische Einmaligkeit eines Biotops auf einer Fläche festgestellt, die für die Bundesautobahn bei deren Herstellung im fraglichen Planbereich in Anspruch genommen werden müsse. Hat die Klage mit dieser Begründung Aussicht auf Erfolg?

2. Bauunternehmer B beantragt die Erteilung einer Baugenehmigung für die Errichtung meh- **56** rerer Einfamilienhäuser in der kreisfreien Stadt S. Die für eine Bebauung in Aussicht genommenen Grundstücke liegen im Geltungsbereich eines qualifizierten Bebauungsplans (§ 30 BBauG), der die beantragte Bebauung zuläßt. Vor Erteilung der Baugenehmigung erreicht die Stadt S eine Anweisung der zuständigen Landesplanungsbehörde, die Entscheidung über die Erteilung der Baugenehmigung für die Dauer von sechs Monaten auszusetzen. Zur Begründung ist ausgeführt, der kurz vor der Genehmigung stehende Regionalplan (Regionale Raumordnungsplan, Gebietsentwicklungsplan usw.) beziehe die fragliche Fläche in einen Grünzug ein. Dies schließe aus landesplanerischer Sicht die Bebauung aus. Nach Inkrafttreten des Regionalplans müsse die Gemeinde deshalb den Bebauungsplan nach § 1 Abs. 4 BBauG anpassen. S hält die Anweisung für rechtswidrig, da die Landesplanungsbehörde, würde man ihrer Anweisung folgen, den Rechtsanspruch des B auf Erteilung der Baugenehmigung vereitle und damit für die Landesplanung eine Außenwirkung gegenüber dem Bürger in Anspruch nehme, die dieser nach geltendem Recht nicht zukomme. Hat sie recht?

I. Das Raumordnungsverfahren oder raumplanerische Verfahren

Das geltende Recht und insbesondere das geltende Landesplanungsrecht stellt die **57** Landesplanungs- bzw. Landesraumordnungsbehörden (Rdnr. 29) in vielfacher Weise in die Verantwortung für die Geltung der Grundsätze und vor allem die Beachtung der landesplanerischen „Ziel"-Entscheidungen bei allen raumbedeutsamen Maßnahmen und Investitionen. Es stattet sie dementsprechend mit Zuständigkeit und Instrumenten aus[83]. Vor allem aber gibt ihnen das Landesplanungsrecht — außer in Nordrhein-Westfalen — ein besonderes Verfahren — **Raumordnungsverfahren,** in Rheinland-Pfalz **Raumplanerisches Verfahren** genannt — an die Hand, in dem in bezug auf bestimmte (raumbedeutsame) **Projekte** (Vorhaben) von **überörtlicher** Bedeutung festgestellt werden kann, ob es mit den „Zielen" der Raumordnung und

---

83 Siehe z. B. § 12 BWLplG und Art. 22 BayLplG.

Landesplanung vereinbar ist **(Feststellungseffekt)**[84]. Das Raumordnungsverfahren ist damit ein Feststellungsverfahren im **Vorfeld** des eigentlichen Verwaltungsverfahrens[85], in dem über die Zulässigkeit des Projekts hoheitlich zu entscheiden ist (etwa im Planfeststellungsverfahren für die Bundesfernstraßen nach § 16 ff. FStrG; siehe V. Straßen- und Wegerecht, Rdnr. 56). Raumordnungsverfahren sind weiter vom Landesplanungsgesetzgeber dazu eingesetzt, bestimmte Vorhaben mit den Raumansprüchen und Planungen anderer Vorhabens- und Planungsträger unter den Aspekten der Raumordnung abzustimmen **(Abstimmungseffekt)**. Neben oder mangels „Zielen" der Raumordnung und Landesplanung gehen in die Beurteilung die raumordnerischen „Grundsätze", ggf. auch die Ergebnisse anderer oder vorausgegangener Raumordnungsverfahren ein. Das ROG schreibt den Ländern nicht die Einführung von Raumordnungsverfahren vor. Doch liegt sie auf der Linie des im ROG enthaltenen umfassenden Abstimmungsgebots (§ 4 Abs. 5).

58 Das Raumordnungsverfahren ist ein Verfahren zur Sicherung der Belange der Raumordnung und ein an den raumordnerischen Erfordernissen orientiertes Koordinierungsverfahren, aber selbst kein eigentliches Planungsverfahren zur Aufstellung von „Zielen" der Landesplanung[86]. Allerdings können sich aus dem Ergebnis solcher Raumordnungsverfahren Anstöße für die Aufstellung oder Änderung von „Zielen" der Raumordnung und Landesplanung ergeben. Im Raumordnungsverfahren wird auch nicht über die Rechtmäßigkeit eines bestimmten Vorhabens, nicht einmal partiell, entschieden[87]. Allgemein gilt, auch soweit dies die gesetzlichen Vorschriften nicht eigens klarstellen[88], daß die nach den fachgesetzlichen Rechtsvorschriften erforderlichen Genehmigungen, Erlaubnisse, Planfeststellungen durch das Raumordnungsverfahren und dessen Ergebnis nicht ersetzt werden. Die Durchführung eines Raumordnungsverfahrens ist nicht einmal formelle Rechtmäßigkeitsvoraussetzung für die im anschließenden Verwaltungsverfahren ergehenden hoheitlichen Entscheidungen über die Zulässigkeit eines Vorhabens[89]. Dies gilt auch dann, wenn die diesen Verwaltungsverfahren zugrundeliegenden Fachgesetze Raumordnungsklauseln enthalten[90] (Rdnr. 51).

59 Kontrovers wird die Frage beurteilt, ob das **Ergebnis** des Raumordnungsverfahrens — die raumordnerische Beurteilung — Bindungswirkung für andere Behörden oder selbständige Träger öffentlicher Planungen entfaltet. Dies wird man mit der wohl überwiegenden Mei-

---

84 Raumordnungsverfahren können teilweise nach Landesplanungsrecht zum Zwecke einer Feststellung der raumplanerischen Unbedenklichkeit auch dann durchgeführt werden, wenn für das Vorhaben maßgebliche „Ziele" noch nicht vorhanden sind. Siehe im übrigen zu den Rechtsgrundlagen: § 13 BWLplG; Art. 23 Abs. 1 BayLplG; § 11 HessLplG; § 14 Abs. 1 NROG; § 18 Abs. 2 RhPflLplG; § 13 Abs. 1 SLPG; § 14 Abs. 1 SchlHLplG.

85 So werden Raumordnungsverfahren beispielsweise durchgeführt vor der Plangenehmigung bzw. Planfeststellung für Straßen des Fernverkehrs, Bundeswasserstraßen, Eisenbahnanlagen, Anlage von Golfplätzen, Zulassung von Hochseilbahnen, Bau von Verbrauchermärkten ab einer bestimmten Größe usw. Die Zahl der Raumordnungsverfahren variiert von Land zu Land. Zur besonderen Häufigkeit des Einsatzes von Raumordnungsverfahren in Bayern siehe *Erbguth,* Rdnrn. 251 f.

86 Dazu *Bielenberg/Erbguth/Söfker,* M 440, Rdnrn. 4.

87 Die Genehmigungswirkung in § 14 BWLplG für Energieleitungen hat mit dem Raumordnungsverfahren in der Sache nichts zu tun. Siehe dazu *Angst/Kröner/Traulsen* (Fn. 9), Erl. zu § 14.

88 Siehe § 13 Abs. 3 BWLplG; § 11 Abs. 2 Satz 2 HessLplG und § 13 Abs. 6 SLPG.

89 Außerordentlich umstritten ist, ob sich aus dem geltenden Recht (§ 4 Abs. 5 ROG, Art. 28 Abs. 2 GG, Landesplanungsrecht) ein Rechtsanspruch der Gemeinden wenigstens auf ermessensfehlerfreie Entscheidung der zuständigen Landesplanungsbehörde über die Einleitung eines Raumordnungsverfahrens ergibt. Siehe zum Meinungsstand *Menke* (Fn. 15); Rdnrn. 1232 f.; BayVGH, BayVBl. 1973, 270 und BVerwG, BayVBl. 1973, 274.

90 Siehe BVerwG, NVwZ 1985, 736 (737).

nung[91] verneinen müssen, soweit nicht landesrechtlich kompetenzgemäß eine Feststellungs-wirkung **besonders** angeordnet ist[92]. Überwiegend wird auch das Ergebnis eines Raumord-nungsverfahrens nicht als Verwaltungsakt gegenüber selbständigen Rechtsträgern, wie z.B. Gemeinden, eingeordnet[93].

II. Die landesplanerische Untersagung

Aus der gemeindlichen Bauleitplanung ist das Problem bekannt, daß in der Zeit zwi-   **60**
schen dem Planaufstellungsbeschluß nach § 2 Abs. 1 Satz 2 BBauG und dem In-krafttreten des Bebauungsplans (§ 12 BBauG) bauliche und sonstige Veränderungen im Plangebiet stattfinden können, die eine Realisierung der künftigen Planfestset-zungen erschweren oder ausschließen. Das BBauG hat auf diese Erfahrung mit den Instrumenten der Veränderungssperre und der Zurückstellung von Baugesuchen rea-giert (§§ 14, 15 BBauG). Ähnliche Schwierigkeiten können sich im Zusammenhang mit der Festlegung von „Zielen" im Rahmen der Landesplanung einstellen. Deshalb eröffnet § 7 Abs. 1 Satz 1 ROG der für die Raumordnung zuständigen Landesbehör-de die Möglichkeit, raumbedeutsame Planungen und Maßnahmen, die Behörden oder sonstige Stellen im Sinne des § 4 Abs. 5 ROG beabsichtigen, für eine bestimmte Zeit zu untersagen, **wenn** zu befürchten ist, daß die Durchführung der „Ziele" der Raumordnung und Landesplanung, deren Aufstellung, Änderung, Ergänzung oder Aufhebung eingeleitet ist, unmöglich gemacht oder wesentlich erschwert wird (mate-rielles Sicherungsbedürfnis). Eine auf diese Vorschrift gestützte Untersagungsverfü-gung kann sich allerdings nur auf solche Planungen und Maßnahmen beziehen, die von der Rechtswirkung der „Ziele" nach § 5 erfaßt würden (§ 7 Abs. 1 Satz 2 ROG). Damit scheiden private Rechtssubjekte und deren Einzelvorhaben von vornherein als unmittelbare Adressaten einer planerischen Untersagungsverfügung aus (vgl. §§ 3 Abs. 3, 5 Abs. 4 i.V.m. 4 Abs. 5 ROG)[94].

Soweit sich die Untersagungsverfügung an einen selbständigen Rechtsträger richtet, ist sie ein   **61**
mit der Anfechtungsklage nach § 42 Abs. 1 VwGO angreifbarer Verwaltungsakt. Wider-spruch und Anfechtungsklage gegen die Untersagung haben aber keine aufschiebende Wir-kung (§ 7 Abs. 2 ROG i.V.m. § 80 Abs. 2 Nr. 3 VwGO). Die Landesplanungsgesetze haben das Nähere geregelt (vgl. § 7 Abs. 3 ROG)[95], freilich teilweise wichtige sachliche Erweierun-

---

91 Dazu näher mit Nachweisen *Erbguth,* Rdnrn. 269 ff.; differenzierter als hier *Schmidt-Aßmann,* VBlBW 1986, 2 (9) mit Kritik an *Angst/Kröner/Traulsen* (Fn. 9), § 13 Rdnr. 22.

92 Siehe etwa § 4 Abs. 1 RhPfStrG, wo eine Beachtenspflicht der Planfeststellungsbehörde in bezug auf das Ergebnis eines Raumordnungsverfahrens angeordnet ist. — Von der rechtsnormativen Feststel-lungswirkung „nach außen" ist die Anordnung der Bindung von Landesbehörden durch *Verwaltungs-vorschriften* mit *Innen*wirkung zu unterscheiden.

93 Wie hier BayVGH, BayVBl. 1974, 43; *Schmidt-Aßmann,* VBlBW 1986, 2 (9 f.). A.A. z. B. für Rhein-land-Pfalz in bezug auf den Abschlußbescheid und dessen Wirkung gegenüber Selbstverwaltungskör-perschaften *Menke* (Fn. 15), Rdnr. 1247.

94 Eine andere Frage ist es, ob der Baugenehmigungsbehörde landesplanerisch die Erteilung einer Bau-genehmigung vorübergehend untersagt werden kann, wenn ein Rechtsanspruch des privaten Bauwer-bers auf Erteilung einer Baugenehmigung besteht. Siehe dazu Fallgestaltung Rdnrn. 56, 63.

95 Siehe § 15 BWLplG; Art. 24 BayLplG; § 12 HessLplG; § 15 NROG; § 22 NWLPlG; § 19 Abs. 3 RhPfLPlG; § 14 SLPG; § 15 SchlHLPlG. In Rheinland-Pfalz ist der landesplanerische Einspruch (§ 19 Abs. 1 und 2 RhPfLPlG) als Rechtsinstitut sui generis eine Art „einfache" Beanstandung. Siehe dazu *Menke* (Fn. 15), Rdnrn. 1250 ff. Eine „vorläufige Untersagung" kennen § 11 Abs. 1 Satz 2 2. Halbsatz HessLplG und § 13 Abs. 5 SLPG.

genommen. In Niedersachsen, Nordrhein-Westfalen und Rheinland-Pfalz dient die Untersagungsverfügung nicht nur der Sicherung künftiger, sondern auch der Einhaltung und Durchführung schon vorhandener „Ziele"[96]. § 23 NWLPlG[97] ermächtigt die Regierungspräsidenten als staatliche Bezirksplanungsbehörden, unter bestimmten Voraussetzungen die Baugenehmigungsbehörden anzuweisen, die Entscheidung über die Zulässigkeit baulicher Anlagen im Einzelfall für höchstens zwölf Monate auszusetzen (§ 23 i.V.m. § 22 Abs. 1 NWLPlG)[98].

Antworten und Lösungshinweise

62 1. Die Klage ist als Anfechtungsklage gem. § 42 Abs. 1 VwGO ohne Widerspruchsverfahren (§ 18a Abs. 6 FStrG) zulässig, da sie sich gegen den Planfeststellungsbeschluß (PFB) vom 7. 11. 1985 und damit gegen einen Verwaltungsakt richtet (siehe V. Straßen- und Wegerecht, Rdnr. 65). Als Eigentümer ist E aus Art. 14 GG klagebefugt (§ 42 Abs. 2 VwGO). Er kann als ein von der Enteignung bedrohter Eigentümer eine umfassende gerichtliche Kontrolle des PFB herbeiführen (BVerwGE 67, 74/76 f.). Erfolg hat die Klage allerdings nur, wenn der PFB objektiv rechtswidrig ist und den Kläger in seinen Rechten verletzt (§ 113 Abs. 1 Satz 1 VwGO). Hier rügt E aber zu Unrecht, daß der PFB an einem Verfahrensfehler leide. Das FStrG sieht in den §§ 16 ff. die Durchführung eines Raumordnungsverfahrens als formelle Voraussetzung für den PFB nicht vor. Die Planung und Linienführung der Bundesfernstraße ist vom Bundesminister für Verkehr lediglich im Benehmen mit den Landesplanungsbehörden zu bestimmen (sog. Raumordnungsklausel des § 16 Abs. 1 FStrG). Das ROG enthält zwar eine Abstimmungspflicht der Bundes- und Landesbehörden mit den Behörden der Landesplanung (§ 4 Abs. 5 Satz 1 und 3), verpflichtet die Länder aber nicht, ein Raumordnungsverfahren im Landesrecht vorzusehen. Damit ergibt sich aus dem ROG weder unmittelbar noch mittelbar der rechtliche Zwang, dem Planfeststellungsverfahren ein solches Raumordnungsverfahren vorzuschalten (str.). Ist aber die Durchführung eines Raumordnungsverfahrens keine formelle Voraussetzung für die Rechtmäßigkeit eines PFB, so ist es auch nicht notwendig, bei veränderten Sachgesichtspunkten ein schon durchgeführtes Raumordnungsverfahren erneut durchzuführen. Die von E geltend gemachten Gesichtspunkte des Naturschutzes hat die Planfeststellungsbehörde vielmehr unabhängig von den Ergebnissen des Raumordnungsverfahrens als öffentliche Belange in ihr Planungsermessen einzubeziehen und mit den anderen öffentlichen und privaten Belangen abzuwägen (BVerwG, NVwZ 1985, 736/737).

63 2. § 7 ROG i.V.m. dem jeweils geltenden Landesplanungsrecht (Rdnr. 60) eröffnet die Möglichkeit, raumbedeutsame Maßnahmen, die Behörden oder sonstige Stellen im Sinne des § 5 ROG beabsichtigen, für eine bestimmte Zeit zu untersagen, wenn zu befürchten ist, daß ein im Verfahren der Aufstellung befindliches „Ziel" der Raumordnung und Landesplanung nicht oder nur unter erschwerten Bedingungen durchgeführt werden kann. Die Befugnis zu einer Zurückstellungsanweisung eröffnet § 7 ROG nicht. Ohnehin ist wegen der „Binnenwirkung" der „Grundsätze" und der „Ziele" der Landesplanung (§§ 3 Abs. 3, 5 Abs. 4 i.V.m. 4 Abs. 5 ROG) strittig, ob eine Untersagungsverfügung auch erlassen werden kann, wenn damit die Verwirklichung eines baurechtlichen Rechtsanspruchs des einzelnen Bürgers ausgeschlossen oder verzögert wird. Der BGH verneint dies und verweist in solchen Fällen auf das Mittel der Veränderungssperre nach § 14 BBauG (BGHZ 88, 51/55;

---

96 Siehe § 15 Abs. 1 Satz 3 NROG; § 22 Abs. 1 NWLPlG und § 19 RhPfLPlG (allerdings hier mit der Einschränkung nach § 19 Abs. 3 Satz 3).

97 Zur Diskussion um die Verfassungsmäßigkeit dieser Vorschrift siehe *Erbguth,* Rdnr. 295 f. und *Depenbrock/Reiners* (Fn. 14), § 23 Rdnr. 1.2.

98 Eine Besonderheit gilt im übrigen in Hessen (§ 12 Abs. 1 HessLplG). Hier bezieht sich das Sicherungsinstrument konsequenterweise nur auf die Zielaufstellungen in regionalen Raumordnungsplänen, da die höherstufigen Pläne nur diesen gegenüber Bindungswirkung entfalten (§ 8 Abs. 1 und 2 HessLplG).

kritisch gegenüber dem BGH Depenbrock/Reiners/Fn. 14, § 22 Rdnr. 2.28). Allein in Nordrhein-Westfalen gibt § 23 NWLPlG — neben der Untersagungsverfügung — die Möglichkeit einer staatlichen Anweisung zur Zurückstellung der Entscheidung über die Zulässigkeit baulicher Anlagen. Freilich ist umstritten, ob sich diese Vorschrift noch innerhalb des Rahmens des ROG bewegt und damit bundesrechtlich mit der städtebaurechtlich abschließend gedachten Bestimmung des § 15 BBauG vereinbar ist (kritisch Erbguth, Rdnr. 295; die Verfassungsmäßigkeit bejahend Depenbrock/Reiners/Fn. 14, § 23 Rdnr. 1.2 mit Nachweisen zum Meinungsstand).

Vertiefungshinweise

Raumordnungsverfahren als Instrument zur Durchsetzung raumordnerischer Ziele, in: Informationen zur Raumentwicklung, hrsg. v. d. Bundesforschungsanstalt für Landeskunde und Raumordnung, 1979; Bielenberg/Erbguth/Söfker, M 440 Rdnrn. 1 ff.

E. Rechtsschutzfragen im Bereich der Landesplanung

Fälle und Fragen

1. Die kreisfreien Städte Althausen und Neuhausen im Bundesland B liegen Kopf an Kopf im **64** Rennen um die landesplanerische Ausweisung als „Oberzentrum". Im Landesentwicklungsplan (Landesentwicklungsprogramm, Landesraumordnungsprogramm usw.) wird schließlich Neuhausen die zentralörtliche Funktion eines Oberzentrums zugewiesen. Althausen will diese Entscheidung verwaltungsgerichtlich überprüfen lassen und den Nachweis führen, daß unsachliche Gesichtspunkte den Ausschlag für die Einstufung von Neuhausen als Oberzentrum gegeben hätten. Ist eine solche Klage zulässig und begründet?

2. Der Unternehmer U betreibt im Außenbereich der Gemeinde G den Abbau von Kalk. Da **65** sich die bisher genutzten Flächen zunehmend erschöpfen, strebt U an, auf einer an das bisherige Abbaugebiet angrenzenden und inzwischen von ihm aufgekauften Fläche den Kalkabbau fortzuführen. Die Gemeinde steht diesem Vorhaben ablehnend gegenüber. Sie weist darauf hin, daß im Flächennutzungsplan (FNPl) die fragliche Fläche als Fläche für landwirtschaftliche Nutzung dargestellt sei. U will nun, da Gespräche mit den politisch verantwortlichen Kräften gescheitert sind, verwaltungsgerichtlich durchsetzen, daß in dem in der Aufstellung befindlichen Regionalplan (Regionaler Raumordnungsplan, Bezirksentwicklungsplan usw.) eine Vorrangfläche für den Kalkabbau in dem von ihm in Aussicht genommenen Bereich als „Ziel" der Raumordnung und Landesplanung ausgewiesen wird. Er geht davon aus, daß dann der FNPl der Gemeinde G gem. § 1 Abs. 4 BBauG dem „Ziel" angepaßt wird. Hat die Klage Aussicht auf Erfolg?

I. Die Rechtsschutzinteressen

Die „Grundsätze" der Raumordnung haben dem einzelnen gegenüber keine unmit- **66** telbare Rechtswirkung (§ 3 Abs. 3 ROG). Dies gilt in gleicher Weise für die aus diesen „Grundsätzen" entwickelten „Ziele" der Raumordnung und Landesplanung (vgl. § 5 Abs. 4 i.V.m. § 4 Abs. 5 ROG). Gleichwohl bedeutet dies nicht, daß aus der Sicht des einzelnen privaten Rechtssubjekts Rechtsschutzfragen in bezug auf landesplanerische Akte ohne Bedeutung sind. Die oben (Rdnrn. 45—49) dargestellten Einwirkungen der Landesplanung auf die bauplanungsrechtliche Beurteilung von Vorhaben nach §§ 29 ff. BBauG können auch bei Privatpersonen Überlegungen zu den Möglichkeiten einer inzidenten oder direkten verwaltungsgerichtlichen Kontrolle der Rechtswirksamkeit von bestimmten „Zielen" der Landesplanung auslösen[99]. Praktisch im Vordergrund steht aber das Rechtsschutzinteresse der öffentlich-rechtlichen Rechtspersonen und hier insbesondere der Gemeinden. Deren Rechtsschutzbegehren kann auf die Abwehr von landesplanerischen Akten gehen, z. B. im Zusammenhang mit den eine Anpassungspflicht nach § 1 Abs. 4 BBauG auslösenden „Zielen". Es kann aber auch auf die Herbeiführung einer bestimmten landesplanerischen „Ziel"-Festlegung gerichtet sein, z. B. wenn eine Gemeinde eine bestimmte zentralörtliche Funktionszuweisung anstrebt. Die Möglichkeit einer inzidenten verwaltungsgerichtlichen Kontrolle im Zusammenhang mit einem bestimmten Vorgang der Landesplanung genügt dabei häufig dem Rechtsschutzinteresse der Gemeinden nicht, da die Aufstellung bzw. Nichtaufstellung landesplanerischer „Ziele", etwa im Falle der Nichtzuweisung einer angestrebten zentralörtlichen Funktion, vielfältige unmittelbare und mittelbare, rechtliche und faktische Wirkungen entfalten[100].

II. Rechtsschutzmöglichkeiten im Bereich der Landesplanung

1. Die Frage nach der Rechtsnatur von „Zielen" der Raumordnung und Landesplanung

67   Die bei Lektüre von Literatur und Rechtsprechung zum Raumordnungs- und Landesplanungsrecht nicht zu überlesenden Schwierigkeiten, in der Rechtsschutzfrage zu einvernehmlichen Lösungen zu kommen[101], sind bekanntlich wesentlich dadurch bedingt, daß die konkreten Rechtsschutzangebote der VwGO prinzipiell an die Rechtsnatur öffentlich-rechtlichen Handelns anknüpfen, die Beurteilung der Rechtsnatur der „Ziele" der Raumordnung und Landesplanung aber außerordentlich kontrovers ist. „Ziele" sind im allgemeinen materiell keine Außenrechtsnormen, weil sie (räumlich und sachlich) konkret und nicht abstrakt gefaßt sind und auch nicht gegenüber einer unbestimmten Anzahl selbständiger Rechtsträger unmittelbare Rechtswirkungen äußern[102]. Teilweise haben sie nur verwaltungsinterne Absichten, teilweise beziehen sie sich auf einen bestimmten Rechtsträger, etwa eine Ge-

---

99 Eine direkte verwaltungsgerichtliche Kontrolle kann z. B. interessant sein, wenn das Verfahren für die Genehmigung einer bestimmten Nutzung, etwa einer Abgrabung im Außenbereich, wegen vorhandener Reserven noch nicht ansteht, wohl aber im Regionalplan ein der künftigen Nutzung entgegenstehendes „Ziel" aufgenommen ist, das sich schon jetzt auf die langfristige Unternehmensplanung auswirkt.

100 Zu denken ist beispielsweise an gesetzliche Förderpflichten des Staates, aber auch an unternehmerische Entscheidungen, die mit der zentralörtlichen Funktion einer Gemeinde zusammenhängen, schließlich der Einfluß der zentralörtlichen Ausweisung auf die Grundstückspreise.

101 Ganz ausführliche Diskussion des gesamten Problems jüngst bei *Hoppe,* Rdnrn. 293 ff.

102 A.A. dezidiert *Hoppe,* Rdnrn. 311, 329: „Ziele" sind Rechtsnormen des Außenrechts, im Zweifel Rechtsverordnungen. Siehe weiter *Schmidt-Aßmann,* DÖV 1981, 237 (238 f.): Rechtsvorschriften sonstiger Art; *Lautner,* Hess. Städte- und Gemeindezeitung 1986, 51 (53): Rechtssatzeigenschaft des regionalen Raumordnungsplans in Hessen „aufgrund seiner überwiegend normativen Wirkungen"; BayVGH, BayVBl. 1984, 240 (241 f.): Sachlicher Teilabschnitt eines Regionalplans mit Bestimmungen über Kleinzentren ist Rechtsvorschrift im Sinne des § 47 Abs. 1 Nr. 2 VwGO.

meinde. Der Einordnung der „Ziele" als Verwaltungsakte wird entgegengehalten, ihnen fehle die bestimmte und unmittelbare rechtliche Außenwirkung. Sie seien prinzipiell auf weitere Konkretisierung angelegt. Ohnehin wird wegen der inhaltlich so verschiedenen landesplanerischen Aussagen, die in „Zielen" der Raumordnung und Landesplanung formuliert werden[103], deren generelle rechtsdogmatische Einordnung in die herkömmliche Typik der Hoheitsakte nur schwer möglich sein. Andererseits sind „Ziele" unbestreitbar öffentlich-rechtliche Rechtsakte, deren Rechtmäßigkeit — wie bei sonstigen hoheitlichen Handlungen auch — die Beachtung bestimmter formeller und materieller Kriteren voraussetzt. Daher spricht manches dafür, im Interesse einer einheitlichen rechtsdogmatischen Behandlung „Ziele" als Hoheitsakte sui generis anzusehen[104] und in der Rechtsschutzfrage den sachnächsten Weg zu suchen.

2. Gesicherte und ungesicherte Antworten auf die Rechtsschutzfrage

a) Sind „Ziele" ihrer Rechtsnatur nach keine Verwaltungsakte und entfalten sie daher auch **nicht** nach Art von Verwaltungsakten (vgl. §§ 43 Abs. 2 und 3, 44 BVwVfG) im Falle der Rechtswidrigkeit grundsätzlich Rechtswirkungen, so kann ihre Rechtmäßigkeit in jedem verwaltungsgerichtlichen Verfahren **inzident** überprüft werden[105]. Denn (formell und/oder materiell) rechtswidrige „Ziele" sind rechtsunwirksam. Dies gilt gerade auch dann, wenn die „Ziele" auf Grund ausdrücklicher landesgesetzlicher Bestimmung in der Rechtsform von Rechtsverordnungen oder Satzungen aufgestellt werden[106]. Sind — ausnahmsweise — „Ziele" in förmlichen Gesetzen enthalten[107], so muß das Verwaltungsgericht, das solche „Ziele" für verfassungswidrig hält, im Falle der Entscheidungserheblichkeit nach Art. 100 GG dem zuständigen Verfassungsgericht vorlegen[108].

68

b) Im Zusammenhang mit den „direkten" Rechtsschutzmöglichkeiten ist zu differenzieren.

(1) Das ROG hat dem Landesplanungsrecht die Rechtsform nicht vorgegeben, in denen Programme und Pläne erlassen werden sollen[109]. Ist für die Aufstellung von landesplanerischen „Zielen" vom Landesgesetzgeber eine bestimmte Rechts-

69

---

103 Zu den Abstufungen in bezug auf die räumliche Konkretisierung siehe z. B. *Brohm,* DVBl. 1980, 653 f.

104 Siehe dazu u. a. OVG Lüneburg, BRS Bd. 23, Nr. 12, S. 29 (31); DVBl. 1973, 151; BremStGH, NVwZ 1983, 735 (737) und *Depenbrock/Reiners* (Fn. 14), § 13 Rdnr. 2.

105 Eine Inzidentprüfung ist etwa bei der Durchsetzung der Anpassungspflicht nach § 1 Abs. 4 BBauG im Verfahren der Genehmigung eines Bauleitplans vorstellbar, aber auch bei der Überprüfung der Rechtmäßigkeit einer Untersagungsverfügung nach § 7 ROG.

106 Zu beachten ist allerdings, daß die Landesplanungsgesetze in Baden-Württemberg und Nordrhein-Westfalen „Heilungs"-Vorschriften enthalten. Siehe oben Fn. 55.

107 Siehe §§ 4 Abs. 2, 5 Abs. 4 NROG (Teil I des Landes-Raumordnungsprogramms mit „Zielen" zur allgemeinen Entwicklung des Landes); § 12 Satz 1 und 2 NWLPlG (Landesentwicklungsprogramm mit „allgemeinen Zielen" der Raumordnung und Landesplanung). Vgl. dazu auch noch Fn. 52.

108 Zur Vorlagepflicht nach Landesrecht, die teilweise auch Rechtsvorschriften im Range unterhalb des förmlichen Gesetzes erfaßt, siehe v. Pestalozza, Verfassungsprozeßrecht, 2. Aufl. 1982, S. 198, 125 f., 330 ff., 367, 380, 398, 415.

109 BremStGH, NVwZ 1983, 735 (736).

form vorgeschrieben[110], so kann daran prozeßrechtlich angeknüpft werden. „Ziele" sind zwar ihrer Rechtsnatur nach jedenfalls nicht eindeutig Rechtsnormen. Sind sie jedoch in der äußeren Form von Rechtsnormen aufgestellt, so sind sie zumindest prozeßrechtlich auch als solche zu behandeln. „Ziele", die in förmlichen Gesetzen oder Rechtsverordnungen[111] verankert sind, können von Gemeinden beim BVerfG mit der kommunalen Verfassungsbeschwerde unmittelbar wegen Verletzung des Rechts auf Selbstverwaltung angegriffen werden (Art. 93 Abs. 1 Nr. 4 b GG i.V.m. § 91 Satz 1 BVerfGG). Für diese landesrechtlichen Vorschriften greift die Zuständigkeit des BVerfG allerdings nur, soweit nicht die Gemeinden Beschwerde wegen Verletzung des Selbstverwaltungsrechts zum Landesverfassungsgericht erheben können (Art. 93 Abs. 1 Nr. 4 b GG i.V.m. § 91 Satz 2 BVerfGG)[112].

70   Finden sich die „Ziele" in Programmen oder Plänen, die nach Landesrecht als Rechtsverordnungen oder Satzungen erlassen werden, so kommt die verwaltungsgerichtliche Normenkontrolle nach § 47 Abs. 1 Nr. 2 VwGO in Betracht, sofern diese in dem betreffenden Bundesland eingeführt ist[113]. Man kann weiter daran denken, die in einzelnen Landesplanungsgesetzen ausdrücklich erfolgte gesetzgeberische Entscheidung für die (untergesetzliche) Rechtssatzform bestimmter Programme und Pläne (Rdnr. 69 i.V.m. 110) entsprechend auf andere Programme und Pläne desselben Landesbereichs auch ohne ausdrückliche Rechtssatzanordnung anzuwenden[114], wenn und soweit deren „Ziele" eine vergleichbare Struktur aufweisen. Auf diese Weise käme man zu einer zusätzlichen Eröffnung des Normenkontrollverfahrens nach § 47 VwGO für die Überprüfung landesplanerischer Akte und damit zu einem sachgerechten Rechtsschutz[115]. Allerdings ist dieser Weg nach überwiegender Meinung nicht gangbar, wenn auf die positive **Vornahme** eines bestimmten landesplanerischen Aktes, z. B. durch eine Gemeinde auf eine bestimmte zentralörtliche Einstufung oder durch einen Privaten auf die Ausweisung einer Vorrangfläche für eine bestimmte gewerbliche Nutzung im Regionalplan geklagt wird. Hier liegt dann eine Art „Normleistungsklage" oder „Normerlaßklage" vor, deren Behandlung prozeßrechtlich außerordentlich umstritten ist[116].

---

110 Siehe im einzelnen: § 6 Abs. 1 BWLplG (Landesentwicklungsplan und fachliche Entwicklungspläne als Rechtsverordnung); § 9 Abs. 6 BWLplG (Regionalpläne als Satzung); Art. 14 Abs. 3 BayLplG (Landesentwicklungsprogramm als Rechtsverordnung der Staatsregierung mit Zustimmung des Landtags); §§ 8 Abs. 1 2. Halbsatz, Abs. 4 NROG (Raumordnungsprogramm der Landkreise als Satzung, der kreisfreien Städte allerdings als Flächennutzungsplan).

111 Gesetz im Sinne des Art. 93 Abs. 1 Nr. 4 b GG ist jede Rechtsnorm (BVerfGE 26, 228/236).

112 Siehe Art. 76 BWVerf.; Art. 98 Satz 4 BayVerf.; Art. 140 BremVerf.; §§ 13 Nr. 8, 50 NWVerfGHG; Art. 130 RhPfVerf.; Art. 123 SaarlVerf. i.V.m. § 49 SaarlVerfGHG. Zum ganzen siehe *v. Pestalozza,* (Fn. 108), S. 132 ff.

113 Dies ist in Baden-Württemberg, Bayern, Bremen, Hessen, Niedersachsen, Rheinland-Pfalz und Schleswig-Holstein geschehen. Verfassungsgerichtliche Überprüfungsverfahren kommen hinzu, wie z. B. in Bayern Art. 98 Satz 4 BayVerf.

114 Dieser Gedanke bestimmt auch stark BayVGH, BayVBl. 1984, 240 (242).

115 So meint *Battis* (S. 230), wenn man sich für den Hoheitsakt eigener Art entscheide, so sei es konsequent, das Verfahren nach § 47 VwGO zu wählen.

116 Siehe dazu *Renck,* JuS 1982, 338 ff; für die analoge Anwendung des § 47 VwGO BayVGH, BayVBl. 1980, 209 ff.

(2) Ermöglicht die Landesgesetzgebung mangels entsprechender ausdrücklicher Re- **71**
gelung eine unmittelbare oder analoge Zuordnung der landesplanerischen „Ziele" zur Kategorie des (untergesetzlichen) Rechtssatzes nicht oder ist ein Normenkontrollverfahren nach § 47 Abs. 1 Nr. 2 VwGO in dem betreffenden Bundesland nicht vorgesehen[117], so ist nach anderen Rechtsschutzmöglichkeiten zu suchen. Ähnlich wie im Falle der gerichtlichen Kontrolle des Flächennutzungsplans kommt auch hier vor allem die Erhebung einer allgemeinen **Feststellungsklage** nach § 43 VwGO in Betracht[118]. Dabei ist nicht der Plan als solcher Gegenstand der angestrebten gerichtlichen Feststellung, sondern die durch bestimmte
gesetzliche Vorschriften (etwa §§ 1 Abs. 4, 35 Abs. 2 i.V.m. 3 BBauG, § 5 Abs. 4
ROG)[119] hergestellte Rechtsbeziehung zwischen Plangeber und dem einzelnen
Rechtssubjekt in bezug auf eine bestimmte Planaussage. Man sollte aber auch
stärker als bisher die Möglichkeit einer **Allgemeinen Leistungsklage** in Erwägung ziehen, die nach der Rechtsprechung des BVerwG gerade auch zur Überprüfung verwaltungsinterner oder jedenfalls nicht mit unmittelbarer Rechtswirkung ausgestatteter Hoheitsakte bei Nachweis einer § 42 Abs. 2 VwGO entsprechenden Klagebefugnis eröffnet ist[120]. Eine solche Allgemeine Leistungsklage
kann sich sowohl auf die Abwehr öffentlich-rechtlichen Handelns in der Form
eines landesplanerischen „Ziels" richten als auch auf dessen Herbeiführung[121].

c) Rechtsschutz in der Form der Anfechtungsklage (§ 42 Abs. 1 VwGO) ist eröffnet, **72**
wenn die Landesplanungsbehörde einer selbständigen Rechtspersönlichkeit gegenüber, etwa einer Gemeinde, Verwaltungsakte setzt, wie z. B. beim Erlaß einer Untersagungsverfügung nach § 7 ROG oder eines Planungsgebots nach landesrechtlichen
Vorschriften (Rdnr. 42). Die **Verpflichtungsklage** (§ 42 Abs. 1 VwGO) kann auf
Durchsetzung bestimmter landesplanerischer Verwaltungsakte gehen, z. B. auf die
Erteilung der Genehmigung (Verbindlicherklärung, Feststellung) eines Regionalplans (Rdnrn. 18, 28, 31)[122].

d) Die **Allgemeine Leistungsklage** ist einzusetzen, wenn und soweit schlicht hoheitli- **73**
che Verwaltungshandlungen erzwungen oder abgewehrt werden sollen. Will die Gemeinde beispielsweise ein Beteiligungsrecht an der Landesplanung durchsetzen, das
ihr angeblich zusteht, aber nicht zugestanden wurde, so ist sie auf diese Klageart verwiesen. Allerdings ist hier § 44 a VwGO zu beachten. Die Allgemeine Leistungsklage

---

117 In Rheinland-Pfalz sollen wegen § 4 RhPf AGVwGO Gegenstand eines Normenkontrollverfahrens
nach § 47 Abs. 1 Nr. 2 VwGO nur die zielförmigen Festlegungen *regionaler* Raumordnungspläne
sein. Siehe dazu näher *Menke* (Fn. 15), Rdnr. 1360.
118 Siehe *Löwer*, JuS 1975, 779 (785); zum Fall des Flächennutzungsplans OVG Lüneburg, BRS Bd. 23,
Nr. 27, S. 55 (57).
119 Ein Rechtsverhältnis begründet beispielsweise auch die gesetzlich verankerte Förderpflicht des Staates zugunsten zentralörtlicher Gemeinden, wie etwa Art. 2 Nr. 3 BayLplG.
120 Beispiele bei *Steiner*, JuS 1984, 853 (854).
121 Feststellungsklage und allgemeine Leistungsklage stehen nebeneinander. Das BVerwG wendet die
Subsidiaritätsklausel des § 43 Abs. 2 VwGO im Verhältnis der beiden Klagearten zueinander nicht
an. Siehe BVerwGE 36, 179 (181 f.); 40, 323 (327 f.).
122 Hoppe (Rdnrn. 427—430) will allerdings in Fällen, in denen Träger der Regionalplanung nicht selbständige Rechtssubjekte sind (also: Regionale Planungsversammlung in Hessen, Bezirksplanungsrat
in Nordrhein-Westfalen) im Organstreitverfahren die Frage der Genehmigungsfähigkeit des Planes
geklärt wissen.

ist weiter die zutreffende Klageart, wenn eine Gemeinde auf die Durchführung eines Raumordnungsverfahrens klagen will[123].

Antworten und Lösungshinweise

74 1. Die beabsichtigte Klage richtet sich unmittelbar gegen die erfolgte Ausweisung von Neuhausen als Oberzentrum und nicht auf die Vornahme der (bisher unterbliebenen) Zuweisung einer entsprechenden zentralörtlichen Funktion an Althausen. Dies ist für die Beurteilung der Rechtsschutzfrage wichtig. Da die angegriffene zentralörtliche Ausweisung von Neuhausen in einem Programm oder Plan nach § 5 Abs. 1 ROG als „Ziel" der Raumordnung und Landesplanung erfolgt, hängt die Frage der Klageart von der Rechtsnatur dieses „Zieles" ab. Wird das Programm oder der Plan als förmliches Gesetz oder Rechtsverordnung beschlossen (Rdnrn. 68, 69), so kann die Gemeinde grundsätzlich den Weg der Kommunalverfassungsbeschwerde gehen (Rdnr. 69). Wird das Programm oder der Plan als Rechtsverordnung beschlossen, so kommt eine verwaltungsgerichtliche Normenkontrolle nach § 47 Abs. 1 Nr. 2 VwGO in Verbindung mit der jeweiligen landesgesetzlichen Ausführungsbestimmung in Betracht (Rdnr. 70). Bestehen diese Möglichkeiten mangels entsprechender landesgesetzlicher Anknüpfungspunkte für die Qualifikation nicht (Rdnr. 71), so sind andere verwaltungsgerichtliche Klagearten zu untersuchen. Bei der Erhebung einer Feststellungsklage (§ 43 VwGO) ist allerdings zu beachten, daß die Ausweisung von Neuhausen als Oberzentrum nur mittelbare Auswirkungen auf Althausen hat. Die Gemeinde Althausen muß also als „Dritte" auf Nichtbestehen eines Rechtsverhältnisses zwischen dem Plangeber und Neuhausen klagen (zu dieser Möglichkeit siehe Kopp, VwGO, 7. Aufl. 1985, § 43 Rdnr. 16). Das Feststellungsinteresse ergibt sich aus den vielfältigen Auswirkungen der zentralörtlichen Einstufung einer Gemeinde. Diese Einstufung berührt auch unmittelbar das Selbstverwaltungsrecht im Sinne des Art. 28 GG mit der Folge, daß unter Berufung auf diese Vorschrift die Klagebefugnis in entsprechender Anwendung des § 42 Abs. 2 VwGO begründbar wäre, falls man im gegebenen Fall die Allgemeine Leistungsklage als zutreffende Klageart ansieht.

Die Klage hat in der Sache nur Erfolg, wenn die für die landesplanerische Ausweisung zuständige Stelle von dem ihr zustehenden Planungsermessen einen fehlerhaften Gebrauch gemacht hat. Dieses Planungsermessen ist dabei von den „Grundsätzen" der Raumordnung und Landesplanung geleitet, aber auch von vorhandenen gesetzlichen Kriterien für die Einstufung von Gemeinden im Rahmen eines zentralörtlichen Systems in Verbindung mit dem Gleichheitssatz als allgemeinem, vom Grundrechtsstatus der Gemeinden unabhängigen objektiv-rechtlichen Prinzip. Werden an Stelle sachlicher Gesichtspunkt nachweisbar unsachliche Gesichtspunkte zur Anwendung gebracht, so kann die Rechtswidrigkeit der angegriffenen Planentscheidung verfassungs- und verwaltungsgerichtlich festgestellt werden.

75 2. Als Klageart kommt hier wohl die Erhebung einer Allgemeinen Leistungsklage in Betracht, unabhängig davon, ob der Regionalplan als Rechtsverordnung oder Satzung beschlossen wird (Rdnrn. 70, 71). Sie ist allerdings als unzulässig anzusehen, wenn man eine § 42 Abs. 2 VwGO entsprechende Klagebefugnis mit der h. M. verlangt. Zwar ist die Ausweisung einer Vorrangfläche für den Kalkabbau ein mögliches „Ziel" der Landesplanung auf regionaler Ebene. Doch entfalten weder die „Grundsätze" noch die „Ziele" der Landesplanung und Raumordung unmittelbare Wirkung gegenüber dem Bürger (Rdnrn. 14, 35). Dem entspricht es, daß der einzelne nach ganz h. M. gegenüber den Stellen der Landesplanung keinen Rechtsanspruch auf Vornahme bestimmter landesplanerischer Aussagen hat, wohl auch nicht in der Form eines Anspruchs auf fehlerfreie Ausübung des Planungsermessens. U ist also auf andere rechtliche Möglichkeiten zu verweisen. So erscheint zum einen frag-

---

123 Zur außerordentlich strittigen Frage des Rechtsanspruchs einer Gemeinde auf Durchführung eines Raumordnungsverfahrens siehe Fn. 89.

lich, ob die Darstellung der landwirtschaftlichen Nutzung im Flächennutzungsplan (FNPl) überhaupt dem privilegierten Vorhaben entgegengehalten werden kann, weil ihre Aussage nicht über den Regelungsgehalt des § 35 Abs. 2 BBauG hinausgeht (BVerwGE 68, 311/315 f.). Weiter kann unter besonderen Voraussetzungen, etwa unter dem Aspekt des „überwirkenden Bestandsschutzes" (BVerwGE 49, 365/370) aus Art. 14 GG ein Rechtsanspruch auf Baugenehmigung nach § 35 Abs. 1 Nr. 4 und Abs. 3 BBauG abgeleitet werden, demgegenüber — wegen der eigentumsrechtlichen Verfestigung — die in Frage stehende Darstellung des FNPl keine Wirkung entfaltet (BVerwGE 68, 311/316). Einer Anpassung des FNPl auf Grund einer inzwischen erfolgten Aufstellung eines entsprechenden landesplanerischen „Ziels" nach § 1 Abs. 4 BBauG bedarf es dann nicht.

Vertiefungshinweise

Hoppe, Rdnrn. 293 ff.; *Hosch,* Probleme des verwaltungsgerichtlichen Rechtsschutzes bei Zielen der Raumordnung und Landesplanung, in: WuV 1977, S. 36 ff.; Löhr, Gerichtliche Rechtsschutzmöglichkeiten der Gemeinden gegen Regionalpläne, DVBl. 1980, 13 ff.; Löwer, Gemeindliches Selbstverwaltungsrecht und Landesplanung — OVG Lüneburg, DVBl. 1973, 151, in: JuS 1975, 779 ff.; Steinberg, Verwaltungsgerichtlicher Schutz der kommunalen Planungshoheit gegenüber höherstufigen Planungsentscheidungen, DVBl. 1982, 13 ff.; Wahl I, S. 101 ff.

Literatur (Auswahl)

W. Cholewa/H. Dyong/H.-J. von der Heide, Raumordnung in Bund und Ländern, Loseblatt-Kommentar, 1981 ff.; *U. Battis,* Öffentliches Baurecht und Raumordnungsrecht, 1981 (zit. Battis); *W. Bielenberg/W. Erbguth/W. Söfker,* Raumordnungs- und Landesplanungsrecht des Bundes und der Länder, Loseblatt-Kommentar, Bd. 2, 1979 ff.; *R. Breuer,* Die hoheitliche raumgestaltende Planung, 1968; *W. Erbguth,* Raumordnungs- und Landesplanungsrecht, Studienreihe Wahlfach, Bd. 9, 1983 (zit. Erbguth); *Erbguth/Schlarmann,* Zur Durchsetzung von Umweltbelangen in der Raumplanung, 1982; *W. Ernst,* Raumordnung und Landesplanung, in: *Ernst/Hoppe,* Das öffentliche Bau- und Bodenrecht, 2. Aufl. 1981, Rdnrn. 1—110; *Forsthoff/Blümel,* Raumordnungsrecht und Fachplanungsrecht, 1970; *K. H. Friauf,* Raumordnungsrecht, in: Besonderes Verwaltungsrecht, hrsg. v. I. v. Münch, 6. Aufl. 1982, S. 613—631; *W. Hoppe,* in: *Hoppe/Menke,* Das Recht der Raumordnung und Landesplanung in Bund und Ländern. Eine systematische Darstellung mit Landesteil Rheinland-Pfalz, 1986 (zit. Hoppe); *W. Schmidt-Aßmann,* Fortentwicklung des Rechts im Grenzbereich zwischen Raumordnung und Städtebau, 1977 (zit. Schmidt-Aßmann, Fortentwicklung); *R. Wahl,* Rechtsfragen der Landesplanung und Landesentwicklung, Bd. 1 und 2, 1978 (zit. Wahl I bzw. II)

76

VII. Wirtschaftsverwaltungsrecht

— unter Berücksichtigung ausgewählter Bereiche des Umweltschutzrechts —

Von Hans-Wolfgang Arndt

Inhalt

633

A. Einführung

I. Das Fach Wirtschaftsverwaltungsrecht und Umweltschutzrecht in den Ausbildungs- und Prüfungsordnungen der Bundesländer

Wirtschaftsverwaltungsrecht und Umweltschutzrecht sind — mit geringen Abweichungen — in fast allen Bundesländern Gegenstand der zweistufigen Juristenausbildung. Überwiegend werden sie als Gegenstand einer Wahlfachgruppe behandelt. In Berlin (§ 6 Abs. 1 Ziff. 2 Berl JAO), Hessen (§ 7 Abs. 3 Ziff. 6 Hess JAG), Niedersachsen (§ 9 Ziff. 8 N JAO), Nordrhein-Westfalen (§ 3 Abs. 4 Ziff. 2e NW JAG) und Rheinland-Pfalz (§ 1 Abs. 4 Ziff. 6 RhPf JAPO) sind sie ausdrücklich als Inhalt einer Wahlfachgruppe umschrieben. Baden-Württemberg hat im Rahmen einer Wahlfachgruppe „aus dem Umweltrecht die Grundzüge des Naturschutzrechts, des Immissionsschutzrechts und des Wasserrechts", „Grundzüge des Gewerberechts" und „Grundzüge des öffentlichen Finanz- und Haushaltsrechts" geregelt (§ 5 Abs. 4 Ziff. 3a BW JAPrO). Bayern (§ 5 Abs. 3 Ziff. 4 Bay JAO) verlangt lediglich Wirtschaftsverwaltungsrecht. In Hamburg zählen die Grundzüge des Umweltrechts und des Wirtschaftsverwaltungsrechts zu den Pflichtfachgruppen (§ 5 Abs. 2 Ziff. 5a Hmb JAO), eine Vertiefung ist in Wahlschwerpunkten möglich (§ 5 Abs. 3 Ziff. 5 Hmb JAO). Schleswig-Holstein rechnet Umweltschutzrecht zum Pflichtfachkatalog (§ 3 Abs. 2 Ziff. 3c SchlH JAO), während Wirtschaftsverwaltungsrecht Wahlfach ist (§ 3 Abs. 3 Ziff. 9 SchlH JAO). Das Saarland hat das Umweltschutzrecht dem Wahlfach „Besonderes Verwaltungsrecht" zugeschlagen (§ 11 Abs. 3 Ziff. 4 Saarl JAO), während Wirtschaftsverwaltungsrecht Teil des Wahlfaches „Wirtschaftsrecht" ist (§ 11 Abs. 3 Ziff. 6 Saarl JAO). In Bremen ist eine ausdrückliche Hervorhebung der Rechtsgebiete nicht erfolgt.

II. Inhalt des Wahlfachs Wirtschaftsverwaltungsrecht und Umweltschutzrecht

Diese weitgehende Übereinstimmung der Ausbildungs- und Prüfungsordnungen der Bundesländer könnte zu der Annahme verleiten, das Wirtschaftsverwaltungsrecht umfasse bestimmte, eindeutig abgrenzbare Rechtsgebiete. Dem ist nicht so. Kein anderes in den Ausbildungsordnungen genanntes Prüfungsfach ist nach **Inhalt und Umfang** so **unbestimmt** wie das Wirtschaftsverwaltungsrecht. Dafür sind zwei Gründe maßgeblich:

Zum einen haben nahezu alle staatlichen Normen irgendeinen Einfluß auf das Wirtschaftsgeschehen. So wirkt sich beispielsweise ein sehr weitgehender Kündigungsschutz für Arbeitnehmer oder für gemieteten Wohnraum neben vielen anderen Faktoren — wie Auftragslage oder Verzinsung des eingesetzten Kapitals — auf die betriebliche Einstellungspraxis bzw. die Investitionsneigung auf dem Wohnungsmarkt aus. Ein hoher Ertragssteuersatz mindert u. U. nicht nur die Investitionsneigung, sondern führt darüber hinaus zur Abwanderung ins steuerfreundlichere Ausland und damit zum Verlust inländischer Arbeitsplätze. Gleichwohl gehören herkömmlicherweise weder das Arbeits- noch das Miet- oder Steuerrecht zum Wirtschaftsver-

1

2

waltungsrecht, obgleich sich auch mit Hilfe dieser Normen, wie die Beispiele zeigen, das Handeln der privaten Wirtschaftssubjekte beeinflussen oder gar steuern läßt.

3   Zum anderen führt die der deutschen Rechtsordnung eigentümliche Unterscheidung zwischen Zivilrecht und Öffentlichem Recht nun keineswegs dazu, daß jedenfalls alle öffentlich-rechtlichen Normen, die geeignet oder auch dazu bestimmt sind, das Wirtschaftsgeschehen zu steuern, der Wahlfachgruppe Wirtschaftsverwaltungsrecht zugeordnet werden. Das augenfälligste Beispiel dafür ist neben dem Steuerrecht vor allem das **Kartellrecht.** Die Kartellbehörden handeln kraft öffentlichen Rechts, wenn sie einen beabsichtigten Unternehmenszusammenschluß wegen entgegenstehender kartellgesetzlicher Bestimmungen untersagen. Inhaltlich gesehen handelt es sich bei der Ausübung ihrer Befugnisse um Wirtschaftsverwaltungsrecht. Der Gesetzgeber hat hingegen — soweit es um die Wahlfachgruppeneinteilung geht — eine andere Entscheidung getroffen. Er hat das Kartellrecht einer anderen Basisgruppe zugeordnet. Damit hat er sich für eine eher formale Umschreibung des Wirtschaftsverwaltungsrechts entschieden. Man kann ohne Übertreibung behaupten, daß dieser Begriff, so wie er in den Ausbildungs- und Prüfungsordnungen verstanden wird, ein künstlicher ist, der nicht durchweg inhaltlich sachbezogene Abgrenzungen zu anderen Rechtsmaterien erlaubt.

4   Den Studenten, der sich für eine Wahlfachgruppe entschieden hat, die das Wirtschaftsverwaltungsrecht mit umfaßt, braucht diese begriffliche Auseinandersetzung jedoch nicht weiter zu beunruhigen. Der gewissen Künstlichkeit dieses Begriffes zum Trotz besteht nämlich im Kern Einigkeit darüber, welchen Rechtsstoff das Wirtschaftsverwaltungsrecht umfaßt.

5   1. In einem Rechtssystem, das auf einer geschriebenen Verfassung aufbaut, muß jedes Rechtsgebiet in erster Linie von seinen **verfassungsrechtlichen Grundlagen** her verstanden werden. Die verfassungsrechtlichen Aussagen über Inhalt und Grenzen staatlicher Einwirkung auf das wirtschaftliche Geschehen haben daher am Beginn jeder Darstellung des Wirtschaftsverwaltungsrechts zu stehen. Dabei versteht es sich von selbst, daß jede verfassungsrechtliche Entscheidung unverstanden bleibt, solange man den geschichtlichen Hintergrund nicht kennt. Ein kurzer historischer Überblick über das Verhältnis des Staates zur Wirtschaft in früheren Rechtsordnungen ist daher auch für das Verständnis des geltenden Rechts unerläßlich.

6   2. Auf der Ebene des einfachen Rechts ergeben sich weitere Gliederungsmöglichkeiten. Einige öffentlich-rechtliche Normen verleihen einem Träger öffentlicher Gewalt die Befugnis, das gesamte Wirtschaftsgeschehen zu beeinflussen, andere Normen gelten nur für einzelne Wirtschaftszweige. Mit ihrer **Haushaltspolitik** nehmen Bund, Länder und Gemeinden ebenso Einfluß auf die wirtschaftliche Konjunktur, wie es im Rahmen ihrer vom Bundesbankgesetz verliehenen Befugnisse die Bundesbank mit Hilfe der **Geldpolitik** tut. Ebenfalls von potentieller Bedeutung für alle Wirtschaftssubjekte sind die Möglichkeiten und Grenzen staatlicher **Subventionierung.** Gleiches gilt auch für das „Grundgesetz des Gewerberechts", die **Gewerbeordnung,** sowie für das „Grundgesetz des Umweltschutzes", das **Bundesimmissionsschutzgesetz.** Die Organisation der Wirtschaftsverwaltung und die Selbstverwaltung der Wirtschaft betreffen ebenfalls alle Wirtschaftszweige.

Für die zahllosen einzelnen Wirtschaftssparten gibt es eine Fülle wirtschaftsverwal- **7** tungsrechtlicher **Sonderregelungen**. Nicht nur in einem Grundriß, sondern auch in einem umfangreichen Lehrbuch wäre es unmöglich, auf die Vielzahl dieser Einzelgesetze — vom Agrarrecht bis hin zum Weinwirtschaftsgesetz — einzugehen. Es wäre darüber hinaus auch sinnlos. Denn eine Vielzahl dieser Gesetze erschließt sich demjenigen, der das verfassungsrechtliche Rüstzeug beherrscht und sich im Allgemeinen Verwaltungsrecht auskennt, von selbst; unter der — selbstverständlichen — Voraussetzung allerdings, daß die wichtigste juristische Arbeitstechnik, das sorgfältige Lesen des Gesetzestextes, beherrscht wird. Es genügt daher vollauf, auf einige wenige Einzelbereiche näher einzugehen, wie beispielsweise auf das Handwerksrecht.

3. Angesichts der Exportabhängigkeit unserer Wirtschaft einerseits und der zuneh- **8** menden europäischen Integration andererseits darf auch der wirtschaftsverwaltungsrechtliche Blick nicht starr auf das Inland gerichtet sein. Grundzüge des **Außenwirtschaftsrechts** sowie der wirtschaftsrechtlichen Kompetenzen der Organe der Europäischen Gemeinschaft gehören ebenfalls zu den Kenntnissen, die von einem Studenten, der sich für das Wahlfach „Wirtschaftsverwaltungsrecht" entschieden hat, erwartet werden.

Das für das Wirtschaftsverwaltungsrecht Gesagte gilt in gewissem Maße auch für **9** das **Umweltschutzrecht**. Denn diese Rechtsmaterie ist ebenfalls nach Inhalt und Umfang **unbestimmt**. Dafür ist vor allem ein Grund maßgeblich.

Es handelt sich beim Umweltschutzrecht — vergleichbar dem Wirtschaftsverwaltungsrecht — um eine **Querschnittsmaterie**. Es gibt kein umfassendes Umweltschutzgesetz. Neben verfassungsrechtlichen Vorgaben vor allem **landesverfassungsrechtlicher** Art[1] verfolgt eine nahezu unübersehbare Anzahl von **Bundesgesetzen** umweltpolitische Zielsetzungen. Zum Gewässerschutz[2] gibt es eine ebensolche Vielzahl von Gesetzen wie zu den Umweltchemikalien[3]. Immissionsschutzrecht[4] und

---

1 Vgl. Art. 86 BW Verf., Art. 141 Bay Verf., Art. 45 Brem Verf., Art. 62 Hess Verf., Art. 18 Abs. 2, 29 NW Verf., Art. 40 Abs. 3 RhPf Verf., Art. 34 Abs. 2 Saarl Verf. Das Grundgesetz enthält keine ausdrückliche Umweltschutzverbürgerung. Art. 2 Abs. 2 GG ist neben Art. 12 Abs. 1 und Art. 14 Abs. 2 die Grundrechtsnorm, die Voraussetzungen zur Begrenzung von Freiheiten zum Zwecke des Umweltschutzes enthält. Das Grundgesetz beschränkt sich im wesentlichen auf eine Fülle von Gesetzgebungskompetenzen zur Regelung umweltschutzrechtlicher Materien, vgl. Art. 74 Nr. 11, 11a, 14, 15, 17, 18, 20, 21, 24 GG und die Rahmenkompetenzen des Art. 75 Nr. 3 und 4 GG.
2 Vgl. Wasserhaushaltsgestz i. d. F. Bek. 16. 10. 1976 (BGBl. I, S. 3017), Waschmittelgesetz vom 20. 8. 1975 (BGBl. I, S. 2255), Binnenschiffahrtsgesetz i. d. F. Bek. 20. 5. 1898 (RGBl. S. 369, 868), Gesetz über die Aufgaben des Bundes auf dem Gebiet der Seeschiffahrt i. d. F. Bek. 30. 6. 1977 (BGBl. I, S. 1314), Abwasserabgabengesetz vom 13. 9. 1976 (BGBl. I, S. 2721, S. 3007).
3 Z. B. Pflanzenschutzgesetz i. d. F. Bek. 2. 10. 1975 (BGBl. I, S. 2591; 1976 I, S. 1059; 1979 I, S. 652), Düngemittelgesetz vom 15. 11. 1977 (BGBl. I, S. 2134), DDT-Gesetz vom 7. 8. 1972 (BGBl. I, S. 1385) und Pflanzenschutzmittel-Höchstmengenverordnung vom 24. 6. 1982 (BGBl. I, S. 745), Futtermittelgesetz vom 2. 7. 1975 (BGBl. I, S. 1745), Bundes-Seuchengesetz i. d. F. Bek. 18. 12. 1979 (BGBl. I, S. 2262; 1980 I, S. 151), Lebensmittel- und Bedarfsgegenständegesetz vom 15. 8. 1974 (BGBl. I, S. 1945 [1946]; 1975 I, S. 2652), Chemikaliengesetz vom 16. 9. 1980 (BGBl. I, S. 1718).
4 Z. B. Bundes-Immissionsschutzgesetz vom 15. 3. 1974 (BGBl. I, S. 721, 1193), Luftverkehrsgesetz i. d. F. Bek. 14. 1. 1981 (BGBl. I, S. 61), Gesetz zum Schutz gegen Fluglärm vom 30. 3. 1971 (BGBl. I, S. 282), Schallschutzverordnung vom 5. 4. 1974 (BGBl. I, S. 903), Benzinbleigesetz vom 5. 8. 1971 (BGBl. I, S. 1234), Straßenverkehrsgesetz i. d. F. Bek. 19. 12. 1952 (BGBl. I, S. 837), Straßenverkehrs-Ordnung vom 16. 11. 1970 (BGBl. I, S. 1565; 1971 I, S. 38).

Landschaftspflege[5] haben unter juristischem Blickwinkel ebensowenig gemein wie Raumplanung[6] und umweltfreundliche Abwärmeregelungen[7]. Alle diese Rechtsmaterien eint nur das eine Ziel des Umweltschutzes, dem zudem auch noch eine Vielzahl steuerrechtlicher Regelungen dienen[8]. Angesichts dieses Befundes stellt sich durchaus die Frage, ob es überhaupt sinnvoll ist, von einem Rechtsgebiet des Umweltschutzes zu sprechen. Die heute wohl herrschende Meinung neigt indes dazu, trotz unterschiedlichster normativer Regelungen das Umweltrecht als ein eigenständiges Rechtsgebiet anzusehen[9]. Dazu bedient sie sich zweier Hilfsmittel, der **Normentypologie** und des Herausarbeitens von gemeinsamen **Prinzipien**. Die vielfältigen Normen zum Umweltschutzrecht sind entweder ordnungsrechtlicher, planungsrechtlicher, subventionsrechtlicher oder abgabenrechtlicher Natur. Diese Normentypologie dient der **Ordnung** und **Übersichtlichkeit** der zahllosen umweltschutzrechtlichen Rechtsmaterien. Um **inhaltliche Gemeinsamkeiten** geht es indes bei der Suche nach gemeinsamen, den Umweltschutznormen innewohnenden **Prinzipien**. Genannt werden hier vor allem das **Vorsorgeprinzip**[10], das **Verursacherprinzip**[11] und das **Gemeinlastprinzip**[12].

10   Die Diskussion darüber, ob es sinnvoll ist, diffuse Rechtsmaterien über Normentypologie und Prinzipiendiskussion zu einem neuen Rechtsgebiet zu verbinden, ist indes noch nicht abgeschlossen. Sie soll hier auch nicht weiter vertieft werden. Für Ausbildungszwecke nämlich gibt es gute Gründe, an der herkömmlichen Aufteilung der Rechtsgebiete festzuhalten[13]. Das bedeutet für das Umweltschutzrecht in diesem Buch, daß planungs- und bauplanungsrechtlicher Umweltschutz in den Abschnitten über Bau- und Straßenrecht, solcher, dessen Adressaten ganz überwiegend Wirt-

---

5 Z. B. Bundesnaturschutzgesetz vom 20. 12. 1976 (BGBl. I, S. 3574; 1977 I, S. 650), Bundesartenschutzverordnung vom 25. 8. 1980 (BGBl. I, S. 1565), Bundesjagdgesetz i. d. F. Bek. 29. 9. 1976 (BGBl. I, S. 2849), Bundeswaldgesetz vom 2. 5. 1975 (BGBl. I, S. 1037).

6 Z. B. Raumordnungsgesetz vom 8. 4. 1965 (BGBl. I, S. 306), Städtebauförderungsgesetz i. d. F. Bek. 18. 8. 1976 (BGBl. I, S. 2318, 3617), Bundesbaugesetz i. d. F. Bek. 18. 8. 1976 (BGBl. I, S. 2256, 3617).

7 Z. B. Energiewirtschaftsgesetz vom 13. 12. 1935 (RGBl. I, S. 1451), Energiesicherungsgesetz 1975 vom 20. 12. 1974 (BGBl. I, S. 3681), Energieeinsparungsgesetz vom 22. 7. 1976 (BGBl. I, S. 1873).

8 Vgl. § 7 d EStG; *Barth,* DB 1986, S. 73 ff.

9 Statt aller m. w. N.: *Sendler,* JuS 1983, S. 255 ff.; *Schmidt/Müller,* JuS 1985, S. 694 ff. Plastisch wird die Problematik durch die skeptischen Ausführungen von *Sendler,* a.a.O., erhellt: „Das Umweltrecht droht noch immer ins Uferlose zu zerfließen und zum Allerweltsrecht zu werden. Umwelt ist schließlich überall."

10 Danach soll sich Umweltschutz nicht darin erschöpfen, eingetretene Schäden zu beseitigen und drohende Gefahren zu verhindern. Umweltsorge soll bereits vorher einsetzen, nämlich „Vorsorge" dafür treffen, daß Umweltbelastungen gar nicht entstehen können. Normativ ausgeprägt ist dieses Prinzip vor allem in § 5 Nr. 2 BImSchG, dazu Rdnr. 191.

11 Das Verursacherprinzip zielt darauf ab, demjenigen, der die Umweltstörung verursacht hat, zur Beseitigung der Störung zu veranlassen bzw. ihm die Kosten der Beseitigung aufzubürden, dazu näher Rdnr. 221 ff.

12 Dazu näher Rdnr. 231 ff.

13 Der wesentliche Grund für diese Entscheidung besteht darin, daß der Rückgriff auf „Prinzipien" methodologisch oft fragwürdig (dazu: *Arndt,* Praktikabilität und Effizienz, 1982, S. 113 ff.) und didaktisch jedenfalls dann verfehlt ist, wenn es um Anwendung und Auslegung konkreter Normen geht. Genau dies ist aber im Umweltschutzrecht immer der Fall. Verursacher- und Gemeinlastprinzip mögen in der politischen Diskussion für mancherlei Zündstoff sorgen — ihre juristische Aussagekraft ist denkbar gering, da es auch im Umweltschutzrecht um **Normanwendung** und nicht um Prinzipiensuche geht, dazu Rdnr. 220 ff.

schaftssubjekte sind, in diesem Kapitel erörtert wird. Damit ist die Gliederung des vorliegenden Abschnittes, soweit es um Umweltschutzrecht geht, vorgegeben. Mangels ausdrücklicher grundrechtlicher Vorgaben im Grundgesetz können die Aussagen über materielle Verfassungsgewährleistungen im Umweltschutzrecht de lege lata und de lege ferenda kurz gehalten werden, vgl. Rdnr. 36 ff. Exemplarisch für alle übrigen immissionsrechtlichen Gesetze vom Atomgesetz bis hin zum Luftverkehrsgesetz wird sodann eingehend die Errichtung und Überwachung gewerblicher Anlagen nach dem **Bundes-Immissionsschutzgesetz** erörtert. Das Zusammenspiel spezieller und allgemeiner ordnungsrechtlicher Rechtsmaterien im Umweltschutzrecht wird beispielhaft am **Abfallbeseitigungsgesetz** in Zusammenhang mit der **Altlastenproblematik** aufgezeigt. Subventionsrechtlicher und abgabenrechtlicher Umweltschutz sprengen den Rahmen dessen, was auch von einem hervorragenden Studenten herkömmlicherweise verlangt werden kann. Die Ausführungen hierüber im Text und in den Fußnoten sind exemplarisch kurz gehalten.

III. Arbeitsempfehlung und Literaturhinweise

Das wichtigste Arbeitsmaterial eines jeden Juristen ist der Gesetzestext. Die Gesetzessammlung „Sartorius" und die entsprechenden landesgesetzlichen Sammlungen enthalten alle für das Wahlfach erforderlichen Gesetzestexte. **11**

Zur Vertiefung der in diesem Grundkurs behandelten Probleme eignen sich eine Reihe von Lehrbüchern. Speziell auf die Bedürfnisse von Studenten ausgerichtet sind die beiden Lehrbücher von *Jarass*, Wirtschaftsverwaltungsrecht, Verlag A. Metzner, 2. Aufl. 1984 und *Stober,* Wirtschaftsverwaltungsrecht, Verlag W. Kohlhammer, 3. Aufl., Bd. 1 und 2, 1984. Gleiches gilt für die Darstellung von *Badura*, in: *von Münch* (Hrsg.), Besonderes Verwaltungsrecht, Verlag de Gruyter, 7. Aufl. 1985, ebenso wie für die Fallsammlung von *Papier,* Fälle zum Wahlfach Wirtschaftsverwaltungsrecht, Verlag C. H. Beck, 2. Aufl. 1984.

In diesem Zusammenhang sei ferner noch auf die Aufsatzreihe von *Frotscher,* Grundfälle zum Wirtschaftsverfassungs- und Wirtschaftsverwaltungsrecht, beginnend in JuS 1981, 507 ff., hingewiesen.

Zu den — wenigen — empfehlenswerten systematischen Darstellungen des Wirtschafts- und Wirtschaftsverwaltungsrechts zählen: *Mertens/Kirchner/Schanze,* Wirtschaftsrecht, Verlag Rowohlt, 2. Aufl. 1982; *Rinck,* Wirtschaftsrecht, Verlag Heymanns, 5. Aufl. 1977; *Scheuner* (Hrsg.), Die staatliche Einwirkung auf die Wirtschaft, Verlag Athenäum, 1971; *Rittner,* Wirtschaftsrecht, Verlag C. F. Müller, 1979.

Schließlich seien noch drei wissenschaftliche Werke erwähnt, die von Studenten bei Bedarf hinzugezogen werden sollten: *Fikentscher,* Wirtschaftsrecht, Bd. I: Weltwirtschaftsrecht und Europäisches Wirtschaftsrecht, Bd. II: Deutsches Wirtschaftsrecht, Verlag C. H. Beck, 1983; *Brohm*, Strukturen der Wirtschaftsverwaltung, Verlag W. Kohlhammer, 1969; *Tettinger,* Rechtsanwendung und gerichtliche Kontrolle im Wirtschaftsverwaltungsrecht, Verlag Vahlen, 1980.

B. Wirtschaftsverfassung und Wirtschaftssystem

I. Staat und Wirtschaft aus geschichtlicher Sicht

1. Der Merkantilismus

12 Eine geschichtliche Betrachtung des Verhältnisses Staat – Wirtschaft beginnt mit dem Entstehen des modernen Staates der Neuzeit. **Mittelalterliche Feudalstrukturen** mit ihren komplizierten und vielfältigen Treuebindungen wurden durch die rechtlich einfacher strukturierte Herrscher-Untertanen-Beziehung des **Absolutismus** abgelöst. Dieser Umbruch war etwa mit Ende des 30jährigen Krieges im Jahre 1648 abgeschlossen. Dem (legibus absolutus, d. h. über den von ihm erlassenen Gesetzen stehenden) absoluten Herrscher mußte daran gelegen sein, seine Macht nach innen durch eine leistungsfähige Verwaltung und nach außen durch ein stehendes Heer zu sichern. Beides war (und ist) kostspielig und durchführbar nur dort, wo eine gesunde, auf dem Gewerbefleiß der Untertanen beruhende Wirtschaft der Obrigkeit — qua Steuerzugriff — den notwendigen finanziellen Spielraum ermöglicht. Machterhaltung war es also, die den absoluten Herrscher veranlaßte, kontinuierlich für die Wirtschaft zu sorgen.

13 Die **Ideen des Merkantilismus** (in Deutschland auch **Kameralismus** genannt) lieferten ihm dazu das nötige Instrumentarium. Der preußische König Friedrich II. hat 1748 die Zielsetzung merkantilistischer Wirtschaftspolitik knapp formuliert:

„Es gereichen zwei Sachen zum wahren Besten eines Landes, nämlich
1. aus fremden Landen Geld hereinzuziehen und
2. zu verhindern, daß das Geld unnötigerweise aus dem Land gehen müsse."
(zitiert nach: Preußen, Zur Sozialgeschichte eines Staates, Rowohlt 1981, S. 63)

Für das erste habe der Handel, für das zweite das inländische Gewerbe zu sorgen.

14 Zu den bleibenden **Verdiensten des Merkantilismus** zählt die Verbesserung der **Infrastruktur,** beispielsweise der Ausbau der Verkehrswege zu Lande und zu Wasser, sowie die Schaffung sonstiger für Handel und Gewerbe günstiger Bedingungen, wie die Vereinheitlichung von Maßen und Gewichten.

15 Zu den bleibenden — und heute in den westlichen Industriestaaten vielfach kopierten — **Irrtümern des Merkantilismus** gehört der Protektionismus und die scharfe Reglementierung der inländischen Wirtschaft. Protektionsbestrebungen versuchen das heimische Gewerbe durch hohe Zölle vor ausländischer Konkurrenz zu schützen. Sie gefährden nicht nur den internationalen Warenaustausch, sondern führen letztlich zu mangelnder Wettbewerbsfähigkeit der inländischen Industrie, die sich keiner auswärtigen Konkurrenz zu stellen braucht.

16 Eine allzu scharfe **Überwachung** und Reglementierung wirkt sich lähmend auf die Initiative der Handel- und Gewerbetreibenden aus. Das Zunftwesen, das nur Mei-

stersöhnen und „denjenigen Gesellen, so sich mit Meisterwitwen oder -töchtern verehelichen" (zitiert nach: Preußen, a.a.O., S. 68), die Meisterprüfung und damit den Betrieb eines selbständigen Handwerks gestattete, mag als Beispiel für eine Regelung dienen, die manchen Begabten nicht zur Entfaltung seiner Fähigkeiten kommen läßt.

2. Der Liberalismus

Mit dem Ende des Absolutismus endete auch die Epoche des Merkantilismus. Viel- **17** fältig sind die Gründe, die für den Erfolg des neuen Gedankengutes des **wirtschaftlichen Liberalismus** maßgeblich waren.

Das Wirtschaftskonzept des Merkantilismus diente vor allem der Stärkung der fürstlichen Kammer (daher auch die Bezeichnung Kameralismus). Mit dem Ende des Ancien Regime mußte diese Zielsetzung ihre Vormachtstellung einbüßen. Überspitzt, aber im Kern richtig, kann man daher sagen: dem Merkantilismus ging es um die Stärkung der in der Person des absoluten Herrschers verkörperten Staatsmacht, dem Liberalismus um die Stärkung des Wohlstandes der Bürger. Kerngedanke des Liberalismus ist das Vertrauen auf das **ökonomische Eigeninteresse** der wirtschaftenden Bürger. Sie sollen sich im freien Wettbewerb begegnen, ungehindert durch staatliche Wirtschaftslenkung und ausschließlich gesteuert durch den Preismechanismus von Angebot und Nachfrage. Dem wirtschaftlichen Interventionismus des Merkantilismus stellt der Liberalismus das Programm des „laissez faire, laissez aller" gegenüber.

Bleibendes **Verdienst des** wirtschaftlichen **Liberalismus** ist es vor allem, den Nach- **18** weis dafür erbracht zu haben, welch ungeheure Schubkraft die Privatinitiative der wirtschaftenden Bürger entfaltet, wenn von staatlicher Seite aus möglichst wenig reglementiert und interveniert wird. Die von England ausgehende **Industrialisierung** im 19. Jahrhundert mag dafür ebenso als Beispiel stehen wie „das Wirtschaftswunder" in der Bundesrepublik Deutschland der 50er und 60er Jahre dieses Jahrhunderts.

Beide Beispiele verdeutlichen aber zugleich die Kehrseite: der liberale Glaube, ohne Eingriff des Staates entstehe ein Gleichgewicht der „vollständigen Konkurrenz", ein System, in dem sich eine Vielzahl unabhängiger Unternehmer in störungsfreiem Leistungswettbewerb begegnen, hat sich als Irrtum erwiesen. Gleiches gilt für die Vorstellung, der Liberalismus löse die soziale Frage, da er sozialen Aufstieg von individueller Leistung abhängig mache.

Wir wissen heute, daß das „freie Spiel der Kräfte" keinesfalls den Idealzustand **19** „vollständiger Konkurrenz" hervorbringen muß. Verdrängungswettbewerb der wirtschaftlich Stärkeren kann sogar im Endeffekt jegliche Konkurrenz beseitigen. Neben **Monopolen,** bei denen ein einzelner Anbieter den Markt beherrscht und die Preise diktiert, bilden sich **Oligopole,** bei denen einige wenige Anbieter den Markt unter sich aufteilen. Dieser Gefahr will die Lehre vom sogenannten **Neoliberalismus** begegnen, die die Wirtschaftspolitik der Bundesrepublik in den 50er und 60er Jahren maßgeblich beeinflußt hat. Diese Lehre lehnt die vom klassischen Liberalismus des 19. Jahrhunderts geforderte Beschränkung staatlichen Handelns auf den Schutz von Freiheit und Eigentum der Bürger ab. Sie fordert „ordnungspolitische" staatliche Eingriffe immer dann, wenn der freie Wettbewerb gefährdet ist. In Gesetzesform gebracht sind die Vorstellungen des Neoliberalismus vor allem im Gesetz gegen Wettbewerbsbeschränkungen, dem sog. **Kartellgesetz** vom 27. 7. 1957.

20   Auch was die sozialen Lebensumstände anbelangt, entwickelte sich mit der hochkapitalistischen Wirtschaftsform des Liberalismus im 19. Jahrhundert der Klassengegensatz zwischen besitzenden Unternehmern und besitzloser Arbeiterschaft. Liberales Gedankengut allein führte hier bekanntlich solange nicht zu befriedigenden Ergebnissen für beide Seiten, als die wirtschaftlich stärkere ihre Bedingungen einseitig diktieren konnte. Es bedurfte daher auch hier der Korrektur seitens der staatlichen Gewalt. Teils wurde sie, „um den sozialen Frieden zu sichern", freiwillig gewährt, wie z. B. die epochemachende **Sozialversicherung von 1883,** andernteils wurde sie, wie im Falle der **Koalitionsfreiheit** für die Arbeitnehmer, in mitunter schweren inneren Zerreißproben abgetrotzt.

3. Die Wirtschaftsverfassung der Weimarer Republik und der NS-Zeit

21   Die Epoche des wirtschaftlichen Liberalismus ging mit dem 1. Weltkrieg zu Ende. Die Inflation und ihre Überwindung durch die Währungsreform von 1923 hatte weite Bevölkerungsschichten, insbesondere den staatstragenden Mittelstand, verarmen lassen. Angesichts dieser Kriegsfolgen ließ sich der Grundgedanke des Liberalismus, es sei nicht Aufgabe des Staates, die Wirtschafts- und Sozialordnung aktiv zu gestalten, dieser habe sich vielmehr auf den Schutz des Bürgers nach innen und außen und das „Reparieren" der schlimmsten sozialen Mißstände zu beschränken, nicht mehr aufrechterhalten. Die Rechtsordnung des Weimarer Staates sah in der **aktiven Gestaltung der Wirtschafts- und Sozialordnung** eine der wesentlichen Staatsaufgaben. Damit wurde ein Prozeß eingeleitet, der bis heute noch nicht abgeschlossen ist. Der Staat wurde zum **Leistungsträger,** die von ihm erbrachten Leistungen zusehends zu einem immer dichteren Netz umfassender **Daseinsvorsorge,** so daß der Bürger heute zunehmend von diesen staatlichen Leistungen abhängig geworden ist.

22   Die **Weimarer Reichsverfassung** vom 11. August 1919 enthält in ihrem 5. Abschnitt in den Artikeln 151 bis 165 eine Vielzahl präziser und wohlklingender Aussagen über „das Wirtschaftschaftsleben". Sie betont vor allem die Sozialpflichtigkeit der wirtschaftlichen Entfaltungsfreiheit und die Ausrichtung der Wirtschaft am Grundsatz der Gerechtigkeit. Auch das in der Bundesrepublik von den Gewerkschaften seit Ende der Vollbeschäftigung geforderte „Recht auf Arbeit" ist in Art. 163 WRV als Sollvorschrift gewährleistet.

23   Am 5. Abschnitt der Weimarer Reichsverfassung erweist sich aber auch zugleich, daß **normative Gewährleistungen** nur sinnvoll sind, wenn und soweit ihre **Durchsetzbarkeit** möglich ist. Die durch die Weltwirtschaftskrise ab 1929 ausgelöste Arbeitslosigkeit von mehr als 6 Millionen Menschen führte zu großer materieller Not weiter Bevölkerungsschichten. Die Lücke zwischen verfassungsrechtlichem Anspruch und

wirtschaftlicher Realität blieb groß und konnte bis zum Ende der Weimarer Republik nicht mehr geschlossen werden.

Kurz nach dem **Machtantritt Adolf Hitlers** wurden die Gewerkschaften am 2. Mai 1933 gewaltsam aufgelöst und ihr Vermögen an die nationalsozialistische „Arbeitsfront" überführt. Zur weiteren Gleichschaltung des Wirtschaftslebens wurden unter dem Schlagwort „Gemeinnutz geht vor Eigennutz" weitere straff gelenkte Organisationen eingeführt, wie z. B. der Reichsnährstand und die Organisation der gewerblichen Wirtschaft. Trotz Erhaltung des Privateigentums an den Wirtschaftsgütern wurde die Marktwirtschaft in zunehmendem Maße **staatlich gelenkt** und auf das Ziel der **Autarkie** ausgerichtet. Bis zum Kriegsbeginn 1939 verdankte Hitler seine außerordentliche Popularität neben seiner erfolgreichen Außenpolitik vor allem einer ständig schwindenden Arbeitslosigkeit. Dafür war neben dem Abflauen der Weltwirtschaftskrise vor allem die Wiederaufrüstung ursächlich.

24

4. Das Wirtschaftssystem der Bundesrepublik Deutschland

Im Rückblick lassen sich in der nunmehr 37jährigen Wirtschaftsgeschichte der Bundesrepublik Deutschland trotz einer im wesentlichen kontinuierlich verlaufenden Entwicklung **drei Abschnitte** erkennen.

25

Die maßgeblichen Politiker der **Anfangsphase,** in der von **1949 bis 1966** das vielbestaunte „Wirtschaftswunder" erarbeitet wurde, vertrauten vor allem der Schwungkraft der **Privatinitiative.** Stellvertretend für alle mag hier der Name Ludwig Erhard stehen. Den theoretischen Hintergrund seiner Wirtschaftskonzeption lieferte der Neoliberalismus: eine vom Gesetzgeber erarbeitete **Wettbewerbsordnung** soll echten Leistungswettbewerb mit gleichen Startchancen für alle unter Ausschließung wettbewerbsschädigender Kartelle und Monopole garantieren. Die Einhaltung dieser Wettbewerbsordnung wurde der Aufsicht einer eigens geschaffenen Kontrollbehörde, dem **Bundeskartellamt** in Berlin, übertragen. Innerhalb dieses staatlichen Ordnungsrahmens ist der Wirtschaftsprozeß der Privatinitiative der Produzenten und Konsumenten überlassen. Berühmt wurde diese Wirtschaftspolitik allerdings nicht unter dem Etikett Neoliberalismus, sondern unter dem Begriff **„Soziale Marktwirtschaft".** Sozial deshalb, weil wesentliche Bereiche aus dem liberalen Marktmodell ausgeklammert und staatlicher Regelung und Obhut anvertraut wurden. Hierbei handelt es sich vor allem um soziale Steuerungsmaßnahmen wie der Korrektur der Einkommens- und Vermögensverteilung **(Progressivbesteuerung)** mit anschließender **Umverteilung** zugunsten wirtschaftlich schwacher Bevölkerungskreise, staatliche Förderung der **Vermögensbildung** in Arbeitnehmerhand, (z. B. 312-DM-, jetzt 936-DM-Gesetz), dem **Ausbau der Sozialversicherung** und der Bewältigung der Kriegs- und Kriegsfolgeschäden **(Lastenausgleich),** einer der gewaltigsten Leistungen der Nachkriegszeit.

Während dieser außerordentlich erfolgreichen Phase des Wiederaufbaus standen die maßgeblichen Politiker sonstigen planenden und gestaltenden staatlichen Eingriffen in das Wirtschaftsgeschehen überwiegend ablehnend gegenüber. Wegen der stetigen Aufwärtsentwicklung der Wirtschaft bis etwa Mitte der 60er Jahre bestand auch kein Anlaß für eine Änderung der erfolgreichen Konzeption.

26

27 Unter dem Einfluß der sich **1965 und 1966** zuspitzenden ökonomischen **Spannungs-erscheinungen** kam es im Dezember 1966 mit der Bildung der „**Großen Koalition**" zur erstmaligen Beteiligung der SPD an der Regierungsverantwortung. Als im Jahre 1967 erstmalig ein realer Rückgang des Wirtschaftswachstums zu verzeichnen war, gewannen unter dem damaligen Wirtschaftsminister Karl Schiller die zahlreichen Anregungen zu einem **aktiveren Eingreifen des Staates in die Wirtschaftspolitik** an Gewicht. Der Glaube, das Wirtschaftsgeschehen sei von Staats wegen plan- und re-gulierbar, wuchs und führte mit dem Erlaß des Stabilitätsgesetzes vom 8. 6. 1967 zu einer gesetzlichen Verankerung der **Fiskalpolitik,** d. h. dem gezielten Einsatz der ökonomischen Macht des Staates für die Zwecke der Wirtschaftspolitik.

Der sozialdemokratische Einfluß auf den zweiten Abschnitt der bundesdeutschen Wirtschaftsgeschichte ist unverkennbar. Zu dem Vertrauen in staatliche Planung tritt eine Politik, die sich in erster Linie Arbeitnehmerinteressen verpflichtet fühlt; die Stichworte Mitbestimmung, Chancengleichheit, Humanisierung des Arbeitsplat-zes und Verteilungsgerechtigkeit stehen für eine Wirtschaftspolitik, die prägenden Einfluß hinterließ.

28 Im **dritten Abschnitt** bundesdeutscher Wirtschaftsgeschichte ist die Planungseupho-rie einer Planungsphobie gewichen. Die **Grenzen staatlicher Steuerung** wurden sicht-bar, spätestens mit der vom Ölpreisschock ausgelösten **Rezession** 1974/75 trat eine große Ernüchterung ein. Nach einer kurzfristigen Aufschwungphase in den Jahren 1977/78 führte eine sich verschärfende Rezession zu hoher Arbeitslosigkeit, die im Winter 1982/83 erstmalig die Zwei-Millionen-Grenze überschritt, während das Wirtschaftswachstum erneut real zurückging. Staatlich finanzierte Konjunkturpro-gramme blieben ohne durchschlagenden Erfolg. Da sich SPD und F.D.P. über das weitere Konzept zur Bewältigung der Wirtschaftskrise nicht verständigen konnten — die SPD forderte, unterstützt von den Gewerkschaften, weitere staatliche Kon-junkturprogramme in der Größenordnung von bis zu 50 Milliarden DM sowie ge-setzliche Maßnahmen zur Arbeitszeitverkürzung, während die F.D.P. auch im Hin-blick auf die ohnehin hohe **Staatsverschuldung** eine Stärkung der Eigendynamik der Wirtschaft durch Senkung der Steuer- und Abgabenlasten, Verminderung des Zins-niveaus durch reduzierte staatliche Kreditnachfrage und langfristige Herabsetzung der Staatsquote am Bruttosozialprodukt verlangte —, zerbrach im Herbst 1982 die sozialliberale Koalition.

Die neugebildete christlich-liberale Koalition verfolgt erneut eine liberale Wirt-schaftskonzeption, die durch eine Stärkung der Ertragslage der Unternehmen neue Investitionen anregen und zugleich durch Steuersenkungen den privaten Konsum stärken möchte.

29 Vor vergleichbaren wirtschaftlichen Schwierigkeiten wie die Bundesrepublik Deutschland stehen auch die übrigen **westlichen Industriestaaten.** Die angebotenen Rezepte zur Gesundung sind bekannt. Auf die Selbstheilungskräfte der Wirtschaft vertraut man in den Vereinigten Staaten und in Großbritannien. Durch Steuersen-kungen und Kürzungen des Sozialanteils der Staatsausgaben werden privaten Inve-storen gewinnversprechende Anreize zur Investition und privaten Konsumenten mehr Mittel zum Konsum gegeben. Dieser — liberalen — Konzeption entgegenge-setzt verfährt Frankreichs Regierung unter Staatspräsident Mitterand. Durch Steuererhöhungen werden Mittel abgeschöpft, die der Staat zur Konjunktursteuerung und Bekämpfung der Arbeitslosigkeit einsetzt. Daneben soll durch eine Verkürzung der Wochenarbeitszeit der Beschäftigungsstand erhöht werden.

5. Die Wirtschaftsordnung der DDR

Die Verfassung der DDR vom 7. 10. 1974 unterscheidet zwischen **sozialistischem**   **30** **Eigentum an Produktionsmitteln** und **Privateigentum an Konsumgütern.** Das sozialistische Eigentum ist zivilrechtlich und strafrechtlich besonders geschützt.

Art. 9 Abs. 1 und 3 normieren die ökonomischen Grundlagen der DDR:

Art. 9 (1): Die Volkswirtschaft der Deutschen Demokratischen Republik beruht auf dem sozialistischen Eigentum an den Produktionsmitteln. Sie entwickelt sich gemäß den ökonomischen Gesetzen des Sozialismus auf der Grundlage der sozialistischen Produktionsverhältnisse und der zielstrebigen Verwirklichung der sozialistischen ökonomischen Integration . . .

Art. 9 (3): In der Deutschen Demokratischen Republik gilt der Grundsatz der Leitung und Planung der Volkswirtschaft sowie aller anderen gesellschaftlichen Bereiche. Die Volkswirtschaft der Deutschen Demokratischen Republik ist sozialistische Planwirtschaft. Die zentrale staatliche Leitung und Planung der Grundfragen der gesellschaftlichen Entwicklung ist mit der Eigenverantwortung der örtlichen Staatsorgane und Betriebe sowie der Initiative der Werktätigen verbunden.

Im System der **Zentralverwaltungswirtschaft** planen zentralstaatliche Behörden die   **31** **gesamte Produktion.** Sie bestimmen den Konsum-, den Investitions- und den Exportanteil. Die **zentrale Planung** beschränkt sich allerdings auf die **wesentlichen wirtschaftlichen Entscheidungen.** Jedem volkseigenen Betrieb **(VEB)** bleibt eine gewisse Entscheidungsfreiheit im Rahmen der **Feinplanung.** Primäre Aufgabe der Betriebe ist die Planerfüllung, die Gewinnerzielung tritt dahinter zurück. Gewinne werden auf dem Prämienfonds verbucht. Aus ihm erhalten die einzelnen Werktätigen zusätzliche Vergütungen. Das Ausmaß der Zentralisation hat in den letzten 15 Jahren ebenso geschwankt wie das System zusätzlicher **Leistungsanreize.** Zur Zeit stehen wieder Zentralisierung und strikte Planung im Vordergrund.

Literatur:

Zu 1.
v. Justi, Staatswirtschaftliche oder systematische Abhandlungen aller ökonomischen und Cameralwissenschaften, 1755; *Schachtschabel,* Wirtschaftspolitische Konzeptionen, 3. Auflage 1976.
Zu 2.
Smith, Inquiry into the Nature and Causes of the Wealth of Nations, 1776; *Lütge,* Deutsche Sozial- und Wirtschaftsgeschichte, 3. Auflage 1966.
Zu 3.
Anschütz, Die Verfassung des Deutschen Reiches, 14. Auflage 1933; *Zorn,* Einführung in die Wirtschafts- und Sozialgeschichte, 2. Auflage 1974.
Zu 4.
Rupp, Grundgesetz und Wirtschaftsverfassung, 1974; *Schmidt,* Wirtschaftspolitik und Verfassung, 1971; *v. Arnim,* Volkswirtschaftslehre für Juristen, 2. Auflage 1980.
Zu 5.
Rinck, Wirtschaftsrecht, 5. Auflage 1977; *Brunner,* Einführung in das Recht der DDR, 1975.

II. Die „Wirtschaftsverfassung" der Bundesrepublik Deutschland

32 Beim Streit um die „**Wirtschaftsverfassung**" geht es allein um die Frage, ob und inwieweit das Grundgesetz eine bestimmte, nämlich die gegenwärtige Wirtschaftsordnung der Bundesrepublik Deutschland, verfassungsrechtlich garantiert. Ausdrücklich schreibt das Grundgesetz das Modell der sozialen Marktwirtschaft nicht vor. Im Gegensatz zur Weimarer Reichsverfassung fehlt ein Abschnitt mit präzisen Vorschriften über „das Wirtschaftsleben".

33 Gleichwohl hat es nicht an Versuchen gefehlt, dem Grundgesetz eine Garantie der sozialen Marktwirtschaft unterzuschieben. Verfassungsrechtlicher Hebel für diese — vornehmlich von *Nipperdey*[14] vertretene — Ansicht ist Art. 2 GG, der die Eigenverantwortlichkeit des freien Unternehmers, die Preisfreiheit und die Produktionsfreiheit schützt.

34 Das Bundesverfassungsgericht hat dem Versuch, die Verfassung einseitig im Hinblick auf Unternehmerfreiheiten zu interpretieren, mehrfach eine Absage erteilt. Es bekennt sich in ständiger Rechtsprechung zur sog. **wirtschaftspolitischen Neutralität des Grundgesetzes:**

„Die gegenwärtige Wirtschafts- und Sozialordnung ist zwar eine nach dem Grundgesetz mögliche Ordnung, keineswegs aber die allein mögliche. Sie beruht auf einer vom Willen des Gesetzgebers getragenen wirtschafts- und sozialpolitischen Entscheidung, die durch eine andere Entscheidung ersetzt oder durchbrochen werden kann"[15].

Die „wirtschaftspolitische Neutralität" des Grundgesetzes besteht allerdings lediglich darin, daß sich der Verfassungsgeber nicht ausdrücklich für ein bestimmtes Wirtschaftssystem entschieden hat[16].

35 Das **Grundgesetz setzt** in den Art. 2 Abs. 1, 9 Abs. 3, 12, 14, 15, 20 Abs. 1, 74 Nr. 16 und 109 GG den Aktivitäten des Staates und der Bürger auf wirtschaftlich relevanten Gebieten **Grenzen.** Innerhalb dieser Grenzen, die eine mannigfache Variation wirtschaftsgestaltender Maßnahmen ermöglichen, steht es der Gesetzgebung und der Regierung frei, das jeweilige **Wirtschaftskonzept** zu verwirklichen. Extreme Wirtschaftsmodelle — wie der Manchester-Liberalismus auf der einen und der Staatssozialismus osteuropäischer Prägung auf der anderen Seite — sind ausgeschlossen, ein bestimmtes Wirtschaftsmodell hingegen ist nicht garantiert.

Der Streit um die „Wirtschaftsverfassung" mußte daher zwangsläufig fruchtlos bleiben. Es gibt nur eine Verfassung: das Grundgesetz.

Literatur:

Badura, Grundprobleme des Wirtschaftsverfassungsrechts, JuS 1976, S. 205; *Frotscher*, Grundfälle zum Wirtschaftsverfassungs- und Wirtschaftsverwaltungsrecht, JuS 1981, S. 508; *Liesegang*, Verfassungsrechtliche Ordnung der Wirtschaft, 1977; *Tettinger*, Neuer Streit um die „Wirtschaftsverfassung", BB 1977, S. 1617.

---

14 Die soziale Marktwirtschaft in der Verfassung der Bundesrepublik Deutschland, 1954.
15 BVerfGE 4, S. 7 f., 17; dem ist die Literatur weitgehend gefolgt, vgl. etwa *Badura,* JuS 1976, S. 205 ff.; *v. Zezschwitz,* JA 1979, S. 279 ff.; *Karpen,* Jura 1985, S. 188 ff.
16 BVerfGE 4, S. 8 LS. 6.

III. Umweltschutz als Staatszielbestimmung?

Anders als beim Streit um die „Wirtschaftsverfassung" herrscht Einigkeit darüber,   **36**
daß das **Grundgesetz ausdrückliche inhaltliche Bestimmungen über den Umweltschutz nicht enthält** und der Grundrechtskatalog insoweit auch nur spärliche Aussagen trifft. Da es **kein bundesrechtliches Grundrecht auf Erhaltung einer sauberen
und gesunden Umwelt gibt,** werden grundrechtliche Abwehransprüche, die auf
Schutz vor Beeinträchtigung der Umwelt abzielen, vor allem aus Art. 2 Abs. 1 und
Art. 2 Abs. 2 GG hergeleitet. Der Anwendungsbereich eines grundrechtlichen Abwehranspruchs aus Art. 2 GG ist jedoch aus zwei Gründen beschränkt: Zum einen
enthalten weder Art. 2 Abs. 1 noch Art. 2 Abs. 2 GG ein allgemeines **Recht auf Abwehr von Umweltveränderungen.** Beide Normen fordern jeweils eine individualisierbare besondere Betroffenheit. Zum anderen kommt ein grundrechtlicher Abwehr-
spruch nur dann in Betracht, wenn die zahlreichen einfachen Umweltschutzgesetze
keinen speziellen Abwehranspruch enthalten. Das ist jedoch meist der Fall, vgl.
dazu näher Rdnr. 210.

Diese grundgesetzliche Zurückhaltung im Umweltschutzbereich hat zu Forderungen   **37**
geführt, ein **Grundrecht auf intakte Umwelt** bzw. eine **entsprechende Staatszielbe-
stimmung**[17] in das Grundgesetz aufzunehmen. Der Gesetzgeber ist diesen Vorschlägen zu Recht nicht gefolgt. Er hat dies auch deshalb für überflüssig gehalten, weil es
nach h. M. bereits ein Gebot des Sozialstaatsprinzips ist, daß der Staat Aufgaben
des Umweltschutzes wahrnimmt[18]. Selbst wenn man aber die Ansicht vertritt, das
Sozialstaatsprinzip berühre Umweltschutzbelange nicht oder allenfalls am Rande[19], erübrigt sich ein Umweltschutzgrundrecht oder eine entsprechende Staatsziel-
bestimmung. Dies würde mehr Probleme schaffen als lösen. Konkrete Konflikte
müßten nach wie vor auf einfachgesetzlicher Grundlage gelöst werden, da Grund-
rechtskonkurrenzen auf Verfassungsebene — etwa zwischen einem Grundrecht auf
Umweltschutz und der Eigentumsgarantie — unausgetragen bleiben. Lösen kann
der Gesetzgeber diese Wertkonflikte nur auf einfachgesetzlicher Ebene, und letztlich
geht es bei allen Gesetzen, die zum Umweltschutzrecht gezählt werden, um nichts
anderes als um einen Ausgleich zwischen Belangen des Umweltschutzes und anderen
Individual- oder Gemeinwohlbelangen.

IV. Einzelne Verfassungsnormen, die den Gestaltungsspielraum staatlicher Wirtschaftspolitik begrenzen

Mit der Feststellung, daß das Grundgesetz kein bestimmtes Wirtschaftsmodell vor-   **38**
schreibt, ist indes nicht mehr ausgesagt, als daß jede staatliche Aktivität an den einzelnen Bestimmungen der Verfassung — und eben nicht an einer imaginären „Wirt-

---

17 Der Rat von Sachverständigen für Umweltfragen empfahl einen neuen Art. 20a GG: „Der Schutz der
   natürlichen Lebensgrundlagen gehört zu den Aufgaben der staatlichen Ordnung", BT-Drucks. 8/
   1938, Tz 1946 f.
18 *Stern,* Staatsrecht I, 2. Aufl. 1984, S. 908 f.
19 *Schmidt/Müller,* JuS 1985, S. 777.

schaftsverfassung" — zu messen ist. Dabei ist es nicht Aufgabe dieses Grundrisses, den gesamten verfassungsrechtlichen Hintergrund auszuleuchten. Es geht im folgenden vor allem um die Frage, wo die **verfassungsrechtlichen Grenzen** staatlicher Beeinflussung der Wirtschaft liegen.

1. Der Grundsatz der Verhältnismäßigkeit

39 Jede **staatliche Maßnahme,** die Ge- oder Verbote enthält, engt den Freiheitsspielraum des einzelnen ein. Verfassungsrechtlich zulässig ist sie nur dann, wenn der **Grundsatz der Verhältnismäßigkeit** beachtet ist[20].

Dieser „ergibt sich aus dem Rechtsstaatsprinzip, im Grunde bereits aus dem Wesen der Grundrechte selbst, die als Ausdruck des allgemeinen Freiheitsanspruchs des Bürgers gegenüber dem Staat von der öffentlichen Gewalt jeweils nur insoweit beschränkt werden dürfen, als es zum Schutz öffentlicher Interessen unerläßlich ist"[21].

40 Die mit der staatlichen Maßnahme verfolgten **öffentlichen Interessen** müssen mit dem **Freiheitsanspruch des Bürgers** abgewogen werden. Dieser **Abwägungsprozeß** findet im Rahmen einer Grundrechtsprüfung statt[22]. Gleichsam als gemeinsamer Nenner für jede Grundrechtsinterpretation enthält der Verhältnismäßigkeitsgrundsatz drei Gebote[23]:

a) Nach dem Gebot der **Geeignetheit** sind nur solche Mittel zulässig, mit deren Hilfe der gewünschte Erfolg gefördert werden kann. Ungeeignete staatliche Maßnahmen verletzen den Freiheitsspielraum unnötig und sind deshalb verfassungswidrig.

Beispiel:

Um Kaufkraft abzuschöpfen und damit den Preisanstieg zu dämpfen, beschließt der Bundestag ein „Gesetz über die Erhebung eines rückzahlbaren **Konjunkturzuschlages** zur Einkommensteuer". Die Beschwerdeführer rügen die Verletzung des Art. 2 Abs. 1 GG. Zu Recht?

Nach Art. 2 Abs. 1 GG darf der Bürger nur aufgrund solcher Vorschriften mit einem Nachteil belastet werden, die formell und materiell verfassungsgemäß sind. Die Gesetzgebungskompetenz des Bundes ist gemäß Art. 74 Nr. 11 GG gegeben. Der Begriff „Recht der Wirtschaft" ist in einem weiten Sinn zu verstehen. Er umfaßt auch Maßnahmen, die zur Lenkung der Konjunktur den privaten Verbrauch drosseln sollen.

Materiell verfassungsgemäß ist das Gesetz nur dann, wenn der Konjunkturzuschlag geeignet ist, das verfolgte Ziel der Preisdrosselung zu erreichen. Dazu das BVerfG: „Der Gesetzgeber stand vor der Aufgabe, der auf dem Markt herrschenden Übernachfrage und den mit ihr verbundenen Preiserhöhungstendenzen rasch und wirksam entgegenzutreten. Zur Erfüllung dieser Aufgabe kam von vornherein nur eine beschränkte Zahl von gesetzlichen Maßnahmen in Betracht. . . . Ob auch andere Maßnahmen zur Erreichung des vom Gesetzgeber verfolgten Zieles möglich und besser geeignet gewesen wären, hat das BVerfG nicht zu entscheiden. Jedenfalls kann einer Maßnahme, die Kaufkraft im geschätzten Umfang von 5,2 Milliarden DM stillegen soll, nicht prinzipiell die Eignung zur Dämpfung der Gesamtnachfrage abgesprochen werden"[24].

---

20 Grundsätzlich dazu *Schnapp,* JuS 1983, S. 850 ff.
21 BVerfGE 19, S. 342, 348; 43, S. 101, 106.
22 Ausführlich *Schnapp,* JuS 1983, S. 851 f.
23 BVerfGE 47, S. 109, 117.
24 BVerfGE 29, S. 402, 410 f.

Bei der Frage also, ob die Maßnahme geeignet ist oder nicht, hat der Gesetzgeber nach der Rechtsprechung des Bundesverfassungsgerichts einen sehr weitgehenden Gestaltungs- und Prognosespielraum[25].

b) Das Gebot der **Erforderlichkeit** ist nur beachtet, wenn das im öffentlichen Interesse liegende Ziel nicht mit milderen, den Freiheitsspielraum weniger einschränkenden Mitteln erreicht werden kann (sog. **Prinzip des geringstmöglichen Eingriffs**). **41**

Beispiel:

Nach § 1 Abs. 1 IHKG haben die Industrie- und Handelskammern „das Gesamtinteresse der ihnen zugehörigen Gewerbetreibenden ihres Bezirks wahrzunehmen, für die Förderung der gewerblichen Wirtschaft zu wirken und dabei die wirtschaftlichen Interessen einzelner Gewerbezweige oder Betriebe abwägend und ausgleichend zu berücksichtigen". Nach § 2 Abs. 1 IHKG sind alle gewerbetreibenden natürlichen und juristischen Personen **Zwangsmitglieder** der für sie örtlich zuständigen Industrie- und Handelskammer. Der Beschwerdeführer rügt diese Regelung. Er macht geltend, die den Industrie- und Handelskammern übertragenen Aufgaben, bei denen es sich im wesentlichen um reine Interessenvertretung handele, könnten ebensogut durch Verbände mit freiwilliger Mitgliedschaft erfüllt werden.

Hätte er recht, wäre das Gebot der Erforderlichkeit verletzt. Das BVerfG ist indes der Ansicht, die freiwillige Mitgliedschaft komme als milderes Mittel nicht in Betracht: „Wäre der Beitritt zur Industrie- und Handelskammer freiwillig, so hinge die Zusammensetzung der Mitgliedschaft vom Zufall ab. Die Kammern wären auf die Werbung von Mitgliedern angewiesen. Finanzstarke Mitglieder würden sich in den Vordergrund schieben und mit Austrittsdrohungen die Berücksichtigung ihrer Sonderinteressen und Sonderauffassungen zu erzwingen versuchen. Durch Fernbleiben oder Austritt ganzer Gruppen von Handel- und Gewerbetreibenden könnte den Kammern der Einblick in ihre Verhältnisse erschwert oder entzogen werden. In gleichem Maße wäre die Vertrauenswürdigkeit solcher Kammmern, ihre umfassende Sachkunde und Objektivität nicht mehr institutionell gesichert"[26].

c) Der Grundsatz der **Zumutbarkeit** fordert eine Abwägung zwischen der Schwere des staatlichen Eingriffs und dem Gewicht der Dringlichkeit der ihn rechtfertigenden Gründe. Je empfindlicher die Betroffenen in ihren Grundrechten beeinträchtigt werden, desto stärker müssen die Interessen des Gemeinwohls sein, denen diese Regelung dient[27]. **42**

Bei der verfassungsrechtlichen Beurteilung wirtschaftsverwaltungsrechtlicher Maßnahmen durch das Bundesverfassungsgericht spielen die **Grundsätze der Geeignetheit und der Erforderlichkeit** eine gewichtige, oftmals **ausschlaggebende Rolle**. Auch der Student sollte bei jeder Grundrechtsprüfung schwerpunktmäßig darauf eingehen. Oftmals handelt es sich bei der Grundrechtsinterpretation um nichts anderes als um die Anwendung dieser beiden Grundsätze im Rahmen eines speziellen Grundrechts. Dies läßt sich besonders prägnant am Beispiel der Berufsfreiheit nachweisen. **43**

---

25 Bsp. BVerfGE 25, S. 1, 12 (Mühlengesetz); BVerfGE 40, S. 196, 225 f., ungeeignet war die Kontingentierung des Güterfernverkehrs im Hinblick auf den Schutz der Bundesbahn, soweit auch der Möbelfernverkehr erfaßt wurde.
26 BVerfGE 15, S. 235, 240; vgl. auch BVerfGE 53, S. 135, 145 f. — Puffreis —.
27 Als Beispiele hierzu vgl. BVerfGE 30, S. 292, 316 — Erdölbevorratung —; BVerfGE 37, S. 132, 145 f.

2. Die Freiheit des Berufes

44 Art. 12 Abs. 1 Satz 1 GG gibt allen Deutschen das Recht, Beruf, Arbeitsplatz und Ausbildungsstätte frei zu wählen[28]. Die Berufsausübung kann nach Art. 12 Abs. 1 Satz 2 GG durch Gesetz geregelt werden. Auf diesen **Grundrechtsschutz** können sich nach herrschender Meinung[29] gemäß Art. 19 Abs. 3 GG auch inländische juristische Personen — z. B. eine Aktiengesellschaft oder eine GmbH — berufen.

45 Die Unterscheidung zwischen Berufswahl und Berufsausübung in Art. 12 Abs. 1 S. 1 und 2 GG verführte zunächst zu einer etwas künstlichen Trennung beider Aspekte des Berufslebens. Heute hat sich allgemein die Ansicht durchgesetzt, daß sich „Wahl" und „Ausübung" eines Berufes nicht trennen lassen, da beides ineinander übergeht und einander bedingt. Es gibt daher nur ein **einheitliches Grundrecht der Berufsfreiheit.**

46 Der Eingriff in die Freiheit der Berufswahl trifft den einzelnen freilich in der Regel härter als eine bloße Regelung der Berufsausübung. Von dieser Beobachtung ausgehend hat das **BVerfG** seine „**3-Stufen-Theorie"** entwickelt[30].

Um den mildesten Eingriff handelt es sich bei einer bloßen **Regelung der Berufsausübung** ohne Rückwirkung auf die Berufswahl (erste Stufe).

Beispiele:

Ladenschlußgesetz (BVerfGE 13, 237 ff.); Arbeitszeitordnung (BVerfGE 22, 1 ff.); Verpflichtung des Anwaltes, vor Gericht in Amtstracht aufzutreten (BVerfGE 28, 21 ff.)

Für nahezu jeden Beruf gibt es eine Vielzahl von derartigen gesetzlichen Berufsausübungsregelungen.

„Hier können in weitem Maße Gesichtspunkte der Zweckmäßigkeit zur Geltung kommen; nach ihnen ist zu bemessen, welche Auflagen den Berufsangehörigen gemacht werden müssen, um Nachteile und Gefahren für die Allgemeinheit abzuwehren. . . . Der Grundrechtsschutz beschränkt sich insoweit auf die Abwehr ähnlich verfassungswidriger, weil etwa übermäßig belastender und nicht zumutbarer gesetzlicher Auflagen; von diesen Ausnahmen abgesehen, trifft die hier in Frage stehende Beeinträchtigung der Berufsfreiheit den Grundrechtsträger nicht allzu empfindlich, da er bereits im Beruf steht, und die Befugnis, ihn auszuüben, nicht berührt wird"[31].

47 Einschneidender als eine Berufsausübungsregelung wirkt in der Regel eine **subjektive Zulassungsvoraussetzung** (zweite Stufe). Danach ist die Aufnahme eines bestimmten Berufes nur zulässig, wenn der Anwärter bestimmten Qualifikationen genügt[32].

---

28 Ausführlich zur Berufsfreiheit *Friauf,* JA 1984, S. 537 ff.; *Meessen,* JuS 1982, S. 397 ff.; *Tettinger,* AöR 108 (1983), S. 92 ff.

29 Vgl. nur BVerfGE 53, S. 1, 13; *Friauf,* JA 1984, S. 537, 540; *Erichsen,* Jura 1980, S. 551, 552.

30 Erstmals im Apothekenurteil, BVerfGE 7, S. 377 ff.; dazu sehr instruktiv *Erichsen,* Jura 1985, S. 66 ff.

31 BVerfGE 7, S. 377, 406; während zunächst jede vernünftige Erwägung des Gemeinwohls eine Rechtfertigung für eine Ausübungsregelung darstellte, geht man heute weitgehend davon aus, daß auch innerhalb der Ausübungsregelung der Verhältnismäßigkeitsgrundsatz Anwendung findet. Vgl. dazu *Friauf,* JA 1984, S. 537, 543, m. w. N.

32 Neben besonderen Qualifikationen wird auch das Alter als subjektive Zulassungsvoraussetzung angesehen, vgl. BVerfGE 9, S. 339, 345 ff. — Hebammen —; BVerfGE 64, S. 72, 82 — Prüfingenieure für Baustatik —.

Beispiele:

Ärzte, Zahnärzte (BVerfGE 25, 236 ff.), selbständige Handwerker (BVerfGE 13, 97 ff.)

Für nahezu alle Berufe, die spezifische Kenntnisse erfordern, gibt es vom Gesetzgeber vorgeschriebene subjektive Zulassungsvoraussetzungen.

„Die Regelung subjektiver Voraussetzungen der Berufsaufnahme ist ein Teil der rechtlichen Ordnung eines Berufsbildes, sie gibt den Zugang zum Beruf nur den in bestimmter — und zwar meist formaler — Weise qualifizierten Bewerbern frei. Eine solche Beschränkung legitimiert sich aus der Sache heraus; sie beruht darauf, daß viele Berufe bestimmte, nur durch theoretische und praktische Schulung erwerbbare technische Kenntnisse und Fertigkeiten erfordern und daß die Ausübung dieser Berufe ohne diese Kenntnisse entweder unmöglich oder unsachgemäß wäre oder aber Schäden, ja Gefahren für die Allgemeinheit mit sich bringen würde. Hier gilt das Prinzip der Verhältnismäßigkeit in dem Sinne, daß die vorgeschriebenen subjektiven Voraussetzungen zu dem angestrebten Zweck der ordnungsgemäßen Erfüllung der Berufstätigkeit nicht außer Verhältnis stehen dürfen"[33].

Am härtesten wirken **objektive Zulassungsvoraussetzungen** (dritte Stufe). Sie liegen vor, wenn die Aufnahme eines Berufes von Voraussetzungen abhängig gemacht wird, zu deren Erfüllung der einzelne nichts beitragen kann, die nichts mit seiner persönlichen Qualifikation zu tun haben[34]. **48**

Beispiele:

Festsetzung von Höchstzahlen für Kraftfahrzeuge des allgemeinen Güterfernverkehrs (BVerfGE 40, 196 ff.), Arbeitsvermittlungsmonopol der Bundesanstalt für Arbeit (BVerfGE 21, 245 ff.)

Eine solche Regelung wirkt dem Sinn des Grundrechts der Berufsfreiheit strikt entgegen. Deshalb sind

„an den Nachweis der Notwendigkeit einer solchen Freiheitsbeschränkung besonders strenge Anforderungen zu stellen; im allgemeinen wird nur die Abwehr nachweisbarer oder höchstwahrscheinlicher schwerer Gefahren für ein überragend wichtiges Gemeinschaftsgut diesen Eingriff in die freie Berufswahl legitimieren können"[35].

Die „Dreistufentheorie" ist nichts anderes als die Anwendung des Grundsatzes der Verhältnismäßigkeit: die nächste Stufe darf erst dann betreten werden, wenn die Mittel der vorherigen Stufe zur Bekämpfung der Gefahr nicht ausreichen. **49**

Wenn der Gesetzgeber die nach diesem Maßstab „richtige" Stufe gewählt hat, kommt es hier **erneut** zu einer **Prüfung der Verhältnismäßigkeit**. Die vorgeschriebenen Auflagen zur Berufsausübung dürfen nicht „übermäßig belastend" sein, die subjektiven Zulassungsvoraussetzungen „dürfen zu dem angestrebten Zweck der ordnungsgemäßen Erfüllung der Berufstätigkeit nicht außer Verhältnis stehen". Die Frage nach der Erforderlichkeit und Geeignetheit ist hier also erneut zu stellen. **50**

Beispiel:

Die Erhaltung der Funktionsfähigkeit und der Wirtschaftlichkeit der Deutschen Bundesbahn ist ein überragend wichtiges Gemeinschaftsgut, das sogar objektive Zulassungsbeschränkun-

---

33 BVerfGE 7, S. 377, 406 f.
34 Bekannteste Beispiele sind die Vorschriften, die ein Bedürfnis für die Berufszulassung fordern, vgl. etwa BVerfGE 11, S. 168, 184 — Linienverkehr —.
35 BVerfGE 7, S. 377, 407 f.

gen zu rechtfertigen vermag. Deshalb ist der Güterfernverkehr kontingentiert. Nur eine bestimmte Zahl von Lastwagen wird zugelassen. § 9 Abs. 1 des Güterkraftverkehrsgesetzes bezog diese Kontingentierung auch auf Fahrzeuge des Möbelfernverkehrs, die zur Beförderung von Umzugsgut eingesetzt wurden. Zu Recht?

Angesichts des gesetzgeberischen Zieles, die Wirtschaftlichkeit der Bundesbahn zu schützen, erweist sich die Erstreckung der Kontingentierung auch auf den Möbelfernverkehr als ungeeignet, da die Bundesbahn keine Umzüge vorzunehmen pflegt. Die Regelung ist daher insoweit verfassungwidrig[36].

3. Die Garantie des Eigentums

51 Wohl keine Verfassungsnorm prägt die Wirtschaftsordnung so entscheidend wie die jeweilige Eigentumsordnung. Das Bundesverfassungsgericht sieht in Art. 14 GG ein „elementares Grundrecht, das in einem inneren Zusammenhang mit der Garantie der persönlichen Freiheit steht. Ihm kommt im Gesamtgefüge der Grundrechte die Aufgabe zu, dem Träger des Grundrechts einen **Freiheitsraum im vermögensrechtlichen Bereich** sicherzustellen und ihm damit eine eigenverantwortliche Gestaltung des Lebens zu ermöglichen"[37].

Für die Auslegung der Eigentumsgarantie ist diese Sichtweise in zweierlei Hinsicht von Bedeutung:

52 Erstens beeinflußt sie den **Umfang der Eigentumsgarantie.** Es ist nicht privates Sacheigentum, sondern Arbeitseinkommen, welches es der Mehrzahl der Bevölkerung ermöglicht, Freiheitsrechte zu verwirklichen. Der Eigentumsschutz erstreckt sich dementsprechend nicht nur auf dingliche Rechte, sondern auf **jedes „vermögenswerte Recht"**[38]. Zu den wirtschaftlich bedeutsamen vermögenswerten Rechten zählen Forderungen, Gesellschafts-, Urheber- und Patentrechte und insbesondere das Recht am eingerichteten und ausgeübten Gewerbebetrieb[39]. Dieses umfaßt z. B. die geschäftlichen Verbindungen, den Kundenstamm und den good will des Unternehmens, kurzum alles, was in seiner Gesamtheit den wirtschaftlichen Wert des konkreten Betriebes ausmacht. Durch Art. 14 GG nicht geschützt sind dagegen bloße Erwerbsaussichten und Gewinnchancen, die sich aus der gegenwärtigen Rechtslage ergeben.

53 Besonders in den Fällen, in denen der Unternehmer im Vertrauen auf die Gesetzeslage Investitionen getätigt hat und diese Investitionen durch eine Gesetzesänderung entwertet werden, stellt sich die Frage, ob das Vertrauen des Unternehmers auf die Gesetzeslage (Planvertrauen) als Bestandteil des unter dem Schutz des Art. 14 GG

---

36 BVerfGE 40, S. 196, 224 ff.; vgl. hierzu auch BVerwG, DÖV 1982, S. 201 sowie *Quaas,* Rechtsfragen der Kontingentgenehmigung im Güterfernverkehr, DÖV 1982, S. 434.

37 BVerfGE 24, S. 389.

38 Zu den einzelnen Ausprägungen des Eigentums vgl. insbesondere *Papier,* in: *Maunz/Dürig/Herzog/Scholz,* GG, Art. 14 Rdnr. 57 ff.; neben den subjektiven privaten Rechten zählen auch subjektive öffentliche Rechte zum Eigentum i. S. d. Art. 14 GG, soweit sie ein Äquivalent eigener Leistung darstellen, BVerfGE 18, S. 392, 397; 24, S. 220, 226.

39 Vgl. hierzu BVerfGE 1, S. 264, 276 ff.; in jüngerer Zeit ist der Schutz dieses von den Zivilgerichten fortentwickelten Instituts durch Art. 14 GG in Zweifel gezogen worden, vgl. etwa BVerfGE 51, S. 193, 221 f.; 58, S. 290, 353; *Bryde,* in: *v. Münch,* GG-Kommentar, Art. 14 Rdnr. 18 f.

stehenden eingerichteten und ausgeübten Gewerbebetriebes qualifiziert werden kann. Bei Änderung der Gesetzeslage wird in diesen Fällen ein **Plangewährleistungsanspruch**[40] auf Entschädigung gem. Art. 14 Abs. 3 GG diskutiert.

Beispiele:

BGH 45, S. 83 — Knäckebrot —. Es ging darum, daß der Zollsatz für Knäckebrot durch den Gesetzgeber von 25 % auf 10 % gesenkt wurde. Durch den zunehmenden Knäckebrotimport aus Schweden erlitten die inländischen Knäckebrotfabriken hohe Einnahmeverluste. Der BGH sieht den Schutzbereich des Art. 14 GG noch nicht berührt, wenn ein Schutzzoll gesenkt wird und inländische Hersteller dadurch in wirtschaftliche Schwierigkeiten geraten. Jeder Betrieb müsse sich nach den Absatzmöglichkeiten richten. Ob der Unternehmer diese richtig beurteile, gehöre zu seinem Risiko. Etwas anderes gelte nur dann, wenn staatliche Organe einen ausdrücklichen Vertrauenstatbestand gesetzt hätten, beispielsweise, wenn der Unternehmer von behördlicher Seite unter Hinweis auf geltende Bestimmungen und ein öffentliches Interesse zu erhöhten Aufwendungen und Investitionen veranlaßt worden sei.

Im dogmatischen Ansatz überzeugender findet nach BVerfGE 30, S. 393 — Berlinhilfe — Art. 14 GG auf diese Problematik des Plangewährleistungsanspruchs keine Anwendung. Das Planvertrauen des Unternehmers auf den Fortbestand einer Gesetzeslage verdiene genau den gleichen Schutz wie dasjenige, das dem Bürger gegen den Erlaß rückwirkender Steuergesetze gewährt werde. Die Problematik sei folglich bei Art. 20 Abs. 3 GG anzusiedeln: ob der Unternehmer eine Rücksichtnahme durch den Gesetzgeber erwarten dürfe, hänge von einer Abwägung zwischen dem Ausmaß des Vertrauensschadens und der Bedeutung des gesetzgeberischen Anliegens für die Allgemeinheit ab. In Begründung und Ergebnis überzeugt der Ansatz des Bundesverfassungsgerichts. Der Gedanke, die Kontinuität der Gesetzgebung dem Schutzbereich des Art. 14 GG zu unterstellen, ist einigermaßen fernliegend. Demgegenüber drängt sich die Parallele zur Rückwirkungsproblematik geradezu auf. Auch soweit es um die unterschiedliche Rechtsfolge beider Ansätze geht, wird das Bundesverfassungsgericht der Sachlage gerechter. Dem enttäuschten Unternehmer geht es primär nicht um **Entschädigung,** sondern um **Rückgängigmachung** der sein Planvertrauen durchbrechenden gesetzgeberischen Maßnahme. Dies kann er dann erreichen, wenn die Abwägung zwischen seinen Individualbelangen und den Belangen der Allgemeinheit zu seinen Gunsten ausfällt.

Der **Zweck der Eigentumsgarantie,** nämlich seine freiheitssichernde Funktion, **54** zwingt zweitens zu einer differenzierenden Ausgestaltung der unterschiedlichen Eigentumsarten. **Persönliches Eigentum** und Arbeitseinkommen ermöglichen vor allem — in welch eingeschränktem Maße auch immer — **individuelle Selbstverwirklichung.** Bei **Eigentum an Produktionsmitteln** hingegen tritt dieser Individualaspekt der freiheitssichernden Funktion zurück. Hier tritt ein ganz anderer Gesichtspunkt in den Vordergrund, die Erkenntnis nämlich, daß **diese** Art von Eigentum **Macht über andere Menschen** verleiht. Da diese Macht vom Zweck der Eigentumsgarantie nicht erfaßt ist, muß sich der Eigentümer hier **weitergehende Beschränkungen** seiner Eigentumsrechte gefallen lassen.

Beispiel:

Die Produktion eines Unternehmens beruht auf dem Zusammenwirken von Kapital und Arbeit. Unternehmerische Entscheidungen wirken sich auf die Arbeitnehmer und auf die Anteilseigner aus. Für die Anteilseigner steht dabei meist der Gesichtspunkt der Kapitalanlage im Vordergrund. Der Arbeitnehmer hängt mit seiner beruflichen und wirtschaftlichen Existenz

---

40 Im einzelnen zu diesem „Rechtsinstitut" siehe etwa *Ossenbühl*, Staatshaftungsrecht, § 26 — § 30.

vom Betrieb ab. Das Bundesverfassungsgericht hält es bei dieser Sachlage für verfassungsrechtlich zulässig, die Eigentumsrechte der Anteilseigner zu Lasten einer erweiterten Mitbestimmungsbefugnis der Arbeitnehmer einzuschränken[41].

Auch diese Rechtsprechung des Bundesverfassungsgerichts hat ihre Wurzeln letztlich im Grundsatz der Verhältnismäßigkeit. Der Gesetzgeber kann nach Art. 14 Abs. 1 GG Inhalt und Grenzen des Eigentums bestimmen. Diese Befugnis zur Inhalts- und Schrankenbestimmung geht umso weiter, „je mehr das Eigentum in einem sozialen Bezug und in einer sozialen Funktion steht"[42], je größer also die Machtbefugnisse sind, die dem Eigentümer aufgrund seines Eigentums über andere Menschen gegeben sind.

55   Die im Zusammenhang mit der Eigentumsgarantie am häufigsten auftretende Streitfrage ist die, ob es sich bei einem staatlichen Zugriff auf das Eigentum um eine **(entschädigungslose) Inhaltsbestimmung** nach Art. 14 Abs. 1 u. 2 GG oder um eine **(entschädigungspflichtige) Enteignung** nach Art. 14 Abs. 3 GG handelt.

56   Von den mannigfach zur Abgrenzung entwickelten Kriterien haben sich die vom Bundesverwaltungsgericht entwickelte **Zumutbarkeitstheorie** und die vom Bundesgerichtshof entwickelte **Sonderopfertheorie** durchgesetzt (kritisch dazu: *Rittstieg,* NJW 1982, 721 ff. im Anschluß an BVerfG, NJW 1982, 745, 748 f.). Eine (entschädigungspflichtige) Enteignung ist danach ein rechtmäßiger staatlicher Eingriff in das Vermögen, der den Vermögensinhaber entweder ungleich gegenüber den Inhabern vergleichbarer Rechtspositionen belastet (Einzelakt-Sonderopfertheorie) oder aber unzumutbar schwer trifft (Zumutbarkeitstheorie). Entschädigungslose Inhaltsbestimmungen müssen stets verhältnismäßig sein. Sie dürfen — gemessen an der sozialen Bedeutung des Eigentumsobjektes — nicht zu einer übermäßigen Belastung führen und den Eigentümer nicht unzumutbar treffen. Werden diese Grenzen überschritten, so handelt es sich um eine verfassungswidrige Inhaltsbestimmung (BVerfGE 58, 300, 330 ff.), nicht aber um eine entschädigungspflichtige Enteignung bzw. um einen entschädigungspflichtigen enteignungsgleichen Eingriff. Sieht der Betroffene in einer gegen ihn gerichteten Maßnahme eine Enteignung, so kann er eine Entschädigung nur einklagen, wenn eine gesetzliche Anspruchsgrundlage vohanden ist. Fehlt sie, dann muß er sich um Aufhebung des Eingriffsaktes bemühen[43].

4. Die Vereinigungs- und Koalitionsfreiheit

57   Art. 9 GG garantiert zwei wirtschaftsverfassungsrechtlich bedeutsame Freiheitsrechte: das Recht zur Bildung von Vereinen und Gesellschaften (Art. 9 Abs. 1 GG) und das Recht zur Bildung von Vereinigungen zur Wahrung und Förderung der Arbeits- und Wirtschaftsbedingungen (Art. 9 Abs. 3 GG).

Art. 9 Abs. 1 GG schützt privatrechtliche Zusammenschlüsse. Sie spielen gerade im Wirtschaftsleben eine große Rolle. Geschützt sind wirtschaftliche Vereine (§ 22 BGB) und Handelsgesellschaften (OHG, KG) ebenso wie die Gesellschaft mit be-

---

41 BVerfGE 50, S. 290 ff.
42 BVerfG, NJW 1982, S. 634.
43 Vgl. zur gesamten Problematik *Schwerdtfeger,* JuS 1983, S. 104 ff.; *Battis/Felkl-Bretano,* JA 1983, S. 494 ff.; *Papier,* JuS 1985, S. 184 ff.

schränkter Haftung (GmbH) und die Aktiengesellschaft (AG) als juristische Personen. Auch hier gilt es jedoch — ähnlich wie bei der Eigentumsgarantie — entsprechend dem Schutzzweck des Grundrechts zu differenzieren. **Schutzobjekt** ist der **freie Zusammenschluß gleichberechtigter Mitglieder.** Gemessen daran ist die Reichweite gesetzlicher Zugriffs- und Beschränkungsmöglichkeiten unterschiedlich. Am umfassendsten ausgestaltet sind diese bei der AG, einer Kapitalgesellschaft, bei der das personale Element bis zur Bedeutunglosigkeit zurücktritt. Die Kapitalgesellschaftsform der GmbH ist mehr auf kleine und mittelständische Unternehmen zugeschnitten, bei denen das personale Element eine größere Rolle spielt; die Zugriffs- und Beschränkungsmöglichkeiten sind daher hier geringer. Dort, wo personale Elemente im Vordergrund stehen, nämlich bei der BGB-Gesellschaft (§§ 705 ff. BGB) oder der OHG (§§ 105 ff. HGB), sind gesetzliche Zugriffe und Beschränkungen am wenigsten zulässig. Ähnlich wie bei der Eigentumsgarantie ist der gesetzgeberische Zugriff auch dann größer, wenn der personale Zusammenschluß Macht über Dritte, z. B. die Arbeitnehmer, verleiht. Diese im Mitbestimmungsurteil des Bundesverfassungsgerichts[44] aufgestellten Grundsätze lassen sich auf folgende Kurzformel bringen: Je vielfältiger und intensiver die in einem Unternehmen verkörperte wirtschaftliche Macht auf andere soziale Bereiche ausstrahlt, desto größer sind die gesetzlichen Möglichkeiten der Beeinflussung, Lenkung und Beschränkung.

Für die Wirtschafts- und Sozialordnung in der Bundesrepublik ist die in Art. 9 Abs. **58** 3 GG garantierte **Koalitionsfreiheit** ebenfalls von vorrangiger Bedeutung[45]. Diese Verfassungsnorm enthält das Existenzgrundrecht der Arbeitgeber- und Arbeitnehmerorganisationen und damit die verfassungsmäßige Zusicherung von **Tarifautonomie** und **Streikrecht.** Hiermit befaßt sich das maßgeblich von der Judikatur des Bundesarbeitsgerichts geprägte **kollektive Arbeitsrecht.** Darauf kann hier nicht näher eingegangen werden. Wirtschaftsverfassungsrechtlich bleibt vor allem die Tatsache bedeutsam, daß durch Art. 9 Abs. 3 GG ein wichtiger Teilbereich gesellschaftlicher Auseinandersetzung staatlicher Einwirkung weitestgehend entzogen ist. Anders als in anderen Staaten wäre beispielsweise ein gesetzlich angeordneter, zeitlich befristeter Lohnstopp verfassungswidrig. Die Gestaltung der Arbeits- und Wirtschaftsbedingungen obliegt den Sozialpartnern. Letztes Mittel ihrer Auseinandersetzungen bildet das Streik- bzw. Aussperrungsrecht. Auch für das **Arbeitskampfrecht** gilt nach der Rechtsprechung des Bundesarbeitsgerichts das *Gebot der Verhältnismäßigkeit* der Mittel. Hier wirkt dieser elementare Verfassungsgrundsatz unmittelbar zwischen den privatrechtlich organisierten Tarifvertragsparteien[46].

5. Das Gleichheitsgebot

In der Rechtsprechung des Bundesverfassungsgerichts wird das allgemeine Gleichbe- **59** handlungsgebot des Art. 3 Abs. 1 GG als **Gebot der Sachgerechtigkeit** bzw. negativ gesehen als **Willkürverbot** interpretiert[47]. Nach einer ständig wiederkehrenden For-

---

44 BVerfGE 50, S. 290 ff.
45 Ausführlicher dazu *Frotscher,* JuS 1982, S. 185 ff.
46 BAG, NJW 1980, S. 1642.
47 Vgl. allgemein zum Gleichheitsgebot *Gusy,* JuS 1982, S. 30 ff.

mulierung ist Art. 3 Abs. 1 GG erst dann verletzt, wenn sich für die staatliche Maßnahme ein vernünftiger, aus der Natur der Sache ergebender oder sonstwie sachlich einleuchtender Grund nicht finden läßt, kurzum, wenn die Maßnahme als willkürlich bezeichnet werden muß[48]. Diese Interpretation beläßt dem Gesetzgeber naturgemäß einen weitgehende Gestaltungsfreiheit.

Beispiel:

Das Umsatzsteuergesetz privilegiert den Verkauf von Druckerzeugnissen mit einem halbierten Mehrwertsteuersatz. Der Verkauf von Schallplatten hingegen unterliegt dem vollen Mehrwertsteuersatz. Gegen diese Regelung wurde Verfassungsbeschwerde mit der Begründung erhoben, diese Differenzierung sei willkürlich. Literarische Schmutz- und Schunderzeugnisse würden von diesem umsatzsteuerlichen Kulturprivileg profitieren, kulturell hochwertige Schallplattenerzeugnisse jedoch nicht.

Das Bundesverfassungsgericht hat diese auf Art. 3 Abs. 1 und 5 Abs. 3 GG gestützte Verfassungsbeschwerde abgewiesen[49]. In seiner Begründung hat es insbesondere auf den Gesichtspunkt abgestellt, die unterschiedliche wirtschaftliche Situation von Verlagshäusern einerseits und der Schallplattenindustrie andererseits sei ein zulässiges Differenzierungskriterium für die einseitige Bevorzugung von Druckerzeugnissen. Ob eine solche umsatzsteuerliche Ungleichbehandlung tatsächlich auf die — sich ständig ändernde — wirtschaftliche Situation der Produzenten gestützt werden kann, erscheint durchaus fraglich. Das Beispiel zeigt indes, in welch weitem Rahmen das Bundesverfassungsgericht die unterschiedlichsten Gesichtspunkte zur Beurteilung der Frage heranzieht, ob für die Ungleich- bzw. Gleichbehandlung ein sachgerechter Grund besteht.

60 Einen noch weiteren Gestaltungsspielraum soll der Gesetzgeber nach dieser Rechtsprechung dann haben, wenn es um **gewährende Maßnahmen** geht[50]. Ob diese Rechtsprechung überzeugt, erscheint recht fraglich angesichts der Tatsache, daß die Begünstigung des einen oftmals zu einer Benachteiligung des anderen, z. B. des Konkurrenten, führt. Wenn ein (begünstigendes) Gesetz durch Nichtberücksichtigung einer bestimmten Gruppe den Gleichheitssatz verletzt, kann das Bundesverfassungsgericht die notwendige Ergänzung nicht selbst vornehmen. Es beschränkt sich darauf, die Vorschrift für nichtig zu erklären oder festzustellen, daß die Nichtberücksichtigung verfassungswidrig ist. In beiden Fällen bleibt es Sache des Gesetzgebers, darüber zu befinden, wie er durch eine Neuregelung dem Art. 3 Abs. 1 GG Rechnung trägt.

61 Art. 3 Abs. 1 GG hindert den Gesetzgeber auch nicht daran, zu generalisieren, zu pauschalieren oder zu typisieren[51]. Anders könnte er seinem Gesetzgebungsauftrag gar nicht nachkommen. Dabei kann — und muß er — auch gewisse Härten und Ungerechtigkeiten in Kauf nehmen. Die **Typisierung** darf aber nicht soweit gehen, daß dadurch eine größere Zahl von Fällen sachwidrig betroffen wird.

Beispiel:

Die gesetzlich festgelegte Mineralölbevorratungspflicht erstreckte sich auf die großen Ölfirmen mit ihren Vorratslagern und Raffinerien und auf die unabhängigen Mineralölimporteure

---

48 BVerfGE 10, S. 234, 246; 25, S. 101, 105; 49, S. 192, 209.
49 BVerfGE 36, S. 321 ff.
50 BVerfGE 17, S. 210, 216, m. w. N.; 61, S. 138, 147.
51 Vgl. BVerfGE 9, S. 3, 13.

mit geringen Lagerkapazitäten. Diese erhoben Verfassungsbeschwerde mit der Begründung, eine Lagerhaltung sei für reine Importunternehmen betriebswirtschaftlich sinnlos, es widerspreche ihrer Marktfunktion. Ihre Aufgabe bestehe lediglich darin, bei Energieengpässen kurzfristig die benötigte Energie zu vermitteln.

Das Bundesverfassungsgericht hat der Verfassungsbeschwerde stattgegeben[52]. Eine einheitliche Bevorratungspflicht führe bei einer zahlenmäßig kleinen, aber nach typischen Merkmalen deutlich abgrenzbaren Gruppe von Unternehmen zu einer ungleich fühlbareren wirtschaftlichen Belastung. Dadurch, daß das Gesetz keine Möglichkeit vorgesehen habe, die unabhängigen Mineralölimporteure angemessen zu berücksichtigen, sie vielmehr unterschiedslos der allgemeinen Regelung unterworfen habe, habe es Ungleiches gleich behandelt. Das zulässige Maß an Typisierung sei überschritten worden, die Regelung verstoße gegen Art. 3 Abs. 1 i.V.m. Art. 12 Abs. 1 GG.

6. Die allgemeine Handlungsfreiheit

Art. 2 Abs. 1 GG garantiert die allgemeine Handlungsfreiheit, soweit einzelne Lebensbereiche nicht durch spezielle Grundrechte geschützt sind[53]. Diese Norm sichert also auch die wirtschaftlichen Grundfreiheiten, die im Grundgesetz nicht ausdrücklich benannt sind[54]. Es handelt sich dabei insbesondere um die **Vertragsfreiheit** und die **Wettbewerbsfreiheit,** daneben beispielsweise um die **Werbefreiheit** und die **Konsumfreiheit**[55]. **62**

Wichtigste **Schranke** des Rechts der Handlungsfreiheit ist die verfassungsmäßige Ordnung. Neben ihr haben die anderen in Art. 2 Abs. 1 GG genannten Schranken keine selbständige Bedeutung. Zur verfassungsmäßigen Ordnung zählen **alle formell und materiell verfassungsgemäß zustande gekommenen Rechtsnormen**[56]. Nur scheinbar läuft bei dieser weiten Einschränkung die grundrechtliche Verbürgung ins Leere. Mit dem Grundgesetz inhaltlich vereinbar ist eine Beschränkung nur dann, wenn sie mit dessen geschriebenen und ungeschriebenen Garantien, z. B. auch dem Grundsatz der Verhältnismäßigkeit, in Einklang steht. Je stärker ein gesetzlicher Eingriff die wirtschaftliche Handlungsfreiheit berührt, desto sorgfältiger müssen die zu seiner Rechtfertigung vorgebrachten Gründe gegen den Freiheitsanspruch abgewogen werden. Wirtschaftsverfassungsrechtlich bedeutsam wird diese Garantie vor allem dann, wenn der Gesetzgeber die Vertragsfreiheit beschneidet, die öffentliche Hand selbst mit der privaten Wirtschaft konkurriert oder sie gar dadurch ausschaltet, daß sie bestimmte Tätigkeitsbereiche bei sich monopolisiert. **63**

---

52 BVerfGE 30, S. 290 ff.; einen weiteren Fall, in dem ausnahmsweise einmal der Gleichheitssatz als verletzt angesehen wurde, stellt BVerfGE 19, S. 101, 116 ff. — Zweigstellensteuer — dar.

53 Art. 2 Abs. 1 GG ist das Auffanggrundrecht hinsichtlich der Freiheitsgrundrechte, BVerfGE 21, S. 227, 234.

54 Es gilt auch für Ausländer, für juristische Personen des Privatrechts und für Handelsgesellschaften ohne eigene Rechtspersönlichkeit, BVerfGE 10, S. 89 ff.

55 Ausführlich dazu *Stober,* Wirtschaftsverwaltungsrecht, Rdnr. 266 ff. mit Hinweisen auf die Judikatur des BVerfG.

56 BVerfGE 6, S. 32 ff.

a) Vertragsfreiheit und Marktordnung

64 Grundvoraussetzung einer funktionierenden Marktwirtschaft ist die Freiheit der am Konsumprozeß Beteiligten, eigenverantwortlich darüber bestimmen zu können, ob und mit wem sie einen Vertrag schließen wollen und welchen Inhalt dieser haben soll.

65 Gleichwohl gibt es eine Vielzahl **staatlicher Eingriffe in die Vertragsfreiheit:** Eine Reihe von Gesetzen sieht einen **Abschlußzwang** für private Unternehmen vor (§ 22 Personenbeförderungsgesetz; §§ 90, 97 Güterkraftverkehrsgesetz; § 6 Energiewirtschaftsgesetz). Ein derartiger Vertragsabschlußzwang rechtfertigt sich bei einer Monopolstellung des Anbieters, da sie Alternativen für den Kunden ausschließt, jedenfalls dann, wenn es um dringend benötigte Leistungen der Daseinsvorsorge geht. Weitere gesetzlich angeordnete Beschränkungen der Vertragsfreiheit finden sich im Gesetz gegen Wettbewerbsbeschränkungen, das Verträge, die den Wettbewerb beschränken, grundsätzlich für nichtig erklärt, oder, wenn sie ausnahmsweise zugelassen sind, einer **Mißbrauchsaufsicht** unterwirft (§§ 1, 15 GWB). Ohne Vertragsfreiheit gibt es keine Wettbewerbsfreiheit, und ohne diese keine Vertragsfreiheit. Aus dieser wechselseitigen Abhängigkeit folgt, daß wettbewerbsbeschränkenden Verträgen enge Grenzen gezogen werden müssen.

66 Schließlich gibt es eine Reihe administrativ angeordneter **Preisvorschriften,** etwa für den Bezug elektrischer Energie und im Bereich des öffentlichen Personennahverkehrs, bei Wohnungsmieten im öffentlich geförderten Wohnungsbau sowie im freiberuflichen Gebührenrecht der Rechtsanwälte, Steuerberater und Architekten[57]. Auch diese Eingriffe in die Vertragsfreiheit sind nur dann zulässig, wenn sie einem legitimen öffentlichen Zweck dienen und der Grundsatz der Verhältnismäßigkeit gewahrt bleibt. Dies ist bei den angegebenen Beispielen der Fall. Während auf dem Energielieferungssektor die Preisgestaltung von Monopolanbietern überwacht werden soll, liegt der Rechtsanwaltsgebührenordnung die Vorstellung zugrunde, eine ordnungsgemäße Rechtspflege sei nicht gewährleistet, wenn die Anwaltschaft in einen Preiskampf einträte.

Beispiel:

Nach dem Rabattgesetz darf der Anbieter auf den erklärten Preis höchstens einen Barzahlungsnachlaß von 3 % geben. Ist diese Einschränkung der Vertragsfreiheit gerechtfertigt?

Der Zweck dieser Bestimmung ist ein doppelter: Zum einen soll sie zu „Preiswahrheit" und Lauterkeit des Wettbewerbs im Handel beitragen, zum anderen soll sie verhindern, daß brave und unbeholfene Käufer, die nicht handeln können oder wollen, gegenüber cleveren und gewandteren Verbrauchern allzusehr benachteiligt werden. Diese Gründe rechtfertigen die Vertragsabschlußbeschränkungen des Rabattgesetzes. Hinzuweisen ist noch darauf, daß diese 3-%-Klausel insbesondere beim Autohandel in den letzten Jahren vielfach unterlaufen wurde. Das hängt mit dem Preiskampf in dieser Branche und damit zusammen, daß es sehr schwierig ist, Verstöße gegen das Rabattgesetz nachzuweisen. Der Autohandel hat sich im Jahre 1982 zu einer Selbsthilfeaktion entschlossen. Sie soll, auf dem Wege des Abmahnens und notfalls des Verklagens, den Vorschriften des Rabattgesetzes wieder Geltung verschaffen, wenn bei Testkäufen überhöhte Nachlässe festgestellt werden.

---

57 Vgl. dazu *Selmer,* JuS 1980, S. 536.

Weit über die eben dargestellten Beschränkungen der Vertragsfreiheit hinaus gehen **67**
sog. **Marktordnungsmodelle.** Sie engen die Dispositionsbefugnisse von privaten Er-
zeugern, Händlern und Verbrauchern so weitgehend durch öffentlich-rechtliche
Vorschriften ein, daß für die Vertragsfreiheit kaum noch Spielraum bleibt. Das bekannteste Beispiel einer Marktordnung in der Bundesrepublik Deutschland war die
Milchmarktordnung. Das Gesetz über den Verkehr mit Milch, Milcherzeugnissen
und Fetten teilte das Bundesgebiet in Molkereieinzugs- und -absatzgebiete ein. Jeder
Milcherzeuger wurde einer Molkerei zugewiesen, an die er alle Milch und Sahne liefern mußte, die er zum Verkauf bringen wollte; umgekehrt war diese Molkerei verpflichtet, alle angebotene Milch und Sahne abzunehmen. Das Bundesverfassungsgericht rechtfertigte die Einführung der Milchmarktordnung damit, daß bei einem
freien Spiel der privatwirtschaftlichen Kräfte Nachteile für die Versorgung der Verbraucher und die Leistungsfähigkeit der Produzenten hätten eintreten können:

„Im System einer grundsätzlich freien Wirtschaft stellt eine Marktordnung für bestimmte
Produkte allerdings einen Fremdkörper dar. Mit ihrem Geflecht von Liefer- und Annahme-
pflichten, Absatz- und Preisregelungen behindert sie erheblich die Freiheit des einzelnen, sein
wirtschaftliches Verhalten nach Gutdünken einzurichten. Diese Einschränkungen der wirtschaftlichen Betätigungsfreiheit sind aber zulässig, soweit überwiegende Gründe des Gemeinwohls die Einführung einer Marktordnung rechtfertigen oder gar gebieten. Solche Gründe
sind hier die Versorgung der Bevölkerung mit einwandfreier Milch als einem unentbehrlichen
Volksnahrungsmittel in stets ausreichender Menge zu angemessenem Preis und die Erhaltung
einer leistungsfähigen Landwirtschaft. Der Milchmarkt ist nach wie vor durch eine erhebliche
Überproduktion gekennzeichnet; Milchproduzenten sind in großem Maße bäuerliche Fami-
lienbetriebe, auf deren Erhaltung die Agrarpolitik besonders bedacht ist. Unter diesen Umständen kann auf eine Marktordnung wenigstens z. Zt. schwerlich verzichtet werden. . . .“[58]

Seit 1971 gibt es bei der Milchmarktordnung keine Einzugsgebiete mehr. Eine strenge Marktordnung mit Einzugsgebieten besteht aber beispielsweise noch für Zucker-
raffinerien, die vorwiegend Zuckerrüben verarbeiten.

Ungeklärt ist übrigens, inwieweit Einschränkungen der Wettbewerbs- und der Ver- **68**
tragsfreiheit nicht schon als Berufsausübungsregelungen gemäß Art. 12 Abs. 1 GG
zu qualifizieren sind[59]. Es handelt sich indes um ein eher akademisches Problem.
Wie die Beispiele erkennen lassen, orientiert sich die materielle Prüfung jeweils am
gleichen Maßstab, dem Grundsatz der Verhältnismäßigkeit.

b) Öffentliche Unternehmen und freier Wettbewerb

Bund, Länder und Gemeinden besitzen eine Vielzahl von Wirtschaftsunternehmen **69**
oder sind zumindest an ihnen beteiligt. Wirtschaftsverwaltungs- und verfassungsrechtliche Probleme bringen vor allem die **öffentlichen Unternehmen** mit sich. Was
unter einem öffentlichen Unternehmen zu verstehen ist, war aufgrund der Komple-
xität des Begriffs lange Zeit unklar. Inzwischen erfolgt die **Definition** anhand einer

---

58 BVerfGE 18, S. 315, 327.
59 *Frotscher,* JuS 1981, S. 665 sieht im Bereich des Wirtschaftsverfassungsrechts angesichts der Art. 12
und 14 GG keinen Anwendungsbereich mehr für Art. 2 GG. Ähnlich auch *Jarass,* Wirtschaftsverwaltungsrecht, S. 66.

zu **Art. 90 EWG-Vertrag** ergangenen **Richtlinie**[60]: Öffentliche Unternehmen sind danach im Gegensatz zu privaten Unternehmen alle Unternehmen, auf die die öffentliche Hand aufgrund Eigentums, finanzieller Beteiligung, Satzung oder sonstiger Bestimmungen, die die Tätigkeit des Unternehmens regeln, unmittelbar oder mittelbar einen beherrschenden Einfluß ausüben kann[61].

70 Damit ist jedoch noch keine Aussage über mögliche Organisations- und Erscheinungsformen öffentlicher Unternehmen getroffen. Den Trägern öffentlicher Gewalt stehen sowohl **öffentlich-rechtliche** als auch **privatrechtliche Organisationsformen** offen[62]. Öffentlich-rechtliche Organisationsformen sind der **Regiebetrieb,** der **Eigenbetrieb** und die **rechtsfähige Anstalt. Regiebetriebe** sind rechtlich und organisatorisch **unselbständig.** Die Gemeinden führen als Regiebetrieb häufig z. B. den Schlachthof. Solche Regiebetriebe sind vollständig in die Verwaltung integriert und erscheinen mit allen Ausgaben und Einnahmen im gemeindlichen Haushalt. **Eigenbetriebe** sind haushaltsmäßig und organisatorisch **verselbständigt,** lediglich das wirtschaftliche Endergebnis erscheint im öffentlichen Haushalt. Bundesbahn, Bundespost und im Regelfall kommunale Versorgungsunternehmen werden in dieser Organisationsform geführt. **Rechtsfähige Anstalten** des öffentlichen Rechts sind z. B. die kommunalen Sparkassen. Als **privatrechtliche Organisationsformen** kommen vor allem die **Aktiengesellschaft** und die **Gesellschaft mit beschränkter Haftung** in Betracht, wie sie häufig bei kommunalen Verkehrsbetrieben zu beobachten sind.

71 Neben dieser **Wahlfreiheit auf dem Gebiet der Organisationsform** gesteht die h. M.[63] der Verwaltung auch im Bereich der Ausgestaltung der Rechtsbeziehungen zwischen öffentlichen Unternehmen und Kunden **ein Wahlrecht hinsichtlich privatrechtlicher und öffentlich-rechtlicher Benutzungsverhältnisse** zu. Jedoch kann die Verwaltung sowohl durch die Wahl der Organisationsform als auch der Ausgestaltung der Rechtsbeziehungen die Bindungen des öffentlichen Rechts nicht umgehen. Ihr stehen zur Erfüllung ihrer Aufgaben zwar private Rechtsformen, nicht aber die Freiheiten und Möglichkeiten der Privatautonomie zu. Die Normen des Privatrechts werden hier durch öffentlich-rechtliche Bestimmungen überlagert. Insbesondere die Grundrechte, aber auch weitere verwaltungsrechtliche Grundsätze gelten auch bei Formen privatrechtlichen Handelns[64], eine **„Flucht in das Privatrecht"** zur Umgehung dieser Bindungen **gibt es nicht.**

72 Die Wahl der Organisationsform bzw. die Ausgestaltung der Rechtsbeziehung zwischen öffentlichem Unternehmen und Bürger hat Bedeutung für die Frage des **Rechtsweges** beim Auftritt von Rechtsstreitigkeiten. Wird ein öffentliches Unter-

---

60 Richtlinie vom 25. 6. 1980, 80/723 EWG, ABl. der EG Nr. L 195/35, Art. 2; ähnlich § 98 Abs. 1 GWB.

61 Allgemein zu öffentlichen Unternehmen: *Püttner,* DÖV 1983, S. 697 ff.; zu wirtschaftlichen Unternehmen der Gemeinden, *Häuslemann,* JuS 1984, S. 940 ff.

62 *Achterberg,* JA 1985, S. 503 ff.; *Stober,* NJW 1984, S. 449 ff.; v. *Zezschwitz,* NJW 1983, S. 1873 ff.

63 H. M.: BGH, JuS 1985, S. 917; *Achterberg,* JA 1985, S. 503 ff.; kritisch: *Ossenbühl,* Die Handlungsformen der Verwaltung; JuS 1979, S. 681; *Rupp,* Festgabe BVerwG, S. 539 ff.; *Eyermann/Fröhler,* § 40 Rdnr. 50 ff.

64 Vgl. als Beispielsfall BGH, NJW 1985, S. 197, in dem ausführlich dargelegt ist, daß es im Verhältnis zum Benutzer einer kommunalen Wasserversorgung keinen Unterschied machen darf, ob diese öffentlich-rechtlich oder privatrechtlich organisiert ist.

nehmen in der Form einer **juristischen Person des Privatrechts** betrieben, sind die Rechtsbeziehungen immer **privatrechtlich,** damit ist der Rechtsweg zu den Zivilgerichten gegeben. Wird das öffentliche Unternehmen in einer **öffentlich-rechtlichen Organisationsform** betrieben, so hat die Verwaltung die **Wahl,** die Rechtsbeziehungen öffentlich-rechtlich oder privatrechtlich zu gestalten. Für die zutreffende Zuweisung von Rechtsstreitigkeiten an einen Rechtsweg ist daher von entscheidender Bedeutung, wie die Rechtsbeziehungen ausgestaltet sind. Die Beantwortung dieser Frage ist mitunter nicht einfach. Oft ist bereits die jeweilige **Terminologie** hilfreich. Bei „allgemeinen Geschäftsbedingungen" und „Preisen" oder „Vertragsstrafen" spricht vieles für eine privatrechtliche Ausgestaltung. Anders liegt es, wenn von Satzungen und Gebühren die Rede ist. Helfen die Faustregeln nicht weiter, so geht die h. M. für den Fall, daß keine eindeutigen Festlegungen für eine privatrechtliche Ausgestaltung getroffen sind, davon aus, daß die Beziehungen dem öffentlichen Recht zugeordnet sind[65].

Beispiel[66]:
Vor den Zivilgerichten ist der Streit über die Landegebühren eines in öffentlicher Anstalt organisierten Flughafens nur dann auszutragen, wenn die Vertragsbeziehungen **ausdrücklich** privatrechtlich gestaltet sind.

Vielfältige Probleme werden aufgeworfen, wenn **öffentliche und private Unternehmen miteinander konkurrieren.** Als Beispiele seien hierfür zwei Fälle nach bekannten BVerwG-Entscheidungen angeführt. **73**

1. Der Kläger, ein Bestattungsunternehmer, wendet sich mit der allgemeinen Leistungsklage dagegen, daß die beklagte Stadt sich durch ihre städtischen „Bestattungsordner" auf dem Gebiet des Bestattungswesens wirtschaftlich betätigt.[67]

2. Die Klägerin, die als private Wohnungsvermittlerin tätig ist, wendet sich mit einer allgemeinen Leistungsklage in der Form der Unterlassungsklage dagegen, daß die beklagte Stadt ebenfalls Wohnungsvermittlung betreibt. Während die Klägerin — ebenso wie andere private Wohnungsvermittler — für die Vermittlung einer Wohnung zwei Monatsmieten als Provision verlangt, begnügt sich die Beklagte mit einer Gebühr in Höhe einer halben Nettomonatsmiete.[68]

Bereits die Frage, welche **Rechtsschutzmöglichkeiten** dem privaten Unternehmen zur Seite stehen, bereitet Schwierigkeiten. Aber auch, ob er öffentlich-rechtliche Konkurrenz erfolgreich **verhindern** bzw. **beseitigen** kann, ist nicht unumstritten.

Als erstes Problem stellt sich die Frage nach dem **Rechtsweg** dar, auf dem der Private die Einstellung oder Verhinderung eines (öffentlich-rechtlich oder privatrechtlich organisierten) Unternehmens betreiben soll. Bei der **Einstellung** oder **Verhinderung** eines öffentlichen Unternehmens geht es um die Frage, auf welche Weise der Staat seine Aufgaben erfüllt, also um das „Ob" staatlichen Handelns. Der Klageantrag ist unmittelbar auf eine **hoheitliche Handlung** gerichtet, nämlich auf einen Eingriff in **74**

---

65 Vgl. BVerwG, DVBl. 1969, S. 552; BWVGH, BWVPr. 1975, S. 227, 228, m. w. N.; BGH, NJW 1975, S. 106.
66 BGH, DVBl. 1974, S. 558.
67 BVerwGE 39, S. 329 ff.
68 BVerwG, NJW 1978, S. 1539. Weiteres Bsp.: NWOVG, DÖV 1986, S. 339 ff., — Betrieb einer Saunaanlage durch die Gemeinde.

die Organisationsfreiheit der Verwaltung. Die Errichtungsentscheidung als solche beruht ausschließlich auf öffentlich-rechtlichen Grundlagen[69]. Rechtsweg kann daher nur der **Verwaltungsrechtsweg** sein. Weniger Klarheit besteht dagegen in den Fällen des „Wie" des Wettbewerbs, wenn sich also der Private nur gegen gewisse **Wettbewerbshandlungen** des öffentlichen Unternehmens wehrt. Der BGH hat in einer Grundsatzentscheidung den Rechtsweg zu den Zivilgerichten als eröffnet angesehen[70]. Als maßgeblich wertete das Gericht dabei den Umstand, daß öffentliches und privates Unternehmen in einem Wettbewerbsverhältnis stehen und sich an denselben Kreis potentieller Kunden wenden. Dabei bestehe kein Über- und Unterordnungsverhältnis, sondern ein Verhältnis der Gleichordnung. Da zudem keine öffentlich-rechtlichen Beziehungen zwischen den Wettbewerbern bestünden, sei der Zivilrechtsweg gegeben. Bedenken gegen diese Lösung bestehen aber weiterhin. Es scheint wenig überzeugend, daß letztlich das Zivilgericht darüber entscheidet, wie ein Träger öffentlicher Gewalt seine öffentlichen Aufgaben zu erfüllen hat. Dies ist eigentlich der Bereich, der dem Verwaltungsgericht zur Überprüfung zusteht[71].

75 Als **Klageart** steht dem privaten Konkurrenten gegen die **Errichtung** oder **Betreibung** eines öffentlichen Unternehmens die **Leistungsklage** in der Form der (vorbeugenden) Unterlassungsklage zur Verfügung. Auch für diese muß analog § 42 Abs. 2 VwGO[72] zur Ausschließung der Popularklage die **Klagebefugnis** gegeben sein. Deren Vorliegen ist **umstritten**. Aus **einfachgesetzlichen** Normen ist sie nach herrschender Meinung **nicht** abzuleiten.

Soweit es sich um öffentliche Unternehmen des Bundes handelt, wird dies nicht kontrovers diskutiert. § 65 Abs. 1 BHO, der eine privatwirtschaftliche Betätigung des Bundes nur unter recht engen Voraussetzungen zuläßt, vermag als rein **objektiv rechtliche Norm** eine Klagebefugnis privater Dritter nicht zu begründen. Das gleiche gilt für die in den meisten Haushaltsordnungen enthaltenen vergleichbaren Regelungen. Anders sieht es mit der wirtschaftlichen Betätigung der **Gemeinden** aus. Nach den meisten Gemeindeordnungen dürfen Gemeinden wirtschaftliche Unternehmen nur errichten, wenn „der öffentliche Zweck das Unternehmen rechtfertigt und das Unternehmen nach Art und Umfang in einem angemessenen Verhältnis zur Leistungsfähigkeit der Gemeinde und zum erwarteten Bedarf steht" (so § 102 Abs. 1 BWGO)[73].

76 Einige Gemeindeordnungen enthalten ferner noch eine **Subsidiaritätsklausel**. Die Errichtung öffentlicher Unternehmen ist danach unzulässig, wenn der Zweck besser und wirtschaftlicher durch private Betriebe erfüllt werden kann. Soweit es um diese zwei oder drei begrenzenden Tatbestände geht, hat die Gemeinde allerdings einen

---

69 BVerwGE 39, S. 329 ff.; *J. Scherer,* Jura 1985, S. 11, 13.
70 BGHZ 66, S. 229 ff.
71 *Bettermann,* DVBl. 1977, S. 180.
72 H. M.: BVerwGE 36, S. 192, 199; 60, S. 144, 150; 62, S. 11, 14; a. A. *Kopp,* VwGO, § 42 Rdnr. 38, der die von der h. M. unter § 42 Abs. 2 VwGO behandelte Problematik in der Begründetheit behandeln will; *Erichsen,* DVBl. 1982, S. 95, 100; *Rupp,* DVBl. 1982, S. 144, 146.
73 Art. 89 Abs. 1 BayGO; § 121 Abs. 1 HessGO; § 108 Abs. 1 NGO; § 88 Abs. 1 NWGO; § 85 Abs. 1 RhPfGO; § 106 Abs. 1 SaarlKSVG; § 101 Abs. 1 SchlHGO; mit Rücksicht auf Art. 145 Abs. 1 BremVerf keine Regelung in Bremen.

weiten Beurteilungsspielraum[74]. Damit § 102 Abs. 1 BWGO und die ihm entsprechenden Normen die **Klagebefugnis** geben, ist es erforderlich, daß sie nicht nur **objektiv-rechtliche** Regelungen darstellen, sondern **zumindest auch dem Schutz von Individualinteressen dienen**. Die h. M.[75] sieht in den genannten Bestimmungen lediglich objektiv-rechtliche Regeln. Die Vorschriften enthalten danach lediglich normative Schranken für eine wirtschaftliche Betätigung der Gemeinde, ohne daß ihnen ein Anhaltspunkt dafür entnommen werden kann, daß auch Individualinteressen berücksichtigt sein könnten. Aus dem Inhalt der Vorschriften folgt, daß es in erster Linie um die Erfüllung eines öffentlichen Zwecks geht, wobei der wirtschaftlichen Betätigung Grenzen gesetzt sind, die ausschließlich im Allgemeinwohl liegen. Auch wenn man die Geltung der **Subsidiaritätsklausel** allgemein annimmt, führt dies nach der h. M. nicht zum Schutz privater Konkurrenten. Denn diese schützt nicht das individuelle Privatrechtssubjekt, sondern beugt — abstrakt — einer objektiven Konfliktsituation vor, die aus dem ungehemmten Wettbewerb der öffentlichen Hand mit der Privatwirtschaft entstehen kann. Notwendigerweise **zwingend** ist diese Argumentation jedoch **nicht**.

Für die Annahme eines subjektiv-öffentlichen Rechts ist es nicht erforderlich, daß dem einzelnen privaten Konkurrenten der Gemeinde eine alleinige und ausschließliche Berechtigung eingeräumt werden sollte. Ausreichend ist vielmehr, daß seine rechtlichen Interessen **auch** mitgeschützt werden sollten und nicht der ausschließliche Schutz der Allgemeinheit gewollt war. Wenn sich eine **eindeutige** Zuordnung nicht erkennen läßt, aus der zu untersuchenden Rechtsnorm aber durch vertretbare Auslegung zu entnehmen ist, daß **auch** ein **Individualinteresse** begünstigt werden sollte, so läßt sich ein subjektives Recht bejahen[76]. Der Subsidiaritätsklausel, die in einigen Ländern geregelt, in anderen aus den Regeln über die wirtschaftliche Betätigung abzuleiten ist, ist nicht eindeutig zu entnehmen, ob sie durch die Beschränkung gemeindlicher wirtschaftlicher Betätigung nicht auch dem Schutz Privater dienen soll. Bestehen aber solche Zuordnungsprobleme, so ist im Zweifel die Klagebefugnis anzunehmen.

Letzlich kann die Frage, ob dem privaten Konkurrenten gegen das öffentliche Unternehmen die **Klagebefugnis** aus **einfachgesetzlichen** Normen zusteht, **offenbleiben**. Seit einer Leitentscheidung des Bundesverwaltungsgerichts[77] wird allgemein davon ausgegangen, daß durch das Auftreten öffentlich-rechtlichen Wettbewerbs die Verletzung der Berufsfreiheit des privaten Konkurrenten nicht auszuschließen ist[78]. Gleiches gilt wohl auch für die in Art. 2 Abs. 1 GG verortete Wettbewerbsfreiheit[79]. **77**

Aber auch die **Begründetheitsprüfung** einer solchen **Konkurrentenklage** weist mannigfache Probleme auf. Zunächst ist folgendes festzuhalten: Das **Grundgesetz** ent- **78**

---

74 BVerwGE 39, S. 329.
75 BVerwGE 39, S. 329, 336; BVerwG, DVBl. 1978, S. 639; BayVGH, BayVBl. 1976, S. 628; BWVGH, NJW 1984, S. 251.
76 *Gerke*, Jura 1985, S. 356.
77 BVerwGE 39, S. 329, 332.
78 So etwa BayVGH, BayVBl. 1976, S. 628.
79 *Dürig*, in: *Maunz/Dürig/Herzog/Scholz*, GG, Art. 2 Abs. 1 Rdnr. 48; *von Münch*, GG-Kommentar, Art. 2 Rdnr. 1; BVerfGE 32, S. 311, 316; nach einer Mindermeinung ist die Wettbewerbsfreiheit aus Art. 12 GG abzuleiten, vgl. *Scholz*, in: *Maunz/Dürig/Herzog/Scholz*, GG, Art. 12 Rdnr. 136 ff.

hält **keine** ausdrückliche Aussage darüber, wo die **Grenzen erwerbswirtschaftlicher Aktivitäten des Staates liegen. Historisch** gesehen war eine staatliche Eigenbetätigung im Wirtschaftsbereich von jeher üblich. Schon aus diesem Grund ist der Versuch fragwürdig, in die Verfassung ein ungeschriebenes Subsidiaritätsprinzip hineinzuinterpretieren, demzufolge ein Verwaltungsträger Aufgaben nur dann an sich ziehen darf, wenn diese von Privaten nicht befriedigend bewältigt werden. Daneben folgt aber auch aus den einzelnen **Grundrechten kein Anspruch auf Unterlassung bzw. Einstellung** staatlicher erwerbswirtschaftlicher Tätigkeit. Voraussetzung eines solchen Anspruchs wäre es, daß durch die Tätigkeit des öffentlichen Unternehmens ein Eingriff in den **Schutzbereich** eines Grundrechts erfolgt. Der Schutzbereich des Art. 12 GG umfaßt jede erlaubte, auf Dauer berechnete und der Schaffung und Erhaltung einer Lebensgrundlage dienende Tätigkeit[80]. Dieser Schutzbereich umfaßt keinen Konkurrentenschutz, auch nicht gegenüber der öffentlichen Hand, da der Beruf nach wie vor ausgeübt werden kann[81]. Der Schutzbereich der Eigentumsgarantie des Art. 14 GG, der jedes private vermögenswerte Recht sowie jede öffentlich-rechtliche Rechtsposition, soweit sie Äquivalent eigener Leistung ist[82], umfaßt, ist gleichfalls nicht berührt, da **Erwerbschancen** und **Absatzmöglichkeiten** in den Bereich des **Unternehmerrisikos** fallen und **nicht** zu den allein **geschützten konkreten Eigentumspositionen** zählen[83]; Art. 14 GG schützt nur das Erworbene, nicht aber die Möglichkeit des Erwerbs. Eine Verletzung des Art. 3 GG entfällt regelmäßig gleichfalls, da sich der Verwaltungsträger bei der Errichtung öffentlicher Unternehmen, will er den Geboten des § 65 BHO, den entsprechenden landeshaushaltsgesetzlichen Normen und den Regeln der Gemeindeordnungen[84] genügen, auf sachgerechte Gründe berufen muß. Werden die öffentlichen Unternehmen allerdings unter Verstoß gegen die genannten Vorschriften errichtet, so gibt es keinen sachlichen Grund für die Ungleichbehandlung gegenüber anderen Wirtschaftszweigen, Art. 3 Abs. 1 GG ist verletzt.

79   Als grundrechtliche Schranke gegen eine — dem einfachen Gesetzesrecht entsprechende — erwerbswirtschaftliche Tätigkeit der öffentlichen Hand kommt somit allenfalls Art. 2 Abs. 1 GG in Betracht, der im Rahmen „des Rechts auf freie Entfaltung der Persönlichkeit" wichtige Bereiche privater wirtschaftlicher Betätigung schützt[85]. Insbesondere zählt dazu auch die durch Art. 2 Abs. 1 GG geschützte **Wettbewerbsfreiheit**[86]. Dieses Freiheitsrecht darf nur insoweit beeinträchtigt werden, als hierfür beachtliche Gründe des Gemeinwohls sprechen. Allein auf diesem Wege kommt man zu einer vertretbaren, dem Subsidiaritätstheorem nahekommenden grundrechtlichen Beschränkung staatlicher erwerbswirtschaftlicher Aktivitäten. Selbst wenn man dieser Ansicht folgt, kommt man doch zu dem Ergebnis, **daß die erwerbswirtschaftliche Betätigung von Bund und Ländern nur recht geringen grundrechtlichen Beschränkungen unterliegt.**

---

80 *Meessen,* JuS 1982, S. 397 ff.; *Friauf,* JA 1984, S. 537 ff.; BVerfGE 7, S. 377, 397; 50, S. 290, 362.
81 BVerwGE 39, S. 329, 336; DÖV 1978, S. 851 f.; BWVGH, NJW 1984, S. 251; BVerfGE 55, S. 261 ff.
82 *Kimminich,* JuS 1978, S. 217, 218; *Papier,* in: *Maunz/Dürig/Herzog/Scholz,* GG Art. 14 Rdnr. 57 ff.
83 BVerwGE 39, S. 329, 337; *Bryde,* in: *v. Münch,* GG-Kommentar, Art. 14 Rdnr. 21.
84 Siehe Fn. 73.
85 BVerfGE 12, S. 341, 347; 31, S. 222, 229 (Vertragsfreiheit); BVerfGE 11, S. 234, 239 (Werbefreiheit); BVerfGE 50, S. 290, 366 (Unternehmensfreiheit).
86 BVerwG, DVBl. 1982, S. 692 f.; NJW 1980, S. 2764.

c) Staatswirtschaftliche Monopolbetriebe und freier Wettbewerb

Als weitere Gestaltungsmöglichkeit neben dem Betrieb öffentlicher Unternehmen **80** steht dem Staat die Gründung von **Monopolen** offen. Dienen die Monopole unmittelbar der Erfüllung öffentlicher Aufgaben, spricht man von **Verwaltungsmonopolen;** steht die Erzielung von Einnahmen im Mittelpunkt, spricht man von **Finanzmonopolen.** Vergleichbar der Schaffung von Monopolen durch den Staat ist die Normierung von **Benutzungszwängen,** wie sie bei kommunalen Versorgungsunternehmen häufig anzutreffen sind.

In diesen Fällen gibt es **keinen Wettbewerb** mehr. Soweit Monopole die in Art. 15 GG genannten Bereiche betreffen, stellen sich keine Probleme, da Grund und Boden, Naturschätze und Produktionsmittel ausdrücklich einer Sozialisierung zugänglich sind. Nicht sozialisierungsfähig sind hingegen Handel, Transport und Verkehr, Kreditwesen, Banken und Versicherungen sowie sonstige Dienstleistungsgewerbe. Beispielsfälle für derartige, nicht von Art. 15 GG erfaßte, Monopolbetriebe sind das Postmonopol[87], das Monopol der Arbeitsvermittlung[88] und das Gebäudeversicherungsmonopol[89]. **Problematisch** ist, ob die Errichtung solcher **Monopole verfassungsrechtlich unbedenklich** ist. Zunächst herrscht bereits Streit darüber, ob Art. 12 GG als Prüfungsgrundlage herangezogen werden kann, wenn eine wirtschaftliche Betätigung zur öffentlichen Aufgabe erklärt wird[90]. An der rechtlichen Beurteilung ändert sich allerdings nichts: Die Anwendung des Grundsatzes der Verhältnismäßigkeit muß zum gleichen Ergebnis führen, unabhängig davon, ob er im Rahmen des Schutzbereiches der Berufsfreiheit oder der allgemeinen Handlungsfreiheit eingesetzt wird. Jedenfalls in den Fällen, in denen das Grundgesetz keine Aussage zugunsten eines staatlichen Monopols enthält, sondern es um die überkommene Erledigung einer öffentlichen Aufgabe geht, ist eine Prüfung anhand von Art. 12 GG vorzunehmen[91].

Aus der grundrechtlich garantierten **Berufsfreiheit** wird bei einem **staatlichen Monopol** ein **Berufsverbot.** Von diesem Gedanken ausgehend mißt das Bundesverfassungsgericht[92] die Zulassung des Monopols staatlicher Arbeitsvermittlung an Art. 12 Abs. 1 GG:

„Im System einer grundsätzlich freien Wirtschaft bildet ein vom Gesetz geschaffenes wirtschaftliches Monopol einen gewissen Fremdkörper; es schließt nicht nur diejenigen, welche die monopolisierte Tätigkeit selbständig ausüben oder ausüben möchten, hiervon aus, sondern berührt auch entscheidend die freie wirtschaftliche Entfaltung weiterer Kreise. . . . Das Vermittlungsmonopol richtet daher ein objektives Hindernis auf, den Beruf des selbständigen Arbeitsvermittlers zu wählen. . . . Ein Eingriff in das Grundrecht der freien Berufswahl von dieser Intensität kann nur unter zwei Bedingungen Bestand haben: Erstens muß das Monopol den Schutz besonders wichtiger Gemeinschaftsgüter bezwecken, denen der Vorrang vor der Freiheit des Einzelnen . . . eingeräumt werden muß; dabei müssen die Gefahren, von denen

---

87 Art. 87 GG.
88 BVerfGE 21, S. 245 ff.
89 BVerfGE 41, S. 205, 228.
90 Zum Streitstand vgl.: *Stober,* Wirtschaftsverwaltungsrecht, Rdnr. 304.
91 BVerfGE 21, S. 245, 249 ff.
92 BVerfGE 21, S. 245, 249 ff.

das Gemeinschaftsgut bedroht ist, schwer sowie nachweisbar oder wenigstens höchstwahrscheinlich sein. Zweitens muß das Monopol als Mittel zur Abwehr dieser Gefahren unentbehrlich sein."

Systematisch gesehen stellt das absolute Betätigungsmonopol zwar einen **über eine objektive Zulassungsschranke hinausgehenden Eingriff** in das Grundrecht dar. Gegen die Einführung einer an sich damit erforderlichen weiteren, vierten Prüfungsstufe spricht allerdings der Verhältnismäßigkeitsgrundsatz. Denn Kriterien, die über „objektiv" und „Schutz überragend wichtiger Gemeinschaftsgüter" hinausgehen, sind nicht zu ermitteln. Besonderer Beachtung bedürfen die Fälle, in denen ein **neues staatliches oder kommunales Monopol begründet** bzw. ein **bestehendes Monopol ausgedehnt** wird. Während es sich bei den in den Bundesverfassungsgerichtsentscheidungen behandelten Fällen[93] um **überkommene** staatlich monopolisierte Aufgaben handelt, die eine Berufsaufnahme verhindern, betreffen neue Monopole im Regelfall Bereiche, in denen bisher Private tätig waren. Diese können dann ihrem bisher ausgeübten Beruf nicht mehr nachgehen.

Beispiel[94]:

Ein Müllabfuhrunternehmen ist im Gebiet eines Landkreises seit 1965 tätig. Durch Satzung wurde 1974 festgelegt, daß jeder Gemeindeangehörige die neu eingerichtete kommunale Abfallbeseitigung der Gemeinde benutzen muß. Folge ist, daß das Unternehmen wegen des Benutzungszwangs nicht mehr betrieben werden kann.

Hier muß auf jeden Fall Art. 12 GG als Prüfungsmaßstab herangezogen werden. Dem hat das BVerwG[95] auch Rechnung getragen und geprüft, ob das entstandene Quasi-Verwaltungsmonopol dem Schutz von überragend wichtigen Gemeinschaftsgütern dient und zur Abwehr von Gefahren für diese Gemeinschaftsgüter unentbehrlich ist.

82 **Daneben** stellt sich aber **auch das Problem einer möglichen Verletzung** des durch Art. 14 GG geschützten **Eigentums.** Insbesondere kann in der Errichtung eines (Quasi-)Monopols ein Eingriff in den eingerichteten und ausgeübten Gewerbebetrieb liegen. Zum durch Art. 14 Abs. 1 GG geschützten Gewerbetrieb gehört grundsätzlich auch der erworbene Kundenstamm[96]. Damit greift aber ein Monopol noch nicht notwendigerweise in das Eigentumsrecht ein, da dieses im Rahmen des Art. 14 Abs. 1, 2 GG beschränkbar ist. Wenn bereits bei Aufnahme der Tätigkeit eine gesetzliche Regelung bestand, die die Errichtung eines Monopols oder eines Benutzungszwanges zuließ, so ist nach h. M.[97] der erworbene Kundenstamm mit dem Risiko des Verlusts durch einen Anschlußzwang an eine spätere gemeindliche Einrichtung oder durch ein Monopol belastet. Bei Realisierung dieses Risikos kann dann nicht von einem Eingriff in einen Gewerbebetrieb gesprochen werden. Der Private hat also von vornherein nur einen Kundenstamm mit der Beschränkung erworben,

---

93 BVerfGE 21, S. 245 ff., Arbeitsvermittlungsmonopol; BVerfGE 41, S. 205 ff., Gebäudeversicherungsmonopol.
94 BVerwGE 62, S. 224 ff.
95 BVerwGE 62, S. 224, 230.
96 BGHZ 23, S. 157, 162; BVerwGE 62, S. 224, 226.
97 BGHZ 40, S. 355 ff.; *Wolny,* GewArch. 1978, S. 8 ff.; *Kloepfer,* VerwArch. Bd. 70 (1979), S. 195, 213; BVerwGE 62, S. 224, 227 m. w. N.

daß dieser bei Ausnutzung der gesetzlichen Regelung durch den Staat oder die Kommune verloren gehen kann.

Ganz unbedenklich ist diese Auffassung jedoch nicht; zumindest in den Fällen, in denen ein bisher auf diesem Gebiet ausschließlich tätiger privater Unternehmer zur Einstellung seines Betriebes gezwungen wird, läß sich durchaus das Vorliegen eines Eingriffs bejahen[98].

C. Das verfassungs- und verwaltungsrechtliche Instrumentarium zur Lenkung und Förderung wirtschaftlicher Aktivitäten

I. Globalsteuerung durch Finanz- und Geldpolitik

Die wirtschaftliche Entwicklung einer Volkswirtschaft verläuft nicht gleichförmig. **83** **Konjunkturschwankungen** lassen sich in vereinfachter Form in vier Phasen darstellen: Der Aufschwung gipfelt im oberen Wendepunkt der Konjunktur und geht dann in die Abschwungphase über; der untere Wendepunkt, die Talsohle, bringt wiederum den Übergang in die Aufschwungphase.

Statistisch feststellbare Kennzeichen einer Phase der Hochaktivität sind hoher Beschäftigungsstand, große Kaufkraft und tendenziell stark steigende Preise. Spiegelbildlich hierzu steht ein Zustand wirtschaftlicher Niedrigaktivität mit Beschäftigungslosigkeit, geringer Kaufkraft und tendenziell gering steigenden Preisen.

Unter **globaler Konjunktursteuerung** versteht man den Versuch, durch staatliche **84** Maßnahmen übermäßige Konjunkturausschläge mit ihren negativen Begleiterscheinungen möglichst zu vermeiden bzw. zumindest diese zu mindern und so für ein insgesamt möglichst gleichmäßiges Wirtschaftswachstum zu sorgen[99].

Hierzu stehen dem Staat im wesentlichen zwei Instrumentarien zur Verfügung: zum einen die **Geldpolitik**, zum anderen die **Finanzpolitik**. Während die Geldpolitik in der Verantwortung der Notenbank steht, obliegt die Finanzpolitik dem „Fiskus" (daher auch Fiskalpolitik genannt), d. h. den einzelnen Gebietskörperschaften. Diese haben nämlich die Möglichkeit, durch eine zielbewußte Gestaltung ihrer Einnahmen und Ausgaben auf das gesamtwirtschaftliche Geschehen Einfluß zu nehmen. Während über die Geldpolitik nur eine indirekte Nachfragebeeinflussung erreicht werden kann, ist der Finanzpolitik mit den Variationsmöglichkeiten bei der Einnahmenbeschaffung (z. B. Änderung der Steuersätze) und des Ausgabengebarens ein unmittelbarer Zugriff auf die Nachfragesituation möglich.

---

98 In diesem Sinne *Kimminich,* BK, Art. 14 Rdnr. 198; *Wolff-Bachof* II, S. 389; OVG Lüneburg, GewArch. 1977, S. 218.

99 Vgl. dazu *Frotscher,* JuS 1982, S. 588 ff.; *Kloepfer,* Jura 1979, S. 13 ff.

1. Finanzpolitik: Die Grundlagen des Stabilitätsgesetzes

85   Die dem **Stabilitätsgesetz** vom 8. Juni 1967 zugrunde liegende theoretische Konzeption geht auf Erkenntnisse zurück, die in den dreißiger Jahren von *J. M. Keynes* entwickelt wurden. Im Anschluß an die Weltwirtschaftskrise hat Keynes die Notwendigkeit staatlichen wirtschaftlichen Handelns mit der Unfähigkeit der Marktwirtschaft begründet, einen Zustand der Vollbeschäftigung zu garantieren. Nach seiner Lehre soll eine nicht genügende Nachfrage nach Gütern und Dienstleistungen seitens privater Investoren und Konsumenten durch die gewaltigen Einnahme- und Ausgabenströme des Staatshaushaltes kompensiert oder ergänzt werden. Ziel der **Staatshaushaltswirtschaft** ist es, den gesamtwirtschaftlichen Schwankungen **antizyklisch** entgegenzuwirken, d. h. im Konjunkturabschwung die staatliche Nachfrage zu erhöhen, in einer expansiven Phase hingegen die Nachfrage der öffentlichen Hand weitgehend zu drosseln.

86   Oberstes Ziel staatlicher Wirtschafts- und Finanzpolitik ist nach § 1 StabG das „**gesamtwirtschaftliche Gleichgewicht**", d. h., im Rahmen der marktwirtschaftlichen Ordnung sind gleichzeitig **Stabilität des Preisniveaus, hoher Beschäftigungsstand** und **außenwirtschaftliches Gleichgewicht** bei **stetigem und angemessenem Wachstum der Wirtschaft** zu sichern[100].

87   **Stabilität des Preisniveaus** bedeutet nicht Stabilität einzelner Preise; Preissteigerungen in einem Sektor sollen vielmehr grundsätzlich durch Preissenkungen auf anderen Sektoren ausgeglichen werden.

88   Zweite Komponente des gesamtwirtschaftlichen Gleichgewichts ist der **hohe Beschäftigungsstand.** Hohe Arbeitslosigkeit kann bekanntermaßen auf Dauer das gesamtgesellschaftliche System gefährden. Gleichwohl steht auch diese Komponente rechtlich gesehen gleichrangig neben den drei übrigen, obwohl in der politischen Praxis nach den Erfahrungen mit der Arbeitslosigkeit in der Weltwirtschaftskrise alle Regierungen dazu neigen, der Vollbeschäftigung den Vorrang einzuräumen.

89   **Außenwirtschaftliches Gleichgewicht** liegt bei ausgeglichener Zahlungsbilanz vor. Der internationalen Verflechtung der deutschen Wirtschaft ist am besten gedient, wenn die Zahlungsströme vom Inland ins Ausland und vom Ausland ins Inland in etwa gleich hoch sind. Hohe außenwirtschaftliche Überschüsse gefährden ebenso die reibungslose Einordnung in die internationalen Wirtschaftsbeziehungen wie hohe Defizite.

90   Viertes und problematischstes Ziel ist schließlich das **angemessene und stetige Wirtschaftswachstum.** Es wird gemessen in der Zunahme des realen Bruttosozialprodukts. Die gesamtwirtschaftliche Leistung (Bruttosozialprodukt) wird statistisch erfaßt, indem alle im Laufe des Jahres produzierten Güter und bezahlten Dienstleistungen mit ihrem Endwert addiert werden. Unberücksichtigt bleiben alle Gewinne oder Verluste, die nicht bei der Produktion von Gütern und Dienstleistungen entstehen. Dazu zählen Lottogewinne ebenso wie Kursgewinne oder -verluste an der Börse. Diese — von den statistischen Möglichkeiten erzwungene — Berechnung der ge-

---

100 Ausführlich zu diesen Komponenten auch *Frotscher,* JuS 1982, S. 587, 590 f.

samtwirtschaftlichen Leistung bringt es allerdings mit sich, daß ein Wachstum des Bruttosozialprodukts keineswegs immer mit wachsendem Wohlstand identisch ist.

Beispiel:

Für die volkswirtschaftliche Gesamtrechnung ist es gleichgültig, ob es sich bei den Produkten um Bomben oder Kinderspielzeug handelt. Wenn ein Erzeugnis durch technischen Fortschritt eine längere Lebensdauer erhält, aber zum gleichen Preis wie zuvor verkauft wird, führt dies statistisch nicht zu stärkerem, sondern geringerem Wirtschaftswachstum.

Wenn Eltern beide voll berufstätig sind und zur Aufsicht und Fürsorge ihrer Kinder eine Erzieherin einstellen, werden im Volkseinkommen drei Gehälter erfaßt. Widmet sich ein Elternteil jedoch ganz der Erziehung der Kinder und hört auf zu arbeiten, so wird die Wachstumsrate des Bruttosozialprodukts negativ beeinflußt — das Gehalt eines Elternteils und der Erzieherin fällt weg —, obwohl damit der allgemeinen Wohlfahrt mehr gedient sein kann.

2. Maßnahmen nach dem Stabilitätsgesetz

Staatliche Wirtschaftspolitik hat nach § 1 StabG dem gesamtwirtschaftlichen Gleichgewicht zu dienen. Zu diesem Zweck stellt das Gesetz folgendes Instrumentarium zur Verfügung: **91**

Informationsinstrumente, die zur Unterrichtung über den jeweiligen Stand der Gesamtwirtschaft beitragen sollen,

Planungsinstrumente, die das Finanzgebaren von Bund und Ländern durch mehrjährige Finanzplanung abstimmen sollen,

Koordinationsinstrumente, mit deren Hilfe aus den verbesserten Informationen gleichgerichtete Schlußfolgerungen gezogen werden können, und

Eingriffsinstrumente, die der Regierung eine aktive Beeinflussung des Wirtschaftskreislaufs ermöglichen.

Das wohl bekannteste **Informationsinstrument** ist das **Sachverständigengutachten zur Begutachtung der gesamtwirtschaftlichen Entwicklung.** Dieses Gutachten, das jährlich im Herbst veröffentlicht wird, soll der Versachlichung einer oft emotional geführten wirtschaftspolitischen Diskussion dienen. Nach § 31 StabG kann die Bundesregierung den Sachverständigenrat mit der Erstattung von **Zusatzgutachten** beauftragen. **92**

Gemäß § 2 StabG legt die Bundesregierung im Januar eines jeden Jahres Bundestag und Bundesrat den **Jahreswirtschaftsbericht** vor. Dieser enthält die Stellungnahme der Bundesregierung zu dem Jahresgutachten des Sachverständigenrates. Daneben umfaßt er eine Darlegung der für das laufende Jahr angestrebten wirtschafts- und finanzpolitischen Ziele. Diese stehen allerdings unter dem Vorbehalt der jeweiligen Anpassung an die gesamtwirtschaftliche Entwicklung, so daß das Vertrauen auf den Fortbestand der angegebenen Absichten nicht geschützt ist.

Weiteres Informationsinstrument ist der **Subventionsbericht** nach § 12 StabG. Die Bundesregierung hat alle zwei Jahre einen Bericht zu veröffentlichen, der Zweck und Grund staatlicher Finanzhilfen erkennen läßt und angibt, wann mit einer Beendigung dieser Vergünstigungen zu rechnen ist.

93 Zu den **Planungsinstrumenten** zählen vor allem die **mittelfristige Finanzplanung** sowie die **Investitionsplanung** nach den §§ 9, 10, 14 StabG. In Bund und Ländern sind 5jährige Finanzplanungen über Ausgaben und Deckungsmöglichkeiten aufzustellen, um die Einnahmen und Ausgaben im Staatshaushalt auf mittelfristige Sicht zu koordinieren. Rechtlich beeinhaltet die Finanzplanung ebenfalls nur eine politische Absichtserklärung, die unter dem Vorbehalt der Änderung und Anpassung steht. Das Ziel, zu einer längerfristigen Planung über den nächsten Wahltermin hinaus zu gelangen, ist in der Praxis denn auch nicht erreicht worden.

94 Zu den wichtigsten **Koordinationsinstrumenten** zählen der **Konjunkturrat** (§ 18 StabG) und der **Finanzplanungsrat** (§ 51 Haushaltsgrundsätzegesetz) sowie die **Konzertierte Aktion** (§ 3 StabG). Rechtlich verbindliche Beschlüsse können in keinem dieser Gremien gefaßt werden. Bei der Konzertierten Aktion handelt es sich um eine vom Bundeswirtschaftsminister einberufene Versammlung aus Kreisen der Sozialpartner und der Gebietskörperschaften. Ihnen stellt die Regierung wirtschaftliche Orientierungsdaten (sog. Lohnleitlinien) vor. In Anbetracht der verfassungsrechtlich abgesicherten Tarifautonomie sind diese allerdings unverbindlich. Konjunkturrat und Finanzplanungsrat sollen die Fiskalpolitik von Bund, Ländern und Gemeinden koordinieren.

95 Die **Eingriffsinstrumente** geben der Bundesregierung die Möglichkeit, die Gebietskörperschaften zu antizyklischer Gestaltung der Haushaltswirtschaft zu zwingen. Sie kann mit Zustimmung des Bundesrates zur Abwehr einer Störung des gesamtwirtschaftlichen Gleichgewichts die **Kreditaufnahme** von Bund, Ländern und Gemeinden **beschränken** (§§ 19, 20 StabG). Außerdem hat sie die Möglichkeit, Bund und Länder zur Anlage einer **Konjunkturausgleichsrücklage** (§ 15 StabG) zu zwingen. Deren Höhe ist auf höchstens 3 % der im Vorjahr von Bund und Ländern erzielten Steuereinnahmen begrenzt. Antizyklische Konjunkturpolitik darf sich indes nicht nur mit der Beschränkung staatlicher Ausgaben begnügen. Auch über seine Einnahmen kann der Staat Konjunkturpolitik betreiben. Die Bundesregierung kann daher durch Rechtsverordnung mit Zustimmung des Bundestages und des Bundesrates die **Einkommen- und die Körperschaftsteuer** bis zu 10 % **erhöhen oder vermindern** (§§ 26, 27 StabG).

3. Wirtschaftspolitische und wirtschaftsrechtliche Erfahrungen mit dem Stabilitätsgesetz

96 Die hoch gesteckten Erwartungen, die mit dem Erlaß des Stabilitätsgesetzes verknüpft wurden, haben sich in den vergangenen 15 Jahren nicht erfüllt. Die Rezessionsphasen der Jahre 1974—1975 und 1979—1983 konnten nicht wirksam bekämpft, der dramatische Anstieg der Arbeitslosigkeit nicht verhindert werden. Gleichwohl kann kaum die Rede davon sein, daß die Lehre von der fiscal policy versagt habe. Versagt haben die entscheidungsbefugten Politiker. In den Jahren einer expansiven Konjunktur wurde versäumt, Rücklagen zu bilden, die später zur Ankurbelung hätten eingesetzt werden können. **Staatliche Konjunkturbelebungsprogramme** in Rezessionszeiten mußten daher entweder durch Steuererhöhungen oder

Kredite finanziert werden. Die ständig **steigende Kreditaufnahme durch die öffentliche Hand** erhöhte den Zinssatz auf dem Kapitalmarkt, zusätzliche Steuern trugen ebenfalls nicht zur Investitionsbereitschaft der privaten Wirtschaft bei. In den letzten Jahren hat sich unter dem Einfluß des Sachverständigenrates und der Mehrzahl der wirtschaftswissenschaftlichen Forschungsinstitute zunehmend die Ansicht durchgesetzt, staatliche Konjunkturankurbelungsprogramme seien im wesentlichen zwecklos. Staatliche Wirtschaftspolitik müsse vor allem auf die **Kostenentlastung und Ertragsverbesserung bei den Unternehmen** abzielen. Dieser unter dem Namen **„Angebotspolitik"** vertretenen Lehre — praktisches Beispiel: „Reaganomics" in den USA — steht in der gegenwärtigen wirtschaftswissenschaftlichen Diskussion eine — vor allem von Seiten der Gewerkschaften vertretene — Ansicht gegenüber, die unter dem Stichwort **„Nachfragepolitik"** nach wie vor **Beschäftigungsprogramme** fordert. Sie will **durch staatliche Nachfrage die Absatzmöglichkeiten** der Unternehmen **verbessern.**

In rechtlicher Hinsicht hat sich das Stabilitätsgesetz als weitaus unproblematischer **97** erwiesen[101]. Konjunkturpolitische Maßnahmen haben bislang noch nicht zu praktischen Rechtsstreitigkeiten geführt. Das liegt zunächst an der **Unbestimmtheit der gesetzlichen Verpflichtung** auf das gesamtwirtschaftliche Gleichgewicht. Bei der Bewertung der vier Teilziele hat die Bundesregierung einen **weiten Beurteilungs- und Bewertungsspielraum.** Vor allem aber bezweckt das Stabilitätsgesetz **nicht den Schutz von Einzelinteressen,** so daß subjektive Rechte daraus nicht hergeleitet werden können.

4. Globalsteuerung durch Geldpolitik

Die Schlüsselstellung, die das Geld als Zahlungsmittel in einer entwickelten Volks- **98** wirtschaft einnimmt, bringt es mit sich, daß über die Steuerung des Geldvolumens und die Beeinflussung des Zinsniveaus auf die gesamtwirtschaftliche Entwicklung eingewirkt werden kann. Träger der **Geldpolitik** ist die **Deutsche Bundesbank.** § 3 BBankG verpflichtet die Bundesbank, den Geldumlauf und die Kreditversorgung mit dem **Ziel** zu regeln, **die Währung zu sichern.** Gemäß § 12 BBankG ist sie verpflichtet, unter Wahrung dieser Aufgabe die allgemeine Wirtschaftspolitik der Bundesregierung zu unterstützen. Die Bundesbank ist bei der Ausübung ihrer Befugnisse von Weisungen der Bundesregierung unabhängig. Diese **Weisungsunabhängigkeit** sowie die Tatsache, daß ihre Organe weder parlamentarisch kontrolliert noch zur Verantwortung gezogen werden können, ist verfassungsgemäß. Sie soll es der Bundesbank ermöglichen, das gesetzlich vorgeschriebene Ziel, die Stabilität der Währung zu sichern, zu erreichen[102]. Nach den geschichtlichen Erfahrungen ist die Zentralbank oft nicht in der Lage, diese Aufgabe zu erfüllen, wenn sie an Weisungen der Regierung gebunden ist. Denn diese ist mitunter weder in der Lage noch willens, ihre Wirtschaftspolitik währungspolitischen Zielen unterzuordnen. Der in der Bundesrepublik mitunter zu beobachtende Konflikt zwischen Bundesbank und Bundesregie-

---

101 Einen Klausurfall behandeln *Frotscher,* JuS 1982, S. 587 ff. und auch *Weber,* JuS 1978, S. 554 ff.
102 Vgl. hierzu ausführlich *Hahn,* BayVBl. 1982, S. 33, 70 ff.

rung ist damit vorprogrammiert: Der konjunkturpolitische Spielraum der Bundesregierung wird eingeengt, wenn die Bundesbank das Teilziel der Geldwertstabilität stärker betont als die Bundesregierung.

5. Mittel der Geldpolitik

99 Grundlage für die Steuerungsfunktion der Bundesbank ist ihr **Notenausgabemonopol.** Dank dieses Monopols ist sie die einzige inländische Bank, die keine Liquiditätsprobleme kennt. Alle Geschäftsbanken sind dagegen mit ihrer eigenen Liquidität von der Bundesbank abhängig.

In einer hochentwickelten Wirtschaft ist es unmöglich, sämtliche Zahlungsvorgänge mit Bargeld abzuwickeln. Man bedient sich vielmehr des sog. **Buchgeldes,** das — anders als das Bargeld — nicht aus Papier, sondern nur auf dem Papier besteht, nämlich als Sichtguthaben in den Büchern der Banken. Bei der Gewährung eines Kredites schafft eine Geschäftsbank Buchgeld, indem sie dem Kreditnehmer auf seinem Konto die Verfügungsmacht über eine bestimmte Summe einräumt. Dafür braucht sie nicht in gleichem Umfang Bargeld bereitzustellen, das ihr von den Einlegern zugeflossen ist. Der Kreditnehmer wird sich nämlich in der Regel seinen Kredit nicht in bar auszahlen lassen, sondern über das Buchgeld mit einer Überweisung verfügen. Die Banken können daher, indem sie Kredite einräumen, „Geld erzeugen" (sog. **Geldschöpfung).** Die Geldpolitik der Bundesbank muß dementsprechend auf die Gewährung von Krediten Einfluß nehmen. Ihre Wirksamkeit ergibt sich daraus, daß der von der Wirtschaft für ihre Transaktionen benötigte Umschlag von Buchgeld um ein Vielfaches größer ist als der Bargeldumschlag. Die Bundesbank beeinflußt das Geldvolumen, indem sie den Liquiditätsspielraum der Banken verengt oder erweitert. An Steuerungsmitteln stehen ihr hierbei die **Diskontpolitik,** die **Offenmarktpolitik** und die **Mindestreservenpolitik** zur Verfügung.

100 Zwar beträgt die Geldschöpfung der Geschäftsbanken ein Vielfaches des Bargeldumlaufes. Gleichwohl sind ihre Möglichkeiten, bargeldlos Kredite zu vergeben und dadurch Geld zu schöpfen, nicht unbegrenzt; denn zumindest einen bestimmten Teil ihrer Einlagen müssen sie als Bargeld in Reserve haben. Um liquide zu bleiben, müssen sich daher die Geschäftsbanken bei der Bundesbank refinanzieren. Diese Refinanzierung erfolgt über den Verkauf von Wechseln und die Verpfändung von Wertpapieren. Die Bundesbank kauft von den Kreditinstituten Wechsel vor Fälligkeit. Diese erhalten damit wieder die Geldmittel, die sie zum Ankauf ausgegeben haben. Die Bundesbank berechnet beim Kauf des Wechsels jedoch einen Abzugszins für die Zeit zwischen Ankauf und Fälligkeit des Wechsels. Dieser Zinssatz ist der **Diskont.** Durch die Diskontfestsetzung beeinflußt die Bundesbank die Kreditkosten. Bei einer Erhöhung des Diskontsatzes wird der Wechselkredit teurer. Diese Teuerung setzt sich fort auf die Geldmarktpapiere und Pfandkredite **(Lombard).**

Beispiel:

Infolge einer durch hohen Diskontsatz bewirkten „Politik des teuren Geldes" kommt es in Teilen der Wirtschaft zu stärkeren Konjunktureinbrüchen. Kann ein Unternehmer, dessen Auftragsbestand nachweislich stark gemindert ist, gerichtlich eine Senkung des Diskontsatzes erreichen?

Die Rechtsnatur der Diskontsatzfestsetzung durch die Deutsche Bundesbank ist umstritten. Sie wird teils als privatrechtliche Festlegung allgemeiner Geschäftsbedingungen, teils als Satzung und teils als Rechtsverordnung angesehen. Wie immer man sich entscheidet: eine Klage wird aussichtslos sein, da eine Diskontsatzfestsetzung keine subjektiven Rechte verletzt. Der Schutzbereich von Art. 12 und Art. 14 GG ist nicht berührt. Auch eine Verletzung des Art. 3 GG wird nicht vorliegen, da von einer willkürlichen Festsetzung kaum je ausgegangen werden kann.

Die Diskontpolitik wird ergänzt durch die **Offenmarktpolitik.** Nach § 21 BBankG **101** darf die Bundesbank zur Regelung des Geldmarktes am offenen Markt zu Marktpreisen Schuldverschreibungen der öffentlichen Hand und andere festverzinsliche Wertpapiere kaufen und verkaufen. Beim Kauf bringt sie Geld in Umlauf, beim Verkauf schöpft sie Geld ab. Durch die Offenmarktpolitik wird das Geldvolumen marktkonform, d. h. nicht durch hoheitlichen Eingriff, gesteuert.

Das einschneidendste Lenkungsinstrument der Bundesbank ist die Festlegung von **102** **Mindestreserven.** Sie kann alle inländischen Geschäftsbanken verpflichten, bei ihr ein Guthaben in Höhe von bis zu 30 % der jeweiligen Inlandsverpflichtungen und von bis zu 100 % für Ausländerguthaben festzulegen. Mindestreserven sollten ursprünglich die Liquidität der Banken sichern. Heute steht die währungspolitische Zielsetzung im Vordergrund: Die als Mindestreserve festgelegten Gelder sind dem Umlauf entzogen. Da die Mindestreservepflicht für Auslandskredite nur gegenüber Banken wirksam ist, kann die Bundesbank gem. § 6a Außenwirtschaftsgesetz von Nichtbanken verlangen, daß bis zu 100 % des Auslandskredits unverzinslich bei ihr gehalten werden **(Bardepotpflicht).**

Die Festsetzung der Mindestreserve, die — anders als die Diskontsatzfestlegung — eine hoheitliche Zwangsmaßnahme darstellt, wird vom Bundesverwaltungsgericht als Rechtsverordnung qualifiziert[103].

Literatur und Rechtsprechung:

Zu 1. bis 3.

Kloepfer, Globalsteuerung und Grundgesetz, Jura 1979, S. 13; *Frotscher,* JuS 1982, S. 587; *A. Weber,* Die Kreditlimitierungsverordnung, JuS 1978, S. 554; *H. Hollmann,* Rechtsstaatl. Kontrolle der Globalsteuerung, Möglichkeiten und Grenzen einer normativen Kontrolle globalsteuernder Wirtschaftspolitik am Beispiel des StabGes, Baden-Baden 1980; Klausurfall BayVBl. 1984, S. 92 f., 123.

Bei Detailfragen zur Globalsteuerung und zum Stabilitätsgesetz greife man zu den beiden Kommentaren, die zu diesem Gesetz erschienen sind: *Stern/Münch/Hansmeyer,* StabG, 2. Auflage 1972 und *A. Möller* (Hrsg.), StabG, 2. Auflage 1969.

Zu 4. und 5.

Hahn, Die Deutsche Bundesbank im Verfassungsrecht, BayVBl. 1982, S. 33, S. 70; BVerwGE 41, S. 334 — Festsetzung von Mindestreserven —

---

103 BVerwGE 41, S. 334.

II. Einzelsteuerung

103 Neben globaler Konjunktursteuerung durch Geldpolitik und Fiskalpolitik gibt es eine Vielzahl von Möglichkeiten, seitens des Staates **gezielte Einflußnahme** auf das Verhalten einzelner Wirtschaftssubjekte zu nehmen. Oftmals handelt es sich dabei um Maßnahmen, deren rechtliche Bedeutung gering, deren praktische Wirkung jedoch außerordentlich groß ist. Um es gar nicht erst zu einem dirigistischen normativen Eingriff kommen zu lassen, erklären sich die betroffenen Wirtschaftssubjekte recht häufig freiwillig zu einem gewünschten Verhalten bereit (sog. **Selbstbeschränkungsabkommen**).

Beispiel:

Im Streit über Getränkepackungen haben der Bundesinnenminister und führende Vertreter der Getränke- und Verpackungsindustrie einen Kompromiß gefunden. Die Industrie hat dem Innenminister zugesagt, die Verwendung von Mehrwegpackungen im Getränkemarkt — also von Pfandflaschen — durch gezielte Maßnahmen zu fördern. Das Bundesinnenministerium ist aus Gründen des Umweltschutzes bestrebt, durch derartige freiwillige Vereinbarungen die Mehrwegpackungen zu „stabilisieren" und dadurch die Abfallmengen zurückzudrängen. Vom Erfolg der zugesagten freiwilligen Lösung will es das Ministerium abhängig machen, ob eine Verpackungssteuer auf Einwegpackungen eingeführt wird oder nicht[104].

Dieses Beispiel zeigt allerdings zugleich die Grenzen derartiger Selbstbeschränkungsabkommen. Seit 1982 ist der Marktanteil von Getränken in Einwegbehältern — dem Kompromiß von 1982 zum Trotz — kontinuierlich weiter gestiegen. Er liegt zur Zeit bei 26 %. In einem Gesetzesentwurf von Anfang 1986 will die Bundesregierung nunmehr einen Schritt weiter gehen. Dieser Entwurf enthält bereits eine Ermächtigung, Einwegflaschen durch ein obligatorisches Pfand weniger attraktiv zu machen. Angewendet werden darf diese Ermächtigung allerdings erst dann, wenn sich herausstellen sollte, daß ein weiteres Selbstbeschränkungsabkommen von der Einwegbranche erneut nicht eingehalten wird[105].

104 Neben diesen — im Vorfeld juristischer Betrachtungsweise liegenden — mehr oder weniger freiwilligen Vereinbarungen gibt es andere Steuerungsmöglichkeiten, die rechtlich ungleich problematischer sind. Zu dem nach Umfang und Bedeutung wohl wichtigsten Mittel der gezielten Einflußnahme gehört die Vergabe von Subventionen. Zu den eindrucksvollsten Dokumenten, die Aufschluß über Art und Umfang staatlicher Subventionen geben, gehört der gem. § 12 StabG alle zwei Jahre zu erstattende Subventionsbericht der Bundesregierung. Der 10. Subventionsbericht vom 12. 9. 1985 (BT-Drucks. 10/3821) weist allein für den Bund Finanzhilfen und Steuervergünstigungen von 30,029 Milliarden DM für das Jahr 1984 aus. Für den Bundeshaushalt 1986 sind rd. 30 Mrd. DM an Subventionen veranschlagt.

---

104 FAZ v. 8. Juni 1982, S. 11.
105 Der Spiegel Nr. 8/1986, S. 27 f.

1. Der Subventionsbegriff

In der Rechtswissenschaft wird zwischen Subventionen im weiten und im engen Sin- **105**
ne unterschieden. Unter **Subvention im weiten Sinne** versteht man im Anschluß an
§ 12 StabG **Geldleistungen und Steuervergünstigungen an die Wirtschaft und an private Haushalte.** Dieser weite Subventionsbegriff hat sich wirtschaftsverwaltungsrechtlich nicht durchsetzen können. Für den Begünstigten läuft es zwar wirtschaftlich auf das gleiche hinaus, ob er direkte staatliche Zahlungen oder entsprechende
Steuervergünstigungen erhält. Rechtlich bestehen jedoch erhebliche Unterschiede,
die es rechtfertigen, Steuervergünstigungen aus einem wirtschaftsverwaltungsrecht-
lichen Subventionsbegriff auszuklammern. **Steuern** dürfen **nur aufgrund eines Gesetzes** erhoben werden. Entsprechendes gilt für Steuervergünstigungen[106]. Für direkte **Finanzhilfen** reicht dagegen im Regelfall ein **haushaltsrechtlicher Ansatz** aus. Ferner wird das Recht der Steuervergünstigungen traditionell einer anderen Materie als
dem Wirtschaftsverwaltungsrecht, nämlich dem Steuerrecht, zugeordnet. Der wirtschaftsverwaltungsrechtliche, **enge Subventionsbegriff klammert** indes nicht nur die
Steuervergünstigungen aus, sondern ist auch hinsichtlich des **Empfängerkreises beschränkt**[107].

Er kann in Anlehnung an § 264 Abs. 6 StGB als „Leistung aus öffentlichen Mitteln nach Bun-
des- oder Landesrecht oder nach dem Recht der europäischen Gemeinschaften an Betriebe
oder Unternehmen, die wenigstens zum Teil 1. ohne marktmäßige Gegenleistung gewährt wird
und 2. der Förderung der Wirtschaft dienen soll", umschrieben werden.

Wenngleich es sich nach Wortlaut und systematischer Stellung lediglich um eine **106**
strafrechtliche Begriffsbestimmung der Subvention handelt, spricht doch vieles dafür, diese Definition, die ausdrücklich **nur die Förderung der Wirtschaft** anspricht
und andere Subventionen, beispielsweise auf dem Sozialsektor, ausklammert, auf
das Wirtschaftsverwaltungsrecht zu übertragen[108].

Unter den Begriff der „Leistungen aus öffentlichen Mitteln" fallen dabei mannigfache **Förderungsarten,** wie z. B. **verlorene Zuschüsse, günstige Darlehen, Bürgschaften und Naturalsubventionen** wie der verbilligte Verkauf von Gewerbegelände durch
die öffentliche Hand.

2. Die verfassungs- und verwaltungsrechtliche Subventionsproblematik

Daß die öffentliche Hand wirtschaftspolitische Zielvorstellungen auch mit dem Mit- **107**
tel der Subvention verfolgen darf, ist unbestritten. Verfassungsrechtlich umstritten
ist freilich, wie dies zu geschehen hat. Eine beachtliche **Minderheit im Schrifttum**
sieht in Art. 20 Abs. 3 GG ein Verfassungsgebot, **jede Subventionierung** dem Geset-

---

106 In diesem Sinne auch *Frotscher,* JuS 1984, S. 692, 693.
107 Kritisch dazu *Frotscher,* JuS 1984, S. 692, der unter Hinweis auf den Subventionsbericht der Bundesregierung, der z. B. auch Finanz- und Wohnungswesen erfaßt, den Subventionsbegriff weiter fassen
will.
108 Zum Subventionsbegriff vgl. auch *Frotscher,* JuS 1984, S. 692, 693 f. und *Jarass,* JuS 1980, S. 115 f.,
bei denen auch näher die einzelnen Arten der Subventionen — Erhaltungs-, Anpassungs-, Produkti-
vitätshilfen sowie sonstige Hilfen — erläutert sind.

zesvorbehalt zu unterwerfen[109]. Vor allem die **Judikatur** geht indessen davon aus, Art. 20 Abs. 3 GG unterwerfe nur die Eingriffsverwaltung dem Gesetzesvorbehalt. Für die **Subventionierung als Teil der Leistungsverwaltung** reiche die **Ausweisung der Mittel im Haushaltsplan** als Rechtsgrundlage aus[110].

Übereinstimmung besteht allerdings darüber, daß die Subventionsbehörde als Teil der öffentlichen Verwaltung bei ihrer Tätigkeit **unmittelbarer Grundrechtsbindung** unterliegt. Gerade wegen dieser Grundrechtsbindung muß die herrschende Meinung indes eine wichtige Einschränkung machen. Nach der neueren Rechtsprechung des Bundesverfassungsgerichts ist es Aufgabe des Gesetzgebers, die Entscheidungen, die wesentlich für die Verwirklichung eines bestimmten Grundrechts sind, selbst zu treffen (sog. „**Wesentlichkeitstheorie**"[111]).

Beispiel:

Unmittelbare Subventionen an Presseunternehmen dürfen nur auf der Grundlage eines materiellen Gesetzes vergeben werden, welches durch präzise Tatbestände die Voraussetzungen und Bedingungen der Hilfsmaßnahmen so eindeutig festlegt, daß für die Exekutive bei der Durchführung der Förderung kein Ermessensspielraum mehr bleibt. Andernfalls besteht die Gefahr, daß die Verwaltung von sich aus bestimmte Medien begünstigt und andere benachteiligt[112].

108 Diese Rechtsprechung des Bundesverfassungsgerichts, die aus dem Rechtsstaats- und Demokratieprinzip des Grundgesetzes die Forderung ableitet, der Gesetzgeber müsse die wesentlichen, grundrechtsrelevanten Entscheidungen selbst treffen, scheint in ihrer Bedeutung für das Subventionsrecht von der h. M. noch nicht voll erkannt zu sein. Wirtschaftliche Handlungsfreiheit und Wettbewerbsgleichheit (Art. 2 Abs. 1 und 3 Abs. 1 GG) fordern bei **konsequenter Anwendung** dieser Rechtsprechung **für jede Subventionierung eine materiell-gesetzliche Ermächtigungsgrundlage**. Die Rechtspraxis und die verwaltungsgerichtliche Judikatur haben diese Folgerung jedoch noch nicht gezogen[113].

Ebenfalls problematisch ist die **Frage nach der verwaltungsrechtlichen Handlungsform** bei der Subventionsvergabe. Im Regelfall lassen sich bei der Mittelvergabe zwei Stufen unterscheiden. Die Entscheidung, ob dem Antrag stattgegeben wird, ist öffentlich-rechtlich, die konkrete Förderung kann auch privatrechtlich, z. B. durch Darlehen oder Bürgschaft, erfolgen. Umstritten ist, ob die **Subventionsentscheidung durch Verwaltungsakt oder aufgrund eines öffentlich-rechtlichen Vertrages** erfolgt. Zunächst scheint die Annahme eines öffentlich-rechtlichen Vertrages fernzuliegen: der Bürger stellt einen Antrag, die zuständige Vergabestelle erläßt einen Subven-

---

109 Vgl. nur *Bauer,* DÖV 1983, S. 53 ff.
110 BVerwG, NJW 1977, S. 1838 f.; BVerwGE 58, S. 45, 48; auch die h. M. in der Literatur stimmt dem weitgehend zu, vgl. nur *Frotscher,* JuS 1984, S. 692, 696; *Jarass,* JuS 1980, S. 115, 117; *Weides,* JuS 1985, S. 564, 565.
111 BVerfGE 49, S. 89, 126.
112 OVG Berlin, NJW 1975, S. 1938.
113 In diese Richtung argumentiert auch *Schnapp,* in: *v. Münch,* GG-Kommentar, Art. 20 Rdnr. 46, m. w. N. Daß aus der Wesentlichkeitstheorie keine zu weitreichenden Folgerungen abzuleiten sind, hat das BVerfG aber auch ausgedrückt, BVerfG, NJW 1985, S. 603, 610: „Das Grundgesetz kennt weder einen Totalvorbehalt des Gesetzes noch eine Kompetenzregelung, die besagte, daß alle ‚objektiv wesentlichen' Entscheidungen vom Gesetzgeber zu treffen wären". Dazu auch *Weides,* JuS 1985, S. 364, 365.

tionsbescheid. Gleichwohl gibt es in der **Literatur** viele Stimmen, die davon ausgehen, daß es sich materiell um einen **Vertrag** handele. Der Staat erreiche seine wirtschaftspolitischen Ziele nur, wenn der Subventionsempfänger dabei mitwirke. Es liege eine Willenseinigung zwischen Behörde und Bürger vor, einen Rechtserfolg gemeinsam herbeiführen zu wollen. Die Rolle des Subventionsempfängers erschöpfe sich keineswegs darin, eine einseitige Entscheidung der Behörde hinzunehmen[114].

Demgegenüber vertritt die **Rechtsprechung** die Ansicht, ein öffentlich-rechtlicher **109** Vertrag liege nicht vor, da keine Vertragsverhandlungen stattfänden, sondern die Subvention nach behördlichen Richtlinien unter genau bezeichneten Voraussetzungen gewährt werde, denen sich der Begünstigte unterwerfe[115]. Zuzugeben ist: „Dies liest sich so, als müßten die Allgemeinen Geschäftsbedingungen erst noch erfunden werden"[116].

Dennoch ist dem Bundesverwaltungsgericht im Ergebnis zuzustimmen. Die von der Verwaltung regelmäßig gewählte Form der Bewilligung spricht deutlich gegen einen Vertrag. Solange der Gesetzgeber nicht ausdrücklich Gegenteiliges anordnet, wird die Subventionsverwaltung auch weiterhin durch **Verwaltungsakt** handeln. Diese Handlungsform gibt ihr bei der Rückabwicklung des Subventionsverhältnisses einen wichtigen Vorteil. Bei vertraglichen Beziehungen müßte sie den Vertrag kündigen und gegebenenfalls Klage beim Verwaltungsgericht erheben. Einfacher hat sie es, wenn sie die Leistung durch Verwaltungsakt bewilligt hat, da sie diese dann auf demselben Weg zurückfordern kann.

Beispiel:

Die Subventionsrichtlinien eines Landwirtschaftsförderungsprogramms des Bundes lauten: „Im Fall einer Veräußerung des Hofes kann die Subvention zurückgefordert werden." X, der diese Richtlinien anerkannt hat, veräußert nach Erhalt der Subvention seinen Hof. Besteht ein Rückzahlungsanspruch?

Die Geltendmachung eines öffentlich-rechtlichen Erstattungsanspruches setzt eine rechtsgrundlose Vermögensverschiebung voraus. Da die Subventionsbewilligung durch Verwaltungsakt erfolgte, bildet dieser den Rechtsgrund für die Subventionszahlung. Wird der Erstattungsanspruch geltend gemacht, so ist darin jedoch zugleich die konkludente Aufhebung des Bewilligungsbescheides zu sehen. Diese Aufhebung müßte zulässig sein. Nach § 49 Abs. 2 VwVfG kann ein rechtmäßiger begünstigender Verwaltungsakt nur mit Wirkung für die Zukunft widerrufen werden. Um die Möglichkeit eines rückwirkenden Widerrufs von Zuwendungsbescheiden zu eröffnen, hat der Bundesgesetzgeber in § 44 a Abs.1 **BHO** eine Sondergesetzliche Regelung geschaffen[117].

„Werden Zuwendungen entgegen dem im Zuwendungsbescheid bestimmten Zweck verwendet oder werden mit der Zuwendung verbundene Auflagen nicht oder nicht innerhalb einer dem Zuwendungsempfänger gesetzten Frist erfüllt, kann der Zuwendungsbescheid ganz oder teilweise mit Wirkung für die Zukunft oder für die Vergangenheit widerrufen werden. Eine nicht zweckentsprechende Verwendung liegt auch vor, wenn Zuwendungen nicht oder nicht mehr für den vorgesehenen Zweck oder nicht alsbald nach der Auszahlung hierfür verwendet werden."

---

114 Die Annahme eines Vertrages befürworten z. B. *Henke,* DÖV 1985, S. 41, 47; *Ehlers,* VerwArch. Bd. 74 (1983) S. 122; eine Zusammenfassung der Problematik findet sich bei *Stober,* Wirtschaftsverwaltungsrecht, Rdnr. 1200 ff.

115 BVerwGE 52, S. 155, 160 ff.; 61, S. 296, 299; vgl. auch *Frotscher,* JuS 1984, S. 692, 696 f.

116 *Renck,* JuS 1971, S. 78.

117 Zum Verhältnis des § 44a BHO zu § 49 VwVfG ausführlich *Weides,* JuS 1985, S. 364 ff., m. w. N.; OVG Lüneburg, DÖV 1985, S. 76.

Die Landesgesetzgeber haben in ihren Landeshaushaltsordnungen inhaltsgleiche Regelungen erlassen.

Der Bewilligungsbescheid kann somit aufgrund der zitierten Vorschrift widerrufen werden.

Rechtsgrundlage für die erstattungsrechtliche Abwicklung ist § 44 a Abs. 2 BHO:

„Soweit ein Zuwendungsbescheid nach Abs. 1 widerrufen oder nach sonstigen Rechtsvorschriften mit Wirkung für die Vergangenheit zurückgenommen, widerrufen oder infolge Eintritts einer auflösenden Bedingung unwirksam wird, ist die Zuwendung zu erstatten. . . . "

Schließlich bleibt noch zu klären, ob die Vergabestelle ihren Erstattungsanspruch in Form eines **Leistungsbescheides** geltend machen darf oder ob es hierzu einer verwaltungsgerichtlichen Klage bedarf. Das Verwaltungsverfahrensgesetz hat sich in § 48 Abs. 2 Satz 5—8 bei der Rücknahme eines Verwaltungsaktes für einen Leistungsbescheid entschieden. Eine vergleichbare Regelung für den Widerruf eines Verwaltungsaktes fehlt. Das Bundesverwaltungsgericht hält die Rückforderung auch ohne ausdrückliche Ermächtigungsgrundlage durch Verwaltungsakt für zulässig. Die Berechtigung ergebe sich aus Gewohnheitsrecht. Neben der Rücknahme des Bescheides stelle die Rückforderung keine neue Belastung des Pflichtigen dar[118].

110 Angesichts dieser Rechtsprechung dürfte die Subventionsverwaltung auch in Zukunft kaum geneigt sein, sich bei der Bewilligung statt der Handlungsform des Verwaltungsaktes derjenigen des öffentlich-rechtlichen Vertrages zu bedienen.

111 Ein **Rechtsanspruch auf Subvention** besteht **nur in wenigen gesetzlich geregelten Fällen.** Im Regelfall steht die Bewilligung im Ermessen der Verwaltung, das allerdings durch die Vergaberichtlinien hinreichend präzisiert ist. Der einzelne Subventionsbewerber hat ein **subjektives Recht auf fehlerfreie Ermessensentscheidung,** insbesondere auf gleichmäßige Anwendung der Vergaberichtlinien[119]. Wenn die haushaltsmäßig bereitgestellten Mittel erschöpft sind, entfällt der Anspruch. Bei rechtswidrigem Vergabeverfahren kann dann allerdings ein Schadensersatzanspruch nach Amtshaftungsrecht in Betracht kommen.

112 Problematisch ist schließlich noch **Art und Umfang des Rechtsschutzes** im Subventionsrecht. Wenn ein Unternehmer bei der Subventionsvergabe nicht berücksichtigt wurde, so kann er versuchen, die Subventionierung seines Konkurrenten anzufechten. Diese Klage ist nur zulässig, wenn der Kläger klagebefugt ist, d. h., wenn er durch die Subventionsvergabe in seinen Rechten aus Art. 2 GG (Wettbewerbsfreiheit) oder aus Art. 3 GG (Wettbewerbsgleichheit) verletzt sein kann (§ 42 Abs. 2 VwGO). Dies ist jedenfalls dann anzunehmen, wenn er „geltend macht, daß seine schutzwürdigen Interessen willkürlich vernachlässigt worden seien"[120].

113 Wenn es dem Unternehmer darum geht, selber subventioniert zu werden, ist die Verpflichtungsklage die geeignete Klageart. Er ist klagebefugt, wenn er geltend machen kann, die Nichtgewährung der Subvention verletze ihn in seinen Rechten, beispielsweise, weil er ohne sachlichen Grund dem Konkurrenten gegenüber benachteiligt werde.

---

118 BVerwG, NJW 1977, S. 1838 f. In einer neueren Entscheidung, BVerwGE 62, S. 1, 3, geht das BVerwG davon aus, daß ein gesonderter Widerruf entbehrlich sei, weil die Bindungswirkung des Subventionsbescheids dahin beschränkt sei, daß er nur Rechtsgrundlage für die Auszahlung der Subvention, nicht aber für das Behaltendürfen sei. Zutreffender dürfte es aber sein, davon auszugehen, daß der Widerruf konkludent in der Rückforderung enthalten ist.

119 Anspruchsgrundlage ist hier Art. 3 GG i. V. m. der Richtlinie, vgl. BVerwG, NJW 1979, S. 280; *Jarass,* JuS 1980, S. 115, 118 f.

120 BVerwGE 30, S. 191, 196 f.; ausführlich zu dieser Problematik *Friehe,* JuS 1981, S. 867 ff. Zur Konkurrentenklage bei einem öffentlich-rechtlichen Subventionsvertrag vgl. *Knuth,* JuS 1986, S. 523 ff.

3. Wirtschaftssteuerung durch Vergabe öffentlicher Aufträge

Bund, Länder und Gemeinden geben jährlich viele Milliarden DM für die Beschaf- **114** fung der verschiedensten Güter aus. Das Bundesverkehrsministerium, das Post- und Fernmeldeministerium und das Verteidigungsministerium sind dabei die potentesten Auftraggeber, deren Auftragsvolumen allein jährlich weit über 30 Milliarden DM beträgt.

Die **Vergabe von öffentlichen Aufträgen**[121], die für viele Unternehmen von größerer **115** Bedeutung ist als die Subventionierung, ist **normativ nur sporadisch geregelt.** In einzelnen Gesetzen ist die Bevorzugung von Betrieben in wirtschaftsschwachen Regionen (§ 2 Zonenrandförderungsgesetz) oder die bevorzugte Vergabe von Aufträgen an bestimmte Unternehmen (§ 18 Mittelstandsförderungsgesetz von Baden-Württemberg) vorgeschrieben. Im Regelfall gibt es jedoch keine öffentlich-rechtlichen Vorschriften darüber, an wen Aufträge zu vergeben sind. Die umfangreichen **Vergabebedingungen,** z. B. auf dem Bausektor (VOB — Verdingungsordnung für Bauleistungen), haben **keinen Rechtsnormcharakter.** Der Auftragnehmer ist an sie nur gebunden, wenn sie im Vertrag als Allgemeine Geschäftsbedingungen vereinbart werden. Die Vergabe öffentlicher Aufträge ist somit ein privatrechtlicher Vorgang[122]. Ob und inwieweit dieser Vorgang überhaupt von Normen des öffentlichen Rechts beeinflußt wird, ist strittig.

Beispiel:

Ein Abschleppunternehmer, der mehrfach Polizisten beleidigt hat, wird von der Erteilung von Abschleppaufträgen durch die Polizei ausgeschlossen.

Wie und mit welchen Erfolgsaussichten kann er dagegen vorgehen?

Streitigkeiten wegen der Vergabe von öffentlichen Aufträgen, insbesondere auch wegen des Ausschlusses von solchen, sind privatrechtlicher Natur[123]. Als Klageart kommt eine Feststellungsklage nach § 256 ZPO mit dem Antrag in Betracht, der Verwaltungsträger, für den die Polizei handelt, sei nicht berechtigt, ihn von vornherein von Aufträgen auszuschließen.

Die Begründetheit der Klage wird davon abhängen, ob ein Privatunternehmer bei der Vergabe öffentlicher Aufträge ein Recht auf sachgemäße Auswahl des Auftragnehmers hat. Eine spezielle Rechtsvorschrift gibt es dafür nicht. Nach dem BGB bleibt es einem Auftraggeber unbenommen, von einem Auftrag an einen bestimmten Unternehmer aus sachwidrigen und irrationalen Motiven abzusehen. Ein Recht auf sachgemäße Auswahl könnte sich aber aus Art. 3 GG ergeben. Ob die **fiskalische Verwaltung** bei der **Vergabe von Aufträgen an die Grundrechte gebunden** ist, ist **umstritten.** Die Rechtsprechung geht davon aus, daß solche Beschaffungsgeschäfte ausschließlich den Regeln des Privatrechts unterstehen. Ein gewisser Widerspruch liegt darin, daß der BGH „willkürliche, d. h. mit dem Zweck der Beschaffung nicht zusammenhängende Beweggründe" der öffentlichen Hand für unzulässig hält. Damit räumt er zumindest ein, daß die öffentliche Hand auch im fiskalischen Bereich Schranken zu beachten hat, die für Privatpersonen nicht in entsprechender Weise gelten.

Im vorliegenden Fall allerdings hat das Gericht einen willkürlichen Ausschluß verneint[124].

---

121 Vgl. hierzu auch *Jarass,* JuS 1980, S. 115, 119 f.; *Altenmüller,* DVBl. 1982, S. 241.
122 So auch *Jarass,* JuS 1980, S. 115, 119.
123 Ausnahmsweise ist das Verwaltungsgericht zuständig, wenn der Inhalt einer gesetzlichen Bevorzugungspflicht festgestellt werden soll, BVerwGE 34, S. 213.
124 BGH, JuS 1977, S. 473; vgl. auch OLG Düsseldorf, JuS 1981, S. 228 f.

116 Für die **Rechtsprechung,** die die **Beschaffungsgeschäfte** der öffentlichen Hand **ausschließlich** dem **Privatrecht** unterwirft, spricht neben praktischen Gründen auch der Umstand, daß die verwaltungsinternen Vergabebedingungen eine sachgerechte Auftragsvergabe gewährleisten. Das wirtschaftlichste Angebot, welches nicht gleichbedeutend mit dem billigsten zu sein braucht, soll den Zuschlag erhalten. Maßgeblich für die Entscheidung ist die Abwägung zwischen der Qualität der Angebote und dem geforderten Preis. Die Einhaltung dieser internen Vergabebestimmungen wird durch die vorgesetzten Behörden und den Rechnungshof überwacht.

Der praktische Unterschied zu der **Mindermeinung in der Literatur**[125], die die **unmittelbare Grundrechtsbindung der fiskalischen Verwaltung** bejaht, ist also gering. Schließlich gelten auch für die auftragsvergebende Verwaltung unmittelbar die Vorschriften des Kartellrechts[126].

4. Wirtschaftslenkung durch Steuerrecht

117 Eine der einschneidendsten Möglichkeiten, gezielte Einflußnahme auf private Wirtschaftssubjekte zu nehmen, ist das Steuerrecht. Steuerrechtsnormen eignen sich z. B. dazu, die Ausübung wirtschaftlicher **Aktivitäten** zu **erschweren,** die aus bestimmten Gründen **volkswirtschaftlich unerwünscht** sind.

Beispiel:

Durch Gesetz wird eine Sonderbesteuerung des Straßengüterverkehrs beschlossen, um eine finanzielle Gesundung der Bundesbahn und zugleich eine Entlastung des Straßennetzes zu erreichen.

Ist ein solches Gesetz zulässig?

Mit dem Erlaß der Abgabenordnung von 1977 ist der frühere Streit darüber erledigt, ob Steuern ausschließlich der staatlichen Einnahmeerzielung dienen oder damit auch andere Zielsetzungen angestrebt werden dürfen. § 3 Abs. 1 AO bestimmt ausdrücklich, daß die **Erzielung von Einnahmen Nebenzweck sein kann,** d. h., wirtschafts-, sozial- oder kulturpolitische Erwägungen dürfen bei der Besteuerung sogar im Vordergrund stehen.

Die **Zulässigkeit dieser Sonderbesteuerung** richtet sich nach den **Grundrechten.** Das Bundesverfassungsgericht hat sie, da eine berufsregelnde Tendenz deutlich sei, als Berufsausübungsregelung qualifiziert. Bei der Verhältnismäßigkeitsprüfung ist es zu dem Ergebnis gekommen, daß das Eindämmen des Straßengüterverkehrs als Schutzmaßnahme zugunsten des gesamten Verkehrswesens und insbesondere der Bundesbahn gerechtfertigt sei[127].

118 Durch steuerrechtliche Normen werden indes vielfach auch **Anreize für eine volkswirtschaftlich erwünschte Investitionstätigkeit** gegeben. Für diese, unter den Begriff der Subvention im weiteren Sinne fallende Lenkungstätigkeit gibt § 14 Abs. 1 Berlinförderungsgesetz ein anschauliches

Beispiel:

Danach können — unter bestimmten, in § 14 Abs. 2 BerlFG normierten Voraussetzungen — im Fall der Anschaffung eines Wirtschaftsgutes 75 % der Anschaffungs- und Herstellungsko-

---

125 Vgl. etwa *Jarass,* JuS 1980, S. 115, 120, m. w. N.
126 BGH, NJW 1977, S. 2121.
127 BVerfGE 38, S. 61 ff.

sten abgeschrieben werden. Abschreibungsgrundlage ist die Summe aus Eigenkapital und Fremdkapital.

Die Gesellschafter einer Kommanditgesellschaft, die für 10 Millionen DM ein Gebäude errichten und dies zu drei Millionen DM mit Eigenkapital und zu sieben Millionen DM mit Fremdkapital finanzieren, können im ersten Jahr 7,5 Millionen DM abschreiben. Es ergibt sich eine eigenkapitalbezogene Abschreibungsquote von 250 % (7,5 Millionen DM zu 3,0 Millionen DM).

Der Kommanditist, der 50 000 DM eingelegt hat, kann also eine Abschreibungsquote von 125 000 DM geltend machen, die sein zu versteuerndes Einkommen mindert. Bei einem Steuersatz von 50 % ergibt sich im Beispielsfall eine Steuerersparnis von 62 500 DM. Die Ersparnis ist höher als das eingesetzte Kapital.

Der extrem hohen Abschreibungsquote im ersten Jahr stehen allerdings entsprechend geringe Absetzungen in den nächsten Jahren gegenüber, so daß die Steuerersparnis — gleichbleibende Einkommensverhältnisse vorausgesetzt — wirtschaftlich gesehen einer Steuerstundung gleichkommt[128].

Literatur und Rechtsprechung:

Zu 1. und 2.
Löwer, Neuere Entwicklungslinien im Subventionsrecht, JA 1977, S. 319; *Jarass,* Das Recht der Wirtschaftssubventionen, JuS 1980, S. 115; *Friehe,* Das Abwehrrecht des Wettbewerbers gegen die Subventionierung eines Konkurrenten, JuS 1981, 867; *Frotscher,* Grundfälle zum Wirtschaftsverfassungs- und Wirtschaftsverwaltungsrecht, JuS 1984, S. 692; *Weides,* Widerruf von Zuwendungsbescheiden, JuS 1985, S. 364.

Zu 3.
Altenmüller, Die Vergabe öffentlicher Aufträge durch Kommunen, DVBl. 1982, S. 241;

Zu 4.
Donner, Rechtsprobleme der Investitionslenkung, JA 1977, S. 513; *Osterloh,* Zur Zulässigkeit von Sonderabgaben — BVerfGE 55, S. 274 — JuS 1982, S. 421; *Zitzmann,* Die neue Investitionszulage nach dem Beschäftigungsförderungsgesetz, DB 1982, S. 1289; *Kirchof,* Finanzierung des Leistungsstaates, Jura 1983, S. 505.

D. Organisation der Wirtschaftsverwaltung

I. Staatliche Organe und Behörden

Bei der **unmittelbaren staatlichen Wirtschaftsverwaltung** gibt es keine organisations- **119** rechtlichen Besonderheiten. Die Gesetzgebungsbefugnis hat ganz überwiegend der Bund, die Verwaltungskompetenz liegt überwiegend bei den Landesbehörden. Das Grundgesetz gibt dem **Bundesgesetzgeber umfangreiche wirtschaftsverwaltungsrechtliche Kompetenzen:** neben der ausschließlichen Gesetzgebungskompetenz nach

---

128 Näheres zu diesen Verlustzuweisungsmodellen: *Tipke,* Steuerrecht, 10. Aufl. 1985, S. 509 ff., 514, 540.

Art. 73 Nrn. 4 und 9 GG auch die konkurrierende Zuständigkeit nach Art. 74 Nr. 11 und Nrn. 15—24 GG. Dabei ist insbesondere die **Zuständigkeit für das „Recht der Wirtschaft"** nach Art. 74 Nr. 11 GG von besonderer Bedeutung, da diese Norm vom Bundesverfassungsgericht **sehr weit ausgelegt** wird. Sie erfaßt „alle das wirtschaftliche Leben und die wirtschaftliche Betätigung als solche regelnden Normen, die sich in irgendeiner Form auf die Erzeugung, Herstellung und Verteilung von Gütern beziehen"[129].

120 Da der Bundesgesetzgeber von diesen Kompetenzen weitgehend Gebrauch gemacht hat, bleibt den Landesgesetzgebern nur wenig an eigener Regelungsmöglichkeit. Die Bundesgesetze führen die Länder im Regelfall gemäß Art. 83 GG als eigene Angelegenheit aus **(Grundsatz der Landesexekutive).** Der Einfluß des Bundes auf die Landesverwaltung ist dabei auf die **Rechtsaufsicht** beschränkt. Mit Zustimmung des Bundesrates kann die Bundesregierung allgemeine Verwaltungsvorschriften erlassen (Art. 84 Abs. 2 GG). Dadurch wird beim Vollzug von Bundesgesetzen durch die Länder eine einheitliche Verwaltungspraxis gewährleistet. In dem Ausnahmefall der **Auftragsverwaltung** nach Art. 85 GG hat der Bund weitergehende Einwirkungsmöglichkeiten; insbesondere erstreckt sich seine **Aufsicht** auf **Gesetzmäßigkeit und Zweckmäßigkeit** der Ausführung. Wirtschaftsverwaltungsrechtlich bedeutsam ist hier Art. 104a Abs. 3 Satz 2 GG: Subventionsgesetze, bei denen der Bund zumindest die Hälfte der Ausgaben trägt, werden im Auftrag des Bundes durchgeführt.

121 Nur ausnahmsweise übt der Bund eigene Wirtschaftsverwaltung aus. **In bundeseigener Verwaltung mit eigenem Verwaltungsunterbau** werden die Bundespost und die Bundesbahn geführt (Art. 87 Abs. 1 GG). Weitere Verwaltungskompetenzen hat der Bund über Art. 87 Abs. 3 GG. Danach kann er für Angelegenheiten, für die ihm die Gesetzgebung zusteht, **selbständige Bundesoberbehörden** errichten. Diese Bundesoberbehörden müssen ihre Verwaltungsaufgabe für das gesamte Bundesgebiet zentral wahrnehmen. Sie sind **verwaltungsorganisatorisch** aus einem Bundesministerium ausgegliedert, unterstehen jedoch den **Weisungen des zuständigen Bundesministers.** Wirtschaftsverwaltungsrechtlich bedeutsame Bundesoberbehörden sind das Bundeskartellamt, das Bundesamt für die gewerbliche Wirtschaft sowie die Bundesaufsichtsämter für das Kredit- und das Versicherungswesen. Diese Verwaltungsbehörden beaufsichtigen und kontrollieren die privatwirtschaftliche Betätigung. Eine fehlerhafte Aufsicht kann zu großen Schäden führen[130].

Beispiel:

Durch nachlässige Kreditaufsicht hat ein Bankzusammenbruch nicht rechtzeitig verhindert werden können. Haben die geschädigten Einleger einen Schadensersatzanspruch gegen das Bundesaufsichtsamt für das Kreditwesen?

Ein Anspruch aus Art. 34 GG i.V.m. § 839 BGB hängt davon ab, ob das Bundesaufsichtsamt Pflichten versäumt hat, die ihm auch gerade gegenüber den Einlegern obliegen, oder ob es lediglich zur Abwehr von Gefahren für die Allgemeinheit tätig wird. Nach der neueren Rechtsprechung des BGH bezweckt die Bankaufsicht auch den Schutz der Einlagegläubiger der Kre-

---

129 BVerfGE 29, S. 402, 409.
130 Vgl. dazu ausführlich *Papier,* Wirtschaftsaufsicht und Staatshaftung — BGHZ 74, 144 und BGH, NJW 1979, 1879 — JuS 1980, S. 265 ff.

ditinstitute (BGHZ 74, 144). Mit diesem Urteil, das den Schadensersatzanspruch bejaht hat, dürfte die frühere Rechtsprechung überholt sein, wonach die Versicherungsaufsicht nicht den Schutz einzelner Versicherter, sondern ausschließlich den der Gesamtheit der Versicherten bezweckt. Staatliche Wirtschaftsaufsicht hat allerdings niemals den Zweck, den einzelnen Unternehmer vor Konkurrenz zu schützen[131].

Ebenfalls unter den Voraussetzungen des Art. 87 Abs. 3 GG kann der Bund auch **bundesunmittelbare Körperschaften und Anstalten des öffentlichen Rechts** errichten. Sie sind im Gegensatz zu den Bundesbehörden **rechtlich selbständig**, unterliegen jedoch der **Rechtsaufsicht durch den zuständigen Bundesminister.**   **122**

Die Bundesanstalt für den Güterfernverkehr, die Bundesanstalt für landwirtschaftliche Marktordnung und die Bundesanstalt für Materialprüfung zählen beispielsweise hierzu.

II. Beteiligung Privater an der Wirtschaftsverwaltung

Die Wirtschaftsverwaltung wird recht häufig durch Gesetz ermächtigt, Privatpersonen zur Erfüllung öffentlicher Aufgaben heranzuziehen. Zu unterscheiden ist die **Indienstnahme** einerseits und die **Beleihung** andererseits.   **123**

Recht unproblematisch ist die **Indienstnahme** Privater für öffentliche Aufgaben. Viele Rechtsvorschriften verpflichten Privatunternehmer, bestimmte **Tätigkeiten für die staatliche Wirtschaftsverwaltung** wahrzunehmen. Statistiken sind für die Behörden zu erstellen, Steuern der Arbeitnehmer sind für die Finanzverwaltung einzubehalten und abzuführen, für bestimmte Erzeugnisse, beispielsweise Erdöl[132], ist im Interesse der Energiesicherung eine Vorratshaltung vorgeschrieben. Die **verfassungsrechtlichen Grenzen** der Belastbarkeit durch die Indienstnahme ergeben sich **aus den Grundrechten.** Von der Rechtsprechung wird die Indienstnahme als Berufsausübungsregelung qualifiziert. Wenn durch sie Kapital der freien Verfügung entzogen wird, ist auch der Schutzbereich des Art. 14 Abs. 1 und 2 GG betroffen. Das Bundesverfassungsgericht hält die Indienstnahme auch dann für zumutbar, wenn eigens dafür zusätzliches Personal eingestellt werden muß[133].   **124**

Weitergehend als die Indienstnahme ist die **Beleihung** Privater mit öffentlichen Aufgaben. Den Beliehenen werden **hoheitliche Zuständigkeiten zur selbständigen Wahrnehmung im eigenen Namen** übertragen[134]. Die Beleihung ist ein eigentümliches Institut des deutschen Verwaltungsrechts, gegen das verfassungsrechtlich keine Bedenken bestehen[135]. Es handelt sich um eine zulässige Ausnahme von Art. 33 Abs. 4   **125**

---

131 BVerwG, DVBl. 1965, S. 364.
132 Vgl. BVerfGE 30, S. 316 ff., wo die Erdölbevorratung grundsätzlich als zulässige Indienstnahme Privater anerkannt wurde.
133 Ein anderes Problem ist es, ob für diese Indienstnahme ein Entgelt gefordert werden kann. Dies ist dann zu verneinen, wenn der Unternehmer die Kosten auf die Allgemeinheit abwälzen kann. Wo dies nicht möglich ist — z. B. bei Anwaltsvormündern, BVerfGE 54, S. 251, 271 — besteht ein Anspruch auf eine angemessene Entschädigung.
134 Vgl. hierzu ausführlich *Stober*, Wirtschaftsverwaltungsrecht, Rdnr. 595 ff.
135 OVG Münster, OVGE 26, S. 115, 121.

GG. Die **Beleihung** kann **nur durch Gesetz** erfolgen[136]. Beliehen mit der eigenständigen Wahrnehmung hoheitlicher Aufgaben ist beispielsweise der Tierarzt bei der Fleischbeschau und der Bezirksschornsteinfeger bei der Feuerstellenschau. Der TÜV, ein eingetragener Verein, ist als solcher nicht beliehen; beliehen sind aber im Einzelfall die von ihm angestellten amtlich anerkannten Sachverständigen (vgl. §§ 21, 29 StVZO). Der Beliehene tritt dem Bürger öffentlich-rechtlich gegenüber. Er kann, soweit eine Ermächtigungsgrundlage besteht, selbst Verwaltungsakte erlassen oder öffentlich-rechtliche Verträge schließen. Eine Anfechtungsklage ist gegen den Beliehenen zu richten, soweit § 78 Abs. 1 Nr. 2 VwGO zur Anwendung kommt. In den Fällen des § 78 Abs. 1 Nr. 1 VwGO und in Amtshaftungsprozessen richtet sich die Klage gegen die Körperschaft, die die Beleihung vorgenommen hat.

126 Wenn es an einer **gesetzlichen Beleihungsgrundlage fehlt oder** die Privatperson **nicht im eigenen Namen tätig** wird, spricht man von **Verwaltungshelfern.** Die Wirtschaftsverwaltung schaltet als Verwaltungshelfer häufig private Sachverständige zur Begutachtung bestimmter Angelegenheiten ein, die aber im Gegensatz zu den in den §§ 21, 29 STVZO Genannten nicht im eigenen Namen abschließend entscheiden, sondern für die behördliche Entscheidung vorbereitend und unterstützend tätig sind[137].

III. Selbstverwaltung der Wirtschaft

127 Bei dieser Organisationsform werden **wirtschaftsverwaltungsrechtliche Aufgaben** aus der unmittelbaren Staatsverwaltung ausgegliedert und **selbständigen Körperschaften des öffentlichen Rechts übertragen.** Körperschaften der berufsständischen Selbstverwaltung sind im gewerblichen Bereich die Industrie- und Handelskammern und die Handwerkskammern. Die freien Berufe sind in Rechtsanwalts-, Ärzte-, Apotheker- und Wirtschaftsprüferkammern organisiert. Bei allen Kammern werden die Berufsangehörigen kraft Gesetzes beitragspflichtige Mitglieder. Diese Kammern befassen sich primär mit der Interessenvertretung ihrer Mitglieder; daneben erledigen sie auch staatliche Aufgaben, wie z. B. Ausfertigung von Urkunden und Zeugnissen sowie Abnahme von Prüfungen. Die **staatliche Aufsicht** beschränkt sich im Regelfall auf eine **Rechtsaufsicht.** Nach der Rechtsprechung des Bundesverfassungsgerichts berührt die gesetzlich angeordnete **Zwangsmitgliedschaft** nicht den Schutzbereich des Art. 9 Abs. 1 GG. Diese Norm schütze nur die positive und negative Vereinigungsfreiheit in privatrechtlichen Vereinigungen. Das Gericht zieht Art. 2 Abs. 1 GG als Prüfungsmaßstab heran[138]; in der Literatur wird die Zwangsmitgliedschaft überwiegend als Berufsausübungsregelung angesehen[139]. Letztlich ist der Prüfungsmaßstab in beiden Fällen der Grundsatz der Verhältnismäßigkeit[140].

---

136 Entscheidend für die Annahme einer Beleihung ist der organisationsrechtliche Umstand, daß die Behörde befugt ist, ihr obliegende Aufgaben auf Dritte zu übertragen; nicht so bedeutsam ist dagegen die Frage, ob hoheitliche Kompetenzen übertragen werden.

137 Bsp.: Die Einschaltung von Zivilingenieuren für die staatliche Prüfung von Bauaufträgen, BVerwGE 57, S. 55.

138 BVerfGE 15, S. 235, 239; 38, S. 281, 298.

139 *Badura,* in: *v. Münch,* BesVerwR, S. 319.

140 Klausurträchtig ist in diesem Zusammenhang die Frage nach dem allgemein politischen Mandat von Zwangskörperschaften, vgl. hierzu BVerwGE 64, S. 115, 117; 64, S. 298, 301 ff.

Beispiel:

In Bremen begründet das „Gesetz über die Arbeitnehmerkammern" die zwangsweise Zugehörigkeit aller Arbeitnehmer mit entsprechenden Pflichtbeiträgen. Die Arbeitnehmerkammern vertreten die Interessen der Arbeitnehmer und entfalten Aktivitäten auf dem Gebiet des Bildungswesens. Ist die Zwangsmitgliedschaft zulässig?

Der Eingriff ist mit Art. 2 Abs. 1 GG nur vereinbar, wenn er verhältnismäßig ist. Ob die Zwangsmitgliedschaft erforderlich ist, ist fraglich, weil die Aufgaben der Arbeitnehmerkammern auch von den Gewerkschaften erfüllt werden. Dem Vorwurf, die Arbeitnehmerkammern seien „Gebilde ohne rechtlichen Daseinszweck", hält das Bundesverfassungsgericht entgegen, die Gewerkschaften hätten keinen Ausschließlichkeitsanspruch bei der Vertretung von Arbeitnehmerinteressen. Trotz der Konkurrenz mit den Gewerkschaften könne diesen Kammern „die Daseinsberechtigung nicht völlig abgesprochen werden"[141].

Das Urteil überzeugt nicht. Eine gesetzlich oktroyierte Zwangsmitgliedschaft ist nur verhältnismäßig, wenn sie zur Erreichung eines legitimen Zweckes notwendig ist, nicht jedoch schon dann, wenn der dadurch begründeten Institution die Daseinsberechtigung „nicht völlig abgesprochen werden kann".

Literatur und Rechtsprechung:

Zu 1.
Papier, Wirtschaftsaufsicht und Staatshaftung, JuS 1980, S. 265; *Mösbauer,* Befugnisgrenzen staatsaufsichtlichen Verwaltungshandelns — dargestellt am Beispiel der Lebensmittelaufsicht —, JA 1982, S. 14; *Birk,* Das Haushaltsrecht in der bundesstaatlichen Finanzverfassung, JA 1983, S. 563; *Friauf,* Der bundesstaatliche Finanzausgleich, JA 1984, S. 618.
Zu 2.
Steiner, Der „beliehene Unternehmer", JuS 1969, S. 69.
Zu 3.
Weber, Selbstverwaltungskörperschaften in der Rechtsprechung des Bundesverfassungsgerichtes, in: Bundesverfassungsgericht und Grundgesetz, Bd. II, 1976, S. 331.

E. Das ordnungsrechtliche Instrumentarium zur Überwachung wirtschaftlicher Aktivitäten

Trotz umfangreicher staatlicher Lenkungs- und Förderungsmöglichkeiten wird man **128** nach wie vor die **Gefahrenabwehr** als **Hauptaufgabe der Wirtschaftsverwaltung** bezeichnen können. Dem einzelnen und der Allgemeinheit drohen mancherlei Gefahren: Fachlich unqualifizierte Lebensmittelhändler oder Kfz-Mechaniker gefährden Leben und Gesundheit ebenso wie eine fehlerhaft konstruierte Betriebsanlage, handele es sich nun um einen Atommeiler, um eine Giftstoffe ausstoßende chemische Fabrik oder um Lärmbelästigungen der Umwelt durch eine betriebliche Anlage. Die Beispiele zeigen die möglichen **Gefahrenherde:** Sie können in der **Person des Gewerbetreibenden** einerseits und der **gewerblichen Anlage** andererseits liegen. Die Gewerbeordnung von 1869 enthielt ein Instrumentarium, das es der Gewerbeaufsicht er-

---

141 BVerfGE 38, S. 281, 308.

möglichte, beide Gefahrenherde zu überwachen. Mit Inkrafttreten des BImSchG vom 15. 3. 1974 hat sich dies geändert. Die **Gewerbeordnung** beschäftigt sich **vornehmlich** mit der **Person des Gewerbetreibenden,** das **BImSchG** ausschließlich mit der **gewerblichen Anlage.**

I. Überwachung der Person des Gewerbetreibenden

129 Der **Anwendungsbereich der GewO** beschränkt sich auf die Überwachung **gewerblicher Tätigkeit.** Die GewO selbst enthält **keine Definition des Gewerbes.** § 6 GewO bestimmt lediglich, daß die GewO für bestimmte Tätigkeiten keine Anwendung findet. Es handelt sich dabei aber keineswegs um eine abschließende negative Definition. Der Gesetzgeber hat bewußt auf eine **Legaldefinition des Gewerbes verzichtet,** um wirtschaftlichen Entwicklungen und Veränderungen gerecht werden zu können[142]. Rechtsprechung und Literatur haben sich weithin übereinstimmend auf folgende Definition geeinigt:

Gewerbe ist jede erlaubte, auf Gewinnerzielung gerichtete, selbständige Tätigkeit, die fortgesetzt und nicht nur gelegentlich ausgeübt wird mit Ausnahme der Urproduktion, der Verwaltung eigenen Vermögens, wissenschaftlicher, künstlerischer und schriftstellerischer Berufe sowie persönlicher Dienstleistungen höherer Art[143].

Untersucht man diese Definition näher, so ergeben sich **subjektive** und **positive** Merkmale (erlaubte Tätigkeit, Gewinnerzielungsabsicht, Dauerhaftigkeit, Selbständigkeit) als auch **negative** Elemente (Urproduktion, freie Berufe, bloße Verwaltung eigenen Vermögens). Ein Gewerbe liegt nur vor, wenn der positive Katalog Platz greift und die Negativaufzählung nicht gegeben ist.

130 Eine erlaubte Tätigkeit liegt nach h. M. vor, wenn sie **nicht verboten** oder **sozial unwertig** ist[144]. Betätigungen, die nicht mit der Rechtsordnung in Einklang stehen, fallen nicht unter den Schutz der Gewerbeordnung. **Problematisch** erscheint dagegen der Begriff der „sozial unwertigen" Tätigkeit, der die Heranziehung rechtlich nicht fixierter Wertvorstellungen einer Bevölkerungsmehrheit oder -minderheit nahelegt. Es stellt sich aber nicht als ohne weiteres zulässig dar, diesen Begriff mit Sittenwidrigkeit[145] gleichzusetzen. Oft hat sich die soziale Unwertigkeit in einer gesetzlichen Verbotsnorm niedergeschlagen[146]. Legt man diese Betrachtungsweise zu Grunde, so ergibt sich z. B. für das „älteste Gewerbe der Welt", die Prostitution, folgende Betrachtungsweise: Es liegt nur dann ein Gewerbe vor, wenn gegen keine Norm verstoßen wird, d. h. die Voraussetzungen des § 180 a StGB oder polizei- oder ordnungsbehördlicher Vorschriften nicht vorliegen. Auf eine Bewertung als sittenwidrig kommt es nicht an. Als Folge davon hat das BVerwG[147] den Betrieb eines Dirnenwohnheims

---

142 Damit soll der Vielgestaltigkeit der gewerblichen Entwicklung Rechnung getragen werden; vgl. BGH, GewArch. 1964, S. 55; BVerwG, NJW 1977, S. 772.
143 BVerwG, NJW 1977, S. 772; *Frotscher,* JuS 1982, S. 832; *Stober,* JA 1981, S. 217.
144 BVerwG, DÖV 1977, S. 403.
145 So aber anscheinend *Stober,* Wirtschaftsverwaltungsrecht, Rdnr. 655.
146 Vgl. *Frotscher,* JuS 1982, S. 832 Fn. 66.
147 DÖV 1974, S. 675.

als erlaubtes Gewerbe angesehen, soweit nicht die Grenzen des § 180a Abs. 1 Nr. 2 StGB überschritten werden.

Daneben gibt es aber auch Fälle, in denen man ohne das Verdikt der Sittenwidrigkeit nicht auskommt. Aber selbst in diesen Fällen ist nicht auf das „Anstandsgefühl aller billig und gerecht Denkenden" abzustellen, sondern es sind objektive, aus der Verfassung oder sonstigem Recht ableitbare Kriterien heranzuziehen. Als Beispiele hierfür seien die Entscheidungen zur Peep-Show[148] und zur öffentlichen Vorführung eines Geschlechtsverkehrs genannt[149]. Legt man diese enge Auslegung der „sozial unwertigen" Tätigkeit zugrunde, so sind Hellsehen, Handlesen, Kartenlegen oder Ausübung der Astrologie[150] als erlaubte Tätigkeit einzustufen. Mit guten Gründen läßt sich allerdings auch die Ansicht vertreten, der **Begriff der „sozial unwertigen" Tätigkeit müsse überhaupt aufgegeben** werden. Angesichts der Grundentscheidung für Berufs- und Gewerbefreiheit sei es allein Sache des demokratisch legitimierten Gesetzgebers, durch ein ausdrückliches Verbot bestimmte Tätigkeiten als sozial schädlich einzustufen.

Eine auf **Gewinnerzielung gerichtete Tätigkeit** ist bereits dann gegeben, wenn lediglich die Absicht besteht, Gewinn zu erzielen, unabhängig davon, ob tatsächlich Gewinn erzielt wird. Wenn zum Beispiel ein Automobilunternehmen ein Geschäftsjahr mit Verlust abschließt, so bedeutet das nicht, daß nunmehr kein Gewerbe mehr vorliegt. Entscheidend ist allein, daß die Absicht der Gewinnerzielung besteht. Problematisch sind die Fälle, in denen der angestrebte Gewinn derart **gering** ist, daß er zum Lebensunterhalt des Betreibers nicht ernsthaft beitragen kann. Bei völlig unbedeutsamem Gewinnstreben verneint die h. M.[151] das Vorliegen eines Gewerbes, weil zumindest ein gewisser Beitrag zu den Lebenshaltungskosten erzielt werden soll. Beispiel: Regelmäßiger monatlicher Verkauf von 100 Zeitungen um 5 Pfennige über den Herstellungskosten. Soll der erzielte Gewinn nach der Satzung des Unternehmens gemeinnützig verwandt werden, so ändert sich nichts am Vorliegen eines Gewerbes, da die Absicht als solche auf Gewinnerzielung gerichtet ist[152]. **131**

Die Gewinnerzielungsabsicht fehlt häufig bei Tätigkeiten, mit denen gemeinnützige oder soziale Zwecke verfolgt werden. Dazu zählen z. B. die gemeindliche Müllabfuhr, Abwasserbeseitigung, Wasserversorgung, Schlachthöfe, Volkshochschulen, Fernsehanstalten[153], gemeinnützige Vereine und Gesellschaften (DRK, DLRG). Voraussetzung ist allerdings, daß der ideale Zweck die wirtschaftliche Betätigung selbst prägt. **132**

Das Kriterium der **Selbständigkeit** wird durch „das Handeln im eigenen Namen, auf eigene Rechnung und in eigener Verantwortlichkeit" näher bestimmt[154]. Selbständigkeit setzt persönliche **Unabhängigkeit,** Freiheit der **Zeiteinteilung** und Tragen des **Unternehmerrisikos** voraus. Deshalb sind Angestellte, Bedienstete oder Stellvertre- **133**

---

148 BVerwGE 64, S. 274 ff.
149 BVerwGE 64, S. 280 ff.
150 BVerwG, DVBl. 1966, S. 224.
151 BVerwG, GewArch. 1976, S. 293, 294; ähnlich OLG Hamm, NJW 1977, S. 399.
152 OVG Münster, GewArch. 1976, S. 236.
153 BayVGH, BayVBl. 1983, S. 498.
154 Definition siehe auch *Frotscher,* JuS 1982, S. 833.

ter (§ 45 GewO) keine Gewerbetreibenden. Die Abgrenzung ist mitunter schwierig. Problematisch ist z. B., wie die Tätigkeit eines Fotomodells einzustufen ist. Da das Fotomodell weitgehend frei in der Gestaltung seiner Tätigkeit ist, indem es bestimmen kann, welche Modellverträge es abschließt, könnte man durchaus die Selbständigkeit bejahen. Die Rechtsprechung[155] nimmt dagegen im Hinblick auf das hohe Maß der Fremdbestimmtheit der Arbeit Unselbständigkeit der Tätigkeit an.

134   Ob das **Merkmal der Selbständigkeit** auch weiterhin zur Gewerbedefinition zu ziehen ist, wird in jüngerer Zeit **angezweifelt**[156]. Begründet werden diese Zweifel damit, daß beim Reisegewerbe von der Selbständigkeit als Voraussetzung keine Rede ist. Zwar ist es richtig, daß das Reisegewerbe nicht an das Merkmal der Selbständigkeit anknüpft, jedoch ist hier im Hinblick auf die spezifischen Gefahren, die mit dem Reisegewerbe zusammenhängen, vom Gesetzgeber eine Sonderregelung getroffen worden, die den Anwendungsbereich der GewO im persönlichen Bereich erweitert[157].

135   **Letztes positives Merkmal** des Gewerbes ist die **fortgesetzte Tätigkeit.** Fortgesetzte Tätigkeit liegt vor bei einem auf gewisse Dauer angelegten, nachhaltigen, planmäßigen Tätigsein. Einmalige (Grundstücksverkauf) oder gelegentliche Handlungen zählen nicht dazu. Auf der anderen Seite ist nicht erforderlich, daß die Tätigkeit ununterbrochen ausgeübt wird. Deshalb zählen auch saisonale Betätigungen wie z. B. Eisverkauf oder die Betätigung als Strauß- oder Besenwirt als Gewerbe. Erforderlich ist lediglich die **Fortsetzungsabsicht.** Ob dagegen der einmalige Verkauf von 21 Eintrittskarten zu einem begehrten Fußballspiel zu einem überhöhten Preis als Gewerbe anzusehen ist, erscheint mehr als fraglich[158].

136   Neben dem Vorliegen dieser positiven Kriterien setzt das Vorliegen eines Gewerbes das Fehlen verschiedener **negativer** Umstände voraus.

137   Die **Urproduktion** ist **aus dem Gewerbebegriff herausgenommen,** weil bei diesen Betrieben aufgrund der Abhängigkeit von Boden- und Witterungsbedingungen eine besondere Interessenlage besteht. Nicht um Urproduktion, sondern um gewerbliche Tätigkeit handelt es sich dann, wenn Umstände wie Witterung und Bodennutzung keine Rolle mehr spielen. Dies ist z. B. bei der Intensivtierhaltung auf Fremdfuttergrundlage der Fall, gleich, ob es sich um Legehennenbatterien, Fischzuchtbetriebe oder Mastviehhaltung handelt[159].

138   **Kein Gewerbe** stellt auch die **Verwaltung eigenen Vermögens** dar, solange sie sich im üblichen, angemessenen Rahmen bewegt. Denn hier fehlt es an der Intensität des Gewinnstrebens und an der Nachhaltigkeit der Beschäftigung[160], wie es für ein Gewerbe an sich typisch ist. Regelmäßig wird das zu bejahen sein, wenn mit der Verwaltung nicht die Deckung des Unterhalts erstrebt wird oder die Tätigkeit einem

---

155 OLG Karlsruhe, GewArch. 1979, S. 259.
156 *Stober,* JuS 1980, S. 182 ff.; *ders.,* Wirtschaftsverwaltungsrecht, Rdnr. 652.
157 In diesem Sinne auch *Frotscher,* JuS 1982, S. 833.
158 So aber BayVGH, NJW 1978, S. 2052.
159 BVerwG, NJW 1981, S. 139.
160 *Stober,* Wirtschaftsverwaltungsrecht, Rdnr. 669.

größeren Kreis von Dritten nicht erkennbar ist[161]. Daher ist die Verwaltung des eigenen Wertpapierdepots oder Mietshauses im Regelfall kein Gewerbe. Sprengt dagegen die Verwaltung des eigenen Vermögens den üblichen Rahmen, wie es etwa beim Betrieb eines Campingplatzes mit 1200 Stellplätzen der Fall ist[162], dann liegt ein Gewerbe vor. **Negativ ausgegrenzt** sind ferner **künstlerische, wissenschaftliche** und **schriftstellerische Berufe** sowie **persönliche Dienstleistungen höherer Art.** Beiden Ausnahmen ist gemeinsam, daß hier die Tätigkeit im wesentlichen auf eigener Arbeitskraft beruht und nicht durch weitere Hilfskräfte vervielfältigt werden kann. Eigene persönliche Leistung und Verantwortung stehen im Vordergrund. Abgrenzungsschwierigkeiten bestehen bei beiden Merkmalen, zur Lösung sollte man sich jeweils an der besonderen ordnungsrechtlichen Aufgabenstellung der GewO orientieren[163]. Zu den Dienstleistungen höherer Art zählen die in § 6 GewO genannten Dienstleistungen von Ärzten, Erziehern, Apothekern, Rechtsanwälten, Notaren, Wirtschaftsprüfern, Steuerberatern. Wichtig ist jeweils, daß eine höhere Bildung Voraussetzung für die Berufsausübung ist. Deshalb zählt der Fahrlehrer nicht hierzu, wohl aber der Sozialarbeiter. Bei wissenschaftlichen, künstlerischen und schriftstellerischen Tätigkeiten spielen Charakter und Qualität der Betätigung eine wesentliche Rolle für die Abgrenzung, jedoch läßt sich eine klare Linie in der Rechtsprechung nicht finden. So wurde z. B. für einen Musiker, der die Fähigkeit zur Musikinterpretation besitzt, kein Gewerbe angenommen, während der bloße Unterhaltungsmusiker unter den Gewerbebegriff fallen soll[164].

Nach § 1 Abs. 1 GewO ist es grundsätzlich **jedem gestattet, ein Gewerbe aufzunehmen,** ohne daß es dafür einer besonderen Genehmigung bedarf. Diese „Gewerbefreiheit" wurde in Preußen im Zuge der Stein-Hardenberg'schen Reform 1810 eingeführt. **139**

Das Zunftwesen und andere überlieferte ausschließliche Gewerbeberechtigungen wurden damit beseitigt. Die abschließende **bundesrechtliche** Regelung des § 1 GewO steht heute vor allem **Landesgesetzen** entgegen, die den Zugang zu einem Gewerbe abweichend von den Vorschriften der Gewerbeordnung regeln wollen. Auch auf die in den meisten Landespolizeigesetzen enthaltene polizeiliche Generalklausel kann keine Gewerbezulassung oder -untersagung gestützt werden. Damit ist aber nicht ausgeschlossen, daß landespolizeiliche Ermächtigungen Verfügungen erlauben, die die Art und Weise der Gewerbeausübung betreffen. § 1 GewO erfaßt nämlich nur die **Gewerbezulassungsfreiheit,** nicht aber die **Gewerbeausübung.** Deshalb können die Länder z. B. bau-, feuer-, straßen- oder gesundheitspolizeiliche Maßregeln hinsichtlich der Gewerbeausübung vorsehen. Zulässig wäre daher z. B. die vorübergehende Schließung eines Einzelhandelsgeschäfts, wenn die Betriebsstätte in keiner Weise feuerpolizeilichen Anforderungen entspricht. Oder: Betreibt jemand in einem offenen Verkaufswagen den Verkauf von Eis, so bedarf er einer straßenrechtlichen Sondernutzungserlaubnis und muß die gesundheitspolizeilichen Anforderungen an den Eisverkauf einhalten. Diese landesrechtlichen Bestimmungen können dazu füh-

---

161 BFH, NJW 1961, S. 1231.
162 BVerwG, DÖV 1977, S. 403.
163 BVerwG, DÖV 1977, S. 403.
164 BFH, NJW 1983, S. 1224.

ren, daß die weitere Gewerbeausübung faktisch ausgeschlossen ist. Dies ist aber unbedenklich, da niemand ein Gewerbe so betreiben darf, daß dadurch die öffentliche Sicherheit und Ordnung gefährdet wird[165].

140   Heute hat § 1 GewO durch **Art. 12 GG** viel an Bedeutung verloren. Da jedoch Art. 12 GG nur für **Deutsche** gilt, hat § 1 GewO **für Ausländer** Relevanz, weil er die Gewerbefreiheit „jedermann" zugesteht. Jedoch unterliegt die gewerbliche Betätigung von Ausländern durch § 7 Abs. 3 AuslG weitgehenden Beschränkungen. Dies ist zulässig, da § 1 GewO als bundesgesetzliche Norm gegenüber anderen bundesrechtlichen Regelungen keinen höheren Rang genießt und auch Art. 2 Abs. 1 GG einer solchen Einschränkung nicht entgegensteht[166].

141   Das von § 1 GewO vorgegebene Verhältnis von **grundsätzlicher Freiheit und ausnahmsweiser Beschränkung** entspricht allerdings **nicht voll der Praxis.** Die GewO selbst und insbesondere eine Vielzahl gewerberechtlicher Nebengesetze machen die Aufnahme eines Gewerbes von **einer vorherigen behördlichen Erlaubnis** abhängig. Nur dort, wo dies nicht ausdrücklich geschehen ist, kann sich der einzelne auf § 1 Abs. 1 GewO berufen. Mit dieser Beobachtung ist bereits die Rechtstechnik der Gewerbeordnung vorgegeben: Dem § 1 Abs. 1 GewO entspricht die (genehmigungsfreie) **Erlaubnis mit Verbotsvorbehalt;** für eine Vielzahl gewerblicher Tätigkeiten hält allerdings bereits die Gewerbeordnung selbst **ein Verbot mit Erlaubnisvorbehalt** für angebrachter.

1. Die Kontrolle des stehenden Gewerbes

142   Die GewO hält ein abgestuftes rechtstechnisches Instrumentarium zur Überwachung von Gewerbebetrieben bereit. Anknüpfungspunkt ist zunächst die Art der Gewerbeausübung. Unterschieden werden das **stehende Gewerbe,** das **Reisegewerbe** und der **Marktverkehr.** Grundform ist das stehende Gewerbe (§§ 14-52 GewO). Es liegt vor, wenn die Voraussetzungen des Reisegewerbes (§§ 55 ff. GewO) oder des Marktverkehrs (§§ 64 ff. GewO) nicht gegeben sind. **Stehendes Gewerbe** wird von einer **gewerblichen Niederlassung** aus wahrgenommen, z. B. einem Büro, Laden oder auch einer Wohnung, wenn sie den Mittelpunkt der gewerblichen Betätigung darstellt (§ 42 Abs. 1 GewO). Notwendig ist jeweils, daß der betreffende Raum in regelmäßiger Wiederkehr zu gewerblichen Zwecken genutzt wird[167]. So stellt etwa der saisonale Eisverkauf in einer dazu entsprechend umgebauten Garage ein stehendes Gewerbe dar. Verläßt der Gewerbetreibende zur Ausübung seines Gewerbes die genannten Räumlichkeiten, so ist zur Abgrenzung gegenüber dem Reisegewerbe wie folgt zu unterscheiden: Geht er auf **Bestellung** hinaus, handelt es sich noch um ein **stehendes Gewerbe,** wird er **ohne Bestellung** tätig („Kundenfang"), liegt **Reisegewerbetätigkeit** vor[168].

---

165 Vgl. *Stober,* Wirtschaftsverwaltungsrecht, Rdnr. 685 ff.
166 *Frotscher,* JuS 1982, S. 828 ff.; BVerwG, GewArch, 1983, S. 350.
167 *Stober,* Wirtschaftsverwaltungsrecht, Rdnr. 696.
168 Diese Abgrenzung folgt aus § 55 I GewO.

a) Erlaubnis mit Verbotsvorbehalt: die Gewerbeuntersagung nach § 35 GewO

Bei stehendem Gewerbe hält die Gewerbeordnung im Regelfall kein Verbot mit Er- **143**
laubnisvorbehalt (vorbeugende Kontrolle), sondern eine (genehmigungsfreie) **Erlaubnis mit Verbotsvorbehalt** für angemessen. Nach § 14 GewO muß jeder, der den
selbständigen Betrieb eines **stehenden Gewerbes** anfängt, dies der zuständigen Behörde **anzeigen**. Zweck der Maßnahme ist es, jeder **Gemeinde** einen **Überblick** über
Zahl und Art der auf ihrem Gebiet bestehenden Gewerbebetriebe zu geben. Nur so
lassen sich **ordnungsrechtliche** und **steuerrechtliche** Befugnisse wirksam wahrnehmen. Die Anzeige muß auch erfolgen, wenn der zuständigen Behörde die Gewerbeausübung auf andere Weise bereits bekannt geworden ist. Denn die Anzeige soll der
Behörde die Prüfung ermöglichen, ob etwaige Voraussetzungen für den Betrieb des
Gewerbes erfüllt sind und ob Bedenken gegen die Zuverlässigkeit des Gewerbetreibenden bestehen[169]. Eine Anzeige muß auch dann erfolgen, wenn für das Gewerbe
nach anderen Vorschriften, z. B. §§ 30—34c GewO, eine Genehmigung erforderlich
ist, da Anzeige und Genehmigung unterschiedlichen Verwaltungszwecken, nämlich
Unterrichtung auf der einen und Nachweis der Berechtigung auf der anderen Seite,
dienen. Die gem. § 15 Abs. 1 GewO zu erteilende Anmeldebestätigung — „**Gewerbeschein**" genannt — ist lediglich eine Bestätigung der ordnungsgemäßen Anzeige
nach § 14 GewO. Der „Gewerbeschein" ist kein Verwaltungsakt. Er regelt nichts,
sondern bestätigt nur. Die Unterlassung der Anzeige macht den Gewerbebetrieb
auch nicht rechtswidrig. Deswegen, weil die Anzeige nicht erstattet wurde, kann die
Fortsetzung des Gewerbebetriebes gem. § 15 Abs. 2 GewO nicht untersagt werden[170], da § 15 Abs. 2 GewO nur die Fortsetzung genehmigungsbedürftiger Betriebe
verhindern soll. Auf die Erteilung des Gewerbescheins besteht ein subjektiv öffentliches Recht[171]. Dieses Recht kann mit der Verpflichtungsklage durchgesetzt werden.
Zwar stellt der Gewerbeschein keinen Verwaltungsakt dar — es mangelt insoweit an
einer Regelung —, jedoch beinhaltet die Verweigerung des Gewerbescheins die verbindliche Feststellung, daß der Anzeigepflicht nicht genügt wurde. Insoweit sind
dann die Begriffsmerkmale des § 35 VwVfG erfüllt. Die Bestätigung kann nicht verweigert werden, weil der Anzeigende Erlaubnisse nach anderen Vorschriften nicht
besitzt oder berechtigte Zweifel an seiner Zuverlässigkeit bestehen. Die Zielsetzung
der Anzeige verbietet die Heranziehung dieser Gründe. Daher ersetzen auch Anzeige
und Bestätigung nicht die erforderlichen Erlaubnisse oder Genehmigungen.

Die erlaubnisfreie, nur anzeigepflichtige gewerbliche Tätigkeit steht allerdings unter **144**
dem **Verbotsvorbehalt des § 35 GewO,** der der Behörde eine nachträgliche Korrek-
turmöglichkeit an die Hand gibt. Nach § 35 Abs. 1 GewO ist die Ausübung des Gewerbes zu untersagen, wenn Tatsachen vorliegen, welche die Unzuverlässigkeit des
Gewerbetreibenden in bezug auf dieses Gewerbe dartun, sofern die Untersagung
zum Schutz der Allgemeinheit oder der im Betrieb Beschäftigten erforderlich ist. Die
gewerberechtliche Unzuverlässigkeit erfordert **kein Verschulden** des Gewerbetrei-

---

169 BVerwG, NJW 1977, S. 772.
170 BGH, NJW 1963, S. 2021.
171 *Frotscher,* JuS 1982, S. 834.

benden[172], weil es sich um eine Maßnahme zur Gefahrenabwehr handelt. Voraussetzung für eine Untersagungsverfügung ist zum einen das Vorliegen von Tatsachen, die **die Unzuverlässigkeit des Gewerbetreibenden in bezug auf sein Gewerbe begründen.** Unzuverlässig ist ein Gewerbetreibender, der nach dem Gesamteindruck seines Verhaltens nicht die Gewähr dafür bietet, daß er sein Gewerbe künftig ordnungsgemäß betreibt[173]. Als solche Tatsachen kommen zum einen Umstände in Betracht, die belegen, daß der Betreffende nicht ein Mindestmaß an Sachkenntnis mitbringt. Unzuverlässig ist aber auch, wem ein Mindestmaß an Ehrlichkeit und sozialer Rücksichtnahme abgeht. Als Beispiele hierfür seien genannt: Steuerschulden, Nichtabführen von Sozialversicherungsbeiträgen[174], Beschäftigung ausländischer Arbeitnehmer ohne Arbeitserlaubnis[175], Versäumung von Aufsichtsmaßnahmen bei der Überwachung der Betriebssicherheit von Kraftfahrzeugen[176]. Strafurteile als solche sind keine Umstände, die die Unzuverlässigkeit begründen, wohl aber die dem Urteil zugrunde liegenden Straftaten, § 35 Abs. 3 GewO.

145 Aus den vorliegenden Tatsachen muß sich die Unzuverlässigkeit in Bezug auf den Gewerbebetrieb ergeben. Zwischen den **Tatsachen und dem Gewerbe** muß also zumindest **ein mittelbarer Zusammenhang** bestehen. Beispiel: Sittlichkeitsdelikte können ein gewerberechtliches Unzuverlässigkeitsurteil nur dann begründen, wenn bei Ausübung des Gewerbes Kontakt zu weiblichen Kunden oder Arbeitnehmern besteht. Besonderer Beachtung bedürfen die Fälle, in denen hinter dem Gewerbetreibenden eine Person steht, die den Gewerbebetrieb über den Gewerbetreibenden tatsächlich leitet. Als Beispiel hierfür seien die Fälle genannt, in denen die Ehefrau das Gewerbe betreibt, der Ehemann, dem die Führung des Gewerbes untersagt wurde, in Wahrheit aber das Gewerbe lenkt[177]. In diesen Fällen ergibt sich die Unzuverlässigkeit der Gewerbetreibenden bereits daraus, daß sie sich nicht dem schädlichen Einfluß des Hintermannes entziehen kann. Vergleichbar dazu stellt sich die Sachlage bei Strohmannfällen dar. Hier tritt der Strohmann nach außen als Gewerbetreibender auf, in Wahrheit wird das Gewerbe aber durch einen anderen betrieben, um zur Täuschung des Rechts- und Wirtschaftsverkehrs die wahren faktisch-wirtschaftlichen Verhältnisse zu verschleiern. Gewerbetreibender i. S. d. § 35 GewO ist hier der Hintermann, aber auch der Strohmann kann Adressat der Untersagungsverfügung sein. Denn bei einem Strohmannverhältnis kann den gewerbepolizeilichen Gefahren nur dadurch begegnet werden, daß der Strohmann durch die Untersagungsverfügung daran gehindert wird, an der Aufrechterhaltung der betreffenden Gewerbeausübung mitzuwirken[178].

146 Schließlich muß die **Untersagung** zum **Schutz der Allgemeinheit** oder der **im Betrieb Beschäftigten erforderlich** sein. Dies ist der Fall, wenn aufgrund der vorliegenden Tatsachen in überschaubarer Zukunft mit einem Schadenseintritt gerechnet werden muß. Da es Zweck des § 35 GewO ist, Schäden von Anfang an zu vermeiden, darf u.

---

172 BVerwGE 65, S. 1, 4.
173 BVerwGE 65, S. 1 f.; *Frotscher,* JuS 1983, S. 115 f., m. w. N.
174 BVerwGE 65, S. 1 ff.; BVerwGE 65, S. 9 ff.
175 BVerwG, NJW 1981, S. 1170.
176 OVG Lüneburg, GewArch. 1980, S. 128.
177 Fall nach BVerwG, VRspr. 17. S. 111.
178 BVerwGE 65, S. 12 f.

U. nicht abgewartet werden, bis es zu einem ersten Schaden gekommen ist: Die Tatsache, daß die Betriebssicherheit von Fahrzeugen nicht überprüft wird, vermag eine Unzuverlässigkeit auch vor dem ersten Unfall zu begründen.

Die Untersagungsverfügung ist ein **gebundener Verwaltungsakt**. Ermessen steht der **147** Behörde nur zu, wenn sie über das konkret ausgeübte Gewerbe hinaus gem. § 35 Abs. 1 S. 2 GewO einzelne oder alle anderen gewerblichen Tätigkeiten untersagen will. Dies ist nur dann möglich, wenn die festgestellten Tatsachen die Annahme rechtfertigen, daß der Gewerbetreibende auch für diese Gewerbe unzuverlässig ist. Wer z. B. über einen langen Zeitraum seine steuerlichen, sozialversicherungsrechtlichen und berufsgenossenschaftlichen Zahlungspflichten verletzt, für den rechtfertigt es sich, ihm alle gewerblichen Tätigkeiten zu untersagen, bei denen diese Pflichten anfallen. Voraussetzung für diese Untersagung ist aber, daß von dem Gewerbetreibenden ein Ausweichen auf andere gewerbliche Tätigkeiten zu erwarten ist[179]. Bei Vorliegen der in § 35 Abs. 1 S. 1 GewO genannten Voraussetzungen ist der Behörde ein Eingreifen vorgeschrieben. Die Untersagung als **schärfster Eingriff** ist schon nach dem Wortlaut des § 35 Abs. 1 GewO nur zulässig, wenn sie zur Abwehr der Gefahr **erforderlich** ist. Genügt eine **Teiluntersagung** (z. B. bei Nichtabführung der Sozialversicherungsbeiträge das Verbot, Arbeitnehmer zu beschäftigen) oder eine **zeitliche Beschränkung** der Untersagung, so sind nur diese geringeren Eingriffe zulässig. Um eine Teiluntersagung als dem milderen Mittel handelt es sich auch bei der **Stellvertretererlaubnis** nach § 35 Abs. 2 GewO. Mit dem Verhältnismäßigkeitsgrundsatz und mit Art. 12 GG ist es nach h. M nicht vereinbar, wenn — wie es nach dem Wortlaut den Anschein hat — die Erteilung der Stellvertretererlaubnis in das Ermessen der Behörde gestellt wäre. Bei Vorliegen der Voraussetzungen des § 35 Abs. 2 GewO muß die zuständige Behörde bei **verfassungskonformer** Interpretation dem Antrag auf Stellvertretererlaubnis stattgeben[180].

Gegen die Untersagungsverfügung kann der Betroffene mit der **Anfechtungsklage** **148** auf Aufhebung des Verwaltungsaktes vorgehen. Dabei kann das Unzuverlässigkeitsurteil der Verwaltungsbehörde, obwohl es sich bei der Unzuverlässigkeit um einen unbestimmten Rechtsbegriff handelt, in vollem Umfang gerichtlich überprüft werden. Probleme ergeben sich dabei nur im Rahmen der Begründetheitsprüfung bei der Frage, **auf welchen Zeitpunkt für die Beurteilung der Unzuverlässigkeit abzustellen ist.** Zur Einführung folgendes Beispiel:

Dem A wird die Ausübung des Stukkateurgewerbes untersagt, weil er weder Sozialversicherungsbeiträge noch Steuern bezahlt hat. Im Zeitraum bis zur mündlichen Verhandlung über seine Anfechtungsklage hat er eine Erbschaft gemacht und damit seine Sozialversicherungs- und Steuerschulden beglichen. Hat die Klage Aussicht auf Erfolg?

Nach der h. M.[181] ist bei der Anfechtungsklage für die Beurteilung der Rechtmäßigkeit des Verwaltungsaktes die Sach- und Rechtslage im Zeitpunkt der **letzten Behördenentscheidung** maßgeblich. **Ausnahmen** sollen aber für **Dauerverwaltungsakte**

---

179 BVerwGE 65, S. 9 ff.
180 H. M., vgl. *Stober,* Wirtschaftsverwaltungsrecht, Rdnr. 738, m. w. N.
181 *Ule,* Verwaltungsprozeßrecht, § 57; *Redeker/von Oertzen,* VwGO, § 108 Rdnr. 17; BVerwGE 1, S. 35 ff.; 62, S. 280, 287.

gelten[182]. Als ein solcher Dauerverwaltungsakt wurde im Hinblick auf die ständige Kontrollpflicht der Behörde auch die Gewerbeuntersagung eingestuft[183], für die dann die letzte mündliche Verhandlung als maßgeblicher Zeitpunkt galt. Veränderungen, die die Unzuverlässigkeit beseitigten, waren vom Gericht dann bei Beurteilung der Anfechtungsklage zu berücksichtigen. Diese Ansicht hat das Bundesverwaltungsgericht in einer Entscheidung 1982[184] **aufgegeben.** Auch bei der Gewerbeuntersagung ist in Zukunft auf die **letzte Behördenentscheidung** abzustellen. Diese Wendung der Rechtsprechung wurde mit der Neufassung des § 35 Abs. 6 GewO erklärt[185]. Nach dieser Norm ist die Wiedergestattung der Gewerbeausübung von einem schriftlichen Antrag an die Behörde abhängig. Dieses Antragserfordernis schließt es nach der Auffassung des Bundesverwaltungsgerichts aus, die für die Wiedergestattung relevanten Umstände im laufenden Anfechtungsprozeß zu berücksichtigen. § 35 Abs. 6 GewO dient damit der Entlastung der Verwaltungsbehörden; müßte die Behörde ihre Entscheidung während der Dauer des gerichtlichen Verfahrens dauernd kontrollieren, wäre der Entlastungseffekt dahin. Für den Betroffenen positive Entwicklungen können daher nicht berücksichtigt werden[186]. Diese Änderung der Rechtsprechung ist auf vielfache Kritik gestoßen[187]. Zum einen kann dem Gericht seine eigene Rechtsprechung zum Dauerverwaltungsakt, die bisher zu § 35 GewO nicht aufgegeben wurde, entgegengehalten werden. Danach muß der Verwaltungsakt während der gesamten Dauer seiner Wirksamkeit dem geltenden Recht entsprechen. Ist das nicht mehr der Fall, muß das Gericht ihn aufheben[188]. Zum anderen erscheint es überlegenswert, ob nicht in dem Zeitpunkt, in dem die Untersagungsverfügung infolge des Wegfalls der Unzuverlässigkeitsgründe rechtswidrig wird, ein aus den Grundrechten ableitbarer **Beseitigungsanspruch** bezüglich des nun rechtswidrigen Verwaltungsakts entsteht. Dieser materiell-rechtliche Anspruch würde dann fordern, daß diese Veränderung der Rechtslage im gerichtlichen Verfahren Berücksichtigung findet.

149 Kommt der Gewerbetreibende der Untersagungsverfügung nicht nach, räumt § 35 Abs. 5 GewO der Behörde die Befugnis zur **Schließung der Betriebs- oder Geschäftsräume** oder zum Erlaß anderer geeigneter Maßnahmen zur Verhinderung der Gewerbeausübung ein. Die Rechtsnatur dieser Maßnahmen ist umstritten. Zum Teil wird vertreten, es handele sich um eine Maßnahme des **Verwaltungszwangs**[189]. Zur Be-

---

182 *Redeker/von Oertzen,* VwGO, § 108 Rdnr. 19, m. w. N.; *Kopp,* VwGO, § 113 Rdnr. 25.
183 BVerwGE 22, S. 16, 19 ff.; 28, S. 202, 205 ff.
184 BVerwGE 65, S. 1 ff.
185 Zu § 35 Abs. 6 GewO vgl. HessVGH, JuS 1986, S. 73 f.; hier werden die Voraussetzungen der Wiedergestattung im einzelnen dargelegt.
186 Im Gegensatz dazu sollen nach HessVGH, DÖV 1983, S. 737, ungünstige Tatsachen, die nach Erlaß der Verwaltungsentscheidung eingetreten sind, Berücksichtigung finden. Zur Begründung wird auf den vom BVerwG herausgestellten Entlastungseffekt abgestellt. Würden die negativen Tatsachen nicht berücksichtigt, so bestünde die Notwendigkeit, eine erneute Gewerbeuntersagung anzuordnen. Dies widerspräche einer vernünftigen Prozeßökonomie. Unbedenklich erscheint diese Ungleichbehandlung positiver und negativer Unzuverlässigkeitsgründe jedoch nicht.
187 *Frotscher,* JuS 1983, S. 116; *Horn,* GewArch. 1983, S. 369 ff.; *Redeker/von Oertzen,* VwGO, § 108 Rdnr. 19.
188 *Frotscher,* JuS 1983, S. 116.
189 OVG Münster, DÖV 1977, S. 408; *Stober,* Wirtschaftsverwaltungsrecht, Rdnr. 721; ähnlich HessVGH, GewArch. 1983, S. 263 ff.

gründung wird vorgebracht, daß § 35 Abs. 5 GewO keine eigene sachliche Regelung treffe, weil die Feststellung der rechtswidrigen Ausübung des Gewerbes bereits bei Erlaß der Untersagungsverfügung gem. § 35 GewO erfolgt sei. Die Annahme eines neuen Verwaltungsaktes bedeute nur ein Komplizierung des Verfahrens, die dem Schutzgedanken des § 35 GewO zuwiderlaufe[190]. Die wohl herrschende Meinung[191] sieht in Maßnahmen nach § 35 Abs. 5 GewO einen **selbständig anfechtbaren,** der Vollstreckung fähigen und bedürftigen **Verwaltungsakt.** Dafür spricht zum einen der Vergleich mit der ähnlichen Regelung des § 15 Abs. 2 GewO, aus der § 35 Abs. 5 GewO abgeleitet wurde. Daneben bestimmt erst eine konkrete Verfügung nach § 35 Abs. 5 GewO, welche Maßnahme im einzelnen der Gewerbetreibende ergreifen soll. § 35 Abs. 5 GewO dient insoweit der Präzisierung der generellen Untersagungsverfügung. Schließlich erklärt sich auch die Regelung des § 35 Abs. 7 GewO nur dann, wenn § 35 Abs. 5 GewO einen selbständigen Verwaltungsakt enthält[192]. Die Schließung kann, folgt man der h. M., nur dann zwangsweise durchgesetzt werden, wenn die Verfügung nach § 35 Abs. 5 GewO unanfechtbar geworden oder gem. § 80 Abs. 2 Nr. 4 VwGO für sofort vollziehbar erklärt worden ist und die übrigen Voraussetzungen nach den Verwaltungszwangsgesetzen, etwa die Androhung, erfüllt sind. Die Verfügung nach § 35 Abs. 5 GewO kann mit der Untersagungsverfügung gem. § 35 Abs. 1 GewO verbunden werden.

Bei der Gewerbeuntersagung handelt es sich um einen **mehrstufigen** Verwaltungsakt, **150** da gem. § 35 Abs. 4 S. 1 GewO Aufsichtsbehörden und andere Stellen gehört werden sollen. Dieses „soll" in der gesetzlichen Regelung ist dahin zu interpretieren, daß nur beim Vorliegen besonderer Umstände von der Anhörung abgesehen werden kann. Ist die Anhörung unterblieben, so kann sie im Rahmen des § 45 Abs. 1 Nr. 5, Abs. 2 VwVfG nachgeholt werden. Ist auch diese Heilung nicht erfolgt, so kann das Fehlen der Anhörung, soweit die Entscheidung vom sachlichen Gehalt her zutreffend ist, wegen § 46 VwVfG nicht zur Aufhebung des Verwaltungsaktes führen[193].

Von der an persönliche Eigenschaften des Gewerbetreibenden gebundenen Gewer- **151** beuntersagung ist die **Untersagung wegen überwiegender Nachteile und Gefahren gem.** **§ 51 GewO** zu unterscheiden. Sie ist sachbezogen und nur auf Anlagen anwendbar, die nicht dem BImSchG unterfallen, § 51 Abs. 1 S. 3 GewO, also auf sämtliche Betriebsstätten, die nicht Anlagen i. S. d. BImSchG sind. § 51 GewO setzt nicht die Genehmigungsbedürftigkeit der Anlage voraus. Er greift nicht ein, wenn die Errichtung oder Ausübung des Gewerbes gewerbe- oder polizeirechtswidrig war. Er stellt vielmehr einen Fall einer gesetzlichen Regelung des **Notstandsstörers** dar, was auch in der Entschädigungsregelung des § 51 Abs. 1 S. 2 GewO zum Ausdruck kommt. Der Ausspruch einer Untersagung steht im Ermessen der Behörde, wenn unzumutbare Schäden wirtschaftlicher oder ideeller Art für die Allgemeinheit, die in unmittelbarem Zusammenhang mit der Benutzung der gewerblichen Anlage stehen, auftreten.

---

190 *Stober,* Wirtschaftsverwaltungsrecht, Rdnr. 721.
191 OVG Münster, DÖV 1982, S. 412 unter ausdrücklicher Aufgabe der bisherigen Rechtsprechung; *Frotscher,* JuS 1983, S. 115; *Jarass,* Wirtschaftsverwaltungsrecht, S. 259.
192 OVG Münster, DÖV 1982, S. 412.
193 BVerwG, GewArch. 1981, S. 372.

b) Verbot mit Erlaubnisvorbehalt

152   In enumerativ genannten Fällen macht die Gewerbeordnung die Ausübung eines stehenden Gewerbes und den Betrieb einer stehenden gewerblichen Anlage von einer Erlaubnis abhängig. Beides ist solange verboten, bis die Erlaubnis erteilt ist. Das **Verbot mit Erlaubnisvorbehalt** dient ausschließlich dazu, wegen der potentiellen Gefahr eine **vorbeugende Kontrolle** ausüben zu können. Art. 12 GG und § 1 GewO verlangen, daß die gewerberechtlichen Erlaubnisse „gebundene" Erlaubnisse sind, d. h. die Behörde bei Vorliegen der gesetzlichen Voraussetzungen verpflichtet ist, die Erlaubnis zu erteilen.

aa) Personalkonzession nach §§ 30—34c GewO

153   Einer besonderen Genehmigung — **Personalkonzession** — bedarf es neben der Anzeige gemäß § 14 GewO vor allem bei „gefährlichen" oder „anrüchigen" gewerblichen Tätigkeiten. Wer Spielhallen, Veranstaltungen schaustellerischer Art in geschlossenen Räumen (Striptease), eine Pfandleihe, ein Bewachungs- oder Versteigerungsgewerbe oder Grundstücks- und Wohnungsmakelei betreiben will, braucht vor Beginn seiner Tätigkeit die Personalkonzession. Dieser Ausdruck weist bereits darauf hin, daß die Erlaubnis zum einen **an die Person des Bewerbers** gebunden ist und zum anderen **vom Bewerber bestimmte Anforderungen** verlangt. Bei den Anforderungen handelt es sich in der Regel um Zuverlässigkeit, wirtschaftliche Leistungsfähigkeit und Sachkunde. Als subjektive Zulassungsbeschränkung ist die Personalkonzession bei den in §§ 30-34c GewO genannten Tätigkeiten sachliche gerechtfertigt. Jemandem, der mehrfach wegen Diebstahls verurteilt wurde, sollte es ebenso verwehrt sein, ein Wach- und Schließdienstunternehmen zu eröffnen, wie demjenigen, der in ungeordneten finanziellen Verhältnissen lebt, sich als Finanz- oder Wohnungsmakler niederzulassen. Innerhalb der Personalkonzession ist zu unterscheiden: Zum einen gibt es die rein persönlichen Erlaubnisse, bei denen nur an Sachkunde und Zuverlässigkeit der Person angeknüpft wird, z. B. beim Pfandleihgewerbe gemäß § 34 GewO. Daneben gibt es noch die sog. raumgebundene Erlaubnis[194], bei der sowohl persönliche Merkmale als auch die Beschaffenheit der Anlage für die Erteilung der Genehmigung Voraussetzung sind, z. B. bei Privatkrankenanstalten gemäß § 30 GewO.

154   Die Personalkonzession ist an eine **bestimmte Person gebunden.** Erwirbt ein anderer den erlaubnispflichtigen Gewerbebetrieb, so benötigt er eine neue Personalkonzession. Für Stellvertreter sowie für die Fortführung des Gewerbes nach dem Tod des Inhabers gelten besondere Vorschriften (§§ 45 ff. GewO)[195].

155   Bei Vorliegen der gesetzlichen Voraussetzungen besteht ein **Rechtsanspruch** auf Erteilung der Personalkonzession[196]. Nebenbestimmungen zur Erlaubnis nach § 36 Abs. 1 VwVfG sind deshalb nur zulässig, wenn die §§ 30 ff. GewO dies ausdrücklich

---

194 *Stober,* Wirtschaftsverwaltungsrecht, Rdnr. 759.
195 Hier sei insbesondere auf die Fortführungsregelung des § 46 GewO verwiesen.
196 Dies folgt unmittelbar aus Art. 12 GG.

vorsehen oder dadurch gesetzliche Hindernisse für die Konzessionierung ausgeräumt werden. Nahezu alle Konzessionierungsvorschriften sehen zudem nachträgliche Anordnungs- und Beschränkungsmöglichkeiten vor, um die Einhaltung der Gesetzesbestimmungen zu gewährleisten.

Die Gewerbeordnung enthält keine abschließende Regelung des Genehmigungserfordernisses, den Genehmigungen kommt keine **Konzentrationswirkung** wie etwa der immissionsschutzrechtlichen Genehmigung nach § 13 BImSchG zu. Folge davon ist, daß neben der gewerberechtlichen Erlaubnis auch Genehmigungen nach anderen gesetzlichen Regelungen erforderlich sein können. Soll z. B. durch den Umbau einer Garage eine Spielhalle entstehen, so ist neben der gewerberechtlichen Genehmigung nach § 33 GewO auch eine Bauerlaubnis nach den Landesbaugesetzen erforderlich[197]. **156**

Nach Erteilung der Genehmigung gemäß §§ 30—34c GewO können Umstände bekannt werden oder eintreten, die die Behörde zum Widerruf einer rechtmäßigen oder zur Rücknahme einer rechtswidrigen Genehmigung veranlassen können. Rücknahme und Widerruf erfolgen heute anhand der §§ 48, 49 VwVfG. Die sich früher im Rahmen der gegenüber den §§ 48, 49 VwVfG spezielleren Norm des § 53 GewO gestellten Probleme bestehen seit Streichung der Regelung nicht mehr[198]. **157**

Wenn ein erlaubnispflichtiges Gewerbe **ohne Erlaubnis begonnen** oder **trotz Aufhebung der Erlaubnis fortgesetzt** wird[199], kann dies gem. § 15 Abs. 2 GewO verhindert werden. Diese Untersagungsverfügung steht im Ermessen der zuständigen Behörde. Im Rahmen des dabei zu beachtenden **Verhältnismäßigkeitsgrundsatzes** kann allein aufgrund einer **formellen Illegalität** bei bestehender materieller Legalität das Gewerbe grundsätzlich nicht untersagt werden. Die Behörde hat hier darauf hinzuwirken, daß der Antrag auf Genehmigung noch gestellt wird[200]. Kein Ermessensfehler liegt aber vor, wenn die Behörde den Gewerbetreibenden fruchtlos zur Einholung der Genehmigung aufgefordert hat und wenn auch Bußgeld- bzw. Strafverfahren nicht zur Einholung der Genehmigung führen. Ist die Gewerbeausübung **materiell illegal,** besteht aber formell eine Erlaubnis, so kann nicht über § 15 Abs. 2 GewO vorgegangen werden. Hier kommt lediglich eine Rücknahme der Erlaubnis gemäß § 48 VwVfG in Betracht. Besteht formelle und materielle Illegalität, dann kommt § 15 Abs. 2 GewO als Ermächtigungsgrundlage zur Anwendung. Auch hier hat aber eine Ermessensausübung hinsichtlich des „Ob" und des „Wie" zu erfolgen. **158**

Zwar legt es der Wortlaut des § 15 Abs. 2 GewO nahe, daß die Fortsetzung des Betriebs ohne vorhergehenden Verwaltungsakt in Gestalt einer Stillegungs- oder Einstellungsverfügung, also durch unmittelbaren Zwang, unterbunden werden darf. Inzwischen ist es aber unumstritten, daß § 15 Abs. 2 GewO eine Ermächtigungsgrundlage zum Erlaß einer der **Vollstreckung erst fähigen Stillegungsverfügung** enthält. Erst an diesen Verwaltungsakt knüpfen Vollstreckungsmaßnahmen an. **159**

---

197 Vgl. dazu auch den Fall BVerwG, NVwZ 1983, S. 408, in dem die gewerberechtliche Erlaubnis zum Handeln mit unedlen Metallen nicht die erforderliche abfallrechtliche Zulassung eines Abwrackplatzes enthielt.
198 § 53 GewO wurde durch Gesetz v. 25. 7. 1984 (BGBl. I, S. 1008) aufgehoben.
199 Als Beispiele vgl. OVG Münster, VRspr. 23, S. 614; OVG Lüneburg, GewArch. 1977, S. 18.
200 OVG Lüneburg, GewArch. 1977, S. 18.

bb) Gewerberechtliche Vorschriften zu den Anforderungen an die Anlagen

160 Grundsätzlich regelt das **Bundesimmissionsschutzgesetz,** welche Anforderungen an eine gewerbliche Anlage zu stellen sind (vgl. dazu unten E II 1.). Wenn es aber um spezielle, in § 24 Abs. 3 GewO aufgeführte Anlagen geht, bedarf es einer **Anlagenkonzession** nach den §§ 24—25 GewO, soweit dies durch Rechtsverordnung nach § 24 Abs. 2 GewO bestimmt ist. Von dieser Ermächtigung des § 24 Abs. 1 GewO hat die Bundesregierung z. B. bei Dampfkessel- und Aufzugsanlagen Gebrauch gemacht. Wegen überwiegender Nachteile für das Gemeinwohl kann die Benutzung einer jeden gewerblichen Anlage gem. § 51 GewO gegen Entschädigung untersagt werden. Ist für die gewerbliche Anlage eine Genehmigung erforderlich, so kann gem. § 25 Abs. 1 GewO die Stillegung oder Beseitigung der Anlage angeordnet werden, wenn die Anlage ohne Erlaubnis errichtet, betrieben oder geändert wird. Diese Regelung ist lex specialis gegenüber § 15 Abs. 2 GewO. Die praktische Bedeutung der §§ 24—25 GewO ist gering, da sie nicht für Anlagen gelten, die dem BImSchG unterliegen.

2. Die Überwachung des Reisegewerbes und des Marktgewerbes

a) Reisegewerbe

161 Wer ein **Reisegewerbe** betreiben will, benötigt grundsätzlich eine behördliche Erlaubnis, die sog. **Reisegewerbekarte**[201]. Diese Erlaubnispflicht rechtfertigt sich im Hinblick auf die vom Reisegewerbe für das Publikum ausgehenden Gefahren: Markttransparenz und Vergleichsmöglichkeiten sind erheblich eingeschränkt. Ein reisegewerbekartenpflichtiges Gewerbe liegt vor, wenn die Tätigkeit **ohne vorherige Bestellung angeboten** wird. Ohne vorherige Bestellung erfolgt das Angebot, wenn die Anforderung dem Besuch des Gewerbetreibenden zeitlich nicht vorangeht und nicht auf eine Initiative des Kunden zurückzuführen ist[202]. Deshalb betreibt ein Abschleppunternehmer, der auf einen Anruf hin kommt, lediglich ein anzeigepflichtiges stehendes Gewerbe, während der „patrouillierende" Abschleppunternehmer ein Reisegewerbe führt. Keine Bestellung stellt die bloße Zustimmung zum Erscheinen eines Vertreters dar, wenn die Zustimmung auf eine Initiative des Vertreters zurückgeht[203]. Im Gegensatz zum stehenden Gewerbe braucht der Reisegewerbetreibende nicht selbständig zu sein. Das Gesetz verlangt nur, daß er in eigener Person gegenüber dem Verbraucher auftritt. Damit ist zugleich ausgeschlossen, daß eine Handelsgesellschaft ein Reisegewerbe betreibt[204].

162 Die Reisegewerbekarte ist im Hinblick auf Art. 12 GG zu erteilen, wenn kein **Versagungsgrund** vorliegt. Als Versagungsgrund kommt gemäß § 57 GewO die Unzuverlässigkeit des Gewerbetreibenden in Betracht. Der Entzug einer erteilten Reisegewer-

---

201 Eine bloße Anzeigepflicht besteht ausnahmsweise in den Fällen der §§ 55 a, 55 b GewO.
202 *Frotscher,* JuS 1983, S. 522.
203 *Frotscher,* JuS 1983, S. 522 Fn. 18.
204 BVerwGE 22, S. 32, 33.

bekarte richtet sich nach der Aufhebung der §§ 57a, 58 GewO[205] nach den §§ 48, 49 VwVfG. Aus Gründen der Gefahrenabwehr enthält § 56 GewO einen Katalog von Waren, die nicht im Reisegewerbe angeboten werden dürfen. Die einmal erteilte Reisegewerbekarte hat der Gewerbetreibende bei der Gewerbeausübung bei sich zu führen. Hat er sie nicht bei sich, so kann die zuständige Behörde verlangen, bis zur Herbeischaffung der Reisegewerbekarte die Tätigkeit einzustellen. Das Verlangen, die Karte vorzuzeigen und die einstweilige Einstellung der Tätigkeit sind Verwaltungsakte, die angefochten werden können. Wie beim stehenden Gewerbe die Genehmigung besitzt die Reisegewerbekarte keine Konzentrationswirkung, d. h., Erlaubnisse nach anderen gesetzlichen Regelungen müssen gleichfalls eingeholt werden. Will z. B. ein Abschleppunternehmer patrouillierend auf der Straße tätig sein, so benötigt er neben der Reisegewerbekarte auch eine Erlaubnis nach § 46 Abs. 1 Nr. 1 StVO[206].

Besondere Probleme entstehen, wenn die reisegewerbekartenpflichtige Tätigkeit **163 Grundrechte** berührt. Zu nennen ist hier im besonderen der Fall des Zeitschriftenwerbers. Hier stellt sich die Frage, ob es mit der durch Art. 5 GG geschützten Pressefreiheit vereinbar ist, die Ausübung der Werbung von Haus zu Haus von einer Erlaubnis abhängig zu machen. Der Bundesgerichtshof hat in einer überzeugend begründeten Entscheidung die Zulässigkeit der Reisegewerbekartenpflicht bejaht[207]. Das Grundrecht der Pressefreiheit erfaßt die gesamte Tätigkeit der Presse, auch den Vertrieb. Daher wird es durch § 55 GewO eingeschränkt. Das Grundrecht steht jedoch unter dem Vorbehalt des „allgemeinen Gesetzes", Art. 5 Abs. 2 S. 2 GG. Darunter sind alle die Gesetze zu verstehen, die nicht eine Meinung als solche verbieten, sondern dem Schutz eines schlechthin, ohne Rücksicht auf eine bestimmte Meinung, zu schützenden Rechtsgutes dienen[208]. § 55 GewO entspricht diesen Anforderungen, weil er die Erlaubnis nicht an eine Meinung bindet, sondern auf den Schutz der Konsumenten abstellt. Daneben muß bei der Auslegung der gewerberechtlichen Norm Wertgehalt und Bedeutung des Grundrechts besonders berücksichtigt werden und die das Grundrecht beschränkenden Wirkungen ihrerseits beschränkt werden[209]. Auch diesem Anliegen wird die Erlaubnispflicht bei Abwägung der Erschwernisse für die Presse gegen die Vorteile für die Allgemeinheit gerecht. Die Reisegewerbekartenpflichtigkeit für den Vertrieb von Presseerzeugnissen von Haus zu Haus ist daher verfassungsgemäß[210]. An der Reisegewerbekartenpflichtigkeit des Zeitschriftenwerbers hat sich auch durch die Einfügung des § 55a Abs. 1 Nr. 10 GewO nichts geändert. Nach dem Wortlaut der Norm wird nur das Feilbieten von Druckerzeugnissen auf öffentlichen Anlagen von der Erlaubnispflicht ausgenommen, nicht aber der Vertrieb von Haus zu Haus. Mit der Regelung des § 55a Abs. 1 Nr. 10 GewO ist das früher häufig diskutierte Problem[211], ob für das Feilbieten politischer oder weltanschaulich-religiöser Erzeugnisse auf öffentlichen Straßen und Plätzen eine Reisegewerbekarte benötigt wird, zugunsten der Meinungsfreiheit gelöst.

---

205 §§ 57a, 58 GewO aufgehoben durch Gesetz vom 25. 7. 1984 (BGBl. I, S. 1008).
206 VRspr. 26, S. 336.
207 Grundlegend hierzu BGH, NJW 1978, S. 1867 f.
208 BVerfGE 7, S. 198, 209.
209 Sog. Wechselwirkungstheorie des BVerfG, vgl. BVerfGE 7, S. 198, 210.
210 In diesem Sinne auch *Stober,* JuS 1980, S. 182 ff.; *Frotscher,* JuS 1983, S. 521, 523.
211 Für eine Anwendung des § 55 GewO *Stober,* JuS 1980, S. 182, 187 unter Hinweis auf die Gefahrenabwehr; skeptisch dagegen *Frotscher,* JuS 1983, S. 521, 523 Fn. 33.

164 Neben dem Erfordernis der Reisegewerbekarte besteht bei der Veranstaltung von Warenlagern eine Anzeigepflicht, § 56 Abs. 2 GewO. Die §§ 55 a, 55 b GewO regeln Tätigkeiten, die, obgleich im Reisegewerbe ausgeübt, **keiner Reisegewerbekarte** bedürfen. Neben Nr. 10 ist besonders auch auf Nr. 9 des § 55 a GewO hinzuweisen, nach der insbesondere fahrende Obst- und Gemüsehändler von der Erlaubnispflicht ausgenommen werden. Diese Erlaubnisfreiheit nach der Gewerbeordnung befreit aber nicht von den nach den Landesgesetzen erforderlichen sonstigen Erlaubnissen, insbesondere den Sondernutzungserlaubnissen nach Landesstraßengesetzen. Die reisegewerbekartenfreien Betätigungen können beim Vorliegen von Unzuverlässigkeitsgründen gem. § 59 GewO untersagt werden. § 59 GewO entspricht im wesentlichen § 35 GewO, dessen Bestimmungen weitgehend für anwendbar erklärt werden. Bestimmte reisegewerbekartenfreie Betätigungen unterliegen bei selbständiger Gewerbeausübung der Anzeigepflicht, § 55 c GewO. Wie beim stehenden Gewerbe hat das Unterlassen der Anzeige keine Betriebseinstellung oder Untersagung zur Folge.

b) Messen, Ausstellungen und Märkte

165 Auf **Messen, Ausstellungen** und **Märkten** herrscht im Gegensatz zum Reisegewerbe **Marktfreiheit.** Die verschiedenen Formen, in denen diese Veranstaltungen stattfinden können, sind in den §§ 64—68 GewO geregelt. Volksfeste fallen nicht darunter, da es insbesondere an den Merkmalen des Verkaufs, des Vertriebs und der Information fehlt. Für sie gilt die Regelung des § 60 GewO. Messen, Ausstellungen und Märkte bedürfen gemäß § 69 GewO einer **Festsetzung.** Werden die Voraussetzungen für eine Festsetzung erfüllt, so folgt aus Art. 12 GG, daß die Erlaubnis zu erteilen ist. Die Festsetzung ist auf Antrag zu erteilen; gegenüber dem Veranstalter stellt sie einen mit der Verpflichtungsklage durchsetzbaren Verwaltungsakt dar. Rechte Dritter berührt die Festsetzung nicht. Marktteilnehmern gegenüber bringt die Festsetzung Vorteile in Form von Marktprivilegien. Diese kommen den Marktteilnehmern nur als Reflex der Festsetzung zu, räumen ihnen aber keinen Anspruch auf Erteilung der Festsetzung an den Antragsteller ein. Potentiell Betroffenen — etwa Nachbarn — erwächst allein durch die Festsetzung kein Rechtsanspruch auf Auflagen oder Ablehnung der Festsetzung; dies ist Folge des Mangels der Konkretisierung behördlicher Pflichten im Rahmen des § 69 GewO. Schließlich können auch Konkurrenten der auf dem Markt betriebenen Gewerbe keine Anfechtungsklage erheben, da sie zum einen selbst den Zugang erstreben können, zum anderen allein durch die Festsetzung noch in keine ihrer Rechtspositionen eingegriffen wird. Ablehnungsgründe für die Festsetzung enthält § 69 a GewO. § 69 b GewO regelt als lex specialis gegenüber den §§ 48, 49 VwVfG die Rücknahme und den Widerruf der Festsetzung.

166 **Marktfreiheit** i. S. d. §§ 64 ff. bedeutet im wesentlichen **Teilnahmefreiheit,** d. h., daß die §§ 14—63 GewO nicht anwendbar sind. Reisegewerbekartenpflicht oder Anzeigepflicht nach § 14 GewO bestehen für den Teilnehmer grundsätzlich nicht. Eine Ausnahme regelt § 55 Abs. 2 GewO. An den Veranstaltungen kann daher grundsätzlich jeder teilnehmen. Eine Untersagung der Teilnahme kommt nach § 70 a GewO nur bei mangelnder Zuverlässigkeit in Betracht. Aus sonstigen polizeilichen Gründen, etwa einer von Teilnehmern ausgehenden Seuchengefahr, kann die Teilnahme gleichfalls untersagt werden, da die Teilnahmefreiheit nicht vom sonstigen Polizei- und Ordnungsrecht befreit[212]. Folge der Teilnahmefreiheit ist die Berechtigung zur Teilnahme gem. § 70 GewO. Dies bedeutet einen Anspruch auf Zuweisung eines Messe-, Ausstellungs- oder Marktstandes. Problematisch stellt sich die Sachlage dann dar, wenn ein Überangebot von potentiellen Teilnehmern begrenzten räumlichen Verhältnissen gegenübersteht. Hier stellt sich die Frage, nach welchen, dem § 70 Abs. 3 GewO entsprechenden, sachlichen Kriterien die Auswahl zwischen den Bewerbern erfolgen soll. Als solche sachliche Kriterien werden insbesondere Reihenfolge der Anmeldung[213], Bekanntheit und Bewährung[214] sowie Ortsansässigkeit[215] angesehen. Bekanntheit und Bewährung als Auswahlkriterien i. S. d. § 70 Abs. 3 GewO unterliegen jedoch gewissen Bedenken. In vielen Fällen verschließen sie Neulingen den Zugang zu Messen, Ausstellungen und Märkten. Daher erscheint es im Hinblick auf Art. 12 und Art. 3 GG angebracht, zumindest einen gewissen Prozentsatz der Stellflächen auch Neulingen zur Verfügung zu stellen[216]. Einen besonderen Fall stellte die Zurückweisung einer Ehefrau mit der Begründung dar, daß bereits ihr Ehemann zugelassen sei[217]. Dies wurde zu Recht als nicht sachlicher Grund für eine Zurückweisung angesehen, weil er mit dem durch die Veranstaltung gekennzeichneten Lebenssachverhalt in keinem Zusammenhang steht. Will der Bewerber seinen Anspruch auf Zulassung gerichtlich durchsetzen, so hat er Verpflichtungsklage zu erheben. Der abgewiesene Bewerber kann dagegen die Zuweisung an einen anderen nicht angreifen. Die Zulassung stellt keinen Verwaltungsakt mit Doppelwirkung dar. Sie schließt vielmehr nur faktisch die Zulassung eines weiteren Bewerbers auf einen bereits vergebenen Platz aus[218], enthält jedoch keine rechtliche Würdigung seines Anliegens.

Privatveranstaltungen z. B. Flohmärkte, Autobörsen, die **nicht** die Voraussetzungen **167** der §§ 64 ff. GewO erfüllen, können trotzdem Markt oder Ausstellung genannt werden. Sie genießen aber **nicht** die durch § 69 GewO gewährten **Vergünstigungen.** Deshalb benötigen die Gewerbetreibenden hier insbesondere eine **Reisegewerbekarte.** Daneben gibt es noch Märkte, die als öffentliche Einrichtung i. S. d. Kommunalgesetze durch Widmung festgesetzt werden. Die Anwendung der §§ 64 ff. GewO auf diese Märkte ist umstritten[219], letztlich ist dieser Streit, der sich im wesentlichen um die Anwendung des § 70 GewO dreht, bedeutungslos, weil unabhängig von der Qualifizierung dieser Märkte auch über Art. 3 GG die Auswahl nach sachlichen Kriterien zu erfolgen hat.

---

212 Vgl. Fall des OVG Hamburg, GewArch 1976, S. 56.
213 BayVGH, BayVBl. 1982, S. 658.
214 BayVGH, NVwZ 1982, S. 120; OVG Lüneburg, NVwZ 1983, S. 49.
215 OVG Bremen, GewArch 1980, S. 229.
216 So BWVGH, VBlBW 1983, S. 37; weitgehend zustimmend BVerwG, NVwZ 1984, S. 585 = JuS 1985, S. 241.
217 BVerwG, JuS 1985, S. 241.
218 BWVGH, VBlBW 1984, S. 155.
219 Vgl. *Stober,* Wirtschaftsverwaltungsrecht, Rdnr. 893; BayVerfGH, GewArch. 1983, S. 383.

3. Die gewerberechtlichen Nebengesetze

168 Im Unterschied zur Ursprungsfassung von 1869 regelt die Gewerbeordnung das Gewerberecht nicht mehr umfassend. Viele Gewerbezweige sind aus dem Gesetz herausgenommen und spezialgesetzlich normiert. Gewerberechtliche Nebengesetze sind z. B. die Handwerksordnung, das Gaststättengesetz, das Einzelhandelsgesetz, das Personenbeförderungsgesetz und das Güterkraftverkehrsgesetz. Soweit es um das Verhältnis dieser Spezialgesetze zur Gewerbeordnung geht, sind drei Fallgestaltungen denkbar:

169 (1) Wenn es um die Abwehr verschiedener Gefahren geht, die nur zum Teil in den Spezialgesetzen geregelt sind, greifen beide Gesetze ein.

Wer z. B. ein Lokal mit Striptease-Vorführungen eröffnet, bedarf einer Erlaubnis nach § 2 GaststättenG und § 33 a GewO (unterschiedliche Gefahren). Wenn der Wirt die Sozialversicherungsbeiträge seiner Angestellten nicht abführt, ist die Erlaubnis nach § 4 i. V. m. § 15 Abs. 2 GaststättenG zu widerrufen. Eine Gewerbeuntersagung nach § 35 GewO kommt dagegen nicht in Betracht, da das speziellere Gesetz vorgeht (vgl. § 35 Abs. 8 GewO). Wenn dieses Lokal ohne Erlaubnis eröffnet wurde, kann die Fortführung — bei materieller und formeller Illegalität — gem. § 15 Abs. 2 GewO verhindert werden, da das GaststättenG insofern eine Lücke enthält (§ 31 GaststättenG).

170 (2) Soweit das Spezialgesetz eine spezielle Regelung enthält, ist der Fall unproblematisch, da das speziellere Gesetz vorgeht.

Wenn ein Wirt in seiner zulässigerweise betriebenen Gaststätte Drogenhandel duldet, so ist ihm seine Erlaubnis nach § 4 i. V. m. § 15 Abs. 2 GaststättenG zu entziehen. Für eine Anwendung des § 35 GewO bleibt kein Raum.

171 (3) Schließlich bleibt noch der Fall, in dem das Spezialgesetz keine Regelung enthält. Hier verweisen viele gewerberechtlichen Nebengesetze ergänzend auf die Vorschriften der Gewerbeordnung. Auf die subsidiär geltenden gewerberechtlichen Bestimmungen ist dann abzustellen, wenn sich **aus Sinn und Zweck der spezialgesetzlichen Regelung** nicht eindeutig entnehmen läßt, daß das **Spezialgesetz** eine **abschließende Regelung** darstellen soll.

Ergeben sich Umstände, aus denen die Unzuverlässigkeit eines selbständigen Handwerksmeisters folgt, so stellt sich die Frage, ob ihm sein Gewerbe untersagt werden kann. Die HandwO enthält keine Regelung für die Unzuverlässlichkeit; § 16 Abs. 3 HandwO greift nicht ein, da er nicht auf mangelnde Zuverlässigkeit abstellt[220]. Im Handwerksrecht besteht aber, wie im übrigen Gewerberecht, ein Bedürfnis nach Schutz vor unzuverlässigen Gewerbetreibenden; daher findet § 35 Abs. 1 GewO Anwendung.

172 Um gewerberechtliche Nebengesetze handelt es sich auch bei einer Vielzahl ordnungsrechtlicher Normen, die Berufsausübungsregelungen zum Inhalt haben, beispielsweise der Hackfleischverordnung und dem Ladenschlußgesetz. Gerade das Ladenschlußrecht hat in jüngerer Zeit wiederholt die Gerichte beschäftigt[221].

Beispiel 1:

Ein Bekleidungsgeschäft am Stuttgarter Hauptbahnhof erhält die Ausnahmebewilligung nach § 23 LadschlG mit der Begründung, durch die Einkaufsmöglichkeiten bis 22.00 Uhr werde der

---

220 BayVGH, GewArch. 1976, S. 91.
221 BVerwG, NJW 1982, S. 2513; BayVGH, JuS 1985, S. 736.

Verödung der Bahnhofsgegend und den daraus resultierenden kriminellen Gefahren entgegengewirkt. Die Konkurrenz befürchtet eine Wettbewerbsverzerrung und ficht die Genehmigung an. Mit Erfolg?

Das Bundesverwaltungsgericht[222] hat die Möglichkeit einer Rechtsverletzung und damit die Klagebefugnis nach § 42 Abs. 2 VwGO bejaht, im Ergebnis aber die Klage als unbegründet abgewiesen.

Die Ausnahmebewilligung sei zwar rechtswidrig, da sie nur bei einem überwiegenden Versorgungsinteresse, nicht aber aus allgemein polizeilichen Gründen erteilt werden dürfe. Durch die rechtswidrige Bewilligung seien die Kläger aber nicht in ihren Rechten verletzt (§ 113 Abs. 1 S. 1 VwGO). Weder die §§ 3, 23 LadschlG noch die Art. 12, 14, 3 und 2 GG gäben ihnen ein subjektives öffentliches Recht des Inhalts, daß bei der Ausnahmebewilligung auch die Interessen der Konkurrenz zu beachten seien.

Beispiel 2:

Eine Gemeinde hat auf der Grundlage (u. a.) der §§ 14 Abs. 1, 16 Abs. 1 LadschlG eine Rechtsverordnung erlassen, in der zusätzliche Verkaufszeiten an Sonn- und Werktagen zugelassen werden. Ein 30 km entferntes Textilunternehmen erhebt dagegen Normenkontrollantrag, weil die Gemeinde den örtlichen Verkaufsstellen Wettbewerbsvorteile eingeräumt habe; dadurch erleide es einen Nachteil. Der Verwaltungsgerichtshof hat den Antrag mangels Antragsbefugnis abgewiesen. Begründet wurde die Auffassung zum einen damit, daß die ladenschlußrechtlichen Vorschriften nicht dem subjektivrechtlichen Schutz von Konkurrenten dienen, auch aus den Grundrechten ergebe sich kein Anspruch auf Konkurrenzschutz. Zudem stelle der Antragsteller aus der Sicht des Antragsgegners einen Teil eines nicht individualisierbaren Kreises von Mitbewerbern und damit einen Teil der Allgemeinheit dar, so daß gerade auch seine Erwerbsinteressen nicht zum notwendigen Abwägungsmaterial zählen[223], ein Nachteil i. S. d. § 47 Abs. 2 VwGO also nicht gegeben sei.

Diese Entscheidungen verdeutlichen vor allem, wie sehr das gesamte Gewerbe- und **173** Gewerbenebenrecht den Schutz allgemeiner und gerade nicht individueller Belange bezweckt. Denn diejenigen gewerberechtlichen Normen beispielsweise, welche die Erteilung einer Erlaubnis von bestimmten Voraussetzungen abhängig machen, enthalten ebensowenig ein subjektives öffentliches Recht der klagenden Konkurrenz wie diejenigen, die die Gewerbeaufsicht zum Einschreiten ermächtigen.

Aus der Fülle der gewerblichen Nebengesetze[224], die im einzelnen zu erläutern weder **174** möglich noch sinnvoll ist, sei hier beispielhaft die Handwerksordnung angeführt. Sie betrifft einen Wirtschaftszweig, der in seiner Bedeutung oftmals verkannt wird: 16 % aller Erwerbstätigen sind im Handwerk beschäftigt.

4. Das Handwerksrecht

Die Handwerksordnung (HandwO) dient — im Gegensatz zur Gewerbeordnung — **175** weniger dem Schutz vor Gefahren als vielmehr dem **Schutz** und der **Förderung** dieses für den gewerblichen Mittelstand unentbehrlichen **Gewerbezweiges**[225]. Deshalb be-

---

222 BVerwG, NJW 1982, S. 2513.
223 BayVGH, JuS 1985, S. 736.
224 Instruktiv zum Gaststättenrecht *Stober*, JuS 1983, S. 843 ff.; zum Personenbeförderungs- und Güterkraftverkehrsrecht *Frotscher*, JuS 1983, S. 934 ff.
225 So bereits BVerfGE 13, S. 97, 108.

handelt die HandwO in erster Linie Fragen, die sich mit der Erhaltung des Handwerks als geschlossenen Berufsstand befassen, während die Gewerbeordnung zur Gefahrenabwehr ergänzend herangezogen wird, z. B. § 35 GewO als Norm zur Untersagung eines Handwerksbetriebs wegen Unzuverlässigkeit.

176 Nach § 1 Abs. 1 und 2 HandwO ist der selbständige Betrieb eines in der Anlage A zur Handwerksordnung aufgeführten Handwerks als stehendes Gewerbe nur den in der **Handwerksrolle** eingetragenen natürlichen oder juristischen Personen gestattet. Von Ausnahmen abgesehen, wird in die Handwerksrolle nur eingetragen, wer in dem von ihm zu betreibenden Handwerk die Meisterprüfung bestanden hat (§ 7 HandwO). Diese **subjektive Zulassungsvoraussetzung** ist nicht unproblematisch.

Beispiel:

Ist bei einem Elfenbeinschnitzer oder Korbmacher (Nrn. 59 und 64 der Anlage A zur HandwO) die Meisterprüfung als subjektive Zulassungsvoraussetzung wirklich unabdingbar, um Gefahren für die Allgemeinheit abzuwehren?

In einer überraschenden Entscheidung hat das Bundesverfassungsgericht das Erfordernis der Meisterprüfung für alle Handwerkszweige für gerechtfertigt gehalten. Die Pflege eines hohen Leistungsstandes des Handwerks wurde als Rechtsgut angesehen, das diese subjektive Zulassungsbeschränkung rechtfertigt[226].

Die Entscheidung überzeugt nicht voll. Der Gesetzgeber hätte die Leistungsfähigkeit der Inhaber von Handwerksbetrieben teilweise dem freien Spiel der Kräfte überlassen und dieses Ziel durch Ausübungsregelungen fördern können. Überzeugender wäre es deshalb wohl gewesen, hinsichtlich der in der Anlage A zur HandwO aufgezählten Handwerksgewerbe zu differenzieren. Von einem unzureichend ausgebildeten Kraftfahrzeugmechaniker oder Metzger gehen erheblich größere Gefahren aus als von einem unfähigen Modellbauer, Schirmmacher oder Holzbildhauer.

Die **Eintragung** in die Handwerksrolle entspricht dabei der Erteilung einer Gewerbeerlaubnis.

177 Voraussetzung für die Eintragung ist zunächst das Bestehen eines **stehenden Gewerbebetriebes,** der **handwerksmäßig** betrieben wird und in Anlage A zur HandwO aufgenommen ist. Hinsichtlich der Begriffsmerkmale **„selbständig"** und **„stehendes Gewerbe"** ist auf § 14 GewO zu verweisen. Wegen des Merkmals stehendes Gewerbe üben umherziehende Gewerbetreibende, etwa Scherenschleifer oder Schirmmacher, kein Handwerk aus, sondern unterliegen uneingeschränkt dem Reisegewerberecht. Weitere Voraussetzung ist das Vorliegen eines **Handwerksbetriebes.** Ein Gewerbebetrieb ist ein Handwerksbetrieb, wenn er eines der **in der Anlage A zur Handwerksordnung aufgeführten Gewerbe zum Gegenstand** hat und wenn er **handwerksmäßig** ausgeübt wird (§ 1 Abs. 2 HandwO).

178 Die Rechtsprechung zum **Begriff der Handwerksmäßigkeit** ist unübersehbar. Den Entscheidungen liegt im Regelfall die gleiche Konstellation zugrunde: Gewerbetreibende klagen gegen die Handwerkskammer, deren Mitteilung über die beabsichtigte Eintragung gem. § 11 HandwO von der Rechtsprechung als Verwaltungsakt angese-

---

226 BVerfGE 13, S. 97, 105 ff. Plastische Beispiele dafür, wie die strengen Vorschriften der Handwerksordnung von etablierten Betrieben mitunter auch dazu eingesetzt werden, sich unerwünschter Konkurrenz zu erwehren, finden sich in: Der Spiegel, Nr. 12/1986, S. 120 ff.

hen wird[227]. Sie berufen sich darauf, in ihrem Betrieb werde keine **handwerksmäßige**, sondern **industrielle** Tätigkeit ausgeführt. Diese Unterscheidung nimmt die Rechtsprechung an Hand einer Reihe von Abgrenzungsmerkmalen vor. Für Handwerksmäßigkeit sollen sprechen: **qualifizierte Handarbeit, individuelle Einzelleistung, Überschaubarkeit des Betriebes, persönliche Mitarbeit des Betriebsinhabers und Einzelanfertigung aufgrund individueller Bestellung**[228].

Beispiele:

Ein Bauunternehmen mit 180 Arbeitnehmern ist kein Handwerks-, sondern ein Industriebetrieb, da der Unternehmensleiter keinen maßgeblichen Einfluß auf die praktische Arbeit im Einzelfall mehr nehmen kann[229]. Bei einem kleineren Bauunternehmen können hingegen durchaus alle Merkmale der Handwerksmäßigkeit gegeben sein.

Betreibt ein Elektromeister, der elektrische Anlagen in Neubauten verlegt, ein Handwerk? Er wird zwar außerhalb der Räume seiner gewerblichen Niederlassung, aber „auf Bestellung" tätig. Ein stehendes Gewerbe liegt daher vor. Der Elektroinstallateur ist ferner in Nr. 35 der Anlage A zur HandwO aufgeführt. Er erbringt auch individuelle Einzelleistungen. Er betreibt somit ein Handwerk.

Bei der Unschärfe der verwendeten Abgrenzungskriterien kommt es letztlich auf das **Gesamtbild des einzelnen Betriebes** an[230]. Weitere Voraussetzung für die Eintragung in die Handwerksrolle ist der **Nachweis** der **Meisterprüfung**, § 7 HandwO.

Nur in Ausnahmefällen — § 4 HandwO (Witwen- und Waisenprivileg), §§ 7 Abs. 3, 8, 9 HandwO (Ausnahmebewilligung) — darf der selbständige Betrieb eines Handwerks auch ohne Meisterprüfung ausgeübt werden. Ein Ausnahmefall nach § 8 Abs. 1 HandwO liegt allerdings nicht schon dann vor, wenn der Betreffende die erforderlichen Kenntnisse und Fähigkeiten besitzt. Darüber hinaus muß die Ablegung der Meisterprüfung für ihn „eine unzumutbare Belastung" darstellen. In den Fällen der §§ 7 Abs. 3, 8, 9 HandwO muß der Bewerber in etwa die gleichen Kenntnisse und Fertigkeiten nachweisen, die von ihm ansonsten bei der Meisterprüfung erwartet werden[231]. Bei der Weigerung, den Befähigungsnachweis zu erbringen, ist zu unterstellen, daß der Nachweis nicht erbracht ist.

179

Letzte Voraussetzung für die Eintragung ist das **Fehlen** einer Eintragungssperre gem. § 15 HandwO.

180

Die **Eintragung** in die Handwerksrolle erfolgt **zweistufig**. Zunächst wird die Absicht der Eintragung gem. § 11 HandwO mitgeteilt; diese Mitteilung stellt einen sowohl vom Betroffenen als auch von der Industrie- und Handelskammer anfechtbaren Verwaltungsakt dar[232]. Danach erfolgt die Eintragung, die wiederum als Verwaltungsakt anfechtbar ist; eine Anfechtung ist jedoch ausgeschlossen, wenn die vorausgegangene Mitteilung bereits unanfechtbar geworden ist. Der Betriebsbeginn ist gem.

181

---

227 BayVGH, BayVBl. 1976, S. 311.
228 Ausführlicher *Frotscher,* JuS 1983, S. 524; *Honig,* JuS 1966, S. 436.
229 BVerwGE 20, S. 263.
230 So auch BVerwGE 58, S. 217, 223 f.
231 BVerwGE 61, S. 145 ff.
232 BVerwGE 12, S. 75 ff.

§ 14 GewO der Gewerbebehörde anzuzeigen, wobei dann gleichzeitig die bei Eintragung in die Handwerksrolle erteilte Handwerkskarte (vgl. § 10 Abs. 2 HandwO) vorzulegen ist.

182 Die **Löschung** einer Eintragung in die Handwerksrolle erfolgt nach § 13 HandwO, wenn die Voraussetzungen für eine Eintragung nicht mehr vorliegen. Sie wird von Amts wegen oder auf Antrag, für den die Beschränkung des § 14 HandwO zu beachten ist, durchgeführt. Das Löschungsverfahren ist, wie das Eintragungsverfahren, **zweistufig.** Die Mitteilung der beabsichtigten Löschung stellt einen anfechtbaren Verwaltungsakt dar[233]. Ist die Löschungsankündigung unanfechtbar geworden, kann auch die Löschung selbst nicht mehr angefochten werden.

183 Wird das Handwerk **ohne die erforderliche Eintragung** betrieben, so kann es nach § 16 Abs. 3 S. 1 HandwO von Amts wegen oder auf Antrag der Handwerkskammer **untersagt** werden[234]. Eine Untersagung ist nur dann in das Ermessen der Behörde gestellt, wenn es an einer Eintragung fehlt und auch die materiellen Eintragungsvoraussetzungen nicht gegeben sind. Angesichts der Zielsetzung der HandwO wird dann im Regelfall eine Ermessensschrumpfung auf Null gegeben sein[235]. Besteht dagegen nur **formelle Illegalität,** so kann eine Untersagung nicht erfolgen. Im Gegensatz zu § 15 GewO kann und muß nämlich bei lediglich formeller Illegalität die Eintragung gem. § 10 Abs. 1 HandwO von Amts wegen erfolgen. Die Handwerkskammer kann die Untersagung nach § 16 Abs. 3 S. 2 HandwO einklagen, nicht dagegen, wie bereits aus dem Wortlaut eindeutig herzuleiten ist, die Innung[236]. Wird die Untersagung nicht beachtet, räumt § 16 Abs. 4 HandwO die Möglichkeit der **Betriebsschließung** ein. Ob es sich bei der Betriebsschließung um einen selbständig anfechtbaren Verwaltungsakt oder bereits um eine Vollstreckungsmaßnahme handelt, ist wie bei § 35 Abs. 5 GewO umstritten[237]. Aus den gleichen Gründen wie dort ist davon auszugehen, daß es sich um einen selbständigen, der Vollstreckung erst fähigen, Verwaltungsakt handelt.

184 Vom Handwerksbetrieb ist schließlich noch das **Minderhandwerk,** das **handwerksähnliche Gewerbe** und der **handwerkliche Neben- und Hilfsbetrieb** abzugrenzen.

Minderhandwerk liegt vor, wenn die Tätigkeit keinen „wesentlichen Teilbereich" (§ 1 Abs. 2 HandwO) der in der Anlage A zur HandwO genannten Erwerbszweige umfaßt. Dies ist z. B. bei einem Flickschuster, der nur einen unwesentlichen Teil des Schuhmacherhandwerks ausübt, der Fall.

Die Grenze zum Handwerksbetrieb liegt dort, wo die Arbeiten die fachgerechte Beherrschung des entsprechenden Vollhandwerks voraussetzen. Die Handwerksordnung findet hier keine Anwendung; jedoch gilt allgemein die Gewerbeordnung.

185 **Handwerksähnliche Gewerbe** sind in der Anlage B zur HandwO aufgeführt. Anders als für Handwerksbetriebe besteht für sie keine Genehmigungs-, sondern nur eine

---

233 BayVGH, GewArch. 1976, S. 122.
234 Vgl. hierzu den instruktiven Fall von *Frotscher/Scorl,* Jura 1982, S. 96 ff.
235 OVG Münster, GewArch. 1978, S. 28 f.
236 BVerwG, NVwZ 1982, S. 680 f.
237 Für eine Vollstreckungsmaßnahme: *Stober,* Wirtschaftsverwaltungsrecht Rdnr. 1125; für neuen Verwaltungsakt: *Jarras,* Wirtschaftsverwaltungsrecht, S. 267.

Anzeigepflicht. Das Minderhandwerk ist zum Teil handwerksähnliches Gewerbe i. S. d. § 18 HandwO. Der Begriff handwerksähnlich dient zur Abgrenzung gegenüber der Industrie. Hierzu sind die gleichen Kriterien heranzuziehen wie bei der Abgrenzung Handwerk — Industrie. § 20 HandwO regelt die Anwendung von Bestimmungen für das Handwerk auf handwerksähnliche Betriebe.

Hilfsbetriebe sind nach § 3 Abs. 3 HandwO **unselbständige, dem Hauptbetrieb dienende Handwerksbetriebe.** Sie stehen **nicht in selbständigem Leistungsaustausch mit Dritten,** sondern führen Arbeiten für den Hauptbetrieb durch. Der Hilfsbetrieb folgt den Regeln für den Hauptbetrieb. Abgrenzungskriterium gegenüber dem selbständigen Handwerksbetrieb ist die Frage, ob der Betrieb nach der gesamten Betriebsstruktur ausschließlich der wirtschaftlichen Zweckbestimmung des Hauptbetriebes zu dienen hat[238]. **186**

Beispiel:

Das zahntechnische Labor eines Zahnarztes, dessen Leistungen nur den Patienten des Zahnarztes zugute kommen, stellt einen Hilfsbetrieb dar[239]. Oder: Herstellung von Fleisch- und Wurstwaren für die eigene Gaststätte[240].

Praktisch bedeutsam ist vor allem der **handwerkliche Nebenbetrieb.** Jeder (größere) gewerbliche Betrieb kann einen handwerklichen Nebenbetrieb (§ 3 Abs. 1 HandwO) haben. Wenn die Leistungen des Nebenbetriebes nicht „unerheblich" i. S. v. § 3 Abs. 2 HandwO sind, wird dieser wie ein normaler Handwerksbetrieb mit der einen Ausnahme behandelt, daß nicht der Inhaber des Gesamtbetriebes, sondern nur der Leiter des Nebenbetriebes die persönlichen Voraussetzungen erfüllen muß. **187**

Beispiele:

Ein Supermarkt verkauft Fleischwaren aus eigener Metzgerei. Ein Groß- und Einzelhandelsgeschäft für Elektrogeräte beschäftigt Fachkräfte für Elektroinstallationsarbeiten. Die Handwerksfähigkeit (Nrn. 35 und 85 der Anlage A zur HandwO) und die Handwerksmäßigkeit sind in beiden Fällen zu bejahen. Ein Hilfsbetrieb liegt nicht vor, da ein Leistungsaustausch mit den jeweiligen Kunden gegeben ist. Es handelt sich also um einen Nebenbetrieb. Ob es sich um einen unerheblichen oder um einen erheblichen Nebenbetrieb handelt, hängt davon ab, ob die Voraussetzungen des § 3 Abs. 3 HandwO vorliegen. Handelt es sich um einen erheblichen Nebenbetrieb, dann werden die Geschäftsinhaber auch dann in die Handwerksrolle eingetragen, wenn nur der Leiter des Nebenbetriebes den Voraussetzungen des § 7 Abs. 1 HandwO genügt (§ 7 Abs. 5 HandwO).

Literatur und Rechtsprechung:

Zur Vertiefung gewerberechtlicher Fragen greife man zu dem instruktiven Kurzlehrbuch von *Robinski,* Gewerberecht, München 1983.

Zu 1. und 2.

Stober, Grundzüge des Gewerberechts, JA 1981, S. 216; *ders.,* Die Entwicklung des Gewerberechts in den Jahren 1980/81, NJW, S. 804; *ders.,* Die Entwicklung des Gewerberechts in den Jahren 1982/83, NJW 1984, S. 2499; *Frotscher,* Grundfälle zum Wirtschaftsverfassungs- und Wirtschaftsverwaltungsrecht, JuS 1982, S. 828; 1983, S. 114, S. 521.

---

238 BVerwGE 58, S. 93 ff.
239 BVerwGE 58, S. 93 ff.
240 OLG Koblenz, GewArch. 1981, S. 14; vgl. auch BVerwG, NVwZ 1986, S. 742.

Zu 1.

Mögele, Der unzuverlässige Lebensmittelhändler, Jura 1983, S. 604.

Zu 2.

Stober, Grundrechte und Erlaubsnisbedürftigkeit im Reisegewerbe, JuS 1980, S. 182.

Zu 3.

OVG Münster, NJW 1980, S. 2323 — Konkurrentenklage im Taxigewerbe; OVG Koblenz, NJW 1982, S. 1301 — Anfechtung einer gaststättenrechtlichen Gestattung durch ortsansässigen Gastwirt; *Stober,* Grundfälle zum Gaststättenrecht, JuS 1983, S. 843; *Frotscher,* Grundfälle zum Wirtschaftsverfassungs- und Wirtschaftsverwaltungsrecht, JuS 1983, S. 934; *Uechtritz,* Kirchgang und Gaststättenbesuch, JuS 1984, S. 130; BVerwG, JA 1983, S. 37 — Versagung der Kraftdroschkengenehmigung.

Zu 4.

Fröhlinger, Fall: Zur Übung: Öffentliches Recht, JuS 1983, S. 705.

II. Überwachung gewerblicher Anlagen nach dem Bundesimmissionsschutzgesetz

188 Das **Bundesimmissionsschutzgesetz** (BImSchG)[241] gliedert sich in sieben Teile. Der **erste Teil** (§§ 1—3) erläutert den Zweck des Gesetzes und bringt wichtige **Begriffsbestimmungen.** Zweck des Gesetzes ist es, vor schädlichen Umwelteinwirkungen zu schützen. Das Gesetz erfaßt alle **„Immissionen",** also Luftverunreinigungen, Geräusche, Erschütterungen, Licht, Wärme, Strahlen und ähnliche Umwelteinwirkungen (§ 3 Abs. 2 BImSchG). Wirtschaftsverwaltungsrechtlich von größter Bedeutung sind der erste und zweite Abschnitt des **zweiten Teils** des Gesetzes (§§ 4—25), die die **Errichtung und den Betrieb von Anlagen** (§ 2 Abs. 2 i.V.m. § 3 Abs. 5 BImSchG) regeln. Praktisch betroffen sind davon vor allem **gewerbliche Anlagen.** Die Rechtstechnik des zweiten Teils des Bundesimmissionsschutzgesetzes ist derjenigen der Gewerbeordnung vergleichbar. Für **bestimmte,** enumerativ genannte **Anlagen,** die besonders umweltgefährdend sind, statuiert das Gesetz ein **Verbot mit Erlaubnisvorbehalt** (genehmigungsbedürftige Anlagen gemäß §§ 4—21 BImSchG). Für die übrigen relevanten Anlagen enthalten die §§ 22—25 BImSchG eine **grundsätzliche Erlaubnis mit Verbotsvorbehalt.**

1. Die Kontrolle genehmigungsbedürftiger Anlagen

189 Die genehmigungsbedürftigen Anlagen sind in der **vierten Bundesimmissionsschutzverordnung**[242], die aufgrund der Ermächtigung des § 4 Abs. 1 Satz 3 BImSchG ergangen ist, enumerativ aufgezählt. § 24 4. BImSchVO enthält die Anlagen, bei denen ein **förmliches Genehmigungsverfahren** nach den **§§ 8—15 BImSchG,** § 4 4. BImSchVO die Anlagen, bei denen ein **einfaches Verfahren** nach § 19 BImSchG

---

241 Vom 15. 3. 1974 (BGBl. I, S. 721, ber. S. 1193) z. g. d. G. v. 4. 10. 1985 (BGBl. I, S. 1950).
242 Vom 14. 2. 1975 (BGBl. I, S. 499, ber. S. 727) z. g. d. VO v. 22. 6. 1983 (BGBl. I, S. 719).

durchzuführen ist. Technischen oder wirtschaftlichen Neuerungen kann jederzeit durch Änderung der Verordnung Rechnung getragen werden. Für welche Anlagen das BImSchG gilt, regelt § 3 Abs. 5 BImSchG. Probleme ergeben sich beim **Anlagenbegriff** bei der Frage, **was** alles **zur genehmigungspflichtigen Anlage zählt**. Zum Teil wird zur Anlage i. S. d. BImSchG nur die betreffende **gefährliche Einrichtung** gerechnet[243]. Andere wollen die **gesamte Betriebsstätte** in den Anlagenbegriff einbeziehen[244]. Die Beantwortung der Frage kann zum einen über die **Genehmigungsbedürftigkeit** der Anlage entscheiden. Soll z. B. zu einer Schweinemastanlage von 550 Schweinen ein zusätzliches Gebäude für 370 Schweine errichtet werden, so hängt die Genehmigungsbedürftigkeit des Vorhabens nach § 4 BImSchG i. V. m. § 2 Nr. 45 4. BImSchVO davon ab, ob auf die beabsichtigte einzelne Anlage oder die Betriebsstätte insgesamt abgestellt wird. Zum anderen ist sie für die **Reichweite der Konzentrationswirkung des § 13 BImSchG** entscheidend. Schließlich ist sie noch maßgeblich für die Entscheidung, ob eine selbständige oder eine **Änderungsgenehmigung** gem. **§ 15 BImSchG** zu erstreben ist. Als Beispiel sei der Fall genannt, daß bei einem Kohlekraftwerk ein weiterer Verbrennungsofen installiert werden soll. Die Lösung des Problems muß auf die jeweiligen Nummern der 4. BImSchVO abstellen[245]. Deren Interpretation gibt unter Heranziehung des Zwecks des BImSchG — wirksamer Schutz vor Immissionen — eine zutreffende Aussage darüber, ob auf die einzelne Einrichtung oder auf die gesamte Betriebsstätte abzustellen ist[246]. Um beim Beispiel der Schweinemast zu bleiben: Bei § 2 Nr. 45 4. BImSchVO ist im Hinblick auf die Geruchsbelästigung die gesamte Betriebsstätte heranzuziehen. Dagegen ist bei der Errichtung eines Verbrennungsofens allein dieser für Immissionen von Bedeutung, das übrige Werksgelände dagegen nicht.

190 Die materiellen Genehmigungsvoraussetzungen für die genehmigungsbedürftigen Anlagen folgen aus § 6 BImSchG. Sind dessen Voraussetzungen erfüllt, muß die Genehmigung erteilt werden[247]. Nach § 6 Nr. 1 BImSchG ist **erste Voraussetzung die Erfüllung der in § 5 BImSchG geregelten Betreiberpflichten**. Diese Grundpflichten sind durch unbestimmte Rechtsbegriffe umschrieben, die der uneingeschränkten verwaltungsgerichtlichen Nachprüfung unterliegen. § 5 BImSchG unterscheidet zwischen vier Grundpflichten:

191 1. Es dürfen **keine schädlichen Umwelteinwirkungen** verursacht werden **(Schutz- und Abwehrpflicht)**. Schädliche Umwelteinwirkungen sind in § 3 Abs. 1 und 2 BImSchG definiert. Die Abgrenzung zwischen Gefahren, Nachteilen und Belästigungen i. S. d. § 5 Abs. 1 Nr. 1 BImSchG ist mitunter schwierig; vom Schutzzweck des BImSchG her werden aber alle nachteiligen Immissionen erfaßt, sofern sie hin-

---

243 Vgl. etwa BVerwGE 50, S. 49, 53; Anlage zum Brennen von Ziegeleierzeugnissen ist nur der Brennofen; BVerwGE 55, S. 250 ff.: bei einem Kohlekraftwerk ist allein auf die Feuerungsanlage abzustellen.

244 *Jarass,* JuS 1984, S. 351, 352.

245 *Frotscher,* JuS 1983, S. 775, 777.

246 Daher kann *Jarass,* JuS 1984, S. 351, 352, nicht gefolgt werden, da nicht eine weite Auslegung der Nummern der 4. BImSchVO, sondern allein eine Auslegung vom Schutzzweck her zu befriedigenden Ergebnissen führt.

247 Der Antragsteller hat hier einen durchsetzbaren Anspruch auf Genehmigungserteilung.

reichend wahrscheinlich und erheblich sind[248]. Wann **hinreichende Wahrscheinlichkeit** in diesem Sinne vorliegt, hängt von der Bedeutung des geschützten Rechtsgutes ab: Je bedeutender das betroffene Rechtsgut, desto geringere Anforderungen sind an den Grad der Wahrscheinlichkeit zu stellen; je unbedeutender das Rechtsgut, desto höher muß die Wahrscheinlichkeit der Gefahr sein.

2. Es muß **Vorsorge gegen schädliche Umwelteinwirkungen** getroffen werden **(Vorsorgepflicht).** Diese Pflicht bezieht sich nicht auf die Verhütung drohender Schäden, da dies bereits von der Schutz- und Abwehrpflicht erfaßt ist. Nach einer Ansicht soll diese Pflicht **generelle Sicherheitszonen unterhalb der Gefahrschwelle** schaffen, um der Verbesserung der allgemeinen Immissionssituation zu dienen, z. B. im Hinblick auf den Ferntransport von Luftschadstoffen[249]. Nach Anderen soll die Pflicht **zur Erhaltung von Freiräumen** dienen, um z. B. die Ansiedlung anderer Industriebetriebe noch zu ermöglichen[250]. Vom Schutzzweck des BImSchG her bietet es sich an, **beide** Funktionen aus dem Vorsorgegrundsatz abzuleiten[251]. Die Vorsorgepflicht hat keinen drittschützenden Charakter, sondern dient ausschließlich dem allgemeinen Zweck des Umweltschutzes.

3. Es sollen **Reststoffe vermieden** oder, wenn sie anfallen, **wieder verwertet** oder **schadlos beseitigt** werden **(Entsorgungsgrundsatz).**

4. Es soll die **bei der Produktion entstehende Wärme vom Erzeuger** genutzt werden. Bei welchen Anlagen dies der Fall sein soll, muß erst noch durch Rechtsverordnung gem. § 5 Abs. 2 BImSchG festgelegt werden.

192   Die in § 5 BImSchG enthaltenen **unbestimmten Rechtsbegriffe** sind gem. § 7 BImSchG durch Rechtsverordnung näher zu konkretisieren. Die Rechtsverordnung darf hinsichtlich einzelner technischer Anforderungen gem. § 7 Abs. 4 BImSchG auf Verwaltungsvorschriften verweisen. Die beiden in der Praxis mit Abstand wichtigsten Verwaltungsvorschriften auf dem Gebiet des Umweltschutzrechts sind die „Technische Anleitung zur Reinhaltung der Luft" („TA Luft")[252] und die „Technische Anleitung zum Schutz gegen Lärm" („TA Lärm")[253]. Diese Verwaltungsvorschriften haben rechtlich gesehen nur verwaltungsinterne Bedeutung. Sie werden aber von der Judikatur als „antizipierte Sachverständigengutachten" angesehen und bei der Auslegung des § 5 BImSchG herangezogen[254]. Durch Rechtsverordnung können gem. § 7 Abs. 2 BImSchG Übergangsfristen zur Anpassung an die in den Rechtsverordnungen festgelegten technischen Daten eingeräumt werden.

193   Weitere **Genehmigungsvoraussetzung** für eine genehmigungsbedürftige Anlage stellt nach § 6 Nr. 2 BImSchG die **Vereinbarkeit** mit anderen **öffentlich-rechtlichen Vorschriften** und Belangen des Arbeitsschutzes dar. Die immissionsschutzrechtliche Genehmigung wird also nur erteilt, wenn die Anlage auch den baurechtlichen, raum-

---

248 So auch *Jarass,* JuS 1984, S. 351, 353; bei § 5 Abs. 1 Nr. 1 BImschG ist die Unterscheidung nicht bedeutsam, wesentlich ist sie dagegen bei § 25 BImSchG.
249 *Schmidt/Müller,* JuS 1985, S. 956, 959, m. w. N.
250 *Martens,* DVBl. 1981, S. 597, 602; *Sellner,* NJW 1980, S. 1255, 1257.
251 So auch *Jarass,* JuS 1984, S. 351, 353.
252 Vom 28. 8. 1974 (GMBl. S. 426), z. g. am 27. 2. 1986 (GMBl. S. 95).
253 Vom 16. 7. 1968, Bundesanzeiger Nr. 137 (Beilage).
254 BVerwGE 55, S. 250 ff.

ordnungsrechtlichen und naturschutzrechtlichen Vorschriften entspricht (**sog. Konzentrationsgrundsatz des § 13 BImSchG**).

Beispiel:

Die immissionsschutzrechtliche Genehmigung verdrängt vor allem die sonst notwendige baurechtliche Genehmigung. Nach der Rechtsprechung sind genehmigungspflichtige Anlagen nur in solchen Gebieten zulässig, die durch einen Bebauungsplan als Industriegebiet (§ 9 BauNVO) ausgewiesen worden sind[255].

a) Das Genehmigungsverfahren

Der Verfahrensablauf für die Genehmigung einer genehmigungsbedürftigen Anlage richtet sich nach § 10 BImSchG i.V.m. der 9. VO zur Durchführung des Bundesimmissionsschutzgesetzes. Behandelt werden in diesem Verfahren alle öffentlich-rechtlichen Aspekte der Anlage sowie privatrechtliche Bedenken, die nicht auf besonderen Titeln beruhen, also die auf §§ 823, 858, 862, 869, 906 f., 1004 BGB gestützten Ansprüche[256].   **194**

Sechs Verfahrensabschnitte müssen unterschieden werden:

1. Die Genehmigungserteilung setzt einen **schriftlichen Antrag** voraus. Diesem Antrag sind die erforderlichen technischen Unterlagen beizufügen (§ 10 Abs. 1 und 2 BImSchG). In der Praxis müssen schon erhebliche Investitionssummen für die Herstellung dieser Unterlagen aufgebracht werden.

2. Die zuständige Behörde **macht** das Vorhaben im Amtsblatt und in den örtlichen Tageszeitungen **öffentlich bekannt.** Dabei weist sie darauf hin, daß Einwendungen gegen dieses Vorhaben innerhalb einer Frist von zwei Monaten geltend gemacht werden können (§ 10 Abs. 3 und 4 BImSchG).

3. Nach der Bekanntgabe werden der Antrag und die Unterlagen für zwei Monate **öffentlich ausgelegt** (§ 10 Abs. 3 S. 2 BImSchG). Während dieser Frist können Einwendungen gegen das Vorhaben erhoben werden. Diese Befugnis steht jedermann zu, sie ist nicht auf die möglich Betroffenen i. S. d. § 42 Abs. 2 VwGO begrenzt. Zu begründen ist dies mit dem öffentlichen Interesse an einer gründlichen Sachverhaltensermittlung. Werden Einwendungen nicht innerhalb der Frist hervorgebracht, so sind sie gem. § 10 Abs. 3 S. 3 BImSchG **ausgeschlossen.** Dies bedeutet zum einen, daß Betroffene keinen Anspruch darauf haben, mit ihren nicht rechtzeitigen Einwendungen am anschließenden Erörterungstermin teilzunehmen (**formelle Präklusion**). Zum anderen leitet die h. M.[257] aus § 10 Abs. 3 S. 3 BImSchG auch ab, daß derjenige, der es versäumt hat, seine Einwendungen zu erheben, seine **Rechte nicht** mehr **durch Widerspruch und Klage** geltend machen kann (**materielle Präklusion**). Dieser weitreichende Einwendungsausschluß ist im Hinblick auf Art. 19 Abs. 4 GG nicht unbedenklich, weil der Rechtsschutz abgeschnitten wird, bevor die rechtsver-   **195**

---

255 BVerwG, NJW 1975, S. 460.
256 *Jarass,* JuS 1984, S. 351, 353.
257 BVerwGE 60, S. 297, 301 ff.: *Ipsen,* DVBl. 1980, S. 146 ff.

letzende Verwaltungsentscheidung ergangen ist[258]. Diesen Bedenken folgt die h. M.[259] aber nicht, da der Rechtsschutz nicht unzumutbar erschwert werde; es liege in der Hand des Betroffenen, seine Rechte durch Erhebung von Einwendungen zu wahren. Materielle Präklusion ist aber nur dort zuzulassen, wo das Verwaltungsverfahren ordnungsgemäß durchgeführt wurde. Der formelle und materielle Einwendungsausschluß entbindet die Genehmigungsbehörde im übrigen nicht von der Verpflichtung, Bedenken aus nicht rechtzeitigen Einwendungen, soweit sie bedeutsam sind, von Amts wegen in die Prüfung der Genehmigungsvoraussetzungen einzubeziehen.

196 4. Nach dem Ablauf der Zweimonatsfrist findet ein **Erörterungstermin** statt (§ 10 Abs. 6 BImSchG). In diesem Termin werden alle fristgerecht erhobenen Einwendungen mit der Genehmigungsbehörde besprochen. Wer seine Einwendungen nicht rechtzeitig geltend macht, hat sich seiner Rechte begeben und muß die Anlage hinnehmen. Etwas anderes gilt nur für Einwendungen, die auf besonderen privatrechtlichen Titeln beruhen. Derartige Einwendungen haben mit der öffentlich-rechtlichen Genehmigung nichts zu tun. Sie sind vor den ordentlichen Gerichten geltend zu machen (§ 10 Abs. 6 S. 2 BImSchG).

5. Wenn das Vorhaben dem BImSchG sowie allen sonstigen öffentlich-rechtlichen Vorschriften entspricht, wird die **Genehmigung** erteilt.

6. In diesem Fall wird ein **schriftlicher Genehmigungsbescheid** erlassen, der dem Antragsteller und allen, die Einwände gegen das Vorhaben erhoben haben, zugestellt wird (§ 10 Abs. 7 BImSchG). Bei mehr als 300 Zustellungen kann die Zustellung durch **öffentliche Bekanntmachung** ersetzt werden (§ 10 Abs. 8 BImSchG).

197 In der Praxis verläuft das Genehmigungsverfahren beim Bau größerer Industrieanlagen meist etwas anders. Es werden häufig **Teilgenehmigungen** (§ 8 BImSchG) bzw. ein für zwei bis vier Jahre geltender **Vorbescheid** (§ 9 BImSchG) erteilt.

Die **Teilgenehmigung** läßt die Aufgliederung der geplanten Anlage in **Genehmigungsabschnitte** zu; der von der Teilgenehmigung erfaßte Teil kann ausgeführt werden. Zwar erfaßt die Teilgenehmigung nur einen Abschnitt des geplanten Vorhabens, z. B. Aushubarbeiten, Rohbauerrichtung etc.; jedoch erfordert ihre Erteilung nach § 8 BImSchG ein **vorläufiges Urteil über die Genehmigungsfähigkeit der gesamten Anlage**; nur so rechtfertigt sich die Teilgenehmigung im Hinblick auf die zum Teil gewaltigen Investitionen. Fraglich ist, inwieweit das vorläufige positive Gesamturteil **Bindungswirkung** für die Behörde bei den **weiteren Teilgenehmigungen** äußert. Zum Teil wird die Ansicht vertreten, daß das vorläufige positive Gesamturteil über die Errichtung der Anlage nicht zum verfügenden Teil der Teilgenehmigung gehört, also nicht zu deren Regelungsgehalt; die Festschreibung dieses positiven Urteils sei nur mit einem Vorbescheid zu erreichen[260]. Im Gegensatz dazu ordnen andere der Teilgenehmigung hinsichtlich des vorläufigen positiven Gesamturteils Bin-

---

258 In diesem Sinne etwa *Papier,* NJW 1980, S. 313, 318 ff.; *Wolfrum,* DÖV 1979, S. 497.
259 Vgl. *Schmidt/Müller,* JuS 1985, S. 957; BVerwGE 60, S. 297, 301 ff.; zur vergleichbaren Präklusionsvorschrift des § 3 Abs. 1 AtAnlV hat BVerfGE 61, S. 82, 110 ff. die Vereinbarkeit mit Art. 19 Abs. 4 GG ausgesprochen; siehe hierzu auch *Ronellenfitsch,* JuS 1983, S. 594, 596.
260 In diesem Sinne zu § 18 AtVfV BWVGH, NJW 1979, S. 2528, 2530.

dungswirkung für die Errichtung und den Betrieb der gesamten Anlage zu[261], wobei das Ausmaß der Bindung von der Ausgestaltung der Teilgenehmigung abhängen soll. Denn die vorgreifliche Grundsatzentscheidung bilde den wesentlichen Teil der ersten Teilerrichtungsgenehmigung[262]. Im Hinblick auf die weitreichenden wirtschaftlichen Folgewirkungen erscheint die zweite Ansicht überzeugender. Einwendungen Dritter sind gem. § 11 BImSchG gegen jede Teilgenehmigung zu erheben; Einwendungen, die sich gegen bestandskräftige Teilgenehmigungen richten, können gegen spätere nicht mehr vorgebracht werden. Auch bei Anfechtung einer Teilgenehmigung können nicht Einwendungen geltend gemacht werden, die sich gegen frühere bestandskräftige Teilgenehmigungen wenden (materielle Präklusion).

Der **Vorbescheid** nach § 9 BImSchG enthält eine Entscheidung über eine **einzelne** **198** **Genehmigungsvoraussetzung**; mit ihm wird ein Ausschnitt aus dem gesamten Genehmigungstatbestand mit Feststellungswirkung erledigt. Der Vorbescheid stellt keine Genehmigung dar, sondern eine **Auskunftsentscheidung mit Feststellungswirkung**[263]. Er erlaubt, im Gegensatz zur Teilgenehmigung, **kein Tätigwerden.** Auch der Vorbescheid darf nur erteilt werden, wenn ein vorläufiges Gesamturteil mit hinreichender Sicherheit die Genehmigungsfähigkeit der Anlage ergibt. Auch hier stellt sich also das Problem der **Bindungswirkung** für die Genehmigungsbehörde. Bindungswirkung besteht zunächst unbestritten bezüglich der Genehmigungsvoraussetzung, hinsichtlich der der Vorbescheid ergangen ist. Über § 13 BImSchG erstreckt sich die Bindungswirkung auch auf die Entscheidungen nicht immissionsschutzrechtlicher Art, soweit darüber eine Vorabentscheidung zu treffen war. Fraglich ist dagegen, inwieweit auch eine **Bindungswirkung hinsichtlich des vorläufigen positiven Gesamturteils über die Genehmigungsfähigkeit der Gesamtanlage besteht.** Von der h. M.[264] wird die umfassende Bindung im Hinblick auf das Investitionsinteresse des Antragstellers und das öffentliche Interesse an der Sicherung einer rationellen Verfahrensgestaltung bejaht. Der Vorbescheid enthalte die konkludente Zusage, daß sich die Behörde an die positive Beurteilung der Gesamtanlage halten werde, wenn sich keine neuen Erkenntnisse ergäben. Nach anderer Ansicht soll der Vorbescheid über die definitive Feststellung hinaus keine Bindungswirkung für das Gesamtvorhaben äußern[265]. Im Gegensatz zur Teilgenehmigung äußere der Vorbescheid keine so weitreichenden Folgewirkungen, weil er nicht Grundlage eines Tätigwerdens sein kann. Von daher erscheint die letztere Ansicht überzeugender.

Hinsichtlich der Einwendungen Dritter gilt wie bei der Teilgenehmigung § 11 BImSchG.

Eine Beseitigung der Bindungswirkung von Teilgenehmigung und Vorbescheid ist nur durch die Rücknahme der Bescheide gem. § 48 VwVfG oder Widerruf nach § 21 BImSchG möglich.

---

261 *Schmidt/Müller,* JuS 1985, S. 959, 961; *Jarass,* JuS 1984, S. 351, 354, m. w. N.; vgl. auch BVerwG, DÖV 1986, s. 431.
262 *Schmidt/Müller,* JuS 1985, S. 956, 961; *Jarass,* JuS 1984, S. 351, 354.
263 BVerwG, NVwZ 1985, S. 342; *Schmidt/Müller,* JuS 1985, S. 956, 960.
264 OVG Münster, NJW 1979, S. 380; *Selmer/Schulze-Osterloh,* JuS 1981, S. 393, 395.
265 *Schmidt/Müller,* JuS 1985, S. 956, 960, m. w. N.

b) Rechtsfolgen der Genehmigung

199 Die immissionsschutzrechtliche Genehmigung ersetzt zunächst alle anderen für die Anlage erforderlichen öffentlich-rechtlichen Genehmigungen (§ 13 BImSchG). Sie stellt in öffentlich-rechtlicher Hinsicht umfassend die Zulässigkeit des Projekts fest **(Konzentrationswirkung)**. Inwieweit die Genehmigung auch Zustimmung oder Einvernehmen einer anderen öffentlichen Stelle ersetzt, war umstritten. Hinsichtlich des praktisch wichtigsten Falles des gemeindlichen Einvernehmens gem. § 36 BBauG ist nunmehr in § 36 Abs. 1 S. 2 BBauG das Erfordernis des gemeindlichen Einvernehmens auch im immissionsschutzrechtlichen Genehmigungsverfahren gesetzlich geregelt[266]. Ohne das Einvernehmen kann eine immissionsschutzrechtliche Genehmigung nicht erteilt werden. Wird trotz der Konzentrationswirkung des § 13 BImSchG eine überflüssige Genehmigung nach anderen Normen erteilt, so ist diese zusätzliche Genehmigung rechtswidrig[267].

200 Über die **öffentlich-rechtliche Konzentrationswirkung** hinaus erzielt der Betreiber einer genehmigten Anlage auch eine **Sicherung** seiner **zivilrechtlichen Rechtsposition.** § 14 BImSchG schirmt genehmigte Industrieanlagen gegen zivilrechtliche Ansprüche von Nachbarn ab, die wegen Immissionsbelästigung auf Einstellung des Betriebes klagen.

Beispiel:

Eine genehmigte Anlage zur Stahlerzeugung hat ihren Betrieb aufgenommen. Der Bauer N, dem ein großer Teil der Grundstücke in der Nähe gehört, hatte, da er Teile davon sehr günstig an das Unternehmen verkaufen konnte, keine Einwendungen gegen die Anlage im Genehmigungsverfahren vorgebracht. Obgleich das Werk dem neuesten technischen Standard entspricht, sinkt die Milcherzeugung aufgrund von Geräusch- und Geruchsbelästigung. N verlangt gemäß § 1004 Abs. 1 BGB die Stillegung der Fabrik.

Die Durchsetzung dieses zivilrechtlichen Anspruchs aus § 1004 Abs. 1 BGB wird durch § 1004 Abs. 2 BGB in Verbindung mit § 14 BImSchG verhindert. Wenn die Genehmigung erteilt ist, kann aufgrund zivilrechtlicher Ansprüche nicht mehr auf Betriebseinstellung geklagt werden, da die Nachbarn insoweit gemäß § 14 BImSchG zur Duldung verpflichtet sind. Sie können nur verbesserte technische Schutzvorschriften verlangen oder auf einen Schadensausgleich in Geld klagen.

201 Die **genehmigte** Anlage genießt also **erhöhten Bestandsschutz**[268]. Diese privilegierte Rechtsposition ist wegen des vorangegangenen eingehenden Genehmigungsverfahrens gerechtfertigt. **Grenzen des Bestandsschutzes** ergeben sich aus §§ 17 und 21 BImSchG. Nach § 17 Abs. 1 BImSchG kann auch nach Erteilung der Genehmigung die Verpflichtung auferlegt werden, Schutzmaßnahmen durchzuführen, wenn die Allgemeinheit oder die Nachbarschaft nicht ausreichend vor Beeinträchtigungen geschützt ist. Voraussetzung dafür ist ein Verstoß gegen § 5 BImSchG bzw. eine aufgrund § 7 BImSchG erlassene Rechtsverordnung. Ein solcher Verstoß kann Folge ge-

---

266 Vor der Einfügung des § 36 Abs. 1 S. 2 BBauG hatte das Bundesverwaltungsgericht das gemeindliche Einvernehmen als durch § 13 BImSchG ersetzt angesehen, BVerwG, NJW 1978, S. 64; vgl. zur heutigen Rechtslage z. B. *Battis/Krautzberger/Löhr,* BBauG-Kommentar, § 36 Rdnr. 3.

267 So auch *Schmidt/Müller,* JuS 1985, S. 956, 960.

268 Zum Bestandsschutz bei Gewerbebetrieben vgl. *Kosmider,* JuS 1986, S. 274, 277.

änderter tatsächlicher oder rechtlicher Umstände oder auch der Veränderung des Umweltbewußtseins sein. Es liegt im Ermessen der zuständigen Behörde, ob sie derartige nachträgliche Anordnungen trifft. Im Rahmen des § 17 Abs. 1 S. 2 BImSchG „soll" sie Anordnungen treffen; das Absehen von Anordnungen ist hier die Ausnahme. Die „Soll-Vorschrift" des § 17 Abs. 1 S. 2 BImSchG hat, wie bereits der Wortlaut nahelegt, nachbarschützenden Charakter[269]. Der Nachbar hat in diesem Fall einen gerichtlich durchsetzbaren Anspruch auf fehlerfreie Ermessensausübung. Ob darüber hinaus im Hinblick auf die „Soll-Regelung" des § 17 Abs. 1 S. 2 BImSchG sogar ein Anspruch auf Erlaß konkreter Maßnahmen besteht[270], erscheint zweifelhaft, da dann weder hinsichtlich des „Ob" noch des „Wie" behördlichen Einschreitens Ermessen bleibt. Die nachträgliche Anordnung von Schutzmaßnahmen steht unter dem **Vorbehalt** des § 17 Abs. 2 BImSchG. § 17 Abs. 2 BImSchG in seiner ursprünglichen Fassung[271] erlaubte nachträgliche Anordnungen nur dann, wenn die verlangten Maßnahmen für Betrieb und Betreiber **wirtschaftlich vertretbar** waren. Dieses Erfordernis hatte dazu geführt, daß von der Anordnungsbefugnis nur in verhältnismäßig **geringem** Umfang Gebrauch gemacht wurde. Deshalb wurde § 17 Abs. 2 BImSchG durch Gesetz vom 4. 10. 1985[272] **neu geregelt.**

Von nun an sollen **nachträgliche Anordnungen** nur noch unter dem **Vorbehalt** des **202** verfassungsrechtlich verankerten **Grundsatzes der Verhältnismäßigkeit** stehen. Diese Regelung ist an sich **überflüssig**, da der Grundsatz der Verhältnismäßigkeit bei Ermessensentscheidungen, wie sie § 17 Abs. 1 BImSchG darstellt, immer zu beachten ist. § 17 Abs. 2 BImSchG n.F. stellt daher lediglich eine **deklaratorische** Regelung dar; sie gibt zugleich Interpretationshilfen für die Anwendung des Grundsatzes der Verhältnismäßigkeit, insbesondere für die Angemessenheit der Maßnahme. Dabei muß der investive und betriebliche Aufwand, der erforderlich ist, um die gesetzlichen Betreiberpflichten zu erfüllen, dem angestrebten Erfolg gegenübergestellt werden[273]. Auf seiten des Aufwands sind die Kosten und die übrigen Produktionsbedingungen (z. B. Standort, Kapazitätsauslastung, Nutzungsdauer, technische Besonderheiten) einzubeziehen. Auf der Seite des angestrebten Erfolgs ist zwischen den Fällen des § 5 Abs. 1 Nr. 1 und 2 BImSchG zu unterscheiden. Bei Anordnungen wegen eines Verstoßes gegen § 5 Abs. 1 Nr. 1 BImSchG muß hinsichtlich der anzuordnenden Maßnahme nach der Schwere der Beeinträchtigung im Einzelfall differenziert werden. Je schwerwiegender Schadensart bzw. Schadensausmaß sein können, desto höhere Aufwendungen sind angemessen. Werden Menschen oder bedeutende Sachwerte oder Bestandteile des Naturhaushalts von erheblicher ökologischer Bedeutung gefährdet, können unter dem Gesichtspunkt der Verhältnismäßigkeit hohe Anforderungen gestellt werden. Diesen Überlegungen liegt § 17 Abs. 2 S. 1 letzter Halbsatz BImSchG zugrunde. Soweit es um **Vorsorgeanordnungen** geht, müssen vor allem auch die langfristigen und aufgrund eingeschränkter wissenschaftlicher Erkenntnis-

---

269 In diesem Sinne auch *Schmidt/Müller,* JuS 1986, S. 127, 128; *Jarass,* Wirtschaftsverwaltungsrecht, S. 238.
270 So aber *Schmidt/Müller,* JuS 1986, S. 127, 128.
271 Vgl. G. v. 15. 3. 1974 (BGBl. I, S. 721, ber. S. 1193).
272 BGBl. I, S. 1950.
273 Hierzu und zum weiteren vgl. BT-Drucks. 10/1862, S. 11 und *Schmidt/Müller,* JuS 1986, S. 127, 128.

se noch nicht sicher zu beurteilenden Auswirkungen sowie ein mögliches Zusammenwirken unterschiedlicher Gefährdungspotentiale in die abwägende Betrachtung einbezogen werden.

203 Vom Anforderungsniveau gemäß dem Stand der Technik, das bei Neuanlagen uneingeschränkt gilt, **können** bei **Altanlagen** im Hinblick auf erhöhte Kosten für Nachrüstungen und auf eine Begrenztheit der Amortisationszeit für Investitionskosten gewisse Abschläge berechtigt sein. Die nachträglichen Anordnungen können nämlich nicht nur hinsichtlich Anlagen getroffen werden, die nach Inkrafttreten des BImSchG genehmigt wurden. Gem. **§ 67 Abs. 1 BImSchG** gilt § 17 BImSchG auch für **Altanlagen,** die nach §§ 16, 25 GewO a. F. genehmigt wurden. Bei Altanlagen ist eine nachträgliche Anordnung auch bei besonders aufwendigen Maßnahmen jedoch dann nicht unverhältnismäßig, wenn die Altanlage **erheblich mehr** Emissionen verursacht als vergleichbare neue Anlagen, die dem Stand der Technik entsprechen. Gegebenenfalls muß dem Betreiber eine die Höhe des Aufwandes berücksichtigende Frist eingeräumt werden.

204 Ergeben die angestellten Erwägungen die **Unverhältnismäßigkeit** einer nachträglichen Anordnung, so kann die Behörde aufgrund § 17 Abs. 2 S. 2 BImSchG die Genehmigung zum Betrieb der Anlage unter den Voraussetzungen des § 21 Abs. 1 Nr. 3—5 BImSchG **widerrufen.** Folge eines solchen Widerrufs ist ein **Ersatzanspruch** nach § 21 Abs. 4 BImSchG. § 21 BImSchG regelt allgemein, unter welchen Voraussetzungen eine rechtmäßig erteilte immissionsschutzrechtliche Genehmigung widerrufen werden darf. Er enthält gegenüber § 49 VwVfG eine **Spezialregelung.** Im Regelfall ist dieser Widerruf nur gegen eine Entschädigung zulässig (§ 21 Abs. 4 i. V. m. Abs. 2 BImSchG). Im Hintergrund dieser Bestimmung steht Art. 14 Abs. 3 GG.

205 Art. 14 Abs. 3 GG bildet auch die verfassungsrechtliche Grundlage für den sog. „**immissionsschutzrechtlichen Bestandsschutz".** So, wie ein legal geschaffenes Bauwerk weiter benutzt werden darf, auch wenn es neueren baurechtlichen Vorschriften nicht entspricht (sog. „baurechtlicher Bestandsschutz"), gilt dies nach der Rechtsprechung des Bundesverwaltungsgerichts für bestimmte Altanlagen auch gegenüber neueren immissionsschutzrechtlichen Vorschriften.

206 Es handelt sich dabei um solche Altanlagen, die nach früherem Recht, den §§ 16, 25 GewO a. F., nicht genehmigungsbedürftig waren, nach dem BImSchG aber der Genehmigung bedürften, also um die von **§ 67 Abs. 2 BImSchG** erfaßten Anlagen. Der Bestandsschutz knüpft dabei nicht an eine Genehmigung an, da diese weder vorhanden ist, noch eine durch Art. 14 GG geschützte Eigentumsposition darstellen würde[274]. Die Bestandsschutz genießende Rechtsposition ist vielmehr die auf der Basis der erlaubten Betätigung erworbene privatrechtliche **Vermögensposition**[275]. Die Bestandsschutz genießende Rechtsposition dient also der Sicherung des durch die Eigentumsausübung Geschaffenen[276]. Um in den Genuß des Bestandsschutzes zu gelangen, darf die Anlage nicht von vornherein mit den Grundpflichten des § 5

---

274 Eine Genehmigung ist nur dann Eigentum i. S. d. Art. 14 GG, wenn sie sich als Äquivalent eigener Leistung darstellt, BVerfGE 18, S. 392, 397; 24, S. 220, 226.
275 So auch *Schmidt/Müller,* JuS 1986, S. 127, 129.
276 BVerwGE 50, S. 49, 57.

BImSchG belastet gewesen sein. Das trifft für alle Altanlagen zu, die vor Inkrafttreten des BImSchG errichtet wurden und die nicht nach den §§ 16 oder 25 GewO genehmigungspflichtig waren. Dies folgt aus § 67 Abs. 2 BImSchG, der das BImSchG für solche Anlagen für nicht anwendbar erklärt. Wenn von der diesen Bestandsschutz genießenden Anlage Nachteile und Belästigungen für die Nachbarschaft und die Allgemeinheit ausgehen, verstößt der Betreiber der Anlage damit gleichwohl nicht unmittelbar gegen die Betreiberpflichten des § 5 Abs. 1 BImSchG. Die Angrenzer müssen sich vielmehr in diesem Fall zunächst mit den Belästigungen abfinden, da der **Bestandsschutz** die **Situation des lästigen Grundstücks und seiner Umgebung prägt.** Diese **Situationsgebundenheit** führt dazu, daß es sich grundsätzlich nicht um erhebliche Beeinträchtigungen i. S. d. § 5 Abs. 1 Nr. 1 BImSchG handelt[277]. Dieser Bestandsschutz bedeutet aber nicht, daß Altanlagen auch in Zukunft uneingeschränkt Emissionen aussenden dürfen. Denn auch der eigentumsrechtliche Bestandsschutz findet seine Grenzen in Art. 14 Abs. 1 und 2 GG. Als Ausdruck dieser Sozialpflichtigkeit erlaubt **§ 17 Abs. 5 BImSchG** auch gegenüber Anlagen, die immissionsschutzrechtlichen **Bestandsschutz** genießen, **nachträgliche Anordnungen.** Diese Anordnungen sind immer dann gerechtfertigt, wenn auch Maßnahmen gegenüber genehmigungsbedürftigen Betrieben zulässig wären. Stellt sich eine nachträgliche Maßnahme als unverhältnismäßig dar, so gilt auch hier die Entschädigungspflicht des § 21 Abs. 4 BImSchG. Im Ergebnis sind damit nachträgliche Anordnungen bei Neuanlagen und bei Altanlagen i. S. d. § 67 Abs. 1 BImSchG und auch bei solchen i. S. d. § 67 Abs. 2 BImSchG zulässig. Insoweit bringt der immissionsschutzrechtliche Bestandsschutz den Betreiber einer Altanlage i. S. d. § 67 Abs. 2 BImSchG keine Vorteile.

Als weitere Komponente enthält der Bestandsschutz jedoch auch das Recht auf **In-** **207** **standhaltung** bzw. **Wiederaufbau** einer Anlage, selbst wenn diese Maßnahmen nach dem geltenden BImSchG nicht genehmigungsfähig wären. Jedoch dürfen diese Maßnahmen **zu keiner Erweiterung** oder **Funktionsänderung** der Anlage führen. Außerdem muß die **Identität** der Anlage gewahrt bleiben.

Beispiel:

A betreibt seit 70 Jahren eine Ziegelei. Der alte Brennofen ist unbrauchbar geworden. Er soll deshalb durch einen modernen Ofen ersetzt werden, der zugleich die Kapazität verdoppelt. Die nach §§ 4, 15 BImSchG erforderliche Genehmigung wird verweigert, weil sich das Gebiet um die Ziegelei in den letzten Jahren zu einem Wohngebiet entwickelt hat. Das Bundesverwaltungsgericht hat einen Anspruch auf Genehmigung mit der Begründung abgelehnt, ein Bestandsschutz komme nur in Betracht, wenn es um die Erhaltung des alten Ofens oder um eine zwingend erforderliche Maßnahme zur Erhaltung der Ziegelei gehe. Dies sei aber bei einer Kapazitätsverdoppelung nicht der Fall[278].

Erfüllt der Betreiber einer genehmigungsbedürftigen Anlage eine vollziehbare nach- **208** trägliche Anordnung i. S. d. § 17 BImSchG, die die Beschaffenheit oder den Betrieb der Anlage betrifft, nicht, so steht es im Ermessen der Behörde, ob sie bis zur Erfüllung der Anordnung den Betrieb der Anlage ganz oder teilweise **untersagt,** § 20 Abs.

---

277 BVerwGE 50, S. 49, 55.
278 BVerwGE 50, S. 49 ff.

1 BImSchG. Das gleiche gilt, wenn einer Anlage oder einer abschließend bestimmten Pflicht aus einer Rechtsverordnung gem. § 7 BImSchG nicht nachgekommen wird.

209 Wenn eine Anlage ohne die erforderliche Genehmigung betrieben wird **(formelle Illegalität),** so soll — und regelmäßig wird dies auch der Fall sein — eine **Stillegungsverfügung** ergehen (§ 20 Abs. 2 S. 1 BImSchG). Eine **Beseitigung** darf nur angeordnet werden, wenn die Anlage nicht genehmigungsfähig ist und der geringere Eingriff der Stillegung nicht genügt, um den schädlichen Umwelteinwirkungen, die von der Anlage ausgehen, wirksam zu begegnen (§ 20 Abs. 2 S. 2 BImSchG). Schließlich kann die Behörde auch bei Unzuverlässigkeit des Betreibers oder des Betriebsleiters in Bezug auf die Einhaltung von Rechtsvorschriften zum Schutz vor schädlichen Umwelteinwirkungen den Betrieb der Anlage untersagen, § 20 Abs. 3 BImSchG. § 20 BImSchG kommt nachbarschützende Wirkung zu. Die Nachbarn haben einen Anspruch auf fehlerfreie Ermessensausübung[279].

c) Rechtsschutz Dritter

210 Gerade im Immissionsschutzrecht ist es häufig der Fall, daß sich Dritte, vor allem die Nachbarn, durch die Genehmigung der Anlage beeinträchtigt fühlen. Ihre Anfechtungsklage ist zulässig, wenn sie geltend machen können, in ihren Rechten verletzt zu sein (§ 42 Abs. 2 VwGO). Die Klage ist begründet, wenn die Genehmigung rechtswidrig ist und sie dadurch in ihren Rechten verletzt sind (§ 113 Abs. 1 S. 1 VwGO). Eine Anfechtungsklage hat also nur Erfolgsaussichten, wenn die Verletzung von Rechtsvorschriften gerügt wird, die zumindest auch den Schutz der Kläger bezwecken und nicht allein den Allgemeininteressen zu dienen bestimmt sind. Die Rechtsprechung zu dieser Frage ist keineswegs einheitlich. Für den Studenten reicht es im Regelfall aus, daß er die **Frage, ob eine öffentlich-rechtliche Norm dem Kläger ein subjektives öffentliches Recht gibt,** erkennt und seine Entscheidung vertretbar begründet. Hinweise auf immissionsschutzrechtliche Normen mit nachbarschützendem Charakter wurden im vorstehenden Text bereits weitgehend gegeben. Inwieweit auch aus den Grundrechten Abwehrrechte gegen Anlagen nach dem BImSchG abgeleitet werden können, ist fraglich. Wichtig ist für den Studenten, daß er, **bevor** er auf die **Grundrechte** zurückgreift, **zunächst** im speziellen **einfachen Recht** nach **Abwehransprüchen** sucht, die letztlich einfach gesetzlich geregelte Fälle des grundrechtlichen Abwehranspruchs darstellen. Gibt das Immissionsschutzrecht keinen Abwehranspruch, so stellt sich die Frage, inwieweit ein solcher aus den Grundrechten abzuleiten ist. Ein Abwehranspruch gegen schädliche Umwelteinwirkungen aus einem **Grundrecht auf Umweltschutz** besteht nicht, da das Grundgesetz[280] kein ausdrückliches Grundrecht auf Schaffung und Erhaltung einer sauberen und gesunden Umwelt enthält[281]. Schutz vor Beeinträchtigungen der Umwelt gewähren in gewissem Maße

---

279 *Jarass,* JuS 1984, S. 351, 356; *Schmidt/Müller,* JuS 1986, S. 127, 129. Ob der Nachbarschutz unmittelbar aus § 20 BImSchG oder aber aus den dem § 20 BImSchG zugrunde liegenden Schutznormen, insbes. § 5 BImSchG, abzuleiten ist, kann dabei offenbleiben.
280 So bereits BVerwG, JuS 1978, S. 626 (LS. 4).
281 Zur Diskussion um die Einführung eines solchen Grundrechts siehe *Maus,* JA 1979, S. 287; vgl. auch *Rauschning,* DÖV 1986, S. 489.

Art. 2 Abs. 1 GG und Art. 2 Abs. 2 GG. Art. 2 Abs. 1 GG gibt jedoch keinen schrankenlosen Abwehranspruch gegen Immissionen, sondern fordert als Voraussetzung eine **individualisierbare besondere Betroffenheit.** Diese liegt bei Umweltveränderungen in der Regel nicht vor, da diese den einzelnen Bürger nicht speziell, sondern nur als Mitglied der Allgemeinheit treffen[282]. Nur in dem Fall, in dem der Bürger als individualisierbarer Grundrechtsträger in besonderem Umfang von dem Immissionen betroffen wird, räumt ihm Art. 2 Abs. 1 GG einen Abwehranspruch und damit die Klagebefugnis ein. Regelmäßig wird sich in Fällen dieser Art aber der Abwehranspruch bereits aus den nachbarschützenden Normen des Immissionsschutzrechts ergeben. Nur dann, wenn die Immissionen über den Bereich der Nachbarschaft hinaus zu weitreichenden Beeinträchtigungen der allgemeinen Handlungsfreiheit führen, bleibt Platz für einen Rückgriff auf Art. 2 Abs. 1 GG. Daneben kann auch ein Abwehranspruch aus Art. 2 Abs. 2 GG gegeben sein. Zwar räumt auch diese Bestimmung **kein allgemeines** Recht auf **Abwehr von Umweltveränderungen** ein, sondern gewährt nur für den Fall einen Abwehranspruch, in dem es durch die Umweltveränderungen zu körperlichen Eingriffen oder diesen gleichsetzbaren nichtkörperlichen Einwirkungen kommt[283]. Auch dieser Anspruch auf Abwehr von Immissionen greift aber nur dann ein, wenn das BImSchG keinen speziellen Abwehranspruch enthält.

In diesem Zusammenhang stellt sich auch das Problem der **Verbandsklage.** Oft wird **211** die Anfechtungsklage nicht von den betroffenen Anliegern erhoben, sondern von juristischen Personen des Privatrechts, die sich den Umweltschutz zu ihrer Aufgabe gemacht haben. Nach der gegenwärtigen — bundesrechtlichen — Rechtslage ist eine solche Verbandsklage unzulässig. Durch die erteilte Genehmigung können nicht die eigenen Rechte eines Verbandes, sondern allenfalls die Rechte der Mitglieder verletzt sein. Dann sind aber auch nur die einzelnen Mitglieder klagebefugt[284].

d) Das vereinfachte Genehmigungsverfahren

Soweit Anlagen der Genehmigung bedürfen, wird diese **grundsätzlich** in dem **förmli-** **212** **chen Verfahren** nach § 10 BImSchG erteilt. § 19 BImSchG ermächtigt die Bundesregierung jedoch, durch Rechtsverordnung eine **Genehmigung im vereinfachten Verfahren** zuzulassen. § 4 der VO über genehmigungsbedürftige Anlagen nennt 40 gewerbliche Industrieanlagen, für die eine solche Genehmigung im vereinfachten Verfahren vorgesehen ist. Es handelt sich dabei um Anlagen, bei denen mit Rücksicht auf ihre verminderte Umweltgefährdung auf das formelle Genehmigungsverfahren verzichtet wird. Im vereinfachten Genehmigungsverfahren **entfallen** die **öffentliche Auslegung, Bekanntmachung** und **Erörterung des Vorhabens.** Gleichfalls entfällt der **Ausschluß privatrechtlicher Abwehrrechte.** Eine solche Genehmigung bietet also

---

282 BVerwG, JuS 1978, S. 626.

283 Siehe dazu *Schmidt/Müller,* JuS 1956, S. 776, 777; auch BVerfG, NJW 1981, S. 1655 f.

284 BVerwG, NJW 1981, S. 362; in den Naturschutzgesetzen der Länder Bremen (§§ 44 ff.) und Hessen (§ 36) ist hingegen den nach § 29 Abs. 2 BNatSchG anerkannten Verbänden ein eigenes Klagerecht für Naturschutzklagen eingeräumt worden; vgl. auch *Schröder,* Jura 1981, S. 622 und *Skouris,* JuS 1982, S. 100.

dem Antragsteller nicht den gleichen Schutz wie eine Genehmigung im Verfahren nach § 10 BImSchG. Die Rechte der Nachbarn entsprechend § 14 BImSchG zu beschränken, ist eben nur dann gerechtfertigt, wenn diese Gelegenheit hatten, ihre Einwendungen gegen die Anlage in einem förmlichen Verfahren geltend zu machen. **Teilgenehmigung und Vorbescheid** sind nunmehr entgegen der früheren Fassung des § 19 Abs. 2 BImSchG auch im vereinfachten Genehmigungsverfahren **zulässig**. Sie entfalten jedoch keine so weitgehende Wirkung wie die Teilgenehmigung und der Vorbescheid im förmlichen Genehmigungsverfahren, weil § 11 BImSchG im vereinfachten Verfahren nicht gilt. Die Teilgenehmigung kann auch nicht befristet erteilt oder mit einem Widerrufsvorbehalt oder einer Auflage versehen werden, da § 12 Abs. 3 BImSchG wegen § 19 Abs. 2 BImSchG keine Geltung beansprucht.

2. Die Kontrolle genehmigungsfreier Anlagen

213 Die weitaus **meisten gewerblichen Betriebe** in der Bundesrepublik rufen nicht in einem solchen Maße schädliche Umwelteinwirkungen hervor, daß sie einer vorherigen Prüfung in einem Genehmigungsverfahren bedürften. Alle Betriebe, die in der Verordnung über genehmigungsbedürftige Anlagen nicht aufgezählt sind, können daher **ohne vorbeugende immissionsschutzrechtliche Kontrolle** errichtet und betrieben werden. Andererseits können auch diese Unternehmen Nachbarschaft und Allgemeinheit erheblich beeinträchtigen. Welche Folgen diese schädlichen Umwelteinwirkungen haben, regeln die § 22—25 BImSchG.

214 Wesentlich für die Anwendung dieser Normen ist, daß der Betrieb unter den **Anlagenbegriff** des § 3 Abs. 5 BImSchG fällt. Dies wirft bei Produktionsstätten zur Erzeugung von Gütern oder bei Vertriebsstätten im Regelfall keine Probleme auf. Probleme ergeben sich dagegen insbesondere, soweit es sich um **„verhaltensbedingte Immissionen"** handelt, wenn also eine „sonstige ortsfeste Einrichtung" i. S. d. § 3 Abs. 5 BImSchG vorhanden ist, die Immissionen aber auf ein Verhalten der Benutzer zurückzuführen sind. Beispiele hierfür sind etwa der gewerbliche Betrieb eines Tennisplatzes, eines Freizeitcenters oder aber auch Fußballstadien. Zum einen ließe sich hier vertreten, die Umweltbelastungen gingen nicht von der Anlage als solcher, sondern von den Anlagenbenutzern aus[285]. Daher müsse allein gegen diese oder den Anlagenbetreiber[286] als Störer aufgrund des allgemeinen Polizei- und Ordnungsrechts vorgegangen werden.

Dieser Überlegung ließe sich entgegenhalten, daß allgemein auch solche Immissionen unter das BImSchG fallen, die in **innerem Zusammenhang** mit der Anlage stehen[287]. Als weitere Lösungsmöglichkeit kommt der Aspekt in Betracht, daß es sich beim Immissionsschutzrecht um **„technisches Recht"** handelt, d. h. Recht, das hinsichtlich seiner Anwendung Immissionen als Folge technischer Vorgänge voraus-

---

285 In diesem Sinne VG Münster, NVwZ 1982, S. 327 hinsichtlich eines Kinderspielplatzes.
286 Ob man den Betreiber der Anlage als Zweckveranlasser bezeichnen kann, mag man bezweifeln, *Schenke,* Polizeirecht (in diesem Buch), Rdnr. 91; das ändert jedoch nichts daran, daß er eine Ursache im Sinne des Polizeirechts für die Störung gesetzt hat.
287 *Schmidt/Müller,* JuS 1986, S. 127, 130.

setzt[288]. Dann würde sicherlich der Einsatz einer Ballwurfmaschine auf dem Tennisplatz diesen zu einer Anlage i. S. d. BImSchG machen. Wenig Aufschluß gibt dieses Abgrenzungskriterium aber hinsichtlich eines einfachen Tennisplatzes oder eines Fußballstadions. Soll hier allein der Umstand, daß die Pflege der Anlage mit Hilfe technischer Mittel erfolgt, diese zu einer Anlage i. S. d. § 3 Abs. 5 BImSchG machen[289], obwohl doch die Immission ihre Ursache hauptsächlich im menschlichen Verhalten hat? Schließlich läßt sich noch als dritte Problemlösung die Erwägung anstellen, daß es für den von den Immissionen Betroffenen **unerheblich** ist, ob die **Anlage als solche** oder erst die **Benutzung der Anlage durch Dritte** zu den Immissionen führt. Für ihn ist allein bedeutsam, daß eine Anlage besteht, von der Immissionen ausgehen. Berücksichtigt man den **Schutzzweck** des BImschG, so spricht einiges für diese Lösung.

Liegt eine Anlage im Sinne des BImSchG vor, so bestehen für die Errichtung und **215** den Betrieb dieser genehmigungsfreien Anlage bestimmte **Pflichten,** da auch diese Betriebe die Nachbarschaft oder die Allgemeinheit erheblich beeinträchtigen können. § 22 BImSchG nennt deshalb für die Errichtung und den Betrieb nicht genehmigungsbedürftiger Anlagen **drei Grundpflichten:**

1. **Schädliche Umwelteinwirkungen sind zu verhindern,** soweit dies nach dem Stand der Technik möglich ist.

2. Nach dem Stand der Technik **unvermeidbare** schädliche **Umwelteinwirkungen** müssen **auf ein Mindestmaß beschränkt sein.**

3. Die bei dem Betrieb der Anlage entstehenden **Abfälle** müssen **ordnungsgemäß beseitigt** werden.

Diese Betreiberpflichten sind nicht mit den Pflichten des § 5 BImSchG identisch. Die **216** genannten allgemeinen Anforderungen sind konkretisierungsbedürftig. Die **Konkretisierung** geschieht entweder durch **Rechtsverordnung nach § 23 BImSchG** oder durch eine **behördliche Anordnung** im Einzelfall nach § **24 BImSchG.** Nach § 24 BImSchG hat die Behörde Ermessen, ob und welche Maßnahme sie anordnet. Über diese Ermessensnorm ist auch hinsichtlich der Anordnungen für nicht genehmigungsbedürftige Anlagen der Verhältnismäßigkeitsgrundsatz zu beachten. § 24 BImSchG hat **nachbarschützende Funktion**[290], wie sich aus § 22 Abs. 1 Nr. 1 und 2 BImSchG unter Bezugnahme auf den Begriff „schädliche Umwelteinwirkungen" ergibt. Denn dieser Begriff begründet, wie seine Legaldefinition in § 3 Abs. 1 BImSchG zeigt, Nachbarschutz bei sämtlichen Vorschriften, in denen er erscheint[291]. Der Nachbarschutz erschöpft sich aber regelmäßig darin, dem Nachbarn einen Anspruch auf fehlerfreie Ermessensbetätigung zuzubilligen. Fraglich ist, ob dieser Anspruch verletzt ist, wenn die Behörde den Nachbarn darauf **verweist,** seine **Rechte** aus §§ 906, 1004 BGB im **Zivilrechtsweg** geltend zu machen. Die h. M.[292] verneint einen Ermessensfehler, wenn der Nachbar die Möglichkeit hat, Unterlassungs-

---

288 *Horn,* UPR 1983, S. 215, 217 f.; *Schmidt/Müller,* JuS 1986, S. 127, 130, m. w. N.
289 So etwa *Schmidt/Müller,* JuS 1986, S. 127, 130.
290 *Schmidt/Müller,* JuS 1986, S. 127, 130.
291 OVG Lüneburg, GewArch. 1979, S. 345.
292 BVerwG, DVBl. 1969, S. 586; OVG Lüneburg, DVBl. 1976, S. 719.

ansprüche gegen den Störer unmittelbar durchzusetzen. Die Grenze einer derartigen Verweisungsmöglichkeit soll dort sein, wo der Schutz individueller Güter auch im öffentlichen Interesse geboten ist[293]. Wird eine Anordnung gem. § 24 BImSchG nicht befolgt, so kann gem. § 25 Abs. 1 BImSchG eine Betriebsuntersagung erfolgen.

217 **Verfassungsrechtlich nicht unbedenklich** ist § 25 Abs. 2 BImSchG. Werden die Gesundheit oder erhebliche Sachwerte konkret gefährdet, dann soll der Betrieb der Anlage ganz oder teilweise untersagt werden. Eine Entschädigung sieht § 25 Abs. 2 BImSchG nicht vor. § 21 Abs. 4 BImSchG statuiert eine **Entschädigungspflicht nur für den Fall des Widerrufs** einer erteilten **Anlagengenehmigung.** Gegen diese unterschiedliche Behandlung läßt sich im Regelfall nichts einwenden, da erst durch das Genehmigungsverfahren eine besondere, schutzwürdige Vertrauensposition geschaffen wird. Fraglich ist aber, ob sich nicht der Betreiber einer nicht genehmigungspflichtigen Anlage gegenüber einer Untersagungsverfügung gem. § 25 Abs. 2 BImSchG auf baurechtlichen Bestandsschutz berufen kann.

Beispiel:

X betreibt seit Jahrzehnten im Außengebiet seiner Heimatstadt eine Schweinemästerei. Im Laufe der Jahre rückt die Bebauung bis in die unmittelbare Nähe seines Betriebes heran. Auf wiederholte Beschwerden der Nachbarn wird sein Betrieb gem. § 25 Abs. 2 BImSchG verboten, weil „die Nachbarschaft nicht auf andere Weise ausreichend geschützt werden kann".

Dieser berühmte „**Schweinemäster**"**-Fall** ist heute anders zu lösen, als es früher das OVG Münster[294] mit der polizeirechtlichen Figur der „latenten Gefahr" getan hat. Die Voraussetzungen des **§ 25 Abs. 2 BImSchG** liegen vor. Diese Norm gewährt — anders als bei § 21 Abs. 4 BImSchG bei einer genehmigten Anlage — **keinen Entschädigungsanspruch.**

Zu beachten ist jedoch die **Möglichkeit** eines Rechts auf **baurechtlichen Bestandsschutz.** Hat der Eigentümer ein Bauwerk in der Vergangenheit zulässigerweise errichtet und genutzt, so darf er es auch nach Änderung der baurechtlichen Situation in dem bisherigen Umfang weiter nutzen.

In der Literatur wird die Frage heftig diskutiert, ob dieser Gesichtspunkt oder der des **Vertrauensschutzes** (analoge Anwendung des § 21 Abs. 4 BImSchG) im Einzelfall zu einer **Entschädigungsregelung** führen kann[295]. Eine befriedigende Lösung ist noch nicht erzielt worden. In der Praxis wird man jedenfalls dem Schweinemäster oder den Betreibern anderer emittierender Anlagen, die nach und nach von den Wohngebieten eingekreist werden, empfehlen müssen, die jeweiligen **Bebauungspläne** gem. § 47 VwGO durch **abstrakte Normenkontrolle** auf ihre Vereinbarkeit mit § 1 BBauG überprüfen zu lassen. Ist der Plan nach diesem Maßstab gültig, hat sein Vollzug aber gleichwohl einen enteignenden Eingriff in den geschützten Bestand zur Folge, muß Entschädigung nach **§ 44 BBauG** gewährt werden.

Literatur: Allgemein zum Immissions- und Umweltschutzrecht

Frotscher, Grundfälle zum Wirtschaftsverfassungs- und Wirtschaftsverwaltungsrecht, JuS 1983, S. 775; *Jarass,* Die Kontrolle gefährlicher Anlagen nach dem Bundesimmissionsschutzgesetz, JuS 1984, S. 351; *Schmidt/Müller,* Grundfälle zum Umweltrecht, JuS 1985, S. 694,

---

293 *Schmidt/Müller,* JuS 1986, S. 127, 130.
294 OVGE 11, S. 250 ff.
295 *Sendler,* Wirtschaft und Verwaltung, 1977, S. 94; *Schenke,* DVBl. 1976, S. 740.

776, 956, 1986, 127; *Jarass,* BImSchG-Kommentar 1983; Ule, Kommentar zum BImSchG, Loseblattsammlung, Stand: Juli 1985; *Ule/Laubinger,* Rechtsprechung zum BImSchG, Loseblattsammlung, Stand: Januar 1986.

III. Sünden der Vergangenheit: Die Sanierung von Altlasten

1. Das Problem

Verschärftes Umweltbewußtsein sowie zunehmende wissenschaftliche Erkenntnisse **218** über die langfristigen Auswirkungen umweltgefährdender Schadstoffe in Luft und Boden für die Gesundheit von Mensch und Tier gaben seit Beginn der siebziger Jahre dem Gesetzgeber Anlaß, ein Instrumentarium für die intensivere staatliche Überwachung und Kontrolle schadstofferzeugender Anlagen zu schaffen. Die mit Abstand wichtigsten Beispiele für diese Aktivitäten sind das Bundesimmissionsschutzgesetz vom 15. 3. 1971[296] und das Abfallbeseitigungsgesetz vom 7. 6. 1972[297]. Bei der Schadstoffverringerung in der **Luft** handelt es sich um eine **zukunftsgerichtete** Aufgabe im Schnittpunkt von Wirtschaftsverwaltungsrecht und Umweltschutzrecht. Ob sie mit dem Instrumentarium des Bundesimmissionsschutzgesetzes (dazu E II 1) und der zum Teil erheblich verschärften TA Luft bewältigt werden wird, muß sich erweisen[298].

Die in Umfang und Bedeutung zunächst gleich wichtige umweltpolitische Aufgabe **219** der **Altlastensanierung**[299] hat es dagegen mit **Vergangenheitsbewältigung** zu tun. Unter Altlasten versteht man „Schadstoffanreicherungen in **Boden** und **Grundwasser,** die auf umweltgefährdende Nachwirkungen der industriellen Produktion und Nachwirkungen aus den beiden Weltkriegen zurückgehen"[300]. Es besteht kein Zweifel daran, daß die Sanierung von Altlasten zu den kostspieligsten und umstrittensten Umweltschutzmaßnahmen des nächsten Jahrzehnts gehören wird. In einigen Fällen sind in jüngster Zeit die Gefahren, um deren Bewältigung es geht, allgemein bekannt geworden. Genannt seien nur die Dioxinfunde auf dem Gelände der Chemiefirma C. H. Boehringer in Hamburg oder die Umweltverseuchungen durch Bleiablagerungen der Firma Sonnenschein im hessischen Büdingen und in Berlin. In beiden Fällen gehen von dem durch Schwermetalle oder giftige Chemikalien verseuchten Boden vielfältige Gefahren aus, sie reichen von Schadstoffablagerungen in den der Ernährungskette dienenden Pflanzen bis hin zur Grundwasservergiftung. Die Dimension,

---

296 BGBl. I, S. 721.

297 BGBl. I, S. 873, heute geltend i. d. F. v. 5. 1. 1977, BGBl. I, S. 41.

298 Daß „Wirtschaftsverwaltungsrecht" und „Umweltschutzrecht" keine in sich geschlossenen Rechtsmaterien bilden, sondern jeweils eine Vielzahl von Teilaspekten öffentlichen Rechts ansprechen, sei hier der Deutlichkeit halber noch einmal erwähnt. Die „erhöhten Absetzungen für Wirtschaftsgüter, die dem Umweltschutz dienen" (gem. § 7 EStG) dürften beispielsweise investive Anreize geben, die in ihrer umweltschonenden Wirkung durchaus ordnungsrechtliche Anordnungen übertreffen können. Gleiches gilt für die Steuerbefreiung schadstoffarmer Automobile. Zu der Größenordnung, in der das **Steuerrecht** für Ziele des **Umweltschutzes** eingesetzt wird, vgl. *Barth,* DB 1986, S. 73 ff.

299 Vgl. dazu *Schmidt/Müller,* JuS 1986, S. 284 ff.;*Breuer,* JuS 1986, S. 359.

300 Eine gesetzliche Fixierung dieses Begriffes gibt es nicht. Die obige Definition stammt aus einem Runderlaß des Ministers für Ernährung, Landwirtschaft und Forsten des Landes Nordrhein-Westfalen vom 26. 3. 1980, NW MinBl. 1980, S. 769.

um die es bei diesem Problemkreis geht, mögen noch folgende Zahlen verdeutlichen: man schätzt, daß es in der Bundesrepublik Deutschland weit über 30 000 Altlasten gibt, von denen eine größere Zahl gefährlich werden kann. Allein in Nordrhein-Westfalen sind bereits über 6 500 Altlasten systematisch erfaßt[301]. Die Kosten sind gleichfalls immens: die Gesamtkosten für Stillegung und Sanierung des C. H. Boehringer-Werkes in Hamburg werden auf über 100 Millionen DM geschätzt[302].

220 Bei der **juristischen** Bewältigung dieses — ganz überwiegend durch **gewerbliche** Anlagen geschaffenen — Problems ist ein **zeitlicher Einschnitt** zu berücksichtigen; zugleich sind **politische** und **normative** Erwägungen streng auseinanderzuhalten. **Zeitlich** ist das Inkrafttreten des Abfallbeseitigungsgesetzes vom 11. 6. 1972 zu beachten. Dieses Gesetz enthält — wie unter E III 2 a darzustellen sein wird — ein durchaus taugliches Instrumentarium, **künftige** Altlasten zu verhindern und solche, die seit 1972 entstanden sind, zu beseitigen. Fraglich ist nur — und dies steht im Mittelpunkt der Altlastproblematik —, ob dieses Gesetz oder die Vorschriften des allgemeinen Polizei- und Ordnungsrechts der zuständigen Behörde auch die Anordnungsbefugnis geben, Altlasten zu beseitigen, die **vor** 1972 entstanden sind. Diese Fragestellung leitet über in seit Jahren heftig diskutierte politische Erwägungen. Die in der politischen Diskussion vielfältig ge- und mißbrauchten Schlagworte vom „Verursacher-" bzw. „Gemeinlastprinzip" beim Umweltschutz sind **juristisch** nur **beschränkt** aussagekräftig. Das Polizei- und Ordnungsrecht nimmt — ebenso wie das Abfallbeseitigungsgesetz — den **Verursacher** der Schäden in die Pflicht. Bei Schadstoffen indes, die, einer Zeitbombe gleich, vor Jahrzehnten abgelagert wurden, greift das **Verursacherprinzip** nur bedingt: die Verursacher sind nach so langer Zeit nicht bekannt, können nicht namhaft gemacht werden, sind inzwischen in Konkurs gegangen oder müßten Konkurs anmelden, würden sie voll in die Pflicht genommen. **Neben** das Verursacherprinzip tritt deshalb das **Gemeinlastprinzip,** das davon ausgeht, daß die vordringliche Aufgabe der Altlastensanierung als allgemeine Staatsaufgabe über **Gemeinlasten,** d. h. vor allem über **Steuern** zu finanzieren ist. Wann der Verursacher und wann die Allgemeinheit für die Schadensbeseitigung aufzukommen hat, ist indes — anders als es in der öffentlichen Diskussion oftmals den Anschein hat — weniger eine politische als eine **juristische,** de lege lata zu entscheidende Frage. Um sie geht es im folgenden.

2. Das ordnungsrechtliche Instrumentarium zur Sanierung von Altlasten — Verursacherprinzip —

221 Einigkeit besteht darüber, daß eine Finanzierung der Altlastensanierung beim Verursacherprinzip anzusetzen hat, das Gemeinlastprinzip mithin **subsidiär** ist. Deshalb ist zunächst die Möglichkeit eines Einschreitens der zuständigen Behörden aufgrund abfall-, wasser- oder ordnungsrechtlicher Bestimmungen gegen den Verursacher in Betracht zu ziehen. Da die Anforderungen des Wasserhaushaltsgesetzes vom 1. 3.

---

301 Weitere Beispiele und Nachweise bei: *Schink,* DVBl. 1985, S. 1149 ff.; *Papier,* DÖV 1985, S. 873 ff.
302 Der Spiegel, Nr. 30/1985, S. 70.

1960[303] für Gewässer tangierende Ablagerungen (§§ 26 Abs. 2, 34 Abs. 2 WHG) in ihrer Zielrichtung und Struktur den entsprechenden Normen des Abfallbeseitigungsgesetzes ähneln, beschränken sich die folgenden Ausführungen auf das **Abfallbeseitigungs-** und das **allgemeine Polizei- und Ordnungsrecht.**

a) Altlasten und Abfallbeseitigungsrecht

Das **Abfallbeseitigungsrecht** als Teilgebiet des **speziellen Ordnungsrechts** ist vor al-   **222** lem deshalb zunächst in Betracht zu ziehen, weil es sich bei der weitaus überwiegenden Anzahl der Altlasten um alte Abfallablagerungen, um stillgelegte Deponien oder um solche handelt, die noch betrieben werden, den Anforderungen an eine umweltgerechte Abfallentsorgung jedoch nicht genügen.

Abfälle sind nach § 2 Abs. 1 AbfG so zu beseitigen, daß das Wohl der Allgemeinheit nicht beeinträchtigt wird, insbesondere die in § 2 Abs. 1 Nr. 1 bis 6 AbfG näher bezeichneten Schutzgüter nicht gefährdet werden. Der **sachliche Anwendungsbereich** des AbfG erstreckt sich mithin nur auf **Abfälle.** Abfälle sind gem. § 1 AbfG „bewegliche Sachen, deren sich der Besitzer entledigen will, oder deren geordnete Beseitigung zum Wohle der Allgemeinheit geboten ist". Ungeachtet der zahlreichen mit dieser Legaldefinition verbundenen Probleme[304] ist bei Altlasten vor allem das Merkmal der „beweglichen Sache" problematisch. Abfallstoffe, die mit dem Boden fest verbunden sind, sind gem. § 94 BGB als wesentliche Bestandteile eines Grundstücks **unbewegliche Sachen.** Schadstoffe beispielsweise, die sich mit dem Boden verbunden haben, fallen damit ebenso aus dem Anwendungsbereich des AbfG heraus wie solche, die mit weiteren Erdschichten bedeckt und bewachsen sind. Dioxin verseuchtes Erdreich wird zu Abfall i. S. d. AbfG erst dann, wenn der kontaminierte Boden abgetragen und sicher verpackt ist. Bei Boehringer in Hamburg kam es auf diese Weise zu 1000 Tonnen Chemiemüll, der anschließend entsprechend den gesetzlichen Vorschriften zu entsorgen ist[305]. Für die Altlastenproblematik bedeutet dieser Befund, daß ein nicht unbeträchtlicher Teil aller Altlasten — seien sie nun vor oder nach 1972 angefallen — dem **Anwendungsbereich** des AbfG **nicht unterfällt.**

Nach § 4 Abs. 1 AbfG dürfen Abfälle nur in **Abfallbeseitigungsanlagen** abgelagert   **223** werden. Bei Verstößen gegen diese Norm können die nach Landesrecht zuständigen Stellen von dem **Verursacher** eine **Entfernung der Abfälle** und eine **Beseitigung** in einer dafür zugelassenen Anlage verlangen[306]. Fraglich ist, ob auf der Grundlage des § 4 Abs. 1 AbfG in Verbindung mit dem jeweiligen Landesrecht von dem Verursacher auch die Beseitigung solcher Ablagerungen verlangt werden kann, die bei Inkrafttreten des AbfG bereits bestanden. Das ist nur dann der Fall, wenn es sich um Ablagerungen handelt, die auch vor Inkrafttreten des AbfG **illegal** waren. In diesem

---

303 Gesetz zur Ordnung des Wasserhaushalts i. d. F. der Bekanntmachung vom 16. 10. 1976, BGBl. I, S. 3017.
304 Dazu näher m. w. N. *Eckert,* NVwZ 1985, S. 388 f.
305 Der Spiegel, Nr. 30/1985, S. 70.
306 BVerwGE 66, S. 298 ff., als Ermächtigungsgrundlage für die Entfernungs- und Beseitigungspflicht kommt entweder die polizeiliche Generalklausel oder eine Spezialbestimmung eines LAbfG (z. B. § 10 Abs. 1 S. 2 BWLAbfG) in Betracht.

Fall wird die bereits früher nach allgemeinem Ordnungsrecht oder Wasserhaushalts-
recht bestehende Verpflichtung zur Beseitigung durch § 4 Abs. 1 AbfG auf eine andere rechtliche Grundlage gestellt[307]. Nach mindestens 15 Jahren Zeitablauf dürfte
es allerdings oftmals aussichtslos sein, den Verursacher noch zu ermitteln. Wenn die
Ablagerung hingegen nach früherem Recht **legal** war, greift § 4 Abs. 1 AbfG **nicht.**
Wer von seinen legalen Befugnissen Gebrauch machte oder sogar eine gewerbepolizeiliche Genehmigung eingeholt hatte, kann selbst dann nicht in die Pflicht genommen werden, wenn sich im nachhinein die Umweltschädlichkeit seiner Handlung
herausstellt[308].

224 Aussichtsreicher ist ein Vorgehen gegen Abfallbeseitigungsanlagen, die bei Inkrafttreten des AbfG legal betrieben wurden, modernen Anforderungen aber nicht mehr
genügen, wenn die Maßnahmen auf § 9 Abs. 2 AbfG gestützt werden. Nach dieser
Vorschrift können für solche Altanlagen **nachträgliche Auflagen,** Bedingungen und
Befristungen angeordnet werden. Falls dennoch erhebliche Beeinträchtigungen des
Wohls der Allgemeinheit nicht verhindert werden können, kann der weitere Betrieb
solcher Anlagen auch gem. § 9 Abs. 2 S. 2 AbfG **untersagt** werden. Da die Erfüllung
nachträglicher Auflagen oftmals mit hohen, existenzgefährdenden Kosten verbunden ist, stellte sich die Frage, ob solche Anordnungen analog § 17 Abs. 2 a.F.
BImSchG nur zulässig waren, falls sie **wirtschaftlich vertretbar** waren. Durch die
Neufassung des § 17 Abs. 2 BImSchG[309] ist die Grundlage für eine analoge Anwendung entfallen: es kommt nicht mehr auf die wirtschaftliche Vertretbarkeit, sondern
nur noch auf die **Verhältnismäßigkeit** der Auflage an. Dieser Anforderung dürften
Auflagen zur Vermeidung schädlicher Umwelteinwirkungen i. S. d. § 2 AbfG regelmäßig genügen.

Der **speziellen Altlastenproblematik,** d. h. solchen Altlasten, die bereits **vor** 1972
stillgelegt wurden, wird indes auch § 9 Abs. 2 AbfG **nicht gerecht,** da diese Vorschrift nur solche Anlagen betrifft, die bei Inkrafttreten des AbfG legal betrieben
wurden.

225 Dieser speziellen Altlastenproblematik kann auch durch § 10 Abs. 2 AbfG nicht abgeholfen werden. Danach kann der Inhaber einer Abfallbeseitigungsanlage verpflichtet werden, auf seine Kosten das Gelände, das für die Abfallbeseitigung verwandt worden ist, zu rekultivieren. Sinn und Zweck dieser **Rekultivierungspflicht** ist
eine umfassende Gesamtsanierung. § 10 Abs. 2 AbfG trifft indes nur auf solche Anlagen zu, deren Stillegung „beabsichtigt" (§ 10 Abs. 1 AbfG) ist. Nach allgemeiner
Auffassung ist er deshalb nur anzuwenden bei **nach** Inkrafttreten des AbfG stillge-
legten Anlagen[310].

---

307 Zutr. *Schink,* a.a.O., S. 1154.
308 Im Grundsatz unstreitig, statt aller Schink, a.a.O., S. 1155; *Papier* a.a.O., S. 876. Fraglich ist nur
    der Umfang der Legalisierungswirkung gewerberechtlicher Genehmigungen, vgl. dazu die bei *Papier*
    a.a.O. angegebene divergierende Rechtsprechung.
309 BGBl. I, 1985, S. 1950.
310 *Schink,* a.a.O., S. 1157; ob diese Norm über ihren Wortlaut hinaus auf alle nach Inkrafttreten des
    AbfG stillgelegten Anlagen anwendbar ist oder nur dann, wenn die Deponien zum Zeitpunkt des Er-
    lassens der Verfügung noch betrieben werden, ist strittig. Eine Auslegung über den Wortlaut hinaus,
    die sich allein auf den ordnungsrechtlichen Zweck des AbfG stützt, begegnet erheblichen methodi-
    schen Bedenken, so aber: *Schink,* a.a.O., m. w. N.

Dieser kurze Überblick hat gezeigt, daß das AbfG der Altlastenproblematik nur zum 226 Teil gerecht wird. Vor allem wegen seines beschränkten zeitlichen Geltungsrahmens und der Nichtanwendbarkeit auf mit gefährlichen Stoffen unlösbar verbundenen Erdreichen können erforderliche Sanierungsmaßnahmen **nur bedingt auf abfall-rechtliche Normen gestützt** werden.

b) Altlasten und Polizei- und Ordnungsrecht

Die speziellen abfallrechtlichen Normen des Bundes und der Länder[311] **verdrängen** 227 **nicht** die **allgemein** bestehende **polizei- und ordnungsrechtliche Verhaltens- und Zu-standsverantwortlichkeit** der Anlagenbetreiber bzw. der Grundeigentümer. Aus un-terschiedlichen Gründen eignet sich allgemeines Polizei- und Ordnungsrecht jedoch ebenfalls nur sehr bedingt für eine sinnvolle Lösung der speziellen Altlastenproble-matik. Auf die **faktischen Hindernisse,** die für die Altlasten verantwortlichen Betrie-be und Personen nach mindestens 15 Jahren ausfindig zu machen und im Wege einer Ersatzvornahme an den Sanierungskosten voll oder zum Teil zu beteiligen, wurde bereits hingewiesen. Auch **rechtliche Beschränkungen** stehen einer auf ordnungs-rechtliche Maßnahmen gestützten umfassenden Lösung der Altlastenprobleme ent-gegen.

Eingriffe aufgrund des allgemeinen Polizei- und Ordnungsrechts sind nur zulässig, 228 wenn von einer Altlast **konkrete Gefahren** für die **öffentliche Sicherheit** oder Ord-nung ausgehen. Der Nachweis einer konkreten Gefahr für Gesundheit bzw. Reinheit des Grundwassers ist oftmals nur schwer und unter erheblichem Kostenauf-wand[312] zu erbringen. Erschwerend kommt hinzu, daß ein polizeilicher Eingriff auf das zur Gefahrenbeseitigung unbedingt Erforderliche beschränkt ist. Eine umfas-sende Gesamtsanierung einschließlich der Rekultivierung wird daher in aller Regel über das polizeirechtlich Zulässige hinausgehen.

Vor allem aber schränkt der polizeirechtliche **Verursacherbegriff** den Handlungsspiel- 229 raum der zuständigen Ordnungsbehörden nicht unerheblich ein. Dies gilt sowohl für den **Handlungs-** als auch für den **Zustandsstörer.** Als **Handlungsstörer** ist nur derje-nige verantwortlich, der die Gefahr unmittelbar verursacht hat. Die unmittelbare Verursachung des **Abfallerzeugers** scheidet immer dann aus, wenn er einem Depo-nieinhaber die Abfälle zur ordnungsgemäßen Beseitigung übergeben hat. Aber auch für den Anlagenbetreiber bestehen unter dem Aspekt der polizeirechtlichen Verursa-chung eine Reihe von Einschränkungen. Seine polizeirechtliche Verantwortung **ent-**

---

311 Spezielle **landesrechtliche** Regelungen betreffen insbesondere die Sanierungspflicht **öffentlich-recht-licher** Gebietskörperschaften. Diese öffentlich-rechtliche Sanierungspflicht besteht jedoch nur **neben** der Verantwortlichkeit Dritter aufgrund spezieller oder allgemeiner ordnungsrechtlicher Vorschrif-ten, schließt diese mithin nicht aus, dazu näher m. w. N., *Papier,* DVBl. 1985, S. 873, 874.

312 Problematisch ist, wer die Kosten eines solchen „**Gefahrerforschungseingriffs"** zu tragen hat. Die dafür erforderlichen Maßnahmen, wie z. B. Erdaushub, Grundwasserüberprüfung und Gutachten, sind u. U. sehr kostspielig. Ob man angesichts der Amtsermittlungspflicht des § 24 Abs. 1 VwVfG und des § 26 Abs. 1 VwVfG die Kostentragungspflicht der Polizeibehörde auch dann aufzubürden hat, wenn sich der Gefahrenverdacht bestätigt, erscheint doch recht fraglich, so aber offensichtlich *Papier,* a.a.O., S. 875.

fällt, wenn er den Betrieb im Rahmen einer gewerbepolizeilichen Genehmigung geführt hat, sie wird **zweifelhaft,** wenn seine Anlage von den zuständigen Behörden jahrelang geduldet wurde[313]. Eine polizeirechtliche Verhaltensverantwortlichkeit dürfte auch dann zweifelhaft sein, wenn die Gefährlichkeit der Anlage nach dem wissenschaftlich-technischen Kenntnisstand der fünfziger- und sechziger Jahre nicht erkennbar war. Wenn das Verhalten die damalige Gefahrengrenze nicht überschritt, ist es nicht unbedenklich, zwanzig Jahre später es dem Verursacher als polizeirechtlich erheblich anzurechnen[314]. Schließlich wird sich bei der Verhaltensverantwortlichkeit in vielen Fällen die Frage der **Rechtsnachfolge** stellen. Dies ist immer dann der Fall, wenn Altlasten durch Unternehmen verursacht wurden, die nicht mehr existieren, wohl aber Rechtsnachfolger, z. B. durch Fusionen oder Erbfolge, haben. Da die ganz h. M. eine Gesamtrechtsnachfolge für die Verhaltensverantwortlichkeit ablehnt, verringert sich die Möglichkeit einer polizeirechtlichen Lösung der Altlastenproblematik noch weiter.

230 Besonders fragwürdig im Zusammenhang mit der Altlastenproblematik ist die Heranziehung des **Zustandsstörers.** Nachträgliche wissenschaftliche Erkenntnisse schließen ebensowenig die Zustandshaftung aus wie frühere behördliche Duldungen oder Gestattungen. Entscheidend ist zunächst allein die Tatsache, daß von einer Sache Gefahren für die öffentliche Sicherheit ausgehen. Eine **unbegrenzte Zustandshaftung** kann jedoch auch dann, wenn von einem Grundstück konkrete Gefahren für Leben und Gesundheit ausgehen, zu **unzumutbaren Ergebnissen** führen. Soll beispielsweise derjenige, der ein mit einer unbekannten und von ihm nicht verursachten Altlast belastetes Grundstück erworben und darauf ein Einfamilienhaus errichtet hat, im Wege der Zustandshaftung zu einer Sanierung herangezogen werden können? Über das **Ergebnis** einer **Begrenzung** der Zustandshaftung besteht nahezu Einigkeit, über die **Begründung** indes weniger. Ob diese Begründung eher aus einer restriktiven, an Art. 14 GG orientierten verfassungskonformen Auslegung der polizeilichen Zustandshaftung oder einer Risikoabwägung herzuleiten ist, ist indes für den vorliegenden Zusammenhang unerheblich. De lege lata wird man — trotz der politischen Parole vom Verursacherprinzip im Umweltschutzrecht — nicht um die Feststellung herum kommen können, daß weder spezielle abfallrechtliche noch allgemein polizeirechtliche Normen genügen, dem Verursacher die Gesamtsanierung der Altlasten aufzubürden.

3. Zur Finanzierung der Altlastensanierung durch Steuern oder Sonderabgaben — Gemeinlastprinzip contra Verursacherprinzip?

231 Neben der ordnungsrechtlichen **Individuallösung** ist daher eine abgabenrechtliche **Globallösung** der Altlastenproblematik in Betracht zu ziehen.

---

313 Dazu näher *Papier,* a.a.O., S. 876, 877.

314 Ob man auf diese Fallsituation wirklich die Rechtsprechung des Bundesverfassungsgerichts zur „echten Rückwirkung" übertragen kann — so *Papier,* a.a.O. S. 877 Fn. 27 — scheint doch rechtlich fraglich zu sein. Mit dem Gegenargument, neuere wissenschaftliche Erkenntnisse über die Gefährlichkeit fallen in die **Risikosphäre des Verursachers,** beschäftigt sich *Papier,* a.a.O., nicht.

Abgabenrechtlich ist eine Finanzierung von Umweltschutzmaßnahmen über **Steuern** und über **Sonderabgaben**[315] zu erwägen.

Die Finanzierung solcher Maßnahmen über **Sonderabgaben** wird zwar immer wieder **232** gefordert, de lege lata aber nur in sehr wenigen Fällen praktiziert. Das wohl wichtigste Beispiel ist die **Abwasserabgabe** nach dem Abwasserabgabengesetz vom 13. 9. 1976[316]. Die **Abgabepflicht** trifft den **Einleiter** von Abwasser (§ 9 AbwAG). Ihre **Höhe** bemißt sich nach Menge und Schädlichkeit des eingeleiteten Abwassers. Sie beträgt pro **Schadeinheit**[317] 40 DM. Die **Rechtsnatur** dieser Abgabe ist freilich umstritten. Teils wird sie als Steuer, teils als Sonderabgabe qualifiziert[318]. Da die „Sonderabgabe gegenüber der Steuer die seltene Ausnahme zu sein hat", sind „die Zulässigkeitskriterien für Sonderabgaben strikt anzulegen"[319]. Sonderabgaben dürfen nur erhoben werden, wenn sie sich auf einen **besonderen Zurechnungsgrund** stützen lassen. Dieser liegt nur dann vor, wenn der mit der Abgabenerhebung verfolgte Zweck in die **Sachverantwortung der belasteten Gruppe** und nicht in die staatliche Gesamtverantwortung fällt[320]. Schließlich muß das Abgabeaufkommen **gruppennützlich** verwendet werden[321]. Nur auf den ersten Blick eignen sich Sonderabgaben trefflich zur Finanzierung von Umweltschutzmaßnahmen: sie werden dem **Verursacherprinzip** gerecht. Angesichts der restriktiven Rechtsprechung des Bundesverfassungsgerichts zur Zulässigkeit von Sonderabgaben drängen sich bei näherem Zusehen indes bald Zweifel auf, ob die Sonderabgabe wirklich ein jederzeit zulässiges Mittel zur Finanzierung von Umweltschutzmaßnahmen ist. Diese Zweifel werden schon deutlich am Beispiel der Abwasserabgabe: fällt die Aufgabe des Gewässerschutzes wirklich nur in die besondere Sachverantwortung der **Einleiter** schädlicher Stoffe oder nicht in die Verantwortung der **Allgemeinheit,** die schließlich Nutznießer der erzeugten Produkte — seien es nun chemische Grundstoffe wie bei Boehringer, seien es Autobatterien wie bei der Firma Sonnenschein — ist? Handelt es sich bei der Abwasserreinigung um eine **gruppennützige** oder nicht vielmehr um eine allgemeinnützige Verwendung des Abgabeaufkommens? In Anbetracht der restriktiven Rechtsprechung des Bundesverfassungsgerichts zur Zulässigkeit von Sonderabgaben spricht vieles dafür, die Abwasserabgabe als Steuer zu qualifizieren[322]. Eine solche Qualifikation aber liegt bei den wohl meisten denkbaren Umweltschutzabgaben nahe, da

---

315 Zu Sonderabgaben siehe auch *Osterloh,* JuS 1982, S. 421 ff.
316 BGBl. I, S. 2721; ein weiteres Beispiel ist die **Altölabgabe** nach dem Gesetz über Maßnahmen zur Sicherung der Altölbeseitigung v. 11. 12. 1979, BGBl. I, S. 2113. Dieser Abgabe unterliegen alle Schmieröle, soweit für diese Erzeugnisse auch Mineralölsteuer erhoben wird. Aus ihrem Aufkommen, das einem Sonderfonds zur Sicherung der Altölbeseitigung zugeleitet wird, wird die umweltfreundliche Beseitigung von Altöl finanziert.
317 Die Schadeinheiten werden berechnet aus der Menge des Abwassers, der absetzbaren und oxidierbaren Stoffe, des Quecksilbers und Cadmiums einschließlich ihrer Verbindung sowie der „Giftigkeit gegenüber Fischen", die in Fischtests ermittelt wird.
318 Dazu näher: *Flämig,* HwStR, 2. Aufl. 1981, S. 37. Die Rechtsprechung ging im Rahmen der Frage, ob die Abwasserabgabe unter § 80 Abs. 1 Nr. 1 VwGO fiel, von einer Sonderabgabe aus, vgl. BWVGH, DVBl. 1984, S. 345; HessVGH, DÖV 1982, S. 1012; ähnlich auch *Kloepfer,* JZ 1983, S. 745 ff.
319 BVerfGE 55, S. 274 ff.; 275, 308.
320 Dazu näher: BVerfGE 55, S. 275; 67, S. 256.
321 Diese Voraussetzung entfällt bei Abgaben ohne Finanzierungszweck: BVerfGE 57, S. 139.
322 A. A. *Kloepfer,* JZ 1983, S. 745.

der allzu sorglose Umgang mit der Umwelt weniger einer speziellen Gruppe als vielmehr der Allgemeinheit anzulasten ist. Schließlich kann die spezifische **Altlastenproblematik** im Umweltschutzrecht durch **Sonderabgaben** ganz gewiß **nicht** finanziert werden. Abgeschlossene, oft Jahrzehnte zurückliegende Tatbestände nachträglich mit einem Sonderabgabengesetz zu belegen, hieße, eine verfassungsrechtlich unzulässige „echte" Rückwirkung zu normieren[323].

233   Angesichts der mannigfachen **rechtlichen Hindernisse,** die der konsequenten Durchführung des **Verursacherprinzips** im Umweltschutzrecht allgemein und besonders bei der Altlastenproblematik entgegenstehen, werden viele der erforderlichen Maßnahmen entsprechend dem **Gemeinlastprinzip,** d. h. über **Steuern,** finanziert werden müssen. Eine Vielzahl neuer Steuern werden auf politischer Ebene diskutiert — die Palette reicht von der Öko- bis hin zur Chemiesteuer[324]. Ob die Steuerzahler durch Erhöhung alter oder Einführung neuer Steuern für die Sünden der Vergangenheit aufzukommen haben, spielt letztlich keine Rolle. **Juristisch** ebenfalls unerheblich aber **politisch** bedenkenswert bleibt, daß die Alternativen Verursacherprinzip oder Gemeinlastprinzip im Umweltschutzrecht bei wirtschaftlicher Betrachtungsweise an **Bedeutung** weitgehend **verlieren.** Ob die Bürger mehr Umweltschutz über Steuer oder höhere Preise finanzieren, ist letztlich gleichgültig. Denn daran, daß auch der in Pflicht genommene Verursacher versuchen wird, seine finanziellen Lasten durch entsprechende Preiserhöhungen auf die Verbraucher zu überwälzen, dürfte kein Zweifel bestehen.

F. Außenwirtschaftsrecht und die Wirtschaftsverfassung der Europäischen Gemeinschaft

I. Außenwirtschaftsrecht

234   Ein Drittel der gesamten Wirtschaftsleistung der Bundesrepublik Deutschland wird exportiert. Ein rohstoffarmes Industrieland wie die Bundesrepublik verdankt damit seinen Wohlstand zu einem großen Teil der Exportwirtschaft.

235   In den letzten Jahren drohen dem Außenhandel als einer der wesentlichen Quellen des Wohlstandes und der Beschäftigung erhebliche Gefahren. Das 1947 abgeschlossene **„Allgemeine Zoll- und Handelsabkommen" (GATT)** hat die Gleichbehandlung aller Handelspartner zum tragenden Prinzip des Welthandels erhoben. In mehreren

---

323 BVerfGE 13, S. 261; an diesem Ergebnis ändert auch die Tatsache nichts, daß das BVerfG inzwischen offensichtlich die Unterscheidung zwischen „echter" und „unechter" Rückwirkung aufgegeben hat, siehe dazu BVerfGE 63, S. 343 und 64, S. 158. Diese neuere, zutreffende Rechtsprechung besagt nämlich im Ergebnis nichts anderes, als daß es sich bei der vormals „unechten" Rückwirkung genannten Problematik überhaupt nicht um Rückwirkung handelt.

324 Eine gute Übersicht über die diskutierten Modelle findet sich in: Der Spiegel Nr. 38/1985, S. 106 ff.

Verhandlungsrunden wurden Zollschranken abgebaut. Inzwischen steckt das „GATT" — mit mittlerweile 88 Mitgliedsstaaten — jedoch in einer tiefen Krise. Seitdem die anhaltende Rezession zu mehr und mehr Arbeitslosigkeit führt, ist sich wieder jedes Land selbst das nächste. Protektionismus und Schikanen nehmen zu.

Beispiel:

Nach Frankreich importierte japanische Videorekorder wurden im Dezember 1982 nur von der 300 km im Inland gelegenen Zollstation Poitiers abgefertigt. Die dortigen Behörden waren sachlich und personell überfordert. Verzögerungen waren die (geplante) Folge, und am „Weihnachtsgeschäft" mit Videorekordern konnte die einheimische Industrie (Thomson-Brandt) profitieren. (Der Spiegel 45/1982, 153)

Einen ganz anderen, liberalen und weltoffenen Geist offenbart dagegen noch das **236** **Außenwirtschaftsgesetz** (AWG) der Bundesrepublik vom 28. 4. 1961. Nach § 1 Abs. 1 AWG ist der **Wirtschaftsverkehr mit fremden Wirtschaftsgebieten grundsätzlich frei.** Außenwirtschaftliche Geschäfte können mittels einer Rechtsverordnung unter bestimmten Umständen entweder durch **Verbot** oder durch **Genehmigungsvorbehalt** beschränkt werden (§ 2 AWG). Den Weg eines Verbotes geht der Verordnungsgeber außerordentlich selten. Beschränkungen werden — schon aus Gründen größerer Flexibilität — im allgemeinen durch Genehmigungspflicht eingeführt.

Die **Ermächtigungsgrundlagen für eine Beschränkung** des Außenwirtschaftsver- **237** kehrs enthalten die §§ 5 bis 7 AWG. Zum einen geht es dabei um die **Abwehr wirtschaftsschädigender Einflüsse** aus fremden Wirtschaftsgebieten (§§ 6, 6 a AWG), zum anderen um Tatbestände, die nicht der Wirtschaft dienen und deren Belange regeln, sondern sie als bloßes Mittel zur **Erreichung** bestimmter **anderer Ziele** einsetzen (§ 7 AWG).

Beispiel:

Aufgrund der (völkerrechtswidrigen) Teheraner Geiselnahme will die Bundesregierung mit einem Iran-Embargo, d. h. mit Ausfuhrbeschränkungen, reagieren. Gibt ihr das Außenwirtschaftsgesetz dafür eine Ermächtigungsgrundlage?

Das Embargo wurde auf § 7 Abs. 1 Nr. 2 AWG gestützt. Selbst wenn man diese Vorschrift trotz ihrer Weite und Unbestimmtheit als noch verfassungsgemäß ansieht, ist es fraglich, ob die Tatbestandsvoraussetzungen vorlagen, da ja durch die Botschaftsbesetzung „eine Störung des friedlichen Zusammenlebens der Völker" bereits eingetreten war.

Röhrenembargo, Südrhodesienembargo und Iranembargo stehen für bundesrepu- **238** blikanische Wirtschaftssanktionen, die **punktuell** angelegt waren und sich möglichst rasch selbst erledigen sollten. **Permanente Embargos** gemäß § 7 Abs. 2 AWG sind in der Praxis noch bedeutsamer. Die Nato-Staaten und einige andere westliche Länder haben z. B. eine Liste von strategischen Gütern erarbeitet, deren Export in sozialistische Länder beschränkt werden soll. Diese Liste ist nationalrechtlich in die Außenwirtschaftsverordnung eingebettet. Der Export dieser Waren steht daher innerstaatlich unter Genehmigungsvorbehalt.

Um eine Ermächtigungsgrundlage, die ausschließlich wirtschaftsschädigende Ein- **239** flüsse aus fremden Wirtschaftskreisen abwehren will, handelt es sich hingegen bei der **Bardepotpflicht** nach § 6 a AWG. Wenn die Wirksamkeit der innerstaatlichen Währungs- und Konjunkturpolitik durch Kapitalzuflüsse aus fremden Wirtschaftsgebieten beeinträchtigt wird (sog. „importierte Inflation"), kann danach durch Rechtsverordnung vorgeschrieben werden, daß Gebietsansässige einen bestimmten Prozentsatz aus den von ihnen bei Gebietsfremden aufgenommenen Darlehen während eines bestimmten Zeitraumes zinslos auf einem Konto bei der Deutschen Bundesbank zu hinterlegen haben. § 6a AWG verbietet also keine Kreditaufnahme im Ausland, verteuert sie aber.

240 Von den Instrumentarien des Außenwirtschaftsgesetzes mit seinen Einfuhr- und Ausfuhrverboten, dem Genehmigungsvorbehalt, den Kontingentierungsmöglichkeiten etc. macht die Bundesregierung nur selten Gebrauch. Staatliche Wirtschaftslenkung bedient sich stattdessen auch im Außenwirtschaftsbereich der eleganteren und leiseren Methode, die beteiligten Wirtschaftsobjekte ohne oder gegebenenfalls mit Druck zur Einsicht zu bringen. Notwendig erscheinende außenwirtschaftliche Maßnahmen werden in diesen Fällen nicht durch dirigistische Eingriffe mit dem Instrumentarium des Außenwirtschaftsgesetzes, sondern durch (oft nur scheinbar freiwillige) **Selbstbeschränkungsabkommen** durchgeführt. Vielleicht beruht die Tatsache, daß nur verhältnismäßig wenige Streitigkeiten über die Auslegung des Außenwirtschaftsgesetzes vor den Gerichten ausgetragen werden, nicht zuletzt auf der Existenz solcher Abkommen.

Beispiel:

Im Jahre 1965 traf die Bundesregierung die politische Grundentscheidung, im Interesse des Kohlepreises eine relative Verminderung des Heizölangebots durch freiwillige Maßnahmen der Erdölkonzerne anzustreben. Nachdem die Regierung zunächst mit Eingriffen nach § 10 AWG (Einfuhrkontingentierung) gedroht hatte, gaben die Mineralölgesellschaften ihren Widerstand auf. Sie versprachen in einer schriftlichen Erklärung, ihr Angebot in der Bundesrepublik Deutschland auf eine festgelegte Gesamtmenge zu begrenzen. Dieses Heizölselbstbeschränkungsabkommen war bis 1971 wirksam[325].

II. Die Wirtschaftsverfassung der Europäischen Gemeinschaft

241 Es gehört zu den Ungereimtheiten des künstlichen Begriffs „Wirtschaftsverwaltungsrecht" in den Justizausbildungsordnungen, daß die Materie „Wirtschaftsrecht der Europäischen Gemeinschaft" dem Europarecht und damit einer anderen Wahlfachgruppe zugeordnet wird. Gleichwohl sollte Klarheit darüber bestehen, daß es ein abgeschottetes nationales Wirtschaftsverwaltungsrecht der Bundesrepublik nicht gibt, sondern daß das **innerstaatliche Wirtschaftsrecht** — einschließlich der Vorschriften des Außenwirtschaftsgesetzes — **vielfach überlagert** wird **von supranationalem Gemeinschaftsrecht.**

Die folgenden Ausführungen haben — wegen der nicht durch die Sache, aber durch die Justizausbildungsordnungen gebotenen Themenbeschränkung — nur den einzigen Zweck, diese vielfältigen Zusammenhänge jedenfalls ansatzweise zu verdeutlichen.

---

325 Vgl. dazu: *Biedenkopf,* BB 1966, S. 1113.

Der **gemeinsame Markt** der EG beruht auf einer **Zoll- und Wirtschaftsunion.** Die **242**
Wirtschaftsverfassung der Europäischen Gemeinschaft ist primär marktwirtschaftlich ausgerichtet. Sie beruht auf **fünf „grundrechtsähnlichen" Freiheiten:**

1. **Freier Warenverkehr.** Nach Art. 9 EWG-Vertrag ist Grundlage der Gemeinschaft
eine Zollunion, „die sich auf den gesamten Warenaustausch erstreckt; sie umfaßt
das Verbot, zwischen den Mitgliedstaaten Ein- und Ausfuhrzölle und Abgaben gleicher Wirkung zu erheben, sowie die Einführung eines gemeinsamen Zolltarifes gegenüber dritten Ländern."

2. **Freizügigkeit der Arbeitnehmer** (Art. 49 EWGV) und **freies Niederlassungsrecht**
(Art. 51 EWGV). Beide Normen stellen EG-Angehörige rechtlich Inländern gleich.
Die Freizügigkeit der Arbeitnehmer darf nur aus Gründen der öffentlichen Sicherheit
beschränkt werden. Sie gilt für alle Beschäftigungsverhältnisse außerhalb der öffentlichen Verwaltung. Die Niederlassungsfreiheit umfaßt die Aufnahme und Ausübung
selbständiger Tätigkeiten sowie die Gründung und Leitung von Unternehmen.

Beispiel:

Jeder EG-Angehörige ist berechtigt, in der Bundesrepublik eine dauernde selbständige Tätigkeit zu den gleichen Bedingungen wie deutsche Staatsangehörige auszuüben. Für den Beruf
des Rechtsanwaltes ist damit das erfolgreiche Bestehen der (deutschen) Assessorprüfung Voraussetzung.

3. **Freier Dienstleistungsverkehr** (Art. 59 EWGV). Er unterscheidet sich von der Niederlassungsfreiheit dadurch, daß Leistender und Leistungsempfänger in verschiedenen Mitgliedstaaten ansässig sind. Er umfaßt die Freiheit des EG-Angehörigen, seine Tätigkeit **vorübergehend** in einem anderen EG-Staat auszuüben.

Beispiel:

Die EG-Richtlinie Nr. 249/77 bestimmt, unter welchen Bedingungen ein Rechtsanwalt vorübergehend für seine Mandanten in einzelnen EG-Staaten tätig werden kann; sie regelt z. B.,
welchen Standesregeln er dabei unterworfen ist. Weitere vergleichbare Richtlinien bestehen
für eine Vielzahl von Berufen.

4. **Freier Kapitalverkehr** (Art. 67 Abs. 1 EWGV) und

5. **Freier Zahlungsverkehr** (Art. 67 Abs. 2, Art. 106 EWGV).

Für einen gemeinsamen Wirtschaftsmarkt ist die Liberalisierung des **Kapitalver-** **243**
kehrs schon deshalb notwendig, weil erst die Mobilität des Kapitals eine kosten-
orientierte Standortverteilung der Produktion ermöglicht. Zum Kapitalverkehr gehört z. B. die Beteiligung an der Gründung eines Unternehmens, die Aufnahme und
Vergabe von Krediten etc. Um nicht Spekulations- und Fluchtkapital an der Freiheit
des Kapitalverkehrs partizipieren zu lassen, enthält Art. 67 Abs. 1 EWGV den Vorbehalt, daß die **Liberalisierung des Kapitalverkehrs nur insoweit** betrieben werden
soll, **als es für das Funktionieren des Gemeinsamen Marktes erforderlich** ist. Die
fünfte Grundfreiheit schließlich, der **Zahlungsverkehr,** funktioniert im EG-Bereich
ohne Einschränkung.

Die primär marktwirtschaftlich ausgerichtete Wirtschaftsverfassung der EG beruht **244**
nicht nur auf diesen fünf Grundfreiheiten. In der Praxis mindestens ebenso bedeu-
tend ist das **EWG-Kartellrecht.** Nach Art. 3 EWGV gehört zu den Aufgaben der Ge-

meinschaft „die Errichtung eines Systems, das den Wettbewerb innerhalb des gemeinsamen Marktes vor Verfälschungen schützt". Nach den Wettbewerbsregeln der Art. 85 bis 90 EWGV sind **Wettbewerbsbeschränkungen verboten.**

Beispiel:

Eine deutsche Automobilfabrik verkauft in Frankreich ihre Fahrzeuge wesentlich preiswerter als in der Bundesrepublik, um auf diese Weise zusätzliche Marktanteile zu gewinnen. In den Vereinbarungen mit den französichen Händlern ist festgelegt, daß diese keine PKWs wieder in die Bundesrepublik liefern dürfen **(Reimportverbot).** Ist dieses Reimportverbot wirksam?

Nach Art. 85 Abs. 1 EWGV sind „verboten alle Vereinbarungen zwischen Unternehmen, welche den Handel zwischen den Mitgliedstaaten zu beeinträchtigen in der Lage sind und eine Verhinderung, Einschränkung oder Verfälschung des Wettbewerbs . . . bezwecken oder bewirken, insbesondere . . . die Aufteilung der Märkte oder Versorgungsquellen". Nach Art. 85 Abs. 2 EWGV sind derartige **Vereinbarungen nichtig.** Die Vereinbarung ist also nichtig, wenn das Reimportverbot geeignet ist, den Handel zwischen den Mitgliedstaaten zu beeinträchtigen. Nach herrschender Meinung bezweckt das Reimportverbot eine Einschränkung des Wettbewerbs innerhalb des Gemeinsamen Marktes.

245 Ähnlich wie in der Bundesrepublik sind auch in der **primär marktwirtschaftlich orientierten Wirtschaftsverfassung der EG** einige Wirtschaftssparten, insbesondere die **Landwirtschaft** und das **Verkehrswesen,** einer ungleich **stärkeren Kontrolle und Lenkung** durch die Gemeinschaftsorgane unterworfen. Vor allem der EWG-Agrarmarkt kann als Beispiel eines **Marktordnungsmodells** mit allen seinen Vor- und Nachteilen angesehen werden. Nach Art. 38 EWGV umfaßt der Gemeinsame Markt auch die Landwirtschaft und den Handel mit landwirtschaftlichen Erzeugnissen. Über 9/10 des Agrarmarktes der Gemeinschaft unterliegen besonderen, vom freien Wettbewerb abweichenden Bestimmungen. Es handelt sich dabei um ein nahezu klassisches Marktordnungsmodell, bei dem an die Stelle der Vertragsfreiheit ein enges Bündel normativer Vorschriften getreten ist.

Die Europäische Agrarmarktordnung soll 1. der Sicherung eines ausreichenden Einkommens der Landwirte, 2. dem Schutz des Verbrauchers vor zu hohen Preisen, 3. der Sicherung der Produktivität der Landwirtschaft und 4. der Verhinderung von Überproduktion dienen.

Wie allseits bekannt, ist es bis jetzt allenfalls gelungen, den Zielvorstellungen 1. und 3. gerecht zu werden.

246 Von den Mitteln zur Erreichung der gemeinsamen Agrarpolitik ist das wichtigste die gemeinsame Organisation der Agrarmärkte (Art. 40 EWGV). **Gemeinsame Marktorganisationen** gibt es für eine Fülle von Agrarprodukten. Ihre Grundstruktur gleicht sich im wesentlichen. Sie besteht aus

1. der **Preisfestsetzung:**
Festgesetzt werden die Preise für landwirtschaftliche Erzeugnisse im Gemeinschaftsgebiet **(Grundpreis)** und der **Interventionspreis,** bei dessen Unterschreitung die Marktorganisation zugunsten des Produzenten interveniert. Da im EWG-Landwirtschaftsgebiet zu Preisen produziert wird, die wesentlich über den Weltmarktpreisen liegen, muß auch der **Schwellenpreis,** d. h. der für die Außengrenze der Gemeinschaft geltende Importpreis, festgesetzt werden.

2. der **Intervention:**

Darunter versteht man die **Aufkaufspflicht** für bestimmte Erzeugnisse **durch staatliche Interventionsstellen.** Der Preis für diesen Aufkauf ist der Interventionspreis. Die aufgekauften Erzeugnisse werden gelagert und später — auf dem Weltmarkt zu wesentlich niedrigeren Preisen — verkauft. Die Intervention garantiert dem Produzenten einen **Mindestpreis,** verbunden mit einer **Abnahmegarantie.** Die Gefahr einer bloßen „Produktion für die Interventionsstelle" liegt nahe.

3. den **Beihilfen:**

Die wichtigste Beihilfe ist die **Erstattung.** Da die EG-Agrarmarktpreise meist über den Weltmarktpreisen liegen, ist der Export in Drittländer schwierig. Durch die Erstattung wird der Preis dem Weltmarktpreis angeglichen. Es handelt sich dabei um nichts anderes als um eine **Ausfuhrsubvention.**

4. den **Abschöpfungen:**

Abschöpfungen sind ein **Einfuhrzoll** für Importe von landwirtschaftlichen Erzeugnissen aus Drittländern. Sie werden nicht wie Zölle starr berechnet, sondern sind **gleitend;** Berechnungsgrundlage ist der Schwellenpreis.

Für die Finanzierung der gemeinsamen Marktorganisationen ist der **Europäische Ausrichtungs- und Garantiefonds für die Landwirtschaft** (EAGFL) errichtet. Die weitere Finanzierung der ständig teurer werdenden Agrarmarktordnung ist eines der großen ungelösten Probleme der EG.

Literatur und Rechtsprechung:

Zu I.
Köpernik/Hantke/Berzau/Baer/Hanfland, Internationale Wirtschaftsorganisationen, JuS 1976, 634 f., 705 f., 779 f.; 1977, 9 f., 297 f., 367 f., 433 f., 506 f., 648 f.; BVerwG, NJW 1980, 467 — Voraussetzungen für die Anordnung einer Depotpflicht.

Zu II.
Zur Vertiefung der Fragen des Wirtschaftsrechts der EG sei auf das Kurzlehrbuch von *Nicolaysen,* Europäisches Gemeinschaftsrecht, Stuttgart 1979 hingewiesen; EuGH, JuS 1975, 390 — Niederlassungsfreiheit für Rechtsanwälte im EWG-Bereich —; EuGH, JuS 1979, 511 — Zum Mißbrauch einer beherrschenden Stellung im gemeinsamen Markt, insbesondere durch die Forderung überhöhter Preise.

Stichwortregister

Die römischen Ziffern bezeichnen die Teile, die arabischen Zahlen beziehen sich auf die Randnummern. Die Fundstellen innerhalb eines Teiles sind durch Komma, diejenigen verschiedener Teile durch Strichpunkt (**III** 16, 47; **V** 28, 107) getrennt.

C. F. Müller Großes Lehrbuch

Esser / Schmidt
Schuldrecht – Allgemeiner Teil

Begründet von Prof. Dr. Dr. h. c. Josef Esser, Tübingen. Fortgeführt von Prof. Dr. Eike Schmidt, Bremen. 6., völlig neubearbeitete Auflage. 1984. XVI, 679 Seiten. Gebunden. Leinen. Großoktav.
DM 78,-. ISBN 3-8114-3083-1

Das Lehrbuch ist nicht nur in sämtlichen Passagen auf den neuesten Stand der aktuellen Diskussion in Lehre und Rechtsprechung gebracht, sondern zu weiten Teilen auch völlig neu bearbeitet worden. Das gilt namentlich für die beiden Eingangskapitel über die Grundlagen des Schuldrechts sowie den Schuldvertrag und dessen Ausgestaltung, darüber hinaus jedoch auch für solche Partien, die – wie vor allem das Kapitel über den Schadensausgleich – schon in der Vorauflage einen anerkanntermaßen führenden Rang erreicht hatten. Laufend berücksichtigt und in die Darstellung integriert worden ist das Gesetz über die Allgemeinen Geschäftsbedingungen.

Esser / Weyers
Schuldrecht – Besonderer Teil

Begründet von Prof. Dr. Dr. h. c. Josef Esser, Tübingen. Fortgeführt von Prof. Dr. Hans-Leo Weyers, Frankfurt. 6., völlig neubearbeitete Auflage. 1984. XXX, 559 Seiten. Gebunden. Leinen. Großoktav.
DM 78,-. ISBN 3-8114-1683-9

Für den besonderen Teil, bearbeitet von Hans-Leo Weyers, wurden über die allgemeine Aktualisierung hinaus vor allem die Abschnitte über den Kauf (Konkurrenzfragen, Factoring), die Miete (Leasing), den Werkvertrag (Neudarstellung des Mängelrechts, neuer § 34b über den Reisevertrag; Langzeitverträge, § 34a 2), die Geschäftsführung ohne Auftrag sowie das Bereicherungsrecht (Dreiecksverhältnissse) neu gefaßt.

Aus Besprechungen zur Vorauflage:

„Wer heute noch glaubt, mit einem anspruchsvolleren Lehrbuch besser zu fahren als mit einem gerafften Grundriß, wer ein wissenschaftliches Rechtsstudium betreibt, wird die Bände von Esser/Schmidt und Esser/Weyers in die engere Wahl ziehen müssen. Für die Hausarbeiten sind sie ohnehin unentbehrlich." *Juristische Schulung (JUS)*

„... Im übrigen gilt für den Besonderen Teil von Weyers wie für den Allgemeinen Teil von Schmidt: ein auf hohem wissenschaftlichen Niveau stehendes Lehrbuch, das dem fortgeschrittenen Studenten uneingeschränkt zu empfehlen ist." *Juristische Arbeitsblätter*

C. F. Müller Juristischer Verlag
Im Weiher 10 · Postfach 102 640 · 6900 Heidelberg 1

Fälle
und Lösungen

nach höchstrichterlichen Entscheidungen

Kartoniert.

1 BGB Allgemeiner Teil
Begründet von Prof. Dr. Uwe Diederichsen, Göttingen, fortgeführt von Prof. Dr. Peter Marburger, Trier. 5., neubearbeitete Auflage. 1982. X, 169 S. DM 22,-

2 BGB Schuldrecht 1 Vertragsschuldverhältnisse
Von Prof. Dr. Johannes Köndgen, Hamburg. 4., völlig neubearbeitete Auflage. In Vorbereitung

3 BGB Schuldrecht 2 Außervertragliches Schuldrecht
Von Prof. Dr. Karsten Schmidt, Hamburg. 4., völlig neubearbeitete Auflage. In Vorbereitung

4 BGB Sachenrecht
Von Prof. Dr. Karl-Heinz Gursky, Osnabrück. 6., neubearbeitete Auflage. 1986. X, 178 S. DM 22,-

5 BGB Familienrecht
Von Prof. Dr. Dieter Henrich, Regensburg. 2., völlig neubearbeitete Auflage. 1981. IX, 78 S. DM 14,80

6 BGB Erbrecht
Von Prof. Dr. Andreas Heldrich. 2., völlig neubearbeitete und erweiterte Auflage. 1984. XII, 112 S. DM 18,80

7 Handelsrecht
Von Prof. Dr. Karl-Heinz Fezer. In Vorbereitung.

8 Gesellschaftsrecht
Von Prof. Dr. Karl-Heinz Fezer, Konstanz. In Vorbereitung.

9 Zwangsvollstreckungs-, Konkurs- und Vergleichsrecht
Begründet von Prof. Dr. Dres. Fritz Baur, Tübingen. Fortgeführt von Prof. Dr. Rolf Stürner, Konstanz. 5., neubearbeitete und erweiterte Auflage. 1984. XII, 164 S. DM 22,-

10 Strafrecht
Mit Anleitungen zur Fallbearbeitung und zur Subsumtion für Studenten und Referendare. Von Prof. Dr. Karl-Heinz Gössel, Erlangen-Nürnberg. 4., völlig neubearbeitete Auflage. 1983. X, 215 S. DM 24,-

11 Strafprozeßrecht
Von Prof. Dr. Friedrich-Christian Schroeder, Regensburg. 2., völlig neubearbeitete Auflage. 1983. X, 113 S. DM 18,80

12 Verfassungsrecht und Verfassungsgerichtsbarkeit
Von Prof. Dr. Heinrich Scholler, München und Prof. Dr. Dieter Birk, Münster. 5., neubearbeitete und erweiterte Auflage. 1985. XI, 156 S. DM 22,-

13 Besonderes Verwaltungsrecht und Verwaltungsprozeßrecht
Mit einer Anleitung zur Fallbearbeitung für Studenten und Referendare. Von Prof. Dr. Heinrich Scholler und Dr. Siegfried Broß, München. 3., völlig neubearbeitete Auflage. 1984. XIV, 198 S. DM 24,-

15 Allgemeines Verwaltungsrecht
Mit einer Anleitung zum Aufbau verwaltungsrechtlicher Übungsarbeiten und verwaltungsbehördlicher sowie verwaltungsgerichtlicher Entscheidungen und einem Formularanhang. Von Prof. Dr. Norbert Achterberg, Münster. 6., neubearbeitete Auflage. 1986. XIII, 188 S. DM 24,-

16 Arbeitsrecht
Von Prof. Dr. Reinhard Richardi, Regensburg. 4., völlig neubearbeitete Auflage. 1983. XIII, 161 S. DM 22,-

17 Zivilprozeßrecht
Von Prof. Dr. Walter Gerhardt, Bonn. 3., neubearbeitete und erweiterte Auflage. 1985. XII, 129 S. DM 22,-

C. F. Müller Juristischer Verlag

Postfach 10 26 40 · 6900 Heidelberg 1 · Tel.: 0 62 21/48 92 67